C++ für Dummies
Alles-in-einem-Band

John Paul Mueller und Jeff Cogswell

C++ für Dummies
Alles-in-einem-Band

Übersetzung aus dem Amerikanischen
von Meinhard Schmidt

Fachkorrektur von Arnold Willemer

WILEY

WILEY-VCH Verlag GmbH & Co. KGaA

Bibliografische Information der Deutschen Nationalbibliothek
Die Deutsche Nationalbibliothek verzeichnet diese Publikation
in der Deutschen Nationalbibliografie; detaillierte bibliografische
Daten sind im Internet über http://dnb.d-nb.de abrufbar.

1. Auflage 2016

© 2016 WILEY-VCH Verlag GmbH & Co. KGaA, Weinheim

Printed in Germany
Gedruckt auf säurefreiem Papier

Coverfoto: © istockphoto/Talaj
Dudenkorrektur: Petra Heubach-Erdmann, Düsseldorf
Satz: inmedialo Digital- und Printmedien UG, Plankstadt
Druck und Bindung: CPI – Ebner & Spiegel, Ulm

Print ISBN: 978-3-527-71170-3
ePub ISBN: 978-3-527-69259-0
mobi ISBN: 978-3-527-69258-3

Über die Autoren

John Mueller arbeitet freiberuflich als Autor und technischer Redakteur. Ihm liegt das Schreiben im Blut, und bis heute hat er 94 Bücher und mehr als 300 Artikel produziert. Die Themen, die er behandelt, reichen vom Arbeiten mit Netzwerken bis hin zur künstlichen Intelligenz und von der Datenbankverwaltung bis hin zur professionellen Programmierung. Einige seiner aktuellen Bücher enthalten eine Windows-Befehlszeilenreferenz, und es gibt Bücher zu VBA und Visio 2007, ein Design- und Entwicklerhandbuch zu C# und einen Programmierleitfaden für IronPython. Seine Kenntnisse als technischer Redakteur haben mehr als 63 Autoren geholfen, ihre Manuskripte besser zu gestalten. John Mueller stellte seine technischen Kenntnisse den Zeitschriften *Based Advisor* und *Coast Compute* zur Verfügung. Außerdem hat er Artikel in *Software Quality Connection, DevSource, InformIT, SQL Server Professional, Visual C++ Developer, Hard Core Visual Basic, asp.netPRO, Software Test and Performance* und *Visual Basic Developer* veröffentlicht.

Wenn John Mueller nicht gerade am Computer sitzt, finden Sie ihn draußen im Garten, wo er Bäume beschneidet oder einfach nur die Natur genießt. Außerdem produziert er gerne Wein und liebt es zu stricken. Und wenn er nichts zu tun hat, beschäftigt er sich mit der Herstellung von Seife und Kerzen, die dann ihren Platz in Geschenkkörben finden. Sie können John Mueller im Internet unter John@JohnMuellerBooks.com erreichen. Außerdem hat er eine Website eingerichtet: http://www.johnmuellerbooks.com/.

Jeff Cogswell ist ein erfahrener Lehrer, Schriftsteller und Softwareentwickler. Er hat 15 Jahre lang als hauptberuflicher Programmierer und Softwareentwickler gearbeitet, bevor er dieses Feld verließ, um seine ganze Zeit dem Schreiben zu widmen. Er arbeitet zurzeit als leitender Redakteur bei Ziff Davis Enterprise, schreibt für DevSource.com und eWEEK.com. Zu seinen fachlichen Fähigkeiten gehören nicht nur C++, sondern auch andere Sprachen und Plattformen wie C# und ASP.NET. In seiner Freizeit liebt er es zu reisen, Gitarre zu spielen und zu fotografieren.

Cartoons im Überblick

von Christian Kalkert

Seite 31

Seite 291

Seite 355

Seite 545

Seite 595

Seite 663

Seite 729

Internet: www.stiftundmaus.de

Inhaltsverzeichnis

Kapitel 8
Mit Klassen arbeiten 209

Kapitel 14
Konstruktoren, Destruktoren und Exceptions 403

Kapitel 15
Fortgeschrittene Klassen-Techniken 433

Kapitel 16
Klassen mit Templates erzeugen 455

Einführung

C++ ist die Sprache des Jahrtausends. Warum ist C++ so beliebt?

✔ Es ist leistungsstark. Sie können damit so gut wie jedes Programm schreiben.

✔ Es ist schnell, und es wird vollständig *kompiliert*, was eine gute Sache ist.

✔ Es ist nicht schwer, es zu verwenden – wenn Sie dieses Buch besitzen.

✔ Es ist objektorientiert. Wenn Sie nicht genau wissen, was das ist, machen Sie sich nichts daraus. Was das ist, finden Sie sehr schnell heraus, wenn Sie dieses Buch lesen.

✔ Es ist portierbar. Es gibt für so gut wie jeden Computer die entsprechende Version.

✔ Es ist standardisiert. Das American National Standards Institute (ANSI) und die International Standards Organization (ISO) haben einer offiziellen Version ihren Segen gegeben.

✔ Es wird ständig aktualisiert, um den sich laufend ändernden Herausforderungen der Computergemeinde zu entsprechen.

✔ Es ist beliebt. Viele setzen auf C++, weil es von vielen anderen verwendet wird.

Natürlich gibt es auch C++-Kritiker, von denen aber die meisten diese Programmiersprache nicht verstehen oder einfach nur einen schlechten Tag haben. Oder es kommt beides zusammen.

Sie benötigen keinerlei Erfahrung

Dieses Buch enthält kein leeres Gerede über C++. Es ist ein interaktives Rollen-Sie-die-Ärmel-hoch-Buch, mit dessen Hilfe Sie C++ wirklich erlernen können.

Sie erfahren in dieser Auflage, wie Sie an eine erstklassige C++-Installation gelangen. Viele Leser früherer, englischsprachiger Versionen dieses Buches haben uns geschrieben, dass Sie es einfach nicht geschafft haben, C++ dazu zu bringen, mit ihnen zusammenzuarbeiten, und wir haben reagiert und in Kapitel 1 Konfigurationsanleitungen hinzugefügt. Sie finden im Buch Anleitungen für das Arbeiten mit dem Mac und mit Linux und Windows. Auch die Beispiele sind auf allen drei Plattformen positiv getestet worden.

Wir beginnen am Nullpunkt. Wir setzten *keinerlei* Programmierkenntnisse voraus. Jeder fängt schließlich irgendwann einmal an. Sie können das *hier* machen. Wir wollen nicht prahlen, aber Sie haben sich in die Hände von ziemlich erfolgreichen C++-Anwendern begeben, die Tausenden von Personen gezeigt haben, wie programmiert wird, und von denen viele ebenfalls bei null angefangen haben.

Und auch die erste Wahl für erfahrene Leute!

Sie kennen C++ bereits? Dann ist dieses Buch auch für Sie genau das Richtige, denn auch wenn wir mit den Grundlagen von C++ beginnen, *nehmen wir uns die ganze Sprache vor.*

Sie wollen wissen, wie aus einem Klassen-Template eine nicht mehr als Template dienende Klasse abgeleitet wird? Schauen Sie sich Kapitel 16 an.

Sie wollen sehen, wie in C++ ein Observer-Muster erstellt wird? Siehe Kapitel 15.

Sie wollen in der C++-Standardbibliothek den Unterschied zwischen deque und vector herausfinden? Schauen Sie sich Kapitel 17 an.

Sie wollen wissen, wie Sie eine Klasse dauerhaft machen? Siehe Kapitel 27.

Sie wollen wissen, was es mit der Bibliothek Boost auf sich hat, der Bibliothek, die der Standard Template Library (STL) mehr hinzugefügt hat als jede andere Quelle? Beschäftigen Sie sich mit den Kapiteln 35 und 36. Wenn Sie nur C++ und nicht Boost verwenden, verpassen Sie einiges.

Dieses Buch behandelt die neuesten Erweiterungen von C++. Sie wollen zum Beispiel wissen, wie Lambda-Ausdrücke verwendet werden? Schauen Sie sich Kapitel 18, an. In Kapitel 20 finden Sie eine interessante Beleuchtung des Themas Debuggen von Anwendungen mithilfe von Argumenten auf der Befehlszeilenebene, und auch die dynamischen Arrays werden nicht vergessen (Kapitel 17).

Für alle Computer

C++ für Dummies. Alles-in-einem-Band. ist so aufgebaut, dass Sie überall dort mit C++ arbeiten können, wo Ihnen der Sinn danach steht. C++ ist mittlerweile standardisiert, und Sie können die Informationen, die dieses Buch liefert, auf vielen verschiedenen Plattformen nutzen. Wir haben die Beispiele auf Systemen unter Mac OS X, SUSE Linux (einige der »Beta«-Leser verwendeten andere Linux-Versionen) und Windows geschrieben. Damit das auch klappte, haben wir einen Compiler verwendet, der *Code::Blocks* heißt und auf so gut wie allen Computern (Windows, Linux und Macintosh) läuft. Damit gibt es keine Vorgaben, was den Computer angeht, den Sie verwenden!

Der gesamte Code in diesem Buch ist auf Mac, Windows und Linux getestet worden. (Lassen Sie sich durch die Windows-Screenshots nicht täuschen: Code::Blocks funktioniert problemlos auf allen Plattformen.) Die Beispiele sind nicht auf anderen Plattformen getestet worden, aber da C++ standardisiert ist, sind wir sicher, dass Sie zumindest die ersten Beispiele auf beliebigen Systemen verwenden können.

Konventionen

Auch wenn wir eigentlich wenig mit Konventionen am Hut haben, meinen wir doch, dass es nicht schlecht wäre, wenn wir uns auf ein paar kleine Übereinkünfte einigen könnten, die dieses Buch betreffen. Hier geht es darum, wie der Text in diesem Buch formatiert worden ist:

✔ Wenn Sie etwas im `Listingformat` sehen, handelt es sich um etwas, das Sie *in den Computer eingeben* oder *auf seinem Bildschirm lesen*. Wenn es um etwas geht, das Sie *nicht* in den Computer *eingeben* sollen, wird dieser Ausdruck ganz normal formatiert. Wir verwenden `diese Formatierung` auch für Datei- und Verzeichnisnamen, für URLs und für E-Mail-Adressen.

✔ Code, der auf einer oder mehreren Zeilen steht, sieht so aus:

```
MeineKlasse.IstCool( );

UndDas.IstAuchIhre( ):
```

✔ Längere Programmlistings haben einen Titel und eine laufende Nummer, auf die im Text Bezug genommen wird. Es handelt sich dabei um komplette Programme, die Sie eingeben und die dann ausgeführt werden können. Sie können aber viel Zeit und Mühen sparen, indem Sie den Code verwenden, den Sie von der Webseite dieses Buches unter `www.wiley-vch.de/publish/dt/books/ISBN3-527-71170-8` herunterladen können.

Wie das Buch aufgebaut ist

Dieses Buch besteht aus sieben Teilen. Jeder von ihnen behandelt ein eigenständiges Thema und enthält Kapitel, von denen sich jedes mit einem eigenständigen Bereich des Hauptthemas beschäftigt.

Sie können das Buch entweder von vorn bis hinten durcharbeiten, oder Sie schauen sich gezielt einzelne Themen an und behandeln das Buch als eine Art Leitfaden – suchen Sie sich aus, was Ihren Bedürfnissen am besten entspricht. Legen Sie das Buch griffbereit in ein Regal und nehmen Sie es zur Hand, wenn Sie etwas nachschlagen müssen. Dies sind die sieben Teile und ihre Inhalte:

✔ **Teil I, Los geht's mit C++:** Hier fangen wir bei null an und zeigen Ihnen, was Sie benötigen, um mit C++ loslegen zu können und es zum Laufen zu bringen. Gleichzeitig zeigen wir Ihnen in diesem Teil, wie Code::Blocks eingerichtet wird. Wenn Sie Code::Blocks noch nicht auf Ihrem System installiert haben, müssen Sie sich auf jeden Fall um Kapitel 1 kümmern. Dieses erste Kapitel nimmt Sie auch auf eine Reise durch die Features von Code::Blocks mit.

✔ **Teil II, Objekte und Klassen verstehen:** Wir stellen in diesem Teil wichtige Informationen über die objektorientierte Programmierung vor. Sie erfahren, was Klassen und Objekte sind und was Sie mit Entwurfsmustern anfangen können.

✔ **Teil III, Fortgeschrittene Programmierung:** Wir schauen uns in diesem Teil anspruchsvollere C++-Themen an. Wenn Sie Teil III gelesen haben, werden aus Anfängern Entwickler mit etwas Erfahrung oder fortgeschrittene Programmierer, und Programmierer mit mittlerer oder größerer Erfahrung beherrschen danach die Sprache C++. Sie finden in diesem Teil Informationen zur neuesten Version von C++, zu denen auch dynamische Arrays, das Arbeiten mit unsortierten Daten und die Verwendung von Lambda-Ausdrücken gehören, die den Code kleiner und besser lesbar machen.

✔ **Teil IV, Probleme beheben:** Hier zeigen wir Ihnen, wie Sie Ihre Programme debuggen, indem Sie ein spezielles Programm verwenden, das als Debugger bezeichnet wird. Wenn Sie nur über geringe Programmiererfahrung verfügen, also Anfänger sind, zeigt Ihnen dieser Teil, wie Sie Probleme mit Ihren Programmen beheben können. Wenn Sie ein erfahrener Benutzer sind, genießen Sie den Umgang mit dem Debugger, der zusammen mit Code::Blocks ausgeliefert wird, um die Probleme zu lokalisieren, die in Ihren Programmen auftauchen können.

✔ **Teil V, Dateien lesen und schreiben:** Ja, der gesamte Teil ist dem Auslesen und Schreiben von Dateien gewidmet. Wir behandeln in diesem Buch die Stream-Programmierung, bei der es sich um einen besonderen Weg handelt, wie C++ mit Dateien umgeht.

✔ **Teil VI, Anwendungen planen und entwerfen:** In diesem Teil geht es um die Planung Ihrer Anwendung, das heißt um die Vorarbeiten, auf die Sie eigentlich nur bei kleinen Projekten verzichten können – und das auch nur dann, wenn Sie bereits über Programmiererfahrung verfügen. Wir stellen in diesem Teil vor, wie die verschiedenen Diagramme verwendet werden, mit denen Sie Ihre Programme entwerfen können. Gerade erfahrene Leser werden diesen Teil schätzen, weil wir UML ausführlich behandeln. Natürlich sollten auch Anfänger diesen Teil verstehen und herausfinden können, wie sie die besten Ideen der Softwareentwicklung für sich nutzen können.

✔ **Teil VII, Fortgeschrittenes C++:** Dieser Teil für Fortgeschrittene enthält jeweils zwei Kapitel für die STL (Standard Template Library) und für Boost. Die STL-Kapitel beschreiben einige der erweiterten Klassen, auf die in anderen Bereichen des Buches nicht eingegangen wird, und sie helfen dabei, Templates (Mustervorlagen) zu erstellen. Die Kapitel zur Bibliothek Boost beschreiben die Werkzeuge, die es in Boost gibt. Sie zeigen, wie Sie einen eigenen Satz an Bibliotheken für Ihren Gebrauch anlegen, und liefern einen Überblick über einige interessante Möglichkeiten, die Boost bietet. Sie verpassen einiges, wenn Sie nicht wenigstens einen Blick in diesen Teil werfen, nachdem Sie sich um Ihre Programmierkenntnisse gekümmert haben.

Haufenweise Symbole

Was wäre ein … *für Dummies*-Buch ohne Symbole? Hier kommt ihre Bedeutung:

Wir verfügen sowohl als C++-Programmierer als auch als C++-Trainer über viel Erfahrung, von der wir hier und da etwas einstreuen, um Ihnen zu helfen.

Dieses Symbol kennzeichnet Dinge, an die Sie sich vielleicht erinnern sollten, während Sie programmieren.

Dieses Symbol kann Ihnen eine Menge Kopfschmerzen ersparen. Es handelt sich dabei um Vorschläge, die Sie vor größerem Ungemach bewahren sollen – vor Dingen, die uns in der Regel schon geschehen sind. Höchstwahrscheinlich schaffen Sie es nicht, den Computer in die Luft zu jagen, wenn Sie diese Hinweise überlesen, aber Sie schlafen sicherlich besser, wenn Sie wissen, wie Sie es verhindern können, zufälligerweise den gesamten Code zu verlieren oder eine Datei zu überschreiben.

Computerinteressierte suchen häufig selbst dann nach zusätzlichem Wissen, wenn es nicht direkt benötigt wird. Diese Absätze mit technischen Inhalten enthalten spannende Informationen, die sich gut dazu eignen, Ihre Neugier zu befriedigen.

Wie geht es weiter?

Wenn Sie uns eine E-Mail schicken wollen, machen Sie dies! Achten Sie aber darauf, dass es sich um Anfragen handelt, die mit dem Buch zu tun haben, wenn Sie an John@JohnMuellerBooks.com schreiben.

Wir beide erhalten sehr viele E-Mails von Lesern, was es uns unmöglich macht, alle zu beantworten, und wir können auch nicht versprechen, auf die Schnelle eine einfache Antwort parat zu haben. Nehmen Sie es uns deshalb bitte nicht allzu übel, wenn Sie von uns nichts hören. Der Blog unter http://blog.johnmuellerbooks.com/category/technical/c-all-in-one-for-dummies/ enthält wertvolle Zusatzinformationen, die dieses Buch betreffen. Und Sie können die Website http://www.johnmuellerbooks.com besuchen.

Sie werden auf den folgenden Seiten sehen, wie einfach es ist, in C++ zu programmieren. Wenn Sie dieses Buch beendet haben, beherrschen Sie diese Sprache.

Was danach kommt

Dieses Buch bildet nicht den Abschluss Ihrer Erfahrungen als C++-Programmierer – es bildet eigentlich erst den Anfang. Wir stellen Online-Inhalte zur Verfügung, damit dieses Buch flexibler wird und besser Ihren Bedürfnissen entsprechen kann. Aufgrund Ihrer E-Mails sind wir in der Lage, auf Fragen zu reagieren und Ihnen mitzuteilen, inwieweit Aktualisierungen von Code::Blocks oder C++-Inhalten dieses Buch betreffen.

✔ **Online-Artikel auf Dummies.com:** Wenn Sie der englischen Sprache mächtig sind, finden Sie hier weitere wertvolle Zusatzinformationen. Hier finden Sie interessante Informationen, die im Buch keinen Platz mehr gefunden haben: `www.dummies.com/extras/cplusplusaio`.

✔ **Aktualisierungen:** Manchmal kommt es zu Änderungen. So können wir zum Beispiel beim Blick in unsere Kristallkugel beim Schreiben dieses Buches anstehende Neuerungen übersehen haben. In der Vergangenheit bedeutete dies, dass ein Buch nicht mehr aktuell war und damit weniger nützlich wurde, aber nun können Sie unter `www.dummies.com/extras/cplusplusaio` die entsprechenden Aktualisierungen finden. Zusätzlich sollten Sie sich unter `http://blog.johnmuellerbooks.com` auch immer die Blogposts mit den Antworten auf Fragen der Leser und Demonstration nützlicher, das Buch betreffende Techniken anschauen.

✔ **Beispieldateien:** Wer hat schon Lust, den gesamten Quellcode in diesem Buch abzutippen? Die meisten Leser ziehen es vor, ihre Zeit damit zu verbringen, die Codierungsbeispiele intensiv durchzuarbeiten, statt sie abzutippen. Deshalb können Sie die Beispieldateien zu diesem Buch unter `www.wiley-vch.de/publish/dt/books/ISBN3-527-71170-8` herunterladen und sich auf die C++-Codierungstechniken konzentrieren. Die Beispielprogramme sind nach Kapiteln geordnet. Immer ist auch ein komplettes Projekt für Code::Blocks vorhanden. Bitte beachten Sie auch das README zu den Beispieldateien, in dem es um Plattformabhängigkeiten geht.

Und falls Sie sich Gedanken über Code::Blocks machen, finden Sie in Kapitel 1 Anleitungen für das Herunterladen und Installieren dieser Anwendung. Das Kapitel enthält Anleitungen für Mac OS X, Linux und Windows.

Teil I

Los geht's mit C++

Inhalt auf einen Blick ...

Ihr System einrichten

In diesem Kapitel

▶ Beschaffen Sie sich C++

▶ Erhalten Sie eine Kopie von Code::Blocks

▶ Richten Sie auf Ihrem System eine Arbeitsumgebung für Code::Blocks ein

▶ Erkennen Sie, wie Code::Blocks Ihnen beim Erledigen von Aufgaben hilft

▶ Arbeiten Sie mit anderen IDEs

*V*ielleicht haben Sie Ihre flammneue Kopie von C++ bereits auf Ihrer Maschine installiert. Sie können C++ alleinstehend oder als Teil einer IDE erhalten. Wie Sie mit C++ arbeiten, hängt davon ab, was Sie benötigen, aber wenn Sie bereits eine Kopie besitzen und damit glücklich sind, können Sie eigentlich auf dieses Kapitel verzichten – holen Sie sich eine neue Tasse Kaffee und machen Sie in der beruhigenden Erkenntnis mit dem nächsten Kapitel weiter, dass Sie bereits ein ganzes Kapitel dieses Buches ohne jegliche Anstrengung hinter sich gebracht haben. Für alle anderen Leser gilt, dass sie ohne ein installiertes C++ nicht viel anfangen können. Dies bedeutet natürlich, dass Sie online gehen, sich eine passende Softwareversion suchen und diese herunterladen müssen. Wenn Sie eine integrierte Entwicklungsumgebung (Integrated Development Environment – IDE) wie Code::Blocks verwenden, auf die wir hier in diesem Buch setzen, erhalten Sie zusammen mit Ihrer Installation eine Kopie von C++. Damit müssen Sie sich keine Gedanken mehr über den ersten Teil dieses Kapitels machen. Dieses Buch geht davon aus, dass Sie C++ 14 besitzen, die Version der Software, die zum Zeitpunkt des Schreibens dieses Buches zur Verfügung stand. Aber viele Beispiele funktionieren auch mit älteren Versionen von C++, falls Sie so etwas installiert haben.

Auch wenn sich dieses Buch auf das Arbeiten mit C++ auf den Plattformen Mac, Windows und Linux konzentriert, können Sie die hier vorgestellten Techniken auf vielen anderen Plattformen wie zum Beispiel einigen Smartphones einsetzen. Sie sollten aber beachten, dass je esoterischer Ihre Plattform wird, desto weniger Beispiele darauf funktionieren werden, weil Ihre Plattform mit ziemlicher Sicherheit besondere Programmiertechniken benötigt. Am besten klappt alles mit einer Kopie von Code::Blocks 13.12, die C++ 14 enthält. Beides wird dann in einem Rutsch auf dem Mac oder unter Windows oder Linux installiert.

An C++ 14 gelangen

Ein Produkt mit dem Namen C++ 14 gibt es nicht. Der C++-Standard 14 besagt einfach nur, was die Sprache enthält und wie sie implementiert werden sollte. Oder mit anderen Worten, Sie können nicht einfach online gehen und sich eine Kopie von C++ 14 besorgen; stattdessen müssen Sie die Implementierung eines Compilers auftreiben, die den Standard von C++ 14 enthält. Sie können sich zum Beispiel unter `http://gcc.gnu.org/releases.html` die C++-Version der Gnu Compiler Collection (GCC) herunterladen.

Jeder Anbieter interpretiert den Standard etwas anders und erweitert ihn ab und an sogar. Kurz, jeder Compiler kennt eine eigene Version von C++. Natürlich sind Sie nicht gezwungen, die besonderen Funktionen dieser Versionen zu verwenden, was wiederum bedeutet, dass Ihr Quellcode weniger anfällig für Probleme ist, zu denen es kommen kann, wenn Sie mehrere Compiler einsetzen. Die Beispiele in diesem Buch halten sich genau an den Standard C++ 14, weshalb Sie sie überall verwenden können.

Es ist wichtig, dass Sie verstehen, dass ein Compiler nicht dasselbe wie eine integrierte Entwicklungsumgebung (IDE) ist. Der Compiler ist häufig unabhängig von der IDE und wird oft auch von zwei unabhängigen Seiten gepflegt. So unterstützt zum Beispiel die IDE Code::Blocks mehrere Compiler, und der Compiler GCC arbeitet mit mehreren IDEs zusammen. Der Compiler ist ein sehr wichtiges Stück Software, weil es aus Ihrem Quellcode eine ausführbare Datei macht, die Ihr Betriebssystem ablaufen lassen kann.

Der Compiler, den Sie gewählt haben, muss die Plattformen unterstützen, mit denen Sie arbeiten wollen. So unterstützt zum Beispiel GCC nicht nur die Entwicklung auf Mac, Windows und Linux, sondern auch die auf einigen Acorn-RISC-Machine-Prozessoren (ARM-Prozessoren). Eventuell werden, wenn Sie dieses Kapitel lesen, noch weitere Plattformen unterstützt. Da der Compiler GCC fast universell einsetzbar ist, verwenden auch wir ihn in diesem Buch, wobei aber gilt, dass die Beispiele in der Regel auch mit anderen Compilern laufen.

Sich Code::Blocks besorgen

Die IDE Code::Blocks sorgt für eine Umgebung, in der Sie Quellcode schreiben, kompilieren, testen und bei Bedarf debuggen können. Die IDE selbst kompiliert den Quellcode nicht, aber sie unterstützt einen Compiler, der diesen Job dann übernimmt. (Dies geschieht dadurch, dass der Compiler Teil der IDE wird.) Sie können in Code::Blocks aus einer Reihe von Compilern auswählen, aber dieses Buch konzentriert sich auf den Einsatz von GCC, um sicherzustellen, dass die Beispiele auf so vielen Plattformen wie möglich ablaufen können. Wenn Sie mit Windows arbeiten, erhalten Sie GCC zusammen mit Ihrer Kopie von Code::Blocks – Sie müssen also nichts Besonderes unternehmen, sondern GCC nur bei der Installation auswählen. (Wenn Sie mit einem Mac- oder einem Linux-System arbeiten, müssen Sie GCC eigenständig installieren, da es in diesen Fällen den Compiler nicht zusammen mit Code::Blocks gibt.)

Wir haben beim Schreiben dieses Buches Code::Blocks Version 13.12 verwendet. Das heißt nicht, dass Sie es nicht auch mit früheren oder späteren Versionen von Code::Blocks verwenden können. Wenn Sie mit anderen Versionen von Code::Blocks arbeiten, kann es natürlich passieren, dass Sie den Code ein wenig ändern müssen. Diese Änderungen sind notwendig, um den Compiler zu unterstützen, der dann zusammen mit Ihrer Version von Code::Blocks ausgeliefert wird.

Code::Blocks gibt es sowohl in binärer Form als auch als Quellcode. Sie können beides unter http://www.codeblocks.org/downloads herunterladen. Wenn Sie mit Mac, Windows oder Linux arbeiten, sollten Sie sich von der Webseite http://www.codeblocks.org/

downloads/26 die binäre Version herunterladen. Dies ist die Version, die in diesem Buch verwendet wird. Der Abschnitt *Code::Blocks installieren* in diesem Kapitel erzählt Ihnen mehr darüber, wie Code::Blocks auf Ihrem System installiert wird.

Wenn Sie mit einer Windows-Installation arbeiten, müssen Sie dafür sorgen, dass Sie den »Imstaller« codeblocks-13.12mingw-setup.exe verwenden, um zusammen mit Code::Blocks auch eine Kopie von GCC zu erhalten. Wenn Sie auf Ihrer Maschine nicht über administrative Rechte verfügen, laden Sie stattdessen die Datei codeblocks-13.12mingw-setup_user.exe herunter; achten Sie unbedingt darauf, sie auf Ihrem System nicht im Ordner Programme beziehungsweise Programme (x86) zu installieren, weil diese Anwendung dort nicht funktioniert. Legen Sie einen Ordner an, auf den Sie Schreibrechte haben, und installieren Sie Code::Blocks dort.

Wir können es nicht oft genug erwähnen: Achten Sie darauf, von der Code::Blocks-Site die Datei codeblocks-13.12mingw-setup.exe herunterzuladen. Das Herunterladen und Installieren der Datei codeblocks-13.12mingw-setup-TDM-GCC-481.exe erzeugt eine Installation, die instabil und fehlerhaft ist. Und mit ziemlicher Sicherheit werden einige der Beispiele dieses Buches nicht mit dieser Version von Code::Blocks funktionieren. Die Herausgeber dieser Version wissen von diesen Stabilitätsproblemen und arbeiten daran. Schauen Sie im Blog von John Mueller (http://blog.johnmuellerbooks.com) nach, ob es inzwischen Aktualisierungen von Code::Blocks gibt.

Code::Blocks installieren

Bevor Sie Code::Blocks als IDE verwenden können, müssen Sie es installieren. Die nächsten Abschnitte beschreiben, wie Code::Blocks auf den Plattformen installiert wird, die dieses Buch unterstützt. Die Installationen in diesen Abschnitten gehen davon aus, dass Sie die binäre Version von Code::Blocks heruntergeladen haben und dass Sie keine benutzerdefiniert kompilierte Version des Produkts verwenden.

Mit Windows arbeiten

Code::Blocks kommt mit einem Windows-Installer, der die Aufgabe, die IDE zu installieren, stark vereinfacht. Die folgenden Schritte helfen Ihnen, mit der Installationsdatei codeblocks-13.12mingw-setup.exe oder codeblocks-13.12mingw-setup_user.exe klarzukommen:

1. **Führen Sie auf der Datei, die Sie von der Code::Blocks-Site heruntergeladen haben, einen Doppelklick aus.**

   Es startet der Code::Blocks Setup Wizard.

2. **Klicken Sie auf NEXT.**

   Es erscheint die (englischsprachige) Lizenzvereinbarung, die Sie gegebenenfalls durchlesen sollten, damit Sie die Nutzungsbedingungen von Code::Blocks kennen.

3. Klicken Sie auf I AGREE.

Damit stimmen Sie der Lizenzvereinbarung zu, und der Installationsassistent zeigt eine Reihe von Konfigurationsmöglichkeiten an (siehe Abbildung 1.1). Wir gehen in diesem Buch davon aus, dass Sie die standardmäßige vollständige Installation vornehmen.

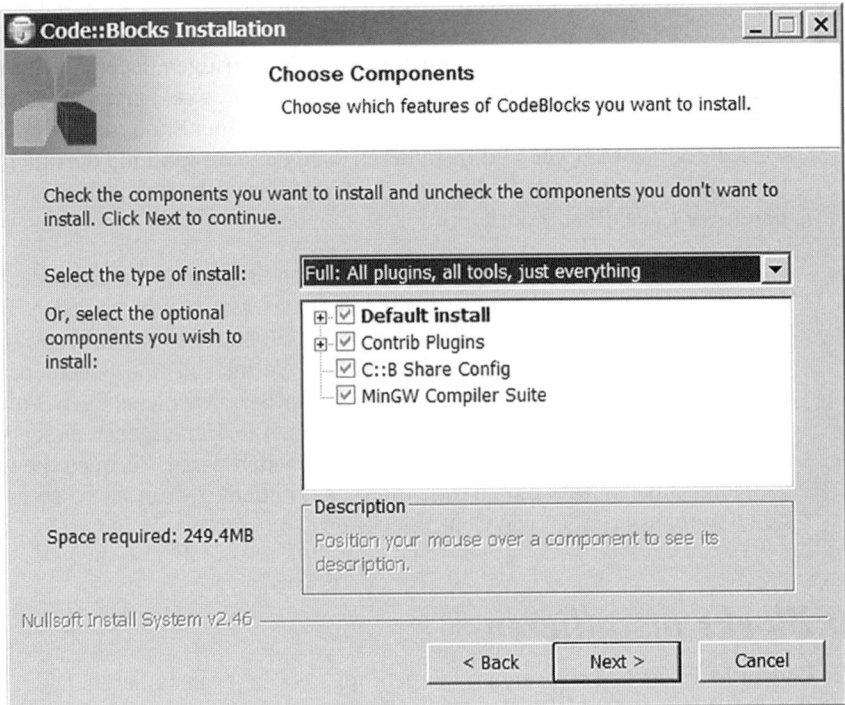

Abbildung 1.1: Der Assistent fordert Sie auf, die gewünschten Konfigurationsoptionen auszuwählen.

4. Klicken Sie auf NEXT.

Das Installationsprogramm fragt nach, wo Code::Blocks auf Ihrem Computer installiert werden soll. Code::Blocks schreibt, anders als andere Programme, von Zeit zu Zeit Daten in diesen Ordner. Wenn Sie keinen administrativen Zugriff auf den Ordner `Programme` beziehungsweise auf einem 64-Bit-System auf `Programme (x86)` haben, sollten Sie am besten einen Ordner verwenden, auf den Sie Schreibrechte haben. Wir verwenden hier zum Beispiel den Ordner `C:\CodeBlocks`.

5. Geben Sie in das Feld für den Zielordner (DESTINATION FOLDER) `C:\CodeBlocks` ein und klicken Sie auf INSTALL.

Das Installationsprogramm erstellt automatisch den Ordner `C:\CodeBlocks`, wenn dieser noch nicht existiert. Sie können zusehen, wie die Dateien auf Ihrem System im Zielordner installiert werden.

Der Installationsassistent zeigt nun ein Dialogfeld an, das Sie fragt, ob Code::Blocks ausgeführt werden soll. Klicken Sie in diesem Fall auf NEIN.

6. Klicken Sie auf NEXT.

Sie sehen ein Dialogfeld, das die Fertigstellung der Installation anzeigt.

7. Klicken Sie auf FINISH.

Der Installationsassistent beendet sich.

Mit Mac OS/X arbeiten

Die Installation von Code::Blocks auf einem Mac verlangt ein paar kleinere Dinge mehr als die Windows-Installation. Code::Blocks benötigt für die Installation Mac OS/X 10.4 oder später. Die folgenden Schritte sagen Ihnen, wie Sie auf Ihrem Mac-System an eine funktionierende Code::Blocks-Installation gelangen:

1. Laden Sie aus dem App Store Xcode herunter und installieren Sie es, um an eine Kopie von GCC zu gelangen.

Sie können überprüfen, ob Sie den GNU GCC Compiler installiert haben, indem Sie ein Terminal öffnen, gcc –v eingeben und ⏎ drücken. Wenn Sie GCC installiert haben, sollten Sie Versionsinformationen und Compileranweisungen sehen.

Wenn Sie mit einer älteren Version von Mac OS/X arbeiten, wird beim Herunterladen von Xcode eine Gebühr fällig. (Ab Version 10.6 ist der Zugriff kostenfrei.) Da die Datei, die Sie herunterladen, sehr groß ist (ungefähr 1 GB), sollten Sie die entsprechende Zeit dafür einplanen.

2. Entpacken Sie die Code::Blocks-Dateien in einen Ordner.

Sie sehen eine Reihe von Dateien, zu denen auch die Code::Blocks-Anwendung, eine Read-me-Datei mit den neuesten Update-Informationen und eine PDF-Datei gehören, die die Dokumentation enthält.

3. Öffnen Sie den Ordner `Programme`.

Sie sehen, welche Anwendungen auf Ihrem System installiert sind.

4. Ziehen Sie die Datei `CodeBlocks.app` aus dem Ordner, den Sie für das Entpacken verwendet haben, in den Ordner `Programme`.

Das Betriebssystem fügt Code::Blocks der Liste der verwendbaren Anwendungen hinzu.

5. Gehen Sie zu `https://developer.apple.com/downloads`.

Die Site verlangt, dass Sie sich anmelden, um eine kostenlose Apple-ID zu erhalten. Folgen Sie einfach den Aufforderungen auf dem Bildschirm, um eine Apple-ID zu bekommen. Dieser Anmeldevorgang ist kostenfrei.

6. Klicken Sie für die Xcode-Verknüpfung auf die Command Line Tools (die manchmal auch Xcode-Befehlszeilen-Tools genannt werden).

Das Betriebssystem lädt die Datei herunter und zeigt einen Paketordner an.

7. Führen Sie auf dem Command-Line-Tools-Paket einen Doppelklick aus.

Das Betriebssystem installiert das Paket, über das aus Code::Blocks heraus der Zugriff auf GCC ermöglicht wird.

Eine Standardinstallation unter Linux

Leider gibt es für die Installation von Code::Blocks unter Linux keine einheitlichen Vorgehensweise, weil jede Linux-Variante ihre eigene Vorgehensweise verlangt. Code::Blocks unterstützt

✔ Blag

✔ Debian

✔ Fedora

✔ Gentoo

✔ Playpux

✔ Red-Hat-Distributionen, die auf dem Package Manager (RPM) basieren (wie SUSE, Red Hat, Yellow Dog, Fedora Core und CentOS)

✔ Ubuntu

Jede dieser Distributionen hat ihre eigene Vorgehensweise, die Sie unter `http://wiki.codeblocks.org/index.php?title=Installing_Code::Blocks` nachlesen können. Achten Sie darauf, den Compiler, den Debugger und gegebenenfalls die IDE herunterzuladen und zu installieren, indem Sie sorgfältig den Anleitungen folgen (die im Terminal angezeigt werden). Die Datei, die Sie von `http://www.codeblocks.org/downloads/26` heruntergeladen haben, enthält alle Pakete für die Installation von Code::Blocks, weshalb Sie sich nicht um jedes einzelne Paket separat kümmern müssen.

Einige Linux-Installationen kennen für das Arbeiten mit Code::Blocks bestimmte Anforderungen oder Einschränkungen. Davon gibt es eine, die offensichtlich dieses Buch betrifft: Boost wird weder für Red Hat noch für CentOS unterstützt. Aus diesem Grund können Sie bei diesen Systemen die Beispiele in Kapitel 4 und 5 nicht nutzen. Außerdem verwendet Code::Blocks beim Starten (Run) der Programme standardmäßig xterm. Das Programm ist meist installiert. Sollte es nicht vorhanden sein, muss es gegebenenfalls nachinstalliert werden. Sollten Sie auf weitere Einschränkungen stoßen, lassen Sie es John Mueller unter `John@John-MuellerBooks.com` wissen; er wird sie im Blog dieses Buches posten.

Die grafische Linux-Installation verwenden

Nun gibt es aber auch Linux-Distributionen, die auf Debian-Versionen basieren (wie Ubuntu 12.x und neuer), die eine grafische Installationsroutine bereitstellen. Sie benötigen das Kennwort (sudo) der administrativen Gruppe, um diese Möglichkeit, die Ihnen viel Zeit spart, nutzen zu können. Die folgenden Schritte skizzieren die grafische Installation für Ubuntu, wobei diese Technik der bei anderen Linux-Installationen ähnelt.

1. **Starten Sie unter Ubuntu das Programm Software-Center (auf anderen Plattformen können Sie Synaptics oder Muon verwenden).**

   Sie sehen eine Liste mit den beliebtesten Programmen, die heruntergeladen und installiert werden können (siehe Abbildung 1.2). Die Liste auf Ihrem Bildschirm unterscheidet sich mit ziemlicher Sicherheit von der, die die Abbildung zeigt.

Abbildung 1.2: Das Ubuntu Software-Center enthält die beliebtesten Programme.

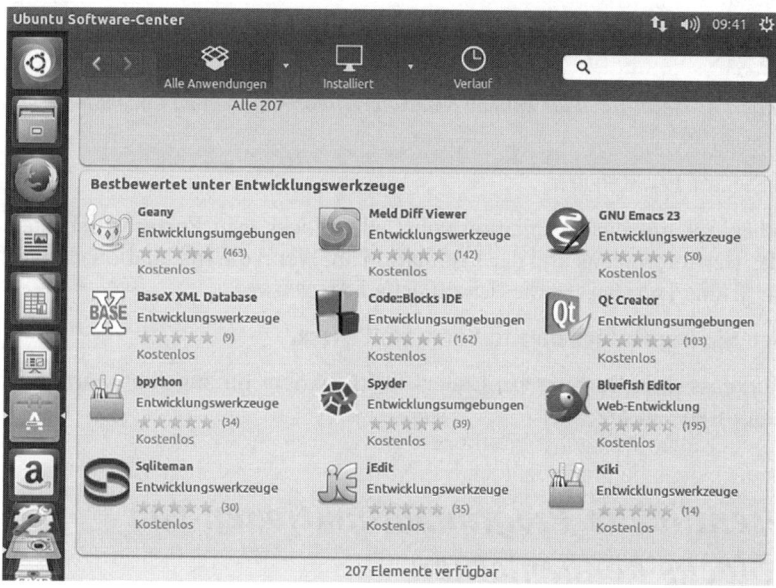

Abbildung 1.3: Die Kategorie ENTWICKLUNGSWERKZEUGE enthält einen Code::Blocks-Eintrag.

2. **Wählen Sie in der Dropdownliste** ALLE ANWENDUNGEN **die Option** ENTWICKLUNGSWERKZEUGE.

Sie sehen eine Liste mit Entwicklerwerkzeugen, zu denen auch Code::Blocks gehört, wie Abbildung 1.3 zeigt.

3. Führen Sie auf CODE::BLOCKS einen Doppelklick aus.

Das Ubuntu Software-Center liefert Einzelheiten zu Code::Blocks und bietet an, die Anwendung für Sie zu installieren (siehe Abbildung 1.4).

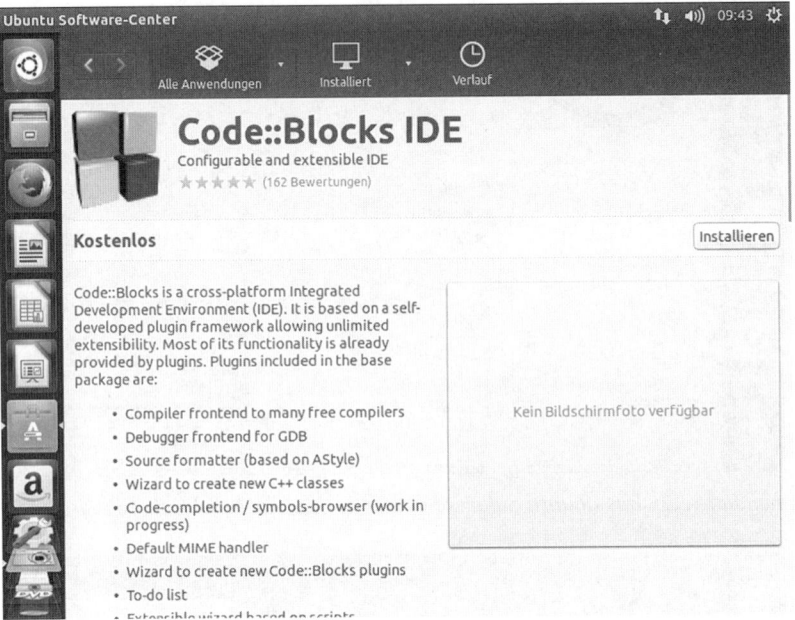

Abbildung 1.4: Gegebenenfalls können Sie weitere Informationen zu Code::Blocks erhalten.

4. Klicken Sie auf INSTALLIEREN.

Ubuntu beginnt mit der Installation von Code::Blocks. Ein Fortschrittsbalken zeigt den Status des Herunterladens und der Installation an. Wenn die Installation fertig ist, wird aus der Schaltfläche INSTALLIEREN die Schaltfläche ENTFERNEN.

5. Schließen Sie den Ordner UBUNTU SOFTWARE-CENTER.

Sie sehen, dass dem Desktop ein Code::Blocks-Symbol hinzugefügt worden ist. Die IDE wartet auf ihren Einsatz.

Die wesentlichen Programmfunktionen von Code::Blocks kennenlernen

Unabhängig davon, auf welcher Plattform Sie Code::Blocks installiert haben, erhalten Sie immer eine IDE mit Standardmerkmalen. Dies ist einer der besten Gründe dafür, eine IDE wie Code::Blocks zu nutzen – Sie können dieselbe IDE auf jeder beliebigen Plattform einsetzen.

 Ihr Bildschirm kann anders aussehen als das, was in diesem Buch gezeigt wird. Auch wenn wir hier Screenshots der Windows-Version von Code::Blocks verwenden, stellt Code::Blocks auch in anderen Installationsumgebungen dieselben Programmfunktionen zur Verfügung, wobei die IDE dort vielleicht etwas anders aussieht. Die folgenden Abschnitte beschreiben die wesentlichen Funktionen, die Sie kennen müssen, wenn Sie mit Code::Blocks arbeiten wollen.

Code::Blocks zum ersten Mal starten

Öffnen Sie das Programm Code::Blocks. Verwenden Sie dafür die Technik, die Sie normalerweise in Ihrer Betriebssystemumgebung einsetzen. Führen Sie zum Beispiel unter Windows oder auf dem Mac einen Doppelklick auf dem Code::Blocks-Symbol aus. Wenn Sie Code::Blocks zum ersten Mal starten, sehen Sie das Dialogfeld COMPILER AUTO-DETECTION für das automatische Erkennen des Compilers. Wählen Sie den Eintrag GNU GCC COMPILER aus (bei dem es sich wohl um den einzigen Eintrag handeln wird) und klicken Sie auf OK.

Nun zeigt Code::Blocks das Dialogfeld FILE ASSOCIATIONS an (siehe Abbildung 1.5), in dem Sie Code::Blocks Dateien zuordnen können. Dies erleichtert Ihre Arbeit, weil das Öffnen einer auf diese Weise zugeordneten Datei gleichzeitig auch die IDE öffnet.

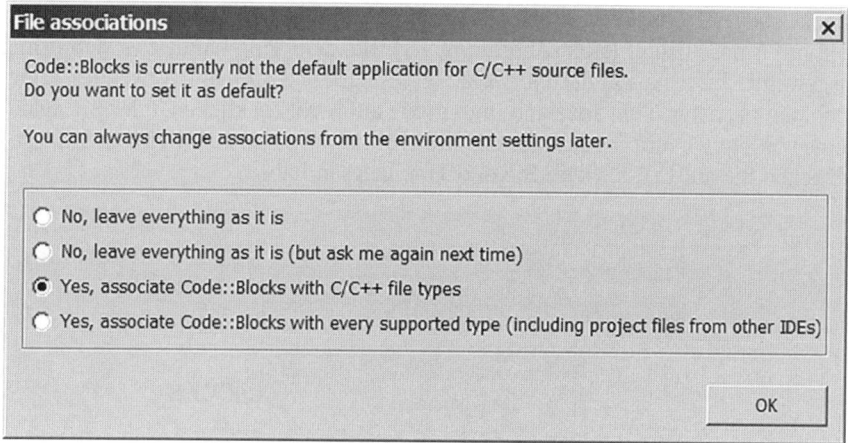

Abbildung 1.5: Verbinden Sie Code::Blocks mit Ihren C++-Dateien, um deren Verwaltung zu erleichtern.

Wählen Sie eine der YES-Optionen dieser Liste aus. Es ist möglich, Code::Blocks auch mit anderen Quellcodetypen zu verknüpfen, aber in diesem Buch benötigen Sie nur eine Verknüpfung mit C++-Dateien. Klicken Sie auf OK, um die Aktion abzuschließen. Sie sehen nun die IDE.

Damit Ihre Änderungen auf Dauer gelten, wählen Sie FILE|QUIT, um das Programm zu verlassen. Die IDE zeigt eine Meldung wie die in Abbildung 1.6. Diese Meldung besagt, dass Sie Änderungen an der Konfiguration von Code::Blocks vorgenommen haben. Wenn Sie auf JA beziehungsweise YES klicken, werden Ihre Änderungen gespeichert.

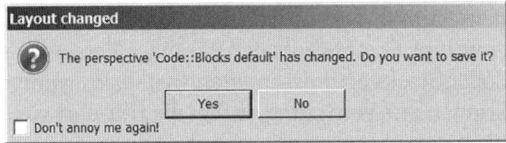

Abbildung 1.6: Speichern Sie Ihre Änderungen auf der Festplatte.

 An dieser Stelle können Windows-Benutzer auf ein Problem stoßen. Wenn Sie Code::Blocks im Verzeichnis `C:\Programme` beziehungsweise auf einem 64-Bit-System im Verzeichnis `C:\Programme (x86)` installieren und dort keine administrativen Rechte besitzen (oder die Anwendung als normaler Benutzer gestartet haben), bemerken Sie vielleicht, dass Sie Code::Blocks-Einstellungen nicht speichern können. Damit Sie Code::Blocks nutzen können, ohne dass es zu Schwierigkeiten kommt, müssen Sie darauf achten, dass Sie auf dem Ordner über Schreibrechte verfügen, in dem Sie das Programm installiert haben. Am besten installieren Sie Code::Blocks in einem Verzeichnis wie `C:\CodeBlocks`. Sie können das Code::Blocks-Verzeichnis aber auch mit der rechten Maustaste anklicken und im Kontextmenü ALS ADMINISTRATOR AUSFÜHREN wählen, um Code::Blocks mit den entsprechenden Rechten auszuführen.

Code::Blocks startet von nun an immer damit, dass es die IDE öffnet und gegebenenfalls ein Dialogfeld mit Tipps anzeigt (siehe Abbildung 1.7). Bei dem Tipp handelt es sich um eine zufällig ausgewählte Information darüber, wie Sie Code::Blocks sinnvoll verwenden können. Sie lassen sich den nächsten Tipp anzeigen, indem Sie auf NEXT TIP klicken, oder Sie deaktivieren die Anzeige von Tipps dadurch, dass Sie das Kontrollkästchen vor SHOW TIPS AT STARTUP deaktivieren. Klicken Sie auf CLOSE, wenn Sie den Tipp gelesen haben.

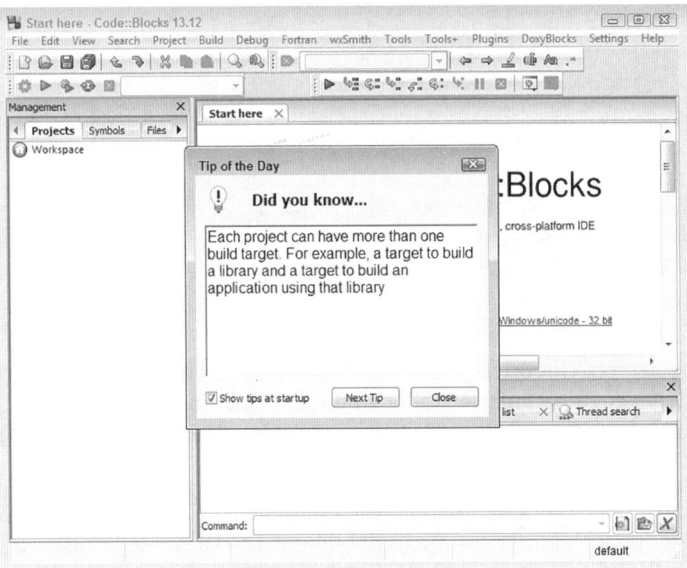

Abbildung 1.7: Code::Blocks stellt ein Dialogfeld mit hilfreichen Tipps zur Verfügung.

Die Beispielprojekte öffnen

Sie erhalten den Quellcode der Beispiele auf der Webseite des Verlags: www.wiley-vch.de/
publish/dt/books/ISBN3-527-71170-8. Wenn Sie die .zip-Datei heruntergeladen
haben, müssen Sie sie nur noch auf Ihrer Festplatte entpacken, um an den Quellcode zu gelangen.

Dieser Quellcode ist in Kapitel aufgeteilt und in den Kapiteln nach Projekten gegliedert worden. Wenn Sie zum Beispiel die Zip-Datei im Ordner C:\Buch\CPP entpackt haben, finden
Sie das erste Beispielprojekt, das zu Kapitel 2 dieses Buches gehört, im Ordner c:\Buch\
CPP\CPP_Beispiele\Kapitel02\HalloSagen (oder den für Ihre Plattform geltenden
Speicherort). In diesem Verzeichnis gibt es die Datei SayHello.cbp. Bei dieser Datei handelt
es sich um eine Code::Blocks-Projektdatei(.cbp), die alles enthält, was Code::Blocks benötigt,
um das Projekt zu öffnen. Wenn Sie das erste Projekt gefunden haben, führen Sie auf der
Datei SayHello.cbp einen Doppelklick aus, und Code::Blocks öffnet automatisch das Projekt
für Sie, wie Abbildung 1.8 zeigt.

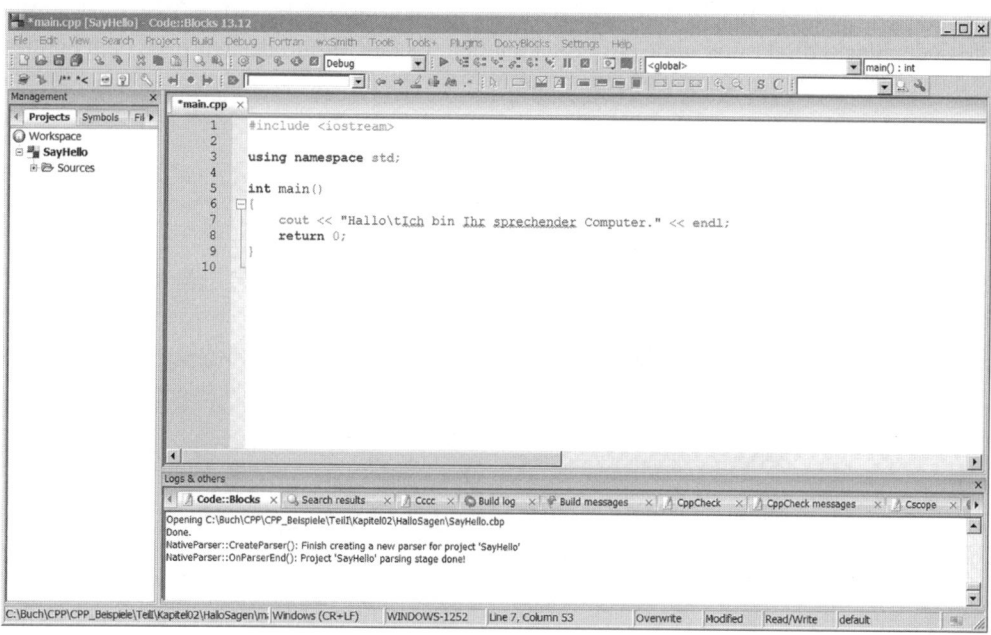

Abbildung 1.8: Zu jedem Beispiel gehört eine .cbp-Datei, die das Beispiel in Code::Blocks öffnet.

Wenn Sie es zulassen, dass Tipps angezeigt werden, sehen Sie nun zuerst das Dialogfeld Tip of
the Day (das dem in Abbildung 1.7 ähnelt). Klicken Sie, nachdem Sie den Tipp durchgelesen
haben, auf Close, und Sie sehen das Projekt. Machen Sie sich über den Inhalt dieses Beispiels
noch keine Gedanken. Sie erfahren in Kapitel 2, was es macht und wie es funktioniert. Das
Einzige, was Sie im Moment wissen müssen, ist, wie ein Projektbeispiel geöffnet wird, damit
Sie den Beispielen in diesem Buch folgen können.

Wenn Sie mit einer anderen IDE als Code::Blocks arbeiten, können Sie statt der .cbp-Datei die C++-Datei (.cpp) öffnen. Dadurch wird das Codebeispiel angezeigt. C++ speichert den Quellcode in .cpp-Dateien.

Die wichtigsten Fenster

Es gibt einige Fenster, die Sie ständig mit den Beispielen dieses Buches nutzen. Diese Fenster werden in den folgenden Abschnitten beschrieben, und Sie müssen sie einfach kennen, wenn Sie mit Code::Blocks loslegen wollen, und im Verlauf dieses Buches werden Sie sehen, dass Code::Blocks noch ein paar Fenster mehr enthält.

Das Fenster »Start here«

Das Fenster START HERE, das Abbildung 1.9 zeigt, macht genau das, was sein Name bedeutet – hier starten Sie Code::Blocks erst richtig. Dieses Fenster wird automatisch angezeigt, wenn Sie Code::Blocks direkt und ohne ein Projekt öffnen. Es taucht unmittelbar nach dem Schließen des Dialogfelds TIP OF THE DAY auf.

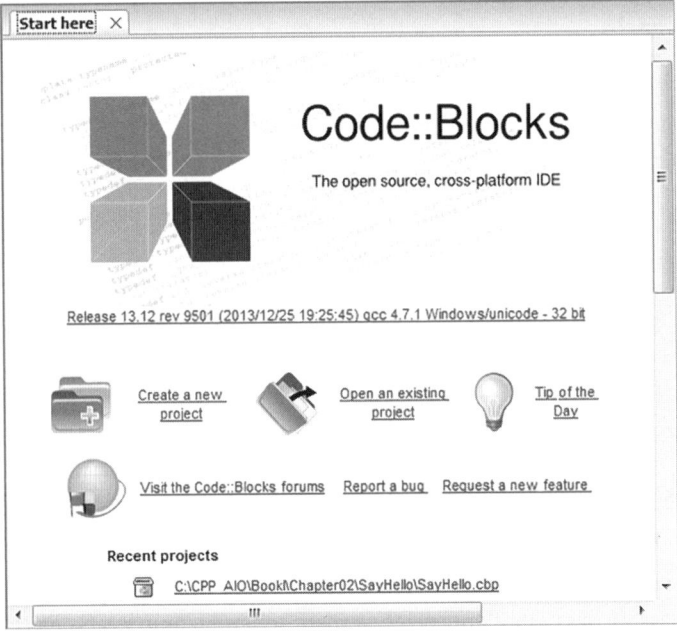

Abbildung 1.9: Benutzen Sie das Fenster »Start here«, um eine neue Sitzung zu beginnen.

Dieses Fenster ist wichtig, weil Sie darüber auch auf verschiedene Code::Blocks-Funktionen zugreifen können und die Möglichkeit erhalten, Änderungen vorzunehmen. Dies sind die Dinge, auf die Sie mithilfe dieses Fensters zugreifen können:

✔ **Create a new project:** Bevor Sie Code::Blocks effektiv nutzen können, müssen Sie ein Projekt erstellen. Ein Projekt ist wie ein Container, der die Dateien aufnimmt, die verwendet werden, um die Anwendung zu erstellen. Außerdem speichert das Projekt die Einstellungen, die verwendet werden, um die Entwicklungsumgebung einzurichten und auf eine bestimmte Weise darzustellen.

✔ **Open an existing project:** Jedes Mal, wenn Sie die Umgebung wiederherstellen wollen, die Sie während einer früheren Codierungssitzung verwendet haben, öffnen Sie ein Projekt. Das Projekt öffnet dann automatisch alle Quellcodedateien, die zum Projekt gehören, und führt weitere Aufgaben durch, damit Sie genau an der Stelle weitermachen können, an der Sie das Projekt verlassen haben.

✔ **Tip of the Day:** Wenn Sie den Tipp des Tages *(Tip of the Day)* vermissen oder diese Funktion einfach nur reaktivieren wollen, klicken Sie auf diese Verknüpfung. Code::Blocks zeigt dann das Dialogfeld TIP OFT HE DAY an, das Abbildung 1.7 zeigt.

✔ **Visit the Code::Blocks forums:** Sie können mit den Machern von Code::Blocks nicht direkt kommunizieren. Aber Sie haben die Möglichkeit, direkt mit anderen Benutzern in Kontakt zu treten und von vielen Seiten Unterstützung zu erhalten. Die Macher von Code::Blocks beobachten die Foren, und sie kümmern sich um die Themen, die von anderen nicht geklärt werden können.

✔ **Report a bug:** Jedes Programm auf dieser Erde enthält Programmierfehler *(Bugs)*, und die Code::Blocks-IDE bildet davon keine Ausnahme. Es ist wichtig, dass Sie Fehler melden, wenn Sie sie finden, damit sie behoben werden können.

✔ **Request a new feature:** Jeder, der lange genug mit einer Anwendung arbeitet, hat irgendwann eine Idee, um diese Anwendung zu verbessern. Die Macher von Code::Blocks sind immer an Ihren phänomenalen Ideen interessiert, weshalb Sie diese Leute lieber früher als später kontaktieren sollten.

✔ **Recent projects:** Während Sie mit Code::Blocks arbeiten, legen Sie mehr als ein Projekt an. Statt nun Ihre gesamte Festplatte immer wieder nach einem bestimmten Projekt durchsuchen zu müssen, können Sie diese Funktion verwenden, um das Projekt sehr schnell zu finden. Wenn Sie es dann öffnen wollen, klicken Sie in der Liste RECENT PROJECTS, die Ihre letzten Projekte enthält, einfach auf die Verknüpfung.

 Selbst wenn Sie das Fenster START HERE nicht sehen können, nachdem Sie ein Projekt geöffnet haben, können Sie es immer anzeigen, indem Sie es über SETTINGS|ENVIRONMENT|VIEW|SHOW »START HERE« PAGE aktivieren. Denken Sie daran, dass Ihnen dieses Fenster die Möglichkeit bietet, schnell auf häufig genutzte Funktionen von Code::Blocks zuzugreifen. Natürlich können Sie diese Funktionen auch über die Menüs erreichen. Um zum Beispiel ein neues Projekt anzulegen, können Sie auch FILE|NEW|PROJECT wählen.

Das Fenster »Management«

Sinn einer IDE ist es, Ihre Codierungsprojekte auf verschiedene Weise zu verwalten. Aus diesem Grund ist es keine Überraschung, dass Code::Blocks ein Fenster MANAGEMENT kennt, das Abbildung 1.10 zeigt. Dieses Fenster befindet sich normalerweise an der linken Seite des Hauptfensters der IDE, aber Sie können es an eine beliebige Stelle auf dem Bildschirm verschieben, indem Sie die Titelleiste verwenden, um es an seine neue Position zu ziehen.

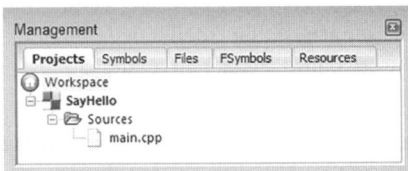

Abbildung 1.10: Das Fenster MANAGEMENT hilft Ihnen bei der Verwaltung Ihrer Code::Blocks-Projekte.

Das Fenster MANAGEMENT hat vier Registerkarten. Die folgende Liste beschreibt, welchem Zweck die einzelnen Registerkarten dienen:

✔ **Projects:** Das Gruppieren der Dateien, die benötigt werden, um eine Anwendung zu erstellen, hilft bei der Verwaltung dieser Dateien. Die Gruppierung von Anwendungsdateien wird *Projekt* genannt, und die Hilfe von Code::Blocks beim Erstellen und Pflegen von Projekten ist einer der Wege, auf denen die Anwendungsentwicklung erleichtert wird.

✔ **Symbols:** Anwendungen enthalten eine Reihe von Symbolen, zum Beispiel die Namen von Funktionen. Sie verwenden die Registerkarte SYMBOLS, um die Symbole zu finden, die Sie im Rahmen einer Anwendung benötigen. Machen Sie sich im Moment noch keine Gedanken über Symbole, aber vielleicht finden auch Sie heraus, dass diese Registerkarte dabei helfen kann, Zeit und Mühen zu sparen, indem es einfacher wird, bestimmte Puzzleteile Ihrer Software aufzufinden.

✔ **Files:** Es kann ziemlich zeitaufwendig sein, den Code und die Ressourcen zu lokalisieren, die Sie dem aktuellen Projekt hinzufügen müssen. Die Registerkarte FILES sorgt für eine Methode, sich im Dateisystem zurechtzufinden. Sie können dann Dateien, die Sie benötigen, mit der rechten Maustaste anklicken und die Einträge des Kontextmenüs nutzen, um Aufgaben wie das Hinzufügen der Datei zum aktuellen Projekt zu erledigen.

✔ **Resources:** Grafische Anwendungen verlangen Dialogfelder und andere visuelle Elemente, die C++ als Ressourcen behandelt. Die Registerkarte RESOURCES enthält eine Liste dieser Ressourcen, wodurch Sie sie leicht finden können und mehrere Möglichkeiten haben, sie zu verwalten.

Bei der Registerkarte RESOURCES handelt es sich um ein sogenanntes *Feature*, das von erfahrenen Entwicklern benutzt wird. Sie beschäftigen sich normalerweise erst dann mit dieser Programmfunktion, wenn Sie sich entschließen, grafische Anwendungen zu erstellen, die eine Kombination aus C++ und dem Plug-in wxWidgets verwenden. (Dieses Plug-in wird unter Windows automatisch installiert, während sich sowohl Mac- als auch Linux-Entwickler eigenhändig um die Installation kümmern müssen.) Wie Sie solche Anwendungen erstellen, über-

schreitet den Rahmen dieses Buches, aber Sie finden unter `http://wiki.`
`codeblocks.org/index.php?title=WxSmith_tutorial:_Hello_world`
ein einfaches Beispiel eines solchen Projekts.

Das Fenster »Logs & others«

Code::Blocks hilft Ihnen dabei, allen möglichen Aktivitäten auf der Spur zu bleiben. Wenn Sie zum Beispiel aus Ihrem Quellcode eine Anwendung erstellen (was in Code::Blocks *Building* genannt wird), sehen Sie Meldungen, die Sie darüber informieren, wie dies abgelaufen ist (siehe Abbildung 1.11). Die Beispiele in diesem Buch werden Ihnen dabei helfen zu verstehen, wann Sie die verschiedenen Registerkarten mit Protokollen und anderen Informationen (wie die Registerkarte DEBUGGER) verwenden sollten, um festzustellen, wie Ihre Anwendung funktioniert.

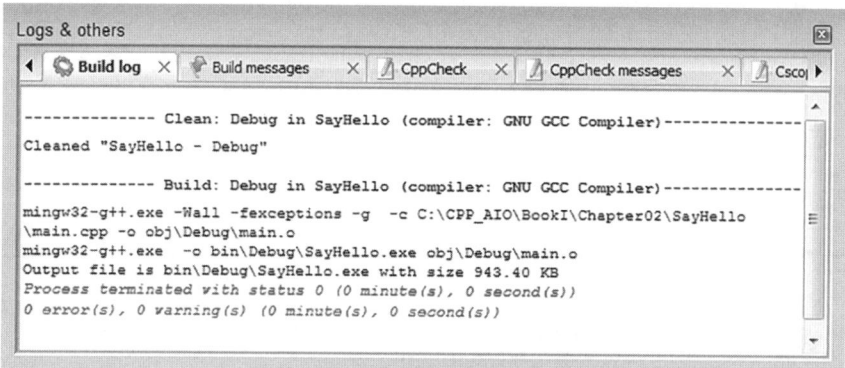

Abbildung 1.11: Nutzen Sie das Fenster LOGS & OTHERS, *um zu verstehen, wie die Anwendung funktioniert.*

Die Registerkarten, die Sie in diesem Fenster sehen, hängen von den Optionen ab, die Sie in Code::Blocks eingeschaltet haben, und von den Aufgaben, die Sie erledigen. Code::Blocks sucht normalerweise die Registerkarten, die Sie benötigen, automatisch aus. Wenn Sie eine bestimmte Registerkarte schließen wollen, klicken Sie oben auf der Karte auf das X. Um eine Registerkarte anzuzeigen, die Sie nicht sehen, klicken Sie mit der rechten Maustaste auf eine beliebige Registerkarte und wählen im Kontextmenü in der Liste der Option TOGGLE den gewünschten Eintrag aus.

Einen Compiler auswählen

Code::Blocks unterstützt eine Reihe von Compilern. Dieses Buch verwendet GCC, weil dieser Compiler auf allen Zielplattformen eingesetzt werden kann und über eine erstklassige Unterstützung von C++ 14 verfügt. Die meisten Code::Blocks-Installationen wählen diesen Compiler automatisch aus. Es gibt sehr viele Gründe, sich für GCC zu entscheiden. Sollten Sie aber auf Ihrer Plattform einen anderen Compiler gewählt haben, kann dies beim Kompilieren der Beispiele zu Problemen führen. Nicht jeder Hersteller eines Compilers unterstützt das gesamte Spektrum von C++ 14, oder es sind Komponenten auf andere Weise implementiert worden als im GCC. Die folgenden Schritte helfen Ihnen dabei, herauszufinden, ob auf Ihrem System GCC läuft, und falls dies nicht der Fall ist, Ihre Konfiguration zu ändern:

1. **Starten Sie Code::Blocks.**

   Hier interessiert jetzt nicht, ob Sie ein Projekt ausgewählt haben oder nicht. Das Einrichten eines Compilers ist in beiden Fällen identisch.

2. **Wählen Sie SETTINGS|COMPILER.**

   Sie sehen das Dialogfeld COMPILER SETTINGS, das Abbildung 1.12 zeigt.

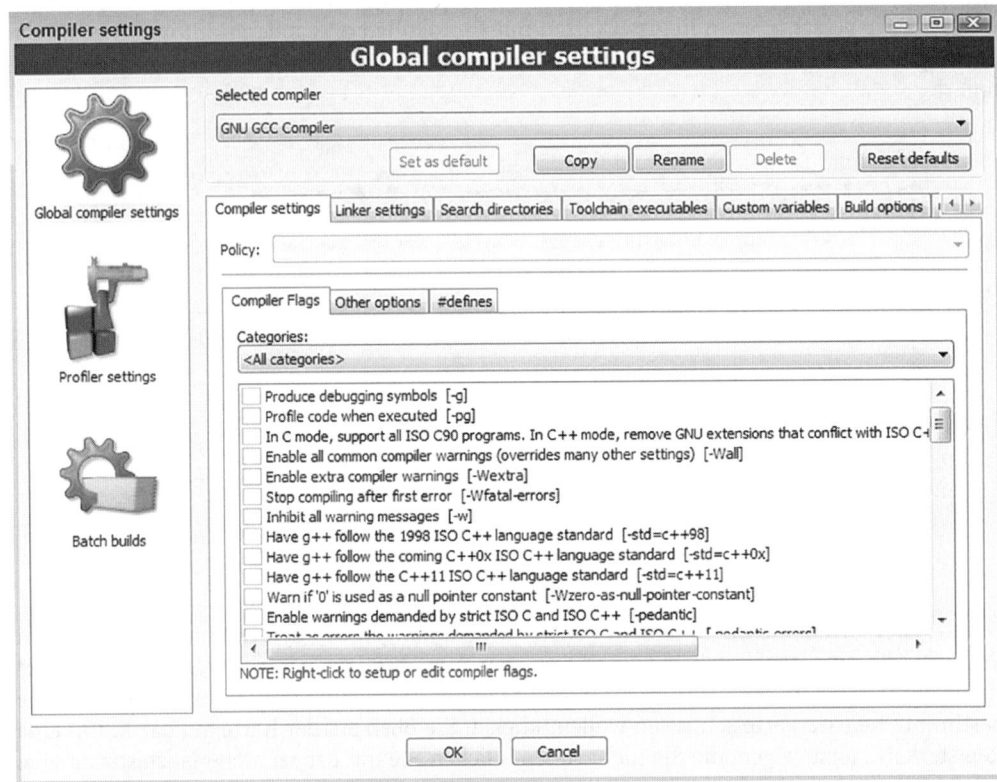

Abbildung 1.12: Richten Sie Code::Blocks ein, damit es den GCC-Compiler verwendet, um die Beispiele dieses Buches ablaufen zu lassen.

3. **Klicken Sie links im Fenster auf GLOBAL COMPILER SETTINGS, um die globalen Compiler-Einstellungen angezeigt zu bekommen.**

4. **Prüfen Sie, ob der GNU GCC Compiler (oder seine Entsprechung für Ihre Plattform) in der Liste SELECTED COMPILER ausgewählt ist.**

   Die Liste kann mehrere GCC-Compiler enthalten. Am besten geeignet ist der GNU GCC Compiler, weil er die größtmögliche Kompatibilität mit den Beispielen des Buches bietet.

Wenn dieser Compiler (oder seine Entsprechung für Ihre Plattform) ausgewählt ist, machen Sie mit Schritt 7 weiter.

5. **Wählen Sie gegebenenfalls den GNU GCC Compiler (oder seine Entsprechung für Ihre Plattform) in der Liste Selected compiler aus.**

   Die Schaltfläche Set as default wird aktiviert, mit der Sie Ihre Auswahl zum Standard machen können.

6. **Klicken Sie auf Set as default.**

   Dieser Schritt sorgt dafür, dass der GNU GCC Compiler selbst dann für Ihre Projekte genommen wird, wenn Sie nur den heruntergeladenen Quellcode öffnen wollen.

7. **Klicken Sie auf OK.**

8. **Beenden Sie Code::Blocks.**

   Sie sehen das Dialogfeld Layout changed, das auf das geänderte Layout von Code::Blocks hinweist und Sie fragt, ob die Änderungen dauerhaft gespeichert werden sollen.

9. **Klicken Sie auf Yes.**

   Ihre Änderungen werden gespeichert, und Code::Blocks schließt sich.

Andere Entwicklungsumgebungen verwenden

Auch wenn sich dieses Buch auf die Kombination aus der Entwicklungsumgebung (IDE) Code::Blocks und dem Compiler GCC konzentriert, können Sie das, was Sie hier kennenlernen, auf jede andere Kombination aus IDE und Compiler anwenden. Eigentlich benötigen Sie als Einziges den Compiler. Die meisten Entwickler setzen eine IDE nur deshalb ein, weil sie vieles einfacher macht (und wir lieben einfache Dinge). Aber vielleicht enthält Code::Blocks nicht die Funktionen, die Sie benötigen, oder es ist für Sie zu aufwendig, das Programm zu verwenden.

 Die Entscheidung für oder gegen eine IDE ist eine persönliche Angelegenheit, und die meisten Entwickler haben bestimmte Gründe, warum sie sich für eine Entwicklungsumgebung entscheiden. So verwende ich zum Beispiel mehrere IDEs und entscheide mich jedes Mal anhand dessen, was für ein bestimmtes Projekt benötigt wird. Es ist also nicht zwingend notwendig, die ganze Zeit über immer dieselbe IDE zu verwenden. IDEs stellen Werkzeuge für die Verwaltung bereit, während sich Compiler darum kümmern, wie der Quellcode interpretiert und in eine ausführbare Datei umgewandelt wird. Beide Anwendungen erledigen also vollständig unterschiedliche Aufgaben.

GCC ist als Compiler erste Wahl, weil er von vielen Entwicklungsumgebungen unterstützt wird. Wenn Sie sich für eine andere als die hier im Buch vorgestellte IDE entscheiden, haben wir nichts dagegen. Wir gratulieren Ihnen sogar zu Ihrem Vorhaben, einen anderen Weg einzuschlagen!

Hier ein paar alternative IDEs, die Sie in Ihre Überlegungen einbeziehen sollten:

✔ **CodeLite:** `http://codelite.org/`

✔ **Dev-C++:** `http://dev-c.soft32.com/free-download/`

✔ **Eclipse:** `http://www.eclipse.org/downloads/` unter der Voraussetzung, dass das Programm zusammen mit C/C++ Development Tooling (CDT) (`http://www.eclipse.org/cdt/`) verwendet wird

✔ **Emacs:** `http://www.gnu.org/software/emacs/`, wenn die Anwendung zusammen mit dem Emacs Code Browser (ECB) (`http://ecb.sourceforge.net/`) verwendet wird

✔ **Netbeans:** `https://netbeans.org/downloads/`

✔ **Qt Creator:** `http://sourceforge.net/projects/qtcreator.mirror/`

Die erste C++-Anwendung erstellen

In diesem Kapitel

▶ Verwalten Sie Anwendungen in Form von Projekten

▶ Geben Sie Code in den Code-Editor ein

▶ Schreiben Sie eine Anwendung, die etwas auf dem Bildschirm ausgibt

▶ Führen Sie einfache mathematische Berechnungen aus

*H*eute ist Ihr Glückstag. Sie haben sich entschlossen, die beliebteste Programmiersprache auf diesem Planeten zu erlernen. Angefangen bei den Fortune-500-Unternehmen bis hin zu den Kids, die sich alles selbst beigebracht haben, verwenden alle C++. Gut, es gibt auch andere Programmiersprachen, aber mehr Programmierer setzen auf C++ als auf jede andere Sprache dieser Welt. In diesem Kapitel beginnen Sie damit, eine C++-Anwendung zu schreiben.

 Wie in Kapitel 1 erwähnt, geht dieses Buch davon aus, dass Sie als Entwicklungsumgebung (IDE) Code::Blocks und als C++-Compiler GCC verwenden. Die Beispiele sind für die Version von Code::Blocks geschrieben worden, die zum Zeitpunkt des Erstellens dieses Buches aktuell war (Version 13.12), was Sie berücksichtigen sollten, wenn Sie eine andere Version von Code::Blocks nutzen, und es kann sein, dass etwas nicht funktioniert, wenn Sie eine andere IDE verwenden. Und so komisch sich das auch anhören mag, aber je komplexer die Beispiele werden, desto weniger Änderungen werden Sie vornehmen müssen, wenn Sie einen anderen Compiler verwenden.

Ein Projekt mit Code::Blocks erstellen

Wenn Sie eine Computeranwendung erstellen wollen, haben Sie es normalerweise mit einer Aufgabe zu tun, die Sie nicht mehr nur in Ihrem Kopf verwalten können. Der Code der Anwendung wird wie die Dokumente einer Textverarbeitung in Dateien gespeichert. Aber Anwendungen bestehen meistens aus mehr als nur einer Datei mit Quellcode. Bei großen Unternehmen in großen Gebäuden in großen Städten können auch Anwendungen *richtig groß* werden – Hunderte von Quellcodedateien bilden eine einzige Anwendung.

Was sind Projekte?

Anwendungen können sehr viel Quellcode enthalten. Um diesen Quellcode zusammenzuhalten, verwenden Programmierer eine Datei, die das alles verwaltet. Diese Datei wird *Projekt* genannt.

Ein Projekt besteht aus einigen zentralen Elementen:

✔ Ein Satz Quellcodedateien

✔ (Optional) Informationen über Ressourcen wie Symbole und Sounddateien

✔ Eine Beschreibung, wie die Anwendung kompiliert wird

✔ Einstellungen der Entwicklungsumgebung (IDE – Integrated Development Environment), die aussagen, wie der Editor eingerichtet wird, den Sie verwenden, um die Anwendung zu schreiben

✔ Allgemeine Beschreibungen der Anwendung, die erstellt wird, zum Beispiel den Namen der Anwendung und um was für eine Art von Anwendung es sich dabei handelt

Unter *Art von Anwendung* wird nun selbst dann nicht »Textverarbeitung« oder »echt coole Software, die die Erde erzittern lässt« verstanden, wenn dies den Tatsachen entspräche. In diesem Buch verstehen wir unter *Art* das Verhältnis dieser Anwendung zu anderen Anwendungen:

✔ Läuft diese Anwendung eigenständig?

✔ Fügt diese Anwendung anderen Anwendungen Programmfunktionen hinzu oder erweitert sie dort vorhandene Funktionen?

✔ Dient diese Anwendung als *Bibliothek* (ein Haufen Code, der anderen Anwendungen zur Verfügung gestellt wird)?

Diese Informationen stellen zusammen mit Ihren Quellcodedateien ein Projekt dar.

Sie können in der IDE Code::Blocks jedes Mal ein neues Projekt erstellen, wenn Sie eine neue Anwendung beginnen. Sie stellen ein paar Informationen über die Anwendung zur Verfügung, an der Sie arbeiten, und fangen an, den Code zu schreiben. Der gesamte Code Ihrer Anwendung wird nun an einer einzigen Stelle gespeichert – im Projekt.

 Dieses Buch enthält viele Beispielanwendungen, weshalb Sie vielleicht auf Ihrer Festplatte ein Verzeichnis (oder *Ordner*) anlegen sollten, das alle Anwendungen aufnimmt, die Sie beim Durcharbeiten dieses Buches erstellen. Der Quellcode, den Sie heruntergeladen haben, verwendet den Ordner CPP_Beispiele. Sie können im Kapitel *Einführung* nachlesen, wie Sie an die Quellcodedateien und andere Informationen zu diesem Buch gelangen.

Das erste Projekt definieren

Wenn Sie in Code::Blocks ein neues Projekt erstellen wollen, starten Sie das Programm und wählen FILE|NEW|PROJECT, oder Sie klicken im Fensterelement START HERE auf CREATE A NEW PROJECT. START HERE erscheint, wenn Sie Code::Blocks starten. Es erscheint ein Dialogfeld wie das in Abbildung 2.1.

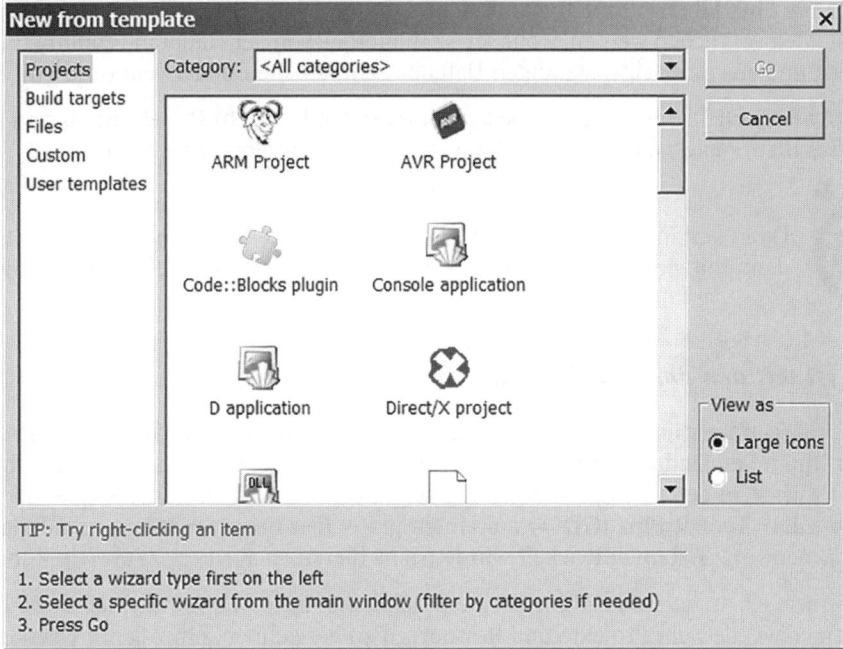

Abbildung 2.1: Sie wählen im Dialogfeld NEW FROM TEMPLATE *einen neuen Projekttyp aus.*

Wenn Sie in Code::Blocks ein Projekt erstellen, wählen Sie zunächst einen Anwendungstyp aus. Diese Anwendungstypen werden im Dialogfeld NEW FROM TEMPLATE *(Template* bedeutet auf Deutsch *Vorlage)* als Symbole dargestellt. Zu diesen Anwendungstypen gehören:

✔ **GTK+ Project:** Dies ist eine grafische Anwendung, zu der auch ein Fenster gehört. Sie kennen diese Art: Sie hat oben ein Menü und enthält etwas, das Sie normalerweise anklicken oder in das Sie etwas eingeben können. Es basiert auf dem GIMP Toolkit (GTK), das für Linux entwickelt wurde und ein unglaublich flexibles Interface ist, das auf vielen Plattformen läuft, zu denen auch Windows- und Mac-Systeme gehören. Lesen Sie im Kasten *Was ist mit den übrigen Projekten?* mehr über das GTK.

✔ **Console application:** Hierbei handelt es sich um eine Anwendung, die statt eines grafischen Fensters nur über eine armselige Eingabeaufforderung verfügt. (Diejenigen unter Ihnen, die schon etwas älter sind, erinnern sich vielleicht noch an die Zeit, bevor es Windows gab. Dort wurde diese Art von Eingabemöglichkeit *DOS-Box* genannt, wobei Sie dieses Fenster vielleicht unter dem Namen *Terminalfenster* kennen könnten, wenn Sie mit dem Mac oder mit Linux arbeiten.)

✔ **Static Library:** Eine *Static Library* (deutsch *statische Bibliothek*) ist C++-Code, den Sie später in einem anderen Projekt verwenden. Das ist wie eine große Menge Marinade, die Sie heute nicht verwenden wollen. Sie marinieren damit morgen etwas und etwas anderes übermorgen und so weiter. Und genauso gehen Sie mit einer C++-Bibliothek um.

✔ **Dynamic Link Library:** Eine Dynamic Link Library (DLL) kann grob mit einer statischen Bibliothek verglichen werden, wobei diese Bibliothek von der Hauptanwendung unabhängig ist und aus einer eigenständigen Datei besteht, die die Dateierweiterung `.dll` hat.

✔ **Empty Project:** Dieses leere (das bedeutet *empty* auf Deutsch) Projekt ist so rein wie ein weißes Blatt Papier, das darauf wartet, von Ihnen beschrieben zu werden.

Offen gestanden ist es eine Qual, ein leeres Projekt zu verwenden, weil Sie sich dann mit vielen Dingen abgeben müssen. Wir verwenden diese Option niemals.

Was ist mit den übrigen Projekten?

Code::Blocks unterstützt viele Anwendungstypen. Dieses Buch geht darauf nicht ein, weil sie zu Ihrem Verständnis der Programmierung mit C++ nichts beitragen. Natürlich sind diese Projekte in der richtigen Umgebung sehr wertvoll. So baut zum Beispiel der Projekttyp GIMP Toolkit Plus (GTK+) auf einem grafischen Benutzer-Interface auf, das für das XWindowing-System entwickelt wurde (siehe hierzu auch `http://www.gtk.org`).

Sie werden sehen, dass Code::Blocks eine beachtliche Anzahl an Akronymen und Abkürzungen verwendet, um Projekte und Ressourcen zu bezeichnen, ohne damit irgendetwas »auszusagen«. Wir erklären die Akronyme, wenn wir sie in diesem Buch zum ersten Mal verwenden. Allerdings bestehen einige dieser Akronyme und Abkürzungen wieder aus Akronymen und Abkürzungen und so weiter. Vielleicht fragen Sie sich, was *GIMP* in der Definition von *GTK+* bedeutet. GIMP steht für *GNU Image Manipulation Program*. Nun müssen Sie noch wissen, was sich hinter *GNU* verbirgt. Das steht für *Gnu's Not Unix*. Aber genug der Scherze, wenn Sie auf etwas Interessantes in Form eines Akronyms oder einer Abkürzung stoßen, können Sie die Definition auf der *Acronym-Finder-Website* erhalten: `http://www.acronymfinder.com`. Als deutschsprachige Website bietet sich hier zum Beispiel `http://abkuerzungen.woxikon.de` an. Im Endeffekt müssen Sie immer sowohl die Projekte als auch alle möglichen Quellen durchsuchen, bevor Sie etwas verwenden können.

Erstellen Sie für die Beispiele in diesem Kapitel eine Konsolenanwendung (CONSOLE APPLICATION). Folgen Sie diesen Schritten:

1. **Klicken Sie im Dialogfeld** NEW FROM TEMPLATE **auf das Symbol** CONSOLE APPLICATION**, das sich auf der Registerkarte** PROJECTS **befindet. Klicken Sie dann auf** GO**.**

   Sie sehen den Begrüßungsbildschirm des Assistenten für eine Konsolenanwendung.

2. **Klicken Sie auf** NEXT**.**

   Der Assistent fragt Sie, welche Sprache Sie verwenden wollen.

3. **Markieren Sie C++ und klicken Sie auf** NEXT**.**

   Sie sehen eine Liste mit projektbezogenen Fragen (siehe Abbildung 2.2). Die Fragen definieren die Grundlagen des Projekts, zum Beispiel seinen Namen.

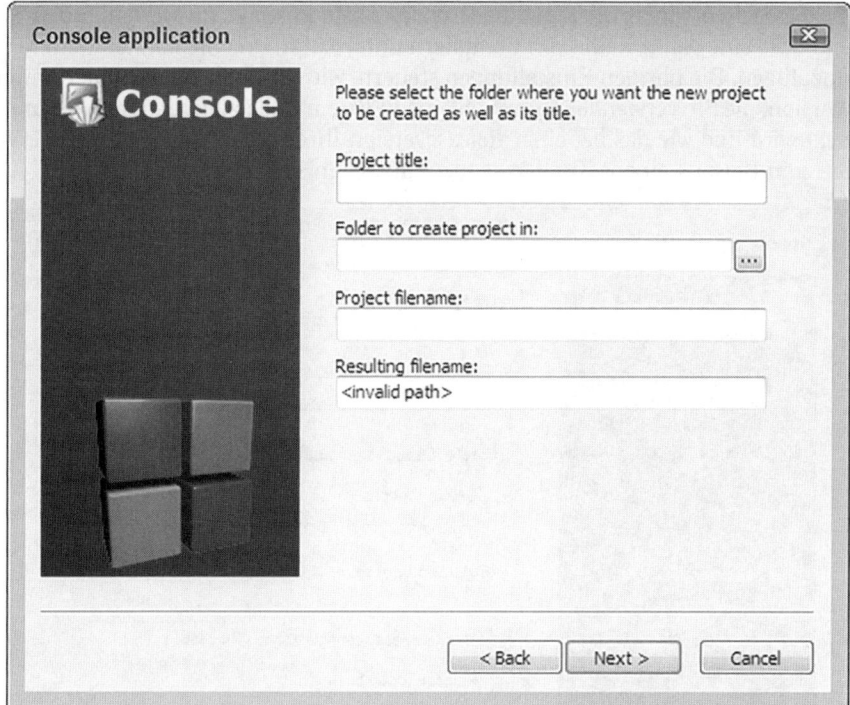

Abbildung 2.2: Geben Sie Ihrem Code::Blocks-Projekt einen Namen.

4. Geben Sie dem Projekt im Feld PROJECT TITLE einen Namen.

Das Beispiel verwendet als Titel SayHello. Wie Sie sehen, beginnt der Assistent automatisch damit, im Feld PROJECT FILENAME einen Namen einzutragen.

5. Geben Sie im Feld FOLDER TO CREATE PROJECT IN einen Ordner an, in dem das Projekt erstellt werden soll.

Das Beispiel verwendet als Ordner C:\Buch\CPP\CPP_Beispiele\TeilI\Kapitel02. Sie können aber auch neben dem Feld FOLDER TO CREATE PROJECT IN auf die Durchsuchen-Schaltfläche klicken und das Dialogfeld ORDNER SUCHEN verwenden, um den Ordner ausfindig zu machen, den Sie nutzen wollen. Beachten Sie, dass der Assistent für Sie den Eintrag im Feld RESULTING FILENAME vornimmt.

Wenn Sie einen Ordner angelegt haben, der alle Anwendungen dieses Buches aufnehmen soll (wie es weiter vorn in diesem Kapitel im Abschnitt *Was sind Projekte?* vorgeschlagen wird), bringen Sie Ihren ersten Projektordner in diesem Ordner unter.

6. (Optional) Geben Sie im Feld PROJECT FILENAME einen Namen für die Projektdatei ein.

7. Klicken Sie auf NEXT.

Sie sehen die Compiler-Einstellungen aus Abbildung 2.3. Die meisten Beispiele dieses Buches verwenden die standardmäßigen Compiler-Einstellungen. Wenn Sie sich einmal den Spaß machen, einen Blick auf die Dropdownliste COMPILER zu werfen, sehen Sie, dass Code::Blocks eine ganze Reihe von Compilern unterstützt, und Sie können weitere Compiler hinzufügen. Die übrigen Einstellungen steuern, wie eine Debugversion der Anwendung (die Version, die Sie verwenden, um Probleme in Ihrem Code zu finden) erstellt und wo sie abgelegt wird und wie das bei einer Releaseversion Ihrer Anwendung (das ist die Version, die Sie zum Beispiel einem Kunden senden) aussehen soll.

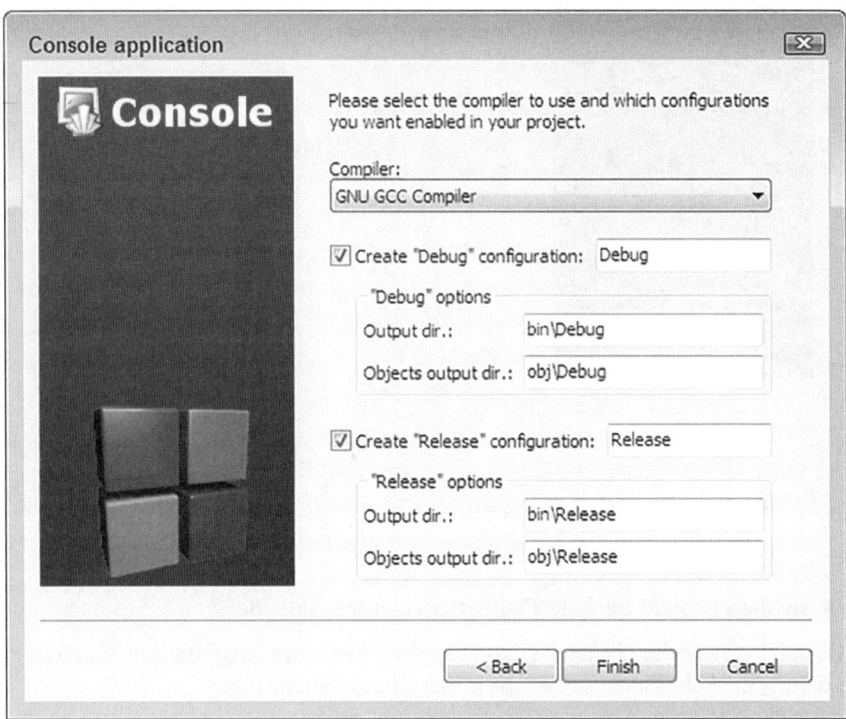

Abbildung 2.3: Teilen Sie Code::Blocks mit, wo die Debug- und die Releaseversionen Ihrer Anwendung abgelegt werden sollen.

8. **Ändern Sie gegebenenfalls Compiler-Einstellungen und klicken Sie auf FINISH.**

   Der Assistent erstellt die Anwendung. Dann zeigt er die Code::Blocks-Entwicklungsumgebung an, in die das Projekt geladen worden ist. Dies gilt aber nicht für die Datei mit dem Quellcode.

9. **Begeben Sie sich auf der Registerkarte PROJECTS des Fensters MANAGEMENT in die Tiefen der Workspace-Einträge von SayHello und führen Sie auf main.cpp einen Doppelklick aus.**

   Die Quellcodedatei wird geladen und Sie sehen ihren Inhalt, den Sie nun bearbeiten können (siehe Abbildung 2.4).

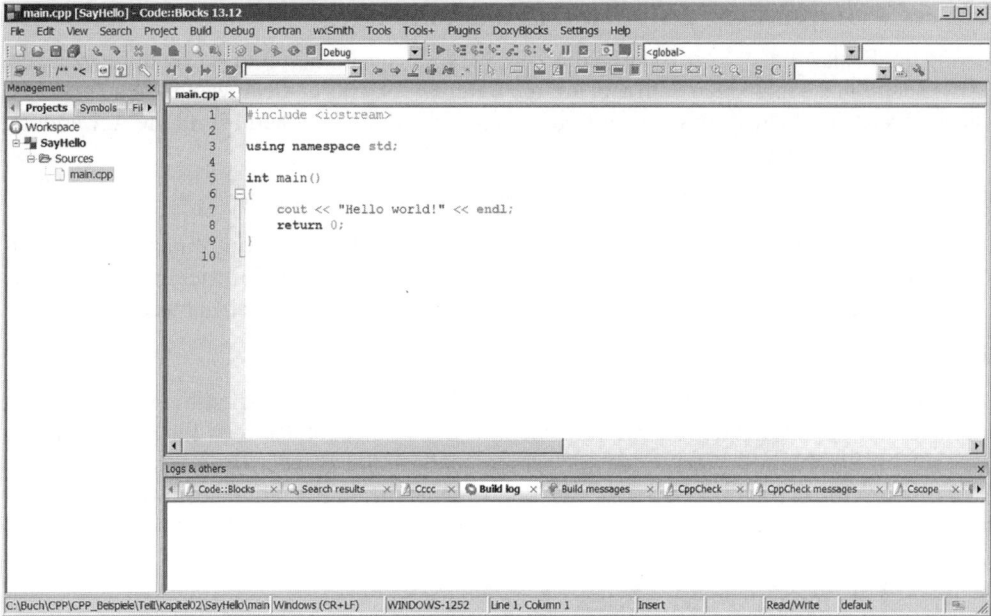

Abbildung 2.4: Verwenden Sie die Entwicklungsumgebung (IDE) Code::Blocks, um sich mit Ihrem Projekt auseinanderzusetzen.

Das Projektfenster ist wie folgt aufgebaut:

✔ An der linken Seite befindet sich die Ansicht Explorer (bei der es sich um eine *Baum-struktur* oder *Baumansicht* handelt), die Ihr Projekt darstellt. An der Spitze des Baums befindet sich ein Workspace – eine lebensnotwendige Einheit für ein Projekt. Unterhalb des Workspace steht der Name Ihres Projekts. Unterhalb dieses Namens befinden sich die Bestandteile Ihres Projekts. In diesem Fall steht dort nur eine Komponente: die Quell-codedatei, die den Namen `main.cpp` trägt. Denken Sie daran, dass Sie beim Programmie-ren in C++ Code in eine Quellcodedatei eingeben. Die Datei `main.cpp` ist solch eine Datei in Ihrem Projekt `SayHello`.

✔ Die rechte Seite (ungefähr zwei Drittel des Bildschirms) wird von der Quellcodedatei selbst eingenommen.

Dieser Teil funktioniert wie eine Textverarbeitung oder ein E-Mail-Editor. Sie geben in diesem Fenster den Code ein. Sie haben sicherlich bemerkt, dass dort bereits Code steht – so eine Art von Initialisierungscode, zu dem es gekommen ist, als Sie Console application ausgewählt und das Projekt erstellt haben.

✔ Im unteren Teil des Fensters befinden sich einige Statusfenster. Das Fenster Code::Blocks informiert Sie darüber, wie der Assistent die Anwendung erstellt hat. Ignorieren Sie diese Fenster im Moment noch. Sie erfahren im Verlauf dieses Buches, was diese Fenster ma-chen.

Die erste Anwendung erstellen und ausführen

Genug der Erklärungen, jetzt ist es an der Zeit, dass Sie mit Ihrer ersten Anwendung loslegen. Verwenden Sie die folgenden Schritte, um die Datei zu speichern, die Anwendung zu erstellen (sie zu etwas zu machen, das Ihr Betriebssystem ablaufen lassen kann) und die Anwendung dann auch wirklich auszuführen:

1. **Speichern Sie die Codedatei, indem Sie FILE|SAVE EVERYTHING wählen.**

   Dadurch, dass Sie die Dateien speichern, besitzen Sie eine Kopie von ihnen auf der Festplatte, falls etwas schiefgehen sollte. Sie könnten zum Beispiel die Entwicklungsumgebung vollständig abschießen, wenn Ihre Anwendung etwas wirklich Falsches macht.

2. **Wählen Sie BUILD|BUILD oder drücken Sie** Strg + F9 .

   Diese Aktion erstellt die ausführbare Datei (das bedeutet in der Programmierung *to build*). Dabei werden die Wörter, die Sie verstehen, in Code umgewandelt, den Ihr Betriebssystem versteht. Beachten Sie, dass Code::Blocks automatisch das Fenster BUILD LOG auswählt und dort die Schritte protokolliert, die Code::Blocks abgearbeitet hat, um Ihre Anwendung zu erstellen. Am Ende des Vorgangs sollte 0 errors, 0 warnings (0 minutes, 1 seconds) ausgegeben werden.

3. **Wählen Sie BUILD|RUN oder drücken Sie** Strg + F10 .

   Es öffnet sich ein Ausgabefenster wie das in Abbildung 2.5, und Sie sehen, was Ihr erstes Programm ausgibt.

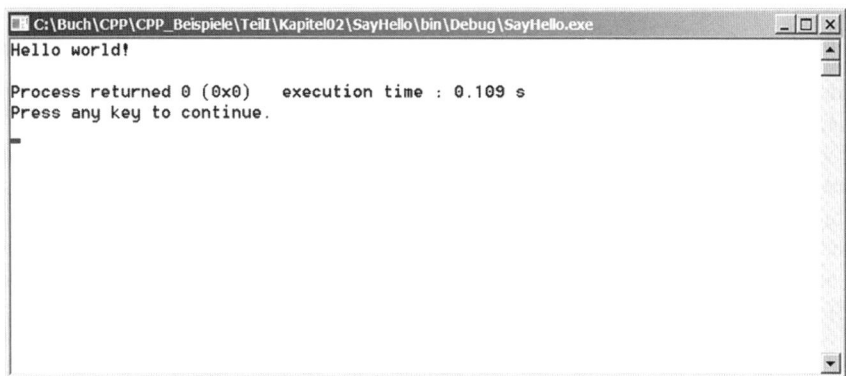

Abbildung 2.5: Führen Sie Ihr erstes Programm aus.

4. **Drücken Sie** ↵ **, um das Ausführen der Anwendung zu beenden.**

   Das Anwendungsfenster verschwindet, und Sie sehen wieder die Code::Blocks-IDE.

Nun, das war nicht sonderlich interessant, oder? Aber das geht schon in Ordnung. Die Anwendung wird grundsätzlich – in einem Konsolenfenster – ausgeführt, und am Ende, wenn sie getan hat, was sie tun sollte, zeigt sie die Meldung Press any key to continue an – und wenn Sie dieser Aufforderung folgen, wird die Anwendung geschlossen.

Den Code eingeben

Rechts gehören 75 Prozent des Code::Blocks-Fensters dem *Code-Editor*. Dort geben Sie Ihren Code ein und ändern ihn. Von allen Aufgaben, die wir im ersten Teil dieses Kapitels erwähnen, kommt das Schreiben einer E-Mail dem Arbeiten mit dem Editor von Code::Blocks am nächsten.

Der Code-Editor funktioniert wie der Editor in einer E-Mail-Nachricht. Sie können:

✔ Code schreiben.

✔ Den *Cursor* mit den Pfeiltasten (nach oben, unten, links oder rechts) an die Position verschieben, an der Sie schreiben wollen. Bei dem Cursor handelt es sich um den kleinen senkrechten blinkenden Balken, der zeigt, wo der Text eingegeben wird. Einige nennen ihn auch *Schreibmarke* oder *Eingabezeiger*.

✔ Die Stelle anklicken, an der Sie schreiben wollen. Verwenden Sie die Maus, um auf die Stelle zu zeigen, an der Sie etwas eingeben wollen, und drücken Sie die Maustaste. Der Cursor springt dann an diese Stelle.

✔ Text markieren, um ihn zu löschen oder zu ändern. Sie können Text auf zwei Arten markieren:

- Zeigen Sie auf den ersten oder den letzten Buchstaben des Textes, den Sie markieren wollen, und halten Sie die Maustaste gedrückt, während Sie die Maus verschieben.

- Verschieben Sie den Cursor zum ersten oder zum letzten Buchstaben des Textes, den Sie markieren wollen, und halten Sie dann die Taste ⌂ gedrückt, während Sie die Pfeiltasten drücken.

✔ Den Text mit den Rollbalken nach oben oder nach unten (in der Senkrechten) oder nach rechts oder nach links (waagerecht) rollen, was im Computerumfeld *scrollen* genannt wird; die dabei verwendeten Fensterelemente heißen *Rollbalken*. Sie sehen Rollbalken nur dann, wenn ein Fenster mehr Text enthält, als angezeigt werden kann. Wenn es genügend Text gibt, können Sie in der Senkrechten auch mit den Tastenkombinationen Strg + ↑ und Strg + ↓ scrollen.

 Scrollen ändert nur das, was Sie *sehen*. Um das zu *markieren*, was Sie sehen, müssen Sie entweder die Maus oder die Pfeiltasten verwenden.

Nachdem Sie ein wenig mit dem Editor herumgespielt haben, können Sie Tabelle 2.1 verwenden, um ein paar Ihrer Lieblingsaufgaben zu erledigen. (Gut, wenn Sie sich neu mit der Programmierung beschäftigen, wissen Sie noch nicht, welches Ihre Lieblingsaufgaben sind – aber das wird sich bald ändern. Glauben Sie uns das ruhig.)

Befehl	Zu drückende Taste oder auszuführende Aktion
Den Cursor verschieben	⟨↑⟩, ⟨↓⟩, ⟨←⟩ oder ⟨→⟩, ⟨Pos1⟩, ⟨Ende⟩
Sich von Wort zu Wort bewegen	⟨Strg⟩+⟨←⟩ oder ⟨Strg⟩+⟨→⟩
Mit der Maus markieren	Klicken Sie mit der Maus in den Text und verschieben Sie die Maus, während Sie die Maustaste gedrückt halten.
Mit dem Cursor markieren	⟨⇧⟩+⟨↑⟩, ⟨⇧⟩+⟨↓⟩, ⟨⇧⟩+⟨←⟩ oder ⟨⇧⟩+⟨→⟩
Das nächste Wort markieren	⟨⇧⟩+⟨Strg⟩+⟨→⟩
Das vorherige Wort markieren	⟨⇧⟩+⟨Strg⟩+⟨←⟩
Alles markieren	⟨Strg⟩+⟨A⟩
An den Anfang des Textes gehen	⟨Strg⟩+⟨Pos1⟩
An das Ende des Textes gehen	⟨Strg⟩+⟨Ende⟩

Tabelle 2.1: Befehle zum Navigieren und Bearbeiten

Mit »main« beginnen

Wenn ein Computer Code ausführt, macht er dies Schritt für Schritt und eine Zeile nach der anderen. Aber Ihr Code ist nun in Teile gegliedert, von denen eines die *Funktion* `main()` oder einfach nur `main()` ist. `main()` ist der Teil, der *zuerst* ausgeführt wird. `main()` sagt dem Computer, welche *anderen* Teile der Anwendung Sie verwenden wollen. `main()` ist der Chef, der *Big Boss*.

Woher weiß der Computer, woraus `main()` besteht? Sie schreiben Codezeilen zwischen die geschweiften Klammern *{* und *}*. Hier die Standardanwendung, die Code::Blocks herzaubert, wenn Sie ein Projekt für eine Konsolenanwendung erstellen:

```
int main()
{
  cout << "Hello world!" << endl;
  return 0;
}
```

Das Wort `main` ist notwendig, und es sagt dem Computer, wo sich `main()` befindet. Manchmal zeigt sich `main()` auch so:

```
int main(int argc, char *argv[])
```

Machen Sie sich im Moment noch keine Gedanken über die Wörter um `main()` herum. Sie können weiter hinten in diesem Kapitel entdecken, was diese Wörter bedeuten. Im Moment reicht es aus zu wissen, dass jede C++-Anwendung eine Funktion `main()` besitzt.

 Der Computer arbeitet den Code zeilenweise ab. Wenn eine Zeile leer ist, macht der Computer einfach mit der nächsten Zeile weiter. Wenn Sie Codezeilen schreiben, weisen Sie den Computer an, etwas zu tun (weshalb Codezeilen auch als *Anweisungen* oder *Befehlszeilen* bezeichnet werden).

Informationen anzeigen

Sind Sie bereit, Code zu schreiben und auszuprobieren, was dann passiert? Versuchen wir es! Dieser Code öffnet das berühmte Konsolenfenster und gibt darin einige Wörter aus.

Sorgen Sie dafür, dass die IDE Code::Blocks und das Projekt SayHello geöffnet sind. Sollte dies nicht der Fall sein, gehen Sie so vor:

1. **Wenn Code::Blocks nicht geöffnet sein sollte, starten Sie es.**

   Sie sehen die Startseite der Entwicklungsumgebung Code::Blocks.

2. **Klicken Sie auf das Projekt SayHello.cbp, das sich in der Liste RECENT PROJECTS befindet.**

   Code::Blocks öffnet das Projekt.

Wenn der Code, den main.cpp enthält, nicht rechts im großen Fensterelement zu sehen ist, klicken Sie links in der Baumansicht auf main.cpp. Die Datei öffnet sich sofort. (Wenn Sie die Baumansicht nicht sehen sollten, klicken Sie oben auf die kleine Registerkarte mit der Aufschrift PROJECTS; sie befindet sich direkt neben der Registerkarte SYMBOLS.)

Folgen Sie den nächsten Schritten. Achten Sie darauf, dass Sie alles so schreiben, wie es hier vorgegeben wird:

1. **Positionieren Sie den Cursor in der Zeile mit der öffnenden geschweiften Klammer.**

   In diesem Beispiel ist dies Zeile 6. Die Zeilennummerierung steht am linken Rand des Code-Editors.

2. **Drücken Sie die Taste ↵ .**

   Der Cursor sollte sich in der fünften Spalte befinden. Sollte dies nicht der Fall sein – sollte er in der ersten Spalte stehen –, betätigen Sie viermal die Leertaste.

3. **Geben Sie die folgende Codezeile so ein, wie sie hier vorgegeben wird.**

 Geben Sie zwischen den beiden Kleiner-als-Symbolen (<) kein Leerzeichen ein. Beachten Sie, dass an das Ende der Zeile ein beendendes Semikolon gehört. Und dies ist die Zeile:

```
cout << "Hallo, hier spricht Ihr Computer." << endl;
```

4. **Löschen Sie die Codezeile, die so aussieht:**

```
cout << "Hello world!" << endl;
```

Nun sollte Ihr Code wie das folgende Beispiel aussehen (die Zeile, die Sie neu eingegeben haben, wird fett gedruckt dargestellt):

```
#include <iostream>
using namespace std;
int main()
{
  cout << "Hallo, hier spricht Ihr Computer." << endl;
  return 0;
}
```

Wenn Sie Ihren Code fehlerhaft eingegeben haben, kann der Computer Ihnen dies mitteilen. Die Anwendung wird *kompiliert*: Der Computer kümmert sich darum, dass das, was Sie geschrieben haben, auch in Ordnung ist, und übersetzt es in eine *ausführbare* Anwendung. (Machen Sie sich nicht allzu viele Gedanken darüber, was das bedeutet. Stellen Sie sich im Moment einfach vor, dass nur dafür gesorgt wird, dass Ihre Anwendung in Ordnung ist, Sie finden im Anhang A alles über das Kompilieren.)

Um herauszufinden, ob Ihre Anwendung ausgeführt werden kann, wählen Sie BUILD|BUILD.

Wenn alles gut gegangen ist, sehen Sie links unten im Code::Blocks-Fenster die froh stimmende Meldung `0 errors, 0 warnings (0 minutes, 0 seconds)`. `Klar, Sie sind einfach ein Genie!` wäre schöner, aber das Optimum lautet hier nun einmal `0 errors, 0 warnings (0 minutes, 0 seconds)`.

Wenn Sie die Zeile nicht richtig eingeben, ist nicht alles verloren, weil Sie der Computer darüber informiert, was falsch ist. So könnten Sie zum Beispiel `couts` statt `cout` geschrieben haben. In diesem Fall sehen Sie etwas wie das in Abbildung 2.6. Am unteren Bildschirmrand erscheint eine Liste mit Spalten.

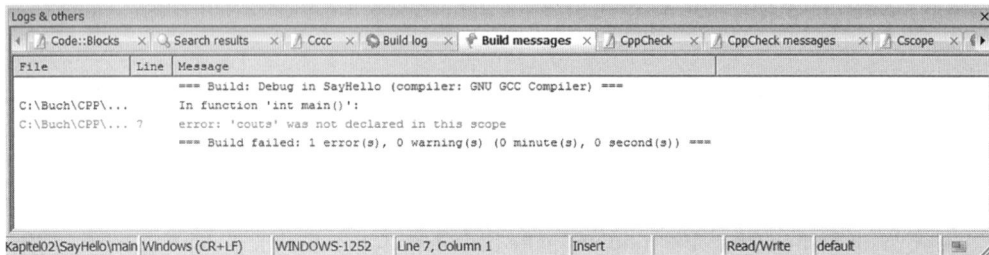

Abbildung 2.6: Code::Blocks weist Sie auf Fehler in Ihrer Anwendung hin.

✔ Die Spalte ganz links außen enthält den Namen der Datei, in der sich der Fehler befindet. In diesem Fall ist dies die Datei `main.cpp`, der einzigen Datei, mit der Sie es im Moment zu tun haben.

✔ Die zweite Spalte gibt die Nummer der Zeile mit dem Problem wieder (in diesem Fall Zeile 7).

✔ Die dritte Spalte der Liste unternimmt einen einfachen Versuch, Ihnen mitzuteilen, was Sie falsch gemacht haben. Hier lautet die Meldung:

`error: 'couts' was not declared in this scope`

Wenn der Compiler ein Wort nicht erkennt, sagt er Ihnen, dass das Wort nicht deklariert worden ist. Oder anders ausgedrückt, der Compiler weiß nicht, worum es sich bei `couts` handelt. (Das Wort sollte bekanntlich `cout` lauten.)

Wenn Sie das Problem sehen wollen, können Sie auf die Zeile des Fehlerberichts zeigen und dort einen Doppelklick ausführen. Das System springt zur fehlerhaften Zeile im Code-Editor, und vor ihr erscheint ein kleines rotes Quadrat. Auch die Zeile wird optisch hervorgehoben, wobei diese Hervorhebung wieder verschwindet, sobald Sie eine Pfeiltaste drücken.

Wenn Sie nun ein paar Mal die Taste ⌦ drücken, bis Sie zum Wort couts kommen, und dort den Buchstaben s löschen, können Sie einen neuen Versuch starten, eine ausführbare Datei zu erzeugen. Wenn Sie noch einmal BUILD|BUILD wählen, erscheint die Meldung 0 errors, 0 warnings (0 minutes, 0 seconds). Klasse!

Der Hinweis auf keinen Fehler bedeutet, dass die Anwendung gut genug ist, um ausgeführt werden zu können. Machen Sie das!

Wählen Sie BULID|RUN. Es erscheint ein Konsolenfenster mit einem Text, der so aussieht:

```
Hallo, hier spricht Ihr Computer.

Process returned 0 (0x0) execution time : 0.030 s
Press any key to continue.
```

Was ist geschehen? Es gibt nun eine Nachricht, die besagt, dass Ihr Computer zu Ihnen spricht: Hallo, hier spricht Ihr Computer. Offensichtlich hat das, was Sie geschrieben haben, dazu geführt, dass diese Meldung erschienen ist. (Drücken Sie nun ⏎, um die Konsole wieder zu schließen.)

Und das ist tatsächlich genau das, was geschehen ist. So sorgen Sie dafür, dass eine Nachricht auf einem Bildschirm erscheint:

1. Geben Sie cout ein.

Auch wenn cout eigentlich »kaut« ausgesprochen wird, sagen viele Programmierer »sii-aut«. Dieses Wort ist die Abkürzung für *console output* (deutsch *Ausgabe an der Konsole*). Verwenden Sie aber niemals *console output* statt *cout*, weil der Compiler damit nichts anfangen kann.

2. Geben Sie hinter dem Wort cout ein Leerzeichen und dann zwei Kleiner-als-Zeichen (<<) ein.

Diese Kleiner-als-Zeichen bedeuten, dass *das, was nun folgt, an der Konsole erscheinen soll*. Bei dem, was da folgt, handelt es sich zunächst um doppelte Anführungszeichen (die *keine* typografischen sein dürfen, also " und auf keinen Fall » oder «). Auf diese Weise weiß der Computer, wo er anfangen und wo er aufhören soll. Die Wörter innerhalb der doppelten Anführungszeichen werden als *Zeichenfolge* oder *String* bezeichnet, weil es sich dabei um eine Folge von Zeichen handelt. (Da das Wort *String* mittlerweile – wie das Wort *Feature* für *Programmfunktion* – Eingang in den Duden gefunden hat und in der Programmierung zu den Grundbegriffen gehört, behalten wir in der Übersetzung diesen Ausdruck bei.) Der Computer weiß, wo der String anfängt, weil dort ein doppeltes Anführungszeichen steht, und er weiß, wo der String endet, weil auch dort ein doppeltes Anführungszeichen steht. Diese doppelten Anführungszeichen werden vom Computer nicht angezeigt, wenn er die Anwendung ausführt.

Dann folgt etwas Seltsames. Es gibt noch einmal zwei Kleiner-als-Zeichen, was bedeutet, dass Sie noch mehr in die Konsole schreiben wollen. Aber was folgt da? Es ist endl. Beachten Sie, dass es hier keine Anführungszeichen gibt. Deshalb wollen wir auch nicht, dass dieses kaum auszusprechende Wort auf dem Bildschirm erscheinen soll. Stattdessen verwenden wir eine besondere Schreibweise, die den Computer darüber informiert, dass wir die Zeile beenden und auf der nächsten Zeile mit etwas Neuem anfangen wollen. Wenn Sie sich die Ausgabe anschauen, fällt Ihnen vielleicht auf, dass die Wörter, die nun folgen (die Aufforderung, eine beliebige Taste zu drücken – press any key), auf einer neuen Zeile stehen. Übrigens, endl wird »endel« ausgesprochen.

Das war doch nicht so schwer, oder? Lassen Sie uns das noch einmal zusammenfassen:

✔ Das Wort cout bedeutet, dass Sie etwas in einem Konsolenfenster ausgeben wollen.

✔ Die Symbole << (ohne Leerzeichen dazwischen!) bedeuten, dass es sich bei dem, was nun folgt, um das handelt, was Sie ausgeben wollen.

✔ Sie sagen dem Computer hinter dem <<, was ausgegeben werden soll. Das kann eine Folge von Buchstaben, Symbolen und anderen Zeichen (also ein *String*) sein (alles, was zwischen den Anführungszeichen steht) oder das Wort endl.

✔ Sie können auf diese Weise in einer Zeile mehrere Elemente unterbringen, die dann an der Konsole erscheinen, wobei die Voraussetzung gilt, dass Sie mit cout beginnen und vor jedem Element die Symbole << platzieren.

Oh, und wenn Sie scharfe Augen haben, haben Sie vielleicht eine Sache bemerkt, auf die wir noch nicht eingegangen sind: Wir haben am Ende der Zeile ein Semikolon eingefügt. In C++ müssen Zeilen mit einem Semikolon beendet werden.

Anweisungen enden in C++ mit einem Semikolon.

Die Aussage, dass *jede* Zeile mit einem Semikolon beendet werden muss, ist nicht ganz richtig. Sie können eine C++-Zeile auf mehrere Textzeilen verteilen. Dem Computer ist das egal. Wir hätten unsere C++-Zeile einfach auch in zwei Zeilen schreiben können:

```
cout << "Hallo, hier spricht Ihr Computer."
<< endl;
```

Und so lange Sie die neue Zeile nicht innerhalb eines Wortes (wie cout oder endl), in den <<-Symbolen oder in einem Wort im String beginnen, geht das auch in Ordnung. Im Endeffekt ist es so, dass Sie überall dort, wo es im Code auf »natürliche« Weise zu einem Leerzeichen kommt (zum Beispiel zwischen hier und spricht), eine neue Zeile beginnen können. Wenn dann die *Anweisung* fertig ist, beenden Sie sie mit einem Semikolon. Stellen Sie sich das Semikolon als Hinweis an den Computer vor, dass die alte Anweisung beendet wird.

Ein bisschen Rechnen

Sie können den Computer dazu bringen, für Sie zu rechnen. Dazu können Sie cout verwenden, das wir im vorstehenden Abschnitt beschreiben. Und Sie können Zahlen und arithmetische Symbole hinzufügen.

 Auch wenn die Addition das bekannte Pluszeichen (+) und die Subtraktion das bekannte Minuszeichen (-) verwenden, sind die Zeichen für die Multiplikation und die Division vielleicht neu für Sie. Sie verwenden für eine Multiplikation das Sternchen (*), und um zu dividieren benutzen Sie den Schrägstrich (/).

Tabelle 2.2 fasst die mathematischen Symbole zusammen.

Symbol	Funktion
+	Addition
–	Subtraktion
*	Multiplikation
/	Division

Tabelle 2.2: Mathematische Symbole

Ja, jetzt ist Mathe-Zeit mit komischen Symbolen. Machen Sie mit dem Quellcode weiter, den Sie schon erstellt haben. Klicken Sie irgendwo in die Zeile, die Sie geschrieben haben – Sie wissen, die so aussieht:

```
cout << "Hallo, hier spricht Ihr Computer." << endl;
```

Drücken Sie `Ende`, damit der Cursor an das Ende der Zeile springt. Drücken Sie dann `↵`, um zwischen der Zeile mit dem Wort cout und der Zeile, die mit dem Wort return beginnt, eine neue Zeile anzufangen.

 Immer wenn Sie eine neue Zeile zwischen zwei vorhandenen Zeilen benötigen, erreichen Sie dies am einfachsten dadurch, dass Sie die erste der beiden vorhandenen Zeilen anklicken und zuerst `Ende` und dann `↵` drücken. Dies fügt an der richtigen Stelle eine neue leere Zeile ein.

Wenn Sie `↵` gedrückt haben, fällt Ihnen vielleicht auf, dass etwas geschehen ist. Der Cursor befindet sich nicht am Anfang der neuen Zeile, sondern er hat schon vier Leerzeichen hinter sich gebracht, und seine Einrückung stimmt mit der der vorstehenden Zeile überein. Dies ist kein Fehler. Ob Sie uns das nun glauben oder nicht, aber dies ist ein echter Lebensretter. Gut, vielleicht rettet das keine Leben, aber das ist zumindest so gut wie diese leckeren Süßigkeiten, an denen niemand vorbeigehen kann. Sie rücken Ihren Code sehr oft ein (hier beträgt die Einrückung vier Leerzeichen). Wenn Sie viel Code schreiben, nervt es gewaltig, immer wieder vier Leerzeichen eingeben (oder die Taste `⇥` drücken) zu müssen, wenn Sie eine neue Zeile beginnen. Deshalb ist Code::Blocks so aufmerksam, diese Aufgabe (automatisch) für Sie zu übernehmen.

 Wenn Ihr Code aus welchen Gründen auch immer nicht automatisch eingerückt wird und der Cursor am Anfang der neuen Zeile herumlungert, ist die Funktion der automatischen Einrückung nicht eingeschaltet. Dies *sollte* zwar der Fall sein, aber wenn dem nicht so ist, gehen Sie wie folgt vor:

1. **Wählen Sie SETTINGS|EDITOR ...**

   Es öffnet sich das Dialogfeld CONFIGURE EDITOR.

2. **Sorgen Sie dafür, dass auf der Registerkarte GENERAL SETTINGS das Kontrollkästchen vor AUTO INDENT (deutsch: *automatische Einrückung*) mit einem Häkchen versehen ist.**

3. **Klicken Sie auf OK.**

4. **Wenn Sie wieder zum Code zurückgekehrt sind, drücken Sie ⬅, um die neue Zeile wieder zu löschen, und starten Sie einen neuen Versuch, indem Sie noch einmal ↵ drücken.**

   Sehr gut! Der Code wird automatisch eingerückt.

5. **Nachdem sich die neue Zeile selbst einrückt, geben Sie Folgendes ein:**

   ```
   cout << 5 + 10 << endl;
   ```

   Der Anfang und das Ende dieser Zeile sind wie die Zeile, die Sie zuvor eingegeben haben. Der Unterschied liegt im mittleren Teil – Sie haben dort keinen String, sondern einen mathematischen Ausdruck eingegeben: 5 plus 10. Beachten Sie, dass sowohl 5 als auch + und 10 von Leerzeichen umgeben sind, die aber nicht zwischen 1 und 0 stehen dürfen. Wenn Sie dort ein Leerzeichen unterbringen, verwirrt dies den Computer (der nun einmal nicht weiß, dass Sie vorhatten, eine zweistellige Zahl zu schreiben). Wenn Sie fertig sind, sollte Ihr Code so aussehen wie das folgende Codestückchen (in dem die neue Zeile fett gedruckt wiedergegeben wird):

   ```
   #include <iostream>

   using namespace std;

   int main()
   {
     cout << "Hallo, hier spricht Ihr Computer." << endl;
     cout << 5 + 10 << endl;
     return 0;
   }
   ```

6. **Speichern Sie Ihr Werk, indem Sie FILE|SAVE EVERYTHING wählen.**

Eigentlich haben Sie doch nur die Datei mit dem Quellcode geändert, oder? Also müssen Sie nicht FILE|SAVE EVERYTHING wählen, um »alles« zu speichern, sondern Sie müssen nur die Datei sichern, an der Sie gerade arbeiten. Sie erkennen die in Code::Blocks aktive Datei daran, dass in ihr der Cursor blinkt. Sehen Sie im Code::Blocks-Editor keinen Cursor, klicken Sie irgendwo in Ihren Code, um den Editor zu aktivieren. Drücken Sie ⌨Strg⌨+⌨S⌨. Damit speichern Sie Ihre Datei.

 In der Welt der Computer gibt es einen guten Rat: »Speichern Sie frühzeitig und speichern Sie oft.« Sie sollten sich angewöhnen, sehr oft ⌨Strg⌨+⌨S⌨ zu drücken. Sie überfordern Ihre Festplatte damit nicht, und die Tastatur ist ziemlich hart im Nehmen. Wir drücken jedes Mal, wenn wir ein paar Zeilen Code geschrieben haben, ⌨Strg⌨+⌨S⌨. Bevor wir kompilieren, drücken wie ⌨Strg⌨+⌨S⌨. Wenn wir unter der Wahnvorstellung leiden, dass das letzte ⌨Strg⌨+⌨S⌨ nicht funktioniert haben könnte, drücken wir (erneut) ⌨Strg⌨+⌨S⌨. Wenn wir vor einer roten Ampel stehen, drücken wir ⌨Strg⌨+⌨S⌨.

Nun können Sie den Computer auffordern, den Code zu kompilieren. Wenn Sie den noch nicht gespeichert haben, holen Sie das nun nach, indem Sie ⌨Strg⌨+⌨S⌨ drücken. Wählen Sie dann BUILD|BUILD. Wenn Sie alles richtig eingegeben haben, sollte sich im Fenster BUID LOG die magische Botschaft 0 errors, 0 warnings (0 minutes, 0 seconds) zeigen. Sollte das nicht der Fall sein, müssen Sie nicht aufgeben, denn dieses Problem lässt sich einfach beheben. Schauen Sie sich Ihren Code genau an und suchen Sie nach den Unterschieden zwischen der Zeile, die wir geschrieben haben, und Ihrem Code. Hier kommt er noch einmal, damit Sie es leichter haben, ihn zu vergleichen:

```
cout << 5 + 10 << endl;
```

Es gibt ein Leerzeichen hinter cout, ein Leerzeichen hinter <<, ein Leerzeichen hinter 5, ein Leerzeichen hinter +, ein Leerzeichen hinter 10 und ein Leerzeichen hinter <<. Und am Ende der Zeile gibt es ein Semikolon. Achten Sie darauf, dass alles richtig ist.

Wenn Sie dann erfolgreich kompiliert haben und die erfreuliche Botschaft 0 errors, 0 warnings sehen, sind Sie so weit, dass Sie Ihre Anwendung ausführen können. Wählen Sie BUILD|RUN.

Es öffnet sich ein Konsolenfenster, in dem Sie den folgenden Text lesen können:

```
Hallo, hier spricht Ihr Computer.
15
Process returned 0 (0x0) execution time : 0.015 s
Press any key to continue.
```

Beachten Sie die zweite Zeile. Sie ist die Antwort auf das mathematische Problem 10 + 5. Dies bedeutet, dass der Computer weiß, wie Mathematik funktioniert – und das mehr oder weniger richtig. (Gut, gut, die Ergebnisse sollten besser richtig sein.)

Punktrechnung geht vor Strichrechnung

Wenn Sie es wollen, können Sie mit komplizierteren mathematischen Berechnungen herumspielen. Sie können zum Beispiel so etwas wie das hier ausprobieren:

```
cout << 5 + 10 / 2 * 3 + 25 << endl;
```

Wie sieht Ihrer Meinung nach das Ergebnis aus? Es hängt von den Regeln für Computer ab, die die Reihenfolge betreffen, in der Berechnungen vorgenommen werden. Multiplikation und Division haben Vorrang vor Addition und Subtraktion (»Punktrechnung geht vor Strichrechnung«). Deshalb multipliziert und dividiert der Computer zuerst von links nach rechts, bevor er von links nach rechts die Additionen und Subtraktionen abarbeitet. Abbildung 2.7 zeigt, in welcher Reihenfolge der Computer bestimmte mathematische Berechnungen vornimmt.

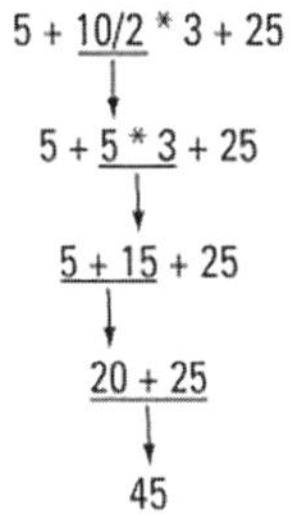

$$5 + \underline{10/2} * 3 + 25$$
$$\downarrow$$
$$5 + \underline{5 * 3} + 25$$
$$\downarrow$$
$$\underline{5 + 15} + 25$$
$$\downarrow$$
$$\underline{20 + 25}$$
$$\downarrow$$
$$45$$

Abbildung 2.7: Der Computer arbeitet Berechnungen in einer bestimmten Reihenfolge ab.

Über Bord gehen

Nun hat so ein Computer aber auch seine Grenzen wie die hier, zu denen es kommt, wenn Sie so etwas versuchen:

```
cout << 8762547892451 * 10 / 2 * 3 + 25 << endl;
```

Wenn Sie versuchen zu kompilieren, erscheint im Fehlerfenster eine Meldung:

```
error: integer constant is too large for "long" type
```

Das ist keine gute Nachricht, denn sie besagt, dass Sie die Grenzen überschritten haben, die diese Art von Mathematik zulässt. Seien Sie also vorsichtig.

Sie können vom Ergebnis her auch zu groß werden, wenn Sie Ihre Anwendung ablaufen lassen – und merken das (unglücklicherweise) noch nicht einmal. So wird die Zeile

```
cout << 12345 * 12345 * 12345 * 12345 * 12345 << endl;
```

zwar *kompiliert* – aber ob das Ergebnis

```
253233049
```

stimmt, darf wohl mehr als bezweifelt werden.

Natürlich ist es nicht richtig, noch nicht einmal ansatzweise. Deshalb lautet die Moral von der Geschichte hier, dass Sie Berechnungen nur dann wie in diesem Abschnitt gezeigt durchführen sollten, wenn Sie die Grundrechenarten verwenden und Ihre Zahlen nicht zu groß sind. Wenn Sie fünf- oder sechsstellige Zahlen mehrfach miteinander multiplizieren, bewegen Sie sich auf äußerst schwankendem Boden.

Die größte positive Zahl, die Sie verwenden können, ist 2.147.483.647. Die größte negative Zahl ist -2.147.483.647. Wenn Sie sich darauf beschränken, nur mit positiven Zahlen und 0 zu rechnen, kann der Computer intern ein paar Anpassungen vornehmen und mit größeren positiven Zahlen umgehen.

Klammern

Wenn Sie die Reihenfolge umgehen wollen, die der Computer verwendet, um seine Berechnungen vorzunehmen, können Sie Klammern in das Spiel einbeziehen. Wenn Sie zum Beispiel die folgende Zeile verwenden, führt der Computer die letzte Operation (+) vor den anderen aus:

```
cout << 5 + 10 / 2 * (3 + 25) << endl;
```

Ohne Klammer betrug das Ergebnis 45, aber mit den gesetzten Klammern lautet es 145. Der Computer rechnet zuerst 3 + 25 und erhält 28. Dann beginnt er von links nach rechts mit der Multiplikation und der Division. Dies führt zu 10/2, was 5 ergibt und mit (3 + 25) oder 28 multipliziert wird. Nun wird noch 5 hinzugefügt, und das endgültige Ergebnis lautet 145.

Die Ausgabe mit Tabulatoren versehen

So, wie Sie eine Folge von Buchstaben und Zahlen in die Konsole schreiben können, geht dies auch mit einem Tabulator. Ändern Sie zum Beispiel die Zeile Ihrer Anwendung

```
cout << "Hallo, hier spricht Ihr Computer." << endl;
```

in die Zeile, die im folgenden Code fettgedruckt wiedergegeben wird:

```
#include <iostream>
using namespace std;
int main()
{
    cout << "Hallo\thier spricht Ihr Computer." << endl;
    return 0;
}
```

Wir haben in diesem Code das Komma und das Leerzeichen durch einen umgedrehten Schrägstrich (einen sogenannten *Backslash*) und ein kleines t ersetzt. (Wir haben auch die zusätzliche Zeile mit der mathematischen Aufgabe aus dem vorherigen Abschnitt entfernt.) Wenn Sie die Anwendung nun kompilieren und ausführen (denken Sie daran, *zuerst zu kompilieren* und *dann erst* auszuführen!), wird nicht genau das ausgegeben, was zwischen den doppelten Anführungszeichen steht. Sie sehen:

```
Hallo     hier spricht Ihr Computer.
```

Bei dem zusätzlichen Freiraum in der ausgegebenen Zeile handelt es sich um einen *Tabulator* (so, als wenn Sie beim Schreiben die Taste ⭾ gedrückt hätten).

Der Einsatz eines Backslash (eines umgedrehten Schrägstrichs) kann mit größeren Schwierigkeiten verbunden sein: Sie können nicht einfach einen Backslash (oder doppelte Anführungszeichen) eingeben, und dann erwarten, ihn (beziehungsweise die Anführungszeichen) auf dem Bildschirm zu sehen. Aber es gibt da ein paar *Workarounds* (deutsch: *Umgehungslösung* – ein Begriff, der im Computeralltag nur selten auftaucht), um die eigentlichen Zeichen darzustellen:

✔ Sie wollen tatsächlich einen Backslash und nicht ein besonderes Zeichen anzeigen? Verwenden Sie einen Backslash, dem ein weiterer Backslash folgt. (Das ist schon etwas gewöhnungsbedürftig.) Der Compiler behandelt nur den *ersten* Backslash als etwas Besonderes. Wenn es in einer Zeile mit einem String zwei umgedrehte Schrägstriche gibt, behandelt der Compiler den zweiten eben als einen Backslash.

So enthält zum Beispiel der folgende Code zwei umgedrehte Schrägstriche:

```
cout << "\\tabc" << endl;
```

An der Konsole erzeugt dies die folgende Ausgabe:

```
\tabc
```

✔ Wenn ein String mit einem doppelten Anführungszeichen beginnt und mit einem doppelten Anführungszeichen endet, wie in aller Welt wollen Sie dann doppelte Anführungszeichen *ausgeben*? Geben Sie einen Backslash und dann die doppelten Anführungszeichen so ein, wie es das folgende Beispiel zeigt:

```
cout << "Backslash und doppelte Anführungszeichen führen in C++
zu \"." << endl;
```

Wenn dieser Code in einer Anwendung ausgeführt wird, sehen Sie auf dem Bildschirm:

```
Backslash und doppelte Anführungszeichen führen in C++ zu ".
```

Beim Start der Beispielprogramme von www.wiley-vch.de/publish/dt/books/ISBN3-527-71170-8 kann es passieren, dass die Umlaute merkwürdig aussehen, wenn Ihre Windows-Version den Standard UTF-8 nicht unterstützt. Entweder ignorieren Sie das – schließlich wollen Sie programmieren lernen und nicht Ästhetik – oder Sie ersetzen die kryptischen Zeichen nach Ihren Wünschen.

C++-Programmierer verwenden den Ausdruck *Escape-Sequenz*, um auf ein besonderes Zeichen in einem String zu verweisen, das mit einem Backslash beginnt. (Die Escape-Sequenz wurde früher auch als *Fluchtzeichen* bezeichnet, den *to escape* bedeutet auf Deutsch *entkommen, fliehen*.) Das ist vokabeltechnisch gesehen zwar ein veralteter Ausdruck, aber er ist nicht ganz so alt wie zum Beispiel das Wort »Dünkel«. Zumindest erinnert er uns an die ursprüngliche Sprache C aus den 1970ern: Damals mussten Sie zuerst die Taste `Esc` drücken, damit bestimmte Zeichen auf dem Bildschirm erschienen.

Lassen Sie Ihre Anwendung laufen

Das Wort *ausführen* bezieht sich darauf, dass Sie Ihre Anwendung ablaufen lassen. Bevor das geht, müssen Sie Ihre Anwendung kompilieren (der Ausdruck hierfür lautet in Code::Blocks *build*, was auf Deutsch eigentlich *erstellen* bedeutet). Das Kompilieren macht aus Ihrer Anwendung eine ausführbare Datei. Dies ist eine besondere Art von Datei, die eine Anwendung enthält, die auf einem Computer laufen kann. Wenn Sie die Anwendung *Textverarbeitung* ablaufen lassen, führen Sie eine ausführbare Datei aus, die die Textverarbeitung als Anwendung enthält.

 Wenn Ihr Computer die Anwendung kompiliert hat, macht er etwas, das *Linken* genannt wird. Diese beiden Schritte zusammen werden gerne wie einer behandelt und einfach als *Kompilierung* bezeichnet. Auch wir verwenden in diesem Buch sehr oft diesen Begriff, wenn wir beide Schritte meinen. Wenn Sie daran interessiert sind, herauszufinden, was hier wirklich passiert, werfen Sie einen Blick in Anhang A. Dort gibt es einen Abschnitt, der dem Kompilieren und dem Linken gewidmet ist.

Wenn Sie Ihre Anwendung ablaufen lassen wollen, müssen Sie sie zuerst kompilieren und dann ausführen. Sollten Sie die Anwendung danach ändern, müssen Sie sie erneut kompilieren, bevor Sie sie wieder ablaufen lassen, weil sich ansonsten die ausführbare Datei im alten Zustand befindet und die Änderungen nicht enthält.

Da Sie in der Regel nacheinander BUILD und RUN verwenden, haben die netten Leute von Code::Blocks im Menü BUILD das Menüelement BUILD AND RUN aufgenommen. Der Computer kompiliert dann zuerst den Code und führt die Anwendung anschließend sofort aus – wenn es beim Kompilieren keine Fehler gegeben hat. Wenn Fehler vorhanden sind, führt der Compiler die Anwendung nicht aus, und die Fehler werden wie üblich dargestellt.

Wir verwenden so gut wie immer die Option BUILD AND RUN, statt zuerst BUILD und dann RUN anzuklicken. Wenn wir unsere Anwendungen kompilieren und ausführen, verwenden wir Tastenkombinationen als Kurzbefehle. Es kostet uns einfach zu viel Zeit, die Maus zu nehmen, den Mauszeiger auf ein Menü zu setzen, ein Menü anzuklicken, um in ein Untermenü zu gelangen, und so weiter. Wir drücken F9, um zu kompilieren.

Tabelle 2.3 enthält eine Übersicht über die Tastenkombinationen für das Kompilieren.

Aktion	Tastenkürzel
Build	Strg + F9
Run	Strg + F10
Build and run	F9

Tabelle 2.3: Tastenkürzel für das Kompilieren

Daten in C++ speichern

3

In diesem Kapitel

▶ Verwenden Sie Speicherbehälter, die *Variablen* genannt werden

▶ Arbeiten Sie mit ganzzahligen Variablen

▶ Arbeiten Sie mit Zeichenvariablen

▶ Manipulieren Sie Strings

▶ Verwenden Sie Boole'sche Variablen

▶ Verwenden Sie bedingte Operatoren

▶ Lesen Sie Eingaben in das Konsolenfenster ein

*J*eder von uns liebt es, Dinge aufzuheben. Ein Schrank ist zum Beispiel der perfekte Ort, um Dinge zu lagern. In unseren Schränken gibt es Kisten und Kästchen, die wir seit Jahren nicht mehr geöffnet haben. Vielleicht haben wir damit unabsichtlich für eine Zeitkapsel gesorgt. Oder nur für erhöhte Feuergefahr. Auch wenn Sie einen Computer programmieren, können Sie Dinge »lagern« (speichern). Die meisten Leute wissen, dass ein Computer über zwei Arten von Speicher verfügt: Arbeitsspeicher in einem Chip und Arbeitsspeicher auf einer Festplatte. Meistens wird der Begriff *Arbeitsspeicher* mit dem Speicherchip gleichgesetzt. Der andere Arbeitsspeicher wird einfach als Festplatte bezeichnet. Wenn Sie mit einer Textverarbeitung einen Geschäftsbrief schreiben, wird dieser Brief im Arbeitsspeicher abgelegt. Erst wenn Sie DATEI|SPEICHERN wählen, wird der Brief auf der Festplatte gespeichert, und solange Sie dies nicht tun, befindet sich der Brief ausschließlich im (flüchtigen) Arbeitsspeicher des Computers.

Am besten stellen Sie sich Arbeitsspeicher als eine Reihe von Speicherbehältern vor – wie die Kästen im Schrank, an die wir uns nicht herantrauen. Wenn Sie ein Computerprogramm schreiben, reservieren Sie ein paar von diesen Speicherbehältern, und jeder dieser Behälter bekommt einen Namen. Außerdem legen Sie fest, was in diesem Speicherbehälter abgelegt werden kann. Der technische Name für solch einen Speicherbehälter ist *Variable*.

Wir zeigen Ihnen in diesem Kapitel, wie Sie diese Speicherbehälter in Ihrer Anwendung verwenden können.

Ablageorte für Daten: Variablen

Wenn Sie eine Anwendung schreiben, geben Sie an, dass Sie einen oder mehrere der Speicherbehälter verwenden wollen, die *Variablen* genannt werden. Sie können in diesen Speicherbehältern die unterschiedlichsten Dinge ablegen. Der Unterschied zwischen diesen Speicherbehältern und denen in Ihrem Schrank ist, dass jeder der Computer-Speicherbehälter immer nur *eine Sache gleichzeitig* aufnehmen kann.

Sie können viele verschiedene Arten von Dingen in Ihren Variablen unterbringen. So können Sie zum Beispiel in einem Speicherbehälter Zahlen oder eine Zeichenfolge (einen String) ablegen. (Aber jeder Speicherbehälter kann nur eine einzige Art von Daten enthalten – Sie können keine Zahl in einem Speicherbehälter unterbringen, der für einen String gedacht ist.) Sie erfahren in Kapitel 2, dass es sich bei einem *String* einfach nur um eine Ansammlung von Buchstaben, Ziffern oder anderen Zeichen handelt, die beliebig zusammengestellt werden können. Was Zahlen angeht, können diese entweder als *Integer* (das sind positive ganze Zahlen, negative ganze Zahlen und 0) oder als Zahlen mit einem Dezimalzeichen wie 3,11 oder 10,0 auftreten (wobei Sie aber beachten müssen, dass das Dezimalzeichen in C++ standardmäßig ein Punkt ist). Die Zahlen mit einem Dezimalzeichen werden auch *Fließkommazahlen* genannt.

Unter einer *Fließkommazahl* versteht man eine Zahl, die ein Dezimalzeichen und etwas rechts neben diesem Dezimalzeichen stehen hat (und sei es, dass dies nur eine 0 ist). Wenn Sie auf den Begriff *Fließkomma* stoßen, konzentrieren Sie sich am besten auf das Wort *Komma*, um sich zu merken, was *Fließkomma* bedeutet. Denken Sie immer an *Dezimalkomma* (auch wenn dies in C++ ein Punkt ist), weshalb diese Zahlen im Englischen auch als *Floating-Point Numbers* bezeichnet werden.

Wenn Sie den Begriff *Variable* bereits aus anderen Umgebungen kennen, sollten Sie aufpassen, dass Sie die dortige Definition nicht nach C++ übertragen. Auch wenn es gewisse Gemeinsamkeiten gibt, haben Sie es doch mit einigen gravierenden Unterschieden zu tun. So stellt zum Beispiel eine Variable in der Algebra einen Platzhalter dar, und Sie können nach einer Variablen auflösen. Aber in der Programmierung ist das viel einfacher: Eine *Variable* ist nichts als ein Speicherbehälter, der einen festen Namen hat.

Eine Integervariable erstellen

Sie können problemlos in Ihrer C++-Anwendung eine Codezeile schreiben, die eine Variable erstellt. Auch wenn Sie im Moment nichts anderes machen, als einfach nur Code zu schreiben (und die Variable in Wirklichkeit erst dann erstellt wird, wenn Sie die Anwendung ausführen), bezeichnen viele diesen Vorgang schon als *Erstellen einer Variablen*. Wenn wir mit anderen Programmierern zusammenarbeiten, sagen wir oft: »Wir machen weiter und legen eine Variable an.« In Wirklichkeit schreiben wir nur einen Code, der dem *Computer* die Anweisung gibt, weiterzumachen und die Variable zu erstellen. Und der Computer legt die Variable natürlich erst dann an, wenn die Anwendung ausgeführt wird.

Eine Variable besteht aus drei Teilen, die Tabelle 3.1 zusammenfasst.

Bestandteil	Bedeutung
Name	Der Name, den Sie in Ihrer Anwendung verwenden, um auf die Variable zuzugreifen
Typ	Der Informationstyp, den die Variable aufnehmen kann
Wert	Das, was der Speicherbehälter enthält

Tabelle 3.1: Eine Variable besteht aus drei Teilen.

Die folgende Liste beschreibt die Elemente aus Tabelle 3.1 detaillierter:

✔ **Name:** Jede Variable muss einen Namen haben. Sie verweisen in Ihrer Anwendung über den Namen auf die Variable. Sie können zum Beispiel eine Variable haben, die `cout` heißt, und eine Variable mit der Bezeichnung `NachName`. Oder Sie könnten eine Variable mit dem Namen `MisterGates` haben.

✔ **Typ:** Wenn Sie eine Variable erstellen, müssen Sie festlegen, was für eine Art von Information die Variable aufnehmen soll. So ist eine Variable für die Aufnahme von ganzzahligen Werten (sogenannten Integerwerten) gedacht, während eine andere Variable nur ein einziges Zeichen aufnehmen kann. Nachdem Sie in Ihrer Anwendung einen Variablentyp festgelegt haben, können Sie in ihr nur Dinge ablegen, die vom definierten Typ sind.

✔ **Wert:** Eine Variable enthält immer nur einen Wert. Eine Integervariable enthält zum Beispiel die Zahl 10, und eine Variable, die ein Zeichen aufnehmen kann, eine *Charactervariable*, enthält das Zeichen a. Sie können erst das eine und dann etwas anderes in der Variablen speichern. Wenn Sie etwas anderes in der Variablen speichern, vergisst die Variable, was sie bis dahin enthalten hat.

Der Code für das Beispiel `EinfacheVariable` (siehe Listing 3.1) zeigt, wie eine Variable erstellt wird. Sie haben es bei diesem Beispiel mit einer echten Anwendung zu tun, die Sie ablaufen lassen können.

```
#include <iostream>

using namespace std;

int main()
{
  int meinezahl;
  meinezahl = 10;
  cout << meinezahl << endl;
  return 0;
}
```

Listing 3.1: Eine Variable erstellen

Schauen Sie sich Listing 3.1 sorgfältig an. Denken Sie daran, dass der Computer mit dem Code beginnt, der sich innerhalb der geschweiften Klammern befindet, die dem Wort `main` folgen, und dass er den Code zeilenweise abarbeitet.

Die erste Zeile innerhalb von `main` sieht so aus:

```
int meinezahl;
```

Wenn Sie eine Variable definieren, geben Sie als Erstes den Typ dessen an, was die Variable aufnehmen soll. Wir verwenden hier das Wort `int`. Bei diesem Wort handelt es sich um das C++-Wort für *Integer* (deutsch *Ganzzahl*). Damit kann die Variable, die wir gerade definieren, einen ganzzahligen Wert aufnehmen. Als Nächstes kommt der Name der Variablen. Diese Variable heißt `meinezahl`. Die Variablendeklaration wird durch ein Semikolon abgeschlossen.

Sie sehen, dass wir in dieser Zeile zwei der drei Elemente von Variablen berücksichtigt haben. Wir haben der Variablen einen Namen gegeben, und wir haben dem Computer mitgeteilt, welche Art von Dingen die Variable aufnehmen soll. Nur die Reihenfolge scheint ein wenig seltsam zu sein – aber in C++ geben wir nun einmal zuerst den Typ und dann erst den Namen an. In C++ wird eben so gearbeitet, und für diese Vorgehensweise gibt es auch einen guten Grund, über den Sie weiter hinten in diesem Kapitel im Abschnitt *Mehrere Variablen definieren* mehr erfahren.

Die nächste Zeile sieht so aus:

```
meinezahl = 10
```

Diese Zeile bringt etwas in der Variablen unter. Sie legt die Zahl 10 in der Variablen ab. Da wir bereits festgestellt haben, dass die Variable eine Ganzzahl aufnehmen soll, dürfen Sie 10 dort ablegen, weil es sich dabei um einen ganzzahligen Wert handelt. Wenn Sie versuchen, in dieser Variablen etwas anderes als eine Ganzzahl zu speichern, erhalten Sie vom Compiler eine Fehlermeldung. Der Compiler sorgt dafür, dass Sie in einer Variablen nur Dinge des Typs ablegen können, den Sie für diese Variable bei der Definition festgelegt haben. Der Compiler achtet darauf, dass Sie nicht aus der Reihe tanzen. Und natürlich haben Sie bemerkt, dass auch diese Anweisung mit einem Semikolon abgeschlossen wird. In C++ endet jede Anweisung mit einem Semikolon.

Um etwas in einer Variablen abzulegen, geben Sie den Namen der Variablen, ein Gleichheitszeichen (das von optionalen Leerzeichen umgeben ist) und den Wert ein. Sie schließen die Zeile wieder mit einem Semikolon ab. Diese Codezeile ist eine *Zuweisung*. Sie können aber auch sagen, dass Sie die Variable auf den Wert *setzen*.

Dies ist die nächste Zeile:

```
cout << meinezahl << endl;
```

Kapitel 2 beschreibt, was diese Zeile macht. Es handelt sich dabei um eine cout-Anweisung, was bedeutet, dass etwas in die Konsole geschrieben wird. Wie Sie sich vielleicht vorstellen können, weist dieser Code den Computer an, den *Wert* von meinezahl in die Konsole zu schreiben. Der Computer gibt nicht den String *meinezahl* aus. Stattdessen gibt er das aus, was auch immer sich gerade in diesem Speicherbehälter befindet. Die vorherige Codezeile hat eine 10 in den Speicherbehälter gepackt, weshalb diese Zeile *10* in die Konsole schreibt. Wenn Sie die Anwendung ablaufen lassen, sehen Sie dies:

```
10
```

Gehen Sie gedanklich so vor: Wenn Sie den Namen der Variablen schreiben, greifen Sie auf die Variable zu. Anders ist es, wenn der Name der Variablen auf der linken Seite eines Gleichheitszeichens steht. In diesem Fall setzen Sie die Variable.

Sie können mit einer Variablen zwei Dinge tun:

✔ **Die Variable setzen:** Sie können eine Variable setzen, was bedeutet, dass Sie etwas im Speicherbehälter ablegen.

✔ **Den Wert abrufen:** Sie können den Wert zurückerhalten, der sich in der Variablen befindet. Wenn Sie das machen, bleibt der Wert in der Variablen erhalten.

Wenn Sie den Wert abrufen (oder *auslesen*), den eine Variable enthält, löschen Sie damit nichts in der Variablen. Der Wert befindet sich auch weiterhin in der Variablen.

Mehrere Variablen definieren

Vor vielen Jahren, als wir die Programmiersprache C erlernten (bei der es sich um den Vorläufer von C++ handelt), kam es uns ziemlich komisch vor, dass wir den Typ einer Variablen festlegen mussten, bevor wir ihr einen Namen geben durften. Aber letztendlich macht diese Vorgehensweise ziemlich viel Sinn, weil sie es einfach macht, viele Variablen desselben Typs zu definieren. Wenn Sie in einer Zeile drei Integervariablen definieren wollen, können Sie dies so erledigen:

```
int tom, dick, harry;
```

Diese Anweisung definiert drei eigenständige Variablen. Die erste heißt `tom`, die zweite `dick` und die dritte `harry`. Jede dieser drei Variablen kann einen ganzzahligen Wert aufnehmen. Sie haben noch nichts in diesen Variablen hinterlegt, denn dafür benötigen Sie zusätzlichen Code, der die Zahlen in die Variablen packt. Das folgende Beispiel schreibt die Zahl `10` in `tom`, die Zahl `20` in `dick` und die Zahl `3254` in `harry`:

```
tom = 10;
dick = 20;
harry = 3254;
```

Wenn Sie Ihre Anwendungen ablaufen lassen, führt der Computer die Anweisungen in der Reihenfolge aus, in der sie in Ihrem Code vorkommen. Deshalb erstellt der Computer im letzten Codebeispiel zunächst die drei Speicherbehälter. Dann packt er `10` in `tom`. Danach erhält `dick` `20`. Und zum Schluss gibt sich `harry` erst mit `3254` zufrieden.

Werte ändern

Auch wenn eine Variable immer nur eine Sache gleichzeitig enthalten kann, sind Sie doch in der Lage, ihren Inhalt zu ändern. Wenn Sie etwas Neues in die Variable hineinlegen, vergisst sie ihren alten Inhalt. Wenn man uns vergesslich nennen sollte, können wir einfach antworten: »Stimmt. Aber schau dir erst einmal den Computer an, mit dem du den lieben langen Tag arbeitest.«

Sie bringen in einer Variablen etwas Neues auf dieselbe Weise unter, wie Sie das mit dem ursprünglichen Wert getan haben:

Beschäftigen Sie sich einmal näher mit dem Beispiel ChangeVariable im Verzeichnis VariableAendern der Beispieldateien, das in Listing 3.2 abgebildet wird. Sie sehen, dass der erste Teil der Anwendung wie Listing 3.1 ist. Aber dann haben wir zwei Zeilen hinzugefügt (die fett gedruckt wiedergegeben werden), die fast genauso aussehen wie die beiden Zeilen davor. Die erste dieser beiden Zeilen packt etwas (20) in dieselbe Variable, die zuvor benutzt worden ist, und die nächste Zeile gibt den neuen Wert an der Konsole aus.

```cpp
#include <iostream>

using namespace std;

int main()
{
  int meinezahl;
  meinezahl = 10;
  cout << meinezahl << endl;
  meinezahl = 20;
  cout << meinezahl << endl;
  return 0;
}
```

Listing 3.2: Eine Variable ändern

Auch die Zeile, mit der Sie etwas Neues in der Variablen ablegen, folgt demselben Schema: Es gibt ein Gleichheitszeichen, vor dem die Variable steht und dem der neue Wert folgt. Diese Anweisung ist, wie es weiter vorn in diesem Kapitel beschrieben wird, eine *Zuweisung*.

 Wenn Sie ein einzelnes Gleichheitszeichen sehen, handelt es sich bei dem Element auf seiner linken Seite um die Variable oder das Element, das die Information empfängt, die auf der rechten Seite des Gleichheitszeichens steht.

Eine Variable mit einer anderen gleichsetzen

Weil Sie mit einer Variablen eigentlich nur zwei Dinge machen können – etwas in ihr ablegen und den Wert wieder abrufen –, stellt das Gleichsetzen zweier Variablen einen einfachen Weg dar, den Wert einer Variablen abzurufen und in einer anderen Variablen abzulegen. Dieser Vorgang wird oft als *Kopieren einer Variablen* bezeichnet,

Wenn Sie zum Beispiel zwei Integervariablen haben, die wir als start und ende bezeichnen, und den Wert von start nach ende kopieren wollen, sollten Sie eine Zeile wie diese verwenden:

```cpp
start = ende;
```

 Lassen Sie sich von der Sprache nicht verwirren. Auch wenn wir »Kopieren Sie den Wert von start nach ende« schreiben, geben wir im Code als Erstes ende, dann das Gleichheitszeichen und dann start ein, links vom Gleichheitszeichen steht der *Empfänger* des Wertes. Wir haben es auch hier mit einer *Zuweisungsanweisung* zu tun.

 Wenn Sie den Wert einer Variablen in eine andere kopieren, müssen beide Variablen von demselben Typ sein. Sie können zum Beispiel den Wert einer Stringvariablen nicht in eine Integervariable kopieren. Wenn Sie dies versuchen, gibt der Compiler eine Fehlermeldung aus und hält an.

Wenn der Computer diese Kopieranweisung ausgeführt hat, enthalten beide Variablen dasselbe. Der Code in Listing 3.3 ist ein Beispiel für das Kopieren einer Variablen in eine andere.

```cpp
#include <iostream>

using namespace std;

int main()
{
  int start = 50;
  int ende;
  ende = start;
  cout << ende << endl;
  return 0;
}
```

Listing 3.3: Einen Wert von einer Variablen in eine andere kopieren

Eine Variable initialisieren

Wenn Sie eine Variable erstellen, ist sie zunächst ein leerer Speicherbehälter. Bevor Sie sie sinnvoll einsetzen können, müssen Sie ihr etwas zuweisen.

 Wenn Sie versuchen, den Inhalt einer Variablen abzurufen, bevor Sie in ihr einen Wert hinterlegt haben, landen Sie bei etwas, das die Computermenschen liebevoll als »unvorhersehbares Ergebnis« bezeichnen. Was sie damit wirklich meinen, ist: »Machen Sie so etwas niemals, weil niemand weiß, was sich in der Variablen befindet.« Das ist so, als wenn Sie in den Keller gehen würden und entdecken, dass die letzten Mieter dort eine große, ominöse Kiste stehen gelassen haben. Wollen Sie da *wirklich* reinschauen? Bei Variablen besteht das Problem, mit dem Sie es zu tun bekommen können, darin, dass im Arbeitsspeicher des Computers an genau dem Platz etwas gespeichert sein kann, an dem sich nun die Variable befindet, und bei diesem gespeicherten Element kann es sich um eine Zahl handeln, die irgendwo übrig geblieben ist. Sie haben nun letztendlich keine Ahnung, was an der Stelle wirklich los ist, die Ihre (»leere«) Variable belegt. Sorgen Sie also immer dafür, dass Sie in einer Variablen bewusst einen Wert ablegen, bevor Sie

ihren Inhalt abrufen. Dieser Vorgang, das erste Zuweisen eines Wertes zu einer Variablen, wird *Initialisieren* (das Herstellen eines bestimmten Anfangszustands) genannt.

Sie haben zwei Wege, um eine Variable zu initialisieren. Der erste Weg besteht darin, die Variable zu definieren und ihr dann einen Wert zuzuweisen. Dafür benötigen Sie zwei Codezeilen

```
int meinezahl;
meinezahl = 153;
```

Der andere Weg geht ein wenig schneller. Er sieht so aus:

```
int meinezahl = 153;;
```

Diese Methode kombiniert beide Vorgehensweisen in einem geschickt zusammengestellten Paket, auf das Sie jederzeit zugreifen können. Wir initialisieren in diesem Buch Variablen auf beide Weisen, wobei das Wie davon abhängt, wie wir uns gerade fühlen.

Vergeben Sie selbst großartige Namen

Jede Variable muss einen Namen haben. Aber welche Namen können Sie verwenden? Es hindert Sie zwar niemand daran, Namen wie Schnucki, Sansibar oder Supercount1000M zu verwenden, aber es gibt es Grenzen, die Sie nicht überschreiten dürfen.

MeinDies und MeinDas

Während Sie in Ihrem Leben als Programmierer Fortschritte machen, werden Sie höchstwahrscheinlich bemerken, dass einige Programmierer Namen bevorzugen, die mit dem Wort *Mein* beginnen. Andere Programmierer verachten diese Praxis und distanzieren sich davon. Auch wir haben Bezeichnungen wie MeineKlasse, MeineZahl, MeinWert, MeinName, MeinAuto, MeinWasAuchImmer und so weiter gesehen. Wir selbst haben keine Probleme damit, Bezeichnungen dieser Art – ganz besonders in Übungsbeispielen – zu verwenden.

Auch wenn der meiste C++-Code in Kleinbuchstaben geschrieben wird, hindert Sie niemand daran, in Ihren Variablennamen auch Großbuchstaben zu verwenden. C++ unterscheidet zwischen Groß- und Kleinschreibung. Daraus folgt, dass Sie auf eine Variable, der Sie den Namen rechnen gegeben haben, später nicht als Rechnen (mit einem großen R) zugreifen können. Der Compiler behandelt die beiden Namen als zwei voneinander unabhängige Variablen. C++ berücksichtigt Groß- und Kleinschreibung. Und vermeiden Sie es, in einer Anwendung zwei gleichlautende Variablen zu verwenden – zum Beispiel rechnen und Rechnen. Das macht zwar dem Compiler nichts aus, aber die armen Menschen, die Ihren Code vielleicht lesen oder ihn später überarbeiten müssen, werden ziemlich irritiert sein.

Hier die Regeln, denen Sie folgen müssen, wenn Sie Variablennamen verwenden wollen:

✔ **Zeichen:** Sie können im Variablennamen alle Großbuchstaben, alle Kleinbuchstaben und Unterstriche verwenden. Auch Zahlen sind erlaubt, nur nicht an erster Stelle. Symbole (wie Leerzeichen oder die Symbole auf den Zifferntasten Ihrer Tastatur) sind in Variablennamen nicht zulässig. Und verzichten Sie unbedingt auf deutsche Umlaute und Sonderzeichen.

✔ **Länge:** Heutzutage erlauben es die meisten Compiler, dass der Name einer Variablen aus beliebig vielen Zeichen besteht. Aus Jux und Dollerei haben wir einmal in Code::Blocks erfolgreich eine Variable erstellt, der Namen aus mehr als 1.000 Zeichen bestand. Wir verzichten aber gerne darauf, dieses Ding immer wieder eingeben zu müssen. Unsere Empfehlung für die Namensgebung sieht so aus, dass ein Name lang genug sein muss, um einen Sinn zu ergeben, aber kurz genug, um ihn schnell einzugeben. Meistens werden Namen gewählt, die irgendwie aus fünf bis zehn Zeichen bestehen.

Gültige Namen wären zum Beispiel `Betrag`, `aktueller_name`, `adresse_1000` und `RechnungsNummer`. Tabelle 3.2 führt Variablennamen auf, die nicht zulässig sind.

Nicht zulässiger Variable	Warum der Name nicht zulässig ist
12345	Der Name besteht nur aus Ziffern (und beginnt mit einer Ziffer, was ebenfalls falsch ist).
A&B	Das einzige Sonderzeichen, das erlaubt ist, ist der Unterstrich. Das kaufmännische Und (&) ist kein zulässiges Sonderzeichen.
1abc	Der Name einer Variablen darf nicht mit einer Ziffer beginnen.

Tabelle 3.2: Beispiele nicht zulässiger Variablennamen

Mit Integervariablen rechnen

Integervariablen lassen es zu, dass Sie mit ihnen rechnen. Sie können problemlos auf die vier Grundrechenarten – Addition, Subtraktion, Multiplikation und Division – zugreifen.

Wir stellen in Kapitel 2 die Zeichen vor, die Sie für Rechenoperationen nutzen können. Es sind:

✔ + für die Addition

✔ - für die Subtraktion

✔ * für die Multiplikation

✔ / für die Division

Und es gibt noch eine weitere mathematische Operation, die Sie mit ganzzahligen Werten machen können, und die mit einem Rest und einer Division zu tun hat. Wenn Sie zum Beispiel 16 durch 3 teilen (dividieren), lautet das ganzzahlige Ergebnis *5 Rest 1*. Manchmal sagt man auch, dass 16 nicht ohne Rest durch 3 geteilt werden kann, dass aber 3 fünfmal in 16 »geht«, wobei dann ein Rest von 1 übrig bleibt. Dieser Rest wird auch *Modulo* genannt. Computerleute haben einen guten Grund, hier von *Modulo* und nicht von *Rest* zu sprechen: Sie lieben es, komplizierte und verwirrende Begriffe zu verwenden.

 Wenn Sie mit Integervariablen arbeiten, denken Sie immer an die beiden grundsätzlichen Dinge, die Sie mit Variablen anfangen können: Sie können etwas in einer Variablen ablegen, und Sie können es von einer Variablen abrufen. Wenn Sie also mit einer Integervariablen arbeiten, können Sie ihren Inhalt abrufen und das Ergebnis dann ausgeben oder in dieselbe oder eine andere Variable zurückschreiben.

Mit Integervariablen addieren

Wenn Sie zwei Integervariablen addieren wollen, verwenden Sie das Plussymbol (+). Sie können dann das Ergebnis entweder ausgeben oder in eine Variable zurückschreiben.

Das Beispiel `AddInteger` im Verzeichnis `IntegerAddieren` der Beispieldateien addiert zwei Variablen (`start` und `zeit`) und gibt das Ergebnis an der Konsole aus. Der Bereich mit der Addition wird im Listing fett gedruckt wiedergegeben.

```
#include <iostream>

using namespace std;

int main()
{
    int start;
    int zeit;
    start = 37;
    zeit = 22;
    cout << start + zeit  << endl;
    return 0;
}
```

Dieser Code beginnt mit zwei Integervariablen, die `start` und `zeit` heißen. Er setzt dann `start` auf 37 und `zeit` auf 22. Zum Schluss addiert er die beiden Variablen und gibt das Ergebnis aus.

In diesem Beispiel macht der Computer eigentlich nichts mit der Summe (59), die die Berechnung ergibt, außer dass er sie ausgibt. Wenn Sie diesen Wert später weiterverwenden wollen, können Sie ihn in einer eigenen Variablen speichern. Das Beispiel `AddInteger2` im Verzeichnis `IntegerAddieren2` der Beispieldateien zeigt, wie ein Ergebnis in einer Variablen abgelegt wird. Das Speichern in einer neuen Variablen wird im Listing fett gedruckt wiedergegeben.

```cpp
#include <iostream>

using namespace std;

int main()
{
  int start;
  int zeit;
  int gesamt;
  start = 37;
  zeit = 22;
  gesamt =  start + zeit;
  cout << gesamt << endl;
  return 0;
}
```

In diesem Code definieren Sie zusammen mit den anderen Variablen auch die Integervariable gesamt. Danach speichern Sie 37 in `start` und 22 in `zeit`, addieren die beiden Variablen und speichern das Ergebnis in einer Variablen, die den Namen `gesamt` trägt. Zum Schluss geben Sie den Wert aus, der in `gesamt` abgelegt worden ist.

Sie können auch Zahlen direkt mit Variablen addieren. Die folgende Zeile addiert 5 zu `start` und gibt das Ergebnis aus:

```cpp
cout << start + 5 << endl;
```

Oder Sie schreiben den Wert in eine andere Variable zurück, wie es das folgende Stückchen Code zeigt:

```cpp
gesamt = start + 5;
cout << gesamt << endl;
```

Dieses Beispiel addiert 5 zu `start` und speichert den neuen Wert in `gesamt`.

 Wenn Sie Code wie `gesamt = start + 5;` verwenden, ändern Sie den Wert, der sich in `start` befindet, nicht, obwohl Sie 5 zu `start` addieren. Die Variable `start` bleibt dieselbe wie vor dem Ausführen dieser Anweisung. Der Computer findet das Ergebnis aus `start + 5` heraus und speichert diesen Wert in `gesamt`.

Jetzt wird es ein wenig verzwickter, was die Logik angeht. Auf den ersten Blick sieht das vielleicht komisch aus, aber Sie können wirklich nur so vorgehen:

```cpp
gesamt = gesamt + 5;
```

Wenn Sie in der Schule Mathematikkurse besucht haben, könnten Sie diese Anweisung für etwas Skurriles halten (was die Mathematikkurse vielleicht insgesamt für Sie gewesen sind). Aber denken Sie daran, dass es sich bei `gesamt` um eine Variable *im Rahmen der Computerprogrammierung* handelt und dass sich deren Definition etwas von der mathematischen Definition einer Variablen unterscheidet.

Diese Anweisung bedeutet in Wirklichkeit, dass Sie 5 zu dem Wert addieren, der in gesamt gespeichert ist. Sie nehmen dann den Wert, den Sie zurückerhalten, und *schreiben ihn in die Variable gesamt zurück*. Oder anders ausgedrückt, gesamt ist nun um 5 größer als vor der Operation.

Das Beispiel AddInteger3 im Verzeichnis IntegerAddieren3 der Beispieldateien zeigt, wie diese Technik in der Praxis funktioniert:

```cpp
#include <iostream>

using namespace std;

int main()
{
  int gesamt;
  gesamt = 12;
  cout << gesamt << endl;
  gesamt = gesamt + 5;
  cout << gesamt << endl;
  return 0;
}
```

Wenn Sie diese Anwendung ausführen, sehen Sie an der Konsole diese Ausgabe:

```
12
17
```

Beachten Sie, was hier geschehen ist. Sie haben zuerst den Wert 12 in der Variablen gesamt abgelegt und den Wert an der Konsole ausgegeben. Dann addieren Sie 5 zu gesamt, speichern das Ergebnis wieder in gesamt und geben den neuen Wert von gesamt an der Konsole aus.

Es ist nun kein großes Geheimnis, dass wir Computerfreaks eigentlich ziemlich faul sind. Warum besitzen wir wohl Computer? Deshalb haben uns die großen Macher der Sprache C++ so etwas wie einen Kurzbefehl für das Addieren einer Variablen zu einer anderen Variablen und dem Zurückschreiben des Ergebnisses in die Variable hinterlassen. Die Zeile

```cpp
gesamt = gesamt + 5;
```

ist – vom Ergebnis her – identisch mit

```cpp
gesamt += 5;
```

Wir Computertypen sprechen += auf eine besondere Weise aus. Wir sagen: »plus gleich.« Die ganze Zeile lautet dann: »Gesamt plus gleich fünf.«

Betrachten Sie die Schreibweise `gesamt += 5;` einfach als einen Kurzbefehl für `gesamt = gesamt + 5;`.

Sie können die +=-Schreibweise auch bei anderen Variablen einsetzen. Sie wollen zum Beispiel den Wert in `zeit` zum Wert in `gesamt` addieren und das Ergebnis wieder in `gesamt` ablegen. Sie können so vorgehen:

```
gesamt = gesamt + zeit;
```

oder so:

```
gesamt +=zeit;
```

Wenn Sie einfach nur 1 zu einer Variablen addieren wollen, können Sie einen noch kürzeren Kurzbefehl verwenden, der so aussieht:

```
gesamt++;
```

Dies ist dasselbe wie `gesamt = gesamt +1;`.

Tabelle 3.3 fasst die verschiedenen Dinge zusammen, die Sie beim Addieren von Variablen machen können.

Was Sie machen können	Anwendungsbeispiel
Zwei Variablen addieren	`cout << start + zeit << endl;`
Eine Variable und eine Zahl addieren	`cout << start + 5 << endl;`
Zwei Variablen addieren und das Ergebnis in einer Variablen speichern	`gesamt = start + zeit;`
Eine Variable und eine Zahl addieren und das Ergebnis in einer Variablen speichern	`gesamt = start + 5;`
Eine Zahl dem hinzufügen, was sich bereits in einer Variablen befindet	`gesamt = gesamt + 5;`
Eine Zahl dem hinzufügen, was sich bereits in einer Variablen befindet und dabei einen Kurzbefehl verwenden	`gesamt += 5;`
Eine Variable zu etwas hinzufügen, was sich bereits in einer Variablen befindet	`gesamt = gesamt + zeit;`
Eine Variable zu etwas hinzufügen, was sich bereits in einer Variablen befindet und dabei einen Kurzbefehl verwenden	`gesamt += zeit;`
1 zu einer Variablen hinzufügen	`gesamt ++`

Tabelle 3.3: Dinge, die Sie beim Addieren machen können

Und hier die Antwort auf die Frage

Sowohl in C++ als auch im ursprünglichen C (auf dem C++ basiert) fügt der Operator ++ 1 zu einer Variablen hinzu. Dies versetzt uns in die Lage, die große und alles entscheidende Frage zu beantworten: Woher stammt der Name C++? Als der Typ, der C++ entwickelt hat, Bjarne Stroustrup, einen Namen für seine Sprache brauchte, hat er die Antwort in ihren Wurzeln gesucht. Seine Sprache basierte auf C; und um in C 1 zu etwas hinzuzufügen, verwenden Sie den Operator ++. Und da Stroustrup der Meinung war, dass er der Sprache nur 1 Sache hinzugefügt hat, entschloss er sich, die neue Sprache C++ zu nennen. Gut, das entspricht nicht ganz der Wahrheit. Bjarne Stroustrup hat C tatsächlich um tolle Dinge erweitert. Aber das alles kann als eine einzige Sache angesehen werden, die aus vielen kleinen Teilen besteht.

Was hat er denn hinzugefügt? Das wichtigste dieser kleineren Teile ist die Möglichkeit, objektorientiert zu programmieren. Das ist etwas, das wir im nächsten Kapitel behandeln. Und übrigens, der Schöpfer von C++, Mr. Stroustrup, lebt noch und arbeitet weiterhin bei AT&T an der Sprache. Seine Website hat die Adresse http://www.research.att.com/~bs.

Ganzzahlige Werte subtrahieren

Alles, was Sie beim Addieren von Integervariablen machen können, klappt auch beim Subtrahieren. Sie können zum Beispiel zwei Variablen subtrahieren, wie es im Verzeichnis IntegerSubtrahieren das Beispiel SubtractInteger in Listing 3.4 zeigt.

```
#include <iostream>

using namespace std;

int main()
{
  int ende;
  int zeit;
  ende = 28;
  zeit = 18;
  cout << ende - zeit << endl;
  return 0;
}
```

Listing 3.4: Zwei Variablen subtrahieren

Wenn Sie diese Anwendung ablaufen lassen, zeigt die Konsole die Zahl 10 an, das Ergebnis von 28 – 18. Denken Sie daran, dass sich wie bei der Addition die Werte von ende und zeit nicht wirklich ändern. Der Computer findet nur die Differenz heraus und gibt das Ergebnis an der Konsole aus, ohne eine der beiden Variablen zu ändern.

Sie können eine Zahl auch von einer Variablen abziehen, wobei Sie dabei den Wert der Variablen nicht ändern:

```
cout << ende - 5 << endl;
```

Sie können eine Variable von einer anderen abziehen und das Ergebnis in einer Variablen speichern:

```
start = ende - zeit:
```

Und Sie können auch mit einer Subtraktion den Wert in einer Variablen ändern, was die folgenden Codezeilen zeigen. Die erste Zeile subtrahiert zeit von ende und speichert das Ergebnis wieder in ende.

```
ende = ende - zeit;
```

Oder Sie erzielen dasselbe Ergebnis, indem Sie die Schreibweise als Kurzbefehl wählen:

```
ende -= zeit;
```

Sie können so etwas auch mit einer Zahl machen:

```
ende = ende - 12;
```

Und Sie können (wie zuvor) dasselbe auch als Kurzbefehl schreiben:

```
ende -= 12;
```

Und wie bei der Addition gibt es auch hier den kurzen Kurzbefehl, wenn Sie 1 von einer Variablen abziehen wollen:

```
ende--;
```

Diese Zeile wird »ende minus minus« ausgesprochen,

Integervariablen multiplizieren

Um in C++ zu multiplizieren, verwenden Sie das Sternchensymbol (*). Sie können wie bei der Addition und der Subtraktion zwei Variablen miteinander oder eine Variable mit einer Zahl multiplizieren. Das Ergebnis dieser Operation können Sie entweder ausgeben oder wieder in einer Variablen speichern.

Sie können mit der folgenden Zeile zwei Variablen multiplizieren und das Ergebnis an der Konsole ausgeben:

```
cout << laenge * breite << endl;
```

Oder Sie multiplizieren eine Variable mit einer Zahl:

```
cout << laenge * 5 << endl;
```

Und wie bei der Addition und der Subtraktion können Sie zwei Variablen miteinander multiplizieren und das Ergebnis in eine dritte Variable zurückschreiben:

```
flaeche = laenge * breite;
```

Sie können die Multiplikation auch nutzen, um den Wert einer Variablen zu modifizieren:

```
gesamt = gesamt * multiplikator
```

Oder Sie verwenden den Kurzbefehl:

```
gesamt *= multiplikator
```

Und Sie können dies (ebenfalls wie zuvor) mit einer Zahl machen:

```
gesamt = gesamt * 25;
```

Oder so:

```
gesamt *= 25;
```

Integervariablen dividieren

Addition, Subtraktion und Multiplikation von Variablen sind eine einfache Sache, während die Division etwas kniffliger ist. Das grundsätzliche Problem bei der Division mit ganzzahligen Zahlen besteht darin, dass Sie nicht immer alles ohne Rest teilen können. Das ist so, als wenn Sie 21 Pralinen *ohne Rest* unter 5 Personen aufteilen wollten. Das klappt nicht. Entweder ist dann jemand enttäuscht, oder jeder bekommt 4 Pralinen, und 1 bleibt über, um die sich dann alle streiten dürfen. Natürlich könnten Sie die letzte Praline auch fünfteln und jedem sein Fünftel der Praline geben, aber dann arbeiten Sie nicht mehr mit ganzen Zahlen.

Wenn Sie einen Taschenrechner verwenden und 21 geteilt durch 5 eingeben, erhalten Sie 4,2, was keine Ganzzahl mehr ist. Wenn Sie bei den Ganzzahlen bleiben wollen, müssen Sie mit einem Rest arbeiten. Bei 21 geteilt durch 5 beträgt der Rest 1, was Sie mithilfe von Pralinen leicht herausfinden können. Der Grund dafür liegt im größten ganzen Vielfachen von 5 dieser Aufgabe, was die Zahl 20 ist (5 mal 4 ist 20), wobei 1 als Rest übrig bleibt.

Wenn es also um reine Ganzzahlen geht, lautet die richtige Antwort auf 21 geteilt durch 5 *4 Rest 1*. Und das ist genau der Weg, auf dem der Computer mit ganzen Zahlen rechnet: Er erhält zwei verschiedene Antworten: den *Quotienten* (das Ergebnis der Division) und den *Rest*. Mathematisch ausgedrückt ist das Hauptergebnis (in unserem Beispiel die 4) der *Quotient*, und was dann übrig bleibt, ist der *Rest*.

Da es bei einer Division zu zwei Antworten kommen kann, verwendet C++ zwei Operatoren, um diese beiden Antwortmöglichkeiten herauszufinden.

Um den Quotienten zu finden, verwenden Sie den Schrägstrich (/; englisch *Slash*). Betrachten Sie dieses Zeichen als den normalen Operator für eine Division, denn wenn Sie es mit Zahlen zu tun haben, die ohne Rest teilbar sind, erhalten Sie von diesem Operator die richtige Antwort. Auf diese Weise ergibt 10/5 die Zahl 2 – was zu erwarten war. Dieser Operator wird eigentlich mit einer Division gleichgesetzt.

Um den Rest herauszufinden, verwenden Sie das Prozentzeichen (%). Es wird auch als *Modulo-Operator* bezeichnet.

Das Beispiel `DivideInteger` im Verzeichnis `IntegerDividieren` der Beispieldateien, das Listing 3.5 zeigt, nimmt zwei Zahlen und gibt ihren Quotienten und den Rest aus. Dann wird diese Aktion mit zwei anderen Zahlen wiederholt. Bei der ersten Division bleibt kein Rest übrig, zu dem es aber bei der zweiten Division kommt.

```cpp
#include <iostream>

using namespace std;

int main()
{
  int ersteZahl, zweiteZahl;
  cout << "28 durch 14 teilen." << endl;
  ersteZahl = 28;
  zweiteZahl = 14;
  cout << "Quotient  " << ersteZahl / zweiteZahl << endl;
  cout << "Rest " << ersteZahl % zweiteZahl << endl;
  cout << "32 durch 6 teilen." << endl;
  ersteZahl = 32;
  zweiteZahl = 6;
  cout << "Quotient  " << ersteZahl / zweiteZahl << endl;
  cout << "Rest " << ersteZahl % zweiteZahl << endl;
  return 0;
}
```

Listing 3.5: Quotienten und Reste

Wenn Sie dieses Programm ablaufen lassen, wird Folgendes ausgegeben:

```
28 durch 14 teilen.
Quotient 2
Rest 0
32 durch 6 teilen.
Quotient 5
Rest 2
```

 Achten Sie in Listing 3.5 darauf, dass wir zusätzlich zu den Tricks der Division ein paar neue Nettigkeiten eingebaut haben. Zum einen haben wir die Definition der Variablen `ersteZahl` und `zweiteZahl` in einer Anweisung zusammengefasst. Ein Komma trennt die Namen der Variablen voneinander, und wir haben den Typ der Variablen (`int`) nur einmal geschrieben. Zum anderen haben wir die Ausgabe von String und Zahl in einer cout-Anweisung kombiniert. Wir haben dies bei vier cout-Anweisungen getan. Das funktioniert so lange, wie die einzelnen Bestandteile der Anweisung über das <<-Zeichen miteinander verbunden sind.

Sowohl mit dem Divisionsoperator (/) als auch mit dem Rest-Operator (%) stehen Ihnen viele Berechnungsmöglichkeiten zur Verfügung. Sie können zum Beispiel den Quotienten in einer eigenen Variablen ablegen, was auch mit dem Rest geht:

```
meinQuotient = ersteZahl / zweiteZahl;
meinRest = ersteZahl % zweiteZahl;
```

Und es gibt Kurzbefehle:

```
int ersteZahl = 30;
ersteZahl /= 5;
cout << ersteZahl << endl;
```

In diesem Fall wird `ersteZahl` zu 6, weil 30/5 die Zahl 6 ergibt.

Im nächsten Fall wird `ersteZahl` zu 3, weil der Rest aus 33 geteilt durch 6 die Zahl 3 ergibt:

```
int ersteZahl = 33;
ersteZahl %= 5;
cout << ersteZahl << endl;
```

Allgemeine Zeichen oder Characters

Ein anderer Variablentyp ist die Charactervariable. Eine *Charactervariable* kann ein einzelnes Zeichen – *und zwar wirklich nur eines* – enthalten. Sie akzeptiert einen Wert zwischen -127 und 128 oder zwischen 0 und 255. Normalerweise handelt es sich bei einem Character um irgendein Zeichen *(Character* bedeutet auf Deutsch *Zeichen)*, das Sie eingeben können, zum Beispiel einen Buchstaben des Alphabets, eine Ziffer oder eines der Symbole, die Sie auf der Tastatur des Computers sehen. Eine Charactervariable kann auch nicht druckbare Werte enthalten.

Um eine Charactervariable zu verwenden, benutzen Sie den Variablentyp `char`. Wenn Sie eine Charactervariable initialisieren wollen, setzen Sie das Zeichen in *einfache* Anführungszeichen. (Sollten Sie doppelte Anführungszeichen verwenden, gibt der Compiler eine Fehlermeldung aus.) Die folgenden Zeilen sind ein Beispiel für eine Charactervariable:

```
char ch;
ch = 'a';
cout << ch << endl;
```

Die Charactervariable heißt hier ch. Wir initialisierten sie mit dem Zeichen a, das – wie Sie sicherlich bemerkt haben – von einfachen Anführungszeichen umgeben ist. Danach haben wir es mithilfe von cout ausgegeben.

Das Null-Zeichen

Ein wichtiges Zeichen in der Welt der Programmierung ist das Null-Zeichen. Ganz tief unten im Arbeitsspeicher des Computers speichert dieser jedes Zeichen, indem er eine Zahl verwendet. Die Zahl, die für das Null-Zeichen steht, ist 0. Bei der Verwendung des Null-Zeichens gibt es nichts zu sehen. Wir können es in diesem Buch noch nicht einmal grafisch darstellen, damit Sie ein Bild davon an die Wand hängen könnten. Alles, was Sie tun können, ist, es zu beschreiben. Ja, auch Computerfreaks werden irgendwann in ihrem Leben zu Philosophen. Aber das Null-Zeichen ist wichtig, weil es oft verwendet wird, um das Ende von etwas zu kennzeichnen – zwar nicht das Ende der Welt oder etwas ähnlich Großes –, aber für das Ende einiger Daten reicht es schon.

Um in C++ das Null-Zeichen anzugeben, verwenden Sie \0.

```
char meincharacter = '\0'
```

Nicht druckbare und andere Zeichen

Es gibt zusätzlich zum Null-Zeichen noch andere coole Zeichen – einige sind sichtbar und können ausgegeben werden, während das bei anderen Zeichen nicht der Fall ist. Das Null-Zeichen ist ein Beispiel für ein *nichtdruckbares* Zeichen (wobei *drucken* im Umfeld der Programmierung auch als Synonym für *ausgeben* verwendet wird). Sie können versuchen, eines dieser Zeichen auszugeben, aber Sie erhalten dann abhängig vom Compiler entweder ein Leerzeichen oder gar nichts.

Einige dieser Zeichen sind insoweit etwas Besonderes, als dass sie bei der Ausgabe etwas machen, obwohl Sie sie nicht direkt ausgeben können. Ein Beispiel hierfür ist das Zeichen für eine neue Zeile.

Das Zeichen für eine *neue Zeile* symbolisiert den Anfang einer neuen Textzeile. Es sorgt dafür, dass der Computer den Punkt, an dem er neue Zeichen platziert, in die nächste Zeile versetzt. Wenn Sie Text an der Konsole ausgeben und dabei das Zeichen für eine neue Zeile verwenden, wird jeder Text, der diesem Zeichen folgt, in der nächsten Zeile ausgegeben. Heutzutage beginnen die meisten Compiler mit der Textausgabe ganz links außen auf der nächsten Zeile (Spalte 1), aber es gibt auch Compiler, die mit der Ausgabe des Textes in der nächsten Spalte beginnen, wie das folgende Beispiel einer Textausgabe zeigt. In diesem Fall erscheint der Text zwar in der nächsten Zeile, aber er beginnt erst in Spalte 4 und nicht ganz links außen (in Spalte 1):

```
abc
   def
```

Hier geben Sie abc aus, dann eine neue Zeile und danach def. Sehen Sie, dass def an der Position weitergeführt wird, die es ohne den Wechsel in die neue Zeile in der alten Zeile eingenommen hätte? Bei dem Compiler, den wir in diesem Buch verwenden, sieht die Ausgabe von abc, einer neuen Zeile und def so aus:

```
abc
def
```

Die Entwickler von Computern berücksichtigen die Tatsache, dass einige Systeme eine neue Zeile eigentlich an der Position der alten Zeile fortsetzen, und geben Ihnen ein besonderes Zeichen an die Hand: *Carriage Return*. (Hören Sie die Menge jubeln?)

(Die deutschsprachige Bezeichnung von *Carriage Return* stammt genau wie die englische aus der Zeit der guten alten Schreibmaschine und bedeutet *Wagenrücklauf* – ein Begriff, der in der Welt der Programmierer eigentlich einem Fremdwort gleichkommt, weshalb wir auch in der Übersetzung den englischen Ausdruck beibehalten.)

Carriage Return platziert den Punkt, an dem neue Zeichen ausgegeben werden, an den Anfang der Zeile, und nicht an den Anfang einer *neuen* Zeile. (Daraus folgt, dass Sie das überschreiben, was sich bereits in der Zeile befindet, wenn Sie Carriage *Return* verwenden, weil Sie irrtümlich glauben, dass das Zeichen nicht nur für einen »Wagenrücklauf«, sondern auch für eine neue Zeile sorgt.) Dies gilt für alle uns bekannten Compiler.

Wir beschreiben in Kapitel 2 das Tabulator- und andere Zeichen, die mit einem Backslash (dem umgedrehten Schrägstrich) anfangen. Hierbei handelt es sich um einzelne Zeichen, die Sie wie im folgenden Beispiel innerhalb einer Charactervariablen verwenden können. Dieses Beispiel gibt den Buchstaben *a* aus, dann einen Tabulator und danach den Buchstaben *b*. Beachten Sie, dass Sie den \ und dann ein t verwenden müssen, damit das Tabulator-Zeichen in einer Charactervariablen aufgenommen werden kann:

```
char ch = '\t';
cout << "a" << ch << "b" << endl;
```

Wir erwähnen in Kapitel 2, dass Sie in einem String doppelte Anführungszeichen nur dann als ausgabefähiges Zeichen aufnehmen können, wenn Sie dem doppelten Anführungszeichen einen Backslash voranstellen, damit der Computer nicht denkt, dass das doppelte Anführungszeichen das Ende des Strings bedeutet. Da aber ein Character von einfachen Anführungszeichen umgeben ist, können Sie hierauf verzichten: Sie können ein doppeltes Anführungszeichen einfach in eine Charactervariable packen:

```
char ch = ' " ';
```

Dies führt natürlich zu einer wichtigen Frage: Was ist mit einfachen Anführungszeichen? Auch in diesem Fall müssen Sie den Backslash verwenden:

```
char ch = '\";
```

Und zum Schluss zeigen wir noch, wie ein Backslash in einer Charactervariablen abgelegt wird: indem Sie zwei Backslashs verwenden:

```
char ch = '\\';
```

Was ist das für ein Symbol?

Computerleute lassen so gut wie nie die Chance verstreichen, ein neues Wort zu erfinden, um Zeichen zu bezeichnen, und diese Wörter stimmen nur selten mit bekannten Bezeichnungen überein. Auch Sie sind sicherlich schon dem Wort *dot* statt *Punkt* begegnet, wenn es um Internetadressen geht. Und bei einigen Zeichen, für die es bereits mehrere Namen gibt, verwenden Computerleute gerne nur einen bestimmten und keinen anderen Namen. Und damit Sie überhaupt nicht mehr wissen, woran Sie sind, gilt, dass diese Computerleute manchmal sogar den Namen verwenden, der allgemein bekannt ist. Hier kommen ein paar Namen von Symbolen, die im Computerumfeld gerne verwendet werden:

. Dot *(oder Punkt, aber nicht Tausendertrennzeichen)*
@ At *(oder früher Klammeraffe)*
& Kaufmännisches Und *(nicht einfach nur »und«)*
# Hash *(auch Doppelkreuz, aber nicht Nummernzeichen)*
! Bang *(wobei die meisten Menschen aber bei Ausrufezeichen geblieben sind)*
~ Tilde
% Prozent
* Sternchen
(Linke (öffnende) Klammer
) Rechte (schließende) Klammer
[Linke eckige Klammer
] Rechte eckige Klammer
== Gleich-gleich *(nicht doppeltes Gleichheitszeichen)*
++ Plus-plus *(nicht doppeltes Pluszeichen)*
– Minus-minus *(nicht doppeltes Minuszeichen)*
/ Slash *(manchmal aber auch Schrägstrich)*
\ Backslash *(aber kaum noch umgedrehter Schrägstrich)*
{ Linke geschweifte Klammer
} Rechte geschweifte Klammer
^ Caret *(auch wenn es einige Leute als Hütchen bezeichnen, was kein Scherz ist)*
" Doppelte Anführungszeichen
' Einfaches Anführungszeichen

Wenn der Compiler in einem String oder einem Character einen Backslash sieht, behandelt er den Backslash als Sonderzeichen und schaut sich an, was diesem Zeichen folgt. Wenn es dort zum Beispiel etwas wie '\' ohne einem nachfolgenden Zeichen innerhalb der einfachen Anführungszeichen gibt, geht der Compiler davon aus, dass das abschließende Anführungszeichen zum Backslash gehört. Dann macht er weiter und erwartet ein einzelnes Anführungszeichen, das für das Ende steht. Da aber ein solches einfaches Anführungszeichen nicht existiert, wird der Compiler verwirrt und gibt eine Fehlermeldung aus. Es ist ziemlich einfach, Compiler zu verwirren.

Zeichenfolgen (Strings)

Wenn es ein Computerwort gibt, das unter Programmierern so bekannt geworden ist, dass es schon fast zum Allgemeingut gehört, ist das das Wort *String*, das auf Deutsch *Zeichenfolge* bedeutet und in seiner englischen Schreibweise sogar Einzug in den Duden gefunden hat. Kapitel 2 stellt Strings vor und beschreibt, worum es sich dabei handelt. Außerdem finden Sie dort Beispiele von Strings. Kurz, ein String ist nichts als eine Reihe von Zeichen, die irgendwie zusammengehören. Der Compiler erkennt in Ihrem Code anhand der Position der doppelten Anführungszeichen den Anfang und das Ende eines Strings.

Sie können eine Variable erstellen, die einen String enthält. Der Typ, den Sie verwenden, ist `string`. Das Beispiel `CreateString` im Verzeichnis `StringErstellen` der Beispieldateien, das Listing 3.6 zeigt, demonstriert, wie eine `string`-Variable verwendet wird.

```
#include <iostream>

using namespace std;

int main()
{
    string meinstring;
    meinstring = "Tagchen!";
    cout << meinstring << endl;
    return 0;
}
```

Listing 3.6: Klammern verwenden, um auf individuelle Zeichen in einem String zuzugreifen

Wenn Sie diese Anwendung ausführen, erscheint der String `Tagchen!` an der Konsole. Die erste Zeile in `main()` erstellt eine Stringvariable, die `meinstring` heißt. Die zweite Zeile initialisiert die Variable mit `"Tagchen!"`. Und die dritte Zeile gibt den String an der Konsole aus.

Einen Teil eines Strings auslesen

Es ist nicht schwer, auf einzelne Zeichen eines Strings zuzugreifen. Schauen Sie sich das Beispiel `IndividualCharacter` im Verzeichnis `EinzelnesZeichen` der Beispieldateien an, das Listing 3.7 zeigt.

```cpp
#include <iostream>

using namespace std;

int main()
{
  string meinstring;
  meinstring = "abcdef";
  cout << meinstring[2] << endl;
  return 0;
}
```

Listing 3.7: Den Typ string *verwenden, um eine Stringvariable zu erstellen*

Beachten Sie, dass die siebte Zeile, die cout-Zeile, das Wort meinstring enthält, dem in eckigen Klammern eine 2 folgt. Wenn Sie diese Anwendung ausführen, sehen Sie dies:

c

Das ist es, nur der Buchstabe c und sonst nichts. Die 2 in den eckigen Klammern sagt aus, dass Sie ausschließlich das zweite Zeichen des Strings haben wollen. Aber warten Sie! Ist c wirklich das zweite Zeichen? Unsere Augen könnten uns täuschen, aber eigentlich sieht es doch so aus, als ob c das dritte Zeichen ist. Was ist da los?

 C++ beginnt die Nummerierung der Positionen in einem String mit 0. Also hat das erste Zeichen im String meinstring, das Zeichen a, die Nummer [0]. Und aus genau diesem Grund adressiert meinstring[2] das dritte Zeichen. Das Leben kann schon ganz schön kompliziert sein, wenn Sie sich mit Programmierern unterhalten, weil die manchmal der Ausdruck *das dritte Zeichen* verwenden und damit die dritte Position im String meinen; und manchmal bezeichnen sie damit etwas, das sich eigentlich an der *vierten* Position befindet. Aber das wäre dann in Wirklichkeit die fünfte Position, die, äh, doch Position sechs ist ... Das Leben unter Programmierern kann ganz schön anstrengend sein. Wenn wir in diesem Buch von der *vierten* Position sprechen, meinen wir auch die vierte Position, auf die Sie über meinstring[3] zugreifen. (Die Zahl in den eckigen Klammern wird *Index* genannt.)

Ein String besteht aus Zeichen. Ein Zeichen innerhalb eines Strings ist vom Typ char (denn *Zeichen* heißt auf Englisch *Character*).

Dies bedeutet, dass Sie so etwas wie dies hier machen können:

```cpp
string meinstring;
meinstring = "abcdef";
char meinchar = meinstring[2];
cout << meinchar << endl;
```

In diesem Beispiel ist `meinchar` eine Variable vom Typ `char`. Der Ausdruck `meinstring[2]` *gibt* ein Element vom Typ `char` *zurück*. Dies zeigt, dass die Zuweisung gültig ist. Wenn Sie diesen Code ablaufen lassen, sehen Sie noch einmal das Zeichen, das sich an der dritten Position befindet:

```
c
```

Einen Teil eines Strings ändern

Wenn Sie die Schreibweise mit den eckigen Klammern verwenden, sind Sie in der Lage, ein Zeichen in einem String zu ändern. Der folgende Code ändert zum Beispiel das zweite Zeichen im String (das ist das mit Index 1) von einem b in ein q:

```
string x = "abcdef";
x[1] = 'q';
cout << x << endl;
```

Dieser Code gibt an der Konsole die Zeichenfolge `aqcdef` aus.

Was sind das für #-Zeilen?

Nun zu diesen fremdartig aussehenden Zeilen, die mit dem Zeichen # beginnen. Wir beschreiben in Kapitel 6, wie Sie Ihren Code in mehrere Teile zerlegen können, die dann alle in eigenständigen Quellcodedateien abgespeichert werden. Dies ist eine leistungsstarke Möglichkeit, große Programme zu erstellen, weil dadurch mehrere Personen gleichzeitig an unterschiedlichen Teilen des Programms arbeiten können. Nun muss als Folge davon jede Datei wissen, was die anderen Dateien machen. Sie informieren die Dateien über die anderen Dateien, indem Sie an den Anfang einer Datei eine Zeile setzen, die so aussieht:

```
#include <string>
```

Diese Zeile bedeutet, dass Ihre Anwendung irgendwo noch eine andere Datei nutzt, deren Dateiname `string` ist. In der anderen Datei gibt es eine Menge C++-Code, der Ihrer Anwendung grundsätzlich die Fähigkeit verleiht, Strings zu verstehen. Wenn Sie den Inhalt dieser Datei in Code::Blocks sehen wollen, klicken Sie mit der rechten Maustaste auf den Dateinamen und wählen im Kontextmenü OPEN #INCLUDE FILE: <DATEINAME>. Die Zeile

```
#include <iostream>
```

ermöglicht es Ihrer Anwendung unter anderem, in die Konsole zu schreiben.

Sie werden auf Ihrem Weg durch C++ noch mehr Zeilen entdecken, die Sie in den Anfang Ihrer Anwendung einbinden können *(to include* bedeutet auf Deutsch auch *einbinden, einbeziehen)*. Jede dieser Zeilen beginnt mit #include, und jede versorgt Ihre Anwendung mit weiteren Funktionen und vergrößert ihr Leistungsvermögen. Wir verwenden in diesem Buch viele dieser Zeilen.

Einen String erweitern

Jeder gute Schriftsteller hat keine Probleme, einer Seite immer mehr Buchstaben hinzuzufügen. Und dasselbe gilt für den Typ `string`: Sie können ihm problemlos weitere Zeichen hinzufügen. Die folgenden Codezeilen verwenden den Operator +=, der auch bei der Addition von Zahlen seinen Einsatz findet. Was glauben Sie, wird dieser Code machen?

```
string meinstring;
meinstring = "Guten ";
meinstring += "Tag";
cout << mystring << endl;
```

Die erste Zeile definiert den String `meinstring`. Die zweite Zeile initialisiert die Variable mit `"Guten "`. Aber was macht die dritte Zeile? Sie verwendet den Operator +=, der dem String etwas hinzufügt – in diesem Fall `"Tag"`. Wenn dieser Code ausgeführt wird, enthält der String `meinstring` anschließend den String `"Guten Tag"`, und das ist genau das, was zum Schluss an der Konsole ausgegeben wird, wenn die cout-Zeile ausgeführt wird. Programmierer bezeichnen den Vorgang, einem String etwas hinzuzufügen, als *Verkettung*.

Sie können etwas Ähnliches auch mit Zeichen machen. Das folgende Codestückchen fügt einem String ein einzelnes Zeichen hinzu:

```
string meinstring;
meinstring = "abcdef";
meinstring += 'g';
cout << meinstring << endl;
```

Dieser Code erzeugt einen String mit `"abcdef"` und fügt an das Ende des Strings das Zeichen g hinzu, um `"abcdefg"` zu erhalten, was dann auch an der Konsole ausgegeben wird.

Zwei Strings »addieren«

Sie können zwei Strings nehmen und miteinander »addieren«, indem Sie ein Pluszeichen (+) so verwenden, wie Sie das mit Integervariablen machen. Das Ergebnis ist ein String, der aus den beiden Strings besteht, die zusammengefügt worden sind.

Der folgende Code addiert `erster` zu `zweiter`, um einen String mit dem Namen `dritter` zu erhalten:

```
string erster = "Guten ";
string zweiter = "Tag";
string dritter = erster + zweiter;
cout << dritter << endl;
```

Dieser Code gibt den Wert von `dritter` aus, bei dem es sich einfach um die beiden Strings handelt, die zusammengefügt worden sind: `Guten Tag`. (Achten Sie darauf, dass der String mit dem Namen `erster` am Ende ein Leerzeichen enthält, das sich noch innerhalb der Anführungszeichen befindet und deshalb Teil des Strings ist.)

Sie können auch eine *Stringkonstante* (das ist ein »echter« String, der von Anführungszeichen umgeben ist) einer Stringvariablen hinzufügen:

```
string erster = "Guten ";
string dritter = erster + "Tag";
cout << dritter << endl;
```

Sie könnten in die Versuchung kommen, zwei Stringkonstanten so zu »addieren«:

```
string bigstring = "Guten " + "Tag";
cout << bigstring << endl;
```

Das klappt unglücklicherweise nicht, weil der Compiler (ganz tief in seinem Herzen) daran glaubt, dass eine Stringkonstante und ein String etwas grundsätzlich Unterschiedliches sind. Aber Sie können das Problem einfach umgehen, indem Sie dies schreiben:

```
string bigstring = "Guten Tag";
cout << bigstring << endl;
```

Sie können mit Strings noch viel mehr machen. Aber zuerst einmal müssen Sie verstehen, was eine Funktion ist. Wenn Sie wissen wollen, was sich hinter diesem Begriff versteckt, lesen Sie Kapitel 5, in dem wir alle Einzelheiten dieses Themas behandeln.

Zwischen bedingten Operatoren entscheiden

Eine der wichtigsten Funktionen von Computern ist – außer dass sie zulassen, dass Sie im Web surfen und den Typen vom Telefonmarketing die Möglichkeit geben, Sie automatisch anzurufen, während Sie zu Abend essen – die Fähigkeit zu vergleichen. Auch wenn dieser Punkt nicht so aussieht, als wenn er etwas Besonderes wäre, aber die Informationstechnologie fing erst dann an, wirklich durchzustarten, als erkannt wurde, dass Computer viel leistungsfähiger sein können, wenn sie in der Lage sind, eine Situation zu analysieren und dann anhand des Ergebnisses ihrer Analyse entweder die eine oder die andere Aufgabe auszuführen.

Ihnen stehen viele Wege zur Verfügung, um eine C++-Anwendung zu schreiben, die Entscheidungen fällen kann. Wir behandeln dieses Thema in Kapitel 4. Aber hier schon einmal ein sehr praktischer Weg, der mit *bedingten Operatoren* zu tun hat.

Stellen Sie sich die Vorgehensweise so vor: Wenn zwei Integervariablen gleich sind, setze den String auf "gleich", anderenfalls auf "ungleich".

Stellen Sie sich mit anderen Worten vor, dass Sie zwei Integervariablen haben, die erste und zweite heißen. erste hat den Wert 10 und zweite den Wert 20. Außerdem haben Sie eine string-Variable mit dem Namen ergebnis. Die Frage lautet nun: Sind die beiden Variablen gleich? Nein, das ist nicht der Fall. Also setzen Sie die Variable ergebnis auf "ungleich".

Schauen Sie sich nun den folgenden Code sorgfältig an. Sie definieren als Erstes die Variablen erste, zweite und ergebnis:

```
int erste = 10;
int zweite = 20;
string ergebnis;
```

So weit, so gut. Achten Sie darauf, dass Sie die Stringvariable ergebnis bisher noch nicht initialisiert haben. Als Nächstes schreiben Sie eine Codezeile, die den Vergleich ausführt, den wir gerade beschrieben haben. Schauen Sie sich das folgende Beispiel an und versuchen Sie herauszufinden, was es macht. Achten Sie dabei besonders auf die Variablen.

```
ergebnis = (erste == zweite) ? "gleich" : "ungleich";
```

Diese Zeile ist wohl die in diesem Buch, die als C++-Code am abenteuerlichsten aussieht. Wir erklären Ihnen zunächst einmal, was sie vorhat. Dann zerlegen wir sie in ihre Einzelteile, um Ihnen zu zeigen, warum sie wirklich das tut, was geplant war.

Kurz, die Bedeutung dieser Zeile ist, dass ergebnis zu "gleich" wird, wenn erste gleich zweite ist; anderenfalls wird es zu "ungleich".

Zerlegen wir diese Zeile nun in zwei Teile. Ein einfaches Gleichheitszeichen zeigt an, dass die linke Seite, ergebnis, das empfängt, was rechts vom Gleichheitszeichen steht. Sie müssen also herausfinden, was für eine verrückte Sache auf dieser Seite zu finden ist:

```
(erste == zweite) ? "gleich" : "ungleich"
```

Wenn Sie diesen seltsamen Aufbau sehen, betrachten Sie das Fragezeichen als Trenner. Das Zeugs links vom Fragezeichen wird normalerweise in Klammern gesetzt:

```
(erste == zweite)
```

Dies ist die Zeile, die erste mit zweite vergleicht und festlegt, ob beide gleich sind. Ja, der Code enthält *zwei* Gleichheitszeichen. So testen Sie in C++, ob zwei Dinge gleich sind.

Kümmern Sie sich nun um den zweiten Teil rechts vom Fragezeichen:

```
"gleich" : "ungleich"
```

Hier gibt es wiederum zwei Teile, die dieses Mal durch einen Doppelpunkt voneinander getrennt werden. Wenn nun erste tatsächlich gleich zweite ist, erhält ergebnis den String "gleich", anderenfalls den String "ungleich".

Werfen Sie noch einmal einen Blick auf die ganze Zeile:

```
ergebnis = (erste == zweite) ? "gleich" : "ungleich";
```

Und denken Sie noch einmal darüber nach, was sie aussagt: Wenn erste gleich zweite ist, erhält ergebnis "gleich", anderenfalls "ungleich".

Denken Sie daran, dass der Speicherbehälter auf der linken Seite des einfachen Gleichheitszeichens das empfängt, was sich auf der rechten Seite des Gleichheitszeichens befindet. Die rechte Seite ist ein *Ausdruck*, der sich als String entpuppt, der entweder "gleich" oder "ungleich" lautet.

Das gesamte Beispiel EqualityCheck im Verzeichnis Gleichheitskontrolle der Beispieldateien wird als Listing 3.8 wiedergegeben.

```
#include <iostream>

using namespace std;

int main()
{
  int erste = 10;
  int zweite = 20;
  string ergebnis;
  ergebnis = (erste == zweite) ? "gleich" : "ungleich";
  cout << ergebnis << endl;
  return 0;
}
```

Listing 3.8: Vergleiche mit einem bedingten Operator durchführen

Mit Boole'schen Variablen die Wahrheit sagen

Zusätzlich zu den Typen Integer und String gibt es in C++ einen weiteren Typ, der sehr nützlich sein kann. Dieser Typ wird Boole'sche Variable genannt. Während eine Integervariable ein Speicherbehälter für ganzzahlige Werte ist, kann eine Boole'sche Variable nur einen von zwei Werten aufnehmen: true (wahr) oder false (falsch). Diese Variablen haben ihren technischen Namen George Boole zu verdanken, dem Vater der Boole'schen Logik. Sie können unter http://de.wikipedia.org/wiki/George_Boole mehr über ihn nachlesen.

Die Typenbezeichnung einer logischen Variablen ist bool. Wenn Sie eine Boole'sche Variable definieren wollen, verwenden Sie eine Anweisung wie diese:

```
bool fertig;
```

Diese Zeile definiert eine Boole'sche Variable mit dem Namen fertig. In dieser Variablen können Sie entweder ein true oder ein false ablegen:

```
fertig = true;
```

oder

```
fertig = false;
```

Wenn Sie den Wert einer logischen Variablen über Code wie diesen

```
cout << fertig << endl;
```

ausgeben wollen, sehen Sie entweder eine 1 für true oder eine 0 für false. Der Grund hierfür liegt darin, dass tief im Innersten des Computers eine 1 für true und eine 0 für false gespeichert sind.

Boole'sche Variablen und bedingte Operatoren

Sie können Boole'sche Variablen mit bedingten Operatoren verwenden. In einem bedingten Operator wie

```
ergebnis = (erste == zweite) ? "gleich" : "ungleich";
```

fungiert (erste == zweite) als Boole'scher Wert – er ist entweder true (wahr) oder false (falsch). Sie können deshalb diesen Code auch auf mehrere Zeilen verteilen. Gut, wir wissen: Das Verteilen auf mehrere Zeilen scheint etwas altmodisch zu sein. Der Grund, so etwas trotzdem zu tun, kann darin liegen, dass Sie beim Programmieren auf einen Ausdruck stoßen, der sehr komplex ist – viel komplexer als erste == zweite. Wenn Ihre Kenntnisse der C++-Programmierung wachsen, bekommen Sie es mit komplexeren Ausdrücken zu tun, und dann realisieren Sie, was Komplexität wirklich heißt. Und häufig lassen sich Ausdrücke, die in mehrere Teile zerlegt worden sind, einfacher verwalten.

Um das Beispiel auf mehrere Zeilen zu verteilen, können Sie dies tun:

```
bool istgleich;
istgleich = (erste == zweite);
ergebnis = istgleich ? "gleich" : "ungleich";
```

Die erste Zeile definiert eine Boole'sche Variable mit dem Namen istgleich. Die zweite Zeile setzt die Variable auf den Wert erste == zweite. Oder anders ausgedrückt, wenn erste gleich zweite *ist*, erhält istgleich den Wert true; anderenfalls erhält istgleich den Wert false. In der dritten Zeile erhält ergebnis den Wert "gleich", wenn istgleich true ist. Wenn istgleich false enthält, erhält ergebnis den Wert "ungleich".

Dieser Code funktioniert deshalb, weil das Element auf der linken Seite des Fragezeichens ein *Boole'scher Ausdruck* ist, was nichts anderes aussagt, als dass der Code eine Bool'sche Variable verlangt. Deshalb packen Sie im Bedarfsfall eine Boole'sche Variable dazu, weil die dann wiederum einen Boole'schen Wert aufnimmt.

Die Konsole auslesen

Wir haben Ihnen in diesem und dem vorherigen Kapitel viele Beispiele dafür gegeben, wie Sie Informationen an der Konsole ausgeben können. So etwas ist nun aber wie eine Konversation, in der nur eine Person redet und dafür nicht zuhört. Es wäre doch schön, wenn Sie von den Benutzern Ihrer Anwendung auch Rückmeldungen erhielten. Glücklicherweise lässt sich diese Aufgabe in C++ leicht lösen.

Um etwas an der Konsole auszugeben, benötigen Sie cout so wie hier:

```
cout << "Tagchen!" << endl;
```

Wenn Sie etwas aus der Konsole auslesen wollen (das bedeutet, vom Benutzer Ihrer Anwendung eine Rückmeldung erhalten), verwenden Sie das Objekt cin. (Das wird »ssie-in« ausgesprochen.) Und anstelle des albern aussehenden Operators << verwenden Sie den genauso albernen Operator >>.

Der Operator << wird oft auch *Einfügeoperator* genannt, weil Sie in einen Strom schreiben (dort etwas einfügen). Ein *Strom* ist nichts anderes als eine Menge von Zeichen, die in die Konsole fließen. Der Operator >> wird auch *Extraktionsoperator* genannt. Die Idee hinter dieser Bezeichnung ist, dass Sie dem Strom etwas entnehmen (es extrahieren). Im Fall von cin holen Sie sich Buchstaben aus dem Strom, den der Benutzer gewissermaßen über die Konsole an Ihre Anwendung sendet.

Das Beispiel ReadString im Verzeichnis StringLesen der Beispieldateien, das Listing 3.9 zeigt, demonstriert, wie Sie einen String aus der Konsole einlesen können.

```
#include <iostream>

using namespace std;

int main()
{
  string name;
  cout << "Geben Sie Ihren Namen ein: ";
  cin >> name;
  cout << "Ihr Name ist " << name << endl;
  return 0;
}
```

Listing 3.9: Einen String einlesen

Wenn Sie diesen Code ausführen, fordert Sie die Konsole auf, Ihren Namen einzugeben. Dann wartet sie darauf, dass Sie ihn eingeben. Achten Sie darauf, dass sich der Punkt, an dem Sie Ihre Eingabe beginnen, unmittelbar hinter dem Text "Geben Sie Ihren Namen ein:" befindet. Der Grund dafür ist das Fehlen von endl. Üblicherweise bleibt der Einfügepunkt oder Cursor auf derselben Zeile wie die Aufforderung, damit der Benutzer nicht verwirrt wird.

Geben Sie einen Namen ohne Leerzeichen wie Jutta ein und drücken Sie ⏎. Danach sollte die Konsole so aussehen:

```
Geben Sie Ihren Namen ein: Jutta
Ihr Name ist Jutta
```

Bei der ersten Zeile handelt es sich um die Zeile mit Ihrer Eingabe, und die zweite Zeile zeigt, was Sie eingegeben haben.

Achten Sie darauf, was geschieht: Wenn Sie ein Wort eingeben und ⏎ drücken, bringt der Computer das Wort in der Variablen name unter, bei der es sich um einen String handelt. Dann können Sie name an der Konsole ausgeben, indem Sie cout verwenden.

Wie der folgende Code zeigt, können Sie auch Integerwerte einlesen:

```
int x;
cin >> x;
cout << "Ihre Lieblingszahl ist " << x << endl;
```

Dieser Beispielcode liest eine Ganzzahl in die Variable x ein und gibt sie an der Konsole aus.

 cin liest standardmäßig Zeichen aus der Konsole ein. Wenn Sie in Ihrer Eingabe Leerzeichen verwenden, wird nur das erste Wort eingelesen. Das zweite Wort wird eingelesen, wenn die Anwendung auf ein weiteres cin >> trifft.

Den Ablauf der Anwendung steuern

In diesem Kapitel

▷ Vergleichen Sie Zahlen miteinander und andere Bedingungen

▷ Unternehmen Sie etwas aufgrund eines Vergleichs

▷ Wiederholen Sie Code mehrfach

▷ Wiederholen Sie Code, solange etwas wahr ist

▷ Wiederholen Sie Code, der Code wiederholt, der ... – Sie wissen, was gemeint ist

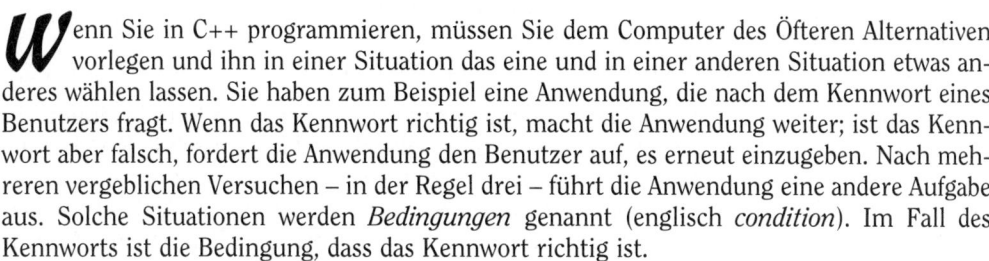

*W*enn Sie in C++ programmieren, müssen Sie dem Computer des Öfteren Alternativen vorlegen und ihn in einer Situation das eine und in einer anderen Situation etwas anderes wählen lassen. Sie haben zum Beispiel eine Anwendung, die nach dem Kennwort eines Benutzers fragt. Wenn das Kennwort richtig ist, macht die Anwendung weiter; ist das Kennwort aber falsch, fordert die Anwendung den Benutzer auf, es erneut einzugeben. Nach mehreren vergeblichen Versuchen – in der Regel drei – führt die Anwendung eine andere Aufgabe aus. Solche Situationen werden *Bedingungen* genannt (englisch *condition*). Im Fall des Kennworts ist die Bedingung, dass das Kennwort richtig ist.

Sie können auch auf Situationen treffen, in denen Codezeilen immer wieder durchlaufen werden müssen. So etwas nennt man *Schleifen* (auf Englisch *loop*), und Sie können Bedingungen festlegen, unter denen die Schleife läuft. Sie wollen vielleicht das Kennwort dreimal überprüfen, und wenn der Benutzer beim dritten Mal immer noch das falsche Kennwort eingegeben hat, möchten Sie den Zugriff auf das System verhindern. Dies ist eine Schleife, die unter der Bedingung läuft, dass ein Zähler den Wert 3 nicht überschritten hat.

Wir zeigen Ihnen in diesem Kapitel verschiedene Wege, um in Ihrer Anwendung Bedingungen auszuwerten und verschiedene Abschnitte mit Code vorzubereiten, die entsprechend der Bedingungen durchlaufen werden. Wir erläutern, wie Sie C++-Befehle verwenden können, die *if-Anweisungen* genannt werden und die mit Wenn-dann-Aussagen des echten Lebens verglichen werden können. Und wir zeigen Ihnen, wie Sie C++-Anweisungen (wie do-while) verwenden, um Schleifen ausführen zu können (das heißt, wie Sie denselben Abschnitt Ihrer Anwendung wiederholen können).

Damit das alles klarer wird, enthält dieses Kapitel Praxisbeispiele, die Sie gerne in Ihren Alltag einbinden können. Die Beispiele haben meistens mit Gruppen von Freunden und damit zu tun, wie Sie von ihnen Geld bekommen können. Sie sehen, dass dieses Kapitel zwei große Vorteile enthält: Sie finden heraus, wie Bedingungen und Schleifen programmiert werden, und Sie finden heraus, wie Sie Ihre ahnungslosen Freunde um etwas Geld erleichtern können.

Dies oder jenes tun

In Ihrem täglichen Leben müssen Sie ständig Entscheidungen fällen. Als Sie zum Beispiel dieses Buch gekauft haben, standen Sie vor dieser Entscheidung: Soll ich dieses tolle ... *für-Dummies*-Buch kaufen, in dem ich unter Garantie das finde, was ich wissen muss, oder soll ich ein anderes Buch kaufen?

Wenn Sie vor einer Entscheidung stehen, haben Sie häufig verschiedene Möglichkeiten – Plan A oder Plan B und so weiter. Das Fällen einer Entscheidung verlangt, eine Wahl zu treffen, die in der Ausführung von Plan A oder Plan B mündet. Wenn Sie zum Beispiel eine Ampel erreichen, die gerade von Grün auf Gelb umgesprungen ist, müssen Sie entweder auf die Bremse treten oder Gas geben. Wenn Sie auf die Bremse treten, hält der Wagen rechtzeitig an (wie Sie hoffen). Wenn Sie Gas geben, beschleunigt der Wagen und Sie sollten es schaffen, die Kreuzung zu passieren, bevor die Ampel rot wird. Sie haben diese Wahlmöglichkeit: auf die Bremse treten oder Gas geben. Und Ihre Alternativen sehen so aus:
Wenn ich bremse, halte ich rechtzeitig an.
Wenn ich Gas gebe, sollte ich die Kreuzung schnell passieren.

Auch Computer sind gezwungen, Entscheidungen zu fällen, wobei deren Entscheidungen in der Regel weniger aufregend sind und – hoffentlich – die Möglichkeit ausschließen, dass die Polizei eingreift. Die Entscheidungen, die ein Computer fällt, sind normalerweise nicht so gravierend. Die Entscheidungen eines Computers konzentrieren sich in der Regel auf Themen wie das Vergleichen von Zahlen und Zeichenketten. Sie schreiben zum Beispiel eine Anwendung für eine Bank. Diese Anwendung ermöglicht dem Benutzer (dem Kunden der Bank) den Zugriff auf Plan A, *Tätige eine Einzahlung,* oder auf Plan B, *Hebe Bargeld ab.* Wenn sich der Benutzer für eine Einzahlung entscheidet, addiert die Anwendung den eingezahlten Betrag zum aktuellen Kontostand. Wenn sich der Benutzer dafür entscheidet, Geld abzuheben, zieht Ihre Anwendung den abgehobenen Betrag vom aktuellen Kontostand ab.

In C++ kommen Entscheidungen normalerweise in Form eine if-Anweisung vor, bei der es sich um Code handelt, der mit dem Schlüsselwort if beginnt, dem eine Bedingung folgt, die häufig numerisch ist: Zwei Zahlen werden miteinander verglichen. Dann kommen zwei Codeblöcke: einer, der ausgeführt wird, wenn die Bedingung erfüllt wird, und einer, der ausgeführt wird, wenn dies nicht der Fall ist.

Bedingungen in C++ auswerten

Die meisten Entscheidungen, die der Computer treffen muss, basieren auf Bedingungen, die dadurch ausgewertet werden, dass zwei Zahlen oder zwei Zeichen miteinander verglichen werden. Bei numerischen Vergleichen nehmen Sie eine Variable und vergleichen sie so mit einer Zahl, wie es das folgende Beispiel zeigt:

```
x > 10
```

Dieser Vergleich wertet aus, ob die Variable x größer als die Zahl 10 ist. Wenn dies der Fall ist, sieht der Computer die Bedingung als erfüllt (wahr) an. Wenn x kleiner als 10 ist, ist die Bedingung für den Computer nicht wahr (also falsch).

Entwickler benutzen bei Bedingungen oft das Wort *befriedigt*. Wenn bei der Bedingung x > 10 das x größer als 10 ist, sagen wir, dass die Bedingung befriedigt worden ist.

Beim Vergleich von Zeichen versuchen Sie herauszufinden, ob zwei Zeichen gleich sind. Ein Beispiel hierfür ist dieser Code:

```
meinzeichen == 'A'
```

Dieser Vergleich untersucht, ob meinzeichen den Buchstaben A enthält. Achten Sie darauf, dass Sie zwei Gleichheitszeichen und nicht nur eines verwenden. Wenn Sie nur ein Gleichheitszeichen verwenden, weisen Sie der Variablen meinzeichen den Buchstaben A zu.

Um auf etwas abzufragen, was ungleich einer anderen Sache ist, verwenden Sie den irgendwie kryptisch aussehenden Operator !=. Merken Sie sich, dass in diesem Zusammenhang das Ausrufezeichen (!) *nicht* bedeutet:

```
meinzeichen != 'X'
```

Den richtigen C++-Operator herausfinden

Im vorherigen Abschnitt verwendet jede Anweisung einen *Operator*, um festzulegen, welche Art von Vergleich zwischen den Zahlen oder den Strings vorgenommen werden soll. Tabelle 4.1 zeigt Ihnen, welche Operatoren in C++ für Vergleiche zur Verfügung stehen, und erklärt ihre Bedeutung.

Operator	Was er bedeutet
<	Kleiner als
<=	Kleiner als oder gleich
>	Größer als
>=	Größer als oder gleich
==	Gleich
!=	Ungleich

Tabelle 4.1: Numerische Bedingungen untersuchen

Einige Operatoren aus dieser Tabelle können richtiggehend nerven, wobei dies auch dafür gilt, wie sie verwendet werden. Hier ein paar Beispiele:

✔ Der Operator, der auf Gleichheit prüft, besteht aus *zwei* Gleichheitszeichen. Das sieht dann so aus:

```
x == 10
```

Wenn der Computer diese Anweisung findet, prüft er nach, ob x gleich 10 ist.

 Wenn Sie in Ihrer Anweisung nur ein Gleichheitszeichen setzen, geben die meisten C++-Compiler keine Fehlermeldung aus – obwohl es sich bei einer Anweisung wie x = 10 nun wirklich nicht um eine Bedingung handelt! Stattdessen ist x = 10 eine *Zuweisung*, bei der die Variable x auf 10 gesetzt wird. Wenn Code solch eine Anweisung enthält, ist das Ergebnis der Analyse immer dasselbe, und zwar unabhängig von dem Wert, den x hat.

✔ Bei dem Operator, der auf Ungleichheit prüft, handelt es sich um ein Ausrufezeichen, dem ein Gleichheitszeichen folgt. Die Bedingung x != 10 ist nur dann wahr, wenn x nicht gleich 10 ist (es ist also gleich irgendetwas anderem als 10).

✔ Wenn Sie auf die Bedingung *größer als* testen, ist die Bedingung x > 10 nicht wahr, wenn x 10 ist. Diese Bedingung ist nur dann wahr, wenn x wirklich größer als 10 ist. Wenn Sie gleichzeitig testen wollen, ob x gleich 10 ist, stehen Ihnen zwei Alternativen zur Verfügung:

- Wenn Sie mit Ganzzahlen arbeiten, können Sie testen, ob x > 9 ist. In diesem Fall ist die Bedingung wahr, wenn x 10 oder 11 oder 12 und so weiter ist.

- Sie können den Operator *größer als oder gleich* verwenden, um herauszufinden ob x >= 10 ist. Diese Bedingung ist auch dann wahr, wenn x 10, 11 und so weiter ist.

 Um auf alle Zahlen zu testen, die größer oder gleich 10 sind, funktioniert x > 9 nur, wenn Sie mit ganzzahligen Werten arbeiten. Wenn Sie Fließkommazahlen verwenden (siehe Kapitel 3, um Informationen über Zahlen in C++ zu erhalten), bringt x > 9 nicht den erwünschten Erfolg. Die Zahl 9,1 ist zwar größer als 9, aber nicht größer oder gleich 10. Wenn Sie also größer als oder gleich benötigen und nicht mit Ganzzahlen arbeiten, verwenden Sie den Operator >=.

Mehrere Bedingungen kombinieren

Manchmal müssen Sie mehr als eine Bedingung überprüfen, damit ein Programm Entscheidungen fällen kann. Sie könnten zum Beispiel sagen: »Wenn ich eine Million Euro gewinne oder wenn ich bereit bin, mich bis zu den Haarspitzen zu verschulden, kann ich mir den Lamborghini kaufen.« In diesem Fall würden Sie das Auto unter zwei Voraussetzungen kaufen, von denen jede wahr werden kann. Das Kombinieren von Bedingungen wie diese wird auch *Oder-Bedingung* genannt: Wenn dies wahr ist oder wenn das wahr ist, geschieht etwas.

Um in C++ zwei Bedingungen auf einmal zu untersuchen, schreiben Sie diese in dieselbe Anweisung und trennen sie durch ein *Oder-Symbol* (||), das wie zwei senkrechte Striche aussieht. Andere Programmiersprachen verwenden an dieser Stelle das Wort or, während C++ ein nicht auszusprechendes Symbol nutzt, das wir als *Der Operator, der or ersetzt hat* bezeichnen. Die folgende Anweisung zeigt ein Praxisbeispiel:

```
(i < 10 || i > 100)
```

Diese Bedingung macht dann Sinn, wenn es um das Überprüfen eines Bereichs geht, wobei Sie in diesem Fall einen Teil des Bereichs ausschließen und nur Extremwerte überprüfen. In diesem Fall würde ein i-Wert von 50 (der Mitte des Bereichs) als Ergebnis *falsch* liefern. Wenn Sie den Oder-Operator (||) verwenden, kann es leicht passieren, dass Sie eine Bedingung wie zum Beispiel (x < 100 || x > 0) erwischen, die immer wahr ist. Wenn x den Wert –50 hat, ist es kleiner als 100, und die Bedingung wird erfüllt. Und wenn x den Wert 500 hat, ist es größer als 0, was diese Bedingung auch wahr werden lässt.

Sie können zusätzlich zu einer *Oder*-Bedingung auch noch auf so etwas treffen: »Wenn ich eine Million Euro auftreibe und nicht zu feige bin, kaufe ich mir einen Lamborghini.« Beachten Sie, dass wir das Wort *und* verwenden. In diesem Fall erwerben Sie das Auto nur dann, wenn beide Bedingungen wahr sind. (Bei *oder* reicht es aus, wenn nur eine der Bedingungen wahr ist.) In C++ wird der Operator *und* durch zwei kaufmännische Und (&&) dargestellt. Dies macht schon etwas mehr Sinn als die beiden senkrechten Striche für *oder*, weil das Symbol & oft für das Wort *und* steht. Ein Und-Vergleich sieht in C++ so aus:

```
(i > 10 && i < 100)
```

Dieses Beispiel prüft, ob eine Zahl größer als 10 *und* kleiner als 100 ist. Das bedeutet, dass sich die Zahl im Bereich von 11 bis 99 befinden muss.

Das Kombinieren von Bedingungen mithilfe der Operatoren && und || bedeutet, dass Sie *logische Operatoren* verwenden.

Um herauszufinden, ob sich eine Zahl in einem bestimmten Bereich befindet, können Sie auch den *Und*-Operator (&&) verwenden.

Mit dem *Und*-Operator können Sie leicht eine Bedingung erstellen, die niemals wahr wird. Dies ist zum Beispiel bei der Bedingung (x < 10 && x > 100) der Fall. Keine Zahl kann gleichzeitig kleiner als 10 und größer als 100 sein.

Evaluierungen in bedingte C++-Anweisungen einbinden

Computer bewerten, wie Menschen, Bedingungen und verwenden die Ergebnisse ihrer Bewertung als Grundlage für das Fällen von Entscheidungen. Menschen verfügen bei Entscheidungen über Alternativpläne, und dasselbe gilt für Computer. Der Computer muss wissen, was er tun soll, wenn eine Bedingung wahr ist, und was er tun soll, wenn eine Bedingung nicht wahr ist.

Um Entscheidungen anhand eines Aktionsplans zu fällen, der auf Bedingungen beruht, die Ihre Anwendung auswertet, verwenden Sie eine if-Anweisung wie diese hier:

```
if (x > 10)
{
    cout << "Ja, die Zahl ist größer als 10!" << endl;
}
```

Dieses Beispiel sagt auf Deutsch übersetzt aus: Wenn x größer als 10 ist, gibt die Meldung "Ja, die Zahl ist größer als 10!" aus.

In einer if-Anweisung handelt es sich bei dem Teil in Klammern entweder um die *Untersuchung* oder die *Bedingung*. Wir bezeichnen diesen Teil der if-Anweisung normalerweise als *Bedingung* und verwenden den Begriff *Untersuchung* nur als Verb (wie in »Ich *untersuche*, ob *x* größer als 10 ist.«).

 In C++ werden die Bedingungen einer if-Anweisung immer von Klammern eingeschlossen. Wenn Sie diese Klammern vergessen, erhalten Sie einen Kompilierungsfehler.

Sie können auch mehrere Aktionen als Alternativen einplanen. Dahinter steckt diese Idee: Wenn eine Bedingung wahr ist, greift Plan A, während ansonsten Plan B zum Zug kommt. Dies ist dann ein if-else-*Block*, den wir im nächsten Abschnitt behandeln.

Festlegen, was wäre wenn und was ansonsten wäre

Wenn Sie den Code für einen Vergleich schreiben, weisen Sie den Computer normalerweise an, etwas Bestimmtes zu tun, eine Bedingung wahr ist, und etwas anderes zu unternehmen, wenn die Bedingung nicht wahr ist. Sie könnten zum Beispiel sagen: »Wenn ich wirklich hungrig bin, kaufe ich mir eine superduperallesübertreffende Portion Pommes; anderenfalls komme ich mit einer kleinen Portion aus.« Sie stoßen im Deutschen oft auf diese Art von Logik, die das Wort *anderenfalls* beinhaltet; Wenn das-und-das wahr ist, mache ich dies; anderenfalls mache ich jenes.

Sie verwenden in C++ das Schlüsselwort else, um *anderenfalls* auszudrücken. Das Beispiel IfElse zeigt, wie das Schlüsselwort else verwendet wird. Hier sein Code:

```
#include <iostream>

using namespace std;

int main()
{
    int i;

    cout << "Geben Sie eine Zahl ein: ";
    cin >> i;
```

```
if (i > 10)
{
    cout << "Sie ist größer als 10." << endl;
}
else
{
    cout << "Sie ist nicht größer als 10." << endl;
}

return 0;
}
```

Sie prüfen in diesem Code, ob eine Zahl größer als 10 ist. Wenn dies der Fall ist, geben Sie eine Meldung aus. Ist die eingegebene Zahl kleiner oder gleich 10, geben Sie eine andere Meldung aus. Achten Sie darauf, wie die beiden Codeblöcke voneinander getrennt werden. Der erste Block folgt direkt auf die if-Anweisung; dies ist der Code, der ausgeführt wird, wenn die Bedingung wahr ist. Dem nächsten Block geht das Schlüsselwort else voran, und dieser Block wird ausgeführt, wenn die Bedingung nicht wahr ist.

 Denken Sie, wenn Sie mit Zahlen arbeiten, sorgfältig über die else-Bedingung nach. Wenn Sie zum Beispiel prüfen, ob eine Zahl größer als 10 ist, und es stellt sich heraus, dass dies nicht der Fall ist, neigen die meisten Menschen zu der Annahme, dass die Zahl dann *kleiner* als 10 sein muss. Aber das ist nicht richtig. Die Zahl 10 selbst ist zwar nicht größer als 10, aber sie ist auch nicht kleiner als 10. Deshalb ist das Gegenteil von *größer als 10* einfach nur *nicht größer als 10*. Wenn Sie einen Zahlenbereich mit einer if-Anweisung überprüfen müssen, erstellen Sie eine, die entweder >= oder <= verwendet (siehe zu diesen Operatoren Tabelle 4.1).

Mit »if« und »else« eine Etage weiter gehen

Wenn Sie mit Vergleichen arbeiten, haben Sie es oft mit mehr als einem davon zu tun. Sie könnten zum Beispiel sagen: »Wenn ich zum Mars fliege, mache ich das in einer roten Rakete; sollte ich aber zum Mond fliegen, springe ich vor Freude richtig in die Luft; anderenfalls will ich sehen, wo ich bleibe.«

Das Beispiel IfElse2 zeigt mit folgendem Code, wie die Schlüsselwörter if und else eingesetzt werden, wenn es darum geht, mehrere Alternativen abzuprüfen:

```cpp
#include <iostream>

using namespace std;

int main()
{
    int i;

    cout << "Geben Sie eine Zahl ein: ";
    cin >> i;

    if (i > 10)
    {
        cout << "Sie ist größer als 10." << endl;
    }
    else if (i == 10)
    {
        cout << "Sie haben 10 eingegeben." << endl;
    }
    else
    {
        cout << "Sie ist kleiner als 10." << endl;
    }

    return 0;
}
```

Hier sehen Sie, dass es mehrere Alternativen gibt, von denen nur eine wahr sein kann. Der
Computer prüft zunächst nach, ob i größer als 10 ist; wenn dies der Fall ist, gibt er eine dem-
entsprechende Meldung aus. Ist i nicht größer als 10, prüft der Computer nach, ob i gleich
10 ist. Wenn dies der Fall ist, gibt der Computer die Meldung aus, dass i gleich 10 ist. Zum
Schluss unterstellt der Computer dann, dass i kleiner als 10 sein muss, und er gibt die entsprechende Meldung aus. Beachten Sie, dass die abschließende else Anweisung keine Bedingung enthält. (Sie dürfen in einer else-Anweisung keine Bedingungen aufnehmen.) Da nun
die anderen Bedingungen alle fehlgeschlagen sind, wissen Sie aufgrund einer unwiderstehli-
chen Logik, das i kleiner als 10 sein muss.

Passen Sie auf, wenn Sie über if-Anweisungen dieser Art nachdenken. Sie können es mit
einer Situation zu tun bekommen, in der mehr als eine Bedingung wahr sein kann.

Sie könnten zum Beispiel auf etwas wie das hier im Beispiel IfElse3 stoßen:

```cpp
#include <iostream>

using namespace std;

int main()
{
    int i;

    cout << "Geben Sie eine Zahl ein: ";
    cin >> i;

    if (i > 100)
    {
        cout << "Sie ist größer als 100." << endl;
    }
    else if (i > 10)
    {
        cout << "Sie ist größer als 10" << endl;
    }
    else
    {
        cout <<
            "Sie ist weder größer als 100 noch größer als 10."
            << endl;
    }

    return 0;
}
```

Stellen Sie sich vor, was geschieht, wenn i die Zahl 150 ist. Die erste Bedingung i > 100 ist wahr. Aber das gilt auch für die zweite Bedingung, i > 10. Die Zahl 150 ist größer als 100 und damit auch größer als 10. Welchen Block führt der Computer nun aus? Oder verarbeitet er beide?

Der Computer führt nur die erste Bedingung aus, die befriedigt wird. Deshalb gibt der Computer bei einem i von 150 die Meldung "Sie ist größer als 100." aus. Die anderen Meldungen werden nicht ausgegeben. Tatsächlich ist es so, dass der Computer die restlichen Bedingungen noch nicht einmal überprüft. Er macht einfach mit der Anwendung weiter.

Aktionen mit Anweisungen wiederholen

Stellen Sie sich vor, dass Sie eine Anwendung schreiben, die alle Zahlen von 1 bis 100 addiert. Sie wollen zum Beispiel wissen, wie viel Geld Sie erhalten, wenn Sie 100 Personen sagen: »Gib mir einen Euro mehr als die Person an deiner linken Seite.« Da Sie mit Kopieren und Einfügen umgehen können, könnten Sie so etwas wie das hier veranstalten:

```
int x = 1;
x = x + 2;
x = x + 3;
x = x + 4;
```

und so weiter, bis Sie bei x = x + 100 angelangt sind. Sie können sich vorstellen, dass es einige Zeit in Anspruch nimmt, diesen Code vollständig niederzuschreiben, und unabhängig davon, wie schnell Sie BEARBEITEN|EINFÜGEN (oder `Strg`+`V`) verwenden, kann diese Arbeit ziemlich frustrierend sein. Glücklicherweise haben die tollen Gründungsväter der Computerwelt erkannt, dass nicht jeder Programmierer gleichzeitig auch ein Virtuose am Klavier mit flinken Fingern ist und dass Anwendungen oft dieselbe Aufgabe wiederholen müssen. Aus diesem Grund haben sie ein sehr nützliches Hilfsmittel entwickelt: die for-Schleife. Eine for-Schleife führt dasselbe Stückchen Code über einen gewissen Zeitraum hinweg immer wieder aus. Und genau das ist es doch, was Sie in unserem Beispiel vorhaben.

Schleifenbildung

Es gibt eine Reihe von Schleifentypen, und Sie erfahren in diesem Abschnitt, wie sie funktionieren. Welche Art von Schleife Sie einsetzen, hängt von der Aufgabe ab. Einen Schleifentyp haben wir bereits im letzten Abschnitt vorgestellt, die for-Schleife. (Hinter dem englischen Wort *for* verbirgt sich keine Abkürzung, sondern nur das deutsche Wort *für*; Schleifen dieser Art laufen *für eine bestimmte Dauer*.) Die Idee hinter einer for-Schleife sieht so aus, dass Sie eine Zählvariable haben, die entweder ansteigt oder kleiner wird, und dass die Schleife so lange läuft, wie die Zählvariable eine bestimmte Bedingung befriedigt. Die Zählvariable könnte zum Beispiel bei 0 starten, und die Schleife läuft so lange, wie der Zähler kleiner als 10 ist. Die Zählvariable erhöht sich bei jedem Durchlauf um 1, und wenn die Zählvariable nicht mehr kleiner als 10 ist, stoppt die Schleife.

Ein anderer Weg, um etwas schleifenartig zu wiederholen, sieht so aus, dass Sie die Logik ein wenig verändern und sagen: »Ich möchte, dass diese Schleife solange läuft, wie eine Bedingung wahr ist.« Dies ist eine *while-Schleife (while* bedeutet auf Deutsch *während)*, und Sie geben nur eine Bedingung an, unter der die Schleife abläuft. Wenn die Bedingung wahr ist, läuft die Schleife, bis die Bedingung unwahr wird und die Schleife stoppt.

Und dann gibt es noch eine Schleife, bei der es sich um eine Abänderung der while-Schleife handelt: die *do-while-Schleife*. Die do-while-Schleife wird verwendet, um mit einer bestimmten Situation umzugehen: Wenn Sie eine while-Schleife haben, bei deren Start die Bedingung nicht wahr ist, überspringt der Computer den Code in der while-Schleife und bemüht sich noch nicht einmal darum, den Code auszuführen. Es kann aber Situationen geben, in der dieser Code wenigstens einmal ausgeführt werden soll. In diesem Fall können Sie die do-while-Schleife verwenden.

Tabelle 4.2 gibt die Schleifentypen wieder. Wir zeigen Ihnen in den folgenden Abschnitten, wie diese Schleifen arbeiten.

Schleifentyp	Erscheinungsbild
for	for (x=0; x<10; x++) { }
while	while (x < 10) { }
do-while	do { } while (x < 10)

Tabelle 4.2: Wählen Sie Ihre Schleife aus.

Bestimmte Schleifen eignen sich für bestimmte Situationen besonders gut:

✔ **for-Schleifen**: Sie verwenden eine for-Schleife, wenn Sie eine Zählvariable haben und diese für Wiederholungen nutzen wollen, solange die Variable in einem vordefinierten Bereich ansteigt oder sinkt.

✔ **while-Schleifen**: Sie verwenden die while-Schleife, wenn es eine Bedingung gibt, unter der Ihr Code ablaufen soll.

✔ **do-while-Schleifen**: Sie verwenden die do-while-Schleife, wenn es eine Bedingung gibt, unter der Ihr Code ablaufen soll, *und* wenn Sie sicherstellen wollen, dass die Schleife wenigstens einmal durchlaufen wird.

for-Schleifen

Wenn Sie mit einer for-Schleife arbeiten wollen, verwenden Sie das Schlüsselwort for, dem eine Klammer folgt, die Informationen enthält, die angeben, wie oft die for-Schleife durchlaufen werden soll.

Wenn Sie zum Beispiel die Zahlen von 1 bis 100 addiert haben wollen, benötigen Sie eine Variable, die mit der Zahl 1 beginnt. Dann addieren Sie 1 zu x und erhöhen damit die Variable auf 2. Nun addieren Sie die nächste Zahl zu x und so weiter. Bei der gesamten Aktion ändert sich der Teil »addiere zu x« nicht, und bei dem Teil, der sich ändert, handelt es sich um die Variable, die *Zählvariable* genannt wird.

Diese Zählvariable beginnt bei 1 und geht bis 100. Schließt sie 100 mit ein? Ja. Und mit jeder *Iteration* (wie das schrittweise Rechenverfahren zur Annäherung an einen Zielwert auch genannt wird) erhöhen Sie die Zählvariable um 1. Die for-Anweisung sieht so aus:

for (i = 1; i <=100; i++)

Diese Anweisung sagt aus, dass die Zählvariable i mit 1 beginnt und sich die Schleife so lange wiederholt, bis der Wert in der Zählvariablen 100 erreicht hat. Die Zählvariable wird aufgrund der Anweisung i++ nach jeder Iteration um 1 erhöht.

Die folgende Liste beschreibt die drei Teile in der Klammer der for-Schleife:

✔ Der *Initialisierer*: Sie verwenden diesen ersten Teil, um die Zählvariable einzurichten.

✔ Die *Bedingung*: Dies ist die Bedingung, unter der die Schleife läuft.

✔ Der *Finalisierer*: Sie geben in diesem dritten Teil an, was nach jedem Schleifendurchlauf geschieht.

 Diese drei Elemente befinden sich in der for-Schleife, und Sie trennen sie mit Semikolons voneinander ab. Wenn Sie versuchen, Kommata zu verwenden, wird Ihr Code nicht kompiliert.

Nun macht der Code, der ein paar Absätze weiter oben steht, nichts weiter, als bei jeder Iteration 1 hinzuzufügen. Um dem Computer mitzuteilen, was er bei jedem Schleifendurchlauf zu erledigen hat, machen Sie hinter der for-Anweisung mit einer geschweiften Klammer weiter, in der die Anweisungen stehen, die bei jeder Iteration ausgeführt werden sollen. Folglich gehen Sie so vor, um die Zählvariable zu x hinzuzufügen:

```
for (i = 1; i <=100; i++)
{
    x += i;
}
```

Bei jedem Schleifendurchlauf erhöht dieses Beispiel x um i. Natürlich beginnen wir x nicht mit irgendeinem besonderen Wert. Das Beispiel ForLoop im Verzeichnis ForSchleife der Beispieldateien zeigt, wie die for-Schleife in ihrer endgültigen Form aussieht, wobei hier auch vorgeführt wird, wie der letzte Wert, den x durch die Schleife erhält, an der Konsole ausgegeben wird:

```
#include <iostream>

using namespace std;

int main()
{
    int x = 0;
    int i;

    for (i = 1; i <= 100; i++)
    {
        x += i;
    }

    cout << x << endl;
    return 0;
}
```

Wenn Sie dieses Beispiel ablaufen lassen, wird 5050 ausgegeben. Merken Sie sich zu diesem Code ein paar Dinge:

1. Sie definieren beide Variablen, mit denen Sie arbeiten: x und i.

2. Die for-Anweisung initialisiert die Zählvariable, legt die Bedingung fest, unter der sie weiterläuft, und legt fest, was nach jeder Iteration getan werden soll. In diesem Beispiel beginnt die for-Schleife mit i = 1, und sie läuft so lange, wie i kleiner oder gleich 100 ist. Bei jedem Schleifendurchlauf fügt der Computer den Wert des Zählers x hinzu. Der für dieses Hinzufügen verantwortliche Code befindet sich innerhalb der geschweiften Klammern.

3. Der Computer addiert 1 zu x; dies bewirkt das dritte Element in den Klammern. Der Computer erledigt diesen Teil seiner Aufgabe erst, wenn er den Kram in den geschweiften Klammern abgearbeitet hat.

An der mittleren Bedingung herumbasteln

Der mittlere Teil der for-Anweisung legt eine Bedingung fest, unter der der Kram in der for-Schleife wiederholt wird. Diese Bedingung lautet im vorstehenden Beispiel i <= 100, was bedeutet, dass die Schleife so lange läuft, wie i nicht größer als 100 ist.

 Wenn Sie andere Programmiersprachen kennen, wissen Sie, dass die mittlere Bedingung festlegt, was geschehen muss, damit die Schleife fortgesetzt wird. Sie sorgt nicht für ein Ende der Schleife. Andere Sprachen sagen: »Mache dies, solange etwas wahr ist«, aber das gilt nicht für C++.

In unserem Beispiel soll die Schleife wiederholt werden, bis i 100 ist, was die Bedingung i <= 100 befriedigt. Hätten wir stattdessen i < 100 vorgegeben, würde die Schleife nicht mehr ausgeführt werden, wenn i gleich 100 ist. Die Schleife hätte kurz vor dem letzten Durchlauf angehalten. Oder anders ausgedrückt, der Computer hätte nur die Zahlen von 1 bis 99 addiert, und wenn unsere Freunde Geld für uns gesammelt hätten, bekämen wir die letzten 100 Euro nicht. Und meine Güte, das könnte den Unterschied ausmachen, ob wir in der Lage wären, unsere Miete zu bezahlen oder nicht.

 Die Frage, wann die Schleife anhält, kann zu Verwirrungen führen. Wenn wir verrückt gewesen wären und gesagt hätten, nur die Zahlen von 1 *bis, aber nicht einschließlich* 100 hinzuzufügen, benötigten wir eine Bedingung wie i < 100. Eine Aussage wie *bis* 100 hätte nicht eindeutig geklärt, was wir vorhaben – die 100 einschließen oder nicht. Sollten Sie einmal eine dementsprechende Anwendung schreiben, fragen Sie nach, was genau gemeint ist.

In unserem Beispiel verwenden wir die Bedingung i <= 100, wobei auch die Bedingung i < 101 zu demselben Ergebnis führt. Denken Sie aber daran, dass diese letzte Aussage nur gilt, wenn Sie mit ganzen Zahlen arbeiten, die bis einschließlich 100 zählen. Wenn wir Fließkommazahlen addieren und mit einem Inkrement von 0,1 arbeiten würden, führen die beiden Bedingungen (i <=100 und i < 101) nicht mehr zu demselben Ergebnis. Bei i <= 100 erhielte i als Werte 99.5, 99.6, 99.7, 99.8, 99.9 und zum Schluss 100, und dann würde die Schleife anhalten. (Denken Sie daran, dass das C++-interne Dezimalzeichen ein Punkt ist.)

Bei i < 101 würde die Schleife fortgesetzt werden, weil dann auch noch 100.1, 100.2 und so weiter bis 100.9 die Bedingung erfüllen.

Wenn Sie mit dem Beispiel ForLoop2 im Verzeichnis ForSchleife2 der Beispieldateien spielen, sehen Sie, dass die beiden Bedingungen nicht identisch sind. Wenn Sie dieses Beispiel mit der Bedingung i > 101 ablaufen lassen, zeigt die Ausgabe 51055.5 an. (Denken Sie daran, die Anwendung wieder in den Originalzustand zu versetzen, wenn Sie Änderungen an ihr vorgenommen haben.)

Rückwärts zählen

Wenn Sie rückwärts zählen müssen, können Sie dies ebenfalls mit einer for-Schleife erledigen. Sie möchten zum Beispiel die Zahl der Tage nach unten zählen, die Sie noch in Ihrem alten Job arbeiten müssen, weil Sie aufgrund Ihrer C++-Programmierkenntnisse eine tolle neue Arbeitsstelle gefunden haben. Oder Sie könnten eine Anwendung schreiben, die den Countdown-Zeitgeber ändert, der beim Start eines Space Shuttles gezeigt wird. Es gibt eben noch andere Dinge, als nur hochzuzählen. Es wäre eine Horrorvorstellung, wenn es jeden Tag einen Tag länger dauern würde, bis Sie den neuen Job anfangen könnten. Manchmal ist es eben am besten, rückwärts zu zählen.

Um rückwärts zu zählen, verwenden Sie wieder die drei Bestandteile der for-Schleife. Der erste ist die Initialisierungssequenz, beim zweiten handelt es sich um die Bedingung, unter der die Schleife läuft, und der dritte definiert die Aktion, die nach jeder Iteration ausgeführt wird. Im ersten Teil setzen Sie den Zähler auf seinen Anfangswert, der dieses Mal aus einer hohen Zahl besteht. Prüfen Sie für die Bedingung nach, ob die Zahl größer oder gleich dem Endwert sein soll. Und im dritten Teil zählen Sie rückwärts und verringern den Zähler, statt ihn zu erhöhen. Damit erhalten Sie dies:

```cpp
for (i = 10; i >= 5; i--)
```

Diese Zeile startet die Zählvariable i bei 10. Nach jedem Durchlauf wird i um 1 verringert, wodurch es zu 9, dann zu 8 und so weiter wird. Dieser Vorgang setzt sich so lange fort, bis i den Wert 5 erhalten hat. Die ganze Anwendung könnte aussehen wie das Beispiel ForCountdown:

```cpp
#include <iostream>

using namespace std;

int main()
{
    int i;

    for (i=10; i>=5; i--)
    {
        cout << i << endl;
    }

    return 0;
}
```

Wenn Sie diesen Code ablaufen lassen, sehen Sie diese Ausgabe:

```
10
9
8
7
6
5
```

Immer nur einen Schritt hochzählen

Wir haben in den letzten Beispielen die Zählvariable vor der for-Schleife definiert. Sie können diese Variable aber auch in der Schleife definieren: for (int i = 0; i <= 100; i++). Das Endergebnis ist mit dem identisch, das Sie erreichen, wenn Sie die Zählvariable vor der Schleife definieren. Sie müssen die Variable jedes Mal definieren, wenn Sie sie in einer Schleife verwenden wollen. Das folgende Beispiel zeigt die Vorgehensweise:

```
int x = 0;

for (int i = 0; i <= 100; i++)
{
   x += i;
}


for (int i = 200; i <= 300; i++)
{
   x += i;
}
```

In dem Beispiel im Abschnitt *Rückwärts zählen*, der weiter oben in diesem Kapitel steht, arbeiten Sie mit ganzzahligen Werten, und Sie ziehen bei jeder Iteration 1 von der Zählvariablen ab. Aber Sie können bei jedem Schleifendurchlauf auch andere Dinge veranstalten. Wir haben bereits darauf hingewiesen, dass Sie auch Fließkommazahlen verwenden und zum Beispiel bei jeder Iteration 0,1 hinzufügen können. (Denken Sie daran, dass Sie in diesem Fall 0.1 verwenden müssen.) Sie erreichen dies zum Beispiel mit einer Anwendung wie der, die das Beispiel ForLoop2 enthält:

```
#include <iostream>

using namespace std;

int main()
{
    double x = 0.0;
    double i;
```

```
for (i = 0.0; i <= 100; i += 0.1)
{
    x += i;
}

cout << x << endl;

return 0;
}
```

Achten Sie in diesem Beispiel ganz besonders auf das dritte Element der for-Anweisung: i += 0.1. Denken Sie daran, dass dieses Element dasselbe wie i = i + 0.1 bewirkt. Daraus folgt, dass auch das dritte Element eine richtige Anweisung ist. Hier wird gerne der Fehler gemacht, eine unvollständige Anweisung wie i + 0.1 zu hinterlegen. Unglücklicherweise lassen einige Compiler dies zu und geben höchstens eine Warnung aus.

Ja, es ist wahr. Die gesamte Anweisung i = i + 1 hat eine Nebenwirkung. In der Medizin ist eine *Nebenwirkung* etwas, was die kleinen bunten Pillen zusätzlich zur gewünschten Wirkung hervorrufen können. Wenn Sie zum Beispiel etwas gegen Kopfschmerzen einnehmen, kann die Nebenwirkung so aussehen, dass das Medikament Ihren Magen schädigt – was nicht unbedingt wünschenswert ist. In unserem Codebeispiel wollen Sie, dass der Zähler erhöht wird. Der Anweisungsteil i + 0.1 gibt nur einen Wert zurück, der nirgendwo abgelegt wird. Der Grund dafür ist, dass dieser Anweisungsteil den Wert von i nicht ändert – er hat also keine Nebenwirkungen. (Wenn Sie das zu Hause ausprobieren, indem Sie eine der for-Schleifen der früheren Beispiele durch i + 0.1 ersetzen, läuft Ihre Schleife so lange weiter, bis Sie die Anwendung manuell beenden. Der Grund dafür ist, dass sich der Zähler immer dort befindet, wo er mit dem Zählen angefangen hat und niemals ansteigt. Dadurch wird die Bedingung i <= 100 immer befriedigt.)

 Der letzte Teil der for-Anweisung muss selbst eine vollständige Anweisung sein. Wenn diese Anweisung einfach nur ausgewertet werden würde, könnte sie in der Schleife nicht verwendet werden. In diesem Fall läuft Ihre Schleife ewig, wenn Sie sie nicht manuell stoppen.

Raffiniert (und viel zu kompliziert) werden

Wenn Sie mehrere Zählvariablen benötigen, kann die for-Schleife auch damit umgehen. Jeder Teil der for-Anweisung kann aus mehreren Elementen bestehen, die durch Kommata voneinander abgegrenzt werden. So verwenden zum Beispiel die folgenden Codezeilen zwei Zählvariablen. Schauen Sie sie sorgfältig an, weil sie ein wenig verwirrend aufgebaut sind:

```
for (i = 0, j = 10; i <= 5, j <= 20; i++, j = j + 2)
{
  cout << i << " " << j << endl;
  x += i + j;
}
```

Um dieses Beispiel zu verstehen, müssen Sie sich mit jedem Teil separat beschäftigen. Der erste Teil startet die Schleife. Hier erstellt der Code zwei Zähler – i und j. i fängt bei 0 an und j bei 10.

Das war noch nicht schwer. Der zweite Teil sagt aus, dass die Schleife so lange läuft, bis diese beiden Bedingungen wahr geworden sind: i muss kleiner oder gleich 5 sein, und j muss kleiner oder gleich 20 sein.

Auch das ist noch recht einfach. Der letzte Teil legt fest, was nach jeder Iteration geschehen muss: i wird um 1 und j um 2 erhöht.

Auf diese Weise haben Sie zwei Zählvariablen, und das ist auch nicht sonderlich problembehaftet – solange Sie nicht so etwas versuchen:

```
for (i = 0, j=20; i <= 5, j >= 10 ; i++, j=j-2)
{
  cout << i << " " << j << endl;
  x += i + j;
}
```

Wenn Sie sich diesen Code sorgfältig anschauen, bemerken Sie vielleicht, dass es i wie bisher gibt, dass j aber bei 20 startet und die Schleife so lange läuft, bis j den Wert 10 erhalten hat, und dass bei jeder Iteration 2 von j abgezogen wird. Oder anders ausgedrückt, j zählt in Zweierschritten von 20 bis 10 zurück.

i wiederum zählt von 0 bis 5 hoch. Sie haben es also mit zwei Schleifen zu tun: eine, die hochzählt, und eine, die rückwärts zählt. Sieht das für Sie so aus, als wenn wir es darauf angelegt hätten, Sie zu verwirren?

Aber es gibt noch mehr. Wenn Sie glauben, dass das Bisherige verwirrend war, dann schauen Sie sich einmal das hier an:

```
for (i=0, j=10; i<=5, j<=20 ; i++, j=j+2, cout<<i+j, x+=i+j)
{
}
```

Wenn Sie dieses Beispiel eingeben, sehen Sie, dass es etwas macht. Aber können Sie nur dadurch, dass Sie sich dieses Beispiel ansehen, sagen, *was* das ist? Vermutlich nicht. Dieser Code ist einfach zu kompliziert – lassen Sie es uns deshalb einen Schritt weniger »aufwendig« versuchen, und zwar auch dann, wenn Sie möglicherweise wissen, was dieser Code bedeutet. Es gibt immer jemanden, der ziemlich frustriert ist, weil das Entschlüsseln dieses Codes nicht geklappt hat. Und wenn Sie zu Hause nur so zum Spaß Code schreiben – glauben Sie wirklich, dass Sie in einem halben Jahr noch wissen, was Sie da gemacht haben?

 Es ist wirklich nicht schwer, zu viel Code in der for-Anweisung selbst unterzubringen. Tatsächlich könnten Sie, wenn Sie wirklich clever vorgehen, so gut wie alles in die for-Schleife hineinschreiben und nur ein leeres Paar geschweifter Klammer »draußen« lassen (so, wie wir das im vorstehenden Beispiel getan

haben). Aber nur weil Ihr Code clever ist, heißt das noch lange nicht, dass das, was Sie da getan haben, auch der beste Weg ist, um ein Ziel zu erreichen. Stattdessen ist und bleibt es eine gute Idee, sich an den herkömmlichen Weg zu halten und in der for-Anweisung nur eine Variable zu verwenden (und auch darauf zu verzichten, in die einzelnen Teile mehrere Anweisungen einzubinden).

Es ist immer gut, Anwendungen eindeutig zu schreiben, damit auch andere herausfinden können, was Sie vorhatten, als Sie den Code geschrieben haben. Einige scheinen zu glauben, dass sie ihren Arbeitsplatz sichern, wenn sie die Anwendung so kompliziert wie möglich aufbauen. Komischerweise haben alle, die so vorgehen und die wir kennen, Probleme am Arbeitsplatz und Schwierigkeiten, einen neuen Job zu finden.

»While«-Schleifen

Sie werden des Öfteren feststellen, dass eine for-Schleife nicht immer das Richtige ist. So kommt es zum Beispiel manchmal vor, dass Sie keine Zählvariable benötigen. Sie wollen einfach nur, dass eine Schleife immer wieder abläuft, bis eine bestimmte Bedingung wahr geworden ist. Erst dann wollen Sie die Schleife beenden.

So sagen Sie zum Beispiel nicht mehr, dass sich 100 Personen nebeneinander aufstellen sollen, von denen Ihnen jede einen Euro mehr geben soll als ihr linker Nachbar, sondern Sie sagen nun, dass Sie das Geld gerne so lange nehmen, wie man bereit ist, es Ihnen zu geben.

Sie können in diesem Fall sehen, dass die Bedingung, unter der die Angelegenheit weitergeht, »so lange nehmen, wie man bereit ist, es Ihnen zu geben« lautet.

Um so etwas in C++ zu erreichen, verwenden Sie eine while-Anweisung. Dem Schlüsselwort while folgt eine Klammer, die die Bedingung enthält, unter der die Anwendung die Schleife ausführt. Während die Klammern der for-Anweisung aus drei Teilen bestehen, die zeigen, wie die Zählvariable geändert wird, enthalten die Klammern der while-Anweisung nur eine Bedingung.

Das Beispiel WhileLoop im Verzeichnis WhileSchleife der Beispieldateien führt eine einfache while-Schleife vor:

```cpp
#include <iostream>

using namespace std;

int main()
{
    int i = 0;

    while (i <= 10)
    {
        cout << i << endl;
        i++;
    }

    cout << "Alles erledigt!" << endl;

    return 0;
}
```

Dieser Code läuft so lange, wie i kleiner oder gleich 10 ist. Die Anwendung gibt Folgendes aus:

```
0
1
2
3
4
5
6
7
8
9
Alles erledigt!
```

Die while-Schleife ist immer dann praktisch, wenn Sie keine Vorgabe dafür haben, wie lange die Schleife laufen soll. Stellen Sie sich zum Beispiel eine Situation vor, bei der Ihre Anwendung Daten aus dem Internet einliest. Wenn Sie nicht vorher die Datenquelle im Internet daraufhin überprüft haben, welche Datenmenge sie enthält, wissen Sie auch nicht, welche Menge an Daten auf Sie zukommt. (Es gibt viele Situationen, in denen Sie nicht wissen, wie viele Daten eingelesen werden müssen, aber Internetanwendungen stoßen sehr häufig auf Probleme dieser Art.) Wenn Sie eine while-Schleife verwenden, kann der Code so lange weitermachen, bis Ihre Anwendung alle Daten eingelesen hat. Die Datenquelle im Internet kann die Daten einfach an Ihre Anwendung streamen, bis der Datentransfer abgeschlossen ist.

Wir legen für Situationen dieser Art in der Regel eine Boole'sche Variable an, die wir `fertig` nennen, und initialisieren sie mit dem Wert `false`. Die `while`-Anweisung besteht dann einfach nur aus

```
while (!fertig)
```

Diese Zeile lässt sich leicht ins Deutsche übersetzen: »Wenn du noch nicht fertig bist, mache Folgendes.«

Wenn es schließlich zu der Situation kommt, von der Sie wissen, dass die Schleife beendet werden muss (weil zum Beispiel die Internet-Datenquelle keine Daten mehr liefert), setzen Sie

```
fertig = true;
```

(Denken Sie daran, dass der Wert Boole'scher Variablen mit den englischen Ausdrücken für *wahr* und *falsch* als `true` beziehungsweise `false` gesetzt werden muss.)

Das Beispiel `WhileLoop2` im Verzeichnis `WhileSchleife2` der Beispieldateien zeigt Ihnen hier, wie so ein Ablauf programmiert wird:

```cpp
#include <iostream>

using namespace std;

int main()
{
    int i = 0;
    bool fertig = false;

    while (!fertig)
    {
        cout << i << endl;
        i++;
        if (i == 10)
            fertig = true;
    }

    cout << "Alles erledigt!" << endl;
    return 0;
}
```

In unserem Beispiel mit den Internetdaten würden Sie, nachdem Sie keine weiteren Daten mehr erhalten, `fertig` auf `true` setzen. Im Fall Ihrer Freunde, die Ihnen Geld geben sollen, setzen Sie `fertig` auf `true`, wenn sich einer weigert, noch mehr Geld rauszurücken.

Etwas tun, während ...

Die while-Anweisung steht nicht ohne Verwandtschaft da. Sie hat eine Cousine: die do-while-Anweisung. Eine Schleife dieser Art ähnelt der while-Schleife, weist aber eine interessante Abweichung auf: Die while-Anweisung befindet sich am Ende. Das Beispiel DoWhileSchleife, das der folgende Code zeigt, demonstriert, wie diese Art von Schleife verwendet wird:

```
#include <iostream>

using namespace std;

int main()
{
    int i = 0;

    do
    {
        cout << i << endl;
        i++;
    }
    while (i <= 10);

    cout << "Alles erledigt!" << endl;

    return 0;
}
```

Beachten Sie, dass die Schleife hier mit dem Schlüsselwort do beginnt, dem dann in Klammern das Material für die Schleife folgt. Am Ende erscheint dann die while-Anweisung. Die Idee dahinter ist, dass Sie dem Computer mitteilen: »Mache *(Do)* dies, während *(while)* das und das wahr ist.« Dabei handelt es sich bei *dies* um den Kram in den geschweiften Klammern, während *das und das* die Bedingung in den (runden) Klammern ist. Da die Bedingung am Ende untersucht wird, nachdem alles andere bereits erledigt worden ist, unterscheidet sich die Ausgabe von der der übrigen while-Schleifenbeispiele:

```
0
1
2
3
4
5
6
7
8
9
10
Alles erledigt!
```

In der do–while-Schleife gibt es eine wichtige Abweichung: Die do–while-Schleife wird, anders als die while-Schleife, immer mindestens einmal ausgeführt. Oder anders ausgedrückt, selbst wenn die Bedingung beim ersten Mal, wenn Sie die Schleife ausführen, nicht befriedigt wird, läuft die Schleife durch und wird nicht übersprungen. Das kann zu einem Problem werden, und wenn Sie dieses Verhalten nicht haben wollen, sollten Sie sich überlegen, statt der do–while- eine while-Schleife zu verwenden.

Unterbrechen und fortfahren

Manchmal schreiben Sie eine Anwendung, die eine Schleife enthält, die mehr macht, als einfach nur Zahlen zu addieren. Sie möchten vielleicht, dass die Schleife beim Erreichen einer bestimmten Bedingung beendet wird. Oder Sie wollen, dass die Schleife den aktuellen Durchlauf überspringt und mit dem nächsten Element in der Schleife weitermacht. Wenn Sie eine Schleife stoppen und mit dem Code weitermachen, der auf die Schleife folgt, verwenden Sie eine break-Anweisung. Wenn Sie den aktuellen Durchlauf einer Schleife verlassen und mit dem nächsten Durchlauf weitermachen wollen, verwenden Sie eine continue-Anweisung. Die nächsten beiden Abschnitte zeigen Ihnen, wie das gemacht wird.

Unterbrechen

Stellen Sie sich vor, dass Sie eine Anwendung schreiben, die Daten aus dem Internet einliest, und dass die Schleife so lange laufen soll, bis alle Daten übernommen worden sind. Aber während dieses Vorgangs stoßen Sie auf Daten, die fehlerhaft sind, weshalb Sie sofort die for-Schleife verlassen wollen.

C++ kennt eine kleine, praktische Anweisung, die Sie in solch einer Situation retten kann. Diese Anweisung heißt break. Keine Angst, hier zerbricht nichts, und Sie müssen sich auch keine Sorgen machen, wenn Sie eine Anwendung schreiben, die den Computer dazu bringt, etwas zu unterbrechen. Dieses Unterbrechen ist mehr ein »Ausbrechen aus einer Schleife« als ein »Unterbrechen eines Programmablaufs«.

Das folgende Beispiel ForLoop3 im Verzeichnis ForSchleife3 der Beispieldateien stellt diese Technik vor. Dieses Beispiel überprüft den Fall, dass i 5 ist. Sie könnten dasselbe Ergebnis erhalten, indem Sie einfach die abschließende Bedingung der for-Schleife ändern, aber es zeigt Ihnen eben, wie die break-Anweisung funktioniert.

```
#include <iostream>

using namespace std;
int main()
{
    int i;
```

```
    for (i = 0; i < 10; i++)
    {
        cout << i << " ";
        if (i == 5)
        {
            break;
        }
        cout << i * 2 << endl;
    }

    cout << "Alles erledigt!" << endl;

    return 0;
}
```

Im vorstehenden Codebeispiel wird die erste Zeile in der for-Schleife, cout << i << " ";, ausgeführt, wenn i 5 ist. Aber die letzte Zeile in der for-Schleife, cout << i * 2 << endl;, wird nicht ausgeführt, wenn i 5 ist, weil Sie zwischen beiden cout-Anweisungen den Befehl geben, aus der Schleife auszusteigen.

Beachten Sie außerdem, dass die Anwendung nicht beendet wird, wenn Sie die Schleife verlassen. Sie läuft weiter und führt die Anweisungen aus, die auf die Schleife folgen. In diesem Fall wird noch die Meldung "Alles erledigt!" ausgegeben.

Sie können den zweiten Teil der for-Anweisung (die Bedingung) leer lassen, indem Sie zwischen die Anführungszeichen einfach ein Leerzeichen setzen. Sie verwenden dann eine break-Anweisung, um aus der Schleife auszusteigen. Allerdings ist das dann schon ein ziemlich schlampig erstellter Code. Und mit schlampigem Code ist es wie mit einer unaufgeräumten Wohnung: Auch wenn es Sie vielleicht nicht stört, möchten Sie doch nicht, dass andere Ihr Heim – oder Ihren Code – so sehen.

Weitermachen

Sie können zusätzlich zum vollständigen Aussteigen aus einer Schleife die Schleife auch dazu bringen, die aktuelle Iteration zu beenden. Hierbei brechen Sie nicht aus der Schleife aus, sondern sorgen dafür, dass die Schleife mit der nächsten Iteration weitermacht.

Sie lesen zum Beispiel »Schleifen durchlaufend« Daten aus dem Internet ein. Nach der Hälfte der Zeit treffen Sie auf unbrauchbare Daten. Aber statt nun die Schleife zu verlassen, ignorieren Sie die unbrauchbaren Daten einfach nur und machen mit dem Lesen der brauchbaren Daten weiter.

Um dies zu erreichen, verwenden Sie eine C++-Anweisung, die continue (deutsch *weitermachen, fortsetzen*) heißt. Diese Anweisung sagt: »Beende die aktuelle Iteration, aber mache mit der nächsten Iteration weiter.«

Das folgende Beispiel ForLoop3 im Verzeichnis ForSchleife4 der Beispieldateien stellt eine leicht modifizierte Version des vorherigen Beispiels (im Abschnitt *Unterbrechen*) dar. Wenn die Schleife 5 erreicht hat, führt sie die zweite cout-Zeile nicht aus. Aber anstatt nun aus der Schleife auszubrechen, macht die Anwendung mit 6, dann mit 7 und so fort weiter, bis die Schleife von selbst aufhört:

```
#include <iostream>

using namespace std;

int main()
{
    int i;

    for (i=0; i<10; i++)
    {
        cout << i << " ";
        if (i == 5)
        {
            cout << endl;
            continue;
        }
        cout << i * 2 << endl;
    }

    cout << "Alles erledigt!" << endl;

    return 0;
}
```

Schleifen verschachteln

Sie müssen oft mit mehr als einer Schleife arbeiten. Sie haben zum Beispiel mehrere Gruppen von Freunden, und Sie wollen von jedem einzelnen Freund so viel wie möglich abstauben. Sie geben für die erste Gruppe eine Party und schaffen es, dass Ihnen jeder so viel Geld gibt, wie er gerade bei sich hat. In der nächsten Woche geben Sie erneut eine Party, dieses Mal für eine andere Gruppe von Freunden. Sie machen so etwas für jede Gruppe von Freunden. Oh – wir haben gerade das Wort *für* (englisch *for*) benutzt, und das ist genau das, worum es hier geht.

Sie können die Logik so darstellen:

```
Für jede Gruppe von Freunden
   für jede einzelne Person in einer Gruppe
      gehe den Freund um alles an, was er an Geld hat
```

Dies ist eine verschachtelte Schleife. Aber wenn Sie so vorgehen, sollten Sie nicht überrascht sein, wenn dies der letzte Besuch Ihrer Freunde bei Ihnen ist.

Bei einer verschachtelten Schleife handelt es sich einfach um eine Schleife in einer Schleife. Da Computer nicht so leicht Freundschaften schließen (aber dafür verwendet werden *können*, andere auszunehmen), verwenden wir ein Beispiel, das ein wenig netter ist: Stellen Sie sich vor, dass Sie die Zahlen von 1 bis 10 mit 1 multiplizieren und das Ergebnis einer jeden Multiplikation ausgeben wollen. Danach sollen die Zahlen von 1 bis 10 mit 2 multipliziert und das Ergebnis einer jeden Multiplikation ausgegeben werden. Dieser Vorgang wird weitergeführt, bis ein Multiplikator von 10 erreicht ist. Ihr C++-Code sollte dann so aussehen wie der im Beispiel ForLoop5 im Verzeichnis ForSchleife5 der Beispieldateien:

```cpp
#include <iostream>

using namespace std;

int main()
{
    int x,y;

    for (x = 1; x <= 10; x++)
    {
        cout << "Produkte mit dem Multiplikator " << x <<endl;
        for (y = 1; y <= 10; y++)
        {
            cout << x * y << endl;
        }
        cout << endl;
    }

    return 0;
}
```

In diesem Beispiel gibt es eine Schleife in einer Schleife. Die innere Schleife kann die Zählvariable der äußeren Schleife nutzen. Mit Ausnahme dieser Sache gibt es hier nichts Magisches oder Ungewöhnliches. Es ist nur eine Schleife in einer Schleife. Und ja, Sie können auch eine Schleife in einer Schleife in einer Schleife in einer Schleife haben. Sie können in Schleifen beliebig viele andere Schleifen unterbringen, zum Beispiel eine while-Schleife in einer for-Schleife.

Denken Sie daran, dass es auch noch etwas außerhalb der inneren Schleife gibt, das in der äußeren Schleife läuft. Dort befindet sich vor und hinter der inneren Schleife ein Aufruf von cout. Das geht, weil eine innere Schleife nicht das Einzige in einer äußeren Schleife sein kann.

Auch wenn Sie problemlos eine Schleife in einer Schleife in einer Schleife haben können, sollten Sie daran denken, dass Ihr Code immer unübersichtlicher wird, je tiefer Sie schleifentechnisch gehen. Das ist so wie bei den Großstädten, die versprechen, eine äußere Schleife zu bauen (eine Umgehungsstraße, die helfen soll, den Verkehr schneller fließen zu lassen). Vielleicht ist diese äußere Schleife nicht leistungsfähig genug, weshalb noch eine und noch eine gebaut werden müssen. Das sind furchterregende Aussichten, und Sie müssen aufpassen, dass sie von der Verschachtelung nicht hinweggeschwemmt werden.

Wenn Sie innerhalb einer verschachtelten Schleife eine break- oder eine continue-Anweisung unterbringen, wird diese Anweisung auf die innerste Schleife angewendet, in der sie sich befindet. So enthält das folgende Beispiel, ForLoop6 im
Verzeichnis ForSchleife6 der Beispieldateien, drei Schleifen: eine äußere
Schleife, eine mittlere Schleife und eine innere Schleife. Die break-Anweisung
wirkt sich auf die mittlere Schleife aus, wie hier gezeigt wird:

```cpp
#include <iostream>

using namespace std;

int main()
{
    int x,y,z;

    for (x = 1; x <= 3; x++)
    {
        for (y = 1; y < 3; y++)
        {
            if (y == 2)
                break;
            for (z = 1; z < 3; z++)
            {
                cout << x << " " << y;
                cout << " " << z << endl;
            }
        }
    }

    return 0;
}
```

Sie können erkennen, dass die for-Schleife mit dem y darin abbricht, wenn y 2
wird. Die äußere Schleife läuft weiter und führt die nächste Iteration durch.

Ihr Werk mit Funktionen aufteilen

In diesem Kapitel

▶ Rufen Sie eine Funktion auf

▶ Übergeben Sie Dinge wie Variablen

▶ Schreiben Sie großartige eigene Funktionen

▶ Haben Sie Spaß mit Strings

▶ Beeinflussen Sie `main( )`

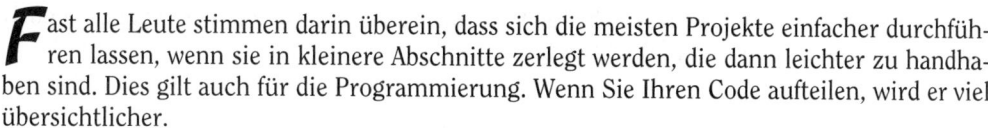

*F*ast alle Leute stimmen darin überein, dass sich die meisten Projekte einfacher durchführen lassen, wenn sie in kleinere Abschnitte zerlegt werden, die dann leichter zu handhaben sind. Dies gilt auch für die Programmierung. Wenn Sie Ihren Code aufteilen, wird er viel übersichtlicher.

C++ bietet Ihnen eine ganze Reihe von Wegen an, um Code in kleinere Portionen aufzuteilen. Einer dieser Wege bedient sich einer Sache, die Funktion genannt wird. Eine *Funktion* besteht aus Codezeilen, die einen bestimmten Job erledigen.

Wir zeigen Ihnen in diesem Kapitel, was Funktionen sind und wie Sie sie verwenden können, um sich Ihr Leben als Programmierer zu erleichtern.

Teilen Sie Ihr Werk auf

Wenn Sie ohne Computer eine große Aufgabe zu erledigen haben, stehen Ihnen viele Wege offen, sie aufzuteilen. Nachdem das Prozessmanagement über Jahre hinweg intensiv studiert wurde, lässt sich dieses Aufteilen auf zwei Dinge beschränken: auf die Verwendung von Substantiven (oder Hauptwörtern) und den Verben (oder Tuwörtern).

Sie haben das schon richtig gelesen. Versetzen Sie sich in den Deutschunterricht an Ihrer Schule zurück, in dem Sie vielleicht zum ersten Mal von diesen Begriffen gehört haben. Was uns dabei durch den Kopf geht, ist dieses: Stellen Sie sich vor, dass Sie eine fliegende Untertasse bauen wollen. Es gibt zwei Wege, an den Bau heranzugehen.

Sie könnten an die Sache herangehen, indem Sie einen Plan verwenden, der alle Schritte für den Bau der fliegenden Untertasse vom Anfang bis zum Ende enthält. Da kämen natürlich viele Schritte auf Sie zu. Aber Sie könnten den Vorgang vereinfachen und nur die zentralen Aufgaben aufführen, ohne auf Einzelheiten einzugehen. Das könnte dann so aussehen:

1. Die äußere Hülle bauen.

2. Die Maschine zusammen- und einbauen.

Das wär's. Nur zwei Schritte. Wenn Sie aber ein paar Dutzend Leute einstellen, die für Sie die Routinearbeiten erledigen sollen, während Sie sich um Ihre täglichen Geschäfte kümmern, wüssten diese Leute dann genug, um vernünftig arbeiten zu können? Höchstwahrscheinlich nicht. Also teilen Sie die beiden Aufgaben in kleinere Einzelaufgaben auf. Schritt 2 könnte dadurch diese Form bekommen:

2a. Den Antischwerkraftantrieb bauen

2b. Das Strahlruder bauen

2c. Den Antrieb mit dem Strahlruder verbinden

2d. Die Maschine in die äußere Hülle einbauen

Natürlich muss jede dieser Anweisungen in weitere Einzelschritte zerlegt werden. Wenn Sie dann mit der Planung fertig sind, stehen Sie höchstwahrscheinlich vor sehr vielen Einzelschritten, die sich hierarchisch abbilden lassen, wie Abbildung 5.1 zeigt. In dieser Zeichnung stehen die drei Punkte für weitere Schritte. Wir haben darauf verzichtet, das Diagramm noch feiner aufzuteilen, damit es auf die Seite passt.

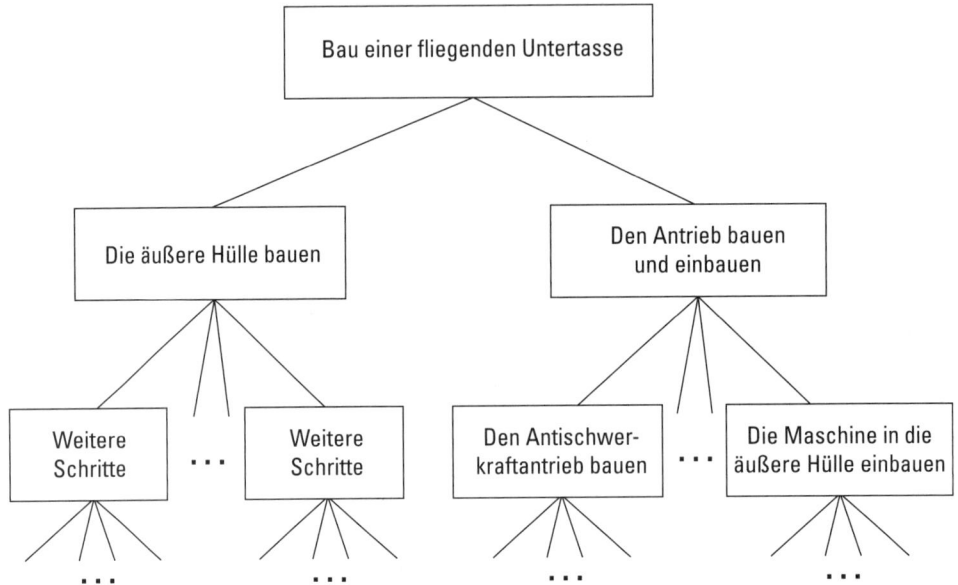

Abbildung 5.1: Ein Vorgang kann hierarchisch aufgeteilt werden.

Diese Entwurfsart wird *Top-Down-Design* genannt. Sie beginnen dabei mit dem obersten Entwicklungsschritt (in diesem Fall mit *Bau einer fliegenden Untertasse*) und gehen dann nach unten, indem Sie einzelne Schritte immer detaillierter darstellen. Und so wurde auch über viele Jahre hinweg Programmierung gelehrt.

Diese Vorgehensweise hat zwar funktioniert, aber irgendwann sind kluge Leute auf einen besseren Weg gestoßen. Bevor Sie die Schritte in ihre Einzelschritte zerlegen, teilen Sie das, was Sie bauen wollen, in Teile auf. In unserem Beispiel machen Sie das bereits in den ersten beiden Schritten. Aber statt sie nun Schritte zu nennen, erhalten sie die Bezeichnung *Objekte*.

Die äußere Hülle ist ein Objekt und der Antrieb ein anderes. Auf diese Weise können zwei verschiedene Fabriken daran arbeiten – wir haben es hier quasi mit einer Art von Arbeitsteilung zu tun. Natürlich müssten die beiden Fabriken ihre Aktivitäten koordinieren, weil es sonst sein könnte, dass die beiden Teile nicht zusammenpassen, wenn sie fertig sind. Und bevor Sie genau angeben, wie diese beiden Objekte herzustellen sind, wäre es nicht schlecht, jedes dieser Objekte zunächst einmal zu beschreiben: was es machen soll, welche Funktionen es aufweisen muss, seine Ausmaße und so weiter. Wenn Sie das alles getan haben, sind Sie in der Lage, eine Liste mit allen Funktionen und deren Details zu erstellen. Und zum Schluss können Sie die gesamte Arbeit aufteilen und an die Personen übergeben, die dann für die Entwürfe oder die Herstellung der einzelnen Teile zuständig sind.

Wie Sie sehen, macht die zweite Vorgehensweise mehr Sinn. Und sie beschreibt genau die Weise, wie Programmierer ihre Anwendungen aufteilen. Beide Vorgehensweisen haben auf der untersten Ebene etwas gemeinsam: Sie bestehen dort aus kleinen Prozessen, die *Funktionen* genannt werden. Wenn Sie ein Computerprogramm schreiben, zerlegen Sie Ihre Arbeit in kleinere Teile, die Objekte genannt werden, und für die Sie schließlich ein Verhalten festlegen. Um nun dieses Verhalten zu codieren, arbeiten Sie fast genauso wie bei der ersten Vorgehensweise: Sie zerlegen die Objekte wieder in übersichtliche Teile, die Funktionen. In der Begriffswelt der Programmierung handelt es sich bei einer *Funktion* einfach nur um etwas Code, der eine bestimmte Aufgabe erledigt. Aber eine Funktion ist mehr als das: Stellen Sie sich eine Funktion als eine Maschine vor. Sie können eines oder mehrere Dinge in die Maschine legen; die verarbeitet diese Dinge und spuckt, wenn überhaupt, zum Schluss ein einziges Ergebnis aus. Eines der aussagekräftigsten Diagramme, die wir zu diesem Thema gesehen haben, bildet eine Funktion genau auf diese Weise ab, als Maschine, wie Abbildung 5.2 zeigt.

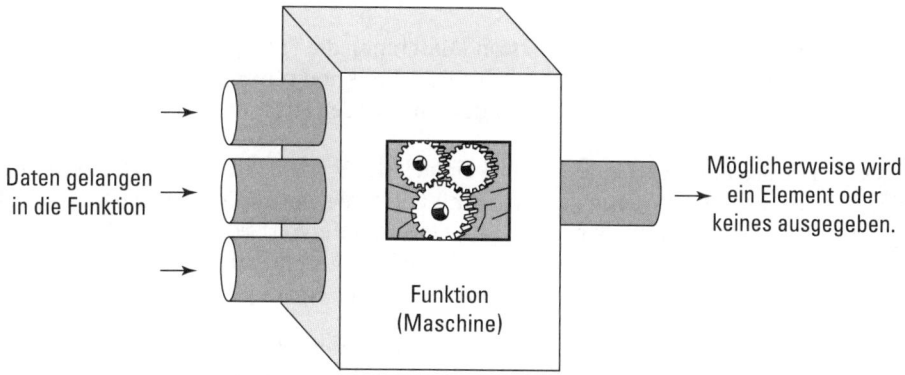

Daten gelangen in die Funktion

Funktion (Maschine)

Möglicherweise wird ein Element oder keines ausgegeben.

Abbildung 5.2: Sie können sich eine Funktion als eine Maschine vorstellen.

Diese Maschine (oder Funktion) besteht aus drei Teilen:

✔ **Input:** Die Funktion kann als *Input* (Eingabe) Daten empfangen. Diese Daten können Zahlen, Strings oder ein anderer Datentyp sein. Wenn Sie so eine Maschine erstellen, können Sie beliebig viele Inputs haben.

✔ **Prozessor:** Die Funktion selbst ist der Prozessor, der für die Verarbeitung zuständig ist. Er besteht aus einer Reihe von Codezeilen.

✔ **Output:** Eine Funktion kann etwas *zurückgeben*, wenn sie ihre Arbeit erledigt hat. In C++ kann diese Ausgabe (der *Output*) in Form von Zahlen, Strings oder anderen Datentypen erfolgen.

Damit das alles verständlicher wird, versuchen Sie es einmal mit dem Beispiel `FirstFunction` im Verzeichnis `ErsteFunktion` der Beispieldateien, dessen Code als Listing 5.1 abgedruckt ist.

```cpp
#include <iostream>
#include <math.h>

using namespace std;

int main()
{
  cout << fabs(-10.5) << endl;
  cout << fabs(10.5) << endl;
  return 0;
}
```

Listing 5.1: Eine Funktion in Betrieb erleben

Wenn Sie diese Anwendung ausführen, sehen Sie diese Ausgabe:

```
10.5
10.5
```

Sie verwenden in diesem Code eine Funktion (Maschine), die `fabs()` heißt (und »eff-abs« für »Fließkomma absolut« ausgesprochen wird). Diese Funktion nimmt als Eingabe (Input) eine Zahl und gibt den absoluten Wert (Betrag) der Zahl wieder aus.

 Der absolute Wert einer Zahl ist einfach ihr Abstand zur Null. So ist zum Beispiel der absolute Wert von -5 einfach nur 5. Der absolute Wert von 12 ist 12. Ein absoluter Wert ist immer positiv. Und der absolute Wert von 0 ist 0. (Der Grund für das f vor abs ist der, dass die Funktion Fließkommazahlen verwendet, bei denen es sich um nichts anderes als um Zahlen mit einem Dezimalzeichen handelt.)

Die erste Zeile innerhalb von `main()` *ruft* `fabs()` für den Wert `-10.5` *auf*. `cout` nimmt sich den Output der Funktion (der auch *Ergebnis der Funktion* genannt wird) und gibt ihn an der Konsole aus.

Die zweite Zeile wiederholt dann die ganze Sache noch einmal: Allerdings wird der absolute Wert von `10.5` genommen.

Und wo ist der Prozessor dieser Funktion? Er befindet sich nicht in Ihrem Code. Er befindet sich in einer anderen Datei, und die folgende Zeile sorgt dafür, dass Ihre Anwendung diese Funktion nutzen kann:

```cpp
#include <math.h>
```

Funktionen können an vielen Stellen vorkommen. Wenn Sie einen Taschenrechner verwenden, eine Zahl eingeben und die Taste für die Quadratwurzel drücken, führt der Rechner eine Funktion aus, die die Quadratwurzel der Zahl berechnet.

Funktionen können aber viel anspruchsvollere Aufgaben als das Arbeiten mit Zahlen erledigen. Was ist hiermit: Wenn Sie in einer Textverarbeitung ein Wort und dessen Schreibweise prüfen, ruft die Anwendung eine Funktion auf, die die Prüfung der Rechtschreibung übernimmt. Diese Funktion macht so etwas wie das hier:

```
Dies ist eine Funktion, die die Schreibweise eines Wortes prüft.
Inputs: Ein einzelnes Wort.
Das Wort nachschlagen
Wenn das Wort nicht gefunden wird
  Nach Vorschlägen suchen.
  Ein Dialogfeld öffnen, über das Sie (der Benutzer)
    das Wort ändern können, indem Sie ein neues Wort eingeben oder
    ein Wort aus einer Liste auswählen, oder es unverändert
    lassen können.
  Wenn Sie eine Änderung vorgenommen haben,
    wird die neue Schreibweise zurückgegeben.
  Anderenfalls
    wird nichts zurückgegeben.
Anderenfalls
  wird nichts zurückgegeben
```

Beachten Sie, wie wir die if-Anweisungen mithilfe von Einrückungen gruppiert haben. Das abschließende Anderenfalls gehört zur ersten if-Anweisung, was die (in diesem Fall nicht vorhandene) Einrückung deutlich macht.

Damit haben Sie eine Funktion, die die Rechtschreibung eines Wortes prüft. Sie müssen aber auch an Folgendes denken: Wenn Sie die Rechtschreibprüfung aufrufen, ohne ein Wort zu markieren, wird das gesamte Dokument auf seine Rechtschreibung hin überprüft – was eine andere Funktion ist. Und die sieht so aus:

```
Dies ist eine Funktion, die die Rechtschreibung des
     gesamten Dokuments überprüft
Für jedes Wort im Dokument
  führe die Prüfung der Rechtschreibung separat durch
```

Wie verarbeitet der Computer den Schritt führe die Prüfung der Rechtschreibung - separat durch innerhalb der for-Schleife? Er ruft die Funktion auf, die wir zuvor beschrieben haben. Dieser Vorgang wird *Wiederverwendung von Code* genannt. Es gibt keinen Grund, den gesamten Code neu zu schreiben, wenn er bereits irgendwo existiert. Und das ist das Schöne an Funktionen.

Eine Funktion aufrufen

Wenn sie den Code einer Funktion ausführen, sprechen Computerleute davon, dass sie die Funktion *aufrufen*, und jede gute Funktion hat, wie jeder ordentliche Mensch, einen Namen. Wenn Sie eine Funktion aufrufen, machen Sie dies über ihren Namen.

Um eine Funktion aufzurufen, geben Sie ihren Namen und eine Klammer ein. In den Klammern führen Sie die Elemente auf, die Sie an die Inputs der Funktion senden wollen. Wir verwenden hierfür den Begriff *übergeben*; Sie übergeben einen Wert an die Funktion.

Wenn Sie beispielsweise die Funktion fabs() aufrufen wollen, geben Sie den Namen fabs, eine sich öffnende runde Klammer, die Zahl, die Sie übergeben wollen, und eine sich schließende runde Klammer so ein, wie es das folgende Beispiel zeigt:

```
fabs(-10.5)
```

Aber wenn die Zeile nur für sich selbst steht, bewirkt sie noch gar nichts. Die Funktion fabs() gibt einen Wert zurück – den absoluten Wert von -10.5, der 10.5 beträgt –, mit dem Sie vielleicht weiterarbeiten wollen. Sie könnten ihn zum Beispiel an der Konsole ausgeben:

```
cout << fabs(-10.5) << endl;
```

Oder Sie speichern das Ergebnis in einer Variablen. Dabei gibt es aber eine Falle. Bevor Sie speichern, müssen Sie den *Typ* kennen, den die Funktion zurückgibt. In unserem Fall hat der Typ die Bezeichnung double. Der Typ double ist ein Fließkommatyp, der bei einer Zahl viele Nachkommastellen enthalten kann. Um das Ergebnis von fabs() zu speichern, benötigen Sie eine Variable vom Typ double. Das Beispiel Fabs2 in Listing 5.2 zeigt, wie diese Aufgabe gelöst wird.

```
#include <iostream>
#include <math.h>

using namespace std;

int main()
{
  double meinezahl;
  meinezahl = fabs(-23.87);
  cout << meinezahl << endl;
  return 0;
}
```

Listing 5.2: Eine weitere Funktion in Aktion

Dieser Code definiert eine Variable vom Typ double, die den Namen meinezahl bekommt. Dann ruft er fabs() auf, übergibt der Funktion -23.87 und gibt den Wert an meinezahl. Danach gibt er den Wert von meinezahl an der Konsole aus.

Wenn Sie die Anwendung ausführen, sehen Sie das Folgende, bei dem es sich um den absoluten Wert von –23.87 handelt:

```
23.87
```

Eine Variable übergeben

Sie können auch den Wert einer Variablen an eine Funktion übergeben. Das Beispiel Fabs3 in Listing 5.3 erstellt zwei Variablen: Eine wird an die Funktion übergeben, und die andere empfängt von der Funktion das Ergebnis.

```cpp
#include <iostream>
#include <math.h>

using namespace std;

int main()
{
  double start;
  double ende;

  start = –253.895;
  ende = fabs(start);

  cout << ende << endl;
  return 0;
}
```

Listing 5.3: Und noch eine Funktion in Aktion

(Wir haben den Code mit Leerzeilen unterteilt, damit Sie ihm leichter folgen können.) Dieser Code legt als Erstes zwei Variablen an. Die erste heißt start und die zweite ende. Dann wird start mit dem Wert –253,895 initialisiert. Der Code ruft nun fabs() auf und übergibt der Funktion den Wert von start. Den Rückgabewert speichert er in der Variablen ende, um dann zum Schluss den Wert von ende an der Konsole auszugeben. Wenn Sie diese Anwendung ausführen, erscheint an der Konsole

```
253.895
```

 Es kann sehr nützlich sein, das Ergebnis einer Funktion in einer Variablen zu speichern, wenn Sie es weiterverwenden wollen. Stellen Sie sich vor, dass Sie den absoluten Wert von -253.895 jetzt und ein paar Zeilen später erneut benötigen. Sie können nun wählen: Sie können jedes Mal fabs(-253.895) aufrufen, oder Sie rufen die Funktion einmal auf, speichern das Ergebnis in einer Variablen und verwenden diese Variable jedes Mal, wenn Sie sie benötigen. Der Vorteil des Speicherns in einer Variablen liegt darin, dass Sie später zum Beispiel sagen können: »Moment mal! Ich kann mit dem absoluten Wert gar nichts anfangen! Ich muss

die negative Zahl haben.« Dann müssen Sie nur eine Codezeile ändern – die Zeile, in der fabs() aufgerufen wird. Sie erhalten den negativen Wert der absoluten Zahl, indem Sie vor die Funktion ein Minuszeichen setzen:

```
ende = -fabs(start)
```

Mehrere Variablen übergeben

Einige Funktionen kennen ein paar besondere Leckerbissen wie zum Beispiel die Verwendung mehrerer *Parameter*. Sie bringen diese Parameter – wie bei den Funktionen, die nur einen Wert aufnehmen – innerhalb einer einzigen Klammer unter. Sie trennen die einzelnen Werte durch Kommata voneinander ab. Das Beispiel Pow1, das Listing 5.4 zeigt, verwendet eine Funktion, die pow() heißt und die dritte Potenz von 10 berechnet. Die Rechenschritte sind 10 mal 10 mal 10. Die Funktion hat ihren Namen vom englischen Ausdruck für *Potenz*, der *Power* lautet. Achten Sie darauf, dass zum include-Abschnitt auch die Zeile math.h gehört, weil Sie ansonsten pow() nicht nutzen können.

```cpp
#include <iostream>
#include <math.h>

using namespace std;

int main()
{
  double zahl = 10.0;
  double exponent = 3.0;
  cout << pow(zahl, exponent) << endl;
  return 0;
}
```

Listing 5.4: Sie sehen eine weitere Funktion in Aktion.

Wenn Sie diese Anwendung ablaufen lassen, sehen Sie dieses Ergebnis:

```
1000
```

Sie können auch eine Mischung aus Variablen und Zahlen oder nur Zahlen übergeben. Das folgende Codestückchen berechnet ebenfalls die dritte Potenz von 10, übergibt dabei aber den Exponenten als Zahl:

```cpp
double zahl = 10.0;
cout << pow(zahl, 3.0) << endl;
```

Oder Sie übergeben nur Zahlen:

```cpp
cout << pow(10.0, 3.0) << endl;
```

Eigene Funktionen schreiben

Und jetzt geht der Spaß erst richtig los! Es ist toll, Funktionen aufzurufen, aber richtig klasse wird es erst, wenn Sie Ihre eigenen, auf ein Problem zugeschnittenen Funktionen schreiben. Bevor Sie aber eine Funktion schreiben, sollten Sie sich noch einmal an deren Bestandteile erinnern: Inputs, den zentralen Code oder Prozessor und den (einzelnen) Output (den es auch nicht geben kann). Die Inputs werden *Parameter* und der Output *Rückgabewert* genannt.

Das Beispiel AddOne im Verzeichnis EinsAddieren der Beispieldateien, das Listing 5.5 zeigt, enthält sowohl eine benutzerdefinierte Funktion als auch Code in main(), der die benutzer-definierte Funktion aufruft. (Die Funktion steht außerhalb von main() – und zwar davor.)

```cpp
#include <iostream>

using namespace std;

int EinsAddieren(int start)
{
  int neuezahl;
  neuezahl = start + 1;
  return neuezahl;
}

int main()
{
  int testzahl;
  int ergebnis;

  testzahl = 20;
  ergebnis = EinsAddieren(testzahl);

  cout << ergebnis << endl;
  return 0;
}
```

Listing 5.5: Eine eigene Funktion schreiben

Beachten Sie, dass in diesem Beispiel der Eintrag #include <math.h> fehlt, den es in früheren Beispielen gibt. Sie müssen den Abschnitt include Ihres Codes nur dann erweitern, wenn Sie eine Funktion dieser Include-Datei nutzen. In diesem Fall baut das Beispiel auf mathematischen Standardfunktionen auf, die zu den grundlegenden Teilen der Sprache C++ gehören. Sie benötigen also kei-nen zusätzlichen Code.

Nachdem Sie den ganzen Code eingegeben haben und sich Ihre Finger gut trainiert anfühlen, machen Sie weiter und führen Sie ihn aus. Da es sich um eine Menge Code handelt, kann es beim Kompilieren zu Fehlermeldungen kommen. Schauen Sie sich die Zeilen mit den Feh-lern sorgfältig an und vergleichen Sie sie mit dem, was hier im Buch steht.

Wenn Sie das Beispiel erfolgreich ausgeführt haben, sehen Sie

21

Bevor wir nun den Code der Funktion erklären, speichern wir alles für später. Schauen Sie sich jetzt diese drei Zeilen an:

```
testzahl = 20;
ergebnis = EinsAddieren(testzahl);
cout << ergebnis << endl;
```

Vermutlich können Sie einige Fakten zusammenzählen und herausfinden, was die Funktion macht. Wir haben sie gleich am Anfang `EinsAddieren()` genannt, was eigentlich schon recht gut aussagt, was die Funktion machen soll. Wenn Sie dann die Anwendung ausführen, erscheint die Zahl 21 an der Konsole – was eins mehr ist als der Wert in der Variablen `test-zahl`. Es wurde also 1 addiert. Und genau das ist die Aufgabe der Funktion. Ganz schön aufregend, was Computer heutzutage alles können.

 Wenn Sie Ihre eigenen Funktionen schreiben, versuchen Sie, Namen zu wählen, die sinnvoll sind und beschreiben, was die Funktion macht. Wenn Sie eine Funktion schreiben und sie `verarbeitung()` oder `DieFunktion()` nennen, fällt die Namensgebung zwar leicht, aber Namen dieser Art beschreiben eine Funktion nicht wirklich.

Werfen Sie nun einen Blick auf die Funktion selbst. Hier ein paar zentrale Beobachtungen:

✔ **Position:** Die Funktion steht *vor* `main()`. Aufgrund der Arbeitsweise eines Compilers muss dieser von Funktionen wissen, bevor Sie sie aufrufen. Deshalb platzieren Sie sie vor `main()`. (Es gibt noch eine andere Möglichkeit, auf die wir weiter hinten in diesem Kapitel im Abschnitt *Vorwärtsreferenzen und Funktionsprototyp* eingehen.)

✔ **Format:** Die Funktion beginnt mit einer Zeile, die die Funktion zu beschreiben scheint (was wir weiter hinten in diesem Abschnitt erklären), und dann gibt es eine öffnende und später noch eine schließende geschweifte Klammer.

✔ **Code:** Die Funktion enthält Code, bei dem es sich um Code wie den handelt, den Sie in `main()` platzieren könnten.

Nachdem die theoretischen Grundlagen geklärt sind, werfen Sie einen Blick auf den Code in der Funktion. Der erste Teil sieht so aus:

```
int neuezahl;
neuezahl = start + 1;
```

So weit ist das Beispiel unkompliziert. Es wird eine Integervariable definiert, die `neuezahl` heißt und mit `start + 1` initialisiert wird. Aber wer oder was ist `start`? Dies ist einer der Inputs.

Und dann gibt es am Ende der Funktion, und zwar vor der schließenden geschweiften Klammer, diese Zeile:

```
return neuezahl;
```

Dies ist der Output oder *Rückgabewert* der Funktion. Wenn Sie wollen, dass eine Funktion etwas zurückgibt, müssen Sie nur das Wort `return` schreiben und angeben, was Sie zurückgeben wollen. Sie können den ersten beiden Zeilen der Funktion `EinsAddieren()` entnehmen, dass `neuezahl` um 1 größer ist als die Zahl, die an die Funktion übergeben wurde. Diese Zeile gibt also die neue Zahl zurück. Es werden also alle drei Teile einer Funktion angesprochen: Sie haben Inputs oder Parameter; die Eingaben (der Input) wurden verarbeitet, indem eine Variable erstellt und 1 zum Parameter addiert wurde; und Sie haben den Output zurückgegeben, der um eins größer ist als der Parameter.

Was dient denn nun als Parameter? Er heißt `start`. Und wo stammt dieser Parameter her? Hier die erste Zeile der Funktion:

```
int EinsAddieren(int start)
```

Bei dem Text in der Klammer handelt es sich um die sogenannte *Parameterliste*. Beachten Sie, dass der Text wie die Definition einer Variablen aussieht, weil es hier das Wort `int` (für den Typ – *Integer*; deutsch *Ganzzahl*) gibt, dem der Name einer Variablen, `start`, folgt. Dies ist der Parameter – der Input – der Funktion, und Sie können über die Funktion einfach auf diesen Parameter zugreifen, indem Sie die Variable `start` verwenden. Diese Lösung ist eigentlich genial: *Sie können den Input einer Funktion als Variable verwenden.*

Deshalb haben wir zunächst einmal unten in `main()`

```
ergebnis = EinsAddieren(25);
```

geschrieben, wodurch der Wert von `start` funktionsweit auf 25 gesetzt wird.

Und wenn wir

```
ergebnis = EinsAddieren(152);
```

geschrieben hätten, wäre der Wert von `start` funktionsweit zu 152 geworden.

Hier der Knaller bei Funktionen (zumindest jedenfalls einer der Knaller bei Funktionen): Sie können Funktionen mehrfach aufrufen. Sie können zum Beispiel in `main()` diese Zeilen haben:

```
cout << EinsAddieren(100) << endl;
cout << EinsAddieren(200) << endl;
cout << EinsAddieren(300) << endl;
```

Dies führt zu diesem Output:

```
101
201
301
```

Im ersten Aufruf von `EinsAddieren` erhält `start` den Wert `100`. Im Verlauf des zweiten Aufrufs wird der Wert zu `200` und durch den dritten Aufruf zu `300`.

Werfen Sie nun einen Blick auf den Funktionskopf:

```
int EinsAddieren(int start)
```

Bei dem Wort `EinsAddieren` handelt es sich, wie Sie höchstwahrscheinlich schon herausgefunden haben, um den Namen der Funktion. Und damit bleibt noch der Text am Anfang: `int`. Dies ist der *Typ* des Rückgabewertes. Die letzte Zeile der Funktion vor der schließenden geschweiften Klammer lautet

```
return neuezahl;
```

Bei der Variablen `neuezahl` in der Funktion handelt es sich um einen Integerwert (eine Ganzzahl). Deshalb ist auch der Rückgabewert eine Ganzzahl. Das ist kein Zufall. Programmierer geben niemals etwas anderes als den Typ zurück, der im Kopf der Funktion festgelegt worden ist.

Schauen Sie sich nun diese Zeile an:

```
ergebnis = EinsAddieren(testzahl);
```

Von welchem Typ ist die Variable `ergebnis`? Auch sie ist ein Integertyp. Alle drei passen zueinander. Auch das ist kein Zufall. Sie können etwas nur dann in etwas anderes kopieren (in diesem Fall den Rückgabewert der Funktion in die Variable `ergebnis`), wenn beides vom Typ her übereinstimmt. Und das ist hier der Fall – beide sind ganzzahlig.

Merken Sie sich noch eine Sache über den Funktionskopf: Er hat am Ende kein Semikolon. Dies ist eine der Stellen, an der Sie *kein* Semikolon setzen. Wenn Sie das trotzdem machen, gerät der Compiler komplett aus der Spur. Der Compiler von Code::Blocks meldet diesen Fehler: `error: expected unqualified-id before ' { ' token`.

Hier eine Zusammenfassung der Regeln, die wir bisher über Funktionen aufgestellt haben:

✔ **Kopfzeile:** Die Kopfzeile beginnt mit der Definition eines Rückgabetyps, dem Namen der Funktion und der Liste mit den Parametern.

✔ **Parameter:** Die Parameter werden wie Variablendefinitionen geschrieben, und Sie können sie innerhalb der Funktion auch wie Variablen verwenden.

✔ **Rückgabetyp:** Was auch immer Sie von der Funktion zurückgeben, muss vom Typ her zu dem Typ passen, den Sie im Funktionskopf definiert haben.

✔ **Noch mehr zum Format:** Der Funktionskopf wird nicht durch ein Semikolon beendet.

✔ **Und noch etwas mehr über das Format:** Sie verwenden stattdessen eine öffnende geschweifte Klammer. Die Funktion endet mit einer schließenden geschweiften Klammer. Diese abschließende geschweifte Klammer sagt dem Compiler, wo die Funktion zu Ende ist.

Und zum Schluss geht es dann noch um diese Zeile:

```
testzahl = EinsAddieren(testzahl);
```

Diese Zeile nimmt den Wert, der in `testzahl` gespeichert ist, übergibt ihn an `EinsAddieren()` und erhält eine neue Zahl zurück. Dann nimmt sie die neue Zahl und speichert sie erneut in `testzahl`. Damit ändert sich der Wert von `testzahl` anhand der Ergebnisse der Funktion `EinsAddieren()`.

Über Parameter diskutieren

Streng genommen verweist der Ausdruck *Parameter* nur auf die Inputs der Funktion. Wenn Sie die Funktion aufrufen, sind die Dinge, die Sie in der Aufrufzeile in Klammern übergeben, keine Parameter, sondern *Argumente*. Also sind (in der Funktion in Listing 5.7) die Variablen `vorname` und `nachname` Parameter, während der Aufruf

```
NamenVerbinden("Bill", "Murray")
```

die Strings `"Bill"` und `"Murray"` als Argumente des Aufrufs enthält.

Mehrere oder keine Parameter

Sie sind nicht gezwungen, beim Schreiben Ihrer Funktionen immer nur einen Parameter zu verwenden. Es kann auch mehrere Parameter oder keine Parameter geben. Vielleicht hört sich das ein wenig komisch an, eine Funktion – eine Maschine – zu nutzen, die keine Inputs akzeptiert. Aber Sie werden es oft mit Situationen zu tun bekommen, in denen genau dies eine gute Idee ist. Hier ein paar Möglichkeiten:

✔ **Tag:** Stellen Sie den Wochentag fest und geben Sie ihn wie in `"Montag"`, `"Dienstag"` als String zurück.

✔ **Benutzerzahl:** Finden Sie heraus, wie viele Benutzer aktuell an einem Webserver angemeldet sind.

✔ **Aktuelle Schriftart:** Geben Sie in einem Texteditor (wie Notepad) einen String zurück, der die aktuell verwendete Schriftart – zum Beispiel `"Arial"` – zurückgibt.

✔ **Bearbeitungszeit:** Gibt zurück, wie lange Sie die Textverarbeitung benutzt haben.

✔ **Benutzername:** Wenn Sie an einem Computer angemeldet sind, gibt dies Ihren Benutzernamen – zum Beispiel `"Elisha"` – als String zurück.

Alle Funktionen dieser Liste haben etwas gemeinsam: Sie sorgen für Informationen. Da der Code dieser Funktionen keine Parameter enthält, um Informationen zu verarbeiten, müssen sie sich selbst darum kümmern. Das ist so, als wenn Sie Leute in den Wald schicken, damit sie dort etwas zu essen finden sollen, ihnen aber keine Werkzeuge mitgeben. Wie diese Personen ihre Aufgabe erledigen, hängt ausschließlich von ihnen selbst ab, und für Sie bleibt nur der Job, es sich bequem zu machen und abzuwarten, welche Köstlichkeiten abgeliefert werden.

Wenn eine Funktion parameterlos ist, schreiben Sie den Kopf der Funktion so, als wenn Sie es mit einer Funktion mit Parametern zu tun hätten, wobei Sie zwar auch die Klammern verwenden, sie aber leer lassen (so, wie es das Beispiel Username im Verzeichnis Benutzername der Beispieldateien in Listing 5.6 zeigt).

```
#include <iostream>

using namespace std;

string Benutzername()
{
    return "Elisha";
}

int main()
{
  cout << Benutzername() << endl;
  return 0;
}
```

Listing 5.6: Es werden keine Parameter verwendet.

Wenn Sie Listing 5.6 ausführen, sehen Sie folgenden Output:

```
Elisha
```

Ihre Funktion kann aber auch mit mehreren Parametern umgehen. Das Beispiel NamenVerbinden aus Listing 5.7 zeigt, wie mehrere Parameter verwendet werden. Beachten Sie, dass die Funktion NamenVerbinden() die beiden Strings als Parameter übernimmt und zusammen mit einem Leerzeichen in der Mitte kombiniert. Beachten Sie, dass die Funktion die beiden Strings als Variablen verwendet.

```
#include <iostream>

using namespace std;

string NamenVerbinden(string vorname, string nachname)
{
  return vorname + " " + nachname;
}
int main()
{
  cout << NamenVerbinden("Richard", "Nixon") << endl;
  return 0;
}
```

Listing 5.7: Eine Funktion mit mehreren Parametern

Im Funktionskopf von Listing 5.7 mussten wir für jeden Parameter als Typ `string` festlegen. Hätten wir dies nur für den ersten Parameter getan, wäre es zu einem Kompilierungsfehler gekommen. (Okay, wir gestehen – wir haben das zuerst vergessen, und der Compiler hat uns daran erinnert, weshalb wir Sie nun daran erinnern, das nicht zu vergessen. Sie sehen, auch erfahrene Programmierer machen Fehler. Gelegentlich.)

Hier ein paar Punkte, die den Code betreffen:

✔ **Wir haben in `main()` für die beiden Namensbestandteile keine Variablen erstellt.** Stattdessen haben wir sie als Stringkonstanten eingegeben (also als Strings, die von Anführungszeichen eingeschlossen werden).

✔ **Sie können direkt in der `return`-Anweisung Berechnungen vornehmen.** Damit ersparen Sie sich die Arbeit, eine Variable zu erstellen. Wir hätten auch in der Funktion eine Rückgabevariable vom Typ `string` erstellen, sie auf `vorname + " " + nachname` setzen und dann wie in folgendem Code zurückgeben können:

```
string ergebnis = vorname + " " + nachname;

return ergebnis;
```

Stattdessen haben wir uns entschlossen, alles in dieser einen Zeile zu erledigen:

```
return vorname + " " + nachname
```

Obwohl Sie sich in der Regel die Arbeit schenken können, eine zusätzliche Variable zu erstellen, und den ganzen Ausdruck in der `return`-Anweisung unterbringen können, gibt es Situationen, in denen diese Vorgehensweise keine gute Idee ist. Wenn der Ausdruck wie in

```
return (meinezahl * 100 + irgendetwas / 200) *
    (nochetwas + 400 / meinezahl) /
    (meinezahl + nochmehr);
```

sehr lang ist, kann das ziemlich kompliziert werden. In solchen Fällen ist es wirklich am besten, den Code so wie hier aufzuspalten:

```
double a = meinezahl * 100 + irgendetwas / 200;
double b = nochetwas + 400 / meinezahl;
double c = meinezahl + nochmehr;
return a * b / c;
```

Nichts zurückgeben

Wir präsentieren weiter vorn in diesem Kapitel im Abschnitt *Mehrere oder keine Parameter* eine Liste mit Funktionen, die keine Parameter verwenden. Diese Funktionen starten und geben etwas zurück, das eine Zahl, ein String oder etwas anderes sein kann.

Eines dieser Beispiele erhält von dem Computer, an dem Sie angemeldet sind, Ihren Benutzernamen. Was aber, wenn Sie der große Computerguru sind, der die Anwendung schreibt, die jemanden anmeldet? In diesem Fall fragt Ihre Anwendung den Computer nicht danach, wie der Benutzername ist – Ihre Anwendung *sagt* dem Computer, wie der Benutzer heißt.

Ihre Anwendung ruft eine Funktion wie SetUsername() auf und übergibt den neuen Benutzernamen. Und gibt diese Funktion etwas zurück? Sie könnte es. Sie könnte den Namen oder eine Meldung zurückgeben, die besagt, dass der Name in benutzername ungültig ist oder so. Oder sie gibt überhaupt nichts zurück.

Schauen Sie sich eine Funktion an, die nichts zurückgibt. In C++ sorgen Sie mit dem Wort void als Rückgabetyp dafür, dass eine Funktion nichts zurückgibt *(void* bedeutet auf Deutsch *nichts)*. Das Beispiel SetUsername im Verzeichnis BenutzernameSetzen der Beispieldateien (siehe Listing 5.8) zeigt dies.

```cpp
#include <iostream>

using namespace std;

void SetUsername(string neuername)
{
  cout << "Der neue Benutzer ist " << neuername << endl;
}

int main()
{
  SetUsername("Harold");
  return 0;
}
```

Listing 5.8: Es wird nichts zurückgegeben.

Wenn Sie die Anwendung ausführen, sehen Sie

```
Der neue Benutzer ist Harold
```

Beachten Sie den Funktionskopf von SetUsername(): Er beginnt mit dem Wort void, was bedeutet, dass die Funktion nichts zurückgibt. Beachten Sie weiterhin, dass es, weil die Funktion nichts zurückgibt, keine return-Anweisung gibt.

Gut, diese Funktion macht nichts anderes, als den neuen Benutzernamen an der Konsole auszugeben, aber das ist auch in Ordnung so, denn sie sollte Ihnen nur zeigen, wie eine Funktion geschrieben wird, die nichts zurückgibt.

 Eine Funktion vom Typ void gibt nichts zurück.

Versuchen Sie nicht, etwas in einer Funktion zurückzugeben, die vom Typ void ist. Wenn Sie so etwas ausprobieren, erhalten Sie einen Compilerfehler.

Lokale Variablen

Jeder hat gerne etwas ganz für sich, und Variablen bilden da keine Ausnahme. Wenn Sie eine Variable im Code einer Funktion erstellen, kennt nur diese Funktion die Variable. Diese Art von Variablen werden *lokale Variablen* genannt.

Wenn Sie sehen möchten, wie eine lokale Variable arbeitet, schauen Sie sich das Beispiel PrintName im Verzeichnis NameAusgeben der Beispieldateien an:

```
#include <iostream>

using namespace std;

void geben(string vorname, string nachname)
{
  string name = vorname + " " + nachname;
  cout << name << endl;
}


int main()
{
  geben("Thomas", "Jefferson");
  return 0;
}
```

Beachten Sie in der Funktion geben(), dass Sie eine Variable mit dem Namen name definieren. Sie verwenden dann diese Variable in der zweiten Zeile dieser Funktion; das ist die Zeile, die mit cout beginnt. Aber Sie können diese Variable nicht in main() benutzen. Wenn Sie dies wie im folgenden Code tun, erhalten Sie einen Compilerfehler:

```
int main()
{
  geben("Thomas", "Jefferson");
  cout << name << endl;
  return 0;
}
```

Sie können allerdings eine Variable mit dem Namen name in main() *definieren*, was das nächste Codebeispiel zeigt. Aber in diesem Fall kann nur aus main() heraus auf diese Variable name zugegriffen werden (name ist main()-lokal), während die andere Variable, die ebenfalls name heißt, für die Funktion geben() lokal ist. Oder anders ausgedrückt, jede Funktion hat ihre eigene Variable, und es kann namensgleiche Variablen außerhalb der Funktion geben. Variablen in Funktionen und namensgleiche Variablen außerhalb von Funktionen sind eigenständig und unabhängig voneinander:

```
int main()
{
  string name = "Abraham Lincoln";
  geben("Thomas", "Jefferson");
  cout << name << endl;
  return 0;
}
```

 Wenn zwei Funktionen Variablen definieren, die denselben Namen haben, handelt es sich dabei um zwei voneinander unabhängige Variablen. Wenn Sie in einer davon einen Wert ablegen, weiß die andere Funktion davon nichts. Die andere Funktion kennt nur ihre eigene Variable. Stellen Sie sich das so vor, als wenn zwei Personen in ihren Wohnungen je einen Kasten mit der Aufschrift *Werkzeug* stehen hätten. Wenn Jutta in ihrem Kasten einen Hammer ablegt und Thomas in seiner Wohnung seinen Kasten mit der Aufschrift *Werkzeug* öffnet, sieht er Juttas Hammer nicht. Zumindest hoffen wir das, denn ansonsten würden in unserem Universum unerklärliche Dinge geschehen.

 Wenn Sie denselben Variablennamen in zwei verschiedenen Funktionen verwenden, geschieht es leicht, dass man vergisst, dass es sich dabei um zwei verschiedene Variablen handelt. Machen Sie so etwas nur dann, wenn Sie ganz sicher sind, dass es nicht zu Verwechslungen kommen kann.

 Wenn Sie denselben Variablennamen in zwei verschiedenen Funktionen verwenden (zum Beispiel eine Zählvariable mit dem Namen `index` in einer `for`-Schleife), sollten Sie auf jeden Fall auch die gleiche Schreibweise wählen. Verwenden Sie auf keinen Fall `index` in der einen und `Index` in der anderen Funktion. Klar, es hindert Sie niemand daran, aber was ist, wenn Sie sich einmal verschreiben? Greifen Sie dann auf die andere Funktion zu? (Natürlich nicht, weil sich die – falsch geschriebene – Variable ja in einer anderen Funktion befindet.) Sie erhalten einen Compilerfehler.

Vorwärtsreferenzen und Funktionsprototyp

Wir haben in allen Beispielen dieses Kapitels den Code für die Funktionen vor dem Code von `main()` geschrieben. Der Grund dafür ist, dass der Compiler den Code von oben nach unten liest. Wenn der Compiler dann zwar noch keine Funktion gesehen hat, aber auf einen Funktionsaufruf stößt, weiß er nicht, was er damit anfangen soll, und wirft einen der guten alten Kompilierungsfehler aus.

Ein solcher Fehler kann ziemlich frustrierend sein und dazu führen, dass Sie sich stundenlang über Ihren Computer aufregen (oder ewig zum Kühlschrank rennen und diesen nach etwas Leckerem durchstöbern). Es gibt nichts Frustrierenderes, als auf eine Anwendung zu starren und vom Compiler zu erfahren, dass sie einen Fehler enthält, obwohl man weiß, dass die Funktion richtig geschrieben worden ist.

Sie können Ihre Funktion aber auch hinter `main()` platzieren; und Sie können Funktions-prototypen verwenden, um Ihre Funktionen in anderen Dateien mit Quellcode unterzubringen (ein Thema, mit dem wir uns in Kapitel 6 beschäftigen).

Was Sie also tun können, ist, einen Funktionsprototyp einzubinden. Ein *Funktionsprototyp* ist nichts anderes als die Kopie eines Funktionskopfes. Hier folgt dem Kopf aber keine öffnende geschweifte Klammer und der Code der Funktion, sondern ein Semikolon, und Sie sind fertig. Ein Funktionsprototyp kann zum Beispiel so aussehen:

```
void geben(string vorname, string nachname);
```

Die vollständige Funktion (Kopf, Code und alles andere) schreiben Sie dann später. Die komplette Funktion kann dann auch hinter `main()` und hinter allen anderen Orten stehen, die sie aufrufen.

Das folgende Beispiel sieht aus wie die erste Zeile einer Funktion. Und hier haben wir tatsächlich geschummelt. Um das Beispiel herzustellen, haben wir einfach die erste Zeile der ursprünglichen Funktion kopiert und ein Semikolon hinzugefügt.

Wo würden Sie dieses Teil nun einsetzen? Schauen Sie sich das Beispiel geben2 an, das Listing 5.9 zeigt.

```
#include <iostream>

using namespace std;

void geben(string vorname, string nachname);

int main()
{
  geben("Thomas", "Jefferson");
  return 0;
}

void geben(string vorname, string nachname)
{
  string name = vorname + " " + nachname;
  cout << name << endl;
}
```

Listing 5.9: Einen Funktionsprototyp verwenden

Achten Sie in dem Listing darauf, dass wir den Funktionskopf oberhalb von `main()` eingefügt und die Zeile mit einem Semikolon abgeschlossen haben. Dann kommt `main()`. Zum Schluss gibt es dann die Funktion `geben()` selbst (und zwar wieder mit der Kopfzeile, aber ohne Semikolon). Auf diese Weise kann die Funktion hinter `main()` stehen.

»Klasse«, hören wir Sie sagen, »die Funktion kommt jetzt später.« Aber dafür muss nun der Funktionskopf geschrieben werden?

Liebe Leser, Sie können uns glauben, dass dieser Schritt sinnvoll ist. Wenn Sie eine Quellcodedatei mit – angenommen – 20 Funktionen haben und sich diese Funktionen gegenseitig aufrufen, kann es sich schwierig gestalten, sie so anzuordnen, dass jede Funktion *nur* Funktionen aufruft, die in der Quellcodedatei vor ihr stehen. Stattdessen bringen Programmierer Funktionen in eine logische Reihenfolge (oder auch nicht) und machen sich keine Gedanken über die Aufrufreihenfolge. Sie bringen nur alle Funktionsprototypen so oben in der Quellcodedatei unter, wie wir das in Listing 5.9 getan haben.

 Wenn Sie einen Funktionsprototyp eingeben, sprechen viele davon, dass Sie eine *Vorwärtsreferenz* angeben. Dieser Ausdruck bedeutet einfach nur, dass Sie eine Referenz auf etwas bereitstellen, das erst später geschieht. Das ist keine große Sache, und der Ausdruck ist aus älteren Programmiersprachen übernommen worden. Aber es gibt immer noch Leute, die so reden, und wir hoffen, dass er bei Ihnen immer dann, wenn Sie ihn hören, glückliche Erinnerungen an dieses Buch auslöst.

Zwei Versionen derselben Funktion schreiben

Gelegentlich können Sie vor der Notwendigkeit stehen, zwei Versionen einer Funktion schreiben zu müssen, die sich nur darin unterscheiden, dass sie mit unterschiedlichen Parametertypen arbeiten. So könnten Sie zum Beispiel eine Funktion haben, die Kombinieren() heißt. Eine Version nimmt zwei Strings auf und führt sie mit einem Leerzeichen in der Mitte zusammen. Der String, der dabei als Ergebnis herauskommt, wird von der Funktion an der Konsole ausgegeben. Eine andere Version addiert zwei Zahlen und schreibt alle drei Zahlen – die ersten beiden und die Summe – in die Konsole.

Die erste Version könnte so aussehen:

```
void Kombinieren(string erster, string zweiter)
{
   cout << erster << " " << zweiter << endl;
}
```

An dieser Funktion gibt es nichts Besonderes. Sie heißt Kombinieren(); sie hat zwei Strings als Parameter; sie gibt nichts zurück. Der Code der Funktion gibt die beiden Strings mit einem Leerzeichen dazwischen an der Konsole aus.

Nun die zweite Version, die so aussieht:

```
void Kombinieren(int erster, int zweiter)
{
   int summe = erster + zweiter;
   cout << erster << " " << zweiter << " " << summe << endl;
}
```

Auch das ist nichts Spektakuläres. Der Name der Funktion lautet Kombinieren(), und sie gibt nichts zurück. Aber diese Version verwendet als Parameter zwei ganzzahlige Werte und nicht zwei Strings. Auch der Code unterscheidet sich von dem der vorherigen Version, weil er zuerst die Summe der beiden Zahlen berechnet und dann alle Zahlen ausgibt.

Nun sagen Sie es schon: »Das ist zwar alles schön und gut, aber kann man auch zwei gleichnamige Funktionen in einem Code haben?« Jawohl, das geht, wie das Beispiel Combine im Verzeichnis Kombinieren der Beispieldateien in Listing 5.10 zeigt.

```
#include <iostream>

using namespace std;

void Kombinieren(string erster, string zweiter)
{
   cout << erster << " " << zweiter << endl;
}

void Kombinieren(int erster, int zweiter)
{
   int summe = erster + zweiter;
   cout << erster << " " << zweiter << " " << summe << endl;
}

int main()
{
   Kombinieren("David","Letterman");
   Kombinieren(15,20);
   return 0;
}
```

Listing 5.10: Zwei Versionen einer Funktion schreiben

Beachten Sie, dass wir in main() jede Funktion aufrufen. Wie haben wir angegeben, welche von beiden wir haben wollen? *Indem wir einfach den richtigen Typ übergeben haben.* Schauen Sie sich einmal den ersten Aufruf an:

```
Kombinieren("David", "Letterman");
```

Dieser Aufruf enthält zwei Strings, wodurch der Compiler weiß, dass er die erste Version der Funktion nehmen muss.

Dieser Vorgang, das Schreiben von zwei Versionen derselben Funktion, wird *Überladen* der Funktion genannt. Normalweise ist das Überladen eine üble Sache, so, als wenn wir in ein gutes Restaurant gehen und unseren Magen überladen. Aber hier ist das eine gute Sache – und nützlich dazu.

Wenn Sie eine Funktion überladen, müssen sich die Parameter unterscheiden. Die Funktion kann zum Beispiel dieselbe Art von Informationen verwenden, muss dann aber eine andere Anzahl an Parametern haben. Das vorherige Besipiel zeigt, dass sich die Parameter auch in ihrem Typ voneinander unterscheiden können. Sie können auch unterschiedliche Rückgabetypen haben, wobei aber Unterschiede nur im Rückgabetyp nicht ausreichen.

Funktionen für große Strings aufrufen

Um das Optimum aus Strings herauszuholen, müssen Sie Funktionen nutzen, die speziell für Strings gedacht sind. Allerdings unterscheidet sich der Einsatz dieser Funktionen etwas von dem der Funktionen, die Sie bisher in diesem Kapitel verwendet haben. Anstatt nur einfach die Funktion aufzurufen, geben Sie zuerst den Namen der Variablen ein, die den String enthält. Danach kommt ein Punkt, dem nun erst der Name der Funktion und deren Parameter (*Argumente* für die Puristen, die dieses Buch lesen) folgen.

Der Grund dafür, dass Sie Stringfunktionen anders codieren, liegt darin, dass Sie objektorientierte Programmierungsfunktionen verwenden. Kapitel 8 beschreibt detailliert, wie diese Art von Funktionen (die auch *Mitgliedsfunktionen* genannt werden) arbeitet.

Eine Funktion, die Sie verwenden können, ist `insert()` *(to insert* bedeutet auf Deutsch *einfügen)*. Sie können diese Funktion einsetzen, wenn Sie in einen String mehrere Zeichen einfügen wollen. Wenn Sie zum Beispiel den String `"Etwas Interessantes und Abenteuerliches"` haben und den String `"wirklich "` (mit einem Leerzeichen am Ende) in der Mitte ab Index 6 einfügen, erhalten Sie den String `"Etwas wirklich Interessantes und Abenteuerliches"`.

Wenn Sie mit Strings arbeiten, steht das erste Zeichen an der Indexposition 0 und das zweite Zeichen an der Indexposition 1 und so weiter.

Die folgende Codezeile fügt mithilfe der Funktion `insert()` Zeichen in einen String ein:

```
string info = "Etwas Interessantes und Abenteuerliches";
info.insert()(6, "wirklich ");
```

Die erste dieser beiden Zeilen erstellt einfach nur einen String mit dem Namen `info`, den sie mit dem Ausdruck `"Etwas Interessantes und Abenteuerliches"` füllt. Die zweite Zeile führt das Einfügen aus. Beachten Sie den ungewöhnlichen Weg, die Funktion aufzurufen: Sie geben zuerst den Namen der Variablen – `info` – an und schreiben dann einen Punkt, dem der Name der Funktion – `insert` – folgt. Dann geben Sie ganz normal in Klammern die Parameter der Funktion ein. Bei der Funktion hier bildet der Index, an dem Sie den String einfügen wollen, den ersten Parameter. Bei dem zweiten Parameter handelt es sich um den String, den Sie einfügen möchten.

Wenn diese beiden Zeilen ausgeführt worden sind, enthält die Stringvariable `info` den String "Etwas wirklich Interessantes und Abenteuerliches".

Sie können mit einer anderen Funktion, die `erase()` (deutsch *löschen*) heißt, Teile eines Strings löschen. Auch wenn es Computerleute lieben, andere mithilfe der ihnen eigenen Sprache zu verwirren, brechen sie ab und an aus diesem Sprachgebrauch aus und verwenden Ausdrücke, die Sinn machen – wobei Sie bedenken müssen, dass so gut wie alle bekannten Computersprachen auf dem Englischen basieren.

Die folgende Codezeile löscht im String `info` 18 Zeichen und beginnt damit ab der 15. Indexposition:

```
info.erase(14,18);
```

Wenn die Variable `info` den String "Etwas wirklich Interessantes und Abenteuerliches" enthält und Sie die Codezeile ausführen, ändert sich dieser in "Etwas wirklich Abenteuerliches".

Eine andere nützliche Funktion ist `replace()` (deutsch *ersetzen*). Sie ersetzt einen bestimmten Teil des Strings durch einen anderen String. Um `replace()` zu verwenden, geben Sie an, wo Sie im String mit dem Ersetzen anfangen und wie viele Zeichen Sie ersetzen wollen. Dann legen Sie den String fest, mit dem Sie die alten, ausgelöschten Teile ersetzen wollen.

Wenn Ihr String zum Beispiel "Etwas wirklich Abenteuerliches" lautet und Sie das Wort "wirklich" durch "besonders" ersetzen wollen, weisen Sie `replace` an, ab Indexposition 6 acht Zeichen durch das Wort "besonders" zu ersetzen. Um dies zu erreichen, geben Sie Folgendes ein:

```
info.replace(6, 8, "besonders")
```

Beachten Sie, dass die Zahl der Zeichen, die Sie ersetzen wollen, nicht mit der Länge des neuen Strings übereinstimmen muss. Wenn der String vorher "Etwas wirklich Abenteuerliches" lautete, sieht er nach dem Ausführen der `replace`-Anweisung so aus: "Etwas besonders Abenteuerliches".

Das Beispiel `OperatingOnString` im Verzeichnis `MitStringsArbeiten` der Beispieldateien in Listing 5.11 zeigt, wie diese Funktionen arbeiten.

```cpp
#include <iostream>

using namespace std;

int main()
{
  string info = "Etwas Interessantes und Abenteuerliches";
  cout << info << endl;

  info.insert(6, "wirklich ");
  cout << info << endl;

  info.erase(14,18);
  cout << info << endl;

  info.replace(6, 8, "besonders");
  cout << info << endl;

  return 0;
}
```

Listing 5.11: Mit Strings arbeiten

Wenn Sie diese Anwendung ausführen, wird das hier ausgegeben:

```
Etwas Interessantes und Abenteuerliches
Etwas wirklich Interessantes und Abenteuerliches
Etwas wirklich Abenteuerliches
Etwas besonders Abenteuerliches
```

Bei der ersten Zeile handelt es sich um den ursprünglichen String. Die zweite Zeile ist das Ergebnis der Funktion insert(). Die dritte Zeile ist das Ergebnis der Funktion erase(). Und die letzte Zeile ist das Ergebnis der Funktion replace().

Was ist »main ( )«?

Bisher besaßen alle Anwendungen dieses Kapitels ein main(). Dieses main() ist eine echte Funktion. Beachten Sie deren Kopf, dem Code in geschweiften Klammern folgt:

```cpp
int main()
```

Sie sehen, dass es sich hierbei wirklich um den Kopf einer Funktion handelt: Er beginnt mit der Deklaration eines Rückgabetyps und dem Namen der Funktion, main(). Dies ist nur eine Form der Funktion main() – die Form, die Code::Blocks standardmäßig verwendet.

Sie könnten sich aber auch entschließen, den Benutzern die Möglichkeit zu geben, beim Eingeben des Namens Ihrer Anwendung in der Eingabeaufforderung weitere Daten hinzuzufügen. In solch einem Fall verwenden Sie diese alternative Form der Funktion `main( )`:

```
int main(int argc, char *argv[])
```

Wer, was, wo und warum

Der Kopf der Funktion `main( )` beginnt mit dem Typ `int`. Dies bedeutet, dass die Funktion `main( )` etwas zurückgibt. Aber was? Und wem? Und warum und wann und all die anderen W-Wörter?

Bei dem Ergebnis von `main( )` handelt es sich um etwas, das manchmal vom Computer verwendet wird, um Fehlermeldungen zurückzugeben, wenn die Anwendung aus welchen Gründen auch immer nicht funktioniert oder nicht das macht, was von ihr erwartet wird. Deshalb hier eine Insiderinformation: *Es reicht nicht aus, nur einen Rückgabewert auszugeben* – zumindest nicht in den grafischen Umgebungen, mit denen die meisten Menschen heute arbeiten.

Die meisten Computer, insbesondere Windows-Computer, können mit Rückgabewerten nichts anfangen. Der Rückgabetyp ist speziell für die Zusammenarbeit mit Batchdateien entwickelt worden. (Batchdateien sind Dateien mit der Erweiterung .*BAT*, die ursprünglich als Teil von DOS, dem *Disk Operating System* auftauchten). Wenn Sie nicht gerade vorhaben, mit Batchdateien zu arbeiten (was immer noch viele Leute tun), geben Sie einfach nur 0 zurück (`return 0`).

Der Rückgabewert von `main( )` wird auf einigen hochgezüchteten Unix-Systemen verwendet. Auf einigen dieser Systeme laufen betriebsnotwendige Anwendungen, die tatsächlich die Werte, die von `main( )` zurückgegeben werden, verwenden. Auf diesen Computern können Hunderte von Anwendungen laufen. Wenn eine davon etwas anderes als 0 zurückgibt, entdeckt dies eine andere Anwendung und benachrichtigt jemanden (in der Regel erhält dann so ein armer Kerl mitten in der Nacht eine Seite mit wichtigen Informationen). Wenn Sie noch dabei sind, C++ zu erlernen, müssen Sie mit ziemlicher Sicherheit noch nichts anderes als 0 zurückgeben, aber wenn Sie das Glück haben, für ein Unternehmen zu arbeiten, das sich um das Wohl des Universums kümmert, können Ihnen Ihre Kollegen sicherlich dabei helfen, herauszufinden, was Sie tun müssen, um etwas anderes als 0 zurückzugeben.

Was machen denn nun diese wirklich seltsam aussehenden Parameter in `main( )`, die Listing 5.12 zeigt? Der erste ist wirklich unkritisch: Es handelt sich dabei um eine Integervariable mit dem unverständlichen Namen `argc`. Aber was ist mit dem zweiten Namenskauderwelsch, `argv`? Um das zu verstehen, müssen Sie wissen, dass diese beiden Parameter als *Befehlszeilenparameter* verwendet werden. Wenn Sie eine Anwendung ausführen und dies über die Eingabeaufforderung machen, geben Sie den Namen der Anwendung ein und drücken ⏎. Aber Sie können vor dem Drücken von ⏎ hinter dem Namen der Anwendung auch noch andere Wörter schreiben. Viele Befehle, die Sie in Unix und in Windows in der Eingabeaufforderung eingeben, bestehen aus einem Anwendungsnamen und verschiedenen Parametern.

So können Sie zum Beispiel in Unix den folgenden Befehl eingeben, um die Datei mit dem Namen meinedatei in die neue Datei mit dem Namen deinedatei zu kopieren:

```
cp meinedatei deinedatei
```

Unter Windows geben Sie den folgenden Befehl ein, um die Datei mit dem Namen meinedatei in die neue Datei mit dem Namen deinedatei zu kopieren:

```
copy meinedatei deinedatei
```

Wenn Sie so einen Befehl eingeben, führen Sie letztendlich eine Anwendung mit dem Namen copy aus. Diese Anwendung verwendet zwei Befehlszeilenparameter – in diesem Fall "meinedatei" und "deinedatei" – und übergibt diese beiden Strings als Strings an die Funktion main().

Die Funktion main() sieht im Funktionskopf als ersten Parameter argc, das »arg-Ssie« ausgesprochen wird und die Anzahl an Befehlszeilenparametern repräsentiert. Die beiden vorstehenden Codezeilen enthalten zwei Parameter ("meinedatei" und "deinedatei"), woraus folgt, dass argc wohl 2 ist.

Der zweite Parameter in der Funktion main() ist das kryptisch aussehende *argv[]. Der Name dieser Variablen ist argv, und er wird »arg-wie« ausgesprochen. Kapitel 9 handelt von Arrays. Ein *Array* ist eine Folge von Variablen, die unter einem Namen gespeichert werden. Die Variable argv ist so ein Wesen. Um auf die einzelnen Variablen zuzugreifen, die sich unter dem Regenschirm mit dem Namen argv versammelt haben, machen Sie so etwas wie das hier:

```
cout << argv[0] << endl;
cout << argv[1] << endl;
```

(Sie verwenden in diesem Beispiel eckige Klammern und gehen damit so ähnlich wie beim Zugriff auf einzelne Zeichen vor.)

Im Fall der beiden Befehlszeilenparameter meinedatei und deinedatei geben die beiden letzten Codezeilen Folgendes aus:

```
meinedatei
deinedatei
```

Sie können mithilfe einer for-Schleife auf die Befehlszeilenparameter zugreifen. Das Beispiel CommandLineParameters im Verzeichnis BefehlszeilenParameter der Beispieldateien, das Listing 5.12 zeigt, stellt diese Technik vor.

```
#include <iostream>

using namespace std;

int main(int argc, char *argv[])
{
  for (int index=0; index < argc; index++)
  {
    cout << argv[index] << endl;
  }
  return 0;
}
```

Listing 5.12: Auf die Befehlszeilenparameter zugreifen

Wenn Sie diese Anwendung aus der Eingabeaufforderung heraus mit den Befehlszeilenparametern

```
Befehlszeilenparameter Parameter der Befehlszeile
```

aufrufen, erhalten Sie folgende Ausgabe an der Konsole:

```
C:\Buch\CPP\CPP_Beispiele\TeilI\Kapitel05\Befehlszeilenparameter\bin\
Debug\CommandLineParameters.exe
Befehlszeilenparameter
Parameter
der
Befehlszeile
```

Bei dem ersten Element der argv-Liste handelt es sich immer um den Ausführungspfad und den Namen der Anwendung (wobei der Pfad davon abhängt, wo Sie die Beispieldateien abgelegt haben).

Die Befehlszeilenparameter in Code::Blocks einrichten

Wenn Sie versuchen, das Beispiel in Code::Blocks auszuführen und BUILD|RUN mit den Standardeinstellungen wählen, gibt das Beispiel nichts aus als den Ausführungspfad und den Namen der Anwendung. Um Befehlszeilenargumente hinzuzufügen, wählen Sie PROJECT|SET PROGRAMS' ARGUMENTS. Es erscheint das Dialogfeld SELECT TARGET, in das Sie die Befehlszeilenargumente eingeben können. Geben Sie in das Feld PROGRAM ARGUMENTS Befehlszeilenargumente Argumente der Befehlszeile ein und klicken Sie auf OK. Nun können Sie das Anwendungsbeispiel ablaufen lassen.

Quellcodedateien aufteilen

In diesem Kapitel

▶ Erstellen Sie mehrere Quellcodedateien

▶ Erstellen Sie Headerdateien

▶ Teilen Sie Variablen in Quellcodedateien

▶ Verwenden Sie die mysteriösen Header-Wrapper

S o, wie Sie Ihr Werk in Funktionen aufteilen können, lässt es sich auch auf mehrere Quell-codedateien verteilen. Dies hilft dabei, das Projekt übersichtlich zu gestalten. Außerdem können dann mehrere Personen gleichzeitig an einem Projekt arbeiten, indem sich jeder mit einer anderen Quellcodedatei beschäftigt. Ziel ist es natürlich, die Kollegen an die unbeque-meren Teile des Projekts zu setzen, die keinen Spaß machen, während Sie zum Schluss die ganzen Lorbeeren einheimsen.

Erst das Wissen darum, wo der Code geteilt werden kann, ermöglicht mehrere Quellcodeda-teien. Wenn Sie den Quellcode an der falschen Stelle teilen, geschieht mit ihm genau das, was mit anderen Dingen geschieht, die nicht an Sollbruchstellen geteilt werden: Er zerbricht in unbrauchbare Stücke.

Wir zeigen Ihnen in diesem Kapitel, wie Sie Ihren Quellcode (an den richtigen Stellen) in mehrere Dateien aufteilen können. Unsere Beispiele bauen auf Code::Blocks auf. Wir geben Ihnen aber auch ein paar `Makefile`-Tipps, damit Sie auch andere Werkzeuge einsetzen kön-nen. (Bei *Makefiles* handelt es sich um besondere Dateien, die Anweisungen enthalten, die den Compiler steuern, um aus dem Quellcode eine ausführbare Datei zu machen.) Wenn Sie Code::Blocks oder andere IDEs verwenden, müssen Sie sich in der Regel darüber keine großen Gedanken machen, weil die Sie nämlich darüber informieren, wie genau für sie ein `Makefile` erstellt wird. Sollten Sie aber mehr über `Makefile` wissen wollen, schauen Sie im Anhang zu diesem Buch nach, denn dort gibt es ein paar Informationen mehr zu diesem Thema.

Mehrere Quellcodedateien erstellen

In diesem Abschnitt geht es darum, wie Sie mehrere Quellcodedateien herstellen – zuerst für Code::Blocks und dann für andere Compiler. Dies lässt sich in Code::Blocks sehr leicht reali-sieren, und wir empfehlen diese Vorgehensweise dringend.

Wenn Sie eine zweite Quellcodedatei erstellen, wird dieser Code Teil des Projekts, und der Compiler kompiliert alle Quellcodedateien Ihres Projekts. Sie können Ihre Funktionen in ei-genen Quellcodedateien ablegen, und diese Funktionen können sich gegenseitig aufrufen. Auf diese Weise arbeiten alle Dateien einer Anwendung zusammen. Wir erklären weiter hinten in diesem Kapitel im Abschnitt *Headerdateien gemeinsam nutzen*, wie eine Funktion eine ande-re Funktion, die sich in einer eigenen Datei befindet, aufrufen kann.

 Sie können eine einzelne Funktion nicht zerlegen und in zwei Quellcodedateien unterbringen. Das wäre nicht nur für das kleine Kerlchen sehr schmerzhaft, sondern auch gar nicht zulässig, was letztendlich zu einem Kompilierungsfehler führt. Der Compiler verlangt, dass eine Funktion nur in einer einzigen Datei vorhanden sein darf.

Ein Projekt in Code::Blocks in mehrere Quellcodedateien aufteilen

Wenn Sie Code::Blocks verwenden, ist das Aufteilen Ihrer Anwendung in mehrere Quellcodedateien so einfach wie das Zerteilen eines Kuchens. Die folgenden Schritte zeigen Ihnen, wie Sie diese Aufgabe erledigen:

1. **Wählen Sie FILE|NEW|FILE.**

   Es erscheint das Dialogfeld NEW FROM TEMPLATE, das Abbildung 6.1 zeigt. Sie sehen, dass Sie (neben einigen nicht zu C++ gehörenden Möglichkeiten) eine Header-, eine Quellcode-*(source)* oder eine leere Datei *(Empty file)* auswählen können. Normalerweise entscheiden Sie sich entweder für C/C++ HEADER oder für C/C++ SOURCE. Die Option EMPTY FILE ist für Dateien gedacht, die keinen Quellcode enthalten (zum Beispiel für Textdateien, die als *ReadMe* verwendet werden).

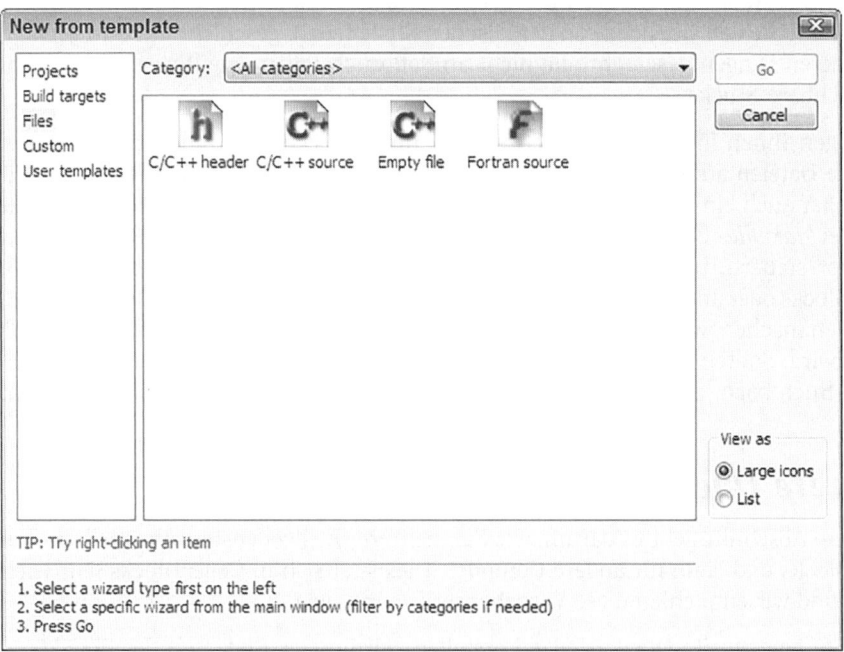

Abbildung 6.1: Sie können im Dialogfeld NEW FROM TEMPLATE einen Dateityp auswählen.

2. Markieren Sie das Template, das Sie verwenden wollen, und klicken Sie auf Go.

Es erscheint ein Assistent, der zu dem ausgewählten Dateityp passt.

3. Klicken Sie auf Next, um mit dem weiterzumachen, was hinter dem Willkommen-Bildschirm auf Sie wartet.

Wenn Sie das Template Empty file gewählt haben, machen Sie mit Schritt 5 weiter. Wenn Sie sich für das Template C/C++ header oder C/C++ source entschieden haben, erscheint nun ein Dialogfeld, in dem Sie die Programmiersprache auswählen können.

4. Markieren Sie die Sprache, die Sie verwenden wollen – entweder C oder C++ – und klicken Sie auf Next.

Der Assistent fordert Sie auf, der Datei einen Namen zu geben, festzulegen, wohin die Datei gehört, und anzugeben, welche Builds die Datei verwenden sollen (siehe Abbildung 6.2). (Mehr zu diesen Auswahlmöglichkeiten in den Schritten 5 bis 7.)

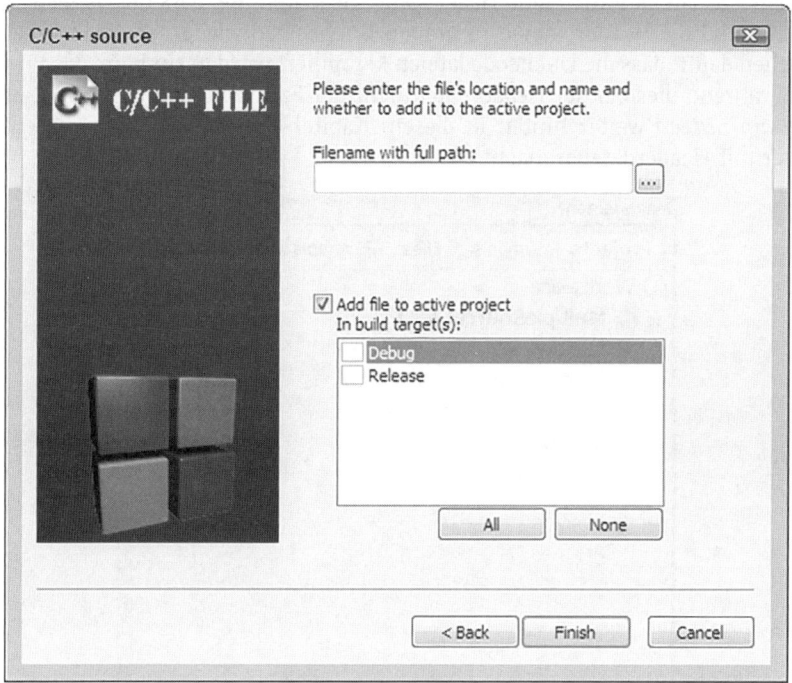

Abbildung 6.2: Für die notwendigen Datei-Informationen sorgen

5. Geben Sie in das Feld Filename with full path einen Pfad und einen Dateinamen ein.

Sie müssen selbst dann den kompletten Dateipfad eingeben, wenn die Datei im aktuellen Ordner gespeichert werden soll. Klicken Sie auf die Schaltfläche mit den drei Punkten, um das Dialogfeld Select filename zu öffnen, über das Sie dann den Speicherort für die Datei festlegen können. Das Dialogfeld Select filename zeigt als Standardpfad den aktuellen Ordner an.

6. Überlegen Sie sich, welche »Builds« die Datei verwenden sollen.

Alternativ können Sie aber auch auf die Schaltfläche ALL klicken, um die Datei allen Builds hinzuzufügen.

Eine *Debugversion* Ihrer Anwendung enthält besondere Informationen, die Sie verwenden können, um Fehler des Programms zu finden. Eine *Releaseversion* Ihrer Anwendung ist kleiner und wird schneller ausgeführt. Jede dieser Versionen erfüllt einen bestimmten Zweck, weshalb Entwickler normalerweise beide anlegen lassen.

7. Klicken Sie auf FINISH.

Der Assistent fügt Ihrem Projekt die neue Datei hinzu. Code::Blocks öffnet die Datei automatisch, damit Sie sie bearbeiten können. Außerdem sehen Sie die Datei, die Sie hinzugefügt haben, auch im Fenster MANAGEMENT (siehe Abbildung 6.3). Unser Beispiel zeigt sowohl eine Quellcodedatei als auch eine Headerdatei. Beachten Sie, dass die Quellcodedateien in schwarzen und die Headerdateien in grauen Buchstaben wiedergegeben werden. Dies ist ein Zeichen dafür, dass die Quellcodedateien kompiliert worden sind, um das Projekt zu erstellen, während dies bei der Headerdatei nicht der Fall ist. Der Abschnitt *Headerdateien gemeinsam nutzen* weiter hinten in diesem Kapitel geht detailliert darauf ein, was der Compiler mit Headerdateien macht.

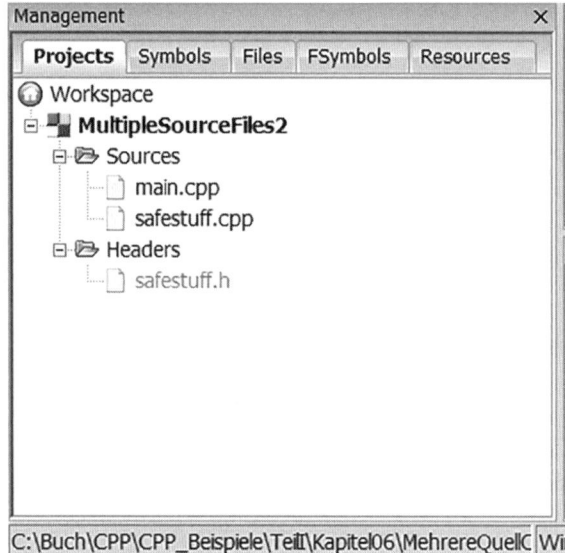

Abbildung 6.3: Das Management-Fenster zeigt die Dateien an, die beim Kompilieren des Projekts verwendet werden.

Wenn Sie Code::Blocks eine Datei hinzufügen, die Sie in Wirklichkeit nicht benötigen, klicken Sie sie im MANAGEMENT-Fenster mit der rechten Maustaste an und wählen dann im Kontextmenü REMOVE FROM PROJECT, um die Datei aus dem Projekt zu entfernen. Die Datei verschwindet aus dem Projekt, ist aber weiterhin in dem Verzeichnis vorhanden, in dem sie erstellt wurde. Wenn Sie später feststellen, dass Sie die Datei doch benötigen, klicken Sie im Fenster MANAGEMENT das Projekt mit der rechten Maustaste an und wählen im Kontextmenü ADD FILES. Markieren Sie nun die Datei, die Sie wieder in das Projekt zurückholen wollen, und nutzen Sie die Möglichkeiten, die das Dialogfeld ADD FILES TO PROJECT bietet.

Wenn Code::Blocks die Datei, die Sie hinzugefügt haben, nicht automatisch öffnet, können Sie sie durch einen Doppelklick auf ihren Namen im Dateibaum öffnen. In diesem Fall erscheint über Ihren Quellcodedateien eine zusätzliche Registerkarte. Diese Registerkarten stellen die einzelnen Dateien dar, die geöffnet sind. Sie können auf eine Registerkarte klicken, und der Quellcode der Datei erscheint im Fenster. Wenn Sie auf eine andere Registerkarte klicken, zeigt das Quellcodefenster den Code dieser anderen Datei an. Und Code::Blocks erinnert sich an alle Änderungen, die Sie vor dem Wechsel zu einer anderen Registerkarte vorgenommen haben. Sie können also auf dem Bildschirm herumhüpfen und dorthin wechseln, wohin Sie wollen, ohne dass Sie damit den Computer irritieren.

Nachdem es nun in Ihrem Projekt mehrere Dateien gibt, können Sie einen Teil Ihres Codes in einer Datei und einen anderen Teil in einer anderen Datei unterbringen. Bevor Sie sich aber an diese Aufgabe machen, sollten Sie noch ein paar Abschnitte in diesem Kapitel lesen, weil wir genau erklären, wie Sie Ihren Quellcode sauber aufteilen, ohne dass er wie Kuchen endet, der beim Zerteilen zermatscht wird.

In Code::Blocks ein Projekt mit mehreren Dateien erstellen

Manchmal kommt es vor, dass Sie Dateien, aber kein Projekt haben, das sie aufnimmt. Sie wechseln vielleicht gerade von einer Entwicklungsumgebung (IDE) zu Code::Blocks. Dies bedeutet, dass Sie zwar die Quellcodedateien der anderen IDE, aber keine Projektdatei haben, mit der Code::Blocks etwas anfangen kann. Keine Sorge, denn Sie können Dateien in ein Code::Blocks-Projekt aufnehmen. Die folgenden Schritte zeigen Ihnen, wie das geht. (Wenn Sie das Ergebnis schon jetzt sehen wollen, öffnen Sie das Projekt CopiedFiles im Ordner KopierteDateien.)

1. **Erstellen Sie ein neues Projekt.**

   Kapitel 2 erklärt Ihnen, wie Sie diese Aufgabe erledigen können.

2. **Klicken Sie mit der rechten Maustaste auf die Datei main.cpp, die sich im Ordner SOURCES des Fensters MANAGEMENT befindet, und wählen Sie im Kontextmenü REMOVE FROM PROJECT.**

   Sie benötigen diese Datei nicht, wenn Sie Dateien in ein neues Projekt kopieren. Code::Blocks unterstützt standardmäßig eine Datei mit dem Namen main.cpp, weshalb Sie das Projekt nicht von Grund auf neu beginnen müssen. Da Sie die Dateien, die Sie benötigen, bereits besitzen, ist diese Startdatei überflüssig geworden.

3. Klicken Sie im MANAGEMENT**-Fenster mit der rechten Maustaste auf den Projekteintrag** `CopiedFiles` **und wählen Sie im Kontextmenü A**DD FILES**.**

Es erscheint das Fenster A**DD** FILES **TO** PROJECT, das Abbildung 6.4 zeigt. Beachten Sie, dass `main.cpp` immer noch in der Dateiliste dieses Projekts erscheint. Sie können dieses Dialogfeld benutzen, um neue Dateien hinzuzufügen oder um Dateien, die nicht mehr benötigt werden, dauerhaft zu entfernen.

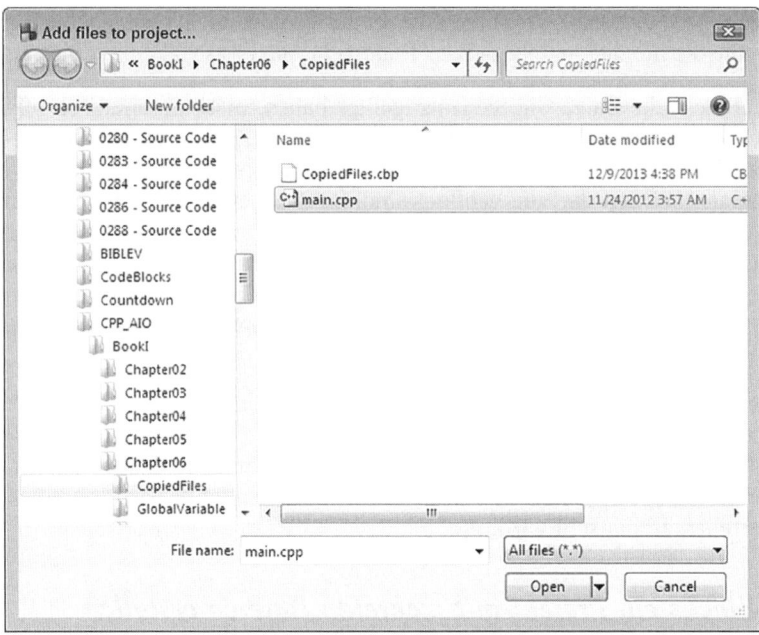

Abbildung 6.4: Benutzen Sie dieses Dialogfeld, um einem Projekt Dateien hinzuzufügen.

4. Klicken Sie mit der rechten Maustaste auf die Datei `main.cpp` **und wählen Sie im Kontextmenü L**ÖSCHEN**.**

Es erscheint eine Meldung, die fragt, ob Sie die Datei wirklich löschen wollen. Wenn dies der Fall ist, klicken Sie einfach auf J**A**, und die Datei verschwindet von Ihrer Festplatte.

5. Suchen und markieren Sie die Dateien, die Sie in das neue Projekt aufnehmen wollen.

 Halten Sie, während Sie klicken, die Taste ⌈Strg⌉ gedrückt, um in einer Liste mehrere Dateien auszuwählen. Code::Blocks erleichtert Ihr Leben, indem es die so ausgewählten Dateien in einem Rutsch hochlädt. Dadurch sind Sie nicht gezwungen, das Menü A**DD** F**ILES** **TO** PROJECT für jede einzelne Datei separat zu öffnen.

6. Klicken Sie auf OPEN**.**

Code::Blocks zeigt ein Dialogfeld an, das fragt, welche Builds den Dateien hinzugefügt werden sollen (siehe Abbildung 6.5). Das Aussehen dieses Dialogfelds ändert sich abhängig von der Zahl an Dateien, die Sie markiert haben.

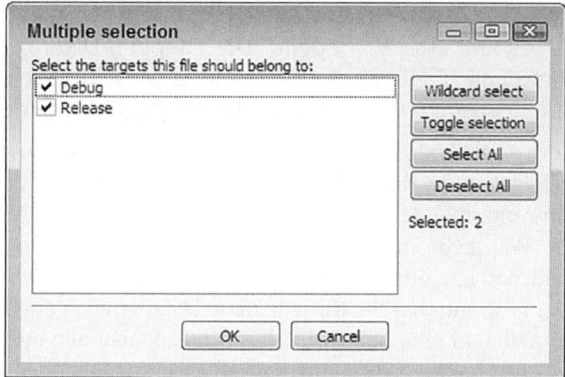

Abbildung 6.5: Wählen Sie die Builds für die Dateien aus.

7. Wählen Sie die Builds aus, die Sie verwenden möchten, und klicken Sie auf OK.

Code::Blocks fügt die entsprechenden Dateireferenzen dem Projekt hinzu (siehe Abbildung 6.6).

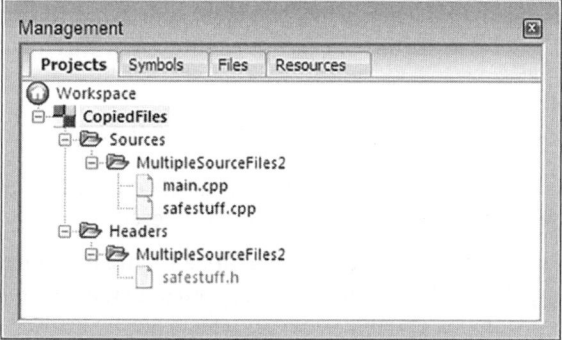

Abbildung 6.6: Das neue Projekt enthält nun Verweise auf die ausgewählten Dateien.

Beachten Sie, dass die Referenzen nur auf die ursprünglichen Ablageorte der Dateien zeigen. In diesem Fall stammen die Dateien aus einem Projekt mit dem Namen MultipleSourceFiles2. Wenn Sie die Dateien im ursprünglichen Projekt ändern, werden sie auch im neuen Projekt geändert. Um die Dateien wirklich in ein neues Projekt zu kopieren, müssen Sie sie auf Betriebssystemebene kopieren und in den Projektordner einfügen – und sie dann dem Projekt so hinzufügen, wie es die letzten Schritte erklärt haben.

Mehrere Quellcodedateien in anderen Compilern

Wenn Sie Code::Blocks verwenden, müssen Sie diesen Abschnitt eigentlich nicht lesen, weil sich Code::Blocks automatisch um Makefile kümmert und Sie dadurch alles ignorieren können, was damit zu tun hat. Ist das Leben nicht schön? Wenn Sie sehen wollen, wie

Code::Blocks diese Aufgabe erledigt, schauen Sie sich in Ihrem Projekt die .depend-Datei an, zum Beispiel `MultipleSourceFiles.depend`. Die .depend-Datei besteht aus einfachem XML, weshalb Sie sie mit einer XML-fähigen Anwendung (einschließlich eines Browsers) anschauen können. Sie können sich natürlich auch diesen Abschnitt hier durchlesen.

Um anderen Compilern Quellcodedateien hinzuzufügen, müssen Sie `Makefile` anpassen, und Sie müssen die Regeln von `Makefile` und die Abläufe beim Kompilieren verstehen. (`Makefiles` werden in Anhang A detaillierter beschrieben.) Es gibt viele Wege, um ein `Makefile` zu modifizieren. Wenn Sie implizite Regeln verwenden, müssen Sie in der Regel die Liste mit den Quellcodedateien nur um den Namen der Datei erweitern. Wenn es für jede Datei eine eigene Regel gibt, müssen Sie für jede neue Datei eine eigene Regel hinzufügen. In diesem Fall haben Sie vielleicht eine Liste mit allen Quellcodedateien oder eine Liste mit allen Objektdateien (bei der es sich einfach nur um die Namen der Quellcodedateien mit der Erweiterung .o oder .object handelt), in der Sie dann einen neuen Eintrag tätigen.

Sie könnten zum Beispiel wie in folgendem Code Regeln für jede einzelne Quellcodedatei haben:

```
main.o: main.cpp
    $(CC) -c main.cpp -o main.o $(CFLAGS)
```

In diesem Fall müssen Sie eine weitere Zeile wie diese hier für Ihre neue Datei hinzufügen. Wenn diese Datei zufällig `orangegoo.cpp` heißen sollte, sieht Ihre neue Regel so aus:

```
orangegoo.o: orangegoo.cpp
    $(CC) -c orangegoo.cpp -o orangegoo.o $(CFLAGS)
```

Beachten Sie, dass Sie die zweite Zeile mit einem Tabulator einrücken. Wenn Sie Leerzeichen verwenden, kann es sein, dass Ihre Zeilen nicht funktionieren.

Eventuell gibt es auch eine Regel, die die Objektdateien enthält. Denken Sie daran, dass es sich um Objektdateien und nicht um Quellcodedateien handelt, denn Objektdateien sind temporäre Dinge, die der Compiler erzeugt. Deshalb haben Sie höchstwahrscheinlich auch ein Makro wie dieses:

```
OBJ = main.o orangegoo.o
```

Dieses Makro würde dann in der Regel für die letzte ausführbare Datei aufgelistet. Auf diese Weise sieht das Dienstprogramm `make`, wenn Sie die ausführbare Datei erstellen (oder *machen*), zuerst nach, ob diese beiden .o-Dateien auch aktuell sind. Ist das nicht der Fall, macht `make` zuerst anhand der Regeln, die Sie bereitgestellt haben, zwei neue .o-Dateien. Das ist es, aber schade, dass `Makefiles` so unschön sind.

Mehrere Dateien erstellen

Bevor zwei Quellcodedateien zusammenarbeiten können, müssen sie irgendwie gegenseitig herausfinden, dass es sie gibt. Dass sie sich beide auf demselben Computer befinden, heißt noch lange nicht, dass sie sich gegenseitig kennen. Computer sind in dieser Hinsicht etwas dumm. Um zwei Quellcodedateien dazu zu bringen, sich gegenseitig zu erkennen, müssen Sie jeder mitteilen, was sich in der anderen befindet.

Wenn Sie eine Funktion schreiben, muss diese Funktion normalerweise vor ihren Aufrufen in derselben Quellcodedatei stehen. Der Grund dafür liegt in der Weise, wie der Compiler den Code verarbeitet: Wenn der Compiler auf den Aufruf einer Funktion stößt, von der er bis dahin noch nichts gehört hat, wirft er eine Fehlermeldung aus. Um das zu umgehen, gibt es den Funktionsprototyp. Bei einem Funktionsprototyp handelt es sich einfach nur um die Kopfzeile der Funktion, die so wie das folgende Beispiel mit einem Semikolon beendet wird:

```
void MeinHund(int TrockenfutterMenge);
```

Sie können dann später durch Duplizieren der Kopfzeile die eigentliche Funktion erstellen. Hier hat die Funktion dann aber statt des Semikolons eine öffnende geschweifte Klammer, den Code der Funktion und eine schließende geschweifte Klammer, was dieses Beispiel zeigt:

```
void MeinHund(int HundeKuchen)
{
  cout << "Ich bin ein zufriedener Hund." << endl;
  cout << "Ich habe noch " << HundeKuchen <<
      " Hundekuchen." << endl;
}
```

Mit einem Funktionsprototyp können Sie eine Funktion unabhängig davon aufrufen, ob sich der Code der Funktion vor oder hinter dem Aufruf befindet.

 Damit der Compiler einen Funktionsaufruf versteht, reicht es zu diesem Zeitpunkt aus, dass der Code, der den Aufruf tätigt, ein Funktionsprototyp ist. Es liegt dann am Linker, herauszufinden, ob die Funktion tatsächlich existiert oder nicht.

Da der Funktionsaufruf nur einen Funktionsprototyp benötigt, können Sie die Funktion selbst auch in einer anderen Quellcodedatei unterbringen. Sie können dann, wie im Beispiel MultipleSourceFiles im Verzeichnis MehrereQuellCodeDateien der Beispieldateien zwei Quellcodedateien haben (siehe Listing 6.1 und Listing 6.2). Die erste Quellcodedatei – main.pp – bildet Listing 6.1, und die zweite Datei – mystuff.cpp – wird als Listing 6.2 wiedergegeben.

```
#include <iostream>

using namespace std;

void BigDog(int HundeKuchen);

int main()
{
  BigDog(3);
  return 0;
}
```

Listing 6.1: Eine Funktion über einen Prototyp aufrufen

```
#include <iostream>

using namespace std;

void BigDog(int HundeKuchen)
{
    cout << "Ich bin ein zufriedener Hund." << endl;
    cout << "Ich habe noch " << HundeKuchen << " Hundekuchen." << endl;
}
```

Listing 6.2: Eine Funktion verwenden, die sich in einer eigenen Datei befindet

Wir haben in Listing 6.1 und Listing 6.2 die Funktion vom Prototyp getrennt. Wenn Sie diese beiden Dateien in einer Anwendung kompilieren (indem Sie entweder in Code::Blocks `F9` drücken oder die Methoden verwenden, die wir weiter vorne in diesem Kapitel im Abschnitt *Mehrere Quellcodedateien in anderen Compilern* beschreiben), passen sie alle gut zusammen. Sie können dann die Anwendung ausführen, und es wird diese total interessante Information ausgegeben:

```
Ich bin ein zufriedener Hund.
Ich habe noch 3 Hundekuchen.
```

 Beachten Sie, dass wir auch an den Anfang der Datei mystuff.cpp eine #include-Zeile gesetzt haben, denn mystuff.cpp verwendet cout, was nur zusammen mit #include<iostream> geht.

Ein kurzer Überblick über Namensräume

Die Zeile using namespace std; in Listing 6.1 und Listing 6.2 weist den Compiler an, einen bestimmten Namensraum (was *namespace* auf Deutsch heißt), nämlich std, zu verwenden. Ein *Namensraum* ist eine Gruppe von Klassen und Funktionen. Der Namensraum std (für *standard*) enthält eine Sammlung sinnvoller Klassen und Funktionen wie zum Beispiel string. Wenn Sie auf diese Deklaration verzichten, müssen Sie alle Klassen und Funktionen, die es in std gibt und die Sie verwenden wollen, manuell »ankündigen«, indem Sie std::<Klasse oder Funktion> eingeben. Wenn Sie zum Beispiel string nutzen möchten, müssen Sie std::string eingeben. Weil dies ein ziemlich mühseliger Weg ist, um Code zu schreiben, fügen Sie die Zeile using namespace std; hinzu.

Headerdateien gemeinsam nutzen

Es ist nicht schwer, einen Quellcode in mehrere Stücke aufzuteilen, aber es dauert nicht lange, bis Sie auf ein ernsthaftes Problem stoßen. Wenn Sie eine Funktion haben – nennen wir sie SafeKnacker() – und diese Funktion so außerordentlich nützlich ist, dass sie wiederholt aus anderen Quellcodedateien heraus aufgerufen wird, benötigen Sie in jeder Datei, die SafeKnacker() aufruft, einen Prototyp wie diesen:

```
string SafeKnacker(int SafeID);
```

Aber anstatt nun diese Zeile in jede Datei zu schreiben, die die Funktion verwendet, kennen wir einen einfacheren Weg. Packen Sie diese Zeile einfach in eine eigene Datei, die dann *Header-datei* genannt wird und als Dateierweiterung `.h` oder `.hpp` erhält. (Für welche dieser beiden Dateierweiterungen Sie sich entscheiden, hängt allein von Ihnen ab, weil es hier keine Vorgaben gibt. Wir verwenden normalerweise `.h`.) So könnten wir zum Beispiel die Zeile `string SafeKnacker(int SafeID);` in einer Datei mit dem Namen `safestuff.h` abspeichern.

Statt nun die Kopfzeile (ab und zu auch *Headerzeile* genannt) zu Beginn einer jeden Datei, die die Funktion benötigt, einzugeben, schreiben Sie:

```
#include "safestuff.h"
```

Damit haben Sie die drei Quellcodedateien, die das Beispiel `MultipleSourceFiles2` aus dem Verzeichnis `MehrereQuellCodeDateien2` der Beispieldateien in Listing 6.3, Listing 6.4 und Listing 6.5 zeigt. Das erste Listing enthält die Datei `main.cpp`, die die Funktion aufruft. Das zweite Listing ist die Datei `safestuff.h`, die den Funktionsprototyp enthält. Bei dem dritten Listing handelt es sich `safestuff.cpp`, das den eigentlichen Code der Funktion enthält, deren Prototyp in der Headerdatei erscheint. Viele Dateien, aber der Code ist nun in überschaubare Stücke aufgeteilt worden. Achten Sie unbedingt darauf, dass diese drei Dateien in demselben Verzeichnis gespeichert werden.

```
#include <iostream>
#include "safestuff.h"

using namespace std;

int main()
{
  cout << "Surprise, surprise!" << endl;
  cout << "Die Kombination des Safes lautet " << endl;
  cout << SafeKnacker(12) << endl;
  return 0;
}
```

Listing 6.3: Die Headerdatei in die Datei `main` einbinden

```
using namespace std;

#ifndef SAFESTUFF_H_INCLUDED
#define SAFESTUFF_H_INCLUDED

string SafeKnacker(int SafeID);

#endif // SAFESTUFF_H_INCLUDED
```

Listing 6.4: Den Funktionsprototyp in die Headerdatei aufnehmen

```
#include <iostream>

using namespace std;

string SafeKnacker(int SafeID)
{
    return "13-26-16";
}
```
Listing 6.5: Der eigentliche Code der Funktion

Bevor Sie diese Anwendung kompilieren, müssen wir Ihnen noch ein paar Erklärungen geben. Zunächst einmal kompiliert der Compiler die Headerdatei *nicht* in eine eigene .o- oder .obj-Datei. Bei der Anwendung in Listing 6.3 bis Listing 6.5 werden nur zwei Dateien kompiliert: main.cpp und safestuff.cpp. Statt die Headerdatei zu kompilieren, wechselt der Compiler, wenn er die Datei main.cpp liest und die #include-Zeile für die Headerdatei erreicht, temporär zur Headerdatei und schaut sich deren Inhalt an, wobei er dabei so tut, als ob er eigentlich immer noch dieselbe Datei main.cpp lesen würde. Wenn er dann weitermacht, kompiliert er alles so, als wenn es Teil von main.cpp wäre. Und wenn Sie diese Headerdatei in andere Quellcodedateien einbinden, macht der Compiler dort dasselbe.

Damit dieser Code kompiliert wird, merken Sie sich die folgenden Regeln:

✔ **Makefile:** Wenn Sie einen Compiler verwenden, bei dem Sie sich um Ihr eigenes Makefiles kümmern müssen, fügen Sie keine Regel hinzu, um die Headerdateien zu kompilieren, die normalerweise auf .h oder .hpp enden. Kompilieren Sie nur die Quellcodedateien, die in der Regel auf .cpp oder .cc enden.

✔ **Visual C++:** Bisher haben wir nur sehr wenig über Microsoft Visual C++ (VC++) geschrieben, aber hier gilt, dass Sie die Headerdateien nicht Ihrem Projekt hinzufügen dürfen. Fügen Sie dem Projekt nur Quellcodedateien hinzu. VC++ behält in einem Baum mit dem Namen *Abhängigkeiten* eine Liste mit den Headerdateien, die Sie nicht selbst hinzufügen dürfen.

✔ **Code::Blocks:** Was könnte einfacher sein? Sie »machen« die Dateien, und Code::Blocks kümmert sich für Sie um die Verbindung der einzelnen Dateien – es gibt also nichts, um das Sie sich Gedanken machen müssten. Alle Header- und Quellcodedateien werden in der Projektliste angezeigt, und die Einzelheiten, wie zum Beispiel welche Dateien kompiliert werden müssen, erledigt Code::Blocks.

Wenn Sie diese Regeln beherzigen, können Sie weitermachen und den Code in Listing 6.3 bis Listing 6.5 kompilieren und ausführen. Wenn Sie die Anwendung ablaufen lassen, sehen Sie an der Konsole diesen Text:

```
Surprise, surprise!
Die Kombination des Safes lautet
13-26-16
```

Wenn Sie eine Quellcodedatei haben, die Funktionen enthält, hat es sich bewährt, eine Headerdatei zu erstellen, die den entsprechenden Funktionsprototyp enthält. Dann geben Sie der Headerdatei denselben Namen wie der Quellcodedatei, wobei sich beide Dateien in der Erweiterung ihres Namens unterscheiden (siehe Listing 6.4 und Listing 6.5). Die Headerdatei hat den Namen `safestuff.h` und die Quellcodedatei den Namen `safestuff.cpp` bekommen.

Es gibt Fachleute, die es vorziehen, nicht von einer *Headerdatei*, sondern von einer *Includedatei* zu sprechen.

Den Header nur einmal hinzufügen

Code::Blocks fügt standardmäßig in die Headerdatei mehrere Zeilen ein. Diese Zeilen erstellen eine Kennung, die dem Compiler mitteilt, ob eine Headerdatei bereits in die Quellcodedatei eingebunden worden ist, damit der Compiler sie nicht ein zweites Mal hinzufügt. Das zweimalige Hinzufügen eines Headers kann in bestimmten Situationen zu einem Fehler führen. Wenn Sie eine Headerdatei mit Code::Blocks erstellen, sehen Sie das hier als Anfangswerte:

```
#ifndef SAFESTUFF_H_INCLUDED
#define SAFESTUFF_H_INCLUDED

#endif // SAFESTUFF_H_INCLUDED
```

Wenn Sie den Headercode in Code::Blocks eingeben, schreiben Sie ihn zwischen die Zeilen `#define SAFESTUFF_H_INCLUDED` und `#endif // SAFESTUFF_H_INCLUDED`. Der Abschnitt *Die mysteriösen Header-Wrapper verwenden* weiter hinten in diesem Kapitel beschreibt diese automatisch erzeugten Einträge im Detail.

Spitze Klammern oder Anführungszeichen?

Vielleicht ist Ihnen am Code in Listing 6.3 etwas aufgefallen. Als wir die Datei `safestuff.h` eingebunden haben, erfolgte dies nicht in spitzen Klammern wie bei den anderen `#include`-Zeilen, sondern in Anführungszeichen:

```
#include "safestuff.h"
```

Seit Jahren streiten sich Programmierer über die Regel, *wo* auf der Festplatte Headerdateien abgelegt werden müssen. Werden sie in demselben Ordner oder Verzeichnis wie das Projekt gespeichert? Oder packen Sie sie alle zusammen in ein eigenes Verzeichnis?

Unabhängig davon, wo *Sie* Ihre Headerdateien ablegen, gibt es eine Art Regel, wann Sie Anführungszeichen und wann spitze Klammern verwenden. Der Compiler schaut in verschiedenen Verzeichnissen nach, um die Headerdateien zu finden. Und er kann natürlich auch das Verzeichnis mit der Quellcodedatei durchsuchen. Wenn Sie spitze Klammern (das sind die Symbole für größer als und kleiner als) wie in #include <string> verwenden, schaut der Compiler nicht in demselben Verzeichnis nach, in dem sich die Quellcodedatei befindet. Benutzen Sie aber doppelte Anführungszeichen wie in #include "safe-stuff.h", schaut der Compiler *zuerst* in dem Verzeichnis mit der Quellcodedatei nach. Und wenn er dort die Headerdatei nicht findet, durchsucht er die übrigen Verzeichnisse so, als wenn Sie spitze Klammern verwendet hätten.

Es gibt Entwickler, die immer nur doppelte Anführungszeichen verwenden. Auf diese Weise sollte der Compiler die Headerdatei unabhängig davon finden, ob sie sich in demselben Verzeichnis wie die Quellcodedatei oder in einem anderen Verzeichnis befindet.

Die meisten *professionellen* Programmierer verwenden heutzutage spitze Klammern. Damit werden die Programmierer gezwungen, ihre Headerdateien in einem bekannten Bereich unterzubringen. Bei wirklich großen Projekten wird sogar gerne ein Verzeichnis nur für Quellcodedateien und eines nur für Headerdateien angelegt. In solch einem Fall befindet sich eine Headerdatei niemals in demselben Ordner wie eine Quellcodedatei.

Bei kleineren Projekten gibt es immer Programmierer, die alle Quellcode- und Headerdateien in ein einziges Verzeichnis packen. Diese Personen verwenden normalerweise spitze Klammern, wenn es um System-Headerdateien (wie #include <string>) geht, während sie bei eigenen Headerdateien doppelte Anführungszeichen setzen. Wir folgen bei den Projekten dieses Buches im Allgemeinen dieser Regel. Die Headerdateien, die wir schreiben, befinden sich in demselben Verzeichnis wie die Quellcodedateien, und wir verwenden bei #include-Zeilen in eigenen Dateien doppelte Anführungszeichen, während wir bei Systemheadern mit spitzen Klammern arbeiten.

Wenn Sie ein großes C++-Projekt beginnen, fällt Ihnen vielleicht auf, dass Projektmanager eigentlich immer spitze Klammern verwenden. Bei großen Projekten ist dies auch die beste Vorgehensweise.

Wenn Sie versuchen, zu kompilieren, und bei der #include-Zeile die Fehlermeldung No such file or directory erhalten, liegt das höchstwahrscheinlich daran, dass Sie die Headerdatei im Verzeichnis der Quellcodedatei abgelegt und gleichzeitig spitze Klammern statt der doppelten Anführungszeichen verwendet haben.

Variablen in mehreren Quellcodedateien nutzen

Wenn Sie in einer Funktion eine Variable definieren, kann sie nur von dieser Funktion genutzt werden – sie bleibt lokal. Aber vielleicht möchten Sie, dass Funktionen eine Variable gemeinsam nutzen: Die eine Funktion möchte etwas speichern, und die andere möchte den Inhalt auslesen und in die Konsole schreiben. Um dieses Ziel zu erreichen, definieren Sie die Variable außerhalb einer Funktion. Das geht so lange gut, bis Sie versuchen, eine Variable in mehreren Quellcodedateien zu nutzen. Wenn Sie nicht aufpassen, enthalten zum Schluss alle Quellcodedateien eine Kopie der Variablen. Innerhalb einer Quellcodedatei können alle Funktionen eine Variable gemeinsam nutzen, was aber nicht dateiübergreifend klappt.

Es gibt nun einen Trick, damit das doch funktioniert. Definieren Sie die Variable innerhalb einer – und zwar nur einer – Quellcodedatei. Dann deklarieren Sie sie in einer Headerdatei, indem Sie ihr dieses Mal das Wort extern wie in extern int DoubleCheeseburgers; voranstellen. Der Unterschied liegt darin, dass eine Definition eine Variable anlegt und dabei Speicher belegt, während eine Deklaration nur auf eine anderswo existierende Variable verweist. Eine Variable darf nur einmal definiert, kann aber beliebig oft deklariert werden.

Das Beispiel GlobalVariable im Verzeichnis GlobaleVariable der Beispieldateien, das Listing 6.6, Listing 6.7 und Listing 6.8 zeigen, führt vor, wie eine Variable von mehreren Dateien gemeinsam genutzt wird.

```cpp
#include <iostream>
#include <string>
#include "sharealike.h"

using namespace std;

int main()
{
  DoubleCheeseburger = 20;
  CheeseburgerTyp = "Deluxe";
  EssenBeiJoes();
  return 0;
}
```

Listing 6.6: Eine globale Variable verwenden

```cpp
#ifndef SHAREALIKE_H_INCLUDED
#define SHAREALIKE_H_INCLUDED

using namespace std;

extern int DoubleCheeseburger;
extern string CheeseburgerTyp;
void EssenBeiJoes();

#endif // SHAREALIKE_H_INCLUDED
```

Listing 6.7: Eine Headerdatei verwenden, um eine globale Variable zu deklarieren

```
#include <iostream>
#include <string>
#include "sharealike.h"

using namespace std;

int DoubleCheeseburger;
string CheeseburgerTyp;

void EssenBeiJoes()
  {
   cout << "Wie viele Cheeseburger heute?" << endl;
   cout << DoubleCheeseburger << " " << CheeseburgerTyp
        << endl;
  }
```

Listing 6.8: Den eigentlichen Speicherort der globalen Variablen festlegen

Passen Sie auf, wenn Sie so vorgehen. Es ist ziemlich trickreich, alles richtig zu machen. Sie deklarieren die Variable einmal in der Headerdatei, wobei Sie an das Wort extern denken müssen. Dies sagt den verschiedenen Dateien: »Diese Variable ist irgendwo definiert worden, aber hier sind ihr Name und ihr Typ, damit du sie verwenden kannst.« Dann definieren Sie die Variable *ohne* das Wort extern in einer der Quellcodedateien. Damit wird der eigentliche Speicherbehälter für die Variable angelegt. Zum Schluss binden Sie die Headerdatei in jede Quellcodedatei ein, die die globale Variable verwendet.

Wenn Sie eine Variable mit vielen Quellcodedateien gemeinsam nutzen, haben Sie es mit einer *globalen Variablen* zu tun. Eine Variable, die nur von einer Datei verwendet werden kann, ist eine *lokale Variable*. Wenn Sie eine Variable innerhalb einer Quellcodedatei mit mehreren Funktionen verwenden, wird eine solche Variable auch als *globale Variable* bezeichnet, *die für die Quellcodedatei lokal ist*.

Verwenden Sie in Ihrer Headerdatei das Wort extern, wenn es um eine globale Variable geht. Wenn Sie das vergessen, bekommt jede Quellcodedatei ihre eigene Variable, die in allen Dateien denselben Namen hat.

Die mysteriösen Header-Wrapper verwenden

Wenn Sie eine Headerdatei einbinden, soll dies in aller Regel nur *einmal* pro Quellcodedatei geschehen. Dabei kann es aber zu einem Problem kommen: Stellen Sie sich vor, dass Sie an einem großen Softwareprojekt arbeiten und mehrere Ihrer Headerdateien eine andere Headerdatei mit dem Namen superheader.h einbinden. Wenn Sie nun Ihre anderen Headerdateien einbinden, wie können Sie dann sicher sein, dass Sie dabei die Datei superhero.h nur einmal ansprechen?

Die Lösung sieht ein wenig ungewöhnlich aus, aber sie erfüllt ihren Zweck. Sie beginnen jede Headerdatei unseres letzten Beispielcodes mit diesen Zeilen:

```
#ifndef SHAREALIKE_H
#define SHAREALIKE_H
#endif
```

 Abhängig von der C++-IDE, die Sie verwenden, könnte auch Ihr Editor diese Zeilen wie bei Code::Blocks automatisch hinzufügen. In diesem Fall schreiben Sie den Inhalt der Headerdatei zwischen die Zeilen #define SHAREALIKE_H und #endif. Sollte Ihr IDE diese Zeilen nicht automatisch eintragen, müssen Sie daran denken, das manuell zu tun, damit Ihr Code wie der in Listing 6.7 aussieht. Anderenfalls könnte der Compiler Fehlermeldungen ausgeben, die Sie nicht sogleich zuordnen können.

Diese *Header-Wrapper*, wie sie auch genannt werden, sorgen dafür, dass der Code im Header nur einmal pro Quellcodedatei verarbeitet wird, wenn Sie kompilieren. Die Wrapper verwenden besondere Zeilen, die *Präprozessor-Direktiven* genannt werden. Im Grunde definiert die *zweite* Zeile etwas, das eine Variable sein könnte, aber nur während des Kompilierens gebraucht wird. Dieses Etwas wird *Symbol* genannt. In unserem Fall heißt das Symbol SHAREALIKE_H. Es besteht aus dem Dateinamen in Großbuchstaben und einem Unterstrich anstelle des Punkts.

Die erste Zeile prüft nach, ob das Symbol definiert worden ist. Falls dies *nicht* der Fall ist, wird mit den Codezeilen weitergemacht, die folgen. Die nächste Zeile definiert für diesen Fall das Symbol, wodurch es nun wirklich für den späteren Gebrauch vorhanden ist. Dann verarbeitet der Compiler die restlichen Zeilen in der Datei. Zum Schluss beendet die letzte Zeile, #endif, die allererste Zeile.

Überlegen Sie sich nun, was passieren kann, wenn Sie dieselbe Zeile zweimal wie in diesem Beispiel einbinden würden:

```
#include "sharealike.h"
#include "sharealike.h"
```

(Zu so etwas kann es indirekt kommen, wenn Sie zwei Dateien einbinden, von denen jede sharealike.h einbindet.) Der Compiler sieht, wenn er zum *zweiten Mal* die Datei sharealike.h durchläuft, die erste Zeile, die prüft, ob das Symbol SHAREALIKE_H definiert ist – was dieses Mal der Fall ist. Und anstatt nun erneut alle Codezeilen abzuarbeiten, springt der Compiler direkt zur #endif-Zeile am Ende der Datei. Auf diese Weise wird Ihre Headerdatei nur einmal pro Quellcodedatei verarbeitet. Ganz schön trickreich, oder? Verwirrt Sie das? Na, vielleicht ein wenig. Merken Sie sich deshalb diese Regel:

 Wenn Sie eine Headerdatei erstellen, müssen Sie darauf achten, dass Sie sie mit einem Header-Wrapper umgeben. Sie können einen beliebigen Namen für das Symbol verwenden, solange er nur aus Buchstaben, Ziffern und Unterstrichen besteht, nicht mit einer Ziffer beginnt, in Ihrer Quelle nicht schon als Variablenname verwendet wird und kein C++-Wort ist. Die meisten Programmierer bauen ihre Namensgebung auf dem Namen der Datei selbst auf, zum Beispiel MEINE DATEI_H oder MEINEDATEI_H_.

Mit Zeigern auf die Daten verweisen

In diesem Kapitel

▶ Nutzen Sie zwei Arten von Arbeitsspeicher: den Stack und den Heap

▶ Greifen Sie über Zeiger auf Variablenadressen zu

▶ Erstellen Sie mit dem Schlüsselwort new Variablen auf dem Heap

▶ Geben Sie Zeiger als Parameter zurück

▶ Modifizieren Sie Variablen auf die einfachste Weise

*W*o wohnen Sie? Stopp, sagen Sie nichts, denn Tausende von Menschen lesen dieses Buch, und Sie wollen sicherlich nicht, dass alle das wissen. Denken Sie also nur an Ihre Adresse. Die meisten Orte haben so etwas wie eine Adresse, damit der Zusteller weiß, wo er die für Sie bestimmten Pakete abliefern muss, und die Telekom sich irgendwann zwischen jetzt und fünf Uhr Donnerstagnachmittag wegen der gemeldeten Störung mit Ihnen in Verbindung setzen kann. (Seien Sie während dieser Zeitspanne bloß zu Hause!)

Auch andere Dinge haben Adressen. So sind zum Beispiel die Türen eines großen Unternehmens in einem Bürogebäude in der Regel nummeriert, und auch die Zimmer in einem Hotel sind mit Nummern versehen.

Stellen Sie sich nun vor, dass jemand festgelegt hat, dass Sam im Büro mit der Nummer 180 arbeitet. Sam ist jetzt leider in der letzten Woche vor die Tür gesetzt worden, weil er zu viel Zeit damit verplempert hat, im Internet zu surfen. Nun erhebt Sally als Erste Anspruch auf Büro 180, wobei sie aber Sams Position nicht übernimmt. Sam zieht aus, und Sally zieht ein. Dasselbe Büro – eine andere Person.

Der Arbeitsspeicher des Computers arbeitet so ähnlich. Jedem noch so kleinen Teil seines Arbeitsspeichers ist eine Zahl zugeordnet, die einen Standort (eine *Adresse*) darstellt. Wir zeigen Ihnen in diesem Kapitel, dass Sie, nachdem Sie die Adresse einer Variablen, die im Arbeitsspeicher abgelegt worden ist, festgestellt haben, beeindruckende Dinge damit anfangen können. Dadurch erhalten Sie die Werkzeuge, die Sie benötigen, um leistungsfähige Anwendungen zu erstellen.

Wenn es in C++ ein Thema gibt, das besonders wichtig ist, handelt es sich um die Idee der Zeiger. Deshalb sollten Sie, wenn Sie zum Millionär werden wollen, dieses Kapitel unbedingt lesen. Na gut, vielleicht macht es Sie nicht zum Millionär, aber die Vorstellung, dass es das *könnte*, sollte Sie motivieren, es durchzuarbeiten. Dann können Sie zu einem Ass in der Programmierung werden und viel Geld verdienen.

Variablen »anhäufen« und »stapeln«

Variablen nutzen zwei Arten von Arbeitsspeicher: Heap (deutsch *Haufen*) und Stack (deutsch *Stapel*). Der *Heap* ist ein dynamischer Speicherbereich, den Ihre Anwendung für ihre Funktionen bereitstellt. Globale Variablen landen in diesem Heap.

Jedes Mal, wenn Ihre Anwendung eine Funktion aufruft, erhält diese einen kleinen privaten Bereich im Arbeitsspeicher, der *Stack* genannt wird. Dieser Bereich wird deshalb Stack genannt, weil er wie ein Papierstapel behandelt wird: Sie können etwas auf den Stapel legen, und Sie können etwas oben vom Stapel herunternehmen, aber Sie können nichts in seine Mitte packen und von dort auch nichts entnehmen. Der Computer verwendet den Stack, um Ihren Funktionsaufrufen auf der Spur zu bleiben.

Stellen Sie sich vor, dass Sie eine Funktion mit dem Namen FischenGehen() haben. Diese Funktion ruft die Funktion KoederKaufen() auf, die wiederum die Funktion KoederBezahlen() aufruft, die die Funktion KreditKarteHerausholen() aufruft, die die Funktion GeklauteKreditKarteBenutzen() aufruft. Wie kann der Computer mit diesem Durcheinander klarkommen? Er verwendet einen Stapel *(Stack)*. Als Erstes speichert er die allererste Funktion, FischenGehen(). Wenn diese Funktion dann KoederKaufen() aufruft, merkt sich der Computer diese Funktion, indem er sie *oben auf die Funktion* FischenGehen() legt – zwar nicht in demselben Speicherbehälter, aber in einen, der auf den des vorherigen Elements gepackt wird, das naturgemäß immer noch vorhanden ist. Wenn dann diese zweite Funktion KoederBezahlen() aufruft, merkt sich der Computer diese Funktion, indem er sie oben auf KoederKaufen() packt, und so weiter, bis der Computer alle übereinandergestapelt hat, mit GeklauteKreditKarteBenutzen() ganz oben und FischenGehen() ganz unten. Bei dieser Vorgehensweise werden die Elemente oben auf den Stapel gelegt.

Wenn der Computer dann mit der Funktion GeklauteKreditKarteBenutzen() fertig ist, macht die sich aus dem Staub und überlässt den Platz an der Spitze des Stapels der Funktion, die sie aufgerufen hatte, KreditKarteHerausholen(). Und wenn diese Funktion fertig ist, macht der Computer den Platz an der Spitze des Stapels wieder frei, damit KoederBezahlen() diesen Platz einnehmen kann. Und so macht der Computer weiter und arbeitet sich im gesamten Stapel nach unten bis zur ersten Funktion, die FischenGehen() heißt.

Jeder Position im Arbeitsspeicher ist eine Zahl zugeordnet. Wenn Ihre Anwendung loslegt, legt der Computer ein großes Stück Arbeitsspeicher zur Seite und arbeitet eng mit dem Mikroprozessor zusammen, um diesem Arbeitsspeicher Zahlen zuzuordnen. Die Variablen und der Code Ihrer Anwendung landen nun in diesem Arbeitsspeicher. Und während sich die Anwendung im Arbeitsspeicher befindet, hat dort jede Funktion einen bestimmten Platz eingenommen, einen Platz, der eine Nummer oder Adresse erhalten hat. Oder mit anderen Worten, jede Funktion hat eine Adresse.

 Jede Funktion und jede Variable Ihrer Anwendung hat einen Ort, an der sie im Arbeitsspeicher zu Hause ist. Diesem Ort ist eine Zahl zugeordnet worden, deshalb haben jede Funktion und jede Variable eine Adresse.

C++ und Hexadezimalzahl

Sie werden beim Programmieren früher oder später auf eine für Sie vielleicht ungewöhnliche Weise stoßen, wie auf dem Computer Zahlen angegeben werden. Dieses Ungewöhnliche wird *Hexadezimalzahl* genannt. Es ist eigentlich leicht, in C++ eine hexadezimale Zahl zu erkennen, weil sie mit 0x beginnt. Dabei handelt es sich nicht um einen echten Bestandteil der Zahl; 0x dient – wie doppelte Anführungszeichen bei einem String – nur als Erkennungsmerkmal. Während sich die Dezimalzahlen aus den Ziffern 0, 1, 2, 3, 4, 5, 6, 7, 8 und 9 zusammensetzen, besteht eine hexadezimale Zahl aus den für Dezimalzahlen verwendeten Ziffern plus sechs weiteren Zeichen: A, B, C, D, E und F. Dies ergibt dann insgesamt 16 Zeichen. (Ja, wir wissen, dass die Buchstaben *A* bis *F* keine Ziffern sind. Aber bei der hexadezimalen Schreibweise werden sie als Ziffern behandelt.) Ein gutes Beispiel für das Zählen mit Dezimalzahlen ist die Anzeige des Kilometerstands in einem Auto, die mit ganz normalen Dezimalzahlen (hoffentlich) nur vorwärts und nicht rückwärts zählt. Sie beginnt bei 00000000 (wenn wir von acht Ziffern ausgehen, was eine Menge ist). Die Ziffer ganz rechts außen läuft immer wieder von 0 bis 9. Wenn irgendwo eine Ziffer 9 erreicht und alle Ziffern rechts davon ebenfalls 9 anzeigen, wird die nächste Ziffer links von ihr um 1 erhöht. Wenn zum Beispiel 00000999 erreicht wird, wird die nächste Ziffer links davon um 1 erhöht, während jede 9 auf 0 zurückgesetzt wird, was dann zu einem Zählerstand von 00001000 führt.

Bei hexadezimalen Zahlen zählen Sie auf die gleiche Weise, wobei Sie aber nicht bei 9 aufhören und auf 0 zurückspringen, sondern über A, dann B und so weiter bis F weiterzählen und dann erst auf 0 zurückspringen. Wenn wir wieder von acht Stellen ausgehen, sehen die ersten 17 hexadezimalen Zahlen so aus: 00000000, 00000001, 00000002, 00000003, 00000004, 00000005, 00000006, 00000007, 00000008, 00000009, 0000000A, 0000000B, 0000000C, 0000000D, 0000000E, 0000000F, 00000010. Beachten Sie, dass wir beim Erreichen von F am Ende der Ziffernreihe links davon 1 hinzufügen. Wenn Sie mit hexadezimalen Zahlen arbeiten, sehen Sie vielleicht Zahlen wie 0xAAAA0000 und 0x0000A3FF. (0x haben wir wegen der Schreibwiese unter C++ hinzugefügt.) Und nebenbei bemerkt, wenn Sie den letzten beiden Zahlen jeweils 1 hinzufügen, ergibt dies 0xAAAA0001 beziehungsweise 0x0000A400.

Auch der Stack, mit dem der Computer den Funktionsaufrufen auf der Spur bleibt, ist nichts weiter als ein Bereich im Arbeitsspeicher. Was der Computer als die Spitze des Stacks ansieht, ist in Wirklichkeit nur die nächste Position im Arbeitsspeicher. Und das, was wir als »Der Computer packt eine Funktion auf den Stack« bezeichnen, sieht in Wirklichkeit so aus, dass der Computer auf dem Stack die *Adresse* der Position hinterlegt, an der die vorherige Funktion zu Ende war.

Wenn der Computer eine Ihrer Funktionen aufruft, speichert er nicht nur die Adresse der Rückgabeposition auf dem Stack, sondern reserviert dort auch einen Bereich für die lokalen Variablen.

Das bedeutet, dass Ihre Variablen an zwei Stellen existieren können:

✔ **Heap:** Der Heap ist ein dynamischer Bereich des Arbeitsspeichers, in dem Sie globale Variablen ablegen können.

✔ **Stack:** Der Stack ist der Bereich, in dem der Computer sowohl die Informationen über die aufgerufenen Funktionen als auch deren lokale Variablen speichert.

Hexadezimale in dezimale Zahlen umwandeln

Wenn Sie hexadezimale Zahlen in Dezimalzahlen und umgekehrt umwandeln wollen, können Sie unter http://www.binaryhexconverter.com/hex-to-decimal-con verter den *Hex to Decimal Converter* verwenden. Diese Website macht es leicht, die beiden Zahlensysteme zu konvertieren, und Sie können diese Site auf jedem Gerät nutzen, das mit einem Browser umgehen kann.

Um eine hexadezimale in eine dezimale Zahl umzuwandeln, geben Sie die hexadezimale Zahl in das Feld HEXADECIMAL VALUE ein. Wenn Sie eine dezimale in eine hexadezimale Zahl umwandeln wollen, klicken Sie neben SWAP CONVERSION auf DECIMAL TO HEX, und die beiden Felder HEXADECIMAL VALUE und DECIMAL VALUE tauschen die Position, und Sie können nun den dezimalen Wert eingeben, um sein hexadezimales Äquivalent zu erhalten. Geben Sie in das entsprechende (linke) Eingabefeld die zu konvertierende Zahl ein, wobei Sie auf führende Nullen und bei hexadezimalen Zahlen auf 0x für C++ verzichten können, und klicken Sie auf die Schaltfläche CONVERT. Die Anwendung wandelt blitzschnell eine wunderbare hexadezimale Zahl in eine ebenso wunderbare Dezimalzahl um – und umgekehrt.

Wenn Sie Spaß daran haben, können Sie auch Namen konvertieren. Aus der Band ABBA wird 43962, ACDC wird zu 44252, und Johns Haus, das er FACADE (deutsch *Fassade*) genannt hat, erhält die dezimale Bezeichnung 16435934.

Ein Stack ist ein Beispiel für all die tollen Dinge, die unter dem Begriff *Datenstrukturen* zusammengefasst werden. Programmierer neigen dazu, Dinge des echten Lebens auf dem Computer abzubilden. Ein Papierstapel war für sie nicht gut genug; sie wollten auch die Daten im Computer »stapeln«, weshalb sie das Ergebnis ihrer Überlegungen Stack (Stapel) nannten. Sie haben sich viele Bezeichnungen dieser Art für Datenstrukturen einfallen lassen, zum Beispiel *Queue* (deutsch *Warteschlange, Reihe*) für eine ähnliche Datenstruktur: Bei einer *Queue* (ausgesprochen »kju«) fügen Sie die Daten an einem Ende hinzu und nehmen sie vom anderen Ende weg. Das ist so, als wenn Sie neue Blätter oben auf einen Stapel legen und die alten unten wegziehen. Sie haben es zum Beispiel mit solchen »Warteschlangen« zu tun, wenn Sie beim Einkaufen im Supermarkt die Kasse erreichen. Die Wartenden bilden eine Reihe, und irgendjemand hat so etwas irgendwann einmal *Warteschlange* (englisch *Queue*) genannt.

 Jede hexadezimale Zahl lässt sich auch dezimal darstellen. Wenn Sie eine Liste anlegen, die nicht nur die Dezimalzahlen, sondern auch deren hexadezimale Äquivalente enthält, gehört zum Beispiel 0x0000001F neben 31. Beide Zahlen geben die gleiche Menge von etwas an, zum Beispiel Äpfel. Erinnern Sie sich daran, wenn Sie das nächste Mal Äpfel kaufen: »Ich hätte gerne eins-eff Äpfel.«

 Das Aussehen kann täuschen. Die hexadezimale Zahl 10 steht für dieselbe Anzahl an Äpfeln wie die Dezimalzahl 16. Deshalb ist es üblich, für hexadezimale Zahlen die Schreibweise mit 0x zu verwenden. Wir schreiben also nicht hexadezimal 10, sondern 0x10, um zu verdeutlichen, dass wir es nicht mit einer Dezimalzahl zu tun haben.

 Sie können hexadezimale Zahlen entweder mit Großbuchstaben oder mit Klein-buchstaben darstellen. Sie sollten aber innerhalb einer Zahl niemals Klein- und Großbuchstaben mischen. Schreiben Sie also niemals 0xABab0000, sondern ent-weder 0xabab0000 oder 0xABAB0000.

Die Adresse einer Variablen erhalten

Da jede Variable irgendwo im Arbeitsspeicher existiert, hat sie auch eine Adresse. Wenn Sie eine Funktion haben, die eine Integervariable mit dem Namen AnzahlAnSchlagloechern definiert, weist der Computer beim Aufrufen der Funktion irgendwo im Arbeitsspeicher einen Bereich für die Variable zu. Dieser Vorgang wird computerfachchinesisch auch *allozieren* ge-nannt.

Wenn Sie die Adresse der Variablen AnzahlAnSchlagloechern herausfinden wollen, setzen Sie einfach ein kaufmännisches Und (&) vor ihren Namen.

Listing 7.1 enthält das Beispiel VariableAddress, das sich im Verzeichnis VariablenAd-resse der Beispieldateien befindet. Es erhält die Adresse einer Variablen und gibt diese aus.

```cpp
#include <iostream>

using namespace std;

int main()
{
    int AnzahlAnSchlagloechern = 532587;
    cout << &AnzahlAnSchlagloechern << endl;
    return 0;
}
```

Listing 7.1: Das Zeichen & verwenden, um die Adresse einer Variablen zu erhalten

Wenn Sie diese Anwendung ausführen, erscheint an der Konsole eine hexadezimale Zahl. Diese Zahl kann mit unserer übereinstimmen, muss es aber nicht, und es kann auch sein, dass sich diese Zahl bei jeder Ausführung der Anwendung ändert. Das Ergebnis hängt einfach davon ab, wie der Computer die Variable bereitgestellt hat und wann er das getan hat. Dies kann bei verschiedenen Computern zu ganz unterschiedlichen Ergebnissen führen. Wenn Sie Listing 7.1 ausführen, könnte das Ergebnis so aussehen:

```
0x28fefc
```

Bei dem, was die Anwendung ausgibt, handelt es sich um die Adresse der Variablen mit dem Namen `AnzahlAnSchlagloechern`. Oder anders ausgedrückt, diese Zahl ist die hexadezimale Version des Ortes, an dem die Variable `Anzahl-AnSchlagloechern` im Arbeitsspeicher abgelegt worden ist. Der Output ist nicht der *Inhalt* der Variablen oder der in einen hexadezimalen Wert umgewandelte Inhalt der Variablen. Es handelt sich dabei um die hexadezimale Adresse der Variablen.

In der Regel können Sie mit diesem Inhalt nicht viel anfangen, außer Sie wollen wie ein Computerfreak klingen. Sie könnten dann herumlaufen und verkünden, dass die Variable an der Adresse 0x28fefc zu finden ist, aber das bringt Sie im Leben nicht viel weiter. (Aber vielleicht heimsen Sie ein paar interessierte Blicke ein, die den Aufwand lohnen.) Die Adresse können Sie aber nutzen, um die Variable selbst zu modifizieren, indem Sie Zeigervariablen benutzen. Eine *Zeigervariable* (englisch *Pointer Variable*) ist wie eine normale Variable, die aber nur die *Adresse* einer anderen Variablen speichert.

Um eine Zeigervariable zu definieren, müssen Sie den Variablentyp angeben, auf den sie zeigen soll. Dann setzen Sie vor den Namen der Variablen ein Sternchen, was das folgende Beispiel zeigt:

```
int *ptr;
```

Diese Zeile definiert eine Variable, die auf eine Ganzzahl (Integer) zeigt. Oder anders ausgedrückt, sie enthält die *Adresse* einer Integervariablen. Und wie kommen Sie an die Adresse einer Integervariablen? Ganz einfach! Verwenden Sie die &-Notation! Auf diese Weise können Sie so etwas tun:

```
ptr = &AnzahlAnSchlagloechern;
```

Diese Zeile packt die Adresse der Variablen `AnzahlAnSchlagloechern` in die Variable `ptr`. Denken Sie daran, dass `ptr` nicht die Anzahl an Schlaglöchern enthält; stattdessen enthält sie die Adresse einer Variablen, die `AnzahlAnSchlagloechern` heißt.

Sie legen den Typ des Zeigers über den Typ des Elements fest, auf den er zeigt. Wenn eine Zeigervariable auf ein Integer zeigt, ist ihr Typ ein *Zeiger auf Integer*. In der Schreibweise von C++ ist ihr Typ `int *` (mit einem Leerzeichen dazwischen) oder `int*` (ohne Leerzeichen); Sie können entscheiden, ob Sie ein Leerzeichen verwenden wollen oder nicht. Wenn eine Zeigervariable auf einen String zeigt, ist ihr Typ *Zeiger auf String*, und die Schreibweise ist dann `string *`.

Die Variable `ptr` nimmt eine Adresse auf, aber was befindet sich an dieser Adresse? Diese Adresse ist der Ort im Arbeitsspeicher, an dem sich der Speicherbehälter mit dem Namen `AnzahlAnSchlagloechern` befindet. Genau an dieser Stelle im Arbeitsspeicher sind die Daten in `AnzahlAnSchlagloechern` gespeichert.

Denken Sie gründlich über dieses Konzept der Zeiger nach. Lesen Sie sich diesen Abschnitt gegebenenfalls mehrfach durch. Nehmen Sie ihn in Ihre tägliche Meditation auf. Wenn Sie nachts aufwachen, sollten Sie an dieses Thema denken. Rufen Sie fremde Leute an und erklären Sie denen, was ein Zeiger ist. Je besser Sie Zeiger verstehen, desto besser wird Ihre Karriere als Programmierer verlaufen – und desto wahrscheinlicher wird es, dass Sie den Millionär schaffen.

Beispiel eines Zeigers

Stellen Sie sich vor, dass `AnzahlAnSchlagloechern` die Zahl 5000 enthält. Dies bedeutet, dass der Computer die Zahl 5000 irgendwo im Arbeitsspeicher ablegt. Wenn Sie die Adresse von `AnzahlAnSchlagloechern` erhalten, können Sie die Zahl 5000 finden.

Wenn Sie nun

```
ptr = &AnzahlAnSchlagloechern
```

setzen, zeigt `ptr` auf eine Stelle im Arbeitsspeicher, die die Zahl 5000 enthält.

Eine Variable mithilfe eines Zeigers ändern

Wenn Sie eine Zeigervariable haben, die die Adresse einer anderen Variablen enthält, können Sie den Zeiger verwenden, um auf die Informationen in der anderen Variablen zuzugreifen. Dies bedeutet, dass Ihnen zwei Wege zur Verfügung stehen, um an die Informationen in einer Variablen zu gelangen: Verwenden Sie den Namen der Variablen selbst (zum Beispiel `AnzahlAnSchlagloechern`), oder benutzen Sie die Zeigervariable, die auf die Variable zeigt.

Wenn Sie die Zahl 6089 in `AnzahlAnSchlagloechern` speichern wollen, können Sie so vorgehen:

```
AnzahlAnSchlagloechern = 6087;
```

Oder Sie verwenden den Zeiger. In diesem Fall definieren Sie ihn zunächst so:

```
ptr = &AnzahlAnSchlagloechern;
```

Um dann `AnzahlAnSchlagloechern` zu ändern, weisen Sie dieser Variablen nicht einfach einen neuen Wert zu. Stattdessen schreiben Sie ein Sternchen davor:

```
*ptr = 6087:
```

Wenn `ptr` auf `AnzahlAnSchlagloechern` zeigt, führen diese beiden Codezeilen zu demselben Ergebnis: Beide ändern den Wert in 6087. Das Hinzufügen eines Sternchens vor die Zeigervariable wird *Dereferenzieren* des Zeigers genannt. Wenn Sie dieses Buch zu Ende gelesen haben, kennen Sie Unmengen von Begriffen, mit denen niemand sonst etwas anfangen kann.

Werfen Sie einen Blick auf das Beispiel `DereferencePointer` im Verzeichnis `ZeigerDereferenzieren` der Beispieldateien, das Listing 7.2 zeigt und all dies vorführt.

```
#include <iostream>

using namespace std;

int main()
{
    int AnzahlAnSchlagloechern;
    int *ptr;
    ptr = &AnzahlAnSchlagloechern;
    *ptr = 6087;
    cout << AnzahlAnSchlagloechern << endl;
    return 0;
}
```

Listing 7.2: Die ursprüngliche Variable mit einer Zeigervariablen ändern

In Listing 7.2 definiert die erste Zeile in `main()` eine Integervariable und die zweite einen Zeiger auf ein Integer. Die nächste Zeile nimmt die Adresse der Integervariablen und speichert sie im Zeiger. Dann ändert die vierte Zeile die ursprüngliche Zahl, indem sie den Zeiger dereferenziert. Und um sicherzustellen, dass das alles auch funktioniert, gibt die nächste Zeile den Wert von `AnzahlAnSchlagloechern` aus. Wenn Sie die Anwendung ausführen, sehen Sie diesen Output:

```
6087
```

Und das ist richtig. Es handelt sich dabei um den Wert, den das System über die Zeigervariable in der ursprünglichen Variablen gespeichert hat.

Sie können auch den Wert der ursprünglichen Variablen über den Zeiger auslesen. Werfen Sie einmal einen Blick auf das Beispiel `ReadPointer`, das sich im Verzeichnis `ZeigerLesen` der Beispieldateien befindet und in Listing 7.3 gezeigt wird. Dieser Code greift über die Zeigervariable `ptr` auf den Wert von `AnzahlAnSchlagloechern` zu. Wenn der Code den Wert erhält, speichert er ihn in einer anderen Variablen, die `FuerSpaeterSpeichern` heißt.

```
#include <iostream>

using namespace std;
```

```
int main()
{
  int AnzahlAnSchlagloechern;
  int *ptr = &AnzahlAnSchlagloechern;
  int FuerSpaeterSpeichern;
  *ptr = 6087;
  FuerSpaeterSpeichern = *ptr;
  cout << FuerSpaeterSpeichern << endl;
  *ptr = 7000;
  cout << *ptr << endl;
  cout << FuerSpaeterSpeichern << endl;
  return 0;
}
```

Listing 7.3: Über einen Zeiger auf einen Wert zugreifen

Wenn Sie diese Anwendung ausführen, sehen Sie Folgendes:

```
6087
7000
6087
```

Achten Sie darauf, dass wir den Wert durch ptr wieder geändert haben – dieses Mal in 7000. Wenn Sie die Anwendung ausführen, sehen Sie, dass sich der Wert tatsächlich ändert, wobei aber der Wert in FuerSpaeterSpeichern unverändert bleibt. Das liegt daran, dass Fuer-SpaeterSpeichern eine eigenständige Variable und nicht mit den beiden anderen verbunden ist.

Auf einen String zeigen

Zeigervariablen lieben das Zeigen. Zeigervariablen können auf jeden Typ einschließlich Strings zeigen. Wenn Sie festgelegt haben, dass eine Variable auf einen bestimmten Typ zeigen soll, gilt weiterhin, dass sie dann nur auf diesen Typ zeigen kann. Wie bei jeder Variablen lässt sich der Typ nicht einfach mal eben ändern. So etwas lässt der Compiler nicht zu.

Um einen Zeiger auf einen String zu erstellen, machen Sie den Typ der Variablen zu string *. Sie können dies dann mit der Adresse einer Stringvariablen gleichsetzen. Das Beispiel StringPointer im Verzeichnis StringZeiger der Beispieldateien zeigt in Listing 7.4, wie so etwas gemacht wird.

```
#include <iostream>

using namespace std;
```

```
# int main()
{
  string GuterFilm;
  string *ptrToString;
  GuterFilm = "Best in Show";
  ptrToString = &GuterFilm;
  cout << *ptrToString << endl;
  return 0;
}
```

Listing 7.4: Mit Zeigern auf einen String zeigen

Sie können Listing 7.4 entnehmen, dass die Zeigervariable mit dem Namen `prtToString` auf die Variable `GuterFilm` zeigt. Aber wenn Sie den Zeiger verwenden wollen, um auf den String selbst zuzugreifen, müssen Sie den Zeiger dereferenzieren, indem Sie ein Sternchen (*) vor seinen Namen setzen.

Wenn Sie diesen Code ausführen, sehen Sie die Ergebnisse eines dereferenzierten Zeigers, bei denen es sich um den Wert der Variablen `GuterFilm` handelt:

```
Best in Show
```

Sie können den Wert des Strings durch den Zeiger ändern, indem Sie ihn wie folgt wieder dereferenzieren:

```
*ptrToString = "Galaxy Quest";
cout << GuterFilm << endl;
```

Hier haben wir den Zeiger dereferenziert, um ihn mit dem String "Galaxy Quest" gleichzusetzen. Dann haben wir die Variable selbst (`Guter Film`) ausgegeben, um zu zeigen, dass tatsächlich eine Änderung vorgenommen worden ist. Wenn Sie diesen Code an das Ende von Listing 7.4 (aber vor `return 0`) anfügen, erhalten Sie als Ausgabe

```
Galaxy Quest
```

Sie können den Zeiger auch verwenden, um auf einzelne Teile eines Strings zuzugreifen, was wir im Beispiel `StringPointer2` im Verzeichnis `StringZeiger2` der Beispieldateien zeigen (siehe Listing 7.5).

```
#include <iostream>

using namespace std;

int main()
{
  string SchrecklicherFilm;
  string *ptrToString;
```

```
SchrecklicherFilm = "L.A. Confidential";
ptrToString = &SchrecklicherFilm;

for (unsigned i = 0; i < SchrecklicherFilm.length(); i++)
{
  cout << (*ptrToString)[i] << " ";
}

cout << endl;
return 0;
}
```

Listing 7.5: Zeiger verwenden, um auf einen String zu zeigen

Wenn Sie diese Anwendung ausführen, sehen Sie den Schriftzug des schrecklichen Films mit Zwischenräumen erscheinen.

L . A . C o n f i d e n t i a l

Okay, wir mögen *L.A. Confidential* nicht. Aber der Film hat zwei Oscars gewonnen und war für weitere sieben nominiert, und er hat einen Haufen anderer Preise gewonnen, weshalb wir uns wegen unserer Meinung nicht ganz so mies fühlen.

Wenn Sie über einen Zeiger auf die Zeichen des Strings zugreifen, müssen Sie das Sternchen und die Zeigervariable in Klammern setzen. Anderenfalls kommt der Compiler durcheinander und versucht zuerst, auf den Index in eckigen Klammern neben dem Namen der Variablen zuzugreifen und dann das Sternchen anzuwenden. Das wäre aber ein Zurückgehen, worin der Computer keinen Sinn sieht, wodurch der Compiler eine Fehlermeldung auswirft.

Die Anwendung durchläuft Zeichen für Zeichen schleifenförmig den gesamten String. Wir verwenden die Funktion `length()`, um herauszufinden, aus wie vielen Zeichen der String besteht. Und in der Schleife nehmen wir uns jedes einzelne Zeichen, um es zusammen mit einem nachfolgenden Leerzeichen auszugeben.

Beachten Sie, dass i vom Typ unsigned und nicht vom Typ int ist, denn die Funktion `length()` gibt einen Wert zurück, der unsigned ist. Wenn Sie versuchen, für i ein int zu verwenden, gibt der Compiler diese Warnung aus:

warning: comparison between signed and unsigned integer

Es ist wichtig, dass Sie den richtigen Datentyp für Schleifen in Variablen verwenden. Anderenfalls scheitert die Anwendung, wenn der Schleifenwert größer als der Wert wird, den die Schleifenvariable unterstützt.

Sie können mithilfe eines Zeigers auch einzelne Zeichen eines Strings ändern. Sie können dies mit einer Zeile wie `(*ptrToString)[5] = 'X';` machen. Achten Sie wie zuvor darauf, um den Variablennamen und das Dereferenzierungszeichen (das Sternchen) Klammern zu setzen.

Über den Zeiger können Sie auch die Länge des Strings erhalten. Sie können die Funktion length() aufrufen und den Zeiger wieder über sorgfältig gesetzte Klammern so wie im folgenden Beispiel dereferenzieren:

```
for (unsigned i = 0; i < (*ptrToString).length(); i++)
{
  cout << (*ptrToString)[i] << " ";
}
```

Auf etwas anderes zeigen

Wenn Sie eine Zeigervariable anlegen, müssen Sie den Datentyp angeben, auf den sie zeigen soll. Danach können Sie zwar diesen Datentyp nicht mehr ändern, aber Sie können neu festlegen, *auf was* die Variable zeigen soll. Wenn Sie zum Beispiel einen Zeiger auf ein Integer haben, können Sie dafür sorgen, dass er auf die Integervariable mit dem Namen TeurerComputer zeigt. Sie können dann später in derselben Anwendung veranlassen, dass der Zeiger auf eine Variable mit dem Namen BilligerComputer zeigt. Wie so etwas gemacht wird, führen wir im Beispiel ChangePointer im Verzeichnis ZeigerAendern der Beispieldateien in Listing 7.6 vor.

```
#include <iostream>

using namespace std;

int main()
{
  int TeurerComputer;
  int BilligerComputer;
  int *ptrToComp;

  ptrToComp = &TeurerComputer;
  *ptrToComp = 2000;
  cout << *ptrToComp << endl;

  ptrToComp = &BilligerComputer;
  *ptrToComp = 500;
  cout << *ptrToComp << endl;

  ptrToComp = &TeurerComputer;
  cout << *ptrToComp << endl;
  return 0;
}
```

Listing 7.6: Mit Zeigern auf etwas anderes zeigen

Dieser Code beginnt mit der Initialisierung der Beigaben – zweier Integervariablen und eines Zeigers auf ein Integer.

Danach lässt der Code den Zeiger auf `TeurerComputer` zeigen und verwendet den Zeiger, um etwas in `TeurerComputer` abzulegen. Anschließend gibt er wieder über den Zeiger den Inhalt von `TeurerComputer` aus.

Dann ändert der Code das, auf das der Zeiger zeigt. Sie setzen zu diesem Zweck den Zeiger auf die Adresse einer anderen Variablen, `&BilligerComputer`. Die nächste Zeile speichert dann `500` dort, wohin der Zeiger zeigt. Und das ist `BilligerComputer`. Auch das geben Sie aus.

Um nun den Zeiger wieder an seine alte Position zurückzuholen, lassen Sie ihn wieder auf die ursprüngliche Variable, `TeurerComputer`, zeigen, ohne etwas darin zu speichern. Dieses Mal geben Sie einfach das aus, was sich dort befindet. Sie machen dies, indem Sie den Zeiger erneut dereferenzieren. Wenn Sie die Anwendung dann ausführen, sehen Sie, dass `TeurerComputer` immer noch `2000` enthält, und das ist genau das, was Sie ursprünglich in dieser Variablen hinterlegt haben. Dies bedeutet, dass die ursprüngliche Variable auch dann unverändert bleibt, wenn der Zeiger auf etwas anderes zeigt und dort ein wenig herumspielt. Und das ist auch gut so, wenn Sie daran denken, dass niemand auf diese Variable gezeigt hat, sie also in dieser Welt alleine war und vollständig ignoriert, wodurch sie sich naturgemäß ziemlich vernachlässigt gefühlt hat.

Passen Sie auf, wenn Sie nur einen Zeiger haben, der zwischen den verschiedenen Variablen herumhüpft. Sie verlieren leicht die Kontrolle darüber, auf welche Variable der Zeiger gerade zeigt.

Tipps für Zeigervariablen

Hier ein paar richtig gute Tipps über den Einsatz von Zeigervariablen.

Sie können zwei Zeigervariablen desselben Typs dadurch definieren, dass Sie beide so in einer Anweisung definieren, wie Sie das bei normalen Variablen machen können. In diesem Fall müssen beide Variablennamen mit einem Sternchen beginnen, was das folgende Beispiel zeigt:

```
int *ptrEins, *ptrZwei
```

Wenn Sie versuchen, mehrere Zeiger in einer Zeile zu definieren, dabei aber nur ein Sternchen vor den ersten Zeiger setzen, wird nur daraus wirklich ein Zeiger. Beim Rest ist das dann nicht der Fall. Dies kann später starke Kopfschmerzen hervorrufen, weil sich so eine Zeile ganz prima kompilieren lässt. Die folgende Zeile ist ein Beispiel für diesen Fehler:

```
int *prtEins, Verwirrung;
```

`Verwirrung` ist hier kein Zeiger auf ein Integer, es ist ein Integer.

Es gibt Programmierer, die das Sternchen wie in folgendem Beispiel direkt hinter den Typ setzen. Sie wollen damit betonen, dass der Typ ein Zeiger auf ein Integer ist:

```
int* ptrEins;
```

Wir verzichten auf diese Schreibweise, weil sie bei vergesslichen Personen, wie wir es sind, leicht dazu führt, nicht daran zu denken, dass jede Variable, die durch ein Komma von den anderen getrennt wird, ihr eigenes Sternchen haben muss, um ein Zeiger zu sein.

Wenn wir eine Zeigervariable definieren, beginnen wir ihren Namen in der Regel mit den Buchstaben ptr, was eine Abkürzung für *Pointer* (dem englischen Wort für *Zeiger*) ist. Auf diese Weise wissen wir, wenn wir uns den Code anschauen, immer sofort, dass etwas eine Zeigervariable ist. Das macht das Leben ein wenig leichter.

Dynamisches Zuweisen mit »new«

Der *Heap* ist ein besonderer Ort, an dem Sie einen Speicherbereich anfordern können. Um nun diesen Speicher nutzen zu können, müssen Sie anders vorgehen als beim Definieren einer einfachen Variablen.

Wenn Sie eine Variable erstellen, geben Sie ihr einen Typ, einen Namen und (irgendwann) einen Wert. Wenn Sie den Code schreiben, entscheiden Sie darüber, ob Sie eine Variable benötigen. Und natürlich können Sie Code schreiben, der den Computer dazu bringt, nur dann Arbeitsspeicher bereitzustellen, wenn der Code ausgeführt worden ist. Der Computer stellt den dafür benötigten Bereich auf dem Heap bereit. Dieser Vorgang wird *dynamische Zuweisung* genannt.

»new« verwenden

Um einen Speicherbehälter auf dem Heap anzufordern, müssen Sie als Erstes eine Variable einrichten, die Ihnen dabei hilft, dem Inhalt des Speicherbehälters auf der Spur zu bleiben. Diese Variable muss eine Zeigervariable sein.

Stellen Sie sich vor, dass Sie irgendwo auf dem Heap ein Integer angefordert haben. (Wie so etwas geht, zeigen wir im nächsten Absatz.) Sie geben ihm keinen Namen, weil Variablen dieser Art keinen Namen haben. Stellen Sie sich das Ding einfach nur als Integer auf dem Heap vor. Dann könnten Sie in Verbindung mit der Integervariablen eine *zweite* Variable haben. Diese zweite Variable befindet sich nicht auf dem Heap, und sie ist ein Zeiger auf die Integervariable, deren Adresse sie aufnimmt. Wenn Sie dann auf die Integervariable zugreifen wollen, machen Sie dies, indem Sie die Zeigervariable dereferenzieren.

Um Arbeitsspeicher auf dem Heap zuzuweisen, müssen Sie zwei Dinge tun: Erstens definieren Sie eine Zeigervariable. Zweitens rufen Sie eine Funktion mit dem Namen new auf. Die Funktion new unterscheidet sich dadurch ein wenig von anderen Funktionen, dass Sie ihre Parameter nicht in Klammern setzen. Aus diesem Grund wird sie eigentlich als *Operator* betrachtet. Andere Operatoren sind zum Beispiel + und – für die Addition beziehungsweise Subtraktion von Ganzzahlen. Auch diese Operatoren verhalten sich wie Funktionen, bei denen Sie keine Klammern verwenden.

Wenn Sie die Funktion new benutzen wollen, geben Sie den Typ der Variablen an, die Sie erstellen wollen. So erstellt zum Beispiel die folgende Zeile eine neue Integervariable:

```
int *irgendwo = new int;
```

Nachdem der Computer die neue Integervariable auf dem Heap erstellt hat, speichert er ihre Adresse in der Variablen irgendwo, denn bei dieser Variablen handelt es sich um einen Zeiger auf ein Integer. Auf diese Weise enthält sie die Adresse einer Integervariablen. Das Beispiel UsingNew im Verzeichnis NewVerwenden der Beispieldateien zeigt dies in Listing 7.7.

```
#include <iostream>

using namespace std;

int main()
{
  int *ptr = new int;
  *ptr = 10;
  cout << *ptr << endl;
  return 0;
}
```

Listing 7.7: Arbeitsspeicher mit new zuweisen

Wenn Sie diese Anwendung ausführen, sehen Sie diesen süßen, kleinen Output:

```
10
```

Sie weisen in dieser Anwendung zuerst eine Zeigervariable zu, der Sie den Namen ptr geben. Dann rufen Sie new mit dem Typ int auf, was einen Zeiger auf ein Integer zurückgibt. Sie speichern den Rückgabewert in der Variablen ptr.

Dann lassen Sie Ihre ganze Zauberkraft darauf einwirken. Gut, nicht alles hat mit Magie zu tun, aber Sie speichern *in dem Ding, auf das ptr zeigt*, 10. Danach geben Sie den Wert aus, *der in dem Ding gespeichert ist, auf das ptr zeigt.*

Aber was genau ist *das Ding, auf das ptr zeigt*, und was macht es so wichtig, dass es Kursivschrift rechtfertigt? Das ist der Arbeitsspeicher, der durch den Operator new zugewiesen wird. Stellen Sie es sich als Variable irgendwo vor. Aber diese Variable hat, anders als normale Variablen, keinen Namen. Und da sie keinen Namen hat, können Sie nur über den Zeiger darauf zugreifen. Das ist wie bei einem anonymen Autor und seinem Verleger: Wenn Sie dem Autor schreiben wollen, geht das nur über den Verleger. Hier können Sie diese namenlose, aber dennoch berühmte Variable nur über den Zeiger erreichen.

Dies bedeutet nun nicht, dass die Variable einen geheimen Namen, zum Beispiel BlauSchimmel, hat und dass Sie diesen, wenn Sie nur tief genug graben, herausfinden. Es bedeutet nur, dass die Variable keinen Namen hat. Tut uns leid.

 Wenn Sie new aufrufen, erhalten Sie einen Zeiger zurück. Dieser Zeiger ist von dem Typ, den Sie in Ihrem Aufruf von new angeben. Sie können den Zeiger dann in einer Zeigervariablen von demselben Typ speichern.

 Wenn Sie den Operator new verwenden, lautet der allgemeine Sprachgebrauch, dass Sie *Speicher auf dem Heap zuweisen*.

An dieser Stelle könnten Sie die alles entscheidende Frage stellen: Warum? Warum sollte ich mir die Mühe machen, irgendwo auf dem Heap eine Integervariable zu erstellen, eine Variable, die keinen Namen hat, wenn ich einfach nur eine zweite Variable erstellen muss, die darauf zeigt? Ist so etwas nicht kontraproduktiv?

Die Antwort: Wenn Sie Ihre Variablen auf dem Heap zuweisen, können Sie viele vorteilhafte Funktionen nutzen. Sie können Zeiger zusammen mit etwas nutzen, das Array genannt wird. Ein *Array* ist ein großer Speicherbehälter mit mehreren Schubfächern, die jeweils ein Element aufnehmen. Und wenn Sie ein Array einrichten, das Zeiger aufnimmt, können Sie diese wegpacken, ohne jedem einzelnen einen Namen geben zu müssen. Diese Zeiger können dann auf komplexe Dinge zeigen, die Objekte genannt werden. (Wir gehen in Kapitel 8 auf Objekte ein, und Arrays werden in Kapitel 9 behandelt.) Und wenn Sie dann diese Variablen (die in Form von Strings richtig groß werden können) zum Beispiel an eine Funktion übergeben wollen, müssen Sie nur das Array und nicht die Strings selbst übergeben. Dieser Schritt spart viel Speicher auf dem Stack ein.

Zusätzlich zu Objekten und Arrays können Sie eine Funktion dazu bringen, eine Variable zu erstellen und zurückzugeben. Wenn Sie dann die Variable von der Funktion zurückerhalten, können Sie sie nutzen, und wenn Sie die Variable nicht mehr benötigen, können Sie sie löschen. Und zum Schluss können Sie noch einen Zeiger an die Funktion übergeben. Siehe hierzu auch die beiden Abschnitte *Zeigervariablen an Funktionen übergeben* und *Zeigervariablen von Funktionen zurückerhalten* weiter hinten in diesem Kapitel.

Eine Initialisierungsanweisung verwenden

Wenn Sie new aufrufen, können Sie den Arbeitsspeicher, den Sie zuweisen, mit einem Initialisierungswert versehen. Wenn Sie zum Beispiel ein neues Integer zuweisen, können Sie in demselben Arbeitsschritt gleich die Zahl 10 im Integer speichern.

Das Beispiel Initializer im Verzeichnis Initialisierung der Beispieldateien zeigt diese Vorgehensweise in Listing 7.8.

```
#include <iostream>

using namespace std;

int main()
{
  int *ptr = new int(10);
  cout << *ptr << endl;
  return 0;
}
```

Listing 7.8: Einen Wert in Klammern setzen, um Arbeitsspeicher zu initialisieren. Sie allozieren.

Wir haben in diesem Code new aufgerufen und gleichzeitig eine Zahl in Klammern gesetzt. Diese Zahl wird als Initialisierungswert im Arbeitsspeicher abgelegt. Die Codezeile, in der das geschieht, ist vom Ergebnis her mit folgendem Code identisch:

```
int *ptr = new int;
*ptr = 10;
```

Wenn Sie im Operator new einen Wert initialisieren, lautet der technische Ausdruck für das, was Sie da tun, *einen Konstruktor aufrufen*. Der Grund dafür ist, dass der Compiler Ihrer Anwendung sehr viel Code hinzufügt – Code, der im Hintergrund arbeitet. Bei diesem Code handelt es sich um die *Laufzeitbibliothek*. Zu dieser Bibliothek gehört eine Funktion, die eine Integervariable initialisiert, wenn Sie einen Initialisierungswert übergeben. Die Funktion, die diese Aufgabe erledigt, wird als *Konstruktor* bezeichnet. Konstruktoren werden ausführlicher in Kapitel 8 behandelt.

Ein neuer String

Sie können mit new so gut wie jeden Datentyp einschließlich Strings zuweisen. Sie schreiben einfach new, dem string folgt.

Es gibt einen Datentyp, den Sie new nicht zuweisen können. Wenn eine Funktion nichts zurückgeben soll, bezeichnen Sie den Rückgabetyp als void. Sie können nun aber new nicht benutzen, um den Typ void zuzuweisen. Aus diesem Grund können Sie auch keine Variable vom Typ void erstellen. Der Compiler lässt so etwas nicht zu.

Das Beispiel UseNew2 im Verzeichnis NewVerwenden2 der Beispieldateien zeigt in Listing 7.9, wie new für einen String aufgerufen wird. Und denken Sie – wie immer – für <iostream> an die include-Zeile.

```
#include <iostream>

using namespace std;

int main()
{
  string *Kennwort = new string;
  *Kennwort = "Der Eiersalat ist nicht frisch.";
  cout << *Kennwort << endl;
  return 0;
}
```

Listing 7.9: Den neuen Operator mit Strings verwenden

Dieser Code stellt mithilfe des Schlüsselwortes new einen neuen String bereit und speichert das Ergebnis in der Variablen `Kennwort`. Danach speichert er einen interessanten Text im neu allozierten String, indem der Zeiger dereferenziert wird. Und zum Schluss gibt er den Text durch erneutes Dereferenzieren des Zeigers aus. Denken Sie daran, dass die Stringvariable irgendwo auf dem Heap liegt und keinen Namen hat.

 Wenn Sie in einer `string`-Variablen, die Sie mit new zuweisen *(allozieren)*, eine Folge von Zeichen speichern, geschieht dies im zugewiesenen Bereich des Arbeitsspeichers und *nicht* in der Zeigervariablen. Die Zeigervariable enthält nur die Adresse des zugewiesenen Speicherbereichs.

 Wenn Sie mit Strings arbeiten, können Sie, statt umständlich Klammern um den Namen und das davor stehende Sternchen zu setzen, einen Kurzbefehl verwenden, um die verschiedenen Stringfunktionen aufzurufen. Statt `(*Kennwort)`. `length()` einzugeben, können Sie die folgende Codezeile schreiben (bei den Zeichen hinter `Kennwort` handelt es sich um ein Minuszeichen und das Zeichen »größer als«, die zusammen einen Pfeil darstellen sollen).

```
cout << Kennwort->length() << endl;
```

 Sie können einen String dadurch initialisieren, dass Sie beim Aufrufen von new für einen Stringtyp Klammern verwenden. Setzen Sie den String hinter dem Wort `string` einfach in Anführungszeichen und das Ganze dann in Klammern:

```
string *Kennwort = new string("Der Eiersalat ist nicht frisch.")
```

Diese Zeile entspricht den ersten beiden Codezeilen in `main` in Listing 7.9.

 Selbst wenn der Zeiger auf einen String zeigt, enthält der Zeiger selbst eine Zahl, die Sie aber auf keinen Fall mit einem Integer verwechseln dürfen. Bei dieser Zahl handelt es sich um die Adresse des Strings, auf den der Zeiger zeigt. Nichtsdestotrotz können Sie mit Zeigern auch rechnen, wie Kapitel 9 zeigt.

Zeiger freigeben

Wenn Sie Speicher auf dem Heap zuweisen, indem Sie die Funktion new aufrufen, und Sie den Speicher nicht mehr benötigen, müssen Sie den Computer wissen lassen, ob es hier um wenig oder viel Arbeitsspeicher geht. Der Computer kann in Ihrem Code nicht nach vorne blicken und weiß deshalb nicht, ob der gerade noch benutzte Arbeitsspeicher weiter zur Verfügung stehen muss oder nicht. Deshalb sollten Sie in Ihrem Code den Arbeitsspeicher, den Sie nicht mehr benötigen, *freigeben*.

Sie geben Arbeitsspeicher dadurch frei, dass Sie die Funktion delete aufrufen und ihr den Namen des Zeigers übergeben:

```
delete MeinZeiger;
```

Diese Zeile kommt hinter die Stelle im Code, an der Sie damit fertig sind, einen Zeiger zu benutzen, der über new zugewiesen worden ist. (Wie new ist auch delete ein Operator, der um die Parameter herum keine Klammern benötigt.)

Das Beispiel FreePointer im Verzeichnis ZeigerFreiGeben der Beispieldateien zeigt, wie Sie einen Zeiger zuweisen, ihn verwenden und dann wieder löschen. Der Text im String ist nicht übersetzt worden, weil dieses Beispiel auch den gezielten Austausch von Zeichen demonstriert.

```
#include <iostream>

using namespace std;

int main()
{
  string *phrase = new string("All presidents are cool!!!");
  cout << *phrase << endl;

  (*phrase)[20] = 'r';
  phrase->replace(22, 4, "oked");
  cout << *phrase << endl;

  delete phrase;
  return 0;
}
```

Listing 7.10: delete verwenden, um Zeiger aufzuräumen

Wenn Sie dieses Beispiel ausführen, sehen Sie diesen Output:

```
All presidents are cool!!!
All presidents are crooked
```

(Die erste Zeile besagt, dass alle Präsidenten cool sind, während die zweite Zeile behauptet, dass sie korrupt – *crooked* – sind.)

Wir haben in diesem Code zuerst einen neuen String zugewiesen und diesen initialisiert, indem wir seine Adresse in einer Zeigervariablen mit dem Namen phrase gespeichert haben. Dann haben wir den Ausdruck ausgegeben, ihn geändert und erneut ausgegeben. Zum Schluss haben wir den Arbeitsspeicher wieder freigegeben, der von dem Ausdruck benutzt worden ist.

Auch wenn gesagt wird, dass Sie _den Zeiger löschen_ oder _den Zeiger freigeben_, so geben Sie in Wirklichkeit den _Arbeitsspeicher_ frei, auf den der Zeiger zeigt. Der Zeiger kann für weitere Aktionen weiterverwendet werden. Wir werden aber an der Tradition festhalten und auch weiterhin vom Löschen des Zeigers sprechen.

Sie müssen Ihre Zeiger nicht unbedingt bewusst freigeben, weil der Computer den gesamten Arbeitsspeicher freigibt, den Ihre Anwendung belegt, wenn diese beendet wird. Es hat sich aber bewährt, Zeiger, die aktuell nicht mehr benötigt werden, freizugeben. Es kann nämlich sonst dazu kommen, dass Sie, während Ihre Anwendung läuft, den gesamten Arbeitsspeicher blockieren, der dem Heap zugewiesen worden ist. Und große Softwaresysteme, die auf großen Computern laufen, werden vielleicht nur einmal jede Woche oder alle zwei Wochen herunter-gefahren. Wenn sich dann ein Teil einer solchen Anwendung weigert, seine Daten freizugeben, füllt sich der Heap möglicherweise, und die ganze Anwendung stürzt ab.

Wenn Sie einen Zeiger freigeben, ist dadurch auch der Speicherbereich, auf den er zeigt, frei. Nichtsdestotrotz zeigt der Zeiger auch unmittelbar, nachdem Sie ihn gelöscht haben, weiterhin auf den Speicherbereich, der eigentlich nicht mehr benutzt wird. Sie sollten nicht versuchen, den Zeiger dann wieder zu verwenden. Sie müssen ihn über einen Aufruf von new neu einrichten, damit er irgendwo an-ders hinzeigt, oder Sie müssen ihn auf eine andere Variable setzen.

Wenn Sie einen Zeiger freigegeben haben, sollten Sie ihn auf den Wert 0 setzen. Wenn Sie dann einen Zeiger verwenden, prüfen Sie zuerst einmal nach, ob er gleich 0 ist, und verwen-den Sie ihn nur, wenn dies _nicht_ der Fall ist. Mit dieser Strategie sind Sie immer erfolgreich, weil der Computer Arbeitsspeicher niemals an der Adresse 0 zuweist. Deshalb könnte die Zahl 0 auch für _Ich zeige auf überhaupt nichts_ reserviert werden.

Das folgende Codebeispiel gibt zuerst den Zeiger frei und leert ihn, indem er auf 0 gesetzt wird:

```
delete ptrToSomething;
ptrToSomething = 0;
```

Dieser Code prüft nach, ob der Zeiger ungleich 0 ist, bevor er verwendet wird:

```
ptrToComp = new int;
*ptrToComp = 10;
if (ptrToComp != 0)
{
  cout << *ptrToComp << endl;
}
```

 Rufen Sie delete nur für Arbeitsspeicher auf, den Sie über new zugewiesen haben. Auch wenn sich der Compiler von Code::Blocks nicht darüber beschwert, wenn Sie einen Zeiger löschen, der auf eine reguläre Variable zeigt: Sie können nur Arbeitsspeicher auf dem Heap und keine lokalen Variablen auf dem Stack freigeben.

Zeigervariablen an Funktionen übergeben

Eines der wichtigsten Anwendungsgebiete von Zeigern ist dieses: Wenn ein Zeiger auf eine Variable zeigt, können Sie den Zeiger an eine Funktion übergeben, und die Funktion kann die ursprüngliche Variable ändern. Damit sind Sie in der Lage, Funktionen zu schreiben, die tatsächlich die Variablen ändern können, die an sie übergeben werden.

Werte von Variablen mit Zeiger ändern

Normalerweise nimmt sich der Computer, wenn Sie eine Funktion aufrufen und ihr Variablen übergeben, nur die Werte in den Variablen und übergibt diese. Schauen Sie sich das Beispiel VariablePointer im Verzeichnis VariablenZeiger der Beispieldateien einmal genau an. Listing 7.11 gibt dieses Beispiel wieder.

```
#include <iostream>

using namespace std;

void ChangesAreGood(int myparam)
{
    myparam += 10;
    cout << "In der Funktion:" << endl;
    cout << myparam << endl;
}

int main()
{
  int mynumber = 30;
  cout << "Vor der Funktion:" << endl;
  cout << mynumber << endl;

  ChangesAreGood(mynumber);
  cout << "Nach der Funktion:" << endl;
  cout << mynumber << endl;

  return 0;
}
```

Listing 7.11: Eine Funktion kann die ursprünglichen Variablen, die an sie übergeben werden, nicht ändern.

Listing 7.11 enthält eine Funktion mit dem Namen ChangesAreGood(), die den Parameter ändert, den sie erhält. (Sie addiert 10 auf den ihr übergebenen Parameter myparam.) Dann gibt sie den neuen Wert des Parameters aus.

Die Funktion main() initialisiert eine Integervariable, mynumber, und gibt ihren Wert, 30, aus. Dann ruft sie die Funktion ChangesAreGood() auf, die den Parameter ändert. Wenn main() dann von ChangesAreGood() zurückkehrt, wird der Wert noch einmal ausgegeben.

Wenn Sie diese Anwendung ablaufen lassen, sehen Sie:

```
Vor der Funktion:
30
In der Funktion:
40
Nach der Funktion:
30
```

Vor dem Aufruf der Funktion hat mynumber den Wert 30. Und nach dem Funktionsaufruf beträgt der Wert immer noch 30. Aber die Funktion hat doch 10 auf den Parameter addiert? Wenn eine Funktion ihren Parameter ändert, *wird die ursprüngliche Variable nicht geändert.* Hier haben Sie es mit zwei unabhängigen Einheiten zu tun. Nur der Wert 30 ist in die Funktion gewandert, nicht die Variable. Die bleibt in main() erhalten.

Dies hindert gemeine Funktionen daran, Dinge zu verpfuschen. Wie sieht das aber aus, wenn Sie eine Funktion schreiben, die die Variable ändern *soll*?

Ein Zeiger enthält eine Zahl, die die Adresse einer Variablen darstellt. Wenn Sie diese Adresse an eine Funktion übergeben und die Funktion diese Adresse in einer ihrer Variablen speichert, zeigt diese Variable wie der ursprüngliche Zeiger ebenfalls auf die Variable. Macht das Sinn? Die Zeigervariable in main() und die Zeigervariable in der Funktion *zeigen nun beide auf dieselbe Variable*, weil *beide Zeiger dieselbe Adresse enthalten.*

Und das ist der Weg, wie Sie es zulassen, dass eine Funktion Daten in einer Variablen ändert: Sie übergeben einen Zeiger. Und wenn Sie eine Funktion aufrufen, geht dies ganz einfach, weil Sie keine Zeigervariable erstellen müssen. Stattdessen rufen Sie einfach die Funktion auf und setzen dabei ein & vor den Namen der Variablen. Dann übergeben Sie nicht die Variable oder ihren Wert, sondern die Adresse der Variablen.

Das Beispiel VariablePointer2 im Verzeichnis VariablenZeiger2 der Beispieldateien, das Listing 7.12 zeigt, ist eine abgewandelte Form von Listing 7.11. Dieses Mal schafft es die Funktion wirklich, die Variable zu ändern.

```
#include <iostream>

using namespace std;

void ChangesAreGood(int *myparam)
{
    (*myparam) += 10;
    cout << "In der Funktion:" << endl;
    cout << (*myparam) << endl;
}

int main()
{
  int mynumber = 30;
  cout << "Vor der Funktion:" << endl;
  cout << mynumber << endl;

  ChangesAreGood(&mynumber);
  cout << "Nach der Funktion:" << endl;
  cout << mynumber << endl;

  return 0;
}
```

Listing 7.12: Variablen, die an eine Funktion übergeben wurden, mithilfe von Zeigern ändern

Wenn Sie diese Anwendung ausführen, sehen Sie die folgenden Zeilen:

```
Vor der Funktion:
30
In der Funktion:
40
Nach der Funktion:
40
```

Achten Sie auf den entscheidenden Unterschied zwischen diesen Zeilen und dem, was Listing 7.11 ausgibt. Hier lautet die letzte Zeile, die ausgegeben wird, 40 und nicht 30. Die Variable ist von der Funktion geändert worden!

Um zu verstehen, wie es zu so etwas kommen kann, schauen Sie sich zuerst main() an. Hier mussten wir nur eine kleine Änderung einbauen: Wir haben im Aufruf von ChangesAre-Good() vor das Argument ein kaufmännisches Und (&) gesetzt. Damit übergeben wir nicht mehr den Wert, der in mynumber gespeichert ist, sondern die Adresse von mynumber.

In der Funktion haben wir ein paar größere Änderungen vorgenommen. Wir haben den Kopf der Funktion neu geschrieben, damit sie einen Zeiger und keine Zahl übernimmt. Wir haben dies dadurch erreicht, dass wir ein Sternchen (*) hinzugefügt haben, wodurch der Parameter zu einer Zeigervariablen wird. Dieser Zeiger empfängt die Adresse, die übergeben wird. Auf diese Weise zeigt der Zeiger auf die Variable mynumber. Deshalb wirkt sich jede Änderung, die wir vornehmen, indem wir den Zeiger dereferenzieren, auf die ursprüngliche Variable aus. Sie wird geändert! Die folgende Zeile ändert die ursprüngliche Variable:

```
(*myparam) += 10;
```

Wenn Sie einen Zeiger an eine Funktion übergeben, übergeben Sie immer noch nur eine Zahl. Sie übergeben in Listing 7.11 den Wert, der in mynumber gespeichert ist, an die Funktion. In Listing 7.12 übergeben Sie nicht irgendwie die Variable, sondern den *Wert* der Adresse von mynumber. Dieser Wert ist auf jeden Fall eine Zahl. Und weil diese Zahl eine Adresse ist, mussten wir in Listing 7.12 den Kopf der Funktion ändern, damit er eine Adresse und nicht nur eine Zahl erwartet. Wir haben zu diesem Zweck eine Zeigervariable verwendet, weil dies ein Speicherbehälter für eine Adresse ist. Dann mussten wir den Rest der Funktion ändern, um den Zeiger nutzen zu können.

Die Funktion ChangesAreGood() ändert in Listing 7.12 nicht mehr ihren eigenen Parameter. Der Parameter enthält am Anfang die Adresse der ursprünglichen Variablen mynumber, und das ändert sich auch nicht. Die Zeigervariable mynumber enthält in der Funktion durchgehend die Adresse von mynumber. Und alle Änderungen, die die Funktion vornimmt, betreffen die dereferenzierte Variable mynumber. *Die Zeigervariable ändert sich nicht.*

Übergabe per Wert oder per Referenz

Wenn Sie mit anderen Sprachen arbeiten, treffen Sie auf die Begriffe *per Wert übergeben* und *per Referenz übergeben*. Der erste Ausdruck bedeutet, dass der gegenwärtige Wert der Variablen an eine Funktion gesendet wird, wenn Sie diese aufrufen. Wenn Sie mit C++ arbeiten, erledigen Sie diese Aufgabe dadurch, dass Sie die Funktion mit der Variablen so aufrufen, wie es in Listing 7.11 gezeigt wird. Der zweite Ausdruck, *per Referenz übergeben*, bedeutet, dass die Adresse der Variablen an die Funktion gesendet wird, wodurch die Funktion in die Lage versetzt wird, den ursprünglichen Inhalt dieser Variablen zu ändern. Wenn Sie mit C++ arbeiten, erledigen Sie diese Aufgabe, indem Sie die Funktion so mit einem Zeiger aufrufen, wie es in Listing 7.12 gezeigt wird. Die verschiedenen Sprachen verwenden für die gleiche Sache unterschiedliche Begriffe, was gelegentlich zu ziemlichen Missverständnissen führen kann. C++ verwendet seine Terminologie wie vorgestellt, weil es direkt mit Zeigern umgehen kann und keine irgendwie zugrunde liegenden Mechanismen aus speziellen Techniken und Schlüsselwörtern ausblenden muss.

Stringparameter ändern

Das Ändern von Stringparametern ist genauso einfach wie das Ändern einer Integervariablen. Hinzu kommt, dass Stringvariablen einen Vorteil bieten, wenn Sie mit Zeigern arbeiten: Sie können den Kurzbefehl -> verwenden.

Das Beispiel VariablePointer3, das sich im Verzeichnis VariablenZeiger3 der Beispieldateien befindet und in Listing 7.13 gezeigt wird, enthält eine Funktion, die die ursprüngliche Stringvariable ändert, die an sie übergeben wird. Die Funktion erwartet einen Zeiger auf einen String. Die Funktion verwendet die ->-Notation, um auf die Stringfunktionen zuzugreifen. Die Funktion main() erstellt einen String, initialisiert ihn, gibt den Wert des Strings aus, ruft die Funktion auf und gibt den Wert erneut aus. Wenn Sie die Anwendung ausführen, sehen Sie, dass sich der Wert des Strings geändert hat. Da es auch bei diesem Beispiel primär um das Ersetzen von Zeichen in Variablen geht, haben wir darauf verzichtet, den String zu übersetzen.

```cpp
#include <iostream>

using namespace std;

void Paranoid(string *realmessage)
{
  (*realmessage)[6] = 'i';
  realmessage->replace(9, 1, "");
  realmessage->insert(18, "ad");
  realmessage->replace(15, 2, "in");
  realmessage->replace(23, 7, "!");
  realmessage->replace(4, 3, "ali");
}

int main()
{
  string message = "The friends are having dinner";
  cout << message << endl;

  Paranoid(&message);
  cout << message << endl;

  return 0;
}
```

Listing 7.13: Eine Funktion verwenden, um einen String, der an die Funktion übergeben worden ist, über Zeiger zu ändern

Wir haben uns in Listing 7.13 dazu entschlossen, die Variable message nicht zu einem Zeiger zu machen. Sie ist einfach nur eine Stringvariable. Dann haben wir in der Variablen einen String hineingepackt und die Funktion Paranoid() aufgerufen, Aber anstatt nun den Wert zu übergeben, der in message gespeichert ist, haben wir die Adresse von message übergeben.

Die Funktion empfängt dann als Parameter einen Zeiger. Da es sich um einen Zeiger vom Typ `string` handelt, haben wir die Schreibweise mit dem Kurzbefehl -> intensiv verwendet. Denken Sie daran, dass (`*realmessage`) gleich dem Zeiger ist.

Wenn Sie diese Anwendung ausführen, sehen Sie den ursprünglichen Wert von `message` und den abgeänderten Wert, zu dem es kommt, wenn die Funktion ihre Arbeit getan hat:

```
The friends are having dinner
The aliens are invading!
```

Zeigervariablen von Funktionen zurückerhalten

Funktionen können Werte zurückgeben, zu denen auch Zeigervariablen gehören. Um eine Funktion so einzurichten, dass sie einen Zeiger zurückgibt, legen Sie den Typ fest, dem der Name der Funktion folgt, wobei Sie an den Beginn des Namens im Kopf der Funktion ein Sternchen setzen. Das Beispiel `ReturnPointer` im Verzeichnis `ZeigerZurueckgeben` der Beispieldateien, das in Listing 7.14 gezeigt wird, führt dies vor. Die Funktion gibt einen Zeiger zurück, der das Ergebnis einer Operation mit new ist.

```cpp
#include <iostream>
#include <sstream>
#include <stdlib.h>

using namespace std;

string *GeheimenCodeErhalten()
{
  string *code = new string;
  code->append("CR");

  int zufallszahl = rand();
  ostringstream converter;
  converter << zufallszahl;

  code->append(converter.str());
  code->append("NQ");

  return code;
}

int main()
{
  string *neuercode;
  int index;
```

```
for (index = 0; index < 10; index++)
{
  neuercode = GeheimenCodeErhalten();
  cout << *neuercode << endl;
}

return 0;
}
```

Listing 7.14: Um einen Zeiger von einem String zurückzugeben, binden Sie in den Rückgabetyp ein Sternchen ein.

Wir haben in diesem Code das Sternchen im Kopf der Funktion an den NAMEN der Funktion geklebt. Dies ist die übliche Vorgehensweise. Sie können dabei jede dieser Zeilen verwenden:

```
string *GeheimenCodeErhalten()
string* GeheimenCodeErhalten()
string * GeheimenCodeErhalten()
```

Wir haben in der Funktion main() einen Zeiger auf einen String, keinen String selbst, erstellt. Meine Funktion gibt einen Zeiger auf einen String zurück, und wir mussten dafür sorgen, dass der Zeiger und der String zueinanderpassen. Als wir den String benutzt haben, mussten wir ihn dereferenzieren.

Wenn Sie diese Anwendung ausführen, sehen Sie so etwas wie das hier:

```
CR41NQ
CR18467NQ
CR6334NQ
CR26500NQ
CR19169NQ
CR15724NQ
CR11478NQ
CR29358NQ
CR26962NQ
CR24464NQ
```

Geben Sie *niemals* aus einer Funktion heraus die Adresse einer lokalen Variablen der Funktion zurück. Die lokale Variable lebt in dem Bereich des Stacks, der für die Funktion reserviert worden ist, und nicht auf dem Heap. Wenn die Funktion abgearbeitet worden ist, leert der Computer den Bereich des Stacks, der für die Funktion verwendet wurde, und schafft Platz für den *nächsten* Funktionsaufruf. Wenn Sie das mit den Adressen lokaler Variablen ausprobieren, geht das eine Zeit lang gut, aber nach einer genügend großen Anzahl an Funktionsaufrufen werden die Daten der Variablen überschrieben.

Zufallszahlen und Strings

In der Mitte der Funktion in Listing 7.14 taucht ein ganz besonderer Code auf, den wir erklären sollten. Es handelt sich dabei um einen kleinen Trick, den wir genutzt haben, um eine Zufallszahl zu generieren und in der Mitte des Strings zu platzieren. Als Erstes mussten wir zwei zusätzliche include-Zeilen hinzufügen:

```
#include <stdlib.h>
#include <sstream>
```

Die erste Zeile sorgt für einen Zugriff auf die Funktion rand(). Die zweite ermöglicht den Zugriff auf einige der besonderen Funktionalitäten, um die es noch gehen wird – insbesondere auf den Typ ostringstream. Hier die drei Zeilen, die für den Zauber verantwortlich sind:

```
int zufallszahl = rand();
ostringstream converter;
converter << zufallszahl;
```

Die erste dieser Zeilen erstellt eine Zufallszahl, indem eine Funktion mit dem Namen rand() aufgerufen wird. Diese Funktion gibt eine Ganzzahl (ein Integer) zurück. Die nächste Zeile erstellt eine Variable von einem Typ mit dem Namen ostringstream, bei dem es sich um einen Typ handelt, der sehr praktisch ist, wenn es darum geht, Zahlen in Strings umzuwandeln. Eine Variable dieses Typs verfügt über Funktionalitäten, die denen einer Konsole gleichen. Sie können den Einfügungsoperator (<<) verwenden, wobei hier nichts, was Sie schreiben, in die Konsole, sondern in den String geht. Das ist nun kein bereits vorhandener String – es ist ein besonderer String vom Typ ostringstream (dieses Wort setzt sich aus *Output*, *String* und *Stream* zusammen; Dinge, die es dem Einfügeoperator << und dem Operator für das Herausholen von Zeichen >> erlauben, Eingaben beziehungsweise Ausgaben vorzunehmen, werden *Streams* genannt). Nachdem wir das getan haben, können wir den sich daraus ergebenden String unserer Stringvariablen hinzufügen, die wir code genannt haben. Hierfür verwenden wir die Zeile

```
code->append(converter.str());
```

Der Teil in den Klammern – converter.str() – gibt dann die eigentliche string-Version der Variablen converter zurück. Das können wir dann mit der Funktion append problemlos an die Variable code anhängen. Das ist zwar nicht der direkteste Weg, aber funktioniert ganz gut.

 Da es sich bei den Parametern einer Funktion normalerweise um Werte handelt, gibt eine Funktion normalerweise auch einen Wert zurück. Wenn ein Zeiger zurückgegeben wird, ändert sich daran nichts, denn es wird der Wert des Zeigers zurückgegeben. Dieser Wert ist eine Zahl, die die Adresse des Zeigers darstellt.

Einen Zeiger als Nicht-Zeiger zurückgeben

Möglicherweise ist es für Sie nervig, einen Zeiger, der von einer Funktion zurückgegeben wird, jedes Mal dereferenzieren zu müssen, wenn Sie ihn nutzen wollen. Listing 7.14 aus dem vorherigen Abschnitt ist ein Beispiel dafür, dass Sie einen Zeiger jedes Mal dereferenzieren müssen. Sie können das aber dadurch vermeiden, dass Sie den Zeiger dereferenzieren, sobald er zur Verfügung steht. Das Beispiel ReturnPointer2, das Sie im Verzeichnis ZeigerZurueckgeben2 der Beispieldateien finden, zeigt in Listing 7.15: Sie beginnen den Aufruf der Funktion mit einem Sternchen, der das Ergebnis sofort dereferenziert. Dann bringen Sie das Ergebnis in einer Variablen unter, die kein Zeiger ist. Danach haben Sie den Wert in der Variablen, und Sie müssen den Zeiger nicht dereferenzieren, wenn Sie den Wert verwenden wollen. Wenn Sie dann cout aufrufen, benutzen Sie den Wert direkt und können dabei auf Sternchen und anderen Zeigerkrimskram verzichten.

```cpp
#include <iostream>

using namespace std;

string *NichtGeheimenCodeErhalten()
{
  string *code = new string("ABCDEF");
  return code;
}

int main()
{
  string neuercode;
  int index;

  for (index = 0; index < 10; index++)
  {
    neuercode = *NichtGeheimenCodeErhalten();
    cout << neuercode << endl;
    delete neuercode;
  }

  return 0;
}
```

Listing 7.15: Den Rückgabewert sofort dereferenzieren, wodurch Sie ihn
nicht mehr als Zeiger nutzen müssen

Wenn Sie diese Anwendung ausführen, sehen Sie diesen zwar geheimen, aber doch sehr verlockenden Output:

```
ABCDEF
ABCDEF
ABCDEF
```

```
ABCDEF
ABCDEF
ABCDEF
ABCDEF
ABCDEF
ABCDEF
ABCDEF
```

Per Referenz übergeben

C++ basiert auf der alten Sprache C, die sehr einfach gestrickt war. C++ kennt ein paar Mechanismen, um Ihnen das Leben zu erleichtern. Eine davon sind Referenzen. Eine *Referenz* ist ein anderer Weg, um einen Parameter in einer Funktion anzusprechen, wobei die Funktion in der Lage ist, die ursprüngliche Variable zu ändern. (Für *Referenz* wird häufig auch der Begriff *Verweis* verwendet, und auch im deutschsprachigen Umfeld finden Sie für *per Referenz übergeben* den englischsprachigen Ausdruck *Passing as Reference*.) Anstatt nun hinter den Typ des Parameters als nächstes Zeichen ein Sternchen (*) zu setzen, um einen Zeiger zu kennzeichnen, setzen Sie ein kaufmännisches Und (&). Dann können Sie den Parameter in Ihrer Funktion ganz normal nutzen und müssen ihn nicht als Zeiger verwenden. Aber jede Änderung, die Sie an dem Parameter vornehmen, wirkt sich auf die ursprüngliche Variable aus! Dieses Konzept ist seiner Zeit weit voraus (oder hinkt ihr hinterher, wenn man bedenkt, dass es diese Funktionalität in anderen Sprachen schon seit Jahren gibt).

Schauen Sie sich das Beispiel `PassingByReference` im gleichnamigen Verzeichnis der Beispieldateien an und achten Sie darauf, dass wir keinen einzigen Zeiger verwenden.

```cpp
#include <iostream>

using namespace std;

void DasVersautVieles(int &myparam)
{
  myparam = myparam * 2 + 10;
}

int main()
{
  int meinezahl = 30;
  DasVersautVieles(meinezahl);
  cout << meinezahl << endl;
  return 0;
}
```

Listing 7.16: Haben Sie Referenzen, benötigen Sie keine Zeiger.

Keine Zeiger mehr! Sie müssen in main( ) keine Adresse mehr übernehmen, und Sie können auf das Wort *dereferenzieren* verzichten. Und auch in der Funktion gibt es keine Zeiger. Sie setzen einfach im Kopf der Funktion das & vor den Namen des Parameters.

 Wenn Sie string-Parameter haben und das & verwenden, um diese per Referenz zu übergeben, vergessen Sie die Schreibweise als Kurzbefehl, ->. Und dereferenzieren Sie nichts. Es gibt keine Zeiger. Geben Sie einfach den Punkt und dann die Funktion ein. Es wird kein Sternchen benötigt.

 Wenn Sie eine Funktion schreiben, die eine Referenz verwendet, und wenn dann irgendjemand Ihre Funktion im Code nutzt (siehe Kapitel 6; dort finden Sie Informationen darüber, wie so etwas geht), können Sie die andere Person leicht verärgern. Der anderen Person fällt womöglich die Besonderheit Ihrer Funktion nicht auf. Wie können Sie so etwas vermeiden? Achten Sie darauf, dass jedem, der Ihre Funktion verwendet, klar wird, dass sie Referenzen verwendet und Variablen ändert.

Als konstante Referenz übergeben

Sie sehen in Listing 7.13, wie Sie einen String ändern können, indem Sie ihn per Referenz an eine Funktion übergeben. Gehen wir einmal davon aus, dass Sie den String immer noch per Referenz übergeben wollen, aber verhindern möchten, dass ihn irgendjemand ändern kann. Natürlich könnten Sie den String per Wert übergeben, und der Aufrufer könnte ihn nicht ändern. Das Problem ist, dass Strings ziemlich groß werden können, und es ist eine ziemlich zeitintensive Angelegenheit, Daten dieser Art an eine Funktion zu übergeben. In solch einem Fall ist das Übergeben einer Referenz einfacher und schneller. Wenn Sie eine const-Referenz übergeben, wird es möglich, die Geschwindigkeitsvorteile des Einsatzes einer Referenz mit der nicht änderbaren Übergabe per Wert zu kombinieren. Das Beispiel VariablePointer4 im Verzeichnis VariablenZeiger4 der Beispieldateien demonstriert, wie das gemacht wird.

```cpp
#include <iostream>

using namespace std;

string Paranoid(const string *echtemeldung)
{
  string NeuerString = *echtemeldung;
  NeuerString[6] = 'i';
  NeuerString.replace(9, 1, "");
  NeuerString.insert(18, "ad");
  NeuerString.replace(15, 2, "in");
  NeuerString.replace(23, 7, "!");
  NeuerString.replace(4, 3, "ali");

  return NeuerString;
}
```

```
int main()
{
  string meldung = "The friends are having dinner";
  cout << meldung << endl;

  string NeueMeldung = Paranoid(&meldung);
  cout << NeueMeldung << endl;

  return 0;
}
```

Listing 7.17: Verwenden Sie eine const-Referenz aus Geschwindigkeitsgründen und um Daten unveränderbar zu machen.

Die Ausgabe dieses Beispiels ist mit der von Listing 7.13 identisch. Aber wenn Sie versuchen, in Paranoid() an echtemeldung Änderungen vorzunehmen, beschwert sich der Compiler. Der Unterschied liegt bei den aufrufenden Argumenten von Paranoid() im Schlüsselwort const. Sie können sich die Daten anschauen und sie in eine andere Variable kopieren – hier in die Variable NeuerString –, aber Sie können sie nicht direkt ändern. Die Funktion Paranoid() nimmt an dem String dieselben Änderungen wie zuvor vor, aber diese Änderungen finden in der Variablen NeuerString statt.

Paranoid() übergibt den Wert von NeuerString wieder an den Aufrufer, main(), damit er den geänderten String auf dem Bildschirm anzeigen kann. In unserem Fall erstellt main() eine neue Variable, NeueMeldung, die den Output von Paranoid() aufnimmt und auf dem Bildschirm ausgibt.

An die Regeln denken

Wenn Sie Zeiger und Referenzen verwenden, können Sie sich Ihr Leben erleichtern, indem Sie diese Tipps beherzigen:

✔ **Den Unterschied zwischen Zeigern und Referenzen verstehen:** Ihre C++-Programmierprojekte werden viel zufriedenstellender ausgehen.

✔ **Geben Sie Ihre Zeiger frei:** Immer wenn Sie new aufrufen, sollten Sie (früher oder später) auch delete aufrufen. Lassen Sie keinen Arbeitsspeicher auf dem Heap zurück, wenn Sie dort fertig sind.

✔ **Machen Sie Ihre Referenzen bekannt:** Wenn Sie eine Funktion schreiben, in der es Referenzen gibt, achten Sie darauf, dass sie jeder kennt. Und wenn Sie eine Funktion *verwenden*, die jemand anders geschrieben hat, achten Sie darauf, dass Sie sowohl die Referenzen der Person als auch die der Funktion überprüfen.

Mit Klassen arbeiten

In diesem Kapitel

▶ Verstehen Sie Objekte und Klassen und ihre Unterschiede

▶ Lernen Sie Mitgliedsfunktionen und Mitgliedsvariablen in Klassen kennen

▶ Machen Sie Teile einer Klasse öffentlich

▶ Verwenden Sie Konstruktoren

▶ Bauen Sie Klassenhierarchien auf

*I*n den frühen 1990ern war objektorientiert *das* Modewort der Computerbranche. Alles, was verkauft wurde, war *objektorientiert*, was auch immer *das* bedeutet. Programmiersprachen waren objektorientiert. Softwareprogramme waren objektorientiert. Computer waren objektorientiert, Kühlschränke waren objektorientiert. Was sagte uns das? *Nichts.* Wir hatten es damals einfach nur mit einem Werbeslogan zu tun.

Diese Zeiten sind vorbei, und jetzt macht es Sinn, sich damit auseinanderzusetzen, was objektorientiert *wirklich* bedeutet, und wie Sie es nutzen können, um Ihre C++-Anwendungen einzurichten. Wir führen Sie in diesem Kapitel in die objektorientierte Programmierung ein und zeigen, wie Sie in C++ objektorientiert programmieren können. Auch wenn es Leute gibt, die als Puristen mit unserer Definition von Objektorientierung nicht einverstanden sind, bleiben wir in diesem Buch dabei, dass es Programmierung mit Objekten und Klassen bedeutet.

Objekte und Klassen verstehen

Stellen Sie sich einen Schreibstift vor, einen echten, alten Stift. Irgendjemand hat so einen Stift auf seinem Schreitisch liegen. Und das können wir über ihn sagen:

✔ **Farbe der Tinte:** Schwarz

✔ **Farbe der Hülle:** Hellgrau

✔ **Farbe der Schutzkappe:** Schwarz

✔ **Stil:** Ballpoint

✔ **Länge:** 13 cm

✔ **Hersteller:** Office Depot

✔ **Füllstand der Tinte:** 50 Prozent

✔ **Fertigkeit Nr. 1:** Auf Papier schreiben

✔ **Fertigkeit Nr. 2:** In zwei Hälften zerbrechen

✔ **Fertigkeit Nr. 3:** Neue Tinte brauchen

Schauen Sie sich nun nach anderen Dingen um. Wir sehen einen Drucker. Lassen Sie uns den beschreiben:

✔ **Art:** Laser

✔ **Marke:** Lexmark

✔ **Modell:** X790

✔ **Farbe der Tinte:** Schwarz

✔ **Farbe des Gehäuses:** Creme

✔ **Papierschächte:** Zwei

✔ **Ausgabeschächte:** Zwei

✔ **Verbindung:** Ethernet

✔ **Fertigkeit Nr. 1:** Druckaufträge des Computers einlesen

✔ **Fertigkeit Nr. 2:** Auf Papierseiten drucken

✔ **Fertigkeit Nr. 3:** Eine Testseite ausgeben

✔ **Fertigkeit Nr. 4:** Eine neue Tonerpatrone brauchen

Wir beschreiben hier nur die Dinge, die wir sehen. Wir benennen Maße, Farbe, Modell und Marke. Und wir beschreiben, was das Ding machen kann. Der Stift kann in zwei Teile zerbrechen und ihm kann die Tinte ausgehen. Der Drucker kann Druckaufträge ausführen, auf Papierseiten drucken und Tonerpatronen müssen ersetzt werden.

Wenn wir beschreiben, was die Dinge können, achten wir darauf, dass dies aus der Sicht eines Dings und nicht aus der Sicht der Person geschieht, die das Ding benutzt. Um die Fertigkeiten zu bezeichnen, sieht eine gute Vorgehensweise so aus, dass Sie an den Anfang eines Satzes »Ich kann« setzen und dann sehen, ob ein Satz noch Sinn macht. Damit geht »Ich kann auf Papier schreiben« aus der Sicht eines Stifts in Ordnung, wenn wir *Auf Papier schreiben* als eine seiner Fertigkeiten bezeichnen.

 Anstatt immer *Ding* zu benutzen, verwenden wir von jetzt an das Wort *Objekt*. Ein Objekt ist nichts anderes als ein Ding. Ein Buch. Ein schmutziger Teller. Ein Stapel beschreibbarer CD-ROM. Das sind alles Objekte.

Einige dieser Objekte können wir nicht sehen – zum Beispiel Atome oder die Rückseite des Mondes. Und andere Objekte sind nur abstrakt vorhanden. Wir haben ein Girokonto. Was genau ist ein Girokonto? Können Sie darauf zeigen? Können Sie es fallen lassen, werfen? Sie können Ihre Kontoauszüge durch den Raum schmeißen, und wenn Sie ganz mutig sind, können Sie versuchen, in den Raum zu gelangen, in dem der Computer steht, auf dem sich die Daten Ihres Girokontos befinden. Aber das Girokonto selbst bleibt etwas Abstraktes.

Aufzählungswerte verwenden

Wir meinen, dass die Zahl 12 ein guter Repräsentant der Farbe Blau ist, und 86 repräsentiert Rot sehr gut. Purpur? Das ist 182. Beige? Da geht's hoch – 1047. Das hört sich irgendwie verrückt an. Aber stellen wir uns vor, dass Sie eine Variable anlegen wollen, die die Farbe Blau aufnehmen soll. Wenn Sie die Integer-Standardtypen, Fließkommazahlen, Zeichen oder Buchstaben verwenden, stehen Ihnen keine großartigen Auswahlmöglichkeiten zur Verfügung. Früher wurde einfach eine Zahl genommen, um die einzelnen Farben in einer Variablen zu speichern. Oder Sie haben in der Variablen einen String wie blue abgelegt. Hier kennt C++ eine bessere Alternative. Sie wird *Aufzählung* genannt. Merken Sie sich, dass es für jeden Typ eine Liste mit möglichen Werten gibt. So liegt zum Beispiel ein Integer (eine Ganzzahl) in einem bestimmten Wertebereich. (Dieser Bereich unterscheidet sich bei den einzelnen Computern, aber er ist im Regelfall ziemlich groß.) Strings können aus jedem Zeichen bestehen, die aneinandergereiht sind. Wie sieht das aber aus, wenn Sie einen Wert haben, der blue heißt? Oder beige? Dann benötigen Sie Aufzählungen. Diese Zeile erstellt einen Aufzählungstyp:

```
enum MeineFarbe {blue, red, green, yellow, black, beige};
```

Sie besitzen nun einen neuen Typ, MeineFarbe, den Sie auf dieselbe Weise wie andere Typen, zum Beispiel int, double oder string, verwenden können. Sie können zum Beispiel eine Variable vom Typ MeineFarbe anlegen und ihren Wert auf einen der Werte in den geschweiften Klammern setzen:

```
MeineFarbe tintenfarbe = blue;
MeineFarbe gehaeusefarbe = black;
```

Die Variable tintenfarbe ist wie die Variable gehaeusefarbe vom Typ MeineFarbe. Der Wert von tintenfarbe ist blue und der von gehaeusefarbe ist black.

Klassen und Objekte klassifizieren

Wenn wir einen Stift in die Hand nehmen, können wir fragen: »Von welcher Art von Ding ist das hier eine Instanz?« Die meisten Leute würden höchstwahrscheinlich antworten: »Ein Stift.« Im Umfeld der Programmiersprachen wird nicht *von welcher Art von Ding*, sondern von *Klasse* gesprochen. Dieses Ding in meiner Hand gehört zur Klasse Stift.

Wenn wir nun auf das Ding zeigen, das draußen vor Ihrer Garage parkt, und Sie fragen: »Zu welcher Klasse gehört dieses Objekt?«, werden Sie antworten: »Zur Klasse Auto«. Sie könnten natürlich auch mehr ins Detail gehen und sagen, dass das Ding zur Klasse VW Käfer gehört.

Wenn wir Ihnen den Stift zeigen, fragen wir Sie, zu welcher Klasse dieses Ding gehört. Wenn wir Ihnen dann einen anderen Stift vorlegen, zeigen wir Ihnen ein weiteres Objekt derselben Klasse. Eine Klasse, mehrere Beispiele. Wenn wir uns an einer Geschäftsstraße aufhalten, sehen wir viele Exemplare der Klasse Auto. Oder wir sehen viele Exemplare der Klasse VW, vielleicht eine paar Instanzen der Klasse Mercedes und so weiter. Das hängt davon ab, wie Sie diese Dinge *klassifizieren*, die da die Straße entlangfahren. Aber unabhängig davon sehen wir mit ziemlicher Sicherheit von jeder Klasse mehrere Exemplare.

Wenn Sie Dinge ordnen, können Sie eine *Klasse* angeben, die den Objekttyp bildet. Und wenn Sie damit fertig sind, können Sie sich für die einzelnen Klassen Beispiele (oder *Instanzen*) aussuchen. Jede Klasse kann mehrere Instanzen haben. Einige Klassen bestehen nur aus einer Instanz und werden dann *Singleton*-Klasse (ab und an auch *Einzelstück*) genannt. So hat zum Beispiel die Klasse Präsident der Vereinigten Staaten zu einem bestimmten Zeitpunkt immer nur eine Instanz.

Klassennamen und Klassendateien

In Listing 8.3 und Listing 8.4, die weiter hinten in diesem Kapitel stehen, haben wir Dateinamen gewählt, die den Namen unserer Klassen entsprechen. Dies ist unsere normale Vorgehensweise. Wenn wir eine Klasse erstellen, packen wir die Definition der Klasse in eine Headerdatei, die denselben Namen wie die Klasse und die Dateierweiterung .h erhält. Und auch der Code der Mitgliedsfunktion der Klasse kommt in eine Quellcodedatei, die denselben Namen wie die Klasse und die Dateierweiterung .cpp erhält. Außerdem lieben wir es, im Dateinamen dieselbe Groß-/Kleinschreibung wie beim Klassennamen zu verwenden. Deshalb gibt es bei uns auch die Dateien Stift.h und Stift.cpp. Es bringt viele Vorteile mit sich, den Dateien die Namen der zu ihnen gehörenden Klassen zu geben. Erstens kennen Sie automatisch den Namen der Headerdatei, die Sie einbinden müssen, wenn Sie eine bestimmte Klasse verwenden wollen. Zweitens sorgt das für eine Konstanz, auf die man im Leben nicht verzichten sollte, und zwar unabhängig davon, ob es sich um Programmierung oder eine Nuss-Nougat-Creme handelt. Und schließlich wissen wir, wenn wir eine Headerdatei sehen, welche Klasse sich höchstwahrscheinlich in ihr befindet.

Mitgliedsfunktionen und Memberdaten beschreiben

Wenn wir eine Klasse wählen, können wir Eigenschaften beschreiben. Da wir nur die Eigenschaften der Klasse beschreiben, legen wir sie nicht wirklich fest. Wir könnten sagen, dass der Stift über eine Tintenfarbe verfügt, damit legen wir nicht fest, um *welche Farbe* es sich handelt. Das liegt daran, dass wir von der Klasse Stift noch kein Beispiel besitzen, denn zurzeit gibt es nur die Klasse selbst. Wenn wir dann endlich ein Beispiel finden, kann es irgendeine Tintenfarbe haben. Wenn wir also eine Klasse beschreiben wollen, die Stift heißt, könnten wir die folgenden Eigenschaften auflisten:

✔ Farbe der Tinte

✔ Farbe der Hülle

✔ Farbe der Schutzkappe

✔ Stil

✔ Länge

✔ Hersteller

✔ Füllstand der Tinte

Wir legen weder die Farbe der Tinte noch die der Hülle oder eine der anderen Eigenschaften fest. Wir listen nur allgemeine Eigenschaften auf, die für alle Instanzen der Klasse `Stift` gelten. Die Werte dieser Eigenschaften können von Instanz zu Instanz unterschiedlich sein. Der eine Stift kann eine andere Tintenfarbe als ein anderer Stift haben, wohingegen beide vom selben Hersteller stammen können. Unabhängig davon sind beide eigenständige Instanzen der Klasse `Stift`.

Nachdem wir nun wirklich eine Instanz der Klasse `Stift` haben, können wir die Einzelheiten der Eigenschaften festlegen. Tabelle 8.1 zählt die Eigenschaften der drei vorhandenen Stifte auf.

Eigenschaft	Erster Stift	Zweiter Stift	Dritter Stift
Farbe der Tinte	Blau	Rot	Schwarz
Farbe der Hülle	Grau	Rot	Grau
Farbe der Schutzkappe	Blau	Schwarz	Schwarz
Stil	Ballpen	Feder	Filzschreiber
Länge	12 cm	10 cm	13 cm
Hersteller	Office Depot	Parker	Paper Mate
Füllstand der Tinte	30 %	60 %	90 %

Tabelle 8.1: Eigenschaften von Instanzen der Klasse `Stift` *festlegen*

Die erste Spalte von Tabelle 8.1 enthält die Namen der Eigenschaften. Die zweite, die dritte und die vierte Spalte enthalten für die einzelnen Stifte Werte dieser Eigenschaften.

Alle Stifte dieser Klasse haben Eigenschaften gemeinsam, die sich aber von Stift zu Stift unterscheiden können. Wenn wir einen neuen Stift herstellen (wobei wir voraussetzen, dass uns die dazu nötigen Maschinen und Gerätschaften zur Verfügung stehen), würden wir dies anhand obiger Liste der Eigenschaften tun und dabei dem neuen Stift seine eigenen Werte geben. So können wir die Hülle purpur mit gelben Flecken machen, oder wir entscheiden uns für transparent. Aber der Stift würde eine Hülle bekommen, die eine Farbe hat, und sei es, dass diese Farbe *transparent* ist.

Wir haben in Tabelle 8.1 keine Fertigkeiten aufgeführt. Alle diese Stifte haben dieselben Fertigkeiten:

✔ **Fertigkeit Nr. 1:** Auf Papier schreiben

✔ **Fertigkeit Nr. 2:** In zwei Hälften zerbrechen

✔ **Fertigkeit Nr. 3:** Neue Tinte brauchen

Diese Fertigkeiten ändern sich, anders als Eigenschaften, nicht von Instanz zu Instanz. Jedes Element einer Klasse hat sie.

In der Programmierung wird das, was wir hier als »Fertigkeiten« bezeichnet haben, *Mitgliedsfunktion*, *Elementfunktion* oder *Memberfunktion* genannt. Sie schreiben Funktionen, um diese Dinge auszuführen, und diese Funktionen sind Teil einer Klasse. Die Eigenschaften sind *Mitgliedsvariablen*, auch *Membervariablen* genannt, weil es sich dabei um Variablen handelt, die Mitglied der Klasse sind *(Member* bedeutet auf Deutsch *Mitglied)*. Letztendlich sind Mitgliedsfunktionen Funktionen, die innerhalb einer Klasse erstellt werden.

Wenn Sie Klassen beschreiben, um mit deren Hilfe eine Anwendung zusammenzubauen, entwickeln Sie. Wir haben in den vorstehenden Beispielen eine Klasse entwickelt, die Stift heißt. Wir implementieren dieses Modell im nächsten Abschnitt, indem wir eine Anwendung schreiben, die einen Stift imitiert.

Wenn Sie mit einem enum (der codierten Form einer Aufzählung) arbeiten, müssen Sie entscheiden, wie Sie den neuen Typ nennen wollen. Sie können zum Beispiel MeineFarbe oder MeineFarben wählen. Viele Programmierer entscheiden sich, wenn sie eine Zeile wie enum MeineFarbe {blue, red, green, yellow, black, beige}; schreiben, dafür, den Namen in der Pluralform (MeineFarben) zu verwenden, weil es sich um eine Liste mit Farben handelt. Wir verwenden, wie in MeineFarbe, den Singular (die Einzahl). Wenn Sie eine Variable definieren, macht unsere Namensgebung mehr Sinn: MeineFarbe tintenfarbe; bedeutet, dass es sich bei tintenfarbe um eine *Farbe* und nicht um eine Gruppe von *Farben* handelt.

Eine Klasse implementieren

Um in C++ eine Klasse zu implementieren, verwenden Sie das Schlüsselwort class. Wir wissen, dass das eine Überraschung ist. Dann fügen Sie den Namen der Klasse, zum Beispiel Stift, hinzu, dem eine öffnende geschweifte Klammer ({) folgt. Sie listen nun Ihre Mitgliedsvariablen und Mitgliedsfunktionen auf und beenden die Definition mit einer schließenden geschweiften Klammer (}).

Meistens wird in C++ der erste Buchstabe des Namens einer Klasse großgeschrieben, und wenn dieser Name nur aus einem Wort besteht, werden die restlichen Buchstaben kleingeschrieben. Auch wenn Sie nicht gezwungen sind, dieser Regel zu folgen, ist sie zu einem normalerweise angewendeten Brauch geworden. Eine C++-Klasse kann einen beliebigen Namen bekommen, solange es sich dabei nicht um ein C++-Schlüsselwort handelt und der Name nur aus Buchstaben, Ziffern und Unterstrichen besteht und nicht mit einer Ziffer beginnt.

Wir übersetzen von jetzt an in den Beispieldateien nur noch Text, der ausgegeben wird, und Kommentare. Sie sind mittlerweile in der Lage, Schlüsselwörter von benutzerdefinierten (und deshalb früher eingedeutschten) Begriffen zu unterscheiden. Außerdem gewöhnen Sie sich auf diese Weise frühzeitig an die Beispiele, die Sie in einer Vielzahl im Internet finden können und die in der Regel in Englisch geschrieben worden sind. Sie müssen sich aber keine Sorgen machen, denn im Text des Buches wird auch weiterhin alles auf Deutsch erklärt.

Das Beispiel PenClass (ein *Pen* ist auf Deutsch ein *Stift*) im Verzeichnis StiftKlasse der Beispieldateien, das Listing 8.1 zeigt, enthält die Beschreibung einer C++-Klasse, die wir in einer Headerdatei mit dem Namen Pen.h abgelegt haben. (Siehe Kapitel 6, wenn Sie nachlesen wollen, wie Code in einer Headerdatei untergebracht wird.) Schauen Sie sich die Headerdatei einmal genauer an, und Sie sehen, wie wir die verschiedenen Eigenschaften implementiert haben. Die Eigenschaften einer Headerdatei sind wie Variablen: Sie haben einen Typ und einen Namen. Und wir haben die »Fertigkeiten« einfach als Funktionen eingebunden. Und das alles befindet sich innerhalb von geschweiften Klammern, vor denen ein Klassenheader steht. Der Header sorgt für den Namen der Klasse. Und Sie sehen richtig, dort gibt es auch das Wort public (deutsch *öffentlich*), dem ein Doppelpunkt (:) folgt. Wir erklären das Wort *public* weiter hinten in diesem Kapitel im Abschnitt *Auf Mitglieder zugreifen*. Dieser Code ist für sich allein nicht sonderlich nützlich, aber wir greifen in Listing 8.2, einer Anwendung, die Sie kompilieren und ausführen können, auf ihn zu.

```
#ifndef PEN_H_INCLUDED
#define PEN_H_INCLUDED

using namespace std;

enum Color
{
    blue,
    red,
    black,
    clear,
    grey
};

enum PenStyle
{
    ballpoint,
    felt_tip,
    fountain_pen
};

class Pen
{
public:
    Color InkColor;
    Color ShellColor;
    Color CapColor;
    PenStyle Style;
    float Length;
    string Brand;
    int InkLevelPercent;
```

```
    void write_on_paper(string words)
    {
        if (InkLevelPercent <= 0)
        {
            cout << "Oh jemine! Keine Tinte mehr!" << endl;
        }
        else
        {
            cout << words << endl;
            InkLevelPercent = InkLevelPercent - words.length();
        }
    }

    void break_in_half()
    {
        InkLevelPercent = InkLevelPercent / 2;
        Length = Length / 2.0;
    }

    void run_out_of_ink()
    {
        InkLevelPercent = 0;
    }
};

#endif // PEN_H_INCLUDED
```

Listing 8.1: Pen.h enthält die Beschreibung der Klasse Pen.

Wenn Sie eine Klasse schreiben, beenden Sie sie immer mit einem Semikolon. Notieren Sie sich das auf eine Haftnotiz und hängen Sie diese an Ihren Kühlschrank. Die Energie, die Sie in diese Aktion stecken, lohnt sich.

Sie beschreiben in einer Klassendefinition die Eigenschaften und Fertigkeiten (was bedeutet, dass Sie die Mitgliedsvariablen beziehungsweise die Mitgliedsfunktionen bereitstellen).

Achten Sie in Listing 8.1 darauf, dass die Mitgliedsfunktionen auf die Mitgliedsvariablen zugreifen. Allerdings haben wir bereits darauf hingewiesen, dass diese Variablen noch keine Werte enthalten, weil dies hier nur eine Klasse und keine *Instanz* einer Klasse ist. Wie kann das sein? Wenn Sie eine Instanz dieser Klasse entwerfen, können Sie diesen Mitgliedsvariablen Werte zuweisen. Dann können Sie die Mitgliedsfunktionen aufrufen. Und das hier ist das Beste: Sie können von der Klasse eine *zweite* Instanz herstellen, deren Mitgliedsvariablen ihre eigenen Werte erhalten. Ja, beide Instanzen haben dann ihre eigenen Sätze an Mitgliedsvariablen. Und wenn Sie die Mitgliedsfunktionen für die zweite Instanz ausführen, verarbeiten diese Funktionen die Mitgliedsvariablen der zweiten Instanz.

Schauen Sie sich nun Listing 8.2 an. Hierbei handelt es sich um eine Quellcodedatei, die die Headerdatei aus Listing 8.1 verwendet. Wir benutzen in diesem Code die Klasse Pen *(Stift)*.

```cpp
#include <iostream>
#include "Pen.h"

using namespace std;

int main()
{
  Pen FavoritePen;

  FavoritePen.InkColor = blue;
  FavoritePen.ShellColor = grey;
  FavoritePen.CapColor = blue;
  FavoritePen.Style = ballpoint;
  FavoritePen.Length = 5.5;
  FavoritePen.Brand = "Office Depot";
  FavoritePen.InkLevelPercent = 30;

  Pen WorstPen;

  WorstPen.InkColor = red;
  WorstPen.ShellColor = red;
  WorstPen.CapColor = black;
  WorstPen.Style = fountain_pen;
  WorstPen.Length = 5.0;
  WorstPen.Brand = "Parker";
  WorstPen.InkLevelPercent = 60;

  cout << "Dies ist mein Lieblingsstift:" << endl;
  cout << "Farbe: " << FavoritePen.InkColor << endl;
  cout << "Hersteller: " << FavoritePen.Brand << endl;
  cout << "Füllstand der Tinte: " <<
          FavoritePen.InkLevelPercent << "%" << endl;

  FavoritePen.write_on_paper("Hallo, ich bin ein Stift.");
  cout << "Füllstand der Tinte: " <<
          FavoritePen.InkLevelPercent << "%" << endl;

  return 0;
}
```

Listing 8.2: main.cpp enthält Code, der die Klasse Pen verwendet.

Die Klasse string

Wenn Sie die bisherigen Kapitel dieses Buches gelesen und die Anwendungsbeispiele ausprobiert haben, sind Sie auch auf den Typ string gestoßen. Hier das große Geheimnis: string ist eigentlich eine Klasse. Wenn Sie eine Variable vom Typ string erstellen, erstellen Sie ein Objekt der Klasse string. Aus diesem Grund geben Sie, wenn Sie die Funktionen von string nutzen wollen, zuerst den Namen der Variablen, einen Punkt und dann den Namen der Funktion ein: Sie rufen für das string-Objekt, das Sie erstellt haben, in Wirklichkeit eine Mitgliedsfunktion auf. Sie gehen so ähnlich vor, wenn Sie mit Zeigern arbeiten, die auf Strings zeigen, wobei Sie hier anstelle des Punkts die ->-Notation verwenden, um auf die Mitgliedsfunktionen zuzugreifen. (Mehr Informationen hierzu gibt es weiter hinten in diesem Kapitel im Abschnitt *Klassen und Zeiger verwenden*.) Wenn Sie mit neueren Versionen von C++ arbeiten, ist die Klasse string Teil des Namensraumes std, den Sie zu Beginn Ihres Codes mit using namespace std; hinzufügen. Wenn Sie eine ältere Version von C++ einsetzen, kommt die Klasse string als Teil der Datei string. In diesem Fall binden Sie <string> ein, um die Headerdateien bereitzustellen, die benötigt werden, um die Klasse string zu deklarieren.

Von der Klasse Pen gibt es zwei Variablen: FavoritePen, die unseren Lieblingsstift beschreibt, und WorstPen für unseren miesesten Stift. Um auf die Mitgliedsvariablen dieser Objekte zugreifen zu können, geben wir den Namen der Variablen, einen Punkt und dann den Namen der Mitgliedsvariablen ein. Um zum Beispiel auf InkLevelPercent von WorstPen zuzugreifen, um anzugeben, wie der Füllstand der Tinte für unseren Stift aussieht, schreiben wir:

```
WorstPen.InkLevelPercent = 60;
```

Denken Sie daran, dass WorstPen der Name einer Variablen ist, und diese Variable ist ein *Objekt*. WorstPen ist ein Objekt oder eine Instanz der Klasse Pen. Dieses Objekt hat mehrere Mitgliedsvariablen, zu denen auch InkLevelPercent gehört.

Sie können auch einige der Mitgliedsfunktionen ausführen, die sich in diesen Objekten befinden. Wir haben im Code

```
FavoritePen.write_on_paper("Hallo, ich bin ein Stift.");
```

aufgerufen, was wiederum für das Objekt FavoritePen die Funktion writes_on_paper() aufruft. Werfen Sie einen Blick auf den Code dieser Funktion, der sich in der Headerdatei in Listing 8.1. befindet:

```
void write_on_paper(string words)
{
  if (InkLevelPercent <= 0)
  {
    cout << "Oh jemine! Keine Tinte mehr!" << endl;
  }
```

```
else
{
  cout << words << endl;
  InkLevelPercent = InkLevelPercent - words.length();
}
}
```

Diese Funktion verwendet die Variable `InkLevelPercent`, die aber in der Funktion nicht definiert worden ist. Der Grund dafür ist, dass `InkLevelPercent` Teil des Objekts ist und in der Klasse deklariert wird. Stellen Sie sich vor, dass Sie diese Methode für zwei verschiedene Objekte so aufrufen, wie es hier gezeigt wird:

```
FavoritePen.write_on_paper("Hallo, ich bin ein Stift.");
WorstPen.write_on_paper("Hallo, ich bin ein anderer Stift. ");
```

Die erste dieser beiden Codezeilen ruft `write_on_paper()` für das Objekt `FavoritePen` auf. Sie schaut auf die Variable und verringert nur für dieses Objekt die Variable. Aber `WorstPen` hat unabhängig von der von `FavoritePen` eine *eigene* Mitgliedsvariable `InkLevelPercent`. Deshalb greift `writes_on_paper` in der zweiten der beiden Codezeilen auf das `InkLevelPercent` zu, das zu `WorstPen` gehört, und verringert es.

Jedes Objekt verfügt also über ein eigenes `InkLevelPercent`. Wenn Sie `write_on_paper()` aufrufen, ändert die Funktion die Mitgliedsvariable abhängig von dem Objekt, mit dem Sie die Funktion aufrufen. Die erste Zeile ruft sie mit `FavoritePen` und die zweite Zeile mit `WorstPen` auf. Wenn Sie diesen Code ausführen, erhalten Sie diesen Output:

```
Dies ist mein Lieblingsstift:
Farbe: 0
Hersteller: Office Depot
Füllstand der Tinte: 90%
Hallo, ich bin ein Stift.
Füllstand der Tinte: 74%
```

Beachten Sie nun die Zeile mit der Farbe. Hier noch einmal die Codezeile, die die Farbe ausgibt:

```
cout << "Farbe: " << FavoritePen.InkColor << endl;
```

Wir schreiben das Mitglied *(Member)* `InkColor` (die Tintenfarbe) für `FavoritePen`. Aber von welchem Typ ist `InkColor`? Es ist der neue Aufzählungstyp enum, den wir unter dem Namen `Color` erstellt haben. Aber irgendetwas ist da falsch. Es wurde 0 ausgegeben. Wir haben die Farbe doch mit der folgenden Zeile festgelegt:

```
FavoritePen.InkColor = blue;
```

Wir haben doch blue und nicht 0 vorgegeben. Aber so ist das nun einmal, wenn Sie enum verwenden. Sie können es in Ihrem Code einsetzen, aber letztendlich speichert dieser Typ nur Zahlen. Und wenn wir ihn ausgeben, erhalten wir eine Zahl. Nun, das stinkt. Der Compiler wählt für Sie die Zahlen aus, und er bginnt in der enum-Liste mit 0. Der zweite Eintrag in der Liste erhält die 1, der dritte die 2 und so weiter. Damit wird blue als 0, red als 1, clear als 2, black als 3 und grey als 4 gespeichert. Aber Sie müssen sich keine Sorgen machen, denn es wurde ein Weg gefunden, eine neue Klasse zu erstellen, die sich für Sie um enum kümmert (indem es sich quasi um das enum herumlegt) und Ihnen die Möglichkeit gibt, das auszugeben, was Sie in Wirklichkeit sehen wollen: blue, red, black, clear oder grey. Schauen Sie sich Kapitel 9 an, wenn Sie wissen wollen, wie Sie diese erstaunliche Funktion nutzen können.

 Denken Sie daran, dass Sie mehrere *Objekte* (die auch *Instanzen* genannt werden) einer Klasse erstellen können. Jedes Objekt erhält seine eigenen Mitgliedsvariablen, die Sie in der Klasse deklarieren. Um auf die Mitgliedsvariablen eines Objekts zuzugreifen, verwenden Sie einen Punkt.

Den Code von Mitgliedsfunktionen aufteilen

Wenn Sie mit Funktionen arbeiten, müssen Sie darauf achten, dass der Code für Ihre Funktion vor ihrem Aufruf positioniert wird, oder Sie verwenden eine *Vorwärtsreferenz*, etwas, das auch unter dem Namen *Funktionsprototyp* bekannt ist. Wir behandeln diese praktische, kleine Vorgehensweise in Kapitel 5.

Wenn Sie mit Klassen und Mitgliedsfunktionen arbeiten, steht Ihnen etwas Ähnliches zur Verfügung. Die meisten C++-Programmierer ziehen es vor, den Code für ihre Mitgliedsfunktionen außerhalb der Definition der Klasse zu halten. Die Definition der Klasse enthält nur oder zumindest meistens nur Funktionsprototypen. Wenn die Funktion nur aus einer oder zwei Codezeilen besteht, steht dieser Code häufig auch in der Definition der Klasse.

Wenn Sie einen Funktionsprototyp in der Definition einer Klasse verwenden, schreiben Sie den Prototyp und beenden den Funktionskopf mit einem Semikolon, während Sie an dieser Stelle normalerweise eine öffnende geschweifte Klammer stehen haben. Wenn eine Mitgliedsfunktion so aussieht:

```
void break_in_half()
{
  InkLevelPercent = InkLevelPercent / 2;
  Length = Length / 2.0;
}
```

hat ein Funktionsprototyp dieses Aussehen:

```
void break_in_half();
```

Ja, es ist wahr: Um diese Zeile zu schreiben, haben wir einfach die erste Zeile der Funktion kopiert und an ihrem Ende ein Semikolon eingegeben. Wir erzählen Ihnen dies nicht, um mit unseren Fähigkeiten auf der Tastatur anzugeben, sondern weil dies genau der Weg ist, wie wir vorgehen, wenn wir echten Code schreiben. Auf diese Weise können wir sicher sein, dass die beiden Zeilen übereinstimmen. Computer sind toll. Stellen Sie sich vor, was auf Sie zukäme, wenn Sie eine Anwendung ohne die Hilfe eines Computers schreiben müssten.

Nachdem Sie nun in der Klasse den Funktionsprototyp haben, schreiben Sie die Funktion wieder *außerhalb* der Klassendefinition. Aber Sie müssen noch ein wenig daran herumdoktern. Um genau zu sein, Sie müssen den Namen der Klasse aufnehmen, damit der Compiler weiß, zu welcher Klasse die Funktion gehört.

Der folgende Code zeigt dieselbe Funktion, die wir bereits beschrieben haben, nur dass wir sie hier um den Namen der Klasse erweitert haben:

```
void Pen::break_in_half()
{
  InkLevelPercent = InkLevelPercent / 2;
  Length = Length / 2.0;
}
```

Sie packen dies hinter die Klassendefinition. Und Sie packen dies in eine Ihrer Quellcodedateien, wenn sich die Definition der Klasse in einer Headerdatei befindet.

 Sie können denselben Funktionsnamen in verschiedenen Klassen verwenden. Namen von Funktionen sind, wie Variablen in unterschiedlichen Funktionen, vollkommen eigenständige Objekte. Obwohl Sie das mit dem Duplizieren der Funktionsnamen nicht übertreiben sollten, gibt es keine Probleme, wenn Sie es trotzdem tun.

Das Beispiel `PenClass2` im Verzeichnis `StiftKlasse2` der Beispieldateien, das Listing 8.3 und Listing 8.4 zeigen, enthält die abgeänderte Version der Klasse Pen, die Sie bereits früher in diesem Kapitel in Listing 8.1 kennengelernt haben. Sie können diese beiden Dateien zusammen mit Listing 8.2 verwenden, das sich nicht geändert hat.

```
#ifndef PEN_H_INCLUDED
#define PEN_H_INCLUDED

using namespace std;

enum Color
{
    blue,
    red,
    black,
    clear,
    grey
};
```

```
enum PenStyle
{
    ballpoint,
    felt_tip,
    fountain_pen
};

class Pen
{
public:
    Color InkColor;
    Color ShellColor;
    Color CapColor;
    PenStyle Style;
    float Length;
    string Brand;
    int InkLevelPercent;

    void write_on_paper(string words);
    void break_in_half();
    void run_out_of_ink();
};

#endif // PEN_H_INCLUDED
```

Listing 8.3: Mitgliedsfunktionsprototypen zusammen mit der geänderten Pen-Datei verwenden

```
#include <iostream>
#include "Pen.h"

using namespace std;

void Pen::write_on_paper(string words)
{
    if (InkLevelPercent <= 0)
    {
        cout << "Oh jemine! Keine Tinte mehr!" << endl;
    }
    else
    {
        cout << words << endl;
        InkLevelPercent = InkLevelPercent - words.length();
    }
}
```

```
void Pen::break_in_half()
{
    InkLevelPercent = InkLevelPercent / 2;
    Length = Length / 2.0;
}

void Pen::run_out_of_ink()
{
    InkLevelPercent = 0;
}
```

Listing 8.4: Die neue Datei `Pen.cpp` enthält die Mitgliedsfunktion für die Klasse `Pen`.

Die Bestandteile einer Klasse

Hier eine Zusammenfassung der Bestandteile einer Klasse und der verschiedenen Wege, auf denen Klassen zusammenarbeiten können:

✔ **Klasse:** Eine Klasse ist ein Typ. Sie enthält *Eigenschaften* und *Fertigkeiten*. Eigenschaften beschreiben die Klasse, und Fertigkeiten beschreiben ihr Verhalten.

✔ **Objekt (oder Instanz):** Ein Objekt ist ein Beispiel für eine Klasse. Oder anders ausgedrückt, der Typ eines Objekts ist die Klasse. Wenn Sie eine Analogie haben möchten: Das Objekt Jutta ist für die Klasse Mensch das, was 17 für int ist.

✔ **Definition der Klasse:** Die Definition einer Klasse beschreibt die Klasse. Sie beginnt mit dem Wort class, dann kommt der Name der Klasse, dem wiederum ein Paar geschweifter Klammern folgt. Innerhalb dieser geschweiften Klammern befinden sich die Mitglieder *(Members)* der Klasse.

✔ **Mitgliedsvariable:** Bei einer Mitgliedsvariablen handelt es sich um die C++-Version einer Eigenschaft in einer Klasse. Sie listen die Mitgliedsvariablen innerhalb der Klasse auf. Jede Instanz der Klasse erhält eine eigene Kopie aller Mitgliedsvariablen.

✔ **Mitgliedsfunktion:** Bei einer Mitgliedsfunktion handelt es sich um die C++-Version einer Fertigkeit einer Klasse. Die Mitgliedsfunktionen werden wie die Mitgliedsvariablen innerhalb der Klasse aufgeführt. Wenn Sie eine Mitgliedsfunktion für eine bestimmte Instanz aufrufen, greift die Funktion auf die Mitgliedsvariablen dieser Instanz zu.

Wenn Sie die Klasse aufteilen, bringen Sie Teile von ihr in einer Headerdatei und andere Teile in der Quellcodedatei unter. Die folgende Liste beschreibt, was wohin gehört:

✔ **Headerdatei:** Bringen Sie die Klassendefinition in der Headerdatei unter. Wenn es sich um eine kurze Funktion handelt, können Sie den Code der Funktion in der Klassendefinition selbst unterbringen. Meistens werden nur Funktionen, die aus einer, maximal zwei Zeilen bestehen, in den Header integriert – viele Programmierer verzichten sogar ganz darauf, Funktionen in den Header zu schreiben. Sie sollten der Headerdatei den Namen geben, den auch die Klasse hat, und als Dateierweiterung .h oder .hpp verwenden. Auf diese Weise könnte die Klasse Pen in der Datei Pen.h stehen.

✔ **Quellcodedatei:** Wenn Ihre Klasse Mitgliedsfunktionen hat und Sie den Code nicht in der Klassendefinition untergebracht haben, müssen Sie den Code in einer Quellcodedatei ablegen. In solch einem Fall stellen Sie den Namen der Klasse und zwei Doppelpunkte vor den Namen der Funktion. (Setzen Sie auf keinen Fall Leerzeichen zwischen die beiden Doppelpunkte, während Leerzeichen auf beiden Seiten des Doppelpunktpaares zulässig sind.) Wenn Sie die Headerdatei wie die Klasse benannt haben, sollten Sie auch die Quellcodedatei wie die Klasse nennen, wobei diese Datei dann die Erweiterung `.cpp` oder `.cc` erhält.

Mit einer Klasse arbeiten

Es gibt ein paar ganz gute Tricks für das Arbeiten mit Klassen. Wir kümmern uns in diesem Abschnitt um geschickte Wege, wie Sie am besten mit Klassen umgehen sollten. Wir beginnen damit, dass Sie Teile Ihrer Klasse vor anderen Funktionen verbergen, die auf diese Teile zugreifen.

Auf Mitglieder zugreifen

Wenn Sie es im wirklichen Leben mit einem Objekt zu tun bekommen, gibt es häufig Teile des Objekts, mit denen Sie einen direkten Kontakt haben, während dies bei anderen Teilen des Objekts nicht der Fall ist. Wenn wir zum Beispiel den Computer benutzen, geben wir etwas über die Tastatur ein, aber wir öffnen das Gehäuse nicht und rupfen auch nicht an einem Kabel herum, das mit einem Netzteil verbunden ist. In der Regel heißt es bei allem, was sich im Computergehäuse befindet: Finger weg! Die Ausnahme hiervon: Wir rüsten den Computer auf.

In der objektorientierten Begriffswelt verwenden wir die Ausdrücke *public* (öffentlich) und *private* (privat), um auf Eigenschaften und Fertigkeiten zu verweisen. Wenn Sie eine Klasse entwerfen, möchten Sie vielleicht, dass Benutzer der Klasse auf einige Mitgliedsvariablen und Mitgliedsfunktionen zugreifen können, während andere vor »externen« Zugriffen geschützt bleiben sollen.

Lassen Sie uns zunächst einmal erklären, was wir unter *Benutzer der Klasse* verstehen. Wenn die Funktion `main()` Ihrer Anwendung eine Instanz einer Klasse erstellt und eine der Mitgliedsfunktionen der Klasse aufruft, ist `main()` *Benutzer* der Klasse. Wenn Sie eine Funktion mit dem Namen `FlippityFlop()` haben, die eine Instanz Ihrer Klasse erstellt und mit der Instanz etwas macht, zum Beispiel einige Mitgliedsvariablen ändert, ist `FlippityFlop()` ein *Benutzer* Ihrer Klasse. Oder kurz: Bei einem Benutzer handelt es sich um eine Funktion, die auf die Klasse zugreift.

Wenn Sie eine Klasse entwerfen, können Sie dafür sorgen, dass diese Benutzer nur bestimmte Mitgliedsfunktionen aufrufen können. Vielleicht wollen Sie, dass andere Mitgliedsfunktionen ausgeblendet werden und nur von anderen Mitgliedsfunktionen aus der Klasse heraus aufgerufen werden können. Stellen Sie sich vor, dass Sie eine Klasse mit dem Namen `Ofen` schreiben. Diese Klasse enthält eine Methode mit dem Namen `Backen()`, die als Parameter eine Zahl aufnimmt, die die Temperatur darstellt. Nun haben Sie auch eine Mitgliedsfunktion mit dem Namen `BackofenHitzeEinschalten()` und eine zweite, die `BackofenHitzeAus-` `schalten()` heißt.

Und so funktioniert das dann: Die Methode `Backen()` beginnt mit einem Aufruf von `Back-` `ofenHitzeEinschalten()`. Dann kümmert sie sich um die Temperatur, und wenn diese den richtigen Grad erreicht hat, ruft sie `BackofenHitzeAusschalten()` auf.

Wären Sie begeistert, wenn jemand in die Küche kommt und die Funktion `BackofenHitze-` `Einschalten()` aufruft, ohne eines der Steuerelemente einzusetzen? Die Person verlässt die Küche wieder, und der Ofen wird heißer und heißer. Ihre Begeisterung darüber wird sich sicherlich in ganz engen Grenzen halten. Sie erlauben deshalb den Benutzern der Klasse nur, `Backen()` aufzurufen. Die anderen beiden Mitgliedsfunktionen, `BackofenHitzeEinschal-` `ten()` und `BackofenHitzeAusschalten()`, können nur von der Funktion `Backen()` ver- wendet werden.

Sie hindern Benutzer daran, Funktionen aufzurufen, indem Sie sie als *privat* erklären. Funktionen, auf die problemlos zugegriffen werden soll, machen Sie zu öffentlichen *(public)* Funktionen.

Nachdem Sie solch eine Klasse entworfen haben und wenn Sie eine Funktion (keine Mitgliedsfunktion) mit einem Objekt geschrieben haben und versuchen, eine der privaten Mitgliedsfunktionen des Objekts aufzurufen, erhalten Sie beim Kompilieren einen Compiler- fehler. Der Compiler lässt es nicht zu, die private Mitgliedsfunktion aufzurufen.

Das Beispiel `OvenClass` im Verzeichnis `OfenKlasse` der Beispieldateien, das in Listing 8.5 ge- zeigt wird, definiert beispielhaft die Klasse `Oven` (Ofen) und ein `main()`, das diese Klasse ver- wendet. Schauen Sie sich einmal die Definition der Klasse an. Sie besteht aus zwei Abschnitten: ein privater (`private`) und ein öffentlicher (`public`). Auf die Definition der Klasse folgen die Funktionen. Die beiden privaten Funktionen machen nicht mehr, als eine Nachricht auszuge- ben. (Sie hätten aber auch die Möglichkeit, andere in der Klasse private Funktionen aufzuru- fen.) Weil es das darf, ruft `Bake()` (für *Backen*) jede dieser privaten Funktionen auf.

```
#include <iostream>

using namespace std;

class Oven
{
private:
    void TurnOnHeatingElement();
    void TurnOffHeatingElement();

public:
    void Bake(int Temperature);
};
```

```
void Oven::TurnOnHeatingElement()
{
    cout << "Achtung! Die Hitze ist eingeschaltet worden!" << endl;
}

void Oven::TurnOffHeatingElement()
{
    cout << "Die Hitze ist wieder ausgeschaltet worden. "
         << "Entspannen Sie sich!" << endl;
}

void Oven::Bake(int Temperature)
{
    TurnOnHeatingElement();
    cout << "Es wird gebacken!" << endl;
    TurnOffHeatingElement();
}

int main()
{
    Oven fred;
    fred.Bake(875);
    return 0;
}
```

Listing 8.5: Die Wörter public *und* private *verwenden, um Teile einer Klasse zu verbergen*

Wenn Sie diese Anwendung ausführen, sehen Sie diese Meldungen:

```
Achtung! Die Hitze ist eingeschaltet worden!
Es wird gebacken!
Die Hitze ist wieder ausgeschaltet worden. Entspannen Sie sich!
```

Bisher nichts Besonderes. Wenn Sie nun versuchen, in Ihr main() eine Zeile wie die

```
jutta.TurnOnHeatingElement();
```

aufzunehmen, in der Sie eine private Funktion aufrufen, sehen Sie eine Fehlermeldung, die Ihnen mitteilt, dass Sie das nicht dürfen, weil die Funktion privat ist. In Code::Blocks erscheint in solch einem Fall:

```
error: 'void Oven::TurnOnHeatingElement()' is private
```

Wenn Sie Ihre Klassen entwerfen, sollten Sie ernsthaft darüber nachdenken, alle Funktionen standardmäßig privat zu deklarieren und nur die öffentlich zu machen, von denen Sie wollen, dass Benutzer darauf zugreifen sollen. Es gibt aber auch Leute, die den entgegengesetzten Weg gehen: Sie machen alles bis auf das öffentlich, auf das Benutzer bewusst nicht zugreifen dürfen. Für beides gibt es gute Gründe. Wir allerdings machen nur das öffentlich, was öffentlich sein muss. Auf diese Weise minimieren wir das Risiko, dass eine andere Anwendung, die Ihre Klasse nutzt, Dinge dadurch ins Chaos stürzt, dass etwas aufgerufen wird, was Programmierer nicht wirklich verstehen.

Sie müssen die privaten Mitglieder nicht notwendigerweise zuerst aufführen, denen dann die öffentlichen folgen. Wenn Sie wollen, können Sie oben im Code die öffentlichen Mitglieder anlegen, damit sie zuerst gesehen werden. Sie können auch mehr als einen privaten und mehr als einen öffentlichen Abschnitt haben. So kann es zum Beispiel wie im folgenden Code einen öffentlichen Abschnitt, einen privaten Abschnitt und wieder einen öffentlichen Abschnitt geben.

```
class Oven
{
public:
    void Bake(int Temperature);

private:
    void TurnOnHeatingElement();
    void TurnOffHeatingElement();

public:
    void Broil();
};
```

Wir empfehlen aber, jeweils nur einen öffentlichen und einen (oder keinen) privaten Abschnitt im Code zu haben. Dieser Minimalismus sorgt dafür, dass Ihr Code übersichtlicher wird.

Klassen und Zeiger verwenden

Natürlich können Sie auch hier eine Zeigervariable haben, die auf ein Objekt zeigt. Der Typ der Zeigervariablen muss – wie üblich – zum Typ der Klasse passen. Und so wird eine Zeigervariable erstellt, die auf eine Instanz von Pen zeigt:

```
Pen *ptrMyPen;
```

Die Variable `prtMyPen` ist ein Zeiger, und sie kann auf ein Objekt vom Typ Pen zeigen. Der Typ, den die Variable selbst hat, ist *Zeiger auf Pen* beziehungsweise in der C++-Notation Pen *.

Eine Codezeile wie `Pen *prtMyPen;` erstellt eine Variable, die als Zeiger auf ein Objekt dient. Aber diese Zeile selbst erstellt noch keine Instanz. Von sich aus zeigt sie auf nichts. Um eine Instanz anzulegen, müssen Sie new aufrufen. Ein häufig von C++-Programmierern gemachter Fehler sieht so aus, dass sie manchmal vergessen, new aufzurufen, und sich dann darüber wundern, dass ihre Anwendung abstürzt.

Nachdem Sie die Variable `prtMyPen` erstellt haben, können Sie eine Instanz der Klasse `Pen` erstellen und mit `ptrMyPen` darauf zeigen, indem Sie das Schlüsselwort new verwenden:

```
ptrMyPen = new Pen;
```

Oder Sie kombinieren `Pen *ptrMyPen;` mit der vorstehenden Zeile:

```
Pen *ptrMyPen = new Pen;
```

Nun haben Sie zwei Variablen: Sie haben das eigentliche Objekt, das unbenannt ist und auf dem Heap liegt. (Kapitel 7 enthält mehr Informationen über Zeiger und Heaps.) Und Sie haben die Zeigervariable, die auf das Objekt zeigt: zwei Variablen, die zusammenarbeiten.

Da sich das Objekt draußen auf dem Heap befindet, besteht der einzige Weg, darauf zuzugreifen, über den Zeiger. Um darüber auf die Mitglieder zuzugreifen, verwenden Sie eine besonders Schreibweise – ein Minuszeichen, dem das Zeichen *größer als* folgt. Das sieht dann wie ein Pfeil aus, wie das folgende Beispiel zeigt:

```
prtMyPen->InkColor = red;
```

Damit wird durch den Zeiger `InkColor` (die Tintenfarbe) auf `red` gesetzt.

Gewöhnen Sie es sich an, mit Zeigern zu arbeiten und die Zeigernotation für die Mitglieder eines Objekts zu verwenden.

Obwohl wir den Namen einer Zeigervariablen gerne mit `prt` (für *Pointer*, deutsch *Zeiger*) beginnen, kommt es ab und an vor, dass wir dies bei unserer Arbeit mit Objekten unterlassen. Zur Arbeit mit Objekten gehören in der Regel Objekte auf dem Heap, was bedeutet, dass Sie immer über Zeiger auf Objekte zugreifen. Wir verbinden in Gedanken die zwei zu einem, wodurch wir das Gefühl haben, als ob die Zeigervariable das Objekt wäre, weshalb wir auf die Vorsilbe `prt` verzichten.

Wenn wir uns entschließen, die Namen unserer Zeigervariablen nicht mit `ptr` zu beginnen, sieht die vorherige Codezeile so aus:

```
Pen *MyPen = new Pen;
MyPen->InkColor = red;
```

Wie bei anderen Variablen, die Sie mit new erstellen, sollten Sie delete aufrufen, wenn Sie mit der Verwendung eines Objekts fertig sind. Fangen Sie zu diesem Zweck eine Codezeile mit dem Wort delete an und geben Sie dann den Namen des Objekts so ein, wie es das folgende Beispiel zeigt:

delete MyPen

 Speichern Sie im Zeiger eine 0, nachdem Sie ihn mit delete gelöscht haben (wobei *Löschen des Zeigers* hier in Wirklichkeit *Löschen des Objekts, auf das gezeigt wird* bedeutet). Wenn Sie delete für einen Zeiger auf ein Objekt aufrufen, löschen Sie das Objekt selbst und nicht den Zeiger. Wenn Sie im Zeiger keine 0 speichern, zeigt er auch weiterhin dorthin, wo das Objekt *sein sollte*.

Das Beispiel PenClass3 im Verzeichnis StiftKlasse3 der Beispieldateien, das Listing 8.6 zeigt, demonstriert das Definieren eines Zeigers, das Erstellen eines Objekts und wie darauf gezeigt wird, den Zugriff auf die Mitglieder des Objekts über den Zeiger, das Löschen des Objekts und das Zurücksetzen des Zeigers auf 0.

```cpp
#include <iostream>
#include "Pen.h"

using namespace std;

int main()
{
    Pen *MyPen;
    MyPen = new Pen;

    MyPen->InkColor = red;
    cout << MyPen->InkColor << endl;

    delete MyPen;
    MyPen = 0;

    return 0;
}
```

Listing 8.6: Das Leben eines Objekts verwalten

 Tabelle 8.2 zeigt schrittweise das formelle Vorgehen aus Listing 8.6. Wir haben Tabelle 8.2 die Bezeichnung *Schritte bei der Verwendung von Objekten* gegeben und sie nicht genauer präzisiert (zum Beispiel als *Objekte mit Zeigern verwenden*), weil der größte Teil Ihrer Arbeit mit Objekten eh über Zeiger läuft.

Schritt	Codebeispiel	Aktion
1	`Pen *MyPen;`	Den Zeiger definieren
2	`MyPen = new Pen;`	Ruft new auf, um das Objekt zu erstellen
3	`MyPen->InkColor = red;`	Greift auf die Mitglieder des Objekts über den Zeiger zu
4	`delete MyPen;`	Löscht das Objekt
5	`MyPen = 0;`	Leert den Zeiger

Tabelle 8.2: Schritte bei der Verwendung von Objekten

Nachdem Sie nun mit Listing 8.6 einen Überblick bekommen haben und die Abläufe anhand von Tabelle 8.2 verstehen, lassen Sie uns die Vorgehensweise allgemein formulieren. Die folgenden Schritte beschreiben genau, wie Sie mit Zeigern zu arbeiten haben:

1. **Definieren Sie den Zeiger.**

   Der Zeiger muss vom Typ her zu dem Objekt passen, mit dem Sie arbeiten wollen, außer dem Namen des Typs folgt in C++ ein Sternchen.

2. **Rufen Sie new auf, übergeben Sie den Namen der Klasse und speichern Sie die Ergebnisse von new im Zeiger.**

   Sie können die Schritte 1 und 2 in einem einzigen Schritt zusammenfassen.

3. **Greifen Sie über den Zeiger auf die Mitglieder des Objekts zu und verwenden Sie dafür die abkürzende Schreibweise mit ->.**

   Sie könnten den Zeiger auch dereferenzieren und ihn in Klammern setzen, aber jeder verwendet die abkürzende Schreibweise.

4. **Wenn Sie den Zeiger nicht mehr benötigen, rufen Sie delete auf.**

   Dieser Schritt holt das Objekt vom Heap. Denken Sie daran, dass damit der Zeiger selbst nicht gelöscht wird, obwohl Programmierer normalerweise davon sprechen, *dass sie den Zeiger löschen*.

5. **Leeren Sie den Zeiger, indem Sie ihn auf 0 setzen.**

   Wenn sich Ihre delete-Anweisung am Ende der Anwendung befindet, müssen Sie den Zeiger nicht auf 0 setzen.

Objekte an Funktionen übergeben

Wenn Sie eine Funktion schreiben, bauen Sie Ihre Entscheidung, ob Sie Zeiger verwenden wollen, darauf auf, ob Sie den ursprünglichen Wert der Variablen, die an die Funktion übergeben werden, ändern wollen oder nicht. Stellen Sie sich vor, dass Sie eine Funktion mit dem Namen AddOne() haben, die 1 addiert und deren Parameter ein Integer ist. Wenn Sie die ursprüngliche Variable ändern wollen, können Sie einen Zeiger (oder eine Referenz) verwenden. Wenn Sie die Variable nicht ändern wollen, übergeben Sie die Variable, wenn sie aufgerufen wird, einfach *als Wert*.

Der folgende Prototyp stellt eine Funktion dar, die die Variable, die ihr übergeben wird, ändern kann:

```
void AddOne(int *number);
```

Und dieser Prototyp stellt eine Funktion dar, die die Variable, die ihr übergeben wird, nicht ändern kann:

```
void AddOne(int number);
```

Sie können mit Objekten etwas Ähnliches machen. So nimmt zum Beispiel die folgende Funktion einen Zeiger auf ein Objekt und ändert es:

```
void FixFlatTire(Car *mycar);
```

Aber was macht wohl dieser Code:

```
void FixFlatTire(Car mycar);
```

Repariert *(fix)* er unseren platten Reifen *(flat tire)*? Nach dem, was wir vorher erläutert haben, erhält die Funktion höchstwahrscheinlich ihre eigene Instanz von `Car`. Das ist richtig, aber denken Sie einmal einen Augenblick lang über Folgendes nach: Die Funktion erhält eine eigene Instanz. Mit anderen Worten, jedes Mal, wenn Sie diese Funktion aufrufen, erstellt sie eine vollständig neue Instanz der Klasse `Car`. Diese Instanz wäre ein Duplikat der Klasse `Car` – wobei dies aber nie dieselbe Instanz wäre. Es ist immer eine Kopie.

Wenn Sie mit Objekten arbeiten, muss eine *Kopie* keine eindeutige Sache sein. Was ist, wenn das Objekt Mitgliedsvariablen hat, bei denen es sich um Zeiger auf andere Objekte handelt? Erhält dann die Kopie Kopien dieser Zeiger, die im Gegenzug wiederum auf jene anderen Objekte zeigen? Oder zeigen die Mitglieder dieses Objekts auf *ihre eigenen anderen Objekte*? Sind jene Objekte dann Kopien oder Originale?

 Übergeben Sie Objekte immer als Zeiger. Übergeben Sie keine Objekte direkt an Funktionen. Ja, wenn Sie ein Objekt ändern, riskieren Sie schlechten Code, aber sorgfältig arbeitende C++-Programmierer haben es lieber mit einem echten Objekt und nicht mit einer Kopie zu tun. Dies wiegt schwerer als die Gefahr, plötzlich vor einer unerwarteten Änderung zu stehen. Dieses Kapitel erklärt, wie Sie diese zufälligen Änderungen verhindern können, indem Sie den Parameter `const` benutzen.

Machen Sie deshalb einfach das hier:

```
void FixFlatTire(Car *mycar);
```

Wenn Sie Referenzen vorziehen, hindert Sie niemand daran, so vorzugehen:

```
void FixFlatTire(Car &mycar);
```

Aber übergeben Sie das Objekt nicht einfach nur. Es ist chaotisch und nicht sonderlich nett.

Da Ihre Funktion ihre Objekte als Zeiger erhält, greifen Sie über die –>-Notation auf sie zu. So könnte die Funktion FixFlatTyre das hier tun:

```
void FixFlatTire(Car *mycar)
{
    mycar->RemoveTire();
    mycar->AddNewTire();
}
```

Wenn Sie Referenzen vorziehen, würden Sie so vorgehen:

```
void FixFlatTire2(Car &mycar)
{
    mycar.RemoveTire();
    mycar.AddNewTire();
}
```

Da Sie es bei diesem Code mit einer Referenz zu tun haben, greifen Sie auf die Mitglieder des Objekts mit einem Punkt und nicht mit –> zu.

 Ein weiterer Grund dafür, als Parameter für Objekte nur Zeiger und Referenzen zu verwenden, ist, dass eine Funktion, die ein Objekt als Parameter nimmt, dieses normalerweise ändern will. Änderungen dieser Art benötigen aber Zeiger oder Referenzen. Wenn Sie nicht wollen, dass die Funktion das Objekt ändert, verwenden Sie const, das im nächsten Abschnitt behandelt wird.

Konstante Parameter in Funktionen verwenden

In Kapitel 7 erklärt der Abschnitt *Als konstante Referenz übergeben*, wie konstante Parameter mit den Typen von Standardvariablen genutzt werden. Das Schlüsselwort const ist auch bei der Arbeit mit Objekten sehr nützlich, weil Sie im Normalfall kein Objekt direkt übergeben wollen. Dies würde dazu führen, dass das Objekt, um das es geht, kopiert wird. Stattdessen übergeben Sie etwas normalerweise als Zeiger oder Referenz, wodurch Sie die Möglichkeit erhalten, das Objekt zu ändern. Wenn Sie das Wort const vor den Parameter setzten, lässt es der Compiler nicht zu, dass Sie den Parameter ändern. Das Beispiel PenClass4 im Verzeichnis StiftKlasse4 der Beispieldateien liegt als Listing 8.7 vor. Hier haben wir const vor dem Parameter eingefügt. Die Funktion kann das Objekt sehen, es aber nicht ändern.

```
#include <iostream>
#include "Pen.h"

using namespace std;

void Inspect(const Pen *Checkitout)
{
    cout << Checkitout->Brand << endl;
}
```

```
int main()
{
    Pen *MyPen = new Pen();
    MyPen->Brand = "Spy Plus Kamera";

    Inspect(MyPen);

    return 0;
}
```

Listing 8.7: Der Funktion Inspect *ist es nicht erlaubt, ihren Parameter zu ändern.*

Stellen Sie sich nun vor, dass Sie versucht haben, das Objekt in der Funktion Inspect() zu ändern. Sie haben vielleicht in die Funktion eine Zeile wie diese eingebaut:

```
Checkitout->Length = 10.0;
```

Wenn Sie das ausprobieren, gibt der Compiler eine Fehlermeldung aus. Wir erhalten in Code::Blocks:

```
error: assignment of member 'Pen::Length' in read-only object
```

Diese Meldung besagt, dass Sie ein Mitglied in einem nur lesbaren Objekt zuweisen wollen.

Wenn Sie mehrere Parameter haben, können Sie konstante und nicht konstante mischen. Wenn Sie dabei nicht aufpassen, können Sie sehr schnell durcheinanderkommen. Die folgende Zeile zeigt zwei Parameter, die const sind, und einen, der das nicht ist. Die Funktion kann also nur die Mitglieder des Objekts ändern, das one heißt.

```
void Inspect(const Pen *Checkitout, Spy *one, const Spy *two);
```

Den Zeiger »this« verwenden

Stellen Sie sich eine Funktion mit dem Namen OneMoreCheeseGone() vor (und denken Sie sich bei diesen Namen nichts). Sie ist keine Mitgliedsfunktion, aber sie enthält ein Objekt der Instanz Cheese als Parameter. Ihr Prototyp sieht so aus:

```
void OneMoreCheeseGone(Cheese *Block);
```

Hier haben wir es mit einer ganz einfachen Funktion ohne Rückgabetyp zu tun. Sie hat einen Objektzeiger als Parameter. Wenn Sie zum Beispiel ein Stück Käse *(block of cheese)* gegessen haben, können Sie

```
OneMoreCheeseGone(MyBlock);
```

aufrufen.

Stellen Sie sich nun Folgendes vor: Wenn Sie ein Objekt auf dem Heap haben, ist dieses Objekt namenlos. Sie greifen über eine Zeigervariable, die auf das Objekt zeigt, darauf zu. Was passiert aber, wenn der Code gerade in einer Mitgliedsfunktion des Objekts ausgeführt wird? Wie verweisen Sie dann auf das Objekt selbst?

C++ kennt eine geheime Variable, die es in jeder Mitgliedsfunktion gibt: this. Sie ist eine Zeigervariable. Die Variable this zeigt immer auf das aktuelle Objekt. Wenn Code in einer Mitgliedsfunktion ausgeführt wird und Sie OneMoreCheeseGone() aufrufen und dabei das aktuelle Objekt (oder Stück Käse) übergeben wollen, sollten Sie this übergeben.

Das Beispiel CheeseClass im gleichnamigen Verzeichnis der Beispieldateien, das Listing 8.8 zeigt, führt den Einsatz von this vor. Das this-Listing besteht aus vier zentralen Teilen. Als Erstes kommt die Definition einer Klasse Cheese. Die Klasse enthält eine Reihe von Mitgliedsfunktionen.

Als Nächstes kommt die Funktion OneMoreCheeseGone(), die eine globale Variable enthält, die sie ändert. Diese Funktion zieht 1 von der globalen Variablen ab und speichert in einer Mitgliedsvariablen status des Objekts, die an sie übergeben worden ist, einen String.

Nun kommen wir zu den eigentlichen Mitgliedsfunktionen der Klasse Cheese. (Wir haben diese Funktionen hinter die Funktion OneMoreCheeseGone() gesetzt, weil sie diese aufrufen. Hätten wir einen Funktionsprototyp als Vorwärtsreferenz für OneMoreCheeseGone() verwendet, würde die Reihenfolge ohne Einfluss bleiben.)

Und zum Schluss gibt es main(), das zwei neue Instanzen von Cheese erstellt. Dann setzt es die globale Variable, die für die Anzahl an Käsestücken verantwortlich ist, auf 2. Nun ruft sie für die Käsesorte asiago die Funktion eat() *(essen)* und für die Käsesorte limburger die Funktion rot() (hier mit *schimmeln* übersetzt) auf. Jetzt werden noch die Ergebnisse von allem ausgegeben: Die Anzahl an noch vorhandenen essbaren Käsestücken (CheeseCount) und die Variable status der einzelnen Objekte werden ausgegeben.

```cpp
#include <iostream>

using namespace std;

class Cheese
{
public:
    string status;
    void eat();
    void rot();
};

int CheeseCount;

void OneMoreCheeseGone(Cheese *Block)
{
    CheeseCount--;
    Block->status = "Aufgegessen";
};
```

```
void Cheese::eat()
{
    cout << "Aufgegessen! Lecker!" << endl;
    OneMoreCheeseGone(this);
}

void Cheese::rot()
{
    cout << "Verschimmelt! Igitt!" << endl;
    OneMoreCheeseGone(this);
}

int main()
{
    Cheese *asiago = new Cheese();
    Cheese *limburger = new Cheese();

    CheeseCount = 2;

    asiago->eat();
    limburger->rot();

    cout << endl;
    cout << "Käse zählen: " << CheeseCount << endl;
    cout << "Asiago: " << asiago->status << endl;
    cout << "Limburger: " << limburger->status << endl;

    return 0;
}
```

Listing 8.8: Mithilfe der Variablen this ein Objekt aus einer Mitgliedsfunktion heraus übergeben

Wenn Sie diese Anwendung ausführen, sehen Sie an der Konsole:

```
Aufgegessen! Lecker!
Verschimmelt! Igitt!

Käse zählen: 0
Asiago: Aufgegessen
Limburger: Aufgegessen
```

Die erste Zeile ist das Ergebnis des Aufrufs `asiago->eat()`, was zur Ausgabe einer Meldung führt. Die zweite Zeile ist das Ergebnis des Aufrufs `limburger->rot()`, was zu einer anderen Meldung führt.

Bei der dritten Zeile handelt es sich einfach nur um den Wert in der Variablen `CheeseCount`. Diese Variable wird jedes Mal, wenn der Computer die Funktion `OneMoreCheeseGone()` aufruft, um eins verringert. Da die Funktion zweimal aufgerufen wird, geht `CheeseCount` von 2 auf 1 auf 0 zurück.

Die letzten beiden Zeilen zeigen die Inhalte, die die Variable `status` in den beiden Objekten hat. (Die Funktion `OneMoreCheeseGone()` hatte den String `Aufgegessen` in diesen Variablen gespeichert.)

Schauen Sie sich die Funktion `OneMoreCheeseGone()` sorgfältig an. Sie arbeitet mit dem aktuellen Objekt, das sie als Parameter erhalten hat, und setzt dessen Statusvariable auf den String `Aufgegessen`. Und woher stammt der Parameter? Die Mitgliedsfunktion `eat()` hat `OneMoreCheeseGone()` aufgerufen und das eigene Objekt mithilfe des Zeigers `this` übergeben. Auch die Mitgliedsfunktion `rot()` hat `OneMoreCheeseGone()` aufgerufen und das eigene Objekt über den Zeiger `this` übergeben.

Mitgliedsfunktionen überladen

Sie benötigen vielleicht in einer Klasse eine Mitgliedsfunktion, die mit verschiedenen Parametertypen umgehen kann. Möglicherweise haben Sie eine Klasse namens `Door` (für *Tür*) und eine Mitgliedsfunktion, die `GoThrough()` heißt und Sie auffordert, durch die Tür zu gehen. Sie möchten, dass die Funktion `GoThrough()` als Parameter ein Objekt der Klasse `Dog`, ein Objekt der Klasse `Human` und ein Objekt der Klasse `Cat` aufnimmt. Je nachdem, welche Klasse eintritt, möchten Sie das Verhalten der Funktion `GoThrough()` ändern.

Eine Möglichkeit, dieses Ziel zu erreichen, liegt im *Überladen* der Funktion `GoThrough()`. Sie können in C++ eine Klasse mit mehreren Mitgliedsfunktionen entwerfen, die alle denselben Namen tragen. Jedoch müssen sich die Parameter der einzelnen Funktionen unterscheiden. Bei der Funktion `GoThrough()` nimmt eine Version ein menschliches Wesen (`Human`), eine andere einen Hund (`Dog`) und eine dritte Version eine Katze (`Cat`) auf.

Beschäftigen Sie sich intensiv mit dem Code des Beispiels `DoorClass` in Listing 8.9 und achten Sie besonders auf die Funktionen `GoThrough()`, von denen es drei gibt. Schauen Sie sich danach `main()` an. Diese Funktion erstellt vier verschiedene Objekte – Cat, Dog, Human und Door. Danach schickt sie jedes Lebewesen durch die Tür (Door).

```
#include <iostream>

using namespace std;

class Cat
{
public:
    string name;
};
```

```
cass Dog
{
public:
    string name;
};

class Human
{
public:
    string name;
};

class Door
{
private:
    int HowManyInside;

public:
    void Start();
    void GoThrough(Cat *acat);
    void GoThrough(Dog *adog);
    void GoThrough(Human *ahuman);
};

void Door::Start()
{
    HowManyInside = 0;
}

void Door::GoThrough(Cat *somebody)
{
    cout << "Willkommen, " << somebody->name << endl;
    cout << "Gerade ist eine Katze reingekommen!" << endl;
    HowManyInside++;
}

void Door::GoThrough(Dog *somebody)
{
    cout << "Willkommen, " << somebody->name << endl;
    cout << "Gerade ist ein Hund reingekommen" << endl;
    HowManyInside++;
}
```

```
void Door::GoThrough(Human *somebody)
{
    cout << "Willkommen, " << somebody->name << endl;
    cout << "Gerade ist ein Mensch eingetreten!" << endl;
    HowManyInside++;
}

int main()
{
    Door entrance;
    entrance.Start();

    Cat *SneekyGirl = new Cat;
    SneekyGirl->name = "Sneeky Girl";

    Dog *LittleGeorge = new Dog;
    LittleGeorge->name = "Little George";

    Human *me = new Human;
    me->name = "Jeff";

    entrance.GoThrough(SneekyGirl);
    entrance.GoThrough(LittleGeorge);
    entrance.GoThrough(me);

    delete SneekyGirl;
    delete LittleGeorge;
    delete me;

    return 0;
}
```

Listing 8.9: Funktionen in einer Klasse überladen

Die Anwendung lässt es zu, dass alle durch die Tür gehen. Zu Beginn dieser Anwendung werden die drei Klassen Cat, Dog und Human deklariert, von denen jede ein Mitglied mit dem Namen name hat. Dann kommt die Klasse Door. Ein privates Mitglied, HowManyInside, achtet darauf, wie viele Geschöpfe den Raum betreten haben. Dann gibt es eine öffentliche Funktion mit dem Namen Start(), die die Tür aktiviert. Und diese Klasse enthält die überladenen Funktionen. Die haben alle denselben Namen und denselben Rückgabetyp. Sie können auch unterschiedliche Rückgabetypen haben, die sich dann aber in den Parametern unterscheiden müssen. Das machen die hier: Einer nimmt einen Cat-Zeiger, ein anderer einen Dog-Zeiger und der letzte einen Human-Zeiger.

Als Nächstes kommt der Code für die Mitgliedsfunktionen. Die erste Funktion, Start(), ist einfach zu aktivieren. Sie setzt HowManyInside auf 0. Die folgenden drei Funktionen sind überladen. Sie machen zwar Ähnliches, geben aber jeweils andere Meldungen aus. Jede nimmt einen anderen Typ auf.

Dann gibt es da noch `main()`, das eine Instanz von `Door` erstellt. Wir haben daraus keinen Zeiger gemacht (um zu zeigen, dass Sie in einer Anwendung Zeiger und Stackvariablen gemeinsam verwenden können). Wenn die Instanz von `Door` erstellt worden ist, haben wir ihre Funktion `Start()` aufgerufen. Danach haben wir drei Instanzen der Geschöpfe angelegt: `Cat`, `Dog` und `Human`. In jeder Instanz haben wir die Mitgliedsvariable `name` gesetzt.

Danach haben wir die Funktion `entrance.GoThrough()` aufgerufen. Beim ersten Mal haben wir `Cat` übergeben, dann `Dog` und zum Schluss `Human`. Da Sie die Klasse `Door` sehen können, wissen Sie, dass wir drei verschiedene Funktionen aufgerufen haben, die zufälligerweise alle denselben Namen tragen. Aber wenn wir die Klasse verwenden, bildet sie für uns eine Funktion, die zufälligerweise eine Katze, einen Hund oder ein menschliches Wesen akzeptiert. Das ist das Ziel einer Überladung: etwas zu erstellen, was Versionen einer einzigen Funktion zu sein scheint.

Mit Konstruktoren und Destruktoren anfangen und aufhören

Sie können einer Klasse zwei Funktionen hinzufügen, die für besondere Funktionalitäten beim Starten beziehungsweise Beenden der Instanz einer Klasse sorgen. Diese Funktionen werden *Konstruktor* beziehungsweise *Destruktor* genannt. Die nächsten Abschnitte behandeln die geheimen Einzelheiten dieser Funktionen.

Mit Konstruktoren starten

Wenn Sie von einer Klasse eine neue Instanz erstellen, möchten Sie an diesem Objekt vielleicht gleich einige grundlegende Einstellungen vornehmen. Stellen Sie sich vor, dass Sie eine Klasse mit dem Namen `Apartment` haben, die über eine private Mitgliedsvariable `NumberOfOccupants` (für die Anzahl der Bewohner) und eine Mitgliedsfunktion `ComeOnIn()` verfügt. Der Code für `ComeOnIn` erhöht `NumberOfOccupants` um 1.

Wenn Sie eine neue Instanz von `Apartment` erstellen, möchten Sie vielleicht, dass `NumberOfOccupants` den Wert 0 hat. Dies erreichen Sie am besten dadurch, dass Sie Ihrer Klasse eine spezielle Mitgliedsfunktion, einen *Konstruktor*, hinzufügen. Diese Mitgliedsfunktion hat eine Codezeile wie diese hier:

```
NumberOfOccupant = 0;
```

Jedes Mal, wenn Sie eine neue Instanz der Klasse `Apartment` erstellen, ruft der Computer für Ihr Objekt zuerst diesen Konstruktor auf, wodurch `NumberOfOccupants` auf 0 gesetzt wird.

Stellen Sie sich einen Konstruktor als eine *Initialisierungsfunktion* vor. Der Computer ruft sie auf, wenn Sie ein neues Objekt erstellen.

Um einen Konstruktor zu schreiben, fügen Sie ihn Ihrer Klasse als weitere Mitgliedsfunktion hinzu und machen diese öffentlich. Sie geben dem Konstruktor denselben Namen, den Ihre

Klasse hat. Da unsere Klasse den Namen `Apartment` trägt, nennen wir unseren Konstruktor `Apartment()`. Der Konstruktor hat keinen Rückgabetyp, noch nicht einmal `void`. Ein Konstruktor kann Parameter haben, was wir weiter hinten in diesem Kapitel im Abschnitt *Den Konstruktoren Parameter hinzufügen* beschreiben.

Listing 8.10 weiter hinten in diesem Kapitel enthält ein Beispiel eines Konstruktors und das eines *Destruktors*, auf den wir im nächsten Abschnitt eingehen.

Etwas mit Destruktoren beenden

Wenn Sie die Instanz einer Klasse löschen, können Sie vielleicht einen Code »für die Endreinigung« gebrauchen, um Dinge wieder in Ordnung zu bringen, bevor das Objekt den Klassenraum verlässt und sich in Luft auflöst. So könnte Ihr Objekt zum Beispiel Mitgliedsvariablen haben, bei denen es sich um Zeiger auf andere Objekte handelt, und Sie möchten diese anderen Objekte löschen.

Sie packen den dafür benötigten »Reinigungscode« in eine besondere Funktion, die Destruktor genannt wird. Ein *Destruktor* ist eine beendende Funktion, die der Computer aufruft, bevor er Ihr Objekt löscht.

Die Destruktorfunktion erhält denselben Namen wie die Klasse, der aber mit einer Tilde (~) beginnt. Der Destruktor einer Klasse `Squirrel` (deutsch *Eichhörnchen*) heißt dann `~Squirrel()`. Der Destruktor hat keinen Rückgabetyp, noch nicht einmal `void`, weil Sie von einem Destruktor nichts zurückgeben können (das Objekt ist schließlich weg). Sie beginnen einfach mit dem Namen der Funktion, und es gibt keine Parameter.

Der nächste Abschnitt *Beispiele für Konstruktoren und Destruktoren* enthält ein Beispiel, das sowohl Konstruktoren als auch Destruktoren verwendet.

 Konstruktoren und Destruktoren bilden fast einen zentralen Bestandteil des Lebens eines C++-Programmierers. So gut wie jede Klasse enthält einen Konstruktor, und viele haben auch einen Destruktor.

Beispiele für Konstruktoren und Destruktoren

Das Beispiel `WalnutClass`, das sich in Listing 8.10 mit den Walnüssen für das schon erwähnte Eichhörnchen *(Squirrel)* beschäftigt, verwendet einen Konstruktor und einen Destruktor. Diese Anwendung besteht aus zwei Klassen, der zentralen mit dem Namen `Squirrel`, die den Einsatz eines Konstruktors und eines Destruktors zeigt, und einer Klasse mit dem Namen `Walnut`, die von der Klasse `Squirrel` verwendet wird.

Die Klasse `Squirrel` hat eine Mitgliedsvariable mit dem Namen `MyDinner`, bei der es sich um einen Zeiger auf eine Instanz von `Walnut` handelt. Der `Squirrel`-Konstruktor erstellt eine Instanz von `Walnut`, die er in der Variablen `MyDinner` speichert. Der Destruktor löscht die Instanz von `Walnut`.

Wir erstellen in main() zwei Instanzen von Squirrel. Jede Instanz erhält als Essen ihre eigene Walnuss (Walnut). Jedes Squirrel erstellt beim Starten seine eigene Walnut und löscht Walnut wieder, wenn Squirrel gelöscht wird.

```cpp
#include <iostream>

using namespace std;

class Walnut
{
public:
    int Size;
};

class Squirrel
{
private:
    Walnut *MyDinner;

public:
    Squirrel();
    ~Squirrel();
};

Squirrel::Squirrel()
{
    cout << "Gestartet!" << endl;
    MyDinner = new Walnut;
    MyDinner->Size = 30;
}

Squirrel::~Squirrel()
{
    cout << "Ich räume meinen Müll weg!" << endl;
    delete MyDinner;
}

int main()
{
    Squirrel *Sam = new Squirrel;
    Squirrel *Sally = new Squirrel;

    delete Sam;
    delete Sally;

    return 0;
}
```

Listing 8.10: Mit Konstruktoren und Destruktoren etwas initialisieren beziehungsweise abschließen

Beachten Sie in diesem Code, dass der Konstruktor denselben Namen wie die Klasse hat: Squirrel(). Auch der Destruktor trägt diesen Namen, wobei es hier aber eine führende Tilde im Namen gibt: ~Squirrel().

Wenn Sie diese Anwendung ausführen, sehen Sie die folgenden Zeilen, die durch den Konstruktor und den Destruktor von Squirrel ausgegeben werden. (Sie sehen jeweils zwei Zeilen, weil wir zwei Instanzen erstellt haben.)

```
Gestartet!
Gestartet!
Ich räume meinen Müll weg!
Ich räume meinen Müll weg!
```

Wenn Ihre Klasse Walnut auch einen Konstruktor und einen Destruktor hätte und wenn wir das Mitglied MyDinner in Squirrel zu einer echten Variablen und nicht zu einem Zeiger gemacht hätten, hätte der Computer die Instanz von Walnut erst nach der Instanz von Squirrel, aber vor dem Aufruf des Konstruktors Squirrel() angelegt. Er löscht dann die Instanzen von Walnut, wenn er die Squirrel-Instanz löscht und mit dem Aufruf des Destruktors ~Squirrel() fertig ist. Der Computer würde dies für jede Instanz von Squirrel machen, wodurch jedes Squirrel – wie zuvor – seine eigene Walnut erhält.

Konstruktoren und Destruktoren und Stackvariablen

Wir haben in Listing 8.10 auf dem Heap die beiden Squirrel-Instanzen erstellt, indem wir dies aufgerufen haben:

```
Squirrel *Sam = new Squirrel;
Squirrel *Sally = new Squirrel;
```

Wir hätten sie aber auch auf den Stack verlagern können, indem wir sie einfach ohne Zeiger definiert hätten:

```
Squirrel Sam;
Squirrel Sally;
```

Sie können das tun, und die Anwendung lässt sich problemlos ausführen, wenn Sie die delete-Zeilen entfernen. Sie löschen keine Stackvariablen. Der Computer ruft den Destruktor auf, wenn die Funktion main() fertig ist. Generell gilt für Objekte auf dem Stack: Sie werden erstellt, wenn Sie sie definieren, und sie existieren so lange, bis die Funktion beendet wird.

Den Konstruktoren Parameter hinzufügen

Konstruktoren lassen es wie andere Funktionen zu, dass Sie Parameter einbinden. Wenn Sie das tun, können Sie diese Parameter bei Konstruktoren für den Initialisierungsprozess verwenden. Zu diesem Zweck führen Sie die Argumente in Klammern auf, wenn Sie das Objekt erstellen.

 Auch wenn int über einen Konstruktor verfügt, ist es keine echte Klasse. Allerdings enthält die Laufzeitbibliothek (das ist diese Unmenge an Code, die vom Linker in Ihre Anwendung eingebaut wird) einen Konstruktor und einen Destruktor, den Sie verwenden können, wenn Sie new für ein Integer (eine Ganzzahl) aufrufen.

Stellen Sie sich vor, dass Ihre Squirrel-Klasse über eine Mitgliedsvariable verfügen soll, die name heißt. Auch wenn Sie eine Instanz von Squirrel erstellen und dann deren Variable name setzen könnten, lässt sich name direkt über den Konstruktor festlegen.

Der Prototyp des Konstruktors sähe dann so aus:

```
Squirrel(string StartName);
```

Dann würden Sie so eine neue Instanz erstellen:

```
Squirrel *Sam = new Squirrel("Sam");
```

Der Konstruktor erwartet einen String, weshalb Sie beim Erstellen des Objekts ein string übergeben.

Das Beispiel SquirrelClass, das Listing 8.11 zeigt, stellt eine Anwendung dar, die alle grundlegenden Elemente einer Klasse mit einem Konstruktor enthält, der Parameter akzeptiert.

```cpp
#include <iostream>

using namespace std;

class Squirrel
{
private:
    string Name;

public:
    Squirrel(string StartName);
    void WhatIsMyName();
};

Squirrel::Squirrel(string StartName)
{
    cout << "Gestartet!" << endl;
    Name = StartName;
}

void Squirrel::WhatIsMyName()
{
    cout << "Mein Name ist " << Name << endl;
}
```

```
int main()
{
    Squirrel *Sam = new Squirrel("Sam");
    Squirrel *Sally = new Squirrel("Sally");

    Sam->WhatIsMyName();
    Sally->WhatIsMyName();

    delete Sam;
    delete Sally;

    return 0;
}
```

Listing 8.11: Parameter in Konstruktoren platzieren

Wir haben in main() einen String an die Konstruktoren übergeben. Wir nehmen in deren Code den Stringparameter, der StartName heißt, und kopieren ihn in die Mitgliedsvariable Name, die wir dann mit der Funktion WhatIsMyName an der Konsole ausgeben.

 Sie können in einem Destruktor keine Parameter aufnehmen. Dies lässt die Sprache C++ nicht zu, wäre auch wenig sinnvoll.

Klassenhierarchien bilden

Wenn Ihnen das Schreiben von Klassen anfängt, auf die Nerven zu gehen, entdecken Sie in der Regel *Klassenhierarchien*. Gehen wir einmal davon aus, dass Sie eine Klasse Fahrzeug haben. Nun möchten wir Ihre Klasse Fahrzeug in die Klassen PKW, Pickup, LKW, Traktor, Wohnmobil und SUV aufteilen.

Sie könnten nun die Idee haben, sich die Klasse Fahrzeug vorzunehmen und in Klassen wie Kombi, viertürige Limousine und zweitüriges Cabrio aufzuteilen.

Oder Sie teilen Fahrzeug anhand der Hersteller auf: Ford, VW und Toyota. Dann könnte die Klasse Toyota nach Modellen weiter aufgeteilt werden: Yaris, Verso, Avensis und Corolla.

Sie können für die anderen Klassenhierarchien ähnliche Gruppen bilden. Dabei hängt Ihre Entscheidung davon ab, wie Sie Dinge kategorisieren und wie die Hierarchie verwendet wird.

In unserem Beispiel steht die Klasse Fahrzeug (im späteren Code Vehicle) ganz oben. Diese Klasse weist Eigenschaften auf, die Sie bei jedem Hersteller von Fahrzeugen und bei jedem Modell eines Fahrzeugs finden. So haben zum Beispiel alle Fahrzeuge Räder. Wie viele sie haben, variiert, aber zu diesem Zeitpunkt interessiert das nicht, weil Klassen keine speziellen Werte für die Eigenschaften kennen.

Jeder Hersteller verfügt über Eigenschaften, die ihn eindeutig identifizieren, aber alle haben auch die Eigenschaften der Klasse Fahrzeug. So etwas wird *Vererbung* genannt. So besitzt zum Beispiel die Klasse Toyota alle Eigenschaften, die es in der Klasse Fahrzeug gibt. Und in der Klasse Verso finden sich alle Eigenschaften der Klasse Toyota, die wiederum die Eigenschaften der Klasse Fahrzeug enthält.

Eine Hierarchie in C++ erstellen

Sie können in C++ eine Klassenhierarchie erstellen. Wenn Sie eine Klasse nehmen und darunter eine neue Klasse wie Toyota unter Fahrzeug anlegen, leiten Sie eine neue Klasse ab.

Um eine Klasse aus einer anderen abzuleiten, schreiben Sie die neue Klasse so wie jede andere Klasse, wobei Sie aber den Header hinter dem Klassennamen um einen Doppelpunkt (:), das Wort public und die Klasse erweitern, von der Sie so ableiten, wie es die folgende Zeile eines Klassenheaders zeigt:

```
class Toyota : public Vehicle {
```

Wenn Sie so vorgehen, *erbt* die Klasse, die Sie erstellen (Toyota) die Mitgliedsvariablen und Mitgliedsfunktionen der vorherigen Klasse (Vehicle). Wenn zum Beispiel Vehicle eine öffentliche Mitgliedsvariable hat, die in MyNumberOfWheels die Anzahl ihrer Räder speichert, und eine öffentliche Mitgliedsfunktion Drive(), enthält auch die Klasse Toyota diese Mitglieder, ohne dass Sie sie in Toyota schreiben müssen.

Das Beispiel VehicleClass, das Listing 8.12 zeigt, demonstriert die Vererbung von Klassen. Wir haben mit einer Klasse Vehicle begonnen und davon eine Klasse mit dem Namen Toyota abgeleitet. Wir erstellen in main() eine Instanz von Toyota und rufen für die Instanz die beiden Mitgliedsfunktionen MeAndMyToyota() und Drive() auf. Die Definition der Klasse Toyota enthält keine Funktion Drive(); diese ist von der Klasse Vehicle geerbt worden. Sie können diese Funktion wie eine Mitgliedsfunktion der Klasse Toyota aufrufen.

```
#include <iostream>

using namespace std;

class Vehicle
{
public:
    int NumberOfWheels;

    void Drive()
    {
        cout << "Fahren, fahren, Fahren ..." << endl;
    }
};
```

```
class Toyota : public Vehicle
{
public:
    void MeAndMyToyota()
    {
        cout << "Nur ich und mein Toyota!" << endl;
    }
};

int main()
{
    Toyota MyCar;
    MyCar.MeAndMyToyota();
    MyCar.Drive();

    return 0;
}
```

Listing 8.12: Eine Klasse von einer anderen ableiten

Wenn Sie diese Anwendung ausführen, sehen Sie den Output zweier Funktionen:

```
Nur ich und mein Toyota!
Fahren, fahren, fahren ...
```

 Einige verwenden für die erste Klasse einer Hierarchie den Begriff *Elternklasse*, und die davon abgeleitete Klasse wird *Kindklasse* genannt. Dies sind allerdings keine optimalen Ausdrücke, weil sie von anderen benutzt werden, um anzuzeigen, dass eine Klasse eine Instanz als Mitgliedsvariable hat. In diesem Fall ist die Kindklasse ein Mitglied der Elternklasse. Bessere Bezeichnungen sind *Basisklasse* und *abgeleitete Klasse*. Sie leiten eine Klasse von der Basisklasse ab. Das Ergebnis ist eine abgeleitete Klasse.

Vererbungstypen verstehen

Wenn Sie eine Klasse erstellen, sind Mitgliedsfunktionen in der Lage, sowohl auf öffentliche als auch auf private Mitgliedsvariablen und Mitgliedsfunktionen zuzugreifen. Benutzer der Klasse können nur auf die öffentlichen Mitgliedsvariablen und Mitgliedsfunktionen zugreifen. Wenn Sie aber eine neue Klasse ableiten, ändert sich dies. Die abgeleitete Klasse hat *keinen* Zugriff auf die privaten Mitglieder ihrer eigenen Klasse. Private Mitglieder sind für eine bestimmte Klasse und nicht für davon abgeleitete Klassen reserviert.

Wenn von abgeleiteten Klassen aus auf Mitglieder zugegriffen werden muss, gibt es neben privat und öffentlich eine weitere Spezifikation: *geschützt* (*protected*).

Geschützte und private Mitglieder funktionieren auf die gleiche Weise, wobei aber abgeleitete Klassen nur auf geschützte, nicht aber auf private Mitglieder zugreifen können. Benutzer haben keinen Zugriff auf beide Klassen.

Wenn wir nicht genau wissen, dass wir keine Klassen von einem Mitglied ableiten werden, vermeiden wir private Mitglieder. Wenn wir Klassen von Klassen anderer Leute mit privaten, ungeschützten Mitgliedern abgeleitet haben, war es uns nicht möglich, alle von uns vorgesehenen coolen Funktionen einzubinden. Meine private Klasse benötigte einen Zugriff auf diese privaten Mitglieder, weshalb wir uns mit dem ursprünglichen Code beschäftigen mussten, um die originale Klasse zu ändern. Wenn der ursprüngliche Programmierer *geschützte* Mitglieder verwendet hätte, könnte unsere abgeleitete Klasse ohne Änderungen am Original sofort auf die Mitglieder zugreifen.

Aliasse von Objekten erstellen und verwenden

Alias ist eine andere Bezeichnung für etwas. Wenn Ihr Name Robert ist, könnte jemand einen *Ersatznamen* (was *Alias* bedeutet) wie Bob verwenden, wenn er mit Ihnen spricht. Sowohl Robert als auch Bob zeigen auf dieselbe Person – auf Sie. Allerdings unterscheiden sich die Namen schon voneinander. Der eine, Robert, ist Ihr echter Name, und der andere, Bob, ist Ihr Alias oder Ersatzname. Im echten Leben kann das Verwenden von Aliassen einiges erleichtern – so ist es nun wirklich (zumindest ein wenig) einfacher, Bob als Robert zu speichern. Auch in C++ erleichtern Aliasse das Arbeiten.

Einer der häufigsten Gründe für das Verwenden von Aliassen in C++ ist der Wunsch, den Namen zu ändern, über den auf ein Objekt zugegriffen wird. Es ist immer einfacher, einen Zeiger auf ein Objekt zu verschieben als das Objekt selbst, weil es sich bei einem Zeiger um eine einfache Zahl handelt, die der Adresse des Objekts entspricht. Das Objekt kann komplexe Daten und Zeiger auf weitere Objekte enthalten. Das Verschieben eines Objekts ist kompliziert und kann im Chaos enden, weshalb Entwickler versuchen, dies unbedingt zu vermeiden.

Wenn Sie einen Zeiger an jemanden senden, erhält diese Person Zugriff auf die ursprünglichen Daten. Der Empfänger ist in der Lage, die Daten auf eine Weise zu ändern, die Sie eventuell nicht vorgesehen haben. Sie könnten deshalb vom ursprünglichen Objekt ein Alias erstellen, bei dem es sich um eine Konstante handelt. Und niemand ist in der Lage, eine Konstante zu modifizieren. Das Beispiel `ObjectAlias`, das Listing 8.13 zeigt, demonstriert, wie ein konstanter Alias eines Stringobjekts angelegt wird. Diese Technik funktioniert bei jedem beliebigen Objekt, mit dem Sie arbeiten wollen.

```
#include <iostream>

using namespace std;

int main()
{
    string OriginalString = "Hallo";
    const string &StringCopy(OriginalString);

    OriginalString = "Goodbye";

    cout << OriginalString << endl;
    cout << StringCopy << endl;

    return 0;
}
```

Listing 8.13: Ein Alias eines Objekts erstellen

Der Code beginnt damit, dass ein string mit dem Namen OriginalString erstellt wird, der den Wert Hallo enthält. Dann wird von OriginalString ein const string als Alias erstellt und StringCopy genannt. Wenn der Code den Wert von OriginalString ändert, ändert sich auch der Wert von StringCopy, weil StringCopy auf dieselbe Position im Arbeitsspeicher zeigt. Wenn Sie dieses Beispiel ausführen, sehen Sie:

Goodbye
Goodbye

Es sieht vielleicht nicht so aus, als ob Sie etwas erreicht hätten, aber wenn Sie versuchen, den Wert von StringCopy zu ändern, gibt Code::Blocks eine Fehlermeldung wie die hier aus:

```
error: passing 'const string {aka const std::basic_string<char>}'
as 'this' argument of 'std::basic_string<_CharT, _Traits, _Alloc>&
std::basic_string<_CharT, _Traits, _Alloc>::operator=
(const _CharT*) [with _CharT = char; _Traits = std::char_
traits<char>; _Alloc = std::allocator<char>; std::basic_string<
_CharT, _Traits, _Alloc> = std::basic_string<char>]' discards
qualifiers [-fpermissive]|
```

Alles klar? Es geht um den zentralen Punkt, dass Sie den Wert von StringCopy nicht ändern können, aber der Wert von OriginalString lässt sich modifizieren. Wenn Sie StringCopy an jemanden senden, der auf den Wert zugreifen muss, ist das eine sichere Sache. Nur um sicherzustellen, dass Sie verstanden haben, worum es hier geht, sollten Sie versuchen, StringCopy von einem const string zu einem standardmäßigen string zu machen. Sie sind dann in der Lage, den Wert zu ändern, und diese Änderung wirkt sich auch auf OriginalString aus. StringCopy bleibt ein Alias von OriginalString, aber als const string ist es ein Alias, der die Änderung des darunterliegenden string-Wertes verhindert.

Erweiterte C++-Funktionen nutzen

In diesem Kapitel

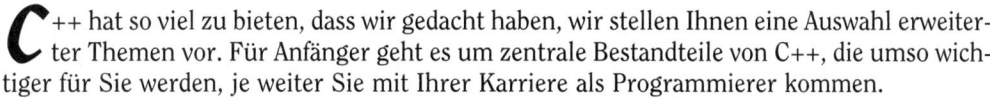

▶ Verwenden Sie Kommentare

▶ Arbeiten Sie mit Umwandlungen, Konsolen und Präprozessoren

▶ Gehen Sie mit Konstanten, Aufzählungen und Zufallszahlen um

▶ Strukturieren Sie den Code mit switch-Anweisungen

▶ Verwalten Sie Datenarrays

C++ hat so viel zu bieten, dass wir gedacht haben, wir stellen Ihnen eine Auswahl erweiterter Themen vor. Für Anfänger geht es um zentrale Bestandteile von C++, die umso wichtiger für Sie werden, je weiter Sie mit Ihrer Karriere als Programmierer kommen.

Den Code mit Kommentaren ergänzen

Wir haben für einen Freund eine Aufgabe. Er soll den Kompressor am Kühlschrank reparieren. Wir haben unserem Freund keine Einzelheiten gesagt und wir haben ihm auch keine Betriebsanleitung mit technischen Daten des Kühlschranks hingelegt. Er soll einfach sein Werkzeug nehmen, loslegen und das Ding reparieren. Hört sich das nicht nach einem erstklassigen Job an?

Wenn dieser Freund nicht gerade ein Spezialist für Kühlschränke ist, wird er vermutlich nicht weit kommen.

In der Programmierung kann es passieren, dass sich andere Personen mit Ihren Anwendungen beschäftigen müssen, was das Hinzufügen von Erklärungen zu Ihrem Code auch zu einer guten Idee werden lässt. Diese Erklärungen ermöglichen es Dritten, besser zu verstehen, was Ihr Code eigentlich macht.

Aber wie erklären Sie Ihre Anwendungen? Ganz einfach, Sie bringen in Ihrem Code etwas unter, das sich Kommentar nennt. Ein *Kommentar* besteht aus ein paar Wörtern im Code, die der Compiler ignoriert und die Sie einfügen, um menschlichen Wesen, die den Code lesen, das Leben zu erleichtern.

Sie haben vielleicht Code wie diesen:

```
total = 10;
for (i = 0; i < 10; i++)
{
  total = (total + i) * 3;
}
```

Was hier steht, ist natürlich für Sie als den Autor dieser Zeilen glasklar, aber wie sieht das bei den anderen Mitgliedern Ihres Entwicklerteams aus, beziehungsweise was meinen Sie, wie viel Sie von diesem Code noch verstehen, wenn Sie ihn in einem Jahr überarbeiten wollen? Sie sollten deshalb ein paar Kommentare einfügen. Sie machen in C++ eine Zeile zu einem Kommentar, indem Sie sie so mit zwei Schrägstrichen beginnen, wie es das folgende Beispiel zeigt:

```
// "total" mit der Zahl initialisieren, die der
// Anzahl an betroffenen Elementen entspricht.
total = 10;

// "total" für die ersten zehn Durchläufe berechnen.
for (i = 0; i < 10; i++)
{
  total = (total + i) * 3;
}
```

Nun kann jeder, der an dem Projekt mitarbeitet, verstehen, was der Code macht. Achten Sie darauf, dass es zwischen den Codegruppen eine Leerzeile gibt. Wenn Sie Leerzeilen einbauen, hilft dies dabei, zu erkennen, wo ein »Gedanke« endet und ein neuer beginnt. Sie sollten in Ihren Code immer Leerzeilen einbauen, damit andere Entwickler Ihren Code leichter lesen können.

Natürlich können Sie auch Kommentare wie diese einbinden:

```
// Mein Gehalt ist zu niedrig!
// Ich will eine Gehaltserhöhung haben.
total = 10;

// Eines Tages werden die meine
// außergewöhnlichen Talente erkennen!
for (i = 0; i < 10; i++)
{
  total = (total + i) * 3;
}
```

Allerdings nutzen Kommentare dieser Art dem Verständnis für den Code wenig. Es könnte sogar sein, dass so etwas das Gegenteil von dem bewirkt, was Sie sich erhofft haben.

 Ein Kommentar wird vom Compiler (aber nicht immer von anderen Menschen) ignoriert. Sie können als Kommentar schreiben, was Sie wollen, und der Compiler tut so, als wenn es keine Kommentare gäbe. (Was nicht unbedingt auch für Ihren Chef gilt, weshalb Sie mit dem, was Sie schreiben, ein wenig vorsichtig sein sollten.)

 Ein Kommentar beginnt mit //, und er kann irgendwo auf einer Zeile anfangen. Sie können Kommentare sogar an das Ende einer Zeile setzen, die C++-Code enthält, und müssen dafür nicht eine eigene Zeile reservieren. Das folgende Beispiel zeigt, was wir damit meinen:

```
int subtotal = 10; // Die Zwischensumme initialisieren
```

Der Kommentar erklärt, was die Zeile macht. Sie verwenden normalerweise Kommentare am Ende einer Zeile, um anderen mitzuteilen, was für Informationen eine Variable enthält, oder um eine komplexe Aufgabe zu erklären. Codeblöcke erklären Sie in der Regel so, wie wir es weiter vorn zeigen.

 Sie können in C++ zwei Arten von Kommentaren verwenden. Eine besteht aus den doppelten Schrägstrichen (was wir bereits beschrieben haben). Die andere Art, etwas zu kommentieren, beginnt mit einem Schrägstrich und einem Sternchen (/*) und endet mit einem Sternchen und einem Schrägstrich (*/). Ein Kommentar steht zwischen diesen beiden Begrenzungszeichen und kann sich über mehrere Zeilen erstrecken, wie dieses Beispiel zeigt:

```
/* Diese Anwendung zerlegt einen
   Kernverbund in seine einzelnen
   Bestandteile. Dieser Vorgang
   wird auch »Zerlegung in die Bestandteile«
   genannt.
   (c) 1964 Sandwich Parts Separators, Inc.
*/
```

Dies alles ist ein Kommentar, der sich über mehrere Zeilen erstreckt. Sie verwenden diese Art von Kommentar, um einen Überblick über eine Aufgabe zu geben oder um den Zweck einer Funktion zu beschreiben. Außerdem bietet sich diese Art von Kommentar als informativer Kopf an, wie er für einige große Unternehmensanwendungen benötigt wird. Sie können einen solchen Kommentar wie jeden anderen Kommentar irgendwo in Ihrem Code unterbringen, solange Sie dadurch einen String oder ein Wort nicht zerteilen. Niemand mag es, aufgeteilt zu werden, und C++-Wörter bilden da keine Ausnahme.

Ein Großteil des Codes im Rest dieses Kapitels ist mit Kommentaren versehen, damit Sie sehen, wie wir mit Kommentaren umgehen, und Sie besser verstehen, was der Code macht.

 Wenn Sie gerade erst mit dem Programmieren anfangen, könnten Sie glauben, dass Kommentare im Anwendungsfenster erscheinen, wenn die Anwendung ausgeführt wird. Das ist nicht der Fall. Ein Kommentar gibt nichts an der Konsole aus. Um dort etwas erscheinen zu lassen, verwenden Sie cout.

Typen umwandeln

Manchmal besitzen Sie nicht den Typ eines Dings, der Ihnen vorschwebt. Sie möchten vielleicht Ihren 1989er Ford Taunus gegen einen brandneuen Porsche eintauschen. Aber es ist wohl überflüssig, zu erwähnen, dass dieser Versuch sinnlos ist, wenn Sie nicht viel Geld drauflegen.

Dafür ist aber das Umwandeln eines Typs in einen anderen in C++ viel einfacher. Sie haben zum Beispiel eine Stringvariable mit dem Namen digits (deutsch *Ziffern*), die den String "1234" enthält. Sie möchten nun die Ziffern in diesem String nehmen und sie in eine Integervariable mit dem Namen amount übertragen, wodurch diese Variable dann den Wert 1234 enthält. Sie wollen also *einen String in eine Zahl umwandeln*.

Wir zeigen Ihnen weiter hinten in diesem Kapitel in Listing 9.1, wie Sie Zahlen in Strings und Strings in Zahlen konvertieren. Kapitel 7 enthält Beispielcode für die Umwandlung einer Zahl in einen String. Wir arbeiten hier mit derselben Technik, die wir dann mit einer ähnlichen Technik verwenden, um einen String wieder in eine Zahl umzuwandeln.

Für die Umwandlung eines Strings gibt es in C++ eine hervorragende Programmfunktion, die es ermöglicht, in Strings wie in eine Konsole zu schreiben und ihren Inhalt wieder auszulesen. So können Sie zum Beispiel die Zahl 12 mit diesem Code

```
cout << 12;
```

in eine Konsole ausgeben, und das Gleiche lässt sich mit Strings machen: Sie schreiben die Zahl 12 in einen String:

```
meinstring << 12;
```

Wenn diese Zeile ausgeführt worden ist, enthält der String den Wert "12". Allerdings müssen Sie eine besondere Form eines Strings verwenden, die stringstream genannt wird. In der unendlich großen Welt der Computerbegriffe ist ein Strom (englisch *Stream*) etwas, in das Sie »fließend« schreiben und aus dem Sie »fließend« lesen können (stellen Sie sich dabei Bits vor, die durch einen Draht fließen – so wie ein Strom in seinem Bett fließt). Sie schreiben zum Beispiel das Wort "hallo" in einen stringstream, dann folgt die Zahl 87 und danach das Wort "Goodbye". Nach diesen drei Operationen enthält der String den Wert "hallo87Goodbye".

Und Sie können auf ähnliche Weise aus einem Strom lesen. Wir zeigen Ihnen weiter hinten in diesem Kapitel im Abschnitt *Aus der Konsole lesen*, wie Sie eine Konsole auslesen, indem Sie die Schreibweise mit einem Größer-als-Zeichen (>) verwenden. Wenn Sie etwas aus der Konsole einlesen wollen, hält die Anwendung an und wartet auf die Eingabe durch den Benutzer. Dabei findet aber das eigentliche Streaming erst statt, *nachdem* der Benutzer seine Eingabe getätigt hat. Wenn es an der Konsole eine Reihe von Zeichen gibt, liest Ihre Anwendung diese als Strom ein, einen Datentyp nach dem anderen. Auf diese Weise sind Sie in der Lage, zum Beispiel einen String, dann eine Reihe von Zahlen und wieder einen String und so weiter einzulesen.

Sie können mit stringstream etwas Ähnliches machen, wobei es in diesem Fall Sie und nicht der Benutzer sind, der den String auffüllt. Dann beginnen Sie damit, den String auszulesen und die Werte in Variablen unterschiedlichen Typs abzulegen. Einer dieser Typen ist vielleicht Integer. Da stringstream aber nichts als ein String ist, geht es nun darum, dass Sie die Ziffern in eine Ganzzahl umwandeln: Sie packen die Ziffern in den String und lesen diesen als Strom in ein Integer ein. Nicht schlecht, oder?

Die einzige Falle dabei ist, dass Sie vorher wissen müssen, was für eine Art von Streaming Sie vorhaben. Wenn Sie in den stringstream schreiben wollen, erstellen Sie die Instanz einer Klasse mit dem Namen ostringstream. (Das o steht für Output.) Wenn Sie aus einem stringstream lesen wollen, erstellen Sie die Instanz einer Klasse mit dem Namen istringstream. (Das i steht für Input.)

Das Beispiel TypeConverter, das Listing 9.1 zeigt, enthält zwei praktische Funktionen, die Sie vielleicht für Ihre eigenen Experimente beim Programmieren speichern sollten. Eine heißt StringToNumber() und die andere NumberToString().

```cpp
#include <iostream>
#include <sstream>    // for istringstream, ostringstream

using namespace std;

int StringToNumber(string MyString)
{
  // Wandelt von String in Zahl um.
  istringstream converter(MyString);
  // Enthält das Ergebnis der Operation results.
  int result;

  // Führt die Umwandlung durch und gibt die Ergebnisse
  // zurück.
  converter >> result;
  return result;
}

string NumberToString(int Number)
{
  // Wandelt von einer Zahl in einen String um.
  ostringstream converter;

  // Führt die Umwandlung durch und gibt die Ergebnisse
  // zurück.
  converter << Number;
  return converter.str();
}
```

```cpp
int main()
{
  // Enthält die theoretische Zahl an Kindern.
  float NumberOfKids;
  // Enthält die echte Zahl an Kindern.
  int ActualKids;

  // Theoretisch können Sie 2,5 Kinder haben, aber im
  // echten Leben ist das nicht möglich. Wandeln Sie die
  // theoretische Zahl an Kindern in eine in der
  // Wirklichkeit mögliche um, indem Sie NumberOfKids
  // kürzen und die Ergebnisse anzeigen.
  cout << "Fließkomma in Integer" << endl;
  cout << "(Ganzzahlig gekürzt)" << endl;
  NumberOfKids = 2.5;
  ActualKids = (int)NumberOfKids;
  cout << NumberOfKids << " " << ActualKids << endl;

  // Dieselbe Aufgabe wie zuvor durchführen, wobei
  // dieses Mal 2,1 theoretische Kinder verwendet
  // werden.
  NumberOfKids = 2.1;
  ActualKids = (int)NumberOfKids;
  cout << NumberOfKids << " " << ActualKids << endl;

  // Dieses Mal haben wir 2,9 Kinder.
  NumberOfKids = 2.9;
  ActualKids = (int)NumberOfKids;
  cout << NumberOfKids << " " << ActualKids << endl;
  cout << "Fließkomma in Integer" << endl;

  // Dieser Vorgang rundet die Zahl, statt sie
  // ganzzahlig zu kürzen.
  // Wir machen dies mit den drei Zahlen von eben.
  cout << "(Gerundet)" << endl;
  NumberOfKids = 2.5;
  ActualKids = (int)(NumberOfKids + .5);
  cout << NumberOfKids << " " << ActualKids << endl;

  // Mit 2,1 Kindern wiederholen.
  NumberOfKids = 2.1;
  ActualKids = (int)(NumberOfKids + .5);
  cout << NumberOfKids << " " << ActualKids << endl;
```

```
// Noch einmal wiederholen, aber mit 2,9 Kindern.
NumberOfKids = 2.9;
ActualKids = (int)(NumberOfKids + .5);
cout << NumberOfKids << " " << ActualKids << endl;
cout << endl << "Integer in Fließkomma " << endl;

// Verwenden Sie in diesem Fall die Funktion StringToNumber(),
// um die Umwandlung durchzuführen.
ActualKids = 3;
NumberOfKids = ActualKids;
cout << NumberOfKids << endl << endl;
cout << "String in Zahl " << endl;
int x = StringToNumber("12345") * 50;
cout << x << endl << endl;

// Verwenden Sie in diesem Fall die Funktion
// NumberToString(), um die Umwandlung durchzuführen.
cout << "Zahl in String" << endl;
string mystring = NumberToString(80525323);
cout << mystring << endl;

return 0;
}
```

Listing 9.1: Es ist einfach, Typen umzuwandeln.

`StringToNumber()` nimmt einen String, kopiert ihn in ein `istringstream` und liest ihn dann in ein Integer ein. `NumberToString()` nimmt ein Integer, schreibt es in ein `ostringstream` und kopiert es dann in einen String.

 Wir haben nichts dagegen, wenn Sie die beiden Funktionen `StringToNumber()` und `NumberToString()` in Ihren eigenen Code einbauen. Irgendwann kommen Sie nicht umhin, Ganzzahlen (Integer) und Strings umzuwandeln, und diese beiden Funktionen können Ihnen dabei helfen.

Eine andere Umwandlung, die sinnvoll sein kann, ist die von Fließkommazahlen (das sind Zahlen mit einem Dezimalzeichen) in ganzzahlige Werte und umgekehrt. In C++ lässt sich diese Umwandlung leicht realisieren: Sie kopieren einfach einen Typ auf den anderen, und C++ übernimmt den Rest. Die einzige Falle dabei ist die, dass C++ beim Umwandeln einer Fließkommazahl (`float`) in eine Ganzzahl (`int`) den Dezimalteil abschneidet. C++ rundet auch nicht auf, es kürzt den Wert auf die nächstniedrigere ganze Zahl. Wenn `5.99` in ein Integer umgewandelt wird, ergibt dies also nicht `6`, sondern `5`. Es gibt aber einen Trick, um so etwas Ähnliches wie ein mathematisches Rundungsverhalten zu erreichen: Addieren Sie vor der Umwandlung `0.5` auf die Zahl. Wenn sich die Nachkommastellen in der oberen Hälfte befinden (das heißt von `.5` bis `.9999` und so weiter), sorgen die `0.5` dafür, dass die Zahl größer oder gleich der nächsten Ganzzahl wird. Wenn die Funktion dann die Zahl »rundet«, rundet sie auf die nächsthöhere Ganzzahl ab.

Wenn Sie zum Beispiel mit `4.6` beginnen, erhalten Sie bei einer normalen Umwandlung `4`. Wenn Sie aber `0.5` addieren, erhalten Sie `5.1`, was nach einer Umwandlung `5` ergibt.

Der Weg in die andere Richtung ist noch einfacher: Um ein Integer in eine Fließkommazahl umzuwandeln, kopieren Sie sie einfach. Wenn `i` eine Ganzzahl und `f` eine Fließkommazahl ist, sieht die »Umwandlung« so aus:

```
f = i;
```

Immer wenn Sie ein `float` in ein `int` umwandeln, müssen Sie dem Compiler mitteilen, dass Sie wissen, was Sie tun, indem Sie vor die Variable `(int)` setzen. Dieser Vorgang wird *Typenumwandlung* genannt. Die zwangsweise Umwandlung eines Typs in einen anderen nennt man *Casting*. So teilt die folgende Beispielzeile dem Compiler mit, dass Sie wissen, dass Sie aus einer Fließkommazahl eine Ganzzahl machen:

```
ActualKids = (int)NumberOfKids;
```

Wenn Sie den Teil mit `(int)` vergessen sollten, zeigt der Compiler normalerweise eine Warnung wie diese an:

```
warning: converting to 'int' from 'float'
```

Es ist wichtig, den richtigen Code für die Typenumwandlung zu verwenden, weil er andere Entwickler darauf hinweist, dass Sie die Typenumwandlung bewusst vornehmen. Sie verhindern damit, dass diese anderen Entwickler diesen Teil Ihres Codes für einen Fehler halten.

Wenn Sie die Anwendung in Listing 9.1 ausführen, sehen Sie das Ergebnis aller Umwandlungen. Der erste große Stapel in `main()` packt mehrere Fließkommazahlen in `NumberOfKids` (wobei wir mit den üblichen `2.5` Kindern beginnen) und wandelt sie in Ganzzahlen um. Wir haben in diesem ersten Stapel keine `0.5` hinzugefügt, weshalb die Werte einfach nur gekürzt werden. Das, was dieser erste Stapel ausgibt, ist, dass alle Zahlen einfach nur gekürzt (abgerundet) worden sind. Bei der ersten Zahl eines Zahlenpaares handelt es sich um die ursprüngliche Fließkommazahl, und die zweite bildet die umgewandelte Ganzzahl. Beachten Sie, dass die Anwendung immer abrundet:

```
Fließkomma in Integer
(Ganzzahlig gekürzt)
2.5 2
2.1 2
2.9 2
```

Im nächsten Codeblock nehmen wir die gleiche Umwandlung wie zuvor vor, wobei wir dieses Mal zu jeder Fließkommazahl `0.5` addieren. Auch in diesem Fall wird wieder auf die nächste Ganzzahl gerundet.

 **Tipps, damit die Umwandlung von Zahlen zu genaueren Ergebnissen führt**

Wenn Sie mit einer Mischung aus Fließkomma- und Ganzzahlen anspruchsvollere Berechnungen durchführen wollen, sollten die Vorschläge in der folgenden Liste dafür sorgen, dass Ihre Ergebnisse auch richtig sind:

✔ Benutzen Sie temporäre Variablen: Scheuen Sie sich nicht, temporäre Variablen vom Typ float zu verwenden, wenn Sie ein Integer haben und davon eine Fließkommaversion benötigen. Diese temporäre Variable nimmt dann den Wert auf. Sie legen die Variable wie folgt an:

```
float MeinFloat = MeinInt;
```

✔ Wandeln Sie alles in Fließkommazahlen um: Sorgen Sie dafür, dass alle Ganzzahlen in Fließkommazahlen umgewandelt werden, bevor Sie sie für Rechenoperationen verwenden. So wird zum Beispiel in den folgenden beiden Codezeilen MyFloat nicht 2.5, was das richtige Ergebnis der Division von 5 durch 2 ist. Stattdessen besteht das Ergebnis aus dem (gerundeten) ganzzahligen Wert 2.

```
int MyInt = 5;
```

```
float MyFloat = MyInt / 2;
```

Um dieses Problem zu beheben, wandeln Sie MyInt zuerst in ein float um, bevor Sie die Division ausführen.

✔ Probieren Sie es mit Casting: Wenn Sie eine Ganzzahl in einer arithmetischen Berechnung verwenden wollen, die auch Fließkommazahlen enthält, und wenn Sie dafür keine speziellen Variablen vom Typ float erstellen wollen, können Sie in der Rechenoperation einfach das Wort float in Klammern vor den Integerwert setzen. So etwas nennt man einen *Cast*, und der C++-Compiler wandelt die Variable temporär in den Typ in Klammern um. Die beiden folgenden Codezeilen sorgen dafür, dass Sie das richtige Ergebnis, 2.5, erhalten:

```
int MyInt = 5;
```

```
float MyFloat = (float)MyInt / 2;
```

Beachten Sie, dass die hohen Dezimalzahlen dazu führen, dass aufgerundet wird, während niedrige Dezimalzahlen zu einem Abrunden führen:

```
Fließkomma in Integer
(Gerundet)
2.5 3
2.1 2
2.9 3
```

Der nächste Block ist schnell abgehandelt. Wir wandeln einfach eine Ganzzahl in eine Fließkommazahl um. Die Ausgabe erfolgt zwar ohne Dezimalzeichen, aber es handelt sich dabei wirklich um eine Fließkommazahl:

```
Integer in Fließkomma
3
```

Dann erfolgt eine Umwandlung von einem String in eine Zahl und umgekehrt. Der erste Block wandelt einen String in eine Zahl um. Um zu beweisen, dass diese Umwandlung erfolgreich war, führen wir mit der neu gebildeten Zahl ein paar mathematische Operationen durch – was mit einem String niemals funktioniert:

```
String in Zahl
617250
```

Und zum Schluss wandeln wird eine Zahl in einen String um:

```
Zahl in String
80525323
```

Die Ausgabe dieser Ziffern sieht natürlich unabhängig davon, ob sie eine Zahl oder einen String bilden, immer gleich aus. Aber Sie können dem Code entnehmen, dass das, was wir zum Schluss ausgeben, tatsächlich ein String und keine Zahl ist.

Aus der Konsole lesen

Wir haben in diesem Buch die Konsole dafür verwendet, um verschiedene Themen vorzuführen. Viele der Anwendungen geben etwas in die Konsole aus. Sie können die Konsole aber auch dafür verwenden, um vom Benutzer Informationen zu *erhalten* – ein Thema, auf das wir bereits in Kapitel 3 kurz eingehen.

Um Daten aus der Konsole einzulesen, verwenden Sie anstelle der Kombination aus dem Operator << mit cout den Operator >> zusammen mit cin (was »ssie-in« ausgesprochen wird).

In den Tagen der guten alten C-Programmierung entsprach das Lesen von Daten aus der Konsole und das Platzieren von Variablen einem Albtraum, weil Sie gezwungen waren, Zeiger zu verwenden. In C++ ist das nicht mehr der Fall. Wenn Sie Zeichen in einen String mit dem Namen MyName einlesen wollen, geben Sie einfach Folgendes ein:

```
cin >> MyName;
```

Das ist alles! Die Anwendung hält an, und der Benutzer kann etwas an der Konsole eingeben. Wenn der Benutzer ⏎ drückt, geht der String, der eingegeben worden ist, in die Stringvariable MyName.

Das Auslesen der Konsole kennt einige Fallen. Erstens verwendet die Konsole Leerzeichen als Trennzeichen. Das bedeutet, dass, wenn Sie beim Schreiben Leerzeichen verwenden, nur der Text bis zum Leerzeichen in die Variable übernommen wird. Die Konsole speichert alles hinter dem Leerzeichen und übernimmt es das nächste Mal, wenn Ihre Anwendung cin aufruft. Zweitens kann ein Benutzer auch dann jedes beliebige Zeichen eingeben, wenn Sie nur Zahlen auslesen wollen. Der Computer durchläuft dann einen skurrilen Prozess, der jeden Buchstaben in eine bedeutungslose Zahl umwandelt.

Das Beispiel ReadConsoleData in Listing 9.2 zeigt Ihnen, wie Sie Strings und eine Zahl aus der Konsole einlesen können. Außerdem wird Ihnen hier gezeigt, wie Sie den Benutzer zwingen können, nur Ziffern einzugeben. Und zum Schluss erfahren Sie, wie Sie nach einem Kennwort fragen und dafür sorgen, dass die Eingabe des Benutzers als Sternchen angezeigt wird.

Damit die letzten beiden Aufgaben auch sauber funktionieren, mussten wir eine Bibliothek einbinden, die conio heißt. Diese Bibliothek ermöglicht Ihnen einen direkteren Zugriff auf die Konsole und umgeht dabei cin. Das geht aber in Ordnung. Außerdem haben wir eine besondere Funktion mit dem Namen StringToNumber() verwendet, die weiter vorn in diesem Kapitel im Abschnitt *Typen umwandeln* erklärt wird.

```
#include <iostream>
#include <sstream>
#include <conio.h>

using namespace std;

int StringToNumber(string MyString)
{
  // Enthält den String.
  istringstream converter(MyString);
  int result;              // Enthält das Integer-Ergebnis.

  // Führt die Umwandlung durch.
  converter >> result;
  return result;
}

string EnterOnlyNumbers()
{
  // Enthält den numerischen String.
  string numAsString = " ";
  // Erhält vom Benutzer ein einzelnes Zeichen.
  char ch = getch();
```

```
  // Fordert so lange Zeichen an, bis der
  // Benutzer Enter drückt.
  while (ch != '\r')  // \r ist der Eingabeschlüssel
  {
    // Fügt Zeichen nur dann hinzu,
    // wenn es Ziffern sind.
    if (ch >= '0' && ch <= '9')
    {
      cout << ch;
      numAsString += ch;
    }

    // Erhält vom Benutzer das nächste Zeichen.
    ch = getch();
  }
  return numAsString;
}

string EnterPassword()
{
  string numAsString = " "; // Enthält das Kennwort.
  // Erhält vom Benutzer ein einzelnes Zeichen.
  char ch = getch();

  // Zeichen so lange anfordern, bis der Benutzer Enter drückt.
  while (ch != '\r')  // \r ist der Eingabeschlüssel
  {
    // Anzeige eines Sternchens anstelle
    // des eingegebenen Zeichens.
    cout << '*';

    // Fügt das Zeichen dem Kennwortstring hinzu
    numAsString += ch;

    // Erhält vom Benutzer das nächste Zeichen.
    ch = getch();
  }

  return numAsString;
}
```

```
int main()
{
  // Einfache Namenseingabe
  string name;
  cout << "Wie ist Ihr Name? ";
  cin >> name;
  cout << "Hallo " << name << endl;

  // Nun werden Sie aufgefordert, eine Zahl einzugeben, aber der
  // Computer lässt es zu, dass Sie irgendetwas eingeben!
  int x;
  cout << endl;
  cout << "Geben Sie eine Zahl ein! ";
  cin >> x;
  cout << "Sie gaben ein: " << x << endl;

  // Dieses Mal können Sie nur eine Zahl eingeben.
  cout << endl;
  cout << "Dieses Mal können Sie nur eine Zahl eingeben!"
    << endl;
  cout << "Geben Sie eine Zahl ohne Nachkommastellen ein! ";
  string entered = EnterOnlyNumbers();
  int num = StringToNumber(entered);
  cout << endl << "Sie gaben ein: " << num << endl;

  // Geben Sie nun ein Kennwort ein!
  cout << endl;
  cout << "Geben Sie Ihr Kennwort ein! ";
  string password = EnterPassword();
  cout << endl << "Psst, es lautet " << password << endl;
  return 0;
}
```
Listing 9.2: Den Benutzer etwas eingeben lassen

Die ersten Teile von main() sind unkompliziert. Sie sehen, dass wir cin >> name; aufgerufen haben, um aus der Konsole einen String einzulesen, den wir gleich wieder ausgeben. Dann haben wir cin >> x; aufgerufen, um aus der Konsole eine Ganzzahl einzulesen, die wir ebenfalls wieder ausgegeben haben.

Danach haben wir durch Aufrufen der Funktion EnterOnlyNumbers() dafür gesorgt, dass der Benutzer nur Ziffern eingeben kann. Schauen Sie sich diese Funktion einmal genauer an. Sie definiert als Erstes einen String mit dem Namen numAsString. Wenn der Benutzer etwas eingibt, kommt dies als Zeichen an, die wir eins nach dem anderen in einer Stringvariablen speichern (weil ein String eben aus *Zeichen* besteht). Um herauszufinden, was der Benutzer eingibt, rufen wir die Funktion getch() auf. Diese Funktion gibt ein einzelnes Zeichen zurück. (Wenn der Benutzer zum Beispiel ⌂+Ⓐ drückt, um ein großes A zu produzieren, gibt die Funktion getch() das Zeichen A zurück.)

Nachdem wir ein Zeichen erhalten haben, starten wir eine Schleife und warten auf das Zeichen '\r'. Denken Sie daran, dass der umgedrehte Schrägstrich (der *Backslash*) in einem Zeichen oder einem String bedeutet, dass es sich bei diesem Zeichen um etwas Besonderes handelt.) Die schleife verarbeitet so lange Zeichen, bis der Benutzer die Taste ⏎ drückt. Das ist der Punkt, an dem das Zeichen, das wir von getch() erhalten, \r, dazu führt, dass wir die Schleife verlassen und die Zahl als String zurückgeben.

Wir testen in der Schleife den *Wert* eines Zeichens und schauen nach, ob es aus dem Bereich '0' bis '9' stammt. Ja, Zeichen sind Sequenzen zugeordnet, und glücklicherweise bilden Ziffern eine zusammenhängende Gruppe. Wir können deshalb herausfinden, ob wir es mit einer Ziffer zu tun haben, indem wir prüfen, ob es Bestandteil des Bereichs '0' bis '9' ist:

```
if (ch >= '0' && ch <= '9')
```

Wenn der Benutzer eine Zifferntaste drückt, begeben wir uns zur Abwicklung der Aufgabe in die if-Anweisung – beziehungsweise der Computer macht das. Da der Benutzer eine Zifferntaste gedrückt hat, machen wir damit weiter, dass wir alles in die Konsole schreiben und die gedrückte Ziffer an das Ende des Strings schreiben. Wir müssen in die Konsole schreiben, weil der Computer beim Aufruf von getch() nichts automatisch ausgibt. Wenn wir dann die if-Anweisung verlassen haben, machen wir damit weiter, dass wir getch() für eine weitere Runde erneut aufrufen. Auf diese Weise sorgen wir dafür, dass an der Konsole nichts anderes als Ziffern erscheint, wenn der Benutzer ⏎ drückt.

Die Funktion EnterPassword() funktioniert so ähnlich wie EnterOnlyNumbers(), nur dass sie es dem Benutzer erlaubt, beliebige Zeichen (einschließlich des Leerzeichens) einzugeben. Deshalb filtert hier auch keine if-Anweisung bestimmte Buchstaben heraus. Außerdem werden die Zeichen, die der Benutzer eingibt, nicht im Original ausgegeben, sondern dabei durch Sternchen (*) ersetzt, was beim Benutzer ein gutes Gefühl erzeugt. Niemand hat es gerne, wenn sein Kennwort bei der Eingabe öffentlich zu lesen ist.

Probleme mit der Funktion »getch( )« vermeiden

Einige Compiler beschweren sich, wenn Sie die Funktion getch() verwenden. Wenn Sie sie trotzdem einsetzen wollen, probieren Sie es stattdessen mit der Funktion _getch(). Beide Funktionen erledigen dieselbe Aufgabe. Einige Anbieter behaupten, dass _getch() mit der International Standards Organization (ISO) konform gehe, was aber so nicht stimmt. Bei den Funktionen getch() und _getch() handelt es sich um nützliche, aus einfachen Bibliotheken stammende Funktionen, die Sie ohne zu zögern verwenden können, ohne dass sie Teil eines Standards sein müssen. Der GNU-Compiler GCC, der zusammen mit Code::Blocks ausgeliefert wird, kann mit beiden Formen dieser Funktion umgehen.

Wenn Sie diese Anwendung ausführen, erhalten Sie eine Ausgabe an der Konsole wie diese hier:

```
Wie ist Ihr Name? Thomas
Hallo Thomas

Geben Sie eine Zahl ein! abcd123
Sie gaben ein: 0

Dieses Mal können Sie nur eine Zahl eingeben!
Geben Sie eine Zahl ohne Nachkommastellen ein! 5001
Sie gaben ein: 5001

Geben Sie ein Kennwort ein! *****
Pssst, es lautet hallo
```

Die erste Zeile hat ihre Aufgabe gut erledigt, weil wir keine Leerzeichen eingegeben haben und der Name Thomas seinen Weg in unsere Variable gefunden hat. Aber als wir dann nach der Eingabe einer Zahl gefragt worden sind, haben wir, hinterlistig, wie wir sind, etwas eingegeben, wozu wir nicht aufgefordert worden sind: abcd123. Und das hat den Computer durcheinandergebracht. Zum Schluss haben wir dann noch ein Kennwort eingegeben, und Sie können sehen, dass der Computer unsere Eingabe als Sternchen anzeigt. Wenn wir zum Abschluss unserer Eingabe die Taste ⏎ drücken, wird das von uns eingegebene Kennwort an der Konsole (ausnahmsweise) angezeigt.

Die Direktiven eines Präprozessors verstehen

Wenn Sie eine Anwendung kompilieren, lässt der Compiler Ihren Code als Erstes durch etwas laufen, das Präprozessor genannt wird. Ein *Präprozessor* schaut einfach nur nach bestimmten Anweisungen in Ihrem Code, die mit dem Symbol # beginnen. Eine dieser Anweisungen befindet sich in jeder Ihrer Anwendungen: #include. Diese Anweisungen an den Präprozessor werden als *Direktiven* bezeichnet, weil sie den Präprozessor auffordern, etwas zu tun.

Stellen Sie sich den Präprozessor als eine Maschine vor, die Ihren Code in eine temporär aufbereitete Version umformt, in der alles fertig ist, damit sie kompiliert werden kann. Werfen Sie einmal einen Blick auf diese Präprozessor-Direktive:

```
#include <iostream>
```

Wenn der Präprozessor diese Zeile sieht, fügt er den gesamten Text, der sich in der Datei iostream befindet (ja, dies ist ein Dateiname; er hat keine Dateierweiterung), in die aufbereitete Version des Quellcodes ein.

Nehmen Sie einmal an, dass die Datei iostream so aussieht:

```
int hello = 10;
int goodbye = 20;
```

Diese beiden Zeilen sind alles – mehr gibt es dort nicht. (Natürlich ist die echte Datei iostream viel komplexer.) Und nehmen Sie weiter an, dass Ihre eigene Programmdatei, MeinProgramm.cpp, das hier enthält (was Sie auch im Beispiel Preprocessor finden):

```cpp
#include <iostream>
int main()
{
    cout << "Hallo" << endl;
}
```

Nachdem der Präprozessor mit seinen Vorarbeiten fertig ist, erstellt er eine temporäre aufbereitete Datei (in die die Zeilen aus der String-Datei dort in die Datei MeinProgramm.cpp eingefügt worden sind, wo die Zeile mit #insert stand), die so aussieht:

```cpp
int hello = 10;
int goodbye = 20;
int main()
{
    cout << "Hallo" << endl;
}
```

Anders ausgedrückt, der Präprozessor ersetzt die Zeile #include durch den Inhalt der entsprechenden Datei. Nun kann auch die String-Datei selbst ebenfalls #include-Zeilen haben, und diese Zeilen werden dann durch den Inhalt der Dateien ersetzt, auf die *sie* verweisen. Wie Sie sich vielleicht vorstellen können, kann das, was als einfache, aus ein paar Zeilen bestehende Anwendung beginnt, ganz schnell Hunderte Codezeilen aufweisen, nachdem der Präprozessor seine Arbeit getan hat. (Das ist tatsächlich eine sehr zurückhaltende Einschätzung. Wir haben standardmäßigen Code::Blocks-Code durch den Präprozessor laufen lassen, und er enthielt dann 25.613 Zeilen! Sie können sich diesen Text in Main.txt anschauen. Diese Datei befindet sich im Ordner Preprocessor der Beispieldateien dieses Buches. Aus verschiedenen Gründen enthält die Datei viele Leerzeilen, aber nichtsdestotrotz ist es eine sehr große Datei.)

Machen Sie sich keine Gedanken. Die ursprüngliche Quellcodedatei wird nicht geändert, wenn der Präprozessor sie sich vornimmt. Der Präprozessor legt eine temporäre Datei an, und die ist es dann, die der Compiler kompiliert. Außerdem müssen Sie den Präprozessor nicht manuell ausführen; die Aufgabe, den Präprozessor ablaufen zu lassen, übernimmt der Compiler für Sie.

Auch wenn Sie selbst den Präprozessor nicht ausführen müssen, können Sie dies trotzdem machen, wenn es Sie interessiert, wie die Ausgabe aussieht. Der Code::Blocks-Compiler ruft GCC.exe auf, um zu kompilieren. Allerdings ist GCC nur eine kleine Anwendung, die den Compiler startet. Aber bevor dies geschieht, führt GCC den Präprozessor aus. Der entsprechende Befehl lautet cpp (für *C Preprocessor*). Wenn Sie Ihre Pfade richtig eingerichtet haben und den Präprozessor manuell starten wollen, geben Sie in der Eingabeaufforderung einfach cpp, den Namen Ihrer Quellcodedatei, das Umleitungssymbol (>>) und den Namen einer

Ausgabedatei ein, zum Beispiel `cpp main.cpp >> main.txt`. Sie können den Pfad in den meisten Fällen richtig eingeben, indem Sie in der Eingabeaufforderung die folgende Zeile schreiben und dann ⏎ drücken:

```
path=C:\CodeBlocks\MinGW\bin;%path%
```

Seien Sie auf *viele* Zeilen vorbereitet. Aber es ist schon interessant, wie der Code aussieht, der letztendlich durch den Compiler gejagt wird.

Neben `#include` versorgt Sie der Präprozessor mit vielen weiteren Direktiven. Eine der nützlicheren ist `#define`. Hier eine Beispielzeile mit `#define`:

```
#define MYSPECIALNUMBER 42
```

Nachdem der Präprozessor diese Zeile gesehen hat, ersetzt er jedes Mal, wenn er auf das Wort MYSPECIALNUMBER trifft, dieses durch das *Wort* 42 (das heißt durch jede Folge von Buchstaben, Ziffern und anderen Zeichen, die auf die Definition folgen). `#define` lässt Sie aber auch etwas erstellen, das *Makros* genannt wird. Werfen Sie einmal einen Blick auf diese Zeile:

```
#define oldmax(x, y) ((x)>(y)?(x):(y))
```

Nachdem der Präprozessor diese Zeile kennengelernt hat, ersetzt er jedes Mal, wenn er auf das Wort oldmax stößt, dem zwei Dinge in Klammern folgen, die durch ein Komma voneinander getrennt sind, diese Kombination durch die Formel `(x)>(y)?(x):(y)`. Dabei wird das, was vor dem Komma steht, für x und das hinter dem Komma für y ersetzt. Wenn Sie zum Beispiel die Zeile

```
q = oldmax(abc, 123);
```

haben, ersetzt der Präprozessor sie durch

```
q = ((abc)>(123)?(abc):(123));
```

und macht dann mit dieser Zeile nichts mehr.

In Kapitel 3 wird dies als bedingter Operator bezeichnet. Die Variable q wird auf den Wert abc gesetzt, wenn dieser Wert größer als 123 ist; anderenfalls wird er auf 123 gesetzt.

Allerdings versteht der Präprozessor den bedingten Operator nicht – und versucht das auch gar nicht. Außerdem wird q während der Vorverarbeitung (ein *Prä-Prozessor* ist nichts als ein *Vor-Verarbeiter*) auf nichts anderes gesetzt. Der Präprozessor weiß nur, wie er in Ihrer Quellcodedatei *Text* ersetzt. Der Präprozessor hat die ursprüngliche Codezeile, die oldmax enthielt, durch die nächste Zeile mit dem bedingten Operator ersetzt. Das ist alles. Der Präprozessor führt keinen Code aus, er führt keine Vergleiche durch und er legt nichts in q ab. Der Präprozessor ändert einfach nur den Code.

Obwohl Sie #define-Anweisungen immer noch in C++ verwenden können, sollten Sie anstelle des Symbols einfach eine Funktion erstellen oder eine Konstante verwenden. Die Verwendung von Symbolen und Makros ist ein veralteter Programmierstil. Gut, sie haben in der Programmierung immer noch eine gewisse Berechtigung, und zwar in der *bedingten Kompilierung*, auf die wir ein wenig später eingehen.

Irgendwann wollen Sie Ihre Anwendung in zwei verschiedene Versionen kompilieren. Sie möchten vielleicht eine *Debugversion* Ihrer Anwendung haben, die ein paar Extras in Form von zusätzlichen Informationen enthält, die Sie für die Entwicklung Ihrer Anwendung nutzen können. Wenn Ihre Anwendung dann fertig ist und Sie sie an all die Wartenden veräußern und Millionen scheffeln können, benötigen Sie diese zusätzlichen Debuginformationen nicht mehr.

Zu diesem Zweck können Sie auf die bedingte Kompilierung zurückgreifen. Schauen Sie sich einmal diese Zeilen hier an:

```
#ifdef DEBUG
  cout << "Der Wert von j ist " << j << endl;
#else
  cout << j << endl;
#endif
```

Die Zeilen, die mit # beginnen, sind Präprozessor-Direktiven. Der Präprozessor verfügt über eine eigene Version von if-Anweisungen. Sie können in Ihrem Code eine Zeile wie die folgende haben, der nichts weiter folgt:

```
#define DEBUG
```

Dies *definiert* einfach nur ein Symbol. Das funktioniert dann so wie die Symbole, die wir weiter vorn beschreiben, wobei es aber nicht durch etwas anderes ersetzt werden kann. Es ist eben ein Symbol. Sie können Symbole dieser Art auch in der Eingabeaufforderung als Option von GCC oder einem anderen Compiler definieren. (Sie wählen in Code::Blocks PROJECT|BUILD OPTIONS. Es öffnet sich das Dialogfeld PROJECT BUILD OPTIONS, in dem Sie zuerst auf die Registerkarte COMPILER SETTINGS und dann auf die Unterregisterkarte #DEFINES klicken, die Abbildung 9.1 zeigt. Sie geben Ihre Compileroptionen wie in der Abbildung ein.) Wenn Sie das DEBUG-Symbol über die Eingabeaufforderung definieren wollen, fügen Sie Ihrer Anweisung die Zeile

```
-D DEBUG
```

entweder im GCC-Befehl oder in Code::Blocks im Dialogfeld PROJECT BUILD OPTIONS hinzu. Wenn Sie diese Compiler-Option dann eingegeben haben, ist das DEBUG-Symbol anwendungsweit so definiert, als ob Sie an ihren Anfang eine Zeile mit #define DEBUG eingefügt hätten.

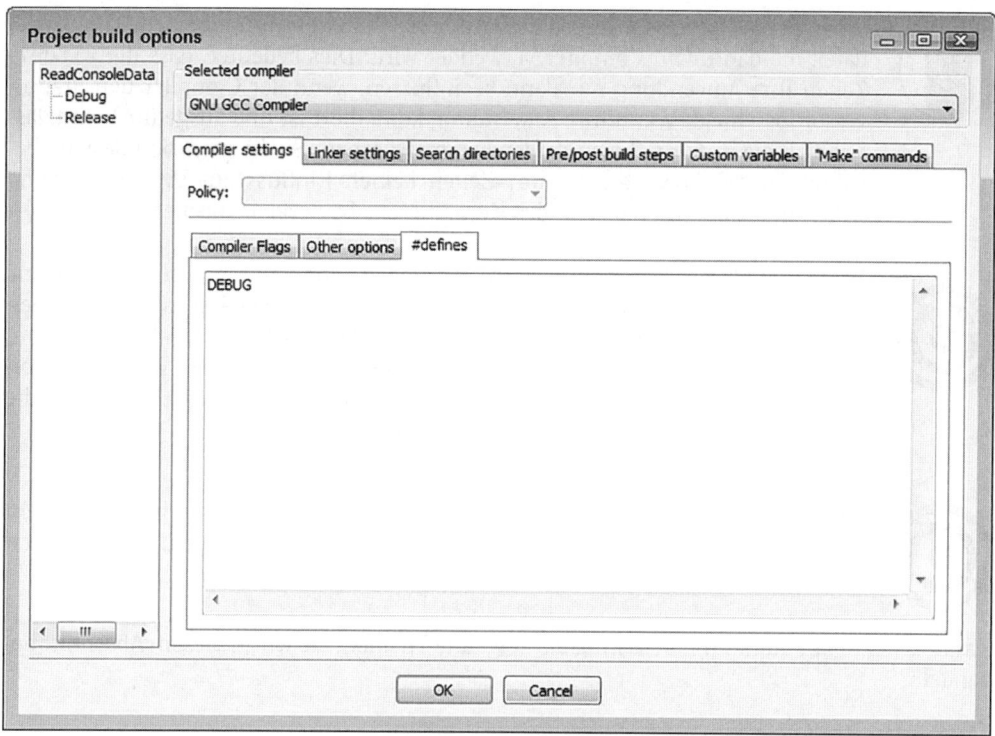

Abbildung 9.1: Stellen Sie die Compiler-Optionen zur Verfügung, die Sie verwenden wollen, um die Ausgabe der Anwendung zu ändern.

Wenn nun der Präprozessor seinen Weg durch Ihre Anwendung beginnt und zur Zeile #ifdef DEBUG kommt, prüft er nach, ob das DEBUG-Symbol definiert worden ist. Ist dies der Fall, spuckt er in seiner Aufbereitungsdatei die Zeilen aus, die nun folgen, bis die #else-Zeile erreicht wird. Dann überspringt er bis #endif alle Zeilen, die noch folgen.

Wenn das DEBUG-Symbol aber *nicht* definiert worden ist, überspringt der Präprozessor alle Zeilen, bis er #else erreicht. Dann gibt er die Zeilen aus, die bis #endif folgen.

Auf diese Weise gilt für das Beispiel, das wir weiter vorn in diesem Abschnitt geben, dass der Codeblock, der von #ifdef DEBUG bis zur Zeile #endif geht, durch die Inhalte in der ersten Hälfte des Blocks ersetzt wird, wenn DEBUG definiert ist:

```
cout << "Der Wert von j ist " << j << endl;
```

Wenn aber DEBUG nicht definiert ist, wird durch das ersetzt, was der Zeile #elseif folgt:

```
cout << j << endl;
```

Wenn der Präprozessor Ihre Datei abarbeitet, erstellt er nur eine neue Quellcode-datei, die dann vom Compiler verwendet wird. Dies bedeutet, dass die `#ifdef`-Zeilen Ihre Anwendung nur dann beeinflussen, wenn der Compiler den Präpro-zessor losschickt. Wenn Ihre Anwendung kompiliert ist und ausgeführt wird, las-sen sich die `#ifdef`-Zeilen nirgendwo mehr sehen. Sie können sich deshalb be-ruhigt merken, dass die `#ifdef`-Zeilen keinen Einfluss auf Ihre Anwendung haben und sich nur während des Kompilierens bemerkbar machen.

Wenn Sie Präprozessor-Direktiven verwenden, können Sie zwei verschiedene Versionen Ihrer Anwendung erhalten. In unserem Beispiel schalten wir einen Gang höher und erhalten zwei Versionen: eine Debug-Version und eine Version, die veröffentlicht werden kann. Um dem Compiler mitzuteilen, welche Version erzeugt werden soll, haben wir die Befehlszeilenoptionen geändert, indem wir die Zeile `-D DEBUG` hinzugefügt oder entfernt haben.

Die Option `-D` funktioniert sowohl mit als auch ohne ein Leerzeichen hinter dem `D`. Sie können deshalb sowohl `-DDEBUG` als `-D DEBUG` verwenden. Beide Formen machen dasselbe.

Das Beispiel `Preprocessor2` in Listing 9.3 zeigt alle Themen, die wir in diesem Abschnitt be-handeln.

```
#include <iostream>

using namespace std;

#ifdef UNIVAC
const int total = 200;
const string compname = "UNIVAC";
#elif defined(HAL2000)
const int total = 300;
const string compname = "HAL2000";
#else
const int total = 400;
const string compname = "Mein Computer";
#endif
// Dies ist veraltet, aber vielleicht haben Sie
// es gelegentlich schon einmal gesehen. Schreiben Sie
// keinen Code selbst, der so etwas tut!
#define oldmax(x, y) ((x)>(y)?(x):(y))
#define MYSPECIALNUMBER 42
```

```
int main()
{
  cout << "Willkommen auf " << compname << endl;
  cout << "Total ist:" << endl;
  cout << total << endl << endl;

  // Die veralteten Sachen ausprobieren.
  cout << "*** max ***" << endl;
  cout << oldmax(5,10) << endl;
  cout << oldmax(20,15) << endl;
  cout << MYSPECIALNUMBER << endl << endl;

  // Hier kommen ein paar
  // vordefinierte Standardmakros.
  cout << "*** Vordefinierte Makros ***" << endl;
  cout << "Dies ist die Datei " << __FILE__ << endl;
  cout << "Dies ist Zeile " << __LINE__ << endl;
  cout << "Kompiliert am " << __DATE__ << endl;
  cout << "Kompiliert um " << __TIME__ << endl << endl;

  // Sie verwenden einige #define,
  // um eine "debug"-Version oder eine
  // "fertige" Version zu erhalten.
  cout << "*** gesamt ***" << endl;
  int i;
  int j = 0;
  for (i = 0; i<total; i++)
  {
    j = j + i;
  }

#ifdef DEBUG
  cout << "Der Wert von j ist " << j << endl;
#else
  cout << j << endl;
#endif

  return 0;
}
```

Listing 9.3: Viele verschiedene Präprozessor-Direktiven verwenden

Wenn Sie Listing 9.3 ohne Symbol ausführen (wir haben DEBUG nicht gesetzt), sehen Sie diese Ausgabe:

```
Willkommen auf Mein Computer
Total ist:
400

*** max ***
10
20
42

*** Vordefinierte Makros ***
Dies ist die Datei C:\Buch\CPP\CPP_Beispiele\Kapitel09\Preproces-
sor2\main.cpp
Dies ist Zeile 37
Kompiliert am May 7 2015
Kompiliert um 23:23:07

*** gesamt ***
79800
```

Beachten Sie, dass wir am Anfang getestet haben, ob das Symbol UNIVAC existiert. Aber dieser if-Block ist doch etwas komplexer, weil es auch das Konstrukt #elif (für *else if*) gibt. Die Sprache des Präprozessors kennt kein elseifdef oder etwas Ähnliches. Stattdessen müssen Sie das so schreiben:

```
#elif defined(HAL2000)
```

Der Präprozessor prüft mithilfe dieses Blocks, ob das Symbol UNIVAC existiert. Wenn der Präprozessor UNIVAC findet, erzeugt er diese Zeilen:

```
const int total = 200;
const string compname = "UNIVAC";
```

Anderenfalls schaut der Präprozessor nach HAL2000. Wenn der Präprozessor dies findet, fügt er diese Zeile dem aufbereiteten Code hinzu:

```
const int total = 300;
const string compname = "HAL2000";
```

Wenn weder UNIVAC noch HAL2000 gesetzt sind, fügt der Präprozessor diese Zeilen hinzu:

```
const int total = 400;
const string compname = "Mein Computer";
```

Denken Sie daran, dass diese beiden Zeilen in jedem Fall an die aufbereitete Version gesendet werden und dort den Block ersetzen, der mit #ifdef UNIVAC beginnt und mit #endif endet.

Wenn wir nun die Befehlszeilenoption -D UNIVAC einbinden, erhalten wir einen anderen Output (verwenden Sie hierfür in Code::Blocks BUILD|REBUILD, um vom Projekt ein neues Build mit allen neuen Optionen zu erhalten):

```
Willkommen auf UNIVAC
Total ist:
200

*** max ***
10
20
42

*** Vordefinierte Makros ***
Dies ist die Datei C:\Buch\CPP\CPP_Beispiele\Kapitel09\Preproces-
sor2\main.cpp
Dies ist Zeile 37 37
Kompiliert am May 7 2015
Kompiliert um 23:23:17

*** gesamt ***
19900
```

 Um die »neue« Ausgabe zu sehen, müssen Sie Ihre Anwendung neu kompilieren, denn die #define-Zeilen betreffen nur die jeweilige Kompilierung Ihrer Anwendung. Aber hierbei gibt es eine Falle: Wenn die Objektdatei für Ihre Quellcodedatei neuer als Ihr Quellcode ist, baut der Compiler Ihre Objektdatei selbst dann nicht auf, wenn Sie die Befehlszeilenoptionen geändert haben. Wenn Sie einen über Befehlzeilen arbeitenden Compiler wie MinGW oder Cygwin verwenden, müssen Sie zuerst makeclean eingeben. In Code::Blocks wählen Sie BUILD|REBUILD.

Und hier noch andere Optionen:

```
-D HAL2000 -D DEBUG
```

Wählen Sie noch einmal den Clear-Befehl, kompilieren Sie Ihre Anwendung erneut und führen Sie sie wieder aus, um die folgende Ausgabe zu sehen. Da Sie dieses Mal DEBUG definiert haben, ändert sich auch die letzte Zeile.

```
Willkommen auf HAL2000
Total ist:
300

*** max ***
10
20
42
```

```
*** Vordefinierte Makros ***
Dies ist die Datei C:\Buch\CPP\CPP_Beispiele\Kapitel09\Preprocessor2\main.cpp
Dies ist Zeile 37
Kompiliert am May 7 2015
Kompiliert um 23:23:07

*** gesamt ***
Der Wert von j ist 44850
```

Konstanten verwenden

Wenn Sie programmieren, kann es vorkommen, dass Sie einen festen Wert benötigen, den Sie in Ihrer Anwendung verwenden wollen. Sie wollen vielleicht einen String haben, der den Namen Ihres Unternehmens enthält, zum Beispiel »Bobs Fixit Anywhere Anyhoo«. Und Sie wollen verhindern, dass jemand, der mit Ihrer Anwendung arbeitet, diesen String als Referenz an eine Funktion übergibt und ihn zufälligerweise in den Namen Ihre ärgsten Konkurrenten, »Jims Fixum Anyhoo Anytime«, ändert. Das wäre nämlich nicht gut. Oder Sie schreiben eine wissenschaftliche Anwendung, in der es eine feste Zahl wie Pi=3.1415926 oder PiPi=4.14145926 gibt.

Sie können diese *Konstanten* in C++ erstellen, indem Sie das Schlüsselwort const verwenden. Wenn Sie eine Konstante erstellen, funktioniert sie wie eine Variable, wobei aber gilt, dass sie später in der Anwendung *nicht* geändert werden kann. Um zum Beispiel den Namen Ihres Unternehmens zu definieren, könnten Sie so vorgehen:

```
const string CompanyName = "Bobs Fixit Anywhere Anyhoo";
```

Natürlich können Sie diesen String in Ihrem Code ändern, aber das hier funktioniert dann nicht mehr:

```
CompanyName = CompanyName + ", Inc.";
```

Der Compiler wirft bei dieser Zeile eine Fehlermeldung aus, in der er sich beklagt, dass dies eine Konstante ist, die Sie nicht mehr ändern können.

Nachdem Sie diese Konstante definiert haben, können Sie den String mit dem Namen CompanyName verwenden, um in Ihrem Code auf Ihr Unternehmen hinzuweisen. Das Beispiel Constants in Listing 9.4 zeigt, wie das geht. Beachten Sie die drei Konstanten ParkingSpaces, StoreName und pi. Wir verwenden sie im Rest der Anwendung wie ganz normale Variablen, wobei wir aber nicht versuchen, sie zu ändern.

```
#include <iostream>

using namespace std;

const int ParkingSpaces = 80;
const string StoreName = "Joe's Food Haven";
const float pi = 3.1415926;

int main()
{
  cout << "Wichtige Nachricht!" << endl;
  cout << "Wir von " << StoreName << endl;
  cout << "sind der Meinung," << endl;
  cout << "dass Sie wissen sollten, " << endl;
  cout << "dass bei uns " << ParkingSpaces;
  cout << " große Parkplätze" << endl;
  cout << "auf Sie warten." << endl;
  cout << endl;

  cout << "Diese Parkplätze befinden sich in " << endl;
  cout << "unmittelbarer Nähe von " << StoreName << "," << endl;
  cout << "weshalb wir unsere Kapazität von " << endl;
  cout << ParkingSpaces << " auf ";
  cout << ParkingSpaces * 2;
  cout << " Parkplätze verdoppeln." << endl << endl;

  float radius = 5;
  float area = radius * pi * pi;

  cout << "Und denken Sie daran, dass ";
  cout << "unsere Apfelkuchen " <<endl;
  cout << radius * 3.5 << " cm groß sind - " << endl;
  cout << "ein ganzer Kuchen besteht somit aus " << endl;
  cout << area * 3.5 << " Quadratzentimetern " << endl;
  cout << "vom Feinsten. Viel Vergnügen!" << endl;

  return 0;
}
```

Listing 9.4: Konstanten für dauerhafte Werte verwenden, die sich nicht ändern

 Der größte Vorteil von Konstanten ist dieser: Wenn Sie im Verlauf Ihrer Anwendung einen String oder eine Zahl ändern müssen, nehmen Sie diese Änderung nur einmal vor. Wenn Sie zum Beispiel im Verlauf Ihres Programms den String "Bobs Fixit Anywhere Anyhoo" eine Fantastrillion Mal übergeben müssen und sich plötzlich Ihr Firmenname in "Bobs Fixit Anywhere Anyhoo, LLC"

ändert, hätten Sie ohne Konstante einiges mit Suchen und Ersetzen zu tun. Wenn es in der Headerdatei aber nur eine einzige Konstante gibt, auf die alle anderen Quellcodedateien zugreifen, müssen Sie diese nur *einmal* ändern.

In der Welt der Programmiersprachen gibt es eine allgemeingültige Weisheit, die so ähnlich lautet wie: »Benutze niemals aus dem Nichts auftauchende Zahlen.« Hinter diesem Spruch steckt folgender Gedanke: Sie berechnen irgendwo in Ihrem Code die Anzahl an Kühen, die eine Brücke überqueren müssen, damit Sie wissen, dass die Brücke hält. Ihnen ist bekannt, dass eine Kuh im Durchschnitt 287 kg wiegt, aber wenn Sie diese Zahl einfach so in Ihren Code aufnehmen, steht unter Garantie jeder, der den Code liest, vor einem großen Rätsel: Was ist das für eine Zahl? Legen Sie deshalb eine Konstante an, die vielleicht den Namen DurchschnitztsgewichtEinerKuh bekommt und die Sie auf 287 setzen. In Ihrem Code verwenden Sie dann nur diese Konstante, wenn Sie die Zahl benötigen, und wenn die Kühe wachsen und sich ihr Gewicht ändert, müssen Sie nichts weiter tun, als Ihren Code an einer einzigen Stelle zu ändern – Sie ändern die Headerdatei, die die const-Deklaration enthält. Hier eine Beispielzeile, die DurchschnittsgewischtEinerKuh deklariert:

```
const int DurchschnittsgewischtEinerKuh = 287;
```

Der Vorläufer von C++, das ursprüngliche C, kannte keine Konstanten. Der Weg für den Einsatz von Konstanten lief über Präprozessor-Direktiven. In C++ können Sie eine Konstante wie

```
const int DuckCrossing = 500;
```

haben, was in C nicht möglich war. Sie hatten die Alternative, eine nicht konstante Variable wie

```
int DuckCrossing = 500;
```

oder eine Präprozessor-Direktive wie diese zu verwenden:

```
#define DuckCrossing 500
```

Dann können Sie in Ihrer Anwendung DuckCrossing als Stellvertreter für 500 verwenden. Hier gibt es nun aber ein Problem, denn wenn Sie versuchen, Ihre Anwendung zu debuggen (siehe Kapitel 19), weiß der Debugger nichts über das Wort DuckCrossing. Damit haben Sie keine Möglichkeit, Probleme zu adressieren, die ihren Ursprung in der Verwendung dieses Wortes haben. Wenn Sie also sehen, dass #define auf diese Weise eingesetzt wird, wissen Sie, was das bedeutet. Wir jedenfalls empfehlen, neuen Code auf keinen Fall so zu schreiben, dass er eine solche Konstruktion verwendet. Benutzen Sie stattdessen einfach das Schlüsselwort const.

»switch«-Anweisungen verwenden

Beim Programmieren kommt es oft vor, dass Sie eine Variable mit etwas vergleichen möchten. Wenn dieser Vergleich dann keine Übereinstimmung ergibt, vergleichen Sie sie mit etwas anderem und gegebenenfalls mit noch etwas anderem und mit noch etwas anderem und so weiter. Um so etwas mit einer if-Anweisung zu erledigen, müssen Sie ziemlich viele Zeilen mit else if schreiben.

So etwas kann man machen, aber es gibt einen besseren Weg, um das gewünschte Ziel zu erreichen: die Anweisung switch.

 Die Methode, die wir Ihnen in diesem Abschnitt vorstellen, lässt sich nicht mit allen Arten von Variablen durchführen. Tatsächlich ist es so, dass sie nur mit den verschiedenen Integertypen und dem Datentyp char (einem einzelnen Zeichen) funktioniert. Sie können diese Methode noch nicht einmal für Strings verwenden. Da wir aber viele Vergleiche mit Zahlen und einzelnen Zeichen machen müssen, macht der Einsatz der hier gezeigten Vorgehensweise letztendlich doch viel Sinn.

Als Erstes kommt hier eine vollständige switch-Anweisung, die Sie immer wieder in die Hand nehmen sollten, während wir in den nächsten Absätzen ihre einzelnen Bestandteile beschreiben. Diese Anwendung vergleicht x mit 1 und dann mit 2 und enthält zum Schluss für das, was weder 1 noch 2 ist, eine Art Auffangbecken, das den Namen default trägt:

```
int x;
cin >> x;
switch (x)
{
  case 1:
    cout << "Es ist 1!" << endl;
    break;
  case 2:
    cout << "Es ist 2!" << endl;
    break;
  default:
    cout << "Es ist etwas anderes!" << endl;
    break;
}
```

Um die switch-Anweisung zu verwenden, geben Sie das Wort switch und in Klammern die Variable oder den Ausdruck ein, die beziehungsweise den Sie testen wollen. Nehmen wir einmal an, dass x vom Typ int ist und Sie x mit mehreren Werten vergleichen möchten. Sie beginnen Ihre Eingabe mit

```
switch (x) {
```

Das Element in Klammern ist *kein Vergleich*. Dies ist einfach nur eine Variable. Sie können in den Klammern auch komplexere Ausdrücke unterbringen, die aber letztendlich als Ergebnis ein Integer oder ein einzelnes Zeichen aufweisen müssen. Wenn x zum Beispiel ein Integer ist, können Sie auch

```
switch (x + 5)
```

testen, weil x + 5 wieder eine Ganzzahl (ein Integer) ergibt.

Sie führen im Anschluss an die Kopfzeile der switch-Anweisung die Elemente auf, die Sie mit dem Ausdruck vergleichen wollen. Das dabei eingesetzte Format ist etwas gewöhnungsbedürftig. Die Listenelemente beginnen mit dem Wort case, dann folgt der Wert, mit dem der Ausdruck verglichen werden soll, danach kommt ein Doppelpunkt wie in

```
case 1:
```

Nun folgt der Code, der ausgeführt werden soll, wenn der Ausdruck mit diesem *Case* (deutsch *Fall*) übereinstimmt, also 1 ist.

```
cout << "Es ist 1" << endl;
```

Zum Schluss verwenden Sie dann noch das Wort break. Jedes case einer switch-Anweisung besitzt normalerweise eine break-Zeile, die letztendlich nur dafür sorgt, dass Ihre Anwendung sofort aus der switch-Anweisung aussteigt. Und das ist nun mit Abstand das Schrägste an einer switch-Anweisung: Wenn Sie die break-Anweisung vergessen, macht der Computer nach dem Ausführen des aktuellen case-Aufrufs mit dem Code für den *nächsten* case-Eintrag weiter. Das lässt sich beispielsweise nutzen, wenn die Reaktion auf zwei verschiedene Werte gleich ist.

Beachten Sie etwas Kurioses am Ende eines switch-Blocks: Das letzte case heißt default. Es wendet sich an die Fälle, in denen keine der vorstehenden »Cases« zutreffen.

Der Case default ist nicht zwingend notwendig; wenn Sie ihn nicht benötigen, können Sie ihn weglassen. Wenn Sie ihn aber einbinden, sollten Sie ihn an das Ende des switch-Blockes setzen, weil dies der Ort ist, an dem ihn die meisten Menschen erwarten.

Sie können in dem Beispielcode, den wir zu Beginn dieses Abschnitts zur Verfügung stellen, eine Zahl eingeben, die in der Variablen x abgelegt wird. Dann testet der Code den Wert x auf 1; wenn eine Übereinstimmung vorliegt, wird die Zeile hinter der Zeile case 1: ausgeführt. Gibt es zwischen x und 1 keine Übereinstimmung, wird x auf 2 getestet und gegebenenfalls die Zeilen ausgeführt, die zu diesem Case gehören. Wenn auch das nicht passt, wird der Code ausgeführt, der auf die Zeile default folgt.

Wenn der Computer auf die break-Zeile stößt, verlässt er die gesamte switch-Anweisung. Vielleicht fragen Sie sich nun: »Warum haben diese Doofköpfe von Autoren denn ganz am Ende noch eine break-Zeile eingebaut?« Unsere Antwort: »Gewohnheit.« Das ist alles. Es passt zu den anderen Codeblöcken, aber Sie können darauf verzichten. *Allerdings* müssen Sie an break denken, wenn Sie sich entscheiden, weitere Cases hinzuzufügen, und wenn Sie es von Anfang an auch in der letzten Zeile stehen haben, kann dies quasi als Knoten im Taschen-tuch dienen. Andererseits steht `default` eigentlich immer am Ende einer `switch`-Anwei-sung (was aber kein Muss ist), wodurch ein an dieser Stelle nicht vorhandenes `break` keine Auswirkungen mehr hätte.

 Eine `switch`-Anweisung vergleicht immer nur eine einzige Variable oder einen einzigen Ausdruck mit mehreren unterschiedlichen Elementen. Wenn Sie kom-plexere Vergleiche durchzuführen haben, können Sie stattdessen eine zusam-mengesetzte `if`-Anweisung verwenden.

 In vielen anderen Programmiersprachen wird eine `switch`-Anweisung case-Block genannt, weil in diesen Sprachen das Wort, mit dem das gesamte Ding be-ginnt, `case` lautet. Da nun aber in C++ der ganze Kram mit `switch` beginnt, heißt er in C und in C++ eben `switch`-Anweisung.

Das Beispiel `SwitchStatement` in Listing 9.5 ist eine komplexe Anwendung, die eine `switch`-Anweisung vorstellt. Außerdem zeigt es Ihnen, wie Sie an der Konsole eine einfache, antiquiert aussehende Menü-Anwendung erstellen können. Wenn Sie ein Menü-Element ausgewählt haben, müssen Sie kein ⏎ drücken. Sie drücken einfach die Taste, die Ihrer Auswahl im Menü entspricht. Dafür danken wir `getch()`.

```cpp
#include <iostream>
#include <conio.h>

using namespace std;

int main()
{
    // Eine Liste mit Optionen anzeigen.
    cout << "Wählen Sie Ihren Favoriten:" << endl;
    cout << "1. Äpfel " << endl;
    cout << "2. Bananen " << endl;
    cout << "3. Frittierte Würmer " << endl;
    cout << "4. Jericho-Tomaten " << endl;
    cout << "5. Hummer " << endl;

    // Die Auswahl des Benutzers empfangen.
    char ch = getch();

    // Mit dem Empfangen der Auswahl des Benutzers so
    // lange weitermachen, bis der Benutzer eine gültige
    // Auswahl tätigt.
    while (ch < '1' || ch > '5')
    {
        ch = getch();
    }
```

```
// Ein switch verwenden,um die Auswahl des
// Benutzers anzuzeigen.
cout << "Sie entscheiden sich für " << ch << endl;
switch (ch) {
case '1':
    cout << "Äpfel sind gesund!" << endl;
    break;
case '2':
    cout << "Bananen enthalten viel Kalium!" << endl;
    break;
case '3':
    cout << "Das ist ekelhaft!" << endl;
    break;
case '4':
    cout << "Ich will nur wissen: WARUM?" << endl;
    break;
case '5':
    cout << "Teuer, aber Sie haben einen guten Geschmack!" << endl;
    break;
}

    return 0;
}
```

Listing 9.5: In einem Rutsch mehrere Vergleiche vornehmen

Aufzählungen mit Klassen überladen

Wenn Sie mit Klassen arbeiten, können Sie eine Technik verwenden, die *Wrapping* genannt wird und Ihnen dabei hilft, eine Ressource zu verwalten. Wir behandeln Aufzählungen, die mithilfe des Schlüsselwortes enum erstellt werden, in Kapitel 8, in dem wir auch beschreiben, wie Sie es verwenden, um eigene Typen anzulegen. Allerdings sehen Sie, wenn Sie eine solche Aufzählung ausgeben, keine Wörter wie rot oder blau, sondern nur eine Zahl. Bei dem Beispiel DisplayEnum (deutsch *Aufzählung anzeigen*), das Listing 9.6 zeigt, handelt es sich um eine einfache Klasse, die einen enum-Typ umhüllt *(to wrap bedeutet auf Deutsch umhüllen, einwickeln)* – eigentlich hilft sie dabei, die Zahlen in etwas umzuwandeln, das auch für einen normalen Menschen verständlich ist. Wir haben es an dieser Stelle mit einer Art von Ressourcenverwaltung zu tun. Sie können, wie main() darstellt, diese Klasse mit enum ColorEnum verwenden. Wenn Sie diese Anwendung ausführen, sehen Sie nur das Wort rot.

```
#include <iostream>

using namespace std;

class Colors
{
public:
    enum ColorEnum {blue, red, green, yellow, black};
    Colors(Colors::ColorEnum value);
    string AsString();

protected:
    ColorEnum value;
};

Colors::Colors(Colors::ColorEnum initvalue)
{
    value = initvalue;
}

string Colors::AsString()
{
    switch (value)
    {
    case blue:
        return "blau";
    case red:
        return "rot";
    case green:
        return "grün";
    case yellow:
        return "gelb";
    case black:
        return "schwarz";
    default:
        return "Nicht gefunden";
    }
}

int main()
{
    Colors InkColor = Colors::red;
    cout << InkColor.AsString() << endl;
    return 0;
}
```

Listing 9.6: Eine Klasse für Aufzählungen (enums) erstellen

»cout«-Fertigkeiten hinzufügen

Es wäre doch ganz schön, wenn es die Klasse `Colors` zuließe, `cout` einfach wie bei `cout << InkColor << endl;` aufzurufen, ohne zuerst `InkColor.AsString()` aufrufen zu müssen, um eine Stringversion zu erhalten. C++ verfügt über eine Fertigkeit, die *Überladen eines Operators* heißt und bei der es sich um eine Technik handelt, um die Funktionalität eines Operators zu erweitern. Wenn Sie `something cout <<` und den Namen einer Variablen eingeben, rufen Sie eine Funktion auf: `<<`. Es stehen mehrere Versionen der Funktion `<<` (die dann überladen sind) zur Verfügung; jede von ihnen hat einen anderen Typ. Sie kümmert sich zum Beispiel `int` um die Fälle, in denen Sie wie in `int x = 5` ein Integer ausgeben wollen: `cout << x;`. Da die Funktion `<<` keine Klammern verwendet, ist sie ein *Operator*.

Um Ihrer Klasse cout-Fertigkeiten hinzuzufügen, schreiben Sie für Ihre Klasse eine weitere `<<`-Funktion. Hier kommt der Code. Es handelt sich dabei nicht um eine Mitgliedsfunktion einer Klasse; sie wirkt sich *außerhalb* der Klasse aus. Fügen Sie den Code aus Listing 9.6 irgendwo hinter der Deklaration `class`, aber vor `main()` hinzu. Und das ist der Code:

```
ostream& operator << (ostream& out, Colors& inst)
{
   out << inst.AsString();
   return out;
}
```

Da diese Funktion ein Operator ist, müssen Sie das Wort `operator` einbinden. Der Typ von cout ist zufälligerweise `ostream`. Somit wird ein `ostream` zu einem Parameter, und Sie geben denselben `ostream` zurück. Bei dem anderen Parameter handelt es sich um den Typ, den Sie ausgeben: In diesem Fall ist es eine `Colors`-Instanz, die als Referenz übergeben wird. Wenn Sie diesen Code hinzugefügt haben, können Sie die Zeile

```
cout << InkColor.AsString() << endl;
```

einfach in

```
cout << InkColor << endl;
```

ändern.

Im Abschnitt *»switch«-Anweisungen verwenden* enthält die switch-Anweisung keine break-Anweisungen. Stattdessen gibt es dort eine `return`-Anweisung. Dieses `return` bringt den Computer dazu, die Funktion zu verlassen. Sie müssen sich also keine Gedanken machen, wie Sie aus der switch-Anweisung herauskommen. Aber vielleicht wundern Sie sich darüber, warum die switch-Anweisung eine default-Klausel enthält. Nach allem, was Sie wissen, wird diese Klausel schließlich niemals aufgerufen. In diesem Fall ist es aber so, dass der Compiler die folgende Warnmeldung ausgibt, wenn default fehlt:

```
warning: control reaches end of non-void function
```

Sie sollten immer darauf bedacht sein, Ihrer Anwendung den angeforderten Code hinzuzufügen, um ohne Warnungen kompilieren zu können. Das Hinzufügen der default-Klausel sorgt ganz einfach dafür, dass die Funktion AsString() immer einen Wert zurückgibt, und zwar unabhängig davon, was ansonsten geschieht.

Sie kennen vielleicht den Ausdruck Colors::red nicht. Er besagt, dass Sie den Wert red des Typs ColorEnum verwenden. Da ColorEnum aber in der Klasse Color deklariert wird, reicht es nicht aus, einfach nur red zu schreiben. Sie müssen zuerst den Namen der Klasse, dann zwei Doppelpunkte und danach den Wert angeben. Deshalb schreiben Sie Colors::red.

Wir haben in main() die Instanz InkColor erstellt und sie nicht als Color-Objekt, sondern als enum eingerichtet. Dabei haben wir aber eine wichtige Regel verletzt, die damit zu tun hat, etwas mit etwas vom gleichen Typ gleichzusetzen. Wieso? In C++ gibt es einen netten kleinen Trick: Sie können einen Konstruktor erstellen, der sich um einen bestimmten Typ kümmert. In diesem Fall haben wir einen Konstruktor, der ein ColorEnum aufnimmt. Und wenn Sie dann eine Stackvariable (keinen Zeiger) erstellen, können Sie diese einfach mit einem Wert dieses Typs gleichsetzen. Der Computer ruft den Konstruktor *implizit* auf und übergibt ihm den Wert.

Mit Zufallszahlen arbeiten

Manchmal müssen Sie den Computer dazu bringen, für Sie Zufallszahlen zu generieren. Nun sind Computer nicht so gut darin, Aufgaben zufällig zu erledigen. Wir Menschen können eine Münze hochwerfen oder etwas auswürfeln, aber der Computer muss Dinge auf eine vordefinierte Weise erledigen.

Die Computergenies des letzten Jahrhunderts haben Algorithmen entwickelt, die *Pseudozufallszahlen* erzeugen. Dabei handelt es sich um Zahlen, die *so gut wie* zufällig oder *scheinbar* zufällig erstellt worden sind. Und für die meisten Aufgaben sind sie zufällig genug.

Die einzige Falle bei diesem Zufallsgenerator ist, dass Sie den entsprechenden Generator quasi bestücken müssen. Aber es gab da einen Computerwissenschaftler, der eine großartige Idee hatte: *Die aktuelle Uhrzeit* ist ein Zufall. Wenn wir eine Anwendung ausführen und wenn Sie eine Anwendung ausführen, ist es so gut wie unwahrscheinlich, dass dies *genau zur gleichen Zeit* geschieht. Unser Wissenschaftler erkannte, dass dies ein guter Ausgangspunkt für einen Generator von Zufallszahlen sein würde. Wenn wir das Beispiel RandomNumber (das englische Wort für *Zufallszahl*) in Listing 9.7 benutzen, erhalten wir die aktuelle Uhrzeit, die als Grundlage für den Start des Generators für Zufallszahlen dient. Zu diesem Zweck haben wir time.h eingebunden. Wir erstellen eine Variable mit dem Namen now, die vom Typ time_t ist (bei dem es sich um eine Zahl handelt). Dann rufen wir die Funktion time() auf und übergeben die Adresse von now. Damit erhalten wir die Anzahl an Sekunden, die seit dem 1. Januar 1970 vergangen sind. Danach rufen wir srand() auf (was uns zwingt, stdlib.h einzubinden) und übergeben diese Zeit. Dieser Vorgang versorgt den Generator mit seinem Ausgangswert.

Dann geben wir mehrere Zufallszahlen aus, indem wir rand() aufrufen, und erhalten eine Zufallszahl zurück. Aber wenn wir die Anwendung ausführen, fällt uns etwas Seltsames auf. Der erste Aufruf von rand() wird jedes Mal größer, und er scheint von der aktuellen Uhrzeit beeinflusst zu werden. Die – wie wir sagen – Zufallszahl wird mit jeder Sekunde, die verstreicht, ein wenig größer. Der Rest schaut eigentlich gut aus, weshalb wir uns dafür entschieden haben, die erste Zufallszahl zu überspringen. Deshalb rufen wir rand() unmittelbar nach dem Bestücken des Zufallsgenerators auf und ignorieren den Rückgabewert.

Wir machen dann damit weiter, dass wir fünf Zufallszahlen ausgeben. Dabei begrenzen wir die entsprechenden Zahlen auf einen Bereich von 0 bis 99, was wir dadurch erreichen, dass wir die erhaltene Zahl durch 100 teilen und dann den Rest nehmen. Sie können natürlich auch andere Zahlen als 100 verwenden, wenn Sie einen anderen Zahlenbereich benötigen.

```cpp
#include <iostream>
#include <time.h>
#include <stdlib.h>

using namespace std;

int main()
{
    // Den Generator der Zufallszahl neu befüllen
    time_t now;
    time(&now);
    srand(now);
    rand();

    // Eine Liste mit Zufallszahlen drucken
    for (int i=0; i<5; i++)
    {
        cout << rand() % 100 << endl;
    }

    return 0;
}
```

Listing 9.7: Den Generator für Zufallszahlen bestücken

Daten in Arrays speichern

Die meisten Programmiersprachen unterstützen eine Datenstruktur, die Array genannt wird. Ein *Array* ist eine Liste aus Variablen, die nebeneinander in einer Reihe abgelegt werden. Sie greifen über einen einzigen Namen darauf zu. Jede Variable im Array muss von demselben Typ sein.

Wenn Sie ein Array erstellen, geben Sie an, wie viele Elemente es aufnehmen soll. So können Sie zum Beispiel ein Array mit 100 Ganzzahlen haben. Oder Sie haben ein Array aus 35 Strings oder ein Array aus 10 Zeigern auf die Klasse KaputteFlasche. Wenn der Code, mit dem Sie arbeiten, einen Typ darstellt, können Sie diesen Code als Grundlage für ein Array verwenden.

Wenn Sie ein Array erstellen, geben Sie ihm einen Namen. Sie können dann auf die *Elemente* des Arrays zugreifen, indem Sie seinen Namen nehmen und danach in eckigen Klammern den *Index* des Elements setzen. Das erste Element hat immer den Index 0. Wenn Sie ein Array mit dem Namen MonsterAngriff haben, ist das erste Element MonsterAngriff[0]. Das zweite Element ist MonsterAngriff[1], das dritte MonsterAngriff[2] und so weiter.

 Da das erste Element eines Arrays die Zahl 0 hat, ist der Wert des Indexes des letzten Elements im Array immer um 1 kleiner, als das Array groß ist. Damit verfügt zum Beispiel ein Array aus 89 Elementen über einen Indexbereich, der von 0 bis 88 geht.

Ein Array definieren und darauf zugreifen

Und so definieren Sie ein Array:

```
int GrilledShrimp[10]
```

Diese Zeile erstellt ein Array aus 10 Ganzzahlen. Es hat den Namen GrilledShrimp. Sie geben zuerst den Typ an (bei dem es sich dann um den Typ eines jeden einzelnen Elements im Array handelt), schreiben dann den Namen des Arrays und in eckigen Klammern die Anzahl an Elementen, die das Array maximal aufnehmen soll. Da wir hier 10 Elemente definieren, reicht der Indexbereich dieses Arrays von 0 bis 9.

Um auf das erste Element im Array zuzugreifen, geben Sie hinter dem Namen des Arrays in eckigen Klammern die Zahl 0 wie in der folgenden Zeile ein:

```
GrilledShrimp[0] = 10
```

 Es gibt Leute, die das Verweisen auf ein Element eines Arrays als *Subskribieren* bezeichnen. Wir vermeiden diesen Begriff. Unser Gehirn zieht einfachere Wörter vor.

Oft wird eine Schleife (englisch *Loop*) verwendet, um ein Array mit Inhalten zu versehen oder um auf seine Mitglieder zuzugreifen. Das Beispiel ArrayLoop zeigt in Listing 9.8, wie ein einfaches Array erstellt und verwendet wird.

```
#include <iostream>

using namespace std;

int main()
{
    int GrilledShrimp[5];

    for (int i=0; i<5; i++)
    {
        GrilledShrimp[i] = i * 2;
        cout << GrilledShrimp[i] << endl;
    }

    return 0;
}
```

Listing 9.8: Eine Schleife verwenden, um ein Array zu durchlaufen

Wenn Sie eine for-Schleife verwenden, um alle Elemente im Array zu durchlaufen, müssen Sie diese Schleife bei 0 beginnen lassen. Die Schleife endet mit einem Wert, der um eins kleiner ist, als das Array groß ist. Wenn Sie die Größe des Arrays in einer Variablen size (dem englischen Wort für diese Art von Größe) ablegen und der Schleifenindex i ist, kann die mittlere Klausel in der for-Schleife entweder i < size oder i <= size - 1 sein. Verwenden Sie niemals i <= size. Dies geht um 1 weiter, als Sie wollen.

Wenn Sie Arrays verwenden, dürfen Sie dessen Begrenzungen nicht überschreiten. Aufgrund einiger Regeln der alten Sprache C warnt Sie ein Compiler nicht, wenn Sie eine Schleife schreiben, die die Obergrenze eines Arrays überschreitet. Eventuell erhalten Sie sogar keine Fehlermeldung, wenn Sie die Anwendung ausführen.

Ein Array aus Zeigern

Arrays eignen sich besonders gut für das Speichern von *Zeigern* – einer Variablen, die die Adresse eines Objekts im Arbeitsspeicher enthält. Wenn Sie viele Objekte von demselben Typ haben, können Sie sie in einem Array ablegen.

Auch wenn Sie die echten Objekte in einem Array abspeichern können, wird dies nur selten getan. Meistens werden in einem Array Zeiger auf diese Objekte hinterlegt. Wenn Sie ein Array für Zeiger definieren wollen, sollten Sie sich an das Sternchen bei der Typendeklaration erinnern, um so etwas wie das hier zu erhalten:

```
CrackedMusicCD *missing[10];
```

Das Beispiel `ArrayPointer`, das Listing 9.9 zeigt, definiert ein Array aus Zeigern. Sie füllen in diesem Beispiel im Anschluss an die Definition des Arrays dessen Elemente mit Nullen auf. Denken Sie daran, dass jedes Element ein *Zeiger* ist. Auf diese Weise wissen Sie sofort, ob das Element auf etwas zeigt, indem Sie es mit 0 vergleichen. Wenn es 0 ist, wird es nicht benutzt. Wenn es etwas anderes als 0 enthält, zeigt dies einen Zeiger an.

```cpp
#include <iostream>

using namespace std;

class CrackedMusicCD
{
public:
    string FormerName;
    int FormerLength;
    int FormerProductionYear;
};

int main()
{
    CrackedMusicCD *missing[10];

    for (int i=0; i<10; i++)
    {
        missing[i] = 0;
    }

    return 0;
}
```

Listing 9.9: Ein Array verwenden, um eine Liste mit Zeigern auf Ihre Objekte zu speichern

Wenn Sie dieses Beispiel kompilieren, sehen Sie eventuell diese Warnung:

```
warning: variable 'missing' set but not used [-Wunused-but-set-variable]
```

Das liegt daran, dass Sie nicht wirklich etwas mit dem Array `missing` im Code machen.

Wenn Sie eine Gruppe von Objekten anlegen und das Array mit Zeigern auf diese Objekte füllen wollen, können Sie zum Beispiel so vorgehen:

```cpp
for (int i=0; i<10; i++)
{
  missing[i] = new CrackedMusicCD;
}
```

Da jedes Element im Array ein Zeiger ist, müssen Sie den Zeiger *dereferenzieren* – den Wert erhalten, auf den der Zeiger zeigt –, wenn Sie auf die Mitgliedsvariablen oder Mitgliedsfunktionen eines Objekts, auf die über das Array gezeigt wird, zugreifen wollen. Sie machen dies mit der Kurzbefehlsnotation ->.

```
missing[0]->FormerName = "Shadow Dancing von Andy Gibb";
```

Diese Beispielzeile greift auf die Mitgliedsvariable FormerName des Objekts zu, dessen Adresse an der ersten Position steht.

Obwohl das Array Zeiger auf Objekte enthält, verweisen einige Leute einfach auf das *Objekt im Array*, weil es eine mentale Verbindung zwischen dem Zeiger und dem Objekt gibt, auf das der Zeiger zeigt.

Wenn Sie die Objekte im Array nicht mehr brauchen, können Sie sie löschen, indem Sie jedes Objekt des Arrays so löschen, wie es dieses Beispiel zeigt:

```
for (int i=0; i<10; i++)
{
  delete missing[i];
  missing[i] = 0;
}
```

Wir setzen im vorstehenden Code jedes Element des Arrays auf 0. Wenn Sie mit Arrays arbeiten, die aus Zeigern bestehen, empfehlen wir, dass Sie dasselbe tun. Auf diese Weise wird der Zeiger auf 0 zurückgesetzt und zeigt auf nichts mehr, nachdem auch sein Objekt nicht mehr vorhanden ist.

Arrays an Funktionen übergeben

Ab und an kommt es vor, dass Sie ein ganzes Array an eine Funktion übergeben möchten. Weil Arrays manchmal riesig sind und Tausende von Elementen enthalten können, müssten Sie hier eigentlich Sorge haben, dass der Stack überläuft und die Anwendung abstürzt. Doch keine Sorge, C++ hat dafür eine clevere Lösung parat.

Das Beispiel ArrayPassing (das Übergeben von etwas wird im Englischen als *Passing* bezeichnet), das Listing 9.10 zeigt, ist eines, das ein Array übergibt.

```cpp
#include <iostream>

using namespace std;

const int MyArraySize = 10;

void Crunch(int myarray[], int size)
{
    for (int i=0; i<size; i++)
    {
        cout << myarray[i] << endl;
    }
}

int main()
{
    int BigArray[MyArraySize];

    for (int i=0; i<MyArraySize; i++)
    {
        BigArray[i] = i * 2;
    }

    Crunch(BigArray, MyArraySize);

    return 0;
}
```

Listing 9.10: Ein Array dadurch an eine Funktion übergeben, dass das Array in der Funktion deklariert wird

Wenn Sie diese Anwendung ausführen, gibt sie die neun Mitglieder des Arrays aus. Wir haben die Parameter im Kopf der Funktion deklariert: Wir haben ein Array deklariert, ohne dabei seine Größe festzulegen. Dies bedeutet, dass Sie an die Funktion ein Array beliebiger Größe übergeben können. Wir haben einen Parameter size eingebunden, wodurch die Funktion die Größe *(Size* bedeutet *Größe)* des Arrays kennt, das wir übergeben. Deshalb haben wir in den Aufruf der Funktion von main() aus auch array size aufgenommen. Außerdem verwenden wir für die Größe des Arrays anstelle von 10 eine Konstante. Sollten wir uns später einmal entscheiden, die Anwendung über die Größe des Arrays zu ändern, müssen wir diese Konstante ändern. Anderenfalls besteht die Gefahr, ein 10 zu übersehen.

Und wieso kommt es nun nicht zum Überlauf bei Übergabe des Arrays? Die Lösung ist: *Wir haben das Array nicht wirklich übergeben. Wir haben die Adresse des Arrays übergeben.*

 Der Name eines Arrays ist ein Zeiger auf das erste Element im Array.

Wenn wir in Listing 9.10 in der Funktion `main()` die Funktion aufrufen, übergeben wir den Namen des Arrays, `BigArray`. Der Compiler behandelt diesen Namen als die Adresse des ersten Elements des Arrays.

Deshalb ist `BigArray` dasselbe wie `&(BigArray[0])`. Wir haben um `BigArray[0]` Klammern gesetzt, damit der Computer weiß, dass das `&` zu `BigArray[0]` und nicht nur zu `BigArray` gehört. Sie könnten also Ihren Aufruf so gestalten:

```
Crunch(&(BigArray[0]), MyArraySize);
```

Es gibt aber keinen Grund dafür, so vorzugehen. Übergeben Sie einfach `BigArray`.

Zeiger addieren und subtrahieren

Sie können interessante Dinge erleben, wenn Sie einem Zeiger auf ein Element eines Arrays Zahlen hinzufügen oder von dieser Adresse abziehen. Wenn Sie die Adresse eines Elements eines Arrays nehmen und in einer Variablen speichern, die vielleicht cur (für _current_, deutsch _aktuell_) heißen könnte, erhalten Sie eine Zeile wie

```
cur = &(Numbers[5]);
```

bei der Numbers ein Array aus Ganzzahlen ist. Sie können dann auf das Element an der Position Number [5] zugreifen, indem Sie den Zeiger auf diese Weise dereferenzieren:

```
cout << *cur << endl;
```

Nun können Sie dem Zeiger Zahlen hinzufügen oder von ihm abziehen:

```
cur++;
cout << *cur << endl;
```

Der Compiler weiß, wie viel Arbeitsspeicher jedes Element des Arrays belegt. Wenn Sie 1 zu cur hinzufügen, gelangt er zum nächsten Element im Array. Dadurch führt das nächste cout dazu, dass das nächste Element ausgegeben wird – in diesem Fall Numbers[6].

Das Beispiel PointerArithmetic, das Listing 9.11 zeigt, führt vor, wie man sich in einem Array bewegen kann. Beachten Sie, dass wir eine Variable mit dem Namen cur definiert haben, bei der es sich um einen Zeiger auf ein Integer handelt. Das Array enthält Integerwerte, weshalb dieser Zeiger auf Elemente im Array zeigen kann.

Wir beginnen mit cur, das zunächst auf das erste Element zeigt. Beim Namen des Arrays handelt es sich um die Adresse des ersten Elements; um darauf zuzugreifen, schreiben wir einfach

```
cur = Numbers;
```

Diese Zeile bringt die Adresse des ersten Elements des Arrays in der Variablen cur unter.

```cpp
#include <iostream>

using namespace std;

int main()
{
    int Numbers[100];

    for (int i=0; i<100; i++)
    {
        Numbers[i] = i * 10;
    }

    int *cur;
    cur = Numbers;

    cout << *cur << endl;
    cur++;
    cout << *cur << endl;
    cur++;
    cout << *cur << endl;
    cur += 3;
    cout << *cur << endl;
    cur--;
    cout << *cur << endl;

    return 0;
}
```

Listing 9.11: Verschieben durch Zeigerarithmetik

Wenn Sie die Anwendung ausführen, sehen Sie diese Ausgabe:

```
0
10
20
50
40
```

Im Code addiert der Operator ++ 1 zum Zeiger, während der Operator -- den Zeiger um 1 verringert. Außerdem haben wir den Zeiger einmal direkt um 3 erhöht, damit er auf einen Schlag um drei Positionen im Array weiterspringt. Sie können natürlich auch eine Zahl von einem Zeiger abziehen:

```
cur -= 2;
```

 Sie können mit Zeigern weder eine Multiplikation noch eine Division durchführen.

Teil II

Objekte und Klassen verstehen

Inhalt auf einen Blick ...

Objekte planen und erstellen

In diesem Kapitel

▶ Erkennen Sie Objekte, damit Sie Klassen erstellen können

▶ Kapseln Sie Klassen in eigenständigen Kapseln

▶ Bauen Sie Klassenhierarchien aufgrund von Vererbung auf

▶ Entdecken Sie Klassen

Gehen Sie einmal nach draußen und werfen Sie einen Blick nach unten. Was ist das für ein Ding, auf dem Sie stehen? (Ein Tipp: Es ist gigantisch, es besteht aus Fels und Sand und Steinen und geschmolzener Lava, und es ist mit Ozeanen und Erde bedeckt.) Die Antwort? Ein Ding! (Selbst ein Planet ist ein Ding.) Und nun begeben Sie sich wieder nach drinnen. Was ist das für ein Ding, das Sie geöffnet haben – das Ding mit dem Griff? Auch das ist ein Ding! Es ist ein etwas *anderes* Ding, aber eben ein Ding. Und worin befinden Sie sich gerade? Gut, gut, Sie wissen nun, worum es geht. Alles, was Sie sehen, ist ein *Ding* – oder, um einen anderen Begriff zu verwenden, ein *Objekt*. Merken Sie sich dieses Wort: *Objekt*.

In den letzten Jahren haben Forscher in der Welt der Programmierung herausgefunden, dass die beste Art, Computer zu programmieren, darin besteht, das in Objekte aufzuteilen, was Sie im Programm abbilden wollen. Diese Objekte haben Fertigkeiten und Attribute. (Manchmal haben sie auch Beziehungen, aber darauf gehen wir später ein.)

Wir zeigen Ihnen in diesem Kapitel, wie Sie Objekte verwenden, um eine Anwendung zu erstellen. Dabei werden Sie sich mit den Grundlagen von C++ beschäftigen, die mit Objekten zu tun haben, und Sie erhalten Tipps, wie Sie das meiste aus Objekten herausholen können.

Objekte erkennen

Kommen wir zum Kern der Sache: Stellen Sie sich ein *Objekt* als ein *Ding* vor, das der Computer beschreiben kann. (Objekt = Ding. Ist das keine offensichtliche Definition?) So wie körperlich existierende Dinge über Attribute wie Größe, Gewicht und Farbe verfügen, können Objekte in einer Anwendung *Attribute* haben – zum Beispiel eine bestimmte Anzahl an Konten oder andere Objekte.

Außerdem verfügen Objekte einer Anwendung so über *Fertigkeiten*, wie die Dinge im alltäglichen Leben einen Nutzen in sich tragen – sie dienen zum Beispiel als Behälter, Fahrzeug oder Werkzeug. Zu diesen Fertigkeiten gehört zum Beispiel, dass ein Objekt in der Lage ist, eine Überweisung rückgängig zu machen, eine Nachricht zu senden oder eine Verbindung zum Internet herzustellen.

Hier ein Beispiel für ein Objekt: Stellen Sie sich vor, Sie leben in den Vereinigten Staaten und vor Ihrem Haus ist vielleicht ein Briefkasten angebracht. Dieser Briefkasten ist ein Objekt.

(Erkennen Sie, wie einfach das ist?) Ein Briefkasten ist ein nützliches Teil. Sie können Post empfangen und abhängig von deren Stil (der Art) auch versenden. (Der Stil der Post ist wichtig – Sie können einen Brief versenden, weil Sie wissen, wie viel Porto Sie bezahlen müssen, aber bei einem Paket ist das nicht möglich, weil Sie dessen Porto nicht kennen.) Dies sind die *Fertigkeiten* eines Briefkastens. Und welche Attribute hat er? Briefkästen gibt es in den unterschiedlichsten Formen, Größen und Arten. Damit haben Sie drei *Attribute* eines Briefkastens. Nun sind einige Briefkästen wie die in Mietshäusern große, aus Metall gefertigte Kästen, die wiederum kleinere Briefkästen enthalten – einer für jede Wohnung. Die Front hat Türen für die einzelnen Kästen, und in den Vereinigten Staaten ist es so, dass diese Briefkastenanlagen auf der Rückseite eine große Tür besitzen, die der Postbote öffnet, um die einzelnen kleineren Briefkästen dann mit dieser wunderbaren, weltweit viel geliebten und hier für Sie bestimmten Reklame zu bestücken.

Sie können sich in solch einem Fall die Briefkastenanlage als einen Briefkasten mit vielen kleinen Kästchen vorstellen, oder Sie stellen sich dies als einen großen Behälter für kleinere Behälter (Briefkästen) vor. Nun hat jeder dieser kleinen Kästen eine Tür, die der Bewohner der entsprechenden Wohnung benutzt, und die Rückseite eines jeden Kastens hat eine Öffnung, die der Postbote verwendet. Die Rückseite öffnet sich, wenn die große Tür dort geöffnet wird.

Denken Sie nun über dies nach: Der Postbote hat mit dem Behälter zu tun, der die Briefkästen enthält (man sagt dann, dass er mit ihm *interagiert*). Dieser Behälter hat eine große Tür, und wenn sich diese Tür öffnet, gibt sie das Innere der kleinen Briefkästen preis, die sich dadurch ebenfalls öffnen. Interagiert nun einer der Bewohner ebenfalls mit dem System, geschieht dies nur mit dem zu seiner Wohnung gehörenden Briefkasten.

Werfen Sie einen Blick auf Abbildung 10.1 und Abbildung 10.2. Abbildung 10.1 liefert einen allgemeinen Überblick über die Rückseite des Briefkastenbehälters. Der Postbote kann den Behälter öffnen und die Post in den einzelnen Briefkästen ablegen. Abbildung 10.2 zeigt die Vorderseite des Behälters mit geöffneten Briefkästen, was es den Bewohnern ermöglicht, an ihre Post zu kommen.

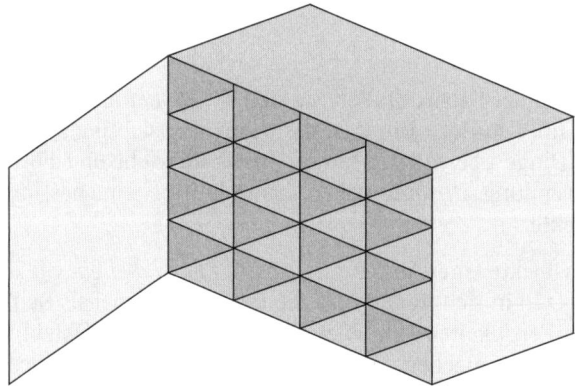

Abbildung 10.1: Das äußere Objekt ist in diesem Bild ein Behälter für Briefkästen.

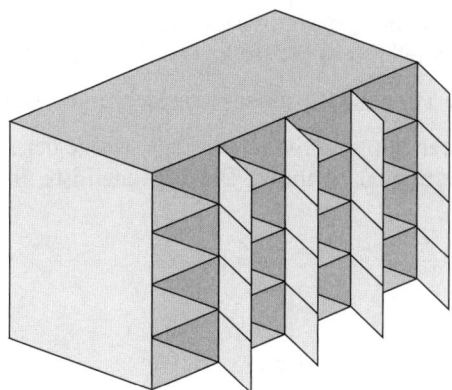

Abbildung 10.2: Die kleineren, inneren Objekte sind in diesem Bild die Briefkästen.

Bisher gibt es hier also zwei Arten von Objekten: den großen Behälter und die kleinen Behälter. Aber einen Moment mal, es gibt doch viele Briefkästen. Aber diese Briefkästen sind doch so gut wie identisch, sie unterscheiden sich nur im Schloss und der zugehörigen Wohnung, oder? In Abbildung 10.2 ist jeder der geöffneten Kästen ein Beispiel für einen einzelnen Briefkasten. Sie sind somit Beispiele für einen Objekttyp, der den Namen *Briefkasten* trägt. In Abbildung 10.2 gibt es 16 Exemplare des Objekts, das als *Briefkasten* klassifiziert worden ist. Oder anders ausgedrückt, Abbildung 10.2 zeigt 16 *Instanzen* einer Klasse, die Briefkasten heißt. Und diese Briefkästen befinden sich innerhalb einer Instanz der Klasse, die Sie vielleicht Briefkaesten nennen.

 Es gibt keine Standardregel, wenn es um die Benennung von Klassen geht. Allerdings verwenden die meisten Entwickler Namen in der Einzahl, wenn es um einzelne Objekte geht, und die Mehrzahl, wenn sogenannte Sammlungen betroffen sind. Ein einzelnes Briefkasten-Objekt ist dann Bestandteil einer Sammlung mit dem Namen Briefkaesten. Wenn Sie diese Namenskonvention benutzen, haben es andere Entwickler leichter, zu verstehen, wie Ihr Code arbeitet. Natürlich ist Konsistenz das Wichtigste – wenn Sie sich einmal für eine Namenskonvention entschieden haben, sollten Sie sie immer beibehalten.

Die Klasse »Briefkaesten« beobachten

Was können Sie über die Objektsammlung Briefkaesten sagen?

✔ Die Sammlung Briefkaesten enthält 16 Briefkasten-Instanzen.

✔ Das Objekt der Sammlung Briefkaesten ist auf Vorder- und Rückseite jeweils 24 mal 24 Zoll groß, und es ist 18 Zoll tief. (In Wirklichkeit steht es auch noch auf Beinen, die wir aber für unsere Überlegungen ignorieren.)

✔ Wenn der Postbote den großen Kasten aufschließt und aufzieht, öffnet sich dessen große Tür.

✔ Wenn sich die große Tür des großen Kastens (Briefkaesten) öffnet, wird das Innere eines jeden einzelnen Briefkastens (Briefkasten) offengelegt.

✔ Wenn der Postbote die Tür anstößt, schließt sie sich und wird wieder verschlossen.

Indem Sie diese Liste verwenden, sind Sie in der Lage, einige der Attribute und Fertigkeiten der Sammlung Briefkaesten zu erkennen. Die folgende Liste führt die Attribute auf:

✔ Breite: 24 Zoll

✔ Höhe: 24 Zoll

✔ Tiefe: 18 Zoll

✔ Briefkästen: 16 Briefkasten-Objekte

und hier eine Liste mit einigen der Fertigkeiten der Sammlung Briefkaesten:

✔ Die Tür öffnen. (Nun gut, etwas Externes – in diesem Fall ein Mensch – öffnet die Tür, aber wir gehen gleich darauf ein.)

✔ Dem Postboten Zugriff auf die Briefkästen geben.

✔ Die Tür schließen. (Und ja, dazu wird wieder jemand Externes benötigt, aber wie erwähnt, darauf gehen wir gleich ein.)

Stellen Sie sich nun vor, wie der Postbote die Tür öffnet oder schließt. Hier scheinen wir es mit einer skurrilen Sache zu tun zu haben: *Der Postbote fordert die Sammlung Briefkaesten auf, ihre Tür zu schließen, und die Tür schließt sich.* Das ist die Weise, wie Sie an das Modellieren von Objekten herangehen müssen: Niemand macht etwas mit einem Objekt. Stattdessen fordert jemand das Objekt auf, etwas zu tun, und das Objekt macht das dann auch.

Wenn Sie zum Beispiel so weit sind, sich ein Stück Pizza in den Mund zu schieben, sendet Ihr Gehirn Signale an die Muskeln Ihres Arms. Ihr Gehirn sendet die Signale und Ihr Arm hebt sich an und mit ihm das Stück Pizza. Es geht einfach darum, dass Sie den Befehl geben. Den führt dann der Arm aus, obwohl Sie das Gefühl haben, dass Sie meinen, dass Sie die Steuerung Ihres Arms übernommen hätten.

Objekte funktionieren auf die gleiche Weise: Sie verfügen über die Fertigkeiten und wir fordern sie auf, ihren Job zu erledigen. Wir übernehmen diese Aufgabe nicht für sie. Jedenfalls betrachten Computerwissenschaftler die Angelegenheit so. Wir wissen: Diese Sichtweise ist manchmal ziemlich weit hergeholt, aber je eher Sie auf diese Weise an die Dinge herangehen, desto besser verstehen Sie die objektorientierte Programmierung.

Die Sammlung Briefkaesten enthält 16 Briefkasten-Objekte, In C++ bedeutet dies, dass die Sammlung Briefkaesten 16 verschiedene Briefkasten-Instanzen als Mitgliedsvariablen hat. Diese Briefkasten-Instanzen könnten ein Array oder eine andere Sammlung sein, und am wahrscheinlichsten ist es, dass ein Array Zeiger auf Instanzen von Post (das sind sowohl Briefe als auch Päckchen und Pakete) enthält.

Die Klasse »Briefkasten« beobachten

Nehmen Sie sich einmal die Attribute und Fertigkeiten der Klasse `Briefkasten` vor. Jeder `Briefkasten` verfügt über diese Attribute:

✔ Breite; 6 Zoll

✔ Höhe: 6 Zoll

✔ Tiefe: 18 Zoll

✔ Adresse: Eine eindeutige Ganzzahl. Aber um welche Zahl handelt es sich dabei genau? Dies hängt davon ab, um *welchen* `Briefkasten` es sich gerade handelt.

Und jeder `Briefkasten` hat Fertigkeiten:

✔ Die Tür öffnen.

✔ Die Tür schließen.

Beachten Sie, dass wir die Fertigkeiten aus der Sicht des `Briefkasten`-Objekts und nicht aus der Sicht der Person beschreiben, die den `Briefkasten` beschreibt.

Denken Sie nun einmal über die Frage der Adresse nach, die auf dem `Briefkasten` klebt. Welche Zahl wird das wohl sein? Es gibt 16 `Briefkasten`-Objekte, von denen jedes eine eigene Nummer erhält. Wir können also folgende Aussage tätigen: Die *Klasse* `Briefkasten` enthält eine Adresse, die ein Integer ist. Jede *Instanz* der Klasse `Briefkasten` erhält ihre eigene Nummer, die erste könnte 1, die zweite 2 und so weiter erhalten.

Sie haben damit zwei Vorstellungen von der Darstellung eines Briefkastens im Code.

✔ Die Klasse `Briefkasten`: Hierbei handelt es sich um die allgemeine Beschreibung eines Briefkastens. Sie enthält keine Besonderheiten wie die tatsächliche Adresse, sie besagt nur, dass jeder Briefkasten eine Adresse *hat*.

✔ Eine `Briefkasten`-Instanz: Sie stellt das eigentliche Objekt dar. Die `Briefkasten`-Instanz gehört zur Klasse `Briefkasten`. Es kann mehrere Instanzen der Klasse `Briefkasten` geben.

Stellen Sie sich die Klasse `Briefkasten` als eine Ausstechform für Kekse vor – oder als *Typ*, um in der Terminologie von C++ zu bleiben. Die `Briefkasten`-Instanz ist tatsächlich eine Ausfertigung der Klasse. Sie können in C++ eine weitere Variable der Klasse `Briefkasten` erstellen und deren Integer `Adresse` auf 1 setzen. Dann erstellen Sie eine weitere Variable der Klasse `Briefkasten` und setzen deren Integer `Adresse` auf 2. Sie haben auf diese Weise zwei unterschiedliche `Briefkasten`-Objekte erstellt, die beide zur Klasse `Briefkasten` gehören.

Aber alle Briefkästen haben eine Breite von 6 Zoll, eine Höhe von 6 Zoll und eine Tiefe von 18 Zoll gemeinsam. Dies gilt für die gesamte Sammlung `Briefkaesten`. Aus diesem Grund werden Sie diese Werte kaum manuell setzen, sondern im Konstruktor der Klasse `Briefkasten` festlegen. Aber nichtsdestotrotz gehören dann die Werte für Breite, Höhe und Tiefe zu jeder einzelnen Instanz und nicht zur Klasse. Es besteht zwar die Möglichkeit, dass jede Instanz ihre eigene Breite, Höhe und/oder Tiefe hat. Aber Sie werden dann bestimmt in die Klasse Bedingungen der Art einbauen, dass diese Mitgliedsvariablen nicht geändert werden können. (Sie erreichen dies, indem Sie diese Variablen privat machen und für jede eine Funktion einbinden, die die entsprechenden Werte empfängt.)

Andere Objekte finden

Wenn Sie mit einer Instanz von `Briefkaesten` und einer Instanz von `Briefkasten` arbeiten, können Sie es möglicherweise auch mit anderen Klassen zu tun bekommen. Wenn Sie sich dann näher mit den *Teilen* beschäftigen, die hierbei angesprochen werden, fallen Ihnen vielleicht auch diese Teile ins Auge:

✔ `Schloss`: Jede `Briefkasten`-Instanz sollte über ein `Schloss` verfügen, und das gilt auch für die `Briefkaesten`-Instanz.

✔ `Schluessel`: Für jedes Schloss muss es einen `Schluessel` geben.

✔ `Post`: Jede Instanz von `Briefkasten` kann mehrere Instanzen von `Post` enthalten. Der Postbote packt diese in die `Briefkasten`-Instanzen und die Bewohner holen sie dann dort wieder heraus.

✔ `Briefoeffner`: Einige Bewohner benutzen so etwas, um ihre Post sofort »vor Ort« zu lesen.

Damit haben Sie nun weitere vier Objekte (`Schloss`, `Schluessel`, `Post` und `Briefoeffner`). Aber benötigen Sie diese Objekte in Form von Klassen? Dies hängt von der Anwendung ab, die Sie entwerfen. Wir modellieren hier das Briefkasten-System einfach nur als Übung. Deshalb fällt es uns leicht festzulegen, welche Klassen wir benötigen und welche nicht. Wenn es sich aber um eine echte Anwendung für eine Niederlassung der Post handeln würde, müssten Sie genau festlegen, ob bestimmte Klassen für die Leute notwendig sein könnten, die das Programm später einsetzen werden. Wenn es sich bei der Anwendung um ein Trainingsprogramm für zukünftige Postboten handelt, könnten mehr Details – wie das Objekt `Schluessel` – von Nutzen sein. Wenn es sich bei der Anwendung um ein Videospiel handeln soll, wäre es nicht schlecht, alle Klassen einzubinden, die wir schon erwähnt haben, und noch ein paar mehr.

Wenn Sie entscheiden, ob Sie bestimmte Klassen benötigen oder nicht, können Sie einigen allgemeinen Regeln folgen. Erstens sind einige Klassen so gehaltlos und einfach, dass es sinnlos ist, sie einzubinden. So dient zum Beispiel ein Brieföffner in der Regel nur dem Öffnen von Briefen. Wenn Sie eine Klasse `Post` entwerfen, gibt es vielleicht auch die Fertigkeit *Öffnet die Post*. Und nur weil ein paar Leute einen Brieföffner verwenden könnten, ist dies kein Grund, an diese Funktion eine Instanz `Briefoeffner` zu übergeben. Auf eine so triviale Klasse wie `Briefoeffner` können Sie in diesem Umfeld ruhigen Gewissens verzichten. Anders sieht es aber aus, wenn Ihre Anwendung dazu dienen soll, den Hausbewohnern zu zeigen, wie man mit einem Briefkasten und mit Post umgehen sollte. (Das ist eine absurde Idee, wir wissen es.) In diesem Fall könnte es den Abschnitt *Wie öffne ich einen Brief?* geben.Und dann wiederum macht eine Klasse `Briefoeffner` Sinn.

Objekte kapseln

Es gibt eine ganze Reihe von Definitionen dessen, was *objektorientiert* bedeuten könnte. Und der Ausdruck *eine ganze Reihe von Definitionen* aus dem vorherigen Satz besagt, dass hier keine gemütliche Diskussion in einem Café darüber stattgefunden hat, was *objektorientiert* bedeutet. Stattdessen gibt es einen offenen Schlagabtausch. Und ob Sie es nun glauben oder nicht, aber es gibt tatsächlich Zweifel daran, dass C++ objektorientiert ist. Im Verlauf dieser Diskussionen lautet eines der Wörter, die irgendwann immer auftauchen, *Kapselung*. Diejenigen, die C++ als objektorientierte Sprache verteidigen, weisen darauf hin, dass C++ Kapselung unterstützt.

Anstatt uns in fruchtlosen Diskussionen zu verlieren, einigen wir uns darauf, dass Sie mit C++ Objekte und Klassen programmieren können. Nachdem wir dies nun geklärt hätten, sollten wir uns um die Frage kümmern, was *Kapselung* eigentlich bedeutet.

Nehmen wir uns als Erstes das Wort selbst vor. Eine Kapsel ist ein kleiner Behälter. Wenn wir mehr ins Allgemeine gehen, ist es ein abgeschlossener Behälter, der Dinge enthält. In der Welt der Programmierung bezieht sich *Kapselung* auf den Vorgang, ein eigenständiges Objekt zu erstellen, das für sich selbst sorgen kann und das macht, was seine Aufgabe ist.

Um zum Beispiel eine Registrierkasse zu modellieren, wäre das Objekt eine Kasse. Wir würden die Registrierkasse *kapseln*. Wir würden den *Kassen*-Anteil (seine Fertigkeiten und Attribute) in eine eigene Klasse packen. In C++ wären die Fertigkeiten *Mitgliedsfunktionen*, und die Attribute wären *Mitgliedsvariablen*.

Wenn wir die Klasse erstellen, würden wir einige der Mitgliedsvariablen und Mitgliedsfunktionen *öffentlich* machen, während andere *privat* wären. (Einige Mitglieder könnten *geschützt* sein, wodurch abgeleitete Klassen darauf zugreifen könnten, ohne dass die Mitglieder öffentlich wären.) Was genau wären hier private und geschützte Mitgliedsvariablen und Mitgliedsfunktionen? Das sind die Teile, von denen Sie nicht wollen, dass sie von anderen Funktionen geändert werden. So könnte zum Beispiel die Registrierkasse einen Wert enthalten, der den Gesamtbetrag aller Einzelbeträge darstellt. Die Funktionen, die die Klasse verwenden, dürfen diesen Wert nicht direkt ändern. Stattdessen müssten sie verschiedene Mitgliedsfunktionen aufrufen, um Transaktionen vorzunehmen. Eine dieser Transaktionen könnte `Verkauf()` sein. Eine andere wäre vielleicht `Skonto()`. Und dann könnte es noch `Storno()` geben. Dies wären dann Fertigkeiten von »Kasse«, die als öffentliche Methoden vorhanden wären, und sie würden zwar die Endsumme ändern, dabei kassenintern aber immer für einen Saldenausgleich bei der Gewährung von Skonto oder bei Stornierungen sorgen. Könnte eine Funktion die Endsumme einfach so ändern, wäre nicht mehr für einen solchen Ausgleich gesorgt.

 Der Endbetrag muss deshalb eine *private* oder *geschützte* Mitgliedsvariable sein. Sie wäre für andere Funktionen und Klassen nicht sichtbar. Ob sie privat oder geschützt sein müsste, hängt davon ab, ob wir von der Registrierkassenklasse neue Klassen ableiten wollen oder ob wir wollen, dass die neuen Klassen Zugriff auf die Mitglieder haben sollen. Im Fall unserer Registrierkasse möchten wir aus Sicherheitsgründen wohl kaum, dass andere Teile der Anwendung auf die Registrierkasse zugreifen. Wenn wir aber andererseits darüber nachdenken, Klassen abzulei-

Auf Mitgliedsvariablen zugreifen, die nur gelesen werden können

Stellen Sie sich vor, dass Sie eine Klasse haben, die eine Mitgliedsvariable enthält, von der Sie wollen, dass Benutzer zwar deren Wert erhalten, sie aber nicht ändern dürfen. Sie setzen zum Beispiel im Konstruktor der Klasse `Dog` das Gewicht, aber damit hat es sich dann auch schon – der Benutzer kann das Gewicht erhalten, es aber nicht ändern. Sie erreichen so etwas, indem Sie einfach *kein* Mitglied haben, das das Gewicht setzt. Stattdessen verwenden Sie eine Methode, die nur in der Lage ist, den Wert zu empfangen. Deshalb gibt es in der Klasse `Dog` zwar die Methode `GetWeight()`, aber keine Methode `SetWeight()`. Dadurch sind Benutzer nur in der Lage, das Gewicht auszulesen, können es aber nicht ändern.

ten, die zusätzliche Funktionen aufweisen, die mit der Zahlung zu tun haben (zum Beispiel dem automatischen Übermitteln des Betrags als elektronische Transaktion an eine Bank), möchten wir schon, dass die Mitglieder geschützt sind. (Wir entscheiden uns im Allgemeinen für geschützt und nicht für privat, weil wir uns zu oft mit Klassen herumärgern mussten, die eine Gazillion privater Mitglieder aufwiesen. In diesen Fällen war es uns nicht möglich, brauchbare Klassen abzuleiten, weil alles privat ist!)

Kapselung bedeutet dies: Sie kombinieren die Methoden und Mitgliedsvariablen in einer einzigen Entität, wobei einige Objekte ausgeblendet werden, während auf andere zugegriffen werden kann. Die Objekte, auf die zugegriffen werden kann, bilden dann zusammen das *Interface* des Objekts. Und zum Schluss (was jetzt kommt, ist wichtig!), wenn Sie ein Objekt erstellen, erstellen Sie eins, das von selbst etwas ausführen kann. Oder anders ausgedrückt, die Benutzer der Klasse sagen ihr, was zu tun ist (zum Beispiel dass ein Verkauf getätigt wird), indem sie die Mitgliedsfunktionen aufrufen und ihnen Parameter zur Verfügung stellen, und das Objekt erledigt die Arbeit. *Die aufrufende Funktion kümmert sich nicht darum, wie das Objekt seine Sache erledigt. Sie kümmert sich nur darum, dass es seine Sache erledigen kann.* So weiß zum Beispiel eine Registrierkassenklasse, wie eine Verkaufstransaktion ausgeführt wird. Und als Entwickler der Klasse zwingen Sie die Benutzer nicht, zuerst `Verkauf()` und dann eigenständige Funktionen aufzurufen, um den Betrag in der Kasse manuell zu ändern und dann den Endbetrag ebenfalls manuell anzupassen. Stattdessen übernimmt die Funktion `Verkauf()` diese schwere Arbeit, und die Benutzer der Klasse müssen sich keine Gedanken darüber machen, wie diese Arbeit ausgeführt werden muss.

Und hier die alles entscheidende Frage: Warum müssen Sie das Wort *Kapselung* kennen? Weil es sich dabei um einen häufig gebrauchten Begriff handelt, mit dem Computerprofis gerne um sich werfen. Und wenn sie ihn gebrauchen, geschieht dies häufig so, dass der Begriff als Verb eingesetzt wird: »Pass mal auf! Ich werde diese Informationen in einem Objekt kapseln!«

Nun bedeutet dieser Vorgang viel mehr, als es das Wort erkennen lässt. Wenn Sie Objekte und Klassen entwerfen, kapseln Sie Ihre Informationen in einzelnen Objekten. Wenn Sie die Abläufe wirklich verinnerlicht haben, sind Sie in der Lage, viel besser mit ihnen umzugehen.

Hier kommt das, was Sie jedes Mal tun müssen, wenn Sie eine Klasse entwerfen:

✔ **Kapseln Sie die Informationen.** Fassen Sie die Informationen in einer einzigen Entität zusammen, die zur Klasse wird. Diese Entität hat Mitgliedsvariablen, die ihre Attribute darstellen, und Mitgliedsfunktionen, die ihre Fertigkeiten darstellen.

✔ **Definieren Sie das öffentliche Interface der Klasse sauber.** Sorgen Sie für einen Satz an Funktionen, die öffentlich sind (und bei denen es sich möglichst um Mitgliedsvariablen handelt, die öffentlich sind, obwohl sie am besten geschützt oder privat wären). Machen Sie die übrigen Mitglieder geschützt oder privat.

✔ **Schreiben Sie die Klasse so, dass sie weiß, wie sie ihre Arbeit zu erledigen hat.** Die Benutzer der Klasse sollten nur die Funktionen im öffentlichen Interface aufrufen müssen und es sollte einfach sein, diese öffentlichen Funktionen zu verwenden.

✔ **Stellen Sie sich Ihre Klasse als »Black Box« vor.** Das Objekt hat ein Interface, das etwas bereitstellt, das andere benutzen können. Die Klasse enthält Einzelheiten darüber, wie sie ihre Aufgabe erledigt. Die Benutzer kümmern sich nur darum, dass sie das auch tut. Oder anders ausgedrückt, die Benutzer haben keinen Einblick in das Innere der Klasse.

✔ **Ändern Sie niemals das Interface der Klasse, nachdem Sie die Klasse veröffentlicht haben.** Es kommt zu vielen Anwendungsfehlern, wenn ein Entwickler Änderungen daran vornimmt, wie Methoden, Ereignisse oder Zugriffsmethoden in der Klasse arbeiten, nachdem er die Klasse veröffentlicht hat. Wenn der Entwickler der Klasse ein neues Verhalten einbaut, stürzen alle Anwendungen, die auf dem ursprünglichen Verhalten beruhen, gnadenlos ab. Sie können das Interface einer Klasse immer erweitern, aber Sie dürfen es niemals reduzieren oder ändern. Wenn Sie zu der Ansicht gelangen, dass Sie zum Beispiel ein neues Verhalten von Verkauf() einführen müssen, fügen Sie das neue Verhalten in Form einer neuen Methode hinzu.

Eine allgemeingültige Aussage der objektorientierten Programmierung besagt, dass man Mitgliedsvariablen niemals öffentlich macht. Dahinter steckt die Erkenntnis, dass es in der Regel zu einem großen Chaos kommt, wenn Benutzer in der Lage sind, Mitgliedsvariablen eines Objekts einfach so zu ändern. (Wenn Sie zum Beispiel die »Kassen«-Mitgliedsvariable einer Klasse Cash Register (Registrierkasse) öffentlich machen, können Funktionen geändert werden, die Einfluss auf Saldenbildungen haben, was die gesamte Abrechnung ungültig machen kann.) Wenn Benutzer die Erlaubnis haben, nur Mitgliedsfunktionen aufzurufen, können Sie *Prüfcode* einbinden, der fehlerhafte Situationen bereinigen kann. Wenn Sie zum Beispiel eine Klasse Dog haben, die eine Mitgliedsvariable Weight enthält, möchten Sie nicht, dass ein Benutzer der Klasse ein Dog-Objekt nimmt und Weight auf einen neuen, negativen Wert setzt. Wenn Sie aber das Weight-Mitglied öffentlich machen, geben Sie jedem Benutzer die Möglichkeit, genau dies zu tun.

Stattdessen machen Sie das Mitglied Weight entweder privat oder geschützt und bauen es in die Klasse *Zugriffsmethoden* ein. (Zugriffsmethoden sind Methoden, die prüfenden Code implementieren und in anderen Programmiersprachen als *Eigenschaften* bezeichnet werden.) Sie könnten eine Methode SetWeight() haben, die das Gewicht eines Hundes festlegt. Sie könnte ein Integer als Parameter aufnehmen und diesen Parameter prüfen, um sicherzustellen, dass er größer als 0 ist. Nur in diesem Fall würde die Zahl in der Mitgliedsvariablen Weight gespeichert. Die Klasse könnte dann so aussehen:

```
class Dog
{
protected:
    int Weight;

public:
    void SetWeight(int NewWeight);
};
```

Und der Code der Funktion, die das Gewicht *(Weight)* setzt, könnte dieses Aussehen haben:

```
void Dog::SetWeight(int NewWeight)
{
    if (NewWeight > 0)
    {
        Weight = NewWeight;
    }
}
```

Achten Sie darauf, dass das Mitglied Weight geschützt und dass SetWeight() öffentlich ist. Auf diese Weise können Benutzer das Mitglied Weight nicht direkt ändern. Sie können nur SetWeight() aufrufen, um ein Gewicht unter der Voraussetzung einzugeben, dass es die eingebaute Prüfung besteht. Nun läuft alles wunderbar, außer die Benutzer der Klasse müssen Fidos Gewicht herausfinden, um sicher sein zu können, dass das arme Tier nicht an einem rapiden Gewichtsverlust leidet. Hier stehen wir nun vor dem Problem, dass Weight geschützt ist, was verhindert, dass ein Benutzer es ausliest. Sie müssen deshalb eine Funktion hinzufügen, die den Wert von Weight empfängt. Dieses Beispiel zeigt eine solche Funktion:

```
int Dog::GetWeight()
{
    return Weight;
}
```

Sie müssen die Klasse ändern, damit sie mit dieser Funktion umgehen kann:

```
class Dog
{
protected:
    int Weight;

public:
    void SetWeight(int NewWeight);
    int GetWeight();
};
```

Wenn Sie diese Klasse verwenden, verwenden Sie die Variable `Weight` nicht mehr direkt, sondern so über die Zugriffsmethode, wie es das folgende Beispiel zeigt:

```
int main()
{
    Dog fido;
    fido.SetWeight(10);
    cout << fido.GetWeight() << endl;
    fido.SetWeight(-5);
    cout << fido.GetWeight() << endl;
    return 0;
}
```

Um das Gewicht zu setzen, rufen Sie `SetWeight()` auf. Beachten Sie, dass wir beim ersten Aufruf von `SetWeight()` einen zulässigen Wert, `10`, übergeben. Wenn dann die nächste Zeile ausgeführt wird, sehen wir, dass an der Konsole die Zahl `10` erscheint. Dann übergeben wir beim zweiten Aufruf von `SetWeight` ein ungültiges Gewicht, –5, Die Funktion `SetWeight()` weist diesen Wert zurück und ändert das Gewicht nicht. Wenn wir nun das Gewicht zum zweiten Mal schreiben wollen, indem wir `GetWeight` aufrufen, sehen wir weiterhin nur `10`. Die Zahl ist nicht geändert worden. Der Wert –5 ist zurückgewiesen worden, und das Gewicht ist dasselbe geblieben.

Wenn Sie Zugriffsfunktionen verwenden, können Sie viel mehr tun, als nur die Eingabe falscher Werte zu verhindern und einen aktuellen Wert zurückzugeben. So kann zum Beispiel die Funktion `Set()` den Wert verarbeiten, mit ihm Berechnungen durchführen oder ihn modifizieren. Vielleicht kennt die Klasse `Dog` ein Höchstgewicht. Wenn ein Benutzer an die Funktion `SetWeight()` ein höheres Gewicht übergibt, könnte es die Funktion in das Höchstgewicht ändern. So limitiert die folgende Funktion das Gewicht auf eine Obergrenze von `100` und eine Untergrenze von 1:

```
void Dog::SetWeight(int NewWeight)
{
    if (NewWeight < 0)
    {
        Weight = 0;
    }
    else if (NewWeight > 100)
    {
        Weight = 100;
    }
    else
    {
        Weight = NewWeight;
    }
}
```

Sie können eine Get()-Funktion verwenden, um die modifizierte Form einer Mitgliedsvariablen zu versenden. Wenn Sie zum Beispiel eine Klasse VerkaufsTransaktion haben, in der es eine Variable NummerDerKreditkarte gibt, die ein String ist und Ziffern und Leerzeichen enthält, möchten Sie vielleicht nur die letzten vier Ziffern und nicht die gesamte Nummer anzeigen. Eine Get()-Funktion könnte NummerDerKreditkarte empfangen, nur die letzten vier Ziffern herausholen und einen String der Form XXXX XXXX XXXX 1234 bilden und diesen String anstelle des Wertes aus NummerDerKreditkarte zurückgeben.

Hierarchien aufbauen

Eine der besonderen Stärken von C++ ist die Möglichkeit, eine Klasse zu nehmen und aus ihr neue Klassen zu bilden. Wenn Sie eine der verfügbaren C++-Bibliotheken wie die C++-Standardbibliothek verwenden, treffen Sie auf viele Klassen – manchmal auf Dutzende von Klassen –, die alle miteinander in einer Beziehung stehen. Einige Klassen sind aus anderen abgeleitet worden, während einige Klassen eigenständig sind. Dies sorgt dafür, dass Programmierer in ihrer Arbeit sehr flexibel werden. Und es ist auch immer gut, flexibel zu sein. Das Blut fließt leichter durch Ihre Adern und Sie sind viel entspannter. Und wenn es um das Programmieren geht, ist es gut, wenn auch eine Klassenbibliothek flexibel ist, denn wenn Sie eine flexible Bibliothek verwenden, stehen Ihnen in Form von unterschiedlichen Klassen viel mehr Auswahlmöglichkeiten zur Verfügung.

Eine Bibliothek einrichten

Wenn Sie eine Klasse entwerfen, können Sie sie von einer *Basisklasse* ableiten – eine Kind/Eltern-Beziehung erstellen. Die neue Klasse erbt die Fertigkeiten und Attribute der Basisklasse. Normalerweise bleiben die Mitglieder, die in der Basisklasse öffentlich sind, dies auch in der abgeleiteten Klasse. Die Mitglieder, die in der Basisklasse geschützt sind, bleiben dies auch in der abgeleiteten Klasse. Und wenn Sie von der abgeleiteten Klasse weiter ableiten, werden auch die geschützten Mitglieder geschützt von der endgültigen Klasse geerbt.

Stellen Sie sich vor, dass Sie eine Basisklasse mit dem Namen FrozenFood haben, von der Sie eine Klasse FrozenPizza ableiten. Dann leiten Sie von FrozenPizza eine Klasse ab, die den Namen DeepDishPizza bekommt (das ist eine Pizza mit einem schalenförmigen Boden, der mit Käse, Tomaten und Wurst gefüllt wird). FrozenFood steht an der Spitze der Hierarchie. Sie enthält verschiedene Mitglieder, die zu allen Klassen gehören.

Gehen wir nun davon aus, dass die Klasse FrozenFood über folgende Mitglieder verfügt:

✔ intPrice (privat): Dies ist eine private Variable, die den Preis des Produkts angibt.

✔ intWeight (geschützt): Dies ist eine geschützte Variable, die das Gewicht des Produkts angibt.

Außerdem hat die Klasse FrozenFood diese Mitgliedsfunktionen:

✔ Konstruktor: Der Konstruktor ist öffentlich, und der Preis und das Gewicht bilden seine Parameter. Er speichert sie in den Mitgliedsvariablen Price beziehungsweise Weight.

✔ GetPrice( ): Dies ist eine öffentliche Zugriffsmethode, die den Wert der privaten Mitgliedsvariablen Price zurückgibt.

✔ GetWeight( ): Dies ist eine öffentliche Zugriffsmethode, die den Wert der geschützten Mitgliedsvariablen Weight zurückgibt.

Damit uns dieses Konzept ein wenig klarer wird, schreiben wir diese Elemente tabellenartig auf. An die Spitze dieser Tabelle kommt die Klasse FrozenFood, und darunter, jeweils gruppenweise durch einen Querstrich abgetrennt, kommen die einzelnen Elemente – zuerst die Mitgliedsvariablen und dann die Mitgliedsfunktionen. Abbildung 10.3 zeigt, wie wir uns das vorstellen.

FrozenFood
–int Price   #int Weight
+FrozenFood(int APrice, int AWeight);   +int GetPrice();   +int GetWeight();

Abbildung 10.3: Sie können eine Klasse zeichnen, indem Sie einen Kasten verwenden, der durch Querstriche aufgeteilt wird.

Beachten Sie in dieser Abbildung, dass wir noch etwas getan haben: Wir haben vor jede Mitgliedsvariable und vor jede Mitgliedsfunktion entweder ein Pluszeichen (+), ein Minuszeichen (–) oder ein Nummernzeichen (#) gesetzt. Dies ist eine Schreibweise in Kurzform: Das + bedeutet, dass das Element öffentlich ist, das – bedeutet, dass es privat ist, und das # bedeutet, dass es geschützt ist.

Beachten Sie in Abbildung 10.3 die Zeilen. Wir haben die Mitgliedsvariablen und die Mitgliedsfunktionen im C++-Format geschrieben. Normalerweise verwenden Sie dieses Format nicht, sondern Sie nehmen eine besondere Notation, die *Unified Modeling Language* (*UML*) genannt wird. Wir gehen ein wenig weiter hinten in diesem Kapitel (kurz) auf UML ein und untersuchen diese Sprache im Verlauf des restlichen Buches intensiver.

Mitglieder bei Vererbung schützen

Ihnen stehen in C++ Auswahlmöglichkeiten dafür zur Verfügung, wie Sie eine Klasse ableiten können. Um dies zu verstehen, müssen Sie sich daran erinnern, dass die abgeleitete Klasse die Mitglieder der Basisklasse erbt. Sie können über die verschiedenen Wege, die Sie haben, um eine Klasse abzuleiten, festlegen, ob die abgeleiteten Mitglieder in der abgeleiteten Klasse öffentlich, geschützt oder privat sein sollen. Dies sind die Optionen:

✔ **Public** (öffentlich)**:** Wenn Sie eine neue Klasse als *öffentlich* ableiten, behalten alle Mitglieder, die in der Basisklasse öffentlich sind, diesen Status auch in der abgeleiteten Klasse bei.

✔ **Protected** (geschützt): Wenn Sie eine neue Klasse als *geschützt* ableiten, sind alle Mitglieder, die in der Basisklasse öffentlich sind, in der neuen Klasse geschützt. Dies bedeutet, dass Benutzer der neuen Klasse nicht auf die Mitglieder zugreifen können, die in der Basisklasse öffentlich sind.

✔ **Private** (privat): Wenn Sie eine neue Klasse als *privat* ableiten, sind alle Mitglieder der Basisklasse, auf die die neue Klasse zugreifen kann, privat. Dies bedeutet, dass auf diese Mitglieder von keiner Klasse aus zugegriffen werden kann, die Sie später von dieser neuen Klasse ableiten.

Stellen Sie sich dies als eine Reihe mit immer geringer werdender Erreichbarkeit vor: Die höchste Erreichbarkeitsstufe ist `public`. Wenn ein Mitglied öffentlich ist, können Benutzer darauf zugreifen. In der Mitte der Erreichbarkeitsskala steht `protected`. Benutzer können auf geschützte Mitglieder nicht zugreifen, während abgeleitete Klassen in der Lage sind, darauf zuzugreifen. Die geringste Erreichbarkeit steckt hinter `private`. Benutzer können auf private Mitglieder nicht zugreifen, und das gilt auch für abgeleitete Klassen.

Es geht hier um Vererbung. Wenn wir eine Basisklasse mit dem Namen `Frozen Food` und eine von ihr abgeleitete Klasse `FrozenPizza` haben, ist die abgeleitete Klasse eine Kombination aus Mitgliedern von `FrozenFood` und zusätzlichen Mitgliedern von `FrozenPizza`. Allerdings können nur die Mitglieder aus dem `FrozenFood`-Teil von `FrozenPizza` auf die privaten Mitglieder des `Frozen Food`-Teils zugreifen. Nichtsdestotrotz sind die Methoden im `FrozenFood`-Teil von `FrozenPizza` und die privaten Mitglieder im `FrozenFood`-Teil Bestandteil der abgeleiteten Klasse.

Wenn Sie eine Klasse als `public` ableiten, bleibt der Teil der abgeleiteten Klasse unverändert: Die Elemente, die privat waren, bleiben im Basisklassenteil privat, was dazu führt, dass die abgeleitete Klasse darauf nicht zugreifen kann. Die Elemente, die geschützt waren, sind es immer noch, und die öffentlichen Elemente der Basisklasse sind auch weiterhin öffentlich.

Wenn Sie aber eine Klasse als `protected` ableiten, unterscheidet sich der Basisklassenteil vom Original. Seine öffentlichen Mitglieder sind nun zu geschützten Mitgliedern der abgeleiteten Klasse geworden. (Aber denken Sie daran: Die eigentliche Basisklasse selbst ist nicht geändert worden. Es geht hier nur um den Basisklassen*teil* der abgeleiteten Klasse.) Auf diese Weise werden die Mitglieder in der abgeleiteten Klasse, die in der Basisklasse öffentlich waren, zu geschützten Mitgliedern, auf die andere Funktionen und Klassen nicht zugreifen können: Sie sind eben geschützt.

Und wenn Sie schließlich eine Klasse als `private` ableiten, unterscheidet sich der Basisklassenteil wieder vom Original: Seine Mitglieder sind allesamt privat geworden. Da seine Mitglieder nun privat sind, haben alle Klassen, die Sie von der neuen, abgeleiteten Klasse ableiten, keinen Zugriff auf diese Mitglieder: Sie sind privat. Und wie zuvor gilt auch hier, dass die originale Basisklasse nicht geändert worden ist. Es geht nur um den Basisklassenteil der abgeleiteten Klasse.

Diese Vorgehensweisen, die mit Ableitungen zu tun haben, können ziemlich kompliziert sein. Denken Sie daran, dass Sie, wenn Sie eine Klasse ableiten, angeben, auf welcher Zugriffsebene sich die öffentlichen und die geschützten Mitglieder in der abgeleiteten Klasse bewegen sollen.

Sie legen in C++ in der Kopfzeile der abgeleiteten Klasse fest, welche Art von Vererbung Sie haben wollen. Werfen Sie einen Blick auf das Beispiel InheritedMembers *(geerbte Mitglieder)*, das in Listing 10.1 gezeigt wird. Beachten Sie die drei Klassen zu Beginn des Listings: FrozenFood, FrozenPizza und DeepDishPizza. FrozenFood ist die Basisklasse von FrozenPizza, und FrozenPizza ist die Basisklasse von DeepDishPizza. Abbildung 10.4 stellt dies grafisch dar und verwendet dabei die UML-Notation (siehe hierzu den vorherigen Abschnitt), bei der die Pfeile auf die *Basisklasse* zeigen.

```cpp
#include <iostream>

using namespace std;

class FrozenFood
{
private:
    int Price;

protected:
    int Weight;

public:
    FrozenFood(int APrice, int AWeight);
    int GetPrice();
    int GetWeight();
};

class FrozenPizza : public FrozenFood
{
protected:
    int Diameter;

public:
    FrozenPizza(int APrice, int AWeight, int ADiameter);
    void DumpInfo();
};

class DeepDishPizza : public FrozenPizza
{
private:
    int Height;

public:
    DeepDishPizza(int APrice, int AWeight, int ADiameter, int AHeight);
    void DumpDensity();
};
```

```cpp
FrozenFood::FrozenFood(int APrice, int AWeight)
{
    Price = APrice;
    Weight = AWeight;
}

int FrozenFood::GetPrice()
{
    return Price;
}

int FrozenFood::GetWeight()
{
    return Weight;
}

FrozenPizza::FrozenPizza(int APrice, int AWeight,
        int ADiameter) :
FrozenFood(APrice, AWeight)
{
    Diameter = ADiameter;
}

void FrozenPizza::DumpInfo()
{
    cout << "\tFrozen pizza info:" << endl;
    cout << "\t\tWeight: " << Weight << " ounces" << endl;
    cout << "\t\tDiameter: " << Diameter << " inches" << endl;
}

DeepDishPizza::DeepDishPizza(int APrice, int AWeight,
int ADiameter, int AHeight) :
FrozenPizza(APrice, AWeight, ADiameter)
{
    Height = AHeight;
}

void DeepDishPizza::DumpDensity()
{
    // Calculate pounds per cubic foot of deep-dish pizza
    cout << "\tDensity: ";
    cout << Weight * 12 * 12 * 12 * 14 /
        (Height * Diameter * 22 * 16);
    cout << " pounds per cubic foot" << endl;
}
```

```
int main(int argc, char *argv[])
{
    cout << "Thin crust pepperoni" << endl;
    FrozenPizza pepperoni(450, 12, 14);
    pepperoni.DumpInfo();
    cout << "\tPrice: " << pepperoni.GetPrice()
        << " cents" << endl;
    cout << "Deep dish extra-cheese" << endl;
    DeepDishPizza extracheese(650, 21592, 14, 3);
    extracheese.DumpInfo();
    extracheese.DumpDensity();
    cout << "\tPrice: " << extracheese.GetPrice() << " cents" << endl;
    return 0;
}
```

Listing 10.1: Die Zugriffsebene der geerbten Mitglieder festlegen

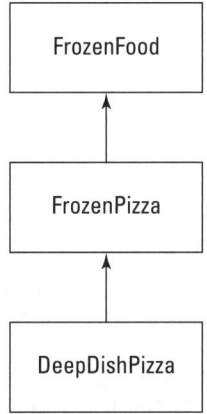

Abbildung 10.4: Die Pfeile dieses UML-Diagramms zeigen auf die Basisklasse.

Wenn Sie dieses Listing ausführen, sehen Sie folgenden Output:

```
Thin crust pepperoni
        Frozen pizza info:
                Weight: 12 ounces
                Diameter: 14 inches
        Price: 450 cents
Deep dish extra-cheese
        Frozen pizza info:
                Weight: 21592 ounces
                Diameter: 14 inches
        Density: 35332 pounds per cubic foot
        Price: 650 cents
```

Die ersten fünf Zeilen liefern Informationen über das Objekt der Klasse `FrozenPizza`. Die restlichen Zeilen zeigen Informationen, die das Objekt der Klasse `DeepDishPizza` betreffen. Hierzu gehören das Gewicht von `21592` Unzen (was 1349,5 US-Pfund oder circa 612 Kilogramm entspricht), eine Dichte von `35332` US-Pfund pro Kubikfuß (35332 US-Pfund pro Kubikfuß – das entspricht rund 17 US-Tonnen pro Kubikfuß, was noch nicht ganz in der Nähe eines Neutronensterns mit einer Dichte von drei Billionen US-Tonnen pro Kubikfuß liegt). Diese Pizza hat es in sich.

Die Ableitungen sind alle öffentlich. Dadurch sind alle Objekte, die in `FrozenFood` öffentlich waren, auch in `FrozenPizza` und `DeepDishPizza` öffentlich. Achten Sie darauf, woher die Informationen in der Ausgabe stammen. Die Zeile `Frozen pizza info;` und die beiden Zeilen, die dann folgen (`Weight:` und `Diameter:`) stammen von der öffentlichen Funktion `DumpInfo()`, bei der es sich um ein Mitglied von `FrozenPizza` handelt, `DumpInfo()` ist in der Klasse `FrozenPizza` öffentlich. Da `DeepDishPizza` von `FrozenPizza` *öffentlich* abgeleitet worden ist, ist `DumpInfo()` ebenfalls ein öffentliches Mitglied von `DeepDishPizza`.

Versuchen Sie nun, den Header für `DeepDishPizza` von

```
class DeepDishPizza : public FrozenPizza
```

in

```
class DeepDishPizza : protected FrozenPizza
```

zu ändern.

Sie ändern das Wort `public` in `protected`. Sorgen Sie dafür, dass Sie die richtige Zeile ändern, oder das, was wir Ihnen zeigen wollen, klappt nicht.

Versuchen Sie nun, die Anwendung zu kompilieren. Sie erhalten eine Fehlermeldung. Bei uns sah sie so aus:

```
In function 'int main(int, char**)':
error: 'void FrozenPizza::DumpInfo()' is inaccessible
error: within this context
error: 'FrozenPizza' is not an accessible base of 'DeepDishPizza'
error: 'int FrozenFood::GetPrice()' is inaccessible
error: within this context
error: 'FrozenFood' is not an accessible base of 'DeepDishPizza'
```

Diese Meldung bezieht sich auf folgende Zeile in `main()`:

```
extracheese.DumpInfo();
```

Warum ist das falsch? Weil `DumpInfo` dank des Wortes `protected` im Header der Klasse nun ein geschütztes Mitglied von `DeepDishPizza` ist. Mit dem Wort `protected` in der Klassendefinition sorgen Sie dafür, dass geerbte Mitglieder, die eigentlich öffentlich wären, geschützt werden. Weil das Mitglied `DumpInfo` geschützt ist, können Sie es nicht von `main()` aus aufrufen. Allerdings ist `DumpInfo()` in der Klasse `FrozenPizza` immer noch öffentlich, weshalb dieser Aufruf hier funktioniert:

```
pepperoni.DumpInfo();
```

Versetzen Sie die Zeile wieder in ihren ursprünglichen, geerbten Zustand aus Listing 10.1:

```
class DeepDishPizza : public FrozenPizza
```

Ändern Sie nun den Header von FrozenPizza:

```
class FrozenPizza : private FrozenFood
```

Achten Sie wieder darauf, dass Sie die richtige Zeile ändern. Versuchen Sie, die Anwendung zu kompilieren.

Als wir das in Code::Blocks getan haben, erhielten wir die folgende Fehlermeldung:

```
In function 'int main(int, char**)':|
error: 'void FrozenPizza::DumpInfo()' is inaccessible|
error: within this context|
error: 'FrozenPizza' is not an accessible base of 'DeepDishPizza'|
error: 'int FrozenFood::GetPrice()' is inaccessible|
error: within this context|
error: 'FrozenFood' is not an accessible base of 'DeepDishPizza'|
```

Diese Fehlermeldung bezieht sich auf die Zeile in DeepDishPizza::DumpDensity(), wo der Code versucht, auf das Mitglied Weight zuzugreifen. Warum lässt es der Compiler nun nicht mehr zu, dass wir auf dieses Mitglied zugreifen? Weil das Mitglied, das in der Klasse FrozenFood noch öffentlich war, in FrozenPizza privat geworden ist und die abgeleitete Klasse DeepDishPizza damit aus *eigenen Mitgliedsfunktionen heraus* darauf nicht mehr zugreifen kann.

Die Regel bei privaten Mitgliedern sieht so aus, dass abgeleitete Klassen keinen Zugriff auf sie haben. Und das ist in diesem Beispiel der Fall. Sorgen Sie dafür, dass der Header von FrozenPizza wieder in seinen alten Zustand zurückversetzt wird und so aussieht:

```
class FrozenPizza : public FrozenFood
```

Mitgliedsfunktionen überschreiben

Eine der wirklich guten Sachen, die es bei Klassen gibt, ist die Möglichkeit, eine Mitgliedsfunktion in einer Klasse zu deklarieren und dann, wenn Sie eine neue Klasse abgeleitet haben, dieser neuen Klasse eine andere Version der Funktion zu geben. Dies wird *Überschreiben* der Funktion genannt. Wenn Sie zum Beispiel eine Klasse FrozenFood und eine davon abgeleitete Klasse FrozenPizza haben, möchten Sie in FrozenFood vielleicht eine Funktion mit dem Namen BakeChemistry() einbinden, die die Lebensmittel verändert, während sie gebacken werden. Da es unterschiedliche Lebensmittel gibt, müsste sich die Funktion BakeChemistry() auch in allen abgeleiteten Klassen vom Original in FrozenFood unterscheiden.

Sie sind in C++ in der Lage, den verschiedenen abgeleiteten Klassen verschiedene *Versionen* der Funktion zur Verfügung zu stellen, indem Sie in der Deklaration der Basisklasse vor dem Namen der Funktion das Wort virtual so fallen lassen, wie in diesem Code:

```
virtual void BakeChemistry();
```

Diese Zeile dient in der Klassendefinition als Prototyp. Sie kümmern sich dann später um den Code für diese Funktion.

Dann hinterlegen Sie in der Klasse für Ihre abgeleitete Klasse nur den Prototyp der Funktion ohne das Wort virtual:

```
void BakeChemistry();
```

Und dann binden Sie wie zuvor den Code für die Funktion später ein. Vielleicht haben Sie so etwas wie das folgende Beispiel. Zunächst kommen hier die Klassen:

```
class FrozenFood
{
private:
    int Price;

protected:
    int Weight;

public:
    FrozenFood(int APrice, int AWeight);
    int GetPrice();
    int GetWeight();
    virtual void BakeChemistry();
};

class FrozenPizza : public FrozenFood
{
protected:
    int Diameter;

public:
    FrozenPizza(int APrice, int AWeight, int ADiameter);
    void DumpInfo();
    void BakeChemistry();
};
```

Wie Sie sehen, haben wir in der Klasse FrozenFood das Wort virtual eingefügt und die Deklaration der Funktion wieder in die Klasse FrozenPizza eingebunden. Die Definition der BakeChemistry()-Funktionen sieht so aus:

```
void FrozenFood::BakeChemistry()
{
    cout << "Baking, baking, baking!" << endl;
}

void FrozenPizza::BakeChemistry()
{
    cout << "I'm getting crispy!" << endl;
}
```

Wie Sie sehen, haben wir vor keine der Funktionen das Wort `virtual` gesetzt. So etwas ist nur in der Deklaration der Klasse zulässig. Jedes Mal, wenn Sie nun von den einzelnen Klassen eine Instanz anlegen und dort `BakeChemistry()` aufrufen, machen Sie dies mit der Funktion der entsprechenden Klasse. Schauen Sie sich die folgenden Codezeilen einmal genauer an und überlegen Sie, bevor Sie weiterlesen, was Sie machen könnten:

```
FrozenPizza pepperoni(450, 12, 14);
pepperoni.BakeChemistry();
```

Da pepperoni eine Instanz von `FrozenPizza` ist, ruft dieser Code die Funktion `BakeChemistry()` der Klasse `FrozenPizza` und nicht von `FrozenFood` auf.

Sie möchten vielleich in Ihrer Basisklasse überhaupt keinen Code für die Funktion `BakeChemistry` stehen haben. In diesem Fall gehen Sie so vor:

```
Virtual void BakeChemistry() {}
```

Aber einen Moment noch! Warum wollen Sie eine Funktion haben, für die es keinen Code gibt? Nun, wir sind nicht ganz so dumm, wie wir aussehen. Gut, dann sind wir eben vertrottelt. Sie wollen hier nun einmal keinen Code haben, aber in den abgeleiteten Klassen soll er schon auftauchen, und Sie möchten, dass es unterschiedliche Versionen desselben Codes gibt. Sie gehen nun so vor, dass Sie einen Standardcode zur Verfügung stellen, den die Klassen erben, wenn sie die Funktion nicht überschreiben. Und dann kommt es immer wieder zu Situationen, in denen der Basissatz an Standardcode sinnlos ist. Aus diesem Grund setzen Sie nur eine öffnende und eine schließende geschweifte Klammer, und Sie können alles andere in der Klasse selbst machen:

```
class FrozenFood
{
private:
    int Price;

protected:
    int Weight;

public:
    FrozenFood(int APrice, int AWeight);
    int GetPrice();
    int GetWeight();
    virtual void BakeChemistry() {}
};
```

 Es gibt Programmierer, die es vorziehen, das Wort `virtual` in der abgeleiteten Klasse in den Prototyp der überschriebenen Funktion zu packen. Aus technischer Sicht ist dieser Schritt nicht notwendig, obwohl auch viele, die seit Jahren in C++ programmieren, so vorgehen. Auch wir machen das so, und zwar nicht, weil es cool aussieht. Es erinnert uns daran, dass die Funktion nur *virtuell ist*. Folglich sieht der Prototyp der Funktion in der Definition der Klasse `FrozenPizza` genauso aus wie in der Klasse `FrozenFood`:

```
virtual void BakeChemistry();
```

Spezialisierung durch Polymorphie

Stellen Sie sich vor, dass Sie eine Funktion haben, die `Bake()` heißt und das Backen steuert. Sie möchten, dass sie als Parameter eine Instanz von `FrozenFood` aufnimmt. Wenn Sie `FrozenPizza` von `FrozenFood` und dann `DeepDishPizza` von `FrozenPizza` ableiten, sind sowohl die Objekte der Klasse `FrozenPizza` als auch die der Klasse `DeepDishPizza` nichts als Abkömmlinge der Objekte in `FrozenFood`. Allgemein gilt: Wenn Sie eine Klasse mit dem Namen `Base` haben, leiten Sie von ihr eine Klasse mit dem Namen `Derived` ab *(derived* bedeutet auf Deutsch *abgeleitet)*, und Instanzen der Klasse `Derived` sind ebenfalls Instanzen der Klasse `Base`. Stellen Sie sich das wie einen Familiennamen vor: Wenn Sie mit Nachnamen Swaddelburg heißen, Ihr Kind erwachsen wird und heiratet, kann es zum Beispiel den Namen Higglequack annehmen und trotzdem im tiefsten Inneren seiner Seele immer ein Swaddelburg bleiben.

Und so ist das auch mit `FrozenFood` und C++, Sie können jedes Objekt, das von `FrozenFood` abgeleitet worden ist, so behandeln, als ob es eine Instanz davon wäre. Deshalb dürfen Sie einer Funktion mit dem Namen `Bake()`, die Sie wie folgt definieren, eine Instanz von `FrozenFood` oder einer anderen Klasse übergeben, die von `FrozenFood` abgeleitet worden ist – zum Beispiel `FrozenPizza` oder `DeepDishPizza`:

```
void Bake(FrozenFood *)
{
    cout << "Baking" << endl;
}
```

Stellen Sie sich nun vor, dass Sie in dieser Funktion `Bake()` die Temperatur des Ofens auf eine bestimmte Gradzahl setzen, den Ofen einschalten und dann die Speisen kochen oder backen. Jede Speise verhält sich im Ofen anders. So könnte eine tiefgefrorene »Deep Dish«-Pizza aufgehen und dicker werden, während eine normale tiefgefrorene Pizza knusprig, aber nicht dicker wird.

Sicherlich haben Sie kein Interesse daran, alle möglichen Speisen in der Funktion `Bake()` zu hinterlegen und dafür eine riesige Menge an `if`-Anweisungen zu verwenden: Wenn (`if`) es diese Art von Essen ist, erhöhe die Hitze, wenn es jene Art von Essen ist, soll es braun werden, und wenn es das hier ist, soll es gefälligst aus dem Ofen kommen, wenn es ihm zu heiß wird. Stattdessen können Sie den eigentlichen Koch- oder Backvorgang in der Klasse der Speise selbst unterbringen. Ja! Die Klasse `FrozenPizza` hat dann ihre eigene Funktion `BakeChemistry()`. Dann kann die Funktion `Bake()` einfach `BakeChemistry()` für das Objekt aufrufen, das sie als Parameter erhält. Und wie weiß C++, was dann zu tun ist? Aufgrund der virtuellen Funktionen! Die Funktion `Bake` selbst hat keine Ahnung oder kümmert sich nicht darum, welchen Typ von `FrozenFood` sie erhält. Sie ruft `BakeChemistry()` für irgendein Objekt auf, das sie empfängt. Und dank der magischen Kraft von C++ ruft sie dann automatisch die richtige Funktion `BakeChemistry()` auf – sei es die für `FrozenPizza` oder die für `DeepDishPizza` oder sei es eine Klasse, die Sie erst später hinzufügen, wenn Sie die Anwendung modifizieren. Und wenn Sie dann die Anwendung einmal ändern sollten, können Sie, wenn Sie eine neue Klasse schreiben und von `FrozenPizza` ableiten und ihr eine eigene Funktion `BakeChemistry()` geben, eine Instanz dieser Klasse an `Bake()` übergeben, ohne

`Bake()` ändern zu müssen! Mit anderen Worten, Sie müssen `Bake()` über diese Klasse nicht einmal informieren! Ist das nicht toll?! Wir sind einfach nur begeistert!

Dies bedeutet, dass die Funktion `Bake()` ein Objekt der Klasse `FrozenFood` (oder einer anderen Klasse, die von `FrozenFood` abgeleitet worden ist) aufnehmen und dessen Funktion `BakeChemistry()` aufrufen kann. Jede Klasse kann ihre eigene Version von `BakeChemistry()` haben, und der Computer ruft dann die entsprechende Funktion `BakeChemistry()` auf. Dieser ganze Vorgang wird *Polymorphie* genannt.

 Polymorphie ist einer der wichtigsten Punkte der objektorientierten Programmierung. Der Gedanke dabei ist, dass Sie Ihre Anwendung erweitern und verbessern können, indem Sie einfach neue Klassen hinzufügen, die von einer ganz normalen Basisklasse abgeleitet werden. Dann müssen Sie noch am Rest Ihrer Anwendung (vielleicht) ein paar kleinere Änderungen vornehmen. Da Sie virtuelle Funktionen und Polymorphie verwendet haben, kann der Rest Ihrer Anwendung mit den neuen Klassen umgehen, die Sie erstellt haben. Im Wesentlichen sind Sie in der Lage, die neue Klasse einfach einrasten zu lassen, und die Anwendung läuft problemlos weiter.

Dinge abstrakt sehen

Wenn Sie eine Basisklasse mit einer virtuellen Funktion erstellen und dann andere Klassen ableiten, möchten Sie vielleicht die virtuelle Funktion in allen abgeleiteten Klassen überschreiben. Außerdem wollen Sie dafür sorgen, dass niemand – und zwar wirklich *niemand* – jemals eine Instanz der Basisklasse erstellen kann.

Warum sollten Sie so etwas wollen? Weil die Basisklasse Dinge enthalten könnte, die auch in allen anderen Klassen gelten sollen, während die Klasse selbst als Instanz keinen richtigen Sinn ergibt. Wir möchten zum Beispiel, dass Sie in ein Geschäft gehen, um etwas Gefrorenes zu kaufen. Wir haben davon gehört, dass der Supermarkt unten an der Straße einen Sonderverkauf hat. Wir lieben dieses lila Zeugs. Sie sehen, dass es wenig Sinn macht, die Instanz einer Klasse mit dem Namen `FrozenFood` zu haben. Um was für eine Art von gefrorenem Essen geht es denn? Nun, es könnte (Sie haben es sicherlich erraten) gefrorene Pizza (`FrozenPizza`) sein oder, was noch besser wäre, eine `DeepDishPizza`. Aber ein Element `FrozenFood` an sich ist realitätsfremd.

Philosophen kennen ein Wort, um solche Dinge zu beschreiben: *abstrakt*. Die Klasse `FrozenFood` ist abstrakt: Es macht keinen Sinn, sie zu instanziieren. Sie können in C++ eine Klasse abstrakt machen, und wenn Sie das tun, lässt es der Compiler nicht zu, dass Sie von dieser Klasse Instanzen erstellen.

Jetzt ist wieder einmal der Augenblick gekommen, an dem alles ein wenig kompliziert aussieht: Sie legen in C++ nicht wirklich fest, dass eine Klasse selbst abstrakt ist. In der Sprache kommt das Wort *abstract* nicht vor. Stattdessen müssen Sie ein wenig abstrakter an die Sache herangehen. Um festzulegen, dass eine Klasse abstrakt ist, müssen Sie mindestens eine virtuelle Funktion haben, die keinen Code enthält. Aber anstatt nun einen leeren Codeblock wie in `{}` anzulegen, folgen Sie dem Prototyp der Funktion in der Klassendefinition so mit `= 0` wie in

```
class FrozenFood
{
private:
    int Price;

protected:
    int Weight;

public:
    FrozenFood(int APrice, int AWeight);
    int GetPrice();
    int GetWeight();
    virtual void BakeChemistry() = 0;
};
```

In dieser Klassendefinition steht hinter der Funktion BakeChemistry() der Text = 0 (das steht aber noch vor dem Semikolon – *vergessen Sie auf keinen Fall das Semikolon*). Das = 0 wandelt auf magische Weise die virtuelle Funktion in eine *abstrakte virtuelle Funktion* um. Und wenn Sie eine abstrakte virtuelle Funktion in sich tragen, sind Sie, ob Sie es glauben oder nicht, eine abstrakte Klasse. Kein Wenn und kein Aber, Sie sind abstrakt geworden.

Wenn Sie eine abstrakte Klasse erstellen wollen, gilt diese Regel: In Ihrer Klasse muss es wenigstens eine abstrakte virtuelle Funktion geben. Ist das nicht der Fall, ist die Klasse nicht abstrakt, und die Benutzer der Klasse können von ihr Instanzen bilden. Wenn es aber wenigstens eine abstrakte virtuelle Funktion gibt, wirft der Compiler eine Fehlermeldung aus, wenn Sie oder andere Benutzer versuchen, eine Instanz der Klasse zu erstellen.

Bei Ihren ausgedehnten Reisen durch die virtuelle Welt von C++ werden Sie mit ziemlicher Sicherheit auf einen etwas abgewandelten Ausdruck für *abstrakte virtuelle Funktion* stoßen: *rein virtuelle Funktion*. Auch wenn dieser Ausdruck unverdorben und rein klingt, meint er dieselbe Sache. Sie können beide Ausdrücke verwenden.

Haben Sie es nun, nachdem Sie Ihre abstrakte Klasse haben und keine Instanz von ihr anlegen können, endlich geschafft? Natürlich nicht. Nun *müssen* Sie in Ihren abgeleiteten Klassen die abstrakte virtuelle Funktion überschreiben, anderenfalls sind auch die abgeleiteten Klassen *abstrakt*. Und wenn eine Klasse abstrakt ist, können Sie von ihr keine Instanzen erzeugen.

Um die abstrakte virtuelle Funktion zu überschreiben, gehen Sie so wie bei jeder anderen virtuellen Funktion vor.

Die folgende Klasse enthält eine Funktion, die die Funktion BakeChemistry() überschreibt:

```
class FrozenPizza : public FrozenFood
{
protected:
    int Diameter;

public:
    FrozenPizza(int APrice, int AWeight, int ADiameter);
    void DumpInfo();
    void BakeChemistry();
};
```

Dann sorgen Sie so für den Code für die Funktion BakeChemistry() wie in

```
void FrozenPizza::BakeChemistry()
{
    cout << "I'm getting crispy under this heat!" << endl;
}
```

An der Definition der überschreibenden Funktion gibt es nichts Magisches. Aber wenn Sie eine Instanz dieser Klasse erstellen wollen, müssen Sie eben überschreiben.

Klassen entdecken

Sie können bei Ihren Studien der objektorientierten Programmierung Wochen um Wochen damit zubringen, nach Antworten auf diese Frage zu suchen: Wie können Sie herausfinden, welche Klassen Sie in Ihrer Anwendung aufnehmen müssen? Dummerweise berühren viele Bücher über die objektorientierte Programmierung diese Frage noch nicht einmal. Viel zu viele Leute, unter denen sich auch viele selbst ernannte Experten befinden, kennen einfach die Antwort auf diese Frage nicht.

Wir zeigen Ihnen in diesem Abschnitt, wie Sie die Klassen herausfinden können, die Sie für Ihr Projekt benötigen, und wir bringen die Konzepte im großen Ganzen der Software-Entwicklung unter.

Software entwickeln

Sind Sie bereit, Ihre Anwendung zu schreiben? Gut, dann setzen Sie sich und beginnen Sie mit dem Codieren. Und rufen Sie uns in sechs Monaten an. Oh, und falls wir vergessen haben zu erwähnen, die Software, die Sie da entwickeln, muss genau das tun, was wir, Ihre Kunden, benötigen. Und bitte, bitte, vermurksen Sie sie nicht. Geht das in Ordnung?

Nun, ist das nicht nett? Woher sollen Sie denn wissen, was wir benötigen, und wie sollen Sie es schaffen, dass die Software schon beim ersten Mal perfekt ist? Ob Sie es nun glauben oder nicht, aber viele junge Programmierer erstellen ihre Software auf diese Weise. Dies ist eine Vorgehensweise, bei der aus der Hüfte geschossen wird, und das geht dann so:

1. »Mensch! Ich hab' da eine *richtig* gute Idee!«

2. Der Compiler wird geöffnet.

3. Der Code wird geschrieben.

4. Das Produkt wird verkauft.

Und die Leute wundern sich, warum so viele Anwendungen abstürzen und scheitern. Haben Sie es auch schon einmal mit einer Anwendung zu tun gehabt, die eigentlich nur Schrott war? Wer hat das noch nicht? Aber glücklicherweise muss Ihre Software nicht zu dieser Gruppe gehören. In Ihren Händen liegt eine Anleitung für die Entwicklung von Software.

 Wenn Sie eine wirklich gute Idee haben, sollten Sie sich dies als Erstes fragen: Wer soll diese Software einsetzen? Sie? Ihre Freunde? Geschäftsleute? Kinder? Privatpersonen? Lehrer? Soziale Institutionen? Piloten? Ärzte einer Notaufnahme? Hacker?

Stellen Sie sich diese Frage, und seien Sie dabei ehrlich. Die Wahrheit sieht so aus: Kein Softwarepaket wird *von jedem* eingesetzt. Gut, bestimmte Anwendungen werden von *vielen* Menschen verwendet. Hierzu gehört zum Beispiel die Software, die für das Funktionieren Ihres Telefons sorgt, oder die Software in Ihrem TV-Receiver. Aber selbst da könnten wir auf einer einsamen Insel ein paar Dutzend Menschen finden, die diese Software niemals benutzen. Wenn Sie also die Frage beantworten, seien Sie realistisch. Und gehen Sie so weit wie möglich in die Einzelheiten. So könnte zum Beispiel eine Antwort wie folgt lauten: »Diese Software soll von den Vorstandmitgliedern der Fortune-500-Unternehmen genutzt werden, die ihre Zeit mit dem Surfen im Web und dem Spielen von Solitär verbringen.«

Es war einmal, dass die Leute daran glaubten, dass Software nur dann entwickelt werden kann, wenn zuvor ein Modell erstellt wurde, das ein Duplikat des echten Lebens darstellte. Aber diejenigen, die Software entwickelten, haben bei dieser Vorgehensweise schnell eine geringfügige, nun, nennen wir es *Schwierigkeit* entdeckt. Was ist, wenn sich diese Vorgehensweise anhand des sogenannten echten Lebens selbst als unbefriedigend herausstellt? Wie können Sie da das Richtige herausfinden? Fragen Sie diejenigen, die die Abläufe wirklich einsetzen, die Sie auf den Computer übertragen wollen. Dies führte zu einem neuen, interessanten Berufsbild, für das sich schon bald viele Programmierer interessierten: dem Business Process Reengineering (was sich in etwa mit der *Geschäftsprozessneugestaltung* übersetzen lässt). Das hört sich richtig cool an. »Was machen Sie beruflich?« »Ich bin ein Business Process Reengineer.« »Toll. Ich wette, Sie haben ein großes Haus.«

Business Process Reengineering bedeutet letztendlich nichts anderes, als einem Unternehmen dabei zu helfen, die internen Abläufe so zu gestalten, dass sie richtig funktionieren: Und dabei geht es um die echten Abläufe und nicht die Software, die dabei verwendet wird. Einer der Entwickler der Softwaremodellierungssprache, die wir in diesem Buch vertreten (UML), ein Mann namens Ivar Jacobson, schrieb sehr früh ein großartiges Buch über das Business Software Reengineering. (Und wir gehen davon aus, dass er inzwischen wirklich ein großes Haus besitzt, obwohl wir es nie gesehen haben.)

Letztendlich lässt sich das so zusammenfassen: Wenn Sie einen Prozess abbilden, werden Sie darin auf Leistungsschwächen stoßen. Aus diesem Grund werden Sie den Prozess nicht eins zu eins abbilden. Nebenbei gefragt, wenn die Abläufe genau gleich sind, warum sollte man sich dann Sorgen machen? Der Computer sollte die Abläufe verbessern. Sie sollten also über Wege nachdenken, die im Endeffekt dazu führen, dass die Leute, die Ihre Software benutzen, zu der Meinung kommen, dass das Programm ihre Arbeit nicht nur automatisiert, sondern auch ihr Leben erleichtert. Hier kommen nun die Schritte, wie Sie Ihre Software entwickeln sollten:

Was nun kommt, sind allgemeine Schritte für das Entwickeln guter Software. Jeder einzelne Punkt ist ein *Arbeitsschritt*. Je mehr Erfahrung Sie sammeln, desto besser werden Sie darin, diesen Schritten zu folgen. Wie alles im Leben verlangt auch das Entwickeln von Software, *die funktioniert* und die *gut* ist, Erfahrung und Geduld.

1. Finden Sie heraus, wer die Software nutzen soll, und sammeln Sie die Anforderungen ein. Oder anders ausgedrückt, finden Sie heraus, was die Leute, die die Software benutzen sollen, meinen, was das Programm können sollte. So etwas wird auch *Erstellen eines Anforderungsprofils* genannt. Legen Sie dabei eine Liste mit den Wörtern an, die zu den Prozessen gehören, die Sie entwickeln. Wenn Sie zum Beispiel eine Software schreiben, die einen Strandtag automatisieren, tauchen in der Liste Begriffe wie *Surfboard, Sandburg, Muscheln, Volleyball, Netz* und *Ebbe* auf. Dies sind alles Substantive (Hauptwörter). Ihr Glossar kann aber auch Verben (Tuwörter) enthalten (die auch zusammen mit einem Substantiv vorkommen können), wie zum Beispiel *tauchen, schwimmen, kein Glas zerbrechen, Drachen steigen lassen, Strandkorb mieten* und *in der Sonne liegen*.

2. Beginnen Sie mit der *Analyse*. Bestimmen Sie zu diesem Zweck Ihre Analyseklassen. Dieses Thema wird weiter hinten in diesem Kapitel im Abschnitt *Diese nervenden Klassen finden* ausführlicher behandelt. Merken Sie sich aber, dass Sie während dieses Arbeitsschrittes erkennen könnten, dass in Schritt 1 etwas fehlt oder nicht ganz richtig ist. Diese Erkenntnis geht in Ordnung, denn Sie können Schritt 1 wieder aufnehmen und die Probleme dort beheben. Danach gehen Sie wieder zu Schritt 2 zurück. Merken Sie sich, dass Sie sich in diesem Arbeitsschritt keine Gedanken darüber machen müssen, *wie* Sie den Code schreiben werden. Es ist tatsächlich so, dass Sie in diesem Schritt überhaupt keinen Code schreiben und sich auch keine Gedanken über Dinge wie das Abspeichern von Dateien, das Sortieren einer Liste mit Zahlen und so weiter machen müssen. Heben Sie sich das alles für den Arbeitsschritt der Implementierung auf, der als Punkt 4 beschrieben wird. Hier entwerfen Sie nur einige Klassen. Nachdem Sie Ihre Analyseklassen zusammengebaut haben, lassen Sie diejenigen, die später mit Ihrer Software arbeiten sollen (oder zumindest einige von ihnen) einen Blick auf Ihre Klassen werfen, um zu sehen, ob diese Klassen den allgemeinen *Teil* der Software abdecken, die man sich vorstellt.

Sie können im Verlauf dieses zweiten Schritts eine Sache machen, die mit Programmierung zu tun hat: Entwerfen Sie ein paar Oberflächen. Obwohl viele Bücher über objektorientierte Analyse und Programmierung diese Arbeiten nicht an dieser Stelle vorsehen, sollten Sie sie hier in Angriff nehmen, weil dies viele Vorteile bietet. Sie haben damit die Möglichkeit, den potenziellen Benutzern zu zeigen, wie die Anwendung später aussehen könnte. Damit erhalten sie die Möglichkeit, sich Gedanken darüber zu machen, ob das, was Sie da entwickeln, sinnvoll ist oder nicht. (Und wenn sie zu dem Schluss kommen, dass sie damit nicht viel anfangen können, geben Sie nicht auf und mosern Sie nicht herum. Denn letztendlich sollen diese Leute die Software benutzen, und sie bezahlen Sie dafür nicht schlecht – machen Sie also, was die wollen, und haben Sie bei einem Blick auf Ihren Kontoauszug ein Lächeln im Gesicht.) Darüber hinaus zeigt diese Vorgehensweise, dass Sie ein Programm entwickeln und nicht nur im Web herumsurfen.

3. Nun kommt der *Arbeitsschritt des Designs*. Dies ist der Moment, an dem Sie die Analyseklassen nehmen und anfangen, die Klassen zu entwickeln, die Sie in Ihrer Anwendung verwenden wollen. Sie benutzen hier die UML-Notation und beschreiben die Klassen in Ihrer Anwendung, wie sie miteinander kommunizieren, und die Schritte, die die einzelnen Prozesse in Ihrer Anwendung machen. Nun können Sie auch beginnen, über den Code nachzudenken, den Sie aber immer noch nicht schreiben. Und nebenbei bemerkt, es ist sehr gut möglich, dass Sie herausfinden, dass etwas, das Sie in Schritt 1 oder 2 getan haben, falsch oder zumindest nicht *ganz* richtig ist. In solch einem Fall … richtig, gehen Sie an die entsprechende Stelle zurück und beheben Sie diese Dinge. Und wenn Sie zu Schritt 1 zurückkehren, werfen Sie anschließend unbedingt einen Blick auf Schritt 2, bevor Sie sich wieder mit Schritt 3 beschäftigen. Es kann nämlich gut möglich sein, dass Sie nun auch dort einige Dinge in Ordnung bringen müssen.

4. Nun sind Sie bei der *Implementierung* angekommen! Das ist eine interessante Bezeichnung für *es ist an der Zeit, zu codieren*. Nachdem Sie so weit gekommen sind, erkennen Sie, dass ein Großteil der Arbeit bereits erledigt worden ist. Die ersten Schritte hatten mit harter Arbeit zu tun, und nun können Sie sich um den angenehmeren Teil kümmern, den Teil, der mit dem Codieren zu tun hat. Aber auch hierbei kann es passieren, dass Sie wieder ein paar Schritte zurückgehen müssen, weil Sie auf etwas gestoßen sind, das nicht ganz in Ordnung ist.

5. Noch sind Sie nicht fertig. Errät jemand, was als Nächstes kommt? Richtig, die *Testphase*. Sie probieren in diesem Arbeitsschritt alles aus, für das die Anwendung gedacht ist. Und Sie können für diesen Schritt auch ein paar andere Personen hinzuziehen, denen Sie vertrauen und die die Software ebenfalls testen. Wir meinen *vertrauen*, weil dies hier ein entscheidender Schritt für Ihre Anwendung ist. Sie müssen dafür sorgen, dass diejenigen, die die Software testen, sich darüber im Klaren sein müssen, was sie da tun, und die Anwendung gründlich in die Mangel nehmen. Außerdem sollen diese Personen Ihre Arbeit ehrlich und ernsthaft kommentieren. Aussagen wie: »Das ist Mist! Sie sind gefeuert!«, sind weniger hilfreich als Berichte über echte Probleme und Schwierigkeiten, die in der Software gefunden wurden und die es Ihnen, dem Programmierer, möglich machen, diese Fehler zu beheben. Denken Sie immer daran: Wenn andere Ihre Software testen, ist das immer zu Ihrem Nutzen. Ansonsten ist das wie beim Korrigieren eigener Texte: Sie übersehen ganz schnell Ihre eigenen Fehler, und es immer eine gute Sache, ein zweites Paar Augen und einen zusätzlichen Satz Finger parat zu haben.

Unsere Erfahrungen in der Welt der Softwaretests sagen uns, dass die meisten *Bugs*, die Sie und die anderen Tester finden, aus Schritt 4 stammen. Gehen Sie also dorthin zurück und beheben Sie die Probleme. Allerdings kommt es gelegentlich auch vor, dass Sie zu Schritt 3 oder noch weiter, zu Schritt 2, gehen müssen. Aber auch das geht in Ordnung, denn Ihr Ziel ist es schließlich, eine Software zu entwickeln und das richtig zu tun.

Diese nervenden Klassen finden

Wenn Sie sich aufmachen, um im Rahmen der Anwendungsanalyse festzulegen, welche Klassen Sie in Ihrer Anwendung verwenden wollen, besteht Ihr erstes Ergebnis aus einem Satz von Analyseklassen. Dabei handelt es sich nicht um Klassen in einer endgültigen Form, die Sie in einen Editor eingeben und als C++-Anwendung kompilieren. Sie haben mehr eine beschreibende Art, die das abbildet, was Sie gestalten. Wenn Sie dann diese Klassen haben, machen Sie mit dem Entwurf Ihrer Anwendung weiter: Nun entwickeln Sie die Klassenbeschreibungen so weiter, dass Sie sie leicht in C++-Code umwandeln können.

Es werden im Allgemeinen drei Wege beschritten, um die Klassen festzulegen. Keine dieser Vorgehensweisen ist perfekt; wären sie dies, könnte sich der Computer selbst programmieren. (Wobei dies voraussetzt, dass irgendjemand den Computer darauf programmiert hätte, sich selbst zu programmieren, was aber ein anderes Thema ist.) Hier die drei allgemeinen Wege, über die Klassen entdeckt werden:

✔ Schauen Sie sich die Stichwortliste an, die Sie während der Anforderungsaufnahme angelegt haben, und suchen Sie sich die Substantive und die Verben heraus.

✔ Verwenden Sie CRC-Karten, was für *Class, Responsibilities, and Collaborators* steht (und weiter hinten in diesem Kapitel im Abschnitt *CRC-Karten verwenden* beschrieben wird).

✔ Halten Sie nach verborgenen oder fehlenden Klassen Ausschau.

Wir empfehlen, alle drei Wege zu beschreiten. Alternativ könnten Sie vielleicht auch mit einem der ersten beiden und dem dritten Weg zurechtkommen. Wenn Sie etwas vermissen, ist der dritte Weg in der Liste sehr wichtig.

Nach Substantiven und Verben suchen

So langweilig sich das auch anhören mag, so ist das Suchen nach Substantiven und Verben in Wirklichkeit recht amüsant. Nicht alle Programmierer sind dafür bekannt, dass sie die Grammatik der menschlichen Sprache (zum Beispiel Deutsch oder Englisch) lieben, aber Sie müssen grammatikalisch kein Alleskönner sein, um diesen Abschnitt zu verstehen.

Nehmen Sie sich zuerst Ihre Begriffssammlung, Ihr *Glossar*, und jedes andere Dokument vor, das Sie während der Anforderungsaufnahme gesammelt haben, und legen Sie zwei Listen an: alle wichtigen Substantive (Hauptwörter) und alle wichtigen Verben (Tuwörter).

Wenn Sie Ihre Liste erstellt haben, sollten Sie darüber nachdenken, welches der Substantive besonders wichtig ist. So können zum Beispiel einige Substantive übergeordnete Themen der Anwendung betreffen. Wenn Sie eine Anwendung schreiben, die zum Beispiel ein Ladengeschäft abbildet, ist möglicherweise *Registrierkasse* ein wichtiges Substantiv. Wenn Sie nun aber eine Anwendung schreiben, die ein intergalaktisches Raumschiff steuert, weiß jeder, dass ein Antigravitationsantrieb lebensnotwendig ist. Damit haben Sie schon einmal zwei gute Kandidaten für eine Klasse. Sie werden die meisten der von Ihnen gesammelten Substantive zu Attributen Ihrer Klassen machen. (Denken Sie immer daran, dass Attribute und Fertigkeiten zwar zu Mitgliedsvariablen und Mitgliedsfunktionen werden, Sie aber zu diesem Zeitpunkt noch nicht an Programmierung denken sollten.) Wenn Sie allerdings ein Attribut finden sollten, das zu keiner der vorhandenen Klassen passt, sollten Sie es vielleicht zu einer eigenständigen Klasse machen. Zum Schluss werden die Verben dann zu den Fertigkeiten der Klassen. Sie sollten keine Fertigkeiten haben, die ohne Klasse sind: Entweder benötigen Sie diese Fertigkeit nicht oder es fehlt möglicherweise eine Klasse. Fügen Sie sie hinzu.

CRC-Karten verwenden

Die Leute lieben CRC-Karten *(CRC steht für Class, Responsibilities, and Collaborators)*, weil sie der Meinung sind, dass das Anlegen dieser Karten Spaß macht. Große Firmen lieben es, so etwas in teambildenden Übungen einzusetzen, um den Mitarbeitern dabei zu helfen, sich zurechtzufinden. Sie lassen dann ihre Leute nicht nur an Seilen hangeln, sondern auch Software entwickeln.

Häufig werden anstelle von CRC-Karten Haftnotizen genommen, während wir sie normalerweise auf ein Whiteboard malen. (Aber wir sollten diese Vorgehensweise nicht empfehlen, weil wir sonst massiven Ärger mit unseren objektorientierten Kollegen bekommen.)

Eine CRC-Karte besteht aus drei Teilen. Den obersten Teil bildet der Name der Klasse. Die linke Seite zeigt die Verantwortlichkeiten (die wir *Fertigkeiten* nennen) der Klasse an. Auf der rechten Seite stehen die Klassen, mit der die beschriebene Klasse zusammenarbeitet (das ist der *Kollaborationsteil*). So arbeitet zum Beispiel, wie jeder weiß, eine Antigravitationsantriebsklasse mit einer hochenergetischen Protonenbeschleunigungsklasse zusammen. Sie listen die Namen dieser Klasse auf der rechten Seite der Karte auf, weil es sich dabei um Kollaborationen handelt.

 Einige ziehen es vor, ihre CRC-Karten als Haftnotizen auf ein Whiteboard zu kleben. Dann schreiben Sie auf die rechte Seite des Notizzettels keine Namen, sondern Sie ziehen einfach eine Linie zu den entsprechenden Karten. Es steht Ihnen frei, hier die Namen aufzuschreiben oder Linien zu ziehen.

 Wenn Sie mit Kollaborationen arbeiten, fallen fehlende Klassen schnell auf. Da Sie zum Beispiel wissen, dass ein Antigravitationsantrieb mit einem hochenergetischen Protonenbeschleuniger zusammenarbeitet, merken Sie beim Ausfüllen der Kollaboratoren der Antigravitationsklasse, dass Sie die hochenergetische Protonenantriebsklasse vergessen haben.

Ausschau nach ausgeblendeten oder fehlenden Klassen halten

Wenn Sie eine Analyse der Klassen vornehmen, besteht die Möglichkeit, dass Sie einige Klassen ausgelassen haben. Einige dieser fehlenden Klassen mögen nicht eindeutig sein. Und wenn Sie sie finden wollen, müssen Sie sich vielleicht erneut an diejenigen wenden, die Ihnen beim Zusammentragen der Anforderungen geholfen haben. Dies ist gleichzeitig ein guter Zeitpunkt, um noch einmal einen Blick auf die Klassen zu werfen. Denken Sie daran, dass die Klassen, die Sie nun entwickeln, noch keine fertigen C++-Klassen sind. Es handelt sich dabei weniger um technische als um Klassen, die von Menschen verstanden werden, die nicht programmieren. Deshalb dürften sowohl diejenigen, die Sie mit den Anforderungen versorgt haben, als auch diejenigen, die später mit der Anwendung arbeiten sollen, keine Schwierigkeiten haben, sich mit diesen Klassen zu beschäftigen und Ihnen dabei helfen, herauszufinden, ob Sie etwas vergessen haben. Sollten Sie eine Klasse übersehen haben, fügen Sie sie hinzu, indem Sie eine weitere CRC-Karte anlegen.

Die Analyse mit dem Designworkflow vervollständigen

Wenn Sie alle Klassen zusammenhaben, können Sie mit dem Design weitermachen und die Klassen im UML-Format schreiben. Sie haben es mit einem einfachen Format zu tun, bei dem Sie einen Kasten haben, in dem oben der Name der Klasse steht. Dann kommen die Attribute der Klasse und zum Schluss ihre Fertigkeiten. Abbildung 10.3 enthält eine Klasse in diesem Format. Dies sind die Klassen, die Sie in der Codierungsphase (dem Arbeitsschritt der *Implementierung*) verwenden wollen, wenn Sie sie in echte, lebende C++-Klassen umwandeln. Die übrigen Kapitel dieses Teils zeigen Ihnen, wie Sie das alles in der Praxis erledigen.

Mit Entwurfsmustern entwickeln

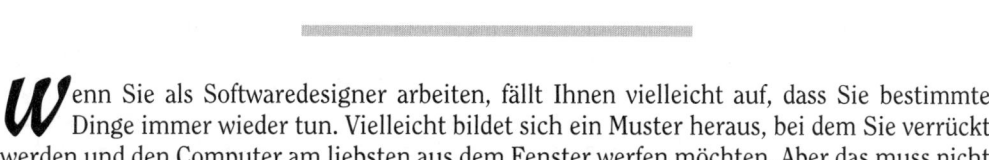

In diesem Kapitel

▶ Verstehen Sie, was Entwurfsmuster sind und wie Sie sie verwenden können

▶ Implementieren Sie ein Beobachter-Muster

▶ Erstellen Sie ein Vermittler-Muster

*W*enn Sie als Softwaredesigner arbeiten, fällt Ihnen vielleicht auf, dass Sie bestimmte Dinge immer wieder tun. Vielleicht bildet sich ein Muster heraus, bei dem Sie verrückt werden und den Computer am liebsten aus dem Fenster werfen möchten. Aber das muss nicht unmittelbar mit dem Design von Software zu tun haben.

Aber wie sieht das mit diesem Beispiel aus, das in einer direkten Beziehung zum Entwerfen von Software steht: Immer, wenn wir wissen müssen, wie viele Instanzen einer bestimmten Klasse existieren, sind wir gezwungen, eine statische Mitgliedsvariable mit einem Namen wie `InstanceCount` zu erstellen. Im Konstruktor gibt es dann eine Zeile, die `InstanceCount` hochzählt, während der Destruktor eine Zeile enthält, die `InstanceCount` herunterzählt. Außerdem machen wir normalerweise `InstanceCount` privat und binden eine statische Methode wie zum Beispiel `int GetInstanceCount()` ein, die den Wert empfängt.

Wir haben diesen Entwurf so oft eingesetzt, dass wir wissen, dass er funktioniert. Als wir ihn zum ersten Mal benötigt haben, mussten wir noch darüber nachdenken, wie wir die Aufgabe lösen könnten. Darauf können wir mittlerweile verzichten – wir schreiben das einfach so runter, wenn wir Software entwerfen. Diese Vorgehensweise hat sich zu einem Entwurfsmuster (englisch *Design Pattern*) entwickelt.

Vor Jahren, nämlich 1995, ist ein Buch erschienen, das zu einem Bestseller unter Programmierern wurde: *Design Patterns: Entwurfsmuster als Elemente wiederverwendbarer objektorientierter Software* (mitp Professional) von Erich Gamma, Richard Helm, Ralph Johnson und John Vlissides. Die vier Autoren wurden unter Programmierern als *The Gang of Four (Die Viererbande)* bekannt. Die Grundlage ihrer Arbeit bildete die Architektur – nicht die Softwarearchitektur, sondern die derjenigen, die aus Beton und Eisen hohe Gebäude zaubern, über die dann Superman springt oder durch die er hindurchsieht. Diese Art von Architektur gibt es seit zweieinhalb Jahrhunderten, was dazu führt, dass dieses Gebiet ein klein wenig älter ist als das der Softwareentwicklung. Beim Bauen von Gebäuden sind im Laufe der Zeit Wege entwickelt worden, um Häuser und Städte zu entwerfen und zu bauen, ohne das Rad jedes Mal aufs Neue erfinden zu müssen. 1977 schrieb Christopher Alexander ein Buch, das die grundsätzlichen Konzepte von Architektur mithilfe von Mustern erklärt. Die *Viererbande* baute auf diesen Erkenntnissen auf und wandte sie in ihrem Buch auf die Prinzipien der Softwareentwicklung an.

Sie weisen in diesem Buch auf Dinge hin, die im Nachhinein offensichtlich sind (wie das bei großen Entdeckungen so oft der Fall ist): Die besten Softwareentwickler verwenden Techniken in Form von Mustern immer wieder. Unsere Beschreibung der Klasse, die einen Zählmechanismus für Instanzen enthält, ist ein Beispiel für eine Technik, die immer wieder benutzt werden kann.

Wenn Sie sich intensiver mit der objektorientierten Programmierung (und der Informatik im Allgemeinen) beschäftigen, stoßen Sie oft auf den Begriff *wiederverwendbar*. Eines der Ziele der objektorientierten Programmierung ist es, Code wiederverwendbar dadurch zu machen, dass er in Klassen abgelegt wird.

Das ist zwar schön und gut, funktioniert aber nicht immer. Klar, wir könnten unsere die Instanzen zählende Klasse als Basisklasse ablegen und immer von ihr ableiten. Aber es gibt Designs, bei denen das nicht funktioniert. Stattdessen wenden Softwareentwickler einfach dasselbe Design auf einen neuen Satz von Klassen an. Gut, sie verwenden das Design wieder, indem sie es aus den hintersten Kammern ihres Gehirns wieder hervorholen, aber sie haben Code nicht wirklich wiederverwendet. Sie lebten eigentlich von der Erfahrung. Und genau das ist der Punkt, um dem es bei den Entwurfsmustern geht. Sie schreiben Ihre Entwurfsmuster nicht einfach so auf und packen sie in einen Haufen von Basisklassen, sondern Sie kennen die Muster einfach. Oder Sie schaffen sich eine Liste oder einen dementsprechenden Katalog an. Wir stellen Ihnen in diesem Kapitel einige der bekanntesten Entwurfsmuster vor.

Eine Einführung in einfache Muster: das Singleton

Wir führen Sie in diesem Abschnitt Schritt für Schritt durch das Erstellen eines Entwurfsmusters, damit Sie sehen, was das ist und, was noch wichtiger ist, wie Sie so etwas verwenden können.

Hier die Ausgangslage: Sie entwerfen eine wirklich großartige Software – die ist so großartig, dass nicht nur jeder auf dieser Erde sie kaufen will, sondern auch vorhat, in Ihr Unternehmen zu investieren. Und während Sie die Software entwickeln, entdecken Sie, dass es eine Reihe von Situationen gibt, in denen Sie eine Klasse benötigen, *von der zu einem bestimmten Zeitpunkt immer nur eine Instanz existiert.*

Dieses Problem läuft Ihnen häufig über den Weg. Sie haben vielleicht eine Klasse, die den Computer selbst darstellt. Von dieser Klasse darf es nur eine Instanz geben. Und vielleicht haben Sie auch eine Klasse, die den Planeten Erde darstellt. Und wieder benötigen Sie nur eine Instanz. Möglicherweise möchten Sie aber auch eine Klasse haben, die den großartigen Herrscher der Welt (Sie) abbildet. Und wieder nur eine Instanz. Wenn jemand versuchen sollte, im Code eine zweite Instanz zu erstellen, soll es einen Compilerfehler geben. Wie erreichen Sie dies?

Sie könnten nun einige Stunden damit vergeuden, eine Lösung des Problems zu suchen. Oder Sie schauen sich ein Muster an, das es bereits irgendwo gibt und das wir Ihnen zeigen wollen.

Um zu verstehen, wie ein Muster erstellt wird, müssen Sie als Erstes ein ungewöhnliches Konzept verstehen, das viele C++-Entwickler normalerweise nicht in ihre Überlegungen einbeziehen: Sie können den Konstruktor einer Klasse *privat oder geschützt* anlegen! Warum sollten Sie dies tun? Es hat sich gezeigt, dass Sie dadurch, dass ein Konstruktor privat gemacht wird, verhindern, dass von einer Klasse eine Instanz direkt erstellt werden kann. Wir kennen Ihren Einwand: »Mensch! Das hört sich nicht nach einer brauchbaren Klasse an, wenn man von ihr keine Instanz anlegen kann. Die sind doch verrückt.« Aber Sie können doch von dieser Klasse eine Instanz erstellen. Es gibt da einen Trick: Sie binden eine statische Mitgliedsfunktion ein, die dann für Sie die Instanz erstellt.

Statische Mitgliedsfunktionen sind mit keiner Instanz verbunden. Sie können sie direkt aufrufen, indem Sie den Namen der Klasse, zwei Doppelpunkte und den Namen der Funktion übergeben.

Nun ist die statische Mitgliedsfunktion selbst ein Mitglied der Klasse, was es ihr ermöglicht, den Konstruktor aufzurufen und für Sie eine Instanz zu erstellen.

Ein sehr beliebtes und einfaches Beispiel für ein Entwurfsmuster ist eine *Singleton*-Klasse – eine Klasse, die nur die Instanziierung eines Objekts zulässt. Entwickler verwenden ein Singleton oft, um dafür zu sorgen, dass anwendungsweit nur ein Objekt zur Verfügung steht.

Und so legen Sie eine Singleton-Klasse an: Machen Sie als Erstes den Konstruktor privat. Fügen Sie dann eine öffentliche Mitgliedsfunktion hinzu, die Folgendes erledigt:

1. Sie prüft nach, ob bereits eine Instanz der Klasse existiert, und gibt den Zeiger der Instanz zurück.

2. Wenn noch keine Instanz existiert, erstellt sie eine neue Instanz und gibt deren Zeiger zurück.

Wo speichern Sie denn nun diese einzelne Instanz? Sie speichern ihren Zeiger in einem statischen Mitglied der Klasse. Da dieses statisch ist, wird klassenweit nur eine Mitgliedsvariable und nicht eine Variable je Instanz der Klasse genutzt. Außerdem verhindern Sie dadurch, dass diese Variable privat ist, dass Benutzer sie willkürlich ändern.

Voilà – Sie haben eine Singleton-Klasse! Und so arbeitet sie: Immer wenn Sie die Instanz der Klasse benötigen, probieren Sie erst gar nicht, sie zu erstellen. (Sie würden einen *Kompilierungsfehler* erhalten. Ja, *der Compiler selbst* ließe es nicht zu, dass Sie die Instanz erstellen.) Stattdessen rufen Sie die statische Mitgliedsfunktion auf.

Die folgenden Codezeilen aus dem Beispiel Singleton zeigen, wie Sie solch eine Klasse erstellen:

```
class Planet {
private:
    static Planet *inst;
    Planet() {}

public:
    static Planet *GetInstance();
};

Planet *Planet::inst = 0;

Planet *Planet::GetInstance()
{
    if (inst == 0)
    {
        inst = new Planet();
    }
    return inst;
}
```

Wenn Sie diese Klasse verwenden wollen, müssen Sie keine Instanz direkt erstellen. Stattdessen rufen Sie die Mitgliedsfunktion `GetInstance()` auf.

```
Planet *MyPlanet = Planet::GetInstance();
```

Sie rufen sie immer dann auf, wenn Sie eine Kopie der Instanz benötigen.

Jedes Mal, wenn Sie `GetInstance()` aufrufen, erhalten Sie einen Zeiger auf dieselbe Instanz.

Werfen Sie nun einen Blick auf den Konstruktor: Er ist privat. Wenn Sie also irgendwo außerhalb der Klasse (zum Beispiel in `main()`) so etwas versuchen sollten wie

```
Planet MyPlanet;
```

erhalten Sie einen Compilerfehler. In Code::Blocks erscheint diese Fehlermeldung:

```
error: 'Planet::Planet()' is private
error: within this context
```

Sollten Sie versuchen, einen Zeiger zu erstellen, erhalten Sie denselben Fehler, wenn Sie new aufrufen:

```
Planet *MyPlanet = new Planet();
```

Wenn Sie eine Klasse wie diese haben, möchten Sie vielleicht auch dafür sorgen, dass niemand die einzelne Instanz löschen kann. Und so wie Sie den Konstruktor privat gemacht haben, machen Sie das auch mit dem Destruktor.

Dieses Beispiel zeigt, wie das geht:

```
class Planet
{
private:
    static Planet *inst;
    Planet() {}
    ~Planet() {}

public:
    static Planet *GetInstance();
};
```

Wenn Sie versuchen, eine Instanz, die Sie erhalten, so zu löschen:

```
Planet *MyPlanet = Planet::GetInstance();
delete MyPlanet;
```

erhalten Sie erneut eine Fehlermeldung – dieses Mal für den Destruktor:

```
error: 'Planet::~Planet()' is private
error: within this context
```

Eine Instanz mit einem Beobachter überwachen

Eine der typischen Aufgaben, die im Rahmen der Programmierung zu erledigen sind, sieht so aus, dass eine oder mehrere Instanzen einer Klasse (oder mehrerer Klassen) ein bestimmtes Objekt im Auge behalten und verschiedene Dinge ausführen müssen, wenn sich das Objekt ändert. So könnten Sie zum Beispiel eine Anwendung schreiben, die die Umgebung Ihres Hauses beobachtet, wenn Sie abwesend sind. Ihre Anwendung soll konfiguriert werden können; Sie könnten sie so einrichten, dass der Benutzer verschiedene Aktionen auswählen kann, die im Falle eines Falles passieren sollten. Die Anwendung könnte diese Auswahlmöglichkeiten haben:

✔ Die Anwendung speichert einen Hinweis in einer Datei, den Sie später auswerten können.

✔ Die Anwendung sendet Ihnen eine E-Mail.

✔ Der Computer benachrichtigt die Polizei.

✔ Der Roboterhund erhält das Signal für die höchste Alarmstufe.

... und so weiter. Jede dieser Aktionen kann in einer eigenen Klasse existieren, die alle ihren eigenen Code haben, um mit der Situation umzugehen. Diejenige, die für das Speichern der Notiz zuständig ist, ist einfach: Sie würden eine Datei öffnen, in sie schreiben und die Datei wieder schließen. Zum Beispiel mit der E-Mail gehört dann, dass Sie eine Simple Mail Transfer Protocol (SMTP) Library erhalten, die Sie benutzen, um ein Nachrichtenobjekt zu erstellen und die Nachricht zu versenden. Um die Polizei zu benachrichtigen, muss der Computer mit einem Online-Sicherheitssystem verbunden sein, auf das über das Telefon oder das Internet zugegriffen werden kann, und die Polizei müsste über ein ähnliches System verfügen. Die Klasse hierfür würde ein Signal an die Polizei senden und wie ein Alarmknopf bei einem Banküberfall funktionieren. Und zum Schluss wäre da noch eine ähnlich geartete Vorrichtung, die direkt mit dem Gehirn Ihres kleinen Roboterwachhundes Fido verbunden wäre. Nachdem der einen dementsprechenden Stromstoß erhalten hat, schaltet er auf höchste Alarmstufe um und wehrt den Eindringling ab. Das hört sich doch gut an, oder? Wir nennen Klassen dieser Art Beobachter-Klassen (*Observer Classes*). Dies bedeutet für uns auch, dass jede dieser Klassen von einer Basisklasse mit dem Namen Observer abgeleitet wird.

Nun müssten Sie aber auch eine Klasse haben, deren Objekt das Problem in Ihrem Haus entdeckt. Dieses Objekt müsste mit einem ausgeklügelten Sicherheitssystem verbunden sein, und wenn es hier zu einer Änderung kommt, ruft der Computer eine Methode in diesem Objekt auf. Wir bezeichnen diese Klasse als Subject-Klasse.

Denken Sie einmal darüber nach, was hier geschieht:

1. Wenn es zu einem Sicherheitsproblem kommt, ruft der Computer eine Methode in einer einzigen Instanz von Subject auf.

2. Die Observer-Klassen enthalten Objekte, die die Instanz von Subject beobachten. Dann ruft die Methode in der Klasse Subject Methoden in jedem der Observer-Objekte auf. Diese Methoden führen die entsprechenden Maßnahmen durch – es wird eine Nachricht in die Datei geschrieben, die Polizei benachrichtigt, der Roboterhund aktiviert oder das getan, was Sie sonst noch vorgesehen haben.

Und das ist die Falle: Die Leute, die Ihre Anwendung einsetzen, können (möglicherweise über ein Dialogfeld OPTIONEN) festlegen, welche Observer-Klassen auf welche Ereignisse reagieren sollen. Um das alles noch etwas schwieriger zu gestalten und um dafür zu sorgen, dass unser Entwurf so flexibel wie nur möglich ist, fügen wir diese Anforderung hinzu: Im Verlauf des kommenden Jahres können bei Bedarf neue Observer-Klassen hinzugefügt werden. Eine könnte einen Hubschrauber rufen, der Jagd auf einen flüchtenden Einbrecher macht. Sie wissen aber noch nicht, auf welche Ideen Sie im Laufe des nächsten Jahres kommen werden. Sie wissen nur, dass Sie eventuell Observer-Unterklassen und Instanzen dieser Unterklassen hinzufügen werden. Hier geht es also primär darum, die Klasse Subject so flexibel wie möglich zu gestalten.

Hier die Punkte, um die es geht, wenn Sie so einen Satz an Klassen entwerfen: Als Erstes könnten Sie in der Klasse Subject eine lange Liste mit Instanzen vorhalten, und jedes Mal, wenn ein Ereignis stattfindet, ruft die Ereignisbehandlung in allen Observer-Instanzen eine Routine auf. Dann entscheiden die Observer-Instanzen, ob sie mit den Informationen etwas anfangen können. Dabei gibt es aber das Problem, dass Sie selbst dann eine Methode *in* der Klasse Observer aufrufen müssen (ein Aufruf in die Klasse hinein), wenn die einzelnen Instanzen diese Informationen nicht benötigen. Der Roboterhund schläft vielleicht gerade und möchte nicht durch einen Einbruch gestört werden.

Andererseits könnten Sie aber auch dafür sorgen, dass jede `Observer`-Instanz ständig die `Subject`-Instanz überprüft und nach Ereignissen Ausschau hält. (Dieser Vorgang wird *Pollen* genannt, was *zyklische Umfrage* bedeutet.) Das Problem hier ist, dass dieser Prozess den Computer an seine Grenzen bringen kann: Wenn jede `Observer`-Instanz ständig in die Klasse `Subject` ruft, schaffen Sie Aktivitäten, die möglicherweise stundenlang anhalten und dabei Ihre CPU ganz schön aufheizen. Damit ist so etwas auf keinen Fall eine gute Idee.

Wenn Sie ein Pollen durchführen wollen, ohne die CPU zu überlasten, verwenden Sie das *Beobachter-Muster* (englisch *Observer Pattern*). Bei diesem Muster enthält die `Observer`-Klasse eine Methode mit dem Namen `Respond()` (deutsch *antworten, erwidern*). Inzwischen enthält die Klasse `Subject` eine Liste mit `Observer`-Instanzen. Außerdem enthält die Klasse `Subject` eine Methode, die `Event` genannt wird und die der Computer immer dann aufruft, wenn etwas wie zum Beispiel ein Einbruch geschieht.

Und nun beginnt das Spiel: Ihre Anwendung fügt der `Subject`-Liste mit `Observer`-Objekten neue Instanzen von `Observer` hinzu und entfernt sie dort wieder. Dies geschieht auf der Grundlage der Kriterien, die die Endbenutzer in den Einstellungsmöglichkeiten Ihrer Anwendung ausgewählt haben.

Wie Sie sich vielleicht schon gedacht haben, haben wir es hier mit einem wiederkehrenden Muster zu tun, dass viele Anwendungen verwenden. Und auch wenn das Aktivieren eines Roboterhundes nichts Alltägliches ist, verwenden auch andere Anwendungen den allgemeinen Teil dieses Modells. Wir können zum Beispiel in einigen C++-Editoren dasselbe Dokument in mehreren Fenstern öffnen, wobei nur eine Instanz der Anwendung benötigt wird. Wenn wir den Code in einem Fenster ändern, können wir feststellen, dass diese Änderung auch sofort in den anderen Fenstern stattfindet. Jede Klasse verfügt wohl über ein Fenster, und diese Fenster sind die `Observer`-Klassen. Das `Subject` repräsentiert das darunterliegende Dokument. Oder ein anderes Beispiel: Sie können mehrere Browserfenster öffnen, die alle auf dieselbe Webseite schauen. Und wenn diese Webseite aus dem Internet heruntergeladen wird, erscheint sie gleichzeitig schrittweise in allen Fenstern. Auch hier sind die Fenster wieder mit der `Observer`-Klasse verbunden, und die Webseite ist der Klasse `Subject` zugeordnet.

Kümmern wir uns nun um den passenden Code. Die `Observer`-Klasse enthält eine Mitgliedsfunktion mit dem Namen `Respond()`. In der `Observer`-Klasse selbst ist dies eine vollständig *abstrakte* Funktion – was bedeutet, dass die abgeleiteten Klassen ihre eigenen Versionen der Funktion `Respond()` erstellen müssen. Eine der Aufgaben der abgeleiteten Klassen ist es, auf ihre Weise auf das Ergebnis zu antworten.

Die folgenden Zeilen, die aus unserem Beispiel `AddRemoveItems` entnommen worden sind (das weiter hinten in diesem Kapitel in Listing 11.1 gezeigt wird), führen vor, wie die Klasse `Observer` erstellt wird.

```
class Observer
{
public:
    virtual void Respond() = 0;
};
```

Wie Sie sehen, gibt es hier noch nicht viel zu sehen, weshalb wir abgeleitete Klassen hinzufügen:

```
class Dog : public Observer
{
public:
    void Respond();
};

class Police : public Observer
{
protected:
    string name;

public:
    Police(string myname) { name = myname; }
    void Respond();
};
```

Und hier kommt noch die Respond()-Mitgliedsfunktionen für diese beiden Klassen. Damit die Sache nicht zu kompliziert wird, geben wir im Moment nur etwas an der Konsole aus:

```
void Dog::Respond()
{
    cout << "Wau wau" << endl;
}

void Police::Respond()
{
    cout << name << ":
        'Lassen Sie die Waffe fallen! Sofort!'" << endl;
}
```

Auch hier ist noch nichts wirklich Interessantes dabei. Die Codezeilen stellen einfach nur ein paar Mitgliedsfunktionen dar, die ihren Job erledigen. Erst jetzt, wenn der nächste Schritt im Anrollen ist, wird es aufregend. Hier legen wir die Klasse Subject an:

```
class Subject
{
protected:
    int Count;
    Observer *List[100];

public:
    Subject() { Count = 0; }
    void AddObserver(Observer *Item);
    void RemoveObserver(Observer *Item);
    void Event();
};
```

Die Klasse verfügt in ihrem Mitglied List über eine Liste mit Observer-Instanzen. Das Mitglied Count enthält die Anzahl an Elementen in der Liste. Es gibt für das Hinzufügen und das Löschen von Observer-Instanzen zwei Methoden: AddObserver() beziehungsweise RemoveObserver(). Ein Konstruktor initialisiert die Liste (indem er einfach den Zähler auf 0 setzt). Und es gibt dann noch die berühmte Mitgliedsfunktion Event().

Hier der Code für die beiden Methoden AddObserver() und RemoveObserver(). Diese Funktionen ändern einfach nur die Arrays:

```
void Subject::AddObserver(Observer *Item)
{
    List[Count] = Item;
    Count++;
}


void Subject::RemoveObserver(Observer *Item)
{
    int i;
    bool found = false;
    for (i=0; i < Count; i++)
    {
        if (found)
        {
        }
        else if (List[i] == Item)
        {
            found = true;
            List[i] = List[i+1];
        }
    }
    if (found)
    {
        Count--;
    }
}
```

Die Funktion RemoveObserver() wendet ein paar kleinere Tricks an (klar, ein Muster!), um ein Element zu entfernen. Sie durchsucht die Liste, bis sie das entsprechende Element gefunden hat; danach durchläuft sie die Liste weiter und setzt die Elemente im Array eine Position »tiefer«. Und danach wird dann Count noch um 1 herabgesetzt.

Die Methode Event(), die uns noch fehlt, sieht so aus:

```
void Subject::Event()
{
    int i;
    for (i=0; i < Count; i++)
    {
        List[i]->Respond();
    }
}
```

Dieser Code durchsteigt die Liste und ruft für jedes Element in der Liste Respond() auf. Wenn Sie alle Einzelteile zusammensetzen, erhalten Sie ein main(), das Elemente wie diese hier einrichten kann:

```
Dog Fido;
Police TJHooker("TJ");
Police JoeFriday("Joe");
Subject Alarm;
Alarm.AddObserver(&Fido);
Alarm.AddObserver(&TJHooker);
Alarm.AddObserver(&JoeFriday);
Alarm.RemoveObserver(&TJHooker);
Alarm.Event();
```

Wir erstellen drei Observer-Instanzen (eine »Dog«- und zwei »Cops«-Instanzen), und eine Subject-Instanz mit dem Namen Alarm. Danach fügen wir der Liste alle drei Instanzen hinzu. Aber dann macht TJHooker Feierabend, und wir müssen ihn von der Liste entfernen.

Danach rufen wir Event() auf. (Wenn dies ein echtes System wäre, würden wir Event() an dieser Stelle nicht aufrufen; wir würden dies dann tun, wenn es tatsächlich zu einem Einbruchsereignis kommt.) Wenn wir diesen Code ausführen, erhalten wir von allen *registrierten* Beobachtern eine Antwort:

```
Wau wau
Joe: 'Die Waffe fallen lassen! Sofort!'
```

Beachten Sie, dass TJHooker nicht antwortet, weil er kein Interesse mehr gezeigt hat. Deshalb ist er auch nicht benachrichtigt worden. Allerdings ist er immer noch eine Instanz.

 In diesem Beispiel beobachten die drei Beobachter (Fido, TJ Hooker und Joe Friday) den Alarm und sind bereit, darauf zu reagieren. Sie sind Beobachter *(Observers)*, die bereit sind, zu agieren. Der Alarm ist das Objekt ihrer Beobachtung.

Einen Beobachter automatisch hinzufügen

Wenn Sie eine Anwendung haben, die es den Benutzern erlaubt, verschiedene Beobachter einzurichten, möchten Sie es vielleicht auch zulassen, dass diese Beobachter anhand der Konfiguration erstellt und wieder gelöscht werden können. In diesem Fall ist es möglich, der Liste
von Subject automatisch einen Observer hinzuzufügen, wenn Sie den Observer erstellen,
und den Observer aus der Liste zu entfernen, wenn Sie ihn löschen. Um dies zu tun, rufen
Sie aus dem Konstruktor heraus AddObserver() und aus dem Destruktor heraus Remove-
Observer() auf. Damit das aber auch funktioniert, müssen Sie dem Objekt mitteilen, wer
das Subject ist. Das ist einfach: Übergeben Sie den Namen einfach als Parameter an den
Konstruktor. Dies macht der folgende Code. Beachten Sie, dass wir die Subject-Klasse über
die Klasse Observer verschieben mussten, weil sowohl der Konstruktor als auch der Destruktor von Observer in Subject hineinrufen. Beachten Sie weiterhin, dass wir die Funktionen AddObserver() und RemoveObserver() geschützt haben. Da wir aber wollen, dass
die Klasse Observer diese Funktionen benutzt, setzen wir einen kleinen Trick ein, der *Friend*
genannt wird: Wir haben in der Klasse Subject das Wort friend gefolgt vom Wort Observer untergebracht. Nun können die Mitgliedsfunktionen von Observer die geschützten und
die privaten Mitgliedsfunktionen von Subject aufrufen. Der Code der vollständigen Anwendung AddRemoveItems befindet sich in Listing 11.1.

```cpp
#include <iostream>

using namespace std;

class Observer;

class Subject
{
    friend class Observer;

protected:
    int Count;
    Observer *List[100];
    void AddObserver(Observer *Item);
    void RemoveObserver(Observer *Item);

public:
    Subject() { Count = 0; }
    void Event();
};

class Observer
{
protected:
    Subject *subj;
```

```cpp
public:
    virtual void Respond() = 0;

    Observer(Subject *asubj)
    {
        subj = asubj;
        subj->AddObserver(this);
    }

    virtual ~Observer() { subj->RemoveObserver(this); }
};

class Dog : public Observer
{
public:
    void Respond();
    Dog(Subject *asubj) : Observer(asubj) {}
};

class Police : public Observer
{
protected:
    string name;

public:
    Police(Subject *asubj, string myname) : Observer(asubj) {
        name = myname; }
    void Respond();
};

void Dog::Respond()
{
    cout << "Wau wau" << endl;
}

void Police::Respond()
{
    cout << name << ": 'Die Waffe fallen lassen! Sofort!'" << endl;
}

void Subject::AddObserver(Observer *Item)
{
    List[Count] = Item;
    Count++;
}
```

```cpp
void Subject::RemoveObserver(Observer *Item)
{
    int i;
    bool found = false;
    for (i=0; i < Count; i++)
    {
        if (found)
        {
        }
        else if (List[i] == Item)
        {
            found = true;
            List[i] = List[i+1];
        }
    }

    if (found)
    {
        Count--;
    }
}

void Subject::Event()
{
    int i;
    for (i=0; i < Count; i++)
    {
        List[i]->Respond();
    }
}

int main()
{
    Subject Alarm;

    Police *TJHooker = new Police(&Alarm, "TJ");

    cout << "TJ ist auf Streife" << endl;
    Alarm.Event();
    cout << endl;
    cout << "TJ hat genug für heute" << endl;
    delete TJHooker;
    Alarm.Event();

    return 0;
}
```

Listing 11.1: Elemente im Konstruktor und im Destruktor hinzufügen beziehungsweise entfernen

Mit einem Muster vermitteln

Stellen Sie sich vor, dass Sie ein anspruchsvolles und komplexes Automodell entwerfen. Sie haben vor, die folgenden Teile in Ihr Modell aufzunehmen, von denen jedes über eine eigene Klasse verfügt:

✔ Den Motor (englisch *Engine*)

✔ Die Elektrik (englisch *Electric*; für technisch interessierte Leser sind das die Batterie und die Lichtmaschine)

✔ Das Radio

✔ Die Räder (englisch *Wheels*)

✔ Die Bremsen (englisch *Brake*)

✔ Die Scheinwerfer (englisch *Headlights*)

✔ Die Klimaanlage (englisch *Air Conditioner*)

✔ Die Straße (englisch *Road*)

Nun schauen Sie einmal, ob Sie das alles aufrechterhalten können: Wenn mehr Strom produziert wird, werden die Scheinwerfer heller. Wenn der Motor höher dreht, wird mehr Strom erzeugt. Wenn weniger Strom produziert wird, sinkt die Lautstärke des Radios. Wenn sich die Klimaanlage einschaltet, sinkt die dann noch zur Verfügung stehende Strommenge. Wenn sich die Klimaanlage ausschaltet, steigt die dann zur Verfügung stehende Strommenge an. Wenn sich die Drehzahl des Motors erhöht, beschleunigen die Räder. Wenn sich die Produktion von Strom erhöht, erhöht sich auch die Lautstärke des Radios. Wenn sich die Steigung der Straße erhöht, weil es bergan geht, verringert sich die Geschwindigkeit der Räder. Wenn die Bremse aktiviert wird, verringert sich die Geschwindigkeit der Räder. Wenn die Menge des produzierten Stroms sinkt, werden die Scheinwerfer dunkler. Wenn der Motor langsamer wird, verringert sich die Menge des produzierten Stroms. Wenn der Steigungswinkel der Straße abnimmt, weil es bergab geht, steigt die Geschwindigkeit des Fahrzeugs.

Ihre Aufgabe ist es, diese Verhaltensweisen zu modellieren. Klingt das gut? Wohl kaum. Das ist doch ein einziges Durcheinander. Wie können Sie das modellieren?

Hier das Problem: Sie haben eine Million Objekte (nun gut, es sind acht), die alle auf unterschiedliche Weise miteinander interagieren. Sie könnten versuchen, die Objekte miteinander kommunizieren zu lassen. Um dies im Code zu erreichen, müssten die meisten Klassen Referenzen auf die Objekte der anderen Klassen enthalten. Diese Technik kann in einem ziemlichen Durcheinander enden.

Diese Interaktionen stellt das UML-Diagramm in Abbildung 11.1 dar. (Was Sie alles mit UML machen können, beschreiben wir ausführlich in den Kapiteln 27 bis 31.) Wie Sie sehen, herrscht hier ein ziemliches Chaos. Als Diagramm werden die Interaktionen *ein wenig* klarer als im letzten Absatz mit seinen gewundenen Sätzen, aber es herrsch eben immer noch ein Durcheinander, und der Code wird ziemlich kompliziert werden.

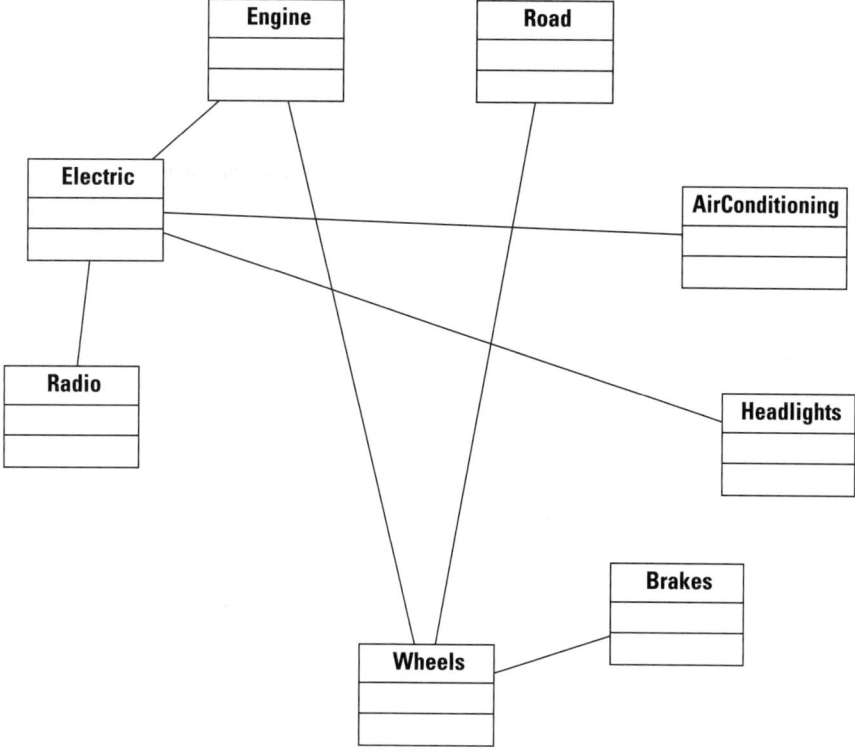

Abbildung 11.1: Manchmal können die Interaktionen von Klassen zu einem ziemlichen Durcheinander führen.

 Wenn Sie es mit solch einem Durcheinander zu tun bekommen, sollten Sie zuerst versuchen, die Dinge nach optischen Gesichtspunkten neu anzuordnen, um herauszufinden, ob es nicht eine Möglichkeit gibt, alles zu vereinfachen. Abbildung 11.2 zeigt eine auf diese Weise bereinigte Version. Aber auch wenn wir uns diese Abbildung anschauen, bleiben wir ein wenig verwirrt.

Nun ist der Zeitpunkt gekommen, an dem wir das Thema dieses Musters vorstellen wollen. Die Idee sieht hier so aus: Wenn Sie vor einem Satz von Klassen stehen, die auf eine komplexe Weise miteinander kommunizieren, ist es oft am einfachsten, eine *Vermittler-* oder *Mediator-Klasse* zu erstellen. Auf diese Weise muss nur die Vermittler-Klasse die Instanzen kennen. Die Instanzen selbst kommunizieren nur mit dem Vermittler.

Wenn es in dem Beispiel einen Hügel gibt, steigt der Winkel der Straße entweder an oder er sinkt ab, wobei dies davon abhängt, auf welcher Seite des Hügels (aufwärts oder abwärts) Sie sich befinden. Die Straße muss von den anderen Teilen des Autos nichts wissen. Sie informiert den Vermittler (Mediator) einfach nur über die Änderung. Der Mediator informiert dann die entsprechenden Autoteile.

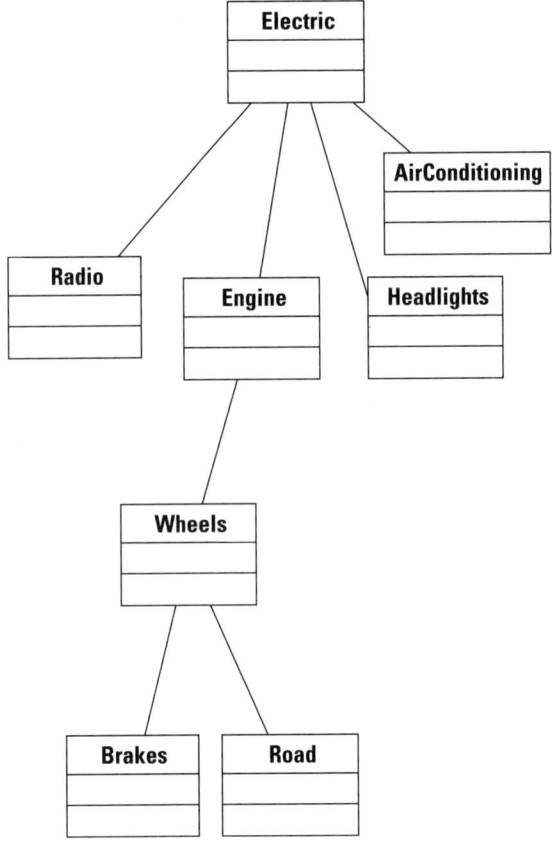

Abbildung 11.2: Sie können versuchen, das UML-Diagramm ein wenig zu bereinigen.

Das erweckt ein bisschen den Eindruck eines Overkills: Warum kann die Straße nicht direkt mit den Autoteilen reden? Ganz einfach, denn wenn Sie später die Anwendung erweitern wollen, könnten Sie vielleicht auch Autoteile hinzufügen. Und statt dann alles einzeln abprüfen und zu den entsprechenden Autoteilen Verbindung herstellen zu müssen, bauen Sie nur eine Verbindung zum Mediator-Objekt auf. Stellen Sie sich vor, dass Sie ein neues Teil hinzufügen, das Automatikgetriebe (englisch *Automatic Transmission*) heißt. Wenn das Auto beginnt, den Hügel emporzufahren, könnte das Automatikgetriebe das erkennen und automatisch in einen niedrigeren Gang wechseln, was wiederum zu einer höheren Drehzahl des Motors führt. Um diese Klasse hinzuzufügen, müssen Sie nur ihr Verhalten definieren und wie sie auf verschiedene Ereignisse antwortet. Dann hängen Sie sie in den Mediator ein. Außerdem modifizieren Sie den Mediator, damit er etwas vom Verhalten des Automatikgetriebes erfährt. Damit müssen Sie die Getriebeklasse nicht mit allen anderen Instanzen verbinden.

Bei Abbildung 11.3 handelt es sich um das überarbeitete UML-Diagramm, dem ein Mediator hinzugefügt worden ist. Jetzt ist alles ein wenig übersichtlicher geworden!

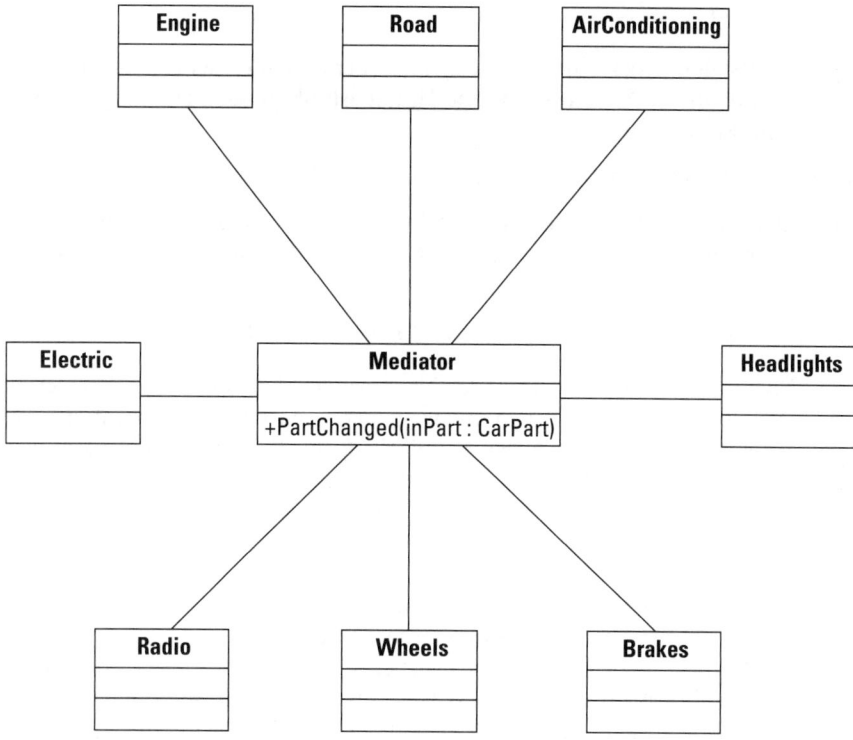

Abbildung 11.3: Ein Mediator macht alles übersichtlicher!

Eine Sache zeigen wir in Abbildung 11.3 nicht (weil wir vermeiden wollen, dass das Bild überfrachtet wird): Wir haben vor, alle Autoteile (einschließlich der Straße) von einer Basisklasse abzuleiten, die CarPart heißt. Diese Klasse hat nur ein einziges Mitglied: einen Zeiger auf die Mediator-Instanz.

Die Klasse Mediator verfügt über eine Mitgliedsfunktion mit dem Namen PartChanged(). Dies ist die Schlüsselfunktion: Jedes Mal, wenn ein Autoteil *(Car Part)* eine Änderung erfährt, ruft es PartChanged() auf. Denken Sie aber daran, dass ein Autoteil eine Änderung nur auf einem von zwei möglichen Wegen erfahren kann: durch eine äußere Kraft, die mit der Klasse nicht in Beziehung steht (zum Beispiel durch den Fahrer, der auf das Gaspedal tritt oder das Lenkrad dreht) oder durch die Mediator-Instanz. Wenn die Änderung durch die Mediator-Instanz bewirkt wird, ist sie von einem der anderen Objekte ausgelöst worden.

Schauen Sie sich als Beispiel die folgenden Schritte an:

1. Der Fahrer tritt auf das Gaspedal, indem er eine Methode in der Instanz Engine aufruft.

2. Die Engine-Instanz ändert ihre Geschwindigkeit und teilt dem Mediator die Änderung mit.

3. Die Mediator-Instanz weiß, welche Objekte über diese Änderung informiert werden müssen. In diesem Fall werden die Räder darüber informiert, dass sie sich schneller drehen müssen, und die Elektrik, dass mehr Strom produziert wird.

Hier ein anderer Ablauf, der denkbar ist:

1. Die Straße führt über einen Hügel. Um das Auto über diesen Hügel zu informieren, ruft die zentrale Routine in der Road-Instanz eine Mitgliedsfunktion auf. Der Hügel weist ein Gefälle von zehn Prozent auf.

2. Die Road-Instanz benachrichtigt Mediator über die Änderung.

3. Die Mediator-Instanz verarbeitet die Änderung, indem sie herausfindet, um wie viel abgebremst werden muss; danach benachrichtigt sie die Räder, die daraufhin langsamer werden.

Sie sehen, dass sich der größte Teil der »Intelligenz« in der Klasse Mediator befindet.

 Vielleicht ist Ihnen etwas aufgefallen, das ein Widerspruch zu dem sein könnte, was wir Ihnen erzählt haben und wovon andere OOP (objektorientierte Programmierer) berichten. Wir haben Sie hier aufgefordert, die Intelligenz in der Klasse Mediator unterzubringen. Woanders hören Sie vielleicht, dass Objekte in der Lage sein müssen, ihre eigene Arbeit zu erledigen. Das ist aber kein echter Widerspruch. In Wirklichkeit kümmert sich die Klasse Mediator um alles, was mit einer *Zusammenarbeit* der Objekte zu tun hat. Nachdem die Mediator-Instanz zum Beispiel herausgefunden hat, dass sich die Räder schneller drehen müssen, benachrichtigt sie die Räder und fordert sie auf, sich schneller zu drehen. Das ist der Moment, an dem die Räder übernehmen und ihre Aufgabe erledigen. An diesem Punkt wissen sie ohne Hilfe von außen (über Klassen und Objekte), wie sie sich schneller drehen können. Also im Grunde doch kein Widerspruch.

Werfen Sie einen Blick auf das Beispiel CarParts, das Listing 11.2 zeigt. Dies ist eine Headerdatei, die die Klassendeklarationen für die Autoteile *(Car Part)* enthält.

```
#ifndef CARPARTS_H_INCLUDED
#define CARPARTS_H_INCLUDED

#include "mediator.h"
class CarControls; // Vorwärtsreferenz

class CarPart
{
protected:
    Mediator *mediator;
    CarPart(Mediator *med) : mediator(med) {}
    void Changed();
};
```

```
class Engine : public CarPart
{
protected:
    friend class Mediator; friend class CarControls;
    int RPM;
    int Revamount;

public:
    Engine(Mediator *med) : CarPart(med),
        RPM(0), Revamount(0) {}
    void Start();
    void PushGasPedal(int amount);
    void ReleaseGasPedal(int amount);
    void Stop();
};

class Electric : public CarPart
{
protected:
    friend class Mediator; friend class CarControls;
    int Output;
    int ChangedBy;

public:
    Electric(Mediator *med) : CarPart(med),
        Output(0), ChangedBy(0) {}
    void ChangeOutputBy(int amount);
};

class Radio : public CarPart
{
protected:
    friend class Mediator; friend class CarControls;
    int Volume;

public:
    Radio(Mediator *med) : CarPart(med),
        Volume(0) {}
    void AdjustVolume(int amount) { Volume += amount; }
    void SetVolume(int amount) { Volume = amount; }
    int GetVolume() { return Volume; }
};
```

```cpp
class Wheels : public CarPart
{
protected:
    friend class Mediator; friend class CarControls;
    int Speed;

public:
    Wheels(Mediator *med) : CarPart(med),
        Speed(0) {}
    int GetSpeed() { return Speed; }
    void Accelerate(int amount);
    void Decelerate(int amount);
};

class Brakes : public CarPart
{
protected:
    friend class Mediator; friend class CarControls;
    int Pressure;

public:
    Brakes(Mediator *med) : CarPart(med),
        Pressure(0) {}
    void Apply(int amount);
};

class Headlights : public CarPart
{
protected:
    friend class Mediator; friend class CarControls;
    int Brightness;

public:
    Headlights(Mediator *med) : CarPart(med),
        Brightness(0) {}
    void TurnOn() { Brightness = 100; }
    void TurnOff() { Brightness = 0; }
    void Adjust(int Amount);
    int GetBrightness() { return Brightness; }
};
```

```
class AirConditioner : public CarPart
{
protected:
    friend class Mediator; friend class CarControls;
    int Level;
    int ChangedBy;

public:
    AirConditioner(Mediator *med) : CarPart(med),
        Level(0), ChangedBy(0) {}
    void TurnOn();
    void TurnOff();
    bool GetLevel() { return Level; }
    void SetLevel(int level);
};

class Road : public CarPart
{
protected:
    friend class Mediator; friend class CarControls;
    int ClimbAngle;
    int BumpHeight;
    int BumpWhichTire;

public:
    Road(Mediator *med) : CarPart(med) {}
    void ClimbDescend(int angle);
    void Bump(int height, int which);
};

#endif
```

Listing 11.2: Die Datei carparts.h

Eine Fassade (ein Muster) errichten

Für uns war die Bedienung des Autos im Beispiel CarParts mehr als umständlich, da wir unser Augenmerk gleichzeitig auf jedes einzelne Teil wie den Motor und die Räder richten mussten. Stellen Sie sich vor, wie Ihr Leben aussähe, wenn Sie sich beim Fahren eines Autos um jedes noch so kleine Teil kümmern müssten. Wir haben deshalb eine Klasse CarControls erstellt, über die Sie mit dem System Ihres Autos in eine Interaktion treten können. Die Klasse CarControls ist selbst ein Muster, das *Fassade* genannt wird. (Eine Fassade ist die Front von etwas.) Auch dieses Muster ist eine Front: Es ist die Schnittstelle zu einem System, die Ihnen eine Interaktion ermöglicht. Auf diese Weise müssen Sie sich nicht um die einzelnen Klassen kümmern. Wenn Sie eine Klasse hinzufügen, die Benutzern eine Interaktion ermöglicht, verwenden Sie als Muster eine Fassade.

Die Klassen wissen so gut wie nichts voneinander, was auch gut so ist. Allerdings kennen alle den Mediator, was ebenfalls gut ist. Wir haben in diesem Beispiel eine wichtige kleine Funktion der C++-Version des American National Standards Institute (ANSI) verwendet. Beachten Sie die Konstruktorzeile in der Definition der Klasse `Engine`:

```
Engine(Mediator *med) : CarPart(med),
    RPM(0), Revamount(0) {}
```

Sie sehen im Anschluss an die Definition des Konstruktors einen Doppelpunkt und den Namen der Basisklasse, `CarPart`. Dies ruft den Konstruktor der Basisklasse auf. Dann folgen ein Komma, der Name einer Mitgliedsvariablen (`RPM`) und ein Wert in Klammern, die zusammen als Initialisierung dienen. Wenn Sie eine Instanz von `Engine` erstellen, wird die Variable `RPM` auf den Wert `0` gesetzt. Auch die Variable `Revamount` wird auf `0` gesetzt. Wenn Sie den Konstruktor zusammen mit einer Initialisierungsanweisung verwenden, verhält sich der Konstruktor wie dieser Code:

```
Engine(Mediator *med)
{
    RPM = 0;
    Revamount = 0;
}
```

Die nächste Datei, um die wir uns in diesem Beispiel kümmern, ist die Headerdatei für den Mediator, die zusammen mit einer besonderen Klasse, die `CarControls` heißt, Listing 11.3 bildet. `CarControls` bildet eine zentrale Plattform, über die Sie das Auto kontrollieren können. Vielleicht ist Ihnen aufgefallen, dass wir der Klasse `CarControls` in der Datei `carparts.h` einen Zugriff als *Friend* auf die Autoteile geben. Außerdem haben wir in diese Datei mehrere Vorwärtsdeklarationen eingebunden. Außerdem enthält diese Datei eine Klasse, die von `Mediator` abgeleitet ist und die für eine allgemeine Schnittstelle auf das ganze System sorgt.

```
#ifndef MEDIATOR_H_INCLUDED
#define MEDIATOR_H_INCLUDED

// Alle benötigten Vorwärtsreferenzen deklarieren.
class CarPart;
class Engine;
class Electric;
class Radio;
class SteeringWheel;
class Wheels;
class Brakes;
class Headlights;
class AirConditioner;
class Road;
```

```
class Mediator
{
public:
    Engine *MyEngine;
    Electric *MyElectric;
    Radio *MyRadio;
    SteeringWheel *MySteeringWheel;
    Wheels *MyWheels;
    Brakes *MyBrakes;
    Headlights *MyHeadlights;
    AirConditioner *MyAirConditioner;
    Road *MyRoad;
    Mediator();
    void PartChanged(CarPart *part);
};

class CarControls : public Mediator {
public:
    void StartCar();
    void StopCar();
    void PushGasPedal(int amount);
    void ReleaseGasPedal(int amount);
    void PressBrake(int amount);
    void Turn(int amount);
    void TurnOnRadio();
    void TurnOffRadio();
    void AdjustRadioVolume(int amount);
    void TurnOnHeadlights();
    void TurnOffHeadlights();
    void ClimbHill(int angle);
    void DescendHill(int angle);
    void TurnOnAC();
    void TurnOffAC();
    void AdjustAC(int amount);
    int GetSpeed();
    CarControls() : Mediator() {}
};

#endif
```

Listing 11.3: Die Datei `mediator.h` *verwenden*

Als Nächstes kommt der Code für die Mitgliedsfunktionen für alle Autoteile, den Listing 11.4 zeigt. Beachten Sie bei den Funktionen, dass wir die Funktionen in keiner anderen Teiledatei aufrufen. Allerdings rufen wir eine allgemeine Methode mit dem Namen Changed auf, die sich in der Basisklasse CarParts von *Car Parts* befindet. Dies ruft in den Mediator, damit dieser weiß, dass eine Änderung stattgefunden hat.

```cpp
#include <iostream>
#include "carparts.h"

using namespace std;

void CarPart::Changed()
{
    mediator->PartChanged(this);
}

void Engine::Start()
{
    RPM = 1000;
    Changed();
}

void Engine::PushGasPedal(int amount)
{
    Revamount = amount;
    RPM += Revamount;
    Changed();
}

void Engine::ReleaseGasPedal(int amount)
{
    Revamount = amount;
    RPM -= Revamount;
    Changed();
}

void Engine::Stop()
{
    RPM = 0;
    Revamount = 0;
    Changed();
}

void Electric::ChangeOutputBy(int amount)
{
    Output += amount;
    ChangedBy = amount;
    Changed();
}

void Wheels::Accelerate(int amount)
{
    Speed += amount;
    Changed();
}
```

```
void Wheels::Decelerate(int amount)
{
    Speed -= amount;
    Changed();
}

void Brakes::Apply(int amount)
{
    Pressure = amount;
    Changed();
}

void Headlights::Adjust(int Amount)
{
    Brightness += Amount;
}

void AirConditioner::TurnOn()
{
    ChangedBy = 100 - Level;
    Level = 100;
    Changed();
}

void AirConditioner::TurnOff()
{
    ChangedBy = 0 - Level;
    Level = 0;
    Changed();
}

void AirConditioner::SetLevel(int newlevel)
{
    Level = newlevel;
    ChangedBy = newlevel - Level;
    Changed();
}

void Road::ClimbDescend(int angle)
{
    ClimbAngle = angle;
    Changed();
}
```

```
void Road::Bump(int height, int which)
{
    BumpHeight = height;
    BumpWhichTire = which;
    Changed();
}
```

Listing 11.4: Die Datei carparts.cpp

Und zum Schluss können Sie noch Listing 11.5 den Quellcode des Mediators und den Quellcode für die Klasse CarControls entnehmen.

```
#include <iostream>
#include "mediator.h"
#include "carparts.h"

using namespace std;

Mediator::Mediator()
{
    MyEngine = new Engine(this);
    MyElectric = new Electric(this);
    MyRadio = new Radio(this);
    MyWheels = new Wheels(this);
    MyBrakes = new Brakes(this);
    MyHeadlights = new Headlights(this);
    MyAirConditioner = new AirConditioner(this);
    MyRoad = new Road(this);
}

void Mediator::PartChanged(CarPart *part)
{
    if (part == MyEngine)
    {
        if (MyEngine->RPM == 0)
        {
            MyWheels->Speed = 0;
            return;
        }

        if (MyEngine->Revamount == 0)
        {
            return;
        }

        // Wenn die Maschine die Stromproduktion
        // steigert
        MyElectric->ChangeOutputBy
            (MyEngine->Revamount / 10);
```

```
        if (MyEngine->Revamount > 0)
        {
            MyWheels->Accelerate(
                MyEngine->Revamount / 50);
        }
    }

    else if (part == MyElectric)
    {
        // Die Lampen dimmen oder heller werden lassen
        if (MyHeadlights->Brightness > 0)
          MyHeadlights->Adjust(MyElectric->
              ChangedBy / 20);

        if (MyRadio->Volume > 0)
          MyRadio->AdjustVolume(MyElectric->
              ChangedBy / 30);
    }

    else if (part == MyBrakes)
    {
        MyWheels->Decelerate(MyBrakes->Pressure / 5);
    }

    else if (part == MyAirConditioner)
    {
        MyElectric->ChangeOutputBy(
            0 - MyAirConditioner->ChangedBy * 2);
    }

    else if (part == MyRoad)
    {
        if (MyRoad->ClimbAngle > 0)
        {
            MyWheels->Decelerate(MyRoad->ClimbAngle * 2);
            MyRoad->ClimbAngle = 0;
        }

        else if (MyRoad->ClimbAngle < 0)
        {
            MyWheels->Accelerate(MyRoad->ClimbAngle * -4);
            MyRoad->ClimbAngle = 0;
        }
    }
}
```

```
void CarControls::StartCar()
{
    MyEngine->Start();
}

void CarControls::StopCar()
{
    MyEngine->Stop();
}

void CarControls::PushGasPedal(int amount)
{
    MyEngine->PushGasPedal(amount);
}

void CarControls::ReleaseGasPedal(int amount)
{
    MyEngine->ReleaseGasPedal(amount);
}

void CarControls::PressBrake(int amount)
{
    MyBrakes->Apply(amount);
}

void CarControls::TurnOnRadio()
{
    MyRadio->SetVolume(100);
}

void CarControls::TurnOffRadio()
{
    MyRadio->SetVolume(0);
}

void CarControls::AdjustRadioVolume(int amount)
{
    MyRadio->AdjustVolume(amount);
}

void CarControls::TurnOnHeadlights()
{
    MyHeadlights->TurnOn();
}
```

```cpp
void CarControls::TurnOffHeadlights()
{
    MyHeadlights->TurnOff();
}

void CarControls::ClimbHill(int angle)
{
    MyRoad->ClimbDescend(angle);
}

void CarControls::DescendHill(int angle)
{
    MyRoad->ClimbDescend( 0 - angle );
}

int CarControls::GetSpeed()
{
    return MyWheels->Speed;
}

void CarControls::TurnOnAC()
{
    MyAirConditioner->TurnOn();
}

void CarControls::TurnOffAC()
{
    MyAirConditioner->TurnOff();
}

void CarControls::AdjustAC(int amount)
{
    MyAirConditioner->SetLevel(amount);
}

int main()
{
    // Ein neues Auto anlegen
    Mediator *MyCar = new Mediator();

    // Den Motor anlassen.
    MyCar->MyEngine->Start();
    cout << "Motor läuft!" << endl;

    // Beschleunigen.
    MyCar->MyWheels->Accelerate(20);
    cout << "Das Auto fährt: " << MyCar->MyWheels->GetSpeed() << endl;
```

```
// Bremsen betätigen.
MyCar->MyBrakes->Apply(20);
cout << "Bremsen." << endl;
cout << "Das Auto fährt: " << MyCar->MyWheels->GetSpeed() << endl;

// Das Auto anhalten.
MyCar->MyBrakes->Apply(80);
cout << "Bremsen." << endl;
cout << "Das Auto fährt: " << MyCar->MyWheels->GetSpeed() << endl;

// Den Motor ausschalten.
MyCar->MyEngine->Stop();
cout << "Motor aus." << endl;

return 0;
}
```

Listing 11.5: Die Datei `carparts.cpp` *verwenden*

Die magischen Wörter: hohe Kohäsion, niedrige Koppelung

In der Welt der Softwareentwicklung gibt es die beiden Schlagwörter *Kohäsion* und *Koppelung*.

Kohäsion bezieht sich auf den Prozess des Gruppierens von ähnlich gearteten Funktionen. Wenn Sie gute Klassen erstellen, sollte dies kein Problem sein. Funktionen, die sich mit Rädern (englisch *Wheels*) beschäftigen, gehören in die Klasse Wheels – und zum Beispiel nicht in die Klasse Engine.

Koppelung ist etwas komplexer. Es verweist auf einen Prozess, bei dem Klassen so aneinandergebunden werden, dass sie nicht mehr eigenständig funktionieren. Letztendlich sind sie zusammengekoppelt. Bei einer guten objektorientierten Programmierung ist es alles andere als gut, viele Koppelungen zu haben. Sie sollten darauf achten, dass Ihre Klassen so unabhängig wie möglich sind; es sollte nur *wenige Koppelungen* geben. Das *Mediator*-Muster hilft ein gutes Stück weiter auf dem Weg zu einer niedrigen Anzahl an Koppelungen. Wenn wir im Beispiel CarParts der Klasse Electric anstelle von Zeigern eine Instanz von Engine und eine von Radio und so weiter zugewiesen hätten, wären alle Klassen gezwungen gewesen, abhängig voneinander zu arbeiten. Wir hätten sie gekoppelt. Aber da wir eine Instanz von Mediator verwenden, arbeitet jede Klasse nur mit dem Mediator zusammen. Wir haben nur wenige Koppelungen. Sie sollten bei Ihrem Design immer auf einen hohen Grad an Kohäsion und einen niedrigen Grad an Koppelungen achten!

Teil III

Fortgeschrittene Programmierung

Inhalt auf einen Blick ...

Mit Arrays, Zeigern und Referenzen arbeiten

12

In diesem Kapitel

▶ Arbeiten Sie mit Arrays und mehrdimensionalen Arrays

▶ Verstehen Sie den Zusammenhang zwischen Arrays und Zeigern

▶ Arbeiten Sie mit Zeigern in allen Variationen

▶ Setzen Sie Referenzvariablen ein

Die Programmiersprache C – der Vorgänger von C++ – besaß nur eine Handvoll Schlüsselwörter. Aufgaben wie die Ausgabe von Text an der Konsole wurden nicht durch eingebaute Schlüsselwörter erledigt, sondern durch Funktionen, die in Bibliotheken mitgeliefert wurden.

Auch C++ besitzt immer noch nur relativ wenige Schlüsselwörter. Was macht es dann aber so großartig?

✔ Die Sprache selbst ist klein, aber ihre Bibliotheken sind riesig.

✔ Die Sprache ist klein, aber sehr ausgeklügelt. Dadurch lassen sich damit Millionen Dinge umsetzen.

In diesem Kapitel erhalten Sie einen Rundumschlag zu Themen, die die Grundlage von C++ bilden: Arrays, Zeiger und Referenzen. In C++ tauchen sie immer wieder auf.

Wir gehen davon aus, dass Sie ein grundlegendes Verständnis von C++ haben – also die Materialien aus Teil I sowie aus Kapitel 10 verstanden haben. Sie kennen die Grundlagen von Zeigern und Arrays (und vielleicht ein kleines bisschen von Referenzen) und wollen jetzt den vollen Durchblick erlangen.

Arrays verstehen

Wenn Sie mit Arrays arbeiten, scheint es so zu sein, als ob Sie unglaublich viel mit ihnen anstellen können. Dieser Abschnitt liefert Ihnen alle Details zu Arrays. Je mehr Sie über sie wissen, desto geringer ist die Chance, dass Sie sie falsch einsetzen und damit Fehler produzieren.

Nutzen Sie Arrays so gut wie möglich – wenn es notwendig ist, und nicht, nur weil es sie gibt. Vermeiden Sie es, Arrays möglichst kompliziert einzusetzen.

Arrays definieren

Normalerweise definieren Sie ein Array einfach durch Angabe des Typnamens, gefolgt von einem Variablennamen und der Angabe der Größe in eckigen Klammern, zum Beispiel:

```
int Numbers[10];
```

 Dieser Code definiert ein Array mit zehn Integerwerten. Das erste Element erhält den Index 0, das letzte den Index 9. Denken Sie immer daran, dass Arrays in C++ bei 0 beginnen und der größte Index um eins kleiner ist als die Größe. (Der *Index* bezieht sich auf die Position im Array, die *Größe* auf die Anzahl der Elemente im Array.)

Eine von Programmierschülern häufig gestellte Frage ist: »Kann ich einfach ein Array deklarieren, ohne die Größe anzugeben?« Die Zeile würde dann so aussehen:

```
int Numbers[]
```

In bestimmten Situationen können Sie ein Array deklarieren, ohne eine Zahl zwischen die eckigen Klammern zu schreiben. So lässt sich zum Beispiel ein Array initialisieren, ohne die Anzahl der Elemente anzugeben:

```
int MyNumbers[] = {1,2,3,4,5,6,7,8,9,10};
```

Der Compiler ist so schlau, selbst zu zählen, wie viele Elemente Sie zwischen die geschweiften Klammern geschrieben haben, und das Array entsprechend groß zu gestalten.

Wenn Sie die Größe aber angeben, verringern Sie die Wahrscheinlichkeit für Fehler. Zudem bietet es den Vorteil, dass der Compiler in der folgenden Definition eine Fehlermeldung liefert, falls die angegebene Größe zu klein für die Anzahl der Elemente ist:

```
int MyNumbers[5] = {1,2,3,4,5,6,7,8,9,10};
```

führt daher zum Compilerfehler:

```
error: too many initializers for 'int [5]'
```

Wenn aber die Zahl in der eckigen Klammer größer als die Anzahl der Elemente ist – wie im folgenden Code –, erhalten Sie keine Fehlermeldung. Seien Sie also vorsichtig!

```
int MyNumbers[15] = {1,2,3,4,5,6,7,8,9,10};
```

Sie können die Angabe der Arraygröße auch weglassen, wenn Sie ein Array an eine Funktion übergeben, zum Beispiel wie folgt:

```
int AddUp(int Numbers[], int Count) {
    int loop;
    int sum = 0;
    for (loop = 0; loop < Count; loop++) {
        sum += Numbers[loop];
    }
    return sum;
}
```

Diese Technik ist besonders mächtig, weil die Funktion AddUp dadurch mit einer beliebigen Arraygröße genutzt werden kann. Die Funktion kann also zum Beispiel folgendermaßen aufgerufen werden:

```
cout << AddUp(MyNumbers, 10) << endl;
```

So etwas ist es allerdings ziemlich nervig, weil Sie bei jedem Funktionsaufruf die Größe angeben müssen. Es gibt aber eine Lösung für dieses Problem. Schauen Sie sich folgende Codezeile an:

```
cout << AddUp(MyNumbers, sizeof(MyNumbers) / 4) << endl;
```

Bei einem Array ermittelt der Operator sizeof, wie viele Bytes es nutzt. Aber mit der Größe des Arrays ist im Allgemeinen die Anzahl der Elemente gemeint, nicht die Anzahl der Bytes. Daher dividieren Sie das Ergebnis von sizeof durch 4 (die Größe jedes Elements).

Hier haben Sie nun aber eine magische Zahl eingesetzt – die 4. (Unter einer *magischen Zahl* verstehen wir eine scheinbar beliebige Zahl, die sich irgendwo in Ihrem Code herumtreibt.) Darüber hinaus ist nicht gesichert, dass eine int-Variable in jeder Umgebung auch vier Bytes belegt. Besser ist es darum, wie folgt vorzugehen:

```
cout << AddUp(MyNumbers, sizeof(MyNumbers) / sizeof(int)) << endl;
```

Jetzt funktioniert diese Codezeile, denn das sizeof des Arrays geteilt durch das sizeof seiner Elemente liefert die Anzahl seiner Elemente zurück.

Arrays und Zeiger

Der Name des Arrays ist ein Zeiger auf das Array selbst. Das *Array* ist eine Folge von Variablen, die im Speicher abgelegt sind. Der *Arrayname* zeigt auf die erste dieser Variablen.

Das führt uns zu einer interessanten Frage über Zeiger: Können wir eine Funktion wie folgt definieren und einfach sizeof nutzen, um herauszufinden, wie viele Elemente sich im Array befinden? Wenn das der Fall ist, müsste der Aufrufer nicht mehr die Anzahl der Elemente mit angeben.

```
int AddUp(int Numbers[]) {
```

Schauen Sie sich diese Funktion aus dem Beispiel `Array01` und ein `main()` an, das sie auf-ruft:

```
void ProcessArray(int Numbers[]) {
    cout << "Innerhalb Funktion: Größe in Bytes ist "
        << sizeof(Numbers) << endl;
}
int main(int argc, char *argc[])
{
    int MyNumbers[] = {1,2,3,4,5,6,7,8,9,10};
    cout << "Außerhalb Funktion: Größe in Bytes ist ";
    cout << sizeof(MyNumbers) << endl;
    ProcessArray(MyNumbers);
    return 0;
}
```

Wenn Sie diese Anwendung ausführen, erhalten Sie als Ergebnis:

```
Außerhalb Funktion: Größe in Bytes ist 40
Innerhalb Funktion: Größe in Bytes ist 4
```

Außerhalb der Funktion weiß der Code, dass die Größe des Arrays 40 Bytes beträgt. Aber warum denkt er, dass die Größe 4 ist, wenn er sich innerhalb der Funktion befindet? Das liegt daran, dass es zwar so aussieht, als ob Sie ein Array übergeben, während in Wirklichkeit nur ein *Zeiger* auf ein Array übergeben wird. Die Größe des Zeigers ist einfach 4, daher erhalten Sie mit cout dieses Ergebnis.

 Das Deklarieren und Definieren von Arrays beinhaltet eine kleine Eigenheit. Definieren Sie ein Array, indem Sie die Anzahl der Elemente mitgeben, zum Beispiel mit

```
int MyNumbers[5];
```

weiß der Compiler, dass Sie ein Array haben, und der Operator `sizeof` liefert die Größe des gesamten Arrays. Der Arrayname ist dann *gleichzeitig* ein Zeiger und ein Array! Aber deklarieren Sie eine Funktion ohne Arraygröße, zum Beispiel mit

```
void ProcessArray(int Numbers[]) {
```

behandelt der Compiler dies nur als *Zeiger*. Diese letzte Zeile entspricht tatsächlich der folgenden:

```
void ProcessArray(int *Numbers) {
```

Da Arrayvariablen immer auch als Zeigervariablen aufgefasst werden können, sind die folgenden beiden Codezeilen *äquivalent*:

```
Numbers[3] = 10;
*(Numbers + 3) = 10;
```

Diese Äquivalenz führt dazu, dass der Compiler verwirrt sein könnte, wenn Sie eine extern-Deklaration eines Arrays nutzen, wie zum Beispiel:

```
extern int MyNumbers[];
```

Wenn Sie dann die Größe dieses Arrays ermitteln wollen, weiß der Compiler nicht unbedingt, wie er das herausfinden soll. Hier ein Beispiel: Sie haben zwei Dateien numbers.cpp und main.cpp. In numbers.cpp wird ein Array definiert, das in main.cpp extern deklariert wird (wie im Beispiel Array02). Sie erhalten dann einen Compilerfehler, wenn Sie sizeof aufrufen:

```
#include <iostream>

using namespace std;

extern int MyNumbers[];
int main(int argc, char *argv[])
{
    cout << sizeof(MyNumbers) << endl;
    return 0;
}
```

In Code::Blocks liefert uns der GCC-Compiler folgende Meldung:

```
error: invalid application of 'sizeof' to incomplete type 'int []'
```

Die Lösung ist, die Größe des Arrays in die eckigen Klammern zu schreiben. Achten Sie nur darauf, dass die Größe der aus der anderen Quellcodedatei entspricht! Sie können den Compiler austricksen, indem Sie eine beliebige Zahl wählen – *Sie erhalten dann keine Fehlermeldung*. Aber das ist ein schlechter Programmierstil, der quasi um Fehler bettelt.

 Auch wenn ein *Array* eine einfache Folge von Variablen ist, die im Speicher aufeinanderfolgen, ist der *Name* des Arrays wirklich nur ein Zeiger auf das erste Element des Arrays. Sie können ihn als Zeiger einsetzen. Aber tun Sie das nur, wenn Sie wirklich mit einem Zeiger arbeiten müssen. Schließlich gibt es keinen Grund, extra kryptischen Code zu schreiben, wie zum Beispiel: *(Numbers + 3) = 10;.

Das Gegenteil ist ebenfalls wahr. Schauen Sie sich diese Funktion an:

```
void ProcessArray(int *Numbers) {
    cout << Numbers[1] << endl;
}
```

Diese Funktion erwartet einen Zeiger als Parameter, aber wir greifen auf ihn als Array zu. Auch hier empfehlen wir zwar, solchen Code nicht zu schreiben – aber Sie sollten schon verstehen, *warum er funktioniert*. So erhalten Sie ein besseres Verständnis von Arrays und ihr Leben im Computer. Dieses Wissen kann wiederum dabei helfen, Code zu schreiben, der sauber läuft.

Obwohl wir Ihnen in diesem Kapitel die ganze Zeit erzählen, dass der Arrayname einfach ein Zeiger ist, ist der Name eines Arrays mit Integerwerten nicht ganz das Gleiche wie ein Zeiger auf einen Integerwert. Schauen Sie sich diese Codezeilen (aus dem Beispiel Array03) an:

```
int LotsONumbers[50];
int x;
LotsONumbers = &x;
```

Wir versuchen, den *Zeiger* LotsONumbers auf etwas anderes zeigen zu lassen – etwas, das als Integer deklariert wurde. Der Compiler erlaubt uns das nicht, und Sie erhalten eine Fehlermeldung. Das würde nicht der Fall sein, wenn LotsO-Numbers als int *LotsONumbers definiert worden wäre – dann würde dieser Code laufen. Aber so erhalten Sie einen Fehler. Der GCC-Compiler von Code::Blocks meldet zum Beispiel:

```
error: incompatible types in assignment of 'int*' to 'int [50]'
```

Dieser Fehler zeigt, dass der Compiler durchaus einen Unterschied zwischen den beiden Typen int * und int[] sieht. Trotzdem ist der Arrayname tatsächlich ein Zeiger, und Sie können ihn auch als einen solchen einsetzen – Sie können nur nicht alles mit ihm veranstalten, was sich mit einem normalen Zeiger machen lässt, zum Beispiel ein erneutes Zuweisen.

Beim Einsatz von Arrays schlagen wir vor, die folgenden Tipps zu beherzigen:

✔ Halten Sie Ihren Code konsistent. Wenn Sie zum Beispiel einen Zeiger auf einen Integerwert definieren, behandeln Sie ihn nicht als Array.

✔ Halten Sie Ihren Code klar und verständlich. Wenn Sie Zeiger übergeben, ist es in Ordnung, die Adresse des ersten Elements zu nutzen, zum Beispiel &(MyNumbers[0]), wenn das den Code klarer macht – auch wenn es nichts anderes als der Zugriff auf MyNumbers ist.

✔ Wenn Sie ein Array deklarieren, versuchen Sie immer, eine Zahl zwischen die eckigen Klammern zu schreiben, sofern Sie nicht eine Funktion erstellen, die ein Array übernimmt.

✔ Wenn Sie das Schlüsselwort extern verwenden, um ein Array zu deklarieren, setzen Sie auch hier die Größe des Arrays zwischen die eckigen Klammern. Aber bleiben Sie konsistent! Nutzen Sie nicht das eine Mal die eine Größe und das andere Mal eine andere. Am einfachsten ist hier der Einsatz einer Konstanten, wie zum Beispiel const int ArraySize = 10; in einer gemeinsamen Headerdatei, die Sie dann in Ihrer Deklaration des Arrays verwenden: int MyArray[ArraySize];.

Mehrdimensionale Arrays einsetzen

Arrays müssen nicht eindimensional sein. Sie können ein mehrdimensionales Array nutzen, wie im Beispiel `Array04` in Listing 12.1 gezeigt wird.

```
#include <iostream>
#include <cstdlib>

using namespace std;

int MemorizeThis[10][20];

int main(int argc, char *argv[])
{
    int x,y;
    for (x = 0; x < 10; x++) {
        for (y = 0; y < 20; y++ ) {
            MemorizeThis[x][y] = x * y;
        }
    }
    cout << MemorizeThis[9][13] << endl;
    cout << sizeof(MemorizeThis) / sizeof(int)
        << endl;
    return 0;
}
```

Listing 12.1: Ein mehrdimensionales Array nutzen

Wenn Sie dieses Programm ausführen, wird `MemorizeThis` mit den Multiplikationstabellen gefüllt. Dies ist die Ausgabe der Anwendung – der Inhalt von `MemorizeThis[9][13]` und die Größe des gesamten zweidimensionalen Arrays:

```
117
200
```

Und tatsächlich ergibt 9 mal 13 den Wert 117. Die Größe des Arrays beträgt 200 Elemente. Da jedes Element als Integer 4 Bytes belegt, führt das zu einer Größe von 800 Bytes.

Sie können sehr viele Dimensionen nutzen, aber seien Sie *vorsichtig*. Jedes Mal, wenn Sie eine Dimension hinzufügen, multipliziert sich die Größe mit dieser Dimension. So hat das folgende Array 48.600 Elemente, was eine Größe von 194.400 Bytes bedeutet:

```
int BigStuff[4][3][5][3][5][6][9];
```

Das nächste Array hat 4.838.400 Elemente, die zusammen 19.353.600 Bytes groß sind – was ungefähr 19 Megabyte ergibt!

```
int ReallyBigStuff[8][6][10][6][5][7][12][4];
```

Wenn Sie wirklich so eine Art von Datenstruktur haben, sollten Sie darüber nachdenken, sie neu zu entwerfen. Daten, die so abgelegt werden, führen meist nur zu großer Verwirrung. Und glücklicherweise hält Sie der Compiler davon ab, völlig abstruse Dinge zu tun. Wir haben einmal nur zum Spaß dieses riesige Monster ausprobiert:

```
int GiantMonster[18][16][10][16][15][17][12][14];
```

Dies ist der Fehler, den wir dann erhalten haben:

```
error: size of array 'GiantMonster' is too large
```

(Das wären 1.974.067.200 Bytes – also mehr als ein Gigabyte!)

Mehrdimensionale Arrays initialisieren

So wie Sie ein eindimensionales Array durch geschweifte Klammern und per Kommata getrennte Elemente initialisieren, können Sie auch mehrdimensionale Arrays vorab befüllen. Dazu müssen Sie allerdings Arrays wie im folgenden Beispiel in Arrays kombinieren:

```
int Numbers[5][6] = {
    {1,2,3,4,5,6},
    {7,8,9,10,12},
    {13,14,15,16,17,18},
    {19,20,21,22,23,24},
    {25,26,27,28,29,30}
};
```

Das Schwierige daran ist, sich daran zu erinnern, ob man 5 mal 6 oder 6 mal 5 Elemente eintragen muss. Merken Sie es sich doch so: Jedes Mal, wenn Sie eine weitere Dimension hinzufügen, wird diese _in_ die vorige Dimension eingefügt. Ein eindimensionales Array können Sie dabei wie folgt schreiben:

```
int MoreNumbers[5] = {
    100,
    200,
    300,
    400,
    500
}
```

Fügen Sie nun diesem Array eine Dimension hinzu, wird jede Zahl im Initialisierer durch einen Array-Initialisierer der Form {1,2,3,4,5,6} ersetzt. So erhalten Sie ein sauber formatiertes, mehrdimensionales Array.

Mehrdimensionale Arrays übergeben

Müssen Sie ein mehrdimensionales Array an eine Funktion übergeben, kann das ein wenig knifflig werden. Denn Sie haben hier nicht so viele Möglichkeiten, Arraygrößen wegzulassen, wie das bei eindimensionalen Arrays möglich ist. Schauen Sie sich folgende Funktion an:

```
int AddAll(int MyGrid[5][6]) {
    int x,y;
    int sum = 0;
    for (x = 0; x < 5; x++) {
        for (y = 0; y < 6; y++) {
            sum += MyGrid[x][y];
        }
    }
    return sum;
}
```

Soweit ist der Funktionskopf in Ordnung, weil wir explizit die Größe jeder Dimension angeben. Aber vielleicht wollen Sie ja so etwas wie das Folgende möglich machen:

```
int AddAll(int MyGrid[][]) {
```

Oder eventuell auch die Größen übergeben:

```
int AddAll(int MyGrid[][], int rows, int columns) {
```

Aber wenn wir versuchen, eine dieser Zeilen zu kompilieren, erhalten wir leider folgende Fehlermeldung:

```
declaration of 'MyGrid' as multidimensional array must have bounds
for all dimensions except the first
```

Das ist seltsam: Der Compiler erzählt uns, dass wir explizit alle Dimensionen angeben müssen, aber es ist in Ordnung, die erste wie bei eindimensionalen Arrays wegzulassen.

Das bedeutet, dass folgende seltsame Zeile kompiliert wird:

```
int AddAll(int MyGrid[][6]) {
```

Wieso das? Der Grund liegt darin, dass der Compiler mehrdimensionale Arrays besonders behandelt. Ein mehrdimensionales Array ist zum Beispiel nicht wirklich ein zweidimensionales Array, sondern ein Array eines Arrays. Ganz tief innerhalb von C++ behandelt der Compiler die Anweisung MyGrid[5][6] so, als ob es sich um ein MyGrid[5] handele, bei dem *jedes Element im Array selbst ein Array der Größe 6 sei*. Und bei einem eindimensionalen Array steht es Ihnen bekanntlich frei, die Größe wegzulassen. Ihre erste eckige Klammer repräsentiert also den eindimensionalen Anteil des Arrays. Dann müssen Sie aber die *Arraygrenzen* angeben. Wir wissen, dass das seltsam klingt, so richtig gewollt und an den Haaren herbeigezogen, aber wir haben es mit C++ zu tun, und die Regeln sind nun einmal so: Sie können die erste Dimension in einem Funktionskopf leer lassen, müssen aber die verbleibenden Dimensionen angeben.

Wenn Sie mehrdimensionale Arrays verwenden, ist es häufig hilfreich, sie sich als *Array aus Arrays* vorzustellen. Dann nutzen wir einen `typedef`, um aus dem Array aus Arrays ein Array eines benutzerdefinierten Typs wie `GridRow` zu machen. Leider sind aber beide Funktionsköpfe verwirrend:

```
int AddAll(int MyGrid[][6]) {
```

```
int AddAll(int MyGrid[][6], int count) {
```

Hier unsere Empfehlung: Verwenden Sie einen `typedef`. Das sieht deutlich klarer aus:

```
typedef int GridRow[6];
int AddAll(GridRow MyGrid[], int Size) {
    int x,y;
    int sum = 0;
    for (x = 0; x < Size; x++) {
        for (y = 0; y < 6; y++) {
            sum += MyGrid[x][y];
        }
    }
    return sum;
}
```

Die `typedef`-Zeile definiert einen neuen Typ namens `GridRow`. Dieser Typ ist ein Array mit sechs Integerwerten. In der Funktion übergeben Sie dann ein Array mit `GridRows`.

Der Einsatz von `typedef` entspricht dem von zwei eckigen Klammern, aber er unterstreicht, dass Sie ein *Array aus Arrays* übergeben – also ein Array, in dem jedes Element selbst ein Array des Typs `GridRow` ist.

Arrays und Befehlszeilenparameter

In einer klassischen C++-Anwendung bekommt die Funktion `main()` ein Array und einen Zähler als *Befehlszeilenparameter* übergeben – Parameter, die Teil des Befehls sind, mit dem das Programm an der Befehlszeile aufgerufen wird. Aber für Programmieranfänger können die Parameter ein wenig einschüchternd wirken. Sie sind es aber nicht: Betrachten Sie diese zwei Parameter als Array mit Strings und die Größe des Arrays. Früher – in C und den ersten Versionen von C++ – gab es keine `string`-Klasse. Daher waren Strings immer Zeichen-Arrays, die im Allgemeinen als `char *MyString` definiert waren. (Denken Sie daran: Ein Array und ein Zeiger könnten in den meisten Situationen ausgetauscht werden.) Daher konnten Sie dieses Ding nehmen und in ein Array umwandeln – entweder indem Sie eckige Klammern ans Ende packten, wie in `char *MyString[ ]`, oder durch die Interpretation eines Arrays als Zeiger und das zusätzliche Ergänzen eines zweiten Zeigersymbols, wie in `char **MyString`.

Der folgende Code aus dem Beispiel CommandLineParams zeigt, wie Sie an die Befehlszeilenparameter herankommen:

```cpp
#include <iostream>

using namespace std;

int main(int argc, char *argv[])
{
    int loop;
    for (loop = 0; loop < argc; loop++) {
        cout << argv[loop] << endl;
    }
    return 0;
}
```

Wenn Sie diese Anwendung kompilieren, geben Sie der ausführbaren Datei den Namen CommandLineParams und starten sie wie folgt an der Befehlszeile:

```
CommandLineParams abc def "abc 123"
```

Sie erhalten dann folgende Ausgabe. (Beachten Sie, dass der Name des Programms vom ersten Parameter gebildet wird und dass die Elemente in Anführungszeichen als ein Parameter betrachtet werden.)

```
CommandLineParams
abc
def
abc 123
```

 Sie können auch in der IDE Befehlszeilenargumente angeben, wenn Sie mit dem Code::Blocks-Compiler arbeiten. Wählen Sie dazu PROJECT|SET PROGRAM'S ARGUMENTS. Code::Blocks zeigt dann das Fenster SELECT TARGET an, in dem Sie im ersten Feld ein Ziel auswählen und in PROGRAM ARGUMENTS die Argumente eingeben. Klicken Sie auf OK und dann auf RUN. CommandLineParams zeigt die Befehlszeilenargumente im Ausgabefenster so an, als ob Sie sie an der Befehlszeile eingetippt hätten.

Ein Array auf dem Heap anlegen

Arrays sind nützlich, aber es wäre doch blöd, wenn Sie sie nur als Stack-Variablen einsetzen könnten. Wenn sich ein Array mit dem Schlüsselwort new auf dem Heap einrichten ließe, wäre das doch klasse. (Wenn Sie den Unterschied zwischen Stack und Heap nicht mehr im Kopf haben, schauen Sie sich den Abschnitt *Variablen »anhäufen« und stapeln* in Kapitel 7 an.) Nun, es gibt gute Nachrichten: So etwas geht. Aber Sie müssen ein paar Tricks kennen, damit das auch funktioniert.

Sie können zum Beispiel ein Array auf dem Heap ganz einfach mit new int[50] anlegen. Aber denken Sie darüber nach, was dies bewirkt: Es werden 50 Integerwerte auf dem Heap angelegt, und das Schlüsselwort new gibt einen Zeiger auf das allokierte Array zurück. Leider haben das die Väter von C++ anders gesehen. Aus irgendeinem Grund haben sie den Array-Zeigertyp auf dem ersten Element des Arrays basieren lassen (der natürlich genau der gleiche ist wie der aller anderen Elemente des Arrays).

Daher gibt der Aufruf

```
new int[50];
```

einen Zeiger vom Typ int * und nicht etwas zurück, das explizit auf ein Array zeigt, was dieser Aufruf tut:

```
new int;
```

Nett, oder? Aber das ist schon in Ordnung. Wir kommen damit klar. Wollen Sie also das Ergebnis eines new int[50] in einer Variablen ablegen, müssen Sie eine vom Typ int * haben:

```
int *MyArray = new int[50];
```

Nun wird es abenteuerlich: Ein Arrayname ist ein Zeiger und umgekehrt. Jetzt haben Sie also einen Zeiger auf einen Integerwert, können ihn aber wie ein Array behandeln:

```
MyArray[0] = 25;
```

Der richtig skurrile Teil kommt aber noch. Wenn Sie mit dem Array fertig sind, können Sie delete aufrufen. Aber es reicht nicht, einfach delete MyArray; zu nutzen. Der Grund liegt darin, dass der Compiler nur weiß, dass MyArray ein Zeiger auf einen Integerwert ist – er weiß nicht, dass es sich um ein Array handelt! Also haben sich die Väter von C++ eine besondere Form von delete ausgedacht, die diese Situation auflöst. Sie sieht so aus:

```
delete[]MyArray;
```

 Immer dann, wenn Sie ein Array mit dem Schlüsselwort new allokieren, dürfen Sie nicht vergessen, es mit delete[] statt mit dem einfachen delete wieder freizugeben.

Wenn Sie sich fragen, warum es delete[] und delete gibt, sollten Sie wissen, dass es einen Unterschied zwischen dem Allokieren eines Arrays und eines einzelnen Elements auf dem Heap gibt. Schauen Sie sich diese beiden Zeilen an:

```
int *MyArray = new int[50];
int *somenumber = new int;
```

Die erste Zeile allokiert ein Array mit 50 Integerwerten, die zweite nur einen einzelnen Wert. Aber schauen Sie sich die Typen der Zeigervariablen an: Sie sind gleich! Wie kann das sein? Es sind beides Zeiger, die auf einen Integerwert zeigen. Und daher ist die Anweisung

```
delete something;
```

nicht eindeutig, wenn `something` ein Zeiger auf einen Integerwert ist: Handelt es sich um ein Array oder um einen einzelnen Wert? Die Designer von C++ wussten, dass das ein Problem ist, daher haben sie die Mehrdeutigkeit herausgenommen. Sie haben festgelegt, dass `delete` nur einen einzelnen Wert freigeben soll. Dann haben sie sich ein kleines Zusatzhäppchen ausgedacht, das den Compilerbauern einige Kopfschmerzen bereitet haben dürfte: Die Designer verlangen, dass Sie zum Freigeben eines ganzen Arrays eine öffnende und eine schließende eckige Klammer hinter das Wort `delete` packen müssen. Dann wird alles gut sein.

 Diese Informationen über Zeiger und Arrays werfen eine interessante Frage auf: Wie spezifizieren Sie einen Zeiger auf ein Array? Nun, gehen wir von folgender Zeile aus:

```
int LotsONumbers[50];
```

`LotsONumbers` ist eigentlich ein Zeiger auf einen Integerwert – er zeigt auf die erste Position im Array. Sie haben also schon einen Zeiger auf ein Array. Wenn Sie eine Funktion schreiben, die mit folgendem Kopf definiert wird:

```
int AddUp(int Numbers[], int Count) {
```

und sich dann den erzeugten Assemblercode anschauen, würden Sie sehen, dass das Array `Numbers` tatsächlich als Zeiger übergeben wird. Um den disassemblierten Code in Code::Blocks anzuzeigen, erzeugen Sie einen Haltepunkt, starten den Debugger durch Drücken von `F8` und wählen DEBUG|DEBUGGING WINDOW|DISASSEMBLY. Code::Blocks zeigt dann das Fenster DISASSEMBLY an, in dem Sie den Assemblercode sehen.

Die eigentliche Frage ist also: Wenn Sie ein Array haben – wie können Sie dann *keinen* Zeiger damit verwenden? Die Antwort: Das geht nicht! C++ kennt einfach keinen grundlegenden Arraytyp.

Arrays aus Zeigern und Arrays aus Arrays speichern

Aufgrund der Ähnlichkeiten zwischen Zeigern und Arrays werden Sie vermutlich über manche seltsame Notation stolpern. So haben wir zum Beispiel in `main()` selbst zu unterschiedlichen Zeiten beide Varianten gesehen:

```
char **argc
char *argc[]
```

Arbeiten Sie mit Arrays aus Arrays oder Arrays aus Zeigern, ist es wirklich wichtig, dass Sie vollständig verstehen, was solche Anweisungen bedeuten. Denken Sie daran, dass Sie einen Arraynamen zwar als Zeiger behandeln können, es aber ein paar technische Unterschiede gibt.

Die folgenden Codezeilen geben diese wieder. Denken Sie zunächst einmal darüber nach, was passiert, wenn Sie ein zweidimensionales Array mit Zeichen wie folgt initialisieren:

```
char NameArray[][6] = {
    {'T', 'o', 'm', '\0', '\0', '\0'},
    {'S', 'u', 'z', 'y' , '\0', '\0'},
    {'H', 'a', 'r', 'r' , 'y', '\0'}
};
```

Dies ist ein Array mit Arrays. Jedes *innere* Array ist eines mit sechs Zeichen. Das *äußere* Array enthält die drei inneren Arrays. (Der jeweilige Inhalt eines Arrays wird manchmal als *Mitglied* oder *Member* bezeichnet – das innere Array hat sechs Member, das äußere drei.) Im Speicher werden die 18 Zeichen hintereinander abgelegt, beginnend mit dem T, dann kommt das o und so weiter, bis zum y und schließlich einem \0, was dem Null-Zeichen entspricht.

Schauen Sie sich nun diesen Code an:

```
char* NamePointers[] = {
    "Tom",
    "Suzy",
    "Harry"
};
```

Dies ist ebenfalls ein Array mit Zeichen, aber es ist nicht das Gleiche wie in dem vorigen Code. Denn in diesem Array werden in Wirklichkeit drei Zeiger verwahrt: Der erste zeigt auf einen String im Speicher, der Tom enthält (gefolgt von einem Null-Terminator, \0), der zweite auf einen String mit Suzy (ebenfalls von einem Null-Terminator gefolgt) und so weiter. Wenn Sie sich hier das Array im Speicher anschauen, werden Sie keine Zeichen, sondern nur drei Zahlen sehen, die jeweils einen Zeiger repräsentieren.

Es ist oft hilfreich, einen Blick auf den Speicher zu werfen, wenn mit Arrays gearbeitet wird. Um den Speicher in Code::Blocks anzuzeigen, wählen Sie DEBUG| DEBUGGING WINDOW|MEMORY DUMP. Sie sehen dann das Speicherfenster. Geben Sie im ADDRESS-Feld & (das kaufmännische Und) ein, dem der Namen der Variablen folgt, die Sie anzeigen wollen, und klicken Sie auf Go. (Sie können sich auch den Inhalt eines bestimmten Speicherbereichs ausgeben lassen, indem Sie dessen Adresse, zum Beispiel 0x28ff08, oder den Speicher eingeben, auf den von einem Register aus gezeigt wird, indem Sie $ plus den Registernamen angeben, wie zum Beispiel bei $sp.)

Wo zur Hölle sind dann nun die drei Strings Tom, Suzy und Harry zu finden, wenn Sie ein Array mit drei Zeigern auf diese Strings haben? Sieht der Compiler Stringkonstanten wie die hier definierten, bringt er sie in einem speziellen Bereich unter, in dem alle Konstanten liegen. Diese werden dann beim Linken der ausführbaren Datei dem kompilierten Code hinzugefügt. (Informationen zum Linken finden Sie in Anhang A.) Dort liegen sie dann im Speicher. Das Array enthält daher Zeiger auf diese drei konstanten Strings im Speicher.

Wenn Sie jetzt das Folgende versuchen (beachten Sie den Typ von `PointerToPointer`):

```
char **PointerToPointer = {
    "Tom",
    "Suzy",
    "Harry"
};
```

erhalten Sie eine Fehlermeldung:

```
error: initializer for scalar variable requires one element
```

Ein *Skalar* ist einfach ein anderer Begriff für eine normale Variable, die kein Array ist. Mit anderen Worten: Die Variable `PointerToPointer` ist eine normale Variable (also ein Skalar), aber *kein* Array.

Trotzdem können Sie innerhalb des Funktionskopfes von `main()`char `**` einsetzen und darauf dann als Array zugreifen. Wie kann das sein? Wie üblich liegt das an den kleinen, aber durchaus vorhandenen Unterschieden zwischen Arrays und Zeigern. Sie können einen Zeiger nicht immer als Array behandeln – zum Beispiel ist es nicht möglich, einen Zeiger als Array zu initialisieren, was andersherum aber geht: Sie können ein Array nehmen und es *fast immer* als Zeiger nutzen. Das hier funktioniert:

```
char* NamePointers[] = {
    "Tom",
    "Harry",
    "Suzy"
};
char **AnotherArray = NamePointers;
```

Dieser Code lässt sich kompilieren, und Sie können zum Beispiel auf die Strings über `AnotherArray[0]` zugreifen. Aber Sie können sich leider den Zwischenschritt nicht ersparen und die Variable `AnotherArray` direkt mit dem Array initialisieren:

```
char** AnotherArray = {
    "Tom",
    "Harry",
    "Suzy"
};
```

Dieser Code ähnelt dem Code vor diesem Beispiel – und Sie erhalten wieder einen Compilerfehler! Das ist ein (vielleicht auf den ersten Blick nicht gerade eindeutiges) Beispiel, bei dem die kleinen Unterschiede zwischen Arrays und Zeigern sichtbar werden, aber es hilft dabei, zu erklären, warum Sie so etwas wie dies hier zu sehen bekommen:

```
int main(int argc, char **argv)
```

Sie können nun die Variable `argv` verwenden, um nach Belieben auf ein Array aus Zeigern zuzugreifen – das zum Beispiel in diesem Fall ein Array aus Zeichen-Zeigern ist, die im Allgemeinen als *Strings* bekannt geworden sind.

Konstante Arrays erstellen

Haben Sie ein Array, dessen Inhalt sich nicht ändern soll, können Sie es zu einem konstanten Array machen. Die folgenden Codezeilen (die Sie im Beispiel `Array05` finden) zeigen dieses Vorgehen:

```
const int Permanent[5] = {1, 2, 3, 4, 5};
cout << Permanent[1] << endl;
```

Dieses Array verhält sich wie andere Arrays, nur können Sie die Zahlen darin nicht mehr ändern. Fügen Sie Ihrem Code die folgende Zeile hinzu, erhalten Sie vom Compiler eine Fehlermeldung, weil der sich der Konstantheit bewusst ist:

```
Permanent[2] = 5;
```

Code::Blocks liefert uns dann diesen Fehler zurück:

```
error: assignment of read-only location 'Permanent[2]'
```

Wollen Sie ein Array konstant machen, können Sie vor seinen Typ das Schlüsselwort `const` schreiben. In diesem Fall ist der Arrayname konstant und die Elemente innerhalb des Arrays sind *ebenfalls* konstant. Sie können also kein konstantes Array mit nicht-konstanten Elementen haben, und auch kein nicht-konstantes Array mit konstanten Elementen.

Wenn Sie es ganz genau wissen wollen: Der C++-ANSI-Standard sagt, dass Sie mit dem Schlüsselwort `const` vor der Definition eines Arrays das Array nicht konstant machen – stattdessen sagen Sie damit, dass das Array nur konstante Werte enthält. Aber wenn Sie `const` so einsetzen, machen die meisten Compiler auch das Array selbst konstant. Das ist aber in Ordnung – es soll auch kein Arrayname genommen und woanders hinkopiert werden. Das ist kein guter Programmierstil, und es schreit förmlich nach später auftretenden Fehlern oder Irritationen.

Mit Zeigern zeigen

Um C++ mit all seinen Seltsamkeiten und Wundern vollständig zu begreifen, müssen Sie zu einem Experten für Zeiger werden. Eine der größten Fehlerquellen besteht darin, dass Programmierer Zeiger in C++ nur so lala verstehen und sie falsch einsetzen. Richtig schlecht ist, dass die Anwendung durchaus eine ganze Zeit laufen kann und dann plötzlich abstürzt. Solche Fehler lassen sich nur sehr schwer finden, weil es möglicherweise der Anwender ist, der dem Problem gegenübersteht und es meldet. Wenn dann der Programmierer versucht, den Programmabsturz nachzuvollziehen, kann er den Fehler nicht wiederholen! (Das ist so, als ob Sie Ihr Auto bei der Werkstatt vorstellen und das Klopfen des Motors plötzlich verschwunden ist.) Sowohl der Mechaniker als auch der Programmierer würden sagen: »Da war nichts, als ich es ausprobiert habe.« Wie frustrierend ist das denn?

In diesem Abschnitt zeigen wir Ihnen, wie Sie Zeiger sinnvoll und korrekt in Ihren Anwendungen einsetzen, sodass Sie solche seltsamen Probleme gar nicht erst erleben.

Immer diese furchtbare Komplexität

Wir haben uns das nicht ausgedacht, wir sind tatsächlich über diesen Funktionskopf gestolpert:

```
void MyFunction(char ***a) {
```

Hilfe! Wofür stehen diese ganzen Sternchen? Das sieht wie ein Zeiger auf einen Zeiger auf einen Zeiger auf … irgendetwas aus! Sehr verwirrend. Nun, wir gehen davon aus, dass manche Menschen Gehirne haben, die eher wie Computer arbeiten. Die können sich solch eine Zeile anschauen und sofort verstehen. Wir aber nicht. Seien Sie also unbesorgt, wenn es Ihnen genauso ergeht.

Um nun den Code zu verstehen, denken Sie einmal über Folgendes nach: Stellen Sie sich vor, Sie haben eine Zeigervariable und wollen, dass eine Funktion das ändert, *worauf die Zeigervariable zeigt*. Vorsicht: Wir sagen nicht, dass die Funktion den Inhalt dessen ändern will, worauf die Variable zeigt. Stattdessen soll die Funktion den Zeiger *auf etwas anderes zeigen lassen*. Das ist ein großer Unterschied. Wie machen Sie das also? Nun, jedes Mal, wenn Sie eine Funktion eine Variable ändern lassen wollen, müssen Sie sie entweder per Referenz übergeben oder deren Adresse nutzen. Und dieser Prozess kann beim Einsatz eines Zeigers verwirrend sein. Wir gehen also am besten einen kleinen Umweg. Zuerst definieren wir einen neuen Typ mithilfe unseres Freunds `typedef`. Das sieht so aus (wie es auch das Beispiel `Pointer01` zeigt):

```
typedef char *PChar;
```

Das ist ein neuer Typ namens `PChar`, der äquivalent zu `char *` ist. Somit ist `PChar` also ein Zeiger auf ein Zeichen.

Jetzt schauen Sie sich diese Funktion an:

```
void MyFunction(PChar &x)
{
    x = char('B');
}
```

Diese Funktion nimmt eine Zeigervariable und lässt sie auf das Ergebnis von `new char('B')` zeigen, also auf eine neu erzeugte Zeichenvariable, die den Buchstaben `B` enthält. Jetzt denken Sie noch einmal sorgfältig darüber nach: Ein `PChar` enthält einfach nur eine Speicheradresse. Wir übergeben sie an die Funktion per Referenz, und die Funktion verändert das `PChar` so, dass es eine andere Adresse enthält. Somit zeigt das `PChar` nun auf etwas anderes als vorher.

Um diese Funktion auszuprobieren, gibt es hier Code, den Sie in ein `main()` stecken können, um `MyFunction` zu testen:

```
char *ptr = new char('A');
char *copy = ptr;
MyFunction(ptr);
cout << "ptr zeigt auf " << *ptr << endl;
cout << "copy zeigt auf " << *copy << endl;
```

In der ersten Zeile wird eine Variable namens ptr definiert, die ein Zeiger auf ein Zeichen ist. (Hier nutzen wir nur char *, aber das ist schon in Ordnung – char * ist das Gleiche wie PChar, weil Letzteres per typedef daraus erstellt wurde.) Zudem wird in der ersten Zeile ein neues Zeichen A auf dem Heap erstellt und dessen Adresse in der Variablen ptr abgelegt.

In der zweiten Zeile wird eine zweite Variable definiert, die ebenfalls ein Zeiger auf ein Zeichen ist. Diese Variable trägt den Namen copy, und sie erhält den gleichen Wert, der in ptr abgespeichert ist – sie zeigt also auf dieses Zeichen A, das sich auf dem Heap herumtreibt.

Als Nächstes rufen wir MyFunction() auf. Diese Funktion soll ändern, worauf der Zeiger zeigt. Dann kommen wir von der Funktion zurück und geben zwei Zeichen aus: das Zeigen, auf das ptr zeigt, und das, auf das copy zeigt. Das Ergebnis sieht dann so aus:

```
ptr zeigt auf B
copy zeigt auf A
```

Es hat also funktioniert! Die Variable ptr zeigt nun auf das Zeichen, das in MyFunction allokiert wurde (ein B), während die Variable copy immer noch auf das ursprüngliche A zeigt. Mit anderen Worten: Sie zeigen nicht mehr auf den gleichen Speicher. MyFunction() hat also geändert, wohin die Variable zeigt.

Jetzt schauen Sie sich die gleiche Funktion an, aber statt Referenzen zu nutzen, versuchen wir es mit Zeigern. Hier eine angepasste Form (wie sie in Beispiel Pointer02 zu finden ist):

```
void AnotherFunction(PChar *x)
{
    *x = new char('C');
}
```

Weil der Parameter jetzt ein Zeiger ist, müssen wir ihn dereferenzieren, um seinen Wert anpassen zu können. Dafür benutzen wir das Sternchen * am Anfang der mittleren Zeile.

Hier nun ein angepasstes main(), in dem diese Funktion aufgerufen wird:

```
char *ptr = new char('A');
char *copy = ptr;
AnotherFunction(&ptr);
cout << "ptr zeigt auf " << *ptr << endl;
cout << "copy zeigt auf " << *copy << endl;
```

Da unsere Funktion nun einen Zeiger statt einer Referenz verwendet, müssen wir die Adresse der Variablen ptr und nicht die Variable selbst übergeben. Beachten Sie deshalb, dass der Aufruf von AnotherFunction() ein kaufmännisches Und (&) vor ptr enthält. Und dieser Code funktioniert wie erwartet. Wenn wir ihn ausführen, sehen wir diese Ausgabe:

```
ptr zeigt auf C
copy zeigt auf A
```

Diese Version der Funktion hat ein neues Zeichen C erzeugt. Und tatsächlich funktioniert sie richtig: ptr zeigt nun auf ein Zeichen C, während sich copy nicht geändert hat. Wieder hat die Funktion dafür gesorgt, dass ptr auf etwas anderes zeigt.

Jetzt können wir das Ganze einmal aufdröseln. Wir haben einen typedef erstellt, den wir ehrlich gestanden gerne in unserem Code behalten wollen, denn wir sind der Meinung, dass es der Einsatz von typedef viel einfacher macht zu verstehen, was die Funktionen tun. Aber nicht jeder geht so vor, weshalb wir verstehen müssen, was andere Leute tun, wenn wir uns mit ihrem Code beschäftigen. Daher zeigen wir hier noch einmal die beiden Funktionen MyFunction() und AnotherFunction() – dieses Mal aber ohne typedef. Statt den neuen Typ PChar einzusetzen, nutzen sie direkt den entsprechenden Typ char *:

```
void MyFunction(char *&x)
{
    x = new char('B');
}

void AnotherFunction(char **x)
{
    *x = new char('C');
}
```

Um die Verwendung der typedefs herauszunehmen, mussten wir nur PChar in den beiden Funktionsköpfen durch seine Entsprechung char * ersetzen. Sie erkennen, dass die Funktionsköpfe nicht mehr ganz so schön aussehen. Aber sie haben die gleiche Bedeutung wie zuvor: Der erste Funktionskopf enthält eine Referenz auf einen Zeiger und der zweite einen Zeiger auf einen Zeiger.

Aber bleiben wir noch einen Moment bei char **x. Da char * in sehr vielen Situationen das Gleiche wie ein Zeichenarray ist, handelt es sich bei char **x um einen Zeiger auf ein Zeichenarray. Tatsächlich stoßen Sie manches Mal auf einen Header für main(), der so

```
int main(int argc, char **argv)
```

anstelle von

```
int main(int argc, char *argv[])
```

aussieht.

Beachten Sie, dass der Parameter argv im ersten Fall den Typ hat, um den es gerade ging: einen Zeiger auf einen Zeiger (oder – verständlicher – die Adresse eines PChar). Aber Sie denken daran, dass das Argument für main() ein Array mit Strings ist.

Bleiben Sie noch einen Moment bei uns und folgen Sie unseren Überlegungen (und lassen Sie sich ruhig Zeit dabei): Was geschieht, wenn Sie einen Zeiger haben, der auf ein Array mit Strings zeigt, und eine Funktion, die ihn auf ein anderes Array mit Strings zeigen lassen wird?

Da sollten wir besser typedef einsetzen, denn sonst wird es schnell unschön. Und nur zur Erinnerung: Wir nutzen immer noch den vorigen typedef für PChar (wie im Beispiel Pointer03 zu sehen ist):

```
typedef char **StringArray;
typedef char *PChar;
```

Glauben Sie uns einfach, wenn wir Ihnen erzählen, dass StringArray vom Typ her äquivalent zu einem Array mit Strings ist.

Wenn Sie diese beiden Zeilen vor Ihr main() packen, können Sie sogar den Kopf von main() wie folgt ändern – und das Programm weiterhin erfolgreich kompilieren!

```
int main(int argc, StringArray argv)
```

Hier nun eine Funktion, die als Parameter ein Array mit Strings entgegennimmt, ein neues String-Array erzeugt und dann das ursprüngliche Array auf dieses neue zeigen lässt. (Puh!)

```
void ChangeAsReference(StringArray &array)
{
    StringArray NameArray = new PChar[3];
    NameArray[0] = "Tom";
    NameArray[1] = "Suzy";
    NameArray[2] = "Harry";
    array = NameArray;
}
```

Um sicher zu sein, dass dies auch funktioniert, haben wir ein paar Zeilen Code geschrieben, die Sie in einem main() unterbringen können:

```
StringArray OrigList = new PChar[3];
OrigList[0] = "John";
OrigList[1] = "Paul";
OrigList[2] = "George";
StringArray CopyList = OrigList;
ChangeAsReference(OrigList);
cout << OrigList[0] << endl;
cout << OrigList[1] << endl;
cout << OrigList[2] << endl << endl;
cout << CopyList[0] << endl;
cout << CopyList[1] << endl;
cout << CopyList[2] << endl;
```

Dieses Mal nutzen wir in main() die typedef-Typen – denn ganz ehrlich, der Code wird ein bisschen verwirrend, und auf diese Weise können wir deutlicher machen, was wir vorhaben. Wir erstellen hier zuerst einen Zeiger auf ein Array mit drei Strings. Dann legen wir drei Strings in dem Array ab. Als Nächstes sichern wir eine Kopie des Zeigers in der Variablen CopyList, rufen unsere Funktion ChangeAsReference auf und geben alle Werte aus.

Wenn Sie nun dieses main() ausführen, wird das hier ausgegeben:

```
Tom
Suzy
Harry

John
Paul
George
```

Die ersten drei sind die Elemente in OrigList, die wir an die Funktion übergeben haben. Sie enthält nur nicht mehr die Werte John, Paul und George. Die drei ursprünglichen Beatles-Namen wurden durch drei neue Namen ersetzt: Tom, Harry und Suzy. Aber in der Variablen CopyList sind sie immer noch enthalten. Es hat also wieder einmal funktioniert.

Wir haben diesen Wechsel von John, Paul und George zu Tom, Suzy und Harry per Referenz vorgenommen, aber er ist natürlich auch mit Zeigern möglich. Hier die angepasste Version der Funktion, dieses Mal mit Zeigern (siehe auch das Beispiel Pointer04):

```
void ChangeAsPointer(StringArray *array)
{
    StringArray NameArray = new PChar[3];
    NameArray[0] = "Tom";
    NameArray[1] = "Suzy";
    NameArray[2] = "Harry";
    *array = NameArray;
}
```

Und wie oben, hier der ein wenig angepasste Beispielcode, der die Funktion testet:

```
StringArray OrigList = new PChar[3];
OrigList[0] = "John";
OrigList[1] = "Paul";
OrigList[2] = "George";
StringArray CopyList = OrigList;
ChangeAsPointer(&OrigList);
cout << OrigList[0] << endl;
cout << OrigList[1] << endl;
cout << OrigList[2] << endl << endl;
cout << CopyList[0] << endl;
cout << CopyList[1] << endl;
cout << CopyList[2] << endl;
```

Sie können sehen, dass wir beim Aufruf von ChangeAsPointer() die Adresse von OrigList übergeben. Die Ausgabe dieser Version ist identisch mit der der vorigen Version.

Und jetzt wollen wir wie zuvor das Ganze auflösen. Dies sind die beiden Funktionsköpfe ohne den Einsatz der typedefs:

```
int ChangeAsReference(char **&array) {
```

und

```
int ChangeAsPointer(char ***array) {
```

Wir haben Code dieser Art schon gelegentlich gesehen. Er lässt sich nicht wirklich leicht verstehen, aber nachdem Sie wissen, was diese Zeilen bedeuten, sind Sie in der Lage, sie zu interpretieren.

Wir bevorzugen den Einsatz von typedef, auch wenn das nur direkt vor der entsprechenden Funktion geschieht. Auf diese Weise wird es anderen Entwicklern klarer, was die Funktion tut. Es wäre schön, wenn Sie auch so vorgehen würden. Unabhängig davon sollten Sie aber verstehen, was bei einem Codestil ohne typedef geschieht, damit Sie auch Code lesen können, der von jemandem stammt, der ohne dieses schöne Hilfsmittel arbeitet – oder wenn diese Funktion zu Ihnen sagt: »Diese Funktion erwartet einen Zeiger auf einen Zeiger auf einen Zeiger.« (Ja, Sätze dieser Art haben wir schon zu hören bekommen!)

Zeiger auf Funktionen

Wenn eine Anwendung läuft, sind die Funktionen des Programms im Speicher verfügbar – und wie alles andere im Speicher besitzen sie eine Adresse. Das ist gut so, denn auf diese Weise kann man sie finden.

Sie können die Adresse einer Funktion erhalten, indem Sie deren Namen nehmen und den address-of-Operator (&) davor stellen, zum Beispiel:

```
address = &MyFunction;
```

Aber damit das funktioniert, müssen Sie wissen, was für einen Typ address haben muss. Die Variable address ist ein Zeiger auf eine Funktion, und Sie weisen ihr am einfachsten einen Typ per typedef zu (wie im Beispiel FunctionPointer01). (Glücklicherweise ist hier wirklich so gut wie jeder bereit, einen typedef zu verwenden.)

Und ob Sie es glauben wollen oder nicht, aber das ist der typedef:

```
typedef int(*FunctionPtr)(int);
```

Das lässt sich nicht ganz so einfach aufdröseln, aber der Name des neuen Typs ist FunctionPtr. Er ist so definiert, dass er einen Integer zurückgibt (das ganz linke int) und einen Integer als Parameter erwartet (das ganz rechte int, das in Klammern stehen muss). Der mittlere Teil dieser Anweisung ist der Name des neuen Typs, und Sie müssen ihm ein Sternchen voranstellen, um deutlich zu machen, dass es sich um einen Zeiger handelt. Außerdem müssen Sie den Typnamen und das dazu gehörende Sternchen in Klammern setzen.

Jetzt können Sie Variablen definieren:

```
FunctionPtr address = &MyFunction;
```

Diese Zeile definiert `address` als Zeiger auf eine Funktion und initialisiert sie mit `MyFunction()`. Damit das funktioniert, muss der Code für `MyFunction()` den gleichen Prototoyp besitzen, wie der durch `typedef` deklariert wurde: In diesem Fall muss ein Integer als Parameter erwartet und einer zurückgegeben werden.

Vielleicht haben Sie folgende Funktion:

```
int TheSecretNumber(int x) {
    return x + 1;
}
```

Dann können Sie ein `main()` haben, das die Adresse dieser Funktion in einer Variablen speichert – und die Funktion dann auch darüber aufruft:

```
int main(int argc, char *argv[])
{
    typedef int (*FunctionPtr)(int);
    int MyPasscode = 20;
    FunctionPtr address = &TheSecretNumber;
    cout << address(MyPasscode) << endl;
}
```

Nur damit Sie auch sagen können, dass Sie so etwas schon einmal gesehen haben: hier die Definition von `address` *ohne* ein `typedef`:

```
int (*address)(int) = &TheSecretNumber;
```

Sie haben hier zwei Klammerpaare nebeneinander. Das rechte enthält nur einen Typ, während das linke den Variablennamen enthält. Damit wird aber kein Typ deklariert, sondern eine Variable.

Eine Variable auf eine Mitgliedsfunktion zeigen lassen

Mit dem Zeiger `this` können Sie die Adresse der Mitgliedsfunktion eines Objekts nehmen und dann direkt auf deren Instanzdaten zugreifen.

Denken Sie daran, dass jede Instanz einer Klasse ihre eigenen Mitgliedsvariablen besitzt, sofern diese nicht statisch sind. Demgegenüber werden Funktionen von der ganzen Klasse gemeinsam genutzt. Ja, Sie können statische Funktion von nicht-statischen Funktionen unterscheiden. Aber das bezieht sich nur darauf, auf welche Arten von Variablen sie zugreifen: Statische Funktionen können nur statische Mitgliedsvariablen ansprechen, und Sie müssen sie nicht über eine Instanz aufrufen. Nicht-statische (also *normale*) Mitgliedsfunktionen arbeiten mit einer bestimmten Instanz zusammen. Allerdings existiert im Arbeitsspeicher nur eine Kopie der Funktion.

Woher weiß denn nun die Mitgliedsfunktion, mit welcher Instanz sie arbeiten soll? Dafür wird ein geheimer Parameter an sie übergeben: der Zeiger `this`. Stellen Sie sich vor, Sie haben eine Klasse namens `Gobstopper` mit einer Mitgliedsfunktion `Chew()`. Nun erzeugen Sie eine Instanz `MyGum` und rufen die Funktion `Chew()` auf:

```
MyGum.Chew();
```

Wenn der Compiler den Maschinencode dafür erzeugt, übergibt er noch einen zusätzlichen Parameter an die Funktion – die Adresse der Instanz `MyGum`, auch `this`-*Zeiger* genannt. Es gibt also nur eine `Chew()`-Funktion im Code, aber für den Aufruf benötigen Sie eine bestimmte Instanz der Klasse.

Da es nur eine Kopie der Funktion im Speicher gibt, können Sie sich deren Adresse holen. Diese Aktion verlangt nun aber ziemlich mysteriös aussehenden Code. Stellen wir uns vor, Ihre Klasse sieht so aus:

```
class Gobstopper {
public:
    int WhichGobstopper;
    int Chew(string name) {
        cout << WhichGobstopper << endl;
        cout << name << endl;
        return WhichGobstopper;
    }
};
```

Die Funktion `Chew()` erwartet einen String und gibt einen Integerwert zurück. Hier ein typedef für einen Zeiger auf die Funktion:

```
typedef int (Gobstopper::*GobMember)(string);
```

Und das ist dann eine Variable vom Typ `GobMember`:

```
GobMember func = &GobStopper::Chew;
```

Wenn Sie sich den `typedef` genau anschauen, sieht er einem normalen Funktionszeiger sehr ähnlich. Der einzige Unterschied besteht darin, dass der Klassenname und zwei Doppelpunkte vor dem Sternchen stehen.

Aber während ein normaler Funktionszeiger nur darauf beschränkt ist, auf Funktionen mit einem bestimmten Satz an Parametern und einem bestimmten Rückgabetyp zeigen zu können, hat dieser Funktionszeiger noch eine weitere Einschränkung: Er kann nur auf Mitgliedsfunktionen innerhalb der Klasse `Gobstopper` zeigen.

Um die Funktion aufzurufen, die in dem Zeiger abgelegt ist, benötigen Sie eine bestimmte Instanz. Beachten Sie, dass es bei der Zuweisung von `func` weiter oben keine Instanz gab – nur den Klassennamen und die Funktion `&Gobstopper::Chew`. Um also die Funktion aufzurufen, müssen Sie sich eine Instanz schnappen, `func` hinzufügen und schon können Sie loslegen. Das Beispiel `FunctionPointer02` (siehe Listing 12.2) enthält ein vollständiges Beispiel mit der Klasse, der Adresse der Mitgliedsfunktion und zwei Instanzen.

```cpp
#include <iostream>
#include <string>

using namespace std;

class Gobstopper
{
public:
    int WhichGobstopper;
    int Chew(string name) {
        cout << WhichGobstopper << endl;
        cout << name << endl;
        return WhichGobstopper;
    }
};

int main()
{
    typedef int (Gobstopper::*GobMember)(string);
    GobMember func = &Gobstopper::Chew;
    Gobstopper inst;
    inst.WhichGobstopper = 10;
    Gobstopper another;
    another.WhichGobstopper = 20;
    (inst.*func)("Greg W.");
    (another.*func)("Jennifer W.");
    return 0;
}
```

Listing 12.2: Die Adresse einer Mitgliedsfunktion einsetzen

In main sehen Sie, dass wir zuerst den Typ für die Funktion erzeugen und ihm den Namen GobMember geben. Dann erstellen wir eine Variable func dieses Typs. Als Nächstes erzeugen wir zwei Instanzen der Klasse Gobstopper und weisen ihnen jeweils einen Wert für Which-Gobstopper zu.

Schließlich rufen wir die Mitgliedsfunktion auf – erst für die erste Instanz, dann für die zweite. Nur um Ihnen zu zeigen, dass Sie die Adresse von Funktionen mit Parametern nutzen können, übergeben wir einen String mit Namen.

Wenn Sie den Code ausführen, sehen Sie in der Ausgabe, dass tatsächlich die jeweils richtige Mitgliedsfunktion für die Instanz aufgerufen wird:

```
10
Greg W.
20
Jennifer W.
```

Wenn wir schreiben: »Die richtige Mitgliedsfunktion für die Instanz«, meinen wir in Wirklichkeit, dass der Code jedes Mal die gleiche Mitgliedsfunktion aufruft, dabei aber eine unterschiedliche Instanz nutzt. Wenn Sie objektorientiert denken, stellen Sie sich jede Instanz so vor, als ob sie ihre eigene Kopie der Mitgliedsfunktion besäße. Daher ist es schon in Ordnung, von der »richtigen Mitgliedsfunktion für jede Instanz« zu sprechen.

Auf statische Mitgliedsfunktionen zeigen

Eine _statische_ Mitgliedsfunktion ist in vielerlei Hinsicht mehr oder weniger eine normale Funktion. Der Unterschied ist, dass Sie einen Klassennamen nutzen müssen, um eine statische Funktion aufrufen zu können. Aber denken Sie daran, dass eine statische Mitgliedsfunktion nicht zu einer bestimmten Instanz einer Klasse gehört – daher müssen Sie keine Instanz angeben, wenn Sie die statische Funktion aufrufen.

Hier ein Beispiel (siehe `FunctionPointer03`) mit einer statischen Funktion:

```
public:
    static string MyClassName() {
        return "Gobstopper!";
    }
    int WhichGobstopper;
    int Chew(string name) {
        cout << WhichGobstopper << endl;
        cout << name << endl;
        return WhichGobstopper;
    }
};
```

Und hier Code, der die Adresse der statischen Funktion nimmt und sie darüber aufruft:

```
typedef string (*StaticMember)();
StaticMember staticfunc = &Gobstopper::MyClassName;
cout << staticfunc() << endl;
```

Beachten Sie, dass wir in der letzten Zeile nicht auf eine bestimmte Instanz verweisen mussten, um `staticfunc()` aufzurufen – und dass wir nicht einmal die Klasse erwähnt haben. Wir haben sie einfach aufgerufen. Denn in Wirklichkeit ist die statische Funktion ganz tief drinnen nur eine gute alte Funktion.

Auf Referenzen referenzieren

Dieser Abschnitt dreht sich um all die Vor- und Nachteile, die der Einsatz von Referenzen mit sich bringt. Und wir erwähnen ein paar Dinge über Referenzen selbst.

Wir gehen in diesem Abschnitt davon aus, dass Sie schon wissen, wie Sie beim Schreiben einer Funktion einen Parameter per Referenz übergeben. (Mehr Informationen zur Übergabe von Parametern per Referenz finden Sie in Kapitel 7.) Aber Sie können Referenzen auch für mehr als nur für Parameterlisten nutzen. Sie können eine Variable per Referenztyp definieren. Und wie bei Referenzen für einen Job kann dieser Einsatz von Referenzen sowohl gut als auch schlecht sein. Seien Sie also vorsichtig, wenn Sie damit arbeiten.

Variablen referenzieren

Das Definieren einer Variablen per Referenz ist einfach. Während der Zeiger ein Sternchen * nutzt, kommt bei der Referenz ein kaufmännisches Und (&) zum Einsatz. Aber es gibt noch eine Besonderheit. Sie können die Variable nicht einfach wie folgt definieren:

```
int &BestReference; // Nein! Funktioniert nicht!
```

Wenn Sie das ausprobieren, werden Sie eine Fehlermeldung erhalten: `BestReference declared as reference but not initialized`. Das klingt wie ein Hinweis: Anscheinend müssen Sie sie initialisieren.

Ja, Referenzen müssen initialisiert werden. Wie der Name schon sagt, referenziert oder verweist eine *Referenz* auf eine andere Variable. Diese Bindung lässt sich nachträglich nicht mehr ändern. Daher müssen Sie die Referenz initialisieren, damit sie auf eine andere Variable verweist, zum Beispiel (siehe auch `Reference01`):

```
int ImSomebody;
int &BestReference = ImSomebody;
```

Ab jetzt bis in alle Ewigkeit (oder zumindest solange die Funktion mit diesen beiden Zeilen läuft) referenziert die Variable `BestReference` auf `ImSomebody` – sie ist ein *Alias*.

Und wenn Sie jetzt

```
BestReference = 10;
```

eingeben, setzen Sie tatsächlich `ImSomebody` auf 10. Schauen Sie sich nun diesen Code an, den Sie in ein `main()` stecken können:

```
int ImSomebody;
int &BestReference = ImSomebody;
BestReference = 10;
cout << ImSomebody << endl;
```

Wenn Sie diesen Code ausführen, sehen Sie folgende Ausgabe:

```
10
```

Durch Setzen von `BestReference` auf 10 wird `ImSomebody` auf 10 gesetzt, was Sie sehen, wenn Sie den Wert von `ImSomebody` ausgeben lassen.

Das ist es, was eine Referenz macht: Sie referenziert eine andere Variable.

Da eine Referenz eine andere Variable referenziert, können Sie sie nicht einfach nur auf eine Zahl zeigen lassen, wie zum Beispiel `int &x=10`. Das ist nicht erlaubt. Die Referenz muss immer auf eine Variable verweisen.

Eine Referenz aus einer Funktion zurückgeben

Es ist möglich, eine Referenz von einer Funktion zurückgeben zu lassen. Aber seien Sie vorsichtig, wenn Sie das machen wollen: Geben Sie keine Referenz auf eine lokale Variable einer Funktion zurück – denn wenn die Funktion beendet wird, verschwindet auch der Speicherplatz für die lokalen Variablen. Das wäre nicht gut!

Aber Sie können eine Referenz auf eine globale Variable zurückgeben. Oder – wenn die Funktion eine Mitgliedsfunktion ist – eine Referenz auf eine Mitgliedsvariable.

Hier ist zum Beispiel eine Klasse (siehe auch das Beispiel Reference02) mit einer Funktion, die eine Referenz auf eine ihrer Variablen zurückgibt:

```
class DigInto
{
private:
    int secret;
public:
    DigInto() { secret = 150; }
    int &GetSecretVariable() { return secret; }
    void Write() { cout << secret << endl; }
};
```

Beachten Sie, dass der Konstruktor in der privaten Variablen secret den Wert 150 ablegt. Die Funktion GetSecretVariable() gibt eine Referenz auf diese private Variable zurück. Und die Funktion Write() gibt den Wert der Variablen secret aus. Ganz schön viel Geheimes hier! Und so manche Überraschung, von denen wir Ihnen gleich berichten werden. Sie können diese Klasse wie folgt einsetzen:

```
int main(int argc, char *argv[])
{
    DigInto inst;
    inst.Write();
    int &pry = inst.GetSecretVariable();
    pry = 30;
    inst.Write();
    return 0;
}
```

Wenn Sie diesen Code ausführen, wird Folgendes ausgegeben:

```
150
30
```

Bei der ersten Zeile handelt es sich um den Wert der geheimen Variablen direkt nach dem Erstellen der Instanz. Aber schauen Sie sich den Code genau an: Die Variable mit dem Namen pry ist eine Referenz auf einen Integerwert, und sie erhält das Ergebnis von GetSecretVariable(). Aber wie sieht nun das Ergebnis aus? Eine Referenz auf die private Variable secret – das heißt, pry ist jetzt eine Referenz auf diese Variable. Ja, eine Variable außerhalb der Klasse referenziert nun direkt ein privates Mitglied der Instanz! Danach setzen wir pry auf 30. Rufen wir Write() erneut auf, wird sich die private Variable natürlich ebenfalls geändert haben.

Auf etwas anderes verweisen ... einen Moment

Und jetzt die Eine-Million-Euro-Frage: Nachdem Sie eine Referenz auf eine Variable haben – wie können Sie diese Referenz so ändern, dass sie auf etwas anderes verweist? Bereit für die Antwort? Sie lautet: *Gar nicht.* Ja, das stimmt, und ja, Sie kennen vielleicht ein paar Leute, die es trotzdem geschafft haben. Hier ist die vollständige Geschichte:

Als C++ damals veröffentlicht wurde, haben die Compiler-Firmen ihren Produkten ein paar Extra-Features für Referenzen mitgegeben. Viele ermöglichten es Ihnen, eine Referenz *umziehen* zu lassen – also sie etwas anderes referenzieren zu lassen. Aber als in den späten 1990ern der ANSI-Standard herauskam, wurde diese Praxis dort untersagt. Somit lautet die Regel nun, dass Sie eine Referenz nicht umziehen dürfen. Zudem können Sie keinen Zeiger auf eine Referenz oder eine Referenz haben, die eine Referenz referenziert. Diese ziemlich restriktive Regel löst tatsächlich einige Mehrdeutigkeiten: Stellen Sie sich vor, Sie haben Code geschrieben, der die Adresse einer Referenz haben will, um sie in einer Variablen als Zeiger auf eine Referenz abzulegen: Wenn eine Referenz eine andere Variable referenziert – wollen Sie dann die Adresse dieser anderen Variable haben oder die Adresse der Referenz selbst?

Der Standard schafft hier Klarheit: Sie haben keinen Zeiger auf eine Referenz. Aber interessanterweise lassen es ältere Versionen des GCC-Compilers zu, Code zu schreiben, der die Adresse einer Referenz auszulesen scheint. Tatsächlich erhalten Sie dann aber die Adresse der Variablen, die die Referenz referenziert. Also wieder keine Zeiger auf Referenzen, was bedeutet, dass Sie nicht an die Adresse einer Referenz gelangen können!

Geht das uns nur so, oder ist das wirklich keine gute Sache? Wir haben die Variable privat gemacht. Und jetzt zerstört die Funktion `GetSecretVariable()` den ganzen Schutz, den die private Definition bietet. Die Funktion `main()` konnte eine Referenz darauf ergattern und in der privaten Variablen herumfuschen. In einer privaten Variablen? Das sieht nach Ärger aus!

Hier haben wir es mit einem Problem bei Referenzen zu tun: Sie können Ihren Code offen wie ein Scheunentor machen. Überlegen Sie es sich daher zwei Mal, bevor Sie eine Referenz auf eine Variable zurückgeben. Eines der größten Risiken ist, dass jemand diesen Code nutzt, Referenzen eventuell nicht ganz versteht und daher nicht erkennt, dass die Variable `pry` eine direkte Verbindung zu der privaten Variablen `secret` hat. Solch ein unerfahrener Programmierer schreibt dann eventuell Code, der `pry` verwendet und ändert – ohne zu bedenken, dass die Mitgliedsvariable mit geändert wird. Das führt möglicherweise später zu *fehlerhaften* Ergebnissen – die dann auch noch ziemlich seltsam sind!

 Da Funktionen, die Referenzen zurückgeben, ahnungslosen und unerfahrenen C++-Programmierern eventuell ein bisschen zu viel Macht in die Hände spielen, empfehlen wir, mit Referenzen vorsichtig umzugehen. Sie müssen sie nicht ganz vermeiden – wir schlagen nur vor, aufzupassen. Setzen Sie sie nur ein, wenn Sie das Gefühl haben, dass es wirklich notwendig ist. Aber denken Sie auch daran, dass es in Klassen besser ist, Zugriffsfunktionen zu haben, die die privaten Variablen schützen können.

Nachdem wir nun die üblichen Warnungen abgehakt haben, sollten Sie ruhig daran denken, dass Referenzen sehr mächtig sein können, wenn Sie wissen, was sie tun. Wenn Sie eine Referenz verwenden, können Sie eine andere Variable sehr einfach verändern, ohne mit Zeigern arbeiten zu müssen – das macht das Leben manches Mal einfacher. Also: Seien Sie beim Umgang mit Ihrer neu gewonnenen Macht vorsichtig.

Datenstrukturen erstellen

In diesem Kapitel

▷ Entdecken Sie die verschiedenen Datentypen

▷ Casting und Umwandlung

▷ Verwenden Sie bei den Daten Strukturen

▷ Vergleichen und ändern Sie Strukturen

Die Programmiersprache C++ kennt viele Wege, um *Daten* zu bearbeiten – Zahlen, Zeichen, Zeichenfolgen (Strings), Arrays – alles, was Sie im Arbeitsspeicher des Computers ablegen können. Um C++ optimal einsetzen zu können, müssen Sie so viel wie möglich über die grundlegenden Datentypen wissen. Dieses Kapitel behandelt diese Datentypen und wie Sie sie einsetzen können.

Wir beziehen uns in diesem Kapitel auf den *ANSI-Standard* von C++. ANSI ist das American National Standard Institute. Die Informationen, die wir in diesem Kapitel bereitstellen, haben mit *dem* ANSI-Standard (Einzahl) von C++ zu tun. Glücklicherweise ist der GNU GCC-Compiler, der Bestandteil von Code::Blocks ist, zum ANSI-Standard kompatibel. (Es gibt nur ganz wenige Abweichungen.)

Mit Daten arbeiten

Wir erklären Ihnen in den nächsten Abschnitten, was Sie mit Ihren Daten machen können, behandeln die Datentypen, die Ihnen zur Verfügung stehen, und zeigen Ihnen, wie Sie sie ändern können.

Variablen, Variablen und noch mehr Variablen

Der ANSI-Standard legt diese grundsätzlichen C++-Typen fest:

✔ `char`: Dies ist ein einzelnes Zeichen. Bei den meisten Computern belegt es ein Byte.

✔ `int`: Dies ist eine Ganzzahl (ein Integer). Auf den meisten Computern belegt ein Integerwert vier Bytes – was Sie mit einem Wertebereich von -21474834648 bis 21474834647 versorgt.

✔ `short int`: Dies entspricht von der Größe her einem halben, zwei Bytes großen Kerlchen, das gerade Platz für einen Wertebereich von -32768 bis 32767 bietet.

✔ `long int`: Sie erwarten sicherlich, dass ein `long int` länger ist als ein `int`. Das ist aber beim GCC-Compiler nicht der Fall. Der Compiler kennt zwei Typen: `short int` (zwei Bytes) und `long int` (vier Bytes). Wenn Sie das erste Wort weglassen, geht der Compiler von einem langen `int` aus. Also ist ein `long int` nichts anderes als ein `int`.

✔ bool: Dieser Typ kann entweder den Wert true (wahr) oder false (falsch) annehmen. Im Computer wird ein einziges Byte verbraucht, das als eine Zahl gespeichert wird. Normalerweise wird true als 1 und false als 0 gespeichert. Allerdings sollten Sie bool nicht in eine Zahl umwandeln müssen, sondern Sie vergleichen es einfach nur mit den Werten true oder false.

✔ float: Dies ist eine Zahl mit einem Dezimalzeichen (eine *Gleitkommazahl*). Der ANSI-Standard kennt so etwas nicht, aber GCC verwendet vier Bytes. Wenn Ihr Compiler (wie der GCC) am Standard IEEE 754-1985 hängt, kann ein float jeden Wert zwischen $\pm 1{,}18 \cdot 10^{-38}$ bis $\pm 3{,}4 \cdot 10^{38}$ annehmen.

✔ double: Dies ist ein anderer Typ einer Gleitkommazahl, und er bedeutet *doppeltgenaue Gleitkommazahl*. Auch hier sagt der ANSI-Standard nichts über die Länge der Zahl aus. Der GCC-Compiler verwendet für double acht Bytes. Wenn Ihr Compiler (wie der GCC) am Standard IEEE 754-1985 klebt, speichert ein double jeden Wert zwischen $\pm 2{,}23 \cdot 10^{-308}$ und $\pm 1{,}80 \times 10^{308}$.

✔ long double: Dies ist eine gigantische Größe und gleichzeitig ein Platzfresser. Als dieses Buch geschrieben wurde, beanspruchte long double zwölf Bytes. Allerdings definieren die meisten Compiler den Wertebereich genauso groß wie bei double. Für die Zwölf-Byte-Version von long double gibt es keinen IEEE-Standard.

✔ void: Laut ANSI-Standard handelt es sich hierbei um einen *unvollständigen Typ*. Sie dürfen keine Variable vom Typ void deklarieren. Allerdings dürfen Sie einen Typ *Zeiger auf* void deklarieren.

✔ wchar_t: Heutzutage unterstützen viele Computer ein *Wide Character Set*, einen erweiterten Zeichensatz, der primär internationale, nicht-englische Zeichen enthält. Die Zeichen dieses Zeichensatzes belegen normalerweise zwei Bytes. wchar_t stellt diese Zeichen dar. Einige Betriebssysteme (wie Windows CE) verlangen, dass Sie wchar_t verwenden.

Sie können Variationen dieser Typen verwenden. Sie können Arrays davon haben. Und Sie können einige dieser Typen sogar ein wenig anpassen:

✔ signed: Sie können das Wort signed vor char, short int, int und long int setzen, um signed char, signed short int, signed int und signed long int zu erhalten. Wenn Sie signed verwenden, können Zahlen (und beim char-Typ die ihm zugrunde liegenden Zahlen) sowohl negativ als auch positiv sein.

✔ unsigned: Sie können bei bestimmten Typen unsigned verwenden, um unsigned char, unsigned short int, unsigned int, und unsigned long int zu erhalten. unsigned bedeutet, dass die Zahlen (und beim Typ char die ihm zugrunde liegenden Zahlen) nicht negativ sein können.

Beachten Sie, dass sich die Größe der Variablen nicht ändert, wenn Sie signed oder unsigned verwenden. Es *verschiebt* sich aber der Wertebereich. So reicht zum Beispiel der Wertebereich von signed short int von -32768 bis 32767, was zu 65536 Möglichkeiten führt. Der Wertebereich von unsigned short int geht von 0 bis 65535, was ebenfalls 65536 Möglichkeiten ergibt.

Am einfachsten versteht man, wie vorzeichenbehaftete Ganzzahlen abgelegt werden, wenn man das Hexadezimalsystem nutzt. Die Hexzahlen passen sehr gut zu den Bytes. Ein *unsigned* short int kann jeden hexadezimalen Wert zwischen 0x0000 und 0xffff annehmen. Diese beiden Zahlen entsprechen den Dezimalzahlen 0 und 65535. Wenn Sie die gleichen Zahlen in einen *signed* short int stecken, sehen Sie, wie sie abgelegt sind (siehe auch das Beispiel SignedAndUnsigned):

```
short int hoopla;
hoopla = 0x0000;
cout << "0x0000: " << hoopla << endl;
hoopla = 0x0001;
cout << "0x0001: " << hoopla << endl;
hoopla = 0x7fff;
cout << "0x7fff: " << hoopla << endl:
hoopla = 0x8000;
cout << "0x8000: " << hoopla << endl;
hoopla = 0xffff;
cout << "0xffff: " << hoopla <<;
```

Wenn Sie diesen Code ausführen, erhalten Sie folgendes Ergebnis:

```
0x0000: 0
0x0001: 1
0x7fff: 32767
0x8000: -32768
0xffff: -1
```

Diese Zahlen sind nicht mehr sortiert. Das liegt daran, wie sie abgelegt werden:

✔ Negative Zahlen von -32768 bis -1 werden gespeichert als 0x8000 bis 0xffff.

✔ Die Zahl 0 wird als 0x0000 gespeichert, so wie Sie es erwarten würden.

✔ Positive Zahlen von 1 bis 32767 werden als 0x0001 bis 0x7fff gespeichert.

Die größeren Integertypen verhalten sich ähnlich. Bei signed long int werden die negativen Zahlen als 0x800000000 bis 0xffffffff gespeichert. Die 0 ist 0x00000000. Positive Zahlen liegen im Bereich 0x00000001 bis 0x7fffffff.

Wenn Sie mit den verschiedenen Gleitkommatypen arbeiten, denken Sie an folgende Regel: Es geht nicht um den *Bereich*, es geht um die *Genauigkeit*. Ein double kann nicht einfach nur (betragsmäßig) größere Zahlen als float aufnehmen – es speichert auch mehr Nachkommastellen.

void * ist einfach ein generischer Zeigertyp. Wollen Sie einen Zeiger haben und nicht angeben müssen, auf welchen Typ er zeigen wird, können Sie ihn zu einem void * machen. Wenn Sie eine C++-Anwendung schreiben, die Strukturen aus einer älteren C-Anwendung einsetzt, taucht eventuell void * auf. Falls Sie solch einen Zeiger verwenden, müssen Sie ihn normalerweise in einen anderen Zeigertyp casten (wie zum Beispiel MyStruct *).

Variablen auf beiden Seiten der Macht

Wenn Sie sich Fehlermeldungen anschauen (oder mal einen Blick in den ANSI-Standard werfen!), werden Sie gelegentlich über die Begriffe *Lvalue* und *Rvalue* stolpern. Das *L* und das *R* beziehen sich auf *links* beziehungsweise *rechts*. Bei einer Zuweisung ist ein *Lvalue* ein Konstrukt, das links vom Gleichheitszeichen stehen kann, während es sich bei einem *Rvalue* um einen Ausdruck handelt, der auf der rechten Seite des Gleichheitszeichens stehen kann.

Die Begriffe *Lvalue* und *Rvalue* beziehen sich *nicht* darauf, was auf der linken oder rechten Seite einer Zuweisung geschieht. Es geht nur darum, was auf der jeweiligen Seite *erlaubt* oder *verboten* ist. Sie können auf der linken Seite einer Zuweisung nur *Lvalues* haben, während auf der rechten Seite *Rvalues* stehen müssen.

Ein LValue ist ein Konstrukt, dem man einen Wert zuweisen kann. Ein RValue stellt einen Wert dar, der durch Berechnungen entstanden sein kann. Manchmal wird der RValue auch als *Ausdruck* (expression) bezeichnet.

Hier ein paar Beispiele, bei denen ploggle vom Typ int ist. Das ist erlaubt, weil ploggle ein Lvalue ist:

```
ploggle = 3;
```

Auf der linken Seite können Sie keine Elemente einsetzen, die eindeutig ein Rvalue sind. Der folgende Code ist nicht erlaubt, weil 2 eindeutig ein Rvalue ist:

```
2 = ploggle;
```

Woher wissen wir nun, dass ploggle ein Lvalue ist? Weil es auf der linken Seite einer Zuweisung erscheinen kann. Die Zahl 2 darf nicht auf der linken Seite des Gleichheitszeichens stehen (sie auf etwas zu setzen, ist nicht sinnvoll!), daher ist sie kein Lvalue. Letztendlich *ist alles, was Sie auf etwas setzen können, ein Lvalue.*

Der Hauptgrund, warum Sie diese Begriffe kennen müssen, ist ihre Angewohnheit, in Fehlermeldungen aufzutauchen. Versuchen Sie, die Zeile 2 = ploggle zu kompilieren, und Sie werden – compilerabhängig – eine der folgenden Meldungen bekommen:

✔ Borland C++ Builder: Lvalue required

✔ GCC (Code::Blocks, MinGW oder Cygwin): non-lvalue in assignment

✔ Visual C++: left operand must be an l-value

Wenn Sie mit dem Begriff *Lvalue* nichts anfangen können, führen Sie diese Meldungen leicht in die Irre. Es mag zwar einfach sein, den Fehler in 2 = ploggle zu erkennen, aber manchmal ist das Problem nicht so offensichtlich. Schauen Sie sich diese Zeilen an:

```
ChangeMe() = 10;
DontKnow() = 20;
```

Ist das sinnvoll? Einen Funktionsaufruf auf die linke Seite einer Zuweisung setzen? Mit anderen Worten: Handelt es sich bei den Ausdrücken ChangeMe() und DontKnow() um Lvalues?

Das kommt darauf an. Schauen wir uns den Code aus dem Beispiel `LValueAndRValue` an:

```
int uggle;

int &ChangeMe()
{
    return uggle;
}

int DontKnow()
{
    return uggle;
}
```

Die *Funktion* `ChangeMe` gibt eine Referenz auf einen Integerwert zurück; daher ist diese Zeile korrekt:

```
ChangeMe() = 10;
```

Der *Ausdruck* `ChangeMe()` referenziert eine Variable `uggle`, daher wird durch diese Zeile der Wert 10 in `uggle` gespeichert. Aber die zweite Funktion `DontKnow` gibt nur einen Integerwert zurück (eine Zahl, keine Variable). Daher ist diese Zeile nicht korrekt:

```
DontKnow() = 20;
```

Die linke Seite mit `DontKnow()` ist kein Lvalue, sondern ein Rvalue. Daher kann sie nicht auf der linken Seite einer Zuweisung stehen; somit ist diese Zeile fehlerhaft.

In der Tat, der Compiler beschwert sich nicht beim Kompilieren der ersten Zeile. Für die zweite liefert er aber eine Fehlermeldung:

```
error: non-lvalue in assignment
```

 Die Begriffe *Lvalue* und *Rvalue* sind *keine* C++-Schlüsselwörter. Sie geben sie nicht in einem Programm ein. (Nun, wir vermuten, Sie *könnten* sie als Variablennamen nutzen, aber wir würden es nicht tun – und Ihnen raten wir auch davon ab.)

Ihre Daten verzaubern

Obwohl C++ diese tollen Datentypen wie `int` und `char` kennt, lässt es sich nicht verleugnen: Diese Werte werden als Zahlen abgelegt. Und manchmal haben Sie zwar ein Zeichen, möchten aber dessen zugrunde liegende Zahl nutzen. Dazu können Sie die Daten *casten* (umwandeln).

Zu diesem Zweck nehmen Sie die Variable eines Typs und setzen vor ihren Namen den Typ, den die Variable annehmen soll.

Casting vs. Konvertieren

Die Idee hinter dem Casting ist, Daten zu nehmen und ohne Änderung auf eine andere Art und Weise zu verwenden. Wir könnten zum Beispiel ein Array haben, das die Zeichen Applecrisp enthält. Aber im Speicher wird jeder Buchstabe als Zahl abgelegt. Das A wird zum Beispiel als 65, das p als 112 und das l als 108 gespeichert. Wenn wir wollen, können wir daher jedes Zeichen in einen Integerwert umwandeln. Dazu nutzen wir Code wie den folgenden:

```
cout << (int)(str[loop]) << endl;
```

Dabei ist str der String (Applecrisp) und loop ein Schleifenzähler, der den String durchläuft. Ausgegeben werden die numerischen Äquivalente zu jedem Buchstaben. Mit anderen Worten: Wir casten die Zeichen in Integerwerte – aber wir haben keine Daten geändert. Wir können auch die Daten kopieren:

```
int num = str[0];
```

Dieser Code würde die Daten kopieren, aber auch hier würden sie nicht geändert werden. Wir hätten einfach nur zwei Kopien der gleichen Daten. Darum geht es beim Casten: Die Daten sollen in Form eines anderen Datentyps genutzt werden.

Das Konvertieren ist wiederum etwas anderes. Nehmen wir die Zahl 123. Durch das Casten in einen String erhalten wir nicht den String 123. Der String 123 besteht aus drei Zahlen in Bytegröße: 49, 50 und 51. Ein Casten der Zahl 123 würde uns das aber nicht liefern. Stattdessen müssen Sie die Zahl in einen String konvertieren.

Aber wie bei den meisten Regeln gibt es auch hier eine Ausnahme. Sie kommt ins Spiel, wenn zwischen Gleitkomma- und Integerzahlen konvertiert wird. Statt eine Konvertierungsfunktion zu verwenden, wandelt der C++-Compiler automatisch von Gleitkomma nach Integer und zurück um, wenn Sie versuchen, das eine in das andere zu casten. Uff. Das ist so ganz entgegen der üblichen Regel. Seien Sie daher also vorsichtig. Hier ein Beispiel für das Umwandeln einer Fließkommazahl in einen Integerwert:

```
float f = 6.3;
int i = (int)f;
```

Das Verrückte daran ist, dass Sie das Gleiche auch machen können, ohne einen Cast einzusetzen. Sie erhalten dann aber vom Compiler eine Warnung:

```
float f = 6.3;
int i = f;
```

Die Warnung ist berechtigt, immerhin verlieren Sie bei der Umwandlung ganze 0.3, die eine ganzzahlige Variable nicht aufnehmen kann. Mit einem Casting übernehmen Sie als Programmierer die Verantwortung. Darum warnt dann der Compiler auch nicht mehr.

Dieser Typ muss so in (runden) Klammern stehen, wie es hier das Beispiel SimpleCast zeigt:

```
char buddy = 'A';
int underneath = (int)buddy;
cout << underneath << endl;
```

Wenn Sie diesen Code ausführen, erhalten Sie als Ausgabe 65. Würden Sie ein kleines a statt des großen A nehmen, würden Sie 97 erhalten, weil große und kleine Buchstaben unterschiedliche numerische Werte haben.

 In der guten alten Zeit, als es nur C gab, war das Casten ein gern verwendeter Weg, um Daten zu konvertieren – *aber er kann gefährlich sein*. In C konnten Sie einen beliebigen Datentyp nehmen und ihn in einen beliebigen anderen Typ konvertieren. Die Idee war, dass Sie mit der Sprache alles am System ändern können sollten (na gut, fast alles). Aber mit der Zeit ist einigen Leuten klar geworden, dass das vielleicht keine so gute Idee sein könnte. (Die Stimme aus dem Off wurde immer lauter: »Hey, Fehler, kommt alle zu mir!«) Wir zeigen Ihnen also zwar, wie Sie einen Cast durchführen, aber *Sie sollten versuchen, ihn zu vermeiden*. Konzentrieren Sie sich stattdessen lieber auf das Konvertieren (bei dem manchmal eine Cast-ähnliche Syntax genutzt wird) oder auf *sichere Casts* (»Safe Casts«). Sie erfahren in Kapitel 9 mehr darüber.

Strukturieren Sie Ihre Daten

Bevor C++ das Licht der Welt erblickte, besaß C so etwas Ähnliches wie Klassen, das *Strukturen* genannt wurde. Der Unterschied liegt darin, dass Strukturen nur Mitgliedsvariablen, aber keine Mitgliedsfunktionen besitzen. Hier ein Beispiel für eine Struktur:

```
struct Dimensions
{
    int height;
    int width;
    int depth;
    int weight;
    int price;
}
```

Dieser Codeblock ähnelt einer Klasse: Es gibt Mitgliedsvariablen, aber keine Funktionen. Zudem gibt es keinerlei Zugriffskontrolle (wie public, private oder protected).

Aber die Designer von C++ haben ihre Sprache nicht nur mit Klassen ausgestattet, sondern auch die Strukturen in C++ erweitert. Sie können sie nun viel besser nutzen als in C. Der größte Unterschied zu den alten C-Strukturen ist, dass sie Mitgliedsfunktionen und Zugriffskontrolle besitzen können. Wir sind nun in der Lage, die Struktur Dimensions mit ein paar Add-ons auszustatten:

```
struct Dimensions
{
private:
    int price;
public:
    int height;
    int width;
    int depth;
    int weight;
    int GetPrice() { return Price; }
}
```

Dann können wir in unserem Code eine Instanz von `Dimensions` anlegen:

```
Dimensions FirstItem;
Dimensions *SecondItem = new Dimensions;
```

Das ist doch interessant, oder? Sie sind der Meinung, dieser `struct`-Kram sieht _verdächtig_ wie eine Klasse aus? Hmm. Na, wie es der Zufall so will, _ist_ der `struct`-Code eine `class`.

 Als der großartige Vater von C++ (Bjarne Stroustrup) seine Sprache entwarf, erweiterte er die Strukturen so sehr, dass Klassen und Strukturen _identisch_ wurden – mit einer Ausnahme: Mitglieder einer Struktur sind standardmäßig öffentlich. Mitglieder einer Klasse sind hingegen standardmäßig privat.

Das ist nett. Aber wie nutzen Sie eine Struktur? Na ja, das ist eigentlich egal. Die meisten C++-Programmierer haben heutzutage nichts mit Strukturen zu tun.

 Manche C++-Programmierer verwenden bei Strukturen eine bestimmte Konvention. Wenn eine Klasse nur öffentliche Mitgliedsvariablen und keine Mitgliedsfunktionen besitzt, machen sie aus ihr eine Struktur.

Mit anderen Worten – Programmierer nutzen Strukturen für einfache Datentypen, die selbst nur eine Zusammenfassung kleinerer Datentypen sind. (Also nutzen sie Strukturen so, wie sie in C verwendet wurden.) Das ist eine ziemlich gute Idee. In den folgenden Abschnitten geht es um die Details solcher Datenstrukturen. (Und es ist auch gut, dass C++ weiterhin Strukturen kennt, denn viele Leute haben alten C-Code genommen und ihn mit einem C++-Compiler neu kompiliert.)

 Wenn Sie mit C vertraut sind und C++ gerade erst erlernen, ist es vielleicht von Interesse, dass Sie in C++ beim Definieren einer Variablen, die einen Strukturtyp besitzt, nur den Namen der Struktur angeben müssen. Das Schlüsselwort `struct` ist nicht mehr notwendig. Daher lässt sich

```
struct Dimensions another;
```

in C++ weiterhin kompilieren, aber Sie benötigen eigentlich nur

```
Dimensions another;
```

Strukturen als Komponenten-Datentypen

Strukturen werden häufig als komplexer Datentyp genutzt, der aus anderen Datentypen zusammengesetzt ist. So besitzen zum Beispiel viele Betriebssysteme, die mit Grafiken zu tun haben, Bibliotheken, die eine `Point`-Struktur erfordern. Üblicherweise ist eine `Point`-Struktur einfach eine Gruppierung einer x- und einer y-Koordinate.

Eine solche Struktur ließe sich wie folgt deklarieren:

```
struct Point
{
    int x;
    int y;
}
```

Wenn Sie dann eine Funktion aufrufen müssen, die solch eine Struktur erfordert – zum Beispiel die Funktion `DrawDot`, die wir uns für dieses Beispiel ausgedacht haben –, definieren Sie einfach einen `Point` und rufen die Funktion wie folgt auf:

```
Point onedot;
onedot.x = 10;
onedot.y = 15;
DrawDot(onedot);
```

Die Funktion `DrawDot` besitzt dabei folgenden Prototyp:

```
void DrawDot(Point pt);
```

Beachten Sie, dass die Funktion weder einen Zeiger auf einen `Point` noch eine Referenz erwartet. Sie nutzt den `Point` direkt.

Wenn Sie wollen, können Sie die Mitglieder einer Struktur genauso initialisieren wie bei einem Array:

```
Point seconddot = { 30, 50 };
DrawDot(seconddot);
```

Strukturen gleichsetzen

Es ist nicht schwer, einfache Strukturen einzurichten, die gleich sind. Der C++-Compiler kümmert sich automatisch darum, indem er alle Mitglieder einzeln kopiert. Das Beispiel `EquateStruct` in Listing 13.1 ist ein Beispiel für dieses Vorgehen.

```
#include <iostream>

using namespace std;

struct Point3D
{
    double x;
    double y;
    double z;
};

int main()
{
    Point3D FirstPoint = { 10.5, 22.25, 30.8 };
    Point3D SecondPoint = FirstPoint;
    cout << SecondPoint.x << endl;
    cout << SecondPoint.y << endl;
    cout << SecondPoint.z << endl;
    return 0;
}
```

Listing 13.1: Strukturen einfach kopieren

Weil Strukturen fast identisch mit Klassen sind, können Sie Listing 13.1 einfach anpassen und die Definition der Struktur durch folgende Definition einer Klasse ersetzen. Die Anwendung wird dann genauso funktionieren:

```
class Point3D
{
public:
    double x;
    double y;
    double z;
}
```

Unabhängig vom gewählten Beispiel ist die Ausgabe die gleiche. Wenn Sie die Anwendung ausführen, erhalten Sie dieses Ergebnis:

```
10.5
22.25
30.8

Process returned 0 (0x0)   execution time : 0.015 s
Press any key to continue.
```

Strukturtypen zurückgeben

Da einfache Strukturen nicht mehr als eine Zusammenfassung kleinerer Datenelemente sind, können Sie sie als eine Dateneinheit betrachten. Aus diesem Grund lassen sie sich auch einfach von Funktionen zurückgeben, ohne dass Sie Zeiger verwenden müssten.

Die folgende Funktion (siehe das Beispiel `CompoundData`) zeigt, wie Sie eine Struktur zurückgeben:

```
Point3D StartingPoint(float x)
{
    Point3D start;
    start.x = x;
    start.y = x * 2;
    start.z = x * 3;
    return start;
}
```

Diese Funktion nutzt die Struktur `Point3D`, die im Abschnitt *Strukturen gleichsetzen* weiter oben definiert wurde. Die Funktion lässt sich dann zum Beispiel mit folgendem Code aufrufen:

```
Point3D MyPoint = StartingPoint(5.2);
Point3D OtherPoint = StartingPoint(6.5);
cout << MyPoint.x << endl;
cout << MyPoint.y << endl;
cout << MyPoint.z << endl;
cout << endl;
cout << OtherPoint.x << endl;
cout << OtherPoint.y << endl;
cout << OtherPoint.z << endl;
```

Diese cout-Anweisungen sorgen für folgende Ausgabe:

```
5.2
10.4
15.6

6.5
13
19.5

Process returned 0 (0x0)   execution time : 0.125 s
Press any key to continue.
```

Beachten Sie, dass wir in der Funktion einfach eine lokale Variable vom Typ `Point3D` erstellt haben. Diese Variable ist kein Zeiger und auch keine Referenz. Am Ende der Funktion haben wir sie zurückgegeben. Beim Aufruf wurde der Wert der zurückgegebenen Struktur in unsere eigenen Variablen kopiert – zuerst nach `MyPoint`, dann nach `OtherPoint`.

Vielleicht fragen Sie sich, ob die Rückgabe einer Struktur (oder Instanz einer Klasse, was das Gleiche ist) nicht zu Problemen führt. Kann das funktionieren? Nun ja, es tut es, aber im Hintergrund muss einiges passieren. Wenn Sie in der Funktion eine Instanz der Struktur erstellen, legen Sie nicht einfach nur eine lokale Variable an. Denn *die* wollen Sie nicht zurückgeben – die würde auf dem Stack nur als lokale Variable sitzen. Schauen Sie sich aber diesen Aufruf an:

```
Point3D MyPoint = StartingPoint(5.2);
```

Auf Assemblerebene erhält die Funktion `StartingPoint()` die Adresse von `My-Point`. Am Ende der Funktion kopiert dann der kompilierte Code den Inhalt der lokalen Variablen (in diesem Fall `start`) mithilfe der übergebenen Adresse in die Struktur `MyPoint`. Es wird also nichts direkt *zurückgegeben*, sondern die Daten werden kopiert. Enthält also Ihre Struktur (zum Beispiel) eine Zeigervariable, erhalten Sie auch eine Kopie der Zeigervariablen – der Inhalt zeigt auf das Gleiche wie der Zeiger in der Funktion. Das mag von Ihnen so gewollt sein, vielleicht aber auch nicht. Passen Sie also auf und sorgen Sie dafür, dass Sie wissen, was Sie tun, wenn Sie eine Struktur aus einer Funktion zurückgeben.

Geben Sie Ihrem Raum einen Namen

Oft ist es sehr hilfreich, einer Variablen oder einem anderen Element einen beschreibenden Namen geben zu können, ohne dass man sich Sorgen machen muss, dass dieser mit einem bestehenden Bezeichner kollidiert. Vielleicht haben Sie irgendwo in einer Headerdatei eine globale Variable angelegt, die `Count` heißt, und irgendjemand verwendet bereits diesen Namen für eine eigene globale Variable. Oder Sie wollen eine Funktion `GetData()` nennen – aber wie können Sie sicher sein, dass diejenigen, die Ihre Funktion nutzen, keine Headerdatei einbinden, die von einem Dritten stammt, der ebenfalls eine Funktion `GetData()` geschrieben hat? Gibt es einen Kampf auf Leben und Tod zwischen den beiden Funktionen? Das wäre nicht gut. Was können Sie also tun, um solche Konflikte zu vermeiden?

Sie können Namensräume verwenden. Ein *Namensraum* ist einfach eine Möglichkeit, Bezeichner zu gruppieren, zum Beispiel alle Klassen. Nennen Sie diese Gruppe zum Beispiel `Menagerie`, wäre das Ihr Namensraum. Dann bringen Sie Ihre Klassen so dort unter, wie es das folgende Beispiel `SimpleNamespace` zeigt:

```
namespace Menagerie
{
    class Oxen {
    public:
        int Weight;
        int NumberOfTeeth;
    };
    class Cattle {
    public:
        int Weight;
        int NumberOfChildren;
    };
}
```

Die Namen Oxen (Ochse) und Cattle (Rind) sind im Namensraum Menagerie eindeutig. Sie dürfen sie aber in anderen Namensräumen einsetzen, ohne sich Sorgen machen zu müssen, dass es zu Konflikten kommt. Wenn Sie eine der beiden Klassen aus dem Namensraum Menagerie nutzen wollen, geben Sie deren Namen *vollständig qualifiziert* an, zum Beispiel so (beachten Sie die doppelten Doppelpunkte zwischen Menagerie und Cattle):

```
Menagerie::Cattle bessie;
bessie.Weight = 643;
```

 Anders als die Deklaration von Klassen und Strukturen muss die Deklaration eines Namensraums *nicht* mit einem Semikolon enden.

Wollen Sie die Namen im Namensraum Menagerie nutzen, ohne den Namensraum selbst jedes Mal mit angeben zu müssen, fügen Sie nach der Deklaration des Namensraums (aber vor dem Einsatz der Namen Cattle oder Oxen in Ihrem Code) folgende Zeile ein:

```
using namespace Menagerie;
```

Dann können Sie auf die Namen so zugreifen, als ob sie sich nicht in einem Namensraum befunden hätten:

```
Cattle bessie;
bessie.Weight = 643;
```

 Wenn Sie eine Zeile using namespace einbinden, greift der Compiler nur für die folgenden Zeilen darauf zurück. Schauen Sie sich diesen Code an:

```
void cattleranch()
{
    Cattle x;
}

using namespace Menagerie;

void dairy()
{
    Cattle x;
}
```

Hier ließe sich die erste Funktion nicht kompilieren, weil der Compiler den Namen Cattle nicht kennt. Damit fehlerfrei kompiliert werden kann, müssen Sie Cattle durch Menagerie::Cattle ersetzen. Die zweite Funktion hingegen lässt sich kompilieren – dank der Hilfe unseres Freunds using namespace.

Die Zeile using namespace kann nur von Zeilen genutzt werden, die ihr folgen. Und wenn Sie using namespace in einen Codeblock – also in geschweifte Klammern wie bei einer Funktion – stecken, gilt der Namensraum nur für die Zeilen *innerhalb des gleichen Codeblocks*. Ändern wir den obigen Code ein wenig ab:

```
void cattleranch()
{
    using namespace Menagerie;
    Cattle x;
}

void dairy()
{
    Cattle x;
}
```

Nun kann der Compiler die erste Funktion cattleranch() problemlos kompilieren, nicht aber die zweite, dairy(). Die Zeile using namespace gilt nur für die Funktion cattleranch() – sie befindet sich in deren Codeblock.

Haben Sie in Ihrem Code eine Zeile mit using namespace stehen, heißt das nicht, dass Variablen oder Bezeichner, die darauf folgen, *Teil* des Namensraums werden. Die Zeile weist den Compiler nur an, nachfolgende Bezeichner im angegebenen Namensraum zu suchen.

Haben Sie mehrere Zeilen mit using namespace und verschiedene Namensräume, merkt sich der Compiler diese. Die Zeilen

```
using namespace Menagerie;
using namespace Ocean;
```

führen also dazu, dass Sie nun Bezeichner sowohl aus Menagerie als auch aus Ocean nutzen können.

Einen Namensraum an vielen Stellen erzeugen

Nachdem Sie einen Namensraum angelegt haben, können Sie später im Code Elemente dort hinzufügen. Sie müssen dazu nur den ersten Codeblock mit namespace enagerie { beginnen und mit einer schließenden geschweiften Klammer beenden. Später im Code machen Sie das Gleiche – Sie beginnen den Block erneut mit namespace Menagerie { und beenden ihn mit einer schließenden geschweiften Klammer. Die Bezeichner in beiden Blöcken werden dann Teil des namespace Menagerie.

Variablen und Teile eines Namensraums verwenden

Sie können Variablen in einen Namensraum stecken und sich dann später über den Namensraum darauf beziehen:

```
namespace Menagerie
{
    int CattleCount;
}
```

Später – zum Beispiel in main() – geht das:

```
Menagerie::CattleCount = 10;
```

Aber denken Sie daran: *Ein Namensraum ist keine Klasse!* Es gibt nur eine Instanz der Variablen CattleCount – sie hat den vollständigen Namen Menagerie::CattleCount. Sie können auch nicht mehrere Instanzen von Menagerie erzeugen – es ist ein Namensraum. Stellen Sie ihn sich wie einen Nachnamen vor: Es kann mehrere Personen mit dem Vornamen Johann geben; um sie zu unterscheiden, nimmt man den Nachnamen dazu: Johann Squibbeldasch und Johann Poltzerbuck. Auch wenn der Nachname in Menagerie::CattleCount an erster Stelle steht – der Vergleich passt schon ganz gut. Sie können mehrere Variablen CattleCount nennen – zum Beispiel im Namensraum Menagerie und im Namensraum Farm. Die vollständigen Namen wären dann Menagerie::CattleCount und Farm::CattleCount.

Wollen Sie nur einen Teil eines Namensraums nutzen, können Sie das auch tun. Mit dem weiter oben deklarierten Namensraum Menagerie können Sie zum Beispiel Folgendes schreiben:

```
using Menagerie::Oxen;
Oxen ollie;
```

(Achtung: Hier steht nach using kein namespace.) Die erste Zeile informiert den Compiler über den Namen Oxen, die zweite erzeugt eine Instanz von Oxen. Wenn Sie using namespace Menagerie im Einsatz haben, ist using Menagerie::Oxen natürlich nicht sehr sinnvoll, weil Oxen schon vorhanden ist.

Stellen Sie sich eine using-Deklaration so vor, als ob ein Name in den aktuellen Namensraum geholt wird. Eine Deklaration wie using Menagerie::Oxen holt daher den Namen Oxen in den aktuellen Namensraum. Dieser Name existiert dann in beiden Namensräumen.

Der Standardnamensraum

Früher oder später wird Ihnen so etwas wie das Folgende über den Weg laufen:

```
std::cout << "Hallo" << std::endl;
```

Eigentlich stecken nämlich cout, cin, endl und alles andere aus #include <iostream> in einem Namensraum std (eine Kurzform von *Standard*). Aber wir finden das nicht sehr attraktiv. Wir haben keine Lust, bei jedem cout oder endl (oder irgendetwas anderem aus iostream) den Namen eines Namensraums und zwei Doppelpunkte schreiben zu müssen. Was ist deshalb zu tun, um das zu vermeiden? Sie fügen am Anfang Ihrer Anwendung – aber nach den include-Zeilen – einfach Folgendes ein:

```
using namespace std;
```

Um zu verstehen, wie ein Name Teil von zwei Namensräumen werden kann, schauen Sie sich das Beispiel Namespace aus Listing 13.2 an.

```
#include <iostream>

using namespace std;

namespace A
{
    int X;
}

namespace B
{
    using A::X;
}
int main()
{
    A::X = 2;
    cout << B::X << endl;
    return 0;
}
```

Listing 13.2: Mit using übernehmen Sie Namen in andere Namensräume.

Dieser Code besitzt die beiden Namensräume A und B. Der erste Namensraum A enthält die Variable X. Der zweite Namensraum B nutzt eine using-Anweisung, die den Namen X zu sich holt. Die eine Variable, die in A lebt, ist nun Teil beider Namensräume. main() zeigt, dass dem wirklich so ist: Sie legt einen Wert in der Variablen X des Namensraums A ab und gibt den Wert X des Namensraums B aus. Und tatsächlich ist das Ergebnis:

2

A::X und B::X *beziehen sich beide auf die gleiche Variable* – dank der using-Deklaration!

Konstruktoren, Destruktoren und Exceptions

14

In diesem Kapitel

▶ Konstruktoren schreiben

▶ Verschiedene Arten von Konstruktoren einsetzen

▶ Destruktoren schreiben

▶ Die Reihenfolge bei der Konstruktion und Destruktion verstehen

▶ Exceptions werfen und fangen

*J*etzt geht es ans Eingemachte. In diesem Kapitel geht es um drei wichtige Themen: Konstruktoren, Destruktoren und Exceptions (Ausnahmen). Es ist sehr wichtig, vollständig zu verstehen, was in Konstruktoren und Destruktoren vorgeht. Je besser Sie deren Arbeit durchdringen, desto geringer ist die Gefahr, dass Sie Code schreiben, der nicht so funktioniert, wie Sie es sich vorgestellt haben, oder der Fehler erzeugt.

Exceptions (Ausnahmen) sind ebenfalls wichtig, denn mit ihnen können Sie Fehlersituationen handhaben – Probleme also dann behandeln, wenn sie auftreten.

Viele Entwickler sind der Meinung, dass Konstruktoren, Destruktoren und Exceptions ausgesprochen einfach seien. Tatsächlich würden viele bezweifeln, dass sich damit ein ganzes Kapitel füllen ließe – aber es geht problemlos. Nachdem Sie dieses Kapitel gelesen haben, sollten Sie sich in diesen Themen zu Hause fühlen.

Objekte mit Konstruktor und Destruktor erschaffen und zerstören

Klassen sind kleine Sensibelchen. Sie wollen unbedingt mitreden, wenn es darum geht, wie man sie erzeugt. Aber das ist schon in Ordnung. Wir sind Programmierer und wir tun gerne das, was der Computer von uns erwartet (und nicht andersherum). Daher haben uns die weisen Väter von C++ Konstruktoren mitgegeben. *Konstruktoren* sind Mitgliedsfunktionen, die die Anwendung aufruft, wenn sie eine Instanz erzeugt. *Destruktoren* sind wiederum die Mitgliedsfunktionen, die die Anwendung ruft, wenn eine Instanz zerstört wird.

Eine Klasse kann mehrere Konstruktoren haben. Es sind beliebig viele denkbar. Bei den Destruktoren gibt es nicht so viele – nämlich immer nur genau einen. In den folgenden Abschnitten erhalten Sie alle Informationen, die Sie benötigen, um Konstruktoren bei Bedarf problemlos Ihren Klassen hinzuzufügen.

Wenn Sie sich mit älterem C++-Code beschäftigen, finden Sie mit ziemlicher Sicherheit in einer Klassendefinition vor einem Konstruktor das Wort `virtual`. Die Idee dahinter ist, dass Sie einen Konstruktor überschreiben können, wenn Sie eine neue Klasse ableiten – daher sollten Sie ihn `virtual` machen. Aber in ANSI-C++ wird dieses Konstrukt nicht unterstützt. Ein Konstruktor kann hier nicht `virtual` sein. Schreiben Sie dieses Wort vor einen Konstruktor, erhalten Sie einen Fehler beim Kompilieren. Sehen Sie eine ältere Klasse mit einem virtuellen Konstruktor, legen Sie die Konstruktoren so an, wie Sie es normalerweise in der abgeleiteten Klasse machen würden – dann passt das schon. (Leider passt es eben nicht für die vielen C++-Programmierer, die jahrelang ihre Konstruktoren virtuell gemacht haben. Die dürfen sich jetzt mit der Löschtaste beschäftigen.)

Konstruktoren überladen

Sie können für Ihre Klasse mehrere Konstruktoren definieren. Der Anwender Ihrer Klasse wählt dann den passenden Konstruktor anhand der Parameter aus, mit denen er deklariert ist. Stellen Sie sich vor, Sie haben eine Klasse `Clutter` und sehen nun die folgenden beiden Codezeilen:

```
Clutter inst1("Jim");
Clutter inst2(123, "Sally");
```

Diese beiden Zeilen nutzen unterschiedliche Parametertypen. Jede greift damit auf einen anderen Konstruktor der gleichen Klasse zu.

Das mehrfache Deklarieren von Konstruktoren nennt man *Überladen* (*Overloading*) des Konstruktors. Das Beispiel `Constructor01` zeigt, wie Sie eine Klasse `Clutter` mit zwei Konstruktoren erstellen:

```
class Clutter
{
protected:
    string ChildName;
    int Toys;
public:
    Clutter(int count, string name)
    {
        ChildName = name;
        Toys = count;
    }
    Clutter(string name)
    {
        ChildName = name;
        Toys = 0;
    }
};
```

Der Compiler ermittelt dann abhängig von den Parametern, welche Version des überladenen Konstruktors zu nutzen ist. Daher müssen sich die Konstruktoren in ihren Parameterlisten unterscheiden – genauer ausgedrückt in den *Typen* der Parameter. Es reicht nicht, nur die Namen zu ändern! Wenn sich die Parameterlisten nicht unterscheiden, kann der Compiler nicht ermitteln, welche Version er nutzen soll, und Sie erhalten eine Fehlermeldung, wenn Sie versuchen, die Klassendefinition zu kompilieren.

Wenn an Ihren Konstruktor kein Parameter übergeben wird, der in anderen überladenen Versionen mitgegeben wird, sollten Sie die zugehörige Variable im Code des Konstruktors initialisieren. So bekommt zum Beispiel der zweite Konstruktor keinen Parameter für `Toys` übergeben, daher setzt der Konstruktor-Code diese Variable auf `0`.

Wenn Sie mehrere Konstruktoren haben, wird es einfacher, Ihre Klasse flexibel einzusetzen. Der Anwender hat so mehr Möglichkeiten, sie zu verwenden und die Instanzen abhängig von der Situation verschieden zu konfigurieren. Zudem zwingen die Konstruktoren den Anwender dazu, die Instanzen nur so zu konfigurieren, wie Sie es zulassen.

Mitglieder initialisieren

Der ANSI-Standard bietet eine Möglichkeit, Mitgliedsvariablen einzurichten: die Initialisierer. Ein *Initialisierer* steht in der gleichen Zeile wie der Konstruktor in der Klassendefinition. Ist der Konstruktor nicht *inline* definiert – also nicht im Klassen-Codeblock –, steht er beim Konstruktor im Code außerhalb der Klassendefinition.

Im Beispiel `Constructor02` sehen Sie, wie Sie Initialisierer direkt in der Klassendefinition hinzufügen:

```
class MySharona
{
protected:
    int OneHitWonders;
    int NumberRecordings;
public:
    MySharona() : OneHitWonders(1), NumberRecordings(10) {}
};
```

Wenn Sie eine Instanz dieser Klasse erstellen, erhält das Mitglied `OneHitWonders` den Wert `1` und das Mitglied `NumberRecordings` den Wert `10`. Beachten Sie die Syntax: Auf den Namen des Konstruktors und dessen Parameterliste (die hier leer ist) folgt ein einzelner Doppelpunkt. Danach folgen die Mitgliedsvariablen, bei denen jeweils in Klammern der initiale Wert angegeben ist. Getrennt werden die Variablen durch Kommata.

Auf die Mitgliedsvariablen folgt die öffnende geschweifte Klammer für den Code, den Sie in den Konstruktor schreiben wollen. In diesem Fall haben wir keinen Code, daher kommt direkt die schließende geschweifte Klammer.

Sie können beliebige Mitgliedsvariablen der Klasse in die Initialisiererliste stecken, aber Sie müssen dort nicht alle aufnehmen. Sie können hier nur Mitglieder aufnehmen, die es in der Klasse selbst gibt.

Sie können diese initialen Werte auch über den Konstruktor hereinreichen. Hier eine leicht angepasste Version der gleichen Klasse. Dieses Mal hat der Konstruktor einen Parameter, den wir im Member `NumberRecordings` ablegen:

```
class MySharona
{
protected:
    int OneHitWonders;
    int NumberRecordings;
public:
    MySharona(int Records) : OneHitWonders(1),
        NumberRecordings(Records) {}
};
```

Indem Sie einen Konstruktor mit einer Initialisiererliste verbinden, können Sie verschiedene Initialisierer für die unterschiedlichen Konstruktoren nutzen. Sie sind nicht darauf beschränkt, die Daten in allen Konstruktoren gleich zu initialisieren.

Vielleicht ist Ihnen aufgefallen, dass das Format der Member-Initialisierung dem des Initialisierens eines geerbten Konstruktors ähnelt. Schauen Sie sich an, wie wir den Konstruktor der Basisklasse in diesem Code aufrufen:

```
class MusicInfo
{
public:
    int PhoneNumber;
    MusicInfo(int Phone) : PhoneNumber(Phone) {}
};

class MySharona : public MusicInfo
{
protected:
    int OneHitWonders;
    int NumberRecordings;
public:
    MySharona(int Records) : OneHitWonders(1),
        NumberRecordings(Records),
        MusicInfo(8675309) {}
};
```

In der Klasse `MySharona` werden die Mitgliedsvariablen initialisiert, und es wird der Basisklassenkonstruktor aufgerufen – und das alles in der Initialisierung. Der Aufruf des Basisklassenkonstruktors sieht so aus:

```
MusicInfo(8675309)
```

Beachten Sie aber, dass wir dem Konstruktor eine Zahl übergeben. Der Konstruktor von `MusicInfo` erwartet eine einzelne Zahl als Parameter und nutzt sie, um das Mitglied `Phone` zu initialisieren:

```
MusicInfo(int Phone) : PhoneNumber(Phone) {}
```

Deshalb wird immer dann, wenn jemand eine Instanz der Klasse `MySharona` erzeugt, das geerbte Mitglied `PhoneNumber` automatisch mit 8675309 initialisiert.

Sie können also eine Instanz von `MySharona` wie folgt erstellen:

```
MySharona CD(20);
```

Bei dieser Instanz erhalten die Mitgliedsvariablen zu Beginn die Werte `OneHitWonders = 1`, `NumberRecordings = 20` und `Phone = 8675309`. Das Einzige, was der Anwender hier angeben kann, ist der Wert für `NumberRecordings`. Die anderen beiden Mitglieder werden automatisch durch die Klasse gesetzt.

Aber Sie müssen es nicht auf diese Weise machen. Vielleicht sollen die Anwender dieser Klasse auch die `PhoneNumber` angeben können, wenn sie eine Instanz erstellen. Hier eine angepasste Form, die das für Sie erledigt:

```
class MusicInfo
{
public:
    int PhoneNumber;
    MusicInfo(int Phone) : PhoneNumber(Phone) {}
};

class MySharona : public MusicInfo
{
protected:
    int OneHitWonders;
    int NumberRecordings;
public:
    MySharona(int Records, int Phone) : OneHitWonders(1),
        NumberRecordings(Records), MusicInfo(Phone) {}
};
```

Schauen Sie sich den Unterschied genau an: Der Konstruktor für die Klasse `MySharona` besitzt nun zwei Parameter. Der zweite ist ein Integerwert, und wir reichen diesen weiter an die Basisklasse:

```
MusicInfo(Phone)
```

Um diese Klasse zu verwenden, können Sie zum Beispiel folgenden Code nutzen:

```
MySharona CD(20, 5551212);
```

Diese Codezeile erstellt eine Instanz von MySharona mit den Mitgliedern OneHitWonders = 1, NumberRecordings = 20 und Phone = 5551212.

Haben Sie überladene Konstruktoren, können Sie unterschiedliche Initialisierungen vornehmen. Schauen Sie sich zum Beispiel diesen nochmals leicht angepassten Code an (den Sie in Beispiel Constructor02 finden):

```
class MusicInfo
{
public:
    int PhoneNumber;
    MusicInfo(int Phone) : PhoneNumber(Phone) {}
};

class MySharona : public MusicInfo
{
protected:
    int OneHitWonders;
    int NumberRecordings;
public:
    MySharona(int Records, int Phone) : MusicInfo(Phone),
        OneHitWonders(1), NumberRecordings(Records) {}
    MySharona(int Records) : MusicInfo(8675309),
        OneHitWonders(1), NumberRecordings(Records) {}
};
```

Diese Klasse hat nun zwei Konstruktoren. Wir haben die letzten beiden Versionen kombiniert, was es Ihnen ermöglicht, sich nun einen der beiden Konstruktoren auszusuchen. Die folgenden beiden Variablen nutzen das aus:

```
MySharona CD(20, 5551212);
MySharona OldCD(30);
cout << CD.PhoneNumber << endl;
cout << OldCD.PhoneNumber << endl;
```

Führen Sie diese cout-Zeilen aus, und Sie erhalten unterschiedliche Werte für die Phone-Number-Mitglieder. Das erste übergibt einen konkreten Wert; das zweite akzeptiert einen Standardwert:

```
5551212
8675309
```

Sie sollten die Werte der Basisklasse als Erstes initialisieren. Ansonsten ist es sehr wahrscheinlich, dass der Compiler beim Kompilieren Warnungen anzeigt.

Wenn der einzige echte Unterschied zwischen verschiedenen Konstruktoren nur ein vom Benutzer angegebener oder eben nicht angegebener Wert ist (wie im vorigen Beispiel), gibt es eine bessere Vorgehensweise. Konstruktoren (und alle anderen Funktionen in C++) können Standardwerte haben. Das Beispiel `Constructor03` verkürzt das letzte Beispiel durch deren Einsatz. Das Ergebnis ist das gleiche:

```
class MusicInfo
{
public:
    int PhoneNumber;
    MusicInfo(int Phone) : PhoneNumber(Phone) {}
};

class MySharona : public MusicInfo
{
protected:
    int OneHitWonders;
    int NumberRecordings;
public:
    MySharona(int Records, int Phone=8675309) :
        MusicInfo(Phone), OneHitWonders(1),
        NumberRecordings(Records) {}
};
```

Bei diesem Code besitzt der zweite Parameter des Konstruktors ein Gleichheitszeichen und eine darauffolgende Zahl. Dies bedeutet, dass der Anwender dieser Klasse den zweiten Parameter nicht angeben muss. Fehlt er, wird automatisch der Wert 8675309 verwendet.

Sie können in Konstruktoren und anderen Funktionen so viele Standardparameter nutzen, wie Sie wollen. Diese müssen aber am Ende der Parameterliste stehen. Wenn ein Parameter einen Standardwert hat, müssen auch alle dann noch folgenden Parameter in der Liste einen Standardwert erhalten. Daher ist dieser Code hier nicht zulässig:

```
MySharona(int Records=6, int Phone) :
    MusicInfo(Phone), OneHitWonders(1),
        NumberRecordings(Records) {}
```

Für diese Einschränkung gibt es einen guten Grund: Ruft der Anwender den Konstruktor auf (indem er eine Variable vom Typ `MySharona` erstellt), gibt es keine Möglichkeit, den ersten Parameter wegzulassen und nur den zweiten anzugeben. Denn in C++ darf man keine leeren Parameter verwenden, wie zum Beispiel in `MySharona(,8675309)`.

Einen Standardkonstruktor hinzufügen

Ein *Standardkonstruktor* ist ein Konstruktor, der keine Parameter übernimmt. Sie können in einer Klasse einen Standardkonstruktor auf zwei verschiedenen Wegen erhalten – entweder indem Sie ihn programmieren oder indem Sie den Compiler *implizit* einen bauen lassen. Letzteres bedeutet, dass Sie gar keinen eigenen Konstruktor im Code haben, aber der Compiler einen für Sie erstellt.

Sie haben vermutlich schon zuvor einen Standardkonstruktor gesehen. Die folgende Klasse hat keinen Konstruktor, daher hat der Compiler implizit einen erzeugt. Ohne Konstruktor sieht die Klasse so aus:

```
class Simple
{
public:
    int x, y;
    void Write()
    {
        cout << x << " " << y << endl;
    }
};
```

Diese Klasse macht natürlich nicht wirklich viel. Folgende Version liefert das gleiche Verhalten:

```
class Simple
{
public:
    int x, y;
    void Write()
    {
        cout << x << " " << y << endl;
    }
    Simple() {}
};
```

Es ist aber wichtig, zu wissen, dass der Standardkonstruktor in beiden Fällen vorhanden ist. Und Sie müssen sich bewusst sein, wann der Compiler *keinen* Konstruktor automatisch anlegt. Schauen Sie sich diese geänderte Version der Klasse an (siehe Beispiel Constructor04):

```
class Simple
{
public:
    int x, y;
    void Write()
    {
        cout << x << " " << y << endl;
    }
    Simple(int startx) { x = startx; }
};
```

In diesem Code haben wir unseren eigenen Konstruktor aufgenommen, der einen Parameter übernimmt. Durch diesen Schritt erhält die Klasse keinen impliziten Standardkonstruktor mehr. Wenn wir dann später eine Zeile wie diese haben:

```
Simple inst;
```

liefert uns der Compiler eine Fehlermeldung:

```
In function 'int main()'
error: no matching function for call to 'Simple::Simple()'
note: candidates are: Simple::Simple(const Simple&)
note:                  Simple::Simple(int)
```

Wenn wir den gerade hinzugefügten Konstruktor wieder herausnehmen (was uns bei einem der Beispiele weiter oben landen lässt), verschwindet der Fehler! Wenn Sie also keinerlei Konstruktoren definieren, sorgt der Compiler für einen impliziten Standardkonstruktor.

 Sollten Sie den Code::Blocks-Compiler einsetzen, erhalten Sie noch weitere nützliche Informationen. In diesem Fall werden die verfügbaren Konstruktoren aufgeführt. Das kann bei der Fehlersuche durchaus hilfreich sein.

Und damit können Sie in Schwierigkeiten geraten: Stellen Sie sich vor, Sie erstellen eine Klasse, für die Sie keinen Konstruktor erzeugen. Sie geben die Klasse an andere Programmierer weiter. Sie verwenden sie in Ihrem Code, sind glücklich und nutzen den Standardkonstruktor. Eines Tages entscheidet jemand (natürlich nicht Sie – Sie machen keine Fehler), dass die Klasse erweitert werden soll, indem ein spezieller Konstruktor mit vielen Parametern hinzugefügt wird. Der böse Programmierer fügt den Konstruktor hinzu und setzt ihn ein. Er glaubt, alles ist bestens, weil er nur den neuen Konstruktor nutzt. Aber ach – all die anderen Leute, die den impliziten Standardkonstruktor eingesetzt haben, bekommen plötzlich Compilerfehler!

Ob Sie es glauben oder nicht – wir haben so etwas schon erlebt. Aus dem Nichts heraus lässt sich Ihr Code nicht mehr kompilieren. Jedes Mal, wenn Sie versuchen, eine Instanz einer Klasse anzulegen, erhalten Sie den Fehler, dass der Compiler `Simple::Simple()` nicht findet. Hoppla. Da hat wohl jemand etwas geändert.

Aber Sie können dieses Problem vermeiden, indem Sie selbst dann explizit einen Standardkonstruktor hinzufügen, wenn der nichts tut:

```
class Simple
{
public:
    int x, y;
    void Write()
    {
        cout << x << " " << y << endl;
    }
    Simple() {}
};
```

Wenn der unaufmerksame Programmierer jetzt seinen eigenen Konstruktor hinzufügt, ist der Standardkonstruktor weiterhin vorhanden (sofern er nicht entfernt wird – aber dann dürfen Sie diesen Programmierer gerne in die Besenkammer sperren). Fügt jemand seinen eigenen Konstruktor hinzu, überlädt er ihn nur:

```
class Simple
{
public:
    int x, y;
    void Write()
    {
        cout << x << " " << y << endl;
    }
    Simple() {}
    Simple(int startx) { x = startx; }
};
```

Jetzt hat die Klasse zwei Konstruktoren! Und alle sind glücklich, weil sich ihr Code weiterhin kompilieren lässt.

Funktionskonstruktoren

Gelegentlich werden Sie Code wie den folgenden vorfinden:

```
Simple inst = Simple(5);
```

Was ist *das* denn? Das sieht doch wie ein Funktionsaufruf aus. Oder wie das Definieren einer Zeigervariablen, nur dass es kein Sternchen und kein Schlüsselwort new gibt. Worum handelt es sich dann also hier? Hier wird ein Konstruktor mithilfe einer Funktionssyntax aufgerufen. Auf der rechten Seite wird eine neue Instanz von Simple erzeugt und dabei 5 an den Konstruktor übergeben. Diese neue Instanz wird in die Variable inst kopiert.

Dieses Vorgehen kann praktisch sein, wenn Sie ein Array aus Objekten erzeugen und dabei im Array die eigentlichen Objekte statt der Zeiger darauf ablegen:

```
Simple MyList[] = { Simple(1), Simple(50), Simple(80),
    Simple(100), Simple(150) };
```

Dieser Ansatz scheint ein wenig ungewöhnlich zu sein, weil die Variable MyList kein Zeiger ist, obwohl Sie sie auf der rechten Seite mit etwas gleichsetzen. Aber er ist praktisch, wenn Sie gelegentlich eine temporäre Variable benötigen. Das Beispiel Constructor05 aus Listing 14.1 zeigt, wie Sie die Funktionssyntax nutzen können, um eine temporäre Instanz der Klasse string zu erzeugen.

```
#include <iostream>
#include <string>

using namespace std;
```

```
void WriteMe(string str)
{
    cout << "Hier bin ich: " << str << endl;
}

int main()
{
    WriteMe(string("Sam"));
    return 0;
}
```

Listing 14.1: Temporäre Instanzen mithilfe von Funktionskonstruktoren erzeugen

Wenn Sie diese Zeilen kompilieren und dann ausführen, erhalten Sie folgende Ausgabe:

```
Hier bin ich: Sam
```

In `main()` haben wir eine temporäre Instanz der Klasse `string` erstellt. (Sie erinnern sich: `string` ist eine Klasse!) Aber wie sich herausstellt, geht es sogar noch kürzer.
Beim Aufruf von `WriteMe()` könnten wir auch folgenden Code nutzen:

```
WriteMe("Sam");
```

Dieser Code sieht sehr gut aus, weil Sie es gefühlt gar nicht mehr mit der Klasse `string` zu tun haben. Der Parameter scheint schlicht ein Basistyp zu sein, und Sie übergeben ein Zeichenarray, das `Sam` heißt. Allerdings ist der Parameter eine Instanz einer Klasse. Und wie funktioniert das? Stellen Sie sich vor, Sie haben eine Klasse wie im folgenden Beispiel (`Constructor06`) und eine dazu gehörende Funktion:

```
class MyNumber
{
public:
    int First;
    MyNumber(int TheFirst) : First(TheFirst) {}
};

void WriteNumber(MyNumber num)
{
    cout << num.First << endl;
}
```

(`WriteNumber()` ist *kein* Mitglied von `MyNumber`.) Sie können dann jeden der folgenden Aufrufe tätigen:

```
MyNumber prime = 17;
WriteNumber(prime);
WriteNumber(MyNumber(23));
WriteNumber(29);
```

Beim ersten Aufruf von `WriteNumber()` wird eine vorher definierte Variable vom Typ `My-Number` verwendet. Beim zweiten Aufruf wird eine temporäre Instanz erzeugt und dabei der Wert 23 an deren Konstruktor übergeben. Der dritte Aufruf erzeugt ebenfalls eine temporäre Instanz, geht dabei aber implizit vor! Die Ausgabe dieses Beispiels sieht so aus:

```
17
23
29
```

Sie fragen sich vielleicht, wann Ihre temporären Variablen wieder zerstört werden. Wenn Sie zum Beispiel `WriteNumber(MyNumber(23));` aufrufen – wie lange lebt die temporäre Instanz von `MyNumber` dann? Der ANSI-Standard schreibt dazu, dass die Instanz am Ende des *vollständigen Ausdrucks* gelöscht wird. Mit anderen Worten: Wenn die Zeile beendet ist, wird die temporäre Instanz Geschichte sein.

Seien Sie beim Einsatz impliziter temporärer Objekte vorsichtig. Schauen Sie sich folgende Klasse und die Funktion an, die Sie auch im Beispiel `Constructor07` finden:

```cpp
class MyName
{
public:
    string First;
    MyName(string TheFirst) : First(TheFirst) {}
};

void WriteName(MyName name)
{
    cout << "Hallo, ich bin " << name.First << endl;
}
```

Das sieht recht einfach aus. Der Konstruktor von `MyName` übernimmt einen String, daher sollte es kein Problem sein, Folgendes zu machen:

```cpp
WriteName("Georg");
```

Nur geht das nicht. Der Compiler wird uns eine Fehlermeldung liefern:

```
In function 'int main()':
error: could not convert '(const char*)"Georg"' from 'const char*'
    to 'MyName'
```

Das Problem: Der Compiler ist sehr kurzsichtig. Er geht davon aus, dass der Typ der Stringkonstanten ein `const char *` ist (also ein Zeiger auf ein konstantes Zeichenarray). Wir haben zwar keinen Konstruktor, der einen Parameter vom Typ `const char *` erwartet, aber einen, der einen `string` übernimmt. Der wiederum besitzt einen Konstruktor, der einen Parameter vom Typ `const char *` annimmt. Leider spielt der Compiler bei diesem Zwischenschritt nicht mit und beschwert sich dementsprechend. Also müssen wir unseren Funktionsaufruf ein wenig anpassen:

```
WriteName(string("Georg"));
```

Dieses Mal funktioniert es. Jetzt erstellen wir *explizit* eine temporäre string-Instanz. Und indem wir sie einsetzen, erzeugen wir *implizit* eine temporäre Instanz unserer eigenen Klasse MyName. Es wäre zwar schön, wenn der Compiler uns da mehr helfen und die string-Instanz ebenfalls implizit erstellen könnte, aber das geht nun einmal nicht. Schade. Aber wir können den Aufruf von WriteName(string("Georg")); wohl noch verkraften.

Einen Konstruktor von einem anderen aus aufrufen

Wenn Sie Initialisierungscode haben, der von verschiedenen Konstruktoren genutzt werden soll, wollen Sie den Code vielleicht in einen Konstruktor stecken und diesen dann von anderen Konstruktoren aufrufen.

Das funktioniert leider nicht. Manche Wünsche lassen sich eben einfach nicht erfüllen. Schauen Sie sich diesen Code als Beispiel an:

```
CallOne::CallOne(int ax)
{
    y = 20;
    CallOne();
}
```

Dabei ist CallOne Ihre Klasse. Das lässt sich zwar kompilieren, verhält sich aber nicht so wie erwartet. Mit der Zeile CallOne(); wird nicht ein Konstruktor für die gleiche Instanz aufgerufen! Der Compiler behandelt sie stattdessen als *Funktions*konstruktor. Somit erzeugt diese Zeile eine *eigene, temporäre Instanz*. Am Ende von CallOne() wird diese dann wieder gelöscht.

Sie können dieses Verhalten an der folgenden Klasse studieren:

```
class CallOne
{
public:
    int x,y;
    CallOne();
    CallOne(int ax);
};

CallOne::CallOne()
{
    x = 10;
    y = 10;
}
```

```
CallOne::CallOne(int ax)
{
    y = 20;
    CallOne();
}
```

Wenn Sie mithilfe des zweiten Konstruktors eine Instanz erstellen, bekommt das Mitglied y den Wert 20 und nicht 10:

```
CallOne Mine(10);
```

Wer es nicht besser weiß, wird meinen, dass y im zweiten Konstruktor erst auf 20 und dann durch den Standardkonstruktor auf 10 gesetzt wird. Aber das ist nicht der Fall – der zweite Konstruktor ruft den Standardkonstruktor nicht für das gleiche Objekt auf, sondern er erzeugt eine eigene, temporäre Instanz.

Haben Sie Initialisierungscode, der in mehreren Konstruktoren genutzt werden soll, stecken Sie ihn in eine eigene private oder geschützte Methode (mit zum Beispiel dem Namen Init()) und lassen Sie diese von jedem Konstruktor aufrufen. Der Aufruf eines Konstruktors durch einen anderen wird nicht funktionieren.

Instanzen mithilfe von Copy-Konstruktoren kopieren

C++ erlaubt es Ihnen freundlicherweise, Klasseninstanzen zu kopieren. Haben Sie zum Beispiel eine Klasse namens Copyable, können Sie folgenden Code schreiben:

```
Copyable first;
Copyable second = first;
```

Damit werden zwei Instanzen erzeugt, und second wird eine Kopie von first. Die Anwendung erreicht dies, indem sie einfach alle Mitgliedsvariablen von first nach second kopiert.

Das funktioniert sehr gut, außer wenn Ihre Klasse einen Zeiger oder eine Referenz enthält.

Wenn Sie die Kontrolle beim Kopieren behalten wollen, können Sie einen *Copy-Konstruktor* erstellen. Dabei handelt es sich einfach um einen Konstruktor, der als Parameter eine Referenz auf eine andere Instanz der gleichen Klasse erhält. Hier ein Beispiel:

```
Copyable(const Copyable& source);
```

Wenn Sie eine Instanz kopieren, wird Ihre Anwendung diesen Konstruktor aufrufen. Der Parameter ist dann die zu kopierende Instanz. Bei Copyable second = first; ist der Quellparameter also first. Und weil es sich um eine Referenz handelt (die für den Copy-Konstruktor notwendig ist), können Sie auf deren Mitglieder über die Punktnotation (.) statt über die Zeigernotation (–>) zugreifen.

Das Beispiel Constructor08 aus Listing 14.2 ist eine vollständige Anwendung, die den Einsatz des Copy-Konstruktors zeigt.

```cpp
#include <iostream>

using namespace std;

class Copyable
{
protected:
    static int NextAvailableID;
    int UniqueID;

public:
    int SomeNumber;
    int GetID() { return UniqueID; }
    Copyable();
    Copyable(int x);
    Copyable(const Copyable& source);
};

Copyable::Copyable()
{
    UniqueID = NextAvailableID;
    NextAvailableID++;
}

Copyable::Copyable(int x)
{
    UniqueID = NextAvailableID;
    NextAvailableID++;
    SomeNumber = x;
}

Copyable::Copyable(const Copyable& source)
{
    UniqueID = NextAvailableID;
    NextAvailableID++;
    SomeNumber = source.SomeNumber;
}

int Copyable::NextAvailableID;
```

```
int main()
{
    Copyable take1 = 100;
    Copyable take2;
    take2.SomeNumber = 200;
    Copyable take3 = take1;

    cout << take1.GetID() << " "
         << take1.SomeNumber << endl;
    cout << take2.GetID() << " "
         << take2.SomeNumber << endl;
    cout << take3.GetID() << " "
         << take3.SomeNumber << endl;
    return 0;
}
```

Listing 14.2: Das Kopieren von Instanzen anpassen

Lassen Sie die Anwendung einmal laufen. Sie erhalten dann diese Ausgabe:

```
0 100
1 200
2 100
```

Zu dem Copy-Konstruktor in diesem Code müssen wir Ihnen noch zwei Dinge erklären. Zum einen haben wir den *Parameter als const deklariert*. Das liegt an einer kleinen Regel in C++: Haben Sie eine konstante Instanz, könnten Sie sie ansonsten nicht kopieren. Würden wir const weglassen, ließe sich diese Zeile nicht kompilieren.

Zum anderen mussten wir die Mitgliedsvariablen manuell im Code des Copy-Konstruktors von der einen in die andere Instanz kopieren. Das liegt daran, dass wir nun unseren eigenen Copy-Konstruktor haben und der Computer die Mitglieder nicht wie ohne unseren Copy-Konstruktor kopiert.

In Listing 14.2 wird ein *statisches* Mitglied genutzt, um sich zu merken, welches die nächste verfügbare UniqueID ist. Wie Sie mittlerweile wissen, nutzt eine Klasse eine statische Mitgliedsvariable in allen Instanzen gemeinsam. Daher existiert nur eine Instanz von NextAvailableID, die von allen Instanzen der Klasse Copyable verwendet wird.

Für ein langes, glückliches Leben merken Sie sich Folgendes:

✔ Verpassen Sie dem Parameter Ihres Copy-Konstruktors ein const.

✔ Kopieren Sie die Elemente manuell.

Wenn Konstruktoren Ärger machen: Fehlerhafte Konstruktoren

Stellen Sie sich vor, Sie schreiben eine Klasse, die sich mit dem Internet verbindet und automatisch den neuesten Wetterbericht für Groß-Zambonien herunterlädt. Die Frage ist hier: Stecken Sie den Code für das Verbinden mit dem Internet in den Konstruktor oder nicht?

Man steht häufig vor solchen Designfragen. Es hat viele Vorteile, wenn sich der Initialisierungscode im Konstruktor befindet. So können Sie die Instanz einrichten, ohne sie erst zu erzeugen und dann mit dem Aufruf einer eigenen Mitgliedsfunktion zu initialisieren. Das funktioniert im Allgemeinen auch sehr gut.

Aber was ist, wenn der Initialisierungscode zu einem Fehler führen kann? Stellen Sie sich zum Beispiel vor, dass der Konstruktor sich nicht mit dem Internet verbinden kann. Was dann? Denken Sie daran: Ein Konstruktor gibt keinen Wert zurück. Er kann deshalb beispielsweise auch nicht über einen `bool` melden, ob er in der Lage war, seine Arbeit erfolgreich abzuschließen.

Ihnen stehen an dieser Stelle mehrere Alternativen zur Verfügung, und verschiedene Programmierer haben auch verschiedene Meinungen, wenn es darum geht, welche dieser Alternativen die beste ist. Und das sind diejenigen, die uns schon begegnet sind:

✔ **Tun Sie es nicht:** Schreiben Sie Ihre Konstruktoren so, dass sie das Objekt zwar erstellen, aber nichts von der eigentlichen Arbeit erledigen. Fügen Sie stattdessen den entsprechenden Code in eine eigene Mitgliedsfunktion ein, die mit einem `bool` als Rückgabewert mitteilen kann, ob sie erfolgreich war.

✔ **Lassen Sie den Konstruktor die Arbeit erledigen:** Wenn die Arbeit nicht erfolgreich erledigt werden konnte (weil zum Beispiel die Verbindung zum Internet fehlschlug), speichert der Konstruktor einen Fehlercode in einer Mitgliedsvariablen. Wenn Sie eine Instanz erstellen, können Sie die Mitgliedsvariable prüfen, um herauszufinden, ob alles funktioniert hat.

✔ **Lassen Sie den Konstruktor mehr Arbeit erledigen:** Wenn etwas nicht funktioniert, werfen Sie eine Exception. Stecken Sie dann in Ihrem Code das Erstellen der Instanz in einen `try`-Block und nehmen Sie eine Ausnahmebehandlung (einen *Exception Handler*) mit auf. (In *Die Ausnahme von der Regel* weiter hinten in diesem Kapitel finden Sie weitere Informationen zu `try`-Blöcken und Exception Handlern.)

Instanzen zerstören

Konstruktoren sind sehr vielseitig, und es scheint, als ob ganze Bücher darüber geschrieben werden könnten (sehr praktisch als Gute-Nacht-Geschichten). Destruktoren hingegen sind sehr einfach und es gibt gar nicht so viel über sie zu berichten. Aber ein paar Informationen brauchen Sie doch, damit sie wie gewünscht funktionieren.

So haben Destruktoren keine Parameter und besitzen – wie Konstruktoren – keine Rückgabetypen. Mehr ist dazu dann doch nicht zu erzählen.

Stellen Sie sich vor, Sie haben eine Klasse, die als Mitglieder Instanzen anderer Klassen besitzt. Wenn Sie eine Instanz der Hauptklasse löschen – werden die entsprechenden Instanzen dann automatisch gelöscht? Das kommt darauf an. Befinden sich in Ihrer Klasse tatsächlich

Instanzen (und keine Zeiger darauf), werden sie gelöscht. Schauen Sie sich diesen Code aus dem Beispiel `Destructor01` an:

```cpp
class LittleInst
{
public:
    int MyNumber;
    ~LittleInst() { cout << MyNumber << endl; }
};

class Container
{
public:
    LittleInst first;
    LittleInst *second;
    Container();
};

Container::Container()
{
    first.MyNumber = 1;
    second = new LittleInst;
    second->MyNumber = 2;
}
```

Wir haben zwei Klassen – `LittleInst` und `Container`. Die Klasse `Container` besitzt eine Instanz von `LittleInst` (die Mitgliedsvariable `first`) und einen Zeiger auf `LittleInst`. Wir richten im Konstruktor die beiden Instanzen von `LittleInst` ein. Bei `first` ist sie schon vorhanden und wir müssen nur noch das Member `MyNumber` setzen. Aber `second` ist nur ein Zeiger, daher müssen wir die Instanz erzeugen, bevor wir deren Mitglied `MyNumber` setzen können. Also haben wir zwei Instanzen – einen Zeiger und eine normale Instanz.

Jetzt stellen Sie sich vor, dass Sie diese Klassen wie folgt verwenden:

```cpp
Container *inst = new Container;
delete inst;
```

Container hat keinen Destruktor. Werden nun seine Mitglieder `first` und `second` zerstört? Wenn wir den Code aufrufen, erhalten wir folgendes Ergebnis:

```
1
```

Das ist die Ausgabe des Destruktors von `LittleInst`. Die Zahl 1 gehört zum Mitglied `first`. Sie sehen also, dass `first`, nicht aber `second` gelöscht worden ist.

 Die Regel lautet: Löschen Sie die Instanz einer Klasse, werden die direkten Member (also die, die nicht per Zeiger angesprochen werden) auch gelöscht. Die Zeiger hingegen müssen Sie manuell in Ihrem Destruktor (oder sonst wo) löschen.

Hier eine angepasste Klasse `Container` (siehe Beispiel `Destructor02`), in dem die Instanz second gelöscht wird:

```
class Container
{
public:
    LittleInst first;
    LittleInst *second;
    Container();
    ~Container() { delete second; }
}
```

Wenn Sie nun diese beiden Zeilen erneut ausführen:

```
Container *inst = new Container;
delete inst;
```

erhalten Sie diese Ausgabe, die beide Instanzen löscht:

```
2
1
```

Sie sehen hier, dass die zweite Instanz zuerst gelöscht wird. Der Grund dafür ist, dass die Anwendung den Destruktor aufruft, bevor sie die eigentlichen Member zerstört. In diesem Fall hat die Anwendung beim Löschen unserer `Container`-Instanz zuerst unseren Destruktor aufgerufen, bevor sie unser Member `first` löschte. Das ist auch sehr sinnvoll, denn im Code unseres Destruktors wollen wir vielleicht noch mit unseren Mitgliedsvariablen arbeiten, bevor sie weggeschmissen werden.

Destruktoren virtuell erben

Sie können Destruktoren, anders als Konstruktoren, virtuell machen – und das sollten Sie auch tun. Denn so können Sie eine Instanz einer abgeleiteten Klasse an eine Funktion übergeben, die eine Basisklasse erwartet, zum Beispiel:

```
void ProcessAndDelete(DeleteMe *inst)
{
    cout << inst->Number << endl;
    delete inst;
}
```

Diese Funktion erwartet eine Instanz von `DeleteMe`, macht etwas damit und löscht sie dann. Stellen Sie sich jetzt vor, Sie haben eine Klasse, die von `DeleteMe` abgeleitet ist. Nennen wir sie `Derived`. Aufgrund der Vererbungsregeln dürfen Sie die Instanz von `Derived` an diese Funktion übergeben. Aber die Regeln der *Polymorphie* (siehe den Abschnitt *Spezialisierung durch Polymorphie* in Kapitel 10) besagen, dass Sie eine überladene Mitgliedsfunktion von `Derived` virtuell machen müssen, wenn sie von `ProcessAndDelete()` aufgerufen werden soll. Und das gilt auch für die Destruktoren. Das Beispiel `Destructor03` aus Listing 14.3 zeigt dies.

```cpp
#include <iostream>

using namespace std;

class DeleteMe
{
public:
    int Number;
    virtual ~DeleteMe();
};

class Derived : public DeleteMe
{
public:
    virtual ~Derived();
};

DeleteMe::~DeleteMe()
{
    cout << "DeleteMe::~DeleteMe()" << endl;
}

Derived::~Derived()
{
    cout << "Derived::~Derived()" << endl;
}

void ProcessAndDelete(DeleteMe *inst)
{
    cout << inst->Number << endl;
    delete inst;
}

int main()
{
    DeleteMe *MyObject = new(Derived);
    MyObject->Number = 10;
    ProcessAndDelete(MyObject);
    return 0;
}
```

Listing 14.3: Einsatz eines virtuellen Destruktors

Kennen Sie die Aufrufreihenfolge Ihrer Konstruktoren und Destruktoren?

Wenn Sie in einer Basisklasse und in einer abgeleiteten Klasse Konstruktoren und Destruktoren haben, denken Sie an das Folgende: Der Computer erstellt erst die Mitglieder der Basisklasse, dann ruft er deren Konstruktor auf. Als Nächstes werden die Mitglieder der abgeleiteten Klasse erzeugt und dann der Konstruktor der abgeleiteten Klasse aufgerufen.

Beim Zerstören ist es genau umgekehrt: Zerstören Sie eine Instanz, ruft der Computer erst den Destruktor der abgeleiteten Klasse auf, dann löscht er die Mitglieder dieser Klasse. Als Nächstes kommen der Destruktor der Basisklasse und das Löschen der Member der Basisklasse dran.

Wenn Sie diese Anwendung ausführen, ruft `delete` den Destruktor von `Derived` auf (der wiederum den Basisklassendestruktor aufruft). Dies ist der Output:

```
10
Derived::~Derived()
DeleteMe::~DeleteMe()
```

Bei der ersten Zeile handelt es sich um die Ausgabe der Funktion `ProcessAndDelete`. Die mittlere Zeile ist die Ausgabe des Destruktors von `Derived`, und die dritte Zeile die des Destruktors von `DeleteMe`. Wir haben eine Instanz vom Typ `Derived` übergeben, daher hat die Anwendung deren Destruktor aufgerufen.

Jetzt versuchen Sie Folgendes: Entfernen Sie das `virtual` vom `DeleteMe`-Destruktor:

```
class DeleteMe
{
public:
    int Number;
    ~DeleteMe();
}
```

Wenn Sie die Anwendung kompilieren und ausführen, wird der Destruktor der Basisklasse aufgerufen. Weil die Funktion `ProcessAndDelete()` nur eine Instanz von `DeleteMe` erwartet, sehen Sie diese Ausgabe:

```
10
DeleteMe::~DeleteMe()
```

Im vorigen Beispiel ist der Destruktor nicht virtuell, daher kann das Programm nicht den passenden Destruktor finden, wenn Sie eine Instanz vom Typ `Derived` übergeben. Also ruft es nur den Destruktor des Typs auf, der als Parameter angegeben ist.

 Machen Sie es sich zur Gewohnheit, alle Destruktoren virtuell zu machen. Wenn dann jemand anderes eine Funktion wie `ProcessAndDelete()`schreibt, können Sie sicher sein, dass seine Funktion automatisch den richtigen Destruktor aufruft.

Die Ausnahme von der Regel

Eine *Exception* (deutsch *Ausnahme*) ist eine schlimme Situation, die in Ihrer Software auftritt und Ihre Anwendung zwingt, damit sauber umzugehen. Versuchen Sie zum Beispiel, in eine Datei zu schreiben, die irgendwie kaputt ist, *wirft* die Dateibibliothek eventuell eine Exception. Oder Sie haben eine Funktion, die Daten verarbeitet. Wenn die Funktion über nicht lesbare Daten stolpert, wirft sie eventuell eine Exception.

Das Beispiel `Exception01` in Listing 14.4 enthält eine Funktion, die eine Exception wirft, und ein Programm dazu, das diese Funktion nutzt.

```
#include <iostream>
#include <string>

using namespace std;

void ProcessData()
{
    throw new string("Hoppla, kaputte Daten!");
}

int main()
{
    try
    {
        ProcessData();
        cout << "Keine Probleme!" << endl;
    }
    catch (string *excep)
    {
        cout << "Fehler gefunden. Die Nachricht:";
        cout << endl;
        cout << *excep;
        cout << endl;
    }
    cout << "Alles fertig." << endl;

    return 0;
}
```

Listing 14.4: Exceptions werfen und fangen

Wenn Sie diese Anwendung ausführen, erscheint folgende Ausgabe:

```
Fehler gefunden. Die Nachricht:
Hoppla, kaputte Daten!
Alles fertig.
```

Schauen Sie sich genau an, was diese Anwendung macht. In main() gibt es einen Aufruf von ProcessData(), den wir in einen try-Block gesteckt haben. Wenn die Funktion eine Exception wirft, kehrt die Anwendung automatisch aus der Funktion zurück und springt in den catch-Block. Dieser empfängt das Element, das als Parameter geworfen wird – hier gibt es viel Ähnlichkeit mit dem Parameter einer Funktion.

Wenn die Funktion ProcessData() keinerlei Probleme hat und daher keine Exception wirft, beendet sie ihre Arbeit, und die Anwendung fährt mit dem Code nach dem Funktionsaufruf fort. In diesem Fall findet sich noch eine weitere Zeile innerhalb des try-Blocks. Gab es keine Exception, gibt der Computer nach Abschluss von ProcessData() den Text Keine Probleme! aus.

Stellen Sie sich einen Exception Handler (eine Ausnahmebehandlung) als eine Möglichkeit vor, Fehler einzufangen. Wird eine Exception geworfen, kann Ihre Anwendung den Fehler fangen, indem sie einen catch-Block nutzt.

Nachdem der try/catch-Block beendet worden ist, fährt die Anwendung mit den folgenden Zeilen fort – unabhängig davon, ob eine Exception aufgetreten ist oder nicht. Daher wird in allen Fällen in Listing 14.4 diese Zeile ausgeführt:

```
cout << "Alles fertig." << endl;
```

Beachten Sie, dass unsere Funktion ProcessData() im Listing das Schlüsselwort throw verwendet und damit eine Exception erzeugt. Normalerweise würden Sie eine Funktion solch eine Exception nicht grundlos werfen lassen (so wie es diese tut, aber wir wollen ja auch ein bisschen Spaß haben), aber hier zeigen wir damit, wie Exceptions funktionieren.

Dieser throw sieht so aus:

```
throw new string("Hoppla, kaputte Daten!");
```

Wir erstellen eine neue string-Instanz, die wir dann werfen. Sie können eine Instanz einer beliebigen Klasse erstellen, und es kann sich entweder um einen Zeiger oder um eine direkte Instanz handeln – abhängig davon, ob Sie lieber mit Zeigern oder Referenzen arbeiten.

Jetzt schauen Sie sich den catch-Block in Listing 14.4 an. Er beginnt wie folgt:

```
catch (string *excep)
```

Da wir in der Funktion einen Zeiger auf eine string-Instanz geworfen haben, fangen wir hier auch einen Zeiger auf eine string-Instanz auf. Beides muss zusammenpassen.

Sie können mehr als einen catch-Block haben. Stellen Sie sich vor, Sie haben verschiedene Arten von Exceptions, die geworfen werden können. Vielleicht gibt es eine weitere Funktion:

```
void ProcessMore()
{
    throw new int(10);
}
```

Die erste Funktion warf einen Zeiger auf einen String, aber diese wirft einen Zeiger auf einen Integer-Wert. Das geht hier ja ziemlich bunt zu!

Wenn wir diese beiden Funktionen nun aufrufen, könnte Ihr try/catch-Block so aussehen:

```
try
{
    ProcessData();
    ProcessMore();
    cout << "Keine Probleme!" << endl;
}
catch (string *excep)
{
    cout << "Fehler gefunden. Die Nachricht:";
    cout << endl;
    cout << *excep;
    cout << endl;
}
catch (int *num)
{
    cout << "Numerischen Fehler gefunden:";
    cout << endl;
    cout << *num;
    cout << endl;
}
cout << "Alles fertig." << endl;
```

Wenn Sie Ihren Code aus Listing 14.4 um diese Zeilen und die Funktion ProcessMore() ergänzen, sollten Sie noch die throw-Zeile aus der Funktion ProcessData() auskommentieren, damit Sie sehen können, wie die Anwendung mit der Integer-Exception umgeht. Denn die Abarbeitung der Zeilen im try-Block wird unterbrochen, sobald eine throw-Anweisung auftritt, und die Ablaufkontrolle wird an den passenden catch-Block übergeben. Welcher das ist, hängt vom Typ des geworfenen Objekts ab.

Direkte Instanzen werfen

Sie können auch eine direkte Instanz werfen, die kein Zeiger ist. Ihre throw-Zeile könnte dann so aussehen:

```
void ProcessData()
{
    throw string("Hoppla, kaputte Daten!");
}
```

oder:

```
void ProcessMore()
{
    throw 10;
}
```

Statt also Zeiger zu werfen, werfen wir das Objekt oder den Wert selbst. Im catch-Block können Sie dann den Typ ohne das Zeigersternchen fangen:

```
try
{
    ProcessData();
    ProcessMore();
}
catch (string excep)
{
    cout << excep;
}
catch (int num)
{
    cout << num;
}
```

Wenn Sie das lieber haben, können Sie auch Referenzen im catch-Block verwenden (die throw-Zeilen ändern sich dann nicht):

```
try
{
    ProcessData();
    ProcessMore();
}
catch (string &excep)
{
    cout << excep;
}
catch (int num)
{
    cout << num;
}
```

Vielleicht haben auch Sie hier etwas Komisches bemerkt. Bei der Integer-Version sieht die throw-Anweisung wie folgt aus:

```
throw 10;
```

Die Codezeile wirft also einen Wert und kein Objekt. Jetzt sieht aber die catch-Zeile so aus:

```
catch (int &num) {
```

Die catch-Anweisung fängt also eine Referenz. Normalerweise können Sie Referenzen nur auf Variablen verweisen lassen, nicht auf Werte! Hier funktioniert das nun, weil die Anwendung eine temporäre Variable erzeugt, auf die dann im catch-Block verwiesen wird. Es hat also alles seine Richtigkeit.

Beliebige Exceptions fangen

Wollen Sie einen allgemeinen verwendbaren catch-Handler schreiben, der beliebige Exceptions fängt, und ist Ihnen das geworfene Objekt herzlich egal, können Sie Ihren Handler wie folgt aufsetzen:

```
try
{
    ProcessData();
    ProcessMore();
    cout << "Keine Probleme!" << endl;
}
catch (...)
{
    cout << "Unbekannte Exception aufgetreten." << endl;
}
```

Statt also so etwas wie einen Funktionsparameter in die Klammern zu stecken, tragen Sie dort einfach drei Punkte ein.

Sie können die drei Punkte auch als generischen Exception-Handler nutzen – als Ergänzung zu Ihren anderen Handlern. Hier ein Beispiel:

```
try
{
    ProcessData();
    ProcessMore();
    cout << "Keine Probleme!" << endl;
}
```

```
catch (string *excep)
{
    cout << "Fehler gefunden. Die Nachricht:";
    cout << endl;
    cout << *excep;
    cout << endl;
}
catch (int *num)
{
    cout << "Numerischen Fehler gefunden:";
    cout << endl;
    cout << *num;
    cout << endl;
}
catch (...)
{
    cout << "Unbekannte Exception aufgetreten." << endl;
}
```

 Wenn Ihre Funktion eine Exception wirft, für die Sie keinen Handler haben (weil Ihre catch-Blöcke die Art von Exception nicht verarbeiten, die geworfen wurde, oder weil Sie gar keine try/catch-Blöcke haben), wird Ihre Anwendung beendet. Der GCC-Compiler, der bei Code::Blocks, Dev-C++, MinGW und Cygwin dabei ist, gibt dann die folgende Meldung an der Konsole aus und stoppt anschließend das Programm:

```
abnormal program termination
```

So etwas ist nun alles andere als schön. Stellen Sie sich den Gesichtsausdruck Ihrer Anwender vor, wenn sie das sehen. Und wir möchten nicht mit dem Wissen danebenstehen, dass wir die Anwendung geschrieben haben.

Visual C++ gibt die gleiche Meldung aus, aber in einem kleinen Fenster. Der Borland C++ Builder schreibt die Meldung ebenfalls in die Konsole.

Es gibt zwei Programmierregeln, die es Ihren Anwendern ermöglichen, Exceptions fröhlich zu ignorieren:

✔ Sie müssen wissen, wann Sie eine Funktion aufrufen, die eine Exception werfen könnte.

✔ Wenn Sie eine solche Funktion aufrufen, brauchen Sie auch einen Exception Handler.

Es ist gleichgültig, wie *tief* verschachtelt die Ausnahme geht, wenn sie geworfen wird – *irgendwer* muss sie irgendwo einfangen. Eine Funktion könnte eine Funktion aufrufen, die eine Funktion aufruft, die eine Funktion aufruft, die eine Exception wirft. Wenn keine der dazwischen aufgerufenen Funktionen einen Exception-Handler besitzt, müssen Sie selbst einen erstellen.

Eine Exception weiterwerfen

Taucht innerhalb eines catch-Blocks eine throw-Anweisung ohne weitere »Parameter« auf, wird die gesamte Exception einfach weitergeworfen. Das mag ein wenig verworren klingen (was es manchmal auch ist), aber stellen Sie sich vor, Sie haben eine Funktion mit einem try/catch-Block. Diese Funktion ruft wiederum eine andere Funktion auf, die ebenfalls einen try/catch-Block besitzt. Mit anderen Worten: Sie haben so etwas wie im Beispiel Exception02:

```cpp
#include <iostream>

using namespace std;

void Inner()
{
    throw string("Fehler!");
}

void Outer()
{
    try
    {
        Inner();
    }
    catch (string excep)
    {
        cout << "Outer hat Exception gefangen: ";
        cout << excep << endl;
        throw;
    }
}

int main()
{
    try
    {
        Outer();
    }
    catch (string excep)
    {
        cout << "main hat Exception gefangen: ";
        cout << excep << endl;
    }
    return 0;
}
```

In diesem Code ruft main() die Funktion Outer(). Outer() wiederum ruft Inner(). Inner() wirft eine Exception, die Outer() fängt. Aber main() will ebenfalls die Exception fangen. Also lassen wir Outer() die Exception *erneut* werfen. Dazu rufen Sie einfach nur throw ohne weitere Parameter auf:

```
throw;
```

Wenn Sie diese Anwendung ausführen, erhalten Sie folgende Ausgabe:

```
Outer hat Exception gefangen: Fehler!
main hat Exception gefangen: Fehler!
```

Fortgeschrittene Klassen-Techniken

15

In diesem Kapitel

▶ Setzen Sie Polymorphie effektiv ein

▶ Passen Sie den Memberzugriff neu an, wenn Sie Klassen ableiten

▶ Nutzen Sie die Mehrfachvererbung

▶ Setzen Sie die virtuelle Vererbung korrekt ein

▶ Greifen Sie auf Freunde zurück

▶ Verpacken Sie eine Klasse oder einen Typ in einer anderen Klasse

K lassen sind erstaunlich mächtig. Mit ihnen lässt sich unglaublich viel erreichen. In diesem Kapitel geht es um die zusätzlichen Features, die mit Ihren Klassen möglich sind. Dabei handelt es sich nicht um kleine Extras, die Sie gelegentlich einsetzen. Wenn Sie dieses Kapitel durcharbeiten und die Erkenntnisse daraus umsetzen, werden Sie merken, dass sich Ihr Verständnis für die Klassen in C++ deutlich verbessert hat, und viele dieser Elemente werden Sie in Ihrer täglichen Programmierung nutzen.

Außerdem behandeln wir viele Themen, die mit dem Ableiten neuer Klassen und der Vererbung von Mitgliedern zu tun haben. Dazu gehören die virtuelle Vererbung und die Mehrfachvererbung – Dinge, die gerne durcheinandergebracht werden. Zudem geht es um die Möglichkeiten, Klassen und Typen in anderen Klassen unterzubringen.

Schöner erben

Ohne Vererbung wäre objektorientierte Programmierung nahezu unmöglich. Natürlich könnten Sie Ihre Arbeit in Objekte aufteilen, aber so richtig leistungsfähig wird das alles erst durch Vererbung. Allerdings müssen Sie vorsichtig sein, wenn Sie sie einsetzen, denn sonst richten Sie vielleicht ein riesiges Chaos an. Wir behandeln in den folgenden Abschnitten die unterschiedlichen Möglichkeiten der Vererbung – und wie Sie alles in Ordnung halten.

Verwandeln Sie Ihre Vererbung

Polymorphie bedeutet, ein Objekt als Instanz einer Basisklasse zu nutzen (siehe *Spezialisierung durch Polymorphie* in Kapitel 10). Haben Sie zum Beispiel die Klasse Creature und davon abgeleitet die Klasse Platypus, können Sie die Instanzen der Klasse Platypus so behandeln, als ob es Instanzen der Klasse Creature wären. Dieses Konzept ist nützlich, wenn Sie eine Funktion haben, die als Parameter einen Zeiger auf Creature erwartet. Sie können dann einen Zeiger auf Platypus übergeben.

Die Zugriffsregeln anpassen

Vielleicht haben Sie eine Klasse mit geschützten Mitgliedern, und in einer abgeleiteten Klasse wollen Sie diese Mitglieder öffentlich machen. Das erreichen Sie, indem Sie die Zugriffsregeln anpassen. Dazu gibt es zwei Möglichkeiten – eine alte und eine neue, die ANSI-konform ist. Letztere wird von der aktuellen Version der GNU Compiler Collection (GCC) unterstützt. Wenn Ihr Compiler diesen Weg anbietet, sollten Sie ihn auch nutzen.

Secret hat in den folgenden Klassen ein Mitglied X, das geschützt ist. Die abgeleitete Klasse Revealed macht das Mitglied X öffentlich. Zuerst der alte Weg:

```
class Secret
{
protected:
    int X;
};

class Revealed : public Secret
{
public:
    Secret::X;
};
```

Wir haben das Mitglied X deklariert: Basisklassenname, zwei Doppelpunkte und dann der Name des Mitglieds. Typinformationen haben wir absichtlich nicht aufgenommen. In der Klasse Secret ist das Mitglied X geschützt, aber in Revealed ist es öffentlich.

Und nun zum ANSI-Weg. Wir greifen dazu auf das Schlüsselwort using zurück, ansonsten bleibt alles gleich:

```
class Secret
{
protected:
    int X;
};

class Revealed : public Secret
{
public:
    using Secret::X;
};
```

Auch hier ist in der Klasse Revealed das geerbte Mitglied X öffentlich (in der Basisklasse Secret bleibt es geschützt).

Wenn Sie ein geschütztes Mitglied in einer abgeleiteten Klasse öffentlich machen wollen, definieren Sie das Mitglied nicht einfach nur neu. Denn wenn Sie das tun, haben Sie letztendlich *zwei Mitgliedsvariablen mit dem gleichen Namen* in der Klasse – unnötig zu sagen, dass das verwirrend sein kann! Schauen Sie sich die folgenden beiden Klassen an:

```
class Secret
{
protected:
    int X;

public:
    void SetX()
    {
        X = 10;
    }

    void GetX()
    {
        cout << "Secret::X ist " << X << endl;
    }
};

class Revealed : public Secret
{
public:
    int X;
};
```

Die Klasse `Revealed` überdeckt mit ihrer Variablen X die Variable X der Basisklasse. Stellen Sie sich nun vor, Sie nutzen folgenden Code:

```
Revealed me;
me.SetX();
me.X = 30;
me.GetX();
```

Die erste Zeile definiert die Variable. In der zweiten Zeile wird `SetX()` aufgerufen, mit der `10` gespeichert wird in – ja, in welcher Variablen? In der geerbten Variablen X, weil `SetX()` Teil der Basisklasse ist! Die dritte Zeile speichert `30` in ... welcher Variablen? Das neue X, das in der abgeleiteten Klasse definiert wurde! Dann ist `GetX()` wieder Teil der Basisklasse, aber was wird es ausgeben? `10` oder `30`? Es wird `10` ausgeben!

Unserer Meinung nach sind zwei Mitgliedsvariablen mit dem gleichen Namen einfach nur verwirrend. (Zum Glück ist uns der Kopf nicht explodiert, wir schreiben ja immer noch dieses Buch.)

Jetzt stellen Sie sich vor, Sie haben eine Klasse mit vielen öffentlichen Mitgliedern. Sie leiten eine neue Klasse ab und wollen alle öffentlichen Mitglieder geschützt machen – außer eins. Das können Sie auf unterschiedliche Weise erreichen. Sie könnten zum Beispiel den Zugriff auf alle Mitglieder bis auf eines, das Sie öffentlich belassen wollen, anpassen. Wenn Sie aber viele Mitglieder haben, können Sie den umgekehrten Weg einschlagen. Schauen Sie sich diesen Code an:

```cpp
class Secret
{
public:
    int Code, Number, SkeletonKey, System, Magic;
};

class AddedSecurity : protected Secret
{
public:
    using Secret::Magic;
}
```

Schauen Sie sich an, was wir hier getan haben: Wie die Kopfzeile der Klasse AddedSecurity zeigt, haben wir die Klasse als geschützt abgeleitet. Damit sind alle geerbten öffentlichen Mitglieder in der abgeleiteten Klasse ebenfalls geschützt. Anschließend haben wir Magic wieder öffentlich gemacht, indem wir den Zugriff angepasst haben. Somit ist Magic das einzige öffentliche Mitglied von AddedSecurity. Der Rest ist geschützt.

Haben Sie ein privates Mitglied und versuchen Sie, es in einer abgeleiteten Klasse geschützt oder öffentlich zu machen, werden Sie schnell feststellen, dass der Compiler das nicht erlaubt. Der Grund dafür ist, dass die abgeleitete Klasse *das Mitglied gar nicht kennt*, weil es privat ist. Und weil die abgeleitete Klasse das Mitglied nicht kennt, können Sie darauf auch nicht zugreifen.

Geben Sie doch mal etwas anderes zurück

Zwei Wörter klingen ähnlich und haben auch eine ähnliche Bedeutung, sind aber trotzdem verschieden: *Überladen* und *Überschreiben*. Auch wenn beide Wörter in Filmen auftauchen (»Alarm! Alarm! Das System ist überladen, wir müssen die Sicherheitsfilter überschreiben!«), sind sie in der Welt der Computerprogrammierung deutlich weniger glamourös. Die wahre Gefahr liegt darin, dass Ihr Kopf überladen wird und die beiden Wörter durcheinandergebracht werden, wenn die eine Bedeutung die andere überschreibt ...

Lassen Sie uns daher zuerst etwas klarstellen: Etwas zu *überschreiben* bedeutet, eine bestehende Funktion aus einer Basisklasse in einer abgeleiteten Klasse mit neuem Code zu versehen. Die Funktion in der abgeleiteten Klasse besitzt den gleichen Prototyp wie die Basisklasse: Sie erwartet die gleichen Parameter und gibt den gleichen Typ zurück.

Etwas zu *überladen* bedeutet, eine Funktion zu nehmen und eine weitere Funktion mit dem gleichen Namen zu schreiben, die einen anderen Parametersatz erwartet. Eine überladene Funktion kann optional auch einen anderen Typ zurückgeben, aber entscheidend ist, dass die Parameter unterschiedlich sind – sei es in der Anzahl und/oder im Typ. Die überladene Funktion kann in der gleichen Klasse oder in einer abgeleiteten Klasse leben. Die Idee ist, etwas zu erstellen, das wie eine einzelne Funktion aussieht, aber verschiedene Parametertypen entgegennehmen kann. Vielleicht haben Sie zum Beispiel eine Funktion mit dem Namen Append(), die mit Strings arbeitet. Mit Append() können Sie einen String an das Ende eines Strings anfügen, der von der Instanz repräsentiert wird. Es besteht aber auch die Möglichkeit, nur ein einzelnes Zeichen anzufügen. Das sieht zwar auf den ersten Blick so aus, als ob eine einzelne Funktion ausreichen würde, aber Sie kommen ohne eine zweite Funktion nicht aus: Die eine erwartet einen Stringparameter und die andere einen Zeichenparameter.

In diesem Abschnitt geht es um ein bestimmtes Detail beim *Überschreiben* von Funktionen (also beim Ersetzen einer Funktion in einer abgeleiteten Klasse). Vor zwei Absätzen haben wir geschrieben, dass die Funktion die gleichen Parametertypen erwarten und den gleichen Typ zurückgeben muss.

Es gibt eine Situation, in der Sie diese Regel verletzen dürfen, wenn auch nur ein bisschen. Dafür müssen *alle drei* folgenden Punkte erfüllt sein:

✔ Die überschriebene Funktion gibt eine Instanz einer Klasse zurück, die von dem Typ abgeleitet ist, der von der ursprünglichen Funktion zurückgegeben wird.

✔ Sie geben entweder einen Zeiger oder eine Referenz und kein Objekt zurück.

✔ Wenn Sie einen Zeiger zurückgeben, verweist dieser nicht auf einen anderen Zeiger.

Im Listing 15.1 wird die Funktion hust() durch die Klasse Abgelitten überschrieben, obwohl sich der Rückgabewert unterscheidet. Das ist möglich, weil der Rückgabewert Abgelitten von Basis abgeleitet ist und beides Zeiger sind.

Der gleiche Effekt wirkt aber auch beim Speichern der Objektzeiger im Array, das ja ein Array von Zeigern auf die Klasse Basis ist und dennoch klaglos einen Zeiger auf die Klasse Abgelitten aufnimmt.

```
#include <iostream>
using namespace std;

class Basis
{
public:
    virtual Basis *hust() {
        cout << "hust" << endl;
        return this;
    }
};
```

```
class Abgelitten : public Basis
{
public:
    Abgelitten *hust() {
        cout << "röchel" << endl;
        return this;
    }
};

int main()
{
    Basis *array[2];
    array[0] = new Basis();
    array[1] = new Abgelitten();
    for (int i=0; i<2; i++)
    {
        array[i]->hust();
    }
}
```

Listing 15.1: Eine abgeleitete Klasse in einer überschriebenen Funktion zurückgeben

Die Ausgabe lautet:

```
hust
röchel
```

Obwohl wir die Funktion überschrieben haben, durfte der Rückgabewert einen etwas anderen Typ haben als beim Original (auch wenn beide Typen in einer Beziehung zueinander stehen).

Mehrfachvererbung

In C++ ist es im Allgemeinen am besten, eine einzige Basisklasse zu haben, von der Sie erben. Aber es ist möglich, von mehreren Basisklassen gleichzeitig zu erben. Dieser Prozess wird als *Mehrfachvererbung* bezeichnet.

Vielleicht besitzt die eine Klasse Features, die Sie in einer abgeleiteten Klasse verwenden wollen, während eine andere Klasse andere interessante Features besitzt. In solch einem Fall können Sie per Mehrfachvererbung von beiden Klassen erben.

Mehrfachvererbung kann sehr unübersichtlich und schwierig zu handhaben sein. Aber wenn Sie sie mit Bedacht einsetzen, funktioniert sie sehr gut. Das Beispiel `DerivingTwoDiff` in Listing 15.2 zeigt, wie Sie diese Aufgabe erledigen können.

```cpp
#include <iostream>
using namespace std;

class Mom {
public:
    void Brains() {
        cout << "Ich bin klug!" << endl;
    }
};
class Dad {
public:
    void Beauty() {
        cout << "Ich bin schön!" << endl;
    }
};
class Derived : public Mom, public Dad {
};
int main(int argc, char *argv[])
{
    Derived child;
    child.Brains();
    child.Beauty();
    return 0;
}
```

Listing 15.2: Von zwei Klassen ableiten

Wenn Sie diesen Code ausführen, sehen Sie folgende Ausgabe:

```
Ich bin klug!
Ich bin schön!
```

Im Beispielcode hat die Klasse Derived Funktionen aus den beiden Klassen Mom und Dad geerbt. Daher konnten wir auch beide Funktionen für die Instanz child aufrufen. Die Vererbung geschah über diese Zeile:

```
class Derived : public Mum, public Dad
```

Die Basisklassen stehen wie bei der einfachen Vererbung rechts vom Doppelpunkt, und wir haben die Klassen mit einem Komma voneinander getrennt. Zudem steht bei jeder Klasse der Typ der Vererbung, der hier öffentlich ist.

Sie können – wie bei der Einfachvererbung – auch nicht-öffentliche Vererbung nutzen. Aber Sie müssen dabei nicht für alle Basisklassen den gleichen Typ anwenden. So ist das Folgende zwar möglich, aber doch recht verwirrend:

```
class Derived : public Mom, protected Dad
```

Dies bedeutet, dass die öffentlichen Mitglieder von Dad in der abgeleiteten Klasse Derived geschützt sind. Die Benutzer können somit weder die Mitgliedsfunktionen, die von Dad geerbt wurden, aufrufen, noch auf die geerbten Mitgliedsvariablen zugreifen. Hätten Sie diese Form der Vererbung in Listing 15.2 genutzt, gäbe es eine Fehlermeldung, weil das Mitglied Beauty() nun geschützt ist:

```
'void Dad::Beauty()' is inaccessible
```

Wenn Sie mit Mehrfachvererbung arbeiten, müssen Sie unbedingt verstehen, was Ihr Code macht. Er mag sich zwar problemlos kompilieren lassen, was aber nicht bedeutet, dass er in jedem Fall auch wie gewünscht funktioniert. Das führt dann wieder zu einer unerfreulichen Fehlersuche.

Bei Mehrfachvererbung können seltsame Situationen entstehen. Was passiert zum Beispiel, wenn beide Basisklassen eine Mitgliedsvariable Bagel haben? Die Antwort: Der Compiler kommt durcheinander. Erweitern wir doch einmal beide Basisklassen:

```
class Mom {
public:
    int Bagel;
    void Brains() {
        cout << "Ich bin klug!" << endl;
    }
};
class Dad {
public:
    int Bagel;
    void Beauty() {
        cout << "Ich bin schön!" << endl;
    }
};
class Derived : public Mom, public Dad {
};
```

Der Compiler wird Sie nicht daran hindern, dass die beiden Basisklassen Mom und Dad ein Mitglied Bagel besitzen. Aber wenn Sie versuchen, wie im folgenden Code darauf zuzugreifen, erhalten Sie eine Fehlermeldung:

```
Derived child;
child.Bagel = 42;
```

Dies ist die Fehlermeldung, die in Code::Blocks erscheint:

```
error: request for member 'Bagel' is ambiguous
```

Aha! Wir sind *mehrdeutig*! (Denn das bedeutet *ambiguous* auf Deutsch!) Der Compiler ist sich also nicht sicher, auf welches Bagel wir uns hier beziehen – das von Mom geerbte oder das von Dad geerbte? Wenn Sie Code dieser Art schreiben, achten Sie darauf, dass Sie wissen, auf welche geerbten Mitglieder Sie sich beziehen. Das Folgende sieht vielleicht verrückt aus, aber wir versichern Ihnen, dass alles seine Richtigkeit hat. Wenn wir uns auf das von Mom geerbte Bagel beziehen wollen, können wir den Basisklassennamen mit angeben:

```
child.Mom::Bagel = 42;
```

Ja, das ist tatsächlich richtig, wenn auch ungewöhnlich. Genauso können wir uns auf das andere Bagel beziehen:

```
child.Dad::Bagel = 17;
```

Beide Zeilen lassen sich kompilieren, weil wir alle Mehrdeutigkeiten aufgelöst haben.

 Wenn Sie Mehrfachvererbung einsetzen, lösen Sie alle Mehrdeutigkeiten auf, indem Sie den Namen der Basisklasse angeben. Wenn Sie das vergessen, ist es nicht schlimm – der Compiler wird Sie mit einer Fehlermeldung darüber informieren.

Virtuelle Vererbung

Gelegentlich werden Sie beim Ableiten einer neuen Klasse das Wort virtual zu Gesicht bekommen:

```
class Diamond : virtual public Rock
```

Durch den Einsatz von virtual beheben Sie ein ungewöhnliches Problem, das in bestimmten Situationen auftauchen kann. Wenn Sie mit Mehrfachvererbung arbeiten, kann es die verrückte Situation geben, dass Sie einen Vererbungsbaum in Form einer Raute haben – siehe Abbildung 15.1.

In dieser Abbildung hat die Basisklasse den Namen Rock. Von dort leiten wir zwei Klassen Diamond und Jade ab. So weit, so gut. Aber dann passiert etwas Seltsames: Wir nutzen die Mehrfachvererbung, um eine Klasse MeltedMess von Diamond und Jade abzuleiten. Ja, das ist möglich. Aber Sie müssen *wirklich* vorsichtig sein.

Stellen Sie sich vor, dass Rock ein öffentliches Mitglied besitzt, das Weight heißt. Dann erben sowohl Diamond als auch Jade dieses Mitglied. Leiten Sie nun MeltedMess ab und versuchen, auf dessen Mitglied Weight zuzugreifen, erhalten Sie eine mehrdeutige Situation: Der Compiler behauptet, dass er nicht weiß, auf welches Weight Sie sich beziehen – auf das von Diamond oder auf das von Jade. Wir wissen aber, dass es nur eine Instanz von Weight geben sollte, weil sie aus der einen Basisklasse Rock kommt. Der Compiler sieht die Situation aber ganz anders und macht Ärger.

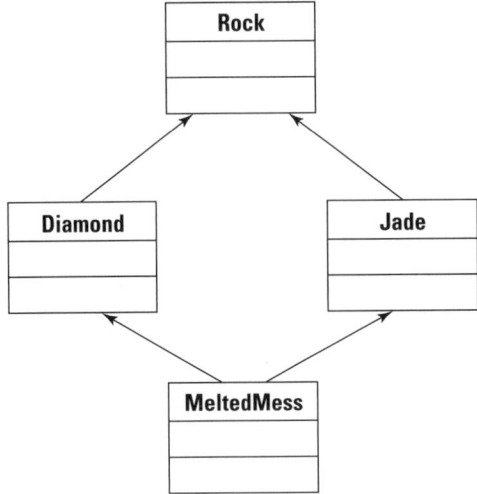

Abbildung 15.1: Der Einsatz einer rautenförmigen Vererbung kann knifflig sein.

Um zu verstehen, wie Sie dieses Problem lösen können, denken Sie daran, was passiert, wenn Sie eine Instanz einer Klasse erzeugen, die von einer anderen Klasse abgeleitet wurde: Ganz tief drinnen im Computer besitzt die Instanz einen Anteil, der selbst eine Instanz der Basisklasse ist. Wenn Sie nun eine Klasse von mehreren Basisklassen ableiten, gibt es Anteile für jede Basisklasse. Damit gibt es in MeltedMess einen Teil von Diamond und einen Teil Jade. Dazu kommt der Teil von MeltedMess, der nicht geerbt wurde. Aber denken Sie daran – Diamond wurde von Rock abgeleitet. Daher besitzt Diamond wiederum einen Anteil Rock. Genauso besitzt Jade einen Anteil Rock.

Mit all dem Wissen wird uns jetzt klar, dass MeltedMess in dieser Situation *zwei* Variablen Rock erbt! Und mit jedem Rock gibt es auch eine eigene Instanz von Weight. Das Beispiel CrackingDiamonds in Listing 15.3 zeigt das Problem. In diesem Listing deklarieren wir die Klasse Rock, Diamond, Jade und MeltedMess.

```
#include <iostream>
using namespace std;

class Rock {
public:
    int Weight;
};
```

```
class Diamond : public Rock {
public:
    void SetDiamondWeight(int newweight) {
        Weight = newweight;
    }
    int GetDiamondWeight() {
        return Weight;
    }
};

class Jade : public Rock {
public:
    void SetJadeWeight(int newweight) {
        Weight = newweight;
    }
    int GetJadeWeight() {
        return Weight;
    }
};

class MeltedMess : public Diamond, public Jade {
};
int main(int argc, char *argv[])
{
    MeltedMess mymess;
    mymess.SetDiamondWeight(10);
    mymess.SetJadeWeight(20);
    cout << mymess.GetDiamondWeight() << endl;
    cout << mymess.GetJadeWeight() << endl;
    return 0;
}
```

Listing 15.3: Wir spalten Diamanten auf.

Es gibt ein Mitglied Weight, das Teil von Rock ist. In der Klasse Diamond haben wir zwei Zugriffsmethoden aufgenommen, um den Wert von Weight zu setzen und wieder auszulesen. Das Gleiche haben wir in der Klasse Jade getan.

Wir haben die Klasse MeltedMess sowohl von Diamond als auch von Jade abgeleitet. Dann haben wir eine Instanz davon erzeugt und die vier Mitgliedsfunktionen aufgerufen, um auf die Weight-Mitglieder zuzugreifen. Erst haben wir die für Diamond genutzt und Weight auf 10 gesetzt. Dann haben wir das Gleiche bei Jade mit 20 gemacht.

In einer perfekten Welt, in der jedes Objekt nur ein Weight hätte, würde dieses Weight erst auf 10 und dann auf 20 gesetzt werden. Bei der Ausgabe sollten wir zwei Mal 20 sehen – was aber nicht der Fall ist:

```
10
20
```

Der `Diamond`-Anteil liefert für sein `Weight` den Wert `10`, der `Jade`-Anteil aber `20`. Wir haben also zwei verschiedene Mitglieder mit dem Namen `Weight`. Das ist nicht gut.

Um das Problem zu lösen, fügen wir beim Ableiten das Schlüsselwort `virtual` ein. Nach dem ANSI-Standard muss es bei den mittleren Klassen stehen – in unserem Fall also bei `Diamond` und `Jade`. Also müssen Sie die Klassen-Header in Listing 15.3 für `Diamond` und `Jade` verändern:

```
lass Diamond : virtual public Rock {
```

```
class Jade : virtual public Rock {
```

Wenn Sie das tun und die Anwendung ausführen, stellen Sie fest, dass Sie in der finalen Klasse `MeltedMess` nur noch eine Instanz von `Weight` haben. Die Ausgabe sieht nun so aus:

```
20
20
```

Jetzt passt es: Es gibt in `MeltedMess` nur eine Instanz von `Weight`, daher ändert die folgende Zeile den Wert auf `10`:

```
mymess.SetDiamondWeight(10);
```

Diese Zeile ändert jetzt den Wert des *gleichen* `Weight` in `20`:

```
mymess.SetJadeWeight(20);
```

Die folgende Zeile gibt den Wert `20` der einen `Weight`-Instanz aus:

```
cout << mymess.GetDiamondWeight() << endl;
```

Und diese Zeile gibt den gleichen Wert aus:

```
cout << mymess.GetJadeWeight() << endl;
```

 Bei einem rautenförmigen Vererbungsbaum nutzen Sie in den mittleren Klassen *virtuelle Vererbung*, um diese Klassen zu *säubern* und sicherzustellen, dass sie auf den richtigen Typ zeigen. Sie können `virtual` auch der finalen Klasse hinzufügen (im Beispiel wäre das `MeltedMess`), was aber nicht notwendig ist.

Polymorphie mit Mehrfachvererbung

Wenn Sie Mehrfachvererbung verwenden, können Sie Ihr Objekt problemlos wie eines der beiden Basisklassen behandeln. Bei dem rautenförmigen Beispiel ist es also möglich, eine Instanz von MeltedMess wahlweise als Diamond oder als Jade zu verwenden. Haben Sie zum Beispiel eine Funktion, die als Parameter einen Zeiger auf eine Diamond-Instanz erwartet, können Sie ohne Gefahr einen Zeiger auf eine MeltedMess-Instanz übergeben. Auch ein Casting funktioniert: Sie können eine Instanz von MeltedMess in eine Diamond- oder eine Jade-Instanz casten. Hier empfehlen wir den Einsatz des neuen static_cast, statt den alten C-Cast zu verwenden, bei dem Sie einfach den Typnamen in Klammern vor die Variable schreiben.

Freundklassen und Freundfunktionen

Es kommt vor, dass Sie einer Situation gegenüberstehen, bei der eine Klasse auf die privaten und geschützten Mitglieder einer anderen Klasse zugreifen soll.

So etwas ist normalerweise nicht erlaubt. Aber Sie können es zulassen, wenn Sie die beiden Klassen zu Freunden machen. Das klingt jetzt kitschig, aber wir haben dieses Wort C++ zu verdanken: friend. Verwenden Sie friend nur, wenn Sie es wirklich benötigen. Wenn Sie zum Beispiel eine Klasse Square haben, die Zugriff auf die privaten und die geschützten Mitglieder einer Klasse DrawingBoard benötigt, können Sie in DrawingBoard eine Zeile wie diese einfügen:

```
friend class Square;
```

Damit können die Mitgliedsfunktionen in Square auf die privaten und geschützten Member beliebiger Instanzen vom Typ DrawingBoard zugreifen. (Denken Sie daran – es geht hier letztendlich um Instanzen.)

Das Schlüsselwort Friend ist sehr mächtig, weil es Objekt zwei den Zugriff auf Funktionalitäten von Objekt drei erlaubt, und das möglicherweise gegen den Willen von Objekt eins (das Objekt drei erzeugt hat). Das kann zu Fehlern führen! Wie Oma immer schon gesagt hat: »Überlege dir gut, wen du zum Freund haben willst, besonders, wenn du objektorientierten Code in C++ schreibst.«

In manchen Compilern können Sie einen Freund auch ohne das Schlüsselwort class deklarieren:

```
friend Square;
```

Der GNU-Compiler in Code::Blocks lässt das nicht zu. Hier ist class zwingend erforderlich:

```
friend class Square;
```

Freunde in einer Klasse

Kann die Instanz einer Klasse auf die privaten und die geschützten Mitglieder anderer Instanzen der *gleichen Klasse* zugreifen? Ja, der Compiler erlaubt es. Sollten Sie das tun? Das kommt darauf an. Wie würden Sie das machen? Sie hätten in einer Mitgliedsfunktion einer Klasse einen Zeiger auf eine andere Instanz der gleichen Klasse – zum Beispiel übergeben als Parameter. Die Mitgliedsfunktion kann nun alle Mitglieder des übergebenen Objekts modifizieren. Damit das funktioniert, brauchen Sie vermutlich friend-Klassen, aber seien Sie dabei vorsichtig.

Klassen und Typen in Klassen nutzen

Manchmal benötigt eine Anwendung eine ziemlich komplexe interne Struktur, damit sie funktioniert. Dabei gibt es drei Möglichkeiten, dieses Ziel zu erreichen, ohne allzu große Kopfschmerzen zu bekommen: verschachtelte Klassen, eingebettete Klassen und das Deklarieren von Typen innerhalb von Klassen. Die folgenden Abschnitte behandeln die beiden wichtigsten Punkte: das Verschachteln von Klassen und das Deklarieren von Typen innerhalb von Klassen. Der Abschnitt *Eine Klasse verschachteln* beinhaltet auch Informationen zum Einbetten von Klassen.

Eine Klasse verschachteln

Vielleicht wollen Sie gelegentlich einen Satz Klassen erstellen, bei denen eine Klasse die Hauptklasse ist und die anderen sie unterstützen. So könnten Sie vielleicht Entwickler in einem Team sein und müssten Klassen schreiben, die sich des Nachts bei der Konkurrenz einloggen und die Preise aller Produkte reduzieren. Andere Mitglieder des Teams nutzen dann Ihre Klassen in ihren eigenen Anwendungen. Sie schreiben nur einen Satz Klassen – den Rest der Anwendung schreiben die Kollegen.

In den von Ihnen erstellten Klassen wollen Sie Ihren Kollegen die Arbeit erleichtern. Dazu legen Sie eine Hauptklasse EthicalCompetition an, die die Kollegen instanziieren werden, um Ihre Klassen einzusetzen. Die Hauptklasse enthält die Methoden für den Einsatz des Systems. Mit anderen Worten: Sie dient als *Schnittstelle* zu den anderen Klassen.

Neben der Hauptklasse EthicalCompetition erstellen Sie vielleicht unterstützende Klassen, die zwar von EthicalCompetition genutzt werden, von denen Ihre Kollegen aber nicht direkt Instanzen erstellen. Eine ist vielleicht die Klasse Connection, die sich darum kümmert, die Verbindung zum Computer der Konkurrenz aufzubauen.

Das erste Problem: Die Klasse Connection wird von Ihnen geschrieben, aber eventuell gibt es noch eine *andere* Klasse namens Connection, und Ihre Kollegen müssen diese Klasse einsetzen. Das zweite Problem: Wenn Sie eine Klasse Connection haben, wollen Sie vielleicht nicht, dass Ihre Kollegen sie nutzen. Sie sollen nur auf die Hauptschnittstelle – die Klasse EthicalConnection – zugreifen.

Um das Problem mit den eindeutigen Namen zu lösen, stehen Ihnen eine Reihe von Möglichkeiten offen. Sie können der Klasse zum Beispiel einen etwas eindeutigeren Namen geben, wie `EthicalCompetitionConnection`. Aber das ist ganz schön lang. Und warum den ganzen Aufwand treiben, wenn Sie die Klasse sowieso nur innerhalb von `EthicalConnection` einsetzen wollen? Sie könnten natürlich den Klassennamen abkürzen und ihn trotzdem möglichst eindeutig machen, wie zum Beispiel `ECConnection`.

Dennoch – wenn dann die Anwender Ihrer Klassen einen Blick auf die Headerdateien werfen und auf die Menge an Klassen blicken, wird ihnen nicht unbedingt klar sein, welche sie davon einsetzen sollten. (Natürlich würden Sie eine Dokumentation schreiben, die das klarstellt, aber nichtsdestotrotz sollte der Code an sich schon möglichst selbsterklärend sein.)

Eine Möglichkeit ist, *verschachtelte* Klassen einzusetzen. Bei einer verschachtelten Klasse schreiben Sie die Deklaration für die Hauptklasse – hier `EthicalCompetition` – und deklarieren innerhalb dieser Klasse die unterstützenden Klassen, zum Beispiel:

```
class EthicalCompetition
{
private:
    class Connection
    {
    public:
        void Connect();
    };

public:
    void HardWork();
};
```

Beachten Sie, dass wir eine Klasse innerhalb einer Klasse geschrieben haben. Wir haben den Code für die Funktionen selbst nicht mit aufgenommen, aber hier kommt er:

```
void EthicalCompetition::HardWork()
{
    Connection c;
    c.Connect();
    cout << "Verbunden" << endl;
}

void EthicalCompetition::Connection::Connect()
{
    cout << "Verbindungsaufbau ..." << endl;
}
```

Beim Header für die Funktion `Connect` in der Klasse `Connection` muss zuerst der äußere Klassenname angegeben werden, dann folgen zwei Doppelpunkte, der Name der inneren Klasse, dann wieder zwei Doppelpunkte und schließlich der Name der Funktion. Das entspricht dem üblichen Muster – Klassenname, zwei Doppelpunkte, Funktionsname. Aber in diesem Fall haben Sie zwei Klassennamen, die durch zwei Doppelpunkte getrennt werden.

Wollen Sie eine Instanz der Klasse `Connection` definieren, erledigen Sie dies abhängig von dem Ausgangspunkt, an dem Sie sich gerade befinden. (Dabei meinen wir nicht den Ort, an dem Sie sich gerade aufhalten und programmieren – dem Programm ist es meist egal, ob Sie am Strand mit einem Laptop oder in einem langweiligen Büro sitzen. Es geht darum, wo Sie im Code eine Instanz definieren wollen.)

Befinden Sie sich in einer Mitgliedsfunktion der äußeren Klasse `EthicalCompetition`, referenzieren Sie die Klasse einfach über ihren Namen, `Connection`.

Das haben wir in der Mitgliedsfunktion `HardWork` getan:

```
Connection c;
```

Befinden Sie sich außerhalb der Mitgliedsfunktionen, können Sie eine Instanz der inneren Klasse `Connection` ohne eine Instanz der äußeren Klasse `EthicalCompetition` definieren. Dazu geben Sie den Klassennamen *vollständig qualifiziert* an:

```
EthicalCompetition::Connection myconnect;
```

Diese Zeile könnte zum Beispiel in der Funktion `main()` Ihrer Anwendung stehen, wenn Sie eine Instanz der inneren Klasse `Connection` erzeugen wollen.

Aber Sie erinnern sich vielleicht, dass Sie die eine Klasse in der anderen unterbringen wollten, um sie vor der Welt da draußen zu beschützen und um zu verhindern, dass die bösen Kollegen einfach eine Instanz davon erstellen. Aber bisher haben wir nichts dagegen getan. Sie können die Klasse verwenden, indem sie sie über den vollständig qualifizierten Namen `EthicalCompetition::Connection` ansprechen.

Sie haben bisher eine praktische Gruppierung von Klassen erstellt und auch dafür gesorgt, dass Sie einfachere Namen nutzen können, die nicht mit anderen Klassennamen in Konflikt geraten. Wollen Sie Ihre Klassen nur gruppieren, können Sie verschachtelte Klassen verwenden. Wollen Sie aber eine Klasse so schützen, dass andere nicht darauf zugreifen können, müssen Sie mit einer sogenannten *inneren Klassendefinition* arbeiten.

Hier die Tricks, die Ihnen zeigen, wie Sie eine innere Klassendefinition erstellen. Für den ersten Trick müssen wir Ihnen zeigen, wie Sie die Klasse zwar mit einer Vorwärtsdefinition deklarieren, die Klassendefinition aber außerhalb der äußeren Klasse unterbringen.

Stecken Sie die innere Klassendefinition niemals *in* den privaten oder den geschützten Bereich der äußeren Klassendefinition – das funktioniert nicht.

Der folgende Code kümmert sich um die Deklaration:

```
class EthicalCompetition
{
private:
    class Connection;

public:
    void HardWork();
};

class EthicalCompetition::Connection
{
public:
    void Connect();
};
```

Hier haben wir innerhalb der äußeren Klasse einen Header für die innere Klasse geschrieben und ein Semikolon eingesetzt, statt die gesamte innere Klasse zu definieren – das ist eine *Vorwärtsdeklaration*. Dann haben wir den Rest der inneren Klasse außerhalb der äußeren Klasse geschrieben. Damit das funktioniert, mussten wir wieder den vollständig qualifizierten Namen der Klasse angeben:

```
class EthicalCompetition::Connection
```

Würden wir das Wort EthicalCompetition und die beiden Doppelpunkte weglassen, würde der Compiler diese Klasse wie eine andere Klasse kompilieren. Später würde er sich dann darüber beschweren, dass er den Rest der Deklaration für die Klasse Connection nicht fände. Die Meldung lautet:

```
error: aggregate 'EthicalCompetition::Connection c' has incom-
plete type and cannot be defined
```

Merken Sie sich diese Fehlermeldung, damit Sie wissen, was zu korrigieren ist, wenn Sie den äußeren Klassennamen vergessen haben.

Indem Sie die innere Klasse im Anschluss an die äußere Klasse deklarieren, können Sie jetzt einen weiteren Trick anwenden. Die Idee ist, den Code so zu schreiben, dass nur die äußere Klasse auf die Mitglieder zugreifen kann. Dazu können Sie alle Mitglieder der inneren Klasse entweder auf privat oder auf geschützt setzen und dann die äußere Klasse EthicalCompetition zum Freund der inneren Klasse Connection machen.

Hier die angepasste Version der Klasse `Connection`:

```
class EthicalCompetition::Connection
{
protected:
    friend class EthicalCompetition;
    void Connect();
}
```

Nur die äußere Klasse kann nun auf die meisten Mitglieder zugreifen. Wir haben aber etwas ausgelassen: Die Mitglieder sind zwar geschützt, aber ein Anwender außerhalb von `Ethical-Competition` kann trotzdem einfach eine Instanz dieser Klasse erzeugen. Um das zu verhindern, benötigen Sie einen Konstruktor für die Klasse, der entweder *privat oder geschützt* ist. Wenn Sie das mit dem Konstruktor machen, ist es auch sinnvoll, den Destruktor genauso zu schützen. Selbst wenn Konstruktor(en) und Destruktor nichts machen: Durch ihren privaten oder geschützten Status ist dafür gesorgt, dass niemand sonst eine Instanz der Klasse erzeugen kann – mit Ausnahme der Freunde der Klasse.

Also eine weitere Version der Klasse:

```
class EthicalCompetition::Connection
{
protected:
    friend class EthicalCompetition;
    void Connect();
    Connection() {}
    ~Connection() {}
}
```

Das ist der ganze Trick. Wenn wir versuchen, außerhalb von `EthicalCompetition` eine Instanz der Klasse zu erzeugen (zum Beispiel in `main()`):

```
EthicalCompetition::Connection myconnect;
```

erhalten wir folgende Fehlermeldung:

```
'EthicalCompetition::Connection::~Connection()' is protected
```

Sie können aber trotzdem weiterhin eine Instanz innerhalb der Mitgliedsfunktionen von `EthicalCompetition` erzeugen. Das Beispiel `ProtectingEmbedded` in Listing 15.4 zeigt die fertige Anwendung.

```
#include <iostream>
using namespace std;

class EthicalCompetition {
private:
    class Connection;
public:
    void HardWork();
};
class EthicalCompetition::Connection {
protected:
    friend class EthicalCompetition;
    void Connect();
    Connection() {}
    ~Connection() {}
};
void EthicalCompetition::HardWork() {
    Connection c;
    c.Connect();
    cout << "Verbunden" << endl;
}
void EthicalCompetition::Connection::Connect() {
    cout << "Verbindungsaufbau ..." << endl;
}
int main(int argc, char *argv[])
{
    // EthicalCompetition::Connection myconnect;
    EthicalCompetition comp;
    comp.HardWork();
    return 0;
}
```

Listing 15.4: Verschachtelte Klassen schützen

Wir haben die auskommentierte Zeile bewusst im Code belassen. Dort wurde versucht, eine Instanz der inneren Klasse Connection zu erzeugen. Wenn Sie die Kommentarzeichen entfernen, erhalten Sie beim Kompilieren die oben erwähnte Fehlermeldung.

Typen innerhalb von Klassen

Wenn Sie einen Typ deklarieren – zum Beispiel einen enum, eine Aufzählung –, kann es sinnvoll sein, ihn mit einer Klasse zu verbinden. Stellen Sie sich vor, Sie haben eine Klasse Cheesecake. In dieser Klasse gibt es die Mitgliedsvariable SelectedFlavor. Dieses Mitglied kann als Typ eine von Ihnen definierte Aufzählung verwenden:

```
enum Flavor
{
    ChocolateSuicide,
    SquishyStrawberry,
    BrokenBanana,
    PrettyPlainVanilla,
    CoolLuah,
    BizarrePurple
};
```

Um dies mit einer Klasse zu verbinden, können Sie die Definition wie folgt in ihr unterbringen:

```
class Cheesecake
{
public:
    enum Flavor
    {
        ChocolateSuicide, SquishyStrawberry, BrokenBanana,
        PrettyPlainVanilla, CoolLuah, BizarrePurple
    };

    Flavor SelectedFlavor;
    int AmountLeft;
    void Eat()
    {
        AmountLeft = 0;
    }
};
```

Der Typ Flavor kann nun überall in Ihrer Anwendung genutzt werden, aber für einen Einsatz außerhalb der Mitgliedsfunktionen der Klasse Cheesecake müssen Sie den Namen vollständig qualifiziert angeben – wie üblich durch den Klassennamen und die zwei Doppelpunkte ergänzt:

```
Cheesecake::Flavor myflavor = Cheesecake::CoolLuah;
```

Wie Sie sehen, müssen wir bei einem enum auch die Aufzählung selbst vollständig qualifizieren. Würden wir rechts vom Gleichheitszeichen nur CoolLuah angeben, hätte der Compiler etwas dagegen und würde sich beschweren, dass CoolLuah nicht deklariert sei.

Das Cheesecake-Beispiel in Listing 15.5 zeigt, wie wir die Klasse einsetzen können.

```cpp
#include <iostream>

using namespace std;

class Cheesecake {
public:
    enum Flavor {
        ChocolateSuicide, SquishyStrawberry, BrokenBanana,
        PrettyPlainVanilla, CoolLuah, BizarrePurple
    };
    Flavor SelectedFlavor;
    int AmountLeft;
    void Eat() {
        AmountLeft = 0;
    }
};

int main()
{
    Cheesecake yum;
    yum.SelectedFlavor = Cheesecake::SquishyStrawberry;
    yum.AmountLeft = 100;
    yum.Eat();
    cout << yum.AmountLeft << endl;
    return 0;
}
```

Listing 15.5: Typen in Klassen einsetzen

Beachten Sie, dass wir in Listing 15.5 den Namen SquishyStrawberry vollständig qualifiziert angeben mussten.

Wenn Sie einen Typ (mithilfe von typedef oder enum) innerhalb einer Klasse deklarieren, müssen Sie keine Instanz der Klasse erzeugen, um den Typ nutzen zu können. Aber Sie müssen den Namen vollständig qualifiziert angeben. Sie können also eine Variable vom Typ Cheesecake::Flavor anlegen und in Ihrem Programm verwenden, ohne eine Instanz von Cheesecake erzeugen zu müssen.

Haben Sie Typen, die Sie nur innerhalb der Klasse verwenden wollen? Dann machen Sie sie geschützt oder privat. So kann sie niemand außerhalb der Klasse nutzen.

Anders als bei verschachtelten Klassen können Sie einen Typ innerhalb einer Klasse privat oder geschützt machen. Versuchen Sie dann, diesen Typ außerhalb der Klasse zu verwenden (auch beim Setzen einer Mitgliedsvariablen wie zum Beispiel mit yum.SelectedFlavor = Cheesecake::SquishyStrawberry), erhalten Sie eine Fehlermeldung.

Wie bei einem enum können Sie auch einen typedef in einer Klasse einsetzen. Schauen Sie sich dieses Beispiel an:

```cpp
class Spongecake
{
public:
    typedef int SpongeNumber;
    SpongeNumber weight;
    SpongeNumber diameter;
};

int main(int argc, char *argv[])
{
    Spongecake::SpongeNumber myweight = 30;
    Spongecake fluff;
    fluff.weight = myweight;
    return 0;
}
```

Klassen mit Templates erzeugen

In diesem Kapitel

▶ Erstellen Sie Templates für Klassen

▶ Benutzen Sie in den Templates Parameter

▶ Leiten Sie mit Templates ab

▶ Erstellen Sie Funktionstemplates

---

*W*enn es unter C++-Programmierern ein *großes Geheimnis* gibt, dann sind das die Vorlagen, die von Programmierern gerne auch mit ihrer englischen Bezeichnung als *Templates* angesprochen werden. Templates scheinen *das* Thema zu sein, das Programmieranfänger unbedingt verstehen wollen, weil sie glauben, dass sie erst dann zum großen C++-Guru werden können.

Wir können nun nicht entscheiden, ob Sie durch das Verstehen der Templates zu einem C++-Guru werden (auch wenn wir diesen Gedanken sehr schön finden!), aber auf jeden Fall eröffnen sich Ihnen mit den Vorlagen (den Templates) ganz neue Welten, was vor allem daran liegt, dass die gesamte STL-Bibliothek auf Templates aufbaut. Zudem hilft Ihnen das Wissen um Templates bei dem ganzen kryptischen Code, den andere Leute im Internet posten. (Und mit uns werden Sie bald merken, dass der Code gar nicht so kryptisch sein muss! Wir wiederholen uns vielleicht, aber es ist wichtig, alles einfach zu halten.)

In diesem Kapitel werden wir Ihnen daher zeigen, wie Sie Templates in C++ einsetzen.

Eine Klasse zum Template machen

»Templates sind kompliziert und nicht leicht zu verstehen.« Das war eine Lüge. Wir wissen nicht, warum die Leute denken, dass es schwierig ist, Templates anzulegen und einzusetzen, was nun wirklich nicht stimmt. In diesem Abschnitt zeigen wir Ihnen, wie einfach der Umgang mit Templates ist.

Stellen Sie sich vor, Sie haben eine Klasse namens MyHolder. Diese Klasse enthält ein paar Integerwerte. Nichts Besonderes, ganz einfach:

```
class MyHolder
{
public:
    int first;
    int second;
    int third;
```

```
    int sum()
    {
        return first + second + third;
    }
}
```

Diese Klasse lässt sich ganz einfach verwenden – Sie erzeugen eine Instanz von ihr und setzen die Werte der Mitglieder. Aber denken Sie daran: Wenn die Anwendung ausgeführt wird, können Sie nichts mehr an der Klasse selbst ändern. Zur Laufzeit können Sie nur neue Instanzen dieser Klasse erzeugen.

Mit dem folgenden Code werden zum Beispiel zehn Instanzen der Klasse erzeugt, sum() aufgerufen und der Rückgabewert ausgegeben:

```
MyHolder *hold;
int loop;
for (loop = 0; loop < 10; loop++)
{
    hold = new MyHolder;
    hold->first = loop * 100;
    hold->second = loop * 110;
    hold->third = loop * 120;
    cout << hold->sum() << endl;
    delete hold;
}
```

Damit wird zur Laufzeit eine Instanz erzeugt, damit etwas getan und dann die Instanz wieder gelöscht. Dieser Prozess wird zehn Mal wiederholt. Instanzen (oder Variablen) werden erzeugt, geändert und gelöscht – alles zur Laufzeit. Aber die Klasse – wir wiederholen uns noch einmal – entsteht beim Kompilieren.

Stellen Sie sich vor, Sie programmieren weiter und stellen fest, dass diese Klasse MyHolder sehr praktisch ist. Nur wäre es schön, wenn Sie eine Version hätten, die floats statt ints einsetzt. Sie könnten eine zweite Klasse erstellen, die wie die erste ist, aber float statt int nutzt:

```
class AnotherHolder
{
public:
    float first;
    float second;
    float third;
    float sum()
    {
        return first + second + third;
    }
}
```

Das funktioniert wie bei der ersten Klasse, verwaltet aber drei `float`-Variablen statt drei `int`-Variablen. Sie können sich bestimmt vorstellen, dass diese Methode bei einer wirklich großen Klasse viel Kopieraufwand und Suchen-und-Ersetzen bedeutet. Sie können diese Fleißarbeit aber reduzieren, indem Sie Templates einsetzen. Statt zwei verschiedenen Versionen der Klasse zu verwalten, geben Sie eine an, die Sie dann nach Bedarf anpassen können.

Schauen Sie sich diesen Code an:

```
template <typename T>
class CoolHolder
{
public:
    T first;
    T second;
    T third;
    T sum()
    {
        return first + second + third;
    }
}
```

Stellen Sie sich das Ganze wie eine Regel zum Erstellen einer Klasse vor, die genau das tut, was die beiden vorher gezeigten Klassen machen. (Ignorieren Sie erst einmal die Template-Deklaration `template <typename T>`, sie wird später noch erläutert.) In dieser Regel gibt es einen Platzhalter `T` für einen Typ. Entfernen Sie jetzt (nur in Ihren Gedanken!) die erste Codezeile und ersetzen Sie alle `T`s durch das Wort `int`. Dann würden Sie Folgendes erhalten:

```
class CoolHolder
{
public:
    int first;
    int second;
    int third;
    int sum()
    {
        return first + second + third;
    }
}
```

Das ist natürlich die gleiche Klasse wie die oben gezeigte `MyHolder`, nur mit einem anderen Namen. Jetzt machen Sie das Gleiche, ersetzen aber die `T`s durch das Wort `float`. Sie ahnen vermutlich schon, was passiert:

```
class CoolHolder
{
public:
    float first;
    float second;
    float third;
    float sum()
    {
        return first + second + third;
    }
}
```

Auch hier ist das Ganze wieder identisch mit der Klasse AnotherHolder, wobei wir auch hier wieder einen anderen Namen verwenden.

Das macht eine Vorlage (ein Template): Sie spezifiziert für eine Klasse einen Platzhalter. Allerdings *erzeugt* sie selbst keine Klasse ... noch nicht. Sie müssen dem Compiler nun noch mitteilen, dieses Template zu nehmen und daraus eine Klasse zu machen. Das erreichen Sie, indem Sie eine Variable erstellen oder die Klasse irgendwo verwenden. Schauen Sie sich diesen Code an:

```
CoolHolder<int> IntHolder;
IntHolder.first = 10;
IntHolder.second = 20;
IntHolder.third = 30;
```

Sehen Sie, was passiert? Dieser Code weist den Compiler an, das Template CoolHolder zu nehmen und eine Version davon zu erzeugen, bei der T durch das Wort int ersetzt wird. Mit anderen Worten: Der Compiler erstellt eine Klasse. Wie heißt diese Klasse? Nun, sie hat den Namen CoolHolder<int>. Danach erzeugen diese vier Codezeilen eine Instanz von CoolHolder<int> mit dem Namen IntHolder und setzen dann die Mitglieder von IntHolder.

Und wann erzeugt der Computer diese Klasse? (Also nicht die Instanz, sondern die Klasse selbst.) Beim *Kompilieren*. Denken Sie daran – Typen werden beim Kompilieren erzeugt, und es gibt keine Ausnahme von dieser Regel.

Das Beispiel CoolHolder aus Listing 16.1 zeigt eine komplette Anwendung, die das Template CoolHolder verwendet.

```
#include <iostream>

using namespace std;

template <typename T>
```

```
class CoolHolder
{
public:
    T first;
    T second;
    T third;
    T sum()
    {
        return first + second + third;
    }
};
int main()
{
    CoolHolder<int> IntHolder;
    IntHolder.first = 10;
    IntHolder.second = 20;
    IntHolder.third = 30;

    CoolHolder<int> AnotherIntHolder;
    AnotherIntHolder.first = 100;
    AnotherIntHolder.second = 200;
    AnotherIntHolder.third = 300;

    CoolHolder<float> FloatHolder;
    FloatHolder.first = 3.1415;
    FloatHolder.second = 4.1415;
    FloatHolder.third = 5.1415;

    cout << IntHolder.first << endl;
    cout << AnotherIntHolder.first << endl;
    cout << FloatHolder.first << endl;

    CoolHolder<int> *hold;
    for (int loop = 0; loop < 10; loop++)
    {
        hold = new CoolHolder<int>;
        hold->first = loop * 100;
        hold->second = loop * 110;
        hold->third = loop * 120;
        cout << hold->sum() << endl;
        delete hold;
    }

    return 0;
}
```

Listing 16.1: Verschiedene Versionen einer Klasse mithilfe von Templates erzeugen

Wenn wir dieses Programm ausführen, erhalten wir viele Ergebnisse, die aus den Aufrufen von sum( ) stammen:

```
10
100
3.1415
0
330
660
990
1320
1650
1980
2310
2640
2970
```

Schauen Sie sich den Code genau an. Ziemlich weit oben finden Sie die Vorlage (das Template), die wir Ihnen schon vorgestellt haben. Denken Sie daran, dass der Compiler für dieses Template keinen Typ erzeugt. Stattdessen verwendet er es als Regel für das Erstellen weiterer Typen. Der Code dient also als Schablone für andere Typen – und Schablone heißt auf englisch *Template*.

Dies ist die erste Zeile des Templates:

```
template <typename T>
```

Das bedeutet, dass eine Templateklasse folgt und dass sie einen Typ mit einem Platzhalter namens T besitzt. Wann immer also innerhalb der Klasse ein T erscheint, wird es durch den Typnamen ersetzt. (Das T muss dafür alleine stehen – ist es Teil eines Worts, wird es nicht ersetzt.) Es ist üblich, als Platzhalter das T zu verwenden, aber Sie können beliebige Namen dafür nutzen (sofern diese Namen mit einem Buchstaben oder einem Unterstrich beginnen, dem dann Buchstaben, Ziffern oder Unterstriche folgen).

Weiter unten in main( ) definieren wir dann eine Reihe von Variablen mit Typen, die auf diesem Template basieren. Hier ist solch eine Definition:

```
CoolHolder<int> IntHolder;
```

Diese Zeile definiert eine Variable namens IntHolder. Dafür legt der Computer einen Typ namens CoolHolder<int> an, der auf dem Template CoolHolder basiert und bei dem T durch int ersetzt worden ist.

Hier eine weitere Zeile, in der wir eine Variable definieren:

```
CoolHolder<int> AnotherIntHolder;
```

Dieses Mal muss der Compiler keinen neuen Typ erstellen, weil CoolHolder<int> bereits genutzt wurde. Aber auch hier wird der Typ des Templates genutzt, bei dem T durch int ersetzt wurde.

Als Nächstes kommt eine weitere Klasse, die auf dem Template basiert, und wir definieren eine Variable dieses neuen Typs:

```
CoolHolder<float> FloatHolder;
```

Wenn der Compiler auf diese Zeile stößt, erstellt er unter Verwendung des Templates einen weiteren Typ, wobei T durch float ersetzt wird. In diesem Fall werden in den drei Mitgliedern der Instanz FloatHolder – first, second und third – jeweils Gleitkommazahlen gespeichert. Und die Mitgliedsfunktion sum() gibt eine Gleitkommazahl zurück.

Die folgende Zeile nutzt den weiter oben erstellten Typ CoolHolder<int> und definiert einen Zeiger auf CoolHolder<int>. Ja, auch das ist möglich, Zeiger sind erlaubt:

```
CoolHolder<int> *hold;
```

Der Code, der dann folgt, durchläuft eine Schleife, in der wir new aufrufen, um Instanzen vom Typ CoolHolder<int> anzulegen:

```
hold = new CoolHolder<int>;
```

Die Mitglieder sprechen wir über die Zeigernotation -> an:

```
hold->first = loop * 100;
```

Das sind die Grundlagen von Templates. Sie sind gar nicht so schlimm, wie man meint. Denken Sie nur an Folgendes: Wenn Sie einen Bezeichner sehen, auf den in spitzen Klammern ein Typ oder eine Klasse folgt, handelt es sich um ein Template. Was halten Sie von dieser Codezeile:

```
vector<string> MyList;
```

Irgendeine Idee? Nun, es wird ein Template namens vector verwendet und darin der Typ string genutzt. Tatsächlich ist vector Teil der Standard-C++-Bibliothek, und er funktioniert ähnlich wie ein Array. Sein *Templateparameter* (das Ding in den spitzen Klammern) steht für den Typ der Elemente, die der vector verwaltet. Es wird also eine Variable MyList definiert, bei der es sich um einen vector handelt, der string-Instanzen verwaltet.

Ein Template vom Code der Funktionen trennen

Als Templates in C++ noch neu waren, mussten Sie den Code für die Mitgliedsfunktionen direkt im Template selbst unterbringen – es war keine Vorwärtsdeklaration möglich, mit der der Code außerhalb der Templates deklariert werden konnte, wie das bei Klassen möglich ist. Aber der ANSI-Standard hat die Situation geändert. Jetzt ist es erlaubt, Code außerhalb der eigentlichen Templatedefinition unterzubringen – wenn Sie einen ANSI-konformen Compiler nutzen. Der GNU GCC Compiler ist größtenteils ANSI-konform, daher geht es auch hier. Aber Sie müssen den Code an der richtigen Stelle unterbringen, damit sich alles richtig kompilieren lässt. Das Beispiel ImFree in Listing 16.2 zeigt, wie es geht.

```cpp
#include <iostream>

using namespace std;

template <typename T>
class ImFree
{
protected:
    T x;

public:
    T& getx();
    void setx(T);
};

template <typename T>
T &ImFree<T>::getx()
{
    return x;
}

template <typename T>
void ImFree<T>::setx(T newx)
{
    x = newx;
}

int main()
{
    ImFree<int> separate;
    separate.setx(10);
    cout << separate.getx() << endl;
    return 0;
}
```

Listing 16.2: Ein Template getrennt vom Funktionscode definieren

Wie Sie sehen, ist das Format hässlich. Und wenn wir ehrlich sind, müssen wir es jedes Mal nachschlagen, weil wir es uns nicht merken können. (Vielleicht schaffen Sie das, aber unsere Köpfe sind einfach zu voll dafür.)

Schauen Sie sich eine der Mitgliedsfunktionen genauer an:

```cpp
template <typename T>
T &ImFree<T>::getx()
{
    return x;
}
```

Die erste Zeile ist die gleiche, die auch in der Definition des Templates zu finden ist. Es handelt sich einfach um das Wort `template`, gefolgt vom Parameter in spitzen Klammern.

Die nächste Zeile sieht auch fast so aus, wie Sie es erwarten würden. Wie bei Klassen besteht der Funktionsprototyp aus dem Rückgabetyp, dem Klassennamen, zwei Doppelpunkten und dem Funktionsnamen. Hier ist das ebenfalls der Fall, allerdings ist die Angabe des Namens des Templates etwas kniffliger. Sie geben nicht nur den Namen an, sondern auch den Parameter, der in spitzen Klammern folgt, wie dieses Beispiel zeigt: `T &ImFree<T>::getx()`. Beachten Sie das `<T>`.

 Ältere Compiler lassen es nicht zu, den Code der Funktion von der Definition des Templates zu trennen, wie wir es in Listing 16.2 getan haben. Stattdessen mussten Sie ihn in das Template selbst aufnehmen:

```
template <typename T>
class ImFree
{
protected:
    T x;
public:
    T& getx()
    {
        return x;
    }
    void setx(T newx)
    {
        x = newx;
    }
};
```

 Beachten Sie noch ein Detail, das sowohl in Listing 16.2 als auch im Code der älteren Bauart vorkommt: Bei der Mitgliedsfunktion `getx()` geben wir nicht einfach eine Variable vom Typ T zurück, sondern eine Referenz. Statt also

```
T getx()
```

zu deklarieren, nutzen wir

```
T& getx()
```

(Wir haben das kaufmännische Und hinzugefügt.) Auch wenn man damit manche Leute verärgert, haben wir einen guten Grund dazu. In Listing 16.2 haben wir in `main()` die Klasse basierend auf dem Template mit einem Integerparameter erzeugt:

```
ImFree<int> separate;
```

Wir hätten die Klasse aber auch mit einer anderen Klasse erzeugen können:

```
ImFree<SomeOtherClass> separate;
```

In dem Fall wollen wir nicht nur eine Instanz aus der Funktion zurückgeben, wie das bei folgendem Code der Fall wäre:

```
T getx()
{
    return x;
}
```

Denn so würde die Instanz kopiert werden, statt sie selbst zurückzugeben.

Statische Mitglieder in ein Template einsetzen

Sie können in einem Template statische Mitglieder aufnehmen, müssen dabei aber genau wissen, was Sie tun. Denken Sie daran, dass alle Instanzen einer Klasse die statischen Mitglieder einer Klasse gemeinsam nutzen. Stellen Sie sich die statischen Mitglieder der Klasse als Mitglieder der Klasse selbst vor, während die nicht-statischen Mitglieder zu den Instanzen gehören.

Nun sind Sie in der Lage, aus einem einzelnen Template viele Klassen zu erzeugen. Wenn Sie die Idee hinter den statischen Mitgliedern beibehalten wollen, müssen Sie entweder Ihre Regeln sehr kreativ auslegen oder Sie machen sich das Leben einfach, indem Sie davon ausgehen, dass jede Klasse, die auf dem Template basiert, ihre eigenen statischen Mitglieder bekommt. Dieser einfache Weg ist genau der, der die Realität beschreibt.

 Wenn Sie ein statisches Mitglied in einem Template aufnehmen, erhält jede Klasse, die Sie daraus erzeugen, ihr eigenes statisches Mitglied. Ansonsten müssen Sie dem Compiler nur wie üblich mitteilen, dass ein Mitglied statisch ist – also wie bei »normalen« Klassen.

Das Beispiel `StaticMember` in Listing 16.3 zeigt ein statisches Mitglied in einer Vorlage (einem Template).

```
#include <iostream>

using namespace std;

template <typename T>
class Electricity
{
public:
    static T charge;
};
```

```
template <typename T>
T Electricity<T>::charge;

int main()
{
    Electricity<int>::charge = 10;
    Electricity<float>::charge = 98.6;
    Electricity<int> inst;
    inst.charge = 22;

    cout << Electricity<int>::charge << endl;
    cout << Electricity<float>::charge << endl;
    cout << inst.charge << endl;

    return 0;
}
```

Listing 16.3: Statische Mitglieder in einem Template einsetzen

Schauen wir uns zuerst an, wie wir den Speicherbereich für das statische Mitglied deklarieren – dies geschieht in den zwei Zeilen zwischen dem Template und main(). Erst geben Sie den gleichen Templatekopf an wie bei der Klasse (also template <typename T>). Dann spezifizieren Sie den Typ des statischen Mitglieds (in diesem Fall T, der Templateparameter). Als Nächstes beziehen Sie sich auf das statische Mitglied, indem Sie die Syntax *Klassenname*:: *Name_des_Mitglieds* verwenden. Denken Sie aber daran, dass zum Klassennamen der Templateparameter in spitzen Klammern gehört.

In diesem Code sehen Sie auch, dass wir, basierend auf dem Template, zwei Klassen erzeugt haben – Electricity<int> und Electricity<float>. Beide Klassen besitzen eine eigene Instanz des statischen Mitglieds. Bei der <int>-Version haben wir eine 10 zugewiesen, bei der <float>-Version den Wert 98.6. Dann haben wir – ausschließlich um zu zeigen, dass es nur ein statisches Mitglied pro Klasse gibt – eine Instanz von Electricity<int> erzeugt und deren statisches Mitglied auf 22 gesetzt. Schließlich lassen wir an der Konsole mit cout die Ergebnisse ausgeben. Und natürlich sind die beiden Zeilen für Electricity<int> gleich, während sich die Zeile für Electricity<float> von denen für Electricity<int> unterscheidet.

Ein Template parametrisieren

Ein Template (eine Vorlage) besteht aus einem Templatenamen und einem oder mehreren *Parametern*, die in der ersten Zeile der Definition in spitzen Klammern stehen. Dann kommt die Klassendefinition. Wenn Sie den Compiler höflich bitten, auf der Basis dieses Templates eine neue Klasse zu erstellen, macht er das sehr gerne. Dabei ersetzt er das, was Sie als Parameter bereitstellen. (Wir gehen doch davon aus, dass der Compiler nun glücklich ist, weil er sich mit Ausnahme von ein paar Fehlermeldungen nicht weiter beschwert hat.)

Schauen wir uns dieses Template an:

```
template <typename T>
class SomethingForEveryone
{
public:
    T member;
}
```

Das ist nicht sehr viel – ein einfaches Template mit einem Mitglied (englisch *Member*), das auch noch den Namen member trägt. Manchmal kann das Leben so einfach sein.

Aber wir möchten Sie vor allem darauf hinweisen, was sich zwischen den spitzen Klammern befindet: der Parameter typename T. Wie bei Parametern in einer Funktion ist das Erste der Typ des Parameters (typename) und das Zweite der Name des Parameters (T).

Ist typename tatsächlich der Name eines Typs? Nicht wirklich. Eigentlich handelt es sich um ein C++-Schlüsselwort, das für den Einsatz in Templates reserviert ist. *typename* gibt an, dass es sich beim folgenden Token (hier T) um einen *Typ* handelt. Wenn Sie also den Compiler auffordern, anhand des Templates eine neue Klasse zu erstellen, geben Sie einen *Typ* für T an. So weist zum Beispiel die folgende Zeile den Compiler an, eine neue Klasse zu erstellen und eine Instanz davon in einer Variablen JustForMe abzulegen:

```
SomethingForEveryone<int> JustForMe;
```

Jetzt schaut sich der Compiler an, was Sie in den spitzen Klammern angegeben haben, und verwendet dies als Parameter für das Template. Das int ersetzt in dem Template also das T. Jedes alleinstehende T wird nun durch den Parameter int ersetzt.

Verschiedene Parametertypen

Es zeigt sich, dass diese Parameter mehr können, als man auf Anhieb glaubt. Neben dem typename gibt es auch noch andere Möglichkeiten. Stellen Sie sich zum Beispiel vor, dass Sie eine Klasse haben, die ein paar Vergleiche vornimmt, um sicherzugehen, dass ein Produkt für das Budget einer Person nicht zu teuer ist. Jede Person würde mehrere Instanzen der Klasse haben – eine für jedes Produkt. Diese Klasse besäße eine Konstante, die den maximalen Preis enthält, den die Person zu zahlen bereit ist.

Und nun wird es interessant: Sie haben mehrere Instanzen dieser Klasse, eine für jedes Produkt, das die Person kaufen will, aber für jede Person ist der maximale Preis anders.

Sie können solch eine Situation mit oder ohne Templates lösen. Hier eine Variante mit einem Template:

```
template <int MaxPrice>
class PriceController
{
public:
    int Price;
    void TestPrice()
    {
        if (Price > MaxPrice)
        {
            cout << "Zu teuer" << endl;
        }
    }
};
```

Bevor wir Ihnen ein Beispiel zeigen, das dieses Template einsetzt, wollen wir kurz erläutern, was hier passiert. Dieses Mal ist der Templateparameter gar kein Typ, sondern ein Integerwert. Innerhalb der Klasse nutzen wir dann diese Zahl als Konstante. Wie Sie der Funktion TestPrice entnehmen können, vergleichen wir das Mitglied Price mit der Konstanten, die den Namen MaxPrice trägt. Dieses Mal nutzen wir statt eines T für den Namen des Templateparameters etwas anderes, nämlich MaxPrice. MaxPrice ist aber ein Wert, kein Typ.

Das Beispiel PriceController in Listing 16.4 enthält ein vollständiges Programm, das dieses Template verwendet.

```
#include <iostream>

using namespace std;

template <typename T>
class SomethingForEveryone
{
public:
    T member;
};

template <int MaxPrice>
class PriceController
{
public:
    int Price;
    void TestPrice()
    {
        if (Price > MaxPrice)
        {
            cout << "Zu teuer" << endl;
        }
    }
};
```

```
int main()
{
    SomethingForEveryone<int> JustForMe;
    JustForMe.member = 2;
    cout << JustForMe.member << endl;

    const int FredMaxPrice = 30;
    PriceController<FredMaxPrice> FredsToaster;
    FredsToaster.Price = 15;
    FredsToaster.TestPrice();

    PriceController<FredMaxPrice> FredsDrawingSet;
    FredsDrawingSet.Price = 45;
    FredsDrawingSet.TestPrice();

    const int JulieMaxPrice = 60;
    PriceController<JulieMaxPrice> JuliesCar;
    JuliesCar.Price = 80;
    JuliesCar.TestPrice();

    return 0;
}
```

Listing 16.4: Unterschiedliche Typen für einen Templateparameter verwenden

Jede Person erhält eine andere Klasse. Sie können sehen, dass Fred eine Klasse namens PriceController<FredMaxPrice> bekommt, während Julie die Klasse PriceController<JulieMaxPrice> erhält. Und denken Sie daran – das sind wirklich verschiedene Klassen. Der Compiler erzeugt zwei unterschiedliche Klassen – eine für jedes Element, das ihm als Templateparameter übergeben wird. Und beachten Sie, dass die Parameter konstante Integerwerte sind. FredMaxPrice ist eine Integerkonstante mit dem Wert 30. JulieMaxPrice hat den Wert 60.

Von der ersten Klasse PriceController<FredMaxPrice> haben wir zwei Instanzen erzeugt, bei der zweiten (PriceController<JulieMaxPrice>) nur eine.

 Der Compiler erzeugt wirklich zwei eigenständige Klassen, eine mit dem Namen PriceController<FredMaxPrice> und eine mit dem Namen PriceController<JulieMaxPrice>. Diese Klassen sind so verschieden, als hätten Sie zwei Klassen mit den Namen PriceControllerFredMaxPrice und PriceControllerJulieMaxPrice erzeugt. Also nicht zwei verschiedene Instanzen einer Klasse, sondern zwei eigenständige Klassen.

Wir haben Ihnen in diesem Abschnitt gezeigt, dass Sie einen Typ oder den Wert eines bestimmten Typs als Templateparameter nutzen können. Es ist aber auch möglich, eine Klasse als Templateparameter einzusetzen. Die folgende Liste beschreibt jeden möglichen Parametertyp:

✔ **Werteparameter:** (*Value Parameters*; der ANSI-Standard nennt sie *Non-Type*-Parameter, aber wir ziehen *Wert* vor.) Sie können den Typ und den Namen für einen Wert im Parameter angeben, wie in `template <int MaxPrice>`. Aus bestimmten Gründen verbietet der ANSI-Standard den Einsatz einer Gleitkommazahl wie zum Beispiel `template <float MaxPrice>`, eine Klasse wie `template <MyClass inst>` oder einen void-Typ wie `template <void nothing>`. Sie dürfen aber *Zeiger* verwenden, daher ist `template <float *MaxPrice>` erlaubt, ebenso `template <MyClass *inst>` und `template <void *MaxPrice>`. (Allerdings sollten Sie `void *` im Allgemeinen sowieso vermeiden, da es nicht sehr nützlich ist – versuchen Sie, bei Ihren Zeigern zielgerichteter zu sein, wie zum Beispiel mit `int* MaxPrice`.)

✔ **typename-Parameter:** Sie können einen Typ als Parameter einer Klasse nutzen, wie zum Beispiel in `template <typename T>`. Dann setzen Sie einen Typ ein, wenn Sie den Compiler anweisen, die Klasse basierend auf dem Template zu erstellen. Und wenn Sie typename verwenden, müssen Sie dafür sorgen, dass Sie ihn wirklich als Typ in der Klasse verwenden; übergeben Sie für den Parameter nicht einfach eine Variable.

✔ **Klassenparameter:** Denken Sie daran: Eine Klasse ist selbst ein Typ, daher können Sie einen Klassennamen übergeben, wenn Ihr Template einen Typ erfordert. Aber denken Sie auch daran, dass es nicht darum geht, eine Instanz einer Klasse, sondern die Klasse selbst zu übergeben, indem Sie deren Namen als Templateparameter nutzen.

 Der GNU GCC Compiler, der für Code::Blocks verwendet wird, korrigiert eine seltsame Fehlermeldung, die andere Compiler gelegentlich ausgeben, wenn Sie etwas in einem Template nutzen, das dort nichts zu suchen hat. Das Problem besteht darin, dass sich die Fehlermeldung dieser älteren Compiler nicht auf die Zeile mit dem Wort template bezieht, zum Beispiel nicht auf `template <float MaxPrice>`, sondern dass sie stattdessen zwei Fehlermeldungen für die Zeile ausgeben, in der versucht wird, die Klasse auf der Grundlage des Templates anzulegen, zum Beispiel in `PriceController<FredMaxPrice> FredsToaster;`. Hier die beiden Fehlermeldungen, die uns über den Weg gelaufen sind:

```
non-constant 'FredMaxPrice' cannot be used as template argument
ANSI C++ forbids declaration 'FredsToaster' with no type
```

Wenn Sie mit Code::Blocks arbeiten, werden Sie nur die Meldung sehen, die zum Erstellen der Klasse gehört, wenn es in Ihrem Code einen Fehler gibt. Aber Sie bekommen zusätzlich noch folgenden Text geliefert, der Ihnen genau sagt, wo das Problem liegt:

```
error: 'float' is not a valid type for a template non-type
parameter
```

Mit einer Klasse parametrisieren

Wenn Ihr Template eine Klasse als Parameter erwartet (denken Sie daran – eine Klasse, und nicht die Instanz einer Klasse), können Sie das Wort typename so im Templateparameter verwenden, wie wir es schon in den Beispielen dieses Kapitels getan haben. Dann weisen Sie den Compiler an, basierend auf dem Template eine Klasse zu erzeugen, indem Sie einen Klassennamen an das Template übergeben, zum Beispiel MyContainer<MyClass> int;. Normalerweise nutzen Sie eine Klasse als Templateparameter, wenn Sie einen *Container* haben, also eine Klasse, die Instanzen einer anderen Klasse verwaltet. Statt typename können Sie aber auch das Wort class verwenden:

```
template <class T>
class MyContainer
{
public:
    T member;
};
```

Unabhängig davon, ob Sie typename oder class verwenden, sind die beiden Schlüsselwörter hier gemäß ANSI-C++-Standard beliebig austauschbar.

Mehrere Parameter verwenden

Sie sind beim Erstellen eines Templates nicht auf einen einzelnen Parameter beschränkt. So gibt es zum Beispiel in der Standard-C++-Bibliothek ein Template namens map. Das Template map funktioniert wie ein Array, nur werden die Elemente nicht basierend auf einem Index abgelegt, sondern anhand eines *Schlüssels*. Mit anderen Worten, Sie speichern in einer *Map* Dinge paarweise. Das erste Element im Paar ist der Schlüssel, das zweite der Wert. Um ein Element aus einer map auszulesen, geben Sie den Schlüssel an und erhalten den Wert zurück. Erstellen Sie basierend auf dem Template map eine Klasse, geben Sie die beiden Typen an, die map enthalten soll – einen für den Schlüssel und einen für den Wert. Beachten Sie, dass es um *Typen* geht, nicht um *Objekte* oder *Instanzen*. Nachdem Sie die Typen angegeben haben, erstellt der Compiler eine Klasse, und Sie können dann innerhalb dieser Klasse die Instanzen verwalten.

Um Ihnen zu zeigen, wie das funktioniert, setzen wir nicht einfach das Template map ein, sondern erstellen unser eigenes, das so ähnlich wie eine map funktioniert. Instanzen von Klassen, die auf diesem Template basieren, enthalten nur so viele Elemente, wie Sie beim Erstellen der Klasse angeben, während eine echte map solch eine Beschränkung nicht besitzt – wenn wir von der absehen, die durch den verfügbaren Arbeitsspeicher hervorgerufen wird. Da dies aber heutzutage keine echte Begrenzung mehr ist, dürfen Sie sich austoben! Das Beispiel MultipleParameters in Listing 16.5 stellt unser map-Template vor.

```
#include <iostream>

using namespace std;

template<typename K, typename V, int S>
class MyMap
{
protected:
    K key[S];
    V value[S];
    bool used[S];
    int Count;

    int Find(K akey)
    {
        int i;
        for (i=0; i<S; i++)
        {
            if (used[i] == false)
                continue;
            if (key[i] == akey)
            {
                return i;
            }
        }
        return -1;
    }

    int FindNextAvailable()
    {
        int i;
        for (i=0; i<S; i++)
        {
            if (used[i] == false)
                return i;
        }
        return -1;
    }
public:
    MyMap()
    {
        int i;
        for (i=0; i<S; i++)
        {
            used[i] = false;
        }
    }
```

```
    void Set(K akey, V avalue)
    {
        int i = Find(akey);
        if (i > -1)
        {
            value[i] = avalue;
        }
        else
        {
            i = FindNextAvailable();
            if (i > -1)
            {
                key[i] = akey;
                value[i] = avalue;
                used[i] = true;
            }
            else
                cout << "Leider voll!" << endl;
        }
    }

    V Get(K akey)
    {
        int i = Find(akey);
        if (i == -1)
        {
            return 0;
        }
        else
        {
            return value[i];
        }
    }
};

int main()
{
    MyMap<char,int,10> mymap;

    mymap.Set('X',5);
    mymap.Set('Q',6);
    mymap.Set('X',10);

    cout << mymap.Get('X') << endl;
    cout << mymap.Get('Q') << endl;

    return 0;
}
```

Listing 16.5: Mehrere Parameter in einem Template einsetzen

Wenn Sie diese Anwendung ausführen, erhalten Sie folgende Ausgabe:

```
10
6
```

Dieser Code ist eine gute Übung – nicht nur für Ihre Finger, wenn Sie ihn eintippen, sondern auch zum Verstehen von Templates. Schauen Sie sich die erste Zeile der Templatedefinition an:

```
template<typename K, typename V, int S>
```

Dieses Template erwartet nicht einen, nicht zwei, sondern ganze drei Parameter. Der erste ist ein Typ, den wir für den Schlüssel für die Map verwenden; deshalb erhält er die Bezeichnung K (für *Key*). Der zweite ist ebenfalls ein Typ, dieses Mal für den Wert der Map, mit dem Namen V (für *Value*). Der letzte ist S, und es ist kein Typ. Stattdessen handelt es sich um einen Integerwert, der die maximale Anzahl an Paaren angibt, die diese Map verwalten kann.

Die dann folgenden Mitgliedsfunktionen ermöglichen es dem Anwender einer auf diesem Template basierenden Klasse, der Map Elemente hinzuzufügen und sie auch wieder auszulesen. Wir haben keine Funktion zum Entfernen von Elementen eingebaut – vielleicht probieren Sie sich daran einmal selbst. Auch ein Blick in die Headerdateien des map-Templates in der Standard-C++-Bibliothek ist interessant. Dort können Sie sich anschauen, wie die Designer der Bibliothek die entsprechenden Methoden zum Entfernen von Elementen umgesetzt haben.

Ein »typedef« für ein Template

Wenn es ein Template gibt, das Sie immer wieder mit bestimmten Parametern einsetzen, ist es häufig einfacher, dafür per typedef eine Abkürzung zu definieren.
Schauen Sie sich als Beispiel dieses Template an:

```
template <typename T>
class Cluck
{
public:
    T Chicken;
};
```

Wenn Sie jetzt feststellen, dass Sie Cluck<int> immer wieder verwenden, können Sie sich Arbeit ersparen:

```
typedef Cluck<int> CluckNum;
```

Statt nun jedes Mal Cluck<int> zu verwenden, können Sie CluckNum nutzen. Diese Funktion main() zeigt, wie das dann funktioniert:

```
int main()
{
    CluckNum foghorn;
    foghorn.Chicken = 1;
    return 0;
}
```

 Wir nutzen für unsere Templates immer gerne typedef, denn dadurch sieht der Klassenname wie ein klassischer Klassenname aus und nicht wie der Name eines Templates. Im letzten Beispiel haben wir den Klassennamen CluckNum anstelle des kryptischeren Cluck<int> einsetzen können. Und wenn Sie in einem Team mit anderen Programmierern arbeiten, die mit Templates nicht so vertraut sind, kann es sehr hilfreich sein, Ihre Templates durch typedefs zu »verschleiern«. Denn dann zerbrechen die anderen sich nicht so sehr ihre Köpfchen. Aber verraten Sie ihnen nicht, dass wir das gesagt haben.

 Wenn der Compiler eine Klasse erstellt, die auf einem Template basiert, sagt man, dass der Compiler das Template *instanziiert*. Ja, ja, wir wissen, dass die meisten Leute das Wort *instanziieren* nutzen, um zu sagen, dass ein Objekt einer Klasse erstellt wird. Aber wenn Sie ein wenig damit spielen, können Sie das Template selbst als Typ ansehen, aus dem andere Typen erstellt werden. Somit ist eine Klasse, die auf einem Template basiert, tatsächlich eine *Instanz eines Templates* Und das Erstellen einer Klasse aus einem Template bezeichnet man als *Vorlagen-* oder *Template-Instanziierung*.

 Wenn Sie einen typedef nutzen, um einer aus einem Template erstellten Klasse einen einfacheren Namen zu geben, instanziiert der Compiler die Klasse aus dem Template. Oder anders ausgedrückt: Der Compiler *instanziiert die Templateklasse*.

Templates ableiten

Wenn Sie darüber nachdenken, kommen Sie auf mindestens drei Wege, um ein Klassen-Templatein das Ableiten einzubinden:

✔ Leiten Sie eine Klasse von einem Klassen-Template ab.

✔ Leiten Sie ein Klassen-Templatevon einer Klasse ab.

✔ Leiten Sie ein Klassen-Template von einem Klassen-Template ab.

Oder Sie ignorieren jede dieser drei Optionen. Aber wenn Sie etwas über sie erfahren wollen, lesen Sie die folgenden Abschnitte, in denen wir Ihnen zeigen, wie diese drei Optionen funktionieren.

Eine Klasse von einem Klassen-Template ableiten

Sie können eine Klasse von einem Template ableiten und dabei die Parameter für das Template angeben. Mit anderen Worten, Sie erstellen eine Klasse aus einem Template und leiten von dieser Klasse die gewünschte Klasse ab.

Stellen Sie sich vor, dass Sie ein Template namens `MediaHolder` haben, dessen ersten beiden Zeilen wie folgt aussehen:

```
template <typename T>
class MediaHolder
```

Dann können Sie eine Klasse von einer bestimmten Instanziierung dieses Templates ableiten:

```
class BookHolder : public MediaHolder<Book>
```

Hier haben wir, basierend auf `MediaHolder`, eine neue Klasse `MediaHolder<Book>` erstellt. Von dieser Klasse haben wir dann unsere Klasse `BookHolder` abgeleitet. Das Beispiel `Class-FromTemplate` in Listing 16.6 zeigt diese Klasse in Aktion. (Zudem sind im Code ein paar gute Bücher und Zeitschriften aufgeführt, die Sie sich einmal ansehen sollten.)

```
#include <iostream>

using namespace std;

class Book
{
public:
    string Name;
    string Author;
    string Publisher;
    Book(string aname, string anauthor, string apublisher) :
        Name(aname), Author(anauthor), Publisher(apublisher)
        {}
};

class Magazine
{
public:
    string Name;
    string Issue;
    string Publisher;
    Magazine(string aname, string anissue,
        string apublisher) :
        Name(aname), Issue(anissue), Publisher(apublisher)
        {}
};
```

```
template <typename T>
class MediaHolder
{
public:
    T *array[100];
    int Count;

    void Add(T *item)
    {
        array[Count] = item;
        Count++;
    }

    MediaHolder() : Count(0) {}
};

class BookHolder : public MediaHolder<Book> {
public:
    enum GenreEnum
        {childrens, scifi, romance,
         horror, mainstream, hownotto};

    GenreEnum GenreOfAllBooks;
};

class MagazineHolder : public MediaHolder<Magazine>
{
public:
    bool CompleteSet;
};

int main()
{
    MagazineHolder dl;
    dl.Add(new Magazine(
        "Dummies Life", "Vol 1 No 1", "Wile E."));
    dl.Add(new Magazine(
        "Dummies Life", "Vol 1 No 2", "Wile E."));
    dl.Add(new Magazine(
        "Dummies Life", "Vol 1 No 3", "Wile E."));
    dl.CompleteSet = false;
    cout << dl.Count << endl;
```

```
    BookHolder bh;
    bh.Add(new Book(
        "CEO für Dumdums", "Gookie Dan", "Wile E."));
    bh.Add(new Book(
        "Unfälle für Dumdums", "Woodie und Buzz",
        "Wile E."));
    bh.Add(new Book(
        "Computer ausschalten für Dumdums",
        "Wrath of Andy",
        "Wile E."));
    bh.GenreOfAllBooks = BookHolder::hownotto;
    cout << bh.Count << endl;

    return 0;
}
```

Listing 16.6: Eine Klasse von einem Klassen-Template ableiten

Ein Klassen-Template von einer Klasse ableiten

Ein Template (eine Vorlage) muss nicht unbedingt immer ganz oben in Ihrer Hierarchie stehen. Nein, ein Template kann auch von einer anderen Klasse abgeleitet werden, die kein Template ist. Das funktioniert so: Haben Sie ein Template und erzeugt der Compiler davon ausgehend eine Klasse, kann diese von einer anderen Klasse abgeleitet werden.

Stellen Sie sich zum Beispiel vor, Sie haben eine Klasse namens SuperMath, die *kein Template* ist. Sie können nun ein Klassen-Template von SuperMath ableiten. Das Beispiel TemplateFromClass in Listing 16.7 zeigt, wie das funktioniert.

```
#include <iostream>

using namespace std;

class SuperMath
{
public:
    int IQ;
};

template <typename T>
class SuperNumber : public SuperMath
{
public:
    T value;

    T &AddTo(T another)
    {
        value += another;
        return value;
    }
```

```
        T &SubtractFrom(T another)
        {
            value -= another;
            return value;
        }
};

void IncreaseIQ(SuperMath &inst)
{
    inst.IQ++;
}

int main()
{
    SuperNumber<int> First;
    First.value = 10;
    First.IQ = 206;
    cout << First.AddTo(20) << endl;

    SuperNumber<float> Second;
    Second.value = 20.5;
    Second.IQ = 201;
    cout << Second.SubtractFrom(1.3) << endl;

    IncreaseIQ(First);
    IncreaseIQ(Second);
    cout << First.IQ << endl;
    cout << Second.IQ << endl;

    return 0;
}
```

Listing 16.7: Ein Klassen-Template von einer Klasse ableiten

Haben Sie gesehen, was wir hier Tolles gemacht haben? Die Basisklasse heißt SuperMath, und sie hat ein Mitglied namens IQ. Von SuperMath haben wir ein Klassen-Template Super-Number abgeleitet, das ein bisschen Arithmetik durchführt. Später haben wir in dieser Funktion eine unglaubliche Polymorphie zum Erhöhen von IQ eingebaut:

```
void IncreasIQ(SuperMath &inst)
{
    inst.IQ++;
}
```

Diese Funktion erwartet eine Referenz auf `SuperMath`. Da das Klassen-Template `SuperNumber` von `SuperMath` abgeleitet ist, ist jede Klasse, die wir auf diesem Template basierend erstellen, ebenfalls von `SuperMath` abgeleitet. Und das heißt: Haben wir eine Instanz einer Klasse, die auf diesem Template basiert, können wir die Instanz an die Funktion `IncreaseIQ()` übergeben. (Denken Sie daran: Wenn eine Funktion einen Zeiger oder eine Referenz auf eine Klasse erwartet, können Sie stattdessen auch eine Instanz einer abgeleiteten Klasse übergeben.)

Ein Klassen-Template von einem Klassen-Template ableiten

Wenn Sie ein Klassen-Template haben und wollen davon ein anderes Klassen-Template ableiten, müssen Sie sich zuerst *genau* darüber im Klaren sein, was Sie da tun. Dabei geht es nicht darum, warum Sie schon den ganzen Tag vor dem Computer sitzen, obwohl doch draußen die Sonne scheint, sondern um die Frage: »Was passiert, wenn Sie versuchen, ein Klassen-Template von einem Klassen-Template abzuleiten?«

Denken Sie daran, dass ein Klassen-Template keine Klasse ist: Ein Klassen-Template ist eher die Schablone, die der Compiler nutzt, um eine Klasse zu erstellen. Wenn beim Ableiten sowohl die Basisklasse als auch die abgeleitete Klasse Templates sind, passiert Folgendes:

1. Die erste Klasse ist ein Template, aus dem der Compiler Klassen macht.

2. Die zweite Klasse ist ein Template, aus dem der Compiler Klassen macht, die von Klassen abgeleitet sind, die aus dem ersten Template gemacht wurden.

Jetzt stellen Sie sich Folgendes vor: Sie erstellen eine Klasse, die auf dem Template der Basisklasse basiert. Dann erstellen Sie auf der Basis des zweiten Templates eine zweite Klasse. Bedeutet dies automatisch, dass die zweite Klasse von der ersten Klasse abgeleitet ist? Nein! Denn aus dem ersten Template können Sie viele Klassen erzeugen. Wenn Sie nun eine Klasse aus dem zweiten Template erzeugen – von welcher der vielen Klassen wird sie abgeleitet sein?

Um zu verstehen, was da passiert, schauen Sie sich das Beispiel `TemplateFromTemplate` in Listing 16.8 an. Um den Code einfach zu halten, haben wir die ganzen Witzchen beiseitegelassen und die Bezeichner ganz klassisch benannt. (Und beachten Sie, dass wir eine der Zeilen zudem auskommentiert haben. Wenn Sie den Code abtippen, übernehmen Sie auch diese Zeile, denn wir wollen gleich noch etwas ausprobieren.)

```
#include <iostream>

using namespace std;

template <typename T>
class Base
{
public:
    T a;
};
```

```
template <typename T>
class Derived : public Base<T>
{
public:
    T b;
};

void TestInt(Base<int> *inst)
{
    cout << inst->a << endl;
}

void TestDouble(Base<double> *inst)
{
    cout << inst->a << endl;
}

int main()
{
    Base<int> base_int;
    Base<double> base_double;

    Derived<int> derived_int;
    Derived<double> derived_double;

    TestInt(&base_int);
    TestInt(&derived_int);

    TestDouble(&base_double);
    TestDouble(&derived_double);
    //TestDouble(&derived_int);

    return 0;
}
```

Listing 16.8: Ein Klassen-Template von einem Klassen-Template ableiten

Jetzt kompilieren Sie die Anwendung. Das Beispiel besitzt zwei Funktionen, die jeweils eine unterschiedliche Klasse erwarten – und jede Klasse basiert auf dem ersten Template namens Base. Die erste Funktion erwartet Base<int> * als einen Parameter und die zweite Base <double> *.

 Wenn eine Funktion einen Zeiger auf eine Klasse erwartet, können wir auch einen Zeiger auf die Instanz einer abgeleiteten Klasse übergeben. Beachten Sie, dass wir diese Variable erzeugt haben:

```
Derived<int> derived_int;
```

Und wir übergeben diese Variable an die Funktion, die ein `Base<int>` * erwartet. Und der Code lässt sich kompilieren! Das bedeutet, dass `Derived<int>` von `Base<int>` abgeleitet ist. Genauso ist `Derived<double>` von `Base<double>` abgeleitet.

Um jetzt sicherzugehen, dass das stimmt, entfernen Sie die Kommentarzeichen der auskommentierten Zeile. Nun wird sich der Code nicht mehr kompilieren lassen. Sie erhalten dann diese Fehlermeldung:

```
error: cannot convert 'Derived<int>*' to 'Base<double>*' for argu-
ment '1' to 'void TestDouble(Base<double>*)'
```

Sie können also keinen Zeiger auf ein `Derived<int>` an eine Funktion übergeben, die einen Zeiger auf ein `Base<double>` erwartet. Denn `Derived<int>` ist nicht von `Base<double>` abgeleitet. Es mag auf den ersten Blick so erscheinen, als ob das durchaus der Fall sein könnte. Aber …

Templates sind nicht von anderen Templates abgeleitet. Sie können Templates nicht ableiten, weil es sich dabei nicht um Klassen handelt. Stattdessen sind Templates Schablonen für Klassen und die aus einem Template erzeugten Klassen können wiederum von einer Klasse abgeleitet sein, die aus einem anderen Template stammen.

Nachdem wir das nun geklärt haben, schauen Sie sich an, wie wir die zweite Templateklasse deklariert haben. Ihr Header sieht so aus:

```
template <typename T>
class Derived : public Base<T>
```

Der Clou ist hier, dass das Template `Derived` einen Templateparameter `T` erwartet. Die Klasse, die auf diesem Template basiert, wird dann von einer Klasse `Base<T>` abgeleitet. In diesem Fall ist `T` aber der Parameter für das Template `Derived`.

Was passiert also, wenn wir eine Klasse auf der Basis von `Derived` erstellen?

```
Derived<int> x;
```

Wir haben eine Klasse namens `Derived<int>` erzeugt, und der Parameter ist dabei `int`. Der Compiler ersetzt also die `T`s, wodurch `Base<T>` zu `Base<int>` wird. Und daher ist `Derived<int>` von `Base<int>` abgeleitet.

Jetzt wissen Sie, wie das Ableiten bei Templates funktioniert!

Leiten Sie eine Vorlagen- oder Templateklasse von einer anderen Templateklasse ab, nutzen Sie den Templateparameter, der dann auch an das Template der Basisklassen weitergeleitet wird.

Ein Funktionstemplate erstellen

Ein *Funktionstemplate* ist eine Funktion, die es dem Anwender ermöglicht, die verwendeten Typen nach Bedarf anzupassen. Schauen Sie sich zum Beispiel diese beiden Funktionen an:

```
int AbsoluteValueInt(int x)
{
    if (x >= 0)
        return x;
    else
        return -x;
}

float AbsoluteValueFloat(float x)
{
    if (x >= 0)
        return x;
    else
        return -x;
}
```

Wenn der Anwender dieser Funktionen den absoluten Wert einer Ganzzahl benötigt, verwendet er die Funktion AbsoluteValueInt(). Wenn aber der Absolutwert einer Gleitkommazahl benötigt wird, greift der Benutzer auf AbsoluteValueFloat() zu. Wie sieht es mit double aus? Oder einem anderen numerischen Typ?

Statt jetzt eine eigene Funktion für double und jeden anderen Typ zu schreiben, können wir ein Template einsetzen:

```
template <typename T> T AbsoluteValue (T x)
{
    if (x >= 0)
        return x;
    else
        return -x;
}
```

Jetzt benötigen Sie nur noch eine Version der Funktion, die mit jedem numerischen Typ einschließlich double umgehen kann. Die Anwender der Funktion können jeweils ihre eigenen Versionen der Funktion anlegen. Um zum Beispiel eine Integer-Version der Funktion zu erhalten, geben wir beim Aufrufen der Funktion einfach im Anschluss an ihren Namen den Typnamen int in spitzen Klammern an:

```
int n = -3;
cout << AbsoluteValue<int>(n) endl;
```

Und wenn wir die Funktion für eine Fließkommazahl einsetzen wollen, geht das auch:

```
float x = -4.5;
cout << AbsoluteValue<float>(x) endl;
```

Beachten Sie, wie wir das Funktionstemplate deklariert haben. Der einzige Unterschied zu einer ganz klassischen Funktion ist der Funktionskopf:

```
template <typename T> T AbsoluteValue(T x)
```

Erst kommt das Wort `template`. Dann folgt nach beliebig vielen Leerzeichen die öffnende spitze Klammer (also das Kleiner-als-Zeichen). Danach kommen das Wort `typename`, der Bezeichner (meist `T`) und eine schließende spitze Klammer (das Größer-als-Zeichen). Nun folgt der Rest des Funktionskopfes:

```
T AbsoluteValue(T x)
```

Denken Sie daran – `T` steht für einen Typ. Daher sehen wir hier eine Funktion `AbsoluteValue`, die `T` als Parameter erwartet und `T` zurückgibt. Erstellen wir also aus diesem Template (dieser Vorlage) eine Funktion für ein Integer, wird sie ein Integer als Parameter erwarten und auch ein Integer zurückgeben. Trifft der Compiler also auf die folgende Zeile:

```
cout << AbsoluteValue<float>(x) << endl;
```

wird aus dem Template eine Funktion erstellt, bei der `float` immer dann eingesetzt wird, wenn irgendwo `T` steht.

Wenn Sie zwei Zeilen wie die folgenden haben:

```
cout << AbsoluteValue<float>(x) << endl;
cout << AbsoluteValue<float>(10.0) << endl;
```

wird trotzdem nur eine einzelne Funktion für beide Zeilen erzeugt (auch wenn die Aufrufe nicht direkt hintereinander stehen).

Funktionstemplates überladen

Wenn Sie tatsächlich das Risiko eingehen und in Ihrer Anwendung für Flexibilität sorgen wollen, können Sie ein Funktionstemplate überladen. Denken Sie daran – das *Überladen einer Funktion* bedeutet, dass Sie zwei verschiedene Versionen einer einzelnen Funktion erstellen. Nein, eigentlich erstellen Sie zwei verschiedene Funktionen mit unterschiedlichen Parametern (also einer unterschiedlichen Anzahl an Parametern oder verschiedenen Typen), die nur denselben Namen tragen.

Schauen Sie sich diese beiden Funktionen an, die Sie im Beispiel `FunctionOverloadingAndTemplates` finden:

```
int AbsoluteValue(int x)
{
    if (x >= 0)
        return x;
    else
        return -x;
}
```

```
float AbsoluteValue(float x)
{
    if (x >= 0)
        return x;
    else
        return -x;
}
```

Diese Funktionen sind ein Beispiel für das Überladen. Sie erwarten unterschiedliche Parametertypen. (Eine benötigt ein int, die andere ein float.) Natürlich könnten Sie diese Funktionen in einem Template zusammenfassen:

```
template <typename T> T AbsoluteValue (T x)
{
    if (x >= 0)
        return x;
    else
        return -x;
}
```

Aber macht das wirklich einen Unterschied? Denn schließlich könnten Sie die folgenden beiden Codezeilen sowohl nach der überladenen Funktion als auch nach dem Funktionstemplate aufrufen:

```
cout << AbsoluteValue<int>(n) << endl;
cout << AbsoluteValue<float>(x) << endl;
```

(Wir gehen hier davon aus, dass n ein Integer und x ein Float ist.) Allerdings ist das Template die bessere Wahl. Denn wenn Sie die überladene Form verwenden und dann die folgende Zeile ausprobieren, bekommen Sie ein Problem:

```
cout << AbsoluteValue(10.5) << endl;
```

Wir wissen alle, dass 10.5 ein float ist – da sollte der Compiler doch einfach die float-Version der überladenen Funktion aufrufen.

Aber der GNU GCC Compiler, der bei Code::Blocks dabei ist, liefert uns eine Fehlermeldung:

```
error: call of overloaded 'AbsoluteValue(double)' is ambiguous
```

Mehrdeutig (was *ambiguous* auf Deutsch bedeutet)? Warum? Schauen Sie sich die Fehlermeldung genau an. Dort steht AbsoluteValue(double)! Hmmm ... Anscheinend denkt der GNU GCC Compiler, dass unser 10.5 ein Double und kein Float ist. Und ein double können Sie tatsächlich entweder an eine Funktion übergeben, die ein int erwartet, oder an eine, die ein float erwartet. Der Compiler wandelt sie dann einfach dementsprechend um. Und weil der Compiler davon ausgeht, dass 10.5 ein double ist, weiß er nicht, welche der beiden Versionen der überladenen Funktion er nutzen soll. Sie haben also die Wahl: Entweder casten Sie die Zahl in ein float oder Sie erstellen eine dritte überladene Version der Funktion, die ein double erwartet.

Doof. Immerhin gibt Ihnen Code::Blocks einen Hinweis in der erweiterten Fehlermeldung:

```
note: candidates are: int AbsoluteValue(int)
note:                  float AbsoluteValue(float)
```

Das Erstellen eines Templates ist einfacher. Und damit erhalten wir den zweiten Grund, warum eine Templateversion besser ist: Wenn Sie einen neuen Typ der Funktion benötigen, müssen Sie keine neue Version schreiben.

Aber was, wenn wir ein *Funktionstemplate überladen wollen*? Das klingt ziemlich verrückt, aber es ist möglich. Das Beispiel `OverloadedFunctionTemplate` in Listing 16.9 zeigt das.

```cpp
#include <iostream>

using namespace std;

template <typename T> T AbsoluteValue(T x)
{
    cout << "(erstes Template)" << endl;
    if (x >= 0)
        return x;
    else
        return -x;
}

template <typename T> T AbsoluteValue(T *x)
{
    cout << "(zweites Template)" << endl;
    if (*x >= 0)
        return *x;
    else
        return -(*x);
}

int main()
{
    int n = -3;
    cout << AbsoluteValue<int>(n) << endl;

    float *xptr = new float(-4.5);
    cout << AbsoluteValue<float>(xptr) << endl;
    cout << AbsoluteValue<float>(10.5) << endl;

    return 0;
}
```

Listing 16.9: Mit dem Überladen eines Funktionstemplates werden Sie noch flexibler.

Wenn wir einen Zeiger (der zweite Aufruf von `AbsoluteValue()` in `main()`) übergeben, erkennt der Compiler, dass er die zweite Version des Templates nutzen muss. Und nur um sicher zu sein, welche Version genommen wird, haben wir in jedem Funktionstemplate eine cout-Zeile an den Anfang gestellt. Wenn Sie den Code ausführen, erhalten Sie dieses Ergebnis:

```
(erstes Template)
3
(zweites Template)
4.5
(erstes Template)
10.5
```

Bei den mittleren beiden Zeilen sehen Sie, dass der Computer tatsächlich die zweite Version des Templates aufgerufen hat.

 Mit einem Trick können Sie sich das Leben ein bisschen einfacher machen. Bei den meisten Compilern können Sie bei einem Funktionstemplate den Typ und die spitzen Klammern weglassen. Der Compiler ist schlau genug, herauszufinden, welche Funktion er aus dem Template erzeugen soll, indem er die übergebenen Funktionsparameter auswertet! Ziemlich cool. Hier ein Beispiel-`main()`, mit dem Sie das `main()` aus Listing 16.9 ersetzen können:

```
int main()
{
    int n = -3;
    cout << AbsoluteValue (n) << endl;

    float *xptr = new float(-4.5);
    cout << AbsoluteValue (xptr) << endl;
    cout << AbsoluteValue (10.5) << endl;

    return 0;
}
```

In diesem Code haben wir unter anderem `AbsoluteValue<int>(n)` durch `AbsoluteValue(n)` ersetzt. Führen Sie die angepasste Variante von Listing 16.9 aus, und Sie erhalten die gleiche Ausgabe wie zuvor.

Eine Mitgliedsfunktion mit einem Template versehen

Wenn Sie ein Template für eine Klasse schreiben, können Sie dort auch Funktionstemplates unterbringen. Für jemanden, der vor allem mit den früheren Versionen von C++ vertraut ist, in denen die Unterstützung von Templates nur minimal war, mag das ein wenig überraschend sein. Aber es ist möglich. Sie deklarieren ein Funktionstemplate in einer Klasse wie folgt:

```
class MyMath
{
public:
    string name;
    MyMath(string aname) : name(aname) {}

    template <typename T> void WriteAbsoluteValue(T x)
    {
        cout << "Hallo " << name << endl;
        if (x >= 0)
            cout << x << endl;
        else
            cout << -x << endl;
    }
};
```

Die Mitgliedsfunktion `WriteAbsoluteValue()` ist ein Template. Vor ihrer Deklaration steht das Schlüsselwort `template`, und es gibt einen entsprechenden Parameter in spitzen Klammern. Dazu kommen der Rückgabetyp `void`, der Funktionsname und der Funktionsparameter.

Wenn Sie eine Instanz der Klasse erstellen, können Sie die Mitgliedsfunktion aufrufen, wenn Sie dabei den Typ mitliefern:

```
int main()
{
    MyMath inst = (string("George"));
    inst.WriteAbsoluteValue(-50.5);
    inst.WriteAbsoluteValue(-35);
    return 0;
}
```

Beim ersten Aufruf nutzt die Funktion ein `double` (weil der C++-Compiler standardmäßig `-50.5` als double betrachtet). Beim zweiten Aufruf nutzt die Funktion ein Integer. Der Compiler erzeugt dann zwei verschiedene Versionen der Funktion, und *beide werden Mitglied der Klasse.*

 Auch wenn Sie Funktionstemplates als Klassenmitglieder verwenden können, lassen sie sich nicht virtuell machen. Der Compiler lässt dies nicht zu, und der ANSI-Standard verbietet es! Wir haben es trotzdem mit Code::Blocks ausprobiert, nur um zu sehen, was für eine Fehlermeldung wir erhalten:

`'virtual' can only be specified for functions`

Wir vermuten, *functions* bezieht sich auf tatsächliche Funktionen und nicht auf Funktionstemplates.

Mit der Standardbibliothek programmieren

In diesem Kapitel

▶ Erhalten Sie einen Überblick über die C++-Standardbibliothek

▶ Speichern Sie Daten in `vector` oder `map`

▶ Nehmen Sie Daten in einer Liste oder einem Set auf

▶ Arbeiten Sie mit Stacks und Queues

▶ Kopieren Sie Container

▶ Nutzen Sie dynamische Arrays

▶ Verwenden Sie ungeordnete Daten

*W*enn Sie ein wenig in der Welt von C++ herumgekommen sind, werden Ihnen zwei verschiedene *Bibliotheken* begegnet sein, die genutzt werden, um sich das Leben einfacher zu machen. Denn darum geht es doch bei Computern – sich das Leben leichter zu machen. Oder? Diese beiden Bibliotheken sind:

✔ Standard C++ Library oder C++-Standardbibliothek

✔ Standard Template Library (STL)

Manche sagen: »Wir nutzen die STL.« Andere erzählen davon, dass sie die C++-Standardbibliothek einsetzen. *Bibliothek* meint hier einen Satz von Klassen, die Sie in Ihren Anwendungen nutzen können. Dazu gehören viele sehr nützliche Klassen wie zum Beispiel `string` und `vector` (das wie ein Array ist, in dem Sie Objekte speichern können).

Der Unterschied zwischen der C++-Standardbibliothek und der STL besteht darin, dass Letztere zuerst da war. Die STL wurde von so vielen Entwicklern eingesetzt, dass das American National Standards Institute (ANSI) entschied, sie zu standardisieren. Das Ergebnis ist die der STL ähnelnde C++-Standardbibliothek, die ein Teil des offiziellen ANSI-Standards und mittlerweile der meisten modernen C++-Compiler ist (einschließlich Code::Blocks, Microsoft Visual C++, Borland C++ Builder, MinGW, Cygwin und Dev-C++). Wir verwenden in diesem Kapitel die C++-Standardbibliothek. Und da wir ja wissen, dass wir mit C++ arbeiten, schreiben wir immer nur über die *Standardbibliothek*.

Die hier vorgestellten Konzepte gelten auch für die STL. Wenn Sie also einmal über deren Einsatz stolpern, können Sie trotzdem auf dieses Kapitel zurückgreifen.

Aufbau der Standardbibliothek

Wenn sich jemand zum ersten Mal intensiver mit der Standardbibliothek beschäftigt, fragt er sich oft: »Wo ist der Quellcode? Wir sehen die Headerdateien, aber wo sind die .cpp-Dateien?« Das lässt sich leicht beantworten: Es gibt keine .cpp-Dateien! ANSI hat die Standardbibliothek so aufgebaut, dass sie möglichst einfach verwendet werden kann und möglichst zuverlässig ist.

Die Klassen enthalten ihre Funktionen innerhalb der Klassendefinitionen – es gibt keine Vorwärtsdeklarationen. Sie müssen Ihrem Projekt keine Quellcodedateien oder kompilierte Bibliotheken hinzulinken. Tragen Sie einfach per #include die gewünschten Bibliotheken ein.

Container für Ihre Klassen

Computer brauchen einen Platz, um Dinge zu speichern. Daher gibt es in der Standardbibliothek Container, in denen Sie diese Dinge ablegen können. Die Klassen, die andere Dinge aufnehmen sollen, heißen auch *Containerklassen*. Diese Klassen sind Vorlagen (Templates). Wenn Sie die Instanz einer Containerklasse erstellen, geben Sie an, was die Klasse enthalten soll.

Wenn Sie die Klasse in einem Container angeben, sagen Sie damit, dass der Container Instanzen der angegebenen Klasse oder von Klassen enthalten wird, die von der angegebenen Klasse abgeleitet worden sind. Sie müssen sich entscheiden, ob der Container Instanzen der Klasse, Zeiger auf die Instanzen oder Referenzen auf die Instanzen enthalten soll.

In einem Vektor abspeichern

Das Beispiel Vectors in Listing 17.1 zeigt, wie Sie eine Containerklasse einsetzen. Dieser spezielle Container ist ein Datentyp namens vector, der sich so ähnlich wie ein Array verhält.

```
#include <iostream>
#include <vector>

using namespace std;

int main()
{
    vector<string> names;

    names.push_back("Tom");
    names.push_back("Dick");
    names.push_back("Harry");
    names.push_back("April");
    names.push_back("May");
    names.push_back("June");
```

```
cout << names[0] << endl;
cout << names[5] << endl;

return 0;
}
```

Listing 17.1: Vektoren als Beispiel für Containerklassen

Schauen Sie sich an, wie wir `vector` genutzt haben. Zunächst einmal ist es ein Template. Es gibt also einen Templateparameter! Und wie sieht der aus? Nun, Sie werden es erraten haben (oder einen Blick in den Code werfen). Der Templateparameter ist der Typ, den das Template verwaltet. Daher definiert die folgende Zeile einen `vector`, der Strings verwaltet:

```
vector<string> names;
```

Beachten Sie zudem die eingebundenen Headerdateien. Dort findet sich `<vector>` (ohne das `.h` nach dem Dateinamen). Im Allgemeinen binden Sie die Headerdatei ein, die zum Namen des verwendeten Containers passt. Gäbe es also so etwas wie einen Container mit dem Namen `rimbucklebock`, würden Sie `#include <rimbucklebock>` verwenden, und hätten Sie einen Container `set` (den es tatsächlich gibt), würden Sie `#include <set>` schreiben.

Sie fragen sich jetzt vielleicht, wo der Vorteil von `vector` gegenüber dem guten, alten Array liegt. Nun, wenn Sie eine `vector`-Instanz definieren, müssen Sie nicht im Voraus wissen, wie viele Elemente dort eingetragen werden sollen. Demgegenüber müssen Sie bei einem Array schon bei der Definition die Obergrenze festlegen. Wenn Sie obiges Beispiel ausführen, werden die beiden Namen ausgegeben:

```
Tom
June
```

Ein `vector` ist das, was in der Standardbibliothek einem Array am nächsten kommt. Und tatsächlich verhält sich ein `vector` sehr stark wie ein Array, außer dass Sie die Vorteile einer Klasse haben (weil ein Vektor ein Template ist). Zu diesen Vorteilen gehören zum Beispiel Mitgliedsfunktionen, die mit `vector` arbeiten.

Hier ein paar Dinge, die Sie mit einem `vector` machen können:

✔ Elemente am Ende hinzufügen

✔ Über eckige Klammern auf die Elemente zugreifen

✔ Den Vektor durchlaufen *(iterieren)* – von vorne nach hinten oder von hinten nach vorne

Das Beispiel `Vectors2` in Listing 17.2 zeigt, wie Sie mehreren Vektoren in einer Anwendung einsetzen. Sie können dort sehen, dass jeder Vektor einen anderen Typ verwaltet (den wir als Templateparameter angegeben haben).

```
#include <iostream>
#include <vector>
```

```cpp
using namespace std;

class Employee
{
public:
    string Name;
    string FireDate;
    int GoofoffDays;

    Employee(string aname, string afiredate,
        int agoofdays) : Name(aname), FireDate(afiredate),
        GoofoffDays(agoofdays) {}
};

int main()
{
    // Ein Vektor für Strings
    vector<string> MyAliases;
    MyAliases.push_back(string("Bud The Sailor"));
    MyAliases.push_back(string("Rick Fixit"));
    MyAliases.push_back(string("Bobalou Billow"));
    cout << MyAliases[0] << endl;
    cout << MyAliases[1] << endl;
    cout << MyAliases[2] << endl;

    // Ein Vektor für Integerwerte
    vector<int> LuckyNumbers;
    LuckyNumbers.push_back(13);
    LuckyNumbers.push_back(26);
    LuckyNumbers.push_back(52);
    cout << LuckyNumbers[0] << endl;
    cout << LuckyNumbers[1] << endl;
    cout << LuckyNumbers[2] << endl;

    // Ein Vektor für Employee-Instanzen
    vector<Employee> GreatWorkers;
    GreatWorkers.push_back(Employee("George Washington","123100", 50));
    GreatWorkers.push_back(Employee("Thomas Jefferson","052002", 40));
    cout << GreatWorkers[0].Name << endl;
    cout << GreatWorkers[1].Name << endl;

    return 0;
}
```

Listing 17.2: Verschiedene Typen in Containern ablegen

Nach dem Kompilieren und Ausführen dieses Programms sollten Sie folgende Zeilen sehen:

```
Bud The Sailor
Rick Fixit
Bobalou Billow
13
26
52
George Washington
Thomas Jefferson
```

Daten per »map« ablegen

Das Beispiel Maps in Listing 17.3 stellt einen Container namens map vor. Eine map verhält sich ähnlich wie ein vector, allerdings mit einem deutlichen Unterschied: In einem vector schlagen Sie Elemente so mithilfe einer Zahl in eckigen Klammern nach:

```
cout << names[0] << endl;
```

Bei einer map können Sie für den Index beliebige Klassen oder Typen nutzen – es muss keine Zahl sein. Mit diesem Feature können Sie Objekte verbinden. Schauen Sie sich Listing 17.3 an, um zu sehen, wie das funktioniert.

```cpp
#include <iostream>
#include <map>

using namespace std;

int main()
{
    map<string, string> marriages;

    marriages["Tom"] = "Suzy";
    marriages["Harry"] = "Harriet";
    marriages["Tom"] = "Amy";

    cout << marriages["Tom"] << endl;
    cout << marriages["Harry"] << endl;

    return 0;
}
```

Listing 17.3: Objekte mit map zuordnen

Um map zu verwenden, haben wir zunächst eine Variable der Klasse map definiert und dabei dem Template die Typen für die Schlüssel (eine Art Index für map) und die Werte mitgegeben:

```
map<string, string> marriages;
```

Dann speichern wir etwas in map, indem wir einen Schlüssel innerhalb der eckigen Klammern angeben und den Wert zuweisen:

```
marriages["Tom"] = "Suzy";
```

Um dieses Element wieder auszulesen, holen wir es uns über den Schlüssel zurück:

```
cout << marriages["Tom"] << endl;
```

Et voilà! Wir erhalten das Element, das wir für diesen Schlüssel in map gespeichert haben. Stellen Sie sich eine map wie ein Array vor, nur dass die Schlüssel ein beliebiges Objekt sein können. Wenn Sie dieses Beispiel ausführen, werden die beiden folgenden Zeilen ausgegeben:

```
Amy
Harriet
```

Als Schlüssel kann zwar ein beliebiger Typ oder eine beliebige Klasse dienen, aber Sie müssen den Typ oder die Klasse trotzdem angeben, wenn Sie map aufsetzen. Danach können Sie dann nur den angegebenen Typ für diese map nutzen. Wenn Sie also sagen, dass der Schlüssel ein String sein wird, können Sie danach keinen Integerwert wie in marriages[3] = "Suzy"; verwenden.

Instanzen, Zeiger oder Referenzen im Container verwalten

Eine der häufigsten Fragen, die beim Umgang mit Containertemplates auftaucht, beschäftigt sich damit, ob man Instanzen, Zeiger oder Referenzen im Container unterbringen kann. Zum Beispiel geht es darum, welche der folgenden drei Versionen Sie eingeben sollten:

```
vector<MyClass>
vector<MyClass *>
vector<MyClass &>
```

Oder anders ausgedrückt, wollen Sie, dass Ihr Container die jeweilige Instanz (was auch immer das bedeuten mag), eine Referenz auf die jeweilige Instanz oder einen Zeiger auf die Instanzen aufnimmt?

Um sich das genauer anzuschauen, werfen Sie einen Blick auf das Beispiel Maps2 in Listing 17.4. Hier versuchen wir, die unterschiedlichen Möglichkeiten zum Speichern von Elementen in einer map (Instanzen, Zeiger und Referenzen) aufzuzeigen.

```
#include <iostream>
#include <map>
```

```cpp
using namespace std;

class StoreMe
{
public:
    int Item;
};

bool operator < (const StoreMe & first,
const StoreMe & second)
{
    return first.Item < second.Item;
}

int main()
{
    // Instanzen speichern
    map<StoreMe, StoreMe> instances;

    StoreMe key1 = {10}; // geschweifte Klammern!
    StoreMe value1 = {20};
    StoreMe key2 = {30};
    StoreMe value2 = {40};

    instances[key1] = value1;
    instances[key2] = value2;
    value1.Item = 12345;
    cout << instances[key1].Item << endl;

    instances[key1].Item = 34567;
    cout << instances[key1].Item << endl;

    // Jetzt Zeiger auf Instanzen speichern
    map<StoreMe*, StoreMe*> pointers;

    StoreMe key10 = {10};
    StoreMe value10 = {20};
    StoreMe key11 = {30};
    StoreMe value11 = {40};

    pointers[&key10] = &value10;
    pointers[&key11] = &value11;
    value10.Item = 12345;
    cout << (*pointers[&key10]).Item << endl;
```

```
    // Schließlich Referenzen auf Instanzen speichern.
    // (Auskommentiert, weil es zu einem Fehler führt
    // Siehe Text!)
//      map<StoreMe&, StoreMe&> pointers;
    return 0;
}
```

Listing 17.4: Eine schwere Entscheidung – was soll gespeichert werden?

Beachten Sie als Erstes, dass wir zum Erstellen der Instanzen von `StoreMe` geschweifte Klammern verwendet haben. Das ist möglich, wenn Sie keinen Konstruktor haben. Die Zeile

```
StoreMe key1 = {10};
```

erzeugt also eine Instanz von `StoreMe`, bei der der Wert 10 in die Mitgliedsvariable `Item` gesteckt wird.

Beachten Sie auch, dass wir die Zeile

```
// map<StoreMe&, StoreMe&> pointers;
```

auskommentiert haben. Denn hier versuchen wir, eine map zu definieren, die Referenzen speichert. Aber die Zeile führt zu einer Fehlermeldung. Wenn Sie die Kommentarzeichen entfernen, erhalten Sie eine Reihe von Meldungen; die beiden wichtigsten sind:

```
error: conflicting declaration 'std::map<StoreMe&, StoreMe&> pointers'
error: 'pointers' has a previous declaration as 'std::map<StoreMe*,
    StoreMe*> pointers'
```

Referenzen sind anscheinend nicht möglich. Warum?

Nun, es hat sich gezeigt, dass map eine Kopie von allem erzeugt, das Sie einfügen. Woher wissen wir das? Durch die Ausgabe. Das erhalten Sie, wenn Sie die Anwendung kompilieren (nachdem Sie die kritische Zeile wieder auskommentiert haben) und ausführen:

```
20
34567
12345
```

Aha! Ganz schön knifflig. Sogar sehr knifflig! Jetzt müssen wir herausfinden, was das zu bedeuten hat. Für die erste Zeile haben wir in map ein Paar für `key1` und `value1` abgelegt:

```
instances[key1] = value1;
```

Dann haben wir die Mitgliedsvariable `Item` in `value1` geändert:

```
value1.Item = 12345;
```

Als Nächstes haben wir den Wert des Paares in map ausgelesen und das Mitglied Item ausgegeben:

```
cout << instances[key1].Item << endl;
```

Als wir das getan haben, erhielten wir 20, *nicht* 12345. Dies bedeutet, dass der Wert, der in map gespeichert wurde, eine Kopie und nicht das Original ist. Wir haben das Mitglied Item des Originals auf 12345 geändert, aber die Kopie enthielt trotzdem den alten Wert 20.

Aber dann haben wir Folgendes getan:

```
instances[key1].Item = 34567;
```

Wir hofften hier, dass damit das Mitglied Item des Wertes geändert wird, der in map abgelegt ist. Also haben wir den Wert erneut ausgegeben:

```
cout << instances[key1].Item << endl;
```

Und dieses Mal gibt es eine Änderung. Wir haben 34567 gesehen. Ausgezeichnet! Wo ein Wille ist, da ist auch ein Weg, und wo ein Wert ist, ist auch eine Änderung (oder so ähnlich).

Nachdem wir nun herausgefunden haben, dass map Kopien von dem speichert, was wir in ihm ablegen, ist die Idee, einen Zeiger zu speichern, recht klar: Haben wir eine Zeigervariable und erstellen eine Kopie davon, haben wir zwar eine zweite Zeigervariable, aber beide zeigen auf dasselbe Element. Und das ist der Hintergrund des zweiten Teils von Listing 17.4. Wir haben map wie folgt erstellt:

```
map<StoreMe*, StoreMe*> pointers;
```

Jetzt speichert map Zeigervariablen. Denken Sie daran, dass eine Zeigervariable nur einen Wert enthält, der eine Adresse repräsentiert. Wenn zwei verschiedene Zeigervariablen denselben Wert enthalten, zeigen sie auch auf das gleiche Ding. Zudem enthält map in diesem Fall *nur* diese Werte und nicht die gesamten Objekte.

Also erzeugen wir nun ein paar Instanzen und weisen etwas zu:

```
pointers[&key10] = &value10;
```

Beachten Sie den Einsatz des kaufmännischen Unds (&), das wir als Referenzoperator verwenden, um die Adressen in map zu speichern. Dann ändern wir das Mitglied Item eines der Wertobjekte:

```
value10.Item = 12345;
```

Dieses Mal sehen wir bei der Ausgabe der folgenden, sorgfältig mit Klammern versehenen Zeile

```
cout << (*pointers[&key10]).Item << endl;
```

den Wert:

```
12345
```

Aha! Dieses Mal war die Änderung wirksam. Warum? Weil map zwar eine Kopie enthält, aber eben eine Kopie des Zeigers. Dieser Zeiger zeigt nun weiterhin auf das ursprüngliche Objekt value10. Als wir das Mitglied Item von value10 geändert haben, machte sich dies auch in map bemerkbar.

 Sie können aus diesen Diskussionen über Container, die Kopien enthalten, folgende Schlüsse ziehen: Da map Kopien speichert, können Sie sich diese beiden Regeln über das Löschen der ursprünglichen Objekte merken:

✔ **Wenn der Container Instanzen speichert:** Wenn Sie in map Instanzen ablegen, können Sie die ursprünglichen Instanzen löschen, sobald sie sich in map befinden. Das geht in Ordnung, weil map seine eigenen Kopien der Instanzen hat.

✔ **Wenn der Container Zeiger speichert:** Wenn Sie Zeiger in map ablegen, wollen Sie die ursprünglichen Instanzen nicht löschen, weil es weiterhin Zeiger in map geben kann, die darauf verweisen.

Welche Methode ist jetzt die beste? Nun, das müssen Sie entscheiden. Hier sind ein paar Aspekte, die Sie berücksichtigen sollten:

✔ **Instanzen erst einmal behalten:** Wenn Sie keine Instanzen herumliegen lassen wollen, können Sie sie in einem Container unterbringen, wodurch Kopien erzeugt werden.

✔ **Kopierbarkeit:** Sind Ihre Klassen kopierbar? Manche Klassen, wie zum Beispiel solche, in denen Zeiger auf andere Klassen abgelegt sind, oder besonders große Klassen lassen sich nur schlecht kopieren. In solchen Fällen sollten Sie eher Zeiger im Container ablegen.

Instanzen vergleichen

Wenn Sie mit Klassen arbeiten, die andere Klassen enthalten (zum Beispiel vector), müssen Sie eine Möglichkeit schaffen, Klassen vergleichbar zu machen. Für uns Menschen mit unseren Superhirnen ist das kein Problem. Da hat ein Computer schon größere Schwierigkeiten. Stellen Sie sich zum Beispiel vor, dass Sie zwei Zeiger auf Stringobjekte haben. Der erste zeigt auf einen String mit dem Text abc. Der zweite zeigt auf einen anderen String, der ebenfalls den Text abc enthält. Sind diese beiden Zeiger dann gleich?

Nun, das hängt von Ihrer Betrachtungsweise ab. Wenn Sie wissen wollen, ob sie auf die gleiche Zeichenfolge zeigen – nun, ja, dann sind sie gleich. Wenn Sie aber wissen wollen, ob sie auf das gleiche Objekt zeigen, dann sind sie das vielleicht – vielleicht aber auch nicht. Schauen Sie sich diesen Code an:

```
string *pointer1 = new string("abc");
string *pointer2 = new string("abc");
```

Sind `pointer1` und `pointer2` *gleich*? Nun, auch das hängt davon ab, wie Sie es betrachten. Zeigen die Strings auf die gleichen Inhalte? Ja, in dieser Hinsicht sind sie gleich. Zeigen sie auf dasselbe Objekt? Nein, da sind sie *nicht* gleich. Jetzt schauen Sie sich diesen Code an:

```
string *pointer3 = new string("abc");
string *pointer4 = pointer3;
```

Diese beiden Zeiger zeigen auf dasselbe Objekt. In dieser Hinsicht sind sie also gleich. Und weil sie auf dasselbe Objekt zeigen, zeigen sie auch auf dieselben Inhalte. Also sind sie auch da gleich.

Wie Sie sehen, gibt es beim Umgang mit Objekten zwei verschiedene Arten von Vergleichen:

✔ Sie vergleichen zwei Objekte und ermitteln, ob sie gleich sind, auch wenn es sich um eigenständige Objekte handelt. Wenn die beiden Objekte eigenständig, aber gleich sind, würden Sie sagen, dass sie gleich sind.

✔ Sie vergleichen zwei Objekte und ermitteln, ob es sich um dasselbe Objekt handelt. Zu so etwas kommt es, wenn Sie zwei Zeiger haben, die beide auf dasselbe Objekt zeigen. In diesem Fall können Sie auch sagen, dass sie gleich sind.

Warum müssen Sie das denn jetzt alles wissen, außer, um Leute in den Wahnsinn zu treiben? (»Sie sagen, Ihr Auto und unsere Autos sind gleich, aber sie sind doch verschieden: Eines ist Ihres, die anderen sind unsere!«) Sie müssen diesen Unterschied kennen, denn wenn Sie eine Containerklasse erzeugen, die Instanzen Ihrer Objekte enthält, müssen diese Klassen häufig wissen, wie sie Objekte vergleichen. Das gilt insbesondere bei `map` mit seiner Verwaltung von Elementpaaren. Sie finden die entsprechenden Elemente aufgrund des ersten Elements eines Paares – dem Schlüssel. Wenn Sie `map` anweisen, ein Element basierend auf einem Schlüssel zu finden, muss `map` seine Liste durchsuchen, um ein Element zu findet, bei dem der Schlüssel gleich demjenigen ist, den Sie für die Suche übergeben haben.

Nun, das ist ja alles gut und schön, aber wie kann der Computer jetzt wissen, ob zwei Objekte identisch sind? Dazu gehört auch eine zweite Frage: Wenn Sie eine Liste mit Objekten haben, die Sie sortieren wollen – wie kann der Computer eine Sortierreihenfolge festlegen?

Hier ein Beispiel: Wir haben eine Klasse `Employee` erstellt. Dies ist ein Standardbeispiel, das Sie in vielen Büchern vorfinden, und es ist ein gutes Beispiel. Unsere Klasse `Employee` besitzt dabei die Mitgliedsvariablen `FirstName`, `LastName` und `SocialSecurityNumber`.

Und dann haben wir noch eine Klasse `Salary`, die Informationen über das Gehalt eines Mitarbeiters enthält. In dieser Klasse gibt es die Mitgliedsvariablen `MonthlySalary` und `Deductions`. (Ja, im wahren Leben würden Sie natürlich mehr Mitgliedsvariablen verwenden, aber für unser Beispiel reichen diese Variablen aus.)

Das Ganze versehen wir noch mit einer Instanz von `map`, in der jedes *Schlüssel/Wert*-Paar eine `Employee`-Instanz für den Schlüssel und eine `Salary`-Instanz für den Wert enthält. Wenn wir nach einem Mitarbeiter suchen, würden wir eine Instanz von `Employee` erzeugen und `FirstName`, `LastName` und `SocialSecurityNumber` befüllen. Dann würden wir mit diesem Wert die Schlüssel durchsuchen.

Aber es gibt ein Problem: Was passiert, wenn der Mitarbeiter seinen Namen ändert (zum Beispiel weil er heiratet). Kann die map dann trotzdem den richtigen Schlüssel finden, wenn sich die Namen unterscheiden? Höchstwahrscheinlich ja. In solchen Fällen würden Sie den Wert nur anhand der Social-SecurityNumber vergleichen, ohne sich um die anderen Werte zu kümmern.

Wenn Sie mit eigenen Klassen arbeiten, liefern Sie beim Erstellen der Containerklasse noch eine Funktion mit, die die beiden Instanzen Ihrer Klasse vergleicht. Ihre Vergleichsfunktion kann ermitteln, ob zwei Klassen gleich sind, indem Sie schaut, ob die erste Klasse *kleiner* oder *größer* als die zweite ist.

Auf den ersten Blick scheinen Konzepte wie *größer als* und *kleiner als* bei einer Employee-Klasse nicht zu passen. Aber die Idee dahinter ist, dass dadurch die Containerklasse eine Möglichkeit hat, eine Sortierreihenfolge zu bestimmen. Haben Sie zum Beispiel eine Listenklasse mit Employee-Instanzen und fordern Sie die Liste auf, die Elemente zu sortieren, muss sie wissen, in welcher Abfolge dies geschehen soll. Dazu benötigt sie *kleiner als* und *größer als*. Die Liste kann herausfinden, ob ein Mitarbeiter »größer« als ein anderer ist, und ist damit in der Lage, die Mitarbeiter zu sortieren. Aber bei einer Employee-Klasse entscheiden *Sie*, wie zu sortieren ist. Sollte eine Employee-Instanz mit der Sozialversicherungsnummer 111-11-1111 kleiner als 999-99-9999 sein? Oder sollte die Sortierung anhand des Namens vorgenommen werden, wodurch eine Mitarbeiterin mit der Sozialversicherungsnummer 111-11-1111, aber dem Namen Zoë Zusselsdörf erst nach dem Mitarbeiter Aaron Aackmann (Sozialversicherungsnummer 999-99-9999) kommt? Nun, das liegt ganz bei Ihnen. Und nachdem Sie sich entschieden haben, wie sortiert werden soll, erstellen Sie eine Funktion, die ermittelt, ob die eine Instanz kleiner, gleich oder größer als die andere ist. Soll die Liste nach Namen sortiert sein, würde die Funktion nur Namen vergleichen. (Aber nur der Nachname? Der Vorname? Oder beides? Das ist wieder Ihre Entscheidung.) Soll die Liste nach Sozialversicherungsnummern sortiert sein, würde die Funktion auch nur diese vergleichen.

Das Beispiel Maps3 in Listing 17.5 enthält eine map-Klasse mit einer Vergleichsfunktion, die ermittelt, ob zwei Schlüssel identisch sind.

```
#include <iostream>
#include <map>

using namespace std;

class Employee
{
public:
    string Nickname;
    string SocialSecurityNumber;
```

```
    Employee(string anickname, string asocial) :
        Nickname(anickname),
        SocialSecurityNumber(asocial) {}

    Employee() : Nickname(""), SocialSecurityNumber("") {}
};

class Salary
{
public:
    int AnnualRipoff;
    int IRSDeductionsCheat;

    Salary(int aannual, int adeductions) :
        AnnualRipoff(aannual),
        IRSDeductionsCheat(adeductions) {}

    Salary() : AnnualRipoff(0), IRSDeductionsCheat(0) {}
};

bool operator < (const Employee& first, const Employee& second)
{
    return first.Nickname < second.Nickname;
}

int main()
{
    map<Employee, Salary> employees;

    Employee emp1("Sparky", "123-22-8572");
    Salary sal1(135000, 18);
    employees[emp1] = sal1;

    Employee emp2("buzz", "234-33-5784");
    Salary sal2(150000, 23);
    employees[emp2] = sal2;

    // Jetzt probieren wir es aus!
    Employee emptest("Sparky", "");
    cout << employees[emptest].AnnualRipoff << endl;
    return 0;
}
```

Listing 17.5: Instanzen mit einer Funktion vergleichen

Wenn Sie diese Anwendung ausführen, erhalten Sie das `Salary`-Mitglied `AnnualRipoff`, bei dem der Schlüssel ein `Employee` mit dem Namen `Sparky` ist:

```
13500
```

Einige Dinge dieses Codes sind wirklich erwähnenswert. Um das Gehalt von `Sparky` herauszubekommen, benötigen wir die `Employee`-Instanz von `Sparky` nicht. Wir haben stattdessen eine Instanz von `Employee` erstellt und das Mitglied `Nickname` gesetzt. Um die `SocialSecurityNumber` mussten wir uns nicht kümmern. Dann haben wir den Wert mithilfe der eckigen Klammern aus map ausgelesen:

```
cout << employees[emptest].AnnualRipoff << endl;
```

Warum hat das auf diese Weise geklappt? Weil der map-Code unsere Kleiner-als-Funktion verwendet, die wir bereitgestellt haben. Und in dieser Funktion haben wir nur die `Nickname`-Mitglieder und nicht die `SocialSecurityNumber`-Mitglieder verglichen. Es wäre aber auch kein Problem, das Ganze ein wenig abzuändern. Statt die `Nickname`-Mitglieder zu vergleichen, könnten wir die `SocialSecurityNumber`-Mitglieder prüfen. Dazu müssten wir die Kleiner-als-Funktion anpassen:

```
bool operator < (const Employee& first,
const Employee& second)
{
    return first.SocialSecurityNumber <
        second.SocialSecurityNumber;
}
```

Dann können wir das Gehalt von `Sparky` anhand seiner Sozialversicherungsnummer ermitteln:

```
Employee emptest("", "123-22-8572");
cout << employees[emptest].AnnualRipoff << endl;
```

 Moment mal, das geht doch nicht! Wie kann der Computer das Element finden, wenn es für den Schlüssel nur eine Kleiner-als-Funktion gibt? Gute Frage. Das geht so: Stellen Sie sich vor, Sie wollen herausfinden, ob zwei Zahlen, sagen wir 5 und 5, gleich sind. (Wir wissen das, aber haben Sie noch Geduld.) Stellen Sie sich nun vor, dass Sie zum Vergleichen nur ein *Kleiner-als* zur Verfügung haben. Wie können Sie dann herausfinden, ob die Zahlen gleich sind? Dazu prüfen Sie zuerst, ob die erste Zahl kleiner als die zweite ist: Ist 5 kleiner als 5? Nein. Dann prüfen Sie, ob die zweite Zahl kleiner als die erste ist: Ist 5 kleiner als 5? Auch nicht. Und weil keine kleiner als die andere ist, müssen sie gleich sein. Aha! So funktioniert der Code bei den verschiedenen Containern, wenn es darum geht, Objekte zu finden. Ihre Kleiner-als-Funktion wird zwei Mal aufgerufen, wobei beim zweiten Mal die Argumente vertauscht werden. Gibt Ihre Funktion beide Male `false` zurück, erkennt der Computer, dass die Objekte gleich sind. Dieser Ansatz erleichtert das Leben deutlich, denn so müssen Sie nur eine einzige Vergleichsfunktion bereitstellen. Super!

Less<MyClass> ist mehr

Wenn wir eine Klasse erstellen, die wir in einem Container einsetzen wollen, schreiben wir gerne unsere eigene Kleiner-als-Funktion. Die Container in der Standardbibliothek funktionieren wie folgt: Wenn Sie einen Container auf der Grundlage eines Container-templates erstellen, geben Sie die Typen an, die der Container speichern soll. Hinzu kommt dann noch eine Klasse (oder `struct`), die eine *Kleiner-als*-Mitgliedsfunktion enthält. Diese Klasse hat dann allerdings keine Funktion, die < heißt. Stattdessen hat sie den »Namen« ( ). Diese Funktion erwartet zwei Parameter – jeweils einen für die beiden zu vergleichenden Objekte. Die Containerklasse ruft dann diese Funktion auf, um Instanzen vergleichen zu können.

Nun, das ist ja alles gut und schön – aber warum haben wir davon noch nichts gesehen? Der Grund ist, dass die Container *Standard-Templateparameter* besitzen. Geben Sie diese tolle Kleiner-als-Klasse nicht an, stellt der Container eine für Sie bereit. Und zwar handelt es sich dabei um eine Klasse, die auf dem Template `less` basiert. Dieses Template ist sehr einfach und enthält nur die Mitgliedsfunktion, die den Boole'schen Wert

```
x < y
```

zurückgibt. Dies reicht für den meisten Basistypen aus. Der Compiler kann das Template zum Beispiel beim Einsatz mit Integerwerten nutzen. Aber was passiert, wenn Sie mit einer Ihrer eigenen Klassen arbeiten? Der Compiler kann den Operator < erst dann verwenden, wenn Sie selbst einen bereitstellen – so wie wir es bisher in diesem Kapitel getan haben. Da nun der Container eine Klasse als Parameter nimmt, bei der es sich standardmäßig um die Klasse `less` handelt, können Sie auch Ihre eigene Klasse zusammenstellen und verwenden, statt eine eigene <-Operatorfunktion zu schreiben. Hier ein Beispiel:

```cpp
class MyLess
{
public:
    bool operator()(const MyClass &x,
    const MyClass &y) const
    {
        return x.Name < y.Name;
    }
};
```

Wenn Sie jetzt zum Beispiel ein map erzeugen, können Sie diese Klasse als dritten Parameter mitgeben, statt sich auf die Standardvorgabe zu verlassen:

```cpp
map<MyClass, MyClass, MyLess> mymap;
```

Und natürlich brauchen Sie dann auch keine eigene *Kleiner*-Funktion.

Durch einen Container iterieren

Wenn Ihr Heim mit allen möglichen Dingen vollgestopft ist, hilft es manchmal, sich von einer Leiter aus einen Überblick zu verschaffen. Container in der Standardbibliothek sind da so ähnlich: Wenn ein Container mit allen möglichen Objekten gefüllt worden ist, erhalten Sie normalerweise einen Überblick darüber, was sich in dem Container befindet. Aber es wäre sicherlich nicht schlecht, den Container durchstöbern und sich die Dinge genauer anschauen zu können.

Um einen Container zu durchstöbern, nutzen Sie einen Iterator. *Iteratoren* dienen bei Containern dazu, diese Objekt für Objekt durchzugehen und alles zu zeigen, was sich im Container befindet.

Jede Containerklasse besitzt einen eingebetteten Typ namens `iterator`. Um eine Iteratorinstanz zu erzeugen, müssen Sie den vollständig qualifizierten Namen angeben. Wenn Sie zum Beispiel eine map mit Integer- und Stringwerten (wie in `map<int, string>`) haben, würden Sie eine `iterator`-Instanz wie diese erhalten:

```
map<string, int>::iterator loopy;
```

Obwohl `loopy` eine Instanz von `iterator` ist, geschieht im Hintergrund einiges mit `typedef`, und eigentlich ist `loopy` ein Zeiger auf ein Element im Container.

Um `loopy` zu initialisieren und auf das erste Element zeigen zu lassen, nutzen Sie die Mitgliedsfunktion `begin()` des Containers und legen das Ergebnis in `loopy` ab. Dann zeigt `loopy` auf das erste Element des Containers. Sie können auf dieses Element zugreifen, indem Sie `loopy` dereferenzieren. Wenn Sie fertig sind, können Sie zum nächsten Element springen, indem Sie `loopy` inkrementieren:

```
loopy++;
```

Das ist ziemlich einfach. Um herauszufinden, ob Sie fertig sind, können Sie prüfen, ob `loopy` auf das letzte Element des Containers zeigt. Dazu rufen Sie die Mitgliedsfunktion `end()` des Containers auf und vergleichen das Ergebnis mit `loopy`. Wenn beides gleich ist, sind Sie fertig.

Die folgenden Codezeilen enthalten die nötigen Schritte:

```
vector<string>::iterator vectorloop = Words.begin();

while (vectorloop != Words.end())
{
    cout << *vectorloop << endl;
    vectorloop++;
}
```

Sie sehen hier den für den Iterator eingesetzten Typ, den wir für `vectorloop` genutzt haben. Und Sie sehen, dass wir ihn mit dem Aufruf von `begin()` initialisiert haben. Um an die Daten zu gelangen, mussten wir ihn dereferenzieren. Für den Sprung zum nächsten Element haben wir vectorloop inkrementiert. Und in der while-Schleife haben wir vectorloop mit end() verglichen, um herauszufinden, ob wir fertig sind.

 Viele scheinen zu vergessen, wie man Iteratoren nutzt. Wir schlagen vor, dass Sie sich den Beispielcode Iterators in Listing 17.6 irgendwo hinlegen. (Drucken Sie ihn aus und pinnen Sie ihn an die Wand oder sichern Sie eine Kopie in einem Verzeichnis auf Ihrer Festplatte, wo Sie ihn schnell wiederfinden.) Wenn Sie dann vergessen haben, wie es geht, finden Sie hier die Antwort.

```cpp
#include <iostream>
#include <map>
#include <vector>

using namespace std;

int main()
{
    // Durch eine Map iterieren
    map<string, int> NumberWords;

    NumberWords["zehn"] = 10;
    NumberWords["zwanzig"] = 20;
    NumberWords["dreißig"] = 30;

    map<string, int>::iterator loopy = NumberWords.begin();

    while (loopy != NumberWords.end())
    {
        cout << loopy->first << " ";
        cout << loopy->second << endl;
        loopy++;
    }

    // Durch einen Vektor iterieren
    vector<string> Words;

    Words.push_back("Guten");
    Words.push_back("Abend");
    Words.push_back("meine");
    Words.push_back("Damen");
    Words.push_back("und");
    Words.push_back("Aliens");

    vector<string>::iterator vectorloop = Words.begin();
```

```
    while (vectorloop != Words.end())
    {
        cout << *vectorloop << endl;
        vectorloop++;
    }

    return 0;
}
```

Listing 17.6: Iterieren

Kompilieren Sie diese Anwendung und führen Sie sie aus, um folgende Ausgabe zu erhalten:

```
dreißig 30
zehn 10
zwanzig 20
Guten
Abend
meine
Damen
und
Aliens
```

 Wenn Sie einen vector erzeugen, reserviert er Platz für die Daten, die Sie einfügen wollen. Ist der reservierte Speicherplatz verbraucht und der Vektor bis zum Rand voll, passt sich vector selbst an und fügt weiteren Platz hinzu. Dabei wird der alte Speicher-Verschiebe-Trick eingesetzt: Es wird ein größerer Speicherbereich angefordert, dann werden die bestehenden Daten dorthin kopiert, und schließlich wird der alte (zu kleine) Speicherbereich freigegeben. Wenn Sie nach diversen Änderungen am Container den bisherigen Iterator verwenden, ist der Zeiger ungültig! Er zeigt nämlich immer noch auf einen Speicherblock, der nicht mehr genutzt wird.

Stellen Sie sich zum Beispiel vor, dass Sie den folgenden Code haben, um einen vector anzulegen:

```
vector<int> test;
test.push_back(1);
test.push_back(2);
test.push_back(3);
```

Jetzt nutzen Sie einen Iterator, um an den Anfang zu gelangen – von dort aus springen Sie zum zweiten Element im Vektor und geben dessen Adresse aus:

```
vector<int>::iterator i1 = test.begin();
i1++;
cout << i1 << endl;
```

Dann entscheiden Sie sich dazu, viele neue Elemente hinzuzufügen:

```
for (int loop = 0; loop < 5000; loop++)
{
    test.push_back(loop);
}
```

Wenn Sie jetzt erneut einen Iterator verwenden, um zum zweiten Element zu gelangen, und dessen Adresse ausgeben:

```
vector<int>::iterator i2 = test.begin();
i2++;
cout << i2 << endl;
```

wird höchstwahrscheinlich eine andere Adresse ausgegeben. Das heißt dann, dass sich vector selbst reallokiert hat und der ursprüngliche Zeiger nicht mehr gültig ist.

Viele kleine Pärchen

Wenn Sie durch map iterieren, erhalten Sie mehr als nur den Wert eines jeden Elements und seinen Schlüssel. Sie bekommen immer ein Pärchen – Schlüssel und Wert gemeinsam. Diese kuscheln in einer Instanz einer Klasse namens Pair (die eigentlich ein Template ist). Diese Pair-Instanz besitzt die beiden Mitgliedsvariablen first und second. Das erste Mitglied bezieht sich auf den Schlüssel, und das zweite auf den Wert des Paares. Wenn Sie durch map iterieren, zeigt der Iterator auf eine Instanz von Pair, und Sie können sich den Schlüssel über dessen Mitglied first und den Wert über second holen. Aber seien Sie vorsichtig, weil Pair auch innerhalb von map genutzt wird. Sie arbeiten nicht mit Kopien, sondern direkt mit den echten Daten. Wenn Sie die Daten wie in diesem Code:

```
while (loopy != NumberWords.end())
{
    loopy->second = loopy->second * 2;
    loopy++;
}
```

ändern, wird auch der Wert in map – und nicht in einer Kopie – geändert. Geben Sie also acht!

Das große Container-Finale

In den folgenden Abschnitten stellen wir die verschiedenen Container vor, die Sie in der Standardbibliothek vorfinden. Die unterschiedlichen Container erfüllen jeweils bestimmte Anforderungen, und für jeden Container gibt es einen Grund, warum er gerade so ist, wie er ist.

Mit einem »set« zuweisen und speichern

Das SET aus der Standardbibliothek entspricht in vieler Hinsicht der Menge, die Sie vielleicht aus dem Mathe-Unterricht kennen. Ein Element darf nicht doppelt auftreten. Später werden

Sie bei set noch typische Funktionen wie die Schnittmenge finden. Und set ist so nett, dass es seine Elemente gleich sortiert anlegt.

Das Beispiel Sets in Listing 17.7 zeigt, wie Sie set verwenden können.

```cpp
#include <iostream>
#include <set>

using namespace std;

class Employee
{
public:
    string Nickname;
    string SocialSecurityNumber;

    Employee(string anickname, string asocial) :
        Nickname(anickname),
        SocialSecurityNumber(asocial) {}

    Employee() : Nickname(""), SocialSecurityNumber("") {}
};

bool operator < (const Employee& first,
const Employee& second)
{
    return first.SocialSecurityNumber <
        second.SocialSecurityNumber;
}

ostream& operator << (ostream &out, const Employee &emp)
{
    cout << "(" << emp.Nickname;
    cout << "," << emp.SocialSecurityNumber;
    cout << ")";
    return out;
}

int main()
{
    set<Employee> employees;

    Employee emp1("Sparky", "123-22-8572");
    employees.insert(emp1);

    Employee emp2("Buzz", "234-33-5784");
    employees.insert(emp2);
```

```
    Employee emp3("Coollie", "123-22-8572");
    employees.insert(emp3);

    Employee emp4("Sputz", "199-19-0000");
    employees.insert(emp4);

    // Elemente ausgeben
    set<Employee>::iterator iter = employees.begin();
    while (iter != employees.end())
    {
        cout << *iter << endl;
        iter++;
    }

    // Element finden
    cout << "Suche ..." << endl;
    Employee findemp("", "123-22-8572");

    iter = employees.find(findemp);
    cout << *iter << endl;

    return 0;
}
```

Listing 17.7: Mit set Elemente suchen

Wenn Sie dieses Beispiel ausführen, erhalten Sie folgende Ausgabe:

```
(Sparky,123-22-8572)
(Sputz,199-19-0000)
(Buzz,234-33-5784)
Suche ...
(Sparky,123-22-8572)
```

In Listing 17.7 haben wir eine Klasse Employee zusammen mit einer Kleiner-als-Funktion eingebunden. Diese Funktion vergleicht das Mitglied SocialSecurityNumber zweier Employee-Instanzen.

Dies hilft bei zwei Dingen:

✔ **Sortierung:** Die Elemente in set werden anhand der Sozialversicherungsnummer sortiert. Das Sortieren findet nicht bei allen Containern statt, auf jeden Fall aber bei set.

✔ **Duplikate:** Wenn wir versuchen, zwei Mitarbeiter mit gleicher SocialSecurityNumber einzufügen (wobei die anderen Mitglieder durchaus verschieden sein können), klappt das zweite Hinzufügen nicht. set ignoriert es einfach.

Dieses Listing zeigt, dass wir versuchen, zwei Mitarbeiter mit der gleichen `SocialSecurityNumber` einzufügen:

```
Employee emp1("Sparky", "123-22-8572");
employees.insert(emp1);
```

und

```
Employee emp3("Coollie", "123-22-8572");
employees.insert(emp3);
```

Wenn wir später alle Elemente von `set` ausgeben, sehen wir nur den Eintrag für `Sparky`, nicht den für `Coollie`. `set` hat den zweiten Mitarbeiter ignoriert.

Das Finden eines Elements in `set` ist interessant. Schauen Sie sich an, wie wir vorgegangen sind: Wir haben eine Instanz von `Employee` erstellt und dort nur die `SocialSecurityNumber` eingetragen, denn nur nach diesem Mitglied hält die Kleiner-als-Funktion Ausschau. Dann haben wir `find()` aufgerufen. Aber was bekommen wir zurück? Wenn Sie sich den Funktionskopf anschauen, sehen Sie, dass die Funktion `find()` einen Iterator zurückgibt. Das scheint verrückt zu sein. Warum einen Iterator? Wir iterieren doch nicht!

Der Grund für einen Iterator als Rückgabetyp ist, dass `iterator` eigentlich ein `typedef` für einen Zeiger auf ein Element innerhalb von `set` ist. Okay, das macht Sinn: Wenn wir `find()` aufrufen, erhalten wir einen Zeiger auf ein Element in `set`, auch wenn der Typname `iterator` ist. Um dann auf das Element zuzugreifen, dereferenzieren wir den Zeiger.

In Listing 17.7 haben wir etwas Praktisches getan: Wir haben eine Funktion erstellt, mit der wir unsere `Employee`-Instanz mit `cout` nutzen können. Das haben wir erreicht, indem wir die Einfügefunktion überluden. Der Funktionskopf sieht wie folgt aus:

```
ostream& operator << (ostream &out, const Employee &emp) {
```

Der erste Parameter steht für das `cout`, der zweite ist das Element, das wir ausgeben wollen. In der Funktion schreiben wir dann die einzelnen Mitglieder von `Employee` nach `cout`. Kein Problem.

Mit »set« Vereinigungs- und Schnittmengen bilden

In diesem Abschnitt behandeln wir `set` und wie man zwei Mengen vereinigt beziehungsweise gemeinsame Elemente für die Schnittmenge findet.

Wenn Sie `#include <set>` einbinden, erhalten Sie automatisch ein paar praktische Funktionen, um die Vereinigungs- und Schnittmenge von `set`s zu erhalten.

`set` erlaubt keine Duplikate. Eine Vereinigung von zwei `set`s ist ein `set`, das aus allen Elementen der beiden Mengen besteht und darum auch keine Duplikate enthält. Die Schnittmenge ist ebenfalls ein `set`. Sie enthält nur die Elemente, die in beiden Mengen vorkommen.

Das Beispiel Sets2 in Listing 17.8 zeigt, wie Sie die Schnitt- und Vereinigungsmenge zweier sets finden können.

```cpp
#include <iostream>
#include <set>
#include <algorithm>

using namespace std;

void DumpClass(set<string> *myset)
{
    set<string>::iterator iter = myset->begin();

    while (iter != myset->end())
    {
        cout << *iter << endl;
        iter++;
    }
}

int main()
{
    set<string> EnglishClass;
    set<string> HistoryClass;

    EnglishClass.insert("Zeus");
    EnglishClass.insert("Magellan");
    EnglishClass.insert("Vulcan");
    EnglishClass.insert("Ulysses");
    EnglishClass.insert("Columbus");

    HistoryClass.insert("Vulcan");
    HistoryClass.insert("Ulysses");
    HistoryClass.insert("Ra");
    HistoryClass.insert("Odin");

    set<string> Union;
    set<string> Intersection;

    insert_iterator<set<string> >
        IntersectIterate(Intersection, Intersection.begin());

    insert_iterator<set<string> >
        UnionIterate(Union, Union.begin());
```

```
    set_intersection(EnglishClass.begin(),
        EnglishClass.end(),
        HistoryClass.begin(), HistoryClass.end(),
        IntersectIterate);
    cout << "===Schnittmenge===" << endl;
    DumpClass(&Intersection);

    set_union(EnglishClass.begin(),
        EnglishClass.end(),
        HistoryClass.begin(), HistoryClass.end(),
        UnionIterate);
    cout << endl << "===Vereinigungsmenge===" << endl;
    DumpClass(&Union);

    return 0;
}
```

Listing 17.8: Schnitt- und Vereinigungsmengen sind schnell erstellt!

Wenn Sie den Code aus Listing 17.8 ausführen, erhalten Sie diese Ausgabe:

```
===Schnittmenge===
Ulysses
Vulcan

===Vereinigungsmenge===
Columbus
Magellan
Odin
Ra
Ulysses
Vulcan
Zeus
```

Aber wie Sie sehen, ist der Code teilweise recht ungewöhnlich. Insbesondere dieser Teil sieht nicht so einfach aus:

```
insert_iterator<set<string> >
    IntersectIterate(Intersection, Intersection.begin());
```

Das wird im Aufruf von set_intersection() verwendet. Beachten Sie, dass es sich bei diesem verrückten Code um eine Variablendefinition handelt. Die erste Zeile enthält den Typ der Variablen – ein Template (eine Vorlage) namens insert_iterator. Der Parameter ist der Typ von set – hier set<string>.

Die nächste Zeile ist der Name der Instanz: IntersectIterate. Der Konstruktor benötigt zwei Dinge: Das set, das die Schnittmenge aufnehmen wird (Intersection), und einen Iterator, der auf den Anfang des sets Intersection zeigt (auch wenn es noch leer ist).

Die Variable, die mit diesen beiden Zeilen erstellt wird, ist ein Iterator und im Grunde ein Hilfsobjekt, das manche Funktionen nutzen können, um mehrere Elemente in eine Liste einzufügen. In diesem Fall ist es die Funktion set_intersection(). Als Parameter erwartet diese Funktion aber nicht die Variable selbst, sondern die Anfangs- und die End-Iteratoren der beiden sets und dazu das IntersectIterate-Ding, das weiter oben deklariert wurde. In Listing 17.8 sehen Sie, dass tatsächlich fünf Parameter übergeben werden.

Nach dem Aufruf der Funktion set_intersection() enthält das Objekt Intersection dann die Schnittmenge der beiden sets.

Die Funktion set_union() funktioniert genauso, nur erzeugt sie statt der Schnittmenge die Vereinigungsmenge der beiden sets.

Um die Funktionen set_intersection() und set_union() verwenden zu können, müssen Sie am Anfang Ihres Codes #include <algorithm> einfügen. Das ist eine der Headerdateien aus der Standardbibliothek.

Wenn Sie der Meinung sind, dass der Code aus Listing 17.8 hässlich ist, können Sie set_intersection()aufrufen, ohne direkt eine Instanz von insert_iterator erzeugen zu müssen. Denn es gibt eine Funktion. die Ihnen diese Aufgabe abnimmt. Wenn Sie diese Funktion verwenden wollen, können Sie die Deklarationen von IntersectIterate und UnionIterate entfernen und set_intersection() wie folgt aufrufen:

```
set_intersection(EnglishClass.begin(),
    EnglishClass.end(),
    HistoryClass.begin(), HistoryClass.end(),
    inserter(Intersection, Intersection.begin()));
```

Die vierte Zeile ruft einfach eine Funktion namens inserter() auf, die für Sie eine Instanz von insert_iterator erzeugt. Dann können Sie das Gleiche auch für set_union() machen:

```
set_union(EnglishClass.begin(),
    EnglishClass.end(),
    HistoryClass.begin(), HistoryClass.end(),
    inserter(Union, Union.begin()));
```

Eine Liste mit »list«

Eine list ist ein einfacher Container, der einem Array ähnelt, nur dass Sie die Elemente von list nicht über eckige Klammern ansprechen können – wie das bei vector oder einem Array der Fall ist. Sie verwenden list normalerweise nicht, wenn Sie nur auf ein Element der Liste zugreifen wollen – Sie verwenden diesen Container, wenn Sie die Liste Element für Element durchgehen wollen.

Um einer Liste Elemente hinzuzufügen, rufen Sie die Mitgliedsfunktionen push_front() oder push_back() auf. Die Funktion push_front() fügt das Element am Anfang der Liste vor allen anderen vorhandenen Elementen ein. Wenn Sie push_front() mehrfach hintereinander verwenden, werden die Elemente in umgekehrter Reihenfolge in der Liste abgelegt. Die Funktion push_back() trägt die Elemente am Ende der Liste ein. Wenn Sie Elemente mit push_back an die Liste anhängen, entspricht ihre Reihenfolge der, mit der Sie sie angefügt haben.

Sie können ein Element auch vor einem vorhandenen Element einfügen, wenn Sie einen Zeiger auf das Element in der Liste haben.

Bei Operationen, für die Sie einen Zeiger auf ein Element in der Liste benötigen, müssen Sie einen Iterator einsetzen. Ein *Iterator* ist einfach ein typedef für einen Zeiger auf ein Element in der Liste.

Das Beispiel Lists in Listing 17.9 zeigt den Einsatz von Listen mithilfe einer Entenfamilienmetapher (alle in einer Reihe). In diesem Beispiel erstellen wir eine Liste, fügen unsere Enten ein und drehen dabei die Reihenfolge um. Danach erstellen wir eine zweite Liste und binden die Elemente in die erste Liste ein.

```cpp
#include <iostream>
#include <list>

using namespace std;

class Duck
{
public:
    string name;
    int weight;
    int length;
};

ostream& operator << (ostream &out, const Duck &duck)
{
    cout << "(" << duck.name;
    cout << "," << duck.weight;
    cout << "," << duck.length;
    cout << ")";
    return out;
}
```

```
void DumpDucks(list<Duck> *mylist)
{
    list<Duck>::iterator iter = mylist->begin();

    while (iter != mylist->end())
    {
        cout << *iter << endl;
        iter++;
    }
}

list<Duck>::iterator MoveToPosition(list<Duck> *mylist, int pos)
{
    list<Duck>::iterator res = mylist->begin();

    for (int loop = 1; loop <= pos; loop++)
    {
        res++;
    }

    return res;
}

int main()
{
    list<Duck> Inarow;

    // am Anfang einfügen
    Duck d1 = {"Jim", 20, 15}; // geschweifte Klammern!
    Inarow.push_front(d1);

    Duck d2 = {"Sally", 15, 12};
    Inarow.push_front(d2);

    Duck d3 = {"Squakie", 18, 25};
    Inarow.push_front(d3);

    Duck d4 = {"Trumpeter", 19, 26};
    Inarow.push_front(d4);

    Duck d5 = {"Sneeky", 12, 13};
    Inarow.push_front(d5);

    // Enten anzeigen
    cout << "==========" << endl;
    DumpDucks(&Inarow);
```

```
// Umdrehen
Inarow.reverse();
cout << "===========" << endl;
DumpDucks(&Inarow);

// Trennen
// zweite Liste nötig
list<Duck> extras;

Duck d6 = {"Grumpy", 8, 8};
extras.push_back(d6);

Duck d7 = {"Sleepy", 8, 8};
extras.push_back(d7);

Duck d8 = {"Ornery", 8, 8};
extras.push_back(d8);

Duck d9 = {"Goofy", 8, 8};
extras.push_back(d9);

cout << "===========" << endl;
cout << "extras:" << endl;
DumpDucks(&extras);

list<Duck>::iterator first =
    MoveToPosition(&extras, 1);

list<Duck>::iterator last =
    MoveToPosition(&extras, 3);

list<Duck>::iterator into =
    MoveToPosition(&Inarow, 2);

Inarow.splice(into, extras, first, last);

cout << "===========" << endl;
cout << "extras nach splice:" << endl;
DumpDucks(&extras);

cout << "===========" << endl;
cout << "IneinerReihe nach splice:" << endl;
DumpDucks(&Inarow);

    return 0;
}
```

Listing 17.9: Elemente mit einem Listentemplate verwalten

Wir haben eine Funktion MoveToPosition() erstellt, die zu einer Position in der Liste springt. Das mag kontraproduktiv erscheinen, weil das list-Template keinen wahlfreien Zugriff erlaubt. Aber wir brauchten drei Iteratoren für das Aufspalten: zwei, um die Start- und die Endposition der zweiten Liste zu speichern (hier geht es um die Liste, aus der wir Elemente ausschneiden), und einen, um die Position in der ersten Liste zu speichern, an der die ausgeschnittenen Elemente eingefügt werden sollen.

Die von uns erstellte Funktion MoveToPosition() ist eine Templatefunktion. Aber als wir sie aufgerufen haben, gaben wir keinen Typnamen in spitzen Klammern mit. Der Compiler kann diesen selbst ermitteln – er wirft einen Blick auf die Funktionsparameter. (Ohne den Templatetyp im Funktionsparameter ist der Compiler dazu nicht in der Lage.) Hier das Ergebnis des Programms:

```
==========
(Sneeky,12,13)
(Trumpeter,19,26)
(Squakie,18,25)
(Sally,15,12)
(Jim,20,15)
==========
(Jim,20,15)
(Sally,15,12)
(Squakie,18,25)
(Trumpeter,19,26)
(Sneeky,12,13)
==========
extras:
(Grumpy,8,8)
(Sleepy,8,8)
(Ornery,8,8)
(Goofy,8,8)
==========
extras nach splice:
(Grumpy,8,8)
(Goofy,8,8)
==========
IneinerReihe nach splice:
(Jim,20,15)
(Sally,15,12)
(Sleepy,8,8)
(Ornery,8,8)
(Squakie,18,25)
(Trumpeter,19,26)
(Sneeky,12,13)
```

Sie können die Elemente sehen, die sich vor und nach dem Aufspalten in den Listen befanden – die Enten sind von einer in die andere Liste gewandert.

Wenn Sie die Positionen für die Aufspaltungsoperation angeben, enthält der abgespaltene Teil den Bereich von der Startposition bis zur Endposition, wobei *zur* nicht *einschließlich* bedeutet. In Listing 17.9 ist das zu sehen: Wir haben in der zweiten Liste (extras) eine Abspaltung von Position 1 bis 3 vorgenommen. Aber wir haben nur die Enten an Position 1 und 2 verschoben, weil die 3 kein Bestandteil der zu verschiebenden Liste ist.

Ein Leistungsvergleich: »list« vs. »vector«

Bei list haben Sie keinen *wahlfreien* Zugriff (*Random Access*) – ein schicker Begriff für die Möglichkeit, irgendwo mitten in die Liste hineinzugreifen und sich ein Element anzuschauen (wie bei einem Vektor). Wenn Sie einen Blick auf die Elemente in der Liste werfen wollen, müssen Sie am Anfang oder am Ende beginnen und sich Element für Element durch die Liste arbeiten. Bei einem Vektor können Sie hingegen ein beliebiges Element mithilfe der eckigen Klammern ansprechen, zum Beispiel MyVector[3]. Aber Listen bieten Vorteile, wenn viele Einfüge- und Löschoperationen auf dem Container stattfinden. Ein Vektor müsste, um den wahlfreien Zugriff zu gewährleisten, ständig alle Elemente hin- und herschieben. Das Template erlaubt es darüber hinaus, mehrere Listen miteinander zu verbinden. Außerdem hilft es beim Abspalten von Mitgliedern einer Liste und dem Verschieben dieser Mitglieder in eine andere Liste.

Stapeln Sie auf der Deque

Eine deque (gesprochen »deck« und die Kurzform von *Double-Ended-Queue*) ist ein Container mit einer sequenziellen Liste mit Elementen – so wie vector und list. Wie vector (aber nicht wie list) erlaubt deque eckige Klammern für den *wahlfreien Zugriff*. Aber anders als bei vector können Sie bei deque Elemente am Anfang per *Push* einfügen und per *Pop* herausnehmen (entfernen). Um eine deque zu erstellen, die Integerwerte speichert, können Sie so vorgehen:

```
deque<int> mydek;
mydek.push_front(10);
mydek.push_front(20);
mydek.push_front(30);
mydek.push_back(40);
mydek.push_back(50);
mydek.push_back(60);
```

Dann können Sie die Deque durchlaufen und auf ihre Elemente mit eckigen Klammern – wie bei einem Array – zugreifen:

```
int loop;
for (loop = 0; loop < mydek.size(); loop++)
{
    cout << mydek[loop] << endl;
}
```

Sie können sich auch Elemente vom Anfang oder Ende der Deque holen. Hier ein Beispiel:

```
while (mydek.size() > 0)
{
    cout << mydek.front() << endl;
    mydek.pop_front();
}
```

Hier gibt es zwei Funktionen: `front()` und `pop_front()`. Die Funktion `front()` gibt eine Referenz auf das Element am Anfang der Deque zurück, während `pop_front()` das erste Element aus der Liste entfernt.

Mit Stacks und Queues schön in einer Reihe warten

In der Standardbibliothek gibt es noch zwei weitere beliebte Datenstrukturen:

✔ **Stacks:** Sie stapeln Elemente nach und nach auf einem Stack (deutsch *Stapel*) – und können immer nur von oben wieder welche herunternehmen. Es lassen sich beliebig Elemente hinzufügen (nur oben) oder wegnehmen (nur oben). Dieser Prozess wird gelegentlich als *First In Last Out* (*FILO*) bezeichnet.

✔ **Queue:** Eine Queue ist wie das Warten im Postamt: Die Schlange wird länger und länger. Jeder Neuankömmling stellt sich hinten an. Aber nur vorne wird die Schlange abgearbeitet. Also werden Elemente in einer Queue hinten angefügt und vorne weggenommen. Auch hier gibt es einen anderen Namen für den Prozess: *First In First Out* (*FIFO*).

Um mit der Standardbibliothek einen Stack zu nutzen, können Sie für den zugrunde liegenden Speicherbehälter eine `deque`, eine `list` oder einen `vector` verwenden. Dann definieren Sie den Stack wie folgt:

```
stack<int, vector<int> > MyStack;
```

Oder Sie nutzen optional den Standardspeicher (eine `deque`):

```
stack<int> MyStack;
```

Bei einer Queue können Sie keinen `vector` verwenden, da dieser nicht über die entsprechenden Funktionen verfügt. Hier stehen also nur `deque` oder `list` zur Verfügung.

Hier ein Beispiel, das `list` nutzt:

```
queue<int, list<int> > MyQueue;
```

Und hier wieder die Variante, die standardmäßig `deque` verwendet:

```
queue<int> MyQueue;
```

Es gibt drei Vorgänge, mit denen Sie es normalerweise bei einem Stack oder einer Queue zu tun haben:

✔ **push:** Wenn Sie einem Stack oder einer Queue ein Element hinzufügen *(to push* bedeutet auf Deutsch *schieben),* führen Sie einen *Push* durch. Damit wird das Element oben auf den Stack oder hinten an die Queue gelegt.

✔ **peek:** Wenn Sie sich das oberste Element des Stacks oder das vorderste Element einer Queue anschauen *(to peek* bedeutet auf Deutsch *nachsehen),* führen Sie einen *Peek* durch. Damit wird das Element aber nicht entfernt.

✔ **pop:** Wenn Sie ein Element von einem Stack oder vom Anfang der Queue entfernen, macht es *Pop (to pop* bedeutet auf Deutsch *aufplatzen).* Bei manchen Bibliotheken erhalten Sie gleichzeitig das Element als Rückgabewert. Bei der Standardbibliothek wird es nur entfernt. Um das erste/oberste Element einer Queue beziehungsweise eines Stacks zu verwenden, führen Sie erst ein *Peek* und dann ein *Pop* durch.

Ein Leistungsvergleich: Deques vs. Vektoren

Wenn Sie im Internet in ein Programmierforum einsteigen und dort nach so etwas wie C++ *deque vector* suchen, treffen Sie auf viele Diskussionen, Argumente und Irritationen. Wann muss vector genutzt werden, wann deque? Für eine Antwort darauf müssen Sie die Unterschiede zwischen beiden kennen. vector speichert die Daten intern, und das meist mit dem guten alten Array, wodurch es einfach ist, direkt auf die Elemente zuzugreifen. Es bedeutet aber auch, dass alle anderen Elemente verschoben werden müssen, um Platz zu schaffen, wenn Sie am Anfang etwas einfügen. deque hingegen verfolgt den *kontinuierlichen* Ansatz von vector nicht. Das Einfügen ist hier einfacher, weil nichts verschoben werden muss. Zudem muss deque nicht seine Größe anpassen, wenn der Platz ausgeht – was bei vector der Fall ist. Und schließlich besitzt deque eine Mitgliedsfunktion push_front(), mit der Sie problemlos ein Element am Anfang einfügen können. Das vector-Template bietet so etwas nicht.

Wenn Sie am Anfang einer Queue etwas nachsehen wollen, rufen Sie die Mitgliedsfunktion front() auf. Bei einem Stack rufen Sie stattdessen die Mitgliedsfunktion top() auf.

Beim Pushing und Popping verwendet die Standardbibliothek genau diese Begriffe. Sowohl queue als auch stack kennen die Funktionen push() und pop(). Das Beispiel StackAnd-Queue in Listing 17.10 stellt jeweils einen Stack und eine Queue vor.

```
#include <iostream>
#include <stack>
#include <queue>

using namespace std;
```

```
void StackDemo()
{
    cout << "===Stack-Demo===" << endl;
    stack<int, vector<int> > MyStack;

    // Achten Sie auf das Leerzeichen zwischen > >
    MyStack.push(5);
    MyStack.push(10);
    MyStack.push(15);
    MyStack.push(20);
    cout << MyStack.top() << endl;

    MyStack.pop();
    cout << MyStack.top() << endl;

    MyStack.pop();
    MyStack.push(40);
    cout << MyStack.top() << endl;

    MyStack.pop();
}

void QueueDemo()
{
    cout << "===Queue-Demo===" << endl;
    queue<int> MyQueue;

    // Kein Container angegeben, daher wird
    // standardmäßig deque genutzt. Gilt auch für Stack.
    MyQueue.push(5);
    MyQueue.push(10);
    MyQueue.push(15);
    cout << MyQueue.front() << endl;

    MyQueue.pop();
    cout << MyQueue.front() << endl;

    MyQueue.pop();
    MyQueue.push(40);
    cout << MyQueue.front() << endl;

    MyQueue.pop();
}
int main()
{
    StackDemo();
    QueueDemo();
    return 0;
}
```

Listing 17.10: Einen Stack und eine Queue erzeugen

Wenn Sie einen Container angeben, der in einem Stack oder einer Queue genutzt werden soll, achten Sie darauf, zwischen den schließenden spitzen Klammern ein Leerzeichen einzugeben. Ansonsten verwirren Sie den Compiler, weil er die beiden Zeichen als Einfügeoperator, >>, betrachtet. Hier kommt das, was das Beispielprogramm ausgibt:

```
===Stack-Demo===
20
15
40
===Queue-Demo===
5
10
15
```

Container kopieren

Strukturen lassen sich leicht kopieren, wenn Klassenbibliotheken mit Bedacht entworfen worden sind – was auf jeden Fall für die Standardbibliothek gilt. Jede Containerklasse besitzt sowohl einen *Copy-Konstruktor* als auch einen *Zuweisungsoperator*. Um einen Container zu kopieren, setzen Sie entweder den einen mit dem anderen gleich oder übergeben den ersten Container an den Konstruktor des zweiten (wodurch der erste in den zweiten kopiert wird). Das Beispiel CopyContainer in Listing 17.11 zeigt, wie diese Aufgabe erledigt werden kann.

```cpp
#include <iostream>
#include <map>

using namespace std;

class Scrumptious
{
public:
    string Dessert;
};

bool operator < (const Scrumptious & first,
const Scrumptious & second)
{
    return first.Dessert < second.Dessert;
}
```

```cpp
class Nutrition
{
public:
    int VitaminC;
    int Potassium;
};

int main()
{
    map<Scrumptious, Nutrition> ItsGoodForMe;

    Scrumptious ap = {"Apfelkuchen"}; // Geschweifte Klammern!
    Nutrition apn = {7249, 9722};

    Scrumptious ic = {"Eiscreme"};
    Nutrition icn = {2459, 19754};

    Scrumptious cc = {"Schokokuchen"};
    Nutrition ccn = {9653, 24905};

    Scrumptious ms = {"Milchshake"};
    Nutrition msn = {46022, 5425};

    ItsGoodForMe[ap] = apn;
    ItsGoodForMe[ic] = icn;
    ItsGoodForMe[cc] = ccn;
    ItsGoodForMe[ms] = msn;

    map<Scrumptious,Nutrition> Duplicate = ItsGoodForMe;
    map<Scrumptious,Nutrition> AnotherDuplicate(ItsGoodForMe);

    ItsGoodForMe[ap].Potassium = 20;
    cout << ItsGoodForMe[ap].Potassium << endl;
    cout << Duplicate[ap].Potassium << endl;
    cout << AnotherDuplicate[ap].Potassium << endl;

    return 0;
}
```

Listing 17.11: Das Kopieren von Containern ist ganz einfach.

Sie sehen in diesem Listing, dass wir die beiden Klassen Scrumptious *(lecker)* und Nutrition *(Ernährung)* erstellt haben. Dann haben wir eine map namens ItsGoodForMe angelegt, die Scrumptious-Instanzen mit Nutrition-Instanzen verbindet.

Die map haben wir zwei Mal kopiert – einmal mit einem Gleichheitszeichen und einmal mit einem Copy-Konstruktor:

```
map<Scrumptious,Nutrition> Duplicate = ItsGoodForMe;
map<Scrumptious,Nutrition> AnotherDuplicate(ItsGoodForMe);
```

Mehr ist nicht notwendig! Wir haben eines der Elemente in der ursprünglichen map geändert, um zu sehen, was passiert. Dann haben wir dieses Element zusammen mit den entsprechenden Elementen aus den beiden Kopien ausgegeben. Das ist das Ergebnis:

```
20
9722
9722
```

Und tatsächlich gibt es Unterschiede, was zeigt, dass die maps eigene Kopien der Instanzen haben – es gibt keine gemeinsam genutzten Elemente.

 Container enthalten Kopien, keine Originale. Das gilt auch, wenn Sie Container kopieren. Stecken Sie eine Struktur in einen Container und kopieren diesen dann, enthält der neue Container seine eigene Kopie der Struktur. Um die Struktur zu ändern, müssen Sie alle Kopien anpassen. Um das zu vermeiden, können Sie Zeiger in den Containern ablegen. Dann besitzt zwar jeder Container seine eigene Kopie des Zeigers, aber alle zeigen auf dasselbe Objekt.

Dynamische Arrays erzeugen und einsetzen

Manchmal kennen Sie die benötigte Arraygröße erst zur Laufzeit. Die Standardarrays von C++ beharren auf statischen Größen. Mit anderen Worten: Sie müssen schon beim Schreiben des Codes wissen, welche Arraygröße benötigt wird. Leider ist die reale Welt aber dynamisch – sie ändert sich ständig. Die bisherigen Abschnitte dieses Kapitels stellten eine Reihe von Array-Alternativen vor, wie zum Beispiel Stacks, Queues und Deques. Aber für all diese Lösungen brauchen Sie eine Bibliothek. Es gibt aber eine andere Alternative in Form von dynamischen Arrays. Die folgenden Abschnitte beschreiben sie und zeigen, wie Sie sie einsetzen können.

Die IDE konfigurieren

In früheren C++-Versionen gab es noch keine dynamischen Arrays. Sie müssen Code::Blocks gegebenenfalls so anpassen, dass es diese Arrays möglichst effektiv unterstützt. Das bedeutet, dass Sie die Erweiterungen von C++11 hinzufügen müssen. Dazu wählen Sie PROJECT|BUILD OPTIONS. Sie erhalten dann das Fenster PROJECT BUILD OPTIONS. Kontrollieren Sie, ob das Kontrollkästchen HAVE G++ FOLLOW THE C++11 ISO C++ LANGUAGE STANDARD gesetzt ist (siehe Abbildung 17.1), und klicken Sie dann auf OK. Die IDE unterstützt nun die neueren Sprachfeatures – darunter dynamische Arrays und viele andere Erweiterungen mehr.

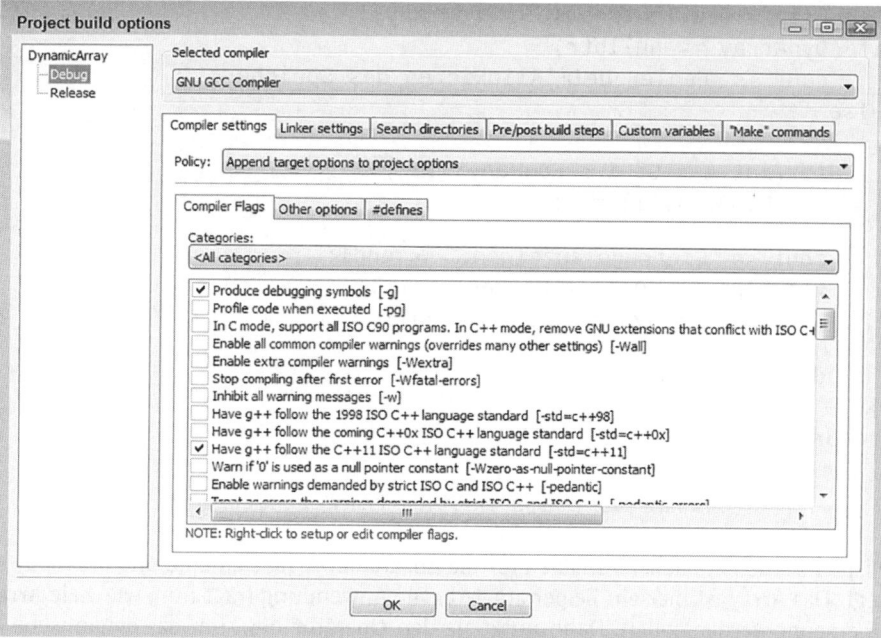

Abbildung 17.1: Konfigurieren Sie Code::Blocks so, dass die neuen Sprachfeatures ermöglicht werden.

Ein dynamisches Array deklarieren

Ein dynamisches Array nutzt den *Heap* – den Speicherbereich, in dem Ihre Anwendung Platz für diverse Aktivitäten allokieren kann. (Siehe den Abschnitt *Variablen »anhäufen« und »stapeln«* in Kapitel 7.) Sie erstellen einen Zeiger auf eine Variable mit dem gewünschten Typ und allokieren dann Speicher für das Array. Die Funktionalität dafür findet sich in der Datei new.h, weshalb Sie sie als Teil Ihrer Anwendung einbinden müssen. Das Beispiel Dyna-micArray in Listing 17.12 zeigt, wie ein dynamisches Array verwendet wird.

```
#include <iostream>
#include <new>

using namespace std;

int main()
{
    int HowMany;
    int* DynArray;
    cout << "Wie viele Zahlen möchten Sie haben?" << endl;
    cin >> HowMany;
```

```
DynArray = new (nothrow) int[HowMany];
if (DynArray == nullptr)
    cout << "Fehler beim Allokieren des Speichers!";
else
{
    for(int i = 0; i < HowMany; i++)
        DynArray[i] = i;

    cout << "Einträge anzeigen:" << endl;
    for (int i = 0; i < HowMany; i++)
        cout << DynArray[i] << endl;

    delete[] DynArray;
}
return 0;
}
```

Listing 17.12: Dynamische Arrays erstellen und einsetzen

Im Beispiel werden zunächst Variablen für die Anzahl der Arrayelemente und das Array selbst angelegt. Das Array ist hier ein Zeiger auf int. Die Anwendung fragt nun, wie viele Arrayelemente erzeugt werden sollen. Dann nutzt sie den Operator new, um das dynamische Array DynArray zu erstellen. Beachten Sie die Syntax! Auf new folgt (nothrow). Damit wird das Programm angewiesen, einen nullptr-Wert zurückzugeben, wenn nicht genug Speicher zur Verfügung steht, anstatt eine Exception zu werfen.

Sie arbeiten mit einem dynamischen Array genauso wie mit jedem anderen Array. Das Beispiel zeigt, wie Sie das Array mit Daten füllen und diese dann ausgeben. Das Array hat die gleichen Vor- und Nachteile wie jedes andere Array. Wenn Sie es nicht mehr benötigen, müssen Sie den Operator delete[] nutzen, um es zu löschen und den Speicherbereich wieder freizugeben. Die Ausgabe dieses Beispiels kann wie folgt aussehen:

```
Wie viele Zahlen möchten Sie haben?
4
Einträge anzeigen:
0
1
2
3
```

Mit ungeordneten Daten arbeiten

Es ist reizvoll, Daten mit einer bestimmten Ordnung zu erstellen, weil sie sich dann leichter durchsuchen lassen und bestimmte Aufgaben, wie zum Beispiel das Entfernen alter Elemente, einfacher zu realisieren ist. Aber das Erstellen einer geordneten Informationsmenge kann auch problematisch werden, weil Sie Zeit benötigen, um alles in eben dieser gewünschten Ordnung zu halten. Neuere Versionen von C++ unterstützen auch ein ungeordnetes Datenset, das durchsuchbar und leicht handzuhaben ist. Es hat den Vorteil, dass sich Daten in beliebiger Reihenfolge hinzufügen lassen, ohne dass es einen Overhead für das Aufrechterhalten der Reihenfolge gibt. Die folgenden Abschnitte bieten Ihnen einen Überblick über diese Sets.

Mit »std::unordered_set« ein ungeordnetes Set erstellen

Wie bei den anderen Containern, die in diesem Kapitel behandelt werden, bietet ein unordered_set eine Methode, Daten so zu speichern, dass sie später leicht wieder ausgelesen werden können. In diesem Fall stehen Ihnen Funktionen wie insert() und erase() zum Einfügen und Löschen von Elementen zur Verfügung. Eine besondere Funktion, emplace(), informiert beim Hinzufügen von neuen Elementen, ob diese noch nicht vorhanden waren. Es ist zudem möglich, mit find() Elemente zu suchen. Dazu gibt es noch Funktionen, die Sie darüber informieren, ob Sie sich am Anfang oder am Ende des Sets befinden.

Der Container unordered_set stammt aus der Standardbibliothek. Aber Sie müssen die C++-11-Erweiterungen in der IDE aktivieren, um ihn verwenden zu können. Der Abschnitt *Die IDE konfigurieren* weiter vorne in diesem Kapitel beschreibt, wie Sie Code::Blocks konfigurieren müssen, um alles kompilieren zu können.

Ungeordnete Sets bearbeiten

Ein Beispiel gibt am einfachsten wieder, wie Sie mit einem ungeordneten Set umgehen. Das Beispiel UnorderedSet in Listing 17.13 zeigt, wie Sie die diversen Features nutzen, um eine Liste mit Farben zu verwalten.

```cpp
#include <iostream>
#include <unordered_set>

using namespace std;

int main()
{
    unordered_set<string> Colors;

    Colors.insert("Rot");
    Colors.insert("Grün");
    Colors.insert("Blau");
    if(Colors.find("Rot")!= Colors.end())
        cout << "Rot gefunden!" << endl;
    else
        cout << "Rot fehlt!" << endl;
```

```
    auto ReturnValue = Colors.emplace("Rot");
    if(!ReturnValue.second)
        cout << "Rot ist schon im Set!" << endl;
    else
        cout << "Rot zum Set hinzugefügt!" << endl;

    cout << "Es gibt " << Colors.count("Rot")
        << " Einträge für Rot." << endl;

    ReturnValue = Colors.emplace("Orange");
    if(!ReturnValue.second)
        cout << "Orange ist schon im Set!" << endl;
    else
        cout << "Orange zum Set hinzugefügt!" << endl;

    Colors.erase("Rot");

    if(Colors.find("Rot")!= Colors.end())
        cout << "Rot gefunden!" << endl;
    else
        cout << "Rot fehlt!" << endl;

    return 0;
}
```

Listing 17.13: Ungeordnete Sets erstellen und verwenden

Hier wird zuerst ein neues unordered_set namens Colors erstellt. Beachten Sie, dass es sich dabei um ein Template handelt, weshalb Sie einen Typ für die Elemente angeben müssen, die darin gespeichert werden. Mit der Funktion insert() werden dann drei Farben hinzugefügt.

Die Funktion find() ermöglicht die Suche nach einem bestimmten Wert im Set. Fehlt er, gibt die Funktion end() den Wert true zurück – die aktuelle Position im Set befindet sich dann an dessen Ende.

Dieses Beispiel nutzt den Datentyp auto. Es handelt sich dabei um einen Typ, den Sie einsetzen können, wenn Sie nicht wissen, welchen Typ Sie einer Variablen zuweisen sollen. ReturnValue dient der Kontrolle, ob ein Wert, den Sie dem Set mit emplace() hinzufügen wollen, schon vorhanden ist.

Um Einträge aus einem Set zu entfernen, rufen Sie erase() zusammen mit dem Wert auf, den Sie entfernen wollen. In diesem Fall wird die Farbe Rot entfernt. Danach wird mithilfe von find() nach Rot gesucht. Wie zu erwarten, wird Rot dieses Mal nicht gefunden. Die Ausgabe des Beispiels sieht so aus:

```
Rot gefunden!
Rot ist schon im Set!
Es gibt 1 Einträge für Rot.
Orange zum Set hinzugefügt!
Rot fehlt!
```

Mit Lambda-Ausdrücken arbeiten

18

In diesem Kapitel

▶ Lernen Sie die Probleme kennen, die Sie mit Lambda-Ausdrücken lösen können

▶ Schreiben Sie Ihren ersten Lambda-Ausdruck

▶ Nutzen Sie Lambda-Ausdrücke in richtigen Programmen

*I*n Teil VI dieses Buches gibt es Informationen zur Unified Modelling Language (UML) und dazu, wie Sie sie verwenden können, um besser modellierte Anwendungen zu erhalten. Dazu gibt es ein Kapitel über Entwurfsmuster, die Ihnen dabei helfen, ein Modell zu implementieren. Dieses Kapitel hier behandelt eine elegante Methode, um ein Modell in einen mathematischen Ausdruck umzuwandeln: die *Lambda-Ausdrücke*. Nehmen wir zum Beispiel an, Sie müssen die Anzahl an Dingern berechnen, die pro Stunde produziert werden, bevor Sie den Wert ausgeben können. Es mag ein bisschen unschön sein, die Gleichung direkt in den bestehenden Code einzufügen, aber mit einer zusätzlichen Funktion lässt sich der Code schlechter lesen. Lambda-Ausdrücke bieten einen Mittelweg, bei dem Sie die Berechnung in einer leicht lesbaren Art und Weise definieren, ohne eine eigene Funktion zu erstellen.

Anders als bei vielen anderen seltsamen Begriffen, von denen Sie bisher in diesem Buch gelesen haben, können wir Programmierer nichts für den Begriff *Lambda-Ausdruck* – daran sind die Mathematiker schuld! Es handelt sich nämlich um einen Kalkül, der in den 1930ern von Alonzo Church eingeführt wurde, um komplexe Gleichungen zu vereinfachen. Die Gleichungen sind *anonym* – sie haben also keinen Namen.

Ausnahmsweise ist einmal die Programmiererversion von etwas aus der Mathematik einfacher zu verstehen als das, was Alonzo Church entworfen hat. Wir zeigen Ihnen, wie Sie Lambda-Ausdrücke verwenden, um einfache Funktionen zu definieren, die Sie nur einmalig nutzen müssen. Sie haben es mit so etwas wie Wegwerf-Funktionen zu tun, die sehr praktisch sein können, wenn Sie etwas Einfaches tun müssen, das aber von der Hauptfunktion getrennt gehalten werden soll.

Sie können Lambda-Ausdrücke nicht mit früheren Versionen von C++ verwenden. Um die meisten Beispiele in diesem Kapitel umsetzen zu können, müssen Sie das Projekt so einrichten, dass C++11 genutzt wird. Der Abschnitt *Die IDE konfigurieren* aus dem letzten Kapitel beschreibt, was Sie dafür tun müssen. Ohne diese Anpassung werden Sie Fehlermeldungen erhalten, wenn Sie versuchen, die Beispiele zu kompilieren.

Besser lesbaren und prägnanteren C++-Code schreiben

Es gibt in C++ ein paar Probleme, die in früheren Versionen der Sprache recht umfangreichen Code erforderten. Seit C++11 steht Entwicklern endlich eine neue Technik zur Verfügung, um solche Probleme so zu lösen, dass der Code wieder besser lesbar ist.

Sie können eine ganze Reihe von Problemen bei der Entwicklung mit C++ mit Lambda-Ausdrücken lösen, aber am häufigsten geht es darum, den Code prägnanter und besser lesbar zu gestalten. Schauen Sie sich den Code in Listing 18.1 aus dem Beispiel Problem an – er funktioniert problemlos.

```cpp
#include <iostream>
#include <algorithm>
#include <vector>

using namespace std;

class MyFunctor
{
public:
    void operator()(int x)
    {
        cout << x << endl;
    }
};

void ProcessVector(vector<int>& vect)
{
    MyFunctor Func;
    for_each(vect.begin(), vect.end(), Func);
}

int main()
{
    vector<int> MyVector;
    MyVector.push_back(1);
    MyVector.push_back(2);
    MyVector.push_back(3);
    MyVector.push_back(4);

    ProcessVector(MyVector);
}
```

Listing 18.1: Ein Problem, das sich mit Lambda-Ausdrücken lösen lässt

In diesem Beispiel wird ein `vector` mit dem Namen `MyVector` erstellt und mit Daten gefüllt. Dann wird `ProcessVector()` aufgerufen, um mit den Daten im Vektor etwas anzustellen.

Im Aufruf von `ProcessVector()` wird ein *Funktor* namens `Func` erstellt. Ein Funktor ist ein Objekt einer besonderen Klasse, die sich wie eine Funktion verhält. Sie haben es dabei mit einer außerordentlich nützlichen Klasse zu tun, die Sie sich im Abschnitt *Funktoren* von Kapitel 32 genauer anschauen können. Hier müssen Sie nur wissen, dass es sich um eine Klasse handelt, die sich wie eine Funktion verhalten kann.

Der Algorithmus `for_each()` (siehe dazu den Abschnitt *Bessere Schleifen mit Foreach* in Kapitel 36) ist Teil der Standardbibliothek. Er verarbeitet jedes Element in `vect` – dem an `ProcessVector()` übergebenen Vektor. Dabei beginnt er mit dem ersten Element (definiert durch `vect.begin()`) und endet beim letzten Element (definiert durch `vect.end()`) und wendet auf jedes Element `Func` an.

Wenn Sie sich `MyFunctor` anschauen, finden Sie dort eine Definition für einen `operator`, der ein einzelnes `int` namens `x` erwartet. Der Code gibt dieses `x` nun einfach an der Konsole aus. Die Ausgabe des Programms sieht daher so aus:

```
1
2
3
4
```

Einen einfachen Lambda-Ausdruck definieren

Ziel eines Lambda-Ausdrucks ist, den Code kürzer und lesbarer zu machen. Der Code wird damit anders dargestellt. Es ist aber keine neue C++-Fertigkeit. Sie nutzen die gleichen Techniken, gehen dabei aber anders vor. Die folgenden Abschnitte helfen Ihnen dabei, Ihre ersten Lambda-Ausdrücke zu erstellen, damit Sie besser verstehen, wie sie funktionieren.

Die Teile eines Lambda-Ausdrucks definieren

Das Beispiel im vorigen Abschnitt kann problemlos genutzt werden. Der Funktor wird aber nur genau einmal eingesetzt. So etwas passiert recht häufig und sorgt bei Entwicklern, die sich den Code anschauen müssen, für Verwirrung. Ein Lambda-Ausdruck ermöglicht das Einbinden des Funktors als Teil des `for_each()`-Algorithmus, wie Sie im Beispiel `Solution` in Listing 18.2 sehen können.

```
#include <iostream>
#include <algorithm>
#include <vector>

using namespace std;
```

```
void ProcessVector(vector<int>& vect)
{
    for_each(vect.begin(), vect.end(), [](int x){cout << x << endl;});
}

int main()
{
    vector<int> MyVector;
    MyVector.push_back(1);
    MyVector.push_back(2);
    MyVector.push_back(3);
    MyVector.push_back(4);

    ProcessVector(MyVector);
}
```

Listing 18.2: Die Lösung mit einem Lambda-Ausdruck

Wie Sie sehen, macht der Einsatz des Lambda-Ausdrucks das Beispiel viel kürzer und verständlicher, weil Sie keine zusätzliche Klasse mehr benötigen, um die Daten im `for_each()`-Algorithmus zu verarbeiten. Ein Lambda-Ausdruck hat immer diese Form:

```
[](int x){cout << x << endl;}
```

Die beiden eckigen Klammern (`[]`), gefolgt von den Eingabeparametern in (runden) Klammern, müssen immer am Anfang eines Lambda-Ausdrucks stehen. Der auszuführende Code – in geschweiften Klammern (`{}`) – folgt danach. Wie bei jeder Funktion kann auch ein Lambda-Ausdruck mehrere Eingabeparameter besitzen und einen Rückgabewert liefern. Die eckigen Klammern am Anfang werden als *Capture-Klausel* bezeichnet – Sie werden weiter unten in diesem Kapitel noch damit zu tun bekommen. Lambda-Ausdrücke können auch andere Elemente enthalten, einige davon werden weiter hinten in diesem Kapitel im Abschnitt *Anwendungen mit Lambda-Ausdrücken entwickeln* behandelt. Aber jeder Lambda-Ausdruck muss mindestens aus den folgenden drei Elementen bestehen:

✔ Capture-Klausel in eckigen Klammern

✔ Parameterliste in runden Klammern

✔ Ausführbarer Code in geschweiften Klammern

Den Compiler den Rückgabewert ermitteln lassen

Lambda-Ausdrücke können Informationen verarbeiten und direkt ausgeben oder sie als Teil eines Rückgabetyps bereitstellen. Einfache Lambda-Ausdrücke können Informationen zurückgeben, ohne dass dem Compiler viel darüber gesagt werden muss, weil er den Typ automatisch erkennen kann. Das Beispiel `ReturnType01` in Listing 18.3 zeigt, wie Sie einen Lambda-Ausdruck implementieren, dessen Rückgabedaten automatisch vom Compiler erkannt werden.

```cpp
#include <iostream>
#include <algorithm>
#include <vector>

using namespace std;

void ProcessVector(vector<int>& vect)
{
    vector<bool> Result;
    Result.resize(vect.size());

    transform(vect.begin(), vect.end(), Result.begin(),
            [](int x){return x > 3;});

    cout.setf(ios::boolalpha);
    for_each(Result.begin(), Result.end(),
            [](bool x){cout << x << endl;});
}

int main()
{
    vector<int> MyVector;
    MyVector.push_back(1);
    MyVector.push_back(2);
    MyVector.push_back(3);
    MyVector.push_back(4);

    ProcessVector(MyVector);
}
```

Listing 18.3: Einen vom Compiler entdeckten Rückgabetyp verwenden

Wie im vorigen Beispiel wird hier (und in den meisten folgenden Beispielen) ein vector<int> namens MyVector erstellt, mit Informationen gefüllt und an ProcessVector() übergeben. Diese Funktion erhält diese Daten als vect und verarbeitet sie Element für Element.

ProcessVector() erstellt zunächst einen vector<bool> namens Result, um die Ergebnisse der Datenverarbeitung ablegen zu können. In diesem Fall geschieht das Verarbeiten in einer Funktion transform(), die die Anfangs- und die Endposition von vect sowie den Beginn von Result und einen Lambda-Ausdruck erhält. Damit transform() arbeiten kann, muss der Lambda-Ausdruck einen Wert zurückgeben, der festlegt, wie der Transformationsprozess verlaufen soll. In diesem Fall handelt es sich bei dem Prozess um einen einfachen Vergleich des Eingabewerts x mit der Zahl 3.

Ist transform() abgeschlossen, enthält Result eine Liste mit bool-Werten, die angeben, ob die Zahlen in vect größer als 3 sind. Um diese Werte als true oder false und nicht als einfache Zahlen auszugeben, müssen Sie cout.setf(ios::boolalpha) aufrufen. Der Code nutzt dann eine for_each()-Schleife, um die einzelnen Werte in Result auszugeben. Dies ist die Ausgabe:

```
false
false
false
true
```

Da die Zahlen in vect 1, 2, 3 und 4 sind, stimmt es, dass das letzte Element größer als 3 ist. Der Einsatz von transform() zusammen mit einem Lambda-Ausdruck ist eine sehr gute Möglichkeit, die Menge an Code zu verringern, wenn es darum geht, auf einen Schlag sehr viele Vergleiche (und andere Transformationen) vorzunehmen.

Einen bestimmten Rückgabetyp verwenden

Manchmal ist ein Lambda-Ausdruck so komplex, dass der Compiler nicht herausfinden kann, welcher Rückgabetyp zu verwenden ist. Meist sehen Sie in solch einem Fall beim Kompilieren eine Fehlermeldung. Glücklicherweise lässt sich dieses Problem leicht beheben, indem Sie dem Compiler einfach mitteilen, was für ein Rückgabetyp zu erwarten ist. Das Beispiel ReturnType02 in Listing 18.4 zeigt, wie das funktioniert.

```cpp
#include <iostream>
#include <algorithm>
#include <vector>

using namespace std;

void ProcessVector(vector<int>& vect)
{
    vector<bool> Result;
    Result.resize(vect.size());

    transform(vect.begin(), vect.end(), Result.begin(),
            [](int x)->bool{return x > 3;});

    cout.setf(ios::boolalpha);
    for_each(Result.begin(), Result.end(),
            [](bool x){cout << x << endl;});
}

int main()
{
    vector<int> MyVector;
    MyVector.push_back(1);
    MyVector.push_back(2);
```

```
MyVector.push_back(3);
MyVector.push_back(4);

ProcessVector(MyVector);
}
```

Listing 18.4: Einen bestimmten Rückgabetyp verwenden

Der Code und der Programmablauf entsprechen weitgehend dem des Beispiels `ReturnType01`. Beachten Sie aber, dass hier der Lambda-Ausdruck einen Rückgabetyp enthält. Wenn Sie so etwas nutzen wollen, fügen Sie den Pfeiloperator und den Rückgabetyp – in diesem Fall `bool` – hinzu.

Es gibt noch andere Gründe, um einen Rückgabetyp anzugeben. In manchen Fällen kann der Compiler damit Ihren Code besser optimieren, wodurch die Anwendung schneller wird. Wenn Sie vermuten, dass Ihr Lambda-Ausdruck viele Daten verarbeiten muss, können Sie diesem Ansatz folgen. Sie werden allerdings zwischen `ReturnType01` und `ReturnType02` keinen Unterschied feststellen – die Datenmenge ist einfach zu klein.

Das Schlüsselwort »auto« verwenden

Das Schlüsselwort `auto` ist ein neues Feature, das mit C++11 in die Sprache kam. Sie bekommen damit eine einfache Möglichkeit, den Typ einer Variablen zu definieren – und zwar unabhängig davon, was sie letztendlich enthalten wird. Im Prinzip nutzen Sie `auto`, um sich Tipparbeit zu ersparen. Statt den vollständigen Lambda-Ausdruck bei jedem Einsatz neu einzugeben, hinterlegen Sie einfach den Namen der Variablen, die den Ausdruck enthält.

Wenn Sie das Schlüsselwort `auto` verwenden, fordern Sie den Compiler auf, den Typ einer Variablen anhand ihres Inhalts zu ermitteln. Es muss also möglich sein, den Typ herauszufinden, indem der Kontext analysiert wird. Beim Einsatz des Schlüsselworts `auto` sind folgende Ergebnisse möglich:

✔ Der Compiler bestimmt den Typ automatisch und weist ihn der Variablen zu.

✔ Die Variable erhält einen korrekten Typ – aber nicht den, den Sie sich vorgestellt haben (wie zum Beispiel ein `long`, wo ein `int` besser gepasst hätte).

✔ Zwei oder mehr Typen sind möglich, daher zeigt der Compiler eine Fehlermeldung an und weist darauf hin, dass er die mehrdeutige Zuweisung nicht vornehmen kann.

✔ Das Bestimmen des Typs der Variablen ist im gegebenen Kontext unmöglich, und Sie müssen ihr selbst einen Typ zuweisen.

Das Schlüsselwort auto wird in allen möglichen Situationen verwendet, und Sie sehen es in diesem Buch immer wieder. Das Beispiel ReturnType03 in Listing 18.5 zeigt, wie Sie auto zusammen mit Lambda-Ausdrücken verwenden können, um den zugewiesenen Code zu sichern und den Zugriff in der Anwendung zu vereinfachen.

```cpp
#include <iostream>
#include <algorithm>
#include <vector>

using namespace std;

void ProcessVector(vector<int>& vect)
{
    vector<bool> Result;
    Result.resize(vect.size());

    auto Transformer = [](int x){return x > 3;};
    transform(vect.begin(), vect.end(), Result.begin(),
            Transformer);

    cout.setf(ios::boolalpha);
    auto DoPrint = [](bool x){cout << x << endl;};
    for_each(Result.begin(), Result.end(),
            DoPrint);
}

int main()
{
    vector<int> MyVector;
    MyVector.push_back(1);
    MyVector.push_back(2);
    MyVector.push_back(3);
    MyVector.push_back(4);

    ProcessVector(MyVector);
}
```

Listing 18.5: Mit dem Schlüsselwort auto *den Rückgabetyp automatisieren*

Die Anwendung liefert die gleichen Ergebnisse wie bei ReturnType01 in Listing 18.3. Der Code nutzt transform(), um herauszufinden, ob ein Wert in vect größer als 3 ist. Die Ausgabe ist ebenfalls identisch. Der große Unterschied liegt darin, dass der Lambda-Ausdruck in einer Variablen abgelegt wird, die Sie dann nach Bedarf einsetzen können. Im Endergebnis ist der Code transform() einfacher und leichter lesbar (allerdings nicht ganz so kurz).

Das Schlüsselwort »auto« mit anderen Typen verwenden

Das Schlüsselwort `auto` kann in allen Situationen eingesetzt werden, in denen Sie den Typ einer Variablen definieren wollen. So könnten Sie es zum Beispiel wie im Beispiel AutoKeyword in einer `for`-Schleife verwenden:

```
for (auto i = 0; i < 8; i++)
    cout << i << endl;
```

Abhängig von Ihrem Compiler werden Sie beim Analysieren von `i` im Debugger feststellen, dass daraus ein `int` geworden ist – der gleiche Typ, den Sie vermutlich auch gewählt hätten. Natürlich würden Sie `auto` an dieser Stelle nicht unbedingt einsetzen, denn die Eingabe von `int` ist noch kürzer als die von `auto`. Aber Sie können `auto` eben immer dann verwenden, wenn der Compiler den Typ einer Variablen anhand des Kontextes ermitteln kann. Selbst so etwas Einfaches wie der folgende Code (ebenfalls Teil von AutoKeyword) funktioniert:

```
auto Greeting = "Hallo";
cout << Greeting << endl;
```

In diesem Fall wird der Compiler aus der Variablen ein `const char *` machen. Allerdings gibt es gerade bei diesem Stückchen Code ein Problem. Wenn Sie davon ausgehen, dass der Compiler stattdessen einen `string` gewählt hätte, würden Sie vielleicht folgenden Code schreiben:

```
auto Greeting = "Hallo";
cout << Greeting.length() << endl;
```

Wenn Sie die falschen Voraussetzungen wählen, lässt sich der Code nicht kompilieren. Stattdessen erhalten Sie eine Fehlermeldung: `error: request for member 'length' in 'Greeting', which is of non-class type 'const char*'`. Um den gewünschten `string` zu erhalten, müssen Sie die Variable dementsprechend deklarieren.

Manchmal erhalten Sie den falschen Typ in Situationen, die nicht ganz so klar sind. So sollte zum Beispiel der folgende Code den Datentyp `long long` nutzen:

```
auto LargeNumber = 15;
LargeNumber += 2147483647;
cout << LargeNumber << endl;
```

Wenn Sie den Code ausführen, erhalten Sie als Ausgabe –2147483634, was eindeutig falsch ist. Das Problem ist hier, dass der Compiler davon ausgeht, dass Sie eine `int`-Variable nutzen wollen. Um die `long long`-Variable zu erhalten, die Sie benötigen, müssen Sie sie explizit so deklarieren. Wenn Sie das Beispiel mit einer `long long`-Variablen ausführen, erhalten Sie das korrekte Ergebnis 2147483662.

Anwendungen mit Lambda-Ausdrücken entwickeln

Der vorige Abschnitt hat Ihnen die Grundlagen der Arbeit mit Lambda-Ausdrücken vermittelt. Es gibt eine Reihe von Möglichkeiten, Lambda-Ausdrücke so zu erweitern, dass sie Ihre Anforderungen erfüllen. Die folgenden Abschnitte zeigen Ihnen, wie Sie die am häufigsten eingesetzten Varianten verwenden können.

Lambda-Ausdrücke mit mehreren Eingabeparametern erstellen

Manche Lambda-Ausdrücke erfordern mehrere Eingabeparameter. Die zwei häufigsten Beispiele sind Prüfungen auf Gleichheit und Sortieralgorithmen. Aber jede Instanz, bei der Sie einen Wert mit einem anderen vergleichen müssen, um die gewünschte Ausgabe zu erhalten, erfordert im Allgemeinen mindestens zwei Eingabeparameter. Das Beispiel MultiInput in Listing 18.6 prüft den Inhalt eines Vektors und eines Arrays auf Gleichheit.

```
#include <iostream>
#include <algorithm>
#include <vector>

using namespace std;

void CompareRanges(vector<int>& vect, int values[])
{
    auto Result =
        equal(vect.begin(), vect.end(), values,
            [](int x, int y){return x==y;});

    cout.setf(ios::boolalpha);
    cout << "Die Werte sind gleich: " << Result << endl;
}

int main()
{
    vector<int> MyVector;
    MyVector.push_back(1);
    MyVector.push_back(2);
    MyVector.push_back(3);
    MyVector.push_back(4);

    int MyInts[] = {1, 2, 3, 4};

    CompareRanges(MyVector, MyInts);
}
```

Listing 18.6: Mehrere Eingabewerte verwenden

In diesem Beispiel werden zunächst ein Vektor und ein Array erstellt. Dann wird `Compare-Ranges()` aufgerufen, und beide Elemente werden als Parameter übergeben.

Die Funktion `CompareRanges()` baut auf dem `equal()`-Algorithmus auf, um herauszufinden, ob die beiden Objekte die gleichen Werte enthalten. Die vier Eingabeparameter werden für den Anfang und das Ende des zu vergleichenden Vektorbereichs, die Liste der damit zu vergleichenden Werte und einen Lambda-Ausdruck genutzt, mit dem die Vergleichsmethode definiert wird.

Beachten Sie, dass der Lambda-Ausdruck hier die beiden Parameter x und y erwartet, die beide vom Typ `int` sind. Der `equal()`-Algorithmus geht ähnlich wie der `for_each()`-Algorithmus vor. Er überprüft nacheinander alle Werte. Der Lambda-Ausdruck muss einen Boole'schen Wert zurückgeben, der angibt, ob die beiden Eingabewerte gleich sind. Wenn Sie dieses Beispiel ausführen, erhalten Sie folgende Ausgabe:

```
Die Werte sind gleich: true
```

Wenn Sie einen Wert entweder im Vektor oder im Array ändern, sehen Sie, dass die Ausgabe nun `false` liefert.

Mit der Capture-Klausel arbeiten

Es kommt vor, dass Sie einen Wert, den Sie in einem Lambda-Ausdruck benötigen, nicht als Parameter übergeben können. Der Wert steht als Teil der Funktion zur Verfügung, aber der Lambda-Ausdruck kann ihn nicht sehen, weil es sich dabei im Prinzip um eine andere Funktion handelt. Um dieses Problem zu lösen, verwenden Sie die *Capture-Klausel*, über die Sie auf den benötigten Wert zugreifen und über die Sie ihn nutzen können. Einmal »gecaptured«, steht der Wert wie als Parameter übergeben zur Verfügung. Das Beispiel `Capture` in Listing 18.7 zeigt, wie man einen Wert in einem Lambda-Ausdruck per `Capture` nutzt.

```cpp
#include <iostream>
#include <algorithm>
#include <vector>

using namespace std;

void ProcessVector(vector<int>& vect, int Exclude)
{
    for_each(vect.begin(), vect.end(),
            [Exclude](int x)
            {
                if ((int)x != Exclude)
                    cout << x << endl;
            });
}
```

```
int main()
{
    vector<int> MyVector;
    MyVector.push_back(1);
    MyVector.push_back(2);
    MyVector.push_back(3);
    MyVector.push_back(4);

    ProcessVector(MyVector, 3);
}
```

Listing 18.7: Einsatz der Capture-Klausel

Die aufrufende Funktion übergibt sowohl vect als auch Exclude als Parameter an ProcessVector(). Aber nur die Werte in vect stünden im Lambda-Ausdruck zur Verfügung, wenn dieser nicht den Wert in eckigen Klammern am Anfang des Lambda-Ausdrucks erhalten würde. Da Exclude innerhalb der eckigen Klammern steht, kann ihn der Lambda-Ausdruck beim Vergleichen mit einsetzen. Wenn Sie dieses Beispiel ausführen, erhalten Sie folgende Ausgabe:

1
2
4

Beachten Sie, dass der Wert 3 von der Ausgabe ausgeschlossen wurde, weil er dem beim Aufruf von ProcessVector() übergebenen Wert entspricht. Wenn Sie einen anderen Wert mitgeben, wird dieser von der Ausgabe ausgeschlossen. Hauptzweck der Capture-Klausel ist, eine Möglichkeit bereitzustellen, zusätzliche Informationen an den Lambda-Ausdruck liefern zu können, mit denen die Daten besser zu verarbeiten sind.

Daten mit einem Lambda-Ausdruck sortieren

Eine der häufigsten Aufgaben, die Anwendungen zu erledigen haben, bevor sie dem Benutzer Daten präsentieren, ist das Sortieren der Daten auf die eine oder andere Weise. Auch wenn ein Computer selbst dann problemlos einen bestimmten Wert in einer langen Liste von Werten finden kann, wenn diese nicht sortiert ist, ist das für Menschen schon viel schwieriger. Je länger die Liste ist, desto wichtiger ist es, die Informationen in einer bestimmten Reihenfolge angezeigt zu bekommen.

Früher einmal mussten Entwickler für die verschiedenen Anforderungen eigene Sortieralgorithmen entwerfen. Heutzutage muss sich ein Entwickler eigentlich nur Gedanken um Sortieralgorithmen machen, wenn bestimmte Sortierformen notwendig werden. Der Algorithmus sort() geht dabei sehr generisch vor.

Um die Dinge einfach zu halten, stellen wir das Sortieren anhand eines schlichten Vektors vor. Das Beispiel `Sorting` in Listing 18.8 führt mit dem gleichen Vektor sowohl eine Standardsortierung als auch eine angepasste Sortierung durch.

```cpp
#include <iostream>
#include <algorithm>
#include <vector>

using namespace std;

void StandardSort(vector<int>& vect)
{
    sort(vect.begin(), vect.end());
    cout << "Standard-Sort" << endl;
    for_each(vect.begin(), vect.end(), [](int x){cout << x << endl;});
}

void ProcessVector(vector<int>& vect)
{
    sort(vect.begin(), vect.end(), [](int S1, int S2){return S1 > S2;});
    cout << "eigenes Sort" << endl;
    for_each(vect.begin(), vect.end(), [](int x){cout << x << endl;});
}

int main()
{
    vector<int> MyVector;
    MyVector.push_back(11);
    MyVector.push_back(2);
    MyVector.push_back(33);
    MyVector.push_back(4);

    StandardSort(MyVector);
    ProcessVector(MyVector);
}
```

Listing 18.8: Daten mithilfe eines Lambda-Ausdrucks sortieren

 Schauen Sie sich zuerst die Funktion `StandardSort()` an. Wenn eine Anwendung `sort()` aufruft, landen die Ergebnisse in dem Objekt, aus dem sie stammen. Vect enthält zunächst unsortierte Daten. Aber nach dem Aufruf von `sort()` sind die Daten mithilfe einer generischen Methode sortiert worden. Sie benötigen hierfür keinen Lambda-Ausdruck.

Die Funktion `ProcessVector()` sieht fast genauso aus wie `StandardSort()`. Der Unterschied liegt darin, dass diese Funktion einen Lambda-Ausdruck nutzt, um eine eigene Sortierung durchzuführen. Beim Sortieren werden zwei Werte miteinander verglichen, daher erhält der Lambda-Ausdruck zwei Eingabeparameter: `S1` und `S2`. Durch das Wissen, welcher Ausdruck größer ist, kann `sort()` herausfinden, wo in der Liste die Werte stehen müssen.

Das Ergebnis ist in beiden Fällen gleich. Das Beispiel gibt Folgendes aus:

```
Standard-Sort
2
4
11
33
eigenes Sort
2
4
11
33
```

Natürlich sieht das so aus, als ob vect einfach nur sortiert bliebe. Als Experiment können Sie `return S1 < S2` in `return S1 > S2` ändern. Wenn Sie das Beispiel erneut ausführen, sehen Sie, dass der Lambda-Ausdruck zu einer umgekehrten Sortierreihenfolge führt.

```
Standard-Sort
2
4
11
33
eigenes Sort
33
11
4
2
```

Festlegen, dass der Lambda-Ausdruck Exceptions wirft

Eine _Exception_ (deutsch _Ausnahme_) ist ein Indikator für eine unerwartete Situation in einer Anwendung. Die Situation kann aufgrund eines Fehlers entstanden sein, zum Beispiel weil jemand einer Funktion einen falschen Wert mitgegeben hat. Aber sie kann auch durch den Abbruch einer Netzwerkverbindung oder wegen einer vollen Festplatte eingetreten sein. Wichtig ist hier, dass die Situation unerwartet auftritt – dass die Anwendung das Problem nicht prüfen und proaktive Maßnahmen ergreifen konnte.

Beim unerwarteten Auftreten einer Situation _wirft man eine Exception_. Lambda-Ausdrücke können beliebige Exceptions werfen, um auf eine Fehlersituation aufmerksam zu machen. Glücklicherweise gibt es Möglichkeiten, die genaue Art einer Exception festzulegen, die ein Lambda-Ausdruck eventuell wirft. Indem man die Art der Exception angibt, ermöglichen Sie es dem Compiler, den Lambda-Ausdruck zu optimieren und zu beschleunigen – also effizienter zu machen.

In manchen Fällen wirft ein Lambda-Ausdruck niemals eine Exception. Vielleicht ist die bereitgestellte Funktionalität so einfach und es gibt wirklich nichts, was schiefgehen kann (in Bezug auf das Auftreten einer außergewöhnlichen Situation). Wenn das der Fall ist, fügen Sie dem Lambda-Ausdruck die Klausel throw() hinzu:

```
auto myLambda = []() throw() {return true;};
```

Es ist allerdings sehr viel wahrscheinlicher, dass Ihr Lambda-Ausdruck eine bestimmte Exception wirft. So kann sich zum Beispiel ein Eingabeparameter außerhalb des Bereichs befinden, in dem ihn der Lambda-Ausdruck erwartet, und es gibt keinen sauberen Weg, um das anders zu kompensieren. Selbst in solch einer Situation erhält der Compiler dadurch, dass Sie angeben, welche Exceptions der Lambda-Ausdruck werfen soll, die Möglichkeit, den Code besser zu optimieren. Das Beispiel Exceptions in Listing 18.9 zeigt solch eine Situation.

```
#include <iostream>
#include <algorithm>
#include <vector>
#include <stdexcept>

using namespace std;

void ProcessVector(vector<int>& vect)
{
    sort(vect.begin(), vect.end(),
        [](int S1, int S2) throw(out_of_range)
        {
                if (S1 > 100 || S2 > 100)
                    throw new out_of_range("Wert größer als 100");

                return S1 < S2;
        });

    for_each(vect.begin(), vect.end(),
            [](int x) throw() {cout << x << endl;});
}

int main()
{
    vector<int> MyVector;
    MyVector.push_back(11);
    MyVector.push_back(2);
    MyVector.push_back(33);
    MyVector.push_back(4);
```

```
// Kommentar entfernen, um die Exception zu sehen.
//MyVector.push_back(101);

ProcessVector(MyVector);
}
```

Listing 18.9: In einem Lambda-Ausdruck eine Exception werfen

Wenn Sie dieses Beispiel ausführen, erhalten Sie die gleiche Ausgabe wie bei dem eigenen Sortieren im vorigen Beispiel. Wenn Sie aber die Kommentarzeichen bei `MyVector.push_back(101);` entfernen und das Programm erneut ausführen, erhalten Sie folgende Fehlermeldung:

```
terminate called after throwing an instance of 'std::out_of_range*'
```

```
This application has requested the Runtime to terminate it in an unusual way. Please contact the application's support team for more information.
```

Beachten Sie, dass der Code zum Anzeigen der Ergebnisse keine Exceptions wirft. Er ist so definiert, dass der Compiler zusätzliche Optimierungen vornehmen kann. Bei einem so kleinen Sortierungsbeispiel ist ein Geschwindigkeitsunterschied kaum messbar, aber es gibt ihn – und bei größeren Datenmengen wird er auch deutlicher.

Teil IV

Probleme beheben

Inhalt auf einen Blick ...

Mit Bugs umgehen

In diesem Kapitel

▶ Unterscheiden Sie Bugs von Features

▶ Sehen Sie jeden Schritt der Benutzer vorher

▶ Vermeiden Sie ganz einfach Fehler

▶ Gehen Sie mit Fehlern um

*O*b das wahr ist, weiß niemand so genau, aber man erzählt sich, dass vor mehr als einem halben Jahrhundert, als der erste moderne Computer gebaut wurde, dieser mit seinen Schaltkreisen einen ganzen Raum ausgefüllt hat. Eines Tages verhielt sich dieses Monstrum nicht so, wie es sollte, und einige tapfere Techniker kletterten tief in das Ding hinein. (In der Version, die uns vorschwebt, trugen sie dabei weiße Schutzanzüge.) *In den Tiefen der Maschine* (das hört sich nach einem Filmtitel an) fanden sie nichts als ... ein Insekt! Eine Wanze! Eine richtig große Wanze, die die Schaltkreise durcheinandergebracht hat, was zu Fehlfunktionen im Computer führte. So oder so ähnlich lautet die Geschichte, wobei sie Ihnen vielleicht bekannter vorkommt, wenn wir den deutschen Begriff *Wanze* durch den englischen Ausdruck dafür ersetzen: *Bug*. Heutzutage verwenden wir den Begriff *Bug* auch im Deutschen, wenn bei einer Anwendung ein Fehler auftritt. Wir zeigen Ihnen in diesem Teil, wie Sie Bugs in Ihrer Software auf die Spur kommen und sie beheben. In diesem Kapitel informieren wir Sie darüber, was ein Bug genau ist (und was nicht!), wie es zu Bugs kommt und wie Sie versuchen können, sie zu vermeiden.

Das ist kein Bug, das ist ein Feature

Wir benutzen eine Textverarbeitung und denken an nichts Böses, als diese plötzlich ausflippt und unsere Datei automatisch speichert. Wir haben der Textverarbeitung diese Anweisung nicht gegeben, und wir haben auch nicht darum gebeten. Dann verwenden wir dieselbe Kopie der Textverarbeitung und versuchen, etwas zu kopieren und wieder einzufügen (so etwas ist übrigens ein *Anwendungsfall*), und plötzlich erscheint das Dialogfeld für die Schriftart auf dem Bildschirm. Später dann sitzen wir mit unserem Laptop bei Starbucks und der Computer fährt automatisch herunter. Wir haben den Laptop nicht aufgefordert, dies zu tun.

Bugs! Bugs! Das alles sind Bugs! Oder etwa nicht? Es scheint, dass diese kleinen ärgerlichen Zwischenfälle von Programmierern als *Features*, also als Programmfunktionen eingebaut worden sind.

Einige Textverarbeitungen haben als optionales Feature das *automatische Speichern*, das die Anwendung dazu bringt, automatisch für den Fall, dass der Computer abstürzt, *Wiederherstellungsinformationen* zu speichern. Und dass das Dialogfeld für die Auswahl einer Schriftart auftauchte, lag an einem Fehler, den wir gemacht haben; wir wollten eigentlich [Strg]+[V] drücken, aber unsere Finger sind abgerutscht, und wir erwischten statt der Taste $\boxed{\text{V}}$ die Taste $\boxed{\text{D}}$. Dies geschah zufällig, und $\boxed{\text{Strg}}$+$\boxed{\text{D}}$ öffnet nun einmal bei einigen Textverarbeitungen das Dialogfeld für die Auswahl der Schriftart. (*Und warum D?* Wir haben keine Ahnung.) Und die neueren Versionen der meisten Betriebssysteme wissen, was gut für Laptopcomputer ist: Wenn die Batterie so gut wie leer ist, speichert das Betriebssystem den gesamten Zustand der Maschine in einer riesigen Datei auf der Festplatte und fährt den Computer herunter. Der Laptop befindet sich dann in etwas, das *Ruhezustand* genannt wird. Damit sind die oben beschriebenen »Unglücke« alles andere als Bugs.

Denken Sie nun hierüber nach: Stellen Sie sich vor, dass Sie eine Anwendung benutzen, deren Namen wir hier nicht nennen wollen, und mitten in Ihrer Arbeit erscheint ein Fenster mit der Nachricht Ausnahmefehler. Dann beendet sich die Anwendung sang- und klanglos. Ihre gesamte Arbeit ist weg. Sie rufen daraufhin den technischen Support an und der hilfreiche Freund am anderen Ende der Leitung sagt: »Sie müssen irgendetwas gedrückt haben, was das Programm nicht gemocht hat. Die Anwendung besitzt einen eingebauten Schutz, der das Programm herunterfährt, wenn Sie etwas eingeben, das Sie nicht sollten.«

Prima, nun wissen wir Bescheid. Auf jeden Fall dann, wenn der Typ: »Das ist ein Feature und kein Bug!«, sagt. Haben Sie noch einen Witz auf Lager? Wir sind nicht der Meinung, dass der Absturz einer Anwendung als Feature bezeichnet werden kann, wobei es aber auch dies hier gibt: Wenn sich Ihr Browser aufhängt, erscheint ein Fenster, in dem Sie gefragt werden, ob Sie es zulassen, dass an den Hersteller des Browsers ein Fehlerbericht gesendet wird. *Das ist ein Feature*, denn es versucht, mit Bugs umzugehen.

Aber diese unbenannte Anwendung, die da herunterfährt, hat definitiv einen Bug. Und auch andere Anwendungen sind nicht immer frei von Bugs. So sind wir zum Beispiel schnell zwischen Browserfenstern hin und her gesprungen, haben etwas eingegeben, die Fenstergröße geändert, diese Dinge so schnell wie möglich getan, während wir uns in den Fenstern vorwärts und rückwärts bewegten (wohl doch zu viel Koffein), als uns das Ding quasi um die Ohren flog und wir das Fenster für den Fehlerbericht zu sehen bekamen. Hier hatten wir es mit einem echten Bug zu tun: Die Anwendung versagte, *als wir, die Benutzer, etwas taten, dass die Programmierer nicht vorhergesehen hatten.*

Warum hat die Anwendung versagt? Nun, zusätzlich dazu, dass wir etwas unternommen hatten, was die Programmierer nicht vorgesehen haben, sind sie möglicherweise einfach irgendwo durcheinandergekommen. Auf jeden Fall haben sie keinen Code eingebaut, der mit einer so ruppigen Situation (damit sind schnelle Fensterwechsel und Größenveränderungen gemeint) fertig wird, oder sie haben Code geschrieben, der etwas Falsches tat (indem sie vielleicht einen Zeiger freigegeben haben, um dann aber die Adresse im Arbeitsspeicher weiter zu nutzen).

Hier ein Beispiel, bei dem Programmierer etwas nicht erwarten. Stellen Sie sich vor, dass wir eine Anwendung schreiben, die aus der Konsole eine Zahl einliest. Sie geben als erste Alternative ein Zeichen ein; dann geben Sie als zweite Alternative ein weiteres Zeichen ein.

Der Code könnte so aussehen:

```
char x, y;
cout << "Geben Sie Ihre erste Alternative ein" << endl;
cin >> x;
cout << "Geben Sie Ihre zweite Alternative ein" << endl;
cout << x << endl;
cin >> y;
cout << y << endl;
```

Das ist nichts als ein einfacher kleiner Code, aber stellen Sie sich vor, dass Sie auf die erste Aufforderung hin ein ganzes Wort eingeben, zum Beispiel *Lesen* anstelle eines einzelnen Buchstabens wie *L*. Unsere Anwendung schnappt sich nun die Buchstaben *e*, *s*, *e* und *n*, um sie für die nächsten Aufrufe von cint zu verwenden – etwas, das wir nicht vorhergesehen haben. Das *e* geht in diesem Fall in die Zeile cint >> y ein und wird in y abgelegt. Dies ist also ein Bug, der dadurch hervorgerufen wird, dass Sie mit etwas nicht rechnen: Sie, der Programmierer, müssen dafür sorgen, dass Ihre Anwendung mit allen Problemen umgehen kann. Mit allen. Mit jeder einzelnen. Glücklicherweise gibt es Wege, um mit solchen Situationen umzugehen, und wir teilen in diesem Kapitel diese Wege mit Ihnen.

Sie können diese Situation in die folgenden Kategorien einteilen:

✔ Echte Features, keine Bugs

✔ Eine Situation, mit der die Programmierer nicht gerechnet haben

✔ Ein Fehler, ganz einfach ein Fehler

Die Features einer Anwendung wie Features aussehen lassen

Sie haben sicherlich kein gesteigertes Interesse daran, ständig von Benutzern angerufen zu werden, die sich über *einen Bug* in Ihrer Anwendung beschweren, der in Wirklichkeit ein *Feature*, also eine *Programmfunktion* ist. So etwas kann passieren, und das tut es auch. Und dann kommen sich die Mitarbeiter des technischen Supports ziemlich dumm vor, wenn sie immer wieder erklären müsse: »Nein, das Programm soll so arbeiten.« Und es macht diesen Mitarbeitern sicherlich keinen Spaß, dann zur Zielscheibe von Beschimpfungen zu werden, wo sie die Software noch nicht einmal geschrieben haben – *denn das waren Sie*.

Und wir wollen doch als Programmierer das Leben aller (angefangen bei unserem natürlich!) erleichtern, weshalb es am besten ist, die Software so zu entwickeln, dass sie einfach benutzt werden kann und einen Sinn ergibt. Wenn Sie Software erstellen, bei der Features auch wie Features aussehen, liegt der Schlüssel zum Erfolg darin, dass alles sinnvoll ist. Starten Sie niemals etwas automatisch, sondern warten Sie damit, bis der Benutzer die Funktion von sich aus auffordert, sich einzuschalten:

Ein lächelnder Supportmitarbeiter: »Das ist eine Programmfunktion! Der Zapper schaltet sich ein, wenn der Computer zehn Minuten lang nichts zu tun hat.«

Ärgerlicher Kunde: »Ja, aber ich war wohl fünf Meter von dem Ding entfernt, als es sich einschaltete.«

Ein lächelnder Supportmitarbeiter: »Aber warum haben Sie zehn Minuten lang da herumgesessen und nicht den Computer benutzt?«

Ärgerlicher Kunde: »Ich habe die Bedienungsanleitung gelesen und versucht herauszufinden, wie der Zapper konfiguriert werden muss.«

Sie kennen den Rest: Es folgt eine Klagewelle und Leute werden entlassen. Das sind keine guten Aussichten, und es hilft unserem armen Kunden nicht weiter, der sich in der Nähe des Computers aufhielt, als der Zapper startete.

 Für Features gelten einfache Regeln: Lassen Sie den Benutzer wählen, welche Programmfunktionen er wann haben möchte. Wenn Benutzer zum Beispiel kein automatisches Speichern haben möchten, geben Sie ihnen die Möglichkeit, das auszuschalten. Lassen Sie sie die Software einrichten und sorgen Sie dafür, dass die Software nichts Überraschendes tunt.

Etwas (fast) vorhersehen

Wenn Sie eine Anwendung schreiben, versuchen Sie, die verschiedenen Dinge vorherzuahnen, die Benutzer mit Ihrer Anwendung anstellen könnten – von denen sich dann nur wenig mit den ordentlich arbeitenden Benutzern der Anwendung in Verbindung bringen lässt. Diese Art von Schutzmechanismus, bei dem Sie dafür sorgen, dass die Anwendung nicht abstürzt, wenn die Benutzer etwas tun, mit dem Sie nicht gerechnet haben, hat mit den meisten, ordentlich arbeitenden Benutzern nichts zu tun. Dieser Schutz dreht sich in der Regel um die *Benutzerschnittstelle*, also um den Bereich, über den die Benutzer mit Ihrer Anwendung interagieren.

Wenn Ihre Anwendung konsolenbasierend ist oder wenn Benutzer in einer Fensteranwendung Zeichen in Textfelder eingeben können, müssen Sie ungültige Eingaben verhindern. Werfen Sie einen Blick auf den Output einer hypothetischen Anwendung:

```
What would you like to do?
    A. Add random information to the system.
    B. Boil information.
    C. Compress information.
    D. Delete the information.
    Your choice:
```

(Wir belassen diesen Output und das folgende Menü im Original, weil es hier nur um die Eingabe des Wortes *Add* und die Folgen daraus geht).

Stellen Sie sich nun vor, dass der Benutzer *D* für *Delete* wählt und das folgende Menü erscheint:

```
What would you like to delete?
    A. None of the data — forget it!
    B. Some of the data.
    C. Most of the data.
    D. All the data! Get rid of it all!
```

Machen wir weiter. Stellen Sie sich nun vor, dass ein Benutzer diese Anwendung startet und das erste Menü sieht. Der Benutzer weiß nicht, ob er für den ersten Auswahlpunkt A oder Add eingeben soll. Er gibt Add ein und drückt ⏎. Dumm gelaufen! Das A gilt als erste Auswahl, und das System fügt die zufällig ausgewählte Information hinzu und gibt dasselbe erste Menü erneut aus. Nun geht das d (zweiter Buchstabe, den der Benutzer eingegeben hat) in die Auswahl Delete the information. Dies aktiviert das zweite Menü, das die Löschoptionen enthält. Der dritte Buchstabe, den der Benutzer eingegeben hat, d, startet im zweiten Menü die Auswahl D – All the data. Get rid of it all! –, ohne dass der Benutzer realisieren kann, was da eigentlich geschieht,

Das lief gar nicht gut. Was zunächst wie ein Hinzufügen aussah, endete mit dem Verlust aller Informationen. Wie können Sie so etwas verhindern?

✔ Grenzen Sie die Auswahlmöglichkeiten eines Benutzers ein.

✔ Geben Sie klar und deutlich an, was ein Benutzer machen soll.

✔ Unterstützen Sie mehrere Auswahlmöglichkeiten.

✔ Erahnen Sie, was schiefgehen könnte.

Sie könnten zum Beispiel dem Benutzer über eine Nachricht wie die folgende mitteilen, dass er nur ein einzelnes Zeichen eingeben darf:

```
Geben Sie für Ihre Auswahl bitte nur einen Buchstaben ein:
```

Muss der Benutzer daraufhin ⏎ drücken oder nicht? Sie müssen also noch mehr ins Detail gehen. Vielleicht ist eines der folgenden Beispiele eine bessere Alternative:

```
Geben Sie einen einzelnen Buchstaben ein und drücken Sie die Taste »Enter« nicht.
```

```
Geben Sie einen einzelnen Buchstaben ein und drücken Sie die Taste »Enter«.
```

Aber selbst diese Zeilen sind keine wirklich guten Beispiele. Sie sollten es Benutzern immer erlauben, die Taste ⏎ zu benutzen. Es könnte einen Benutzer überraschen, wenn er mit einer Tastatureingabe noch andere Dinge automatisch erledigt. Außerdem sollten Sie dem Benutzer mehrere Eingabemöglichkeiten zur Verfügung stellen.

Wenn sich der Benutzer für die Option A entscheidet, sollten Sie diese Eingabemöglichkeiten unterstützen:

✔ A

✔ a

✔ Add

✔ ADD

✔ add

Dies kann mit einem kleinen Stückchen Code wie diesem hier unter Dach und Fach gebracht werden:

```
string choice;
cin >> choice;
char ch = choice[0];
ch = toupper(ch);
switch (ch)
{
    case 'A':
        cout << "Adding random data..." << endl;
        break;
    case 'B':
        cout << "Boiling it down!" << endl;
        break;
    case 'C':
        cout << "Compressing!" << endl;
        break;
    case 'D':
    cout << "Deleting..." << endl;
    break;
}
```

Nun kann der Benutzer jedes beliebige Wort eingeben, und das Einzige, was die Anwendung dabei überprüft, ist der erste Buchstabe. Aber wenn Sie die Vorstellung nicht mögen, dass *aompress* für *add* und nicht für *compress* gehalten wird, könnten Sie so vorgehen:

```
string choice;
cin >> choice;
choice = MyUppercase(choice);
if (choice == "A" || choice == "ADD")
{
    cout << "Adding random data..." << endl;
}
```

```
else if (choice == "B" || choice == "BOIL")
{
    cout << "Boiling it down!" << endl;
}
else if (choice == "C" || choice == "COMPRESS")
{
    cout << "Compressing!" << endl;
}
else if (choice == "D" || choice == "DELETE")
{
    cout << "Deleting..." << endl;
}
else
{
    cout << "I don't know that word" << endl;
}
```

Jetzt kümmert sich der Code nur noch um den ersten Buchstaben oder das richtig geschriebene Wort, wobei der Buchstabe sowohl groß- als auch kleingeschrieben sein kann. Diese Alternative ist wohl die beste. Allerdings sollten Sie darauf achten, dass wir eine Funktion mit dem Namen MyUppercase() verwenden. Dies ist eine selbst geschriebene Funktion, weil die Unterstützung von C++ bei der Umwandlung eines ganzen Strings in Großbuchstaben viele Wünsche offenlässt. Unsere Funktion sieht so aus:

```
string MyUppercase(string str)
{
    char *buf = new char[str.length() + 1];
    strcpy(buf, str.c_str());
    strupr(buf);
    return string(buf);
}
```

Passen Sie aber auf, wenn Sie es mit einem anspruchsvollen Programm zu tun haben. Stellen Sie sich zum Beispiel vor, dass Sie eine Anwendung schreiben, die in einer Datenbank nach Informationen zu einem bestimmten Kundennamen sucht. Sie könnten auf folgende Situationen stoßen:

✔ Die Namen in der Datenbank bestehen nur aus Großbuchstaben (zum Beispiel *GEORGE WASHINGTON*), während der Benutzer eine gemischte Groß-/Kleinschreibung verwenden kann (zum Beispiel *George Washington*).

✔ Der Vorname und der Familienname können in separaten Feldern abgelegt worden sein, weshalb Ihre Anwendung in der Datenbank nach dem Nachnamen *Washington* und dem Vornamen *George* suchen muss. Der Benutzer, der nichts davon weiß, dass er nur den Nachnamen eingeben soll, gibt vielleicht beide Teile des Namens in ein Textfeld ein. Vielleicht erlauben Sie dem Benutzer diese Art von Eingabe aber bewusst, wobei der Benutzer dann nicht weiß, dass zuerst der Nachname kommt, dem ein Komma und dann der Vorname folgen.

✔ Der Benutzer kann an den Anfang oder hinter das Ende des Namens Leerzeichen setzen. Die Anwendung sucht dann nach einem Namen wie " George Washington ", den sie nicht findet, weil er als "George Washington" (ohne Leerzeichen davor oder danach) abgelegt worden ist.

✔ Der Benutzer gibt vielleicht den ersten Buchstaben eines zweiten Vornamens ein, während der Name in der Datenbank ohne diesen Buchstaben gespeichert worden ist.

Probleme dieser Art lassen sich leicht verhindern. Hier ein paar Tipps:

✔ Sie müssen herausbekommen, wie die Namen in der Datenbank gespeichert worden sind, bevor Sie nach ihnen suchen. Wenn sie in Großbuchstaben abgelegt wurden, sollten Sie die Benutzer nicht zwingen, den Namen, nach dem sie suchen, in Großbuchstaben einzugeben. Akzeptieren Sie stattdessen jede Schreibweise und *konvertieren* Sie die Eingabe dann in Großbuchstaben,

✔ Sie müssen wissen, ob die Vornamen und die Nachnamen jeweils für sich gespeichert worden sind. Lassen Sie bei der Eingabe jedes Format zu. Wenn ein Benutzer George Washington (ohne Komma) eingegeben hat, können Sie den String am Leerzeichen trennen und den Vornamen und den Nachnamen herausholen. Sollte der Benutzer den Namen mit einem Komma zwischen Vornamen und Nachnamen eingegeben haben, trennen Sie den String am Komma und extrahieren Sie dann die beiden Namensteile unabhängig voneinander.

✔ Leerzeichen sollten kein Problem sein. Sie können Leerzeichen, die ein Benutzer eingegeben hat, problemlos entfernen.

✔ Werden Anfangbuchstaben von zweiten Vornamen benötigt? Dokumentieren Sie alles gut! Ihre Anwendung sollte den Benutzer klar und deutlich darüber informieren, ob der vollständige zweite Vorname oder nur dessen Anfangsbuchstabe oder keines von beidem eingegeben werden muss. Wenn Sie Textfelder für die Eingabe verwenden, verzichten Sie auf ein separates Feld für einen zweiten Vornamen, wenn Sie diesen nicht wirklich benötigen. Am besten geben Sie im Eingabefenster genau vor, wie ein Name auszusehen hat.

Diese Tipps helfen Ihnen dabei, Ihre Anwendung narrensicher zu machen. Benutzer sollen ermutigt werden, die Dinge so zu machen, wie sie es gewohnt sind, ihre Anwendung sollte dabei aber gleichzeitig verhindern, dass Benutzer auf eine Weise vorgehen, mit der die Anwendung in Schwierigkeiten gerät. Wenn Ihre Anwendung keine Anfangsbuchstaben eines zweiten Vornamens haben will, geben Sie den Benutzern erst gar keine Möglichkeit, so etwas einzugeben.

Listing 19.1 zeigt Ihnen, wie Sie Leerzeichen entfernen, einen eventuell bei einem abgekürzten Namen vorhandenen Punkt verschwinden lassen und einen String an einem Leerzeichen oder Komma aufteilen. Wir verwenden in diesem Listing eine besondere Klasse, die vector heißt. Die Klasse vector ähnelt einem Array, wobei sie aber etwas leistungsfähiger als ein Array ist: vector ist eine Klasse, der Sie Dinge hinzufügen können, die sich auch wieder entfernen lassen, indem Sie einfach Mitgliedsfunktionen verwenden. Darüber hinaus ist vector auch eine *Vorlage* (ein Template). Wenn Sie diese Klasse deklarieren, müssen Sie festlegen, welche Art von Variablen sie enthalten soll. Sie packen den Variablentyp in spitze Klammern. Wir haben uns für string entschieden, was zu einer Definition als vector<string> führt.

Und damit unser Leben einfacher wird, haben wir typedef verwendet, um diesem Typ einen einfacheren Namen zu geben: StringList.

```
#include <iostream>
#include <vector>
#include <string.h>

using namespace std;

typedef vector<string> StringList;

StringList Split(string orig, string delims)
{
    StringList list;
    int pos;

    while((pos = orig.find_first_of(delims)) != -1)
    {
        list.push_back(orig.substr(0, pos));
        orig = orig.substr(pos + 1);
    }

    list.push_back(orig);

    return list;
}

string MyUppercase(string str)
{
    char *buf = new char[str.length() + 1];

    strcpy(buf, str.c_str());
    strupr(buf);

    return string(buf);
}

string stripspaces(string orig)
{
    int left;
    int right;

    // Wenn der String leer ist, einfach zurückgeben.
    if (orig.length() == 0)
        return orig;
```

```
    // Rechts abschneiden
    right = orig.find_last_not_of(" \t");
    if (right > -1)
        orig.resize(right + 1);

    // Links abschneiden
    left = orig.find_first_not_of(" \t");
    if (left > -1)
        orig.erase(0, left);

    // Wenn immer noch eine Leerstelle da ist,
     // heißt das, der ganze String ist leer.
    //
    // Also alles entfernen.
    if (orig[0] == ' ' || orig[0] == '\t')
    {
        orig = "";
    }

    return orig;
}
void ProcessName(string name)
{
    StringList list;
    string first, middle, last;
    int size, commapos;
    name = stripspaces(name);
    commapos = name.find(",");

    if (commapos > 0)
    {
        // Name hat ein Komma,
        // also mit dem letzten Namen anfangen.
        name.erase(commapos, 1);
        list = Split(name, " ");
        size = list.size();

        if (size > 0)
            last = list[0];
        if (size > 1)
            first = list[1];
        if (size > 2)
            middle = list[2];
    }
    else
    {
```

```
        // Name hat kein Komma,
        // also mit dem ersten Namen anfagen.
        list = Split(name, " ");
        size = list.size();

        if (size > 0)
            first = list[0];
        if (size > 2)
        {
            middle = list[1];
            last = list[2];
        }
        if (size == 2)
        {
            last = list[1];
        }
    }

    // Wenn der 2. Vorname nur ein Buchstabe
    // und ein Punkt ist, das Initial entfernen.
    if (middle.length() == 2)
    {
        if (middle[1] == '.')
        {
            middle.erase(1,1);
        }
    }

    // Alles in Großbuchstaben umwandeln
    first = MyUppercase(first);
    middle = MyUppercase(middle);
    last = MyUppercase(last);

    cout << "first: " << first << endl;
    cout << "middle: " << middle << endl;
    cout << "last: " << last << endl;
    cout << endl;
}

int main()
{
    string name;

    name = "   Washington, George Zeus   ";
    ProcessName(name);
```

```
    name = "Washington, George Z.";
    ProcessName(name);

    name = "George Z. Washington";
    ProcessName(name);

    name = "George Zeus Washington";
    ProcessName(name);

    name = "George Washington";
    ProcessName(name);

    return 0;
}
```

Listing 19.1: Strings verarbeiten, um Bugs zu vermeiden

Listing 19.1 ist ziemlich fehlerresistent, aber es gibt immer noch Situationen, die nicht sauber verarbeitet werden. Wenn zum Beispiel jemand versucht, einen String mit einem zweiten Vornamen wie *Zeus* (achten Sie auf den Punkt hinter dem Namen) zu verarbeiten, entfernt die Anwendung den Punkt nicht. Aber stimmt das auch? Aber wer weiß das schon, denn normalerweise wird ein Name nicht so geschrieben. Hier ein paar Tipps, wie Sie die Anwendung verbessern können:

✔ **Falsche Zeichen entfernen:** Sie sollten dafür sorgen, dass in den Namen keine falschen Zeichen vorkommen. Wir würden so etwas angehen, nachdem wir den Vornamen, den zweiten Vornamen und den Nachnamen gefunden haben; auf diese Weise würden wir den Versuch nicht verhindern, die Daten auf der Basis eines einzelnen Kommas zu finden, das vielleicht benötigt wird, um die Reihenfolge der Namen festzulegen. Sie können dies mit mehrfachen if-Anweisungen erledigen.

✔ **Mit mehr als nur drei Namen umgehen können:** Wir würden eine Vorsichtsmaßnahme für den Fall ergreifen, dass jemand mehr als drei Namen hat. Einige Menschen haben zehn oder mehr Namen, und zwar ganz besonders dann, wenn es sich um Mitglieder des englischen Königshauses handelt. Aber wenn diese Anwendung zum Beispiel beim Ölwechsel eingesetzt werden soll, ist die Wahrscheinlichkeit gering, dass auch Charles Philip Arthur George Prince of Wales vorbeikommt (obwohl … möglich ist alles). Auf jeden Fall gilt, dass Sie mit Namen so umgehen, wie es in Ihrem Umfeld üblich ist.

✔ **Nehmen Sie Initialisierungen vor:** Wir würden auf jeden Fall Initialisierungen vornehmen. Wir würden unmittelbar nach der Eingabe des Namens durch den Benutzer dafür sorgen, dass es sich bei den Namen um leere Strings handelt – also nicht um "" (ein Paar doppelter Anführungszeichen ohne Leerzeichen dazwischen).

Der Mythos von der narrensicheren Anwendung

Jeder, der die Fachpresse liest, weiß, dass viele Anwendungen immer wieder mit Bugs zu kämpfen haben. Und sobald ein Hersteller einen Bug beseitigt hat, taucht ein anderer auf. Einige Entwickler sind der Meinung, dass die Entwickler dieser Firmen Volltrottel sind. Allerdings sind diese Entwickler in Wirklichkeit wie wir, nämlich Menschen, und Menschen machen nun einmal Fehler – Entwickler wie die Benutzer einer Anwendung –, weshalb Anwendungen niemals frei von Fehlern sind. Klar, Sie sind sicherlich in der Lage, eine kleinere Anwendung so gut wie narrensicher zu machen, aber je komplexer eine Anwendung wird, desto größer werden die Anzahl an Interaktionen und Anzahl potenzieller Bugs. Irgendwann steigt die Anzahl an Interaktionen auf ein Niveau, das eine fehlerfreie Anwendung unmöglich wird.

Im Laufe der Jahre haben wir sehr viele Bücher und Artikel gelesen, die den Anschein erwecken, das Wunder zu bewirken, das es bedarf, um eine Anwendung hervorzubringen, die nicht nur keine Fehler enthält, sondern die Benutzer auch davon abhält, unvorhergesehene Dinge zu tun. Die narrensichere Anwendung ist ein Mythos. Wenn Sie an diesen Mythos glauben, hören Sie höchstwahrscheinlich an diesem Moment auf, nach Bugs zu suchen, an dem die Entwickler keine mehr finden. Unglücklicherweise führt dieses Verhalten zu Schlagzeilen, in denen Ihre Anwendung als das nächste große Sicherheitsleck unter Windows bezeichnet wird. Glauben Sie niemals an den Mythos der fehlerfreien und narrensicheren Anwendung – achten Sie immer auf mögliche Fehler.

Kurz und bündig: Fehler vermeiden

Obwohl viele Programmierer Maßnahmen ergreifen, um Bugs zu verhindern, gelingt es immer noch viel zu vielen Problemen, diese Maßnahmen zu umgehen. Wenn Sie aber sorgfältig arbeiten, sollte es Ihnen eigentlich gelingen, viele dieser Probleme zu vermeiden. Wenn Sie Software entwickeln, befinden Sie sich in der richtigen seelischen Verfassung, schon auf mögliche Probleme zu achten, *während Sie den Code schreiben*. (Zu dieser richtigen seelischen Verfassung gehört auch, dass Sie darauf achten, ausreichend Schlaf zu bekommen, Ablenkung zu vermeiden und alles zu tun, was Ihnen dabei hilft, sich auf Ihre Arbeit zu konzentrieren.)

Die Liste möglicher Probleme, die Sie hier von uns erhalten, könnte eigentlich über Tausende von Seiten fortgeführt werden. Allerdings bringt es nichts, eine riesige Liste mit Punkten zu haben, die überprüft werden müssen. Es ist viel wichtiger, dass Sie mit unserer Liste beginnen und erkennen, was Sie unternehmen müssen, um guten Code zu schreiben. Schreiben Sie mit voller Absicht und bewusst guten Code. Vergleichen Sie das mit dem Gehen auf einem Bürgersteig, bei dem Sie »halb bewusst« wahrnehmen, ob Autos kommen oder ob Sie einem entgegenkommenden Passanten ausweichen müssen. Diese Risiken handeln Sie automatisch ohne viel nachzudenken ab, während Sie Ihres Weges gehen. Das Schreiben von Code hat damit vieles gemeinsam.

Bestimmte Themen sollten in Ihrem Hinterkopf fest verankert sein:

✔ **Indexe:** Strings und Arrays gehen von 0 bis 1 kleiner als die gesamte Länge. Ein gern gemachter Fehler ist das Verwenden einer Schleife wie `for (i=0; i<=endwert; i++)`. Das Kleiner-oder-gleich-Zeichen ist falsch, und wenn dieser Fehler von noch so vielen Leuten begangen wird. Das Unheimliche daran ist, dass der Code manchmal sogar funktioniert und Sie zum Schluss einfach etwas anderes überschreiben. Aber schlimmer noch ist, dass Ihnen der Codierungsfehler nicht sofort auffällt und er sich dann erst später als Bug in der Anwendung zeigt.

✔ **Für jedes new muss es ein delete geben:** Immer wenn Sie ein Objekt über new zuweisen, müssen Sie es wieder »befreien«. Allerdings führt ein vergessenes delete nur in den seltensten Fällen in Ihrer Anwendung zu einem Bug. Lesen Sie sich den nächsten Punkt durch, wenn Sie wissen wollen, was einen echten Bug auslösen kann.

✔ **Merken Sie sich, was Sie gelöscht haben:** Schlimmer noch als zu vergessen, etwas zu löschen, ist es, zu vergessen, *dass* Sie etwas gelöscht haben, und zu versuchen, es weiterhin zu benutzen. Wenn Sie einen Zeiger gelöscht haben, achten Sie darauf, dass Sie ihn nicht an ein anderes Objekt übergeben haben, das den Zeiger speichert, um ihn später wiederzuverwenden.

✔ **Vergessen Sie nicht, ein Objekt zu erstellen:** Vielleicht haben auch Sie schon einmal eine Meldung wie diese hier gesehen:

```
The instruction at 0x00402119 referenced memory at 0x00000000. The memory could not be written.
```

Dies bedeutet, dass jemand eine Zeigervariable gehabt hat und vergessen hat, new aufzurufen. Wir haben diese Meldung problemlos mit Code wie dem Folgenden erzeugen können:

```
int *x = 0;
```

Wir haben eine Zeigervariable angelegt und mit 0 initialisiert, was bedeutet, dass sie verwendet wird. Aber bevor wir new aufgerufen oder die Variable mit der Adresse eines Objekts gleichgesetzt haben, versuchen wir, etwas in dem Bereich des Arbeitsspeichers unterzubringen, auf den die Variable zeigt (und das die Adresse 0 hat, was das Betriebssystem überhaupt nicht mag). Und das Betriebssystem hat dann mit der Fehlermeldung geantwortet. Hier haben wir es mit einem Bug zu tun, auf den wir öfter stoßen, als wir bei kommerziellen Anwendungen erwartet haben.

Dies sind nur ein paar Dinge, an die Sie denken müssen, aber Sie sehen, dass sie meistens mit dem Arbeitsspeicher in Zusammenhang stehen, zum Beispiel mit der Zuweisung von Arbeitsspeicher und seiner falschen Nutzung. Am wichtigsten ist, dass Sie Fehler dieser Art vermeiden können, indem Sie verantwortungsvoll codieren. Sie sollten, während Sie programmieren, sich immer darüber im Klaren sein, welche Auswirkungen das haben kann, was Sie da tun. Und so verrückt das auch klingen mag, aber denken Sie auch an das, was Sie vergessen könnten! Fragen Sie sich selbst, ob Sie vielleicht vergessen haben, Zeiger zu löschen, oder ob irgendjemand eine Kopie des Zeigers hat, den Sie löschen wollen. Wenn Sie an diese Punkte denken, sollten Sie in der Lage sein, die am häufigsten vorkommenden Bugs zu vermeiden.

Eine Anwendung debuggen

In diesem Kapitel

▶ Arbeiten Sie mit Debuggern

▶ Verwenden Sie den Debugger von Code::Blocks

▶ Verfolgen Sie den Fluss des Codes in einer Anwendung und in Funktionen hinein und aus ihnen heraus schrittweise

▶ Verwenden Sie andere Debugger

▶ Erhalten Sie wirklich hoch entwickelte Debugger

▶ Fügen Sie dem Debugging von Code::Blocks Argumente auf der Befehlszeile hinzu

*I*n diesem Kapitel geht es darum, wie Sie einen Debugger verwenden können, um in einer Anwendung Problemen und Bugs auf die Spur zu kommen. Früher oder später kommt der Zeitpunkt, an dem die Dinge nicht mehr so laufen, wie Sie es geplant haben. In solch einem Fall stehen Ihnen mehrere Möglichkeiten zur Verfügung. Eine davon hat etwas mit einem Hammer und dem Computer zu tun, aber das ist diejenige, die wir nicht empfehlen. Stattdessen schlagen wir vor, dass Sie einen Debugger einsetzen, um den Versuch zu unternehmen, die Anwendung zu reparieren.

Mit Debuggern programmieren

Ein *Debugger* ist ein Spezialwerkzeug, das Sie benutzen, um Ihre Anwendung Zeile für Zeile zu untersuchen. Schauen Sie sich in Listing 20.1 das Beispiel BuggyProgram an. Es handelt sich dabei um eine einfache Anwendung, die aus einem main() und ein paar Funktionen besteht, die wir benutzen, um den Debugger darzustellen.

```
#include <iostream>
#include <cstdlib>

using namespace std;

int CountRabbits(int original)
{
    int result = original * 2;
    result = result + 10;
    result = result * 4;
    cout << "Berechnet werden " << result << endl;
    return result * 10;
}
```

```
int CountAntelopes(int original)
{
    int result = original + 10;
    result = result - 2;
    cout << "Berechnet werden " << result << endl;
    return result;
}

int main()
{
    int rabbits = 5;
    int antelopes = 5;
    rabbits = CountRabbits(rabbits);
    cout << "Es gibt nun " << rabbits << " Hasen"
        << endl;
    antelopes = CountAntelopes(antelopes);
    cout << "Es gibt nun " << antelopes << " Antilopen"
        << endl;
    //system("PAUSE"); // dies unter Windows aktivieren
    return 0;
}
```

Listing 20.1: Eine einfache Anwendung schrittweise nachverfolgen

Wenn Sie diese Anwendung eingeben und ausführen, wird Folgendes ausgegeben:

```
Berechnet werden 80
Es gibt nun 800 Hasen
Berechnet werden 13
Es gibt nun 13 Antilopen
```

Schauen Sie sich main() genauer an und machen Sie dies Zeile für Zeile. main() definiert als Erstes einige Integer. Dann ruft main() die Funktion CountRabbits() auf. Diese Funktion definiert ein Integer und führt einige Zeilen mit Berechnungen durch. Dann gibt die Funktion CountRabbits() eine Nachricht aus. Dann gibt sie etwas zurück. Daraufhin gibt die Anwendung eine weitere Nachricht aus und ruft die Funktion CountAntelopes() auf. Auch diese Funktion definiert ein Integer, führt ein paar Berechnungen durch, gibt eine Nachricht aus und gibt etwas zurück. Wieder zurück in main() gibt die Anwendung eine weitere Nachricht aus und wird beendet.

Wir haben Ihnen hier eine lineare Beschreibung aller Abläufe in der Anwendung gegeben. Sie können diese Schritte auch sehen, wenn Sie einen Debugger verwenden. Ein Debugger zeigt, wie sich der Computer Zeile für Zeile durch den Code bewegt. Ein Debugger führt die erste Zeile Ihrer Anwendung aus und wartet dann darauf, dass Sie ihm die Erlaubnis geben, sich die nächste Zeile vorzunehmen – und dann die nächste Zeile und die nächste Zeile und so weiter bis zum Ende der Anwendung.

 Wir verwenden in diesem Beispiel den Debugger, der zusammen mit Code:: Blocks ausgeliefert wird. Wenn Sie es vorziehen, einen anderen Debugger einzusetzen, raten wir in diesem Kapitel davon ab, weil Sie in diesem Kapitel den Code::Blocks-Debugger ausprobieren sollten. Der ist ein praktisches Werkzeug, und wir glauben, dass auch Sie mit ihm glücklich werden können. Aber abgesehen davon bietet er Ihnen die beste Möglichkeit, die Beispiele in diesem Kapitel nachzuvollziehen.

Debug- und Symbolinformationen hinzufügen

Wenn Sie mit Debuginformationen kompilieren, fügen Sie der fertigen ausführbaren Datei Debug- und Symbolinformationen hinzu. Zu diesen Informationen gehören Daten über die Quellcodedateien einschließlich der Zeilennummern und der Namen der Variablen. Die ist der Hauptunterschied zwischen einer *Debugversion* und einer *Releaseversion* Ihres Produkts: Normalerweise gibt es in einer Version, die für das allgemeine Publikum bestimmt ist, keine Debug- und Symbolinformationen. Einer der Gründe dafür ist, dass es ansonsten für Konkurrenten und Hacker zu einfach wird, den Quellcode des Programms wiederherzustellen. (Ein anderer Grund ist, dass die Anwendung dadurch, dass die Debug- und Symbolinformationen hinzugefügt werden, langsamer wird und dass sie dadurch mehr Systemressourcen verbraucht.) Allerdings ist der eigentliche Quellcode kein Bestandteil der Debug- und Symbolinformationen; er steht auch weiterhin nur in der Quellcodedatei. Die Debuginformationen enthalten nur Zeilennummern, die als Referenzen (wenn Sie so wollen, als Zeiger) in die Quellcodedatei dienen. Hacker und Konkurrenten haben somit keinen Zugriff auf den gesamten Quellcode Ihrer Anwendung, aber sie hätten die Namen der Variablen und andere Informationen, die ihnen den illegalen Zugriff erleichtern würden.

 Bevor Sie einen Debugger verwenden, sollten Sie über einen wichtigen Gesichtspunkt Bescheid wissen: Damit Ihr Debugger den Code versteht, müssen Sie ihn mit Debuginformationen kompilieren. Der Compiler fügt der endgültigen, ausführbaren Datei zusätzliche Informationen hinzu, damit der Debugger Ihren Quellcode und die Informationen über die Variablen auffinden kann. Und so schalten Sie die Debuginformationen ein:

✔ **Code::Blocks:** Wählen Sie im Listenfeld BUILD TARGER die Option DEBUG.

✔ **Dev-C++ 5.0:** Öffnen Sie das Projekt und wählen Sie TOOLS|COMPILER OPTIONS. Sorgen Sie auf der Registerkarte LINKER dafür, dass GENERAL DEBUGGING INFORMATION eingeschaltet ist.

✔ **GCC unter MinGW und Cygwin:** Fügen Sie dem Compiler die Option –g hinzu. Sie sollten dies möglichst in einem `Makefile` tun.

 Nachdem Sie die Compileroptionen so geändert haben, dass Debuginformationen erzeugt werden, müssen Sie Ihr Projekt erneut erstellen. Der Grund hierfür ist, dass sowohl der Compiler als auch der Linker Objektdateien und ausführbare Dateien mit den Debuginformationen neu erstellen müssen.

Der Code::Blocks-Debugger im Überblick

Nachdem Sie Ihr Projekt neu erstellt haben, können Sie den Debugger ausführen. Um den Debugger zu starten, klicken Sie auf DEBUG und wählen dann START/CONTINUE, oder Sie drücken F8 . (Wenn Sie auf RUN klicken, läuft der Code ganz normal ab, ohne in den Debugmodus zu gelangen.) Wenn Sie den Debugger starten, sollten Sie einen Bildschirm wie den in Abbildung 20.1 sehen. (Außerdem erhalten Sie hinter diesem Fenster ein Konsolenfenster, das den Output der Anwendung enthält, die Sie debuggen.)

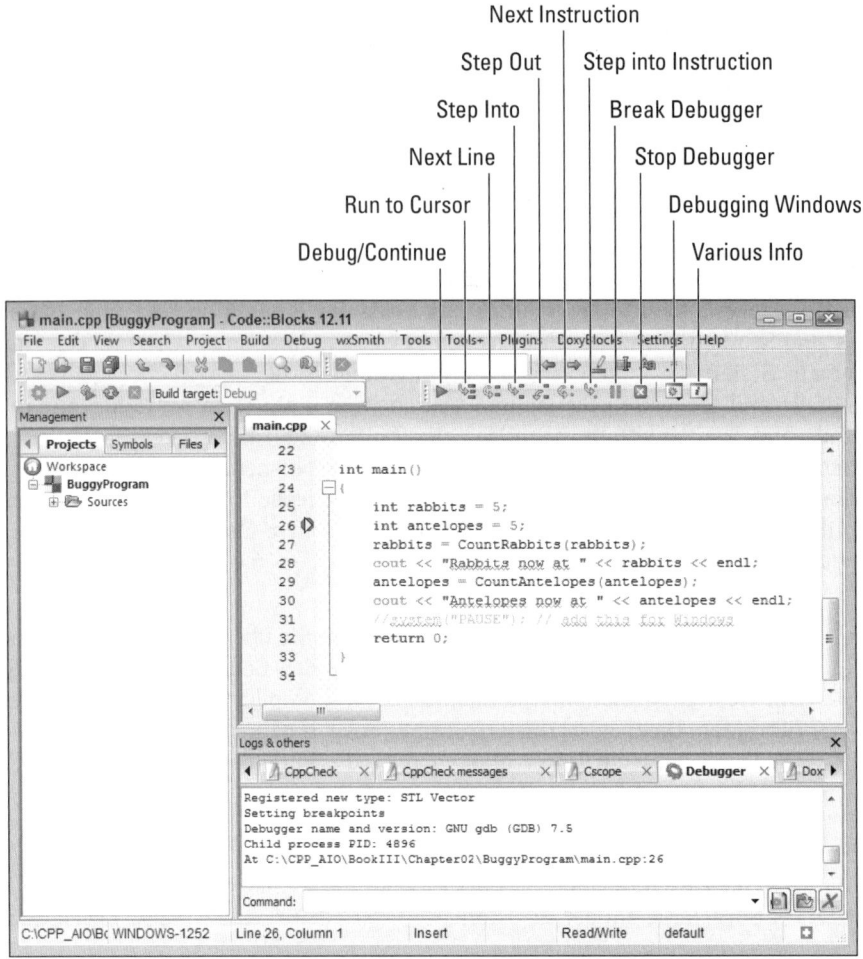

Abbildung 20.1: Das Hauptfenster von Code::Blocks zeigt den Quellcode an.

In Abbildung 20.1 gibt es zwei besondere Programmfunktionen, die Sie kennen müssen, um Ihre Anwendung (erfolgreich) zu debuggen. Das Erste ist ein rotes Achteck (wie ein Stopp-Schild) und das Zweite ist ein gelbes Dreieck. Das rote Achteck stellt einen *Haltepunkt* (*breakpoint*) dar. Sie platzieren einen Haltepunkt an Stellen, an denen der Debugger anhalten soll.

Sie fügen dem Bearbeitungsfenster Haltepunkte hinzu, indem Sie links vor der Anweisung auf den grauen Rand mit der Zeilennummerierung klicken, an der Sie anhalten wollen. Wenn Sie noch einmal auf dieselbe Stelle klicken, verschwindet die Markierung wieder. Sie können so viele Haltepunkte anbringen, wie Sie wollen, wobei die Einschränkung gilt, dass Haltepunkte nur an Anweisungen angebracht werden können.

Bei dem gelben Dreieck handelt es sich um einen Zeiger auf eine Anweisung. Er zeigt Ihnen, welche Anweisung der Debugger als Nächstes ausführen wird. Indem Sie den Debugger anweisen, Programmbefehle auszuführen, verschieben Sie (indirekt auch) das gelbe Dreieck. Immer wenn Sie die Anwendung im Debugmodus starten, hält der gelbe Zeiger automatisch an jedem Haltepunkt an. Abbildung 20.1 zeigt, wie der Debugger aussieht, wenn das gelbe Dreieck an einem Haltepunkt anhält.

Wenn Sie den Debugger dadurch neu starten, dass Sie DEBUG/CONTINUE anklicken, wird das Programm bis zum nächsten Haltepunkt so ausgeführt, als ob es sich im normalen Ausführungsmodus befindet. Wenn der Debugger auf keinen Haltepunkt stößt, schließt sich das Dialogfeld, und die Anwendung kehrt zum Bildschirm mit dem Quellcode zurück.

 Wenn Sie keine Haltepunkte setzen und versuchen, Ihre Anwendung zu debuggen, läuft sie ab, ohne dass Sie die Möglichkeit erhalten, sich schrittweise durch den Code zu bewegen. Die Anwendung wird dann so ausgeführt, als wenn sie nicht im Debugmodus liefe.

Schauen Sie sich in Abbildung 20.1 die Registerkarte DEBUGGER des Fensters LOGS & OTHERS an. Die Registerkarte enthält Debuggingmeldungen Ihrer Anwendung. Immer wenn Sie die At-Meldung sehen, wissen Sie, dass der Debugger angehalten hat. Der Rest der Nachricht sagt Ihnen, wo der Debugger angehalten hat. In Abbildung 20.1 ist dies Zeile 26 dieser Datei:

```
C:\CPP_AIO\BookIII\Chapter02\BuggyProgram\main.cpp file
```

Legen Sie nun los. Beginnen Sie damit, dass Sie in Zeile 23 einen Haltepunkt setzen – an der Stelle, an der sich der Eingang zu main() befindet. Klicken Sie auf DEBUG/CONTINUE, wählen Sie DEBUG|START/CONTINUE oder drücken Sie F8 , um den Debugger zu starten. Sie sehen, wie auf der Registerkarte DEBUGGER eine ganze Reihe von Meldungen erscheint, und dann können Sie die At-Nachricht sehen, wenn der Debugger an Zeile 23 anhält. Es sollte an der Zeile 23 auch das gelbe Dreieck erscheinen. Diese Zeile enthält eine geschweifte Klammer, die aussagt, dass die Anwendung an dieser Zeile angehalten hat, denn hier liegt hinter dem Eintritt in main() die erste Anweisung vor.

Klicken Sie auf NEXT LINE, dem dritten Symbol auf der Debugger-Symbolleiste. Das Symbol, um das es hier geht, enthält zwei Rechtecke und einen Pfeil, der vom oberen Rechteck auf das untere Rechteck zeigt. (Sie können aber auch F7 drücken.) Das gelbe Dreieck (der Anweisungszeiger) bewegt sich zur ersten Zuweisungsanweisung in Zeile 25, bei der es sich um

```
int rabbits = 5;
```

handelt.

Klicken Sie auf NEXT LINE. Wenn Sie auf diese Schaltfläche klicken, bewegt sich der Anweisungszeiger zur nächsten Zeile. Der Computer führt nur die erste Zeile von main() aus, und als Nächstes verarbeitet er die zweite Zeile in main(), die so aussieht:

```
int antelopes = 5;
```

Klicken Sie wieder auf NEXT LINE. Nun befindet sich der Anweisungszeiger auf der dritten Zeile von main(), die so aussieht:

```
rabbits = CountRabbits(rabbits);
```

Die dritte Zeile von main() ist der Aufruf einer Funktion, und nun können Sie wählen. (Klicken Sie *auf keinen Fall* auf NEXT LINE!) Sie können dem Computer nun mitteilen, nur das auszuführen, was sich in der Funktion befindet, und dabei nicht an jeder Zeile anzuhalten, oder Sie schauen sich die Funktion genauer an, indem Sie »in sie hineingehen« und sich die einzelnen Zeilen ansehen.

Klicken Sie auf die vierte Schaltfläche von links, die die Bezeichnung STEP INTO trägt und zwei Rechtecke und einen Pfeil enthält, der von links zwischen die beiden Rechtecke zeigt. (Oder drücken Sie ⇧+ F7 .) Wenn Sie das tun, bewegt sich der Anweisungszeiger in die Funktion CountRabbits() hinein. Die erste Zeile der Funktion wird optisch hervorgehoben; diese Zeile lautet:

```
int result = original * 2;
```

Wenn sich die Markierung in die Funktion hineinbewegt, hat der Computer die Funktion »betreten«. Denken Sie nun einmal über das Symbol nach, das für diese Aktion zuständig ist: Es besteht aus zwei Rechtecken und einem Pfeil, der zwischen die beiden Rechtecke zeigt. Die Rechtecke stellen Codezeilen der aktuellen Funktion dar, und Sie gehen zwischen sie oder betreten *(Step Into)* die aufgerufene Funktion. Dies erklärt ein wenig den Sinn dieser komisch aussehenden Symbole. Das Symbol, das Sie zuvor angeklickt haben, das Symbol NEXT LINE, könnte auch die Bedeutung *über die Funktion hinweggehen* haben.

Wenn der Anweisungszeiger auf eine Anweisung und nicht auf eine Funktion zeigt, macht es übrigens keinen Unterschied, ob Sie auf NEXT LINE oder auf STEP INTO klicken – in beiden Fällen wird die nächste Zeile verarbeitet.

Wir verwenden normalerweise die Schaltfläche NEXT LINE und benutzen STEP INTO nur, wenn wir uns eine Funktion bewusst anschauen wollen. Der Grund dafür ist, dass einige Zeilen zwar nicht wie Funktionen aussehen, aber Funktionen sind. So ist zum Beispiel cout << "a"; in Wirklichkeit eine Funktion, und Sie möchten vielleicht nicht in diesen Code einsteigen, weil der Quellcode dafür eventuell nicht vorhanden ist oder Sie kein großes Interesse an den Einzelheiten dieser Funktion haben.

Es ist nun an der Zeit zu sehen, wie diese Debuggingfunktionen arbeiten. Die folgende Vorgehensweise zeigt Ihnen, was Sie tun müssen, um die Anwendung erfolgreich mit Code::Blocks zu debuggen:

1. Klicken Sie dreimal auf Next Line, **damit der Anweisungszeiger auf der** cout-**Zeile erscheint:**

```
cout << "Berechnet werden"
```

Diese Zeile schreibt Output in die Konsole. Denken Sie daran, dass es zusätzlich zum Hauptfenster von Code::Blocks noch ein Konsolenfenster gibt, das das Ziel dieser Textausgabe ist.

2. Klicken Sie auf Next Line.

3. Klicken Sie auf das Konsolenfenster.

Sie sehen das Ergebnis der cout-Anweisung:

```
Berechnet werden 80
```

Dann landet der Anweisungszeiger auf der return-Anweisung.

4. Klicken Sie auf Next Line.

Der Anweisungszeiger steht auf der schließenden geschweiften Klammer der Funktion. Beachten Sie, dass Code::Blocks sowohl die öffnende als auch die schließende geschweifte Klammer optisch hervorhebt. Dieses Feature hilft Ihnen zu erkennen, wo eine Funktion in der IDE (Integrated Development Environment, der integrierten Entwicklungsumgebung) beginnt und wo sie endet.

5. Klicken Sie erneut auf Next Line.

Der Anweisungszeiger kehrt zu main() zurück und landet auf der Zeile, die auf den Aufruf von CountRabbits() folgt.

```
cout << "Es gibt nun " << rabbits << " Hasen" << endl;
```

6. Klicken Sie wieder auf Next Line.

Der Anweisungszeiger landet auf dem Aufruf der zweiten Funktion:

```
antelopes = CountAntelopes(antelopes);
```

7. Dieses Mal gehen Sie nicht in die Funktion hinein, sondern klicken auf Next Line, **um die einzelnen Zeilen der Funktion zu übergehen.**

Der Anweisungszeiger geht zur nächsten Zeile, die so aussieht:

```
cout << "Es gibt nun " << antelopes << " Antilopen"
    << endl;
```

Werfen Sie einen Blick auf die Konsole. Die Funktion CountAntelopes() enthält einen Aufruf von cout. Die Konsole zeigt Ihnen, dass cout sein Ding wie folgt erledigt hat:

```
Berechnet werden 13
```

Es wird deshalb der Output der Funktion CountAntelopes() angezeigt, weil Sie zwar über die Einzelheiten der Funktion hinweggegangen sind, die Funktion selbst aber nicht übersprungen und damit ausgelassen haben. Sie wird durch das Klicken auf NEXT LINE vollständig ausgeführt. Der Debugger durchläuft sie einfach nur nicht Zeile für Zeile.

8. **Klicken Sie auf NEXT LINE, um das letzte cout auszuführen.**

   Der Output an der Konsole sollte nun so aussehen:

   ```
   Berechnet werden 80

   Es gibt nun 800 Hasen

   Berechnet werden 13

   Es gibt nun 13 Antilopen
   ```

   Auch die Aufgabe des Anweisungszeigers ist damit beendet. Er befindet sich auf der abschließenden return-Anweisung:

   ```
   return 0;
   ```

9. **Klicken Sie noch einmal auf NEXT LINE, und die Markierung befindet sich auf der schließenden geschweiften Klammer von main().**

   Nun wird die Sache ein wenig undurchsichtig. Wir haben keine Ahnung, wieso, aber es gibt noch mehr Code, als wir sehen können. Wenn Sie Ihre Anwendung kompilieren und linken, bindet der Linker eine Art von Initialisierungscode ein, der die Funktion main() aufruft.

10. **Klicken Sie noch einmal auf NEXT LINE, und Sie werden abrupt aus Ihrer Quellcodedatei herausgerissen und in Assemblercode gebeamt. Im DEBUGGER-Fenster steht nun diese Meldung:**

    ```
    In __mingw_CRTStartup () ()
    ```

11. **Klicken Sie auf eine neue Schaltfläche, auf NEXT INSTRUCTION (die sechste von links auf der Debugger-Symbolleiste), um zur nächsten Anweisung zu gelangen. Das DEBUGGER-Fenster zeigt erneut diese Meldung an:**

    ```
    In __mingw_CRTStartup () ()
    ```

12. **Um herauszufinden, was das zu bedeuten hat, klicken Sie auf DEBUGGER WINDOWS (das zehnte Symbol von links auf der Debugger-Symbolleiste) und wählen Sie in der Dropdownliste DISASSEMBLY (dieser Begriff bedeutet auf Deutsch *Zerlegung*).**

    Code::Blocks zeigt ein neues Fenster an, das DISASSEMBLY heißt und als Abbildung 20.2 wiedergegeben wird. Die Zahlen, die Sie auf Ihrem Bildschirm sehen, können von denen in der Abbildung abweichen, aber der Code ist derselbe.

    Pfui Deibel! Das ist Assembler, eine von Menschen lesbare Form der Sprache, die der Computer versteht. Sie müssen nicht die Bedeutung einer jeden Zeile kennen, aber vielleicht sind Sie in der Lage herauszufinden, dass es sich bei der Zeile

    ```
    (hexadezimale Zahl) call (noch eine hexadezimale Zahl) <__main>
    ```

    um die Stelle handelt, an dieser Code main() aufruft.

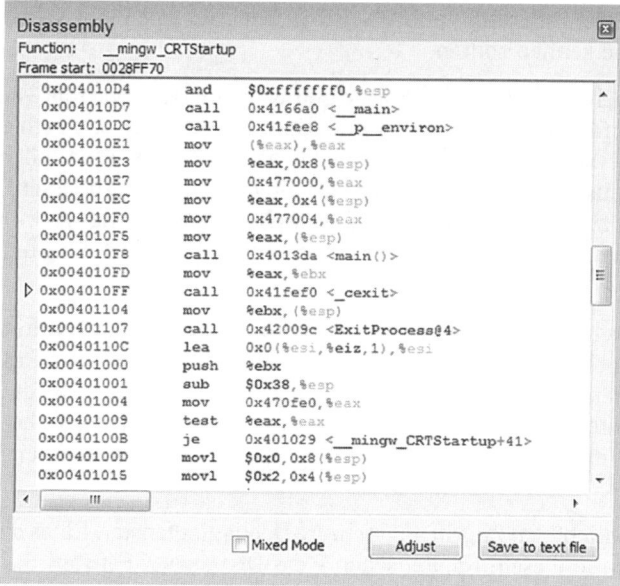

Abbildung 20.2: Das Fenster Disassembly *zeigt die Assemblerversion Ihres Codes an.*

13. **Um dieses Fenster wieder zu verlassen, klicken Sie einfach auf die erste Schaltfläche, die** Debug/Continue **heißt, oder auf die fünfte Schaltfläche mit dem Namen** Step Out **(und einem Pfeil, der zwischen den Rechtecken nach links zeigt). (Oder Sie drücken** ⌈Strg⌉+⌈F7⌉ **beziehungsweise** ⌈Strg⌉+⌈⇧⌉+⌈F7⌉**.)**

Das Klicken auf Debug/Continue bringt die Anwendung dazu, bis zu ihrem Ende (oder bis zum nächsten Haltepunkt) durchzulaufen. Wenn Sie auf Step Out klicken, weist das den Debugger an, aus der aktuellen Funktion auszusteigen, was in diesem Fall identisch mit dem Durchlaufen bis zum Ende ist.

 14. **Wenn Sie sich nicht mit dem aberwitzigen Assemblercode beschäftigen wollen, klicken Sie auf** Debug/Continue**, wenn Sie die letzte** return**-Zeile Ihrer Anwendung erreicht haben.**

Auf diese Weise gehen Sie Schritt für Schritt durch Ihre Anwendung. Sie können aber mit der Anwendung noch mehr machen, wenn Sie sie schrittweise durchlaufen. Sie können sich die Werte in Ihren Variablen ansehen, Sie können diese Werte ändern und Sie können eine Liste mit allen Funktionsaufrufen bis zu einer bestimmten Position in Ihrer Anwendung erhalten.

Die Debuggingfenster des Code::Blocks-Debuggers

Der Debugger von Code::Blocks zeigt immer dann, wenn Sie eine Anwendung debuggen, die Debugger-Symbolleiste an. Die vorstehenden Abschnitte dieses Kapitel haben schon viele der Schaltflächen dieser Symbolleiste behandelt: Debug/Continue, Next Line, Next Instruction,

STEP INTO und STEP OUT. Allerdings enthält die Symbolleiste eine Reihe weiterer, interessanter Schaltfläche, die Sie kennen sollten.

Manchmal untersuchen Sie Code im Editor und wollen wissen, wie die Variablen aussehen, wenn Sie an diesem Punkt angekommen sind. Um zu sehen, was da geschieht, positionieren Sie den Cursor (die Schreibmarke) an der Stelle, an der Sie anhalten möchten (es reicht in diesem Fall nicht aus, den Mauszeiger über der Stelle schweben zu lassen), und klicken auf RUN TO CURSOR (der zweiten Schaltfläche auf der Debugger-Symbolleister). Der Debugger hält an der Zeile an, wo der Cursor wartet. In solch einem Fall fungiert der Cursor wie ein Haltepunkt.

Wenn Sie Ihre Anwendung eine Zeit lang debuggt und dabei Probleme gefunden haben, die es zu beheben gilt, möchten Sie vielleicht darauf verzichten, auch noch den Rest der Anwendung auszuführen. Klicken Sie in solch einem Fall einfach auf STOP DEBUGGER (das ist die Schaltfläche, die wie ein Kasten mit einem X in der Mitte aussieht). Der Debugger beendet seine Arbeit sofort. Sie können nun die notwendigen Änderungen vornehmen und den Debugger erneut starten.

Code::Blocks ermöglicht den Zugriff auf mehrere Debuggingfenster. Eines dieser Fenster können Sie weiter vorn in diesem Kapitel sehen – das DISASSEMBLY-Fenster. Sie greifen auf diese Fenster zu, indem Sie die Schaltfläche DEBUGGING WINDOWS anklicken (das ist die Schaltfläche, die wie ein Fenster aussieht und sich rechts neben der Schaltfläche STOP DEBUGGER befindet). In den restlichen Kapiteln dieses Teils des Buches werden die Fenster im Detail beschrieben. Hier eine kurze Zusammenfassung dessen, was diese Fenster anzeigen:

✔ **Breakpoints:** Zeigt alle Haltepunkte an, die Sie in Ihrer Anwendung gesetzt haben. Wenn Sie auf dem Eintrag eines Haltepunkts einen Doppelklick ausführen, gelangen Sie im Editor zu diesem Haltepunkt. Sie können dieses Fenster auch dazu verwenden, um einen oder mehrere Haltepunkte zu entfernen.

✔ **CPU Registers:** Zeigt die Inhalte der Hardwareregister im Prozessor an. Sie benötigen dieses Fenster eigentlich nur, wenn Sie Programmieraufgaben auf der untersten Ebene (die *Low-Level-Programmierung)* durchführen (indem Sie zum Beispiel Gerätetreiber schreiben).

✔ **Call Stack:** Zeigt die Funktionsaufrufe an, die verwendet werden, um zur aktuellen Position im Code zu gelangen.

✔ **Disassembly:** Lässt Sie den Maschinencode sehen, der verwendet wird, damit Ihr Code läuft.

✔ **Memory Dump:** Zeigt ganz genau an, wo die Anwendung ihre Daten im Arbeitsspeicher ablegt. Dieses Fenster hat nicht viel mit einer C++-Ansicht gemein. Dieses Fenster ist sinnvoll, weil es Ihnen dabei hilft, besser zu verstehen, wie der Arbeitsspeicher funktioniert und wie Ihre Anwendung ihn nutzt. In einigen Fällen kann es helfen, zu wissen, wie eine Variable Arbeitsspeicher speichert, um Probleme mit Ihrem Code zu lösen.

✔ **Running Threads:** Zeigt eine Liste mit anderen Threads als dem Hauptthread an, die der aktuellen Anwendung zugeordnet sind, Sie können dieses Fenster nutzen, um multithreaded Anwendungen zu debuggen.

✔ **Watches:** Zeigt eine Liste mit lokalen Variablen und Argumenten von Funktionen an. Sie können weitere Variablen hinzufügen, um etwas wie eine Wache zu beobachten. Das Fenster WATCHES ist unserer Meinung nach wohl das nützlichste der Debuggingfenster, weil es die C++-Ansicht Ihrer Daten darstellt und zeigt, wie der Code der Anwendung mit diesen Daten umgeht.

Außerdem sorgt der Debugger dafür, dass Sie Zugriff auf Informationsfenster bekommen. Klicken Sie zu diesem Zweck auf die Schaltfläche VARIOUS INFO (das ist die mit dem kursiven *i* im Symbol eines Fensters). Hier ein kurzer Überblick über die Informationsfenster:

✔ **Current Stack:** Zeigt Informationen über den aktuellen Stackframe an. C++ erstellt etwas, das ein *Stackframe* (deutsch und nicht sehr gebräuchlich *Aufrufrahmen*) genannt wird, wenn es zu bestimmten Ereignissen, zum Beispiel dem Aufruf einer Funktion, kommt. Dieser Stackframe enthält die Daten und Datenreferenzen der aktuellen Funktion. Sie müssen diese Informationen normalerweise erst dann anzeigen, wenn Sie Low-Level-Programmierungen durchführen.

✔ **Loaded Libraries:** Enthält eine Liste aller Bibliotheken, die geladen werden, damit Ihre Anwendung läuft. Es ist wichtig zu wissen, welche Bibliotheken die Anwendung benutzt, wenn Sie sie auf andere Maschinen verteilen (dort laden). Es kommt oft vor, dass jemand nicht weiß, dass C++ bestimmte Bibliotheken benötigt, um Ihre Anwendung ausführen zu können. Dieses Fenster ist also außerordentlich nützlich.

✔ **Target and Files:** Liefert eine detaillierte Ansicht davon, wie die geladenen Bibliotheken in Ihrer Anwendung verwendet werden. Sie benötigen diese Informationen eigentlich nur, wenn Sie Low-Level-Programmierung durchführen.

✔ **FPU Status:** Zeigt die Registerinformationen der Floating Point Unit (FPU) Ihres Prozessors an. Früher war die FPU ein eigenständiger Chip, während sie heute Bestandteil des Prozessors ist. Die FPU ist ausgesprochen versiert in Mathematik mit reellen Zahlen (im Unterschied zu Ganzzahlen). Sie benötigen diese Informationen eigentlich nur, wenn Sie Low-Level-Programmierung durchführen.

✔ **Signal Handling:** Zeigt, wie Code::Blocks mit Signalen zwischen der Hardware und Ihrer Anwendung (zum Beispiel einer arithmetischen Ausnahme oder einer Schutzverletzung) umgeht. Sie benötigen diese Informationen eigentlich nur, wenn Sie Low-Level-Programmierung durchführen.

Mit anderen Werkzeug debuggen

Sie können verschiedene Werkzeuge einsetzen, um Ihren Code zu debuggen. Allerdings legt der Compiler, den Sie normalerweise verwenden, fest, welches Werkzeug Sie zum Debuggen benutzen. So enthält zum Beispiel Microsoft Visual C++ einen wirklich guten Debugger. Aber es ist ganz schön schwierig, den dazu zu bringen, eine Anwendung zu debuggen, die Sie mit Dev-C++ kompiliert haben, weil die verschiedenen Compiler unterschiedliche Formen des Debuggens und der Signalinformationen verwenden. Der Typ, den die verschiedenen Arten des GCC-Compilers verwenden, unterscheidet sich von dem Typ, den Microsoft Visual C++ benutzt.

Standarddebugger

Hier ein kurzer Überblick über einige der zur Verfügung stehenden Debugger:

- ✔ **Visual C++:**Dieser Debugger arbeitet so ähnlich wie der von Code::Blocks- Er eignet sich am besten für das Debuggen von Anwendungen, die mit Visual C++ erstellt worden sind. Wenn Sie aber tapfer sind und etwas debuggen müssen, von dem Sie keine Informationen über den Code und die Symbole haben, muss man festhalten, dass seine Unterstützung beim Debuggen von Assemblercode gut ist.

- ✔ **gdb:** Dies ist der Standarddebugger, der zusammen mit MinGW und Cygwin ausgeliefert wird. Er ist ein auf der Befehlszeile arbeitendes Werkzeug, aber wir empfehlen nicht, es so zu verwenden. Stattdessen schlagen wir vor, ihn zusammen mit dem Insight-Debugger zu verwenden, wodurch Ihnen ein grafisches *Frontend* zur Verfügung steht. Dies macht das Leben viel leichter. Wenn Sie aber darauf bestehen, die Version des Debuggers zu verwenden, können Sie einiges über diese Form des Debuggers erfahren, indem Sie in der Eingabeaufforderung gdb und dann help eingeben.

- ✔ **Dev-C++ 5:** Seit der Version 5 verfügt Dev-C++ über einen integrierten Debugger, der so ähnlich arbeitet wie der Insight-Debugger. Vielleicht sollten Sie ihn einmal ausprobieren. (Wenn Sie eine Version von Dev-C++ vor der Version 5.0 besitzen, müssen Sie den Insight-Debugger verwenden.)

Eine Code::Blocks-Anwendung mit Argumenten auf der Befehlszeile debuggen

Ein Argument, das auf der Befehlszeile eingegeben wird, ist etwas, das Sie zusammen mit dem Namen der Anwendung in der Eingabeaufforderung eingeben. Wenn Sie in der Eingabeaufforderung den Befehl dir (für ein Auflisten des Verzeichnisinhalts) eingeben, können Sie zusätzliche Informationen wie *.doc eingeben, um alle Dateien mit einer Dateierweiterung .doc aufzulisten. (Wenn Sie dir *.doc? eingeben, sehen Sie auch die Dateien mit der Endung .docx, die sich im aktuellen Verzeichnis befinden.) Der vollständige Befehl dir *.doc besteht aus einem Befehl (dir) und Befehlszeilenargumenten (*.doc). Durch die Befehlszeilenargumente sind Sie in der Lage, die Funktionalität einer Anwendung zu erweitern. Um solch eine Anwendung zu testen, müssen Sie in der Lage sein, Befehlszeilenargumente als Teil der Umgebung eines Debuggers anzugeben.

Code::Blocks bietet wie die meisten leistungsfähigen IDEs die Mittel, um Argumente auf der Befehlszeile einzugeben. Sie finden in Kapitel 5 im Kasten *Die Befehlszeilenparameter in Code::Blocks einrichten* die grundlegenden Informationen zum Einrichten von Argumenten auf der Befehlszeile. Da dies einer Reihe von Lesern der Vorversionen dieses Buches nicht ausgereicht hat, habe ich in meinem Blog detailliert beschrieben, wie Befehlszeilenargumente funktionieren. Diese Beschreibung ist Teil des Posts *Debugging a CodeBlocks Application with Command Line Arguments* für dieses Buch unter http://blog.johnmuellerbooks.com/2011/11/01/debugging-a-codeblocks-application-with-command-line-arguments/.

Den Code anhalten und untersuchen

In diesem Kapitel

▶ Setzen, aktivieren und deaktivieren Sie Haltepunkte

▶ Setzen beziehungsweise deaktivieren Sie einen Haltepunkt temporär

▶ Untersuchen Sie eine Variable

▶ Beobachten Sie alle lokalen Variablen

▶ Beobachten Sie alle Variablen

*W*ir gehen in diesem Kapitel darauf ein, wie Sie das Programm dazu bringen, seinen Ablauf beim Debuggen kontrolliert an einer bestimmten Zeile im Code anzuhalten. Sie können sich die Werte von Variablen ansehen, den Code untersuchen und sogar den Wert einer Variablen ändern. Wenn die Anwendung anhält, geschieht dies an einem sogenannten *Haltepunkt*, den Sie im Code gesetzt haben, und Sie können verschiedene Teile Ihres Codes, zum Beispiel Variablen, untersuchen und modifizieren.

Wir verwenden in den Beispielen dieses Kapitels den Debugger, der mit der IDE Code::Blocks ausgeliefert wird. Wenn Sie ein anderes Produkt einsetzen, könnte das sich vielleicht etwas anders als der Code::Blocks-Debugger verhalten, aber es sollte eigentlich keine größeren Abweichungen zu den hier beschriebenen Mustern geben. Auf jeden Fall können Sie alles, was wir hier zeigen, auch mit dem Debugger von Microsoft Visual C++ erledigen. Vielleicht sind die Tastaturkürzel und die Mausklicks nicht so, wie hier beschrieben, aber alle Programmfunktionen sind auch dort vorhanden. Lesen Sie sich die Dokumentation zu Ihrem Debugger genau durch, um alle notwendigen Einzelheiten über ihn zu erfahren.

Um die Beispiele in diesem Kapitel durchzuarbeiten, müssen Sie darauf achten, dass Sie mit eingeschalteten Debuginformationen kompilieren, indem Sie im Feld BUILD TARGET die Option DEBUG der Compiler-Symbolleiste auswählen. Wenn Sie diese Symbolleiste nicht sehen, wählen Sie VIEW|TOOLBARS|COMPILER und platzieren Sie vor COMPILER ein Häkchen, indem Sie diesen Eintrag anklicken..

Wenn Sie Software entwickeln, sollten die Debuginformationen immer eingeschaltet sein. Auf diese Weise können Sie Ihren Code jederzeit debuggen und Dinge in Ordnung bringen. Und Sie sollten das Produkt erst dann ohne Debuginformationen kompilieren, wenn Sie es vollständig fertiggestellt haben und ausliefern wollen. (Wir empfehlen, die Software nach dem Kompilieren ohne Debuginformationen noch einmal vollständig zu testen, um sicherzustellen, dass das Programm auch weiterhin fehlerfrei funktioniert.)

Haltepunkte für Fortgeschrittene

Ein *Haltepunkt* (englisch *breakpoint*) ist eine Stelle in Ihrem Code, an der Sie den Debugger anweisen, die Ausführung des Programms anzuhalten.

Wir behandeln in den Abschnitten, die nun folgen, Haltepunkte. Benutzen Sie für diese Abschnitte den Code des Beispiels Breakpoints, den Listing 21.1 zeigt. Wissen Sie noch, was Sie machen müssen? Genau, kompilieren Sie ihn mit den Debuginformationen.

```cpp
#include <iostream>

using namespace std;

class BrokenMirror
{
private:
    int NumberOfPieces;

public:
    int GetNumberOfPieces();
    void SetNumberOfPieces(int newamount);
    BrokenMirror() : NumberOfPieces(100) {}
};

int BrokenMirror::GetNumberOfPieces()
{
    return NumberOfPieces;
}

void BrokenMirror::SetNumberOfPieces(int newamount)
{
    newamount = newamount * 20;
    NumberOfPieces = newamount;
}

int main()
{
    BrokenMirror mirror;
    mirror.SetNumberOfPieces(10);
    cout << mirror.GetNumberOfPieces() << endl;

    return 0;
}
```

Listing 21.1: Eine Anwendung für Haltepunkte und Untersuchungen verwenden

Haltepunkt in Code::Blocks setzen

Beginnen Sie damit, dass Sie die Anwendung in Listing 21.1 (mit Debuginformationen) kompilieren. Am linken Rand des Fensters des Code::Blocks-Editors befindet sich die Zeilennummerierung. Abbildung 21.1 zeigt dort in Zeile 16 ein kleines Achteck. In der IDE ist dieses Achteck rot. Das rote Achteck ist ein Haltepunkt, den wir gesetzt haben. Wenn Sie einen solchen Haltepunkt in Ihrem Code setzen wollen, klicken Sie in diesem Bereich auf den linken Rand des Fensters (oder klicken Sie mit der rechten Maustaste auf die Codezeile und wählen Sie im Kontextmenü TOGGLE BREAKPOINT). Setzen Sie den ersten Haltepunkt in Zeile 16. (Auf unserem Bildschirm ist es Zeile 16, aber wenn Sie den Code anders formatiert haben, müssen Sie die entsprechende Zeile eigenständig auswählen.) Der Text in der Zeile, um die es uns geht, lautet `int BrokenMirror::GetNumberOfPieces()`.

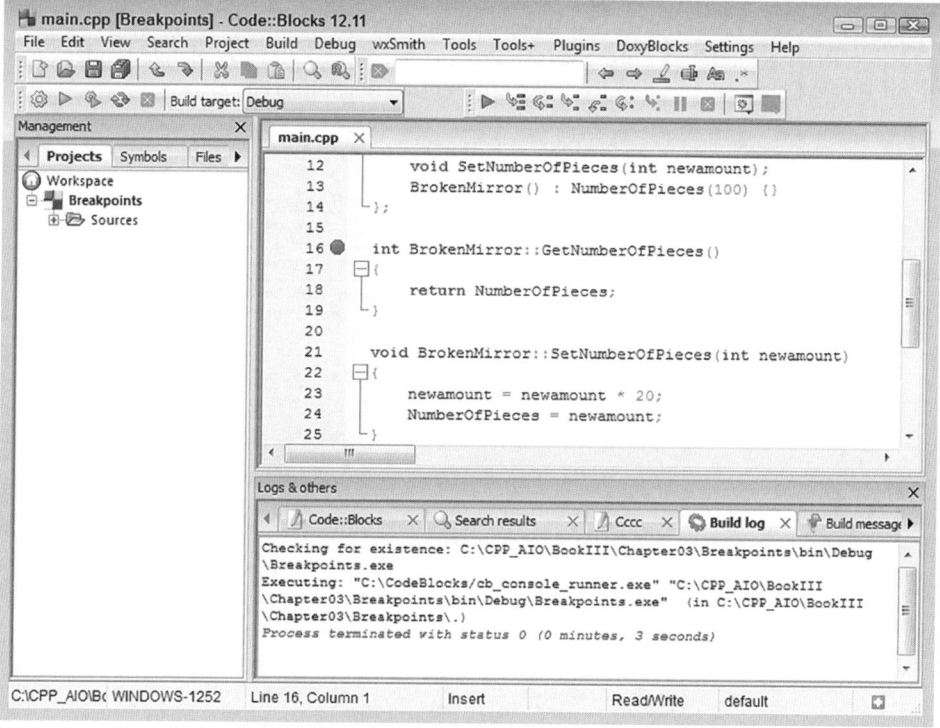

Abbildung 21.1: Code::Blocks stellt Haltepunkte als rote Achtecke dar.

Klicken Sie in derselben Zeile erneut auf den linken Rand. Das rote Achteck verschwindet. Wenn das Achteck verschwunden ist, ist auch der Haltepunkt an dieser Stelle entfernt worden.

Klicken Sie nun ein drittes Mal auf diese Stelle, weil Sie dort einen Haltepunkt benötigen.

Führen Sie nun die Anwendung aus, indem Sie in der Debugger-Symbolleiste auf die Schaltfläche DEBUG/CONTINUE (das ist die mit der roten nach rechts zeigenden Pfeilspitze) klicken. Wenn Sie die Debugger-Symbolleiste nicht sehen, wählen Sie VIEW|TOOLBARS|DEBUGGER, um vor den Eintrag DEBUGGER ein Häkchen als Zeichen zu setzen, dass diese Symbolleiste angezeigt wird. (Klicken Sie auf keinen Fall auf die Schaltfläche RUN, das grüne nach rechts zeigende Dreieck auf der Compiler-Symbolleiste, denn wenn Sie diese Option auswählen, wird die Anwendung einfach nur ausgeführt, ohne dass ein Debugging stattfindet.) Wenn Sie auf DEBUG/CONTINUE klicken, kann das Konsolenfenster vor dem Fenster von Code::Blocks erscheinen. Klicken Sie in diesem Fall einfach auf das Code::Blocks-Fenster, um es wieder in den Vordergrund zu holen.

Die Anwendung läuft ab, bis sie wie geplant am Haltepunkt der Zeile `int BrokenMirror::GetNumberOfPieces()` zum Stehen kommt (siehe Abbildung 21.2). Beachten Sie, dass die Programmausführung mit der geöffneten geschweiften Klammer endet, weil hier die Ausführung der Funktion beginnt. Das gelbe nach rechts zeigende Dreieck informiert Sie über die Anweisung, die der Debugger von Code::Blocks ausführen will. Sie können nun auf die Schaltfläche NEXT LINE klicken (das ist die mit den beiden Rechtecken und einem Pfeil, der vom oberen Rechteck auf das untere zeigt), um zur nächsten Zeile zu gelangen, oder Sie klicken auf DEBUG/CONTINUE, um den Rest der Anwendung auszuführen.

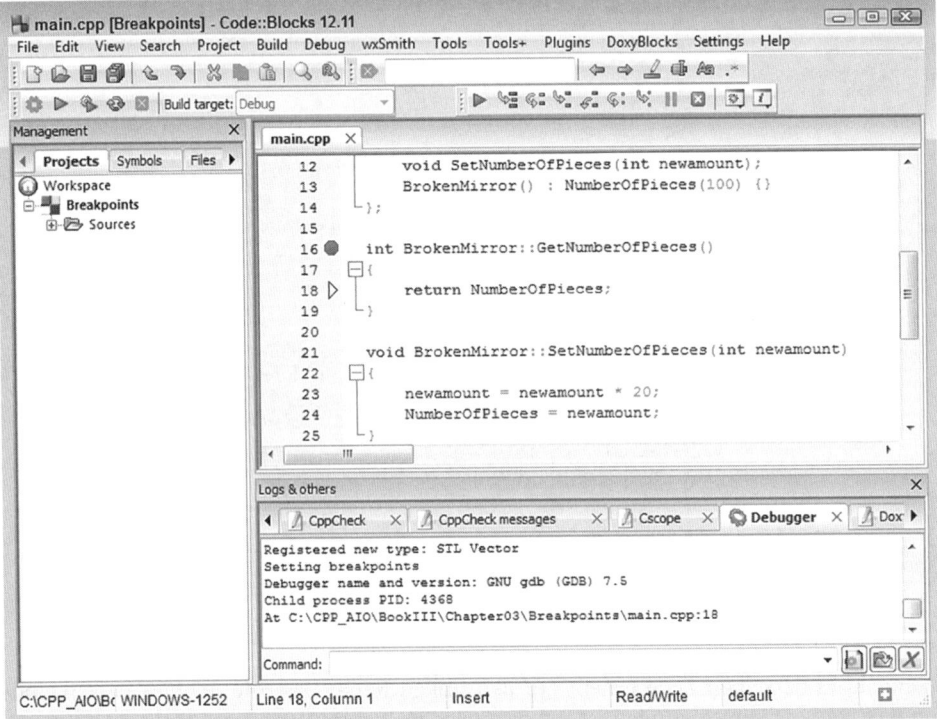

Abbildung 21.2: Der Modus DEBUG weist Code::Blocks an, die Programmausführung anzuhalten, wenn ein Haltepunkt erreicht wird.

Haltepunkte aktivieren und deaktivieren

Ab und an kommt es vor, dass Sie mehrere Haltepunkte gleichzeitig gesetzt haben, die Sie für den Augenblick zwar deaktivieren, die Sie aber nicht verlieren wollen, weil Sie vorhaben, sie später wieder zu aktivieren. Sie können dies erreichen, indem Sie Haltepunkte *deaktivieren*. Das Deaktivieren eines Haltepunkts geht schneller, als ihn zu löschen und später wieder neu zu setzen. Gehen Sie wie folgt vor, um einen Haltepunkt zu deaktivieren:

1. **Klicken Sie mit der rechten Maustaste auf das rote Achteck und wählen Sie im Kontextmenü** EDIT BREAKPOINT.

   Sie sehen das Dialogfeld EDIT BREAKPOINT, das Abbildung 21.3 zeigt.

Abbildung 21.3: Benutzen Sie das Dialogfeld BREAKPOINT, *um Haltepunkte zu aktivieren oder zu deaktivieren.*

2. **Klicken Sie auf die Option** ENABLED **(aktivieren) und dann auf OK.**

   Code::Blocks deaktiviert den Haltepunkt, wodurch er die Ausführung der Anwendung nicht mehr anhält.

Viele Debugger zeigen einen deaktivierten Haltepunkt als leeren roten Kreis (oder leeres Achteck) an. Code::Blocks macht aus dem roten Achteck ein graues. Aber vielleicht wollen Sie zunächst sehen, dass das Deaktivieren des Haltepunkts wirklich funktioniert hat. Setzen Sie in der Zeile `return NumberOfPieces;` einen neuen Haltepunkt. Klicken Sie auf DEBUG/CONTINUE, und Sie sehen, dass der Debugger den ersten Haltepunkt übergeht und am zweiten anhält, wie Abbildung 21.4 zeigt.

Es gibt Situationen, in denen Sie gleich mehrere Haltepunkte deaktivieren und/oder aktivieren wollen. Gehen Sie wie folgt vor, um diese Aufgabe zu erledigen:

1. **Wählen Sie** DEBUG|DEBUGGING WINDOWS|BREAKPOINTS.

   Sie sehen das Fenster BREAKPOINTS, das Abbildung 21.5 zeigt. Dieses Fenster enthält alle Haltepunkte (als graue oder rote Achtecke, um Sie darüber zu informieren, ob ein Haltepunkt deaktiviert oder aktiviert ist), die Datei, in der der Haltepunkt angelegt worden ist, die Zeile in der Codedatei, in der der Haltepunkt erscheint, und der Name des Debuggers, der verwendet wird.

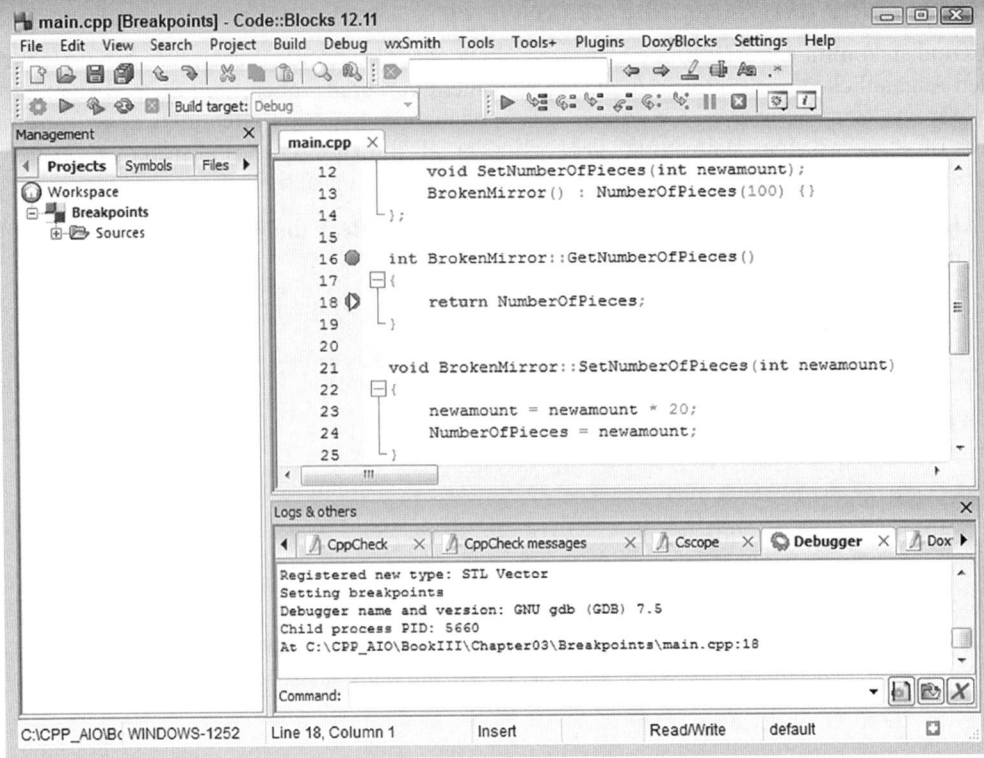

Abbildung 21.4: Deaktivierte Haltepunkte halten die Ausführung einer Anwendung nicht auf.

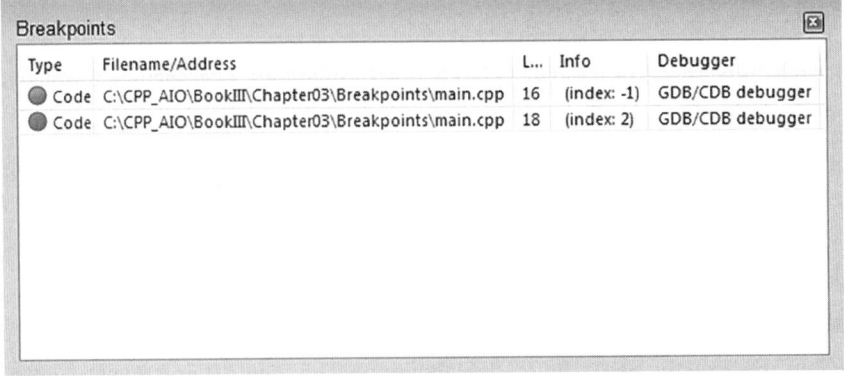

Abbildung 21.5: Das Fenster BREAKPOINTS verwenden, um auf mehrere Haltepunkte
zugreifen zu können

2. **Klicken Sie mit der rechten Maustaste auf den Eintrag eines Haltepunkts und wählen Sie im Kontextmenü eine der angebotenen Optionen aus.**

   Die Optionen helfen Ihnen dabei, einen oder mehrere Haltepunkte zu verwalten. Sie können hier diese Aufgaben ausführen:

   - OPEN IN EDITOR: Den Haltepunkt im Editor öffnen, damit Sie sehen können, wo er sich im Code befindet.

   - EDIT: Den Haltepunkt bearbeiten, was das Dialogfeld EDIT BREAKPOINT öffnet, das Abbildung 21.3 zeigt.

   - DISABLE: Deaktiviert den ausgewählten Haltepunkt.

   - REMOVE: Entfernt den ausgewählten Haltepunkt.

Variablen beobachten, untersuchen und ändern

Wenn Sie in einer Anwendung an einem Haltepunkt anhalten, können Sie mehr tun, als sich nur den Code anzuschauen.

Bei dem Beispiel `Breakpoints2`, das Listing 21.2 zeigt, handelt es sich um eine Anwendung, die Sie verwenden können, um das Überprüfen, Ändern und Beobachten von Variablen auszuprobieren. Diese Anwendung ähnelt zwar stark der in Listing 21.1, das weiter vorn in diesem Kapitel steht, aber es gibt doch ein paar Unterschiede. So haben wir zum Beispiel die Mitgliedsfunktion `SetNumberOfPieces()` um eine Zeile erweitert:

```
newamount = newamount * 20;
```

Wir haben eine neue Funktion mit dem Namen `SpecialMath()` und `main()` eine Variable `i` hinzugefügt, die mit `10` initialisiert wird. Wir haben diese Variable anschließend verdoppelt und an die Funktion `SetNumberOfPieces()` übergeben.

```
#include <iostream>
#include <cstdlib>

using namespace std;

class BrokenMirror
{
private:
    int NumberOfPieces;

public:
    int GetNumberOfPieces();
    void SetNumberOfPieces(int newamount);
    BrokenMirror() : NumberOfPieces(100) {}
};
```

```cpp
int BrokenMirror::GetNumberOfPieces()
{
    return NumberOfPieces;
}

void BrokenMirror::SetNumberOfPieces(int newamount)
{
    newamount = newamount * 20;
    NumberOfPieces = newamount;
}

int SpecialMath(int x)
{
    return x * 10 - 5;
}

int main()
{
    int i = 10;
    BrokenMirror mirror;

    i = i + SpecialMath(i);

    mirror.SetNumberOfPieces(i);
    cout << mirror.GetNumberOfPieces() << endl;

    // Entfernen Sie die Kommentarzeichen vor der
    // folgenden Zeile "// system ...", wenn Sie wollen,
    // dass die Anwendung das Ergebnis anzeigt
    // system("PAUSE");

    return 0;
}
```

Listing 21.2: Eine Anwendung für Haltepunkte und Untersuchungen verwenden

Variablen beobachten

Wenn Sie in Ihrer Anwendung Variablen beobachten wollen, folgen Sie diesen Schritten:

1. **Kompilieren Sie die Anwendung mit Debuginformationen.**

2. **Setzen Sie an der Zeile** `int i = 10;` **in** `main()` **einen Haltepunkt.**

3. **Klicken Sie auf DEBUG/CONTINUE.**

4. **Wenn der Debugger am Haltepunkt anhält, wählen Sie DEBUG|DEBUGGING WINDOWS| WATCHES.**

Sie sehen das in Abbildung 21.6 abgebildete WATCHES-Fenster.

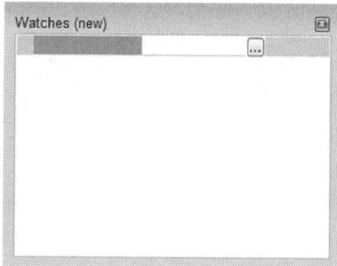

Abbildung 21.6: Das Fenster WATCHES zeigt den Wert von Variablen und Objekten an.

5. **Geben Sie im Fenster WATCHES in der ersten Spalte in der in Abbildung 21.6 hervorgehobenen Zelle i ein und drücken Sie ⏎.**

Sie sehen den aktuellen Wert von i, bei dem es sich um eine ziemlich seltsame Zahl handelt – 1981092194 zeigt Abbildung 21.7 –, wobei es möglich ist, dass in Ihrem WATCHES-Fenster ein anderer Wert steht. Die dritte Spalte zeigt den Typ der Variablen an, bei dem es sich um int handelt. In diesem Fall wird die Variable in Rot wiedergegeben, weil C++ sie gerade erstellt hat.

Abbildung 21.7: Wenn Sie den Namen einer Variablen bereitstellen, wird deren Wert angezeigt.

Wenn C++ eine neue Variable erstellt, wird einfach nur die Variable angelegt und ihr kein Wert zugewiesen. Die Variable enthält einen x-beliebigen Wert – es ist so gut wie unmöglich zu wissen, wie dieser Wert aussehen könnte. Aus diesem Grund dürfen Sie keine Variable verwenden, bevor ihr ein Wert zugewiesen worden ist.

6. **Klicken Sie auf der Debugger-Symbolleiste auf die Schaltfläche NEXT LINE, wodurch der Anweisungszeiger, das gelbe nach rechts zeigende Dreieck, unterhalb dieser Zeile springt:**

```
int i = 10;
```

Die Anwendung ändert den Wert von i in 10, wie Abbildung 21.8 zeigt. Die Variable wird immer noch rot angezeigt, weil sich ihr Wert gerade geändert hat.

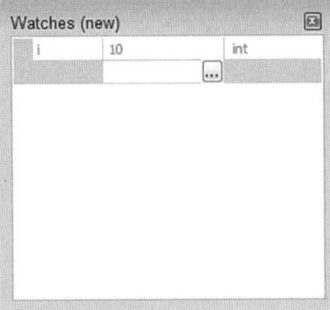

Abbildung 21.8: Wenn Sie i einen Wert zuweisen, ändert sich auch im Fenster WATCHES der Wert.

7. Klicken Sie auf der Debugger-Symbolleiste auf NEXT LINE.

Der Eintrag für i wird schwarz, um anzuzeigen, dass er über die Ausführung dieser Anweisung hinweg stabil geblieben ist. Dadurch, dass Variablen, die geändert wurden, rot, und Variablen, die unverändert geblieben sind, schwarz dargestellt werden, ist es einfach, herauszufinden, welche Variablen geändert wurden.

8. Klicken Sie auf DEBUG/CONTINUE.

Die Anwendung wird beendet.

Objekte beobachten

Wenn Sie das Fenster WATCHES verwenden, werden Sie feststellen, dass Objekte ein wenig komplexer als Variablen sind. Wenn Sie in das WATCHES-Fenster den Namen eines Objekts, zum Beispiel mirror, eingeben, sehen Sie den Namen, vor dem ein Pluszeichen steht. Klicken Sie auf dieses Pluszeichen, und die Ansicht erweitert sich, um den Inhalt des Objekts wie NumberOfPieces anzuzeigen (siehe Abbildung 21.9).

Abbildung 21.9: Objekte können Variablen und andere Objekte enthalten.

 Objekte enthalten nicht nur Objekte, sondern auch andere Objekte. Wenn ein Objekt ein Kindobjekt enthält, ist auch das Kindobjekt mit einem Pluszeichen vor seinem Namen versehen. Um den Inhalt dieses Kindobjekts zu sehen, klicken Sie einfach auf sein Pluszeichen. Sie können sich so immer weiter in die Tiefe der Objektstruktur arbeiten, bis Sie an das Ende der Objektkette gelangt sind.

Werte ändern

Manchmal müssen Sie bestätigen, dass die Anwendung wie vorgesehen funktioniert, indem Sie Änderungen durchspielen, zu denen es im Code kommen könnte. In vielen Fällen bedeutet dies, den vorgegebenen Wert einer Variablen in den Wert zu ändern, den Sie testen wollen. Glücklicherweise stellt das Watches-Fenster die Mittel zur Verfügung, um diese Aufgabe durchzuführen. Folgen Sie diesen Schritten, um zu sehen, wie Sie die Werte von Variablen ändern können. (Wir unterstellen dabei, dass Sie die Anwendung bereits mit Debuginformationen kompiliert haben.)

1. Setzen Sie in `main()` an der Zeile `i = i + SpecialMath(i);` einen Haltepunkt.

2. Klicken Sie auf Debug/Continue.

3. Wenn der Debugger am Haltepunkt anhält, wählen Sie Debug|Debugging Windows|Watches.

   Sie sehen das Fenster Watches, das Abbildung 21.6 zeigt.

4. Geben Sie in die erste Spalte des Fensters Watches `i` ein und drücken Sie ⏎.

   Sie sehen den Wert, den `i` aktuell hat. Er beträgt 10.

5. Markieren Sie den Wert 10 in der zweiten Spalte des Fensters Watches, geben Sie 100 ein und klicken Sie im Fenster Watches auf die nächste Zeile.

   Code::Blocks ändert den Wert von `i` in 100. Der Eintrag der Variablen war schwarz und ändert sich jetzt in Rot, weil Sie den Wert der Variablen geändert haben.

6. Klicken Sie dreimal auf Next Line, damit sich der Anweisungszeiger auf der Zeile befindet, die diesen Inhalt hat:

7. `return 0;`

   Wie Sie sehen, hat sich der Output der Anwendung geändert. Er beträgt jetzt 21900. Normalerweise lautet er 2100. Zu diesem Unterschied ist es gekommen, weil der Wert von `i` geändert wurde.

8. Klicken Sie auf Debug/Continue.

   Die Anwendung wird beendet.

Der Stack

In diesem Kapitel

▷ Bewegen Sie sich auf dem Stack

▷ Speichern Sie lokale Variablen

▷ Beobachten Sie Threads

▷ Verfolgen Sie im Assemblercode eine Spur

▷ Sehen Sie sich den Arbeitsspeicher näher an

Debugger können sehr leistungsfähig sein. Sie können große Computerprogramme in einem Rutsch durchlaufen und sie durchsehen, um alle Schwachstellen zu finden. Je mehr Sie über diese kleinen Debugger wissen, desto öfter werden Sie sie einsetzen. Wir zeigen Ihnen in diesem Kapitel, wie Sie sich im Stack bewegen und die Vorteile der Features eines Debuggers nutzen können.

Ihre Daten stapeln

Ein Stack (deutsch *Stapel*) ist in der Welt der Computer nichts Besonderes. Wir kennen Stapel von Rechnungen, Stapel von Überweisungen und Stapel von Daten, wobei wir Letztere besser *Datenstapel* nennen. Diese Datenstapel »leben« im Arbeitsspeicher des Computers. Dieses Bild von einem Stapel passt eigentlich ganz gut. Wenn das Betriebssystem eine Anwendung ausführt, reserviert es für diese Anwendung einen *Stack* (deutsch *Stapel*), bei dem es sich einfach um einen Bereich des Arbeitsspeichers handelt. Die Daten werden nun wie bei einem Stapel aus Karteikarten gespeichert: Bei einem echten Karteikartenstapel können Sie eine Karteikarte oben auf den Stapel drauflegen; dann folgt noch eine Karteikarte, und dies geschieht sechsmal hintereinander. Sie können eine Karteikarte auch wieder vom Stapel herunternehmen, und dann noch eine und so weiter. Karteikarten können nur oben auf den Stapel gelegt und von oben wieder heruntergenommen werden. Dies bedeutet, dass Sie keine Karteikarte in der Mitte oder unten am Stapel einfügen können. Es gibt auch nur die Möglichkeit, sich das anzusehen, was sich oben auf dem Stapel befindet. Der Aufbau eines Datenstapels funktioniert auf die gleiche Weise: Sie können die Daten im Stapel (Stack) speichern, indem Sie sie *auf* den Stack schieben, und Sie können sie wieder herunternehmen, indem Sie sie auf dem Stack verschwinden lassen. Und ja, da es sich bei einem Stack nur um Arbeitsspeicher handelt, ist es möglich, zu spionieren und auf Arbeitsspeicher in der Mitte des Stacks zuzugreifen. So etwas machen Sie aber unter normalen Umständen nicht. Sie legen Daten oben auf dem Stack ab und holen sie auch von dort wieder herunter.

Interessant am Stack ist, dass er eng mit der zentralen CPU Ihres Computers zusammenarbeitet. Die CPU hat direkt auf dem Chip ihren eigenen kleinen Speicherbehälter. (Dieser Speicher ist kein Bestandteil des normalen Arbeitsspeichers des Systems, dem RAM.) Er befindet sich in der CPU selbst und enthält etwas, das *Register* genannt wird. Eines dieser Register ist der *Stackpointer* (deutsch *Stapelzeiger*), der auch ESP (für Extended Stackpointer) genannt wird. (ESP heißt er deswegen, weil er 32 oder 64 Bit groß ist, während der Stackpointer (SP) der alten Intel-Prozessoren nur 16 Bit umfasste. Als man bei Intel die alten Chips durch neue, leistungsfähigere ersetzte, wurden auch die Register größer gemacht und der Buchstabe *E* für *erweitert* hinzugefügt, um auf die größeren Register hinzuweisen.)

Der Stack ist in vielen Situationen sehr nützlich, und er wird im Hintergrund auch intensiv von den Anwendungen genutzt, die Sie schreiben. Der Compiler generiert Code, der den Stack verwendet, um diese Dinge zu speichern:

✔ Lokale Variablen

✔ Parameter von Funktionen

✔ Die Reihenfolge von Funktionsaufrufen

Das alles wird auf dem Stack gestapelt und wartet dort darauf, wieder vom Stack heruntergeholt zu werden.

Im Stack herumreisen

Der Debugger von Code::Blocks lässt Sie wie die meisten Debugger auf den Stack blicken. Diese Aussage gilt aber nur mit Einschränkungen, denn in Wirklichkeit blicken Sie nicht direkt auf den Stack. Wenn Ihnen der Debugger den *Stack* zeigt, handelt es sich in Wirklichkeit um eine Liste mit Funktionsaufrufen, die Sie zur aktuellen Position der Anwendung in deren Code führen. Diese Informationen sind im Stack gespeichert, und der Debugger verwendet ihn, um an diese Informationen zu gelangen. Jetzt wissen Sie, warum Programmierer die Liste mit den Funktionsaufrufen *Stack* nennen, obwohl der in Wirklichkeit gar nicht angetastet wird.

Abbildung 22.1 zeigt ein Beispiel für ein CALL STACK-Fenster in Code::Blocks. Wenn Sie dieses Fenster sehen wollen, wählen Sie einfach DEBUG|DEBUGGING WINDOWS|CALL STACK. Im CALL STACK-Fenster erscheinen erst dann Informationen, wenn Sie damit beginnen, eine Anwendung auszuführen.

Versuchen Sie selbst, einen Blick auf den Stack zu werfen. Schauen Sie sich das Beispiel NestedCalls an, das Listing 22.1 zeigt. Dieses Listing ist eine einfache Anwendung, die mehrere verschachtelte Funktionsaufrufe tätigt.

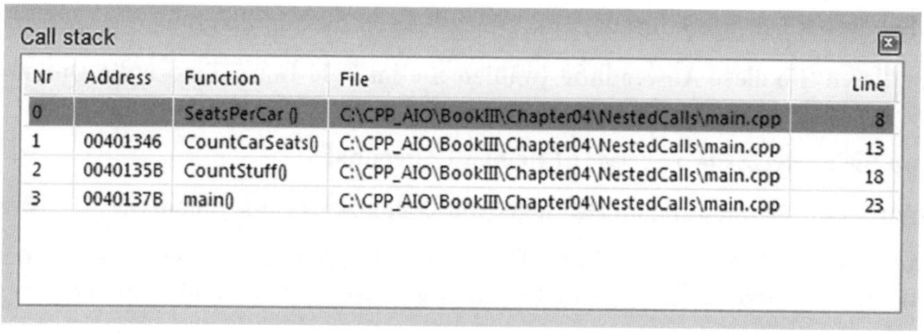

Nr	Address	Function	File	Line
0		SeatsPerCar ()	C:\CPP_AIO\BookIII\Chapter04\NestedCalls\main.cpp	8
1	00401346	CountCarSeats()	C:\CPP_AIO\BookIII\Chapter04\NestedCalls\main.cpp	13
2	0040135B	CountStuff()	C:\CPP_AIO\BookIII\Chapter04\NestedCalls\main.cpp	18
3	0040137B	main()	C:\CPP_AIO\BookIII\Chapter04\NestedCalls\main.cpp	23

Abbildung 22.1: Das Fenster CALL STACK *zeigt die Funktionsaufrufe an, die zur aktuellen Position führen.*

```cpp
#include <iostream>
#include <cstdlib>

using namespace std;

int SeatsPerCar()
{
    return 4;
}

int CountCarSeats()
{
    return 10 * SeatsPerCar();
}

int CountStuff()
{
    return CountCarSeats() + 25;
}

int main()
{
    cout << CountStuff() << endl;
    // Entfernen Sie die folgenden Kommentarzeichen, um
    // die Ausführung des Codes im Debugger zu sehen.
    //system("PAUSE");
    return 0;
}
```

Listing 22.1: Verschachtele Funktionsaufrufe

Folgen Sie diesen Schritten, um das CALL STACK-Fenster auszuprobieren.

1. **Kompilieren Sie diese Anwendung (wählen Sie im Feld BUILD TARGER die Option DEBUG aus).**

2. **Setzen Sie an der Zeile `int main()` einen Haltepunkt.**

3. **Führen Sie die Anwendung im Debugger von Code::Blocks aus, indem Sie** [F8] **drücken.**

4. **Klicken Sie auf STEP INTO, um in die Funktion `CountStuff()` zu gelangen, und wiederholen Sie den Vorgang für die Funktionen `CountCarSeats()` und `SeatsPerCar()`.**

   (Oder setzen Sie in der Funktion `SeatsPerCar()` einen Haltepunkt und lassen Sie die Anwendung ablaufen, bis sie diesen Haltepunkt erreicht hat.)

5. **Wählen Sie DEBUG|DEBUGGING WINDOWS|CALL STACK.**

   Es erscheint ein Fenster wie das in Abbildung 22.1. Achten Sie auf die Reihenfolge der Funktionsaufrufe in diesem Fenster:

   `SeatsPerCall()`

   `CountCarSeats()`

   `CountStuff()`

   `main()`

   Diese Informationen im CALL STACK-Fenster bedeuten, dass Ihre Anwendung mit `main()` angefangen hat, das dann `CountStuff()` aufgerufen hat. Diese Funktion hat dann `CountCarSeats()` aufgerufen, was wiederum `SeatsPerCar()` aufgerufen hat. Und das ist die Stelle, an der Sie sich gerade befinden. Code::Blocks unterlegt die aktuelle Position im Stack – den Codeblock, den die Anwendung gerade ausführt – rot.

 Das CALL STACK-Fenster ist sehr praktisch, wenn es darum geht, herauszufinden, welchen Weg die Anwendung genommen hat, um zu einem bestimmten Ausdruck zu gelangen. Sie sehen vielleicht einen Ausdruck, der von vielen Stellen Ihrer Anwendung aus aufgerufen wird, und Sie wissen nicht genau, welcher Teil den Ausdruck aufruft, wenn Sie eine bestimmte Aufgabe ausführen. Um das herauszufinden, setzen Sie in der Funktion einen Haltepunkt. Wenn Sie nun die Anwendung ausführen und der Debugger an der entsprechenden Zeile anhält, zeigt Ihnen das Fenster CALL STACK den Weg, den der Computer genommen hat, um dorthin zu gelangen, und den Namen der Funktion, die die fragliche Funktion aufgerufen hat.

Sie können im CALL STACK-Fenster auf dem Namen einer Funktion einen Doppelklick ausführen, und der Debugger verschiebt den Cursor zum Körper der Funktion im Quellcode. Dieses Feature des Programms macht es leicht, jede Funktion im Aufrufstack ausfindig zu machen und zu sehen, warum der Code einem bestimmten Pfad gefolgt ist, Wenn Sie im Aufrufstack an eine neue Position gelangt sind, verschiebt sich der rote Balken im Fenster CALL STACK an diese neue Position, wodurch Sie immer wissen, wo im Stack Sie sich gerade befinden.

So gut wie alle Debugger kennen Stackfeatures. Wir können nicht von *alle* sprechen, weil wir ziemlich sicher sind, dass dort draußen auch schlechte Debugger ohne diese Features auf Sie warten.

Die Debugger verwenden unterschiedliche Bezeichnungen für das Fenster, das Stackinformationen anzeigt. Borland C++ Builder und Borland Delphi (ein Pascal-Werkzeug) verwenden beide wie Code::Blocks *Call Stack*. Um im Builder das Fenster CALL STACK zu öffnen, wählen Sie VIEW|DEBUG WINDOWS|CALL STACK. Der Insight-Debugger verwendet die Bezeichnung *Stack Window*. Sie greifen über VIEW|STACK darauf zu. Die zentralen Funktionalitäten sind immer dieselben – es geht darum, anzuzeigen, wie Sie zu einem bestimmten Punkt im Code gekommen sind.

Lokale Variablen speichern

Wenn Sie sich intensiv mit dem Debuggen beschäftigen, hilft es zu verstehen, was sich im Inneren Ihrer Anwendung wirklich abspielt. An dieser Stelle müssen wir von zwei Ebenen sprechen: Die eine betrifft Ihren C++-Code, und die andere ist der sich daraus ergebende Assemblercode, den der Compiler anhand Ihres C++-Codes erstellt. (*Assembler* ist die von Menschen lesbare Form eines Maschinencodes, den der Prozessor Ihres Computers versteht.) Wir achten in diesem Kapitel sorgfältig darauf anzugeben, um welche dieser beiden Ebenen es gerade geht.

Stellen Sie sich vor, dass Sie in C++ eine Funktion schreiben und diese Funktion in einem anderen Teil Ihrer Anwendung aufrufen. Wenn der Compiler den Assemblercode der Funktion erzeugt, fügt er am Anfang und am Ende der Funktion zusätzlichen Code hinzu. Dieser zusätzliche Code am Anfang der Funktion weist den lokalen Variablen einen Bereich im Arbeitsspeicher zu, und der besondere Code am Ende der Funktion hebt diese Zuweisung wieder auf. Dieser Bereich für die Variablen wird *Stackframe* (deutsch *Stapelrahmen*) der Funktion genannt.

Dieser Bereich für die lokalen Variablen befindet sich auf dem Stack. Der Speichervorgang läuft so ab: Wenn Sie Ihre Funktion aufrufen, schiebt der Computer die Rückgabeadresse auf den Stack. Wenn der Computer seine Programmausführung dann in die Funktion verlegt hat, reserviert der besondere Code, den der Compiler hinzugefügt hat, noch mehr vom Stackspace – gerade genug für die Variablen. Dieser zusätzliche Bereich wird zum lokalen Speicherort für die Variablen. Und bevor die Funktion etwas zurückgibt, entfernt der besondere Code diesen lokalen Speicherbereich wieder. Damit wird die Spitze des Stacks zur Rückgabeadresse. Und die Rückgabe funktioniert auf die richtige Weise.

Diese Vorgehensweise mit dem Stack läuft mit der Hilfe der internen Register in der CPU ab. Der Assemblercode schiebt vor dem Aufruf einer Funktion die Argumente für die Funktion auf den Stack. Dann ruft er die Funktion auf, indem er die CPU-interne `call`-Anweisung verwendet. (Dies ist eine Assembleranweisung.) Diese `call`-Anweisung schiebt die Rückgabeadresse auf den Stack und verschiebt die Anweisungszeiger auf die Adresse der Funktion. Wenn sich dann die Programmausführung in der Funktion befindet, enthält der Stack die Argumente der Funktion und dann die Rückgabeadresse. Der besondere Anfangs- und Endecode der Funktion (der auch *Prolog* genannt wird), speichert den Wert in einem der Register der CPU, das auch *Extended-Base-Pointer-Register* oder *EBP* genannt wird.

Wo nun speichert der Prolog den Wert? Auf dem Stack! Der Prologcode schiebt den EBP-Wert auf den Stack. Dann nimmt sich der Prologcode den aktuellen Stackpointer (deutsch *Stapelzeiger*), der auf die Spitze des Stacks im Arbeitsspeicher zeigt, und speichert ihn wieder im EBP-Register ab, damit er später verwendet werden kann. Dann korrigiert der Prologcode den Stackpointer, um Platz für die Ablage der lokalen Variablen zu schaffen. Dann greift der Code in der Funktion als Offset oberhalb der Position des EBP auf dem Stack auf die lokale Variable zu. Der Zugriff auf die Argumente erfolgt als Offset unterhalb der Position des EBP auf dem Stack.

Und zum Schluss macht der besondere Code am Ende der Funktion (der *Epilog* genannt wird) alles wieder rückgängig: Der Epilog kopiert den Wert im EBP wieder zurück in den Stackpointer. Dies hebt die Zuweisung des Speicherbereichs der lokalen Variablen wieder auf. Dann *kickt* er die Spitze des Stacks *weg* und stellt diesen Wert wieder im EBP her. Nun enthält die Spitze des Stacks die Rückgabeadresse der Funktion, die sich wieder auf dem Weg befindet, auf dem sie war, als die Funktion begann. Bei der nächsten Assembleranweisung handelt es sich um ein return, das die Spitze des Stacks »wegzieht« und zu der Adresse zurückkehrt, die der Epilogcode vom Stack geholt hat. Bedenken Sie: Jedes Mal, wenn es in Ihrem Computer zu einem Funktionsaufruf kommt, läuft dieser Prozess ab.

Der Stack wird im Computer von unten nach oben ausgeführt. Wenn Sie etwas auf den Stack schieben, bewegt sich der Stackpointer im Arbeitsspeicher nach *unten* – er wird *dekrementiert* (verringert). Wenn Sie etwas vom Stack herunterholen, wird der Stackpointer *inkrementiert* (hochgezählt). Deshalb befinden sich die lokalen Variablen im Stackframe eigentlich *unterhalb* des EBP im Arbeitsspeicher und Sie greifen auf deren Adressen dadurch zu, dass Sie von dem Wert, der im EBP-Register gespeichert ist, subtrahieren. Im Gegensatz dazu befinden sich die Argumente der Funktion im Arbeitsspeicher *oberhalb* des EBP und Sie erhalten ihre Adressen, indem sie mit dem Wert eine Addition vornehmen, der im EBP gespeichert ist.

Was wir noch nicht behandelt haben, ist der Rückgabewert einer Funktion. In C++ sieht der Standardweg für die Rückgabe eines Wertes einer Funktion beim Assemblercode der Funktion so aus, dass der Wert in das *Extended-Accumulator-Register* (*EAX*) verschoben wird. Und wenn dann die Funktion beendet ist, kann der aufrufende Code das EAX-Register einfach durchsuchen. Wenn Sie aber etwas Komplexes wie die Instanz einer Klasse zurückgeben, wird alles ein wenig schwieriger. Stellen Sie sich vor, dass Sie eine Funktion haben, die ein Objekt zurückgibt, was aber nicht als Zeiger wie im Funktionsheader MyClass MyFunction(); geschieht. Die verschiedenen Compiler gehen unterschiedlich mit solch einer Situation um, aber wenn der Compiler GCC, der Bestandteil von Code::Blocks, Dev-C++, MinGW oder Cygwin ist, auf etwas wie `MyClass inst = MyFunction();` stößt, nimmt er die Adresse von `inst` und packt sie in das EAX. Dann weist er in der Funktion Arbeitsspeicher für eine lokale Variable zu und kopiert in der `return`-Zeile das Objekt in der lokalen Variablen in das Objekt, dessen Adresse sich im EAX befindet. Wenn Sie also ein Nichtzeigerobjekt zurückgeben, übergeben Sie gewissermaßen Ihr Objekt als Zeiger an die Funktion!

Mit weitergehenden Programmfunktionen debuggen

Die meisten Debugger, zu denen auch der von Code::Blocks gehört, enthalten weitergehende Funktionen, die ihre Praxistauglichkeit zeigen, wenn Sie den Dingen in Ihrer Anwendung auf der Spur bleiben wollen. Zu diesen Funktionen gehört zum Beispiel die Fähigkeit, einen Blick auf Assemblercode zu werfen.

In Assemblercode einer Spur nachgehen

Wenn Sie unbedingt wollen, können Sie sich den aktuellen Assemblercode ansehen. Wir machen so etwas nur dann, wenn es sich nicht vermeiden lässt, alles bis in den harten Kern der Grundelemente hinein aufzuspüren. Code::Blocks gibt Ihnen die Möglichkeit, so etwas zu tun. Wählen Sie DEBUG|DEBUGGING WINDOWS|DISASSEMBLY, um das Fenster DISASSEMBLY anzuzeigen. Wir empfehlen dringend, die Option MIXED MODE zu aktivieren, damit eine Mischung aus C++- und Assemblercode angezeigt wird (siehe Abbildung 22.2). Diese Vorgehensweise erleichtert das Verständnis dafür, wie Code::Blocks Ihren C++-Code in die Sprache Assembler umwandelt. Be

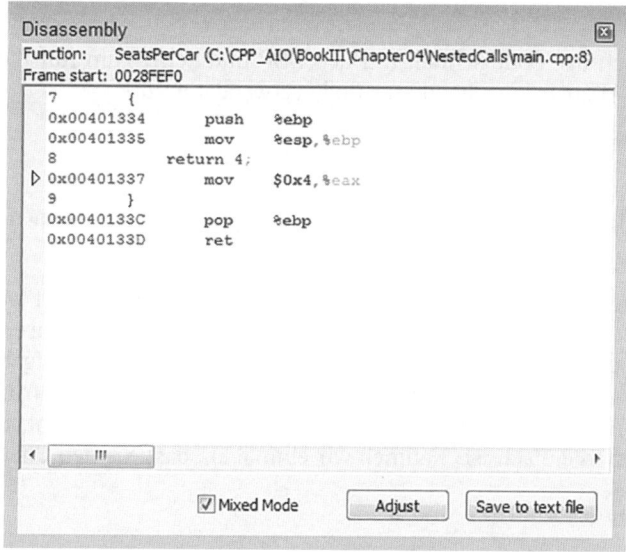

Abbildung 22.2: Das Fenster DISASSEMBLY zeigt den Assemblercode, der das Ergebnis des C++-Codes ist, den Sie geschrieben haben.

achten Sie, dass Sie im oberen Teil des Fensters den Namen der Funktion sehen, die Sie gerade untersuchen, und welche Datei diese Funktion enthält. Der C++-Code enthält Zeilennummern, wodurch Sie genau wissen, wo Sie sich im Quellcode befinden.

 Einige Leser der Vorversionen der englischen Ausgabe dieses Buches haben berichtet, dass Code::Blocks manchmal einfriert, wenn es das DISASSEMBLY-Fenster anzeigt. Die IDE behauptet dann, dass der disassemblierte Code zwar geladen, der Vorgang aber nie beendet wird. Schließen Sie in solch einem Fall den Beispielcode und starten Sie die IDE neu. In den meisten Fällen ist das Problem damit behoben und Sie können einen zweiten Versuch wagen.

Bei dem Fenster, das in Abbildung 22.2 gezeigt wird, handelt es sich um die Disassemblierung der Funktion `SeatsPerCa()`, die Bestandteil von Listing 22.1 ist. Hier noch einmal die Funktion, damit Sie sie mit Abbildung 22.2 vergleichen können:

```
int SeatsPerCar()
{
    return 4;
}
```

Die folgenden Zeilen erstellen den Stackframe:

```
004013EE push %ebp
004013EF mov %esp,%ebp
```

Nachdem der Code einen Stackframe erstellt hat, verschiebt er einen Wert von 4 (den return-Teil des Codes) so in das EAX, wie es hier gezeigt wird:

```
004013F1 mov $0x4,%eax
```

Dann kümmert sich der Code schnell um den EBP und kehrt zum Aufrufer (der Funktion `CountCarSeats()`) zurück, wobei dieser Code verwendet wird:

```
004013F6 pop %ebp
004013F7 ret
```

Wenn Sie nun in die Funktion `CountCarSeats()` hineingehen, sehen Sie Assembler wie den in Abbildung 22.3.

Der Assemblercode beginnt wie zuvor damit, dass ein Stackframe erstellt wird. Dann erstellt er einen Aufruf der Funktion `SeatsPerCar()`. Wenn die Funktion zurückkehrt, wird die Multiplikation ausgeführt. Zum Schluss führt der Code wie üblich die Aufgabe aus, den Rückgabewert im EAX unterzubringen, den EBP zu durchlaufen und zum Aufrufer zurückzukehren. Beachten Sie, dass das, was wie eine einfache Multiplikation aussieht, in der Assemblersprache nicht ganz so einfach ist. Nehmen wir einmal an, dass Sie den Code so ändern:

```
int CountCarSeats()
{
    return 4 * SeatsPerCar();
}
```

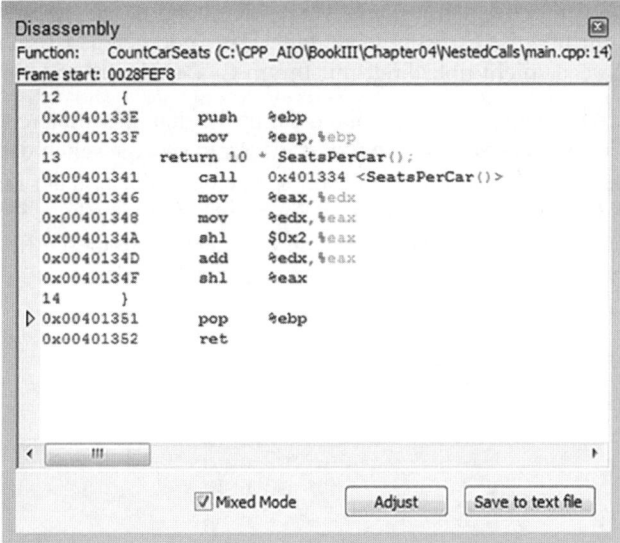

Abbildung 22.3: Dieses Disassembly-*Fenster gibt den Code der Funktion* CountCarSeats( )*wieder.*

Der mathematische Teil ist nun einfacher geworden, weil Sie 4 verwenden, was sich leicht in einen binären Wert umwandeln lässt. Abbildung 22.4 zeigt das Fenster Disassembly mit dem Ergebnis dieser einfachen Änderung.

Alles was der Code nun macht, ist, eine SHL-Anweisung (von **shifting left**, für *nach links ver-schieben*) auszuführen. Wenn der Wert im EAX um 2 nach links verrückt wird, ist dies dassel-be wie eine Multiplikation mit 4. Der Grund dafür, dass der Assembler die SHL-Anweisung

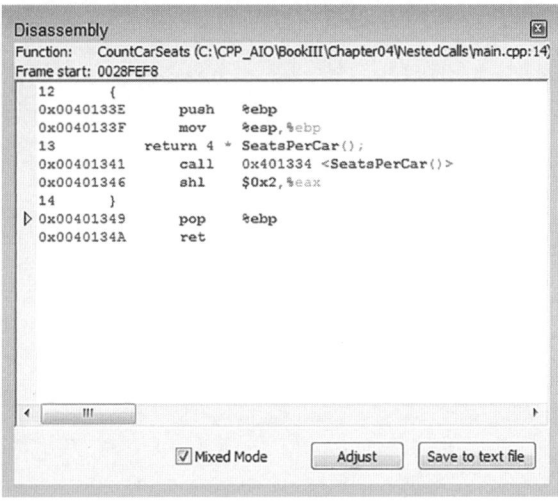

Abbildung 22.4: Eine kleine Änderung am C++-Code kann zu einer großen
Änderung am Assemblercode führen.

verwendet, ist, dass das Verrücken weniger Taktzyklen benötigt als eine Multiplikation, was wiederum die Ausführung des Codes beschleunigt. Das Endergebnis ist selbst dann dasselbe, wenn der Assemblercode nicht unbedingt mit Ihrem C++-Code übereinstimmt.

Wenn Sie die Werte im Register sehen wollen, damit Sie dem Assemblercode leichter folgen können, wählen Sie DEBUG|DEBUGGING WINDOWS|CPU REGISTERS. Sie sehen das Fenster CPU REGISTERS, das Abbildung 22.5 zeigt. Dieses Fenster spiegelt den Zustand der Register am aktuellen Haltepunkt im Code wider. Somit können Sie nicht jeden einzelnen Schritt des Assemblercodes sehen, den das Fenster DISASSEMBLY zeigt und der sich in diesen Registern widerspiegelt, wenn Sie den Code nicht Anweisung für Anweisung abarbeiten.

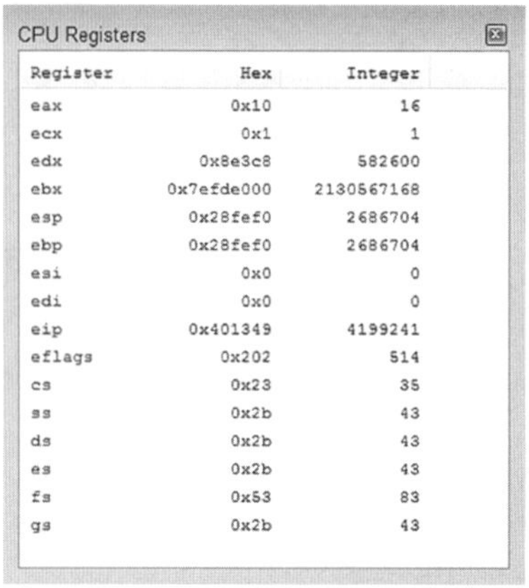

CPU Registers		
Register	Hex	Integer
eax	0x10	16
ecx	0x1	1
edx	0x8e3c8	582600
ebx	0x7efde000	2130567168
esp	0x28fef0	2686704
ebp	0x28fef0	2686704
esi	0x0	0
edi	0x0	0
eip	0x401349	4199241
eflags	0x202	514
cs	0x23	35
ss	0x2b	43
ds	0x2b	43
es	0x2b	43
fs	0x53	83
gs	0x2b	43

Abbildung 22.5: Wenn Sie sich die Register der CPU anschauen, können Sie Einblicke gewinnen, wie der Code mit dem Prozessor interagiert.

Teil V

Dateien lesen und schreiben

Inhalt auf einen Blick ...

Informationen mit der Bibliothek »Streams« ablegen

23

In diesem Kapitel

▷ Erkennen Sie die Notwendigkeit einer Bibliothek Streams

▷ Setzen Sie die richtigen Headerdateien ein

▷ Öffnen Sie eine Datei

▷ Kümmern Sie sich um Fehler

▷ Arbeiten Sie mit Flags, um das Öffnen Ihrer Datei zu beeinflussen

Das Wichtigste zuerst. Wir haben alle von Flüssen und Seen und Strömen gehört, und es ist interessant, wie viele Alltagswörter auch in der Computerprogrammierung Eingang finden. Das ist praktisch, denn es gibt uns die Möglichkeit, Wörter zu verwenden, die wir schon mit einer ähnlichen Bedeutung kennen – und gleichzeitig ist so etwas Mist, weil es nun schwerfällt, andere mit diesen Ausdrücken zu beeindrucken. Wir haben in der Programmierung zwar keine Gluggerhummeln und Plickerlädchen – Wörter, von denen noch nie jemand etwas gehört hat (weil wir sie uns gerade erst ausgedacht haben) –, aber es gibt *Streams* (Ströme)!

Für die meisten Programmierer ist ein Stream einfach nur eine Datei. Sie wissen schon – eine Datei auf Ihrer Festplatte oder einem USB-Stick oder einer SD-Karte. Aber Streams gehen darüber hinaus. Ein *Stream* ist eine beliebige Datenstruktur, in die Sie und aus der Sie Ihre Daten als Bytefolge *streamen* (fließen lassen) können.

Wenn wir zum Beispiel eine Internetverbindung zu einem total geheimen Computer öffnen, der unsere total geheimen Daten speichert (ooooh!), und damit beginnen, unsere Daten auf den entfernten Computer zu übertragen, nutzen wir vielleicht eine Stream-basierte Datenstruktur. Damit meinen wir, dass wir die Daten sequenziell – ein Byte nach dem anderen – schreiben. Die Daten fließen dann wie ein Wasserstrom durch das Internet, bis sie den entfernten Computer erreichen. Die Daten, die wir zuerst geschrieben haben, kommen auch zuerst an, und so weiter.

Sie können dem gleichen Ansatz folgen, wenn Sie Daten in einer Datei speichern. Statt einfach eine 500 MB große Datenstruktur zu füllen und diese dann auf der Festplatte abzulegen, schreiben Sie die Daten Stück für Stück, während die Informationen in die Datei wandern.

In diesem Kapitel geht es um die verschiedenen Arten von Streams, die Ihnen zur Verfügung stehen.

Warum Streams notwendig sind

Wenn Sie eine Anwendung schreiben, die mit Dateien zu tun hat, müssen Sie eine bestimmte Reihenfolge einhalten:

1. Öffnen Sie die Datei.

Bevor Sie eine Datei nutzen können, müssen Sie sie öffnen. Dabei geben Sie einen Dateinamen an.

2. Greifen Sie auf die Datei zu.

Nachdem Sie eine Datei geöffnet haben, speichern Sie dort entweder Daten (Sie *schreiben* Daten in die Datei) oder holen sich dort Daten ab (Sie *lesen* Daten aus der Datei).

3. Sie schließen die Datei.

Nachdem Sie fertig gelesen oder geschrieben haben, müssen Sie die Datei schließen.

So kann zum Beispiel eine Anwendung, die Ihre Aktienwerte verfolgt und Ihr Portfolio abends in eine Datei schreibt, diese Schritte ausführen:

1. Den Benutzer nach einem Dateinamen fragen.

2. Die Datei öffnen.

3. Für jedes Aktienobjekt die Daten in die Datei schreiben.

4. Die Datei schließen.

Wenn dann die Anwendung am nächsten Morgen startet, werden die Informationen wieder eingelesen. Dazu wird Folgendes gemacht:

1. Den Benutzer nach dem Dateinamen fragen.

2. Die Datei öffnen.

3. Wenn es noch weitere Daten in der Datei gibt, wird ein neues Aktienobjekt erzeugt, die Daten werden aus der Datei gelesen und in das Aktienobjekt kopiert.

4. Die Datei schließen.

Es gibt eine Reihe von Gründen, warum eine Datei geschlossen werden sollte, nachdem Sie mit ihr fertig sind:

✔ **Andere Anwendungen warten vielleicht darauf, die Datei nutzen zu können.** Manche Betriebssysteme erlauben es einer Anwendung, eine Datei zu *sperren*, wodurch andere Anwendungen die Datei nicht öffnen können, solange die sperrende Anwendung sie nutzt. In solchen Situationen können andere die Datei erst ansprechen, wenn Sie sie geschlossen haben.

✔ **Wenn Sie in eine Datei schreiben, entscheidet das Betriebssystem, ob die Informationen direkt auf der Festplatte oder dem USB-Stick/der SD-Karte landen oder ob die Daten erst gesammelt und später in einem Rutsch dort abgelegt werden.** Wenn Sie eine Datei schließen, überträgt das Betriebssystem die verbleibenden Daten in die Datei. Das nennt man *Flushing*.

Sie haben zwei Möglichkeiten, in eine Datei zu schreiben:

✔ **Sequenzieller Zugriff:** Bei sequenziellem Zugriff schreiben Sie in eine Datei oder lesen aus ihr vom Anfang bis zum Ende. Wenn Sie so vorgehen, geben Sie normalerweise beim Öffnen der Datei an, ob Sie dorthin schreiben oder von dort lesen wollen – beides geht nicht gleichzeitig. Wenn die Datei geöffnet worden ist und Sie dort hineinschreiben, werden die Daten an das Ende der Datei angehängt. Lesen Sie aus der Datei, erhalten Sie die Daten nach und nach vom Anfang bis zum Ende der Datei.

✔ **Wahlfreier Zugriff (Random Access):** Bei wahlfreiem Zugriff können Sie beliebige Bytes in einer Datei lesend oder schreibend ansprechen – und zwar unabhängig davon, mit welchen Bytes Sie zuvor gearbeitet haben. Sie können ein paar Bytes lesen, dann an eine andere Stelle in der Datei springen und Bytes schreiben, dann wieder woanders hinspringen und so weiter.

Früher, als es nur C gab, stand eine Reihe von Bibliotheken zur Verfügung, um mit Dateien zu arbeiten. Aber alles war kompliziert, und der Umgang mit den Funktionen machte keinen Spaß. Als dann C++ auf den Markt kam, wurde schnell ein Satz Klassen geschrieben, die das Arbeiten mit Dateien deutlich erleichterten. Diese Leute, die das Schreiben übernommen hatten, verwendeten *Stream* als Metapher für etwas, das wir weiter oben fantasievoll erklärt haben.

In den folgenden Abschnitten zeigen wir Ihnen, wie Sie Dateien öffnen, dort hineinschreiben, aus ihnen lesen und sie wieder schließen.

Mit der Streams-Bibliothek programmieren

Bevor wir uns über die Streams-Bibliothek auslassen (zu den aktuellen Bibliotheken gehören `fstream`, `iostream` und `sstream`, aber machen Sie sich darüber noch keine Gedanken), müssen wir Ihnen ein paar Kompatibilitätsprobleme erläutern. Der ANSI-C++-Standard beschreibt eine vollständige Bibliothek aus Klassen, die für Streams und den allgemeinen Umgang mit Ein- und Ausgaben (das sogenannte Input/Output-Handling) zuständig sind. (Es gibt mittlerweile einen gemeinsamen ANSI/ISO-Standard, aber wir bleiben in diesem Buch beim ANSI-Standard, weil dieser in der GNU-GCC-Dokumentation erscheint.)

Zum Glück stehen die meisten Klassen der Standardbibliothek in so gut wie allen aktuell verfügbaren Compilern bereit. Daher beschränken wir uns in diesem Buch fast immer auf die Klassen, die Sie in den meisten Compilern verwenden können. So ist jeder glücklich (auch wir!). Aber weil Sie vielleicht einen Compiler einsetzen, der die neueren Klassen verwendet, gehen wir darauf in zusätzlichen Kästen ein.

Die richtige Headerdatei erhalten

Die Streams-Bibliothek enthält eine ganze Reihe von Klassen, die Ihr Leben erleichtern. Hinzu kommen Klassen, die Ihr Leben auch komplizierter machen können, weil es sich dabei um Hilfsklassen handelt, die Sie eher selten einsetzen werden. Hier zwei der Klassen, die Sie im Allgemeinen öfter verwenden. (Und denken Sie daran: Diese Klassen stehen in so gut wie allen C++-Implementierungen bereit – und zwar unabhängig davon, ob die gesamte Standardbibliothek bereitsteht oder nicht.)

✔ `ifstream`: Dies ist ein Stream, den Sie instanziieren, wenn Sie aus einer Datei lesen wollen.

✔ `ofstream`: Dies ist ein Stream, den Sie instanziieren, wenn Sie in eine Datei schreiben wollen.

Bevor Sie die Klassen `ifstream` und `ofstream` nutzen können, müssen Sie die passende Headerdatei einbinden. Und hier wird es etwas unübersichtlich. In den Anfangstagen von C++ wurde die Headerdatei `<fstream.h>` verwendet. Aber irgendwann Mitte der 1990er Jahre fingen die Leute an, die Standard Template Library (und in den späten 1990ern die C++- Standardbibliothek) zu nutzen, die beide von Ihnen verlangten, dass Sie `<fstream>` einbinden (also ohne die Dateierweiterung `.h`).

Da wir aktuell sein wollen, nutzen wir in diesem Buch die Form ohne `.h`. Allerdings packt sowohl die Standard Template Library als auch die Standardbibliothek ihre Klassen und Objekte in den Namensraum `std`. (Die Standard Template Library und die Standardbibliothek sind C++-Bibliotheken, die ein paar Funktionalitäten unterschiedlich implementieren. Der englischsprachige Wiki-Artikel `https://en.wikipedia.org/wiki/Standard_Template_Library` beschreibt diese Unterschiede, aber Sie müssen sich darüber keine Gedanken machen, wenn Sie mit den Beispielen in diesem Buch arbeiten.) Wenn Sie ein Element aus der Streams-Bibliothek verwenden wollen, müssen Sie deshalb entweder

✔ dem Namen `std` voranstellen, zum Beispiel:

```
std::ofstream outfile("MyFile.txt");
```

✔ oder eine using-Direktive einbinden, bevor Sie die Stream-Klassen nutzen, zum Beispiel:

```
using namespace std;
  ofstream outfile("MyFile.txt");
```

Der GCC-Compiler erkennt standardmäßig den Namensraum `std` automatisch (so, als ob es in Ihrem Code die Zeile `using namespace std;` gäbe). Wir konzentrieren uns auf den GCC-Compiler, daher verwenden wir keine der beiden Methoden.

Wenn Sie einen anderen Compiler als den GCC verwenden, empfehlen wir Ihnen, auf Ihre #include-Zeilen noch die Zeile `using namespace std;` folgen zu lassen. Dann können Sie den gesamten Beispielcode – auch die Stream-Beispiele – wie angegeben aus dem Buch übernehmen, ohne vor jede Klasse oder jedes Objekt aus der Standardbibliothek `std::` schreiben zu müssen.

Pfadnamen

Jeder will etwas Besonderes sein. Die Leute, die das Betriebssystem MS-DOS von Microsoft geschrieben haben, orientierten sich nicht an der Unix-Tradition mit/als Pfadseparator, sondern sie nahmen stattdessen \, womit der *Backslash* in den Wortschatz von Millionen von Anwendern geriet. Heutzutage sehen Sie also unter Windows Pfadnamen wie `C:\MeinDatenOrdner\MeinKrempelPfad\SchwierigZuSchreiben\BriefAnLektor.doc`. Unter Unix haben Sie es mit normalen Schrägstrichen zu tun: `/usr/irgendetwas/BriefAnLektor.doc`. Und als ob diese Unterschiede nicht schon schlimm genug wären, sollten Sie einmal darüber nachdenken, was ein Backslash in einem String in C++ bedeutet: Damit wird der folgende Buchstabe vom Compiler als etwas anderes interpretiert. So steht zum Beispiel \t für ein Tabulatorzeichen und \n für einen Zeilenumbruch. Und wie fügen Sie einen Backslash in einen String ein? Mit zwei Backslashs. Umpf! Der Windows-Pfad weiter oben muss in einer C++-Anwendung also so aussehen:

```
"C:\\MeinDatenOrdner\\MeinKrempelPfad\\SchwierigZuSchreiben\\Brief
AnLektor.doc"
```

Ja, Sie müssen jeden Backslash doppelt eingeben, wenn der Compiler den String korrekt verarbeiten soll. Aber anstatt sich damit herumzuschlagen, haben wir eine bessere Idee! Nutzen Sie Backslashs gar nicht, auch nicht, wenn Sie für Windows programmieren. Wenn Sie eine C++-Anwendung für Windows schreiben, sind die Bibliotheken pfiffig genug, um zu wissen, dass auch ein normaler Schrägstrich funktioniert. Sie können deshalb folgenden String verwenden:

```
"C:/MeinDatenOrdner/MeinKrempelPfad/SchwierigZuSchreiben/BriefAnLek
tor.doc"
```

In diesem Buch werden wir nur normale Schrägstriche nutzen. Auf diese Weise funktionieren die Beispiele sowohl unter Unix als auch unter Windows.

Eine Datei öffnen

Mal sehen ... wie haben wir die Datei benannt? Wir glauben, es war `MeinTolles Kapitel.doc`. Also öffnen wir die Textverarbeitung, wählen DATEI|ÖFFNEN und geben `Mein TollesKapitel.doc` ein.

Hoppla. Eine Fehlermeldung. Die Datei gibt es nicht.

Ach, stimmt ja: Wir haben sie noch gar nicht geschrieben. Also erstellen wir in der Textverarbeitung ein neues Dokument, geben 800 coole Seiten an einem entspannten Abend ein und sichern dann (wenn wir fertig sind) die Datei. Jetzt bekommt sie den Namen `MeinTolles Kapitel.doc`. Dann beenden wir die Textverarbeitung, legen uns an den Pool, nerven unsere Freunde mit dem Roman, an dem wir schreiben, und gehen dann ins Bett.

Finden Sie Ihre Dateien

Wenn Sie eine neue Datei öffnen, müssen Sie nicht nur wissen, wie sie heißt, sondern auch, wo sie sich befindet. Mit anderen Worten: Sie müssen sowohl einen *Pfad* als auch einen *Dateinamen* mitgeben. Den Pfad für Ihre Datei können Sie abhängig von Ihrer Anwendung auf unterschiedlichen Wegen erhalten. Vielleicht speichern Sie zum Beispiel alle Ihre Dateien in einem bestimmten Verzeichnis; dann würden Sie die Dateinamen um den Namen dieses Verzeichnisses (dem *Pfad*) ergänzen. Hierbei hilft die Klasse string:

```
const string MyPath = "c:/GreatSoftwareInc";
string Filename = MyPath + "/" + "MyFile.txt";
ofstream outfile(Filename.c_str());
```

Der Grund für den Aufruf der string-Methode c_str liegt darin, dass ofstream keinen Konstruktor für eine string-Instanz besitzt, sondern nur auf einen String im C-Stil vorbereitet ist. Die Funktion c_str gibt einen Zeiger auf einen entsprechenden C-String zurück. Denken Sie auch daran, #include <string> einzubauen, wenn Sie die Klasse string verwenden!

Bei so einem konstanten Pfad wie in diesem Beispiel kann es auch sinnvoll sein, ihn stattdessen in einer Initialisierungsdatei abzulegen, die sich irgendwo auf dem Computer Ihrer Anwender befindet, statt ihn *hartcodiert* in Ihrer Anwendung unterzubringen (wie wir es in diesem Beispiel getan haben). Vielleicht bieten Sie ja auch ein Auswahlfenster an, in dem Ihre Benutzer diesen Pfad ändern können.

Am nächsten Morgen öffnen wir das Dokument. Dieses Mal existiert es, daher öffnet die Textverarbeitung es und liest die Informationen ein.

Wie Sie sehen können, gibt es beim Öffnen einer Datei zwei Möglichkeiten:

✔ Sie erstellen eine neue Datei.

✔ Sie öffnen eine bestehende Datei.

Hier wird es ein wenig seltsam: Manche Betriebssysteme behandeln diese beiden Aktionen als eine. Der Grund liegt darin, dass Sie eine neue Datei normalerweise sofort verwenden wollen. Technisch gesehen bedeutet dies, dass Sie eine neue Datei erstellen und dann öffnen. Daher gehört das Erstellen einer Datei häufig direkt zum Öffnen einer Datei.

Und wenn Sie eine bestehende Datei öffnen, in die Sie schreiben wollen, haben Sie zwei Möglichkeiten:

✔ Löschen Sie den vorhandenen Inhalt; schreiben Sie nun in die Datei.

✔ Behalten Sie den bestehenden Inhalt bei und schreiben Sie die Informationen an das Ende der Datei. Das wird als *Anhängen* von Informationen an eine Datei bezeichnet.

Das Beispiel FileOutput01 in Listing 23.1 zeigt, wie Sie eine nagelneue Datei öffnen, Informationen dort hineinschreiben und sie dann wieder schließen. (Und das Tolle daran ist: Dieser Code funktioniert sowohl mit den neueren ANSI-konformen Compilern als auch mit älteren!)

```cpp
#include <iostream>
#include <fstream>

using namespace std;

int main()
{
    ofstream outfile("../MyFile.txt");
    outfile << "Hallo" << endl;
    outfile.close();

    return 0;
}
```

Listing 23.1: Eine Datei öffnen und in sie schreiben

Die kleine Anwendung in Listing 23.1 öffnet eine Datei namens `MyFile.txt` (Der Teil `../` vor dem Dateinamen sorgt dafür, dass die Datei im übergeordneten Verzeichnis angelegt wird – hier wäre es das Arbeitsverzeichnis für dieses Kapitel. Einzelheiten hierzu finden Sie im Kasten *Finden Sie Ihre Dateien*.) Es wird eine neue Instanz von `ofstream` erzeugt – einer Klasse, die zum Schreiben in eine Datei dient. In der nächsten Zeile wird der String `Hallo` in die Datei geschrieben. Dazu dient der Einfügeoperator `<<`, der auch bei `cout` genutzt wird. Tatsächlich ist `ofstream` von genau der Klasse abgeleitet worden, von der `cout` eine Instanz ist: Dies bedeutet, dass alles, was Sie mit `cout` anstellen können, auch mit der Datei möglich ist. Gut, oder?

Wenn wir mit dem Schreiben in die Datei fertig sind, schließen wir sie, indem wir die Mitgliedsfunktion `close()` aufrufen. Das ist sehr wichtig!

Falls Sie eine bestehende Datei öffnen und etwas an sie anhängen wollen, können Sie Listing 23.1 ein wenig anpassen. Sie müssen nur die Argumente ändern, die an den Konstruktor übergeben werden:

```cpp
ofstream outfile("../MyFile.txt", ios_base::app);
```

Bei `ios::app` handelt es sich um ein Aufzählungselement innerhalb einer Klasse namens `ios`, während `ios_base::app` zu einer Aufzählung in der Klasse `ios_base` gehört.

Die Klasse `ios` ist die Basisklasse, von der die Klasse `ofstream` abgeleitet ist. Sie dient auch als Basisklasse für `ifstream`, mit der Dateien gelesen werden können.

Bei neueren Compilern ist die Klasse `ios_base` eine Basis für `ofstream` und `ifstream`. (Dazwischen gibt es noch eine Reihe weiterer Klassen. `ofstream` ist eine Templateklasse (Vorlagenklasse), die von einer Templateklasse namens `basic_ofstream` abgeleitet wurde, die wiederum von einer Templateklasse namens `basic_ios` stammt, die von der Klasse `ios_base` abgeleitet wurde. Ein vereinfachtes Diagramm dieser Klassen finden Sie unter `http://www.cplusplus.com/reference/iostream/`.)

Sie können auch aus einer bestehenden Datei lesen. Das funktioniert wie mit dem cin-Objekt. Das Beispiel FileRead01 in Listing 23.2 öffnet die von Listing 23.1 erzeugte Datei und liest den String wieder ein. Auch hier wird das übergeordnete Verzeichnis als gemeinsamer Ablageplatz zum Erstellen, Aktualisieren und Lesen von Dateien verwendet.

```
#include <iostream>
#include <fstream>
#include <string>

using namespace std;

int main()
{
    string word;
    ifstream infile("../MyFile.txt");
    infile >> word;
    cout << word << endl;
    infile.close();

    return 0;
}
```

Listing 23.2: Eine Datei öffnen und aus ihr lesen

Wenn Sie diese Anwendung ausführen, erscheint der weiter oben in Listing 23.1 in die Datei geschriebene String Hallo auf dem Bildschirm. Es hat funktioniert! Der String wurde aus der Datei gelesen.

Umgang mit Fehlern beim Öffnen einer Datei

Wenn Sie eine Datei öffnen, kann alles Mögliche schiefgehen. Eine Datei haust auf einem physischen Gerät – einer Festplatte, einem USB-Stick oder einer SD-Karte –, und bei der Arbeit mit diesen Geräten kann es zu Problemen kommen. Vielleicht sind Teile der Festplatte defekt, wodurch eine Datei zerstört worden ist. Oder Ihnen ist einfach der Plattenplatz ausgegangen. Oder Sie versuchen schlichtweg, eine Datei in einem Verzeichnis zu öffnen, das gar nicht existiert.

Wenn Sie versuchen, eine Datei zum Schreiben zu öffnen, und dabei einen vollständigen Pfad und den Dateinamen angeben, wobei leider das Verzeichnis nicht existiert, reagiert der Computer je nach Betriebssystem unterschiedlich. Falls Sie sich nicht sicher sind, wie das System auf Ihre Aktion reagieren wird, schreiben Sie eine einfache Testanwendung, die so etwas wie /abc/def/ghi/jkl/abc.txt erstellt und öffnet. (Natürlich sollten Sie darauf achten, dass dieses Verzeichnis noch nicht existiert – wir gehen davon aus, dass /abc/def/ghi/jkl bei Ihnen nicht vorhanden ist.) Dann gibt es eine von zwei Möglichkeiten: Entweder werden das Verzeichnis und die Datei erstellt oder es passiert nichts.

Wenn wir zum Beispiel versuchen, eine Datei auf einem Windows-System in einem nicht vorhandenen Verzeichnis anzulegen, wird das Verzeichnis nicht erstellt. Denn ganz tief drinnen ruft die Anwendung letztendlich eine Funktion des Betriebssystems auf, die sich um die ganzen schmutzigen Einzelheiten des Anlegens einer Datei kümmert. Und in dieser Funktion des Betriebssystems (sie heißt `CreateFile()`, falls es Sie interessiert) gibt es die Regel, dass sie kein Verzeichnis anlegt.

Wenn Sie herausfinden wollen, ob die Klasse `ostream` eine Datei nicht anlegen konnte, können sie deren Mitgliedsfunktion `fail()` aufrufen. Diese Funktion gibt `true` zurück, wenn das Objekt die Datei *nicht* anlegen konnte – was geschieht, wenn ein Verzeichnis nicht vorhanden ist. Das Beispiel `DirectoryCheck01` stellt diesen Vorgang in Listing 23.3, dar.

```cpp
#include <iostream>
#include <fstream>

using namespace std;

int main()
{
    ofstream outfile("/abc/def/ghi/MyFile.txt");
    if (outfile.fail()) {
        cout << "Datei konnte nicht geöffnet werden!" << endl;
        return 0;
    }
    outfile << "Hallo" << endl;
    outfile.close();

    return 0;
}
```

Listing 23.3: Erkennen, ob `ostream` eine Datei nicht anlegen konnte

Wenn Sie diesen Code ausführen und es kein Verzeichnis `/abc/def/ghi` auf Ihrem Computer gibt, sollte Sie die Meldung `Datei konnte nicht geöffnet werden!` erhalten. Wir gehen zudem hier davon aus, dass Ihr Betriebssystem kein Verzeichnis erstellt – wenn es das tut, wird Ihr Computer die Datei öffnen, `Hallo` hineinschreiben und sich zufrieden zurücklehnen.

Alternativ zum Aufruf der Mitgliedsfunktion `fail()` können Sie einen Operator nutzen, der in einer Reihe von Streamklassen zur Verfügung steht. Dabei handelt es sich um `!`, gerne als *Bang*-Operator bezeichnet, den Sie als Ersatz für `fail()` verwenden:

```cpp
if (!outfile)
{
    cout << "Datei konnte nicht geöffnet werden!" << endl;
    return 0;
}
```

Die meisten Leute bevorzugen den Einsatz von `!outfile`, auch wenn wir das anders sehen. Denn wir finden, dass es den Code verwirrender macht. Bei `outfile` handelt es sich schließlich um ein Objekt, und wenn wir `!outfile` sehen, heißt das für uns: »Nicht outfile«, was einfach keinen Sinn ergibt. Tatsächlich bringt `!outfile` viele Einsteiger ins Schleudern. Sie wissen, dass `outfile` in diesem Code kein Zeiger ist, und fragen sich, wie Sie es so gegen 0 testen können, wie sie es mit einem Zeiger machen. (Denken Sie daran: Wenn x ein Zeiger ist, testen Sie mit `!x` gegen 0.) Das ist doch nicht sinnvoll! Daher setzen wir lieber auf den Aufruf von `fail()`. Das finden wir besser.

Hier finden Sie ein paar Gründe, warum das Erstellen einer Datei fehlschlagen kann:

✔ Das Verzeichnis ist nicht vorhanden.

✔ Sie haben nicht mehr genug Festplattenspeicher.

✔ Ihre Anwendung hat nicht die nötigen Berechtigungen, um eine Datei zu erstellen.

✔ Der Dateiname ist nicht gültig – er enthält Zeichen, die das Betriebssystem dort nicht haben will, wie zum Beispiel * oder ?.

Ihre Anwendung sollte wie jede Anwendung zwei Dinge tun:

1. Prüfen, ob das Erstellen einer Datei erfolgreich war.

2. Falls das Erstellen einer Datei fehlschlägt, sich angemessen um diesen Fehlschlag kümmern. Geben Sie nicht einfach eine furchtbare Meldung wie `Huch! Abbruch!` aus, mit der der Benutzer nichts anfangen kann. Seien Sie stattdessen freundlicher – teilen Sie mit, was passiert ist, und bitten Sie darum, Plattenplatz freizugeben. (Oder was sonst eben der Grund für den Fehler war – lassen Sie es die Anwendung herausfinden und machen Sie dem Benutzer sinnvolle Vorschläge.)

Hissen Sie die ios-Flaggen

Wenn Sie eine Datei öffnen, indem Sie eine Instanz von `ofstream` oder `ifstream` erzeugen, können Sie Einfluss darauf nehmen, wie die Datei geöffnet wird. Dafür gibt es Flags. Ein *Flag* ist einfach ein kleines Element, dessen An- oder Abwesenheit einer Funktion sagt, wie sie sich verhalten soll. Bei den Klassen `ofstream` und `ifstream` ist die fragliche Funktion der Konstruktor.

Ein Flag sieht aus wie `ios::app`, wenn Sie einen Compiler verwenden, der nicht vollständig ANSI-konform ist – ansonsten nutzen Sie so etwas wie `ios_base::app`. Dieses spezielle Flag steht dafür, dass Sie in eine Datei schreiben, dabei aber die neuen Daten an das Ende anhängen, anstatt den bestehenden Inhalt zu überschreiben.

Dieses Flag übergeben Sie als Argument an den Konstruktor von ofstream:

```
ofstream outfile("AppendableFile.txt", ios::app);
ofstream outfile("AppendableFile.txt", ios_base::app);
```

Wir haben das Flag als zweiten Parameter übergeben. Es gibt auch noch andere Flags, die Sie mit dem Oder-Operator | kombinieren können, zum Beispiel ios::nocreate (das es in neueren Compilern nicht gibt, aber wir zeigen Ihnen weiter unten, wie man diese Einschränkung umgeht). Es steht für: »Nur öffnen, wenn die Datei schon vorhanden ist.« Die Datei soll also nicht erzeugt werden, wenn sie noch nicht vorhanden ist. (Denken Sie daran: ofstream erstellt eine Datei, wenn sie noch nicht existiert.) In solch einem Fall schlägt das Öffnen fehl und Sie erhalten beim Aufruf von fail() den Wert true.

Das Flag ios::nocreate ist zusammen mit ios::app sehr nützlich. Zusammen sorgen sie dafür, dass nur eine bestehende Datei geöffnet wird und Daten an sie angefügt werden. Wenn es die Datei noch nicht gibt, wird sie nicht erstellt. Hier ein Beispielaufruf:

```
ofstream outfile("../MyFile.txt", ios::app | ios::nocreate);
if (outfile.fail()) {
    cout << "Datei konnte nicht geöffnet werden!" << endl;
    return 0;
}
outfile << "Hallo" << endl;
outfile.close();
```

Existiert MyFile.txt nicht, wenn der Code ausgeführt wird, erhalten Sie die Meldung Datei konnte nicht geöffnet werden! Ist MyFile.txt hingegen vorhanden, wird sie von der Anwendung geöffnet, der String Hallo angefügt und die Datei wieder geschlossen.

Wie schon erwähnt, ist das Flag nocreate in der neuen Standardbibliothek nicht vorhanden. Hmm. Der oben gezeigte Code funktioniert also nur, wenn Sie eine ältere Version der Bibliothek nutzen. Beim Einsatz des Code::Blocks-Compilers bekommen Sie diese Fehlermeldung:

```
error: 'nocreate' is not a member of 'std::ios'
```

Sie sollten also prüfen, ob der von Ihnen genutzte Compiler eine Bibliothek einsetzt, die ios::nocreate unterstützt. Das kann auch dann der Fall sein, wenn er eigentlich die neue Standardbibliothek einsetzt.

Alternativ zu ios::nocreate können Sie folgenden Code nutzen (siehe das Beispiel FileOutput02):

```
ifstream infile("../MyFile.txt");
if (infile.fail())
{
    cout << "Datei konnte nicht geöffnet werden!" << endl;
    return 0;
}
```

```
infile.close();

ofstream outfile("../MyFile.txt", ios::app);
outfile << "Hallo" << endl;
outfile.close();
```

Hier wird zuerst versucht, die Datei lesend zu öffnen. Ist sie nicht vorhanden, können Sie nicht aus ihr lesen und der Code endet mit einer Fehlermeldung. Lässt sich die Datei lesend öffnen, wird sie nochmals geöffnet, dieses Mal aber zum Schreiben. Das ist ein nerviger Umweg, aber er funktioniert.

Hier eine Liste der verfügbaren Flags. Zuerst kommen die für ios, falls Sie einen Compiler verwenden, der nicht vollständig ANSI-konform ist:

✔ ios:: app: Sie wollen eine Datei öffnen und etwas an sie anfügen.

✔ ios::in: Sie wollen aus einer Datei lesen.

✔ ios::out: Sie wollen in eine Datei schreiben.

✔ ios::trunc: Sie wollen den Inhalt der Datei verwerfen, bevor Sie in die Datei schreiben. Das ist das Gegenteil vom Anfügen und zudem der Standardwert, wenn Sie nicht ios::app verwenden.

✔ ios::nocreate: Sie wollen sicherstellen, dass die Datei nicht angelegt wird, wenn sie noch nicht vorhanden ist. In diesem Fall wird sie auch nicht geöffnet.

✔ ios::noreplace: Dieses Flag ist genau das Gegenteil von nocreate. Nutzen Sie es, wenn auf jeden Fall eine neue Datei angelegt werden soll. Ist die Datei schon vorhanden, wird sie nicht geöffnet und fail() wird true zurückgeben.

ANSI-konforme Compiler unterstützen auch das Flag ios::noreplace nicht. In diesem Fall können Sie Code nutzen, der mehr oder weniger das Gegenteil von dem weiter oben vorgestellten Code macht (siehe auch Beispiel FileOutput03):

```
ifstream infile("../MyFile.txt");
if (!infile.fail())
{
    cout << "Datei schon vorhanden!" << endl;
    return 0;
}
infile.close();

ofstream outfile("../MyFile.txt");
outfile << "Hallo" << endl;
outfile.close();
```

Hier öffnet der Code die Datei im Lesemodus. Ist sie vorhanden, wird eine Meldung ausgegeben und das Programm beendet. Ansonsten wird eine neue Datei erzeugt und Text hineingeschrieben.

Die folgenden Flags stehen Ihnen zur Verfügung, wenn Ihr Compiler ANSI-konform ist:

✔ `ios::ate`: Verwenden Sie dieses Flag, um an das Ende der Datei zu springen, nachdem Sie sie geöffnet haben. Normalerweise verwenden Sie dieses Flag, wenn Sie Daten an die Datei anhängen wollen.

✔ `ios_base::binary`: Die zu öffnende Datei enthält Binärdaten – also keine normalen Zeichen.

✔ `ios_base::in`: Sie wollen aus einer Datei lesen.

✔ `ios_base::out`: Sie wollen in eine Datei schreiben.

✔ `ios_base::trunc`: Sie wollen den Inhalt der Datei verwerfen, bevor Sie in sie schreiben.

✔ `ios_base::app`: Sie wollen eine Datei öffnen und etwas an sie anfügen. Das ist das Gegenteil vom Verwerfen.

Warum brauchen Sie die Flags `in` und `out`? Eigentlich sollte der Computer doch wissen, ob Sie in eine Datei schreiben oder aus ihr lesen wollen, wo Sie doch `ofstream` beziehungsweise `ifstream` verwenden. Die Antwort ist, dass es neben `ofstream` und `ifstream` noch andere Klassen gibt. Die Compiler, die nicht vollständig ANSI-konform sind, bieten noch eine generische Klasse `fstream` an, während die ANSI-konformen Compiler eine Templateklasse `basic_filebuf` und eine Klasse `filebuf` in ihren Bibliotheken mitbringen. Wenn Sie diese Klassen verwenden, können Sie die Flags `in` und `out` einsetzen.

Mit Output-Streams schreiben

In diesem Kapitel

▶ Verwenden Sie den Einfügeoperator

▶ Arbeiten Sie mit Manipulatoren

▶ Formatieren Sie die Ausgabe

▶ Formatieren Sie die Ausgabe mit Flags

▶ Geben Sie beim Schreiben von Zahlen die Genauigkeit vor

▶ Setzen Sie Feldbreiten

▶ Erreichen Sie Datensicherheit durch gesperrte Streams

*V*or vielen Jahren besaß einer von uns einen alten Computer mit 3000 Byte Speicher. (Ja, *dreitausend Bytes*, nicht 3 MB.) Außerdem hatte der Computer ein externes Disketten-laufwerk, aber keine Festplatte. Wenn Sie ein Programm nutzen wollten, mussten Sie es *von einer Diskette laden, den Namen eingeben und die Eingabetaste drücken*! Das waren noch Zeiten.

Heutzutage scheint die Idee eines Computers ohne eine Festplatte (oder ein anderes Speicher-medium mit ähnlicher Kapazität) nahezu undenkbar zu sein. Nicht nur die Anwendungen hausen auf solch einem Medium, sondern sie erstellen auch Dateien, die dort abgelegt wer-den.

Wenn Sie mit einer Textverarbeitung arbeiten, sichern Sie Ihre Dokumente in einer Datei. Stellen Sie sich vor, Sie müssten das Dokument jedes Mal, wenn Sie es benötigen, neu schrei-ben. In diesem Kapitel zeigen wir Ihnen, welche Wege Sie beschreiten können, um in eine Datei zu schreiben.

Mit dem <<-Operator einfügen

Das Schreiben in eine Datei ist in C++ einfach, und vielleicht wissen Sie auch schon, wie Sie mit dem cout-Objekt in die Konsole schreiben:

```
cout << "Hey, ich bin im Fernsehen!" << endl;
```

Und Achtung: Das cout-Objekt ist ein Datei-Stream! Toll! Wollen Sie also in eine Datei schreiben, können Sie das wie bei cout machen: Sie nutzen einfach das doppelte Kleiner-als-Zeichen – den *Einfügeoperator*.

Mit dem Einfügeoperator arbeiten

Der Einfügeoperator << ist eine überladene Operatorfunktion. Für die vollständig ANSI-konformen Bibliotheken finden Sie in der Klasse basic_ostream (oder bei den nicht ganz konformen Bibliotheken in der Klasse ostream) eine ganze Reihe von überladenen Versionen der Operatorfunktion <<. Jede erwartet als Eingabeparameter einen der Basistypen oder eine der Standard-C++-Klassen wie zum Beispiel string oder eine ihrer Basisklassen.

Daten in bestimmten Ordnern ablegen

Manchmal wollen Sie Daten in bestimmten Ordnern ablegen, zum Beispiel dem aktuellen Arbeitsverzeichnis, das von der Anwendung genutzt wird. C++ stellt eine Methode bereit, um diese Information zu erhalten: getcwd(). Diese Methode findet sich bei UNIX-Ablegern wie Linux in der Headerdatei <unistd.h>, bei Windows in der Headerdatei <direct.h>. getcwd() und lässt sich recht problemlos einsetzen. Sie erstellen einen Ort für die Informationen – einen sogenannten Puffer – und bitten C++ dann, sie dort bereitzustellen. Das Beispiel GetWorkingDirectory zeigt, wie man das erledigen kann:

```
#include <iostream>
#include <direct.h>
#include <stdlib.h>

using namespace std;

int main()
{
    char CurrentPath[_MAX_PATH];
    getcwd(CurrentPath, _MAX_PATH);
    cout << CurrentPath << endl;
    return 0;
}
```

Als Ausgabe sollten Sie den Namen des Verzeichnisses erhalten, in dem die Anwendung liegt, wie zum Beispiel C:\CPP_AIO\BookV\Chapter02\GetWorkingDirectory. Die Konstante _MAX_PATH enthält die maximale Länge eines Pfades. Sie ist aber nur bei FAT-Dateisystemen verlässlich. Darum sollte man sie sich im Zweifelsfall selbst definieren. In diesem Code wird also ein Char-Array mit der Größe _MAX_PATH erzeugt. In diesen Puffer wird nun mit der Funktion das aktuelle Arbeitsverzeichnis abgelegt (daher kommt der Name der Funktion getcwd – Get Current Working Directory). Sie können dieses Verzeichnis dann anzeigen oder es als Teil des Pfades für Ihren Output-Stream nutzen – erstaunlich!

Wenn Sie eine Datei zum Schreiben öffnen und dazu die Klasse ofstream verwenden, können Sie mit dem Einfügeoperator in sie schreiben. Das Beispiel FileWrite01 in Listing 24.1 zeigt, wie das geht.

```
#include <iostream>
#include <fstream>

using namespace std;

int main()
{
    ofstream outfile("outfile.txt");
    outfile << "Hey! Ich bin in einer Datei!" << endl;
    int x = 200;
    outfile << x << endl;
    outfile.close();
    return 0;
}
```

Listing 24.1: Eine Datei öffnen und in sie schreiben

Mit der ersten Zeile innerhalb von main() wird eine Instanz von ofstream erzeugt und der Name der Datei (outfile.txt) übergeben.

Dann schreiben wir in die Datei: Wir übergeben zuerst den String Hey! Ich bin in einer Datei! und dann den Integerwert 200. Danach kommt noch das, was man als Programmierer halt so macht, wenn eine Datei zu schließen ist.

Formatieren Sie Ihre Ausgabe

Wenn Sie so sind wie wir und in Dateien Listen mit Zahlen speichern wollen, sind Sie sicherlich auch der Meinung, dass es besser aussieht, wenn diese Zahlen anständig *formatiert* sind. Sie möchten vielleicht, dass alle Zahlen rechtsbündig ausgerichtet sind oder dass Gleitkommazahlen eine bestimmte Anzahl Nachkommastellen besitzen.

Es gibt drei Aspekte, diese Formate festzulegen:

✔ **Format-Flags:** Ein *Format-Flag* ist ein allgemeiner gehaltener Stil, in dem das, was Sie ausgeben, formatiert wird. So sollen vielleicht Gleitkommazahlen in wissenschaftlicher Notation erscheinen oder die Wörter *true* und *false* für Boole'sche Werte genommen werden, statt dass die zugrunde liegenden Zahlen ausgegeben werden.

✔ **Genauigkeit:** Dies bezieht sich darauf, wie viele Nachkommastellen bei Gleitkommazahlen ausgegeben werden.

✔ **Feldbreite:** Hiermit wird festgelegt, wie viel Platz die Zahlen einnehmen sollen (sowohl bei Gleitkomma- als auch bei Ganzzahlen). Dieses Feature erlaubt es Ihnen, Ihre Zahlen auszurichten.

Die nächsten drei Abschnitte gehen im Detail auf diese Aspekte ein.

Sie können die Format-Flags (siehe den nächsten Abschnitt) und die Festlegung von Genauigkeit und Feldbreite nutzen, wenn Sie in Dateien schreiben – aber auch, wenn das Ziel cout ist. Denn cout ist ein Stream-Objekt in der iostream-Hierarchie und kann daher die gleichen Definitionen nutzen wie Dateien, in die ausgegeben wird.

Mit Flags formatieren

Diejenigen, die den ISO-C++-Standard definiert haben, sorgten auch für eine ganze Menge *Format-Flags*.

Wenn Sie einen Compiler verwenden, der nicht vollständig ANSI-konform ist, werden Sie die *meisten*, aber nicht alle dieser Format-Flags einsetzen können. In diesem Abschnitt erhalten Sie daher Listen für

✔ ios_base (für ANSI-konforme Bibliotheken)

✔ ios (für nicht-konforme Bibliotheken)

Um die folgenden Format-Flags zu verwenden, rufen Sie für das Datei-Objekt die Mitgliedsfunktion setf auf. (Das kann entweder Ihr eigenes Datei-Objekt oder cout sein.) Um zum Beispiel die wissenschaftliche Notation einzuschalten, gehen Sie wie folgt vor:

```
cout.setf(ios_base::scientific);
cout << 987654.321 << endl;
```

Wenn Sie eine nicht ANSI-konforme Bibliothek nutzen:

```
cout.setf(ios::scientific);
cout << 987654.321 << endl;
```

Um die wissenschaftliche Notation wieder abzuschalten, nutzen Sie die Mitgliedsfunktion unsetf:

```
cout.unsetf(ios_base::scientific);
cout << 987654.321 << endl;
```

Oder bei einer nicht ANSI-konformen Bibliothek:

```
cout.unsetf(ios::scientific);
cout << 987654.321 << endl;
```

Verwenden Sie Ihre eigene Datei, können Sie so etwas wie im folgenden Code umsetzen (siehe das Beispiel FileWrite02):

```
ofstream myfile("numbers.txt");
myfile.setf(ios_base::scientific);
myfile << 154272.524 << endl;
myfile.close();
```

Oder im Nicht-ANSI-Fall:

```
ofstream myfile("numbers.txt");
myfile.setf(ios::scientific);
myfile << 154272.524 << endl;
myfile.close();
```

Wenn Sie diesen Code ausführen, um in eine Datei zu schreiben, enthält die Datei anschließend abhängig von Ihrem Compiler und Ihrer Bibliothek `numbers.txt` eine der beiden folgenden Zahlen.

```
1.542725e+005
```

```
1.542725e+05
```

Jede der `ios_base`-Flags existiert sowohl als Spezifikationssymbol für die Formatierung als auch als Manipulator. (Machen Sie sich über den Unterschied jetzt keine Gedanken – in Kapitel 27 geht es detaillierter um Manipulatoren.) Deshalb können Sie sich zum Beispiel aussuchen, welche der beiden folgenden Zeilen Sie lieber verwenden möchten:

```
cout.setf(ios_base::boolalpha);
```

```
cout << boolalpha;
```

Es geht hier nur um die `ios_base`-Flags. Die `ios`-Flags stehen nicht gleichzeitig auch als Manipulatoren zur Verfügung. Sie können sie nur dann als Manipulatoren einsetzen, wenn Sie mit einer ANSI-konformen Bibliothek arbeiten.

Wenn Sie die Manipulator-Form eines Format-Spezifikationssymbols verwenden, geben Sie kein `endl` am Ende der Zeile an, sofern Sie nicht wirklich einen Zeilenumbruch ausgeben wollen:

```
cout << boolalpha << endl;
```

Im Folgenden stellen wir kurz die Format-Flags vor, die sowohl in ANSI-konformen als auch in nicht konformen Bibliotheken vorhanden sind. Wie schon erwähnt, setzen Sie diese Flags durch den Aufruf von `setf` und schalten sie wieder ab, indem Sie entweder `unsetf` aufrufen oder (bei manchen Flags) einfach ein anderes Flag setzen. So wird zum Beispiel die wissenschaftliche Notation mit beiden folgenden Zeilen ausgeschaltet:

```
cout.unsetf(ios_base::scientific);
```

```
cout.setf(ios_base::fixed);
```

Wir weisen in der folgenden Liste darauf hin, ob Sie ein anderes Flag setzen können, um das beschriebene Flag auszuschalten. Von diesen Flags ist `boolalpha` nur für den ANSI-konformen Teil der Entwickler verfügbar. Denken Sie daran, dass die »ANSI-Welt« vor jedem Flag `ios_base::` verwenden muss, während die »Nicht-ANSI-Welt« stattdessen `ios::` einsetzt.

✔ `boolalpha`: (nur ANSI) Durch das Setzen dieses Flags werden Boole'sche Variablen mit den Wörtern `true` oder `false` ausgegeben (oder dem entsprechenden Wort für das von Ihnen gesetzte Locale). Setzt man dieses Flag wieder zurück, werden Boole'sche Variablen mit 0 für *false* und 1 für *true* geschrieben. (Dieses Flag ist standardmäßig nicht gesetzt.)

✔ `fixed`: Mit diesem Flag wird dafür gesorgt, dass Gleitkommazahlen möglichst nicht in wissenschaftlicher Notation ausgegeben werden. (Wir schreiben »möglichst«, weil große Zahlen immer in wissenschaftlicher Notation erscheinen – und zwar unabhängig davon, ob Sie `scientific` oder `fixed` verwenden.)

✔ `scientific`: Wenn Sie dieses Flag angeben, werden Ihre Gleitkommazahlen immer in wissenschaftlicher Notation ausgegeben.

✔ `dec`: Wenn Sie dieses Flag setzen, werden Ihre Integerwerte als Dezimalzahlen ausgegeben. Um das auszuschalten, wechseln Sie zu einer anderen *Basis* – entweder `hex` (für hexadezimal) oder `oct` (für oktal).

✔ `hex`: Mit diesem Flag werden all Ihre Integerwerte als Hexadezimalzahlen ausgegeben. Um das auszuschalten, wählen Sie eine andere Basis – `dec` oder `oct`. Computer-Nerds lieben Hexadezimalzahlen, weil es einfach cool ist, *Buchstaben* in seinen Zahlen zu haben.

✔ `oct`: Schalten Sie dieses Flag ein, werden Ihre Integerwerte als *Oktalzahlen* ausgegeben. Ein großer Spaß.

✔ `left`: Mit diesem Flag werden alle Zahlen in einem Feld mit fester Breite linksbündig ausgegeben. (Siehe *Felder erstellen und ihre Breite setzen* weiter unten in diesem Kapitel, wenn Sie mehr Informationen über das Setzen der Breite von Feldern benötigen.)

✔ `right`: Mit diesem Flag werden alle Zahlen in einem Feld mit fester Breite rechtsbündig ausgegeben.

✔ `showbase`: Wenn Sie dieses Flag einschalten und einen Integerwert ausgeben, findet sich davor eine Kennzeichnung für die Basis – dezimal, hexadezimal oder oktal. Das kann praktisch sein, denn die dezimale Zahl 153 ist etwas anderes als die hexadezimale Zahl 153 (die dezimal nämlich 339 ergibt) oder die oktale Zahl 153 (die dezimal 107 ist). Das kann einen ganz schön verwirren.

✔ `showpoint`: Mit diesem Flag erhalten Ihre Gleitkommazahlen auch dann einen Dezimalpunkt, wenn es sich um ganze Zahlen handelt. (Eine Gleitkommavariable mit dem Wert 10.0 wird damit als `10.` ausgegeben. Ohne dieses Flag würde man nur `10` erhalten.)

✔ `showpos`: Normalerweise erhält eine negative Zahl ein Minuszeichen vor dem Absolutbetrag, während eine positive Zahl ohne Pluszeichen bleibt. Mit diesem Flag erhalten Ihre positiven Zahlen ein Pluszeichen. Cool!

✔ `unitbuf`: Das ist etwas für Fortgeschrittene. Wenn Sie dieses Flag einschalten, wird die Ausgabe nach jeder Ausgabe-Operation geleert. Mit anderen Worten: Die Bibliothek sammelt die Ausgabedaten nicht, bevor sie sie in einem Block herausschreibt. Stattdessen erfolgt jedes Mal dann eine Ausgabe, wenn Sie den Einfügeoperator << verwenden.

✔ uppercase: Wenn Sie hexadezimale Zahlen oder Zahlen in wissenschaftlicher Notation ausgeben, werden aus den diversen Buchstaben Großbuchstaben gemacht – also die Buchstaben A–F bei Hexadezimalzahlen und das E für den Exponenten bei wissenschaftlicher Notation. Wenn dieses Flag nicht gesetzt wird, erhalten Sie stattdessen Kleinbuchstaben – also a–f beziehungsweise e.

In Tabelle 24.1 finden Sie die Manipulator-Form einiger Flags. Sie besteht aus zwei Spalten. In der ersten steht das Flag, das gleichzeitig auch der Manipulator ist. In der zweiten Spalte finden Sie den Manipulator, um das Flag wieder *abzuschalten*. Ja, Sie benötigen eine Möglichkeit dazu. (Wir haben dafür ein neues Wort geschaffen: *Demanipulator*. Klingt gut, oder?) Denken Sie daran: Wenn Sie einen Pre-ANSI-Compiler haben, besitzen Sie keinen Zugriff auf diese Manipulatoren. Stattdessen müssen Sie setf aufrufen.

Flag/Manipulator	Demanipulator
boolalpha	noboolalpha
showbase	noshowbase
showpoint	noshowpoint
showpos	noshowpos
skipws	noskipws
uppercase	nouppercase
fixed	scientific
scientific	fixed

Tabelle 24.1: ANSI-Standard-Manipulatoren und -Demanipulatoren verwenden

Die Flags scientific und fixed sind Gegenspieler: fixed schaltet scientific aus und umgekehrt. Geben Sie nichts an, wird fixed genutzt.

Sechs Manipulatoren finden Sie nicht in Tabelle 24.1, weil es für sie keinen Demanipulator gibt. Stattdessen gehören immer drei zusammen:

✔ **Basen:** dec, hex und oct: Es kann immer nur eine Basis gleichzeitig aktiv sein. Mit dem Aktivieren einer Basis schaltet man die anderen ab.

✔ **Ausrichtung:** internal, left und right. Auch hier kann nur eine Ausrichtung gleichzeitig aktiv sein. Mit dem Aktivieren einer Ausrichtung werden die anderen abgeschaltet.

Die Präzision festlegen

Wenn Sie in eine Datei oder nach cout Gleitkommazahlen (also Zahlen aus float- oder double-Variablen) schreiben, ist es oft sehr praktisch, alle Zahlen mit der gleichen Anzahl an Nachkommastellen auszugeben. Dieses Feature wird *Präzision* genannt.

 Verwechseln Sie diese Verwendung des Begriffs *Präzision* nicht mit der Idee, dass double-Variablen genauer sind (eine höhere Präzision haben) als float-Variablen. Hier geht es nur um die Anzahl an Nachkommastellen, die in eine Datei oder an cout ausgegeben werden sollen. Der Wert in der Variablen ändert sich nicht, auch nicht die Genauigkeit des Variablentyps.

Um die Präzision zu setzen oder auszulesen, rufen Sie die Funktion precision() des Streams auf. Ohne Angabe von Parametern erhalten Sie die aktuelle Präzision. Um sie zu setzen, übergeben Sie eine Zahl, die angibt, wie viele Nachkommastellen ausgegeben werden sollen.

Diese Zeile setzt zum Beispiel die Präzision der Ausgabe:

```
cout.precision(4);
```

Die Ausgabe könnte dann so aussehen:

```
0.3333
```

 Wenn Sie die Präzision nicht setzen, verwendet der Stream eine Standardpräzision. Die ist abhängig von Ihrem Compiler, wird aber vermutlich den Wert 6 haben.

Bei der Präzision gibt es noch einen interessanten Effekt, wenn Sie das Format-Flag showpoint nutzen. In der Wissenschaftsgemeinde haben diese drei Zahlen nicht die gleiche Präzision:

```
3.5672
8432.2259
0.55292
```

Auch wenn die ersten beiden Zahlen die gleiche Anzahl an Nachkommastellen besitzen, sehen Wissenschaftler sie als Werte mit unterschiedlicher Präzision an. Denn für sie zählt die Gesamtanzahl an Stellen, auch vor dem Dezimalpunkt. Nur eine führende Null wird weggelassen (wie bei der dritten Zahl). Die folgenden drei Zahlen werden daher als solche mit gleicher Präzision betrachtet. (Auch hier ist wieder bei der dritten Zahl zu beachten, dass die führende Null nicht mitgezählt wird.)

```
3.567
8432.
0.1853
```

Wissenschaftler bezeichnen die Anzahl an Stellen als die *signifikanten Stellen*.

Sie können einem Output-Stream mit signifikanten Stellen erhalten, indem Sie precision mit dem Flag showpoint kombinieren. Das Beispiel PrecisionFunction in Listing 24.2 zeigt, wie die beide wunderbar zusammenarbeiten.

```
#include <iostream>

using namespace std;

int main()
{
    int i;
    cout.setf(ios_base::showpoint);
    cout.precision(4);
    for (i=1; i<=10; i++) {
        cout << 1.0 / i << endl;
    }
    cout << 2.0 << endl;
    cout << 12.0 << endl;
    cout << 12.5 << endl;
    cout << 123.5 << endl;
    cout << 1234.9 << endl;
    cout << 12348.8 << endl;
    cout << 123411.5 << endl;
    cout << 1234111.5 << endl;
    return 0;
}
```

Listing 24.2: Die Zusammenarbeit der Funktion `precision()` mit dem Flag `showpoint`

 Wenn Sie einen nicht-ANSI-konformen Compiler einsetzen, müssen Sie in der dritten Zeile von `main()` das `ios_base` in `ios` umwandeln. Und weil Listing 24.2 für einen vollständig ANSI-konformen Compiler gedacht ist, haben wir zudem die Zeile `using namespace std;` eingebunden. (Sie können diese Zeile immer einsetzen – und zwar unabhängig davon, ob Ihr Compiler sie benötigt oder nicht.)

Wenn Sie diese Anwendung ausführen, erhalten Sie diese Ausgabe:

```
1.000
0.5000
0.3333
0.2500
0.2000
0.1667
0.1429
0.1250
0.1111
0.1000
2.000
12.00
```

```
12.50
123.5
1235.
1.235e+04
1.234e+05
1.234e+06
```

Diese Ausgabe weist einige interessante Dinge auf:

✔ Die letzten drei Zeilen werden in wissenschaftlicher Notation ausgegeben, um vier signifikante Stellen beibehalten zu können.

✔ Die viertletzte Zeile (1235.) rundet 1234.9 auf:

```
cout << 1234.9 << endl;
```

Die Funktion precision besitzt einen ihr zugeordneten Manipulator. Statt also precision als Funktion aufzurufen, können Sie diesen verwenden. Allerdings lautet der Name ein wenig anders: setprecision. Um ihn verwenden zu können, binden Sie diesen Header ein:

```
#include <iomanip>
```

Diese zwei Zeilen sorgen dann für das gleiche Ergebnis:

```
cout.precision(4);
```

```
cout << setprecision(4);
```

Und diese beiden Zeilen stehen auch in allen neueren Compilern zur Verfügung – unabhängig davon, wie ANSI-konform sie sind. Achten Sie nur darauf, #include <iomanip> zu nutzen, denn ansonsten erhalten Sie eine Fehlermeldung.

Felder erstellen und ihre Breite setzen

Jetzt geht es darum, Zahlen und andere Daten schön in Spalten anzuordnen. Dazu verwenden Sie die Mitgliedsfunktion width() für den Stream oder cout und übergeben dabei die Breite des Felds wie in diesem Beispiel:

```
cout.width(10);
```

Wenn Sie nun eine Zahl ausgeben, können Sie sich das Ganze als einen zehn Zeichen breiten Bereich vorstellen, in den die Zahl rechtsbündig geschrieben wird. Zum Beispiel:

```
cout.width(10);
cout << 20 << endl;
```

Der Code sorgt für diese Ausgabe:

```
          20
```

Das ist jetzt im gedruckten Buch schwer zu erkennen, aber die 20 steht ganz rechts in einem Feld, das 10 Zeichen breit ist. Und weil sie zwei Zeichen Platz einnimmt, stehen vor ihr noch acht Leerzeichen.

 Wenn es Ihnen lieber ist, können Sie die Zahlen auch linksbündig ausgeben lassen. Dazu setzen Sie mithilfe von `setf` das Format-Flag `left`. (Oder Sie nutzen bei echt ANSI-konformen Compilern den Manipulator `left`.)

Anstelle der `width`-Funktion können Sie alternativ `#include <iomanip>` einbinden und dann einen Manipulator einsetzen:

```
cout << setw(10);
```

Das funktioniert für alle neueren Compiler.

 Aufgrund irgendwelcher Seltsamkeiten in den Bibliotheken merkt sich der Compiler das Setzen der Breite nur für die nächste Ausgabe-Operation. Nennen Sie es vergesslich, wenn Sie wollen. Wenn wir also diesen Code

```
cout.width(10);
cout << 20 << 30 << endl;
```

verwenden, wird nur die erste Ausgabe (20) in einem Feld mit 10 Zeichen Breite ausgegeben. Die darauf folgende 30 erhält schon wieder nur noch so viel Platz, wie nötig ist. Daher sorgen diese Zeilen für die folgende Ausgabe, die vermutlich nicht das ist, was man sich vorgestellt hat:

```
        2030
```

Darum ziehen wir die Manipulator-Form vor: Sie schreiben vor jedes auszugebende Element eine Breiten-Spezifikation:

```
cout << setw(10) << 20 << setw(10) << 30 << endl;
```

Als Ausgabe erhalten Sie nun:

```
        20        30
```

Das sieht doch viel netter aus!

Das Beispiel `WidthFunction` in Listing 24.3 zeigt, was Sie mit dem Setzen der Breite alles erreichen können.

```cpp
#include <iostream>
#include <iomanip>
#include <fstream>

using namespace std;

int main()
{
    ofstream sals("salaries.txt");
    sals << setprecision(2);
    sals << fixed;
    sals << left;

    sals << setw(20) << "Name" << setw(10) << "Gehalt";
    sals << endl;

    sals << "------------------- ";  // 19 Bindestriche, ein Leerzeichen
    sals << "----------" << endl;     // 10 Bindestriche
    sals << setw(20) << "Hank Williams";
    sals << setw(10) << 28422.82 << endl;

    sals << setw(20) << "Buddy Holly";
    sals << setw(10) << 39292.22 << endl;

    sals << setw(20) << "Otis Redding";
    sals << setw(10) << 43838.55 << endl;
    sals.close();
    return 0;
}
```

Listing 24.3: Die Breite eines Felds mit dem `setw`-Manipulator oder der `width`-Funktion setzen

Dieses Listing funktioniert nur mit Compilern, die wirklich ANSI-konform sind. Ist das bei Ihnen nicht der Fall, müssen Sie diese beiden Zeilen:

```cpp
sals << fixed;
sals << left;
```

austauschen gegen:

```cpp
sals.setf(ios::fixed);
sals.setf(ios::left)
```

Wenn Sie Listing 24.3 ausführen, erhalten Sie eine Datei `salaries.txt` mit folgendem Inhalt:

```
Name                 Gehalt
-------------------  ----------
Hank Williams        28422.82
Buddy Holly          39292.22
Otis Redding         43838.55
```

Sind die Zeilen nicht schön ausgerichtet? Beachten Sie allerdings Folgendes: Das erste Feld `Name` ist 20 Zeichen breit. Wir haben aber nur 19 Bindestriche verwendet. So sieht es so aus, als ob zwischen den beiden Feldern ein Zeichen Abstand gelassen wurde. Tatsächlich aber sind beide ohne Abstand direkt aneinandergehängt.

Wenn Sie Listing 24.3 ausführen und alle Gehälter in wissenschaftlicher Notation ausgeben (wie zum Beispiel als `2.8e+04`), müssen Sie `sals.setf (ios::fixed);` und `sals.setf(ios::left);` verwenden.

Wir haben das Format-Flag `left` genommen, damit die Daten in allen Feldern linksbündig ausgerichtet sind. Standardmäßig ist jedes Feld rechtsbündig ausgerichtet.

Sie können zwar die Feldbreite angeben, aber dabei handelt es sich immer um ein *Minimum*. Sind für die Ausgabe weniger Zeichen nötig, als das Feld breit ist, füllt die Laufzeitbibliothek den Rest mit Leerzeichen auf. Wenn aber mehr Zeichen benötigt werden, als zur Verfügung stehen, werden die »überzähligen« Zeichen nicht von der Bibliothek abgeschnitten, damit es passt. Würden Sie Hank Williams in Listing 24.3 einen Haufen weiterer Buchstaben spendieren (zum Beispiel `sals << setw(20) << "Hank WilliamsABCDEFGHIJ";`), erhielten Sie die folgende Ausgabe. Die Zeile mit Hank Williams überschreitet die 20 Zeichen und läuft in das nächste Feld.

```
Name                 Gehalt
-------------------  ----------
Hank WilliamsABCDEFGHIJ28422.82
Buddy Holly          39292.22
Otis Redding         43838.55
```

Aus Input-Streams lesen

In diesem Kapitel

▶ Lesen Sie mit dem Extraktionsoperator

▶ Gehen Sie mit dem Dateiende um

▶ Lesen Sie verschiedene Datentypen ein

▶ Lesen Sie als Text formatierte Daten ein

*I*st das nicht schön? Sie haben eine Datei, in die Sie geschrieben haben, und jetzt wollen Sie daraus wieder etwas auslesen! Wozu ist denn so eine Datei sonst da? Auf der Festplatte sammelt sich doch nur Staub an!

Wir zeigen Ihnen in diesem Kapitel, wie Sie aus einer Datei lesen können. Das kann mit Schwierigkeiten verbunden sein, weil es zum Beispiel Probleme mit der Formatierung gibt. Stellen Sie sich auch einmal vor, dass Sie eine Textzeile in einer Datei haben, in der 50 Ziffern in Folge stehen. Entsprechen diese 50 Ziffern nun 50 einstelligen Zahlen, 25 zweistelligen Zahlen oder irgendeiner anderen Kombination? Wenn Sie die Datei erstellt haben, wissen Sie das vermutlich, aber trotzdem müssen Sie Ihre C++-Anwendung irgendwie dazu bringen, die Werte ordentlich auszulesen. In diesem Kapitel zeigen wir Ihnen, wie Sie die Datei vom Staub befreien und die Daten in den Arbeitsspeicher bekommen!

Mit Operatoren extrahieren

Wenn Sie aus einer Datei lesen, können Sie den *Extraktionsoperator* >> nutzen. Dieser lässt sich sehr leicht einsetzen, wenn Sie auf das Kleingedruckte achten.

Stellen Sie sich vor, Sie haben eine Datei namens `Numbers.txt` mit folgendem Inhalt:

```
100 50 30 25
```

Sie können diese Zahlen problemlos mit dem folgenden Code einlesen. Achten Sie vor allem darauf, dass Sie #include <fstream> (aber nicht `fstream.h`, denn damit greifen Sie auf eine veraltete Version zu) und #include <iostream> einbinden. Und Sie benötigen vermutlich die Zeile using namespace std;, wenn Sie einen neuen Compiler und eine aktuelle Bibliothek einsetzen.

Es ist wichtig, Variablen zu definieren, die die einzulesenden Daten aufnehmen sollen. Die folgenden Variablen (aus dem Beispiel `FileRead01`) reichen uns aus:

```
string weight;
string height;
string width;
string depth;
```

Was ist ein Protokoll?

Okay, hier haben Sie ein paar Zahlen: 1600 20500 1849 20240. Jetzt machen Sie schon. Verwenden Sie sie so, wie wir uns das gedacht haben, und liefern Sie uns Ihre Antwort, damit wir darauf reagieren können. Wie? Sie wissen nicht, was Sie damit machen sollen? Aha! Sie brauchen ein Protokoll. In diesem Kapitel wird ein *Protokoll* einfach als eine Regel dafür definiert, wie Daten angeordnet werden. Ein Protokoll definiert im Allgemeinen Regeln für den Austausch von Informationen beliebiger Art zwischen Computern. (Stellen Sie sich das Ganze als diplomatische Aufgabe vor.) Die beiden Systeme verhandeln den Austausch der Daten anhand standardisierter Regeln.

Wie es der Zufall so will, ist die erste Zahl die Hausnummer des Weißen Hauses in Washington und die zweite die Postleitzahl. Die dritte Zahl ist die Hausnummer der Zentrale des National Park Service und die vierte dessen Postleitzahl. Natürlich ist Ihnen das nicht aufgefallen (sofern Sie nicht für den Park Service arbeiten und Teile seiner Adresse wiedererkannt haben).

Aber jetzt stellen Sie sich vor, Sie sagen uns: »Schicken Sie mir die Hausnummer des Weißen Hauses, dann die Postleitzahl, dann die Hausnummer des National Park Service und dann dessen Postleitzahl.« Dann würden wir Ihnen die vier Zahlen zukommen lassen. Wir müssten in diesem Fall keine weiteren Zusatzinformationen mitliefern – zum Beispiel eine Beschreibung dessen, was was ist. Wenn wir Ihnen die Zahlen genau in der von Ihnen angegebenen Reihenfolge zukommen lassen, ist das alles, was Sie benötigen. Würden Sie eine Anwendung schreiben, die diese Informationen empfängt, und würden wir zusätzliche Informationen mitliefern, würde Ihre Anwendung sogar durcheinanderkommen, und Sie hätten ein Problem. Mit anderen Worten: Unsere Anwendung und Ihre Anwendung müssen sich auf ein Protokoll einigen. Darin werden die Reihenfolge der Informationen und deren Formatierung definiert. Zudem gibt ein Protokoll vor, wie Sie antworten müssen: Vielleicht schicken Sie einfach eine 1 zurück, wenn Sie die Daten korrekt empfangen haben, und wir schicken eine 0, um auszudrücken, dass keine weiteren Informationen mehr folgen. Das ist ein Protokoll, und Protokolle sind nützlich, wenn Daten gelesen werden – sei es aus einer Datei oder über das Internet.

Die Variablen definieren eine Statistik für irgendeine Anwendung, die Sie aufbauen. Nachdem alle Variablen vorhanden sind, erledigt der folgende Code die Arbeit:

```
ifstream MyFile("Numbers.txt");
MyFile >> weight;
MyFile >> height;
MyFile >> width;
MyFile >> depth;
```

Bei diesem Code wurden die Zahlen in der Datei `Numbers.txt` durch Leerzeichen getrennt. Sie können auch – wie im folgenden Beispiel – Zeilenumbrüche nehmen:

```
100
50
30
25
```

Die Anwendung kümmert das nicht. Sie hält nach *Leerräumen* – einer beliebigen Folge von *Leerzeichen*, *Tabs* und *Zeilenumbrüchen* – Ausschau. Sie könnten die Daten auch wie folgt formatieren, und die Applikation würde sie immer noch sauber einlesen:

```
100        50
                30
    25
```

Wenn Sie mit dem Standard-Eingabeobjekt `cin` arbeiten, gelten die gleichen Regeln zu Leerräumen: Wenn Sie mehrere Zahlen einlesen, trennt das `cin`-Objekt die Zahlen anhand von Leerräumen so wie das `ifstream`-Objekt.

```
cin >> weight;
cin >> height;
cin >> width;
cin >> depth;
```

Wenn der Anwender *unabsichtlich* ein Leerzeichen einfügt, interpretiert der Computer dies als Trennzeichen und macht aus einer zwei Zahlen. Seien Sie also vorsichtig!

Wenn Sie Informationen aus einer Datei einlesen, müssen Sie dafür sorgen, dass Sie die Reihenfolge der Daten klar definiert haben. Mit anderen Worten: Achten Sie darauf, dass Sie sich auf ein Protokoll für die Informationen geeinigt haben. Ansonsten erhalten Sie vermutlich Fehler und falsche Daten, und Ihre Kollegen werden jemandem dafür die Schuld geben wollen. So sind sie halt, diese Computer-Menschen.

Natürlich wollen Sie überprüfen, ob die Anwendung tatsächlich funktioniert. Das geht mit diesem Code:

```
cout << "Weight = " << weight << endl;
cout << "Height = " << height << endl;
cout << "Width  = " << width << endl;
cout << "Depth  = " << depth << endl;
```

Lassen Sie die Anwendung laufen, erhalten Sie dieses Ergebnis:

```
Weight = 100
Height = 50
Width  = 30
Depth  = 25
```

Mit dem Dateiende umgehen

Auch Dateien haben ein Ende – das _EOF_, was für _End of File_ steht. Wenn Sie aus einer Datei lesen, müssen Sie wissen, wann Sie das Ende erreicht haben. Wenn Sie wissen, wie groß die Datei ist, können Sie Ihre Anwendung so schreiben, dass sie im richtigen Moment stoppt. Es gibt zwei Fälle, die wir in diesem Abschnitt behandeln: Als Erstes erfahren Sie, wie Sie bis zum Ende der Datei lesen und dann aufhören, weil Sie wissen, wie groß die Datei ist. Dann geht es darum, wie Sie mit einem EOF umgehen, ohne die Dateigröße im Voraus zu kennen.

Sie als Programmierer kennen das Format der Datei, die Sie gerade lesen. (Vielleicht hat Ihre Anwendung die Datei sogar selbst geschrieben, und jetzt geht es um den Teil, in dem sie wieder eingelesen wird.) Und es ist sogar möglich, dass Ihr Format mit einer Größenangabe beginnt. Sie könnten somit vielleicht eine Datei einlesen, an deren Anfang eine Zahl steht, die angibt, wie viele Informationseinheiten in der Datei vorhanden sind. Voraussetzung dafür ist aber, dass derjenige, der die Datei erstellt hat, deren Größe hinterlegt hat, bevor die restlichen Daten geschrieben wurden, und dass Sie mit diesem Format einverstanden sind.

Hier ein Beispiel. Der Code im Beispiel `FileRead02`, den Listing 25.1 zeigt, schreibt als Erstes zwei Dateien, die Sie später einlesen können.

```cpp
#include <iostream>
#include <fstream>
#include <string>

using namespace std;

void WriteFile(string filename, int count, int start)
{
    ofstream outfile(filename.c_str());
    outfile << count << endl;
    int i;
    for (i=0; i<count; i++)
    {
        outfile << start + i  << endl;
    }
    outfile.close();
}
```

```
int main()
{
    WriteFile("../nums1.txt", 5, 100);
    WriteFile("../nums2.txt", 6, 200);
    return 0;
}
```

Listing 25.1: Eine Datei öffnen und in sie schreiben

Die beiden Dateien landen in dem Ordner, der dem aktuellen Ordner, in dem sich das Beispielprojekt befindet, übergeordnet ist. Wir verwenden hier das Elternverzeichnis, weil wir im nächsten Listing wieder daraus lesen wollen und so darauf zugreifen können.

Beachten Sie, dass die Funktion `WriteFile()` einen Dateinamen, einen Zähler und einen Startwert erwartet. Mit dieser Information wird dann eine Reihe von Zahlen in die Datei geschrieben. Aber bevor dies geschieht, wird noch folgendes count geschrieben:

```
outfile << count << endl;
```

Dann werden die Zahlen mit einer Schleife geschrieben.

Und natürlich wird die Datei am Ende der Funktion wieder geschlossen.

Das Beispiel `FileRead03` in Listing 25.2 zeigt, wie Sie die Daten wieder einlesen können.

```
#include <iostream>
#include <fstream>
#include <string>

using namespace std;

void ReadFile(string filename)
{
    ifstream infile(filename.c_str());
    int count;
    int i;
    int num;

    cout << "Datei: " << filename << endl;
    infile >> count;
    cout << "Diese Datei enthält " << count << " Elemente." << endl;
    for (i=0; i<count; i++)
    {
        infile >> num;
        cout << num << endl;
    }
    infile.close();
}
```

```
int main()
{
    ReadFile("../nums1.txt");
    ReadFile("../nums2.txt");
    return 0;
}
```

Listing 25.2: Eine Datei öffnen und wieder einlesen

Wie Sie sehen, enthält `filename` in Listing 25.2 wie in Listing 25.1 nicht nur den Dateinamen, sondern auch den Pfad zur Datei.

Schauen Sie sich nun die Funktion `ReadFile()` genauer an. Sie öffnet die Datei und liest dann direkt eine Zahl ein. Diese Zahl steht für die Anzahl der Elemente, die im Folgenden zu lesen sind, und es handelt sich dabei um die erste Zahl, die von der Funktion `WriteFile()` im vorigen Listing geschrieben wurde.

 Da wir es waren, die sowohl die Anwendung zum Schreiben als auch die zum Lesen der Dateien entworfen haben, konnten wir uns problemlos auf das zu verwendende Format einigen. Dadurch haben wir auch keine Schwierigkeiten dabei, die geschriebenen Daten wieder korrekt einzulesen.

Wenn Sie diese Anwendung ausführen, erhalten Sie folgende Ausgabe:

```
Datei: ../nums1.txt
Diese Datei enthält 5 Elemente.
100
101
102
103
104
Datei: ../nums2.txt
Diese Datei enthält 6 Elemente.
200
201
202
203
204
205

Process returned 0 (0x0)   execution time : 0.000 s
Press any key to continue.
```

Eine andere Möglichkeit, eine geschriebene Datei wieder einzulesen, sieht so aus, dass die Datei gelesen wird, bis ihr Ende erreicht ist. Wie machen Sie so etwas? Sie prüfen das istream- oder ifstream-Objekt auf EOF.

In Listing 25.3 und Listing 25.4 sehen Sie, wie das gemacht werden kann. Wie bei den vorigen Listings schreibt das erste ein paar Dateien, während das zweite sie wieder einliest.

Zuerst also das Beispiel FileRead04 in Listing 25.3.

```cpp
#include <iostream>
#include <fstream>
#include <string>

using namespace std;

void WriteFile(string filename, int count, int start)
{
    ofstream outfile(filename.c_str());
    int i;
    for (i=0; i<count; i++)
    {
        outfile << start + i << endl;
    }
    outfile.close();
}

int main()
{
    WriteFile("../nums1.txt", 5, 100);
    WriteFile("../nums2.txt", 6, 200);
    return 0;
}
```

Listing 25.3: Eine Datei schreiben, ohne die Anzahl an Einträgen mit zu dokumentieren

Wie Sie sehen, gibt es zwischen Listing 25.3 und Listing 25.1 starke Ähnlichkeiten, wobei wir aber in Listing 25.3 darauf verzichtet haben, als Erstes einen Zähler zu schreiben.

Das Beispiel FileRead05 in Listing 25.4 liest nun die Zahlen wieder ein.

```cpp
#include <iostream>
#include <fstream>
#include <string>

using namespace std;
```

```cpp
void ReadFile(string filename)
{
    ifstream infile(filename.c_str());
    int num;

    cout << "Datei: " << filename << endl;
    bool done = false;
    while (!done)
    {
        infile >> num;
        if (infile.eof() == true)
        {
            done = true;
        }
        else
        {
            cout << num << endl;
        }
    }
    infile.close();
}

int main()
{
    ReadFile("../nums1.txt");
    ReadFile("../nums2.txt");
    return 0;
}
```

Listing 25.4: Aus einer Datei lesen und dabei auf EOF achten

Dieses Listing ähnelt stark Listing 25.2. Aber anstatt erst einen Zähler einzulesen, fängt es einfach mit den Daten an. Die Ausgabe dieses Beispiels sieht dadurch etwas anders aus:

```
Datei: ../nums1.txt
100
101
102
103
104
Datei: ../nums2.txt
200
201
202
203
204
205
```

```
Process returned 0 (0x0)   execution time : 0.010 s
Press any key to continue.
```

 Schauen Sie sich genau an, wie in Listing 25.4 vorgegangen wird: Erst wird *versucht*, eine Zahl einzulesen, *dann* wird geprüft, ob ein EOF aufgetreten ist. Wenn Sie mit den anderen Möglichkeiten vertraut sind, Dateien einzulesen, mag das ein wenig seltsam sein. Aber so funktioniert Streaming nun einmal: Erst einlesen, und wenn das nicht geklappt hat, wird abgebrochen.

Deshalb muss Ihr Code eine etwas ungewöhnliche Logik enthalten. Dies ist der allgemeine Algorithmus:

```
done auf false setzen
während nicht done
    lese Zahl ein
    wenn Dateiende erreicht
        setze done auf true
    sonst
        verarbeite eingelesene Zahl
    ende-wenn
ende-während
```

Etwas an diesem Ansatz nervt uns: Wir benötigen eine große if-Anweisung, und der Teil verarbeite eingelesene Zahl landet in einem else-Block. Wir mögen die Idee mit der Boole'schen Variablen done, denn dann können wir eine while-Schleife wie folgt einsetzen:

```
while (!done) // "solange noch nicht fertig"
```

Wenn sehr viel verarbeitet werden muss, geschieht dies in einem großen else-Teil des if-Blocks. Das kann bei Millionen von Einrückungen ziemlich übel enden. Prüfen Sie in solch einem Fall auf EOF und beenden Sie die Schleife:

```
if (infile.eof() == true)
    break;
```

Wenn Sie so vorgehen, gibt es keinen Grund für die done-Variable. Was stecken Sie dann in die while-Schleife? Viele Programmierer gehen so vor:

```
while (1)
{
    infile >> num;
    if (infile.eof() == true)
        break;
    cout << num << endl;
}
```

Ja, da steht while (1). Mit anderen Worten: Die while-Schleife läuft so lange, bis eine break-Anweisung erreicht wird. Wir sind mit dem while (1) nicht wirklich glücklich, weil es so wenig intuitiv ist, aber viele Entwickler gehen halt so vor. Und wir müssen zugeben, dass uns die Kürze der `if`-Anweisung gefällt, in der es um das Beenden der Schleife bei einem EOF geht. Sie müssen selbst entscheiden, wie Sie vorgehen wollen. Und vielleicht fallen Ihnen ja noch andere Ideen ein.

Verschiedene Typen einlesen

Das Einlesen einer Datei ist wirklich einfach. Aber wenn Sie Leerzeichen lesen wollen, wird es schwierig. Stellen Sie sich vor, Sie wollen diese beiden Strings in eine Datei schreiben:

```
"That's the steak by the poodle that I'll have for dinner."
"I will have the Smiths for dinner, too."
```

Jetzt stellen Sie sich vor, Sie haben diese beiden Strings als einen langen String in eine Datei geschrieben, und dort steht jetzt: »That's the steak by the poodle that I'll have for dinner. I will have the Smiths for dinner, too.«

Später wollen Sie nun diese beiden Strings wieder einlesen. Wie lässt sich das realisieren? So geht es nicht:

```
string first, second;
infile >> first;
infile >> second;
```

Wenn Sie das tun, steht in `first` nur *That's* und in `second` steht *for*. Warum? Wenn Sie Strings einlesen, verwenden die Klassen `ifstream` und `istream` Leerzeichen, um die Strings zu unterteilen (oder zu *begrenzen* [*delimit*]). Doof.

Aber auch wenn Sie die Klasse `ifstream` irgendwie dazu bringen würden, die Leerzeichen mit einzulesen – woher soll sie wissen, wann das Ende des ersten Strings erreicht wird? Nun, vielleicht bringen Sie Ihre Anwendung dazu, sich an ein Protokoll zu halten: Ein String endet mit einem Punkt.

Dieses Protokoll ist soweit in Ordnung, denn in den beiden Strings, die in die Datei geschrieben wurden, finden sich Punkte nur am Satzende. Aber was, wenn es sich dabei nur um Abfolgen von Wörtern handelt:

```
"poodle steak eat puddle"

"dinner Smiths yummy"
```

Und wenn Sie diese beiden Strings in eine Datei schreiben, sieht es darin vielleicht so aus:

```
poodle steak eat puddle dinner Smiths yummy
```

Oder schlimmer noch, falls zwischen den beiden Strings keine Leerzeichen stehen:

```
poodle steak eat puddledinner Smiths yummy
```

 Unser Vorschlag: Zuerst müssen Sie sich auf ein Protokoll einigen. Das kann bedeuten, dass Sie mit sich selbst ins Reine kommen. (Was sowieso immer eine gute Idee ist.) Hier ein paar Möglichkeiten für Ihr Protokoll:

✔ Sie schreiben jeden String in eine eigene Zeile und wissen dann beim Einlesen, dass eine neue Zeile auch ein neuer String ist.

✔ Sie begrenzen jeden String durch ein bestimmtes Zeichen. Dann teilen Sie die Strings an diesem Zeichen.

Es ist nicht schwierig, einen String in eine eigene Zeile zu schreiben:

```
cout << mystring << endl;
```

Nichts Weltbewegendes. Das Einlesen ist auch sehr einfach – Sie verwenden die Funktion `getline()` der `ifstream`- oder `istream`-Klasse. Allerdings möchte `getline()` ein Zeichen-Array haben, kein `string`-Objekt. Also lesen Sie eben in ein Zeichen-Array ein und wandeln dies in ein `string`-Objekt um:

```
char buf[1024];
infile.getline(&(buf[0]), 1024);
string str(buf);
```

 Sie müssen das Array nicht in ein `string`-Objekt umwandeln – Sie können auch direkt damit arbeiten. Aber wir bevorzugen `string`-Objekte, weil es sich dabei um Klasseninstanzen handelt und Sie die schicken Mitgliedsfunktionen dazubekommen, mit denen sich die Strings bearbeiten lassen. Das macht uns das Leben viel einfacher.

Das Beispiel `ReadString01` in Listing 25.5 zeigt, wie Sie die Strings mit einem Trennzeichen schreiben. Daran ist nichts besonders kompliziert (abgesehen von der Quantenphysik, die dafür nötig ist, dass der Mikroprozessor läuft, aber darum kümmern wir uns jetzt nicht).

```
#include <iostream>
#include <string>
#include <fstream>

using namespace std;

void WriteString(ofstream &file, string words)
{
    file << words;
    file << ";";
}
```

```
int main()
{
    ofstream delimfile("../delims.txt");
    WriteString(delimfile, "Das ist ein Hund");
    WriteString(delimfile, "Manche Hunde beißen");
    WriteString(delimfile, "Manche Hunde beißen nicht");
    WriteString(delimfile, "Menschen sagen");
    WriteString(delimfile, "Alle Hunde beißen");
    WriteString(delimfile, "Essen ist es");
    WriteString(delimfile, "Ich sage Essen Essen Essen.");

    delimfile.close();
    return 0;
}
```

Listing 25.5: Strings mit einem Trennzeichen sind leicht geschrieben.

Das Beispiel ReadString02 in Listing 25.6 zeigt, wie Sie die Strings aus der Datei wieder einlesen. Wir haben dafür einen Trick genutzt. Die Klasse ifstream erbt von der Klasse istream die Funktion getline(). Die meisten nutzen sie, um eine Textzeile einzulesen. Eine wenig bekannte Tatsache ist aber, dass Sie das Trennzeichen angeben können, das Sie statt des Zeilenendes nutzen wollen. Sie übergeben es als dritten Parameter. Also setzen wir hier ein Semikolon ein und alles ist erledigt.

```
#include <iostream>
#include <string>
#include <fstream>

using namespace std;

string ReadString(ifstream &file)
{
    char buf[1024]; // Achten Sie auf die Größe!
    file.getline(&(buf[0]), 1024, ';');
    return string(buf);
}
```

```
int main()
{
    ifstream delimfile("../delims.txt");

    while (1)
    {
        string words = ReadString(delimfile);
        if (delimfile.eof() == true)
            break;
        cout << words << endl;
    }
    delimfile.close();
    return 0;
}
```

Listing 25.6: Der Funktion getline() *ein Trennzeichen mitgeben*

Wenn Sie Listing 25.6 ausführen, erhalten Sie diese Ausgabe:

```
Das ist ein Hund
Manche Hunde beißen
Manche Hunde beißen nicht
Menschen sagen
Alle Hunde beißen
Essen ist es
Ich sage Essen Essen Essen.
```

Super, genau das, was wir geschrieben haben.

Formatierte Eingabewerte einlesen

Früher oder später werden Sie einmal eine Datei einlesen, die diese Informationen enthält:

```
Hallo, meine Lieblingszahl ist 13. Wenn ich in den Laden gehe, kaufe ich jede
Woche 52 Dinge ein, außer an Tagen, die mit 2 beginnen, dann kaufe ich 53 Dinge.

Hallo, meine Lieblingszahl ist 18. Wenn ich in den Laden gehe, kaufe ich jede
Woche 72 Dinge ein, außer an Tagen, die mit 1 beginnen, dann kaufe ich 73 Dinge.

Hallo, meine Lieblingszahl ist 10. Wenn ich in den Laden gehe, kaufe ich jede
Woche 40 Dinge ein, außer an Tagen, die mit 2 beginnen, dann kaufe ich 41 Dinge.
```

Diese Datei besitzt ein gewisses *Format* (oder Protokoll!). Der Text ist einfach, weil er nur auf eine Art und Weise interpretiert werden kann – eben als Text. Allerdings könnten die Zahlen sowohl als Text (zum Beispiel die Zeichen 1 und 3) oder als Wert (die Zahl 13) angesehen werden. Wie können Sie nun die Zahlen einlesen? Eine Möglichkeit ist, Strings für jedes Wort einzulesen und diese dann zu verwerfen. Hier ein paar Zeilen Beispielcode, die die erste Zahl, die Lieblingszahl, einlesen:

```
ifstream infile("words.txt");
string skip;
for (int i=0; i<6; i++)
    infile >> skip;
int favorite;
infile >> favorite;
```

Dieser Code liest sechs Strings ein und ignoriert sie einfach. Dabei gehen wir in einer Schleife von 0 bis 5.

Danach lesen wir dann die Lieblingszahl als Zahl ein. Beachten Sie, dass die einzelnen Wörter eine Variable vom Typ string nutzen, während die Zahl den Typ int hat. Mit dem gleichen Prozess können Sie dann auch die restlichen Zahlen einlesen.

Mit Verzeichnissen und Dateien arbeiten

26

In diesem Kapitel

▶ Erstellen und löschen Sie Verzeichnisse

▶ Lesen Sie den Inhalt eines Verzeichnisses aus

▶ Kopieren und verschieben Sie und erfahren, welcher Zusammenhang da besteht

▶ Verschieben Sie Dateien und benennen sie um

---

*W*ir werden Ihnen jetzt etwas erzählen, was Sie vielleicht nicht glauben können: *C++ bietet keine Funktionen zum Erstellen von Verzeichnissen und dem Auslesen von Verzeichnisinhalten an.*

Ehrlich! Das ist schwer zu glauben, aber es gibt dazu natürlich noch mehr:

✔ Es gibt tatsächlich einen (mehr oder weniger) guten Grund für dieses Fehlen: C++ ist eine Sprache für alle Gelegenheiten, aber der Umgang mit Verzeichnissen unterscheidet sich von Betriebssystem zu Betriebssystem. Daher ist es nicht sinnvoll, solche Features in C++ aufzunehmen. (Das ist angeblich der Grund.)

✔ Ein paar mutige Rebellen haben Funktionen geschrieben – und die gibt es in den meisten C++-Implementierungen. Puh! Das ist gut so, denn ansonsten müssten Sie jedes Mal das Betriebssystem aufrufen, wenn Sie ein Verzeichnis erstellen oder anpassen wollten.

C++ verfügt in der Headerdatei `stdio.h` über ein paar Überbleibsel aus der Programmiersprache C, zu denen Funktionen für das Umbenennen und Entfernen von Dateien und Verzeichnissen gehören. (Interessant.) Oh, und es gibt eine Funktion für das Erstellen von temporären Dateien. (Noch interessanter.)

Wir zeigen Ihnen in diesem Kapitel Wege, wie Sie Einfluss auf Verzeichnisse und Dateien nehmen können. Wir haben diese Routinen nur für den GNU GCC Compiler getestet, der in Code::Blocks in OS X, Linux und Windows dabei ist. Wenn Sie mit einem anderen Compiler oder Betriebssystem arbeiten, probieren Sie es aus. Vermutlich wird alles funktionieren.

Für die Beispiele in diesem Kapitel müssen Sie am Anfang Ihres Quellcodes sowohl `#include <stdio.h>` als auch `#include <io.h>` aufnehmen. (Bringen Sie Letzteres nicht mit `ios.h` durcheinander. Das ist eine *andere* Headerdatei, aber nicht die, die wir jetzt benötigen.) Falls Sie mit einem anderen Compiler als dem aus Code::Blocks arbeiten, können wir nicht garantieren, dass Sie `io.h` in Ihrem Include-Verzeichnis finden. Aber die Chancen dafür stehen nicht schlecht. Viel Glück!

Mit Verzeichnissen arbeiten

Es gibt eine Reihe von Funktionen, die Sie zum Erstellen und Löschen von Verzeichnissen nutzen können. Sie finden sie in der Headerdatei io.h.

Ein Verzeichnis erstellen

Wenn Sie ein Verzeichnis erstellen wollen, können Sie die Funktion mkdir() nutzen. Wenn das Verzeichnis erfolgreich angelegt worden ist, gibt die Funktion 0 zurück, anderenfalls einen anderen Wert. (Als wir sie verwendet haben, erhielten wir -1, aber am besten ist es – wie immer – gegen 0 zu testen.)

Hier ein Beispielcode (aus MakeDirectory), der diese Funktion einsetzt:

```cpp
#include <iostream>
#include <stdio.h>
#include <io.h>

using namespace std;

int main()
{
    if (mkdir("../abc") != 0)
    {
        cout << "Es tut mir leid, ich konnte"
            << endl;
        cout << "Ihr Verzeichnis nicht so wie"
            << endl;
        cout << "gewünscht anlegen. Ich hoffe,"
            << endl;
        cout << "Sie können Ihre Lebensziele immer"
            << endl;
        cout << "noch erreichen. Jetzt gehen Sie!"
            << endl;
    }
    return 0;
}
```

 Beachten Sie, dass wir beim Aufruf von mkdir() (wie üblich) einen normalen Schrägstrich verwendet haben. Unter Windows können Sie entweder einen normalen Schrägstrich (Slash) oder einen Backlash benutzen. Falls Sie sich aber für einen Backslash entscheiden, müssen Sie zwei davon eingeben (wie immer, wenn Sie einen Backslash in einem C++-String einsetzen). Aus Gründen der Portierbarkeit empfehlen wir, immer einen normalen Schrägstrich zu verwenden. Nachdem Sie dieses Beispiel ausgeführt haben, sollten Sie ein neues Verzeichnis mit dem Namen abc im übergeordneten Verzeichnis Ihrer Beispieldatei vorfinden.

Es wäre ganz schön, in einem Aufwasch einen kompletten Verzeichnispfad anlegen zu können – also in der Lage zu sein, mkdir("/abc/def/ghi/jkl") aufzurufen, ohne dass die Verzeichnisse abc, def und ghi schon existieren müssen. Aber das geht leider nicht. Die Funktion erstellt nur dann ein Verzeichnis jkl, wenn das Verzeichnis /abc/def/ghi bereits vorhanden ist. Sie müssen deshalb den obigen Aufruf in mehreren Schritten durchführen: Erst legen Sie /abc an, dann /abc/def und so weiter.

Wenn Sie die Verzeichnisse auf einmal anlegen wollen, können Sie die Funktion system() so verwenden, wie wir es im Kasten *Schnell und schmutzig* weiter hinten in diesem Kapitel beschreiben. Wenn Sie system("mkdir /abc/def/ghi/jkl") aufrufen, erstellen Sie die Verzeichnisse auf einen Rutsch.

Ein Verzeichnis löschen

Es tut gut, alte, unnütze Dinge wegzuwerfen und mal klar Schiff zu machen. Da ist es zum Glück einfach, ein Verzeichnis löschen zu können. Sie rufen einfach die Funktion rmdir() auf und übergeben den Namen des Verzeichnisses. Wollen Sie wissen, ob der Aufruf erfolgreich war, prüfen Sie den Rückgabewert gegen 0. Hier ein Beispielcode aus DeleteDirectory:

```
#include <iostream>
#include <stdio.h>
#include <io.h>

using namespace std;

int main()
{
    if (rmdir("../abc") != 0)
    {
        cout << "Manchmal ist das Leben kompliziert"
            << endl;
        cout << "und manchmal bekommen Sie nicht, was"
            << endl;
        cout << "Sie wollten. Das ist hier so ein"
            << endl;
        cout << "Fall. Ich konnte das Verzeichnis"
            << endl;
        cout << "einfach nicht entfernen. Ich wünsche" << endl;
        cout << "Ihnen nächstes Mal mehr Glück." << endl;
    }
    return 0;
}
```

Wenn Sie dieses Beispiel ausführen, wird das im vorigen Abschnitt erstellte Verzeichnis abc wieder gelöscht. Sie sollten in Ihrem Code auf jeden Fall prüfen, ob das Anlegen beziehungsweise Löschen von Verzeichnissen wirklich erfolgreich war.

 Dieses Vorgehen funktioniert nur, wenn das Verzeichnis *leer* ist. Befindet sich mindestens eine Datei darin, kann die Funktion den Ordner nicht löschen – und gibt einen Wert ungleich null zurück. Dann erhalten Sie diese nette, kleine Nachricht, auf die wir besonders stolz sind.

Den Inhalt eines Verzeichnisses ermitteln

Wenn Sie den Inhalt eines Verzeichnisses auslesen wollen, müssen Sie fast alles einsetzen, was C++ standardmäßig mitbringt. Aber die guten Seelen der C++-Bibliotheken (also die Leute, die die meisten C++-Bibliotheken geschrieben haben) haben ein paar praktische Funktionen eingebaut, mit denen das Auslesen des Inhalts eines Verzeichnisses bequem erledigt werden kann.

Ein Verzeichnis enthält im Allgemeinen mehrere Dateien und auch andere Verzeichnisse. Das Ermitteln der Liste mit den Inhalten eines Verzeichnisses ist kompliziert. Sie rufen nicht einfach eine Funktion auf und erhalten etwas zurück – wir sind uns nicht einmal sicher, worum es sich dabei handeln könnte, außer dass es wohl eine rudimentäre Liste wäre.

Gäbe es in der C++-Standardbibliothek eine Funktion, mit der sich diese Informationen ermitteln ließen, wäre das sicherlich eine Templateklasse. Aber die Bibliothek unterstützt so etwas nicht. (Delphi schon, aber wir schweifen ab.) Stattdessen müssen Sie sich mit ein paar Funktionen herumschlagen. Und so gehen Sie dabei vor:

1. Rufen Sie _findfirst() auf und übergeben Sie einen Pfadnamen und ein Muster für die Dateinamen, an denen Sie interessiert sind.

   Übergeben Sie zum Beispiel *.*, um alle Dateien im Verzeichnis zu erhalten, oder *.txt für alle Dateien, die auf .txt enden. Zudem übergeben Sie einen Zeiger auf eine Struktur vom Typ _finddata_t.

2. Prüfen Sie die Ergebnisse von _findfirst().

   Wenn _findfirst() den Wert –1 zurückgibt, wurden keine Dateien gefunden (und Sie sind fertig). Ansonsten wird die Datenstruktur _finddata_t mit den Daten der ersten gefundenen Datei gefüllt und eine Zahl zurückgegeben, die Sie bei Folgeaufrufen der diversen find-Funktionen nutzen.

3. Werten Sie die Struktur _finddata_t aus, um den Dateinamen und weitere Information wie zum Beispiel das Erstelldatum, die letzte Zugriffszeit und die Größe zu erhalten.

4. Rufen Sie _findnext() auf und übergeben Sie die folgenden Werte: die von _find-first() zurückgegebene Zahl und die Adresse einer _finddata_t-Struktur.

Liefert _findnext() den Wert –1, wurden keine weiteren Dateien gefunden und Sie können zu Schritt 5 springen. Ansonsten schauen Sie sich die _finddata_t-Struktur an, um Informationen zur nächsten Datei zu erhalten. Dann wiederholen Sie Schritt 4.

5. Rufen Sie _findclose() auf und übergeben Sie die Zahl aus _findfirst().

Sie sind fertig.

Uff! Das klingt ziemlich bizarr, aber so hat man das halt gemacht in der guten alten Zeit, bevor die wichtigen Programmiersprachen solch zivilisierte Konzepte wie Klassen und Objekte entwickelt haben. Wir hatten nur Strukturen und mussten einen Haufen Informationen per Hand weiterreichen (und zehn Kilometer barfuß durch den Schnee laufen, um Internet zu bekommen).

Das Beispiel GetDirectoryContents in Listing 26.1 zeigt, wie wir diesen Old-School-Prozess umgesetzt haben.

```cpp
#include <iostream>
#include <io.h>
#include <time.h>
#include <string>

using namespace std;

string Chop(string &str)
{
    string res = str;
    int len = str.length();
    if (str[len - 1] == '\r')
    {
        res.replace(len - 1, 1, "");
    }
    len = str.length();
    if (str[len - 1] == '\n')
    {
        res.replace(len - 1, 1, "");
    }
    return res;
}
```

```
void DumpEntry(_finddata_t &data)
{
    string createtime(ctime(&data.time_create));
    cout << Chop(createtime) << "\t";
    cout << data.size << "\t";
    if ((data.attrib & _A_SUBDIR) == _A_SUBDIR)
    {
        cout << "[" << data.name << "]" << endl;
    }
    else
    {
        cout << data.name << endl;
    }
}

int main()
{
    _finddata_t data;

    int ff = _findfirst ("../*.*", &data);

    if (ff != -1)
    {
        int res = 0;
        while (res != -1)
        {
            DumpEntry(data);
            res = _findnext(ff, &data);
        }
        _findclose(ff);
    }
    return 0;
}
```

Listing 26.1: Den Inhalt eines Verzeichnisses auslesen

In main() sehen Sie, wie wir die oben beschriebenen Schritte umgesetzt haben. Für die eingesetzte Datenstruktur haben wir uns eine Funktion DumpEntry() geschrieben, die die Informationen zu einer Datei ausgibt.

Das sollten Sie sehen, wenn Sie die Anwendung laufen lassen (den Eintrag für das aktuelle Verzeichnis, für das übergeordnete Verzeichnis und für die vier Verzeichnisse mit den Beispielen zu diesem Kapitel):

```
Sun Dec 15 19:40:00 2013    0    [.]
Sun Dec 15 19:40:00 2013    0    [..]
Sun Dec 15 19:40:00 2013    0    [DeleteDirectory]
Sun Dec 15 19:40:00 2013    0    [GetDirectoryContents]
```

```
Sun Dec 15 19:40:00 2013    0    [MakeDirectory]
Sun Dec 15 19:40:00 2013    0    [RenameFile]
```

Beachten Sie, wie wir in der Funktion DumpEntry() prüfen, ob es sich bei dem Element um ein Verzeichnis handelt. Das ist ein weiterer alter Programmiertrick. Wir testen auf die Anwesenheit eines kleinen Bits mitten im Mitglied attrib der Struktur:

```
if (data.attrib & _A_SUBDIR == _A_SUBDIR)
{
    cout << "[" << data.name << "]" << endl;
}
```

Und schauen Sie sich schließlich noch die Funktion Chop() an, die wir mit aufgenommen haben. Beim Schreiben der Anwendung ist uns aufgefallen, dass die Funktion ctime() – eigentlich total praktisch für das Formatieren eines Zeitpunkts – am Ende des erstellten Strings einen Zeilenumbruch anfügt. Den schneiden wir mit Chop() ab. Ansonsten würde der nach dem Zeitpunkt ausgegebene Text auf der nächsten Zeile stehen.

Dateien kopieren

Dateien werden in einem fort kopiert. Aber was genau passiert, wenn Sie eine Datei kopieren? Sie erstellen eine *neue* Datei und füllen sie mit dem gleichen Inhalt wie die ursprüngliche Datei. Sie müssen also jedes einzelne Byte aus der ersten Datei nehmen und in die zweite schreiben. Ganz schön aufwendig.

Unter Windows kopieren: Welch ein Glück

Programmieren Sie unter Windows, haben Sie Glück! Solange Sie nicht das historische Windows 3.1 einsetzen, gibt es für Sie die Funktion CopyFile(). Um sie verwenden zu können, binden Sie einfach die Zeile #include <window.h> in Ihr Programm ein. Und dann machen Sie Folgendes:

```
CopyFile("c:/dog.txt", "c:/dog2.txt", TRUE);
```

Damit wird c:/dog.txt nach c:/dog2.txt kopiert. Beachten Sie aber unbedingt den dritten Parameter – TRUE, der komplett großgeschrieben werden muss. Was ist das? Nun, dabei handelt es sich um ein Präprozessormakro, das irgendwo in den Untiefen der Windows-Headerdateien definiert ist. Sie müssen entweder TRUE oder FALSE einsetzen, wenn Sie Windows-Funktionen aufrufen. Denn damals, in der Zeit von C, als die ersten Versionen von Windows entwickelt wurden, gab es noch keinen Typ bool. Damals musste man sich ein eigenes TRUE und FALSE als Integer definieren (im Allgemeinen 1 und 0). Dieser letzte Parameter in CopyFile() weist die Funktion übrigens an, was sie tun soll, wenn die Zieldatei schon existiert: Mit TRUE wird die bestehende Datei nicht überschrieben, mit FALSE schon.

Schnell und schmutzig

Okay, es ist an der Zeit, ein Geheimnis zu verraten: Es gibt noch eine Möglichkeit, eine Datei zu kopieren, und Sie können auf diese Weise auch Dateien verschieben, löschen und umbenennen. Aber diese Methode ist leider ganz und gar nicht portabel – wenn Sie sie zum Beispiel unter Windows verwenden, können Sie die Anwendung nicht auch ohne Codeänderung unter Unix ablaufen lassen und umgekehrt. Sie benötigen also für jedes verwendete Betriebssystem eine eigene Version. Wenn Sie mit DOS (Sie erinnern sich noch?) oder der Unix-Shell vertraut sind, können Sie deren Befehle über die Funktion system() einsetzen. Wenn Sie Dev-C++ verwenden, haben Sie sie schon häufig gesehen:

```
system("PAUSE");
```

Damit wird der DOS-Befehl pause ausgeführt, der folgenden Text ausgibt:

```
Drücken Sie eine beliebige Taste . . .
```

Danach wartet das Betriebssystem darauf, dass Sie seiner Anweisung Folge leisten. Da die Funktion system() beliebige DOS- oder Shell-Befehle ausführen kann, lässt sich damit auch der Befehl zum Kopieren von Dateien starten:

```
system("copy c:\\abc.txt c:\\def.txt");
```

Beachten Sie, dass wir hier statt des normalen Schrägstrichs tatsächlich den Backslash einsetzen müssen. DOS mag keine anderen Trennzeichen. Und damit DOS auch den Backslash erhält, müssen wir ihn zweimal angeben.

Wenn Sie diesem Ansatz folgen, können Sie es mit seltsamen Situationen zu tun bekommen. Wenn Sie zum Beispiel eine Anwendung schreiben, die system() aufruft, und wenn Sie diese Anwendung unter der Cygwin-Umgebung ausführen wollen, können Sie anstelle des DOS-Befehls copy den Unix-Befehl cp verwenden. Das Ergebnis sähe dann so aus:

```
system("cp c:\\abc.txt c:\\def.txt");
```

Aber Sie können diesen Befehl nur in der Cygwin-Umgebung nutzen, denn sonst erhalten Sie eine unschöne Fehlermeldung:

```
'cp' is not recognized as an internal or external command, operable -
program or batch file.
```

Die Moral von der Geschicht': Sie müssen sicherstellen, dass jeder Befehl, den Sie über system() aufrufen, im Zielsystem auch wirklich vorhanden ist.

Um das Ganze noch schlimmer zu machen, bedeutet das Kopieren einer Datei, dass Sie dafür sorgen müssen, nur genau den Inhalt zu kopieren und nicht zufällig am Ende der Datei eine zusätzliche 0 oder einen zusätzlichen Zeilenumbruch anzuheften (was beim Kopieren einer Textdatei passieren kann). Wenn der Kopiervorgang abgeschlossen ist, sollten die beiden Dateien identisch sein – nicht nur die *gleichen Informationen* enthalten, sondern auch die *gleiche Größe* haben.

Die meisten guten Kopierroutinen tun sogar noch mehr! Sie geben der neuen Datei einen Zeitstempel, der dem der alten Datei entspricht, und sie setzen alle Attribute anhand der alten Datei – zum Beispiel ein Read-only-Flag.

Plötzlich scheint das Kopieren einer Datei doch nicht mehr so einfach zu sein!

Was wir jetzt tun, finden Sie in keinem anderen Lehrbuch – wir werden Ihnen *keinen* Code zum Kopieren von Dateien vorstellen. Warum? Nun, das Ganze ist komplexer, als zunächst gedacht, und wir haben viele Leute kennengelernt, die Code geschrieben haben, der nur *scheinbar* Dateien kopierte, dabei aber sehr langsam war, die Bytes durcheinanderbrachte oder beides tat.

Aber wir haben ein paar Kästen eingestreut, die Ihnen zeigen, was Sie stattdessen machen können.

Dateien und Verzeichnisse verschieben und umbenennen

Folgende Situation: Wir haben eine Datei

```
dog1.txt
```

und wollen sie umbenennen in

```
temp/dog1.txt
```

Kann man eine Datei einfach so umbenennen? Ihnen ist vielleicht aufgefallen, dass die Datei sowohl vorher als auch nachher `dog1.txt` heißt. Haben wir sie jetzt umbenannt oder *verschoben*? Nun, wir haben sie aus dem aktuellen Verzeichnis in das Unterverzeichnis `temp` verschoben. Warum bezeichnen wir das dann als »Umbenennen«? Weil es das *auch* ist! Man kann sich den »wahren« Dateinamen einer Datei als Kombination aus Pfadnamen und Dateinamen vorstellen.

Aus diesem Grund können Sie mit der gleichen Funktion Dateien verschieben *und* umbenennen. Wollen Sie eine Datei verschieben, geben Sie ihr einen anderen Pfadnamen. Der Pfad muss natürlich vorhanden sein (immer diese Details …). Wenn wir versuchen, `c:\dog1.txt` nach `c:\temp\dog1.txt` umzubenennen und es kein Verzeichnis `c:\temp` gibt, schlägt das Umbenennen fehl und wir erhalten eine Meldung.

Das Beispiel RenameFile benennt eine Datei um:

```
#include <iostream>
#include <stdio.h>

using namespace std;

int main()
{
    if (rename("dog1.txt","dog2.txt") == 0)
    {
        cout << "dog1.txt in dog2.txt umbenannt." << endl;
    }

    if (rename("dog2.txt","dog1.txt") == 0)
    {
        cout << "dog2.txt in dog1.txt umbenannt." << endl;
    }

    if (rename("dog1.txt","temp/dog1.txt") != 0)
    {
        cout << "Immer das Gleiche. Kein Respekt mehr!" << endl;
    }
    return 0;
}
```

Wir haben die Funktion rename() genutzt und dabei erst den alten und dann den neuen Dateinamen übergeben. Der erste Aufruf ändert den Dateinamen von dog1.txt in dog2.txt, und der zweite Aufruf ändert den Namen wieder von dog2.txt in dog1.txt. Schließlich versuchen wir noch, dog1.txt in temp/dog1.txt umzubenennen, was zur Folge hat, dass die Datei verschoben wird. Wenn Sie dieses Beispiel ausführen, erhalten Sie folgende Ausgabe:

```
dog1.txt in dog2.txt umbenannt.
dog2.txt in  dog1.txt umbenannt.
Immer das Gleiche. Kein Respekt mehr!
```

Der letzte rename()-Aufruf schlägt fehl, weil es in der Beispielsituation kein Unterverzeichnis temp gibt (sofern Sie es nicht angelegt haben).

 Sie können der Datei auch beim Verschieben gleichzeitig einen neuen Dateinamen verpassen:

```
rename("dog1.txt", "temp/cat.txt");
```

Es gibt Situationen, in denen das Umbenennen nicht funktioniert:

✔ Sie benennen eine Datei um, um sie damit in ein anderes Verzeichnis zu verschieben, das aber nicht vorhanden ist. In diesem Fall müssen Sie zunächst das Zielverzeichnis erstellen, bevor Sie die Datei verschieben.

✔ Sie benennen eine Datei um, aber es gibt schon eine andere Datei mit diesem Namen. Dann müssen Sie entweder die andere Datei löschen oder (was vermutlich besser ist) Ihre Anwendung den Benutzer fragen lassen, was er tun will: Die alte Datei löschen (sie also »überschreiben«)? Die Operation abbrechen? Abbrechen! Abbrechen!

✔ Sie benennen eine Datei um, um sie in ein anderes Verzeichnis zu verschieben, aber dort gibt es schon eine Datei mit diesem Namen. Dann sollte Ihre Anwendung wie im vorigen Punkt den Benutzer fragen, was getan werden soll.

Jetzt das Tolle: Ein Umbenennen funktioniert auch bei Verzeichnissen! Sie können Verzeichnisnamen genauso »verschieben« wie Dateien! Aber es gibt ein kleines Hindernis: Hat eine Anwendung in diesem Verzeichnis eine Datei geöffnet, funktioniert rename() nicht. Das Betriebssystem lässt Sie ein Verzeichnis nur dann verschieben oder umbenennen, wenn Sie auf keine der Dateien darin zugreifen. Das gilt auch dann, wenn Sie ein DOS-Fenster nutzen und sich gerade in dem Verzeichnis befinden:

```
C:\> cd dog
C:\dog>
```

Haben Sie solch ein DOS-Fenster geöffnet, können Sie das Verzeichnis dog erst dann verschieben, wenn Sie sich entweder aus dem Verzeichnis herausbewegt oder das DOS-Fenster geschlossen haben.

Streamen Sie Ihre eigenen Klassen

In diesem Kapitel

▷ Streamen Sie eine Klasse in eine Textdatei

▷ Setzen Sie Manipulatoren sinnvoll ein

▷ Schreiben Sie Ihre eigenen Manipulatoren

ie C++-Streamklassen können alle möglichen Dinge lesen und schreiben, zum Beispiel Integer, Zeichen, Strings, Gleitkommazahlen und Boole'sche Werte. Aber früher oder später wäre es auch schön, wenn Sie Ihre eigenen Klassen zum Beispiel so streamen könnten:

```
MyClass x;
cout << x << endl;
```

C++ hat einen guten Grund, Ihnen diese Aufgabe nicht schon abgenommen zu haben: Compiler und Bibliotheken können nicht wissen, wie Sie Ihre Klasse streamen wollen. Was soll cout schreiben? Den Namen der Klasse, gefolgt von den Werten der öffentlichen Mitgliedsvariablen? Oder vielleicht nur die privaten Mitgliedsvariablen? Nichts davon?

Deshalb sollten Sie dafür sorgen, dass die Klasse gestreamt werden kann. In diesem Kapitel zeigen wir Ihnen, wie das funktioniert. Bedenken Sie, dass Sie (mindestens) zwei Gründe haben, warum Sie eine Klasse streambar machen wollen:

✔ Sie möchten das Objekt in einen Textstream schreiben.

✔ Sie wollen die Information in einem Objekt ablegen, um sie zu einem späteren Zeitpunkt wieder zu rekonstruieren. Eine Klasse, die über diese Funktionalität verfügt, wird *persistent* (dauerhaft) genannt.

Wir behandeln in diesem Kapitel beide Aspekte. Zudem zeigen wir Ihnen, wie Sie Ihre eigenen Manipulatoren erstellen können. Sie erinnern sich? Ein *Manipulator* ist so etwas wie das Folgende:

```
cout << endl;
```

Hier ist endl der Manipulator. Sie können sich Ihre eigenen Manipulatoren bauen, die dann den Stream irgendwie beeinflussen.

Eine Klasse als Text streamen

Wenn Sie mit Instanzen einer Ihrer Klassen arbeiten, ist es praktisch, die Einfüge- und Extraktionsoperatoren zur Hand zu haben.

Um diese Operatoren zu nutzen, überladen Sie sie und geben als Parameter Ihre Klasse mit. Klingt einfach, oder? Als man sich erstmals mit dem Überladen der Einfüge- und Extraktionsoperatoren beschäftigte, schien es viel komplizierter zu sein, als es in Wirklichkeit ist.

Und so geht es: Wenn Sie eine Klasse haben, zum Beispiel `MicrowaveOven`, und eine dazugehörige Instanz, zum Beispiel myoven, müssen Sie zum Überladen des Operators nur eine Funktion schreiben, die einen Stream und ein Objekt als Parameter erwartet, und die Mitglieder dieses Objekts *in* den Stream schreibt. Dann können Sie folgenden Code verwenden:

```
cout << myoven;
```

```
outfile << myoven;
```

Was ist aber, wenn Sie einen Operator schreiben wollen, der aus einem Stream liest? Dann schreiben Sie eine Funktion, die die Mitglieder *aus* einem Stream holt, wenn Sie eine der folgenden Zeilen übernehmen:

```
cin >> myoven;
```

```
infile >> myoven;
```

Auch kein großes Ding. Entscheidend ist, *wie Sie die Funktion nennen.*

Denken Sie daran, dass cout << myoven tatsächlich eine Funktion mit dem Namen << aufruft. So sieht deren Header aus:

```
ostream &operator <<(ostream &out, MicrowaveOven &oven)
```

Dies lässt sich leichter merken, als Sie vielleicht glauben. Wichtig ist erstens, dass es sich bei jedem Typ um eine Referenz handelt. (Das ist sinnvoll, wenn Sie sich cout << myoven anschauen. Der zweite Parameter myoven ist kein Zeiger. Und normalerweise reichen Sie Objekte nicht direkt weiter – also bleibt nur die Referenz als letzte Möglichkeit.)

Zweitens müssen Sie sich merken, dass die Funktion den Stream zurückgeben muss, mit dem sie arbeitet. Die Rückgabe des Streams erlaubt es Ihnen, Operatoren wie folgt zu verketten:

```
cout << "Hi" << myoven << 123 << endl;
```

Drittens müssen Sie daran denken, dass die Operatorfunktion zwei Parameter übernimmt. Die Reihenfolge entspricht der beim Aufruf: cout << myoven. Also erst der Stream, dann Ihre Klasse. Wenn Sie nun alles zusammenpacken, erhalten Sie den bereits vorgestellten Funktionsheader:

```
ostream &operator <<(ostream &out, MicrowaveOven &oven)
```

Und was können Sie nun mit der Funktion anfangen, die Sie gerade erstellt haben? Sie schreiben in den Stream, der übergeben worden ist! Was schreiben Sie? Was auch immer Sie wollen! Wirklich: Weil Sie selbst die Klasse entworfen haben, die die Funktion als Parameter übernimmt, entscheiden Sie auch, wie die Ausgabe *aussieht*, wenn Sie das Objekt in einen Stream schreiben. Gehen wir einmal davon aus, dass Ihre Klasse `MicrowaveOven` heißt und so aussieht:

```
class MicrowaveOven
{
public:
    int HighVoltageRadiation;
    int RadioactiveFoodCount;
    int LeakLevel;
    string OvenName;
};
```

Dann könnte Ihre Einfügefunktion zum Beispiel so aussehen:

```
ostream &operator <<(ostream &out, MicrowaveOven &oven)
{
    out << "Hochspannungsstrahlung: ";
    out << oven.HighVoltageRadiation << endl;
    out << "Radioaktivität des Essens: ";
    out << oven.RadioactiveFoodCount << endl;
    out << "Lecks: ";
    out << oven.LeakLevel << endl;
    out << "Name der Mikrowelle: ";
    out << oven.OvenName << endl;
    return out;
}
```

Zu diesem Code möchten wir ein paar Dinge anmerken:

✔ Wir konnten völlig frei entscheiden, wie das Objekt im Stream aussehen soll. Für jede Mitgliedsvariable haben wir eine Beschreibung, einen Doppelpunkt, ein Leerzeichen und dann den Wert ausgegeben. Danach kommt eine neue Zeile. Soll Ihre Ausgabe anders aussehen? Dann los! Sie machen das schon.

✔

Wir haben den gleichen Output-Stream zurückgegeben, den wir als ersten Parameter erhielten. Das ist wichtig!

✔ Wenn wir in den Stream geschrieben haben, geschah das nach out, nicht nach cout. Wenn wir uns da vertan und nach cout geschrieben hätten, würde die Funktion nicht sauber arbeiten, wenn sie zusammen mit einer Datei verwendet wird. Wenn wir es mit myfile << myoven versucht hätten, würden die Informationen nur nach cout und nicht in die Datei wandern. Hoppla!

Wir haben in dieser Funktion nur auf die öffentlichen Mitgliedsvariablen der oven-Instanz zugegriffen. Auf die privaten Mitglieder können wir nicht zugreifen, weil diese Funktion kein Mitglied von `MicrowaveOven` ist. (Nun, und weil `MicrowaveOven` gar keine privaten Mitglieder hat. Aber das wird bei den meisten Ihrer Klassen vermutlich anders sein.) Um auf private Mitglieder zuzugreifen, können Sie diese Funktion zu einem Freund von `MicrowaveOven` machen, indem Sie innerhalb der Klasse das hier einfügen:

```
friend ostream &operator <<(ostream &out,
    MicrowaveOven &oven);
```

Eine Funktion zum Einlesen aus einem Stream könnte so ähnlich aussehen:

```
istream &operator >>(istream &in, MicrowaveOven &oven)
{
    in >> oven.HighVoltageRadiation;
    in >> oven.RadioactiveFoodCount;
    in >> oven.LeakLevel;
    in >> oven.OvenName;
    return in;
}
```

Sie sehen, dass das Format der Funktion so ähnlich ist wie das des Einfügeoperators. Die Funktion gibt eine Referenz auf den Stream zurück und erwartet als Parameter eine Referenz auf einen Stream und auf ein Objekt vom Typ `MicrowaveOven`.

Und wie zuvor stand es uns völlig frei, wie wir die Daten einlesen. Wir haben uns dazu entschieden, die Mitglieder einfach getrennt nacheinander einzulesen. Wenn wir die Funktion zum Beispiel wie folgt mit `cin` aufrufen:

```
cin >> myoven;
```

könnten wir beim Ausführen dieser Zeile die Werte der Mitglieder in einer Zeile getrennt durch Leerzeichen, in mehreren Zeilen oder beliebig kombiniert angeben:

```
1234 5555
1054 "Buzz"
```

Das ist alles! Hinter den Einfüge- und Extraktionsoperatoren steckt also gar keine dunkle Magie.

 Um die Einfüge- und Extraktionsoperatoren zu verwenden, dürfen Sie nicht vergessen, dass Sie einfach nur zwei Funktionen schreiben – eine für jeden Operator. Diese Funktionen schreiben in einen Stream oder lesen daraus. Und denken Sie vor allem immer an die beiden wichtigsten Aspekte bei diesem Vorgehen:

✔ Geben Sie am Ende den Stream zurück!

✔ Verwenden Sie Referenzen!

Einen Stream manipulieren

Viele sehen so etwas:

```
cout << "Hallo" << endl;
```

und fragen sich, was zum Henker denn endl ist. Eine Variable? Ein Schlüsselwort? Und wie können Sie Ihre eigenen Elemente hier hinzufügen? In diesem Abschnitt beantworten wir diese und weitere Fragen rund um diese *Manipulatoren*.

Was ist ein Manipulator?

Was genau ist endl? Die Antwort mag Sie überraschen: endl ist eine *Funktion*. Nun fragen Sie sich, warum sie keine Klammern hat und dass Sie sie dann ja gar nicht wirklich aufrufen.

Was machen Sie also genau? (Das scheint ja doch komplizierter zu sein.) In diesem Abschnitt zeigen wir Ihnen, dass ein Manipulator eigentlich die Adresse einer Funktion ist. Jetzt werden wohl die restlichen Klarheiten endgültig beseitigt, oder? Aber lesen Sie weiter!

Um genau zu klären, was endl ist, schauen Sie sich diesen Code an:

```
cout << endl;
```

Jetzt denken wir an die Operatorfunktion <<. Wenn wir cout << endl schreiben, rufen wir eine überladene Funktion für den Einfügeoperator auf und übergeben die beiden Parameter cout und endl. Der erste Parameter cout ist eine Instanz von ostream. Der zweite, endl, ist die *Adresse einer Funktion*. Ja, wirklich, wenn Sie einen Funktionsnamen angeben, ohne dahinter Klammern zu setzen, geben Sie die Adresse der Funktion an, statt sie aufzurufen.

Es gibt also irgendwo da draußen (genauer ausgedrückt: in den Standard-Headerdateien) eine überladene Einfügefunktion, die als Parameter einen ostream und die Adresse einer Funktion übernimmt. Bei Funktionszeigern gibt es aber noch eine Sache, die wir nicht vergessen dürfen: Der Typ eines Funktionszeigers basiert auf dem Rückgabetyp und den Parametertypen der Funktion. Daher besitzen Zeiger auf diese beiden Funktionen den gleichen Typ:

```
void WriteMe(int x, char c);

void AlwaysAndForever(int y, char x);
```

Auch wenn sich die Namen der Parameter unterscheiden, sind deren Typen identisch. Darum besitzen Zeiger auf diese beiden Funktionen den gleichen Typ, was bei den folgenden beiden Funktionen *nicht* der Fall ist:

```
void SomethingForNothing(int x);

int LeaveMeAlone(int y, int z);
```

Diese Funktionen haben nicht den gleichen Typ, weil sich ihre Prototypen unterscheiden. Der erste erwartet einen einzelnen Integerwert und gibt void zurück, während der zweite zwei Integerwerte erwartet und einen zurückgibt.

Der Prototyp für die endl-Funktion sieht so aus:

```
ostream& endl(ostream& outs);
```

Diese Funktion erwartet eine Referenz auf einen ostream und gibt wiederum auch so eine Referenz zurück. Hier kommt nun ein typedef, das für einen Zeiger auf diese Funktion ausreichend ist:

```
typedef ostream& (*omanip)(ostream&);
```

Damit wird ein neuer Typ omanip definiert, bei dem es sich um einen Zeiger auf eine Funktion handelt, die eine Referenz auf ostream erwartet und auch wieder zurückgibt. Perfekt! Wenn wir also eine Variable vom Typ omanip haben, können wir in ihr die Adresse der endl-Funktion ablegen.

Zurück zu unserer Ausgangszeile:

```
cout << endl;
```

Damit dieser Manipulator funktioniert, benötigen Sie eine überladene Einfügeoperator-Funktion, die zwei Parameter erwartet: eine Referenz auf ostream (für cout) und einen omanip. Ja, der zweite Parameter muss ein omanip sein, weil es sich beim zweiten Element in cout << endl um omanip handelt.

 Wenn Ihnen nicht klar ist, warum endl vom Typ omanip ist, stellen Sie es sich so vor: Es gibt eine Funktion namens endl. Um diese Funktion aufzurufen, würden Sie ihren Namen, eine öffnende Klammer, ein paar Parameter und eine schließende Klammer eingeben. Lassen Sie aber die Klammern weg, erhalten Sie nur die Adresse der Funktion. Aber neben der Eigenschaft, eine Adresse zu sein, passt der Funktionsprototyp von endl auch zum Typ omanip. Daher können wir sagen, dass endl vom Typ omanip ist. Puh.

Hier eine Möglichkeit für den Header des überladenen Einfügeoperators:

```
ostream& operator<<(ostream& out, omanip func);
```

Die Parameter dieser Funktion sind eine Referenz auf ostream und omanip.

Aber denken Sie daran, was wir tun. Wir versuchen zu erklären, wie der folgende Manipulator arbeitet:

```
cout << endl;
```

Hier sind zwei Funktionen beteiligt. Dies sind ihre Header:

```
ostream& endl(ostream& outs);
```

```
ostream& operator<<(ostream& out, omanip func);
```

Wenn Sie cout << endl eingeben, rufen Sie *nicht* die Funktion endl auf. Stattdessen rufen Sie die Funktion operator<< auf, weil endl ohne seine Klammern nur die *Adresse der Funktion* endl ist. Und diese ist vom Typ omanip. Die Parameter des Aufrufs von operator<< sind also cout und endl.

So sieht die Funktion operator<< aus:

```
ostream& operator<<(ostream &out, omanip func)
{
    return (*func)(out);
}
```

Der zweite Parameter hat den Namen func. Rufen Sie cout << endl auf, übergeben Sie endl als func-Parameter. Und was macht operator<< damit? Es ruft die übergebene Funktion auf, damit also endl. Häh?

Warum machen wir uns die ganze Mühe, wenn wir letztendlich nur endl aufrufen? Ob Sie es glauben oder nicht, aber es geht hier vor allem um Ästhetik. Diese Zeile ist kurz und klar:

```
cout << "Hallo" << endl;
```

Damit sie funktioniert, benötigen Sie einen überladenen Einfügeoperator. Und zum Glück gibt es operator<<.

Was kommt am Ende heraus? Ein Zeilenumbruch im Stream. Der gesamte Aufwand für einen simplen Zeilenumbruch. Und Sie haben gedacht, Sie hätten es schwer. Seien Sie bloß froh, dass Sie kein Compiler sind!

Ein Manipulator lässt sich auch auf anderen Wegen umsetzen, wie wir im folgenden Abschnitt *Schreiben Sie Ihren eigenen Manipulator* nachlesen können. Dort folgen wir zwar einem etwas anderen Ansatz, aber die hier beschriebene Technik funktioniert auch.

 Seien wir ehrlich: An der überladenen Einfügeoperator-Funktion haben wir ein wenig gedreht, denn diese Funktion ist in Wirklichkeit ein Mitglied von ostream. Aber sie funktioniert auch sehr gut als eigenständige Funktion so, wie wir es in diesem Abschnitt beschrieben haben.

Schreiben Sie Ihren eigenen Manipulator

Ihnen stehen mehrere Wege offen, um eigene Manipulatoren zu schreiben. Das Ziel ist immer, solchen Code zu ermöglichen:

```
cout << mymanipulator;
```

Diese Zeile sorgt dafür, dass eine Funktion wie die folgende aufgerufen wird:

```
ostream &operator << (ostream &out, somespecialtype a);
```

Jetzt überlegen Sie sich, was hier beim Überladen geschieht: Es gibt eine Reihe von `operator<<`-Funktionen, die sich im zweiten Parameter unterscheiden, dem wir den Typ `somespecialtype` gegeben haben. Und was auch immer `mymanipulator` ist – es muss ebenfalls vom Typ `somespecialtype` sein. Außerdem muss dieser Typ eindeutig sein: Es darf nicht schon eine überladene Funktion geben, die diesen Typ verwendet!

Auch wenn Sie im Abschnitt *Was ist ein Manipulator?* weiter oben schon erfahren haben, wie der `endl`-Manipulator funktioniert, denken wir, dass das für eigene Manipulatoren etwas zu heftig ist. Wir würden lieber etwas anders vorgehen: Wir wollen sicherstellen, dass wir einen eindeutigen Typ haben und dass der Manipulator von diesem Typ ist. Wie bei anderen Manipulatoren funktionieren Funktionszeiger sehr gut. Aber damit der Funktionszeiger eindeutig ist, müssen dessen Rückgabetyp und seine Parametertypen (in dieser Kombination) eindeutig sein. Das ist nicht allzu schwierig; damit keine andere Funktion diesen Prototyp hat, erstellen wir unseren eigenen Spezialtyp – eine Struktur – und verwenden als Parameter für die Funktion:

```
struct FullOvenManip {};
void FullOvenInfo(FullOvenManip x) {}
```

Schauen Sie sich diesen Code genau an: Wir haben eine Struktur `FullOvenManip` erstellt, die nichts enthält – sie hat nur für einen eindeutigen Parameter zu sorgen. Und die Funktion `FullOvenInfo()` nutzt diese Struktur als Parameter. Da wir diese Struktur gerade erst erzeugt haben, können wir ziemlich sicher davon ausgehen, dass keine andere Funktion in den C++-Headerdateien zu diesem Prototyp passt.

Jetzt können wir eine überladene `operator<<`-Funktion bereitstellen. Diese erwartet einen Zeiger auf die Funktion `FullOvenInfo()`. Hierfür verwenden wir aber besser ein `typedef`:

```
typedef void(*FullPtr)(FullOvenManip);
```

Mit dieser Codezeile erzeugen wir einen Typ `FullPtr`, bei dem es sich um einen Zeiger auf eine Funktion handelt, die einen `FullOvenManip`-Parameter erhält und `void` zurückgibt. Und wir sind ziemlich sicher, dass es nur genau eine Funktion gibt, die diese Bedingungen erfüllt – `FullOvenInfo()`.

 Wenn Sie Ihre eigenen Manipulatoren schreiben, sollten Sie beherzt zu `typedef` greifen. Das Konzept mit den Manipulatoren ist verwirrend und kann leicht unverständlich wirken. Mit einem `typedef` lässt es sich ein wenig vereinfachen.

Hier der Funktionsheader des überladenen `operator<<`:

```
ostream &operator << (ostream &out, FullPtr);
```

Wie Sie sehen, ist der zweite Parameter ein `FullPtr`. Jetzt schauen Sie sich diesen Code an:

```
cout << FullOvenInfo;
```

Das `FullOvenInfo`-Element ist ebenfalls ein `FullPtr`, weil es sich dabei um einen Zeiger auf eine Funktion handelt, die einen `FullOvenManip` übernimmt und void zurückgibt. Voilà. Das ist alles.

Das Beispiel `CustomManipulator` in Listing 27.1 führt all das zusammen.

```cpp
#include <iostream>
#include <string>
#include <fstream>
#include <map>

using namespace std;

class MicrowaveOven
{
    friend ostream &operator <<(ostream &out,
        MicrowaveOven &oven);
public:
    typedef map<ostream *, bool> FlagMap;
    int HighVoltageRadiation;
    int RadioactiveFoodCount;
    int LeakLevel;
    string OvenName;
    static FlagMap Flags;
};

MicrowaveOven::FlagMap MicrowaveOven::Flags;
ostream &operator <<(ostream &out, MicrowaveOven &oven)
{
    bool full = true;
    MicrowaveOven::FlagMap::iterator iter =
        MicrowaveOven::Flags.find(&out);
    if (iter != MicrowaveOven::Flags.end())
    {
        full = iter->second;
    }

    if (full)
    {
        out << "Hochspannungsstrahlung: ";
        out << oven.HighVoltageRadiation << endl;
        out << "Radioaktivität des Essens: ";
        out << oven.RadioactiveFoodCount << endl;
        out << "Lecks: ";
        out << oven.LeakLevel << endl;
        out << "Name der Mikrowelle: ";
        out << oven.OvenName << endl;
    }
```

```
        else
        {
            out << oven.HighVoltageRadiation << ",";
            out << oven.RadioactiveFoodCount << ",";
            out << oven.LeakLevel << ",";
            out << oven.OvenName;
        }

        return out;
}

struct FullOvenManip {};

void FullOvenInfo(FullOvenManip x) {}
typedef void(*FullPtr)(FullOvenManip);

ostream &operator << (ostream &out, FullPtr)
{
    MicrowaveOven::Flags[&out] = true;
    return out;
}

struct MinOvenManip {};

void MinOvenInfo(MinOvenManip x) {}
typedef void(*MinPtr)(MinOvenManip);

ostream &operator << (ostream &out, MinPtr)
{
    MicrowaveOven::Flags[&out] = false;
    return out;
}

int main()
{
    MicrowaveOven myoven;
    myoven.HighVoltageRadiation = 9832;
    myoven.RadioactiveFoodCount = 7624;
    myoven.LeakLevel = 3793;
    myoven.OvenName = "Burnmaster";

    cout << myoven << endl;
    cout << "============" << endl;
    cout << FullOvenInfo << myoven << endl;
    cout << "===========" << endl;
    cout << MinOvenInfo << myoven << endl;
    return 0;
}
```

Listing 27.1: Eigene Manipulatoren einsetzen

Der Code in Listing 27.1 nutzt zwei Manipulatoren `FullOvenInfo` und `MinOvenInfo`. Wenn Sie einen von ihnen verwenden, rufen Sie unsere überladenen `operator<<`-Funktionen auf:

```
cout << FullOvenInfo << myoven << endl;
```

Diese Funktion arbeitet mit einer Map, um sich zu merken, welchen Stream Sie manipulieren. Die Map existiert als statisches Mitglied der Klasse `MicrowaveOven`. Wenn Sie also `FullOvenInfo` mit `cout` verwenden, wird das Map-Element für `cout` auf `true` gesetzt. Mit dem Manipulator `MinOvenInfo` wird es auf `false` gesetzt.

Warum betreiben wir den Aufwand mit der Map? Nun, es kann ja sein, dass Sie mit mehreren Streams arbeiten – zum Beispiel mit einem für eine Datei per `ofstream` und mit einem für `cout` – und dass in manchen Streams die vollständigen Informationen angezeigt werden sollen, während in anderen nur die Kurzversion zu sehen sein soll. Also nutzen wir eine Map mit Einträgen für jeden Stream. In der überladenen `operator<<`-Funktion, die ein `Microwave-Oven`-Objekt ausgibt, sehen Sie dann, wie wir in der Map nachschauen, auf welche Weise für den aktuellen Stream ausgegeben werden soll.

Wenn Sie diese Anwendung ausführen, sehen Sie diese Ausgabe:

```
Hochspannungsstrahlung: 9832
Radioaktivität des Essens: 7624
Lecks: 3793
Name der Mikrowelle: Burnmaster

============
Hochspannungsstrahlung: 9832
Radioaktivität des Essens: 7624
Lecks: 3793
Name der Mikrowelle: Burnmaster

============
9832,7624,3793,Burnmaster
```

Wir haben das gleiche Objekt drei Mal ausgegeben. Das erste Mal werden die Standardeinstellungen genutzt – ohne Manipulator wird die ausführliche Version ausgegeben. Darum kümmern wir uns im überladenen `operator<<` für die Ausgabe eines `MicrowaveOven`-Objekts:

```
bool full = true;
MicrowaveOven::FlagMap::iterator iter =
    MicrowaveOven::Flags.find(&out);
if (iter != MicrowaveOven::Flags.end())
{
    full = iter->second;
}
```

Denken Sie daran, dass `iterator` eigentlich ein Zeiger auf den map-Eintrag ist. Also rufen wir `find` auf, um herauszufinden, ob sich das Element schon in der Map befindet. Sollte dies nicht der Fall sein, gibt `find` den Wert `Flags.end()` zurück. (So funktioniert es halt. Hätten wir die map-Klasse geschrieben, wären wir anders vorgegangen. Einfacher, nicht so verwirrend.)

Wenn `Flags.end()` *nicht* zurückgegeben wird, wurde das Element in der Map gefunden, und wir verwenden `iter->second`, um den Wert auszulesen.

Wenn wir aber `Flags.end()` zurückerhalten, wurde der Stream nicht in der Map gefunden, und wir bleiben beim Standardwert:

```
bool full = true;
```

Deshalb funktioniert die Standardausgabe in diesem Fall wunderbar. Bei der zweiten Ausgabe nutzen wir den Manipulator `FullOvenInfo` und lassen das Objekt explizit vollständig ausgeben. Bei der dritten Ausgabe erhalten wir nur eine Kurzform, weil wir den Manipulator `MinOvenInfo` einsetzen.

Ist das nicht schön?

Teil VI

Anwendungen planen und entwerfen

Inhalt auf einen Blick ...

Das Programm mit UML beschreiben

28

In diesem Kapitel

▶ Zur nächsten Ebene aufsteigen und mit UML entwickeln

▶ Mit Diagrammen entwerfen

▶ Iterationen durchlaufen

▶ Phasen schrittweise bewältigen

▶ Workflows ausführen

Im Altertum kannten die Menschen noch Dinge, von denen wir keine Ahnung mehr haben. Statt die Zeit damit zu vergeuden, diese unendlich langen Sätze und Beschreibungen zu schreiben, benutzten sie Hieroglyphen, Bilder, die sofort auf den Punkt kamen. Ein Bild = eine Aussage. Es hat bis zum 20. Jahrhundert gedauert, dass sich die Computermenschen wieder auf ihre Wurzeln zurückbesonnen haben und erkannten, dass diese Zeichnungen und Bildern vielleicht etwas aussagen. Eines Tages, als eine kleine Gruppe von Wissenschaftlern noch spät abends arbeitete, erkannte man, dass ein eleganter Weg, Software zu beschreiben, aus Zeichnungen besteht. Diese Erkenntnis führte dann zur Entwicklung von UML, der *Unified Modeling Language* (deren Akronym »Ju-Emm-Ell« ausgesprochen wird und die auf Deutsch *vereinheitlichte Modellierungssprache* heißt).

Wir zeigen in diesem Kapitel auf, was UML ist und wie Sie es verwenden können, um Ihre Anwendungen zu modellieren (zu gestalten, abzubilden). Wir geben Ihnen einen kurzen Überblick über die Diagrammtypen, die UML enthält, und es geht um den Unterschied zwischen einer *Methodik* und einer *Modellierungssprache*.

Zu UML aufsteigen

Die Unified Modeling Language hat eine interessante Vergangenheit. Als der objektorientierten Programmierung in den späten 1980ern die Kinderschuhe zu klein geworden waren, wurden diverse Ideen vorgelegt, wie Diagramme dabei helfen könnten, Klassen zu entwerfen. Das war nun nichts wirklich Neues. Die Menschen hatten nicht nur im Altertum mit ihren Hieroglyphen schon immer eine Affinität zum Zeichnen von Diagrammen gehabt, wenn es darum ging, etwas zu beschreiben. So könnte zum Beispiel ein Schaubild gezeichnet werden, das die verschiedenen Teile einer Anwendung zeigt. Oder man könnte ein Schaubild zeichnen, das die Schritte zeigt, die eine Anwendung durchläuft, und dabei ein Format wählen, das Ablaufdiagramm genannt wird.

Ein *Ablaufdiagramm* ist nichts anderes als ein Diagramm, das schrittweise die Abläufe mit allen dazu gehörenden Entscheidungen anzeigt. So könnte es zum Beispiel einen Ablauf (oder

Algorithmus) geben, der schrittweise beschreibt, was wir montags machen müssen. Dieses Diagramm könnte dann so aussehen wie Abbildung 28.1.

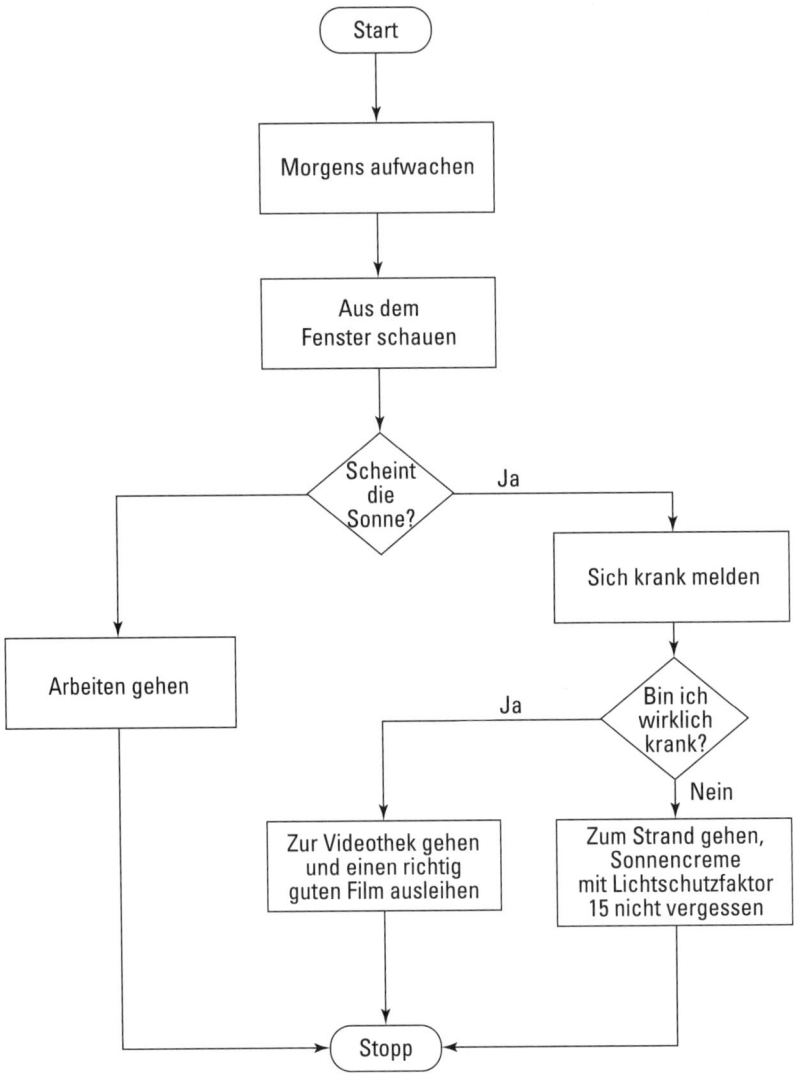

Abbildung 28.1: Ein Ablaufdiagramm stellt in einfachen Schritten einen Vorgang dar.

Wir beginnen in Abbildung 28.1 an einem Punkt mit dem Namen *Start* und folgen dann dem Pfeil nach unten zum ersten Kasten. Dieser erste Kasten ist ein Befehl oder eine Anweisung – etwas, das wir *tun* müssen. Nachdem wir das Verlangte getan haben, folgen wir dem Pfeil nach unten zum nächsten Kasten. Danach folgen wir dem nächsten Pfeil und erreichen dieses Mal eine Raute. Eine Raute enthält eine Entscheidung, wir beantworten die Frage. Wenn unsere Antwort *Ja* lautet, nehmen wir den einen Weg, und im Nein-Fall nehmen wir den anderen Weg. Wir antworten dieses Mal mit *Ja*, gehen nach rechts und folgen dort den Pfeilen, indem wir Anweisungen dort erledigen und Entscheidungen fällen.

Die Sache mit dem Ablaufdiagramm funktioniert wirklich gut, solange es sich um kleine, einfache Aufgaben handelt. Nun ist Software aber über die Jahre hinweg immer komplexer geworden. Erstens werden heutzutage Anwendungen um Objekte und Klassen herum aufgebaut, die sich nicht mit Ablaufdiagrammen abbilden lassen. Und zweitens ist Software immer umfangreicher geworden. Werfen Sie einfach nur einen kurzen Blick auf die Software, die Sie täglich benutzen, zum Beispiel eine Textverarbeitung, und Sie sehen, dass Software dieser Art von sehr vielen Personen geschrieben worden ist, die wohl geglaubt haben, allen nur denkbaren Schnickschnack hinzufügen zu müssen – und zwar unabhängig davon, ob Sie so etwas jemals benötigen werden. Und die Ablaufdiagramme eigneten sich nur noch für kleinere Teile der Software, zum Beispiel für die Darstellung einer Funktion oder eines Algorithmus.

Also sind Ablaufdiagramme im Laufe der Jahre immer mehr in der Versenkung verschwunden oder in einer Zeitkapsel weggepackt worden, um in Hunderten von Jahren wiederentdeckt zu werden. (Allerdings ähnelt ein Teil von UML – das Aktivitätsdiagramm – einem Ablaufdiagramm.) Aber im Laufe der Jahre, in denen Programmierer nichts mehr mit Ablaufdiagrammen zu tun haben wollten, haben einige renommierte Forscher auf dem Gebiet der Computerwissenschaften neue Wege aufgetan, um eine Computeranwendung in Form von schönen Bildern darzustellen. Es wurden verschiedene Dinge ausprobiert, und nun sieht es so aus, als ob sich die Programmierer auf eine Sache geeinigt hätten, mit denen alle leben können: UML.

UML bringt das Konzept der Ablaufdiagramme auf ein ganz neues Niveau. Ja, das hört sich an, als ob es aus einer Werbebroschüre stamme, aber es ist wahr. UML ist viel mehr als nur Arbeiten mit Ablaufdiagrammen. UML verwendet Symbole, die zeigen, wie die Klassen und Objekte in Ihrer Anwendung zusammenpassen, und es zeigt, wie sie sich gegenseitig beeinflussen und zusammenarbeiten. Sie verwenden UML, während Sie Ihr Softwaresystem entwerfen und zusammenbauen. Abbildung 28.2 ist ein Beispiel für ein UML-Diagramm.

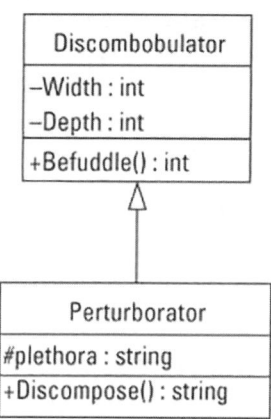

Abbildung 28.2: Ein Klassendiagramm stellt Klassen im UML-Format dar.

Die drei Amigos

Bei Ihrer Erkundung von UML werden Sie früher oder später auf den Ausdruck *drei Amigos* stoßen. Diese Bezeichnung ist eigentlich von dem Titel eines B-Movies aus den 1980ern abgeleitet worden und bezieht sich im Umfeld der Programmierer auf die drei Typen, die UML entwickelt haben. Warum wurden sie so genannt? Weil sie nach ungefähr sieben Jahren oder so zu *Freunden* wurden. Das ist wirklich wahr.

Seit einigen Jahren gibt es drei Typen, die Bücher über objektorientierte Programmierung schreiben. Jeder von ihnen ging die Sache anders an. Nun geht das Gerücht, dass sie miteinander nicht mehr auskommen. (Wobei wir nicht wissen, ob das wahr ist.) »Mein Weg ist besser, und ich kann dich nicht mehr ausstehen.« Jungs, reißt euch zusammen. Nun, zum Schluss ist dann doch noch alles gut ausgegangen.

Und eines Tages dämmerte es einem von ihnen: »He! Wisst ihr was? Wir können unsere Kräfte wie Superman, Batman und Spiderman bündeln und die Welt für alle zu etwas Besserem machen.« Dies und: »He. Wisst ihr was? Unsere Ideen unterscheiden sich doch gar nicht so stark voneinander. Lasst sie uns zu einem besseren Weg zusammenpassen, um objektorientiert zu programmieren.« Irgendwann haben sich die drei dann getroffen und haben ihre Köpfe zusammengesteckt. Das Ergebnis war dann etwas wirklich Gutes: UML.

Im Übrigen waren die *Three Amigos* im Film Chevy Chase, Steve Martin und Martin Short. Bei den drei UML-Amigos handelt es sich um Grady Booch, Ivar Jacobson und James Rumbaugh.

Die Abbildung zeigt zwei Klassen: eine mit dem Namen `Discombobulator` und eine, die den Namen `Perturborator` trägt. Jede Klasse befindet sich in einem Kasten, der in drei Zeilen gegliedert ist. Oben in solch einem Kasten steht der Name der Klasse, in der Mitte befinden sich die Mitgliedsvariablen und unten befinden sich die Mitgliedsfunktionen. Dieses Format unterscheidet sich ein wenig vom regulären C++-Format; hier gehört der Typ an das Ende, hinter einem Doppelpunkt. (Denken Sie daran, dass der Typ in C++ wie in `int Height;` als Erstes kommt.)

Die erste Klasse, `Discombobulator`, hat zwei Mitgliedsvariablen, `Width` und `Depth`. (Jeder weiß, dass ein echter Discombobulator keine Höhe *(Height)* und keine Breite kennt. Deshalb haben wir in dieser Klasse darauf verzichtet.) Die beiden Mitgliedsvariablen sind privat, weshalb sie mit einem Minuszeichen (-) beginnen, außerdem sind beide vom Typ Integer. Die Mitgliedsfunktion `Befuddle()` ist öffentlich und beginnt deshalb mit einem Pluszeichen (+). In der Klasse `Perturborator` ist die Mitgliedsvariable `plethora` geschützt, weshalb sie mit einem #-Zeichen beginnt.

Achten Sie auf die Pfeile. Sie zeigen die Vererbung an, aber sie verlaufen ganz anders, als es die meisten Menschen erwarten. *Sie zeigen auf die Basisklasse.* Folglich ist `Perturborator` von `Discombobulator` abgeleitet worden.

Die Unified Modeling Language wird von Millionen von Entwicklern als Standardweg akzeptiert, um Software zu modellieren. Die Object Management Group (oder OMG, die Sie unter www.omg.org finden) hat UML als ihre offizielle Modellierungssprache übernommen. Die OMG ist eine Arbeitsgemeinschaft aus Hunderten von Softwarefirmen, die sich zusammengetan haben, um die große Weite der Softwarestandards überblicken zu können.

Eine Methodik abbilden

Viele, die anfangen, ein Buch über UML zu lesen, sind am Anfang etwas ratlos, weil sie sehr schnell erkennen, dass eine wichtige Frage zunächst unbeantwortet bleibt: »Wie setzen Sie UML ein, um ein Programm tatsächlich von Anfang bis Ende zu entwerfen? Wie verwenden Sie dabei UML, wenn es darum geht, herauszufinden, welche Klassen Sie benötigen, diese Klassen dann zu entwerfen, die Software zu schreiben, sie zu testen und was sonst noch damit zusammenhängt?« Einige Bücher über UML scheinen der Antwort auf diese Fragen aus einem guten Grund aus dem Weg zu gehen: UML ist *keine* Methodik. Es besteht nicht aus einer Reihe von Regeln und Schritten, um Software zu erstellen. Diesen Punkt erkennen viele Softwareentwickler einfach nicht richtig. »Welche Methodik verwenden Sie?« »Wir setzen UML ein.« Wenn das die Antwort ist, beweist es, dass sie eigentlich nicht wissen, was UML wirklich ist. Sie verwenden UML *zusammen mit* einer Methodik, und dann besitzen Sie ein leistungsfähiges Paket mit Werkzeugen, um Software zu entwickeln,

Mit UML modellieren

Die Idee hinter UML ist die, dass es verwendet werden kann, um so gut wie alle Arten von Informationen zu modellieren (abzubilden). Die Möglichkeiten, die UML bietet, umfassen nicht nur objektorientierte Systeme, sondern auch Informationen, die eigentlich keinen Bezug zu Computern haben. Deshalb besteht UML auch aus vielen Teilen. Das Besondere an UML ist, dass Sie nicht alle Teile von UML beherrschen müssen, um es zu verwenden. Sie kümmern sich nur um den Teil, den Sie in Ihren Projekten benötigen. (UML ist inzwischen so kompliziert geworden, dass sich das letzte UML 2.5 tatsächlich darauf konzentriert, die Dinge wieder einfacher zu machen.)

UML deckt alle Aspekte der normalen Softwareentwicklung ab. Wir haben darauf hingewiesen, dass UML selbst keine schrittweise Anleitung oder Methodik für das Erstellen von Software ist. Allerdings haben die Entwickler von UML dafür gesorgt, dass es mehr als genug Diagrammtypen und Symbole gibt, wodurch es in allen Schritten der Softwareentwicklung verwendet werden kann. Deshalb ist es ein guter Gedanke, UML zusammen mit einer bestimmten Methodik zu erlernen. Deshalb haben *Die Amigos* (siehe hierzu den entsprechenden, fast gleichnamigen Kasten) auch eine passende Methodik entworfen. Die heißt Rational Unified Process (RUP). Das ist die Methodik, die wir verwenden. (Und um ehrlich zu sein, Methodiken sind alle mehr oder weniger gleich.)

Mit UML schematisiert darstellen und entwerfen

Die Diagramme in UML sind so einfach, dass sie von Hand auf einem Blatt Papier gezeichnet werden können. Natürlich befinden wir uns im Zeitalter der Computer, und es ist auch sinnvoll, hier einen Computer einzusetzen. Warum also wollen Sie wieder zurück zu Papier und Bleistift? Außerdem gibt es technische Gründe dafür, dass Papier und Bleistift nicht unbedingt die erste Wahl beim Design von Software sein sollten.

 Wenn Sie UML verwenden, um ein System zu entwerfen, benutzen Sie dafür normalerweise eine Anwendung, die als *Computer-Aided Software Engineering*-Tool (CASE, deutsch Werkzeug für die *rechnergestützte Softwareentwicklung*) bezeichnet wird. Wenn Sie das CASE-Tool benutzen, legen Sie alle Objekte fest. Und im Zuge dieser Arbeit erstellen Sie die Diagramme, die die Klassen und wie sie sich gegenseitig beeinflussen, beschreiben. Allerdings besteht das Modell selbst aus der Sammlung der Klassen – *nicht aus den Diagrammen*. Sie können Diagramme ändern und neue Diagramme erstellen, aber dem liegt immer die Klassensammlung zugrunde. Die Klassensammlung selbst wird als *Modell* bezeichnet. Wenn Sie ein Diagramm zeichnen, sorgen Sie im Grunde einfach nur für eine grafische Darstellung des Modells. Die meisten der besseren CASE-Tools (wie Rational Rose oder Paradigm Plus) enthalten eine Möglichkeit, das Modell selbst zu erstellen und zu ändern. Sie können dies meistens direkt oder über den Umweg der Werkzeuge zum Zeichnen tun, die zu den CASE-Tools gehören.

Wenn Sie mithilfe von UML ein Softwaresystem aufbauen, tüfteln Sie Ihre Klassen aus und verwenden dabei die Zeichnungen. Dabei erstellen und ändern Sie gleichzeitig das Modell und die Zeichnungen. Das Modell bleibt aber immer etwas von den Diagrammen Unabhängiges.

Ein gutes CASE-Tool kennt zwei Wege, um auf Ihr System zu blicken: Der erste geht über das System selbst. Er wird auch als Baum im Explorer-Stil beschrieben, der aus Klassen und deren Mitgliedern besteht. Der zweite Weg geht über die Diagramme. Sie können die Diagramme verwenden, um dem Modell Informationen hinzuzufügen. Sie können zum Beispiel ein Klassendiagramm benutzen, um Klassen hinzuzufügen und die Mitgliedsvariablen und Mitgliedsfunktionen zu ändern.

 Bei den meisten CASE-Tools gibt es einen kleineren Fallstrick: Wenn Sie eine Klasse aus einem Diagramm entfernen, entfernen Sie sie nicht auch aus dem Modell. Die Klasse ist dort weiterhin vorhanden – für den Fall, dass Sie sie noch weiter bearbeiten und/oder anderen Diagrammen hinzufügen wollen. Wenn Sie eine Klasse *wirklich* entfernen wollen, müssen Sie zum Modell selbst gehen und die Klasse dort entfernen. Glücklicherweise gilt so etwas nur für das Entfernen von Klassen. Klassen lassen sich aus den Diagrammen heraus hinzufügen und ändern.

Sie können in UML 16 Diagrammtypen verwenden, die Teil der eigentlichen Spezifikation sind, und acht Diagrammtypen, die zwar häufig verwendet werden, die aber kein Teil der Spezifikation sind. (Sie finden unter `http://www.uml-diagrams.org/uml-25-dia grams.html` eine Liste mit den Diagrammen und in welchen Beziehungen sie zueinanderstehen.) Und während Sie mit den Diagrammen arbeiten, entwickelt sich Ihr Modell weiter. Sie können an den Diagrammen Änderungen vornehmen und dabei gleich das darunterliegende Modell mit ändern.

Dieses Buch vereinfacht vieles, weil wir nur mit neun der verfügbaren Diagrammtypen arbeiten. Es ist auch in der Praxis so, dass die meisten Softwareprojekte niemals mehr als diese neun Typen benutzen. Diese neun Typen werden in Tabelle 28.1 und Tabelle 28.2 vorgestellt. Wir haben sie anhand von zwei Kriterien gruppiert: *statisch* und *dynamisch*. Die statischen Diagramme (die auch *Strukturdiagramme* genannt werden) stellen die Teile des Softwaresystems dar, die Sie entwerfen. Die dynamischen Diagramme (die auch *Verhaltensdiagramme* genannt werden) zeigen, wie die Teile zusammenarbeiten und wie die Dinge im Laufe der Zeit ablaufen.

 In der Computerwelt werden Sie immer wieder auf die Wörter *statisch* und *dynamisch* stoßen. *Statisch* bezieht sich auf etwas Festes und Unveränderliches, während *dynamisch* auf etwas verweist, das sich ändert:

✔ In Ihrer Anwendung ist eine Klasse deshalb statisch, weil Sie sie in Ihrem Code beschreiben. Und nachdem Sie Ihre Klasse beschrieben haben, ändert sie sich nicht, während die Anwendung ausgeführt wird. Eine Klasse hat einen bestimmten Satz an Mitgliedsvariablen und Mitgliedsfunktionen, die Sie im Code vorgeben. Obwohl die Anwendung läuft, ändern sich die Mitglieder der Klasse nicht.

✔ Die Objekte indes sind dynamisch, weil sie zum Leben erweckt werden. Während die Anwendung ausgeführt wird, können sich Mitgliedsvariablen ändern und gelöscht werden.

Diagrammtyp	Was gezeigt wird
Klassendiagramm	Die verschiedenen Klassen
Komponentendiagramm	Die verschiedenen Bestandteile des Systems; jedes Teil enthält Klassen, die miteinander in Beziehung stehen.
Verteilungsdiagramm	Die verschiedenen Computer und die Hardware, die beteiligt sind

Tabelle 28.1: Statische UML-Diagramme

Die folgende Liste beschreibt die Elemente in Tabelle 28.1 näher:

✔ **Klassendiagramm:** Das Klassendiagramm zeigt die verschiedenen Klassen und deren Beziehungen untereinander auf. So kann ein Klassendiagramm zum Beispiel zeigen, dass eine Klasse namens Skiddle von der Klasse Skaddle abgeleitet worden ist, und es könnte anzeigen, dass die Klasse Skaddle als Mitglied eine Liste von Ruddle-Instanzen enthält. Wenn Sie an einem Klassendiagramm arbeiten, fügen Sie normalerweise dem Modell Klassen hinzu und ändern Klassen.

✔ **Komponentendiagramm:** Das Komponentendiagramm zeigt die zentralen Bestandteile Ihres Softwaresystems an. So könnten zum Beispiel alle Teile angezeigt werden, die mit Discombobulation zu tun haben. Hierzu würden sowohl die Klasse Discombobulator als auch die Klasse Perturburator und andere damit zusammenhängende Klassen gehören, die dann alle in einer Komponente mit dem Namen SuperSystem gruppiert werden könnten.

✔ **Verteilungsdiagramm:** Das Verteilungsdiagramm zeigt eine Hardwareansicht Ihres Systems. Hierzu könnten besondere Computer (wie ein Compaq Presario mit einem Gigabyte RAM) gehören. Oder es enthält eher abstrakte Hardwarekomponenten (wie eine Internetverbindung). Oder es stellt Hardwarekomponenten dar, die wie Netzwerkknoten oder Datenbankserver eher generischer Natur sind. Bei diesen Teilen handelt es sich immer um Hardwarekomponenten.

In Windows existieren einzelne Komponenten oft kurzzeitig als Dynamic Link Library oder DLL. (Andere Betriebssysteme verwenden eine DLL-ähnliche Komponente, die als Funktionsbibliothek oder einfach nur Bibliothek bezeichnet wird.) Die meisten DLLs, die Sie auf Ihrem Computer finden, sind als Komponenten erstellt worden. Wenn Sie mehrere DLLs verwenden, die andere erstellt haben, arbeiten Sie mit unterschiedlichen Softwarekomponenten. Sie können diese Komponenten in einem Komponentendiagramm darstellen.

Diagrammtyp	Was gezeigt wird
Anwendungsfalldiagramm	Die verschiedenen Funktionen des Softwaresystems
Objektdiagramm	Instanzen der Klassen und ihre Beziehungen untereinander
Kollaborationsdiagramm	Wie Instanzen mit anderen Instanzen zusammenarbeiten
Sequenzdiagramm	Die zeitliche Abfolge, in der die Objekte zusammenarbeiten
Zustandsdiagramm	Die Lebenszyklen eines Objekts in Form von Zuständen
Aktivitätsdiagramm	Eine Folge von Schritten; ähnelt einem Ablaufdiagramm

Tabelle 28.2: Dynamische UML-Diagramme

Die folgende Liste beschreibt die dynamischen Diagramme:

✔ **Anwendungsfalldiagramm** (auch **Used-Case-Diagramm** genannt): Das Anwendungsfalldiagramm zeigt die einzelnen Funktionen an, die das Softwarepaket ausführen kann. Wir verwenden hier den Begriff *Funktion* im generischen Sinn – als Vorgang – und nicht als C++-Funktion, die aus Code besteht. Eine Textverarbeitung kann einen Anwendungsfall *Kursivschrift setzen* haben. Dieser Anwendungsfall stellt die Funktion dar, dass auf den markierten Text die Formatierung *Kursivschrift* angewendet wird. Ein Webbrowser könnte einen Anwendungsfall mit dem Namen *Go* haben, der eine Webadresse nimmt und dann die entsprechende Webseite anzeigt.

✔ **Objektdiagramm:** Das Objektdiagramm beschreibt die Instanzen der Klassen. Es ist das Gegenstück zum Klassendiagramm, das die Klassen, nicht aber deren Instanzen wiedergibt. Der Grund dafür, dass Objektdiagramme zu den dynamischen und nicht zu den statischen Diagrammen gezählt werden, liegt in den Objekten, die selbst als dynamisch angesehen werden. Objekte können sich während der Ausführung der Anwendung ändern.

✔ **Kollaborationsdiagramm:** Sobald Ihre Anwendung ausgeführt wird, könnte der Code die Mitgliedsfunktion eines Objekts einer Mitgliedsfunktion in einem anderen Objekt aufrufen. Diese beiden Objekte arbeiten damit im Sinne des Wortes zusammen, was hier auch *kollaborieren* genannt wird. Vergleichen Sie dies mit der Zusammenarbeit zweier Räuber, die sich zusammentun, um eine Bank zu überfallen. Ein Zusammenarbeitsdiagramm zeigt, wie die verschiedenen Objekte zusammenarbeiten.

✔ **Sequenzdiagramm:** Eine Sequenz zeigt, wie die Objekte über einen Zeitraum hinweg zusammenarbeiten. Wenn Ihre Anwendung ein Modell eines gescheiterten Überfalls zweier Bankräuber ist, weil die sich einfach nicht einig werden könnten, durch welche Tür sie die Bank wieder verlassen sollten, haben Sie zwei Objekte, die die beiden Bankräuber darstellen, und das Diagramm würde über einen Zeitraum hinweg zeigen, wie sie die Mitgliedsfunktionen des jeweils anderen Objekts aufrufen.

✔ **Zustandsdiagramm:** Sie können ein Zustandsdiagramm mit einem Sequenzdiagramm vergleichen, das nur ein Objekt anzeigt. Es zeigt, wie sich ein Objekt im Laufe der Zeit verändert. Dieser Zeitraum beginnt mit der Erstellung des Objekts und endet mit dessen Zerstörung.

✔ **Aktivitätsdiagramm:** Das Aktivitätsdiagramm zeigt die Einzelschritte einer Mitgliedsfunktion an. Eigentlich handelt es sich bei diesem Diagramm um ein Zustandsdiagramm.

- Ein *Zustandsdiagramm* zeigt, wie sich ein *Objekt* in seinen Zuständen ändert.

- Ein *Aktivitätsdiagramm* zeigt, wie sich eine *Mitgliedsfunktion* von einer Aktivität zur nächsten bewegt. In diesem Sinn entspricht jeder Zustand einer Aktivität im Aktivitätsdiagramm.

In der Welt von UML wird der Vorgang, wenn eine Mitgliedsfunktion eines Objekts eine Mitgliedsfunktion eines zweiten Objekts aufruft, als *Senden einer Nachricht* bezeichnet. Das erste Objekt sendet dem zweiten Objekt eine Nachricht. Diese Terminologie ist in UML nicht neu. Schon die objektorientierte Sprache Smalltalk verwendete diese Terminologie. In Smalltalk haben Objekte Nachrichten an andere Objekte gesendet. Sie verwenden ein Kollaborationsdiagramm, um zu zeigen, wie ein Objekt eine Nachricht an ein anderes Objekt sendet. Sie könnten aber auch sagen, dass das Kollaborationsdiagramm Mitgliedsfunktionen zeigt, die die Mitgliedsfunktionen anderer Objekte aufrufen. Beide Begriffe meinen dasselbe.

Unter Softwareentwicklern gibt es den beliebten Ausdruck *Lebenszyklus*. In Wirklichkeit bedeutet dieses Wort Leben. Der Entwicklungsvorgang von Software durchläuft einen Lebenszyklus: Sie beginnen mit dem Entwurf der Software, machen so lange weiter, bis sie fertig ist, aktualisieren die Software bei Bedarf und ziehen sie zurück, wenn Sie sie nicht mehr benötigen. Das ist der Lebenszyklus des Projekts. Dieser Zyklus kann aber auch in gewisser Weise schon zwischendurch wieder beginnen: Sie erhalten zwischendurch Fehlerberichte von Ihren Kunden, Sie beheben die Fehler und veröffentlichen vielleicht sogar eine neue Version Ihrer Software. Auch Objekte haben einen Lebenszyklus: Wenn Sie eine

Instanz erstellen, beginnt das Leben dieses Objekts. Während des Lebenszyklus des Objekts machen Sie Dinge mit ihm: Sie rufen zum Beispiel seine Mitgliedsfunktionen auf und ändern seine Mitgliedsvariablen. Wenn Sie dann fertig sind, löschen Sie das Objekt wieder. Dies beendet dann auch seinen Lebenszyklus.

Softwareentwickler lieben es, in Begriffen zu denken, die mit Zuständen zu tun haben. Ein *Zustand* ist einfach die aktuelle Situation, in der sich etwas befindet, zum Beispiel der Zustand der Nation. Damit wird die aktuelle Situation der Nation beschrieben. Oder jemand befindet sich in einem Zustand der allgemeinen Verwirrung. Dies stellt den Zustand dar, in dem sich eine Person befindet. Auch ein Objekt kann einen bestimmten Zustand haben: In der Klasse Caboodle *(Krempel)* könnte es die Mitgliedsvariablen PenCount und NotebookCount geben, die die Anzahl an Stiften (englisch *Pens*) und an Notebooks darstellen. Eine bestimmte Instanz der Klasse Caboodle könnte in PenCount den Wert 7 und in NotebookCount den Wert 3 enthalten. Damit ist der aktuelle Zustand dieser Instanz PenCount=7, NotebookCount=3. Die Klasse Caboodle könnte auch eine Mitgliedsfunktion mit dem Namen AddPen() enthalten, die keine Parameter hat und einfach nur 1 zu PenCount hinzuzählt. Wenn Sie AddPen() aufrufen, *ändern Sie den Zustand des Objekts.*

Wenn es um den Zustand eines Objekts geht, müssen Sie sich nur die Mitgliedsvariablen ansehen. Die Werte der Mitgliedsvariablen stellen zusammen den Zustand dar. Die Mitgliedsfunktionen können diesen Zustand ändern, aber da sich die Funktionen selbst über die Lebensdauer der Anwendung hinweg nicht ändern, stellen sie keinen Teil des Zustands des Objekts dar. Denken Sie weiterhin daran, dass ein Objekt als Mitglied auch ein anderes Objekt haben kann. Der aktuelle Zustand des äußeren Objekts setzt sich dann aus dem Zustand des inneren Objekts und seinem eigenen Zustand zusammen.

In der Welt von UML taucht immer mal wieder das Konzept der *Metabeschreibung* auf. *Meta* ist ein Präfix eines Wortes, und es bedeutet normalerweise, dass sich etwas auf einer höheren Stufe befindet. So könnten wir mit einer Metabeschreibung einen Baum beschreiben, indem wir Informationen über den Baum niederschreiben. Dann könnten wir die Beschreibung beschreiben: »Das war ein wunderschöner Absatz, in dem die Worte nur so dahinflossen und den Baum zum Leben erweckt haben.« Nun ist es der vorherige Satz selbst, auf den wir im Moment in diesem Satz verweisen. Erkennen Sie, was hier geschieht? Wir beschreiben etwas, und dann beschreiben wir die Beschreibung, und dann beschreiben wir die letzte Beschreibung. Dabei bewegen wir uns jedes Mal »eine Abstraktionsebene« nach oben. Der Begriff *Metabeschreibung* bedeutet in diesem Fall die Beschreibung einer Beschreibung.

In UML treffen Sie ständig auf die Meta-Terminologie. So stellt zum Beispiel eine Klasse einen Objekttyp dar. Nun stellt das Wort *Klasse* bereits eine Art von Klassifizierer dar. Eine andere Art von Klassifizierer ist das Wort *Typ*. Betrachten Sie deshalb einmal dieses philosophische Konzept: Eine Klasse ist zumindest aus der

Perspektive eines UML-Diagramms ein Klassifizierer. Nun enthält aber eine bestimmte Klasse Attribute von sich, zum Beispiel den Namen der Klasse und die Namen und die Typen der Mitglieder. Bei diesen Informationen handelt es sich um eine *Metaklasse*. Wenn wir Sie noch nicht vollständig durcheinandergebracht haben und Sie dieses Thema fasziniert, können wir Ihnen nur das Buch *Gödel, Escher, Bach – ein Endloses Geflochtenes Band* von Douglas R. Hochstadter (Klett-Cotta) ans Herz legen.

Mit UML und dem Rational Unified Process entwickeln

UML ist keine Methodik. Das bedeutet, dass UML selbst keine schrittweisen Abläufe enthält, um Software zu entwickeln. Stattdessen sollten Sie UML besser als eine Sprache ansehen, die Sie verwenden, um Ihre Software zu beschreiben, während Sie sie entwickeln. Allerdings ist diese Sprache keine gesprochene Sprache, die ein Haufen Entwickler verwendet, die sich in einem Raum befinden und wild miteinander diskutieren. Ja, so etwas geschieht ab und an, aber glücklicherweise gehört das nicht zu UML und muss auch nicht unbedingt sein. UML ist eine Bildsprache. Es gibt da einen Spruch über ein Bild, das mehr aussagt als tausend Worte, und dieser Spruch gilt auch hier. Sie beschreiben Ihre Software mit Diagrammen. Die Diagramme sorgen für eine vollständige Beschreibung Ihrer Software.

Nun erstellen Sie Ihre Diagramme, während Sie einen Prozess durchlaufen. Dieser Prozess *ist* eine Methodik, die Sie verwenden; diejenige, die wir verwenden und in diesem Buch beschreiben, wird *Rational Unified Process* oder *RUP* genannt. Es gibt dort fünf zentrale Schritte (die in allen Methodiken ziemlich gleich sind). Diese zentralen Schritte, die *Workflows* genannt werden, sind:

1. Anforderung
2. Analyse
3. Entwurf
4. Implementierung
5. Test

Wenn Sie einmal an diese Schritte denken, während Sie etwas durchführen, das nichts mit computerbezogenen Dingen zu tun hat, werden Sie vielleicht erkennen, dass Sie diese Schritte häufig anwenden.

Stellen Sie sich zum Beispiel vor, dass Sie eine Zeitmaschine bauen wollen, um den Termin beim Zahnarzt in der nächsten Woche schon hinter sich gebracht zu haben. Als Erstes müssen Sie festlegen, was Sie bauen wollen; dieser Prozess wird auch *Anforderungsaufnahme* genannt. In unserem Fall benötigen Sie ein Gerät, das Sie in der Zeit nach vorn bringt, und zwar möglichst um eine bestimmte Zeitspanne. Sie benötigen also im Gerät eine Anzeige und eine Tastatur, damit Sie eingeben können, um wie viel Sie in der Zeit nach vorn reisen wollen. Und Sie benötigen vielleicht auch einen Knopf, um die Zeitmaschine zu starten. Damit wissen Sie, welche Anforderungen an Ihr Projekt gestellt werden.

Dann müssen Sie darüber nachdenken, wie Sie die Zeitmaschine hinkriegen und was Sie dafür benötigen, und Sie analysieren das Projekt. In diesem Fall benötigen Sie den tatsächlich die Zeit verzerrenden Teil, der aus dem relativistischen Universalkrümmer und dem zentralen Interface besteht, über das Sie alles kontrollieren. Dieser Schritt wird *Analyse* genannt.

Als Nächstes beginnen Sie damit, Ihre Erfindung sorgfältig zu entwerfen, bauen sie aber noch nicht wirklich. Dies ist der Hauptgang Ihrer Arbeit, der Punkt, an dem Sie Diagramme davon zeichnen, was Sie bauen wollen und wie die einzelnen Teile funktionieren. Sie zeichnen hier, wie Ihre Version des relativistischen Universalkrümmers arbeitet, und die Teile, die damit zusammenhängen. Außerdem zeichnen Sie hier die übrigen zentralen Teile Ihres Systems. Dies ist der *Design-* oder *Entwurfsschritt*.

Dann bauen oder *implementieren* Sie das Ding. Das ist dann der angenehme Teil. Hier kaufen Sie ein, hämmern und klopfen und trotzen der Schwerkraft, um das Gerät zu bauen! Ach ja, dieser Schritt wird natürlich *Implementierung* genannt.

Aber noch sind Sie nicht fertig. Sie müssen zum Schluss noch *testen*. Zu diesem Zweck bieten Sie dem Typen von nebenan etwas Geld für eine kleine Reise mit Ihrer Zeitmaschine, um herauszufinden, ob sie funktioniert. Falls das nicht der Fall sein sollte, kann er Ihnen Bericht erstatten, woran es gelegen haben könnte. (Falls er zurückkommt.)

Bis hierhin ist alles klar, aber Sie können auf Themen treffen, mit denen diese fünf Basisschritte nicht umgehen können. So entdecken zum Beispiel viele Leute, die ein großes Softwaresystem erstellen wollen, sehr schnell das Huhn-Ei-Syndrom. Das Problem sieht so aus: Wenn wir uns mitten im Analyseworkflow befinden und davon ausgehen, dass wir die Rohform unserer Klassen runterschreiben können, woher wissen wir dann, welche Klassen wir wirklich benötigen, solange wir sie nicht in unserem Code geschrieben und das ganze Ding nicht wenigstens halbwegs fertiggestellt haben?

Aus diesem Grund haben es sich viele angewöhnt, *das Entwerfen zu überspringen und sofort zu codieren*. Stellen Sie sich an dieser Stelle einmal vor, wie Ihre Zeitmaschine aussähe, wenn Sie sie ohne Planung zusammenbauen würden. Wenn das Ding (mehr oder weniger) fertiggestellt wäre, würden Sie ihm dann *vertrauen*, würden Sie dann eine Zeitreise unternehmen, statt den ahnungslosen Nachbarn zu bezahlen? Dasselbe gilt für Software. Wenn Sie sich einfach auf die Aufgabe stürzen, sich den Code mühsam erarbeiten und dabei die Ziellinie immer vor Augen haben, wie können Sie da sicher sein, dass Sie an alles gedacht haben? Haben Sie vielleicht etwas vergessen? Höchstwahrscheinlich ja. Und läuft das, was Sie geschrieben haben, auch fehlerfrei?

Glücklicherweise gibt es eine Möglichkeit, alles passgenau zu gestalten. Diese Möglichkeit verwendet Schritte, die *Iterationen* (oder *Durchlauf*) genannt werden.

Iterativ sprechen

Stellen Sie sich vor, dass wir eine neue Art von Webbrowser erstellen. Dieser Webbrowser wird mehr als nur smart sein und automatisch wissen, zu welcher Website Sie gehen wollen, indem er einfach Ihre Gehirnwellen anzapft. Wenn Sie morgens aufwachen, möchten Sie in Ihren Ohren eine liebliche Stimme säuseln hören: »Was möchten Sie sich anschauen?« Sie denken: »Ein Besuch im Museum wäre ganz nett.« Sie gehen dann zu Ihrem Computer, setzen sich hin, und als Erstes erscheint die Site des Deutschen Museums, und dann erscheint eine Site, die Informationen zu Flug- und Zugverbindungen, Hotels, Autoreservierungen und Karten anzeigt, damit Sie das Museum in München besuchen können. Wäre das nicht ein wirklich cooler Webbrowser?

Da Sie ein guter Programmierer sind, folgen Sie den formalen Schritten, wie eine Software entwickelt wird. Sie zeichnen Ihre Anforderungen, und Sie interviewen sogar Ihre Freunde, um herauszufinden, was sie von so einem erstaunlichen Stück Software halten. Dann analysieren Sie die verschiedenen Teile und entwickeln die Funktionsweise der Software und zeichnen ein paar Beispiele von Oberflächen. Als Nächstes machen Sie mit dem Designworkflow weiter, indem Sie die Basisklassen gestalten, die Sie im Analyseworkflow entworfen haben. Und zum Schluss beginnen Sie mit dem Codieren. Sie schreiben schon seit Wochen Code, als Sie – WHAM! – plötzlich entdecken, dass irgendetwas *vollkommen* falsch läuft: Sie haben vollständig vergessen, einen Softwareteil zu schreiben, der routinemäßig die Verbindung mit dem Internet herstellt, sich dann mit einer bestimmten Site verbindet und die entsprechende Webseite herunterlädt. Letztendlich haben Sie es versäumt, an die grundlegenden Kommunikationswege Ihrer supercoolen Anwendung zu denken. Und während Sie über dieses Problem grübeln, fallen Ihnen gleichzeitig ein paar andere Dinge ein, an die Sie früher hätten denken müssen: Wenn Sie die Webseite erhalten haben, wollen Sie sie dann auf den Bildschirm zeichnen, oder wäre es nicht besser, eine C++-Bibliothek zu kaufen, die die Seite für Sie in einem Fenster anzeigt? Die zweite Vorgehensweise würde Ihnen das Leben erleichtern, aber trotzdem gilt, dass Sie diesen Punkt einfach nicht bedacht haben.

Spätestens jetzt fangen Sie an, frustriert zu werden, und Sie denken ernsthaft über das Angebot Ihres Onkels nach, gegen Bezahlung Touristen in sein Lokal zu locken.

Was ist da genau passiert? Das hier:

1. Sie haben erst beim Codieren festgestellt, dass der Teil Ihres Browsers, der für die Ausgabe der Webseite auf dem Bildschirm zuständig ist, sehr schwierig zu programmieren ist und es deshalb notwendig sein wird, eine Bibliothek zu erwerben, die für Sie die Anzeige der Browserseiten übernimmt.

2. Sie haben in keinster Weise daran gedacht, dass Sie ein Kommunikationssystem auf der unteren Ebene benötigen. Oder haben Sie das? Vielleicht stellt Ihr Betriebssystem so etwas bereits zur Verfügung? Aber unabhängig davon haben Sie weder während des Analyse- noch des Designworkflows daran gedacht.

Während Sie sich mit diesen Problemen beschäftigen, fallen Ihnen noch mehr üble Dinge auf. Wenn Sie das System für die sogenannte Low-Level-Kommunikation selbst erstellen, machen Sie daraus eine Bibliothek, die Sie dann vielleicht auch in anderen Anwendungen nutzen können? Oder kaufen Sie eine Bibliothek? Oder gibt es auf dem Computer schon eine? Sie haben davon gehört, dass Ihr Betriebssystem so ein Ding standardmäßig enthält, aber Sie sind sich da nicht sicher.

Sie wissen nun, *was* passiert ist, haben aber keine Ahnung, *wieso* es dazu gekommen ist. Schließlich finden Sie es doch heraus: Es handelt sich um ein weiteres Huhn-Ei-Syndrom, das so aussieht: Woher hätten Sie, bevor Sie mit dem Codieren der Dinge anfangen, wissen können, dass Sie ein Low-Level-Kommunikationssystem benötigen? Ja, Sie hätten diese Information während der Analyse- und Designworkflows benötigt, bevor Sie mit dem Codieren beginnen. In der Tat, was war zuerst da; das Huhn (die Analyse und das Design) oder das Ei (die Erkenntnis, dass Sie ein Low-Level-Kommunikationssystem benötigen)?

Obwohl sich das schrecklich an den Haaren herbeigezogen anhört, kommt es in der Softwarewelt ständig vor. Und wenn Sie sehen wollen, wie Gemüter ausrasten, besuchen Sie Softwareentwickler, die sich in solch einer miesen Situation befinden.

Gut, wir haben unseren Standpunkt dargelegt, aber bevor Sie sich nun gleich auf den Weg zum Psychiater machen, um sich eine große Dosis Antidepressiva anzuholen, bleiben Sie ruhig: RUP ist da, um den Tag zu retten!

Die Entwickler von RUP haben genau gewusst, dass es diese Probleme gibt. Und deshalb haben sie auf einer höheren Ebene einen Satz an Verfahren entworfen, die *Phasen* genannt werden, und darin die fünf Workflows untergebracht. Im Verlauf einer jeden Phase durchlaufen Sie mehrere der fünf Workflows. Wenn Sie dann mit einer Phase fertig sind, können Sie sie erneut durchlaufen, oder Sie begeben sich zur nächsten Phase. Und erneut durchlaufen Sie einige der fünf Workflows.

Dahinter steckt die Idee, dass Sie jedes Mal, wenn Sie einige der Workflows durchlaufen, eine *Iteration* beenden.

Rein in die Phase, raus aus der Phase

RUP besteht aus vier zentralen Phasen, Sie konzentrieren sich in jeder Phase auf einige Workflows wie Analyse oder Design, wobei Sie die Freiheit besitzen, sich zu nachfolgenden Workflows zu begeben. Hierbei gibt es aber eine Falle: Obwohl Sie mit jedem Workflow beginnen und aufhören können, müssen Sie bei einer Iteration alle dazwischen liegenden Workflows vollständig abarbeiten. Sie können zum Beispiel nicht von der Analyse zum Testen springen. Sie müssen zuerst die Analyse erledigen, dann das Design und die Implementierung, bevor Sie endlich testen können. Hier die Phasen von RUP:

✔ **Inception (Konzeptionsphase):** Sie legen während dieser Phase die Ziele Ihrer Software fest.

✔ **Elaboration (Entwurfsphase):** Sie analysieren und entwerfen in dieser Phase Ihre Software.

✔ **Construction (Konstruktionsphase):** Hier konzentrieren Sie sich darauf, Ihre Software zu codieren.

✔ **Transition (Übergabephase):** In dieser letzten Phase liefern Sie Ihre Software aus. Wenn Sie die Software kommerziell vertreiben, bedeutet dies, dass Sie sie an eine Kopieranstalt und zum Verpacken schicken; bei Software, die Sie im eigenen Unternehmen einsetzen wollen, bedeutet dies, dass Sie sie an diejenigen versenden, die sie einsetzen sollen.

Und hier das wirklich Tolle: Jede dieser vier Phasen kann aus einem ganzen Satz an Workflows bestehen; Anforderungen, Analyse, Design, Implementierung und Tests. »Aber wie geht so etwas?«, fragen Sie. Das geht so: In der Konzeptionsphase (Inception) sammeln Sie die Anforderungen und notieren sich einige grundlegende Punkte zur Analyse und zum Entwurf. Und falls es notwendig ist, erstellen Sie ein erstes grobes Muster Ihrer Software, mit dem Sie herumspielen und an dem Sie einige Dinge ausprobieren können. Faktisch führen Sie in Grundzügen eine Codierung (Implementierung) durch. Und ja, Sie opfern etwas Zeit, um Ihr Werk zu testen. Aber Sie bauen auf keinen Fall ein vollständig ausgestattetes Softwaresystem zusammen! Hier geht es nur um einzelne Teile und um nichts anderes. Mehr noch, hier geht es um *die Machbarkeit Ihres Konzepts.* Hier soll gezeigt werden, ob Sie als professioneller Entwickler glauben, dass Ihre Idee etwas taugt. Und zweifellos werden Sie auf einige Dinge stoßen, die bei den ursprünglichen Anforderungen nicht berücksichtigt worden sind.

Stellen Sie sich zum Beispiel vor, dass Sie eine Textverarbeitung auf den Markt bringen wollen, die Microsoft Word mühelos schlagen kann. Sie haben Microsoft Word benutzt und versucht, ein wirklich großes Dokument zu öffnen (eines mit mehreren Hundert Seiten). Dabei ist Ihnen aufgefallen, dass manchmal etwas geschieht. Manchmal, wenn Sie eine wesentliche Änderung vornehmen, die sich massiv auf die Seitenzahlen auswirkt, weil Sie vielleicht den Seitenrand geändert haben, baut Word die Seiten vollständig neu auf. Dabei kann es vorkommen, dass einige wichtige Absätze auseinandergerissen werden, dass zum Beispiel eine Textzeile am Ende einer Seite und der Rest des Absatzes auf der nächsten Seite steht. Das kann zu einem unschönen Dokument führen, weshalb Microsoft Word eine optionale Funktion enthält, die Absätze zusammenhält.

Wenn Sie nun eine Textverarbeitung entwickeln, kann es passieren, dass Sie erst dann an diese Absätze auseinanderreißende Option denken, wenn Sie dabei sind, zu codieren. Was machen Sie dann? Höchstwahrscheinlich fällt Ihnen während einer der ersten beiden Phasen, wenn Sie einen ersten Prototyp Ihrer Software haben, auf, dass Absätze manchmal »ungeschickt« geteilt werden. Die Lösung? Nehmen Sie eine Option auf, die es ermöglicht, Absätze zusammenzuhalten. Sie gehen also zurück zu den Anforderungen und fügen den benötigten Funktionen etwas hinzu: eine Auswahlmöglichkeit, um Absätze zusammenzuhalten.

Wenn Sie nun einen supercoolen Webbrowser erstellen, der darauf spezialisiert ist, Gedanken zu lesen, könnten Sie in der Konzeptionsphase einen Prototyp »bauen«, der bereits über die wichtigsten Funktionen verfügt, die aber nicht unbedingt schon einsatzfähig sein müssen. Dabei stoßen Sie dann darauf, dass Sie nicht an das Kommunikationssystem gedacht haben. Nun wissen Sie aber, dass Sie es benötigen! Sie können zur Analysephase zurückgehen, in der Sie es dann – vielleicht als Komponente – hinzufügen können.

Jedes Mal, wenn Sie Ihre Workflows nachverfolgen und etwas ändern, beginnen Sie eine neue Iteration. Sie sehen also, dass die Phasen aus Iterationen bestehen, die jeweils aus einigen der fünf Workflows bestehen. Und Sie können in einer einzigen Phase mehrere Iterationen durchlaufen.

 Sie müssen diesen Weg nicht bis an sein Ende, dem Testworkflow, gehen, bevor Sie zurückgehen. Und jede Iteration kann aus nur einem oder zwei Workflows bestehen.

Vielleicht hört sich das für Sie ein wenig komisch an. In diesem Fall sollten Sie die Sache so betrachten: Wenn Sie feststellen, dass etwas nicht ganz richtig ist, was machen Sie dann? Sie gehen zurück und bringen es in Ordnung! Aber Softwareentwickler lieben es nun einmal etwas technischer; sie sagen, dass sie *eine neue Iteration beginnen.*

Die Konzeptionsphase

Die *Konzeptionsphase* (*Inception*) ist die erste Phase, die Phase, in der Sie etwas auf den Weg bringen. Sie kommen in dieser Phase kaum dahin, dass Sie einen Prototyp codieren und Probleme herausfinden. Aber wenn Sie an einem großen Projekt arbeiten, könnte dies doch der Fall sein. Allerdings werden Sie in solch einem Fall wohl nur kleine Prototypen schreiben, die einzelne Teile des Projekts enthalten.

Während der Konzeptionsphase versuchen Sie Folgendes:

✔ **Herausfinden, ob das Projekt machbar ist.** Bei dem Begriff *Machbarkeit* handelt es sich um etwas, auf das Sie immer wieder stoßen werden, und er wird häufig von Leuten gebraucht, die zwar tolle Ideen haben, später dann aber feststellen, dass diese Ideen weder umsetzbar noch sinnvoll sind. Aber anstelle dieser klaren Bezeichnung zieht man es dann vor, höflich von *Machbarkeit* zu sprechen.

✔ **Die primären Anforderungen festlegen.**

Das Sammeln der Anforderungen ist ein besonders heikles Thema, weil die Leute während dieser Zeit gerne alles in das Projekt aufnehmen möchten. Sie möchten nicht nur, dass die Software das Web durchstöbert, sie wollen die Webseite auch in Ihr Gehirn injizieren und Ihnen zusätzlich die Möglichkeit geben, die Seite direkt aus Ihrem Gehirn in das Ihrer Freunde zu laden und eine Kopie dadurch auszudrucken, dass Sie einen Finger auf Ihren Drucker legen. Sie wollen, dass die Software *alles* kann.

Aber glücklicherweise entwerfen Sie zu dieser Zeit gerade das Projekt, entwickeln vielleicht ein paar Prototypen und finden heraus, was es wirklich können muss. Ist es möglich (machbar), die Seiten in das Gehirn zu übertragen, oder wird es diese Technik erst in ein oder zwei Jahren geben? Falls nicht, ist so etwas höchstwahrscheinlich nicht machbar.

In dieser Phase besteht das Ziel darin, die Anforderungen auf einen festen Boden zu stellen und ein paar grundlegende Analysen vorzunehmen. In dieser Zeit geht es darum, andere von dem zu überzeugen, was Sie entwickeln. (Diese Personen werden *Projektbeteiligte* genannt, weil sie in irgendeiner Form am Projekt beteiligt sind.) Außerdem müssen Sie diese Personen dazu bringen, mit Ihren Vorstellungen davon einverstanden zu sein, auf welchen Computern Ihre Software laufen soll und wie ihre Grenzen aussehen. Kann der Browser zum Beispiel die Gedanken mehrerer Personen gleichzeitig lesen oder nur die einer einzelnen Person? (Das ist eine *Begrenzung*.) Und läuft er nur unter Windows oder läuft er auch auf einem Macintosh und unter Ubuntu und Linux?

Und natürlich wollen die Kaufleute mindestens ein wenig von allem. Damit gehören zum Ziel dieser Phase auch Dinge wie ein Zeitplan und eine Kostenaufstellung des Projekts: Wie lange wird es dauern, bis Sie die Software fertig haben, und wie viel wird es das Unternehmen kosten? Müssen Sie weitere Entwickler einstellen, die an dem Projekt arbeiten sollen? Und müssen Sie weitere Computer und zusätzliche Software wie Compiler erwerben?

Und zum Schluss, am Ende dieser Phase, sollten Sie über eine grundlegende Architektur des Systems verfügen, die aus UML-Diagrammen besteht. Diese Diagramme können noch sehr grobkörnig sein und nur Wesentliches enthalten, aber sie bieten einen allgemeinen Überblick über das System.

Die Entwurfsphase

Sie verfestigen während der *Entwurfsphase* (*Elaboration*) die Funktionen Ihrer Software. Sie verwenden Werkzeuge, die *Anwendungsfälle* genannt werden und bei denen es sich um Beschreibungen einzelner Teile der Softwarefunktionen handelt. So könnte zum Beispiel eine Textverarbeitung Anwendungsfälle wie *Kursivschrift einschalten*, *Kursivschrift ausschalten*, *Drucken*, *Linksbündig ausrichten* und *Löschen der aktiven Seite* enthalten. Bei den Anwendungsfällen handelt es sich um die Dinge, die Sie mit der Software machen können.

Außerdem entwickeln Sie während der Entwurfsphase einen Plan dafür, wo Sie die Dinge einbauen wollen. Dies bedeutet, dass Sie anhand dessen entwerfen, was Sie in der Konzeptionsphase erarbeitet haben, indem Sie weiter analysieren und mit dem Design der Software fortfahren.

Zu den Hauptzielen der Entwurfsphase gehört es, den Umfang der Software endgültig festzulegen und alle Änderungen an der Software zu berücksichtigen. (Sie könnten zum Beispiel bei weiteren Untersuchungen herausgefunden haben, dass einige Dinge nicht machbar sind, während das bei anderen der Fall ist.) Außerdem geht es hier darum, den Projektplan fertigzustellen, wozu auch eine Personalbedarfsplanung gehört, und dafür zu sorgen, dass alle Projektbeteiligten glücklich und mit dem Projekt zufrieden sind.

Während dieser Entwurfsphase erstellen Sie auch eine erste Rohversion der Software. Vielleicht haben Sie bereits in der Konzeptionsphase etwas codiert, aber da ging es nur darum, einen Prototyp herzustellen, um Machbarkeiten herauszufinden. Sie greifen bei der endgültigen Codierung auf keinen Fall auf den Code aus der Konzeptionsphase zu. Allerdings nehmen Sie hier ein erstes Codieren der endgültigen Anwendung vor. Um dorthin zu gelangen, machen Sie mit dem Analysieren und dem Design weiter, bis Sie mit dem Codieren (Implementieren) beginnen können. Natürlich ist die Software nur ein erster Entwurf, aber mehr als ein Prototyp. Anders als in der vorherigen Phase, der Entwicklungsphase, speichern Sie einen Großteil dieses Codes und verwenden ihn erneut in der nächsten Phase. Auf diese Weise durchlaufen Sie wieder einmal Iterationen, indem Sie sich wiederholt mit Workflows wie Analyse, Design und Implementierung beschäftigen.

Die Konstruktionsphase

Sie machen während der *Konstruktionsphase* mit der Implementierung weiter. Sie sollten in der Zwischenzeit sowohl mit der Analyse als auch mit dem Design so gut wie fertig sein. Jeder (auch alle direkt oder indirekt am Projekt beteiligten Personen) ist nun mit dem einverstanden, was die Software machen kann und was nicht, wie viel sie kosten wird, wie lange es dauert, sie fertigzustellen, und wie viele Personen daran arbeiten werden. Außerdem haben Sie die Klassengruppen zusammengestellt, die Sie entwickeln wollen, und Sie haben festgelegt, wie diese Klassen zusammenpassen und miteinander kommunizieren können. Analyse und Design sind abgeschlossen, und nun konzentrieren Sie sich nur noch darauf, das System ans Laufen zu bekommen. Hier schauen Sie nach Teilen, die nicht richtig zusammenpassen, und Sie lösen Probleme, um die Teile passend zu machen. Sie sorgen dafür, dass Ihr System keine größeren Löcher aufweist, die dafür sorgen könnten, dass sich das System vollständig unerwartet aufhängt. Mit einem Wort, Sie sorgen dafür, dass Ihre Software *stabil* läuft.

Wenn Sie schon in den frühen 1990ern mit Computern zu tun hatten, als sich alles ein wenig gesetzt hatte und wir anfingen, anwendungsorientierte Software zu bekommen, haben wir auch etwas anderes gesehen: kleine Fehlermeldungen, die plötzlich auftauchten und von einer *allgemeinen Schutzverletzung* sprachen. Es kommt zu Schutzverletzungen, wenn die Anwendung so richtig in den Sand gesetzt worden ist und die einzige Möglichkeit, die Anwendung zu retten, darin bestand, auf die Schaltfläche IGNORIEREN zu klicken, um den Fehler zu *ignorieren* (eine Option, die, was Sie uns glauben können, nie funktioniert hat) oder die Anwendung *abzubrechen*. Wir erinnern uns noch gut an diese Zeit, weil wir damals ernsthaft darüber nachdachten, das Arbeitsangebot von entfernten Verwandten, das Vermieten von Regenschirmen am Golf von Mexiko, anzunehmen.

Wie ist es zu diesen Fehlern gekommen? Einfach dadurch, dass die Software nicht *stabil* war. Sie schafften es, die Software in eine Situation zu bringen, die die Programmierer nicht vorgesehen hatten, und das Ding versagte mit einer allgemeinen Schutzverletzung. Aber warum haben die Programmierer Software erstellt, die eine solche Situation zuließ? Ganz einfach, sie haben in der Konstruktionsphase unsauber gearbeitet.

Die Konstruktionsphase enthält die Workflows *Implementierung* und *Test*. Sie müssen sich vielleicht noch um ein paar Schwachstellen aus der Analyse und dem Design kümmern, aber das sollte nichts Gravierendes mehr sein. Sie haben meistens nur dann mit diesen Fehlern zu tun, wenn Sie merken, dass Sie etwas vergessen haben, oder wenn Sie sehen, dass etwas in den Klassen geändert werden muss. Inzwischen durchlaufen Sie Iterationen, die aus dem Schreiben von Code und aus Tests, Tests, Tests und noch mehr Tests bestehen. Dann melden die Tester hoffentlich, dass sie keine Fehler mehr finden. Der Tag ist gerettet! Die Software kann ausgeliefert werden.

Wenn Sie der Konstruktionsphase sauber folgen, begrenzen Sie die Zahl der Betriebssystemfehler, zu denen es kommen kann, wenn Ihre Anwendung verrückt spielt – denn wenn Sie alles richtig gemacht haben, sollte es eigentlich nicht zu Ausreißern kommen.

 Wenn Sie vor einem Projekt stehen, in dem Sie RUP verwenden wollen, um ein groß angelegtes Softwaresystem zu entwerfen, sollten Sie Ihren Testern einiges an Berechtigungen geben. Stellen Sie sich Ihre Tester als Mitglieder der Qualitätskontrolle vor. Und tatsächlich werden Sie in einigen Unternehmen auch nicht als *Tester*, sondern als *Mitglieder der Q/S* bezeichnet. (Ab und an lesen Sie statt Q/S auch Q/A. Dies ist die Abkürzung für *Quality Assurance*, der englischen Bezeichnung für *Qualitätssicherung*.) Ihre Tester sollten erst dann damit einverstanden sein, dass Ihr Unternehmen seinen Namen für die Software hergibt, wenn sie sagen, dass diese funktioniert. Dies hat viele Vorteile, weil es den Mitgliedern der Q/S ein gewisses Gefühl von Kompetenz gibt und sie gleichzeitig spüren lässt, dass sie für etwas Wichtiges verantwortlich sind. Dies sorgt dafür, dass sie ihren Job *gründlich* erledigen, was wiederum dafür sorgt, dass Ihre Software sowohl gut als auch stabil ist. Zumindest für uns hört sich das nach einem guten Plan an.

Die Übergabephase

Die *Übergabephase* (*Transition*)ist sowohl die glücklichste als auch die schrecklichste Zeit. Wir wissen als Softwareentwickler, dass dies eine Angst einflößende Zeit sein kann, weil der Moment der Wahrheit gekommen ist. Haben Sie und der Rest des Teams ein Produkt geschaffen, das wirklich funktioniert? Oder wird es auf dem Computer des Kunden einfach nur abstürzen, um dann seinen Platz im Mülleimer zu finden?

Höchstwahrscheinlich wird die Software auf den Computern Ihres Kunden laufen, weil Sie in den ersten drei Phasen alles richtig gemacht haben. Allerdings bedeutet dies nicht, dass damit alle Angst verschwunden ist. Aber entspannen Sie sich: Wenn Sie einem Kunden eine neue Software übergeben, sollten Sie und die übrigen Entwickler am Tag der großen Installation parat sein. Es läuft manchmal nicht immer alles glatt, und unserer Erfahrung nach werden die meisten Probleme nicht durch eine fehlerhafte Software hervorgerufen. Häufig ist es so, dass die Computer des Kunden falsch eingerichtet worden sind. Glücklicherweise lassen sich Fehler dieser Art schnell aufspüren und beheben.

Wenn Sie aber Software übergeben, die dann vom Handel an hoffentlich Millionen von Kunden vertrieben wird, gibt es in der Übergabephase einen wichtigen Schritt, an den viele Unternehmen nicht denken. In diesem letzten Schritt wählen Sie einen Arbeitstag aus und laden alle Mitarbeiter zu einer großen Mische-die-Software-auf-Party ein. Alle sollen kommen, und Sie geben jeder Person eine CD-ROM mit Ihrer Software. Dies sind Kopien der CD-ROM, die Sie an den Vertrieb geben wollen, wenn heute alles glatt läuft. Die Mitarbeiter erhalten kostenlos Pizza und Softdrinks (kein Bier, denn sie sollen klar denken), und sie sollen sich die Software auf Herz und Nieren vornehmen. Sie installieren sie, spielen mit ihr herum, arbeiten mit ihr, wenden sie an, fummeln an ihr herum und machen alles mit ihr, was nur denkbar ist. Und wenn jemand auf ein Problem stößt, lässt er es Sie wissen. Ihre Aufgabe sieht an diesen Tag nicht so aus, dass Sie an den Softwaretests teilnehmen. Ihre Aufgabe sieht an diesem Tag so aus, dass Sie sich um die Probleme kümmern, die gefunden werden, und sie beheben. Im Allgemeinen handelt es sich nur um kleinere Probleme, und Sie sollten in der Lage sein, die »Reparaturmaßnahmen« am laufenden Band vorzunehmen.

 Wenn es bei Ihnen tatsächlich einen Testtag wie diesen geben sollte, versuchen Sie, ihn so aufregend wie möglich zu gestalten. Kostenlose Pizza und Softdrinks, laute Musik und vielleicht ein Ruheraum, in den sich die Leute zurückziehen und für ein paar Minuten entspannen und das Projekt vergessen können. Glauben Sie uns, Ihre Leute werden diesen besonderen Tag genießen, wenn Sie ihn nur aufregend genug gestalten. Und das Ergebnis ist ein erfolgreiches Softwarepaket.

Und weiter geht's mit UML

Auch wenn Sie die meiste Zeit für die Konstruktionsphase aufgebracht haben, steckt viel Gehirnschmalz in den Analyse- und Designphasen. Dort kommt UML ins Spiel. Sie verwenden UML, um Ihre Klassen abzubilden, sie zu zeichnen, mit ihnen zu arbeiten und sie zu entwerfen. Deshalb finden Sie im Rest von Teil VI dieses Buches Beiträge zu UML und zu Prozessen, die normalerweise während der Analyse und des Designs ablaufen. Allerdings gibt es auch Prozesse, die in die Anforderungsphase gehören.

Die nächsten Kapitel konzentrieren sich auf die neun Diagrammtypen, die Sie beim Sammeln der Anforderungen, während der Analyse und während des Designs verwenden. Das erste Kapitel beschäftigt sich mit den statischen Diagrammen und das dann folgende Kapitel mit den dynamischen Diagrammen.

Die Klasse mit UML strukturieren

In diesem Kapitel

▷ Zeichnen Sie Klassen in UML

▷ Zeichnen Sie Vererbung und andere Beziehungen

▷ Erstellen Sie Komponenten mit UML

▷ Verteilen Sie die Software

---

*W*enn Sie die Unified Modeling Language (UML) verwenden, um Software zu entwerfen, stehen Sie vor zwei verschiedenen Arten von Diagrammen: Eine ist *statisch*, und die andere *dynamisch*. Die statischen Diagramme repräsentieren die Dinge, die sich nicht ändern, während die Anwendung ausgeführt wird. So ändert sich zum Beispiel eine Klasse nicht, während die Anwendung läuft. Wenn Sie den Code schreiben, benennen Sie die Klassen, Mitgliedsvariablen und Mitgliedsfunktionen, und Sie achten darauf, was privat, was geschützt und was öffentlich ist. Nachdem Sie die Anwendung kompiliert haben, ändern sich diese Informationen nicht mehr; sie sind statisch. Den Gegensatz hierzu bilden die Informationen, die Sie mit den dynamischen Diagrammen darstellen. Hier können sich die Informationen ändern. Dynamische Diagramme enthalten Dinge wie das Erstellen und Löschen von Objekten und wie Objekte zusammenarbeiten (was auch *kollaborieren* genannt wird).

Wir behandeln in diesem Kapitel diese drei statischen Diagramme:

✔ **Klassendiagramm:** Ein Klassendiagramm stellt die verschiedenen Klassen Ihrer Anwendung dar.

✔ **Komponentendiagramm:** Ein Komponentendiagramm stellt die wesentlichen Teile oder Komponenten Ihrer Anwendung dar.

✔ **Verteilungsdiagramm:** Ein Verteilungsdiagramm stellt die verschiedenen Computer und die Hardware dar, auf denen Ihre Anwendung letztendlich laufen wird.

Es geht in diesem Kapitel um UML-Diagramme. Eine Sache, über die wir uns kaum auslassen (auf jeden Fall nicht in diesem Kapitel), ist die Methodik. (Wir behandeln diesen Punkt in Kapitel 28.) UML ist eine *Sprache*, die Sie verwenden, um Software zu entwerfen. Eine *Methodik* ist das Verfahren, das Sie verwenden, um Software zu entwerfen. Das Verfahren, das wir empfehlen, ist der Ration Unified Process (RUP). In diesem Kapitel behandeln wir die Diagramme, und wir gehen auf RUP nur im Zusammenhang mit den Diagrammen ein – was bedeutet, dass Sie viele schöne Bilder herstellen werden.

Klassen zeichnen

Objekte können wie so viele Dinge, die uns umgeben, andere Objekte enthalten. So könnte zum Beispiel ein Krokodil … hm, das ist vielleicht nicht das beste Beispiel. Aber ein Druckerobjekt könnte ein Tonerobjekt enthalten. Diese Objekte könnten eigenständig sein und zu eigenen Klassen gehören. So könnte es die Klasse `LaserPrinter` geben, während eine andere Klasse vielleicht `TonerCartridge` heißt.

Diese beiden Klassen sind in einem gewissen Sinn miteinander verbunden. Diese Verbindung stammt nicht aus einer Vererbung; trotzdem gibt es zwischen diesen beiden Klassen eine Beziehung.

Sie können mit dieser Beziehung einen Schritt weitergehen. Wir haben einen Ständer mit leeren wiederbeschreibbaren CD-ROMs (oder CD-Rs). Dieser Ständer kann eine Instanz der Klasse `CDROMHolder` sein. Jedes der Elemente im Ständer könnte eine Instanz der Klasse `CDR` sein. In unserem Beispiel kann eine Instanz von `CDROMHolder` mehrere Instanzen von `CDR` enthalten. Während also eine Instanz von `LaserPrinter` eine Instanz von `TonerCartridge` enthält, kann es in einer Instanz von `CDROMHolder` mehrere Instanzen von `CDR` geben. Ein anderes Beispiel liefert die Klasse `Porsche`, die in unserer Auffahrt parkt. Sie enthält genau vier Instanzen der Klasse `GoodyearTire`. (Okay, wir träumen gerade.) Und so gibt es an dieser Stelle mehrere Möglichkeiten:

✔ **Genau eine Instanz:** Eine Instanz einer Klasse enthält genau eine Instanz einer anderen Klasse.

✔ **Eine feste Anzahl an Instanzen, aber mehr als 1:** Jede Instanz einer Klasse kann eine feste Anzahl an Instanzen einer anderen Klasse enthalten. Diese Anzahl ändert sich von Instanz zu Instanz nicht.

✔ **Unterschiedliche Anzahlen an Instanzen:** Jede Instanz einer Klasse kann eine andere Anzahl an Instanzen einer anderen Klasse enthalten. Diese Anzahl kann sich von Instanz zu Instanz unterscheiden, und sie kann sich im Laufe der Zeit auch bei einer Instanz ändern.

Für den letzten Punkt gilt, dass der Inhalt von `CDROMHolder` um 1 abnimmt, wenn Sie eine Instanz von `CDR` aus `CDROMHolder` entfernen. Wenn Sie dann wieder eine Instanz von `CDR` in die Instanz von `CDROMHolder` zurücklegen, erhöht sich die Anzahl der Instanzen in dieser Klasse um 1. Wenn wir noch mehr CD-ROMs kaufen und den Ständer weiter füllen, erhöht sich die Zahl der Instanzen von `CDR` immer mehr. Demgegenüber bleibt die Anzahl an Reifen bei der Instanz von `Porsche`, von dem wir immer noch hoffen, dass er draußen parkt, immer dieselbe.

Während Sie die Klassen analysieren, um Ihre Anwendung zu erstellen, stoßen Sie vielleicht auf ein paar Unstimmigkeiten: Wenn wir neue Reifen kaufen, wird der Wagen angehoben, und Mechaniker entfernen nacheinander die alten Reifen, bis sich keiner mehr am Fahrzeug befindet. Dann werden die neuen Reifen nacheinander angebracht. Die Anzahl an Reifen ist also über die Lebensdauer der Instanz hinweg nicht konstant. Aber wie Sie Ihre Klasse erstellen, hängt von den Bedürfnissen derjenigen ab, die die Anwendung einsetzen. Sie dürfen diesen Aspekt aber nicht aus den Augen verlieren, und Sie können deshalb die Reifenzahl als unveränderbaren Wert behandeln. Oder Sie müssen das Austauschen der Reifen berücksichtigen, was dann natürlich dazu führt, dass die Reifenzahl nicht unveränderbar wird.

Hier noch ein Beispiel: Wenn Sie eine Rennsimulation schreiben, möchten Sie vielleicht die Möglichkeit von Unfällen berücksichtigen, wozu es dann auch gehört, dass ein Wagen ein Rad verliert. Dann müssen Sie die Zahl der Räder variabel machen.

Es hängt von der Situation ab, wie Sie Ihre Klasse anlegen. Sie können nicht davon ausgehen, dass sich ähnlich benannte Klassen auch in unterschiedlichen Anwendungen ähnlich verhalten. Einige Anwendungen benötigen vielleicht eine Klasse, die sich selbst dann von einer Klasse in einer anderen Anwendung unterscheidet, wenn beide Klassen ähnliche Namen haben.

Eine andere Art der Beziehung ist die Vererbung. Die Klasse `LaserPrinter` könnte zum Beispiel von der Klasse `Printer` abgeleitet sein.

Eine Vererbung kann sehr komplex sein. Sie könnten eine Klasse haben, von der zwei Klassen abgeleitet worden sind. Von einer dieser beiden Klassen könnten wiederum zwei Klassen abgeleitet worden sein. Während von der anderen abgeleiteten Klasse nur eine weitere Klasse abgeleitet worden ist. C++ ist da sehr flexibel.

Sie können die Dinge, die mit dem Design zu tun haben, auch auf eine andere Weise betrachten. Eine Klasse ist eine Art von *Klassifizierer*. In dieser Beziehung sollten Sie sich eine Vererbung vorstellen, die unterschiedliche Wörter für *Art* zeigt. Eines wäre *Klasse*, und ein anderes wäre *Klassifizierer*. Dann ist *Klasse* von *Klassifizierer* abgeleitet. Ein anderer Klassifizierer ist *Typ*, weshalb auch *Typ* von *Klassifizierer* abgeleitet wird. (Erinnern Sie sich daran, dass zum Beispiel auch Integer Typen sind?) Sie können deshalb `Int` aus der Perspektive der *Metainformationen* oder *Metadaten* als eine Instanz des Klassifizierers *Klasse* ansehen. Und der einsame Drucker auf unserem Schreibtisch ist dann eine Instanz von `LaserPrinter`. Dies verlangt nach einer abstrakten Betrachtungsweise der Dinge, aber wenn Sie dieses System erst einmal verinnerlicht haben, werden Sie auch in der Lage sein, sich ernsthaft mit dem Design von Klassen zu beschäftigen. Sie sind dann deshalb dazu in der Lage, weil Sie verstanden haben, wie die Klassen insgesamt zusammenpassen.

Klassen mit UML abbilden

Sie können ein UML-Diagramm erstellen, das mehrere Klassen und ihre unterschiedlichen Beziehungen zeigt. Schauen Sie sich einmal Abbildung 29.1 an. Diese Abbildung zeigt drei Klassen: `Printer`, `LaserPrinter` und `TonerCartridge`. Konzentrieren Sie sich auf die Linien, die die drei Klassen miteinander verbinden. Die Linien unterscheiden sich voneinander, weil sich auch die Beziehungen voneinander unterscheiden, in denen diese Klassen zueinander stehen.

So zeigt die Linie, die `Printer` und `LaserPrinter` verbindet, Vererbung an. Die Pfeilspitze zeigt auf die Basisklasse. Daraus folgt, dass `LaserPrinter` aus `Printer` abgeleitet worden ist.

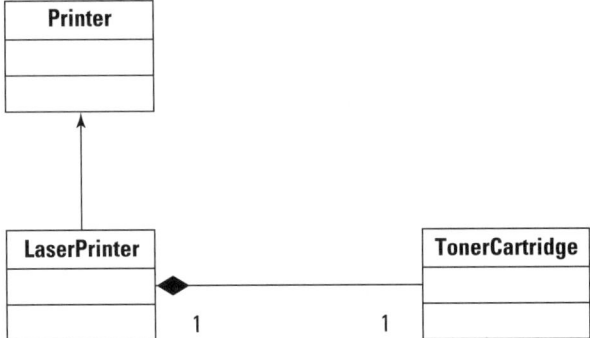

Abbildung 29.1: Die Linien, die auf die Klassen zeigen, stellen die unterschiedlichen Beziehungsarten dar.

Auch wenn wir diesen Begriff nicht sehr oft verwenden: Das Gegenstück zu *ableiten von* ist *generalisieren*. Wenn also `LaserPrinter` von `Printer` abgeleitet worden ist, könnten Sie auch sagen, dass `Printer` `LaserPrinter` generalisiert. Dahinter steckt der Gedanke, dass `Printer` die allgemeine (»generelle«) Form von `LaserPrinter` und `LaserPrinter` eine besondere Form von `Printer` ist. Der Grund dafür, dass wir es vorziehen, es nicht *generalisieren* zu nennen, ist, dass Sie normalerweise, wenn Sie eine Klassenhierarchie erstellen, zuerst die Basisklasse erstellen. Dann leiten Sie davon eine neue Klasse ab. Deshalb kommt uns der Begriff *generalisieren* alles andere als intuitiv vor. Und unser Verstand tut sich mit solchen, nicht intuitiv zu verstehenden Begriffen schwer. (Allerdings sollten wir, um fair zu bleiben, hinzufügen, dass ein gern gegangener Weg beim Umgang mit Klassen so aussieht, dass die Gemeinsamkeiten zweier Klassen festgestellt werden und sich dann eine Klasse als Basisklasse herauskristallisiert. In diesem Umfeld macht Generalisierung Sinn.)

Schauen Sie sich nun die Linie an, die `LaserPrinter` mit `TonerCartridge` verbindet. So etwas wird *Komposition* genannt. Dieses Wort bedeutet, dass die beiden Klassen in einem Zusammenhang stehen. (Stellen Sie sich eine Komposition als ein starkes Band zwischen zwei Objekten vor.) Deshalb enthält jede Instanz von `LaserPrinter` genau eine Instanz von `TonerCartridge`. Wie Sie das später implementieren, hängt von Ihnen ab, aber es ist am sinnvollsten, in die Klasse `LaserPrinter` einen Zeiger auf eine Instanz von `TonerCartridge` einzubinden.

Bei dieser zweiten Linie verweist die ausgefüllte Raute auf die Einheit, die das Teil enthält. Somit ist `LaserPrinter` die Einheit, und sie enthält das Teil `TonerCartridge`. Merken Sie sich auch, dass unterhalb der Kompositionslinie zwei Zahlen stehen. Die linke Zahl sagt aus, dass eine Instanz von `LaserPrinter` den Zusammenschluss bildet, und die Zahl auf der rechten Seite bedeutet, dass eine Instanz von `TonerCartridge` zu diesem Zusammenschluss gehört.

Schauen Sie sich nun Abbildung 29.2 an. Hier gibt es eine Raute und eine Linie, die wieder eine *Komposition* bedeuten. Aber dieses Mal steht an der Klasse Porsche eine 1 und an der Klasse GoodyearTire eine 4. Diese Kombination sagt aus, dass zu genau einer Porsche-Klasse vier Instanzen von GoodyearTire gehören. Oder anders ausgedrückt: Ein Auto hat vier Räder.

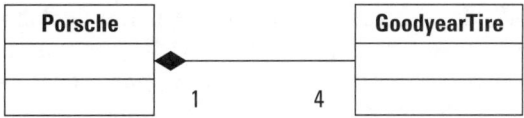

Abbildung 29.2: Die Kombination aus Raute und Linie bedeutet, dass eine Komposition vorliegt.

Werfen Sie nun einen Blick auf Abbildung 29.3. Sie sehen wieder eine Verbindung, die aber dieses Mal zwischen der Klasse Pasture *(Weide)* und der Klasse Cow *(Kuh)* besteht. Neben der Klasse Pasture steht eine 1, während neben der Klasse Cow ein Sternchen (*) steht. Das Sternchen zeigt an, dass einer Instanz der Klasse Pasture eine beliebige Anzahl an Instanzen der Klasse Cow zugeordnet werden können. Oder anders ausgedrückt können beliebig viele Kühe auf einer Weide herumlaufen. Wenn Sie im UML-Diagramm ein Sternchen setzen, zeigt dies an, dass es in der Zuordnung beliebig viele Instanzen geben kann, wozu auch 0 gehrt. Deshalb kann eine Pasture auch keine Kühe enthalten (weil die sich gerade zum Melken im Stall befinden). Oder 1 Kuh steht auf der Weide, wobei es aber auch 100 Kühe sein können, die auf der Weide faulenzen.

*Abbildung 29.3: Es können viele Instanzen der Klasse mit dem * mit der Klasse mit der 1 verbunden werden.*

Es gibt noch weitere Möglichkeiten, um die Anzahl an Elementen in einer Beziehung anzuzeigen. Sie werden *Multiplizitäten* genannt. Tabelle 29.1 führt sie auf.

Symbole	Was sie bedeuten
1	Genau eine Instanz
n	Genau n Instanzen (wobei n eine beliebige Instanz ist)
m	Eine beliebige Anzahl an Instanzen von m bis n; zum Beispiel 0..1. Oder 1..10
*	Eine beliebige Anzahl an Instanzen, einschließlich 0
0..*	Eine beliebige Anzahl an Instanzen, einschließlich 0 (identisch mit *)

Tabelle 29.1: Multiplizitäten

Attribute und Methoden

Sie werden in der objektorientierten Welt mit ziemlicher Sicherheit immer wieder auf zwei Begriffe stoßen: Attribute und Methoden. Ein *Attribut* ist einfach nur eine Mitgliedsvariable, und *Methode* ist einfach nur ein anderer Name für *Mitgliedsfunktion*. Bei diesen beiden Begriffen handelt es sich um die offizielle UML-Terminologie. Allerdings werden diese in C++ meistens nur dann verwendet, wenn UML-Diagramme gezeichnet werden. C++-Programmierer ziehen es stattdessen vor, von *Mitglieds-* oder *Membervariablen* und *Mitglieds-* oder *Memberfunktionen* zu sprechen. Sie können den Begriff aussuchen, der Ihnen am besten liegt. Wir verwenden in diesem Buch *Attribute* und *Methoden* nur, wenn es um UML-Diagramme und nicht um C++-Code geht.

Wenn Sie zum Beispiel zwei Klassen haben, von denen eine `Vacuum` und die andere `ExtensionTube` heißt, und wenn Sie eine `1` an der Seite von `Vacuum` und eine `1..4` an der Seite von `ExtensionTube` sehen, bedeutet dies für jede (1) Instanz von `Vacuum`, dass sie zwischen ein und vier (`1..4`) `ExtensionTube`-Instanzen haben kann.

 Aber halt! Wir sind doch davon ausgegangen, dass diese Klassendiagramme statisch und nicht dynamisch sind. Wahr ist, dass sie immer noch statisch sind, obwohl die Linie dazwischen verschwimmt. Wir könnten in eine philosophische Diskussion darüber einsteigen, warum Klassendiagramme wirklich statisch sind (Sie schreiben zum Beispiel eine Klasse, die ein einzelnes Array enthält, das sich nicht ändert), aber wir möchten lieber dies festhalten: Gehen Sie einfach davon aus, dass ein Klassendiagramm statisch ist und dass ein paar unscharfe Unterschiede existieren.

UML und Vererbung

Wenn Sie in UML Vererbung anzeigen wollen, ziehen Sie einfach einen Pfeil von der abgeleiteten Klasse nach oben zur Basisklasse. Nun gibt es in UML aber noch andere Arten der Vererbung.

Wenn Sie angeben wollen, dass eine Basisklasse abstrakte virtuelle Funktionen enthält, machen Sie dies in der Klasse, indem Sie Kursivschrift verwenden. So zeigt zum Beispiel Abbildung 29.4 eine Basisklasse mit dem Namen `Person`. Hierbei handelt es sich um eine abstrakte Klasse, weil sie eine abstrakte virtuelle Funktion `work()` enthält. Diese Funktion ist *abstrakt virtuell*, weil sie kursiv geschrieben worden ist. (Dadurch wird auch die Klasse virtuell. Denken Sie daran, dass eine Klasse, die mindestens eine abstrakte virtuelle Funktion aufweist, selbst abstrakt ist.)

Die beiden Klassen, die von `Person` abgeleitet werden, `BankRobber` und `MiddleManager` (wir haben uns gedacht, dass dies eine interessante Kombination ergibt) überschreiben jeweils die Funktion `work()`. Aus diesem Grund sind sie *nicht* abstrakt. Deshalb ist es Ihnen möglich, von `BankRobber` und `MiddleManager` Instanzen zu erstellen.

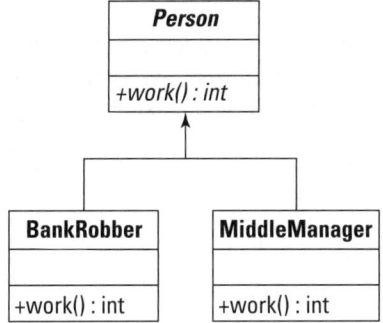

Abbildung 29.4: Sie stellen in UML abstrakte Klassen dadurch dar, dass Sie in ihr eine kursiv geschriebene Methode unterbringen.

Vielleicht haben Sie bemerkt, dass wir bisher noch keinen Weg aufgezeigt haben, um in UML eine virtuelle Funktion anzugeben. Sie können ausdrücken, dass eine Mitgliedsfunktion abstrakt ist, aber was ist mit dem guten alten »virtuell«? Das geht nicht. Es gibt das Schlüsselwort `virtual` nur in C++, und es sagt einfach nur aus, dass Sie eine Funktion überschreiben können. Wie also könnten Sie vorgeben, dass etwas virtuell ist? Viele CASE-Tools enthalten eine Option, die eine Lösung für dieses Problem anbietet und es zulässt, eine Funktion als virtuell zu kennzeichnen.

Klassen aggregieren und zusammensetzen

Wenn Sie zwei Klassen miteinander verknüpfen, ohne dass Vererbung ins Spiel kommt, stehen Ihnen im Allgemeinen zwei Wege zur Verfügung: die Komposition oder das Aggregieren. Denken Sie an die Klasse LaserPrinter und ihre Verknüpfung mit der Klasse TonerCartridge. Eine Tonerkartusche *(Toner Cartridge)* ist ein wichtiger Bestandteil eines Laserdruckers, aber eine solche Kartusche kann es zu einem bestimmten Zeitpunkt immer nur in einem einzigen Drucker geben. Dies ist eine *Komposition* (im Sinne von Zusammensetzung).

Demgegenüber verweist ein *Aggregat* auf zwei Objekte, die eher lose miteinander verbunden sind. So können Sie vielleicht in einem Büro Hunderte von Computern und ein Dutzend oder mehr Laserdrucker finden. Die Laserdrucker können mit vielen verschiedenen Computern zusammenarbeiten. Und die Computer sind in der Lage, auf viele verschiedene Laserdrucker zuzugreifen. Wie haben es hier mit einem losen Verbund zu tun, und so etwas wird Aggregat genannt.

Die bedeutet nun aber *nicht*, dass es eine Komposition nur bei einer Eins-zu-eins-Beziehung gibt, während das Aggregat für eine Viele-zu-viele-Beziehung reserviert ist. Der Begriff Komposition weist einfach nur auf eine viel engere Beziehung hin. Eine Tonerkartusche ist ein enger *Bestandteil* eines Druckers, und deshalb liegt hier eine Beziehung in Form einer Komposition vor. Aber ein Drucker ist kein so wichtiger Bestandteil eines Computers. Der Computer hat auch ohne Drucker eine Existenzberechtigung und umgekehrt, weshalb wir es hier mit einem Aggregat zu tun haben.

Sie können in UML die Qualität der Verbindung durch die Form der Raute im Diagramm darstellen. Bei einer Komposition wird die Raute schwarz ausgefüllt, während sie bei einem Aggregat leer bleibt und Sie nur einem Umriss der Raute sehen. Abbildung 29.1 bis Abbildung 29.3 zeigen Kompositionen. Abbildung 29.5 stellt ein Aggregat dar.

Abbildung 29.5: Wenn die Raute nicht ausgefüllt ist, haben Sie es mit einem Aggregat zu tun.

Beachten Sie, dass Abbildung 29.5 dieselben Klassen wie Abbildung 29.3 enthält. Dieses Mal ist aber die Raute nicht gefüllt. Dies bedeutet, dass wir das Diagramm geändert haben, damit es zu einem Aggregat wird und nicht länger eine Komposition ist.

Komposition und Attribute

Zwischen einer Komposition und einem Attribut besteht eine enge Ähnlichkeit. Wenn jede Instanz von `LaserPrinter` seine eigene Instanz von `TonerCartridge` hat, können Sie wählen: Sie ziehen entweder eine Kompositionslinie zwischen `LaserPrinter` und `TonerCartridge`, wobei sich die Raute auf der Seite von `TonerCartridge` befindet, oder Sie geben der Klasse `LaserPointer` einfach eine Mitgliedsvariable (ein *Attribut*) vom Typ `TonerCartridge`. Wenn Sie dann am Ende die Komposition nehmen und den Code für die Klasse schreiben, stellt sich die Komposition als Mitgliedsvariable dar.

Wie sollten Sie nun vorgehen? Das hängt von Ihnen ab (wobei Sie aber beide Wege niemals gleichzeitig gehen dürfen). Dabei müssen Sie eine Regel befolgen. (Dabei gilt auch hier, dass Regeln und Gesetze ausgelegt werden können.) Wenn Sie in Ihrer Anwendung eine der üblichen Klassen einsetzen (eine, die Sie vielleicht als Hilfsklasse betrachten) und die in vielen Klassen als Mitgliedvariable auftritt, sollten Sie sie zu einem Attribut machen und an dieser Stelle auf eine Komposition verzichten, weil dies verhindert, dass Ihre Diagramme überladen wirken.

Wenn Sie UML benutzen, können Sie keine zwei Diagramme haben, die widersprüchliche Verknüpfungen zeigen. Es kann also in einem UML-Modell nicht sowohl Abbildung 29.3 als auch Abbildung 29.5 geben. Ein UML-Modell muss selbst dann für eine eindeutige Darstellung der Verknüpfungen in diesem Modell sorgen, wenn die Verknüpfung in einem anderen Modell anders aussähe.

Ein anderer Weg, eine Komposition zu betrachten, führt über Eigentum. Wenn es für ein Objekt sinnvoll ist, ein anderes Objekt zu besitzen, geht dies über die Komposition. So besitzt zum Beispiel eine Instanz von `LaserPrinter` ihre eigene Instanz von `TonerCartridge`. Eine andere Instanz von `LaserPrinter` würde eine *andere* Instanz von `TonerCartridge` besitzen. Die beiden `Laser-Printer`-Instanzen können also nicht dieselbe Instanz von `TonerCartridge`

besitzen. Deshalb können Sie sich die beiden `LaserPrinter`-Instanzen als Eigentümer jeweils einer `TonerCartridge`-Instanz vorstellen. In Fällen dieser Art können Sie Kompositionen verwenden.

Komponenten erstellen

Wenn Sie Software entwerfen, ist es häufig angebracht, verschiedene Klassen zu gruppieren. Dies bedeutet, dass Sie eine Bibliothek aus Klassen erstellen. In den meisten Betriebssystemen heißen die aus Klassen bestehenden Bibliotheken *Bibliothek* (oder *Library*), während sie unter Windows *Dynamic Link Libraries* oder in ihrer Kurzform *DLLs* genannt werden. Bei einer Bibliothek handelt es sich einfach nur um eine Datei, die Code enthält, den andere Programme verwenden können. Diese anderen Programme laden die Bibliothek und rufen dann deren Funktionen auf. Es gibt also an einer Bibliothek nichts, was irgendwie magisch ist. Sie haben es nur mit einem Haufen kompilierter Klassen und Funktionen zu tun, der in eine Datei gestopft wurde. (Da alles kompiliert wurde, steht Ihnen mit einer Bibliothek kein Quellcode zur Verfügung.)

Eine Komponente kann aber auch zu etwas werden, das sich statische Bibliothek nennt. Eine *statische Bibliothek* ähnelt insoweit stark einer »normalen« Bibliothek, dass sie sehr viel Code enthält, den Ihre Anwendung nutzen kann. Allerdings verbindet der *Linker* (oder *Binder* – das ist das Werkzeug, das für das Zusammenstellen – oder Binden – von Programmmodulen zuständig ist), wenn Sie Ihre Anwendung erstellen, den Code in der statischen Bibliothek direkt mit Ihrer endgültigen, ausführbaren Datei. Dies bedeutet, dass Ihre ausführbare Datei größer sein wird, als wenn Sie sie mit einer dynamischen Bibliothek verbunden hätten. Sie dürfen dabei aber nicht übersehen, dass Sie bei einer Verbindung Ihres Codes mit einer dynamischen Bibliothek diese zusammen mit der Anwendung ausliefern oder dafür sorgen müssen, dass sie in der Anwendung des Benutzers bereits installiert ist. Bei einer statischen Bibliothek müssen Sie sich über so etwas keine Gedanken machen. (Wenn Sie ein Unix-System verwenden, erhält eine statische Bibliothek die Dateiendung `.a`, was für *a*rchive steht, während eine dynamische Bibliothek die Endung `.so` erhält, was für *s*hared *o*bject steht.)

Wenn Sie sich mit anspruchsvoller Programmierung beschäftigen, können Sie Klassen auch in einer Komponente gruppieren, die Sie letztendlich in einem ActiveX-Control oder einem Objekt vom Typ Component Object Model (COM) unterbringen. (Dies sind besondere Bibliotheksarten, die unter Windows laufen.)

Sie können sich deshalb eine *Komponente* als einen generischen Weg vorstellen, um Klassen zu gruppieren. Abbildung 29.6 zeigt eine Komponente. Es handelt sich dabei um einen Kasten, in dem es an der linken Seite ein paar kleinere Kästchen gibt. Wir haben, wie Sie sehen können, in dieser Komponente, die `MyLibrary` heißt, die beiden Klassen `Safe` und `Lock` untergebracht.

Wie Abbildung 29.7 zeigt, gibt es in UML noch einen weiteren Weg, um auf Komponenten hinzuweisen. Beachten Sie, dass wir hier die Klassen außerhalb der Komponente gezeichnet haben und stattdessen mit gestrichelten Pfeilen von der Komponente aus darauf zeigen. Wir haben das Wort *reside* (hier im Sinne von *befindet sich in*) in doppelte spitze Klammern ge-

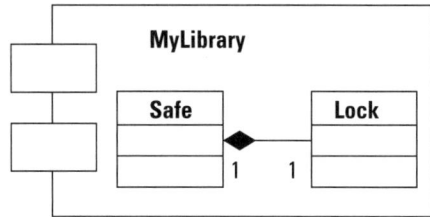

Abbildung 29.6: Eine Komponente ist ein Kasten, dem an seiner linken Seite zwei kleinere Kästchen hinzugefügt wurden.

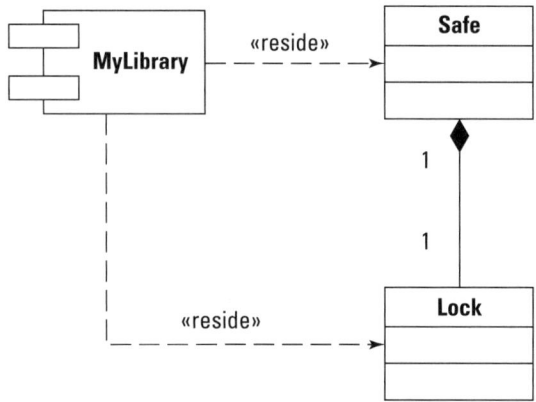

Abbildung 29.7: Eine andere Art der Komponentennotation ist der Einsatz von gestrichelten Pfeilen, die von der Komponente aus auf die Klassen zeigen.

setzt. (Die Franzosen verwenden diese *Guillemets* anstelle von doppelten Anführungszeichen. Merken Sie sich das für den Fall, dass Sie einmal in einem Quiz danach gefragt werden.)

Stereotypisieren

Die meisten Menschen sind wie wir der Meinung, dass das Stereotypisieren keine gute Sache ist, aber in UML ist das ganz anders. Sie können in UML ein Symbol, zum Beispiel ein Komponentensymbol, nehmen und es behutsam ändern, um daraus Ihre eigene benutzerdefinierte Version des Symbols zu machen, und das Ergebnis ist dann ein sogenanntes *Stereotyp*. Wenn Sie so etwas tun, fügen Sie oben im Komponentensymbol ein Wort hinzu. Sie setzen dieses Wort wie in <<und>> in doppelte spitze Klammern (die Guillemets). In UML gilt generell, dass Sie ein Stereotyp sehen, wenn Sie ein Wort in Guillemets erblicken. Betrachten Sie ein Stereotyp als eine modifizierte Form des Symbols oder als Ihre eigene Version des Symbols.

Wenn Sie ein Komponentendiagramm erstellen, können Sie in Ihren Komponenten Stereotype verwenden. Stellen Sie sich das so vor: Angenommen, Sie haben mehrere Komponenten, die Sie als Windows-DLL erstellt haben. (Dasselbe Prinzip gilt für andere Plattformen und andere Arten von Komponentencontainern.) Da das Komponentensymbol selbst nirgendwo hinterlegen muss, dass es keine DLL ist, können Sie Ihre eigenen DLL-Komponentensymbole erstellen. Sie machen dies, indem Sie im Komponentensymbol ein Stereotyp unterbringen. Abbildung 29.8 zeigt drei Komponenten, die zusammenarbeiten. Davon sind zwei DLLs, und eine ist letztendlich die ausführbare Datei, die in die DLLs hineinruft. Um dies zu zeigen, haben wir alles stereotypisiert. Beachten Sie, dass wir das Symbol *wiederverwenden* können, weil wir es als unser eigenes Symbol erstellt haben. Wir haben in diesem Fall das DLL-Komponentensymbol zweimal verwendet. Wenn wir noch mehr ausführbare Dateien haben, können wir auch hierfür das ausführbare Komponentensymbol wiederverwenden.

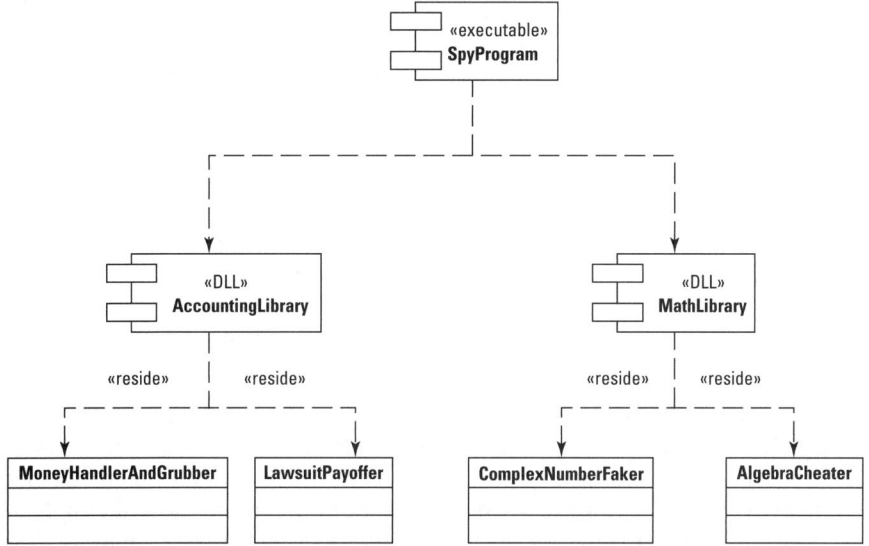

Abbildung 29.8: Sie können Stereotype verwenden und verschiedene Komponenten zeigen, die zusammenarbeiten.

 CASE-Tools unterscheiden sich darin, wie Sie Stereotype hinzufügen. Bei vielen Tools verwenden Sie Elemente des Menüs. Es öffnet sich dann ein Dialogfeld, in dem Sie einen Namen für das Stereotyp eingeben. Dann wählen Sie die Basisklasse aus. Lassen Sie sich nun aber nicht durch das verwirren, was Sie normalerweise unter einer Basisklasse verstehen. Wir meinen hier Metainformationen. Betrachten Sie die Sache am besten so: Sie haben ein Komponentensymbol. Sie erstellen auf der Grundlage einer Komponente Ihre eigene DLL-Komponente. Diese DLL-Komponente ist in gewisser Weise vom Komponentensymbol abgeleitet. Deshalb bildet in dieser Hierarchie die Basisklasse das Komponentensymbol. Und so wird die Basisklasse zur Komponente, wenn Sie aus einer Komponente ein Stereotyp erstellen.

Bevor Sie Ihr eigenes Stereotyp anlegen, sollten Sie zuerst nachprüfen, ob es nicht bereits vorhanden ist, indem Sie die Dokumentation, die zu Ihrem CASE-Tool gehört, und alle Stereotype kontrollieren, die es bereits in Ihrem Unternehmen gibt. In UML sind bereits viele Stereotype vorhanden.

Sie können in Abbildung 29.8 sehen, wie wir Stereotype verwendet haben, um ein besonderes DLL-Komponentensymbol und ein besonderes ausführbares Komponentensymbol zu erstellen. Beachten Sie, dass wir von dem ausführbaren Symbol SpyProgram je einen Pfeil zu den DLLs AccountingLibrary und MathLibrary gezogen haben. Diese Pfeile sind gestrichelt und ihnen ist kein Stereotyp zugeordnet worden. Die gestrichelten Pfeile zeigen an, dass sie von den beiden Bibliotheken abhängen. Nun enthalten die beiden Bibliotheken zwei Klassen. Um zu zeigen, dass es diese Klassen in den Bibliotheken gibt, verwenden wir einen Abhängigkeitspfeil (eine gestrichelte Linie). Darüber hinaus haben wir Stereotype verwendet, um zu zeigen, dass es sich hierbei um *residuale* Formen der Abhängigkeit handelt. Wir haben es also mit einer besonderen Version des Symbols zu tun, auf die wir über Stereotype besonders hinweisen.

Die Software verteilen

Sie können, während Sie die Software entwerfen, ein Diagramm erstellen, das zeigt, wie Ihre Software ausgeführt und auf den Ziel-Computersystemen eingerichtet wird. Das Diagramm, das Sie dafür in UML verwenden, wird *Verteilungsdiagramm* genannt. Es ist ein statisches Diagramm, weil sich die Informationen, die es enthält, nicht ändern, während die Anwendung ausgeführt wird.

Abbildung 29.9 gibt ein Beispiel eines Verteilungsdiagramms wieder. Wir haben in diese Abbildung zwei Knoten eingebunden. Bei einem Hardwaresystem entspricht ein *Knoten* einer Computerkomponente. In diesem Fall handelt es sich bei dem einen Knoten um einen PC, und der andere Knoten ist ein freigegebenes Laufwerk im Netz (hier als Shared Drive bezeichnet). Sie können dem Diagramm entnehmen, dass das freigegebene Laufwerk die beiden DLLs enthält. Allerdings befindet sich die ausführbare Datei selbst auf dem PC des Benutzers. Beachten Sie außerdem die Komponenten, zwischen denen es Verbindungen gibt, weil wir dasselbe CASE-Modell wie in Abbildung 29.8 benutzen. Als wir den beiden Knoten die Komponenten hinzufügten, hat das CASE-Tool die Linien automatisch gezeichnet, um die Verbindungen herzustellen.

Ein besonders netter Aspekt des UML-Standards ist, dass Sie beim Entwerfen von Verteilungsdiagrammen eigene Symbole verwenden dürfen. Allerdings geht diese kreative Möglichkeit über das einfache Stereotypisieren hinaus, bei dem Sie ein Wort in diesen komisch aussehenden spitzen Klammern hinzufügen. Verwenden Sie stattdessen vorgefertigte Bildchen, die sogenannten ClipArts. (Ja, ClipArts!) Werfen Sie einen Blick auf Abbildung 29.10, die ein Beispiel enthält.

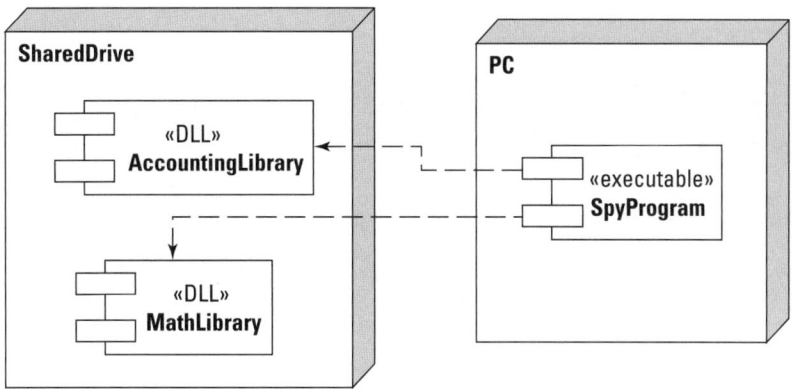

Abbildung 29.9: Dieses Verteilungsdiagramm hat zwei Knoten.

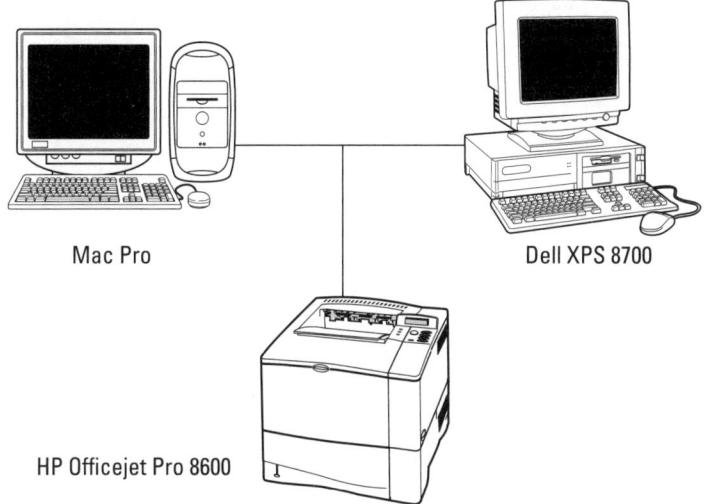

Abbildung 29.10: Beim Entwerfen Ihres Verteilungsdiagramms können Sie richtig kreativ sein.

Mit UML ein Verhalten aufzeigen

30

In diesem Kapitel

▶ Zeichnen Sie Objekte in UML

▶ Machen Sie aus Anwendungsfällen Anwendungsfalldiagramme

▶ Gliedern Sie Ablaufschritte mit Sequenzdiagrammen

▶ Zeigen Sie, wie Objekte zusammenarbeiten

▶ Zeichnen Sie den Verlauf von Aktivitäten auf

▶ Die verschiedenen Zustände eines Objekts bestimmen

*W*ir führen Sie in diesem Kapitel durch die fünf dynamischen UML-Diagramme. Dies sind die Diagramme, die zeigen, wie Objekte zusammenarbeiten und sich im Laufe der Zeit ändern. Sie werden einige dieser Diagramme für nützlicher als andere halten, was auch in Ordnung ist. Sie müssen nicht alle Diagramme einsetzen, die in diesem Kapitel gezeigt werden. Benutzen Sie einfach nur die, mit denen Sie am meisten anfangen können.

Objekte zeichnen

Sie können in UML Klassendiagramme zeichnen, die die Klassen in Ihrem System zeigen, oder Sie fangen gleich damit an, ein *Objektdiagramm* zu zeichnen, das die eigentlichen Instanzen oder Objekte enthält. Da Sie Instanzen zeichnen, kann es dazu kommen, dass es auf einem Objektdiagramm mehrere Objekte einer Klasse gibt.

Wenn Sie auf einem UML-Diagramm Objekte zeichnen, sehen die Diagramme fast wie Klassendiagramme aus, wobei es aber einen wichtigen Unterschied gibt: Bei einem Objekt ist der Name oben im Rechteck <u>unterstrichen</u>. Bei Klassen wird dieser Name normal geschrieben. Merken Sie sich diesen Unterschied unbedingt, damit Ihre Diagramme andere Menschen nicht verwirren. Sie untersuchen ein Objektdiagramm am besten, indem Sie es mit einem Klassendiagramm vergleichen. Werfen Sie ein Blick auf Abbildung 30.1 – oben sehen Sie ein Klassendiagramm und unten ein Objektdiagramm.

Im Diagramm gibt es zwei Klassen. Die Namen sind nicht unterstrichen, und die Klassen haben eine Komposition als Beziehung. Es handelt sich dabei um eine *Eins-zu-viele*-Beziehung – im Beispiel eine Instanz von `Pasture` *(Weide)* zu vielen Instanzen von `Cow` *(Kuh)*. Wir haben für jede Klasse Attribute eingebunden.

Die untere Hälfte des Diagramms zeigt Instanzen der Klassen. Wenn Sie programmieren, nennen Sie eine Instanz manchmal wie eine Variable. Oder Sie verwenden eine Sprache, die es zulässt, dass ihre Objekte benannt werden. (C++ erlaubt so etwas nicht; Sie müssen einen

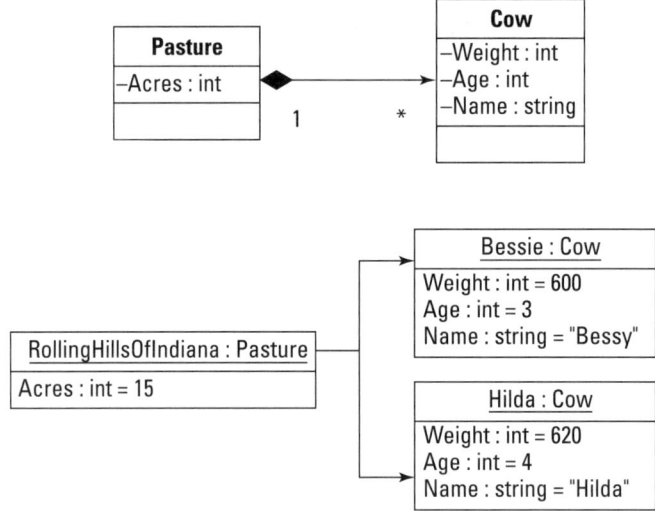

Abbildung 30.1: Klassendiagramme und Objektdiagramme ähneln sich.

Variablennamen verwenden.) Wir haben im Objektdiagramm den Instanzen einen Namen gegeben. Oben im Rechteck befinden sich ein unterstrichener Name, ein Doppelpunkt und der Typ der Klasse. Folglich ist `RollingHillsOfIndiana` eine Instanz vom Typ `Pasture`. `Bessie` ist eine Instanz vom Typ `Cow`, und auch `Hilda` ist eine Instanz vom Typ `Cow`. Außerdem haben wir in den Objektkästen den Mitgliedsvariablen (oder Attributen) Werte zugewiesen. Hier haben wir zuerst den Namen, dann einen Doppelpunkt und den Typ – also wie beim Klassensymbol. Danach sehen Sie aber noch ein Gleichheitszeichen und einen Wert. (Da wir es hier tatsächlich mit Instanzen der Klasse zu tun haben, können die Mitgliedsvariablen Werte haben.)

Schauen Sie sich die Linien sorgfältig an, die das Objekt `RollingHillsOfIndiana` mit den Objekten `Bessie` und `Hilda` verbinden (und die Linie, die die beiden Klassen verbindet). Sie sehen einen Pfeil, der zwar auf die Instanzen von `Cow`, nicht aber auf die Instanz von `Pasture` zeigt. Demnach enthält die `Pasture`-Instanz zwar einen Zeiger auf jede Instanz von `Cow`, was aber nicht umgekehrt gilt. Dies bedeutet, dass die `Cow`-Instanzen nichts von den `Pasture`-Instanzen wissen. Daraus folgt, dass eine `Cow`-Instanz keine Mitgliedsvariable enthält, die auf eine Instanz von `Pasture` zeigt. Und wie Sie sehen, gilt das auch für das Klassendiagramm, in dem ein Pfeil auf die Klasse `Cow` zeigt.

 Wenn Sie wollen, dass beide Instanzen *voneinander wissen*, entfernen Sie einfach die Pfeile und verwenden nur Linien. Diese Änderung wird *bidirektionale Zuordnung* genannt. Wenn Sie einen Pfeil haben, weist dieser darauf hin, dass die Beziehung *unidirektional* ist. Im Fall von `Pasture` und `Cow` zeigt der Pfeil an, dass die `Pasture`-Instanz in der Instanz von `Cow` Methoden aufrufen kann, was umgekehrt nicht möglich ist. Die Instanzen von `Cow` kennen die `Pasture`-Instanz nicht.

Ab und an kommt es vor, dass jemand gerne zeigen möchte, dass die Objekte Instanzen der Klasse sind, indem sie einen gestrichelten Pfeil von der Instanz zur Klasse ziehen und das Stereotyp <<instantiate>> hinzufügen. Wenn Sie viele Instanzen haben, kann diese Technik für ein unübersichtliches Diagramm sorgen, aber wenn es nur eine Instanz pro Klasse gibt, können Sie sie problemlos im Diagramm darstellen. Und genau das haben wir in Abbildung 30.2 getan. Beachten Sie, dass das Wort <<instantiate>> vorhanden ist und dass der Pfeil auf die Klasse zeigt. Unserer Meinung nach ist diese Vorgehensweise ein wenig altertümlich, aber das gilt für vieles in der Welt der Computer, weshalb uns das nicht überrascht.

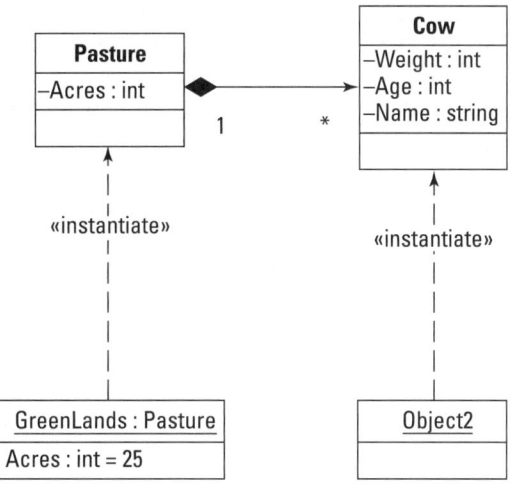

Abbildung 30.2: Sie können zeigen, dass ein Objekt eine Instanz einer Klasse ist.

Anwendungsfälle inspizieren

Anwendungsfälle sind ein wichtiger Aspekt des Modellierens von Software geworden, da sie sich auf die Funktionen eines Softwarepakets (das sind die Verben!) konzentrieren, während der Fokus von Objekten auf den Dingen (den Substantiven) liegt. Wenn man diesem Gesichtspunkt folgt, macht die Aussage Sinn, dass Anwendungsfälle in der objektorientierten Analyse und dem objektorientierten Design keine große Rolle spielen. Allerdings weist diese Argumentation eine Schwäche auf, weil sie davon ausgeht, dass *objektorientiert* bedeutet, dass Sie sich nur mit den Substantiven beschäftigen. Es stimmt, dass es hier um Objekte geht, was aber nicht heißt, dass Sie die Verben ignorieren oder missachten dürfen. (Wir persönlich lieben Verben. Das Leben wäre ohne Verben langweilig. Es wird ganz schön schwierig, sich ohne Verben zu unterhalten.)

Und dasselbe gilt für die objektorientierte Programmierung. Auch wenn wir unser Bauwerk um die Objekte herum hochziehen, benutzen wir immer noch Funktionen, die Verben sind. Und wir haben Funktionalitäten. Und wir sind in der Lage, Funktionalitäten in Form von Menüs und Dialogfeldern zu gliedern beziehungsweise zu gruppieren.

Deshalb überprüfen wir, wenn wir Software entwerfen, ihr Einsatzgebiet und führen alle Anwendungsfälle auf, die unserer Meinung nach für sie infrage kommen können. Dies geschieht in der Regel in der Analysephase.

Abbildung 30.3 zeigt ein Beispiel eines Anwendungsfalldiagramms. Die ovalen Formen stellen die eigentlichen Anwendungsfälle dar. Und Ihnen ist sicherlich das andere ungewöhnliche Symbol aufgefallen: das Strichmännchen! Dieses Symbol wird *Akteur* genannt, weil es den Benutzer darstellt, der mit der Anwendung wie ein Schauspieler mit seinem Publikum interagiert. Ja, das ist einer der Momente, an dem wir, die Softwareentwickler dieser Welt, zu den Wurzeln unserer Kindheit zurückkehren und wunderbare Bilder malen. In diesem Fall malen wir Strichmännchen. (Um das klar und deutlich zu formulieren: Bei dieser Figur handelt es sich weder um eine Frau noch um einen Mann. Wir brauchen also keinen Rock, um eine Frau darzustellen. Hier sind alle Menschen wirklich gleich, weshalb wir auch alle Strichmännchen geschlechtslos zeichnen, obwohl sie ein »Männchen« im Namen tragen.)

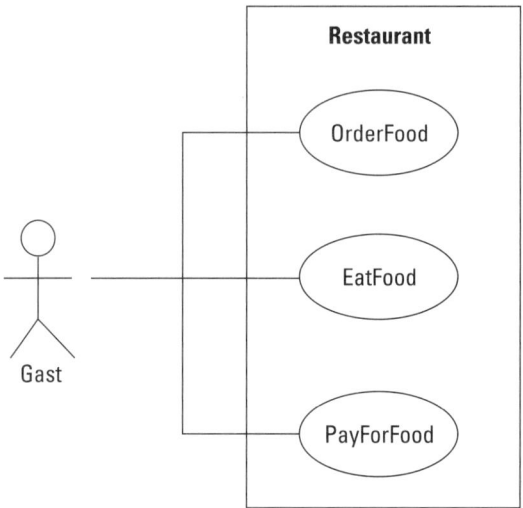

Abbildung 30.3: Ein Anwendungsfalldiagramm gibt die Funktionalität eines Systems wieder.

Wenn Sie sich Abbildung 30.3 anschauen, sehen Sie, dass alle Anwendungsfälle Namen haben. Diese Namen entsprechen dem, was der Benutzer mit dem System machen kann. (Wir verwenden das Wort *System*, weil wir von einem Softwaregebilde ausgehen, das Sie erstellen.) Das System heißt in unserem Fall `Restaurant`, und der Benutzer bestellt in diesem System Essen (`OrderFood`), das er verspeist (`EatFood`) und schließlich bezahlt (`PayFood`).

Der Akteur stellt den *Benutzer des Systems* dar. Im Fall einer Textverarbeitung könnten Sie oder ein anderer Mensch das sein, der die Software benutzt. Auf jeden Fall stellt der Akteur einen Benutzer, einen Menschen dar. Die Linien zeigen auf die verschiedenen Anwendungsfälle, auf die der Benutzer zugreifen kann.

Anwendungsfall: Essen bestellen

Das Bestellen eines Essens ist ein gutes Beispiel dafür, wie die Ereignisse in einem Anwendungsfall ablaufen:

ID: AF1000

Akteur: Gast

Voraussetzungen: Der Gast muss am Tisch Platz genommen haben, und eine Serviette soll seine Kleidung schützen. Seine Hände müssen sauber sein.

Ablauf der Ereignisse:

1. Der Gast wartet auf die Bedienung.

2. Wenn die Bedienung kommt, bestellt der Gast sein Essen.

3. Die Bedienung bringt die Bestellung in die Küche.

4. Der Koch bereitet das Essen zu.

5. Die Bedienung bringt dem Gast das Essen.

6. Der Gast isst das Essen.

Nachbedingungen: Der Gast hat einen gut gefüllten Magen und ist bereit zu zahlen.

Bei einigen Schritten kann es etwas geben, das einem if-then-else-Block in Ihrem Code entspricht. Es gibt mehrere Wege, um so etwas darzustellen, und hier kommt ein sehr einfacher: Wir machen mit Schritt 7 weiter.

7. Die Bedienung fragt den Kunden, ob er sein Abendessen mit einem Nachtisch beschließen möchte.

8. Wenn der Gast einen Nachtisch wünscht:

    8.1 Der Kunde schaut sich die Nachtischkarte an.

    8.2 Der Kunde wählt einen Nachtisch aus.

    8.3 Die Bedienung bringt den Nachtisch.

    8.4 Der Gast isst den Nachtisch.

9. sonst

    9.1 Die Bedienung entspannt sich für den Moment und träumt davon, wie das Leben aussehen würde, wenn ein Nachtisch Bestandteil des Abendessens gewesen wäre.

Die Schritte 1 bis 9 können problemlos eine Funktion oder ein Algorithmus sein. Sie können aber auch for-Schleifen oder while-Schleifen verwenden, indem Sie die for- oder while-Bedingungen festlegen und weitere Ablaufschritte folgen lassen:

9.2 Bei jedem Nachtisch auf der Karte stellt sich der Gast Folgendes vor:

9.2.1 Einen Bissen essen.

9.2.2 Den Geschmack auf sich wirken lassen.

9.2.3 Den Rest verschlingen.

Anwendungsfälle erweitern

Nachdem Sie Ihre Anwendungsfälle auf die Diagramme gezeichnet haben, können Sie festlegen, was sie auf Papier machen sollen. Sie schreiben zu diesem Zweck die Informationen in eine einspaltige Tabelle, bei der jede Zeile eine andere Information über den Anwendungsfall enthält. Zu diesen Informationen gehören:

✔ **Name:** der Name des Anwendungsfalls, wie Sie ihn im Diagramm beschrieben haben

✔ **Eine eindeutige Kennung:** ein besonderer Code, den einige Entwickler gerne mit aufnehmen; zum Beispiel AF (was für Anwendungsfall steht), gefolgt von einer laufenden Nummer, zum Beispiel AF1000. (Wenn Sie anglophil veranlagt sind, können Sie hier auch die englischen Bezeichnungen und Abkürzungen für Anwendungsfall verwenden: *Use Case* beziehungsweise *UC*.)

✔ **Akteure:** die Akteure, die am Anwendungsfall beteiligt sind

✔ **Vorbedingungen:** die Situation, die vorhanden sein muss, bevor der Anwendungsfall eintritt

✔ **Ablauf der Ereignisse (oder Ereignisfluss):** ein schrittweiser Ablauf der Ereignisse, der stattfindet, wenn der Anwendungsfall abläuft

✔ **Folgebedingungen:** die Situation, die nach dem Anwendungsfall vorhanden ist

Der Kasten *Anwendungsfall: Essen bestellen* enthält ein Beispiel eines Anwendungsfalls.

Anwendungsfälle und Anforderungen in Übereinstimmung bringen

Wenn Sie Software entwerfen, müssen Sie dafür sorgen, dass es für jede Anforderung mindestens einen Anwendungsfall gibt.

Die Anforderungen beschreiben, was die Software macht.

Tabelle 30.1 zeigt beispielhaft, wie Sie sicherstellen können, dass es zu jeder Anforderung mindestens einen Anwendungsfall gibt. Denken Sie daran, dass Sie normalerweise jedem Anwendungsfall eine eindeutige Kennung geben. (Je komplexer ein Projekt wird, desto notwendiger ist eine eindeutige Kennzeichnung.) Sie können auch die Anforderungen eindeutig kennzeichnen.

	AF1	AF2	AF3	AF4
ANF1	•	•		
ANF2	•			
ANF3			•	
ANF4			•	•

Tabelle 30.1: Anforderungsbeispiele

In diesem Raster ist jeder Anforderung mindestens ein Anwendungsfall zugeordnet. Außerdem befriedigt jeder Anwendungsfall mindestens eine Anforderung. Falls eine Anforderung fehlen sollte, müssten Sie einen Anwendungsfall hinzufügen. Hätten Sie einen Anwendungsfall, der eine Anforderung nicht befriedigt, müssen Sie eine Entscheidung fällen: Entweder haben Sie einen neuen Anwendungsfall entdeckt, was dazu führt, dass Sie eine neue Anforderung hinzufügen müssen; oder Sie haben übertrieben und eine überflüssige Funktion hinzugefügt, weshalb Sie den Anwendungsfall wieder entfernen können.

Sequenzdiagramme

Wenn Sie mit Objekten arbeiten, kann es sehr hilfreich sein, zu zeigen, in welcher zeitlichen Abfolge die Objekte interagieren. Sie können dies mit einem Sequenzdiagramm erreichen. Ein Sequenzdiagramm kann, wenn Sie so etwas zum ersten Mal sehen, schwindelerregend sein, aber wenn Sie das Layout erst einmal verstanden haben, erkennen Sie auch den Sinn, der hinter einem Sequenzdiagramm steckt. In einem Sequenzdiagramm:

✔ Bewegt sich die Zeit von oben nach unten. Dies bedeutet, dass Dinge, die weiter oben im Diagramm stehen, früher geschehen als Dinge, die weiter unten positioniert sind.

✔ Wenn ein Objekt *eine Nachricht an ein anderes Objekt sendet* (eine Mitgliedsfunktion des anderen Objekts aufruft), stellen Sie dies als einen Pfeil mit einer ausgefüllten Pfeilspitze dar. Sie setzen über dem Pfeil den Namen der Funktion (oder den Namen der Nachricht, wenn Ihnen dieser Ausdruck lieber ist).

Schauen Sie sich noch einmal Abbildung 30.3 an. Hier können Sie sehen, wie die Sache mit der zeitlichen Abfolge funktioniert. Wie haben den Anwendungsfall genommen, den diese Abbildung zeigt, und daraus ein Sequenzdiagramm gemacht. Allerdings haben wir den Teil mit dem Nachtisch nicht in das Diagramm aufgenommen. Wir holen das gleich nach, weil das Hinzufügen dieses Teils nicht ganz so einfach ist. Beachten Sie auch, dass wir zuerst mit ein paar Klassen herauskommen mussten:

✔ Server: Dies ist eine Klasse, deren Instanzen eine Bestellung annehmen, diese an eine Cook-Instanz sendet, die die Bestellung ausführt (kocht und so weiter), und sie dann dem Gast servieren.

✔ Cook: Dies ist eine Klasse, die eine Bestellung empfängt und »verarbeitet«.

✔ Food: Dies ist eine Klasse, die, hm, ganz einfach das Essen darstellt.

Beachten Sie, dass wir keine Klasse für den Gast (Patron) angelegt haben. Der Patron befindet sich außerhalb des Systems und ist kein Teil davon. Stattdessen *benutzt* der Patron es.

Abbildung 30.4 ist ein Beispiel für ein Sequenzdiagramm. Denken Sie daran, dass der Kram, der oben steht, zeitlich vor dem Rest stattfindet, und während Sie Ihre Augen im Diagramm nach unten bewegen, bewegen Sie sich in der Zeit vorwärts. Und passen Sie auf, wenn sich Ihre Augen im Diagramm nach oben bewegen – Sie wollen doch nicht in die Vergangenheit reisen, oder?

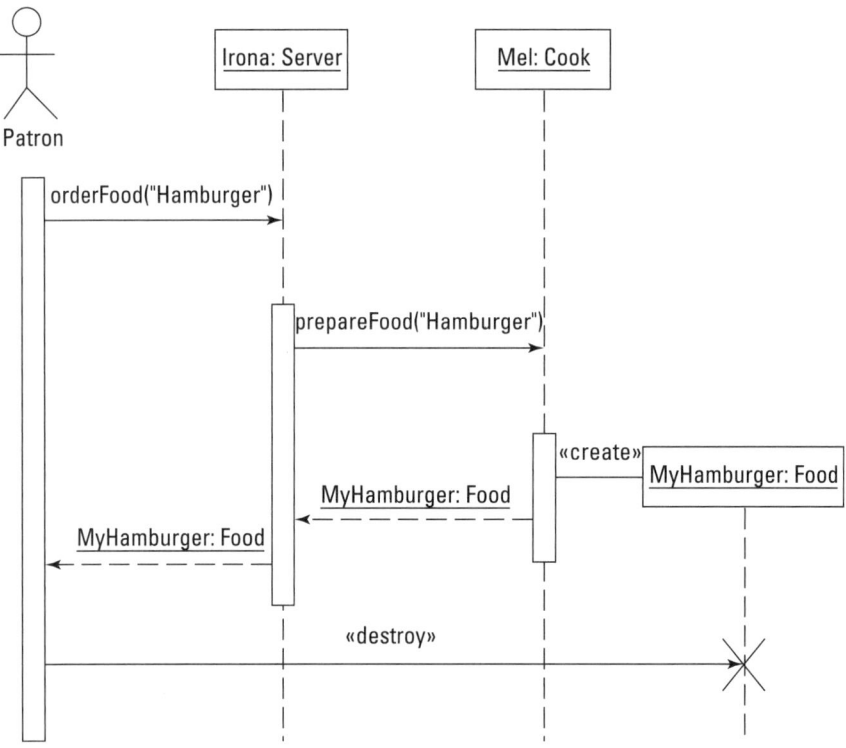

Abbildung 30.4: Ein Sequenzdiagramm zeigt die Aktivitäten eines bestimmten Zeitraums.

Und das macht dieses Diagramm: Die Objekte werden zusammen mit dem Benutzer, der den Anwendungsfall initiiert, ganz oben aufgeführt. Unterhalb der Objekte befinden sich gestrichelte Linien, die die Lebenslinie eines Objekts darstellen. Solch eine Linie verläuft von oben nach unten. Ihr Beginn stellt den Zeitpunkt dar, an dem das Objekt erstellt wurde. Wenn Sie zum Beispiel ein Objekt in der Mitte eines Anwendungsfalls erstellen, beginnen Sie das Objekt an dieser zeitlichen Position (vertikal gesehen) des Anwendungsfalls. Hier existieren die meisten Objekte vor dem Anwendungsfall (weil sie ganz oben im Diagramm stehen), und ihre Lebenslinie erstreckt sich im Diagramm bis ganz nach unten; sie enden hier also nicht. Dies bedeutet, dass die Objekte über den gesamten Anwendungsfall hinweg zur Verfügung stehen. Allerdings wird die Instanz von Food erst in der Mitte des Anwendungsfalls zum Leben erweckt.

Beachten Sie, dass ein Balken (ein langes, dünnes Rechteck) die Lebenslinie an einigen Stellen ersetzt. Dies geschieht dort, wo das Objekt im Anwendungsfall den *Fokus* hat. Sie können aber auch sagen, dass das Objekt an diesen Stellen *aktiv* ist. Davor und danach wartet das Objekt einfach vor sich hin.

Schauen Sie sich zum Schluss die horizontalen Pfeile an. Dort ruft ein Objekt links eine Mitgliedsfunktion in einem Objekt rechts auf. Der erste Pfeil hat die Bezeichnung `orderFood("Hamburger")`. Dieser Pfeil beginnt an dem Balken für den Benutzer (der hier `Patron` – für *Gast* – heißt) und zeigt auf das Objekt `Server` *(Bedienung)*, das den Namen `Irona` trägt. Letztendlich ruft der Benutzer die Mitgliedsfunktion `orderFood` im `Server`-Objekt auf. Und direkt darunter wird die Lebenslinie von `Server` zu einem Balken. Dies bedeutet, dass das Objekt aktiv wird. Die Bedienung (`Server`) ruft für das Objekt `Cook`, das den Namen `Mel` trägt, `prepareFood("Hamburger")` auf.

Wenn das Objekt `Mel` die Nachricht `prepareFood("Hamburger")` erhält, erstellt es eine neue Instanz von `Food`. Beachten Sie, dass der Pfeil rechts von der Lebenslinie von `Mel` eine Funktion im Objekt `Food` aufruft, bei der es sich aber nicht um eine Standardfunktion handelt. Wir haben es hier mit einem Stereotyp zu tun, das in doppelten spitzen Klammern das Wort `create` enthält. Dies bedeutet, dass das `Mel`-Objekt eine neue Instanz von `Food` erstellt, die es `MyHamburger` nennt. Da das Objekt gerade erst erstellt worden ist, beginnt seine Lebenslinie in der Mitte des Diagramms.

Nun geht es den umgekehrten Weg: Das Objekt `Cook` *(Koch)* gibt ein Objekt zurück, das `MyHamburger` genannt wird (und von der Klasse `Food` ist). Das Objekt `Server` *(Bedienung)* empfängt dieses Objekt und übergibt es an den Benutzer.

Denken Sie einmal hierüber nach: Wie kann der Benutzer eine Funktion aufrufen? Ein Benutzer kann dies über ein sogenanntes *User Interface* (eine Anwendungsschnittstelleoder Benutzeroberfläche) erledigen. Dieses User Interface könnte zum Beispiel ein Fenster auf dem Bildschirm sein, das über Schaltflächen verfügt, oder es ist ein Menüelement. Die Benutzerschnittstelle ist der Teil, den Sie auf dem Bildschirm sehen, und der Name ist auch sehr sinnvoll gewählt worden. Es handelt sich dabei um die Schnittstelle, über die ein Benutzer auf die Anwendung zugreift. Damit haben Sie es hier mit einem zutiefst philosophischen Konzept zu tun: Indem Sie den Bildschirm, die Tastatur und die Maus verwenden, sind Sie mit dem Computer verbunden, um die Mitgliedsfunktion aufzurufen.

Und beachten Sie nun noch, dass der Benutzer das Objekt löscht. Wie kann das sein? Denken Sie daran, dass dieser Anwendungsfall eine Funktion enthält, die der Benutzer aufgerufen hat. Und diese Funktion ist es, die `destroy` (hier im Sinne von *löschen*) aufruft. Die Lebenslinie des Objekts endet mit seiner Zerstörung, und Sie sehen ein großes X, das anzeigt, dass die Linie endet.

Wenn ein Objekt auf einem Sequenzdiagramm eine Mitgliedsfunktion eines Objekts rechts von ihm aufruft, sagt man im Allgemeinen, dass das erste Objekt *eine Nachricht* an das zweite Objekt *sendet*. Wenn Sie ein Werkzeug verwenden, das Ihnen dabei helfen soll, UML-Diagramme zu zeichnen, könnten die Pfeile *Message Arrows* (deutsch *Nachrichtenpfeile*) oder so ähnlich genannt werden.

Sequenzdiagramme mit Anmerkungen versehen

Wenn Sie ein Sequenzdiagramm erstellen, können Sie auf seiner linken Seite Text eingeben, der als Anmerkung dient. Diese Anmerkungen beschreiben, was hier geschieht. Abbildung 30.5 zeigt, wie Anmerkungen aussehen können (wobei Sie hinter den Bezeichnungen keinen tieferen Sinn suchen sollten).

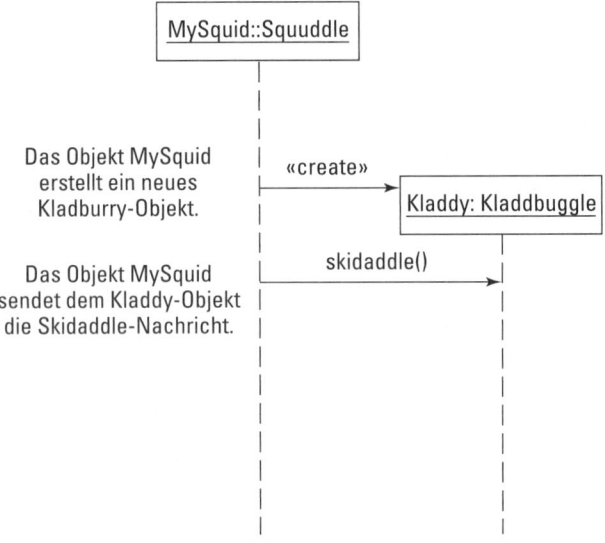

Abbildung 30.5: Sie können ein Sequenzdiagramm erläutern, indem Sie an seiner linken Seite Text anbringen.

Schleifen und Vergleiche in Sequenzdiagrammen

Um in einem Sequenzdiagramm eine Schleife (wie zum Beispiel eine for- oder eine while-Schleife) zu zeigen, umschließen Sie einen Teil des Sequenzdiagramms mit einem Rechteck und setzen die Schleifenbedingung direkt unter das Rechteck. Abbildung 30.6 zeigt diese Vorgehensweise. Wir haben dort das Rechteck um den Punkt herum gezogen, an dem das Server-Objekt auf dem Objekt CashRegister *(Registrierkasse)* die Methode payBill() *(die Rechnung bezahlen)* aufruft.

 Ob Sie es nun glauben oder nicht, aber UML kennt außer der Tatsache, dass Sie mit einem Sternchen beginnen müssen, kein Standardsymbol für eine Schleifenbedingung. Allerdings wird im Allgemeinen eine Schreibweise wie zum Beispiel i := 1..5 verwendet, die aussagt, dass der Zähler i von 1 bis 5 zählt. Auf diese Weise gibt es fünf Iterationen: Bei der ersten beträgt i gleich 1; bei der zweiten beträgt i gleich 2; und bei der letzten beträgt i gleich 5. Sie können deshalb Abbildung 30.6 entnehmen, dass Patron eine Nachricht an Server sendet, dass er alle Essen im Restaurant bezahlen will. (Offensichtlich hat dieser Gast gerade im Lotto gewonnen.) Daraufhin begibt sich das Server-Objekt zum Objekt CashRegister und verarbeitet alle Bestellungen.

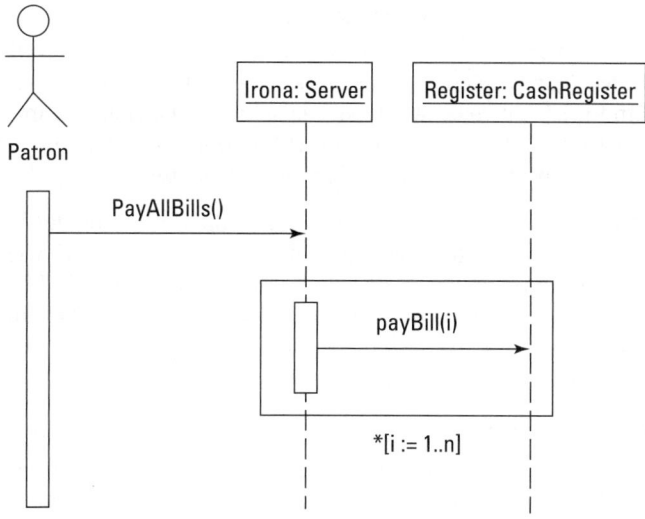

Abbildung 30.6: Wenn Sie eine Schleife zeigen wollen, verwenden Sie ein Rechteck, dem ein Schleifenausdruck folgt.

Nehmen wir nun einmal an, dass in dem kleinen Restaurant-Beispiel ein bestimmtes Essen, zum Beispiel Pommes frites (englisch *French Fries*), serviert wird. In diesem Fall könnte die Bedienung (das `Server`-Objekt) umkehren und den Koch fragen, ob es noch mehr Pommes gibt. Wenn dies der Fall ist, fordert die Bedienung sie an, weil sie Bestandteil der Bestellung sind. Dann bringt `Server` die bestellten Pommes dem `Patron`; anderenfalls sendet `Server` dem `Patron` die Nachricht (*gibt eine Nachricht zurück*, wie es in der Computersprache so schön heißt), dass es keine Pommes frites mehr gibt. Dies erledigt sich so, wie wir es in Abbildung 30.7 zeigen.

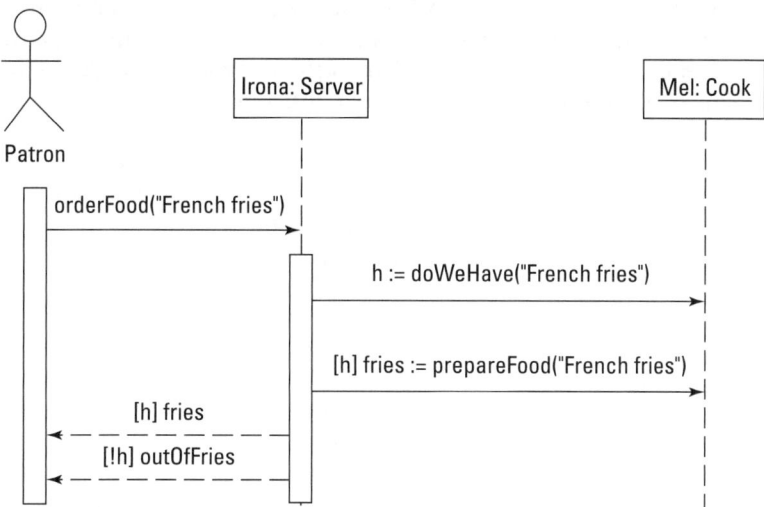

Abbildung 30.7: Verwenden Sie eckige Klammern, um Bedingungen und Vergleiche zu zeigen.

Schauen Sie sich an, was hier abläuft. Als Erstes sendet das Server-Objekt die Nachricht doWeHave("French fries") an das Cook-Objekt. (Wir haben diesen Teil des Diagramms vereinfacht, indem wir nicht zeigen, wie das Cook-Objekt diese Aufgabe erledigt.) Das Ergebnis, das zurückkommt, ist entweder wahr oder falsch; wir speichern es im Symbol h. Dann ruft Server im nächsten Schritt prepareFood("French fries") nur dann auf, wenn h wahr ist. Das ist das, was h in den eckigen Klammern bedeutet.

Zum Schluss, wenn h wahr ist, gibt das Server-Objekt die Bestellung der Pommes als neues Food-Objekt zurück. Dies ist die Rückgabelinie, die bei [h] beginnt, was wiederum bedeutet, dass h wahr ist. (Wir zeigen nicht, wie der Koch das Food-Objekt erstellt; Sie können so etwas in Abbildung 30.3 sehen.) Wenn h nicht wahr ist, gibt das Server-Objekt ein Symbol zurück, das anzeigt, dass es keine »French Fries« mehr gibt. (Sie werden dieses Symbol in C++ wohl zu einem enum machen oder auf 0 setzen.)

An dieser Stelle bekommen wir es nun mit den Namen einiger lokaler Variablen zu tun, zu denen zum Beispiel der Wert gehört, ob es noch Pommes frites gibt oder nicht. Allerdings sind die meisten CASE-Tools nicht so hoch entwickelt, dass sie ein Sequenzdiagramm wie unseres nehmen und daraus C++-Code generieren könnten, der funktioniert. Die meisten sind in der Lage, grundlegenden Code zu erzeugen, und einige lassen es zu, dass Sie den Code über das CASE-Tool eingeben. Sie werden dieses Diagramm mit ziemlicher Sicherheit als eine Anleitung dafür verwenden, wie Sie Ihren Code zu schreiben haben. Es ist viel einfacher, das Diagramm als Designhilfe zu verwenden, als den Entwurf direkt über den Code zu versuchen. Und andere – nämlich diejenigen, die nicht programmieren – erhalten eine grundlegende Idee davon. wie die Ereignisse ablaufen, indem sie sich das Sequenzdiagramm anschauen. Die Wahrscheinlichkeit, dass sie Code verstehen, ist gering. Auf diese Weise haben alle Projektbeteiligten (das ist jeder, der ein berechtigtes Interesse an der Anwendung hat, zum Beispiel das Management und die Benutzer) die Möglichkeit, sich das Diagramm anzuschauen und Ihnen zu sagen, ob das, was Sie da erstellen, auch dem entspricht, was sie sich vorstellen. Oft hängen die Realisierbarkeit des Projekts und der Status von Projektbeteiligten im Unternehmen direkt zusammen.

Während Sie Ihre Sequenzdiagramme weiter ausbilden, können Sie Mitgliedsfunktionen entdecken, die Sie nicht in Klassen eingebunden hatten, und es kann vorkommen, dass Sie sogar neue Klassen entdecken. Als wir in diesem Abschnitt die Sequenzdiagramme entworfen haben, ist uns aufgefallen, dass es keine Methoden gab, um die Rechnung zu bezahlen. Also fügten wir das Objekt CashRegister und in verschiedenen Objekten ein paar Methoden hinzu, damit Rechnungen auch bezahlt werden können. Außerdem mussten wir entdecken, dass wir Methoden benötigten, um herauszufinden, ob es ein bestimmtes Gericht überhaupt gab. Wie Sie sehen, haben wir das Softwaresystem *weiterentwickelt*, als wir an den Diagrammen arbeiteten. Und das ist das Ziel von UML: Entwickeln Sie das System weiter und bringen Sie alles in Ordnung! Wenn Sie neugierig sind, sollten Sie sich mit Abbildung 30.8 beschäftigen, die ein aktualisiertes Klassendiagramm ist, und das während der Arbeit an dem Sequenzdiagramm entstanden ist.

Doppelpunkte in Zuweisungen

Sie sehen in UML häufig Zuweisungsanweisungen, die anstelle eines Gleichheitszeichens einen Doppelpunkt enthalten. Sie sehen zum Beispiel index := 10. Warum der Doppelpunkt? Nun, diese Schreibweise ist von anderen Sprachen als C oder C++ übernommen worden. C++ ist wohl die auf diesem Planeten am häufigsten verwendete Programmiersprache, aber die Entwickler von UML haben für ihre Syntax an einigen Stellen eine andere Sprache verwendet. In Pascal (das einem Programmierwerkzeug namens Delphi zugrunde liegt) und in Ada (das angeblich vom Militär eingesetzt wurde) steht der Doppelpunkt bei einer Zuweisungsanweisung vor einem Gleichheitszeichen, und damit das alles noch ein wenig unübersichtlicher wird, verwenden diese beiden Sprachen für Vergleiche ein einfaches Gleichheitszeichen, während C++ für Vergleichsoperationen ein doppeltes Gleichheitszeichen verwendet. Vielleicht wird es irgendwann einmal eine standardisierte Programmiersprache geben. Bis dahin herrscht in der Welt des Programmierens eben das große Durcheinander.

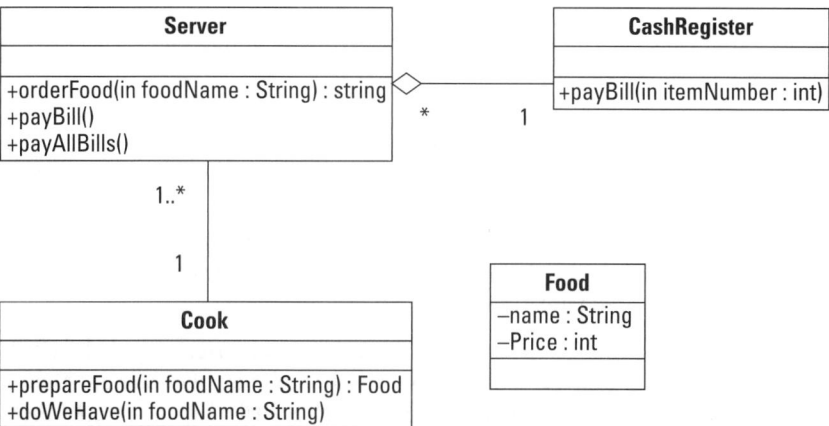

Abbildung 30.8: Ihre Klassendiagramme entwickeln sich im Laufe der Zeit weiter.

Kollaborationsdiagramme

Kollaborationsdiagramme ähneln Sequenzdiagrammen, wobei sie aber keine zeitliche Abfolge darstellen. Der Gedanke, der hinter ihnen steckt, ist der, dass sie einen Überblick darüber geben sollen, wie die Diagramme zusammenarbeiten. Wenn wir ehrlich sind, ziehen wir die Sequenzdiagramme vor und überspringen die Kollaborationsdiagramme; ein Sequenzdiagramm ist einem Kollaborationsdiagramm einfach zu ähnlich und hat dann noch den Vorteil der zeitlichen Abfolge. Wenn Sie aber kein Interesse daran haben, eben diese zeitliche Abfolge darzustellen, und den Fokus auf die Zusammenarbeit zwischen den Objekten legen, bietet sich das Kollaborationsdiagramm an, denn *Kollaboration* bedeutet *Zusammenarbeit*.

Wenn Sie weiter vorn in diesem Kapitel noch einmal einen Blick auf Abbildung 30.7 werfen, sehen Sie ein Beispiel für ein Sequenzdiagramm. Abbildung 30.9 enthält dieselben Informationen, dieses Mal aber in Form eines Kollaborationsdiagramms.

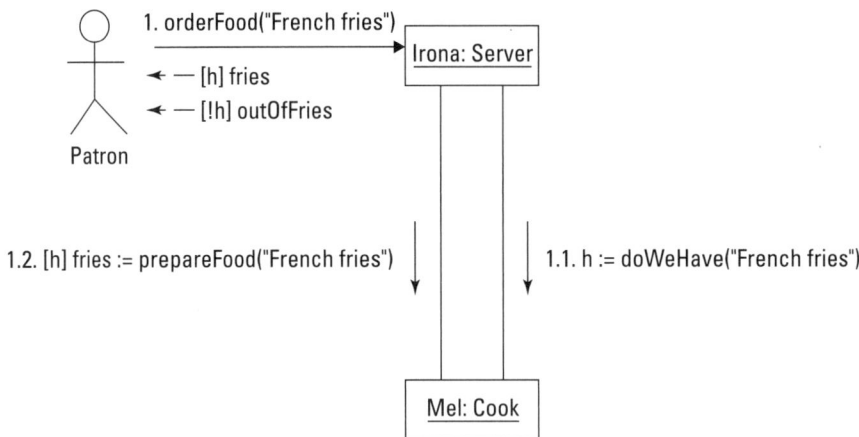

Abbildung 30.9: Ein Kollaborationsdiagramm zeigt Informationen, die denen eines Sequenzdiagramms ähneln.

In Abbildung 30.9 gibt es keine zeitliche Abfolge. Das Diagramm kümmert sich nur um die Interaktionen zwischen den Objekten und zwischen den Benutzern und den Objekten. Allerdings haben wir grundlegende Schritte gekennzeichnet, indem wir die Nachrichten nummeriert haben (1, 1.1 und 1.2). Als Erstes sendet der Benutzer eine Nachricht an das `Server`-Objekt; dann fragt der `Server` den `Cook`, ob es noch Pommes gibt. Und wenn dies der Fall ist, setzt der `Server` die entsprechende Bestellung ab.

Wir haben diese Vorgänge nicht einfach mit 1, 2, und 3 nummeriert. Wir haben mit 1 angefangen und mit 1.1 und 1.2 weitergemacht. Der Grund hierfür ist, dass wir der Meinung sind, dass der zweite und der dritte Schritt *Unterschritte* von Schritt 1 sind. Letztendlich werden sie alle in einer einzigen Funktion so wie in folgendem *Pseudocode* (das ist ein stark vereinfachter Code, der grundlegende Punkte verdeutlichen soll) verarbeitet:

```
orderFood() {
    h = doWeHave("French fries")
    if (h) {
        fries = prepareFood("French fries")
        return fries
        }
    else {
        return outOfFries
    }
}
```

Dies ist beinahe C++-Code, und er lässt sich leicht in echten C++-Code ändern (indem zum Beispiel die Variablen deklariert werden und alles zu einer echten Mitgliedsfunktion mit einem Rückgabetyp und einer Parameterliste gemacht wird). Dies entspricht teilweise dem, wie das Kollaborationsdiagramm als C++Code aussehen sollte: Die Aufrufe von doWeHave() und prepareFood() befinden sich im Code für orderFood(). Und deshalb haben sie eine Nummerierung für Unterschritte erhalten (1.1 und 1.2) und werden nicht als eigenständige Schritte behandelt.

Aktivitätsdiagramme

Ein *Aktivitätsdiagramm* ist eigentlich ein Ablaufdiagramm. Es stellt eine Folge von Schritten dar. Ja, so etwas macht auch ein Sequenzdiagramm und eingeschränkt auch ein Kollaborationsdiagramm. Allerdings gibt es doch einen Unterschied: Sie benutzen normalerweise ein Sequenzdiagramm, um die Schritte in einem Anwendungsfall zu zeigen. Sie können ein Aktivitätsdiagramm verwenden, um einzelne Teile eines Sequenzdiagramms – zum Beispiel eine einzelne Mitgliedsfunktion – zu zeigen.

Die Idee hinter einem Aktivitätsdiagramm besteht darin, dass *die unterste Ebene der möglichen Schritte* dargestellt werden soll. Die Schritte (Aktivitäten) in einem Aktivitätsdiagramm können nicht mehr in Unterschritte aufgeteilt werden. Das Wort, das Computerleute an dieser Stelle lieben, lautet *atomar*. Dieser Begriff bedeutet, dass etwas nicht mehr teilbar ist, weil man damals glaubte, dass Atome die kleinste denkbare Einheit bilden würden (eine Theorie, die heutzutage nicht mehr haltbar ist).

Abbildung 30.10 gibt ein Beispiel eines Aktivitätsdiagramms wieder. Das Aktivitätsdiagramm zeigt (oben im Diagramm) einen Anfangspunkt in Form eines ausgefüllten Kreises. Dann zeigt ein Pfeil auf die erste Aktivität (Eat first byte – *den ersten Bissen essen*), die sich innerhalb eines Ovals befindet. Als Nächstes kommt eine Entscheidung. Anders als bei normalen Ablaufdiagrammen hinterlegen Sie in der Entscheidung keinen Text. Stattdessen zeigen Pfeile von der Raute weg, und Sie können ergänzend eine Boole'sche Bedingung in eckigen Klammern neben das Entscheidungssymbol setzen. Für alle anderen Fälle verwenden Sie das Wort *else*. Wenn in unserem Beispiel die Antwort »Lecker« lautet, folgen Sie dem Pfeil zum Oval halb rechts unten (Eat another bite – *Noch einen Bissen essen*). Anderenfalls folgen Sie dem Pfeil, der nach links unten führt (Throw food away) und werfen das Essen weg.

Wir haben noch einen Bissen gegessen und sind dann, weil es uns erneut geschmeckt hat, wieder bei Eat another bite gelandet.

In der letzten Raute laufen alle Schritte zusammen. Eine solche Raute stellt einen Sammelpunkt dar, in dem sich alle Entscheidungspfade wieder treffen. Wir zeigen zwei Pfeile, die hineinlaufen, während nur einer wieder herausgeht.

Und ganz zum Schluss kommt wieder ein ausgefüllter Kreis, der von einem weiteren (leeren) Kreis umgeben wird. Dies symbolisiert den *Endzustand* oder einfach das Ende des Aktivitätsdiagramms.

Manchmal möchten Sie, dass Ihr Aktivitätsdiagramm einen Schritt enthält, der nicht atomar ist; Sie wollen einfach nur zeigen, dass Sie als Nächstes einen komplexen Schritt ausführen

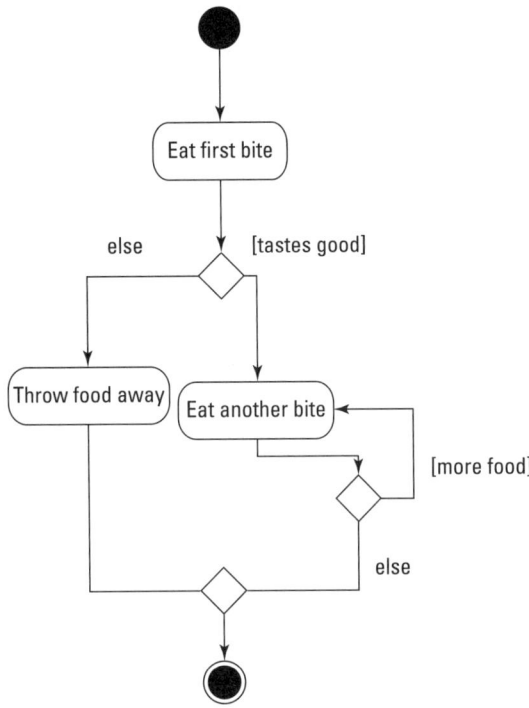

Abbildung 30.10: Ein Aktivitätsdiagramm ähnelt einem Ablaufdiagramm.

wollen, indem Sie seinen Namen angeben, ohne aber näher auf die Einzelschritte einzugehen. Solch ein Schritt wird *Unteraktivität* genannt. Eine Unteraktivität ist nicht atomar, und sie kann in weitere Unteraktivitäten aufgebrochen werden. Wir haben in Abbildung 30.11 eine Unteraktivität erstellt, der wir den Namen Eat food *(das Essen essen)* gegeben haben. Wir zeigen die einzelnen Schritte beim Essen nicht; wir weisen nur darauf hin, dass der Computer die Funktion Eat food ausführen muss. Damit das klar wird, haben wir eine besondere grafische Darstellung verwendet. Es handelt sich dabei um ein Oval, das zwei kleinere Ovale enthält, von denen eines nach oben zum anderen zeigt.

Zustandsdiagramme

Ein *Zustandsdiagramm* zeigt die verschiedenen Zustände, die ein Objekt annehmen kann. Hier ein paar Beispiele:

✔ Der Name des Essens ist Hamburger.

✔ Die obere Brötchenhälfte des Burgers ist vorhanden (oder true).

✔ Der Fleischanteil des Burgers ist vorhanden (oder true).

✔ Zum Essen gibt es auch Ketchup und Senf.

✔ Es sind noch zehn Bissen übrig.

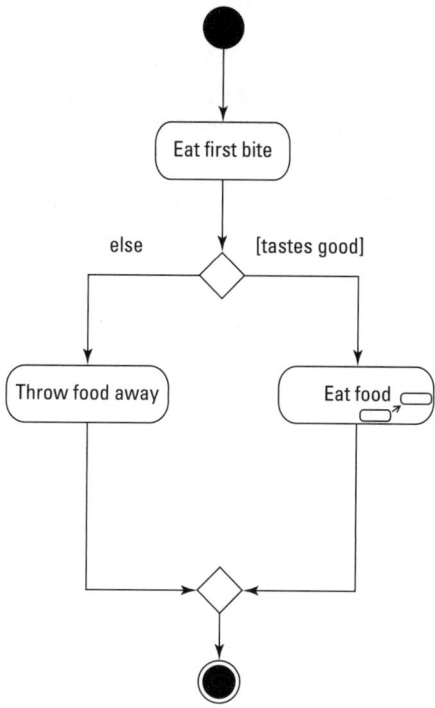

Abbildung 30.11: Eine Unteraktivität kann weitere Unteraktivitäten enthalten.

Diese Summe dieser Elemente bildet den aktuellen Zustand eines Objekts. Der *Zustand* eines Objekts wird von den Werten in seinen Mitgliedsvariablen, (gegebenenfalls) von den Funktionen, die das Objekt gerade ausführt, und davon bestimmt, wie es aktuell mit anderen Objekten zusammenarbeitet. So könnte sich zum Beispiel dieses Hamburger-Objekt gerade in der Hand des Server-Objekts und nicht in der des Patron-Objekts befinden. Die ist ein Teil des aktuellen Zustands des Objekts.

Ein Zustandsdiagramm ähnelt einem Aktivitätsdiagramm. Ein Zustandsdiagramm zeigt den Fluss von einem Zustand in einen anderen. Und es zeigt auch, wie Sie von einem Zustand zu einem anderen kommen.

Die Zustände auf dem Diagramm werden als abgerundete Rechtecke (Rechtecke mit runden Ecken) dargestellt.

Wir zeigen in Abbildung 30.12 ein einfaches Zustandsdiagramm. Der Burger hat zwei Zustände: Hamburger present (was bedeutet, dass der Hamburger noch vollständig ist) und Bottom-only Burger (was bedeutet, dass die obere Brötchenhälfte, das sogenannte *Top Bun*, bereits entfernt wurde, weil es der Restaurantgast nicht haben wollte). Diese beiden Zustände werden in abgerundeten Rechtecken dargestellt, und alles ist benannt worden.

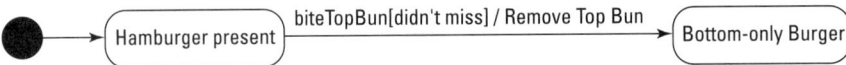

Abbildung 30.12: Ein Zustandsdiagramm zeigt die verschiedenen Zustände an, die ein Objekt annehmen kann.

Wie gelangt der Burger von einem Zustand in den anderen? Im Diagramm sehen Sie einen Pfeil, der von einem Zustand, `Hamburger present`, zum nächsten Zustand, `Bottom-only Burger`, zeigt. Im Diagramm gibt es nur diesen einen Pfeil, was bedeutet, dass es nur diesen einen Zustandsübergang gibt. Der Burger kann sich also nur im Zustand `Hamburger present` befinden und dann den Zustand `Bottom-only Burger` annehmen. Einen Weg zurück gibt es nicht. Und der Burger kann aber nur hierhin gelangen, wenn es zu der Situation kommt, die über dem Pfeil beschrieben wird. Und zwar das hier:

1. Der erste Teil des Textes lautet `biteTopBurger`, Sie sollen also das obere Teil des Burgers essen. Dies ist ein Prozess oder ein Schritt oder eine Aktivität, der beziehungsweise die stattfindet.

2. Der nächste Teil lautet `[didn't miss]`. Dies ist eine Bedingung. Der Gast hat entschieden, dass es zu viel Brötchen gibt und er die obere Brötchenhälfte nicht wirklich vermissen wird.

3. Um zum nächsten Zustand zu gelangen, machen Sie das, was nun folgt: Sie entfernen die obere Brötchenhälfte (`removeTopBun`). Natürlich sind das Abbeißen und das Entfernen in Wirklichkeit ein Schritt. Aber im Computerwesen können Sie diesen Schritt zerlegen. Das Abbeißen führt zum Entfernen des Brötchens. Wenn der Gast beschließt, dass es zu viel Brötchen gibt (oder anders ausgedrückt, der Gast vermisst die obere Brötchenhälfte nicht), muss der Computer die Aktivität `removeTopBun` ausführen.

Beachten Sie zum Schluss noch, wie das alles aufgeteilt wird. Als Erstes kommt der Prozess, der stattfindet. Dann kommt die Bedingung in eckigen Klammern. Danach folgt ein Schrägstrich, und am Ende steht die Aktivität, die das Objekt in den nächsten Zustand versetzt. Auf diese Weise zeigt das Zustandsdiagramm den vollständigen Übergang von einem in den anderen Zustand.

Anwendungen mit UML modellieren

In diesem Kapitel

▶ Verwenden Sie UML-Extras wie Pakete, Anmerkungen und Tags

▶ Nutzen Sie die Freiheiten aus, die Ihnen UML bietet

▶ Erstellen Sie C++-Aufzählungen in UML

▶ Verwenden Sie statische Mitglieder in UML

▶ Schreiben Sie Templates mit UML nieder

Dieses Kapitel enthält diverse UML-Details, die mit dem Einsatz von UML zu tun haben. Nachdem Sie nun wissen, was Sie mit Diagrammen anfangen können, und nachdem Sie ein Gefühl für eine Methodik entwickelt haben, versorgen wir Sie in diesem Kapitel mit weiteren interessanten Informationen zu UML. So können Sie zum Beispiel in Ihren Diagrammen weitere Symbole verwenden, mit denen Sie Ihre Diagramme verständlicher machen. Außerdem geht es darum, wie sich verschiedene C++-Funktionen in UML darstellen lassen.

UML-Schmankerl

Der Leistungsumfang von UML ist riesig. Ehrlich! Sie können sich die aktuellen Versionen unter `http://www.omg.org/spec/UML` anschauen. Was UML 2.5 bietet, finden Sie unter `http://www.omg.org/spec/UML/2.5`. Sie erhalten in diesem Abschnitt zusätzliche Informationen, die Sie verwenden können, wenn Sie UML-Diagramme erstellen.

Symbole packen

Einer der in der Programmierung häufig gebrauchten Begriffe lautet *Namensraum* (englisch *Namespace*). Wenn Sie Funktionen, Klassen und Variablen haben, können Sie sie in einem eigenen Namensraum unterbringen, was einer Gruppierung entspricht. Wenn Sie dies tun, müssen die Namen der Funktionen, Klassen und Variablen im Namensraum eindeutig sein. Sollten Sie aber einen weiteren Namensraum anlegen, können Sie dort jeden Namen aus dem anderen Namensraum wiederverwenden. Oder anders ausgedrückt: *Bezeichnungen oder Kennungsmerkmale müssen in einem Namensraum eindeutig sein.*

Wir möchten Ihnen anhand eines C++-Beispiel dieses Konzept erläutern. Sie können in C++ einen Namensraum dadurch anlegen, dass Sie einfach das englische Wort für Namensraum, *namespace*, verwenden, das hier gleichzeitig ein Schlüsselwort ist. Werfen Sie einen Blick auf das Beispiel `Namespace01`, das Listing 31.1 zeigt. Dabei sollten Sie sich die Zeile `using namespace std;` ganz besonders merken; sie erscheint in so gut wie allen Anwendungen.

```
#include <iostream>

using namespace std;

namespace Work
{
    int FavoriteNumber;

    class Info
    {
    public:
        string CompanyName;
        string Position;
    };

    void DoStuff()
    {
        cout << "Doing some work!" << endl;
    }
}

namespace Play
{
    int FavoriteNumber;

    class Info
    {
    public:
        string FullName;
        string Hobby;
    };

    void DoStuff()
    {
        cout << "Having fun!" << endl;
    }
}

int main()
{
    // Work stuff
    Work::FavoriteNumber = 7;
    Work::Info WorkInformation;
    WorkInformation.CompanyName = "Spaceley Sprockets";
    WorkInformation.Position = "Worker";
    Work::DoStuff();
```

```
// Play stuff
Play::FavoriteNumber = 13;
Play::Info PlayInformation;
PlayInformation.FullName = "George Jetson";
PlayInformation.Hobby = "Playing with the dog";
Play::DoStuff();

    return 0;
}
```

Listing 31.1: Das Schlüsselwort namespace *verwenden, um einen Namensraum zu erstellen*

Wir haben in Listing 31.1 zwei verschiedene Namensräume erstellt – einen mit dem Namen Work und einen mit dem Namen Play. Dann haben wir in jedem Namensraum eine globale Variable, einen Klassennamen und eine Funktion angelegt, die in beiden Namensräumen gleichnamig sind. Und damit wir diese Elemente auch nutzen können, haben wir in main() vor diese Namen jeweils den Namen eines Namensraums und zwei Doppelpunkte gesetzt. Wie Sie sehen, haben wir damit zwei globale Variablen erhalten:

```
Work::FavoriteNumber = 7;
Play::FavoriteNumber = 13;
```

Und so haben wir Instanzen von zwei verschiedenen Klassen gebildet:

```
Work::Info WorkInformation;
Play::Info PlayInformation;
```

Dies sind voneinander vollständig unabhängige Klassen und Variablen, die zufälligerweise nur denselben Namen haben. Aber sie befinden sich innerhalb ihrer Namensräume, wodurch alles seine Gültigkeit bekommt. Außerdem können Sie sehen, dass wir die Funktionen in den jeweiligen Namensräumen aufgerufen haben. Auch hier haben wir die Namen der Namensräume und zwei Doppelpunkte vor die Namen der entsprechenden Funktionen gesetzt. Und wie zuvor haben wir es mit zwei eigenständigen Funktionen zu tun, die zufälligerweise denselben Namen haben.

Stellen Sie sich einen Namensraum als etwas Gruppierendes vor. Sie gruppieren Elemente, die miteinander in einer Beziehung stehen, und Sie werden von dem Zwang befreit, sich darüber Gedanken machen zu müssen, ob ein Name, der Ihnen vorschwebt, nicht schon woanders verwendet wird.

Damit das alles auch hübsch ordentlich ist, haben die Entwickler von C++ ihre Funktionen wie cout in einem eigenen Namensraum untergebracht. Dieser Namensraum heißt std, was die Abkürzung für *Standard* ist. Um cout und andere Standardfunktionen verwenden zu können, müssen Sie den Namensraum std benutzen. Dies bedeutet, dass Sie normalerweise std::cout eingeben müssen, um auf cout zugreifen zu können. Wenn Sie nun in Ihrem Code viele cout-Einträge haben, kann dies ziemlich umständlich sein. Um nun den Zugriff auf den

Namensraum `std` zu erleichtern, können Sie relativ weit oben in Ihrem Code die Zeile `using namespace std;` unterbringen. Von da an schaut der Compiler jedes Mal, wenn er auf eine Bezeichnung stößt, mit der er nichts anfangen kann, auch im Namensraum `std` nach. Auf diese Weise können Sie `cout` einfach so verwenden und auf `std::cout` verzichten.

Und nun zu UML! Sie können in UML Namensräume in Ihren Diagrammen anzeigen, indem Sie Pakete verwenden. In UML ist ein *Paket* das Äquivalent eines Namensraums von C++ und anderer Sprachen. Ein Paket sieht wie ein Dateiordner aus (und zwar nicht wie einer auf Ihrem Computer, sondern wie einer, der in einem Regal steht und Dokumente enthält).

Abbildung 31.1 ist ein Beispiel für ein Paket. Wie Sie sehen, sieht es wie ein Ordner aus, in dem sich die Klassen befinden. Wir haben in diesem Diagramm zwei Pakete untergebracht – eines mit dem Namen `Work` und eines mit dem Namen `Play`, damit die Namen zu Listing 31.1 passen.

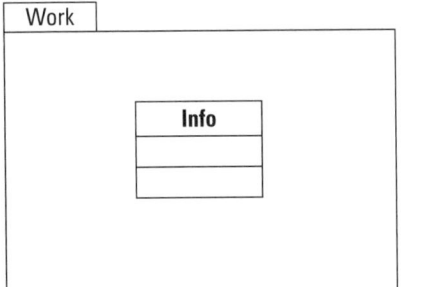
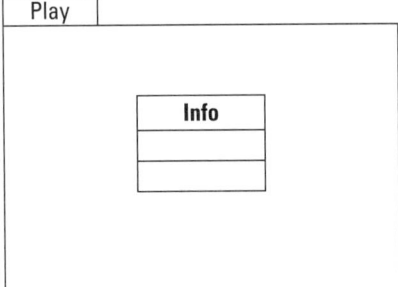

Abbildung 31.1: Ein Paket sieht wie eines dieser guten, alten Hängeregister aus.

Pakete werden von den verschiedenen CASE-Tools und Programmen zur Erstellung von Diagrammen unterschiedlich dargestellt. Wenn Sie zum Beispiel Microsoft Visio verwenden, um Diagramme zu erstellen, lässt es das dort eingebaute UML-Tool nicht zu, dass Sie Ihre Klassen im Paketsymbol zeichnen. Stattdessen erhalten Sie dann beim Erstellen eines Paketsymbols eine neue leere Seite, auf der Sie Ihre Symbole unterbringen müssen.

Glücklicherweise gibt es unter `http://sourceforge.net/directory/development/case-tools/freshness:recently-updated` eine Reihe kostenloser CASE-Tools, die Sie ausprobieren können, um eines zu finden, das Ihren Anforderungen entspricht. (Und unabhängig von dem, was Sie da sehen, scheint es zumindest bis zu dem Zeitpunkt, als dieses Buch geschrieben wurde, kein CASE-Plug-in für Code::Blocks zu geben.

In UML existiert bereits standardmäßig ein Namensraum. Er heißt `topLevel`. Wenn Sie Ihre Daten nicht bewusst in einem anderen Namensraum unterbringen, landen sie automatisch im Namensraum `topLevel`.

Diagramme mit Anmerkungen versehen

UML kennt ein praktisches kleines Symbol, das *Note* (deutsch *Anmerkung, Notiz*) heißt und dessen einziger Zweck es ist, auf einem UML-Diagramm für Kommentare zu sorgen. Eine solche Anmerkung entspricht einem Kommentar im C++-Code. Er wirkt sich auf das eigentliche Diagramm nicht aus, bietet aber uns Menschen und anderen Wesen mit einem hoch entwickelten Gehirn und der Fähigkeit zu lesen viele Vorteile.

Abbildung 31.2 zeigt das Beispiel einer Anmerkung. Das Symbol soll ein Blatt Papier mit einer umgeknickten Kante darstellen. (Den Text muss man nicht verstehen. Er dient nur als Platzhalter und bezieht sich auf einen Antigravitationsantrieb eines Raumschiffs …)

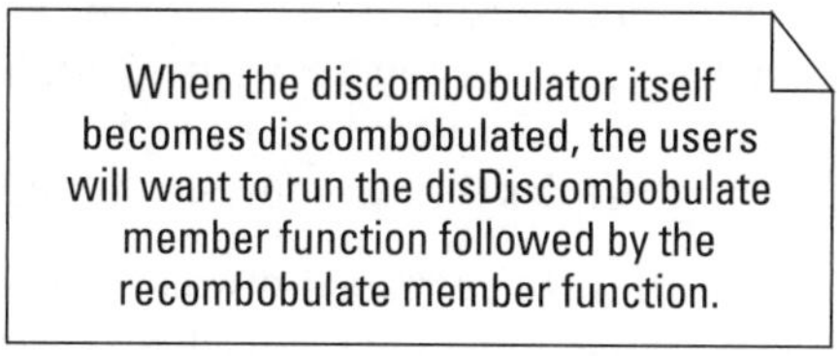

When the discombobulator itself
becomes discombobulated, the users
will want to run the disDiscombobulate
member function followed by the
recombobulate member function.

Abbildung 31.2: Eine Anmerkung (»Note«) enthält einen Kommentar.

Symbole kennzeichnen

Ab und an kommt es vor, dass Sie einem Symbol zusätzliche Informationen wie ein Klassendiagramm hinzufügen wollen. Natürlich könnten Sie auf dem Diagramm ein Anmerkungssymbol hinterlegen, aber es besteht auch noch die Möglichkeit, die Information direkt im Symbol selbst in Form eines *Tags* unterzubringen. Ein Tag (ausgesprochen »täg«) erhält einen Namen und einen Wert. Vielleicht möchten Sie ein Symbol mit einem Datum wie `Date = January 1, 2014` versehen. Sie können dies mit einem Tag notieren. Abbildung 31.3 gibt zwei Tags wieder, die einem Klassensymbol hinzugefügt wurden, und einen Tag, um den ein Komponentensymbol erweitert worden ist.

MyComponent
{designer = Gwyneth}
Discombobulator
{Date = January 1, 2014,
Owner = Discombs, Inc.}
+size[1] : int

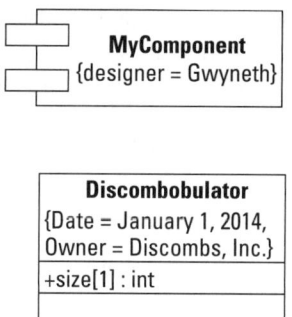

Abbildung 31.3: Sie können Ihren Symbolen Tags hinzufügen.

Die Tags aus Abbildung 31.3 haben das Format `Name = Wert`, und sie werden von geschweiften Klammern eingeschlossen.

 Damit Tags in einigen CASE-Tools auch angezeigt werden, muss das Symbol sie sehen können, wofür Sie zuständig sind. Einige CASE-Tools haben eine Option, die ShowProperties heißt. Wenn Sie diese Option verwenden, werden die Tags im Symbol angezeigt.

Frei zu sein bedarf es wenig

Eine der großartigen Dinge beim Einsatz von UML sind die Freiheiten, die Ihnen das System gewährt. Wenn Sie zum Beispiel auf ein Diagramm stoßen, von dem Sie wissen, dass Sie dafür mit ziemlicher Sicherheit keinen Verwendungszweck haben, dann benutzen Sie es einfach nicht. So ziehen es zum Beispiel einige vor, Sequenzdiagramme zu verwenden und auf Kollaborationsdiagramme zu verzichten. Andere wiederum verwenden weder Zustandsdiagramme noch Aktivitätsdiagramme. Natürlich gibt es immer Puristen, die sich über solch ein Handeln beklagen, aber als Softwareentwickler müssen Sie das tun, was für Sie und Ihr Team am besten ist.

Außerdem ist der Einsatz von UML nicht nur auf Entwicklung von Software begrenzt. Die Entwickler von UML haben es als eine allgemeine Modellierungssprache entworfen, und es kann für alle möglichen Projekte verwendet werden. So könnte zum Beispiel in einem Buch jedes Kapitel mit einem UML-Aktivitätsdiagramm beginnen, das zeigt, wie der Inhalt von einem Abschnitt zum anderen fließt.

Natürlich wird UML meistens für die Softwareentwicklung genutzt, wobei dies aber hauptsächlich daran liegt, dass man außerhalb der Softwarewelt von UML einfach nichts gehört hat.

Ein anderer Bereich, bei dem Ihnen UML alle Freiheiten gewährt, ist die Methodik. Obwohl sich dieses Buch auf den Rational Unified Process (RUP) konzentriert, enthält UML einen umfangreichen Satz an Diagrammen und Symbolen, die für so gut wie jede Methodik eingesetzt werden können.

Dank des *Stereotyps* (einer Methode, ein neues Symbol zu erstellen) können Sie UML Symbole hinzufügen. Wenn Sie also eine Methodik einsetzen, die ihre eigenen Symbole hat, sind Sie nicht in den Symbolen gefangen, die es standardmäßig in UML gibt. Normalerweise nehmen Sie ein Symbol und leiten davon ein neues Symbol ab, das dann ähnliche, aber spezialisierte Funktionen aufweist. Sie setzen den Namen in diese lustig aussehenden spitzen Klammern – wie zum Beispiel bei <<MyStereotype>>. Aber es gibt auch eine Alternative, wie Abbildung 31.4 zeigt: Statt den Namen in die spitzen Klammern zu schreiben (die bekanntlich *Guillemets* genannt werden), können Sie ein eigenes benutzerdefiniertes Symbol verwenden.

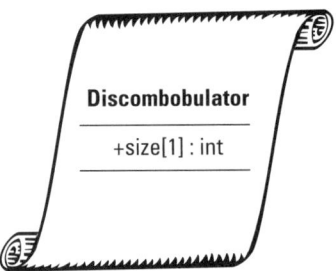

Abbildung 31.4: Sie können für Stereotype benutzerdefinierte Symbole verwenden.

Das Symbol einer Schriftrolle in Abbildung 31.4 ist ein Stereotyp, das auf einem Klassendiagramm basiert. Da ein Stereotyp eine neue Art von Symbol erzeugt, das von einem anderen Symbol abgeleitet ist, haben wir es hier zwar mit einer Klasse zu tun, aber mit einer, die ganz bestimmten Zwecken dient. In unserem Fall haben wir das als eine Klasse definiert, die als ein Dokument gespeichert wird. Von nun an verwenden wir, wenn wir eine neue Klasse erstellen, jedes Mal dieses Symbol, um auf einen Klassentyp hinzuweisen, der gespeichert werden kann. Wenn wir dann diese Klasse endgültig implementieren, leiten wir sie möglicherweise von einer Basisklasse ab, in deren Namen etwas mit `Speicherbar` oder dem englischen Ausdruck dafür, `Storable`, vorkommt. Dies bedeutet dann, dass wir kein Stereotyp erstellen, sondern erkennen könnten, wie dieses Stereotyp verwendet wird, wenn wir sie letztendlich in C++ codieren und stattdessen unser Diagramm einfach so als Basisklasse mit dem Namen `Storable` zeichnen, wie es Abbildung 31.5 zeigt. Beides geht in Ordnung.

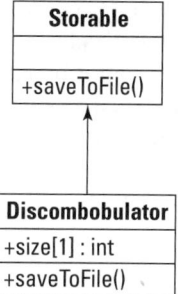

Abbildung 31.5: Sie können den Einsatz stereotypisierter Klassen dadurch umgehen, dass Sie abstrakte Klassen verwenden.

Allerdings sind Stereotype mehr als nur Klassen. Denken Sie daran, dass Ihnen Stereotype in UML die Möglichkeit geben, *UML zu erweitern*. Stereotype erlauben es Ihnen, neue Symbole mit einer eigenen neuen Bedeutung hinzuzufügen. Im Fall unseres Symbols einer Dokumentenrolle haben wir das Klassensymbol erweitert und dadurch letztendlich eine Klasse erhalten. Wir können noch weitere Symbole stereotypisieren, die dadurch eine vollständig andere (oder nur leicht abgeänderte) Bedeutung erhalten.

Es könnte zum Beispiel in einer Anwendung eine besondere Zuordnung geben, die insbesondere bedeutet, dass eine Klasse (die Komposition) Instanzen der anderen Klasse (den Teilen) in Form von sortierten Listen enthält. Wir können dies auf zwei verschiedenen Wege erreichen: Stereotypisieren Sie es oder erstellen Sie eine mit Tags versehene Eigenschaft. Abbildung 31.6 zeigt die Beziehung als Stereotyp.

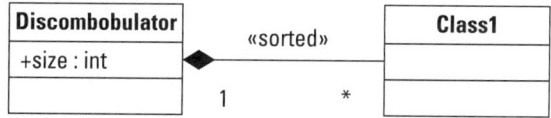

Abbildung 31.6: Sie können ein Stereotyp verwenden, um den Typ einer Zuordnung festzulegen.

Im Gegensatz dazu zeigt Abbildung 31.7 die Beziehung zu einer mit einem Tag versehenen Eigenschaft. Beachten Sie, dass sich das Tag bei einer gekennzeichneten Eigenschaft in geschweiften Klammern befindet.

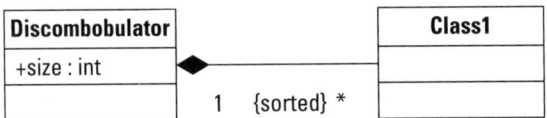

Abbildung 31.7: Sie können mit Tags versehene Eigenschaften verwenden, um den Typ einer Zuordnung festzulegen.

Nicht alle CASE-Tools unterstützen alle Funktionen von UML. (Allerdings versucht UML 2.5, die Komplexität zu verringern, und es stellt sicher, dass CASE-Tools für einen einheitlicheren Grad an Unterstützung sorgen. Aus diesem Grund sollten Sie sich unbedingt für ein Produkt entscheiden, das zu UML 2.5 kompatibel ist.) Wenn Sie herausfinden, dass eine Funktion fehlt, können Sie so ein Problem meistens dadurch umgehen, dass Sie eine verwandte Funktion verwenden. Allerdings unterstützen die meisten UML-Werkzeuge sowohl Stereotype als auch mit Tags versehene Eigenschaften.

C++ und UML

Wenn Sie sich mit UML beschäftigen, könnten Sie auf Elemente stoßen, von denen Sie zwar wissen, dass es sie gibt, die Sie aber in UML nicht finden können. Wir möchten Sie in diesem Abschnitt zu Teilen von UML führen, die eine direkte Verbindung zu C++ haben. Es geht hier insbesondere um Aufzählungstypen, statistische Mitglieder und Templates.

Aufzählungen zeichnen

Wenn Sie mit UML eine Aufzählung darstellen wollen, können Sie ein Symbol verwenden, das einem Klassensymbol ähnelt. Denken Sie daran, dass eine Aufzählung auf Englisch *Enumeration* heißt und in C++ ein Typ ist. In UML werden Symbole für Typen als *Klassifizierer* bezeichnet. Deshalb verwenden Sie in UML einen besonderen Klassifizierer, um eine Aufzählung darzustellen. (Beachten Sie aber, dass dieser Klassifizierer eigentlich ein Klassendiagramm ist, das stereotypisiert worden ist. Dies ist ein gutes Beispiel dafür, wie Sie Stereotype verwenden können.)

Abbildung 31.8 zeigt ein Beispiel einer Aufzählung in UML. An der Spitze steht der Name des Stereotyps: <<enumeration>>. Unterhalb des Namens befindet sich der Typ – in diesem Fall Color *(Farbe)*. Dann folgt ein abgetrennter Bereich, in dem sich die Aufzählung selbst befindet.

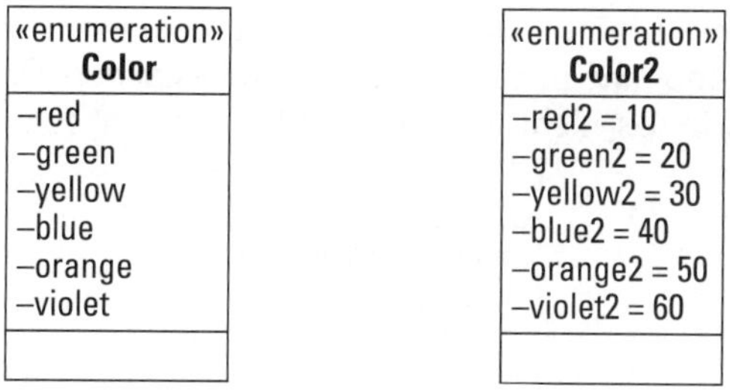

```
«enumeration»              «enumeration»
   Color                      Color2
─────────────          ─────────────────
-red                    -red2 = 10
-green                  -green2 = 20
-yellow                 -yellow2 = 30
-blue                   -blue2 = 40
-orange                 -orange2 = 50
-violet                 -violet2 = 60
─────────────          ─────────────────
```

Abbildung 31.8: UML enthält einen Klassifizierer für Aufzählungen.

Abbildung 31.8 enthält zwei Aufzählungen. Die erste, die den Namen Color trägt, listet einfach nur die Symbole für die Aufzählung auf. Die zweite, die Color2 heißt, enthält für jeden Aufzählungspunkt einen Wert. Die beiden Aufzählungen würden in C++ so aussehen:

```
enum Color {red, green, yellow, blue, orange, violet};
enum Color2 {red2 = 10, green2 = 20, yellow2 = 30,
    blue2 = 40, , orange2 = 50, violet2 = 60};
```

Statische Mitglieder einbinden

Sie können in C++ in eine Klasse statische Mitglieder einbinden. *Statische Mitglieder* sind die Mitglieder, die Teil der Klasse sind und von allen Instanzen der Klasse genutzt werden können. Normalerweise erhalten die Instanzen einer Klasse eigene Mitgliedsvariablen. Wenn aber eine Mitgliedsvariable statisch ist, gibt es nur eine Ausfertigung der Variablen, die dann von allen Instanzen gemeinsam genutzt werden. Aus diesem Grund werden diese Variablen oft auch als Teil der Klasse selbst und nicht als Teil der Instanzen angesehen. Damit haben diese Variablen einen klassenbezogenen Geltungsbereich, während die normalen Mitgliedsvariablen einen instanzenbezogenen Geltungsbereich haben.

Auch Mitgliedsfunktionen können über einen klassenweiten Geltungsbereich verfügen. Funktionen dieser Art gelten nicht für eine einzelne Instanz (und können deshalb auch nicht auf die instanzenweiten Mitgliedsvariablen zugreifen).

Mitglieder mit einem klassenweiten Geltungsbereich werden häufig verwendet, um die Anzahl an Instanzen zu zählen. Sie könnten dafür eine klassenweit gültige Mitgliedsvariable mit dem Namen instanceCount einsetzen. Diese Variable ist dann vom Typ her ein Integer (eine Ganzzahl). Sie würden dann instanceCount im Konstruktor hochzählen. Da es von der Mitgliedsvariablen instanceCount nur eine Ausfertigung gibt, wird diese jedes Mal um 1 hochgezählt, wenn Sie eine Instanz erstellen. Auf diese Weise wüssten Sie dann immer, wie viele Instanzen der Klasse gerade existieren.

Abbildung 31.9 zeigt ein UML-Beispiel einer Klasse mit zwei klassenweiten Mitgliedern. Diese klassenweiten Mitglieder sind unterstrichen. In unserem Fall heißt die Klasse MessedUpWeb-Site. Wir wollten jedes Mal eine neue Instanz dieser Klasse erstellen, wenn Sie auf eine schlecht gestaltete Website stoßen, und deren Webadresse in der Instanz speichern. Es gibt deshalb zwei klassenweite Mitglieder: siteCount, bei dem es sich um eine private Ganzzahl handelt, und `getSiteCount`, einer öffentlichen Funktion, die den Wert von `siteCount` zurückgibt. (Wir haben `siteCount` privat gemacht, damit es andere Objekte nicht ändern können.) Und auch wenn wir das nicht zeigen, aber Sie würden `siteCount` im Konstruktor hoch- bzw. runterzählen.

MessedUpWebSite
−siteCount : int
+getSiteCount() : int
+webAddress() : string

Abbildung 31.9: Sie können in UML auch statische Mitglieder anzeigen.

Die Klasse aus Abbildung 31.9 sieht in C++ so aus:

```
class MessedUpWebSite
{
private:
    static int siteCount;

public:
    static int getSiteCount();
    string webAddress();
    MessedUpWebSite() { siteCount++; }
    ~MessedUpWebSite() { siteCount--; }
};

int MessedUpWebSite::getSiteCount()
{
    return siteCount;
}

int MessedUpWebSite::siteCount = 0;
```

Klassen über Templates mit Parametern versorgen

UML enthält eine Notation, die Sie bei C++-Vorlagen verwenden können. (Diese Vorlagen werden in C++ als *Templates* bezeichnet und von uns in Kapitel 16 behandelt.) In den Begriffen von UML ist ein Template eine mit Parametern versehene Klasse. (Für *mit Parametern versehen* lesen Sie auch *parametriert* oder *parametrisiert*.) Wenn Sie darüber nachdenken, wie ein Template in C++ arbeitet, erkennen Sie, dass dies Sinn macht, denn ein Template nimmt sich diverse Parameter, die vom Compiler benutzt werden, um die Klasse zu erstellen.

 Wenn Sie die Parameter dem Template hinzufügen, stellt der UML-Standard fest, dass Sie den Typ des Parameters leer lassen können, wenn der Parameter vom Typ `class` ist. Das ist genau das, was wir in Abbildung 31.10 getan haben. Beachten Sie, dass der Bezeichnung des Parameters `MyType` keine Typenbezeichnung folgt; wir haben es also mit dem Typ `class` zu tun.

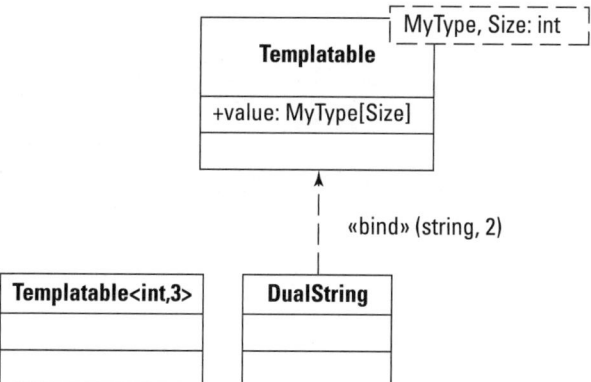

Abbildung 31.10: Um in UML Templates anzuzeigen, verwenden Sie eine parametrisierte Klasse.

Abbildung 31.10 zeigt eine UML-parametrisieerte Klasse. Sie sieht wie ein reguläres Klassen-symbol aus, das zusätzlich ein nettes kleines gestricheltes Rechteck in seiner oberen rechten Ecke enthält. Dies gestrichelte Rechteck enthält die Parameter des Templates.

Achten Sie in Abbildung 31.10 darauf, dass wir dann zwei Klassen deklariert haben, die den Templatetyp verwenden. Die erste hat keinen Namen und legt einfach nur die Parameter fest. Die zweite heißt DualString, sie zeigt eine Verbindung an, die auf die Templateklasse zu-rückverweist. Neben dem Verbindungspfeil erscheint ein Stereotyp mit der Bezeichnung <<bind>>. Auf den Namen des Stereotyps folgen die beiden Parameter für das Template.

Hier das C++-Äquivalent dieses UML-Diagramms. Beachten Sie, dass der MyType-Parameter vom Typ class ist:

```
template <class MyType, int Size> class Templatable
{
public:
    MyType value[Size];
};
```

Und hier kommt Beispielcode, der dieses Template verwendet. Wir greifen in diesem Code auch auf der Grundlage des Templates auf die beiden Klassen zu. Beachten Sie, dass wir ein typedef benutzen, um eine benannte Instanziierung des Templates zu erhalten:

```
Templatable<int,3> inst;
inst.value[0] = 10;
inst.value[1] = 20;
inst.value[2] = 30;
cout << inst.value[2] << endl;
typedef Templatable<string,2> DualString;
DualString inst2;
inst2.value[0] = "abc";
inst2.value[1] = "def";
cout << inst2.value[1] << endl;
```

Teil VII

Fortgeschrittenes C++

Inhalt auf einen Blick ...

Eine Reise durch die Standard-bibliothek

In diesem Kapitel

▷ Verstehen Sie die Einteilung der Funktionen der Standardbibliothek

▷ Arbeiten Sie mit Containerfunktionen (zum Beispiel `hash`)

▷ Nutzen Sie wahlfreien Zugriff bei Iteratorfunktionen

▷ Arbeiten Sie mit Algorithmen wie `find`

▷ Erzeugen Sie Zufallszahlen

▷ Arbeiten Sie mit Tools wie `min` und `max`

▷ Erstellen Sie temporäre Puffer mit Allokatoren

Die Standardbibliothek ist eines der wichtigsten Elemente der C++-Umgebung, weil sie viele interessante Funktionen beinhaltet, mit denen sich tolle Anwendungen schreiben lassen. Sie begann ursprünglich als Standard Template Library (STL) und eine Reihe von Firmen, unter anderem Silicon Graphics, Inc. (SGI) und IBM, boten sie für jedermann zum Einsatz an. Die International Standard Organization (ISO) nahm sich schließlich der STL an, setzte ein paar kleinere Änderungen um und gab ihr den Namen »Standardbibliothek« (Standard Library). Sehen Sie also irgendwo die STL erwähnt, brauchen Sie sich nicht zu wundern – es handelt sich nur um eine ältere Version der Bibliothek.

 Im Rahmen dieses Buches sind die Unterschiede zwischen STL und Standardbibliothek vernachlässigbar, daher können die Begriffe gleichwertig genutzt werden. Merken Sie sich nur, dass die Standardbibliothek neuer ist und ein paar Änderungen enthält, um die verschiedenen Versionen der STL nutzen zu können. Zudem bietet die STL keine Unterstützung für Features wie polymorphe Allokatoren und optionale Eingabeparameter.

Dieses Kapitel verschafft Ihnen einen Überblick über die Standardbibliothek und stellt ein paar Beispiele für deren Einsatz vor. Aber wenn Sie hier nicht das finden, wonach Sie suchen, brauchen Sie sich noch keine Sorgen machen – in späteren Kapiteln stellen wir noch mehr Beispiele vor und Sie können auch immer in die Dokumentation der Standardbibliothek schauen. Aber es ist wichtig, zu wissen, was überhaupt in der Bibliothek zu finden ist. Bevor wir uns also den Beispielen zuwenden, wollen wir im ersten Abschnitt dieses Kapitels einen Überblick über die verschiedenen Bereiche geben.

An die Dokumentation der Standardbibliothek gelangen

Die Standardbibliothek ist unglaublich groß, daher kann sie in diesem Buch gar nicht vollständig behandelt werden. Code::Blocks bringt auch keine Referenz dazu mit. Aber um die Standardbibliothek wirklich sinnvoll einsetzen zu können, brauchen Sie die Dokumentation.

Sie können natürlich der ISO beitreten (und dafür unglaublich viel Geld bezahlen), um die Dokumentation dann kostenlos zu erhalten. Oder Sie kaufen eine unter `http://www.iso.org/iso/home/store/catalogue_ics/catalogue_detail_ics.htm?csnumber=50372`. Alternativ können Sie die Dokumentation auch von Ihrer lokalen ISO-Organisation wie dem DIN kaufen. Dort finden Sie sie (ebenfalls für viel Geld) unter `http://www.beuth.de/de/norm/iso-iec-14882/229832190`. Da die STL und die Standardbibliothek sich so sehr ähneln, haben Sie eine dritte Möglichkeit: Nutzen Sie Informationen zur STL. Eine der besten und am einfachsten zu verwendenden ist die Dokumentation von SGI unter `http://www.sgi.com/tech/stl`. Leider finden sich dort natürlich keine neueren Features, die es nur in der Standardbibliothek gibt.

Neben den bisher erwähnten Ressourcen sollten Sie sich auch Bjarne Stroustrups Website `http://www.stroustrup.com/#standard` anschauen. Falls Sie es nicht wissen – das ist der Kerl, der C++ erfunden und erstmalig implementiert hat.

Kategorien der Standardbibliothek

Die Dokumentation der Standardbibliothek verfolgt einen recht formalen Ansatz, der sich schwer lesen und noch schwerer verstehen lässt – er scheint eher von Juristen zusammengestellt zu sein, die jedes Wort präzise abwägen, statt die Lesbarkeit im Blick zu haben. Dieses Trum mit (aktuell) 1338 Seiten erfordert schon einige Zeit zum Durcharbeiten. Glücklicherweise müssen Sie sich nicht mit dem ganzen kaum lesbaren Text abplagen, in dem nur gelegentlich englische Wörter aufzutauchen scheinen. Dieses Kapitel gibt Ihnen den notwendigen Überblick viel bequemer.

Am besten erhält man diesen, indem man die Standardbibliothek in kleinere Einheiten aufteilt. Einer der am häufigsten gewählten Ansätze ist das Unterteilen in folgende Kategorien:

- ✔ Container
- ✔ Iteratoren
- ✔ Algorithmen
- ✔ Funktoren
- ✔ Utilities
- ✔ Adaptoren
- ✔ Allokatoren
- ✔ Polymorphe Allokatoren

Die folgenden Abschnitte beschreiben jeweils kurz jede der Kategorien und erklären, was Sie dort vorfinden. Mit diesem Wissen lassen sich benötigte Funktionen schneller auf Websites finden, da die hier genutzten Kategorien häufig gebraucht werden.

Die Farbkodierung bei SGI

Die SGI-Website unter `http://www.sgi.com/tech/stl/stl_index_cat.html` nutzt Farben, um die Inhalte einzuteilen. Dies sind die verfügbaren Kategorien:

✔ Konzepte sind rot.

✔ Typen sind gelb.

✔ Funktionen sind grün.

✔ Übersichten sind lila.

Container

Container funktioniert so wie die Kästen bei Ihnen zu Hause – sie enthalten etwas. Sie haben schon in anderen Bereichen dieses Buches mit ihnen zu tun gehabt. So sind zum Beispiel Queues und Deques Container. Die Container-Kategorie enthält keine Funktionen, aber eine ganze Reihe von Typen, unter anderem die aus der folgenden Tabelle:

basic_string	bit_vector	bitset
char_producer	deque	hash
list	map	multimap
multiset	priority_queue	queue
rope	set	slist
stack	vector	

Iteratoren

Iteratoren zählen etwas auf. Erstellen Sie eine Liste mit Elementen und gehen Sie diese dann durch. Mit Iteratoren können Sie Listen auf verschiedene Art und Weise bearbeiten.

Die unterschiedlichen Iteratoren haben auch unterschiedliche Eigenschaften – mit manchen können Sie die Liste nur vorwärts durchlaufen, bei manchen geht es in beide Richtungen und einige erlauben auch einen wahlfreien Zugriff. Jede Art erfüllt einen bestimmten Zweck.

Diese Kategorie besitzt eine ganze Reihe von Typen. Sie legen fest, was für Fertigkeiten sie haben:

back_insert_iterator	bidirectional_iterator	bidirectional_iterator_tag
forward_iterator	forward_iterator_tag	front_insert_iterator
input_iterator	input_iterator_tag	insert_iterator
istream_iterator	iterator_traits	ostream_iterator
output_iterator	output_iterator_tag	random_access_iterator
random_access_iterator_tag	raw_storage_iterator	reverse_bidirectional_iterator
reverse_iterator	sequence_buffer	

Die Standardbibliothek stellt noch eine Reihe Iterator-spezifischer Funktionen bereit. Mit diesen können Sie zum Beispiel im Iterator eine angegebene Zahl von Elementen vorwärtsspringen oder die Distanz zwischen Anfang und Ende messen. Dies sind die verfügbaren Iteratorfunktionen:

advance	Distance	distance_type
iterator_category	value_type	

Algorithmen

Algorithmen führen Dinge mit Daten durch, zum Beispiel das Suchen und Ersetzen von Werten oder das Sortieren von Informationen. Diese Kategorie enthält keine Typen, stattdessen gibt es eine ganze Reihe von Funktionen:

accumulate	adjacent_difference	adjacent_find
advance	binary_search	copy
copy_backward	copy_n	count
count_if	distance	equal
equal_range	fill	fill_n
find	find_end	find_first_of
find_if	for_each	generate
generate_n	includes	inner_product
inplace_merge	iota	is_heap
is_sorted	iter_swap	lexicographical_compare
lexicographical_compare_3way	lower_bound	make_heap
max	max_element	merge
min	min_element	mismatch
next_permutation	nth_element	partial_sort

partial_sort_copy	partial_sum	partition
pop_heap push_heap	power	prev_permutation
random_sample	random_sample_n	random_shuffle
remove	remove_copy	remove_copy_if
remove_if	replace	replace_copy
replace_copy_if	replace_if	reverse
reverse_copy search	rotate	rotate_copy
search_n	set_difference	set_intersection
set_symmetric_difference	set_union	sort
sort_heap	stable_partition	stable_sort
swap	swap_ranges	transform
uninitialized_ fill	uninitialized_copy	uninitialized_copy_n
uninitialized_fill_n	unique	unique_copy
upper_bound		

Funktoren

Funktoren (Functors) sind eine besondere Klasse von Objekten, die sich so verhalten, als ob es sich um Funktionen handeln würde. In den meisten Fällen rufen Sie einen Funktor auf, indem Sie die gleiche Syntax wie bei einer Funktion nutzen, aber Funktoren bieten gleichzeitig noch all die Vorteile echter Objekte, wie zum Beispiel die Möglichkeit, sie zur Laufzeit zu initialisieren. (In Kapitel 18 sehen Sie ein Beispiel für eine solche Verwendung eines Funktors.) Funktoren gibt es in vielen verschiedenen Varianten. So erwartet zum Beispiel ein Binärfunktions-Funktor zwei Argumente als Eingabeparameter und er gibt als Ausgabe ein Ergebnis zurück. Zu den Funktoren gehören eine Reihe von Typen, die die Art der Funktion bestimmen, die der Code erzeugt:

binary_function	binary_compose	binary_negate
binder1st	binder2nd	divides
equal_to	greater	greater_equal
hash	identity	less
less_equal	logical_and	logical_not
logical_or	mem_fun1_ref_t	mem_fun1_t
mem_fun_ref_t	mem_fun_t	minus
modulus	multiplies	negate
not_equal_to	plus	pointer_to_binary_function
pointer_to_unary_function	project1st	project2nd
select1st	select2nd	subtractive_rng
unary_compose	unary_function	unary_negate

Die Funktoren-Kategorie enthält nur die eine Funktion `ptr_fun`. Diese Funktion erwartet einen Funktionszeiger als Eingabeparameter und gibt einen Funktionszeiger-Adapter zurück, bei dem es sich um eine Art Funktionsobjekt handelt. Sie verwenden `ptr_fun`, wenn Sie eine Funktion als Parameter an eine andere Funktion wie `transform` übergeben müssen. Hier ein Beispiel für solchen Code (siehe auch das Beispiel `functor_ptr_fun`):

```
#include <iostream>
#include <math.h>
#include <ext/functional>
#include <algorithm>

using namespace std;
using namespace __gnu_cxx;

int main()
{
    const int N = 10;
    double A[N];
    fill(A, A+N, 100);

    cout << A[0] << endl;

    transform(A, A+N, A, compose1(negate<double>(), ptr_fun(fabs)));

    cout << A[0] << endl;

    return 0;
}
```

In diesem Beispiel wird zuerst eine Konstante erzeugt, die die Anzahl der Elemente im Array A festlegt. Dann füllt der Code jedes Element in A mit dem Wert 100 und zeigt eines der Elemente an.

Jetzt kommt der trickreiche Teil. Der Algorithmus `transform()` erwartet den Beginn und das Ende eines Input-Iterators, einen Output-Iterator und die gewünschte Transformation. Er nimmt dann jeden der Werte aus dem Input-Iterator, führt die angegebene Transformation darauf aus und fügt das Ergebnis im Output-Operator ein.

In diesem Fall nutzt der Code den nicht zum Standard gehörenden SGI-Funktor `compose1()`, der zwei anpassbare unäre Funktionen als Eingabe übernimmt. Da es sich bei `fabs()` um eine Standard-Funktion handelt, müssen Sie sie mit `ptr_fun()` in einen Funktionszeiger-Adapter umwandeln, bevor Sie ihn mit `compose1()` verwenden können. Als Ergebnis enthält A nun die Negation des Absolutbetrags des ursprünglichen Werts in A oder −100, wenn die Transformation abgeschlossen ist.

Lassen Sie dieses Beispiel laufen, sehen Sie die folgende Ausgabe:

```
100
-100
```

 Der GNU GCC-Compiler unterstützt eine Reihe von STL-Features, die nicht zur Standardbibliothek gehören. In diesem Fall findet sich `compose1()` im Header `ext/functional`, also müssen Sie in Ihrem Code `#include <ext/functional>` aufnehmen. Und weil `compose1()` nicht zum Standard gehört, befindet es sich in einem anderen Namensraum. Also geben Sie am besten auch noch `using namespace __gnu_cxx;` an, um auf den Funktor zugreifen zu können, ohne den Namensraum davorsetzen zu müssen.

Utilities

Utilities sind Funktionen und Typen, die kleine Aufgaben in der Standardbibliothek erledigen. Dazu gehören die Funktionen `min()`, `max()` und die relationalen Operatoren. Die Typen sind `chart_traits` (die Merkmale von Zeichen, die in anderen Bereichen der Standardbibliothek genutzt werden, wie zum Beispiel `basic_string`) und `pair` (ein Paar zweier verschiedener Werte).

Allokatoren

Allokatoren verwalten Ressouren – im Allgemeinen Arbeitsspeicher. In den meisten Fällen werden Sie die Elemente dieser Kategorie gar nicht brauchen. So erstellen Sie normalerweise neue Objekte mit dem Operator new. Dieser allokiert den Speicher für das Objekt und erstellt es dann durch den Aufruf des Objektkonstruktors. In seltenen Fällen, wenn Sie zum Beispiel ein Objekt-Pooling implementieren wollen, werden Sie die Speicherallokation von der Konstruktion des Objekts abtrennen wollen. Dann können Sie `construct()` aufrufen, um das eigentliche Konstruieren des Objekts ausgehend von seiner Klassendefinition auszuführen. Die Allokatoren-Kategorie enthält die folgenden Funktionen:

construct	destroy	get_temporary_buffer
return_temporary_buffer	uninitialized_copy	uninitialized_copy_n
uninitialized_fill	uninitialized_fill_n	

Zu dieser Kategorie gehören auch noch zwei Typen. Mit diesen lässt sich die Speicherverwaltung vereinfachen und vielleicht werden Sie sie häufiger einsetzen als die Funktionen in dieser Kategorie:

raw_storage_iterator	temporary_buffer

Polymorphe Allokatoren

Arbeiten Sie mit älteren Versionen der Standardbibliothek, sorgen Allokatoren, die als Argumente für Templates genutzt werden, für Probleme, weil sie an einen Typ gebunden sind. Das heißt, ein Vektor, der mit `std::vector<int>` erzeugt wird, hat einen komplett anderen Typ als ein Vektor, der mithilfe von `std::vector<int, myalloc>` erstellt wurde, auch wenn das eine nur eine einfache Erweiterung des anderen ist.

Der `myalloc`-Teil des Templates definiert einfach die Methode, die zum Allokieren des Speichers genutzt werden soll – sie beeinflusst den Datentyp, der vom Template verwaltet wird, nicht. In beiden Fällen haben Sie also einen `vector` erstellt, der `int`-Daten verwaltet – die Typen sind gleich. Der einzige Unterschied liegt in der Methode, wie der Speicher allokiert wird (beim ersten die Standardmethode, beim zweiten ein eigener Allokator). Mit polymorphen Allokatoren wird dieses Problem behoben, indem eine abstrakte Basisspeicherklasse `memory_resource` definiert wird, die für alle Speicherallokatoren genutzt werden kann. Diese abstrakte Klasse definiert die folgenden rein virtuellen Methoden:

allocate()	deallocate()	is_equal

Um dieses neue Feature in Code::Blocks einsetzen zu können, müssen Sie die C++11-Erweiterung aktivieren. Dies ist im Abschnitt *Die IDE konfigurieren* in Kapitel 17 beschrieben. Zudem müssen Sie eine Version von Code::Blocks einsetzen, die C++14 unterstützt, weil in älteren Versionen die nötigen Ressourcen fehlen (wie zum Beispiel Headerdateien). Um dieses Feature einsetzen zu können, müssen Sie `#include <polymorphic_allocator>` in Ihrem Code einsetzen und `using namespace std::polyalloc` hinzufügen.

Strings mit einem Hash parsen

Hashes sind für die Sicherheitsanforderungen heutiger Anwendungen sehr wichtig. Ein *Hash* ist ein numerisches Äquivalent für einen ihm übergebenen String. Theoretisch können Sie die so erzeugte Zahl nicht durch einen anderen String reproduzieren. Ein Hash ist nicht umkehrbar – es ist also nicht das Gleiche wie Verschlüsselung und Entschlüsselung.

Hashes werden häufig genutzt, um Passwörter von einem Client an einen Server zu schicken. Der Client wandelt das Passwort des Anwenders in einen Hash um und schickt diesen an den Server. Der Server überprüft nur diese Zahl, nicht aber das Passwort. Selbst wenn nun jemand den Hash erbeutet, hat er keine Möglichkeit, das Passwort aus der Zahl zu ermitteln.

Die neueste Version von Code::Blocks bietet eine ausgezeichnete Unterstützung von Hashes an. Aber um sie verwenden zu können, müssen Sie die C++11-Erweiterungen aktivieren. Dies ist in *Die IDE konfigurieren* in Kapitel 17 beschrieben. Dann können Sie das folgende Beispiel aus `HashingStrings` erstellen, in dem der Einsatz von `HashingStrings` gezeigt wird.

```
#include <iostream>
#include <unordered_map>

using namespace std;

int main()
{
    hash<const char*> MyHash;

    cout << "Der Hash von \"Hallo Welt\" ist:" << endl;
    cout << MyHash("Hallo Welt") << endl;
    cout << "Der Hash von \"Traumhafter Strand\" ist:" << endl;
    cout << MyHash("Traumhafter Strand") << endl;

    return 0;
}
```

In diesem Beispiel wird ein Hash-Funktionsobjekt `MyHash` erstellt. Sie verwenden diese Funktion, um Text in einen Hashwert umzuwandeln. Das Funktionsobjekt arbeitet wie eine normale Funktion, daher können Sie den Text als Parameter übergeben: `MyHash("Hallo Welt")`. Hashes geben für einen bestimmten Eingabewert immer den gleichen Ausgabewert zurück. Daher sollte beim Ausführen des Beispiels auch bei Ihnen folgender Text erscheinen:

```
Der Hash von "Hallo Welt" ist:
4196999
Der Hash von "Traumhafter Strand" ist:
4197056
```

 Hashes haben auch noch andere Einsatzbereiche als die Sicherheit. So können Sie zum Beispiel einen Container erstellen, der auf Hashes aufbaut, um einen bestimmten Wert leichter zu finden. In diesem Fall nutzen Sie ein Schlüssel/Wert-Paar in einer *Hash Map*. Die STL besitzt ein Template `hash_map<>`, aber in der Standardbibliothek wird dieses durch `unordered_map<>` ersetzt, weswegen Sie die C++-Erweiterungen für dieses Beispiel aktivieren müssen. Abgesehen vom Templatenamen können Sie die beiden Templates genau gleich verwenden – beim Einsatz von `hash_map<>` wird aber in neueren Versionen von Code::Blocks eine Warnung angezeigt.

Das Beispiel `HashMap` zeigt, wie Sie eine Hash Map einsetzen können:

```cpp
#include <iostream>
#include <unordered_map>
#include <string>

using namespace std;

class eqstr
{
public:
    bool operator()(const string s1, const string s2) const
    {
        return s1 == s2;
    }
};

int main()
{
    unordered_map<string, int, hash<string>, eqstr> Colors;

    Colors["Blau"] = 1;
    Colors["Grün"] = 2;
    Colors["Blaugrün"] = 3;
    Colors["Dunkelrot"] = 4;
    Colors["Lila"] = 5;
    Colors["Braun"] = 6;
    Colors["Hellgrau"] = 7;

    cout << "Braun = " << Colors["Braun"] << endl;
    cout << "Dunkelrot = " << Colors["Dunkelrot"] << endl;

    // Dieser Wert steht nicht in der Hash Map, daher
    // gibt er den Wert 0 zurück.
    cout << "Rot = " << Colors["Rot"] << endl;
}
```

Für eine Unordered (Hash) Map benötigen Sie vier Parameter:

✔ Schlüsseltyp

✔ Wertetyp

✔ Hashfunktion

✔ Gleichheits-Schlüssel

Die ersten drei Parameter sind klar. In diesem Fall nutzt der Code einen String als Schlüsseltyp, einen Integer-Wert als Wertetyp und `hash<string>` als Hashfunktion. Aus dem vorigen Beispiel wissen Sie schon, wie die Hashfunktion funktioniert.

Standardbibliothek vs. STL-Header

Im Internet finden sich Unmengen an STL-Beispielen, weil es die STL schon viel länger gibt als die Standardbibliothek. Tatsächlich bevorzugen manche Entwickler immer noch die STL, weil sie einfach damit vertrauter sind. Wir verraten Ihnen hier ein kleines Geheimnis: Die STL-Header haben eine .h-Erweiterung, die der Standardbibliothek haben gar keine Erweiterung. Ein Beispiel: Der in so gut wie jedem Beispiel genutzte Header `iostream` kommt aus der Standardbibliothek – die STL-Form ist `iostream.h`.

Ein weiteres Geheimnis: Die Header der Standardbibliothek rufen häufig die STL-Header auf, sodass Sie in diesem Buch auch die STL schon oft genutzt haben. Erstaunlich, wie das alles zusammenpasst.

Die Klasse der Gleichheits-Schlüssel ist ein bisschen komplizierter. Sie müssen der Hash Map eine Möglichkeit bereitstellen, eine Gleichheit festzustellen. In diesem Fall vergleicht der Code den Eingabestring mit dem als Schlüssel abgelegten String. Der Funktor `eqstr` führt diesen Vergleich durch. Der Funktor muss einen Boole'schen Wert zurückgeben, daher vergleicht der Code die beiden Strings auf gleichheit.

Im Beispiel wird nun auf drei Farben geprüft, von denen nur zwei in der Hash Map `Colors` vorhanden sind. In den ersten beiden Fällen sehen Sie den erwarteten Wert. Im dritten Fall erhalten Sie 0, womit gezeigt wird, dass `Colors` den gewünschten Schlüssel nicht enthält. Reservieren Sie 0 immer als Fehlerwert, wenn Sie eine Hash Map verwenden, denn sie gibt immer einen Wert zurück, auch wenn der fragliche Schlüssel nicht vorhanden ist. Die Ausgabe dieses Beispiels liefert:

```
Braun = 6
Dunkelrot = 4
Rot = 0
```

Informationen über einen Iterator mit wahlfreiem Zugriff abrufen

Beim Vektor können Sie wahlfrei auf die enthaltenen Daten zugreifen (im Englischen »Random Access«). So zeigt das Beispiel `RandomAccess`, wie Sie einen Iterator erstellen und dann zur aktuellen Position addieren oder von ihr subtrahieren können, um andere Werte im Vektor zu erhalten, die von diesem Iterator unterstützt werden:

```cpp
#include <iostream>
#include <vector>

using namespace std;

int main()
{
    vector<string> Words;

    Words.push_back("Blau");
    Words.push_back("Grün");
    Words.push_back("Blaugrün");
    Words.push_back("Dunkelrot");
    Words.push_back("Lila");
    Words.push_back("Braun");
    Words.push_back("Hellgrau");

    // Wahlfreien Iterator definieren.
    vector<string>::iterator Iter = Words.begin();

    // Verschiedene Positionen anspringen.
    Iter += 5;
    cout << *Iter << endl;

    Iter -= 2;
    cout << *Iter << endl;

    return 0;
}
```

In diesem Fall enthält der vector namens Words eine Liste mit sieben Einträgen. Der Code erzeugt einen Iterator namens Iter für Words. Dann addiert er zum Offset des iterator oder subtrahiert davon und zeigt die Ergebnisse an. Das erhalten Sie, wenn Sie dieses Beispiel laufen lassen:

```
Braun
Dunkelrot
```

Manchmal müssen Sie eine bestimmte Aufgabe mit einem wahlfreien Iterator durchführen. So wollen Sie vielleicht eine Funktion erstellen, die die Elemente eines ganzen Vektors oder eines Teilbereichs aufsummiert. In diesem Fall müssen Sie eine entsprechende Funktion erzeugen, die die Aufgabe erledigt, weil die Standardbibliothek solche Funktionen nicht enthält. Hier ein solches Beispiel RandomAccess2:

```cpp
#include <iostream>
#include <vector>

using namespace std;

template <class RandomAccessIterator>
float AddIt(RandomAccessIterator begin, RandomAccessIterator end)
{
    float Sum = 0;

    RandomAccessIterator Index;

    // Sicherstellen, dass die Werte in der
    // richtigen Reihenfolge sind
    if (begin > end)
    {
        RandomAccessIterator temp;
        temp = begin;
        begin = end;
        end = temp;
    }

    for (Index = begin; Index != end; Index++)
        Sum += *Index;

    return Sum;
}

int main()
{
    vector<float> Numbers;

    Numbers.push_back(1.0);
    Numbers.push_back(2.5);
    Numbers.push_back(3.75);
    Numbers.push_back(1.26);
    Numbers.push_back(9.101);
    Numbers.push_back(11.3);
    Numbers.push_back(1.52);

    // Elemente aufsummieren
    float Sum;
    Sum = AddIt(Numbers.begin(), Numbers.end());
    cout << Sum << endl;

    Sum = AddIt(Numbers.end(), Numbers.begin());
    cout << Sum << endl;
```

```
    // Einen Bereich aufsummieren
    vector<float>::iterator Iter = Numbers.begin();
    Iter += 5;
    Sum = AddIt(Iter, Numbers.end());
    cout << Sum << endl;

    return 0;
}
```

Dieses Beispiel baut auf dem vorigen Beispiel auf. Sie erzeugen auch hier einen `vector`, dieses Mal mit dem Namen `Numbers`, und füllen ihn mit Daten. Aber hier erstellen Sie eine Variable `Sum`, die die Summe der Elemente in `Numbers` enthält.

`AddIt()` ist eine Funktion, die zwei `RandomAccessIteratoren` als Eingabewerte erwartet. Diese stehen für einen Bereich im Vektor, mit dem Sie irgendetwas anstellen wollen. Das Beispiel addiert die Daten einfach auf, aber Ihnen steht hier alles frei. Die Ausgabe ist ein `float`, das die Summe enthält.

`AddIt()` funktioniert wie gewünscht. Sie rufen es wie jede andere Funktion auf und übergeben einen Anfangs- und Endpunkt im Vektor. Die ersten beiden Aufrufe von `AddIt` summieren den gesamten Vektor auf, während vor dem dritten ein `iterator` erzeugt, sein Offset geändert und dann nur ein Bereich des Vektors aufsummiert wird. Dies ist die Ausgabe:

```
30.431
30.431
12.82
```

 Ein Iterator mit wahlfreiem Zugriff kann in beide Richtungen laufen. Zudem können Sie mit einzelnen Elementen im Container arbeiten, der mit dem `iterator` zusammenhängt. Daher müssen die Funktionen, die Sie für den Iterator schreiben, mit allen Richtungen umgehen können. Wie Sie das tun, hängt von der Art von Funktion ab, die Sie erstellen wollen.

Werte mit dem Find-Algorithmus ermitteln

Die Standardbibliothek enthält eine Reihe von Funktionen, mit denen Sie etwas in einem Container finden können. Es ist immer sinnvoll, diesen Vorgang so effizient wie möglich zu gestalten. Denn anders als Ihr Wäscheschrank soll Ihre Anwendung immer wohlorganisiert und einfach zu durchsuchen sein! Die vier gebräuchlichsten `find()`-Algorithmen sind:

✔ `find()`

✔ `find_end()`

✔ `find_first_of()`

✔ `find_if()`

Der verwendete Algorithmus hängt davon ab, was Sie finden wollen und wo Sie es erwarten. Sie werden vermutlich den normalen `find()`-Algorithmus am meisten einsetzen.

Das Beispiel FindString zeigt, wie Sie einen bestimmten string in einem vector finden – mit diesem Ansatz können Sie etwas in beliebigen Containertypen finden:

```
#include <iostream>
#include <vector>
#include <algorithm>

using namespace std;

int main()
{
    vector<string> Words;

    Words.push_back("Blau");
    Words.push_back("Grün");
    Words.push_back("Blaugrün");
    Words.push_back("Dunkelrot");
    Words.push_back("Lila");
    Words.push_back("Braun");
    Words.push_back("Hellgrau");

    vector<string>::iterator Result =
        find(Words.begin(), Words.end(), "Hellgrau");

    if (Result != Words.end())
        cout << *Result << endl;
    else
        cout << "Wert nicht gefunden!" << endl;

    Result = find(Words.begin(), Words.end(), "Schwarz");

    if (Result != Words.end())
        cout << *Result << endl;
    else
        cout << "Wert nicht gefunden!" << endl;
}
```

In diesem Beispiel wird wieder ein Vektor mit Farbnamen gefüllt. Dann wird versucht, ein bestimmtes Wort im Vektor zu finden. Beim ersten Mal ist das erfolgreich, weil Hellgrau eine der Farben aus dem Vektor ist. Der zweite Versuch schlägt hingegen fehl, weil Schwarz nicht dort enthalten ist. Dies ist die Ausgabe:

```
Hellgrau
Wert nicht gefunden!
```

Gehen Sie niemals davon aus, dass der Code einen bestimmten Wert finden wird. Nehmen Sie immer an, dass jemand einen Wert angibt, der nicht vorhanden ist, und stellen Sie dann sicher, dass Sie mit diesem Fall richtig umgehen. Hier wird einfach eine Meldung ausgegeben, während Sie in einem echten Programm häufig auf solche Situationen anders reagieren. Zum Beispiel:

✔ Einen Fehler melden

✔ Den Wert zum Container hinzufügen

✔ Einen Standardwert einsetzen

✔ Abhängig vom Wert etwas anderes tun

Der find()-Algorithmus ist unser Lieblingsalgorithmus, weil er so flexibel ist. Sie können ihn für diverse Container einsetzen. Spielen Sie damit herum und experimentieren Sie mit allen Containern, die Ihnen über den Weg laufen.

Den Zufallszahlengenerator verwenden

Zufallszahlengeneratoren werden in einer Reihe von Situationen benötigt. Spiele, aber auch Simulatoren benötigen einen Zufallszahlengenerator, damit sie wie gewünscht funktionieren. Auch bei Was-wäre-wenn-Analysen im geschäftlichen Umfeld ist Zufall vonnöten. Kurz: Sie brauchen Zufallszahlen in vielen Anwendungen.

Das Erstellen einer Zufallszahl ist nicht so schwer. Sie müssen nur eine entsprechende Funktion aufrufen, wie dies im Beispiel RandomNumberGenerator gezeigt wird:

```
#include <iostream>
#include <ctime>
#include <cstdlib>

using namespace std;

int main()
{
    srand(time(0));

    int RandomValue = rand() % 12;
    cout << "Der Zufallsmonat ist: " << RandomValue + 1 << endl;

    return 0;
}
```

Der Zufallszahlengenerator aus der Standardbibliothek erzeugt *Pseudozufallszahlen*. Die dahinterstehenden Mechanismen sorgen dafür, dass die Werte nicht vorhersehbar sind und eine für Zufallswerte typische Verteilung ergeben. Damit man das Programm testen kann, entsteht immer die gleiche Zufallszahlensequenz. Um das zu vermeiden, übergeben Sie srand() bei jedem Start einen anderen Wert. Dazu wird typischerweise der aktuelle Zeitstempel verwendet. So sieht eine typische Ausgabe des Beispiels aus:

```
Der Zufallsmonat ist: 7
```

Die Beispielanwendung nutzt rand(), um die Zufallszahl zu erzeugen. Nehmen Sie den Modulus der Zufallszahl, erhalten Sie einen Wert in einem bestimmten Bereich – hier der 12. Das Beispiel addiert noch eine 1, weil es im Kalender keinen Monat 0 gibt, dann wird der Wert ausgegeben.

Die Standardbibliothek bietet zwei Arten von Zufallszahlengeneratoren an. Bei der ersten müssen Sie einen Seed-Wert setzen, während Sie beim zweiten bei jedem Aufruf einen Eingabewert mitgeben. Jeder Generator gibt einen anderen Datentyp aus, daher können Sie sich aussuchen, was Sie haben wollen. In Tabelle 32.1 sind die Zufallszahlengeneratoren mit ihren Datentypen aufgeführt.

Funktion	Ausgabetyp	Seed benötigt?
rand	integer	Ja
drand48	double	Ja
erand48	double	Nein
lrand48	long	Ja
nrand48	long	Nein
mrand48	signed long	Ja
jrand48	signed long	Nein

Tabelle 32.1: Generatorfunktionen für Pseudozufallszahlen

Jetzt werfen Sie noch einen Blick auf die Seedfunktionen, die Sie brauchen, um die Generatoren nicht vorhersagbar zu befüllen. In Tabelle 32.2 sind die Seedfunktionen und ihre zugehörigen Pseudozufallszahlengenerator-Funktionen aufgeführt.

Funktion	Zugehörige Pseudozufallszahlengenerator-Funktion
srand	rand
srand48	drand48
seed48	mrand48
lcong48	lrand48

Tabelle 32.2: Seedfunktionen

Mit min und max arbeiten

Die Funktionen min() und max() ermöglichen es, zwei Werte zu vergleichen und den kleineren beziehungsweise größeren von beiden zu bestimmen. Das Beispiel MinAndMax zeigt, wie diese Funktionen eingesetzt werden:

```cpp
#include <iostream>

using namespace std;

int main()
{
    int Number1, Number2;

    cout << "Erste Zahl eingeben: ";
    cin >> Number1;

    cout << "Zweite Zahl eingeben: ";
    cin >> Number2;

    cout << "Die kleinere Zahl ist: " << min(Number1, Number2) << endl;
    cout << "Die größere Zahl ist: " << max(Number1, Number2) << endl;

    return 0;
}
```

In diesem Fall werden die beiden Zahlen über die Tastatur eingegeben und dann mittels min() beziehungsweise max() verglichen. Die Ausgabe hängt natürlich davon ab, was Sie eingegeben haben, aber in der ersten Ausgabezeile steht die kleinere und in der zweiten die größere der beiden Zahlen. Haben wir die Werte 5 und 6 angegeben, sieht das Ganze so aus:

```
Erste Zahl eingeben: 5
Zweite Zahl eingeben: 6
Die kleinere Zahl ist: 5
Die größere Zahl ist: 6
```

Eigene Templates erstellen

33

In diesem Kapitel

▷ Finden Sie heraus, wann ein Template hilft

▷ Entwickeln Sie ein einfaches Mathematik-Template

▷ Erstellen Sie ein Struktur-Template

▷ Definieren Sie ein Klassen-Template

▷ Nutzen Sie Template-Spezialisierung zu Ihrem Vorteil

▷ Bauen Sie eine Template-Bibliothek auf

▷ Setzen Sie Ihre eigenen Template-Bibliotheken ein

C++ gibt es nun schon seit vielen Jahren. Aufgrund seiner Langlebigkeit entstanden auch viele C++-Templates (Templates). Tatsächlich scheint es so auszusehen, als ob es schon für jeden Anwendungsfall ein passendes Template gibt. Aber diese Templates stammen meist von dritter Seite, sie sind standardisiert und möglichst verallgemeinert. Die Firma, für die Sie arbeiten (oder Sie selbst als Entwickler), haben eventuell spezielle Anforderungen, die ein allgemeines Template nicht erfüllen kann.

Jedes bestehende Programmiertool bietet eine gewisse Flexibilität. Der Grund, warum Sie so viele verallgemeinerte Tools vorfinden, liegt darin, dass sie jemand entwickelt und die Community sie dann übernommen hat. Gehen Sie niemals davon aus, dass Sie keine eigenen Tools entwickeln können. Denn schließlich hat auch diese allgemein nutzbaren Tools jemand erstellt – und das Bauen eigener Tools ist kein Hexenwerk. Sie brauchen nur Zeit und Gehirnschmalz.

In diesem Kapitel werden wir im Folgenden den Begriff *Templates* für die Vorlagen nutzen. Dieser ist auch in deutschsprachigen Dokumentationen zu C++ durchaus verbreitet. Suchen Sie im Netz nach einer passenden Vorlage, sollten Sie das sowieso am besten auf Englisch tun und dann ist das *Template* der Begriff der Wahl.

Ein einfaches Mathematik-Template erstellen

Bei einem Mathematik-Template brauchen Sie normalerweise Zugriff auf einen Haufen Formeln, von denen Sie aber immer nur ein oder zwei in einer gegebenen Situation einsetzen. Berechnet zum Beispiel jemand Ihre Hausfinanzierung, muss er nicht wissen, wie man einen Dispo-Kredit ermittelt. Aber vielleicht ist das beim nächsten Kunden der Fall. Kurz: Die Formeln haben alle ihren Sinn und Zweck und Sie brauchen sie vermutlich auch alle, aber nicht gleichzeitig. So etwas funktioniert am besten als Sammlung von Funktions-Templates. Das Beispiel `MathTemplate` in Listing 33.1 zeigt, wie Sie diese Funktionen erstellen.

```cpp
#include <iostream>
#include <cmath>

using namespace std;

template<typename T>
T Area(T height, T length)
{
    return height * length;
}

const double PI = 4.0*atan(1.0);

template<typename T>
T CircleArea(T radius)
{
    double result;

    result = PI * radius * radius;

    // Diese Version schneidet den Wert ab.
    return (T)result;
}

template<typename T>
T TriangleArea(T base, T height)
{
    double result;

    result = base * height * 0.5;

    return (T)result;
}

int main()
{
    cout << "4x4-Flächen:" << endl;
    cout << "Quadrat: " << Area<int>(4, 4) << endl;
    cout << "Kreis: " << CircleArea<int>(2) << endl;
    cout << "Dreieck: " << TriangleArea<int>(4, 4) << endl;
    cout << "Der Wert von Pi ist: " << PI << endl;
    return 0;
}
```

Listing 33.1: Eine Sammlung von Funktions-Templates

Die Formeln könnten irgendwelche Formeln aus der Mathematik sein – in diesem Beispiel soll es darum gehen, dass durch den Einsatz von Funktionen jede der Formeln in sich abgeschlossen, einfach anwendbar und leicht zu verwalten ist. Lassen Sie dieses Beispiel laufen, erhalten Sie folgende Ausgabe:

```
4x4-Flächen:
Quadrat: 16
Kreis: 12
Dreieck: 8
Der Wert von Pi ist: 3.14159
```

Beachten Sie, dass `CircleArea<int>(2)` nur den halben Wert verwendet. Denn hier wird die Fläche eines Kreises mit der Gleichung $\pi \cdot r^2$ ermittelt. Wollen Sie sich die anderen Formeln zum Berechnen von Flächen und Volumen wieder ins Gedächtnis rufen, können Sie das zum Beispiel unter `https://de.wikipedia.org/wiki/Formelsammlung_Geometrie`.

 Aus Konsistenzgründen könnten Sie die Kreisgleichung wie folgt ändern:

```
radius = radius / 2;
result = PI * radius * radius;
```

Indem Sie den Eingabewert durch 2 teilen, wandeln Sie einen Durchmesser in einen Radius um und können die Funktion mit dem gleichen Wert wie bei den anderen Funktionen aufrufen: `CircleArea<int>(4)`. Welchen Ansatz Sie auch wählen – Sie müssen dokumentieren, wie das Template funktioniert, sodass andere Entwickler erfahren, wie sie es einsetzen können.

Beachten Sie auch, dass die Funktionen für Kreis und Dreieck das Ergebnis in den angegebenen Typ zwängen, damit der Anwender den gewünschten Wert erhält. Dazu wird die Rückgabeanweisung angepasst in `return (T)result;`. Dieses Casting ist nötig, um zu verhindern, dass Ihre Templates Warnmeldungen erzeugen. Allerdings werden die Werte damit auch abgeschnitten, zum Beispiel zu einem `int`.

Ein Struktur-Template erstellen

Struktur-Templates besitzen viele interessante Anwendungsfälle, wie zum Beispiel das Erstellen eines Daten-Repositorys, das nicht auf einem bestimmten Typ basiert. Das Beispiel `StructureTemplate` in Listing 33.2 zeigt solch ein Repository.

```
#include <iostream>

using namespace std;

template<typename T>
struct Volume
{
    T height;
    T width;
    T length;
```

```
    Volume()
    {
        height = 0;
        width = 0;
        length = 0;
    }

    T getvolume()
    {
        return height * width * length;
    }

    T getvolume(T H, T W, T L)
    {
        height = H;
        width = W;
        length = L;

        return height * width * length;
    }
};
int main()
{
    Volume<int> first;

    cout << "Erstes Volumen: " << first.getvolume() << endl;

    first.height = 2;
    first.width = 3;
    first.length = 4;

    cout << "Erstes Volumen: " << first.getvolume() << endl;

    Volume<double> second;

    cout << "Zweites Volumen: " << second.getvolume(2.1, 3.2, 4.3) << endl;
    cout << "Höhe: " << second.height << endl;
    cout << "Breite: " << second.width << endl;
    cout << "Länge: " << second.length << endl;

    return 0;
}
```

Listing 33.2: Ein Template aus einer Struktur erstellen

In diesem Fall enthält die Struktur Platz für Höhe, Breite und Länge, aus denen der Code das Volumen bestimmen kann. Die Struktur enthält einen Konstruktor, um die Werte zu initialisieren. Also auch, wenn jemand `getvolume()` aufruft, ohne die Struktur zu initialisieren, passiert nichts Schlimmes.

Die Struktur erlaubt einen unabhängigen Zugriff auf jeden der Werte. Sie können sie nach Bedarf schreiben oder lesen.

Die Funktion `getvolume()` ist überladen. Sie können sie mit oder ohne Parameter aufrufen. Der Code in `main()` prüft die Struktur umfassend. Das sehen Sie, wenn Sie das Programm laufen lassen:

```
Erstes Volumen: 0
Erstes Volumen: 24
Zweites Volumen: 28.896
Höhe: 2.1
Breite: 3.2
Länge: 4.3
```

Sie können Strukturen auch noch für andere interessante Dinge nutzen. Der C++-Standard besagt, dass Sie kein `typedef`-Template erzeugen dürfen. So erzeugt der folgende Code zum Beispiel einen Fehler, wenn Sie versuchen, ihn zu kompilieren:

```
template<typename T>
typedef map<string, T> MyDef;
```

Versuchen Sie, diesen Code in Code::Blocks zu kompilieren, erhalten Sie diese Fehlermeldung:

```
error: template declaration of 'typedef'
```

Aber Sie können ein `typedef` in einem Struktur-Template definieren. Das Beispiel `StructureTemplate2` in Listing 33.3 zeigt eine Variante des Beispiels aus Listing 17.3 in Kapitel 17.

```
#include <iostream>
#include <map>

using namespace std;

template<typename T>
struct MyDef
{
    typedef map<string, T> Type;
};
```

```
int main()
{
    MyDef<string>::Type marriages;

    marriages["Tom"] = "Suzy";
    marriages["Harry"] = "Harriet";

    cout << marriages["Tom"] << endl;
    cout << marriages["Harry"] << endl;

    return 0;
}
```

Listing 33.3: Eine Struktur zum Definieren eines typedef *verwenden*

Dieses Beispiel überwindet die Beschränkungen von C++, indem das typedef in die Struktur MyDef gesteckt wird. Eine Struktur kann eine beliebige Zahl von typedef-Einträgen enthalten.

 Verwenden Sie einen typedef auf diese Art und Weise, erleichtern Sie dadurch die Arbeit mit map. Sie müssen sich dabei nur um den Werte-Typ Gedanken machen – der Schlüssel-Typ ist immer als string definiert.

Abgesehen von der marriages-Deklaration funktioniert dieses Beispiel genauso wie in dem Beispiel aus Kapitel 17. Die Ausgabe sieht immer noch so aus:

```
Suzy
Harriet
```

Ein Klassen-Template entwickeln

Klassen-Templates sind die Schwergewichte unter den Templates. Sie verwenden solch ein Template, um Objekte nahezu beliebiger Größe zu definieren. Klassen sind größer und komplexer als die anderen bisher vorgestellten Techniken in diesem Kapitel. In den meisten Fällen verwenden Sie Klassen, um komplexe Objekte zu repräsentieren oder um Aufgaben durchzuführen, für die Funktions- oder Struktur-Templates nicht passen.

 Normalerweise legen Sie den Code von Klassen in einer eigenen Datei ab, die den Namen der Klasse als Dateinamen besitzt. Die Klassendefinition steht in einer Headerdatei, während sich der Code in der Codedatei befindet. Damit das hier alles einfacher verständlich ist, ignoriert dieses Kapitel diesen Aufbau und zeigt das gesamte Beispiel in einer einzigen Datei.

Das Beispiel zeigt eine spezialisierte Queue-Implementierung. Es enthält viele der Features einer Standard-Queue und ergänzt ein paar, mit denen besondere Bedürfnisse erfüllt werden. Queues und andere Container tendieren zu komplexem Code, aber Sie müssen sie auch mit vielen verschiedenen Datentypen einsetzen können, wodurch ein Klassen-Template die perfekte Implementierung ist. Das Beispiel ClassTemplate in Listing 33.4 zeigt den Code dafür.

```cpp
#include <iostream>
#include <vector>

using namespace std;

template<typename T>
class MyQueue
{
protected:
    vector<T> data;

public:
    void Add(T const &input);
    void Remove();
    void Print();
    bool IsEmpty();
};

template<typename T>
void MyQueue<T>::Add(T const &input)
{
    data.push_back(input);
}

template<typename T>
void MyQueue<T>::Remove()
{
    data.erase(data.begin());
}

template<typename T>
void MyQueue<T>::Print()
{
    auto PrintIt = data.begin();

    while (PrintIt != data.end())
    {
        cout << *PrintIt << endl;
        PrintIt++;
    }
}
```

```cpp
template<typename T>
bool MyQueue<T>::IsEmpty()
{
    return data.begin() == data.end();
}

int main()
{
    MyQueue<string> StringQueue;

    cout << StringQueue.IsEmpty() << endl;

    StringQueue.Add("Hallo");
    StringQueue.Add("Tschüss");

    cout << "Strings ausgeben: " << endl;
    StringQueue.Print();
    cout << StringQueue.IsEmpty() << endl;

    StringQueue.Remove();
    cout << "Strings ausgeben: " << endl;
    StringQueue.Print();
    StringQueue.Remove();
    cout << StringQueue.IsEmpty() << endl;

    MyQueue<int> IntQueue;

    IntQueue.Add(1);
    IntQueue.Add(2);

    cout << "Ints ausgeben: " << endl;
    IntQueue.Print();

    return 0;
}
```

Listing 33.4: Eine spezialisierte Queue erstellen

Dieses Beispiel beginnt mit der Klasse `MyQueue`. Beachten Sie, dass es sich bei `data` um einen vector handelt, nicht um eine queue, wie Sie vielleicht erwartet hätten. Eine queue ist ein Adapter – sie stellt viele der Features von Containern wie `vector` eben nicht bereit, wie zum Beispiel der Einsatz von `iterator`.

 Dieses Beispiel nutzt einen `iterator` zum Ausgeben, daher baut es als Ausgangsbasis nicht auf eine queue, sondern auf einen `vector` auf. Immer dann, wenn Sie Ihre eigene spezialisierte Version eines allgemeinen Konstrukts erstellen, sollten Sie darauf achten, dass Sie mit dem richtigen Objekt beginnen.

MyQueue besitzt die Fähigkeit, Elemente hinzuzufügen, zu entfernen und auszugeben. Zusätzlich können Sie prüfen, ob eine Queue leer oder voll ist. Den Code für diese Teile haben Sie schon an anderer Stelle im Buch gesehen.

Sie werden diese neue Klasse testen wollen – das passiert in `main()`. Der Test prüft, ob die Queue tatsächlich korrekt ermittelt, dass sie leer oder gefüllt ist, ob das Hinzufügen und Entfernen von Elementen funktioniert und ob die Ausgabe klappt. Das ist das Ergebnis:

```
1
Strings ausgeben:
Hallo
Tschüss
0
Strings ausgeben:
Tschüss
1
Ints ausgeben:
1
2
```

Template-Spezialisierung

Manche Templates lassen sich nicht so leicht umsetzen, wie Sie vielleicht gedacht haben, weil sie ein Konzept repräsentieren, das sich nicht für jeden Datentyp gleich realisieren lässt. Wenn Sie zum Beispiel `stringify` verwenden, um einen Datentyp in seine String-Darstellung umzuwandeln, unterscheidet sich die Vorgehensweise je nach Datentyp. Wollen Sie zum Beispiel `stringify` für einen `int` verwenden, würden Sie vielleicht das folgende Template nutzen (siehe das Beispiel `StringifyInt`):

```cpp
#include <iostream>
#include <sstream>

using namespace std;

template<typename T> inline string stringify(const T& input)
{
    ostringstream output;
    output << input;
    return output.str();
}

int main()
{
    // Dieser Aufruf funktioniert wie gewünscht.
    cout << stringify<int>(42) << endl;
```

```
// Dieser Aufruf schneidet ab.
cout << stringify<double>(45.6789012345) << endl;

    return 0;
}
```

Die Funktion `stringify()` übernimmt einen beliebigen Datentyp und verwendet einen `ostringstream`, um den Eingabewert in einen `string` zu verwandeln. Das funktioniert im ersten Aufruf in `main()` mit dem `int` wunderbar. Aber bei einem `double` wird das Ergebnis abgeschnitten:

```
42
45.6789
```

 Sie können dieses Problem lösen, indem Sie eine spezielle Version des Templates für einen `double` erstellen. Hier die angepasste Version des Beispiels (siehe auch StringifyDouble), die ein `double` gesondert behandelt:

```
#include <iostream>
#include <sstream>
#include <iomanip>
#include <limits>

using namespace std;

template<typename T> inline string stringify(const T& input)
{
    ostringstream output;
    output << input;
    return output.str();
}

template <> inline string stringify<double> (const double& input)
{
    ostringstream output;
    const int sigdigits = numeric_limits<double>::digits10;
    output << setprecision(sigdigits) << input;
    return output.str();
}

int main()
{
    cout << stringify<int>(42) << endl;
    cout << stringify<double>(45.6789012345) << endl;
    return 0;
}
```

Lassen Sie dieses Beispiel laufen, sehen Sie das erwartete Ergebnis, weil die double-Form des Templates setprecision nutzt, um den ostringstream zu beeinflussen:

```
42
45.6789012345
```

Vielleicht ist Ihnen auch das Schlüsselwort inline bei der Template-Definition aufgefallen. inline weist den Compiler an, den vom Template erzeugten Code direkt an jede Stelle zu kopieren, wo er aufgerufen wird, statt den eigentlichen Funktionsaufruf durchzuführen. In manchen Fällen – und die stringify()-Funktion ist einer davon – führt das zu schnellerem Code. Der Compiler ist nicht verpflichtet, die Funktion tatsächlich an Ort und Stelle zu übersetzen. Zudem gibt es umgekehrt einige Situationen, in denen auf jeden Fall ein Funktionsaufruf zu erfolgen hat, weil zum Beispiel Instanziierungen durchgeführt werden müssen oder die Funktion an vielen Stellen aufgerufen wird.

Eine Bibliothek erstellen

Wenn Programme wachsen, kann es sinnvoll sein, oft benötigte Programmteile in einer Bibliothek zusammenzufassen. Code::Blocks bietet eine Reihe von Bibliotheksprojekten an. Dieses Kapitel nutzt eine *statische Bibliothek* – also eine, die der Anwendung hinzugefügt wird. Templates gehören immer in statische Bibliotheken.

Code::Blocks unterstützt auch Dynamic Link Libraries (DLLs) und gemeinsam genutzte Bibliotheken, die von mehr als einer Anwendung gleichzeitig eingesetzt werden können. Das Arbeiten mit DLLs und gemeinsam genutzten Bibliotheken ist nur geringfügig komplexer als die Arbeit mit statischen Bibliotheken und beim Erstellen einer Konsolen-Anwendung werden Sie diese auch im Allgemeinen nicht benötigen. Siehe dazu den Abschnitt *Das erste Projekt definieren* in Kapitel 2. Dort finden Sie mehr Informationen zu den verschiedenen Projekttypen, die Code::Blocks unterstützt.

Das Bibliotheksprojekt definieren

Das Erstellen eines Bibliotheksprojekts unterscheidet sich nur wenig von dem einer Konsolen-Anwendung. Die folgenden Schritte beschreiben, wie Sie ein solches Projekt erstellen.

1. Wählen Sie FILE|NEW|PROJECT.

Sie erhalten das Fenster NEW FROM TEMPLATE (siehe Abbildung 33.1).

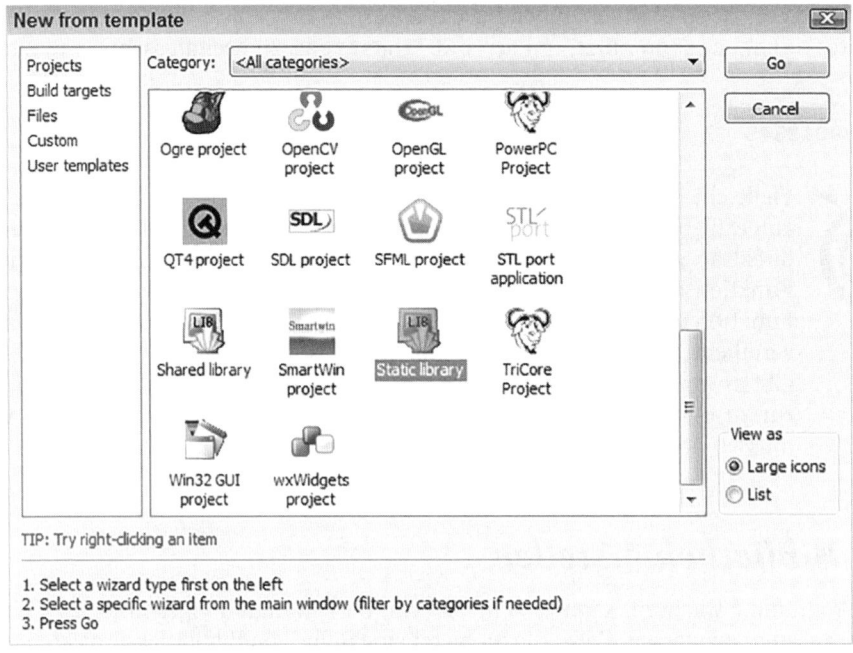

Abbildung 33.1: Eine Auswahl verschiedener Projekttypen

2. Markieren Sie im Bereich PROJECTS das Symbol STATIC LIBRARY und klicken Sie dann auf GO.

Sie erhalten die Welcome-Seite des Wizards für statische Bibliotheken.

3. Klicken Sie auf NEXT.

Nun sehen Sie ein Fenster für ein paar projektbezogene Fragen (siehe Abbildung 33.2). Damit werden die Projekt-Grundlagen gelegt.

4. Geben Sie im Feld PROJECT TITLE einen Namen für Ihr Projekt an.

In diesem Beispiel wird MathLibrary genutzt. Beachten Sie, dass der Wizard automatisch einen Eintrag für Sie im Feld PROJECT FILENAME vornimmt.

5. Geben Sie im Feld FOLDER TO CREATE PROJECT IN einen Speicherort für Ihr Projekt ein.

6. Geben Sie (optional) einen Dateinamen für das Projekt im Feld PROJECT FILENAME an.

7. Klicken Sie auf NEXT.

Sie gelangen zu den Compiler-Einstellungen, die Sie in Abbildung 33.3 sehen. Für dieses Beispiel nutzen wir die Standard-Einstellungen. Aber es ist wichtig, sich zu merken, dass Sie hier einen anderen Compiler wählen, die Ablageorte für die Debug- und Release-Versionen des Projekts anpassen und andere Änderungen vornehmen können. Code::Blocks bietet für Bibliotheken die gleichen Anpassungsmöglichkeiten wie für Anwendungen.

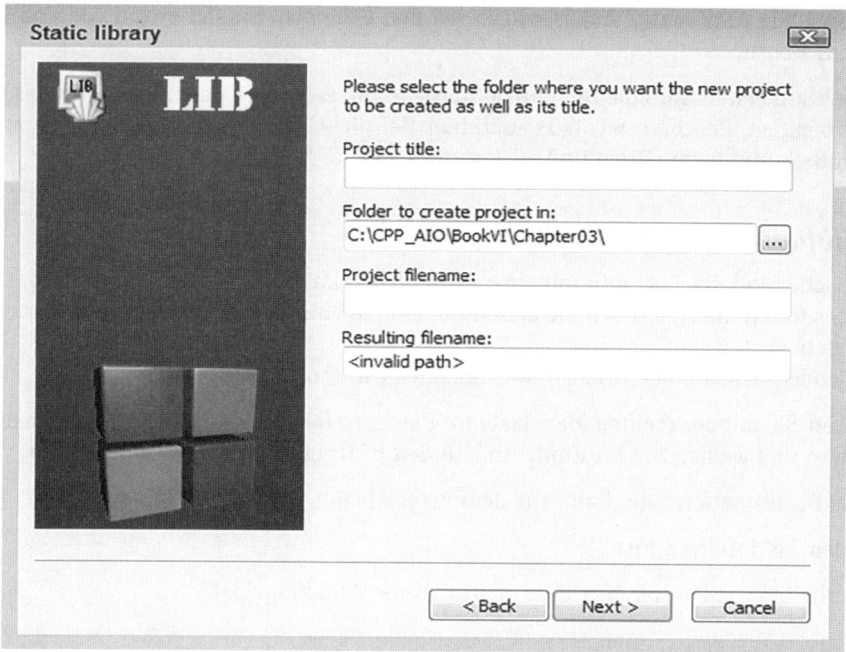

Abbildung 33.2: Geben Sie eine Beschreibung Ihrer statischen Bibliothek für Code::Blocks an.

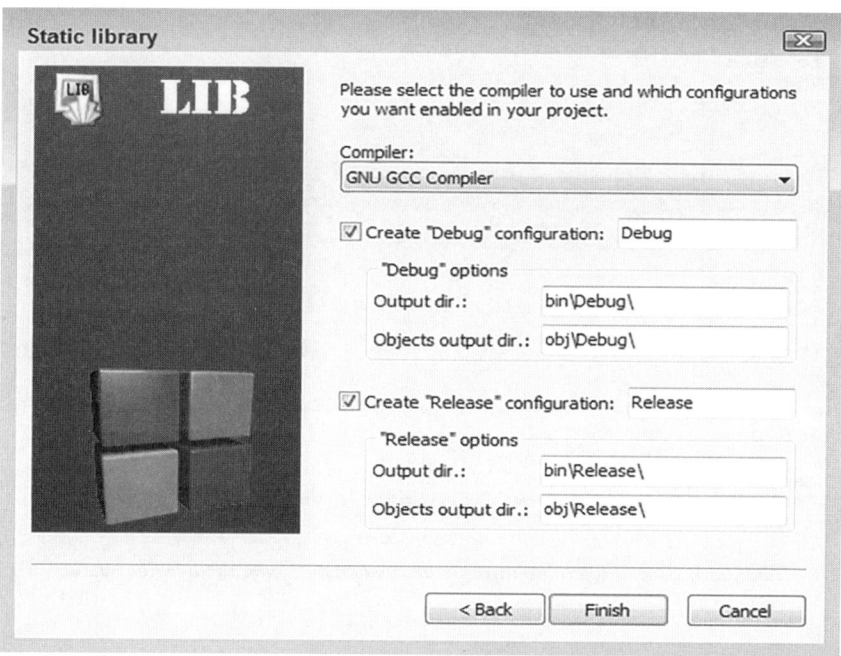

Abbildung 33.3: Hier können Sie die Compiler-Einstellungen für Ihr Projekt anpassen.

8. **Nehmen Sie notwendige Anpassungen bei den Compiler-Einstellungen vor und klicken Sie auf FINISH.**

   Der Wizard erstellt nun die Bibliothek für Sie. Dann zeigt die Code::Blocks-IDE das geladene Projekt an. Beachten Sie, dass auch hier Beispiel-Code enthalten ist. Sie können diese Bibliothek nun kompilieren und austesten.

Das Bibliotheksprojekt konfigurieren

Die statische Bibliothek beginnt mit einer normalen C-Datei. Damit diese Bibliothek auch mit Templates funktioniert, müssen Sie diese löschen und eine C++-Datei sowie eine Headerdatei hinzufügen.

Die folgenden Schritte beschreiben, was Sie dazu tun müssen:

1. **Klicken Sie mit der rechten Maustaste im PROJECTS-Bereich des MANAGEMENT-Fensters auf `main.c` und wählen Sie im Kontextmenü den Eintrag REMOVE FILE FROM PROJECT.**

   Code::Blocks entfernt die Datei aus dem Projektbaum.

2. **Wählen Sie FILE|NEW|FILE.**

   Sie erhalten das Fenster NEW FROM TEMPLATE aus Abbildung 33.4.

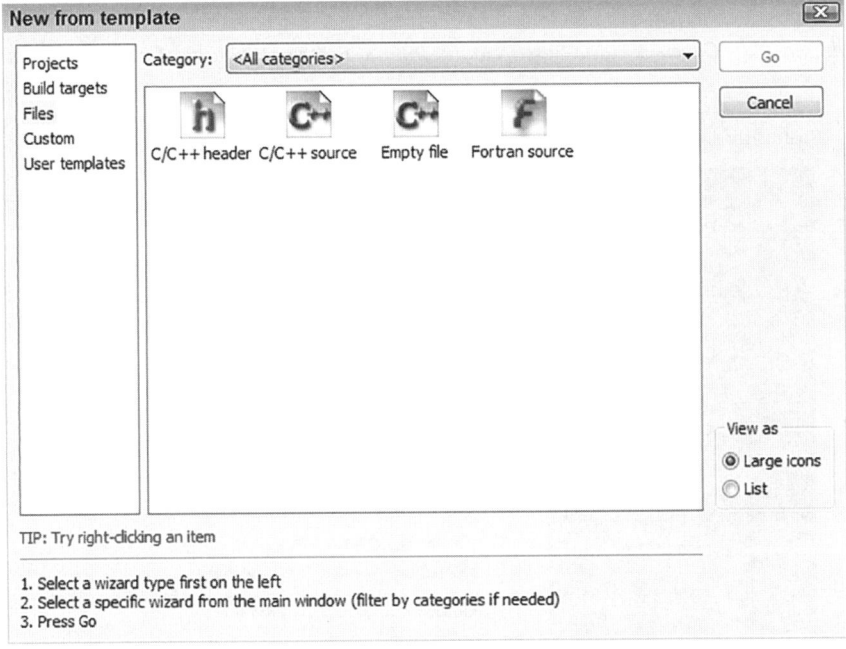

Abbildung 33.4: Fügen Sie mithilfe dieses Fensters eine neue Datei hinzu.

3. Geben Sie im Feld FILENAME WITH FULL PATH den Text MathLibrary.h an, klicken Sie auf den Button mit den drei Punkten und dann auf SAVE.

Code::Blocks ergänzt den gewählten Dateinamen um den vollständigen Projektpfad. Beachten Sie, dass Code::Blocks zudem einen Eintrag im Feld HEADER GUARD WORD vornimmt. Dieses Wort stellt sicher, dass der Header in einem Projekt nicht mehr als einmal eingefügt wird.

4. Klicken Sie auf ALL, dann auf FINISH.

Der C/C++-Source-Wizard fügt die Datei zu Ihrem Projekt hinzu. Jetzt können Sie die Template-Bibliothek erstellen.

5. Markieren Sie das Symbol C/C++-HEADER und klicken Sie auf GO.

Sie erhalten die Welcome-Seite des C/C++-Header-Wizard.

6. Klicken Sie auf NEXT.

Der Wizard bittet Sie, die nötigen Informationen zur Header-Konfiguration anzugeben (siehe Abbildung 33.5).

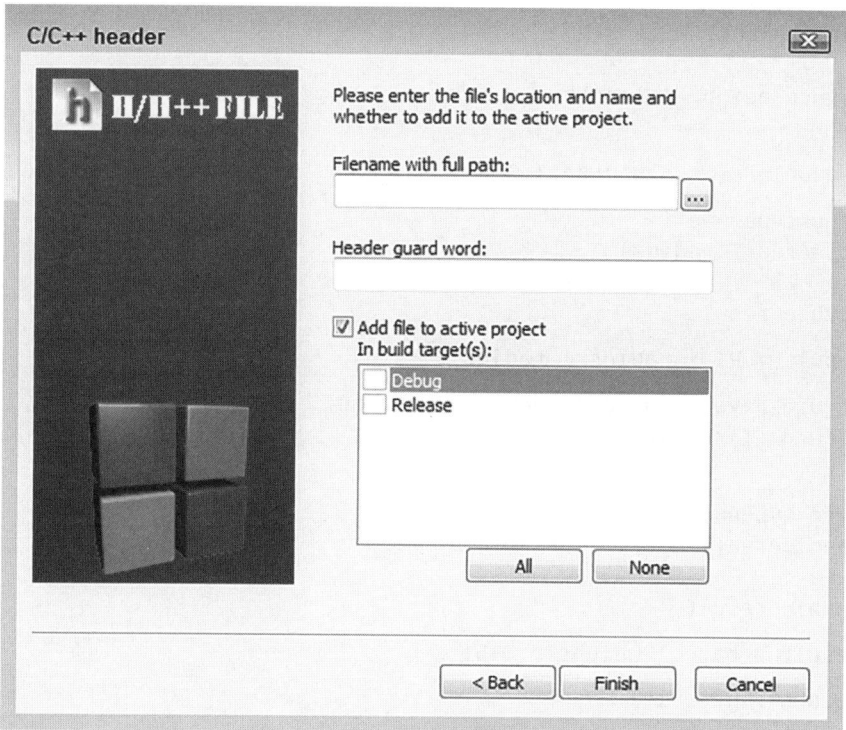

Abbildung 33.5: Geben Sie die Header-Informationen an.

Schreiben Sie den Code für die Bibliothek

Jetzt sehen Sie sich einer leeren Headerdatei in einem Projekt für eine statische Bibliothek gegenüber. Diese Bibliothek kann in einen Namenskonflikt mit anderen Bibliotheken geraten, daher ist es wichtig, ihren Code mit einem Namensraum zu versehen. In diesem Beispiel nutzen wir MyNamespace, aber normalerweise sollten Sie etwas wählen, das sich auf Sie als Person oder auf Ihre Firma bezieht. Denn schließlich sollten Sie doch stolz auf Ihr Werk sein! Der MathLibrary-Header in Listing 33.5 zeigt, was Sie brauchen, um die Bibliothek für dieses Beispiel zu erstellen.

```cpp
#ifndef MATHLIBRARY_H_INCLUDED
#define MATHLIBRARY_H_INCLUDED

#include <iostream>
#include <cmath>

using namespace std;

namespace MyNamespace
{

template<typename T>
T Area(T height, T length)
{
    return height * length;
}

const double PI = 4.0*atan(1.0);

template<typename T>
T CircleArea(T radius)
{
    double result;

    result = PI * radius * radius;

    // Diese Version schneidet den Wert ab.
    return (T)result;
}

template<typename T>
T TriangleArea(T base, T height)
{
    double result;

    result = base * height * 0.5;

    return (T)result;
}
}

#endif // MATHLIBRARY_H_INCLUDED
```

Listing 33.5: Eine statische Bibliothek erstellen

Wie Sie sehen, ist dies eine portable Form der Mathematik-Bibliothek, die wir im Abschnitt *Ein einfaches Mathematik-Template erstellen* vorgestellt haben. Natürlich hat sich die Form ein wenig geändert. Sie haben hier die üblichen `#define`-Anweisungen und Sie nutzen einen Namensraum, um den Code zu kapseln.

Setzen Sie Ihre Bibliothek ein

Jetzt haben Sie eine schicke, neue Bibliothek, da ist es doch genau der richtige Zeitpunkt, sie zu testen. Die Konsolen-Anwendung `MathLibraryTest` nutzt `MathLibrary`, um ein paar Flächenberechnungen durchzuführen. Die Ausgabe ist die gleiche wie im Abschnitt *Ein einfaches Mathematik-Template erstellen* weiter oben. Listing 33.6 zeigt den Testcode, den wir dafür genutzt haben.

```
#include <iostream>
#include "..\MathLibrary\MathLibrary.h"

using namespace std;
using namespace MyNamespace;

int main()
{
    cout << "4x4-Flächen:" << endl;
    cout << "Quadrat: " << Area<int>(4, 4) << endl;
    cout << "Kreis: " << CircleArea<int>(2) << endl;
    cout << "Dreieck: " << TriangleArea<int>(4, 4) << endl;
    cout << "Der Wert von Pi ist: " << PI << endl;
    return 0;
}
```

Listing 33.6: Der Test für die statische Bibliothek

Nutzen Sie Ihre eigenen Bibliotheken, müssen Sie dem Compiler mitteilen, wo er sie findet. Da es sehr wahrscheinlich ist, dass Sie die Beispiel-Bibliothek im gleichen übergeordneten Ordner wie die Testanwendung erstellt haben, können Sie den einfachen Pfad aus Listing 33.6 einsetzen.

Da die Bibliothek einen Namensraum nutzt, müssen Sie im Beispielcode die Zeile `using namespace MyNamespace;` verwenden. Denn ansonsten werden Sie Stunden damit verbringen, herauszufinden, warum der Compiler die Templates nicht in Ihrer Bibliothek findet. Aber abgesehen davon verwenden Sie die Bibliothek fast genauso wie bei den bisherigen Beispielen.

Boost erforschen

In diesem Kapitel

▷ Finden Sie heraus, wie Ihnen Boost helfen kann

▷ Bekommen und installieren Sie Boost

▷ Bauen Sie Ihre erste Anwendung mit Boost

▷ Erstellen Sie die Boost-Tools

▷ Interagieren Sie mit Boost.Build

▷ Verwenden Sie Boost Regression

▷ Arbeiten Sie mit dem Boost-Inspect-Tool

▷ Setzen Sie das Dokumentenformat BoostBook ein

▷ Interagieren Sie mit dem Boost-QuickBook-Add-on

▷ Arbeiten Sie mit dem Boost-bcp-Tool

▷ Arbeiten Sie mit dem Boost-Wave-Tool

---

*W*enn sich Ihre C++-Fertigkeiten verbessern, werden Sie feststellen, dass Sie weitere Funktionalität benötigen, die die Standardbibliothek oder die Standard Template Library (STL) nicht mitbringen. Darüber hinaus gibt es Bibliotheken von dritter Seite. Eine der beliebtesten C++-Bibliotheken ist Boost, die Thema dieses und des nächsten Kapitels sein soll.

Zwei Kapitel eines Buches können natürlich nicht als vollständige Referenz einer ganzen Bibliothek dienen – insbesondere dann nicht, wenn es um den ganzen Satz von Bibliotheken geht, aus denen Boost aufgebaut ist. Dieses Kapitel verfolgt ein anderes Ziel: Es stellt Ihnen Boost vor und zeigt, warum es Ihnen bei der Entwicklung helfen kann. Zudem erfahren Sie hier, wie Sie sich Boost organisieren und es installieren, was für Tools es mitbringt und wie Sie Ihre erste Anwendung damit schreiben. Im folgenden Kapitel geht es darum, wie Sie mit Boost ein paar interessante Anwendungen entwickeln können. Kurz: Diese beiden Kapitel bieten Ihnen zusammen einen Überblick über eine Bibliothek, mit der Sie sich auf jeden Fall intensiver beschäftigen sollten.

 Bibliotheken sind letztendlich nur Sammelstellen für Code. Insofern kann Ihnen jede Bibliothek dabei helfen, Anwendungen schneller und mit weniger Fehlern zu schreiben. Aber nicht alle Bibliotheken werden mit der gleichen Sorgfalt und Qualität erstellt. Viele Entwickler nutzen die Boost-Bibliotheken, weil sie hochwertigen Code enthalten – so hochwertig, dass Teile davon für die Aufnahme in die C++-Standardbibliothek standardisiert wurden. Wählen Sie also Ihre Bibliotheken sorgfältig aus und schauen Sie sowohl auf die Qualität als auch auf den Preis (sofern der entscheidend ist).

Boost verstehen

Einer der größten Vorteile von Boost ist, dass die Bibliothek selbst kostenlos ist. Die Boost-Website http://www.boost.org/ weist explizit darauf hin, dass Entwickler für Boost nicht zahlen müssen, auch nicht in einer kommerziellen Umgebung. Sie sollten Boost nun herunterladen, bevor Sie mit dem Rest des Kapitels fortfahren. Zudem sollten Sie sich den »Getting Started«-Text durchlesen, sodass Sie wissen, wie Sie die Installation auf Ihrer Plattform durchführen müssen. Es gibt eine ganze Reihe von Personen und Organisationen, die zu Boost etwas beitragen, unter anderem:

✔ Open Systems Lab an der Indiana University

✔ SourceForge

✔ Boost Consulting

✔ MetaCommunications

✔ Einzelpersonen, Firmen und andere Gruppen, die Regressionstests laufen lassen

 Nicht alles an Boost ist kostenlos. Benötigen Sie professionellen Support, müssen Sie dafür bezahlen – so wie bei jedem anderen Produkt. Nur die Bibliothek selbst ist kostenlos. Die folgenden Abschnitte beschreiben einige der Details von Boost.

Features von Boost

Vielleicht können Sie sich gar nicht vorstellen, dass Boost so umfassend ist, wenn es doch nichts kostet. Aber zu Boost gehören tatsächlich so viele Features, dass der normale Entwickler gar keine Gelegenheit dazu hat, sie alle einzusetzen. Sehr wahrscheinlich nutzen Sie übrigens eine Anwendung, die Boost nutzt –Adobe Acrobat. Ganz recht, große Anwendungen verwenden Boost, weil es eine umfassende Entwicklungsbibliothek ist. Es gibt sogar eine umfassende Liste mit Anwendungen unter http://www.boost.org/users/uses.html (wählen Sie einfach eine der Kategorien aus, zum Beispiel »Shrink Wrapped Boost«, um die Anwendungen in dieser Kategorie aufgeführt zu bekommen).

Die aktuelle Version von Boost besteht aus ungefähr einhundert Bibliotheken, die in verschiedene Kategorien eingeteilt sind und unglaublich viele Bedürfnisse abdecken (und es kommen immer wieder Bibliotheken hinzu). Manchmal brauchen Sie nur Boost, um all Ihre Wünsche zu erfüllen. Da sich diese Bibliotheken alle an gewisse Vorgaben halten, werden Sie nie das Problem haben, dass Sie in der einen Bibliothek eine Funktion auf die eine Weise aufrufen müssen, während dies in einer anderen anders funktioniert.

Achten Sie darauf, dass Ihr Compiler unterstützt wird

Boost fügt immer wieder neue Bibliotheken und Funktionen hinzu. Damit das möglich ist, müssen die Entwickler hinter Boost manchmal schwere Entscheidungen treffen. Eine der schwersten ist, ob sie weiter ältere Compiler unterstützen (und dafür Neuentwicklungen aufhalten) oder ob sie diese fallen lassen, um Boost besser zu machen.

Boost 1.58.0 ist beim Schreiben dieser Zeilen die aktuelle Version. Die ältesten unterstützten Compiler sind seit der Version 1.55.0 Digital Mars 8.41, GCC 3.3, Intel 6.0 und Visual C++ 7.1. Zudem wird überlegt, die Unterstützung für Metroworks C++, SunPro 5.7 (und älter) sowie Borland C++ Builder 2006 (und älter) aufzugeben, aber das ist noch nicht entschieden. Nutzen Sie die Beispiele in diesem Kapitel mit einem nicht unterstützten Compiler, werden sie also sehr wahrscheinlich nicht funktionieren. Solche Informationen finden Sie auf der Hauptseite von Boost (http://www.boost.org/) im News-Bereich. Wollen Sie Boost intensiv einsetzen, lohnt es sich, deren RSS-Feed zu abonnieren, um immer auf dem neuesten Stand zu sein.

Neben den Boost-spezifischen Informationen können Sie auch einen Blick auf mein Blog unter http://blog.johnmuellerbooks.com/category/technical/c-all-in-one-for-dummies/ werfen. Dort werde ich (englischsprachige) Informationen rund um C++ und das Buch vorstellen, zudem gehe ich dort auch auf die Auswirkungen von Boost-Updates auf die Beispiele ein.

Neben den Bibliotheken bringt Boost auch noch eine Reihe von Tools mit, die das Entwickeln angenehmer gestalten können. Ein Großteil dieses Kapitels dreht sich um diese spezialisierten Tools. Sie erhalten den vollständigen Quellcode für diese Tools, daher können Sie Versionen davon für jede Plattform in Ihrem Unternehmen bauen und jeder Entwickler kann das gleiche Toolset einsetzen. Dadurch verringert sich der Trainingsaufwand und die Entwicklungsergebnisse werden konsistenter.

Lizenzen

Die Boost-Lizenz ist gegenüber Einzelpersonen, Beratern und Organisationen sehr entgegenkommend. Auch wenn Sie in einem Unternehmen tätig sind, können Sie Boost kostenlos einsetzen. Die Entwickler hinter Boost sind in Bezug auf rechtliche Fragen daran interessiert, dass jeder die Lizenz versteht. Die aktuelle Lizenz finden Sie unter http://www.boost.org/users/license.html.

Die Boost-Lizenz und die GNU General Public License (GPL) unterscheiden sich in einigen wichtigen Punkten. Der wichtigste (als Unternehmen) ist, dass Sie Änderungen an den Bibliotheken vornehmen dürfen, ohne diese wiederum jedem frei zur Verfügung stellen zu müssen. Sie dürfen Ihren Quellcode geheim halten, was für Firmen, die kommerzielle Anwendungen schreiben, sehr wichtig ist.

Bezahlter Support

Arbeiten Sie mit Boost, erhalten Sie Zugriff auf den Quellcode und bekommen Unterstützung aus der Community. Für manche Firmen ist ein fehlender formaler Support ein Problem. Glücklicherweise können Sie aber bezahlten Support von BoostPro Computing erhalten (`https://github.com/boostpro`). Und BoostPro Computing bietet zudem ein offizielles Training für den Einsatz von Boost, sodass Ihre Firma schnell Erfolge vorweisen kann. Weitere Firmen, die Boost-Support leisten, finden Sie unter `http://www.boost.org/support/index.html`.

Boost herunterladen und für Code::Blocks installieren

Bevor Sie Boost nutzen können, müssen Sie es herunterladen. Die Beispiele in diesem Kapitel bauen auf Version 1.55.0 der Bibliothek auf, die Sie über `http://www.boost.org/users/history/version_1_55_0.html` erhalten. Die gesamte Boost-Bibliothek ist 99 MB groß (im `.zip`-Format). Es gibt Versionen für Windows und Unix (das Sie sowohl für den Mac als auch für Linux verwenden können).

Die Dokumentation zu Boost befindet sich in einem eigenen Download, den Sie über `http://sourceforge.net/projects/boost/files/boost-docs/1.55.0/` erhalten.

Boost für den Visual-Studio-Entwickler

Boost arbeitet mit einer Vielzahl von Entwicklerprodukten zusammen, daher sollten Sie gar nicht erst auf die Idee kommen, dass es mit Visual Studio nicht funktioniert, nur weil wir hier mit Code::Blocks arbeiten. Tatsächlich gibt es dafür sogar spezielle Unterstützung.

Visual-Studio-Entwickler finden ihre Entwicklungsumgebung häufig schon komplex genug, sodass es schwer erscheint, Boost darin sauber unterzubringen. BoostPro Computing bietet dafür den BoostPro Installer (`https://github.com/boostpro/installer`). Laden Sie ihn herunter und folgen Sie den Anweisungen auf der Website, um eine bessere Boost-Einbindung in Visual Studio zu erhalten.

Packen Sie Boost aus

Nachdem Sie Boost heruntergeladen haben, müssen Sie die Datei (`boost_1_55_0.zip`) zuerst auspacken. Nutzen Sie Code::Blocks, sollten Sie dies in `\CodeBlocks\boost_1_55_0\` tun, um besser darauf zugreifen zu können. Die Dokumentation nennt den Ordner `boost_1_55_0\` häufig das Boost Root Directory oder `%BOOST_ROOT`.

Entpacken Sie die ZIP-Datei, erhalten Sie folgende Ordner (von denen manche, zum Beispiel lib\, leer sein werden):

✔ **boost\:** Enthält alle Headerdateien von Boost.

✔ **doc\:** Hier finden Sie einen Teil der Boost-Dokumentation. Wollen Sie eine vollständige Version haben, müssen Sie entweder die getrennt vorliegende Dokumentation herunterladen oder direkt auf die Webseite wechseln.

✔ **lib\:** Enthält alle für Boost vorkompilierten Bibliotheken, nachdem Sie sie gebaut haben. Beim Auspacken von Boost ist er leer (oder gar nicht vorhanden).

✔ **libs\:** Stellt als Root-Ordner die Ausgangsbasis für die Bibliotheks-Header dar.

- **libs\accumulators\:** Enthält eine Bibliothek mit Funktionen zur inkrementellen Statistik. Zudem nutzen Sie diese Bibliothek allgemein für inkrementelle Berechnungen.

- **libs\algorithm\:** Enthält Algorithmen, die auf der String-Funktionalität aus der Standardbibliothek aufbauen. Diese Algorithmen bieten die Möglichkeit des Trimmens (also Leerzeichen am Anfang und/oder Ende eines Strings abschneiden), der Umwandlung von Groß- und Kleinschreibung, von Prädikaten und dem Suchen und Ersetzen. Auch gibt es eine min/max-Bibliothek, mit der Sie (unter anderem) das Minimum oder Maximum eines Ausdrucks in einem einzelnen Aufruf ermitteln können.

- **libs\any\:** Hier finden Sie eine Bibliothek, mit deren Hilfe Sie mit Variablen wie in einer Skriptsprache interagieren können. Sie brauchen diese Fähigkeiten eher selten, aber sie sind sehr praktisch, wenn Sie zum Beispiel mit einem einfachen `lexical_cast` zwischen `int` und `string` umwandeln wollen.

- **libs\array\:** Bietet eine Erweiterung der `array`-Funktionalität, sodass Sie ein paar der Vorteile eines `vector` nutzen können, ohne dessen Performance-Nachteile ertragen zu müssen.

- **Viele weitere Bibliotheken:** Boost enthält über einhundert Bibliotheken. Schauen Sie sich in Ruhe um.

✔ **more\:** Hier finden Sie Richtlinien und andere wichtige Dokumente. Das wichtigste ist `getting_started.html`, das grundlegende Informationen für den Start von Boost enthält. Die Datei `index.htm` bietet Zugriff auf allgemeine Informationen rund um Boost, wie zum Beispiel die Lizensierungs-Policy.

✔ **status\:** In diesem Verzeichnis finden Sie eine Testsuite für das gesamte Boost-Universum. Normalerweise brauchen Sie den Inhalt dieses Ordners nur dann, wenn Sie vorhaben, Boost um eigene Funktionalität zu erweitern.

✔ **tools\:** Enthält eine Reihe von Tools, die Sie bei der Arbeit mit Boost einsetzen. Ein Großteil dieses Kapitels dreht sich um diese Tools. Vor ihrem ersten Einsatz müssen Sie sie aber bauen. Jeder Ordner enthält alle dafür nötigen Anweisungen, aber wir werden weiter unten auch noch darauf eingehen.

Setzen Sie die Header-Only-Bibliotheken ein

Unabhängig von der Plattform, auf der Sie arbeiten, sind die Header-Only-Bibliotheken direkt nach dem Auspacken einsatzbereit. Diese Bibliotheken finden Sie im Verzeichnis `boost_1_55_0\boost\`. Jede Bibliothek hat ihr eigenes Unterverzeichnis und Sie sprechen sie über die Headerdatei an. Boost 1.55.0 unterstützt 97 verschiedene Header-Only-Bibliotheken, die alle möglichen Themen abdecken, zum Beispiel inkrementelle statische Berechnungen. (Dieser Bereich wird durch die Accumulators-Bibliothek behandelt, die im Unterverzeichnis `accumulators\` zu finden ist.)

Der reine Zugriff auf die Bibliothek wird Ihnen im Allgemeinen nicht helfen, denn Sie müssen ja auch noch wissen, *wie* Sie sie einsetzen. Die Leute bei Boost geben sich aber alle Mühe, eine gute Dokumentation mitzuliefern. Schauen Sie sich im Verzeichnis `boost_1_55_0\libs\` um, finden Sie dort ebenfalls Unterverzeichnisse für die Bibliotheken, zum Beispiel auch `accumulators\`. Jedes dieser Unterverzeichnisse enthält wieder selbst mindestens drei weitere Unterverzeichnisse:

✔ **doc**: Die Dokumentation zur Bibliothek. Sie erreichen sie über die Datei `index.htm`. Die Dokumentation zu Boost an sich finden Sie über die Datei `libraries.htm` im Verzeichnis `boost_1_55_0\libs\`.

✔ **example**: Eine mehr oder weniger einfache Anwendung, die den Einsatz der Bibliothek zeigt. (Das Beispiel soll dabei sowohl die Anwendung als auch die Funktionalität demonstrieren, daher haben komplexere Bibliotheken auch größere Beispiele.) Manche Bibliotheken bringen mehrere Beispiele mit, um die gesamte Funktionalität zeigen zu können.

✔ **test**: Eine Testsuite, mit der Sie überprüfen können, ob von Ihnen vorgenommene Änderungen an Boost die Bibliothek am Leben gelassen haben oder ob dadurch unerwartete Nebeneffekte auftreten.

Abhängig von den Anforderungen der Bibliothek finden Sie eventuell noch weitere Unterverzeichnisse, die andere Informationen oder Ressourcen enthalten – zum Beispiel weitere Tools. Manche der Bibliotheken müssen erst vorbereitet werden, bevor Sie sie einsetzen können. Der nächste Abschnitt beschreibt den Build-Prozess, sodass Sie eine vollständige Boost-Installation erhalten. Bauen Sie auf jeden Fall die Bibliotheken, bevor Sie fortfahren.

Bauen Sie die Bibliotheken

Die Boost-Bibliothek nutzt vor allem Header-Code. Das bedeutet, dass alleine durch das Einbinden des Headers in Ihren Code alles vorhanden ist, was Sie von Boost benötigen. Es gibt zu dieser Regel aber ein paar Ausnahmen:

✔ Boost.Chrono

✔ Boost.Context

✔ Boost.Filesystem

✔ Boost.GraphParallel

✔ Boost.IOStreams

✔ Boost.Locale

✔ Boost.MPI

✔ Boost.ProgramOptions

✔ Boost.Python (Schauen Sie sich dazu die Boost.Python-Build-Dokumentation an, bevor Sie die Bibliothek bauen.)

✔ Boost.Regex

✔ Boost.Serialization

✔ Boost.Signals

✔ Boost.System

✔ Boost.Thread

✔ Boost.Timer

✔ Boost.Wave

 Haben Sie ältere Versionen von Boost genutzt, können Sie all Ihr Wissen über das Bauen der Bibliotheken über Bord werfen – seit 1.55.0 hat sich der Prozess geändert. Er ist jetzt auf allen Plattformen gleich, allerdings leider nicht schneller. (Aber Boost ist ja auch sehr groß.)

Die folgenden Schritte helfen Ihnen dabei, die Bibliotheken zu bauen und eine zentrale Stelle für Informationen aufzubauen. Diese Schritte gehen davon aus, dass Sie als IDE Code::Blocks nutzen und dass Sie es nach der Anleitung in Kapitel 1 installiert haben. Eventuell müssen Sie etwas anderes vorgeben, wenn Sie bei der Installation davon abgewichen sind oder eine andere IDE nutzen.

1. Öffnen Sie mit den für Ihre Plattform passenden Mitteln eine Befehlszeile oder ein Terminal-Fenster.

Unter Windows wählen Sie zum Beispiel START|PROGRAMME|ZUBEHÖR und wählen dort die EINGABEAUFFORDERUNG. Auf einem Mac wechseln Sie in den Ordner /Programme/Dienst-programme und klicken dort doppelt auf TERMINAL. Unter Linux hängt es von der Distribution ab, wo Sie das Terminal finden.

2. Geben Sie cd /CodeBlocks/boost_1_55_0 ein und drücken Sie [←].

Sie wechseln in das Boost-Verzeichnis.

3. (Optional:) Haben Sie den Pfad zum CodeBlocks-Compiler an der Befehlszeile oder im Terminal noch nicht angelegt, erstellen Sie ihn jetzt.

Unter Windows geben Sie zum Beispiel path = c:\CodeBlocks\MinGW\bin;%path% ein und drücken [←].

4. Geben Sie `bootstrap gcc` ein und drücken Sie ⏎**.**

Sie erhalten für ein paar Sekunden die Meldung »Building Boost.Build engine«. Ist diese fertig, erhalten Sie weitere Informationen zum Einsatz des so entstandenen b2-Befehls.

5. Geben Sie `b2 -toolset=gcc` ein und drücken Sie ⏎**.**

Holen Sie sich eine Tasse Kaffee. Der Installationsprozess benötigt je nach System 5 bis 20 Minuten. Dabei wird Boost mit den Standardoptionen und im Standardverzeichnis installiert. Unter Windows ist das zum Beispiel `c:\Boost`, unter Mac und auf den meisten Linux-Systemen `/usr/local/Boost`. Ist der Prozess abgeschlossen, finden Sie im neuen Boost-Ordner alle für Ihr System angepassten Header- und Bibliotheksdateien.

Testen Sie die Installation

Sie sollten jetzt die entpackten Boost-Dateien in einem Verzeichnis unter Ihrer Code::Blocks-Installation sowie einen Satz gebauter Bibliotheken im Boost-Verzeichnis (wo auch immer das auf Ihrem System ist) besitzen. Vielleicht glauben Sie, dass Sie eines von beiden auch wieder löschen können, aber das ist nicht der Fall. Die ausgepackten Dateien enthalten Dokumentation und Beispielcode, der nicht Teil der gebauten Bibliotheken ist. Mit den folgenden Schritten können Sie Ihre Installation testen, indem Sie die Boost.Timer-Bibliothek bauen, die auf beiden Dateibereichen basiert. (Mit einer angepassten Version dieser Schritte können Sie auch andere Bibliotheken bauen.)

1. Wechseln Sie auf Ihrem System in den Ordner `\CodeBlocks\boost_1_55_0\libs\regex\example\timer`.

2. Klicken Sie doppelt auf die Datei `regex_timer.cpp`.

Code::Blocks öffnet automatisch die Datei. Versuchen Sie, die Datei einfach zu kompilieren, wird Code::Blocks eine ganze Menge Fehler anzeigen. Das liegt nicht am Code, sondern an der Konfiguration. Denn Code::Blocks muss erst angepasst werden, damit sich das Beispiel kompilieren lässt.

3. Wählen Sie SETTINGS|COMPILER.

Sie erhalten das COMPILER SETTINGS-Fenster aus Abbildung 34.1. Hier müssen Sie drei Einstellungen vornehmen, damit das Beispiel einsetzbar ist:

- Teilen Sie Code::Blocks mit, wo es die Include- beziehungsweise Headerdateien von Boost findet.

- Teilen Sie Code::Blocks mit, wo es die Boost-Bibliotheksdateien findet.

- Passen Sie Code::Blocks so an, dass die erforderlichen Bibliotheken zur Anwendung hinzugefügt werden.

4. Wechseln Sie zum Tab SEARCH DIRECTORIES.

Sie sehen drei Unter-Tabs: COMPILER, LINKER und RESOURCE COMPILER.

5. Klicken Sie im Unter-Tab COMPILER auf ADD.

Sie erhalten das Fenster ADD DIRECTORY (siehe Abbildung 34.2).

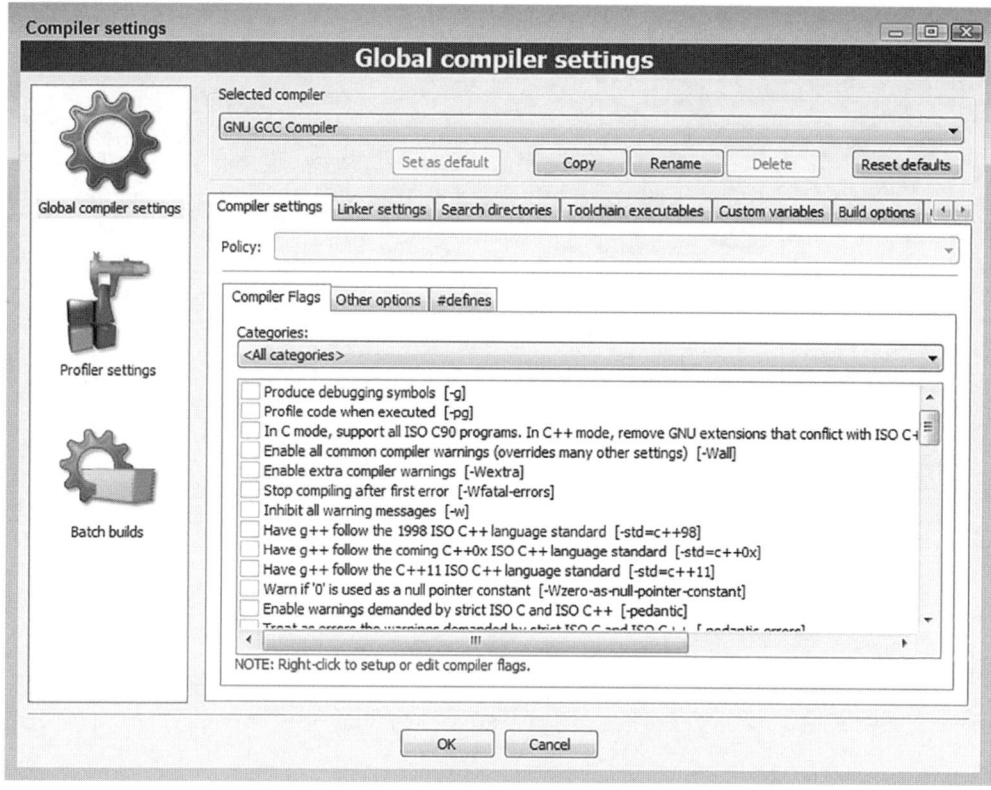

Abbildung 34.1: In den Compiler-Einstellungen passen Sie Code::Blocks so an, dass Sie Boost nutzen können.

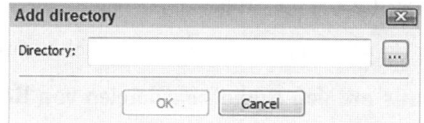

Abbildung 34.2: Fügen Sie passende Such-Verzeichnisse für die Header- und Bibliotheksdateien von Boost hinzu.

6. Geben Sie das Verzeichnis mit den Boost-Headerdateien an.

Alternativ können Sie auf den Button mit den drei Punkten klicken, um das Verzeichnis auszuwählen. Die Dateien befinden sich normalerweise in `\Boost\include\ boost-1_55`.

7. Klicken Sie auf OK.

Der Such-Ordner ist jetzt im COMPILER-Tab hinzugefügt worden (siehe Abbildung 34.3).

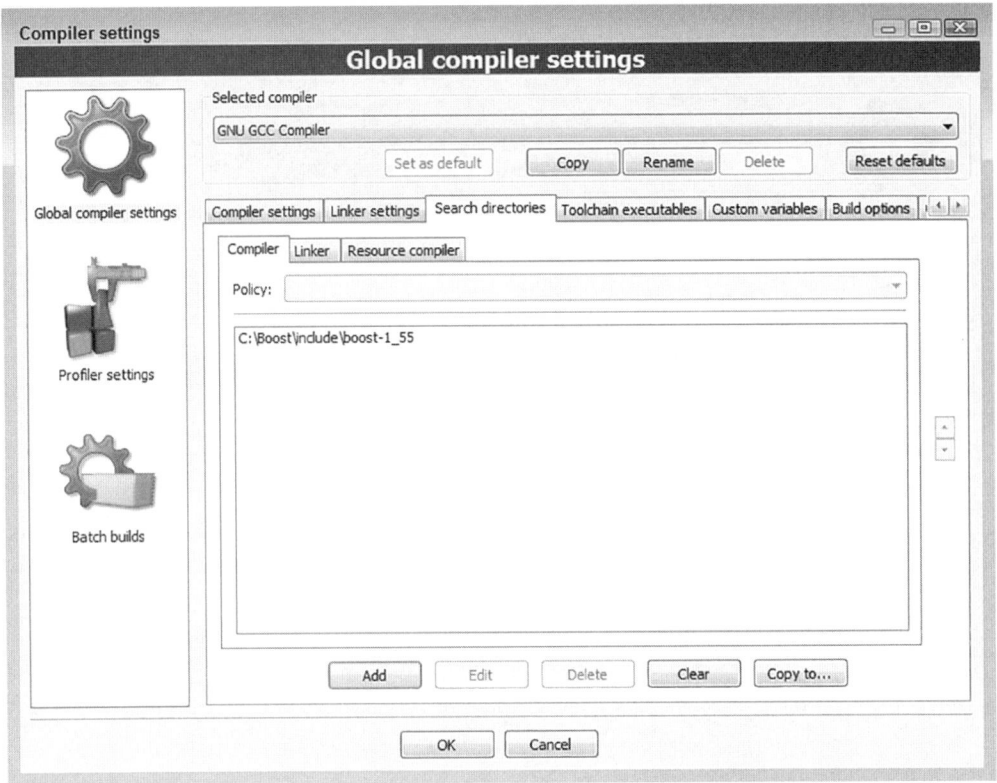

Abbildung 34.3: Im Tab SEARCH DIRECTORIES werden alle zu durchsuchenden Verzeichnisse für Compiler, Linker oder Ressourcen angezeigt.

8. Klicken Sie im Unter-Tab LINKER auf ADD.

Sie erhalten erneut das Fenster ADD DIRECTORY (siehe Abbildung 34.2).

9. Geben Sie das Verzeichnis mit den Bibliotheksdateien von Boost an und klicken Sie auf OK.

Diese Dateien befinden sich normalerweise im Verzeichnis \Boost\lib. Nachdem Sie auf OK geklickt haben, ist das Verzeichnis im Linker-Tab eingetragen.

10. Wählen Sie den Tab LINKER SETTINGS.

Dieser Tab enthält zwei Listen – eine für Link-Bibliotheken und eine für Linker-Optionen.

11. Klicken Sie auf ADD.

Code::Blocks zeigt das Fenster ADD LIBRARY an (siehe Abbildung 34.4). Für dieses Beispiel wird die Datei libboost_regex_mgw47-mt-1_55.a benötigt.

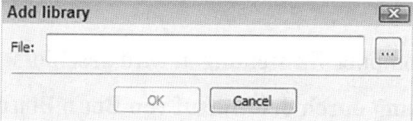

Abbildung 34.4: Für dieses Beispiel benötigen wir eine spezielle Bibliothek.

12. Geben Sie den Pfad zur Bibliothek an.

Die Bibliothek `libboost_regex_mgw47-mt-1_55.a` befindet sich normalerweise im Verzeichnis `\Boost\lib`. Alternativ können Sie die Datei auch auswählen, indem Sie auf den Button mit den drei Punkten klicken.

13. Klicken Sie auf OK.

Die Bibliotheksdatei wurde der Link libraries-Liste hinzugefügt (siehe Abbildung 34.5).

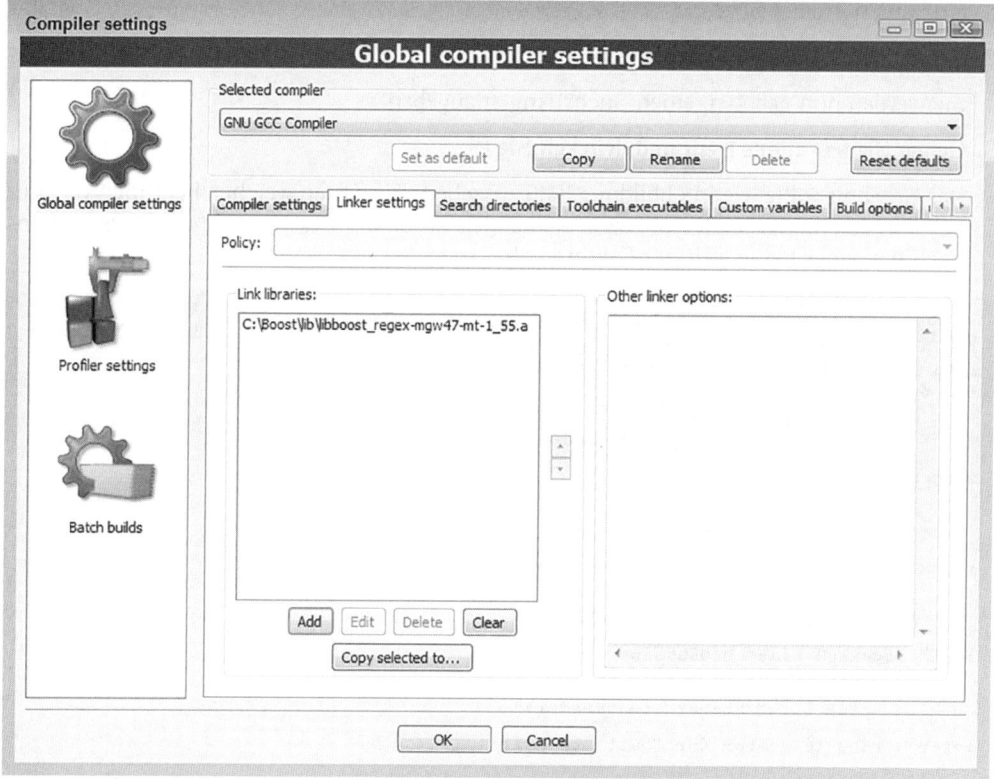

Abbildung 34.5: Die benötigte Datei findet sich nun in der Liste Link libraries.

14. Klicken Sie auf OK.

Das Fenster mit den Compiler-Einstellungen wird geschlossen.

15. Bauen Sie die Anwendung durch den Aufruf von Build|Build.

Die Anwendung sollte nun ohne Warnungen oder Fehlermeldungen gebaut werden. Erhalten Sie trotzdem welche, kontrollieren Sie, ob Sie die Pfade für Header- und Bibliotheksdateien sowie die erforderliche Bibliothek hinzugefügt haben.

Jetzt sollten Sie eine schicke, neue Anwendung zum Ausprobieren haben. Dabei handelt es sich um eine Beispiel-Anwendung, die bei Boost mitgeliefert wird und die zeigt, wie man mit regulären Ausdrücken arbeitet. (Hier dient sie dazu, zu testen, ob die Entwicklungsumgebung richtig eingerichtet wurde.) Jetzt ist es an der Zeit, die Anwendung in Aktion zu erleben.

1. Klicken Sie auf Run.

Das Beispiel wird gestartet. Sie werden gebeten, einen Ausdruck einzugeben. Hier tut es ein ganz normaler String.

2. Geben Sie Hi ein und drücken Sie ⏎.

Sie werden nun gebeten, einen Suchstring anzugeben.

3. Geben Sie Hi there! ein und drücken Sie ⏎.

Das Ergebnis sollte wie in Abbildung 34.6 aussehen. Die Zeiten weichen bei Ihnen vermutlich von den hier gezeigten ab, denn sie hängen neben der Geschwindigkeit Ihres Systems noch von einer Reihe weiterer Faktoren ab.

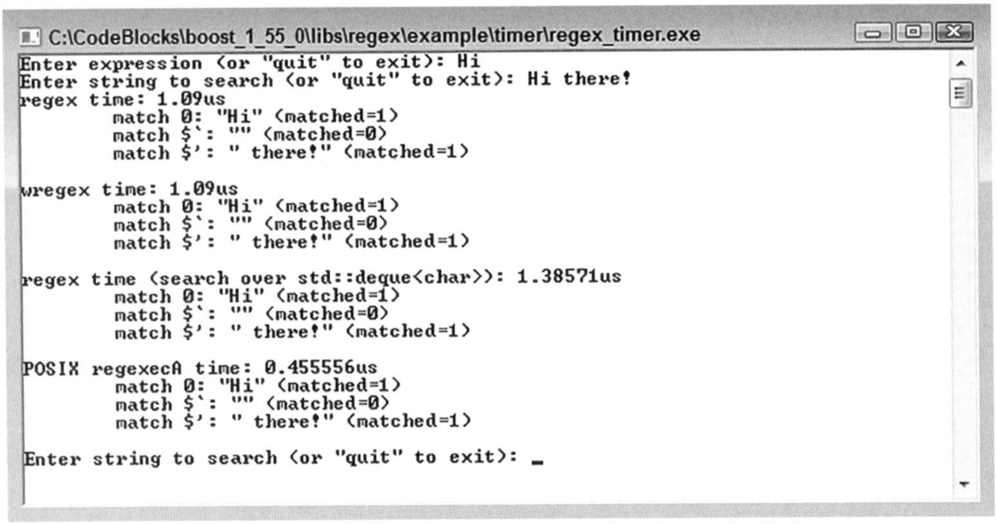

Abbildung 34.6: Das Beispiel gibt das Ergebnis der Suche aus.

4. **Geben Sie** quit **ein und drücken Sie** ↵ **.**

5. **Geben Sie ein zweites Mal** quit **ein und drücken Sie zwei Mal** ↵ **.**

Die Anwendung ist beendet. Jetzt wissen Sie, wie Sie Boost-Anwendungen auf Ihrem System erstellen, bauen und einsetzen können. Schließen Sie Code::Blocks, ohne irgendetwas zu speichern.

Bauen Sie Ihre erste Boost-Anwendung mit DateTime

Jetzt wollen wir einmal die Boost-Bibliothek für etwas eigenes Interessantes einsetzen. Dieser Abschnitt stellt ein einfaches Beispiel für den Umgang mit Datum und Uhrzeit vor, das Sie ohne Boost nur aufwendig umsetzen könnten. Zudem werden Sie den Umgang mit ein paar interessanten Setup-Anforderungen kennenlernen, die auch beim Einsatz anderer Bibliotheken von dritter Seite nützlich sind.

Wie immer beginnt dieses Beispiel mit einer Konsolen-Anwendung. Dieses Beispiel nutzt den Namen FirstBoost. Nach dem Erstellen der Anwendung (das wie bei allen anderen Anwendungen in diesem Buch abläuft) folgen noch diese Schritte:

1. **Wählen Sie** PROJECT|BUILD OPTIONS **und wählen Sie das Tab** SEARCH DIRECTORIES **aus.**

Sie erhalten das Fenster PROJECT BUILD OPTIONS.

2. **Markieren Sie links** FIRSTBOOST **und klicken Sie auf** ADD.

Code::Blocks zeigt das Fenster ADD DIRECTORY an (siehe Abbildung 34.7).

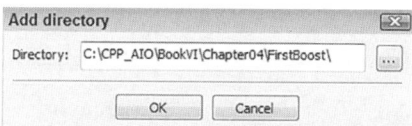

Abbildung 34.7: Wählen Sie das Verzeichnis mit der Boost-Bibliothek aus.

3. **Klicken Sie auf den Button mit den drei Punkten, um das Fenster** BROWSE FOR FOLDER **zu öffnen, und markieren Sie auf Ihrer Festplatte den Ordner** \CodeBlocks\-boost_1_55_0. **Klicken Sie dann auf OK.**

Es erscheint ein Fenster, in dem Sie gefragt werden, ob Sie den Eintrag als relativen Pfad nutzen wollen. Solch ein *relativer Pfad* gibt eine Position im Verzeichnisbaum ausgehend vom aktuellen Ort aus an. Die Alternative ist ein *absoluter Pfad*, der eine Position ausgehend vom Wurzelverzeichnis der Festplatte definiert. In den meisten Fällen ist die Gefahr für ein falsch angegebenes Verzeichnis bei absoluten Pfaden geringer.

4. **Klicken Sie auf** No.

Code::Blocks trägt den ausgewählten Ordner im Fenster ADD DIRECTORY ein.

5. Klicken Sie auf OK.

Der Ordner zur Boost-Bibliothek ist jetzt wie in Abbildung 34.8 eingetragen. (Ihr Pfad kann anders aussehen, wenn Sie eine andere Plattform verwenden oder Boost bei Ihnen anders installiert wurde.) Wenn Sie nicht den korrekten Pfad ausgewählt haben, wird der Compiler die Boost-Bibliothek nicht finden oder die Header lassen sich nicht kompilieren, weil sie an die falsche Position auf der Festplatte zeigen.

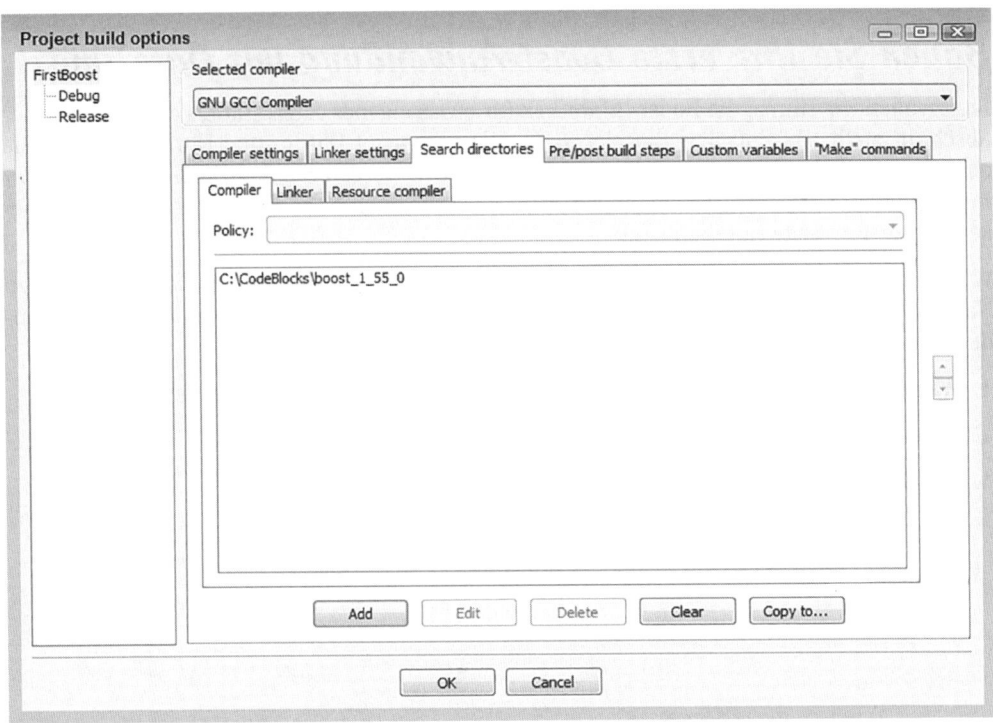

Abbildung 34.8: Richten Sie die Entwicklungsumgebung für den Einsatz von Boost ein.

6. Klicken Sie auf OK.

Die Anwendungsumgebung kann nun die Boost-Bibliothek einsetzen.

Jetzt ist die Umgebung konfiguriert und Sie können mit Boost arbeiten. In Listing 34.1 finden Sie ein Beispiel für die Arbeit mit Zeit und Datum, das die aktuelle Uhrzeit und dann eine veränderte Zeit mit Datum ausgibt.

```
#include <iostream>
#include "boost/date_time/posix_time/posix_time.hpp"

using namespace std;
using namespace boost::posix_time;
using namespace boost::gregorian;
```

```
int main()
{
    // Aktuelles Datum und Uhrzeit ermitteln.
    ptime Now = second_clock::local_time();
    cout << Now << endl;

    // Datum holen und auf Morgen setzen.
    date TheDate = Now.date() + days(1);

    // Zeit holen und auf +1 Stunde setzen.
    time_duration TheHour = Now.time_of_day() + hours(1);

    // Neue Datum/Uhrzeit-Kombi erstellen und ausgeben.
    ptime NewDateTime = ptime(TheDate, TheHour);
    cout << NewDateTime << endl;

    return 0;
}
```

Listing 34.1: Mit Boost ein einfaches Beispiel für Datum und Uhrzeit erstellen

Wie bei jeder anderen Ergänzung müssen Sie die passenden Bibliotheksdateien mit aufnehmen. Beachten Sie, dass Boost-Header die Erweiterung .hpp tragen, wodurch sie nicht so einfach mit anderen Header-Typen verwechselt werden können. Um zu definieren, was als Pfad zu Ihrer Bibliothek mit aufgenommen werden soll, schauen Sie sich einfach die Hierarchie im Windows-Explorer an. Suchen Sie nach der gewünschten .hpp-Datei und kopieren Sie diese Information aus der Adresszeile.

 Boost nutzt Namensräume für jede Bibliothek. In diesem Fall finden sich die Klassen ptime und time_duration im Namensraum boost::posix_time, während die Klasse date in boost::gregorian zu finden ist. Lässt sich Ihre Anwendung nicht kompilieren, bedeutet das meist, dass Sie einen Namensraum vergessen haben und Sie schauen müssen, wo die von Ihnen genutzten Klassen zu finden sind.

Im Anwendungscode wird zuerst eine Variable Now erstellt, die die aktuelle Uhrzeit aus second_clock::local_time() ermittelt. Dann wird die aktuelle Zeit ausgegeben. Die Klasse ptime besitzt Methoden für die Interaktion mit jedem Zeitelement: Jahre, Monate, Tage, Stunden, Minuten, Sekunden und so weiter. Das Beispiel zeigt ein paar Einsätze der Funktionen. Wenn Sie diese Anwendung laufen lassen, wird als zweiter Zeitpunkt ein Tag plus eine Stunde in der Zukunft ausgegeben.

Die Boost-Tools erstellen

Es ist immer schön, wenn ein Hersteller Werkzeuge mitliefert, die die Arbeit mit einem Produkt vereinfachen. Boost ist da keine Ausnahme. Sie finden diese Tools im Verzeichnis `boost_1_55_0\tools\`. Die folgenden Abschnitte beschreiben einige der Tools genauer, aber hier wollen wir Ihnen schon einmal einen Überblick geben:

✔ **Boost.Build:** Mit diesem Tool können Sie einfacher Anwendungen bauen, die Boost nutzen, indem Sie einige der dazu nötigen Schritte an der Befehlszeile automatisieren. Dieses Produkt ist tatsächlich ein Add-on für eine aktualisierte Version von Boost.Jam, das als eigenständiges Produkt auftrat. (Tatsächlich können Sie es immer noch erhalten, wenn Sie `http://www.boost.org/doc/libs/1_31_0/tools/build/jam_src/index.html` aufrufen, aber es ist vermutlich besser, Sie nutzen stattdessen das einfacher zu bedienende Boost.Build.)

✔ **Regression:** Führt Regressionstest mit Ihrer Boost-Konfiguration durch und liefert Berichte, in denen beschrieben ist, ob von Ihnen vorgenommene Änderungen richtig funktionieren.

✔ **Release:** Erstellt Tarballs und ZIP-Dateien für Anwendungen, die Sie mit Boost erzeugen. Dieses Tool stellt sicher, dass die erzeugten Pakete vollständig sind, sodass jemand, der das Programm nutzen will, keine Probleme aufgrund fehlender Bibliotheken bekommt.

✔ **Inspect:** Ermittelt, ob es Fehler in der Verzeichnishierarchie von Boost gibt. Diese können nämlich dafür sorgen, dass die automatisierten Boost-Features nicht korrekt arbeiten.

✔ **BoostBook:** Bietet dem Entwickler eine schnelle und einfache Methode, auf die Boost-Dokumentation zuzugreifen. Sie baut teilweise auf DocBook (`http://www.docbook.org/`), der XML-Sprache und Boost selbst auf. Dieses Tool wird von einigen Boost-Bibliotheken verwendet.

✔ **bcp:** Erzeugt Teilmengen von Boost, die Sie mit Ihrer Anwendung nutzen können. Damit diese Aufgabe erledigt werden kann, stellt bcp zudem eine Methode bereit, herauszufinden, auf welchen Teilen von Boost Ihr Code aufbaut. Zudem lassen sich mit diesem Tool Berichte zum Einsatz von Boost ausgeben (einschließlich der benötigten Lizenzinformationen).

✔ **QuickBook:** Erzeugt BoostBook-XML-Dateien. Mit diesem Tool erstellen Sie eine Dokumentation im WikiWiki-Stil, die C++-Dokumentationsanforderungen erfüllt. Es basiert auf einfachen Regeln und einer simplen Markup-Sprache zur Formatierung des Ergebnisses.

✔ **Wave:** Führt eine Vorverarbeitung Ihres C/C++-Codes durch. Sie können dieses Tool mit jedem beliebigen Compiler verwenden. Hauptzweck ist, das Erweitern der Makros in Ihrem Code als Teil des Debugging-Prozesses zu prüfen. Sie können es auch als Präprozessor-Ersatz nutzen, wenn Sie mit dem Ihrem Compiler beiliegenden nicht zufrieden sind.

✔ **AutoIndex:** Erstellt Indexe für BoostBook- und DocBook-Dokumente.

Alle diese Tools werden im Quellcode als Teil Ihrer Boost-Installation mitgeliefert. Wenn Sie Boost auspacken, lassen sie sich noch nicht direkt einsetzen. Das ist aber natürlich sinnvoll angesichts der vielen Plattformen, die Boost unterstützt. Um sie verwenden zu können, müssen Sie sie daher erst bauen.

Die erste Aufgabe ist dabei, eine Version von Boost.Build für Ihr System zu erstellen. Damit bauen Sie dann alle anderen Tools. Die folgenden Schritte beschreiben, wie Sie Boost.Build zum Laufen bekommen.

1. Öffnen Sie eine Befehlszeile oder ein Terminalfenster (je nach verwendeter Plattform).

Unter Windows wählen Sie zum Beispiel START|PROGRAMME|ZUBEHÖR und wählen dort die EINGABEAUFFORDERUNG. Auf einem Mac wechseln Sie in den Ordner `/Programme/Dienstprogramme` und klicken dort doppelt auf TERMINAL. Unter Linux hängt es von der Distribution ab, wo Sie das Terminal finden.

2. Geben Sie `cd \CodeBlocks\boost_1_55_0\tools\build\v2` ein und drücken Sie ⏎.

Sie wechseln damit in das Verzeichnis von Boost.Build Version 2.

3. (Optional:) Haben Sie den Pfad zum CodeBlocks-Compiler an der Befehlszeile oder im Terminal noch nicht angelegt, erstellen Sie ihn jetzt.

Unter Windows geben Sie zum Beispiel `path = c:\CodeBlocks\MinGW\bin;%path%` ein und drücken ⏎.

4. Geben Sie `bootstrap gcc` ein und drücken Sie ⏎.

Sie erhalten für ein paar Sekunden die Meldung »Bootstrapping the build engine«. Ist diese fertig, erhalten Sie weitere Informationen zum Einsatz des so entstandenen b2-Befehls.

5. Geben Sie `b2 -toolset=gcc --prefix=DIR` ein und drücken Sie ⏎.

Sie müssen den Platzhalter `DIR` durch das Verzeichnis ersetzen, in dem Boost.Build installiert werden soll. Haben Sie zum Beispiel ein Windows-System und wollen Sie Boost.Build in `c:\Boost.Build` installieren, würden Sie `b2 install toolset=gcc –prefix=c:\Boost.Build` eingeben und ⏎ drücken.

6. Fügen Sie Boost.Build zum Standard-Suchpfad Ihres Systems hinzu.

Arbeiten Sie zum Beispiel mit Windows, geben Sie `path=c:\Boost.Build\bin;%path%` ein und drücken ⏎.

Jetzt sind Sie im Besitz einer Anwendung, mit der die Boost-Tools gebaut werden können. Eine ganze Reihe von Tools bringt eigene Build-Verzeichnisse oder Build-Dateien in ihren Hauptverzeichnissen mit. Dort finden sich die Anweisungen zum Erstellen der Tools. Werfen Sie zum Beispiel einmal einen Blick in das Verzeichnis `\CodeBlocks\boost_1_55_0\tools\auto_index\build`, finden Sie dort eine Datei `Jamfile.v2`. In dieser Datei stehen die Befehle zum Erstellen des AutoIndex-Tools. Genauso finden Sie solch eine

Datei im Ordner \CodeBlocks\boost_1_55_0\tools\bcp. (Die Datei befindet sich dort im Hauptverzeichnis und nicht in einem eigenen Build-Verzeichnis.) Aber egal, wo die Datei abgelegt ist – mit ihr erstellen Sie das zugehörige Tool.

 Die einfachste Methode, die Tools zu bauen, ist aber immer noch, sie alle zusammen anlegen zu lassen. Es gibt direkt in \CodeBlocks\boost_1_55_0\tools eine spezielle Datei Jamfile.v2, mit der Sie mit den folgenden Schritten alle Tools auf einmal bauen.

1. **Öffnen Sie eine Befehlszeile oder ein Terminalfenster (je nach verwendeter Plattform).**

2. **Geben Sie cd \CodeBlocks\boost_1_55_0\tools ein und drücken Sie ⏎.**

   Sie wechseln damit in das Haupt-Toolsverzeichnis.

3. **(Optional:) Haben Sie den Pfad zum CodeBlocks-Compiler an der Befehlszeile oder im Terminal noch nicht angelegt, erstellen Sie ihn jetzt.**

   Unter Windows geben Sie zum Beispiel path = c:\CodeBlocks\MinGW\bin;%path% ein und drücken ⏎.

4. **(Optional) Haben Sie Boost.Build noch nicht zum Standard-Suchpfad Ihres Systems hinzugefügt, tun Sie das jetzt.**

   Arbeiten Sie zum Beispiel mit Windows, geben Sie path=c:\Boost.Build\bin;%path% ein und drücken ⏎.

5. **Geben Sie b2 toolset=gcc ein und drücken Sie ⏎.**

   Haben Sie etwas Geduld – der Build-Prozess braucht ein paar Minuten. Die ausführbaren Dateien für Regression (unter Windows library_status.exe und process_jam_log.exe), Inspect (inspect.exe), bcp (bcp.exe), QuickBook (quickbook.exe), Wave (wave.exe) und AutoIndex (auto_index.exe) erscheinen dann alle in \CodeBlocks\boost_1_55_0\dist\bin, sobald der Build-Prozess abgeschlossen ist. (Unter Mac oder Linux fehlt natürlich die Erweiterung .exe.) Der Inhalt von BoostBook liegt in \CodeBlocks\boost_1_55_0\dist\share\boostbook. Release ist das einzige Tool, das nicht wirklich gebaut wird – es besteht aus einer Reihe von Batch-Dateien, die Sie im Verzeichnis \CodeBlocks\boost_1_55_0\tools\release finden.

Boost.Build einsetzen

Boost.Build ist ein komplexes Tool, das Ihnen dabei hilft, funktionierende Anwendungen zu erstellen, die zusammen mit Ihrem Compiler (zum Beispiel gcc) auf Boost aufbauen. Es stellt an der Befehlszeile eine automatisierte Umgebung bereit, mit der manche Entwickler vor allem bei sich wiederholenden Aufgaben lieber arbeiten als in einer grafisch orientierten IDE. Sie haben Boost.Build in diesem Kapitel schon einige Male eingesetzt, um die Boost-Bibliotheken, eine für Ihren Compiler spezialisierte Version von Boost.Build sowie die Boost-Tools zu bauen. Die folgenden Abschnitte liefern Ihnen nun einige wertvolle Tipps zur Arbeit mit Boost.Build.

Einen erfolgreichen Build durchführen

Immer dann, wenn Sie B2 an der Befehlszeile oder im Terminalfenster verwenden, nutzen Sie Boost.Build. Ein paar Regeln im Umgang mit diesem Tool sollten Sie sich merken:

✔ Stellen Sie sicher, dass sich Ihr Compiler im Suchpfad befindet.

✔ Stellen Sie sicher, dass sich Boost.Build im Suchpfad befindet.

✔ Geben Sie den `toolset`-Parameter an, um sicherzustellen, dass Boost.Build die richtigen Compiler-Optionen verwendet.

✔ Nutzen Sie die Option `--prefix`, um die Ausgabe in ein bestimmtes Verzeichnis umzulenken.

 Haben Sie diese Regeln verinnerlicht, vermeiden Sie Probleme, denen sich viele Entwickler bei den ersten Einsätzen von Boost.Build gegenübersehen. Die Datei `bbv2.html` im Verzeichnis `\CodeBlocks\boost_1_55_0\doc\html` enthält die vollständige Dokumentation von Boost.Build mit einer umfassenden Liste von Schaltern und Optionen. Zudem ist dort beschrieben, wie Sie die verschiedenen Build-Szenarien zum Beispiel für Anwendungen und Bibliotheken ausführen.

Die Beispiele einsetzen

Wenn Sie die Dokumentation zu Boost.Build lesen, erfahren Sie eine Menge über das Produkt, aber erst ein Arbeiten mit den Beispielen wird Ihnen wirklich vermitteln, wie das Ganze funktioniert. Im Verzeichnis `\Boost.Build\share\boost-build\example` finden Sie eine Reihe von Beispielen, mit denen Sie experimentieren können, um Erfahrung zu sammeln. Das Beispiel `Hello` (im Unterverzeichnis `hello`) ist der beste Einstiegspunkt. Probieren Sie es mit den folgenden Schritten aus:

1. **Öffnen Sie eine Befehlszeile oder ein Terminalfenster.**

2. **Wechseln Sie in das Verzeichnis `\Boost.Build\share\boost-build\example\hello`.**

3. **(Optional) Nehmen Sie den CodeBlocks-Compiler mit in den Suchpfad auf.**

4. **(Optional) Nehmen Sie das Boost.Build-Verzeichnis mit in den Suchpfad auf.**

5. **Geben Sie `b2 toolset=gcc release` ein und drücken Sie `↵`.**

   Die folgenden Informationen werden ausgegeben, die Ihnen zeigen, dass Boost.Build mit Hilfe des gcc eine Release-Version von `Hello` erzeugt hat:

   ```
   ...found 8 targets...
   ...updating 5 targets...
   common.mkdir bin
   common.mkdir bin\gcc-mingw-4.7.1
   common.mkdir bin\gcc-mingw-4.7.1\release
   gcc.compile.c++ bin\gcc-mingw-4.7.1\release\hello.o
   gcc.link bin\gcc-mingw-4.7.1\release\hello.exe
   ...updated 5 targets...
   ```

6. Geben Sie cd bin\gcc-mingw-4.7.1\release ein und drücken Sie ⏎.

Sie wechseln in das Ausgabeverzeichnis für das Beispiel Hello. Nutzen Sie Boost.Build, um eine Anwendung zu erstellen, beginnt die Anwendungshierarchie mit dem bin-Verzeichnis, gefolgt von einem Compiler-spezifischen Verzeichnis und der Art der Ausgabe (zum Beispiel debug oder release).

7. Geben Sie hello ein und drücken Sie ⏎.

Als Ausgabe wird Hello! erscheinen.

Die anderen mit Boost.Build mitgelieferten Beispiele funktionieren ähnlich. Sie öffnen die Befehlszeile oder das Terminalfenster, erstellen die passende Umgebung, bauen das Beispiel und testen es dann. Für manche Beispiele ist eine spezielle Umgebung notwendig. Details dazu finden Sie in der Datei readme.txt zu jedem Beispiel.

Regression verwenden

Regression ist ein Add-on für Boost.Build, mit dem Sie als Teil des Build-Prozesses Regressionstests durchführen können. *Regressionstests* stellen sicher, dass Ihre Anwendung die gewünschten Anforderungen erfüllt und dass Sie durch Änderungen am Programm keine neuen Fehler einbauen. In größeren Organisationen sind Regressionstests im Allgemeinen Teil aller umfangreicheren Anwendungsprojekte, da die Testumgebung so komplex werden kann. Bauen Sie nur ein kleines Programm oder experimentieren Sie mit C++, ist das nicht notwendig.

Wie Boost.Build bekommen Sie Regression dazu, wenn Sie Boost nach den Anweisungen im Abschnitt *Boost herunterladen und für Code::Blocks installieren* aufgesetzt haben. Regression ist ein fortgeschritteneres Tool, für das Sie schon ein bisschen über Python und C++ wissen müssen. Da Regression komplex, unvollständig und im Beta-Stadium ist, geht es deutlich zu weit über den Rahmen dieses Buches hinaus. Die Anforderungen und Schritt-für-Schritt-Anleitungen für dessen Einsatz finden Sie aber unter http://beta.boost.org/development/running_regression_tests.html.

Das Regression-Add-on bietet eine Reihe von Funktionen, über die Sie sich vielleicht informieren wollen. Die Haupt-Website von Regression ist http://www.boost.org/doc/libs/1_55_0/tools/regression/doc/index.html, dort finden Sie weitere Informationen. Entscheiden Sie sich dazu, Regression auszuprobieren, achten Sie darauf, die korrekte Version von Python herunterzuladen und alle erforderlichen Setup-Tests durchzuführen.

Inspect einsetzen

Viele Organisationen wollen Änderungen an der Boost-Bibliothek vornehmen, um sicherzustellen, dass sie ihren Anforderungen entspricht, oder um sie um spezielle Funktionen zu erweitern. Immer dann, wenn Sie etwas ändern, kann es passieren, dass dadurch Kompatibilitätsproblemen entstehen, weil die Richtlinien der Boost-Bibliothek nicht eingehalten wurden. Zudem kann es sein, dass ein Entwickler Fehler in die Boost-Bibliothek einbaut, die von anderen nur schwer gefunden werden. Das Inspect-Tool ermöglicht es Ihnen, nach potenziellen Fehlern in der Boost-Bibliothek zu suchen, nachdem Sie sie geändert haben.

Starten Sie Inspect aus dem Verzeichnis, das Sie prüfen wollen. Damit dieser Prozess effizienter wird, sollten Sie die von Ihnen im Abschnitt *Die Boost-Tools erstellen* gebaute Version von Inspect in den Suchpfad aufnehmen. Unter Windows funktioniert das zum Beispiel an der Befehlszeile mit der Eingabe von `path=c:\CodeBlocks\boost_1_55_0\dist\bin;%path%` und dem Drücken von ⏎.

Inspect sucht nach Fehlern im aktuellen Verzeichnis und in allen Unterverzeichnissen. Sie können es ausprobieren, indem Sie es auf die weiter oben im Abschnitt *Bauen Sie die Bibliotheken* erstellten Bibliotheksdateien loslassen. Diese stehen im Allgemeinen im Verzeichnis `\Boost\lib`. Ohne spezielle Parameter führt Inspect eine vollständige Prüfung der Bibliotheken durch. Sie können das Vorgehen aber anpassen, indem Sie die folgenden Befehlszeilen-Schalter für spezielle Tests nutzen:

- ✔ `-license`
- ✔ `-copyright`
- ✔ `-crlf`
- ✔ `-end`
- ✔ `-link`
- ✔ `-path_name`
- ✔ `-tab`
- ✔ `-ascii`
- ✔ `-apple_macro`
- ✔ `-assert_macro`
- ✔ `-deprecated_macro`
- ✔ `-minmax`
- ✔ `-unnamed`

 Sie können beliebig viele der Befehlszeilen-Schalter kombinieren. Haben Sie vergessen, welche es gibt, hilft Ihnen `Inspect -help` auf die Sprünge, indem es eine Liste der möglichen Schalter zum Testen ausgibt.

Inspect bietet noch ein paar weitere Schalter an, die die Durchführung der Tests beeinflussen:

- ✔ `-cvs`: Führt die Prüfung nur im Verzeichnis `cvs` durch und ignoriert alle anderen Dateien.
- ✔ `-text`: Gibt die Ergebnisse als reinen Text aus. Diese Option ist insbesondere dann nützlich, wenn Sie die Ergebnisse für eine spätere Analyse in einer Textdatei speichern wollen. Ansonsten formatiert Inspect die Ausgabe als HTML. Abbildung 34.9 zeigt einen solchen typischen Bericht. Klicken Sie auf die Links, erhalten Sie Details zu einem bestimmten Test, wie zum Beispiel den Lizenzstatus jeder Datei in einem Verzeichnis.

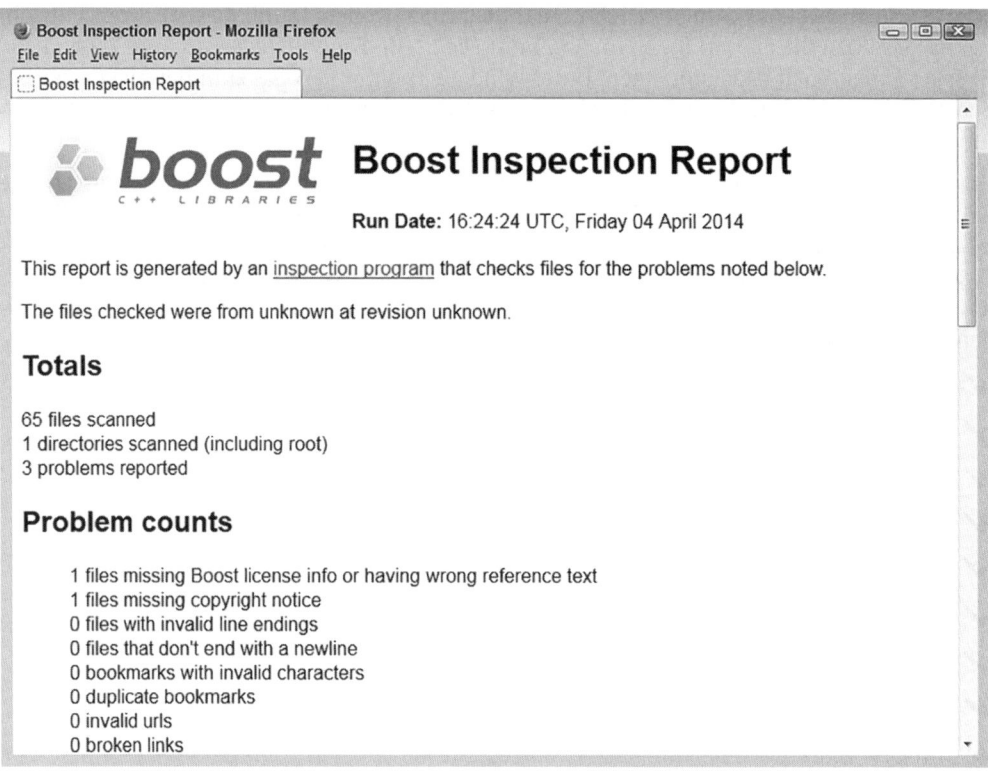

Abbildung 34.9: Inspect gibt seine Berichte normalerweise als HTML aus.

Inspect gibt seine Ergebnisse an der Standardausgabe aus, bei der es sich normalerweise um die Konsole (also Ihren Bildschirm) handelt. Allerdings ist die Anzeige von HTML-Code auf diese Art und Weise im Allgemeinen nicht wirklich hilfreich. Die meisten Plattformen bieten die Möglichkeit, die Ausgabe in eine Datei umzuleiten. Unter Windows können Sie zum Beispiel `Inspect > MyReport.html` eingeben, um die Ergebnisse in der Datei `MyReport.html` zu erhalten.

✔ `-brief`: Gibt nur so viel Text aus, dass Erfolg oder Misserfolg der Tests angezeigt werden.

Inspect reagiert sehr empfindlich auf die Reihenfolge der Befehlszeilen-Schalter. Erst kommen die Schalter `-cvs`, `-text` oder `-brief`, dann die Testschalter. Ansonsten zeigt Inspect eine Fehlermeldung an. Die Webseite `http://www.boost.org/doc/libs/1_55_0/tools/inspect/index.html` enthält weitere Informationen zur Arbeit mit Inspect.

BoostBook verstehen

Die Welt ist voll von Doku-Formaten – von `.docx`-Dateien von Word bis hin zu den allgegenwärtigen PDF-Dateien. Von all den Formaten ist das universellste und am meisten kompatible die einfache `.txt`-Datei. Allerdings fehlen ihr ernsthafte Formatierungsmöglichkeiten, wodurch Sie auf reine Texte beschränkt sind. Das kann aber für Ihre Dokumentation zu wenig sein. Um die Anforderungen an eine Code-Dokumentation zu erfüllen und weil es insbesondere knifflig sein kann, Code in einem solchen Dokument ordentlich zu formatieren, nutzt die Boost-Bibliothek ein spezielles Format namens BoostBook.

Dokumentation scheint bei keinem Programmierer sehr beliebt zu sein. Keiner will sie schreiben und die halbherzigen Versuche hinterlassen beim Leser oft mehr Fragen als Antworten. BoostBook macht Sie nicht zu einem guten Autor. Aber es hilft Ihnen dabei, eine gut formatierte Dokumentation zu erstellen. Geht es um das Erzeugen guter Texte, sollten Sie in Ihrer Gruppe den besten Schreiber dazu auswählen.

Haben Sie die Boost-Bibliothek nach den Anweisungen im Abschnitt *Boost herunterladen und für Code::Blocks installieren* installiert, besitzen Sie schon Zugriff auf BoostBook. Aber wie bei einigen anderen Boost-Tools müssen Sie sich ein bisschen mit Python auskennen, um es zu verwenden. Zudem benötigen Sie einen laufenden Apache-Server und es müssen noch ein paar andere Tools heruntergeladen werden. Kurz: BoostBook mag zwar aus Sicht der Boost-Bibliothek nutzbar sein, aber Sie müssen noch einiges an Arbeit investieren, damit alles wie gewünscht läuft. Die Anweisungen unter `http://www.boost.org/doc/libs/1_55_0/doc/html/boostbook/getting/started.html` beschreiben, was Sie noch erledigen müssen.

BoostBook baut auf XML auf, um die Inhalte für Ihre Dokumentation zu organisieren. Der Einsatz von XML ist auch der Grund, warum Sie Unterstützung für die DocBook eXtensible Stylesheet Language (XSL) (`http://docbook.sourceforge.net/`) und die DocBook Document Type Definition (DTD) (`http://www.oasis-open.org/docbook/xml/4.5/`) installieren müssen. Das für BoostBook genutzte XML finden Sie unter `http://www.boost.org/doc/libs/1_55_0/doc/html/boostbook/documenting.html` beschrieben. Die Hauptseite von BoostBook ist `http://www.boost.org/doc/libs/1_55_0/doc/html/boostbook.html`, dort finden Sie auch noch weitere Informationen.

Sind Sie den Schritten im Abschnitt *Die Boost-Tools erstellen* gefolgt, haben Sie bereits Zugriff auf die gesamte Funktionalität, die zum Einsatz von BoostBook notwendig ist. Die benötigten Dateien, die beim Formatieren helfen, finden sich im Verzeichnis `\CodeBlocks\boost_1_55_0\dist\share\boostbook`.

Auch wenn Sie sich dazu entscheiden, für Ihr Projekt nicht BoostBook zu verwenden, müssen Sie ein allgemeines Format für die Dokumentation auswählen. Für einen Windows-Entwickler mag BoostBook kompliziert und ungewohnt sein – es sieht so aus, als ob der Designer dieses Format eher für Linux- und Unix-Entwickler gedacht hat. Aber es ist trotzdem ein nützliches Format und Sie sollten es ernsthaft in Betracht ziehen. Fehlen Ihnen Dinge bei BoostBook, müssen Sie ein eigenes Format entwerfen oder die Lücken hinnehmen.

QuickBook einsetzen

QuickBook ist ein Add-on zu BoostBook. Dieses Tool war zunächst nur ein Wochenend-Projekt eines Entwicklers. Ursprünglich gab QuickBook einfache HTML-Dokumente aus. Aber jetzt ist XML im BoostBook-Format das Ziel, sodass Sie schnell Dokumentationen erzeugen können, die mit dem Rest der Dokumente in Ihrem Projekt verknüpft werden können. Wie vom Autor unter `http://www.boost.org/doc/libs/1_55_0/doc/html/quickbook.html` beschrieben, ist QuickBook ein Dokumentationstool im WikiWiki-Stil. Beachten Sie, dass es von manchen Leuten einfach als Wiki (`https://de.wikipedia.org/wiki/Wiki`), Wiki-Wiki oder sogar Wiki Wiki beschrieben wird. Alle Begriffe meinen aber das Gleiche.

Bevor Sie QuickBook verwenden, erzeugen Sie eine Dokumentationsdatei. Ein Beispiel für solch eine Datei finden Sie unter `http://www.boost.org/doc/libs/1_55_0/tools/quickbook/doc/quickbook.qbk`. Die vollständige Syntax von QuickBook ist unter `http://www.boost.org/doc/libs/1_55_0/doc/html/quickbook/syntax.html` zusammengefasst.

Jetzt fragen Sie sich vermutlich, warum Sie überhaupt QuickBook nutzen sollten, wenn Sie doch sowieso eine Dokumentations-Datei erzeugen müssen. Dies sind die Gründe, warum viele Entwickler QuickBook einsetzen, statt direkt in BoostBook zu schreiben:

✔ Die Syntax von QuickBook ist leichter zu lesen und zu nutzen, als in XML zu schreiben.

✔ Sie können QuickBook nutzen, um auch Dokumentation zu erzeugen, die nichts mit Boost zu tun hat.

✔ Es ist recht einfach, andere Dokumentationsformate in QuickBook-Syntax umzuwandeln.

QuickBook ist ein Befehlszeilen-Tool. Sie finden es im Ordner `\CodeBlocks\boost_1_55_0\dist\bin`, nachdem Sie die Boost-Tools erzeugt haben. (Details zu diesem Schritt sind im Abschnitt *Die Boost-Tools erstellen* beschrieben.) Dies sind die Befehlszeilen-Schalter, die Sie bei der Arbeit mit QuickBook einsetzen können:

✔ `--help`: Gibt Informationen zu allen Befehlszeilen-Schaltern und der -Syntax aus.

✔ `--version`: Gibt Versionsinformationen von QuickBook aus.

✔ `--no-pretty-print`: Schaltet die XML-Ausgabe aus und nutzt stattdessen reinen Text.

✔ `--indent arg`: Definiert die Anzahl *arg* an Leerzeichen, die zum Einrücken genutzt wird.

✔ `--linewidth arg`: Definiert die Anzahl *arg* an Zeichen in einer Zeile.

✔ `--input-file arg`: Gibt den Namen der Eingabedatei an.

✔ `--output-file arg`: Gibt den Namen der Ausgabedatei an.

✔ `--debug`: Führt QuickBook im Debug-Modus aus (nur für Entwickler nützlich, die an QuickBook schrauben wollen).

✔ `--ms-errors`: Legt fest, dass QuickBook Fehlermeldungen und Warnungen im Stil von Microsoft Visual Studio ausgeben soll. Das kann Entwicklern, die in Visual Studio unterwegs sind, helfen.

»bcp« einsetzen

Das Tool bcp (Boost Copy) hilft Ihnen dabei, besser mit Boost arbeiten zu können. Mit ihm ist es möglich,

✔ eines oder mehrere Boost-Module an einen anderen Platz zu kopieren, sodass Sie in einer Anwendung eine Untermenge einsetzen können,

✔ alle Elemente in einem Modul aufzuführen,

✔ einen HTML-Bericht über den Inhalt eines Moduls mit folgenden Angaben zu erzeugen:

- Lizenzinformationen

- Dateien ohne Lizenzinformationen

- Dateien ohne Copyright-Informationen

- Copyright-Informationen

- Abhängigkeiten zwischen Dateien

Theoretisch können Sie mit bcp auch Ihre Anwendung durchleuchten, um alle Elemente zu erhalten, die zu ihrem Ausführen benötigt werden. Der Bericht enthält alle Informationen in einem Standard-bcp-Bericht für ein Boost-Modul. Dazu nutzen Sie eine der vier möglichen Syntax-Varianten:

```
bcp [options] module-list output-path
bcp --list [options] module-list
bcp --list-short [options] module-list
bcp --report [options] module-list html-file
```

Bei jeder dieser Varianten wird eine andere Aufgabe erledigt: kopieren, Liste erstellen, kurze Liste erstellen und Bericht erstellen. Dabei sind ein paar Optionen möglich:

✔ **--booth=path:** Definiert den Pfad zur Boost-Bibliothek.

✔ **--scan:** Behandelt die Module als Nicht-Boost-Dateien und durchleuchtet sie nur nach Abhängigkeiten. Bei eigenen Anwendungen nutzen Sie immer diese Option.

✔ **--cvs:** Kopiert nur Dateien unter der Verwaltung des Concurrent Versions System (CVS).

✔ **--unix-lines:** Nutzt Zeilenenden im Unix-Stil. Auf einem Windows-System werden Sie diese Option nie benötigen, wohl aber unter Unix-, Linux- oder Mac-Systemen.

Der Einsatz von bcp ist recht einfach. Wollen Sie zum Beispiel eine Liste der Dateien zur regex-Bibliothek haben, wechseln Sie in das Verzeichnis \CodeBlocks\boost_1_55_0 und rufen bcp wie folgt auf:

```
bcp --list regex > Out.txt
```

Das Tool sucht nun im Verzeichnis \CodeBlocks\boost_1_55_0 nach Boost und die Ausgabe wird in Out.txt umgeleitet. Sie sollten immer die Ausgabeumleitung einsetzen, da der Text zum Lesen an der Befehlszeile zu lang sein wird.

Angenommen, Sie brauchen einen Bericht über das `regex`-Modul und nicht nur eine einfache Liste. Dann rufen Sie bcp so auf:

```
bcp --report regex MyReport.html
```

Es kann eine Weile dauern, bis Sie den HTML-Bericht erhalten. Er sieht dann so aus wie in Abbildung 34.10. Mehr zu bcp finden Sie unter `http://www.boost.org/doc/libs/1_55_0/tools/bcp/doc/html/index.html`.

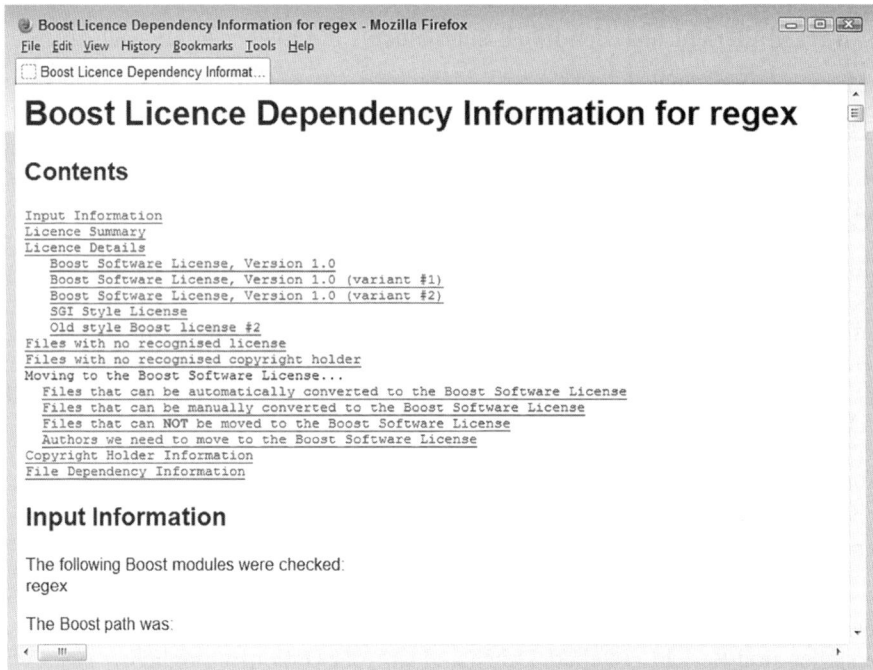

Abbildung 34.10: Das bcp-Tool kann informative Berichte über Boost-Module erzeugen.

Wave einsetzen

Wave ist ein Präprozessor für die Boost-Bibliothek. Solch ein Präprozessor kann das Kompilieren deutlich beschleunigen, weil er den Bibliotheksanteil des Programms schon vorkompiliert. Nach dem ersten Durchlauf müssen Sie die Bibliothek nicht erneut kompilieren lassen. Theoretisch können Sie Wave mit einem beliebigen C++-Compiler verwenden, aber bei Compilern wie Code::Blocks oder Microsoft Visual Studio ist er eigentlich nicht notwendig, weil diese ihre eigenen Präprozessoren mitbringen. Mehr Informationen über Wave finden Sie unter `http://www.boost.org/doc/libs/1_55_0/libs/wave/doc/wave_driver.html`.

Hinter Wave steckt aber noch mehr. Das Wave-Tool baut nämlich auf der Wave-Bibliothek auf. Diese wird als Teil von Boost mitgeliefert und Sie können sie wie jede andere Bibliothek in Ihren Anwendungen einsetzen. Die Website `http://www.boost.org/doc/libs/1_55_0/libs/wave/index.html` erzählt Ihnen dazu mehr.

Mit Boost weitergehen

In diesem Kapitel

▷ Verwenden Sie RegEx, um Strings zu durchsuchen

▷ Nutzen Sie Tokenizer, um Strings in einzelne Elemente aufzuteilen

▷ Wandeln Sie Zahlen in andere Datentypen um

▷ Verwenden Sie Foreach, um bessere Schleifen zu erstellen

▷ Setzen Sie Filesystem ein, um auf das Betriebssystem zuzugreifen

Die Boost-Bibliothek ist wirklich umfangreich. Ein normaler Entwickler wird vermutlich niemals alles einsetzen, was Boost bietet. Aber bevor Sie sich entscheiden, bestimmte Elemente der Bibliothek einzusetzen, müssen Sie natürlich wissen, dass sie da sind. Das Stöbern in der Hilfe-Datei kann Klassen zutage bringen, die Sie Ihrem Werkzeugkasten hinzufügen sollten. Dieses Kapitel hilft dabei, indem es Sie auf eine Übersichtstour durch die wichtigsten Kategorien von Boost mitnimmt. Erwarten Sie nicht, dass hier alle Elemente behandelt werden – dazu ist Boost einfach zu groß. Wollen Sie eine Liste mit allen Dingen haben, die Boost anbietet, schauen Sie sich folgende Webseiten an:

✔ **Alle Klassen in alphabetischer Reihenfolge:** `http://www.boost.org/doc/libs/1_55_0`

✔ **Kategorisierte Liste:** `http://www.boost.org/doc/libs/1_55_0?view=categorized`

 Neben der Begutachtung der Beispiele in diesem Kapitel und dem Überfliegen der Hilfe-Datei ist es auch sinnvoll, sich die Beispiele im Boost-Verzeichnis anzuschauen. Werfen Sie zum Beispiel einen Blick in das Verzeichnis `\CodeBlocks\boost_1_55_0\libs\regex\example`, finden Sie dort drei Beispiele für den Einsatz von RegEx, von denen eines im Abschnitt *Testen Sie die Installation* im letzten Kapitel verwendet wird, um zu zeigen, wie Sie Code::Blocks für den Einsatz von Boost einrichten. Jedes Beispielverzeichnis enthält eine Datei `Jam file.v2`, mit dem Sie das Beispiel mit Boost.Build bauen können. Haben Sie die gewünschten Beispiele nicht finden können, suchen Sie online – Boost ist sehr beliebt. Selbst Microsoft hat schon unter `http://msdn.microsoft.com/library/aa288739.aspx` Beispiele bereitgestellt.

Bevor Sie die Beispiele in diesem Kapitel durcharbeiten, müssen Sie wissen, wie Sie Ihre Entwicklungsumgebung für den Einsatz von Boost einrichten. Die Abschnitte *Testen Sie die Installation* und *Bauen Sie Ihre erste Boost-Anwendung mit DateTime* im letzten Kapitel beschreiben, wie Sie dabei vorgehen. Letzterer Abschnitt zeigt auch ein einfaches Beispiel für den Einsatz von Boost.

Strings mit RegEx durchsuchen

Reguläre Ausdrücke sind in heutiger Zeit bei der Arbeit mit Computern sehr wichtig geworden. Sie nutzen sie zur *Mustererkennung* (Pattern Matching), bei der Anwendungen in Strings nach passenden Zeichen suchen. Wollen Sie zum Beispiel, dass der Anwender nur Werte zwischen 0 und 9 eingibt – und nichts anderes – können Sie ein Muster erstellen, das den Benutzer davon abhält, andere Zeichen einzugeben. Muster als reguläre Ausdrücke helfen bei einer Reihe wichtiger Anwendungsfälle:

✔ Sicherstellen, dass Ihre Anwendung genau die richtigen Eingabedaten erhält

✔ Ein bestimmtes Format bei der Dateneingabe erzwingen (zum Beispiel bei der Eingabe von Telefonnummern)

✔ Sicherheitsrisiken verringern (zum Beispiel, dass ein Anwender bei der Dateneingabe nicht einfach ein Skript unterschummelt)

 Manche Entwickler gehen irrigerweise davon aus, dass sich mit einem regulären Ausdruck *alle* Fehler bei der Dateneingabe vermeiden lassen. Aber reguläre Ausdrücke sind nur ein Tool in Ihrer Werkzeugkiste, um falsche Eingaben zu vermeiden. So ist es zum Beispiel für einen regulären Ausdruck nur sehr schwer möglich, einen Wert auf einen Bereich einzugrenzen. Wollen Sie nur Daten zwischen 101 und 250 haben, stellt der reguläre Ausdruck sicher, dass der Anwender drei Ziffern eingibt – Sie müssen aber immer noch prüfen, ob der Bereich eingehalten wird.

Das Definieren des Musters für einen regulären Ausdruck kann sehr zeitaufwendig sein. Aber haben Sie es einmal fertig, können Sie es immer dann verwenden, wenn Sie auf ein bestimmtes Eingangsmuster prüfen müssen. Die folgenden Abschnitte beschreiben, wie Sie mit der RegEx-Bibliothek (*Reg*ular *Ex*pressions) arbeiten.

Die RegEx-Bibliothek hinzufügen

Ein Großteil der Boost-Bibliothek funktioniert schon dadurch, dass Sie die entsprechenden Header zu Ihrem Anwendungscode hinzufügen. Aber ein paar Komponenten – darunter auch RegEx – erfordern eine Bibliothek. Bevor Sie sie nutzen können, müssen Sie sie erst bauen. Die Anleitung dazu finden Sie im Abschnitt *Bauen Sie die Bibliotheken* im vorigen Kapitel. Nach dem Bauen der Bibliothek müssen Sie sie noch zu Ihrer Anwendung hinzufügen.

Es gibt zwei Möglichkeiten, die erforderlichen Header und Bibliotheken zu einer Anwendung hinzuzufügen. Die erste ist ein Anpassen der Compiler-Einstellungen, so wie Sie das im Abschnitt *Testen Sie die Installation* im vorigen Kapitel gemacht haben. Die zweite ist, die Einstellungen für ein spezifisches Projekt vorzunehmen. Die erste Variante nutzen Sie, wenn Sie mit Boost in einer Vielzahl von Projekten arbeiten und Zugriff auf alle Bibliotheken benötigen. Die zweite Variante ist dann sinnvoll, wenn Sie Boost nur für bestimmte Projekte brauchen und nur Zugriff auf bestimmte Bibliotheken haben wollen. Die folgenden Schritte zeigen, wie Sie die Projekt-spezifischen Einstellungen für eine beliebige Bibliothek – nicht nur für RegEx – vornehmen:

Das Muster definieren

Die RegEx-Bibliothek bietet eine Reihe von Wegen, ein Muster zu erstellen. Wollen Sie zum Beispiel, dass der Anwender nur Kleinbuchstaben eingibt, können Sie einen Bereich durch die Angabe von `[a-z]` erstellen. Das Beispiel in diesem Kapitel zeigt, wie Sie eine einfache dreistellige Zahl abfragen. Sie können aber für so gut wie jeden Einsatzzweck Muster erstellen. So kann eine amerikanische Telefonnummer zum Beispiel so abgefragt werden: `\([0-9][0-9][0-9]\)[0-9][0-9][0-9]-[0-9][0-9][0-9][0-9]`, womit eine Telefonnummer (555)555-5555 in Ordnung ist, 555-555-5555 aber nicht. Die Referenz zur RegEx-Bibliothek finden Sie unter `http://www.boost.org/doc/libs/ 1_55_0/libs/regex/doc/html/index.html`. Dort können Sie auch lernen, dass sich das Muster für die amerikanischen Telefonnummern kürzer (aber unverständlicher) schreiben lässt: `\(\d{3}\)\d{3}-\d{4}`.

Am besten beginnen Sie mit dem Erkunden von Muster-Grundlagen in `http://www. boost.org/doc/libs/1_55_0/libs/regex/doc/html/boost_regex/syntax.html`. Beachten Sie, dass ältere Versionen von Boost nur die Perl-Syntax unterstützen – neuere nutzen auch POSIX-Basic- und POSIX-Extended-Syntax. Es gibt hier eine Unmenge an Möglichkeiten.

Wie Sie das Muster dann einsetzen, ist genauso wichtig wie das Erstellen des Musters. Sie können zum Beispiel `RegEx_match` verwenden, um eine exakte Übereinstimmung zu finden. Wollen Sie nur nach einem Wert suchen, können Sie auch `RegEx_search` nutzen. Die Anwendungsreferenz finden Sie unter `http://www.boost.org/doc/libs/ 1_55_0/libs/regex/doc/html/boost_regex/ref.html`.

1. Nutzen Sie den Projekt-Wizard, um ein neues Projekt anzulegen.

Da hat sich nichts dran geändert – jede Anwendung beginnt mit einem neuen Projekt.

2. Wählen Sie PROJECT|BUILD OPTIONS.

Code::Blocks zeigt das Fenster PROJECT BUILD OPTIONS an.

3. Wählen Sie den Tab LINKER SETTINGS.

Sie sehen eine Reihe von Linker-Einstellungen, darunter auch eine noch leere Liste LINK LIBRARIES.

4. Klicken Sie auf ADD.

Code::Blocks zeigt das Fenster ADD LIBRARY an (siehe Abbildung 35.1).

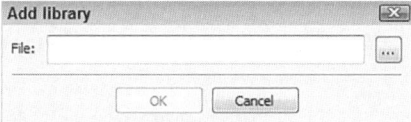

Abbildung 35.1: Wählen Sie die hinzuzufügende Bibliothek aus.

5. Klicken Sie auf den Button mit den drei Punkten.

Sie erhalten das Fenster CHOOSE LIBRARY TO LINK.

6. Navigieren Sie in diesem Fenster zur Bibliothek `libboost_regex-mgw47-mt-1_55.a` (der Release-Version der Bibliothek), wählen Sie sie aus und klicken Sie auf OK.

Die Dateien für die Boost-Bibliothek finden sich normalerweise im Verzeichnis `\Boost\lib`. Klicken Sie auf OK, erhalten Sie ein Fenster, in dem Sie gefragt werden, ob Sie diesen Wert als relativen Pfad angeben wollen.

 *Relative Pfade* geben eine Position ausgehend vom aktuellen Verzeichnis an. Die Alternative dazu sind *absolute Pfade*, die eine Position ausgehend vom Wurzelverzeichnis Ihrer Festplatte definieren. In den meisten Fällen sind absolute Pfade stabiler als relative Pfade.

7. Klicken Sie auf No.

Der absolute Pfad zur Bibliothek `libboost_regex-mgw47-mt-1_55.a` wird in das Fenster ADD LIBRARY eingetragen.

8. Klicken Sie auf OK.

Sie sehen nun, dass der absolute Pfad zur Bibliothek in den Linker-Einstellungen hinzugefügt wurde (siehe Abbildung 35.2).

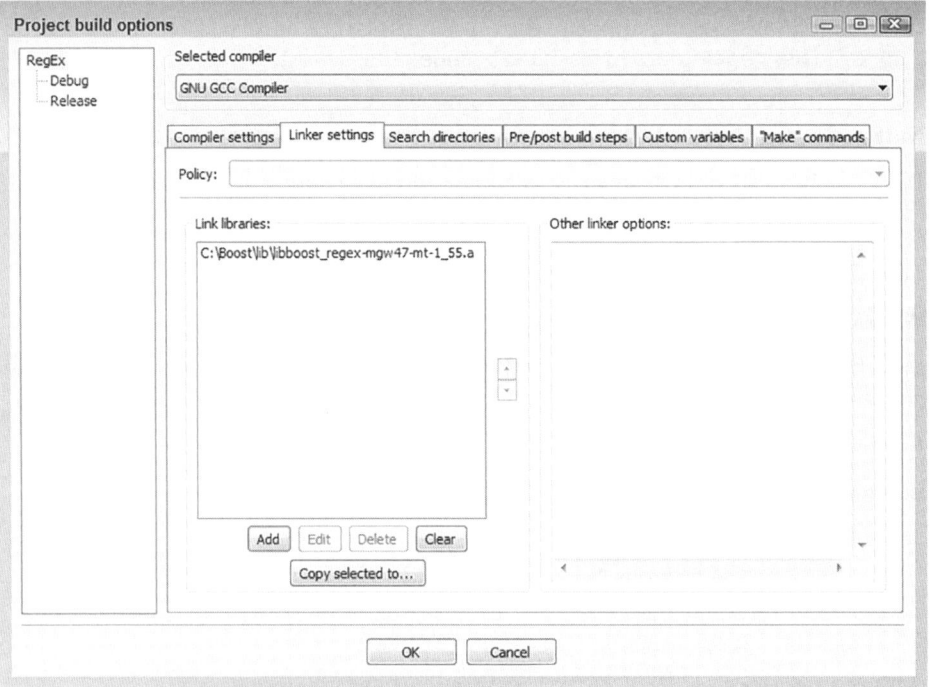

Abbildung 35.2: Fügen Sie die Bibliothek zur Anwendung hinzu.

9. **Klicken Sie auf den Tab SEARCH DIRECTORIES.**

Sie sehen drei Unter-Tabs: COMPILER, LINKER und RESOURCE COMPILER.

10. **Klicken Sie im Unter-Tab COMPILER auf ADD.**

Sie erhalten das Fenster ADD DIRECTORY (siehe Abbildung 35.3).

Abbildung 35.3: Fügen Sie passende Suchverzeichnisse für die Boost-Header- und Bibliotheksdateien hinzu.

11. **Geben Sie das Verzeichnis mit den Boost-Headerdateien an.**

Alternativ können Sie auch auf den Button mit den drei Punkten klicken und im sich öffnenden Fenster den Ordner `\Boost\include\boost-1_55` auswählen, in dem sich die Dateien normalerweise befinden.

12. **Klicken Sie auf OK.**

Sie sehen, wie das Suchverzeichnis im COMPILER-Tab eingetragen wurde (siehe Abbildung 35.4).

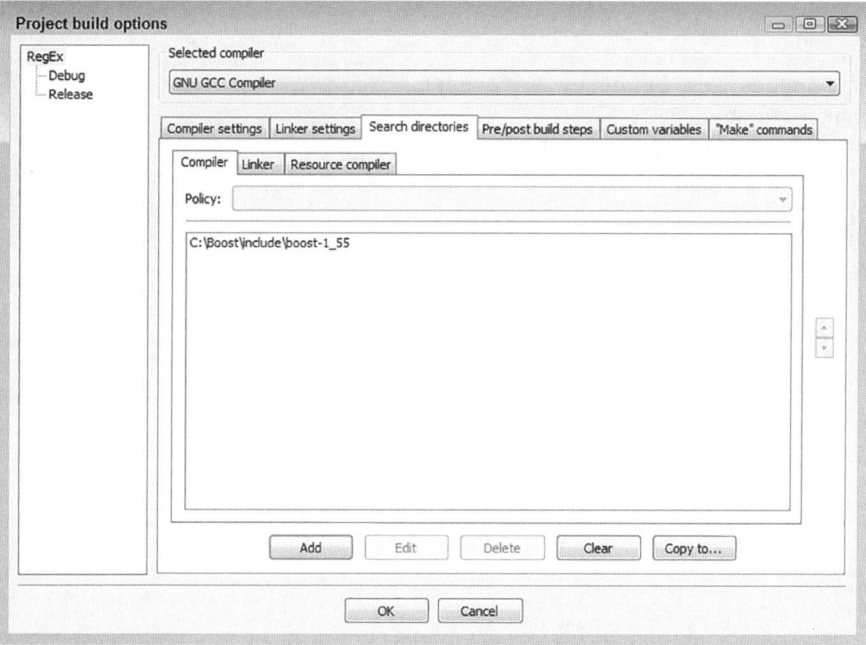

Abbildung 35.4: Auf dem Tab SEARCH DIRECTORIES werden die Suchverzeichnisse für den Compiler, Linker und den Ressourcen-Compiler angezeigt.

13. Klicken Sie im Unter-Tab LINKER auf ADD.

Sie erhalten erneut ein Fenster ADD DIRECTORY (siehe nochmals Abbildung 35.3).

14. Geben Sie die Position der Boost-Bibliotheksdateien an und klicken Sie auf OK.

Die Boost-Bibliotheksdateien finden Sie normalerweise im Verzeichnis \Boost\lib. Nach dem Klick auf OK sehen Sie das Verzeichnis im LINKER-Tab eingetragen.

15. Klicken Sie auf OK.

Den RegEx-Code schreiben

Der Einsatz eines regulären Ausdrucks ist gar nicht so schwer. Sie setzen ihn mit einer Funktion ein, die eine bestimmte Form der Mustererkennung durchführt. Die Wahl der Funktion ist wichtig, denn jede führt die Mustererkennung anders durch. Das Beispiel RegEx in Listing 35.1 zeigt, wie Sie einen regulären Ausdruck erstellen und ihn dann auf zwei unterschiedliche Arten einsetzen, um herauszufinden, ob die Benutzereingabe korrekt ist.

```
#include <iostream>
#include "boost/regex.hpp"

using namespace std;
using namespace boost;

int main()
{
    // Eingabe vom Benutzer anfordern.
    char MyNumber[80];
    cout << "Dreistellige Zahl eingeben: ";
    cin >> MyNumber;

    // Regulären Ausdruck definieren.
    regex Expression("[0-9][0-9][0-9]");

    // Variable für die Übereinstimmungen erstellen.
    cmatch Matches;

    // Übereinstimmungen suchen.
    if (regex_match(MyNumber, Matches, Expression))
    {
        cout << "Sie haben eingegeben: " << Matches << endl;
    }
    else
    {
        cout << "Keine dreistellige Zahl!" << endl;
    }
```

```
// Suche durchführen.
if (regex_search(MyNumber, Matches, Expression))
{
    cout << "Gefunden: " << Matches << endl;
}
else
{
    cout << "Keine dreistellige Zahl gefunden!" << endl;
}

return 0;
}
```

Listing 35.1: Übereinstimmungen finden und Suchen mit RegEx durchführen

In diesem Fall wird im Code zunächst einmal der passende Header RegEx.hpp sowie der entsprechende Namensraum boost eingefügt. In vielen Fällen reichen diese beiden Schritte schon aus.

Im eigentlichen Code wird nun vom Benutzer eine Eingabe gefordert. Auch wenn der Prompt den Benutzer auffordert, eine dreistellige Zahl einzugeben, stellt C++ das nicht automatisch sicher.

Im zweiten Schritt wird nun der reguläre Ausdruck erzeugt. Wir brauchen für unser Beispiel drei Ziffernbereiche: [0-9][0-9][0-9]. In vielen Situationen sind Bereiche sehr hilfreich und beim Erstellen eines regulären Ausdrucks werden Sie sie häufig einsetzen.

Der dritte Schritt besteht im eigentlichen Ausführen der Mustererkennung. Das Beispiel nutzt RegEx_match(), das nach vollständigen Übereinstimmungen sucht, und RegEx_search(), das irgendwo im String nach den richtigen Zeichen schaut. Beide Funktionen erwarten drei Eingabeparameter: den Wert, den Sie überprüfen wollen, die Ausgabevariable vom Typ cmatch, in der abgelegt wird, wo die Suche erfolgreich war, sowie den regulären Ausdruck.

Um zu sehen, wie dieser Code funktioniert, müssen Sie drei Tests durchführen. Als Erstes lassen Sie die Anwendung laufen und geben als Eingabe 0 an. Die Suche wird nicht erfolgreich sein und Sie erhalten diese Ausgabe:

```
Keine dreistellige Zahl!
Keine dreistellige Zahl gefunden!
```

Jetzt wollen wir einen Erfolg sehen. Lassen Sie die Anwendung erneut laufen und geben Sie 123 ein. Dieses Mal erhalten Sie:

```
Sie haben eingegeben: 123
Gefunden: 123
```

Bisher gibt es keinen großen Unterschied zwischen den beiden Funktionen – daher brauchen Sie noch den dritten Test. Lassen Sie das Programm ein drittes Mal laufen und geben Sie `ABC123XYZ` ein. Jetzt sehen Sie einen Unterschied zwischen `RegEx_match` und `RegEx_search`:

```
Keine dreistellige Zahl!
Gefunden: 123
```

Dieser letzte Test zeigt, dass die Funktion `RegEx_search()` die dreistellige Zahl im String findet. Offensichtlich ist die Funktion `RegEx_search()` wunderbar, wenn Sie Informationen finden müssen, aber nicht so gut, wenn es darum geht, sie abzusichern. Brauchen Sie eine vollständige Übereinstimmung, verwenden Sie stattdessen `RegEx_match()` (oder nutzen Sie entsprechende Muster mit $ und ^).

Strings mit dem Tokenizer aufteilen

Wir Menschen sehen Strings als Satz oder Phrase. Folgen von Wörtern erkennen wir in kürzester Zeit.

Computer verstehen wiederum gar nichts. Ein Computer kann Mustererkennung durchführen und sehr gut rechnen, aber der Schriftsteller Kipling ist ihm ein Rätsel. Aus diesem Grund müssen Sie für den Computer den Text aufteilen. Ein Computer kann Vergleiche auf einzelnen *Tokens* durchführen – meist ein einzelnes Wort oder Symbole – und davon ausgehend Ergebnisse präsentieren.

Der Compiler, den Sie verwenden, baut auf einem *Tokenizer* auf – einem Programm, das Text in Tokens unterteilt, um den von Ihnen eingetippten Text in Maschinencode umzuwandeln, die der Computer ausführen kann. Aber der Tokenizer taucht in allen möglichen Anwendungen auf. Führen Sie für einen Text zum Beispiel eine Rechtschreibprüfung durch, bricht die Textverarbeitung den Text mit einem Tokenizer in einzelne Wörter auf und vergleicht diese dann mit ihrem eingebauten Wörterbuch.

Das Beispiel Tokens in Listing 35.2 zeigt eine Methode, Strings in Tokens aufzuteilen. Diese grundlegende Technik funktioniert mit jeder Phrase, jedem String und jeder Folge von Strings. Sind Sie mit dem Aufteilen in Tokens fertig, werden diese meistens weiterverarbeitet.

```
#include <iostream>
#include "boost/tokenizer.hpp"

using namespace std;
using namespace boost;
```

```
int main()
{
    // Teststring definieren.
    string MyString = "Dies ist ein Test String!";

    // Tokens aus dem String erstellen.
    tokenizer<> Tokens(MyString);

    // Jedes Token ausgeben.
    tokenizer<>::iterator Iterate;
    for (Iterate = Tokens.begin(); Iterate != Tokens.end(); Iterate++)
        cout << *Iterate << endl;

    return 0;
}
```

Listing 35.2: Strings in Tokens aufteilen

Das `tokenizer`-Template bringt die aufgeteilte Form von `MyString` in Tokens unter. Die Anwendung kann nun damit arbeiten. Um die Tokens zu sehen, iterieren Sie über sie, indem Sie einen `tokenizer<>::iterator` namens `Iterate` erstellen. Die Anwendung nutzt nun den Iterator, um die einzelnen Tokens auszugeben. Lassen Sie die Anwendung laufen, erhalten Sie folgende Ausgabe:

```
Dies
ist
ein
Test
String
```

 Dieses Beispiel zeigt die Grundlagen, die Sie für fast jedes Bedürfnis anpassen können. Eventuell benötigen Sie aber zusätzliche Fertigkeiten der `tokenizer`-Klasse. Schauen Sie sich die Dokumentation unter `http://www.boost.org/doc/libs/1_55_0/libs/tokenizer/index.html` an, dort erhalten Sie mehr Informationen zum `tokenizer` und zum `tokenizer<>::iterator`.

Numerische Umwandlungen vornehmen

Das Umwandeln von Zahlen ist gar nicht schwer – wohl aber das *exakte* Umwandeln. Beim Wechsel von einem Variablentyp zu einem anderen ist es sehr wichtig, die korrekten Daten so weit wie möglich beizubehalten. Vermutlich würden Sie es nicht bemerken, wenn sich Ihr Punktestand bei einem Spiel um ein oder zwei Punkte verändert, aber Sie werden definitiv die Euro vermissen, die auf Ihrem Konto fehlen. Und wenn Sie in einem Raumschiff sitzen, macht der Rundungsfehler definitiv etwas aus, falls Sie nun in Richtung Sonne fliegen, statt auf dem Rückweg zur Erde zu sein.

Zur Boost-Bibliothek gehört das Template `converter`, das das Umwandeln von einer Art numerischer Variablen in eine andere Art recht einfach gestaltet. Es ist dabei sehr flexibel. Das Beispiel `Convert` in Listing 35.3 zeigt zwei verschiedene Varianten im Einsatz, kratzt dabei aber nur an der Oberfläche eines ausgesprochen komplexen Features von Boost.

```cpp
#include <iostream>
#include "boost/numeric/conversion/converter.hpp"

using namespace std;
using namespace boost;
using namespace boost::numeric;

int main()
{
    // Converter erstellen.
    typedef converter<int, double> Double2Int;

    // Variablen für das Beispiel anlegen.
    double MyDouble = 2.1;
    int MyInt = Double2Int::convert(MyDouble);

    // Ergebnisse ausgeben.
    cout << "Der double-Wert ist: " << MyDouble << endl;
    cout << "Der int-Wert ist: " << MyInt << endl;

    // Wie ist es bei einem größeren Wert?
    MyDouble = 3.8;
    MyInt = Double2Int::convert(MyDouble);
    cout << "Der double-Wert ist: " << MyDouble << endl;
    cout << "Der int-Wert ist: " << MyInt << endl;

    // Wir wollen nicht abschneiden, also runden wir.
    typedef conversion_traits<int, double> Traits;
    typedef converter<int, double, Traits, def_overflow_handler,
                RoundEven<double> > Double2Rounded;
    MyInt = Double2Rounded::convert(MyDouble);
    cout << "Der int-Wert ist: " << MyInt << endl;

    return 0;
}
```

Listing 35.3: Umwandeln von double nach int

Warum numerische Umwandlungen notwendig sind

Menschen unterscheiden nicht zwischen verschiedenen Arten von Zahlen – eine 1 ist das Gleiche wie eine 1,0. Der Computer muss aber durchaus unterschiedlich vorgehen und teilt Zahlen daher ein:

✔ Ganzzahl (Integer) oder Gleitkommazahl

✔ Größe

Der Integer-Teil kommt ins Spiel, weil die ganz frühen Prozessoren in PCs nur Ganzzahl-Berechnungen gut beherrschten. Für schnelle Gleitkommaberechnungen mussten Sie einen eigenen mathematischen Coprozessor kaufen. Heutzutage ist dieser Coprozessor Teil des Prozessors, aber Ganzzahl- und Gleitkomma-Berechnungen finden immer noch in unterschiedlichen Bereichen und Registern statt. Die Umwandlung zwischen Ganzzahl und Gleitkommazahl ist also nicht nur eine philosophische Frage, sondern es geht um ganz reale andere Abläufe im Prozessor.

Die Größe einer numerischen Variablen legt fest, wie groß ein Wert werden darf. Auch hier geht es um reale Unterschiede im Prozessor. Früher konnten Prozessoren nur 8 Bit gleichzeitig verarbeiten, dann 16 Bit, 32 Bit und mittlerweile 64 Bit. Nutzte man große Zahlen mit älteren Prozessoren, musste die Software einige Zusatzschritte erledigen, was das Ganze verlangsamte.

Heutzutage sind Speicher- und Registergröße bei Prozessoren kein Thema mehr, ebenso wie große Zahlen – abgesehen von den historischen Gründen, die hier ins Spiel kommen können. Zudem gibt es manchmal Vorteile für kleinere Zahlen, weil die Berechnungen eventuell schneller werden. Zusammengefasst lässt sich sagen: Achten Sie darauf, dass Sie Zahlen korrekt umwandeln, wenn dies notwendig ist.

Im Beispiel wird zuerst ein `converter`-Objekt `Double2Int` erstellt. Diesem werden nur die minimal notwendigen Informationen mitgegeben – die Typen von Quell- und Zielwert (`double` und `int`). Die Standardeinstellungen sorgen dafür, dass Gleitkommazahlen (unter anderem `float` und `double`) beim Umwandeln in einen `int`-Wert abgeschnitten werden. Der Code nutzt dann die `convert()`-Methode, die eine Variable des entsprechenden Quelltyps als Parameter erwartet.

 Das `converter`-Template unterstützt vier verschiedene Rundungsarten. Sie müssen die für Sie passende herausfinden. Überlegen Sie sich, was mit Ihren Berechnungen passieren würde, wenn Sie nur abschneiden statt wie erforderlich zu runden. Die folgende Liste beschreibt alle vier Arten:

✔ `Trunc`: Entfernt die Nachkommastellen des Wertes.

✔ `RoundEven`: Rundet nach Bedarf nach oben auf oder nach unten ab.

✔ `Ceil`: Rundet den Wert auf die nächstgrößere Ganzzahl auf, wenn die Nachkommastellen größer als 0 sind.

✔ `Floor`: Rundet den Wert auf die nächstkleinere Ganzzahl ab, wenn die Nachkommastellen kleiner als 0 sind.

Das zweite converter-Objekt Double2Rounded zeigt, wie man mit dem Template die Art der Rundung festlegt. In diesem Fall geben Sie dem Template fünf Argumente mit. (Es kann sogar bis zu sieben Argumente entgegennehmen, siehe http://www.boost.org/doc/libs/1_55_0/libs/numeric/conversion/doc/html/boost_numericconversion/converter___function_object.html):

✔ Quelle

✔ Ziel

✔ conversion_traits, in der mindestens Quell- und Zieltyp stehen müssen

✔ Überlauf-Handler, der festlegt, wie das Objekt mit Umwandlungen umgeht, die zu einem Überlauf führen würden (Standard ist der def_overflow_handler)

✔ Rundungs-Templateobjekt (das den Quelltyp enthält)

Das Anlegen geschieht mehr oder weniger so wie bei der einfacheren Form. Aber jetzt benötigen Sie ein conversion_traits-Objekt (hier mit dem Namen Traits) und Sie müssen die erforderlichen Eingangsinformationen bereitstellen. (Mehr Beispiele für conversion_traits finden Sie unter http://www.boost.org/doc/libs/1_55_0/libs/numeric/conversion/doc/html/boost_numericconversion/conversion_traits___traits_class.html.) Wie zuvor schon nutzen Sie auch hier die Methode convert(), um die eigentliche Umwandlung vorzunehmen. Dies ist die Ausgabe, die das Programm liefert:

```
Der double-Wert ist: 2.1
Der int-Wert ist: 2
Der double-Wert ist: 3.8
Der int-Wert ist: 3
Der int-Wert ist: 4
```

Beachten Sie in den letzten beiden Zeilen den Unterschied beim Runden des Wertes 3,8. Im ersten Fall sehen Sie den Standard-Trunc, im zweiten die Effekte von RoundEven. Mehr zur numerischen Umwandlung in Boost finden Sie unter http://www.boost.org/doc/libs/1_55_0/libs/numeric/conversion/doc/html/index.html.

Bessere Schleifen mit Foreach schreiben

Damit Ihre Anwendung optimal läuft, müssen Sie effiziente Schleifen schreiben. Interessanterweise enthalten viele Schleifen Code, der immer wieder benötigt wird.

Templates und andere Methoden, die in diesem Buch beschrieben werden, versuchen, die Langeweile zu verhindern, die durch das Schreiben immer des gleichen Codes entsteht. Aber keines der bisher genutzten Beispiele hat die guten alten Makros eingesetzt. Ein *Makro* ist im Prinzip eine Technik zum Ersetzen von Code. Dabei wird im Quellcode das Makro durch seine Definition ausgetauscht. Makros werden normalerweise in Großbuchstaben geschrieben, so wie das in diesem Abschnitt genutzte BOOST_FOREACH. Statt den ganzen Code immer wieder einzugeben, der mit dem Makro verbunden ist, geben Sie einfach den Makronamen an und der Compiler erledigt den Rest für Sie.

 Hinter den Kulissen des Makros BOOST_FOREACH wird der ganze Code erstellt, den Sie normalerweise per Hand schreiben würden. Mit anderen Worten: Der Compiler bekommt nicht weniger Code als bisher, aber Sie lassen dies das Makro erledigen. Die Boost-Bibliothek nutzt dabei weiterhin den Algorithmus for_ each aus der Standardbibliothek – Sie vermeiden es nur, ihn selbst zu schreiben. Mehr zum Makro BOOST_FOREACH finden Sie unter http://www.boost.org/ doc/libs/1_55_0/doc/html/foreach.html.

Ihnen kommt das ForEach-Beispiel aus Listing 35.4 vielleicht vage bekannt vor – es sieht sehr wie Listing 17.1 aus Kapitel 17 aus. Aber statt bestimmte Elemente auszuwählen, nutzt das Beispiel nun eine BOOST_FOREACH-Schleife, um durch den Vektor zu iterieren.

```cpp
#include <iostream>
#include <vector>
#include "boost/foreach.hpp"

using namespace std;
using namespace boost;

int main()
{
    // Einen Vektor erstellen und Werte darin ablegen.
    vector<string> names;

    names.push_back("Tom");
    names.push_back("Dick");
    names.push_back("Harry");
    names.push_back("April");
    names.push_back("May");
    names.push_back("June");

    // Über den Vektor iterieren.
    BOOST_FOREACH(string Name, names)
        cout << Name << endl;

    // Oder rückwärts iterieren!
    cout << endl << "Rückwärts:" << endl;
    BOOST_REVERSE_FOREACH(string Name, names)
        cout << Name << endl;

    return 0;
}
```

Listing 35.4: Eine BOOST_FOREACH-Schleife erstellen

In diesem Beispiel wird zunächst ein Vektor erstellt. Das ist der gleiche Vektor wie im Beispiel in Listing 17.1 aus Kapitel 17. In diesem Fall nutzt das Beispiel dann eine BOOST_FOREACH-Schleife, um die Namen zu durchlaufen. Mit jeder Iteration wird ein einzelner Wert aus names in Name abgelegt. Der Code gibt dann diesen einzelnen Namen aus.

Ein interessantes Feature der Boost-Bibliothek ist, dass Sie die Iterationsreihenfolge auch umkehren können. In diesem Fall nutzt der Code eine BOOST_REVERSE_FOREACH-Schleife, um vom Ende zum Anfang zu laufen. Ansonsten funktioniert es hier genauso wie auf dem »Hinweg«. Das ist das Ergebnis, das Sie vom Programm erhalten:

```
Tom
Dick
Harry
April
May
June

Rückwärts:
June
May
April
Harry
Dick
Tom
```

Wie Sie sehen, funktioniert das Iterieren in beide Richtungen wie erwartet. Die Makros BOOST_FOREACH und BOOST_REVERSE_FOREACH unterstützen eine ganze Reihe von Containertypen:

✔ Alle Container aus der Standardbibliothek

✔ Arrays

✔ Null-terminierte Strings (char und wchar_t)

✔ STL-iterator-Paare (also Bereiche)

✔ boost::iterator_range<> und boost::sub_range<>

 Die STL-Container-Unterstützung ist sehr allgemein gehalten. Alle Objekttypen, die die folgenden beiden Anforderungen erfüllen, funktionieren damit:

✔ Eingebettete iterator- und const_iterator-Typen

✔ begin()- und end()-Mitgliedsfunktionen

Mit Filesystem auf das Betriebssystem zugreifen

Die Arbeit mit Dateien und Verzeichnissen ist ein wichtiger Teil vieler Anwendungen. Im letzten Teil wurden ein paar Standardtechniken vorgestellt, die Sie dazu nutzen können. Aber diese Methoden können mühsam und auch beschränkend sein. Boost erleichtert Ihnen daher mit der Filesystem-Bibliothek die Arbeit mit dem Dateisystem. Das Erstellen und Löschen von Dateien und Verzeichnissen ist dann mit einem Aufruf erledigt. Außerdem können Sie Dateien und Verzeichnisse verschieben oder umbenennen.

Eine der wichtigsten Ergänzungen von Boost ist eine Methode, um Fehlerinformationen aus dem Betriebssystem auszulesen. Dieses Feature findet sich in der System-Bibliothek, die Sie in Ihre Anwendung einbinden müssen. Neben andere Funktionen kann die System-Bibliothek numerische Fehlercodes vom Betriebssystem in eine menschenlesbare Form umwandeln. Leider ist die System-Bibliothek immer noch in Arbeit, daher kann dieses Kapitel nicht allzu sehr ins Detail gehen.

Sie müssen in Ihrer Anwendung Referenzen auf `libboost_filesystem-mgw47-mt-1_55.a` und `libboost_system-mgw47-mt-1_55.a` aufnehmen. Nutzen Sie dazu die Schritte, die in *Die RegEx-Bibliothek hinzufügen* weiter oben im Kapitel beschrieben sind. Eventuell müssen Sie die Projektdatei so anpassen, dass die Bibliotheks-Einstellungen an Ihr System angepasst sind. Haben Sie alles richtig eingerichtet, sollten Sie auf dem LINKER SETTINGS-Tab des PROJECT BUILD OPTIONS-Fenster die beiden Bibliotheken sehen (siehe Abbildung 35.5).

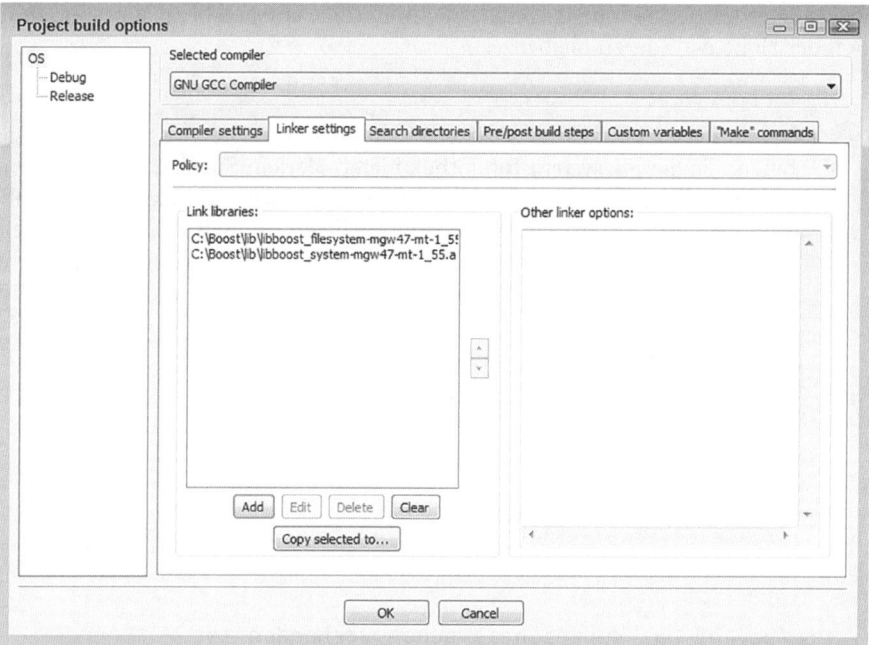

Abbildung 35.5: Für den Einsatz der Filesystem-Bibliothek muss auch die System-Bibliothek eingebunden werden.

Die Filesystem-Bibliothek und die Standardbibliothek

Die Entwickler der Boost-Bibliothek ergänzen diese immer wieder um zusätzliche Funktionalität. Manche dieser Ergänzungen sind so nützlich, dass sie schließlich in der Standardbibliothek landen. Die Filesystem-Bibliothek ist eine dieser Ergänzungen. Sie finden den Vorschlag für das Hinzufügen der Filesystem-Bibliothek zur Standardbibliothek unter `http://www.open-std.org/jtc1/sc22/wg21/docs/papers/2006/n1975.html`.

Natürlich werden neue Bibliotheken im Standard von vielen Gruppen diskutiert und angepasst, nicht nur von den Boost-Entwicklern. Daher kann es sein, dass die aktuelle Boost-Bibliothek nicht genau so aussieht wie die Elemente, die zur Standardbibliothek hinzugefügt werden. Um solche Änderungen im Blick zu behalten, sollten Sie sich ab und zu die Dokumentation zur Boost-Bibliothek anschauen. Sie finden sie unter `http://www.boost.org/doc/libs/1_55_0?view=categorized`.

Das Verschieben von Code aus einer Bibliothek in eine andere scheint manche Entwickler zu verwirren, weil dann plötzlich gerne eingesetzter Code nicht mehr vorhanden ist. Diese Entwickler fragen sich dann auch, ob sie lieber die alte Bibliothek weiter einsetzen oder zur neuen wechseln sollten. Aber Sie sollten die Standardbibliothek wann immer möglich verwenden, denn diese wird von einer Standards-Gruppe unterstützt und sie ist nun einmal der Standard. Wird also die Filesystem-Bibliothek eines Tages wirklich in die Standardbibliothek übernommen, sollten Sie Ihren Code entsprechend anpassen, um mit ihm auf der Höhe der Zeit zu bleiben.

Das OS-Beispiel in Listing 35.5 zeigt nur einen winzigen Ausschnitt der Möglichkeiten, die die Filesystem-Bibliothek bietet. Merken Sie sich bei diesem Beispiel aber vor allem, dass Sie sowohl die Filesystem- als auch die System-Bibliothek benötigen, da Letztere das Fehlerhandling liefert. Im Beispiel wird zuerst ein Verzeichnis und eine Datei erstellt, dann der Datei Daten hinzugefügt, diese wieder eingelesen und angezeigt, und zum Schluss werden Datei und Verzeichnis wieder gelöscht.

```cpp
#include <iostream>
#include "boost/filesystem.hpp"

using namespace std;
using namespace boost::filesystem;

int main()
{
    // Prüfen, ob das Verzeichnis schon vorhanden ist.
    if (! exists("Test"))
    {
```

```
        // Verzeichnis erstellen.
        create_directory(path("Test"));
        cout << "Verzeichnis Test erstellt" << endl;
    }
    else
        cout << "Verzeichnis Test schon vorhanden" << endl;

    // Prüfen, ob die Datei schon vorhanden ist.
    if (! exists("Test/Data.txt"))
    {
        // Datei erstellen.
        ofstream File("Test/Data.txt");
        File << "Dies ist ein Test!";
        File.close();
        cout << "Datei Data.txt erstellt" << endl;
    }
    else
        cout << "Datei Data.txt schon vorhanden" << endl;

    // Datei einlesen.
    if (exists("Test/Data.txt"))
    {
        cout << "Data.txt enthält " << file_size("Test/Data.txt")
            << " Byte." << endl;

        ifstream File("Test/Data.txt");
        string Data;

        while (! File.eof())
        {
            File >> Data;
            cout << Data << " ";
        }
        cout << endl;

        File.close();
    }
    else
        cout << "Datei Data.txt nicht vorhanden!" << endl;

    // Datei und Verzeichnis löschen.
    if (exists("Test/Data.txt"))
    {
        remove(path("Test/Data.txt"));
        cout << " Data.txt gelöscht" << endl;
    }
```

```
    if (exists("Test"))
    {
        remove(path("Test"));
        cout << " Test gelöscht" << endl;
    }
}
```

Listing 35.5: Mit Boost auf das Dateisystem zugreifen

Als Erstes wird Ihnen an diesem Beispiel auffallen, dass es immer wieder mit der Funktion `exists()` prüft, ob die Datei oder das Verzeichnis vorhanden sind. Ihre Anwendung sollte das auch tun, denn Sie können nie wissen, ob eine Datei oder ein Verzeichnis wirklich vorhanden sind, wenn Sie damit arbeiten wollen – auch wenn Ihre Anwendung sie selbst erstellt hat. Ein Benutzer oder eine andere Anwendung kann sie schließlich zwischendurch gelöscht haben.

Um ein Verzeichnis zu erstellen, verwenden Sie `create_directory()`, der man einen Pfad als Eingabeparameter mitgibt. Solch ein `path`-Objekt wird mit `path()` erzeugt. Viele andere Filesystem-Aufrufe erfordern ebenfalls solch ein Objekt. Wollen Sie zum Beispiel eine Datei oder ein Verzeichnis entfernen (löschen), würde `remove()` zwar eine Datei löschen, auch ohne dass ein `path`-Objekt erstellt wurde, aber bei einem Verzeichnis ist das nicht möglich. Dieses inkonsistente Verhalten kann eine Anwendung, die `remove()` nicht korrekt verwendet, schwierig zu debuggen machen.

Sie werden nicht auf Elemente aus der Standardbibliothek verzichten wollen, wenn Sie mit dem Dateisystem arbeiten. So nutzen Sie zum Beispiel weiterhin `ofstream` und `ifstream`, um mit Dateiinhalten zu arbeiten – so wie Sie es in den Kapiteln 24 und 25 gemacht haben. Die Filesystem-Bibliothek verbessert nur, was Sie bereits haben. Dies ist nun die Ausgabe des Beispielprogramms:

```
Verzeichnis Test erstellt
Datei Data.txt erstellt
Data.txt enthält 15 Byte.
Dies ist ein Test!
Data.txt gelöscht
Test gelöscht
```

Ein letzter Hinweis soll noch `file_size()` gelten, der die Größe der Datei in Byte liefert. Die Filesystem-Bibliothek stellt eine Reihe nützlicher Statistikdaten bereit, die Ihnen dabei helfen können, Ihre Anwendungen robust und zuverlässig zu gestalten. Wie schon erwähnt, sollten Sie sich diese Bibliothek genauer anschauen, denn sie ergänzt die in C++ vorhandenen Standard-Funktionen ideal.

Anhang:
Automatisieren Sie Ihre Anwendungen durch Makefiles

In diesem Anhang

▶ Kompilieren und linken Sie Ihre Anwendungen

▶ Automatisieren Sie Ihre Arbeit

▶ Vereinfachen Sie die Arbeit mit Inferenz-Regeln in Ihren Makefiles

▶ Holen Sie so viel wie möglich aus Makefiles heraus

S eit Anbeginn der Zeit – oder zumindest seit dem Entstehen des Betriebssystems Unix – nutzen Programmierer ein Tool namens make, um ihre Anwendungen zu bauen. Und es wird auch heute noch gerne verwendet. make schaut sich an, welche Ihrer Quellcodedateien sich geändert haben, und entscheidet dann, was kompiliert und gebaut werden muss.

Bei Entwicklungstools wie Code::Blocks oder Microsoft Visual C++ benötigen Sie kein make-Tool, da sie entsprechende Funktionalität schon eingebaut haben. Glücklicherweise ist der Prozess zum Erstellen und Anwenden von make-Dateien nicht mehr so schwierig, wie er es einst war. Bibliotheken von dritter Seite bringen make-Tools mit (wie zum Beispiel Boost.Build, siehe Kapitel 35), durch die die Komplexität deutlich sinkt.

Bevor Sie make einsetzen, müssen Sie die Compile- und Link-Prozesse verstanden haben. In diesem Anhang stellen wir sie vor und geben Ihnen Tipps, wie Sie Ihren Build mithilfe von make automatisieren können. Beachten Sie aber, dass make selbst schon ein komplexes Tool ist und man dazu genug für ein eigenes ... *für Dummies*-Buch schreiben könnte.

Kompilieren und Linken

Erstellen Sie eine Anwendung, schreiben Sie Code in verschiedene Dateien. Für eine Anwendung können das viele verschiedene Dateien sein. Manche großen Projekte haben sogar Hunderte (oder Tausende) Quellcodedateien von Dutzenden verschiedener Programmierer.

Wie Sie sich vorstellen können, ist die Zusammenarbeit Dutzender Programmierer eine ziemliche Herausforderung – aber durch Tools wie make können diese Entwickler problemlos gemeinsam etwas entwickeln, ohne dass es je einmal zu Dissonanzen kommt. Okay, das war gelogen. Aber trotzdem macht make das Entwicklerleben einfacher.

Externes Linken

Ein Beispiel für ein externes Linken ist der Fall, dass Code in einer Quellcodedatei eine Funktion in einer anderen Quellcodedatei aufruft. Kompiliert der Compiler die erste Quellcodedatei, weiß er nicht, wo sich die Funktion im kompilierten Assemblercode befinden wird, wenn er die zweite Quellcodedatei kompiliert. Und auch wenn die zweite Datei schon kompiliert ist, ist der Compiler gar nicht wirklich daran interessiert, in der anderen Objektdatei herumzustöbern, um das herauszufinden. Stattdessen erstellt er einfach eine *Referenz* auf die Routine, die er dann in der ersten Objektdatei einträgt.

Später ersetzt der Linker die Referenz durch die Adresse des Aufrufs, die dann schließlich auch in der ausführbaren Datei erscheint. Diese Adresse ist aber auch nur temporär und sie dient als Platzhalter, bis die fertig gebaute Anwendung in den Speicher geladen wird. Lassen Sie die ausführbare Datei laufen und wird die Anwendung in den Speicher geladen, ersetzt ein spezielles Programm namens *Loader* die Adresse durch die tatsächliche Speicheradresse. Puh!

Ihr Code ruft eventuell auch Code auf, der sich außerhalb Ihrer Anwendung befindet, wie zum Beispiel eine Routine in einer DLL. In diesem Fall schreibt der Compiler trotzdem den Namen der Routine in die Objektdatei. Aber beim Linken nimmt der Linker einen Platzhalter mit auf, der den Namen des Elements (oder auch eine eindeutige Zahl) und den Namen der DLL-Datei enthält. Diese Information wandert dann in die ausführbare Datei. Lassen Sie diese ausführen und wird die Anwendung in den Speicher geladen, stellt der Computer zunächst sicher, dass die DLL geladen wird (was mehr oder weniger genauso wie das Laden der ausführbaren Datei abläuft), dann wird diese Information durch die aktuelle Adresse der DLL-Routine ersetzt. Auch hier: Puh!

Um diese Quellcodedateien in eine einzelne Anwendung umzuwandeln, müssen Sie sie kompilieren und linken.

Kompilieren bedeutet, Ihren C++-Code (oder welche Sprache Sie auch immer nutzen) in eine vom Computer nutzbare Sprache namens Assembler umzuwandeln. Assembler unterscheidet sich je nach Prozessor. Die meisten Leser dieses Buches arbeiten vermutlich mit einer Version eines AMD- oder Intel-Prozessors, daher wird der Compiler den Assembler- oder Maschinen-Code für diesen Typ erzeugen. (Es ist aber auch häufig möglich, einen anderen Prozessor als Ziel anzugeben.) Der Compiler steckt diesen ganzen Maschinencode in eine Datei, die als *Objektdatei* bezeichnet wird und häufig den gleichen Dateinamen wie der Quellcode besitzt, aber als Erweiterung ein `.obj` oder `.o` trägt. Der Compiler erzeugt dabei für jede Quellcodedatei eine eigene Objektdatei.

Nachdem Sie all Ihre Quellcodedateien kompiliert haben, lassen Sie den Linker laufen. Der *Linker* nimmt sich die Objektdateien und fasst sie in einer einzelnen Datei zusammen, die Sie auf Ihrem Computer ausführen können. Diese eine Datei erhält unter Windows meist die Erweiterung `.exe`, was für *Ex*ecutable oder ausführbare Datei steht.

Der Linker kann auch noch andere Arten von Dateien erzeugen. So lässt sich zum Beispiel eine `.lib`-Datei (Library) oder eine `.dll` (Dynamic Link Library, DLL) erzeugen. Diese Dateien enthalten wie `.exe`-Dateien ausführbaren Code, aber Sie rufen sie nicht einzeln auf – normalerweise lädt sie eine `.exe`-Datei nach und verwendet den darin enthaltenen Code.

Der Compiler ergänzt den Maschinencode in den Dateien noch um weitere Informationen. Sind Sie zum Beispiel noch dabei, Ihre Anwendung zu entwickeln, können Sie den Compiler anweisen, Debuginformationen zu erzeugen und mit in der Datei abzulegen. (Manchmal finden sich diese Debuginformationen auch – abhängig vom Compiler – in einer anderen Datei.) Zu diesen Informationen gehören die Namen Ihrer Variablen und die Zeilennummern des Quellcodes. Nutzen Sie einen Debugger, kann dieser darüber auf Ihren Code zurückschließen.

Zudem fügt der Compiler noch weitere Informationen über den Code ein, zum Beispiel die Namen der genutzten Elemente aus anderen Quelltextdateien. Schreiben Sie zum Beispiel Code, der Funktionen aus einer anderen Quellcodedatei aufruft, nimmt der Compiler den Namen dieses Codes mit in die Objektdatei auf. So kann der Linker beides miteinander verknüpfen.

Schließlich kann ein Compiler die Objektdateien durch Ressourcen ergänzen, wie zum Beispiel Grafiken und Klänge, die Ihre Anwendung benötigt. Diese Ressourcen erscheinen als Daten, auf die die Anwendung später zugreift. Solche Ressourcen befinden sich in einem anderen Bereich der Datei, aber über die interne Struktur der Objektdatei müssen Sie sich keine Gedanken machen – da kümmert sich der Compiler schon drum.

Automatisieren Sie Ihre Arbeit

Entwickeln Sie eine Anwendung und arbeiten Sie zum Beispiel mit zehn verschiedenen Quellcodedateien, die Sie jetzt kompilieren und linken wollen, könnten Sie jede einzelne Quellcodedatei einzeln kompilieren und sie dann alle gemeinsam linken. Aber es wäre doch nett, wenn der Compiler nur die Quellcodedateien kompilieren würde, die sich seit dem letzten Kompilieren geändert haben, oder? Denn wenn eine der Dateien schon einmal kompiliert wurde und seitdem gleich geblieben ist, muss sie ja schließlich nicht neu kompiliert werden.

Die Lösung ist, eine spezielle Anwendung zu nutzen, die prüft, ob sich Quelldateien geändert haben, und dann nur diese kompiliert. Und wenn keine Quelldatei aktualisiert wurde, prüft diese Anwendung nur, ob sich eine externe Bibliothek geändert hat, und führt dann ein erneutes Linken durch. Und wenn sich gar nichts getan hat, wird auch nichts gemacht und nur bekannt gegeben, dass die Anwendung aktuell ist.

Genau das tut make. Mit make können Sie sicher sein, dass nur die Objektdateien und ausführbaren Dateien aktualisiert werden, die veraltet sind. Wie macht make das? Es vergleicht einfach die Zeitstempel der Dateien. Dabei kontrolliert sie die Quellcode- und die zugehörigen Objektdateien. Ist keine Objektdatei für die Quellcodedatei vorhanden, wird diese kompiliert. Ist eine Objektdatei vorhanden und neuer als die Quellcodedatei, weiß make, dass sich die Quellcodedatei nicht geändert hat und es daher keinen Grund gibt, sie erneut zu kompilieren. Ist die Quellcodedatei neuer als die Objektdatei, muss sie sich seit dem letzten Kompilieren geändert haben, also kompiliert make sie neu.

Um Ihre Anwendung mit make zu bauen, geben Sie dies einfach an der Konsole ein (das ist das Terminal auf Mac- oder Linux-Computern oder die Befehlszeile auf Windows-Rechnern):

```
make
```

 Beachten Sie, dass unterschiedliche make-Anwendungen auch unterschiedliche Namen tragen. So stellt zum Beispiel Microsoft das nmake-Tool bereit, über das Sie sich unter http://msdn.microsoft.com/library/dd9y37ha.aspx informieren können. Nutzen Sie solche anderen make-Tools, geben Sie einfach deren Namen ein.

Wenn etwas in Ihrem Projekt gebaut werden muss, erledigt make das. Ansonsten gibt es diese kurze, aber schöne Meldung aus:

```
make: 'myprogram' is up to date.
```

Nun, das ist ja alles gut und schön, aber es gibt da ein kleines Hindernis: Das make-Tool braucht ein Makefile. In diesem Makefile finden sich die Informationen, was eigentlich gebaut werden soll. Leider sind Makefiles nicht direkt einfach. Das make-Tool (und sein Makefile-Konzept) wurden vor etwa 30 Jahren entwickelt – als Computer noch aus Stein waren und Autos eckige Reifen hatten. Aber das ist schon in Ordnung. Heutige Computer können immer noch mit Makefiles umgehen und Sie können herausfinden, wie Sie sie einsetzen. Der nächste Abschnitt beschreibt, was genau da drin passiert – dort finden Sie die *Inferenz-Regeln*.

Mit Inferenz-Regeln Anwendungen bauen

Jeder liebt Regeln, daher baut auch das make-Tool darauf auf. Bevor make weiß, was es zu tun hat, müssen Sie ihm einen Satz Regeln mitgeben. Programmierer haben entschieden, dass diese Regeln *Inferenz-Regeln* heißen, weil es keinen besseren Begriff dafür gab. Nun, ehrlich gestanden, gab es haufenweise bessere Begriffe. Aber man hat sich für *Inferenz* entschieden, weil das make-Tool aus den Regeln im Makefile *ableitet (inferiert)*, was es tun soll.

Im Allgemeinen definiert eine Inferenz-Regel die zu erstellende Datei (wie zum Beispiel eine Objektdatei) und die Dateien, von denen sie abhängt (wie zum Beispiel die zugehörige Quellcodedatei). Als Nächstes gibt die Regel an, wie genau diese Datei erzeugt werden soll. Haben Sie zum Beispiel eine Objektdatei, die von einer Quellcodedatei abhängt, erstellen Sie Erstere durch das Ausführen des Compilers.

Eine typische Inferenz-Regel sieht wie folgt aus. Die erste Zeile gibt den Namen der zu erstellenden Datei an, gefolgt von einem Doppelpunkt und den Dateien, von denen sie abhängt. Die nächste Zeile beginnt mit einem Tab und gibt die Befehle an, die zum Erstellen dieser neuen Datei auszuführen sind – ein Befehl pro Zeile. Mit dieser Regel wird eine Textdatei erstellt:

```
test.out: test.txt
    cp test.txt test.out
    echo FUNKTIONIERT >> test.out
```

In der ersten Zeile ist festgelegt, dass wir eine Datei namens `test.out` erstellen wollen, die von der Datei `test.txt` abhängt. Ist `test.txt` neuer als `test.out` (was heißt, sie hat sich seit dem letzten Ausführen dieser Regel geändert), führt `make` die beiden folgenden Befehle aus. In diesem Fall kopiert der erste Befehl `test.txt` nach `test.out`, der zweite fügt noch das Wort FUNKTIONIERT an.

Vielleicht ist Ihnen aufgefallen, dass die obige Regel nicht den üblichen copy-Befehl nutzt, sondern cp – dem Äquivalent unter Unix. Viele der freien make-Tools, wie zum Beispiel Cygwin, nutzen Unix-typische Befehle. Arbeiten Sie lieber mit dem MinGW-Compiler oder dem Borland-Compiler, können Sie stattdessen copy verwenden.

Wollen Sie das einmal selbst ausprobieren, erstellen Sie eine Textdatei namens `Makefile` und fügen Sie dort diesen Text ein:

```
test.out: test.txt
    cp test.txt test.out
    echo FUNKTIONIERT >> test.out
```

(Beachten Sie, dass die zweite und dritte Zeile mit einem Tab beginnen – sorgen Sie dafür, dass die erste Zeile *nicht* mit einem Tab beginnt.) Nun erstellen Sie im gleichen Verzeichnis eine Textdatei mit dem Namen `test.txt`. Führen Sie nun in diesem Verzeichnis diesen Befehl aus:

```
make
```

Beachten Sie, dass Sie bei sich ein `make` installiert haben müssen. Während das bei Linux- und Mac-Installationen automatisch vorhanden ist, können Sie sich zum Beispiel unter Windows Cygwin installieren (`http://www.cygwin.com/`). In Kapitel 35 ist Boost.Build beschrieben. Oder Sie besorgen sich den Borland-Compiler von `http://embarcadero.com/downloads`.

Wenn Sie ein bisschen in der Dokumentation stöbern, werden Sie feststellen, dass Sie Ihr `Makefile` auch anders benennen und den Dateinamen dann beim Aufruf von `make` mitgeben können. Bei den meisten make-Versionen funktioniert das über

```
make -f Dateiname
```

Wir raten aber definitiv davon ab. Die meisten Programmierer verwenden den Dateinamen `Makefile`, und wenn Sie da anders vorgehen, werden Sie eher Verwirrung stiften. Computer-Geeks sind nicht gerade für ihre Flexibilität bekannt, und wenn Sie das machen, werden Ihnen Ihre Kollegen vermutlich nicht mehr die Pizza am Freitag bezahlen.

Regeln verwenden, die von anderen Regeln abhängen

Bei der Arbeit mit Inferenz-Regeln kann es besondere Situationen geben. So existiert test.out vielleicht noch gar nicht. In diesem Fall werden die Befehle auf jeden Fall ausgeführt, weil es bei dieser Regel ja darum geht, eine Datei test.out zu erzeugen.

Eine weitere besondere Situation dreht sich um test.txt selbst. Hängt es selbst von etwas ab? Vielleicht besagt eine andere Regel ja Folgendes:

```
test.txt: originalfile.txt
    cp originalfile.txt test.txt
```

Diese Regel besagt, dass test.txt von originalfile.txt abhängt. Hat sich originalfile.txt geändert, erstellt make die Datei test.txt anhand des Befehls (hier ein cp).

make ist in dieser Hinsicht überraschend klug für solch ein altes Tool. Bevor es sich daran macht, test.txt zu erstellen, sieht es, dass diese Datei von originalfile.txt abhängt. Also prüft das Programm, ob es Regeln für originalfile.txt gibt. make geht so immer weiter zurück, bis es zu einer Regel ohne weitere Abhängigkeiten gelangt.

Diese zwei Regeln lassen sich auch in einem einzelnen Makefile zusammenfassen:

```
test.out: test.txt
    cp test.txt test.out
    echo FUNKTIONIERT >> test.out
test.txt: originalfile.txt
    cp originalfile.txt test.txt
```

Sie können mehrere Regeln in einem Makefile haben und diese müssen nicht unbedingt voneinander abhängen. Haben Sie mehrere Regeln ohne solche Abhängigkeiten, beginnt make allerdings damit, die erste Regel auszuführen, die es findet.

Bestimmte Elemente erstellen

Haben Sie in einem Makefile alle möglichen Regeln stehen, wollen Sie vielleicht nur ein bestimmtes Element daraus bauen. Wenn Sie zum Beispiel Dutzende Quellcodedateien verwalten, wollen Sie nur die Datei kompilieren, an der Sie gerade arbeiten, ohne alle Schritte bis zur fertigen ausführbaren Datei durchzunudeln.

Um festzulegen, *was* Sie genau bauen wollen, geben Sie einfach den Namen des Elements nach dem make an:

```
make test.txt
```

Arbeiten Sie mit dem Makefile mit den Regeln für test.out und test.txt, wird beim Aufrufen dieses Befehls nur test.txt gebaut, aber nicht test.out. Sieht make allerdings, dass auch andere Regeln abgearbeitet werden müssen, bevor die eigentlich gewünschte Regel dran sein kann, werden auch diese durchlaufen.

Wollen Sie also bei den vielen Quellcodedateien nur `NiftyFeature.cpp` bauen, geben Sie Folgendes ein:

```
make NiftyFeature.o
```

 Beachten Sie die Dateiendung `.o` in dieser Zeile. Denn Sie kompilieren zwar die Quellcodedatei (`NiftyFeature.cpp`), aber Sie bauen die Objektdatei (`Nifty-Feature.o`). Daher geben Sie den Namen der Objektdatei an, wenn Sie eine bestimmte Quellcodedatei kompilieren wollen.

Von mehreren Dateien abhängig sein

Sie können nicht nur mehrere Regeln in Ihren `Makefiles` haben, sondern auch eine Regel von mehreren Dateien abhängig sein lassen. Das kommt durchaus häufig vor, besonders beim Linken. So hängt die fertige Anwendung, zum Beispiel `myprogram.exe`, von vielen Dateien ab, unter anderem von den Objektdateien, aber auch von Bibliotheken.

Um die Abhängigkeit von mehreren Dateien anzugeben, schreiben Sie diese durch Leerzeichen getrennt rechts vom Doppelpunkt bei Ihrer Regel hin, wie dies hier zu sehen ist:

```
test.out: test1.txt test2.txt
    echo hello > test.out
```

Hier hängt `test.out` sowohl von `test1.txt` als auch von `test2.txt` ab. Lassen Sie make laufen und hat sich eine dieser beiden Dateien geändert, wird die `echo`-Zeile ausgeführt.

 Haben Sie rechts vom Doppelpunkt viele Dateien stehen, können Sie sie auf mehrere Zeilen verteilen, indem Sie jede davon (außer der letzten) durch einen Backslash (\) enden lassen:

```
test.out: test1.txt \
 test2.txt
    echo hello > test.out
```

Häufig werden die Folgezeilen mit einem einzelnen Leerzeichen eingerückt, um die Lesbarkeit zu verbessern. Hier wäre auch ein Tab erlaubt, aber wir raten davon ab, denn die dann folgenden Zeilen sind ebenfalls per Tab eingerückt, haben aber nichts mit den Abhängigkeiten zu tun.

 Ändert sich eine Headerdatei, die in Ihrem Quellcode genutzt wird, wollen Sie normalerweise auch, dass die Quellcodedatei beim nächsten Lauf von make gebaut wird. Daher ist es eine gute Idee, die Headerdateien in die Liste der Abhängigkeiten mit aufzunehmen. Aber es kann schwierig sein, herauszufinden, welche Headerdateien in welchen Quellcodedateien genutzt werden. Zum Glück gibt es dazu einen netten kleinen Trick. Compiler wie Cygwin und MinGW können Ihnen solch eine Liste erstellen. Dazu verwenden Sie die Option `-M`:

```
g++ -M main.cpp
```

Als wir das für eine unserer Quellcodedateien laufen ließen, erhielten wir folgende Ausgabe:

```
main.o: main.cpp /usr/include/g++-3/iostream.h \
 /usr/include/g++-3/streambuf.h /usr/include/g++-3/libio.h \
 /usr/include/_G_config.h \
 /usr/lib/gcc-lib/i686-pc-cygwin/2.95.3-5/include/stddef.h \
 /usr/include/sys/cdefs.h main.h
```

Beachten Sie, dass links vom Doppelpunkt die Objektdatei `main.o` steht. Rechts davon stehen die Dateien, von denen `main.o` abhängt, beginnend mit der eigentlichen Quellcodedatei (`main.cpp`). Dann folgen diverse Headerdateien mit ihren Pfadangaben. Um diese Ausgabe zu nutzen, würden Sie sie in Ihr `Makefile` kopieren – sie stellen die erste Zeile der Regel dar.

 Wollen Sie die Option `-M` nutzen, um Ihre Abhängigkeiten zu ermitteln, aber interessiert Sie dabei nur die Liste der Headerdateien in Ihrem Projekt und nicht all die anderen bizarren Dateien, die sich im Haupt-Includeverzeichnis tummeln, können Sie ein zusätzliches `M` einwerfen:

```
g++ -MM main.cpp
```

Lassen wir diesen Befehl laufen, sehen wir nur die Headerdateien aus unserem Projekt. Dies ist dann die Ausgabe:

```
main.o: main.cpp main.h
```

Das ist meist nützlicher, weil sich die Headerdateien des Systems doch nur selten ändern.

Kompilieren und Linken mit make

Um `make` wirklich sinnvoll einzusetzen, benötigen Sie Regeln, die festlegen, wie `make` den Compiler ansteuert. Für jede Ihrer Quellcodedateien wollen Sie eine Objektdatei bauen, die dann wiederum alle zusammen zu einer einzelnen ausführbaren Datei gelinkt werden sollen. Sie können ein `Makefile` schreiben, das diese Regeln festlegt, zum Beispiel mit diesem Inhalt:

```
Mystuff.o: mystuff.cpp
    g++ -c mystuff.cpp -o mystuff.o
```

Die erste Zeile besagt, dass unsere Objektdatei von der Quellcodedatei abhängt. Die zweite Zeile enthält den Befehl zum Erstellen der Objektdatei.

Das Linken ist ein wenig komplexer, weil Sie zum erfolgreichen Linken einer Anwendung eine Reihe von Bibliotheken einbinden müssen. Welche das sind, hängt vom von Ihnen verwendeten Compiler ab.

Das Schöne am Einsatz eines `Makefile` ist aber, dass – sind diese Informationen erst einmal zusammengestellt – Sie nichts weiter tun müssen.

Wollen Sie Ihre Anwendung bauen, geben Sie einfach diesen Befehl ein:

```
make
```

Natürlich wollen Sie kompilieren und linken. Makefiles nutzt man am besten, indem man sie versteht. So können Sie nämlich ein vorhandenes nehmen und an Ihr aktuelles Projekt anpassen. Weiter unten (im Kasten *Mehr über make erfahren*) werden wir Ihnen noch mitteilen, wo Sie diese Informationen finden, wenn Sie sich wirklich damit befassen wollen.

Aufräumen

Haben Sie ein `Makefile` und arbeiten an einem großen Projekt, wollen Sie eventuell ab und zu ordentlich aufräumen und lieber alles neu bauen lassen. Dazu müssen Sie zuvor die Objektdateien und die ausführbare Datei löschen. Vielleicht hat sich im Projekt sehr viel geändert und es ist Ihnen lieber, sauber weiterzumachen. Dazu können Sie einen `clean`-Abschnitt in Ihr `Makefile` aufnehmen, der beim Einsatz von Cygwin wie folgt aussieht:

```
clean :
    rm -f *.o
    rm -f *.obj
    rm -f myprogram.exe
```

Beachten Sie, dass nach dem Doppelpunkt keine Dateien angegeben sind. So werden die rm-Befehle (zum Löschen der Dateien) immer aufgerufen, wenn Sie dies eingeben:

```
make clean
```

Nutzen Sie entweder MinGW oder den Borland-Compiler, sollte Ihr `clean`-Abschnitt eher so aussehen:

```
clean :
    del *.o *.obj myprogram.exe
```

Makros einsetzen

Umgebungsvariablen können Makros enthalten. Ein *Makro* ist im Prinzip ein Wort, das für etwas anderes, (vermutlich) Komplizierteres steht. So können Sie zum Beispiel diese Definition nutzen:

```
MYFILES = one.cpp two.cpp three.cpp four.cpp
```

Haben Sie nun in Ihrem `Makefile` Stellen, wo Sie sich auf die vier Dateien one.cpp, two.cpp, three.cpp und four.cpp beziehen müssen, können Sie stattdessen dies schreiben:

```
$(MYFILES)
```

Greifen Sie auf ein Makro zu, setzen Sie ein Dollarzeichen ($) davor und umschließen den Makronamen mit runden Klammern. Das make-Tool weiß dann, dass es sich um ein Makro handelt, das *expandiert* (expanded) werden muss.

Mehr über make erfahren

Wollen Sie ein richtiger »Maker« sein, so einer, der bis spät in die Nacht arbeitet und ohne make nicht einmal aufs Klo geht, können Sie sich die Online-Anleitung durchlesen. Sie können mit make unglaublich viel machen und durchaus die ganze Nacht damit experimentierend verbringen – oder zumindest etwas dabei lernen. Vielleicht gibt es nie die Notwendigkeit, all das zu lernen, aber man weiß ja nie. Hier ist die Site: http://www.gnu.org/manual/. Scrollen Sie die Seite herunter, bis Sie zum Eintrag für make gelangen. (Hinter make wird noch ein Bindestrich und eine Versionsnummer stehen.) Klicken Sie dies an, werden Sie auf einer unglaublich großen Seite landen, die die Wunder von make beschreibt.

Das Beste aus Makefiles herausholen

Hier ein paar weitere Features, die Sie bei der Arbeit mit Makefiles nutzen können:

✔ Werden Ihre Zeilen zu lang und wollen Sie den Inhalt auf mehrere Zeilen verteilen, ohne das gute alte make zu verwirren, können Sie eine Zeile mit einem Backslash (\) beenden und sie auf der nächsten Zeile weiterlaufen lassen.

✔ Am besten beginnen Sie die Arbeit mit einem Makefile mit einem bestehenden, von dem Sie wissen, dass es funktioniert. Das passen Sie dann an Ihr aktuelles Projekt an.

✔ Die meisten Makefiles haben eine Regel namens all. Die Idee dahinter ist, dass sie alle anderen Regeln aufruft. Geben Sie make all ein, können Sie so Ihr gesamtes Projekt bauen.

✔ Sie können in Ihr Makefile Kommentare aufnehmen, indem Sie sie mit einem Hashzeichen (#) beginnen lassen. Diese werden dann von make ignoriert, helfen Ihnen aber dabei, die Regeln besser zu verstehen.

✔ Makefiles können auch *implizite Regeln* enthalten. Das sind Regeln, die sich auf alle Dateien mit einer bestimmten Dateiendung beziehen (zum Beispiel .cpp).

✔ Mögen Sie keine Makefiles, müssen Sie sie auch nicht einsetzen. Entwicklungsumgebungen wie Code::Blocks oder Microsoft Visual C++ ermöglichen es, tolle Anwendungen zu bauen, ohne ein Makefile auch nur anfassen zu müssen.

Stichwortverzeichnis

FÜR DUMMIES®

DAS RÜSTZEUG FÜR DEN PROGRAMMIERER

Android App Entwicklung
für Dummies
ISBN 978-3-527-70916-8

C für Dummies
ISBN 978-3-527-70647-1

C++ für Dummies
ISBN 978-3-527-71098-0

Excel-VBA für Dummies
ISBN 978-3-527-70928-1

HTML 5 Schnelleinstieg für Dummies
ISBN 978-3-527-70900-7

HTML 5 und CSS 3 für Dummies
ISBN 978-3-527-71041-6

iPhone Apps Entwicklung
für Dummies
ISBN 978-3-527-70729-4

Java für Dummies
ISBN 978-3-527-71070-6

JavaScript für Dummies
ISBN 978-3-527-70859-8

jQuery für Dummies
ISBN 978-3-527-70863-5

PHP 5.4 und MySQL 5.6 für Dummies
ISBN 978-3-527-70874-1

SQL für Dummies
ISBN 978-3-527-71020-1

VBA für Dummies
ISBN 978-3-527-70928-1

DEN RÄTSELN DER MENSCHHEIT AUF DER SPUR

CSI-Forensik für Dummies
ISBN 978-3-527-70469-9

Das menschliche Gehirn für Dummies
ISBN 978-3-527-70913-7

Der Ursprung des Universums
für Dummies
ISBN 978-3-527-70480-4

Freimaurer für Dummies
ISBN 978-3-527-71159-8

Philosophie für Dummies
ISBN 978-3-527-70752-2

Tempelritter für Dummies
ISBN 978-3-527-70353-1

FÜR DUMMIES®

MUSIK LIEGT IN DER LUFT

Blues für Dummies
ISBN 978-3-527-70471-2

Harmonielehre für Dummies
ISBN 978-3-527-71111-6

Jazz für Dummies
ISBN 978-3-527-70295-4

Klassik für Dummies
ISBN 978-3-527-70683-9

Komponieren für Dummies
ISBN 978-3-527-70979-3

Musiktheorie für Dummies
ISBN 978-3-527-70870-3

Notenlesen für Dummies
ISBN 978-3-527-70934-2

Oper für Dummies
ISBN 978-3-527-70684-6

Singen für Dummies
ISBN 978-3-527-71166-6

Songwriting für Dummies
ISBN 978-3-527-70977-9

DIE FEDER IST MÄCHTIGER ALS DAS SCHWERT

Besser Schreiben für Dummies
ISBN 978-3-527-70558-0

Deutsche Grammatik für Dummies
ISBN 978-3-527-71058-4

Die erfolgreiche Abschlussarbeit
für Dummies
ISBN 978-3-527-70562-7

Journalismus für Dummies
ISBN 978-3-527-70746-1

Pressearbeit für Dummies
ISBN 978-3-527-70503-0

Rechtschreibung für Dummies
ISBN 978-3-527-70740-9

Wissenschaftliche Paper publizieren
für Dummies
ISBN 978-3-527-71171-0